과연 회사에서 바로 통하더라!

회사통 시리즈는
컴퓨터와 회사 업무를 동시에 마스터할 수 있는
직장인을 위한 '현장밀착형 입문(활용)서'이며
한빛미디어(주)의 대표 브랜드입니다.

회사에서 바로 통하는 **일 잘하는 직장인이
추천하는 최고의 시리즈**

엑셀 + 파워포인트 + 워드 2013
& 한글 2014 & 윈도우 10

10년간 100만 독자들과 함께 성장했습니다

6년 전 막 회사 생활을 시작했을 때 회사에서 바로 통하는 시리즈가 큰 힘이 됐습니다. 실무에서 어떤 기능을 써야 할지 갈피를 잡지 못할 때 종종 책을 찾아보던 기억이 납니다. 지금 막 회사 생활을 시작하는 신입 사원에게 추천하고 싶은 책입니다.
● **김지연** | 제약회사 개발본부

회사에서 바로 통하는 시리즈에는 업무를 하면서 바로 활용할 수 있는 형태의 실습이 수록되어 있어서 프로그램을 익히는 데 큰 도움이 되었습니다. 생략 없이 상세한 단계별 설명과 그림 덕분에 쉽게 멋진 보고서를 만들 수 있게 되었습니다.
● **전성종** | IT서비스회사 재경정보팀

프레젠테이션 업무를 처음 받은 날이 생각납니다. 준비하는 시간이 턱없이 부족했어요. 인터넷으로 검색하며 밤새워 준비하다가 다음 날 아침 서점으로 달려가《회사에서 바로 통하는 파워포인트》를 샀습니다. 그리고 책을 보면서 무사히 업무를 마무리 지을 수 있었습니다. 생각해보니 밤새 진땀 흘린 시간이 너무 아까웠어요.
● **김태우** | 여행사 마케팅팀

대학 때 인문 계열을 전공해서 입사하기 전까지 엑셀을 거의 사용해보지 않았습니다. 신입 사원일 때는 선배들도 모두 바빠 보이고, 괜히 일을 못하는 사람처럼 보일까봐 물어보기도 곤란했어요. 입사 동기와 함께 공부하는 데 회사에서 바로 통하는 시리즈가 큰 힘이 되었습니다. 경력이 쌓인 지금도 책을 곁에 두고 필요할 때마다 펼쳐보곤 합니다.
● **문아라** | 은행 근무

업무 특성상 엑셀을 자주 사용하는데, 스스로 해결하지 못하는 문제가 있을 때마다《회사에서 바로 통하는 엑셀》을 찾아봤습니다. 과장님들께 배우지 못한 업무 기술이 책 곳곳에 녹아 있어 참 많은 도움이 되었습니다.
● **장승희** | 제약회사 구매팀

회사에서 바로 통하는 시리즈는 초급자나 중급자, 누구에게나 꼭 필요한 기능을 담은 가장 효율적인 교과서!
● **안상민** | 회계사

회사에서 바로 통하는

5권합본호

엑셀 파워포인트
워드 2013
한글 2014
윈도우 10

전미진
이화진
신면철
박광수
지음

한빛미디어
Hanbit Media, Inc.

지은이 전미진 (smileimp@naver.com)

삼성전자, 삼성항공, 삼성코닝, 삼성멀티캠퍼스, 삼성석유화학, 대우건설, 서울통신, 지역난방공사, 농협대학, 한양대학, 유니텔캠퍼스, 효성그룹, 대우기술원 등에서 업무 개선을 위한 엑셀과 파워포인트, 프로그래밍 관련 강의를 진행했습니다. 현재 삼성토탈, 대우증권, 인키움, 경기중소기업센터 등에서 강의하고 있으며, 저서로는 《회사에서 바로 통하는 엑셀+파워포인트+워드 2013&한글 2014》(한빛미디어, 2015), 《회사에서 바로 통하는 엑셀+파워포인트+워드 2013(개정판)》(한빛미디어, 2014) 등이 있습니다.

지은이 이화진 (yeki78@naver.com)

삼성물산, 삼성증권, 삼성생명, KT, 포스코, 농협, 마이크로소프트, 아모레퍼시픽, 유한킴벌리, LG인화원, 한국MSD, 해양경찰청, 국회사무처, 경희대학교, 인하대학교 등에서 프레젠테이션 제작 및 강의를 진행했습니다. 현재 오피스튜터 프레젠테이션 강사, 한국워킹맘연구소 이사, 극동대학교 외래 교수로 활동하고 있습니다. 저서로는 《회사에서 바로 통하는 엑셀+파워포인트+워드 2013&한글 2014》(한빛미디어, 2015), 《회사에서 바로 통하는 엑셀+파워포인트+워드 2013(개정판)》(한빛미디어, 2014) 등이 있습니다.

지은이 신면철 (bavo@paran.com)

(주)익스터디 대표이사, 두목넷 사무자동화 부분 대표 강사로 IT 자격증 분야에서 '왕두목'이라는 애칭으로 활발히 활동하고 있습니다. 경기공업대학 외래 교수, 철도대학 특강 교수로 강의했습니다. 저서로는 《회사에서 바로 통하는 엑셀+파워포인트+워드 2013&한글 2014》(한빛미디어, 2015), 《회사에서 바로 통하는 엑셀+파워포인트+워드 2013(개정판)》(한빛미디어, 2014) 등이 있습니다.

지은이 박광수 (archmond@outlook.com)

박광수라는 이름보다 '아크몬드'라는 필명으로 더 잘 알려진 블로거입니다. 2004년부터 지금까지 최신 Windows 정보를 꾸준히 나누고 있습니다. 2007년부터 5년간 Microsoft MVP(Windows 부문)를 수상했습니다. 2009년에는 윈도우 7 출시 행사에 발표자로 참가하여 777명의 블로거 앞에서 이야기했습니다. 소셜 창작자 네트워크인 TNM의 파트너 블로거로 활동 반경을 넓히고 있습니다.

회사에서 바로 통하는
엑셀+파워포인트+워드 2013&한글 2014&윈도우 10

초판발행 2016년 3월 31일
3쇄발행 2018년 2월 12일

지은이 전미진, 이화진, 신면철, 박광수 / **펴낸이** 김태헌
펴낸곳 한빛미디어(주) / **주소** 서울시 서대문구 연희로2길 62 한빛미디어(주) 실용출판부
전화 02-336-7129 / **팩스** 02-325-6300
등록 1999년 6월 24일 제10-1779호 / **ISBN** 978-89-6848-273-1 13000

총괄 임규근 / **책임편집** 전정아 / **기획** 배윤미
디자인 여동일 / **전산편집** 오정화
영업 김형진, 김진불, 조유미 / **마케팅** 박상용, 송경석, 조승모, 변지영

이 책에 대한 의견이나 오탈자 및 잘못된 내용에 대한 수정 정보는 한빛미디어(주)의 홈페이지나 아래 이메일로
알려주십시오. 잘못된 책은 구입하신 서점에서 교환해 드립니다. 책값은 뒤표지에 표시되어 있습니다.
한빛미디어 홈페이지 www.hanbit.co.kr / **이메일** ask@hanbit.co.kr

지금 하지 않으면 할 수 없는 일이 있습니다.
책으로 펴내고 싶은 아이디어나 원고를 메일(writer@hanbit.co.kr)로 보내주세요.
한빛미디어(주)는 여러분의 소중한 경험과 지식을 기다리고 있습니다.

엑셀, 회사에서 바로 통하는 실무 예제로 시작하자!

이 책의 엑셀편은 기업에서 많이 사용하는 실무 예제를 중심으로 바쁜 직장인들이 필요한 기능을 바로 찾아 쓸 수 있도록 핵심기능을 모아 구성했습니다. 간단한 엑셀 문서 작업에도 몇 시간이 걸리고, 문서가 조금만 변형되어도 어디서부터 손대야 할지 몰라 막막했던 경험이 있다면 이 책으로 쉽게 엑셀 2013의 기능을 익히고 실무에 활용할 수 있을 것입니다. 이 책이 엑셀을 사용하는 모든 분들의 기본서로 학습 및 업무 효율 향상에 도움이 되기를 바랍니다.

전미진

파워포인트, 정보를 가장 효과적으로 표현하자!

프레젠테이션의 의도를 좀 더 효과적으로 표현하기 위해서 많은 사람들이 파워포인트를 활용합니다. 저 또한 파워포인트를 많이 활용하는 편인데, 파워포인트는 사용 방법이 쉽고 다른 사람들과 파일을 공유하는 것도 편리합니다. 이 책의 파워포인트편에는 프레젠테이션 관련 수업을 진행해온 제 오랜 경험을 바탕으로 파워포인트 2013을 다루는 데 필요한 핵심적인 기능을 담았습니다. 이 책이 여러분의 성공 프레젠테이션 제작을 위한 밑거름이 되길 바랍니다.

이화진

워드, 실무 문서를 능숙하게 다루자!

워드는 일상 업무에서 문서를 작성할 때 많이 사용되는 프로그램입니다. 이 책에서는 다양한 문서를 작성해야 하는 실무 담당자를 위해 워드의 주요 기능을 바로 찾아 사용할 수 있도록 구성했습니다. 특히 직장에서 사용할 수 있는 실무 문서뿐만 아니라 일상적인 문서 작업에도 활용할 수 있는 예제를 폭넓게 다뤄주었습니다. 몇 분이면 해결할 문제들을 이리저리 인터넷으로 검색하며 골머리 썩인 경험이 있다면 이 책으로 그 답답함을 한번에 해결할 수 있을 것입니다.

한글, 세련되고 깔끔한 문서를 작성하자!

한글은 어떤 업무를 맡게 되든지 필수적으로 사용하게 되는 프로그램 중 하나입니다. 이 책의 한글편은 업무에서 보편적으로 가장 많이 사용되는 실무 예제를 이용해 한글의 기능을 익히고 실제 업무에서 활용할 수 있도록 구성했습니다. 한글의 기본기를 다지고 글자, 문단, 쪽, 도형, 표 등의 다양한 개체를 자유자재로 다룰 수 있도록 하는 데 도움이 되는 기능입니다. 이 책을 통해 자랑스러운 국산 워드 프로세서인 한글 2014의 강력하고 다양한 기능을 실무에 잘 버무려 사용하셨으면 하는 바람입니다.

신면철

윈도우, 최신 OS를 세련되게 사용하자!

윈도우 10은 마지막 버전이며 지속적으로 업데이트되는 OS입니다. 'Windows Insider'라는 100만이 넘는 테스터의 의견을 받아 출시된 만큼 정식 버전에서도 그 열기를 이어가 사람들이 불편하게 느끼는 부분을 끊임없이 개선해주리라 기대합니다. '최신 윈도우를 가장 세련되게 사용할 수 있도록' 윈도우 10을 처음 사용하는 분께 도움이 되기를 간절히 바랍니다.

박광수

'핵심기능'으로 오피스&한글&윈도우 기능을 빠르게 익히고, '실무활용예제'로 실무에 최적화된 업무 문서를 마스터한다!

▌ 효율적인 학습을 위한 3단계 학습법 한눈에 살펴보기 ▌

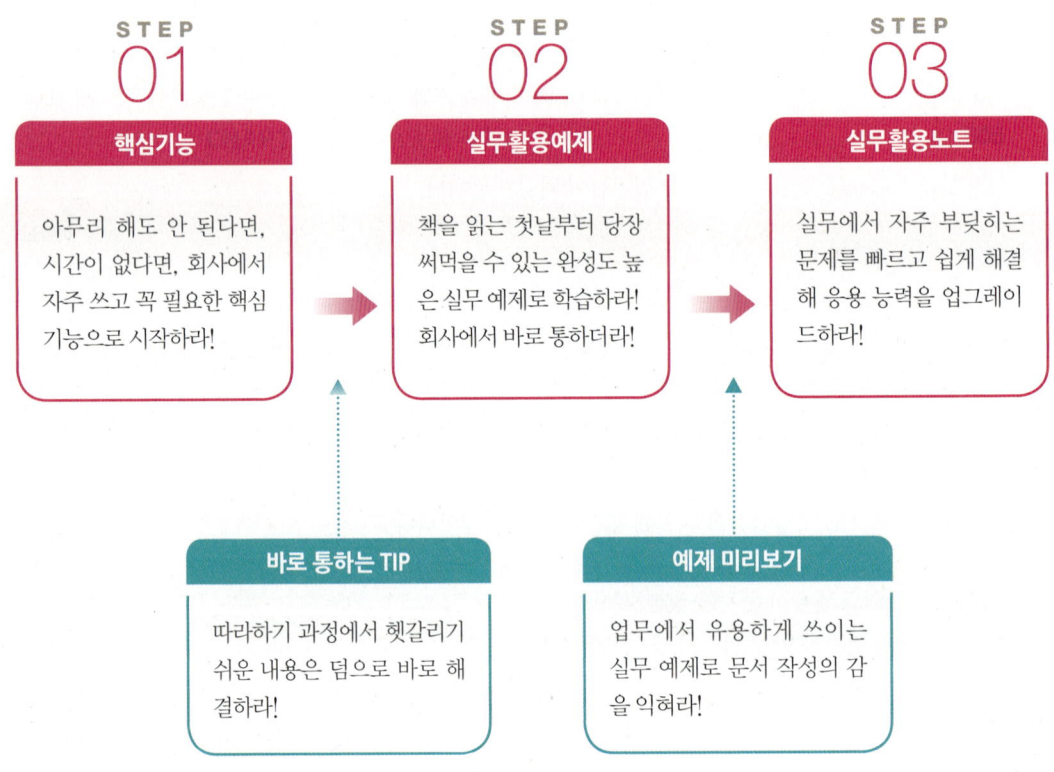

STEP 01

핵심기능

아무리 해도 안 된다면, 시간이 없다면, 회사에서 자주 쓰고 꼭 필요한 핵심 기능으로 시작하라!

STEP 02

실무활용예제

책을 읽는 첫날부터 당장 써먹을 수 있는 완성도 높은 실무 예제로 학습하라! 회사에서 바로 통하더라!

STEP 03

실무활용노트

실무에서 자주 부딪히는 문제를 빠르고 쉽게 해결해 응용 능력을 업그레이드하라!

바로 통하는 TIP

따라하기 과정에서 헷갈리기 쉬운 내용은 덤으로 바로 해결하라!

예제 미리보기

업무에서 유용하게 쓰이는 실무 예제로 문서 작성의 감을 익혀라!

▌ 3단계 학습법이 회사에서 바로 통하는 이유 ▌

회사에서 바로 통하는 실무 예제로 바로 배워 바로 써먹는다!

업무에 당장 써먹을 수 있는 예제만 철저하게 선별해 수록했습니다. '핵심기능실습'에 수록된 예제는 엑셀, 파워포인트, 워드, 한글, 윈도우의 기능을 배우면서 동시에 실무 활용 능력까지 업그레이드할 수 있는 최적화된 실무 문서입니다. 회사 업무와 프레젠테이션 현장, 일상적인 문서 작업에도 사용할 수 있는 예제이므로 미리 알아두면 문서 작업 능력 향상에 큰 도움이 됩니다.

01 '핵심기능'으로 오피스와 한글, 윈도우의 기본 기능을 빠르게 익힌다!

엑셀, 파워포인트, 워드, 한글을 다루는 데 반드시 알고 있어야 할 기능으로 구성했습니다. 기본 기능부터 필수 기능까지 빠르게 익혀 오피스와 한글을 능숙하게 다룰 수 있도록 도와줍니다. 윈도우 역시 효율적인 업무 환경을 만드는 데 도움이 되는 기능만 제대로 묶었습니다. 업무 시 궁금한 부분이 있다면 그때그때 해당 기능을 찾아 익힐 수 있습니다.

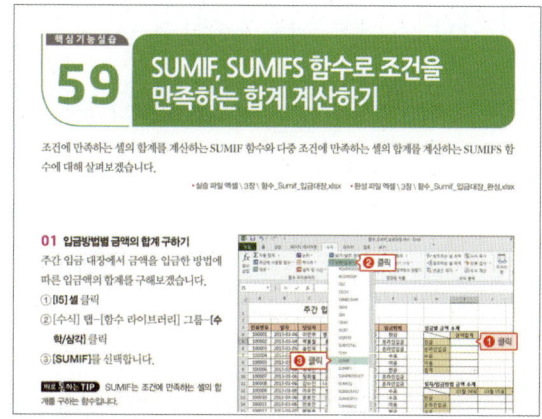

02 '실무활용예제'로 업무 활용 능력을 업그레이드한다!

회사에서 업무를 할 때 자주 사용하는 문서로 구성했습니다. 이 책에 수록된 예제로 기능과 활용 방법을 익혀두면 업무 효율을 단숨에 향상시킬 수 있습니다. 따라하기 과정에서 헷갈리기 쉬운 내용은 '바로 통하는 TIP'에서 바로 해결할 수 있습니다.

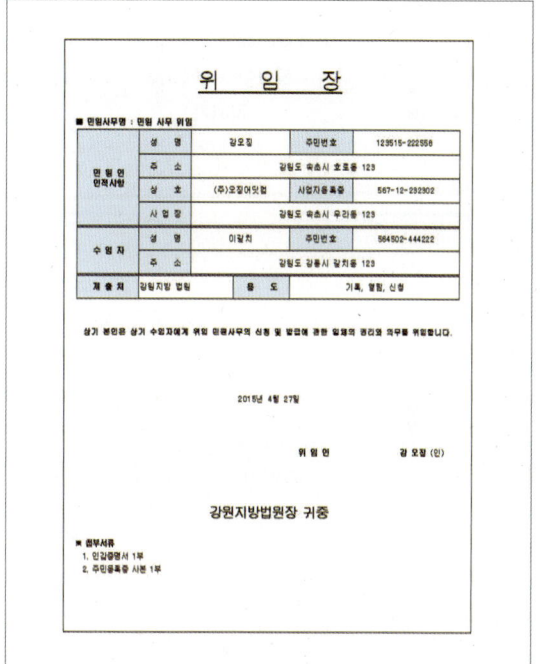

03 '실무활용노트'로 응용력을 기른다!

예제 실습이나 문서 작업 시 자주 부딪히는 문제는 '실무활용노트'를 참고해 도움을 얻을 수 있습니다. 엑셀, 파워포인트, 워드, 한글, 윈도우 각 프로그램을 사용할 때 꼭 알아두어야 할 핵심 노하우가 수록되어 있어 문제 해결 및 응용력을 업그레이드하는 데 도움을 줍니다.

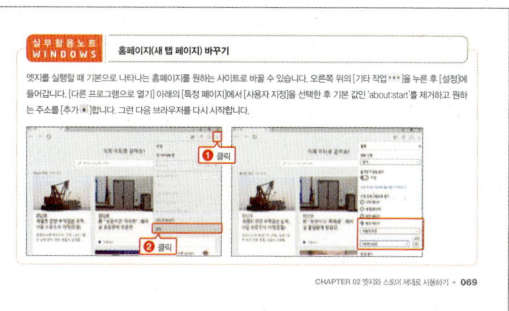

회사에서 통하는 절대 한 수!
단계별 학습으로 업무의 달인이 된다!

		오피스 & 한글 & 윈도우 활용 능력	윈도우
왕초보라도 괜찮아! 초급 사용자	**STEP 01** 프로그램을 다루는 데 필요한 기본 기능 익히기	**기본기 다지기** 기초부터 착실하게 변화된 윈도우 환경과 문서 작성의 기본을 배워봅니다.	**CHAPTER 01** 윈도우 10 설치하고 시작 메뉴 살펴보기
문서 좀 다룰 줄 아는 직장인! 중급 사용자	**STEP 02** 프로그램을 좀 더 깊이 있게 다루는 데 필요한 기능 익히기	**포지션 획득하기** 윈도우 엣지, 스토어, 앱 활용 방법을 익힙니다. 엑셀의 수식이나 함수 등을 이용한 문서 자동화 방법을 공부합니다. 파워포인트나 워드, 한글의 경우에는 슬라이드나 문서 꾸미기 작업이 이 단계에 포함됩니다.	**CHAPTER 02** 엣지와 스토어 제대로 사용하기 **CHAPTER 03** 모바일 오피스와 앱 활용하기
업무의 달인! 고급 사용자	**STEP 03** 업무의 효율성을 높일 수 있는 실전 문서 만들기	**파워 유저로 거듭나기** 윈도우의 유용한 숨은 기능을 알아봅니다. 엄청난 데이터 관리와 분석도 엑셀로 척척! 청중을 사로잡는 프레젠테이션 문서를 만들고, 업무에 필요한 문서도 워드와 한글로 한 번에 작성할 수 있습니다.	**CHAPTER 04** 숨어 있는 고급 기능 알아보기

엑셀	파워포인트	워드	한글
CHAPTER 01 문서 작성하기	**CHAPTER 01** 기본 프레젠테이션 만들기 **CHAPTER 02** 프레젠테이션 슬라이드 배경 서식 만들기 **CHAPTER 03** 프레젠테이션 내용 작성 및 서식 지정하기	**CHAPTER 01** 워드 2013 기본기 다지기 **CHAPTER 02** 입력 및 기본 편집하기	**CHAPTER 01** 한글 2014 기본기 다지기 **CHAPTER 02** 입력 및 기본 편집하기
CHAPTER 02 문서 편집 및 인쇄하기 **CHAPTER 03** 수식 작성 및 함수 활용하기 **CHAPTER 04** 차트 만들기	**CHAPTER 04** 프레젠테이션 시각화 및 서식 지정하기 **CHAPTER 05** 프레젠테이션에 멀티미디어 삽입 및 서식 지정하기	**CHAPTER 03** 글꼴 및 단락 꾸미기 **CHAPTER 04** 도형 및 객체 활용하기 **CHAPTER 05** 표 꾸미기	**CHAPTER 03** 문서 편집과 글꼴 꾸미기 **CHAPTER 04** 문단 및 쪽 꾸미기
CHAPTER 05 데이터베이스 관리/분석 및 자동화하기	**CHAPTER 06** 프레젠테이션 슬라이드 정리하고 발표하기	**CHAPTER 06** 페이지 관리하기 **CHAPTER 07** 출력 기능 알아보기	**CHAPTER 05** 도형 및 객체 활용하기 **CHAPTER 06** 표 꾸미기

핵심기능실습

22 **무료 클라우드 저장소 원드라이브 사용법 알아보기**

원드라이브(OneDrive)는 마이크로소프트가 제공하는 무료 클라우드 저장소입니다. 문서, 사진뿐 아니라 여러 가지 파일을 저장할 수 있습니다. 스마트폰, 태블릿, 컴퓨터에서 모두 사용 가능합니다.

개인용과 기업용으로 나뉜 원드라이브

현재 원드라이브는 마이크로소프트 계정을 가진 개인 사용자용(OneDrive)과, 오피스 365 계정을 가진 기업 사용자를 위한 비즈니스용(OneDrive for Business) 두 가지가 있습니다. 사용법은 크게 다르지 않으니 한 가지만 제대로 배워도 사용하는 데 어려움이 없습니다.

원드라이브 기본 사용법

탐색기에서 파란색으로 표시된 [☁ OneDrive] 폴더를 클릭해 들어간 후 원하는 파일을 넣습니다.

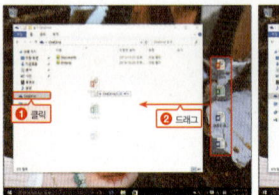

094 • PART 윈도우 10

핵심기능실습

엑셀, 파워포인트, 워드, 한글, 윈도우를 다룰 때 반드시 알아야 할 기본 기능과 활용 방법을 소개합니다. 핵심기능을 따라하면서 기본 기능을 충실히 익힐 수 있습니다.

핵심기능실습

24 **문자, 숫자 데이터 표시 형식 사용자 지정하기**

사용자 지정 표시 형식을 만들 때는 데이터 형식별로 약속된 기호가 있습니다. 문자는 @ 기호, 수치 데이터는 #, 0 등의 기호로 직접 표시 형식을 지정할 수 있습니다.

● 실습 파일 엑셀 \ 2장 \ 서식_표시형식.xlsx [견적서] 시트 ● 완성 파일 엑셀 \ 2장 \ 서식_표시형식_완성.xlsx [견적서] 시트

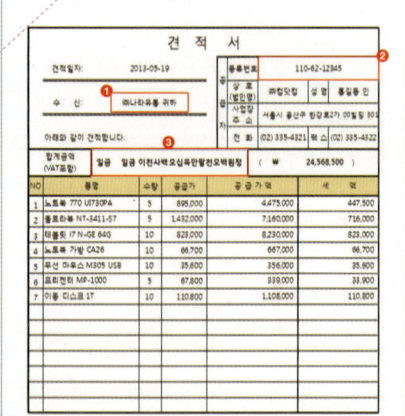

▲ 핵심기능실습 24, 25 공통 미리 보기

❶ 문자 표시 형식 사용자 지정하기
❷ 숫자 표시 형식 사용자 지정하기
❸ 숫자를 한글로 표시하는 사용자 지정하기

076 • PART 01 엑셀 2013

실습 파일&완성 파일

엑셀, 파워포인트, 워드, 한글의 기능을 익히는 데 최적화된 예제만 선별해 수록했습니다. 예제를 따라한 후 결과를 비교해볼 수 있습니다.

완성 화면 및 주요 기능 미리 보기

실습 완료 후 확인할 수 있는 완성 화면 및 따라하기 과정에서 주요하게 학습할 기능을 미리 보며 학습을 준비합니다.

52 슬라이드를 구역으로 나누어 정리하기

슬라이드가 여러 장인 프레젠테이션에서 슬라이드 제목이나 번호가 불분명해 해당 슬라이드의 위치를 찾기 어렵다면 파워포인트의 구역을 활용합니다. 이는 컴퓨터에서 폴더를 사용해 파일을 나눠두는 것과 유사합니다. 이름이 지정된 구역을 사용하여 슬라이드 그룹을 추적하고, 공동 작업 중인 동료와 소유권을 명확하게 나눌 수 있도록 구역을 할당하는 것도 가능합니다.

• 실습 파일 파워포인트 \ 6장 \ 슬라이드를 구역으로 나누어 정리하기.pptx • 완성 파일 파워포인트 \ 6장 \ 슬라이드를 구역으로 나누어 정리하기_완성.pptx

01 구역 추가하기

① [여러 슬라이드 보기] 상태에서 구역을 추가하고자 하는 **6번과 7번 슬라이드** 사이에서 마우스 오른쪽 버튼 클릭

② **[구역 추가]**를 선택합니다.

바로 통하는 TIP 여러 슬라이드 보기 또는 기본 보기에서 구역을 볼 수 있지만 정의된 논리적 범주를 통해 슬라이드를 구성하고 정렬할 때는 여러 슬라이드 보기가 좀 더 유용합니다. 여러 슬라이드 보기 상태로 만들려면 화면의 오른쪽 아래에 있는 [여러 슬라이드 보기] 를 클릭합니다.

바로 통하는 TIP 구역을 추가할 때는 [홈] 탭-[슬라이드] 그룹에서 [구역]을 클릭한 후 [구역 추가]를 선택해도 됩니다.

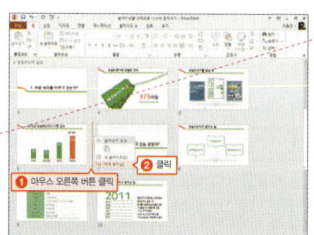

02 구역 이름 바꾸기

① **[제목 없는 구역]** 위에서 마우스 오른쪽 버튼 클릭

② **[구역 이름 바꾸기]** 선택

③ [구역 이름 바꾸기] 대화상자가 나타나면 [구역 이름에 **한빛미디어가 하는 일** 입력

④ **[이름 바꾸기]**를 클릭합니다.

바로 통하는 TIP 구역 이름을 바꿀 때는 [홈] 탭-[슬라이드] 그룹에서 [구역]을 클릭한 후 [구역 이름 바꾸기]를 선택하면 됩니다.

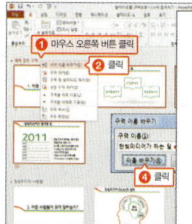

바로 통하는 TIP

예제 실습 중 헷갈리기 쉬운 부분을 정리해줍니다.

02 블록 설정해 문단 복사하기

부서별 업무 분담 표에서 총무 담당의 분장 업무 중 빨간 글씨로 적힌 내용을 아래쪽 인사 담당 부분으로 이동해보겠습니다.

① 이동할 문단 드래그

② [편집] 메뉴-**[오려두기]**를 클릭합니다.

오려낸 내용이 [클립보드] 작업 창에 복사됩니다.

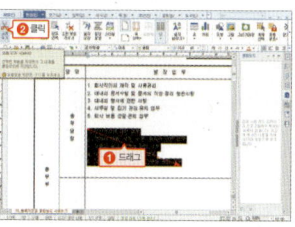

03 문단 붙여넣기

① 인사 담당의 **빈칸** 클릭

② [클립보드] 작업 창에서 앞서 복사한 내용을 클릭합니다.

인사 담당란에 오려둔 내용이 붙여 넣어집니다.

바로 통하는 TIP 단축키로 바로 직전에 복사하거나 오려낸 내용 붙여넣기

[클립보드] 작업 창을 이용하는 이유는 클립보드에 저장된 내용들이 순서대로 보이므로 이전에 복사하거나 오려둔 내용을 문서에 추가할 수 있기 때문입니다. 문서 편집 중 바로 직전에 복사하거나 오려낸 내용은 단축키 Ctrl +V 로 붙여 넣을 수 있습니다.

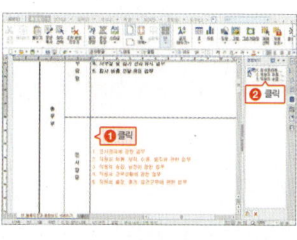

실무활용 노트 마우스로 끌어 문단 이동하기

내용을 단순히 이동할 경우에는 굳이 클립보드를 이용하지 않고 마우스 드래그 앤 드롭으로도 쉽게 실행할 수 있습니다. ① 이동할 문장이나 문단을 블록으로 설정한 후 ② 선택한 영역을 마우스 왼쪽 버튼으로 클릭한 채 이동할 위치로 드래그 앤 드롭합니다.

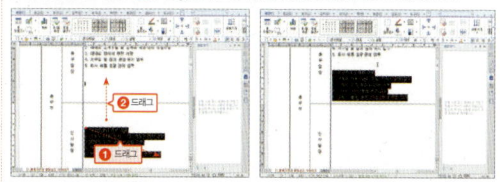

실행 결과 보기

단계별 따라하기 완료 후 확인할 수 있는 실행 결과 및 주요 변화 내용을 한 번 더 설명해줍니다.

실무활용노트

엑셀, 파워포인트, 워드, 한글, 윈도우를 다루는 데 필요한 유용한 정보, 알고 넘어가면 좋을 참고 사항을 상세히 소개합니다.

회사에서 바로 통하는
실습 예제 다운로드하기

이 책에 사용된 모든 실습 예제는 한빛미디어 홈페이지(www.hanbit.co.kr)에서 다운로드할 수 있습니다. 예제 파일은 따라하기를 진행할 때마다 사용되므로 컴퓨터에 복사해두고 활용합니다.

1 한빛미디어 홈페이지(www.hanbit.co.kr)로 접속합니다. 메인 화면에서 [부록/학습자료] 버튼을 클릭합니다.

2 검색 창에서 도서명을 입력하고, 입력한 도서가 나타나면 [다운받기] 버튼을 클릭합니다.

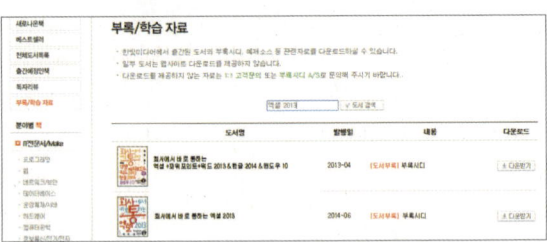

3 회원이라면 아이디와 비밀번호를 입력하고 [로그인]합니다. 비회원은 [비회원 인증] 항목에 이메일 주소를 입력한 후 [확인]을 클릭합니다.

4 자료 다운로드 화면에서 [다운받기] 버튼을 클릭하여 예제 파일을 다운로드합니다.

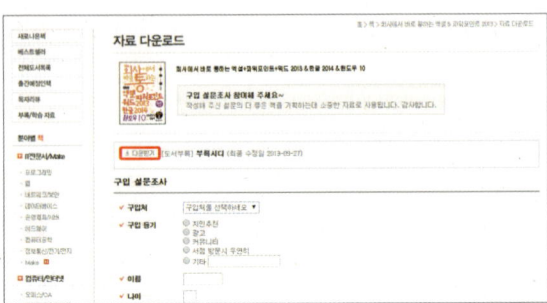

실습 예제 파일의 구성 알아보기

실습 예제 폴더에는 실습에 필요한 예제 파일 및 완성 파일이 들어 있습니다. 실습을 진행하는 해당 프로그램과 장을 확인한 후 예제 파일을 불러와 사용합니다. 실습을 완료한 후에는 본인이 작업한 파일과 완성 파일을 비교해보면서 한 번 더 실습한 내용을 확인해볼 수 있습니다.

독자 Q&A

궁금한 내용은 묻고 답하기에서 바로 해결한다!

《회사에서 바로 통하는 엑셀+파워포인트+워드 2013&한글 2014&윈도우 10》을 학습하다 부딪히는 문제는 한빛미디어 홈페이지(www.hanbit.co.kr)의 '묻고 답하기' 게시판에 올리거나 이메일 ask@hanbit.co.kr 혹은 저자 이메일로 보내 쉽게 해결할 수 있습니다.

PART 01 | 윈도우 10

PART 02 | 엑셀 2013

CONTENTS

PART 03 | 파워포인트 2013

PART 04   워드 2013

PART 05 | 한글 2014

윈도우
10

윈도우 10 설치하고
시작 메뉴 살펴보기

이번 장에서는 빠르고 쉽게 윈도우 10을 설치하는 방법을 알아보고 새롭게 추가된 시작 메뉴를 살펴보겠습니다. 시작 메뉴는 원하는 대로 꾸며서 사용할 수 있습니다.

01 윈도우 10으로 업그레이드하기

윈도우 10으로 업그레이드해보겠습니다. 중요한 자료는 USB 메모리나 외장 하드, 클라우드 저장 공간 등에 미리 백업해둡니다. 설치된 프로그램 목록을 기록해두는 것도 중요합니다. 윈도우 10으로 업그레이드한 후 일부 프로그램에서 호환성 문제가 일어날 수 있기 때문입니다. 호환되지 않는 앱이 있다면 윈도우 10에서 동작하는 버전으로 새로 설치해야 합니다.

윈도우 10 업그레이드 예약(윈도우 7/8.1)

가장 쉬운 업그레이드 방법입니다. 작업 표시줄에서 윈도우 10으로 업그레이드할 수 있다는 메시지가 나타나면 이를 클릭해 예약합니다. 예약하더라도 곧바로 업그레이드가 진행되지 않을 수 있습니다. 업그레이드를 급히 할 필요가 없다면 예약해놓고 느긋하게 기다려도 좋습니다.

▲ 윈도우 7

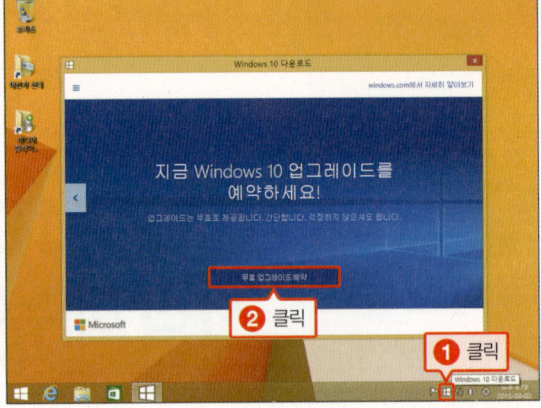
▲ 윈도우 8.1

준비가 완료되면 업그레이드가 가능하다고 알려줍니다. 윈도우 업데이트 창에서 [시작하기]를 클릭하면 윈도우 10 설치에 필요한 파일을 3GB 정도 내려받기 시작합니다. 인터넷 속도에 따라 다르지만 대부분 1시간 정도 소요됩니다. 윈도우 10 설치 마법사가 나타나면 [적용]을 눌러 업그레이드를 시작합니다.

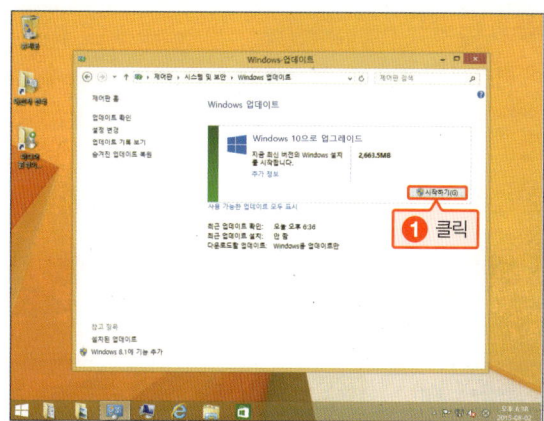

지금 바로 업그레이드를 시작하거나 원하는 시간을 예약해 설치할 수도 있습니다.

▲ 지금 바로 시작하기

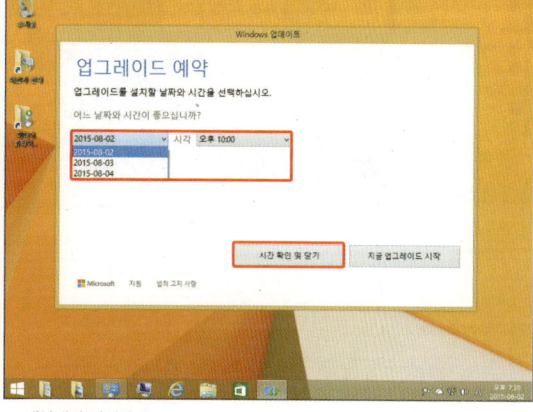
▲ 예약해서 설치하기

지정된 시간에 윈도우 10으로 업그레이드합니다. 설정을 마치면 윈도우 10을 사용할 수 있습니다.

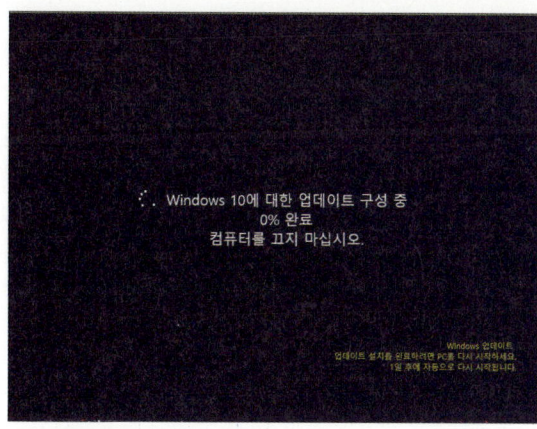
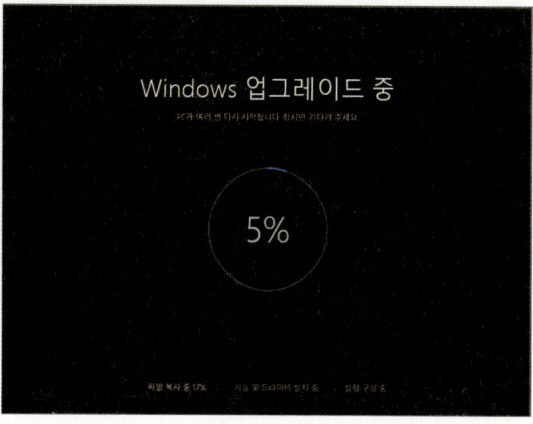

바로 통하는 TIP 이후에는 일반적인 윈도우 10 설치 화면과 동일합니다. 34쪽을 참고합니다.

설치 프로그램으로 업그레이드(윈도우 7/8/8.1 공통)

윈도우 10 예약 후 업그레이드될 때까지 기다릴 필요 없이 빠르게 업그레이드하는 방법이 있습니다. 윈도우 10 설치 프로그램으로 수동 업그레이드하면 됩니다.

정품 인증 상태 확인

먼저 정품 인증이 된 정상적인 윈도우인지 확인해야 합니다. 윈도우 7이라면 [시작]을 클릭한 후 [컴퓨터]에서 마우스 오른쪽 버튼을 클릭하고 [속성]을 선택합니다.

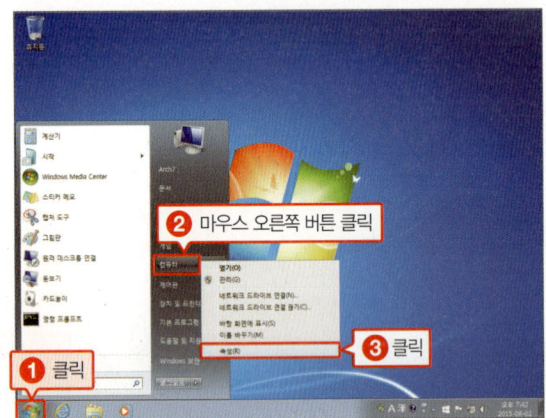 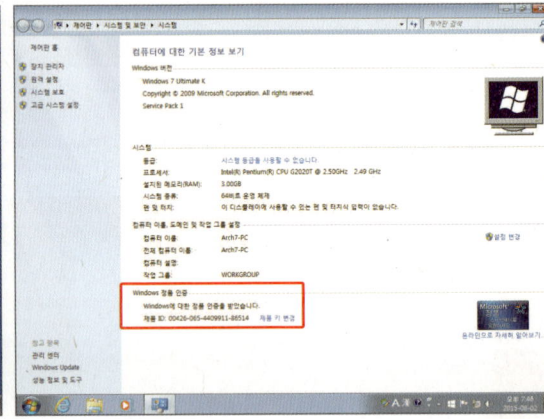

▲ 윈도우 7

윈도우 8/8.1에서는 화면 왼쪽 아래의 [시작]을 마우스 오른쪽 버튼으로 클릭한 후 [시스템]을 선택합니다. 시스템 정보 창에서 정품 인증 여부를 확인합니다.

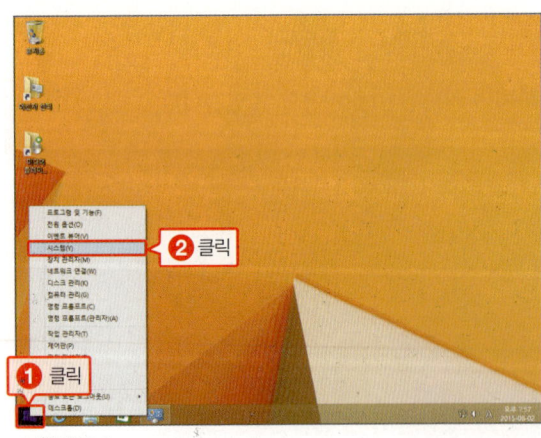 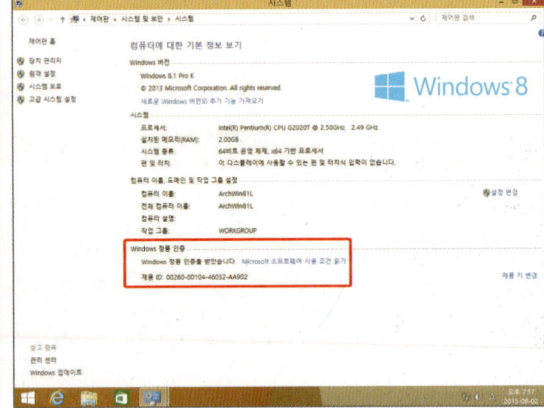

▲ 윈도우 8.1

윈도우 10 설치 프로그램 다운로드 및 실행

웹 브라우저로 https://www.microsoft.com/ko-kr/software-download/windows10에 접속합니다. [지금 도구 다운로드]를 눌러 설치 프로그램을 내려받아 실행합니다. Windows 10 설치 프로그램이 나타나면 [지금 이 PC 업그레이드]를 선택하고 [다음]을 클릭합니다.

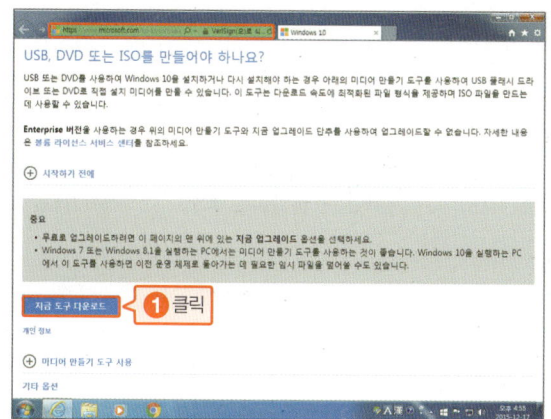

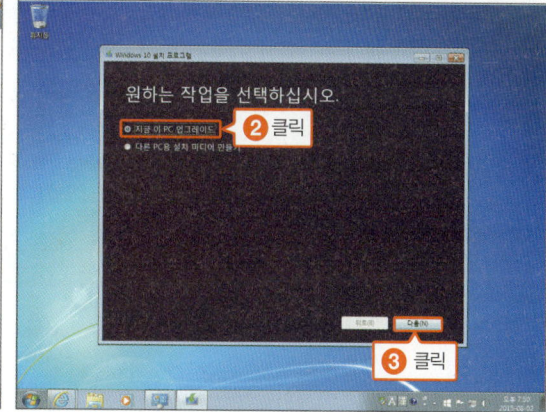

윈도우 10 설치 준비가 되면 사용 조건에 동의합니다.

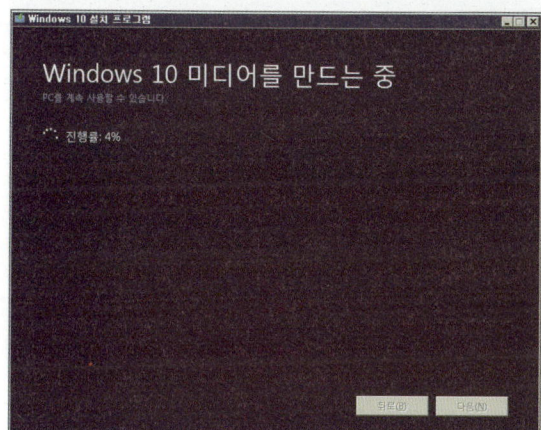

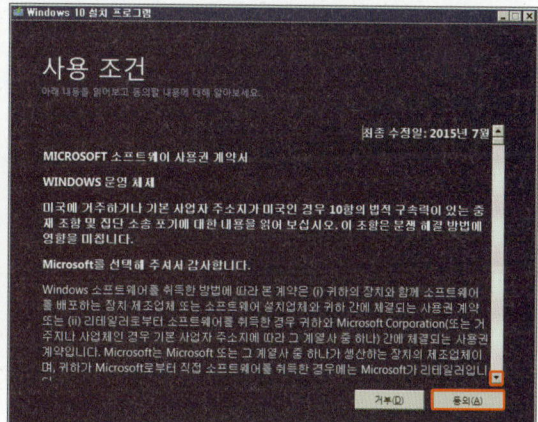

준비가 완료되면 바로 [설치]를 눌러 진행할 수 있지만, [유지할 항목 변경]을 클릭해 업그레이드 시 유지할 항목을 선택할 수 있습니다. 업그레이드 중 가장 중요한 옵션입니다. 신중히 선택합니다.

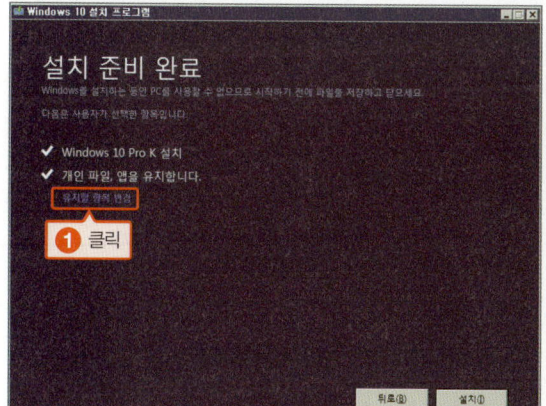

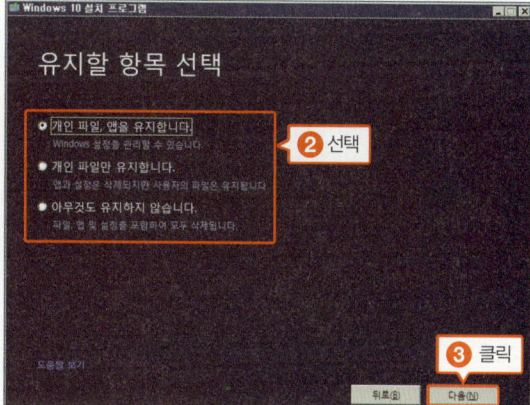

- **개인 파일, 앱을 유지합니다.** : 개인 파일과 앱을 모두 유지합니다(기본값).
- **개인 파일만 유지합니다.** : 앱과 설정이 유지되지 않습니다.
- **아무것도 유지하지 않습니다.** : 윈도우를 새로 설치합니다.

바로 통하는 TIP 업그레이드 후 이전 버전으로 다시 돌아오려면 [개인 파일, 앱을 유지합니다.]를 선택해야 합니다. [아무것도 유지하지 않습니다.]를 선택하면 윈도우 7~8.1로 다시 돌아올 수 없습니다. 기본 값인 [개인 파일, 앱을 유지합니다.]를 선택했다면 업그레이드 후에도 이전 사용자 계정을 그대로 활용합니다. 계정의 비밀번호를 잊지 말고 기억해둡니다.

바로 통하는 TIP 성공적으로 윈도우 10 정품 인증이 되었다면 무료 업그레이드 기간 이후에도 윈도우 10을 정상적으로 사용할 수 있으며 재설치도 가능합니다.

━ 윈도우 10 설치

설치 준비가 되면 윈도우가 다시 시작됩니다.

▲ 윈도우 7에서 업그레이드했을 때(로컬 계정 비밀번호를 입력)　　▲ 윈도우 8/8.1에서 업그레이드했을 때(마이크로소프트 계정 또는 로컬 계정으로 로그인)

02 윈도우 10을 새로 설치(클린 설치)하기

데이터를 모두 백업했다면 윈도우 10을 깨끗하게 새로 설치하는 것도 좋습니다. 윈도우 10을 정품 인증받았다면 새로 설치(클린 설치)하더라도 정품 인증 상태가 유지됩니다. 4GB 정도의 USB 메모리 또는 빈 DVD 하나를 준비합니다. 한 번 설치 미디어를 만들고 나면 나중에 재활용할 수 있습니다.

정품 인증 여부 확인하기

[시작 ⊞]을 눌러 [설정]에 들어갑니다. [업데이트 및 복구]에서 [정품 인증]에 들어가면 'Windows 정품 인증을 받았습니다.'라는 메시지를 확인합니다. '버전' 정보도 확인해둡니다.

바로 통하는 TIP 윈도우 7~8.1에서 윈도우 10으로 업그레이드하지 않은 상태로 윈도우 10을 새로 설치했다면 정품 인증이 되지 않을 수 있습니다. 최소한 한 번은 업그레이드 설치를 통해 정품 인증을 받을 필요가 있습니다. 26쪽을 참고해 업그레이드 설치를 먼저 수행합니다. 처음 사용자용 윈도우 10을 구매한 경우는 34쪽을 참고합니다.

바로 통하는 TIP 윈도우 10 버전 1511 이상의 경우 윈도우 7/8/8.1의 제품 키를 입력해도 정품 인증됩니다. 윈도우 10을 설치한 후 설정 앱의 [업데이트 및 복구]에서 [정품 인증]에 들어가 [제품 키 변경]을 클릭합니다. 정품 인증과 관련한 세부 사항은 아래 웹 사이트에서 확인할 수 있습니다.
http://windows.microsoft.com/ko-kr/windows-10/activation-in-windows-10
정품 인증과 관련하여 한국 마이크로소프트에 전화(☎1577-9700)로 문의할 수도 있습니다.

설치용 USB 메모리 새로 만들기

웹 브라우저로 https://www.microsoft.com/ko-kr/software-download/windows10에 접속합니다.
[지금 도구 다운로드]를 눌러 설치 프로그램을 내려받아 실행합니다. Windows 10 설치 프로그램이 실행되면
[다른 PC용 설치 미디어 만들기]를 선택하고 [다음]을 클릭합니다.

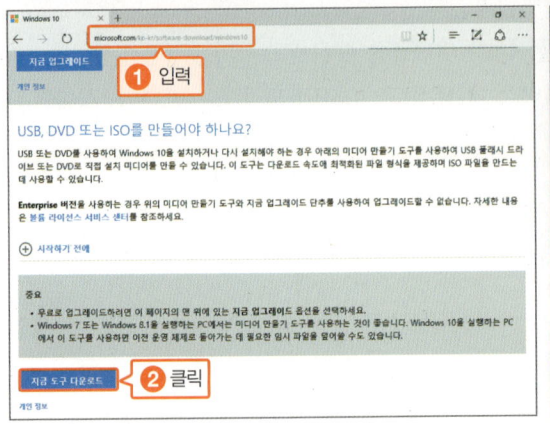 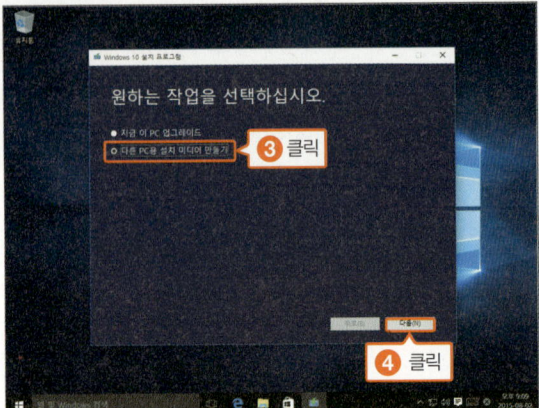

언어, 버전, 아키텍처 선택이 나타납니다.

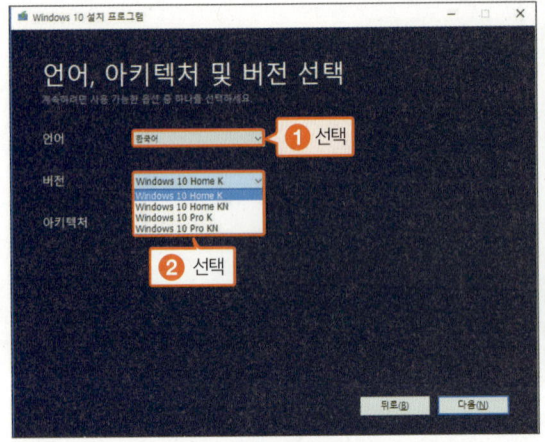 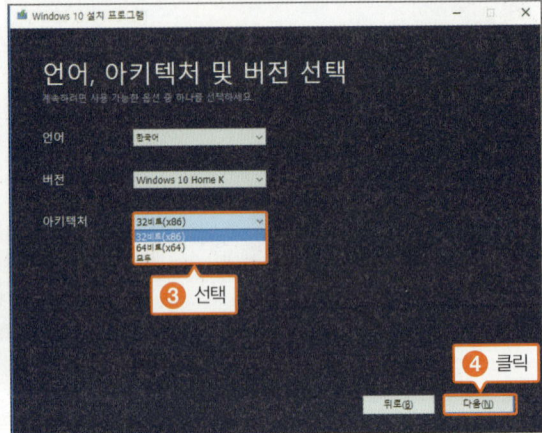

- **언어** : 원하는 언어를 선택합니다.
- **버전** : 이전에 정품 인증을 받았던 에디션을 선택합니다.
- **아키텍처** : 알맞은 비트 수를 선택합니다. [모두]를 선택하면 6GB 이상이 필요합니다. 32/64비트 중에서 고르
  면 3GB 정도의 공간을 차지합니다.

USB 메모리를 가지고 있다면 [USB 플래시 드라이브]를 선택합니다. 그렇지 않다면 [ISO 파일]로 내려받은 후
나중에 DVD로 굽거나 USB로 만들 수 있습니다. USB 메모리나 공 DVD를 컴퓨터에 삽입합니다.

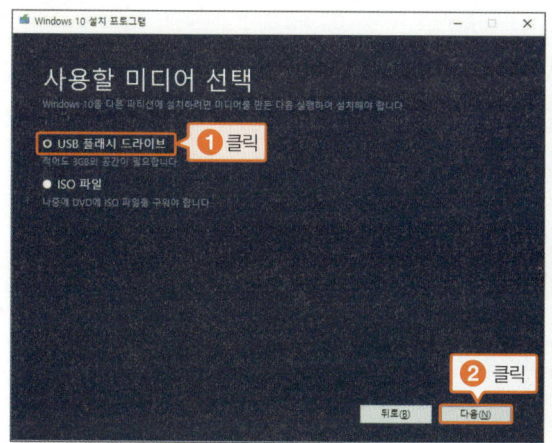

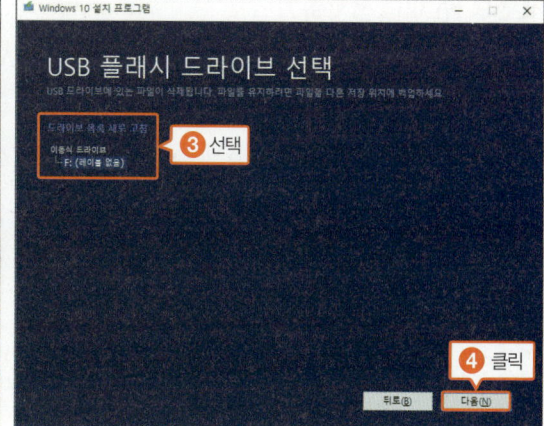

실무활용노트 WINDOWS · 이동식 디스크 드라이브 명 확인하기

선택한 드라이브가 초기화되므로 드라이브 명을 잘 확인해야 합니다. 드라이브를 잘못 선택하면 데이터 유실의 위험이 있습니다. 탐색기를 열면 이동식 디스크가 어떤 드라이브 레이블을 갖고 있는지 확인할 수 있습니다. 아래 탐색기 화면에서는 'F:'라는 이름으로 표시되었습니다.

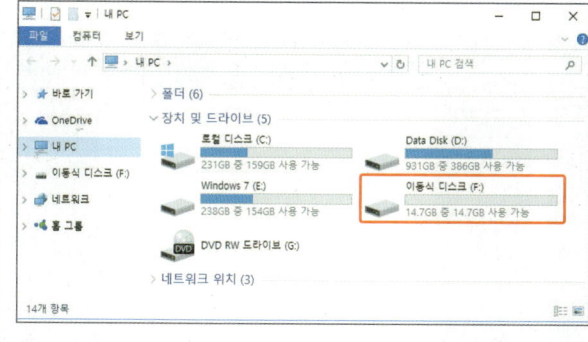

Windows 10을 다운로드하고 설치 미디어를 자동으로 만듭니다.

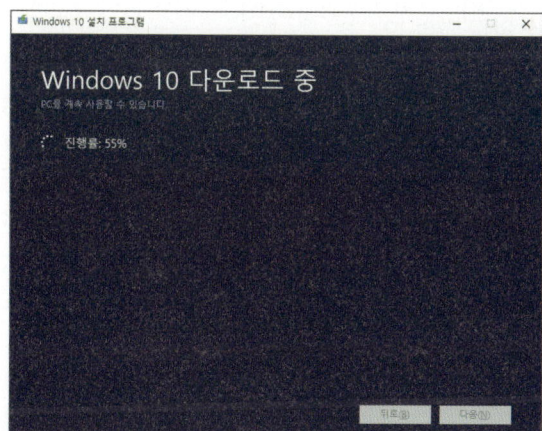

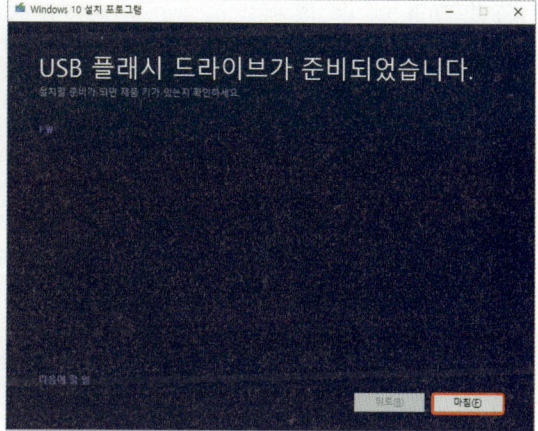

윈도우 10 새로 설치하기

윈도우 10을 클린 설치하려면 USB 메모리(또는 DVD)로 부팅 가능하도록 설정해야 합니다. 컴퓨터를 켜고, CMOS 설정으로 들어갑니다. [Del] 또는 [F2]를 누르는 등 컴퓨터마다 다양한 방법이 있습니다. 부팅 우선순위 (Boot Priority)에서 연결한 USB 메모리(또는 DVD)를 가장 빠른 순서로 설정합니다.

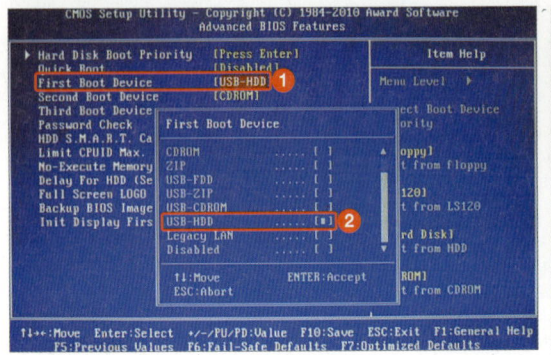 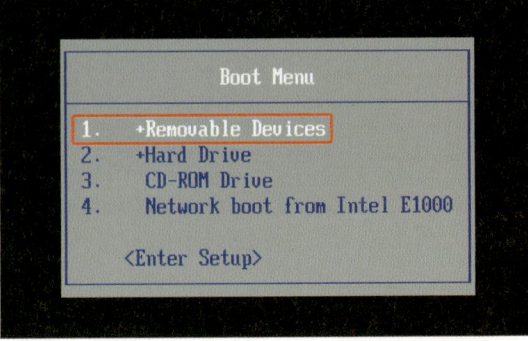

Windows 설치 프로그램이 나타나면 국가와 언어를 설정합니다. Windows 정품 인증을 위한 제품 키 입력에서는 아래쪽의 [건너뛰기]를 선택합니다.

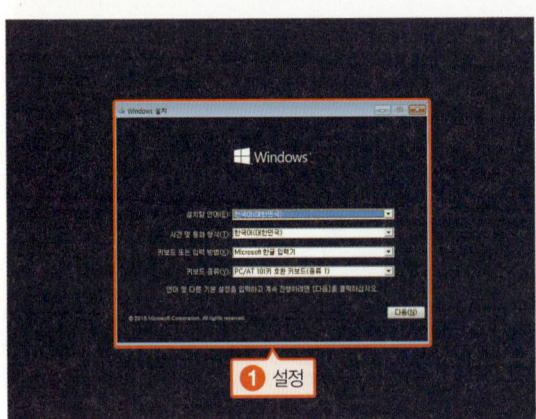 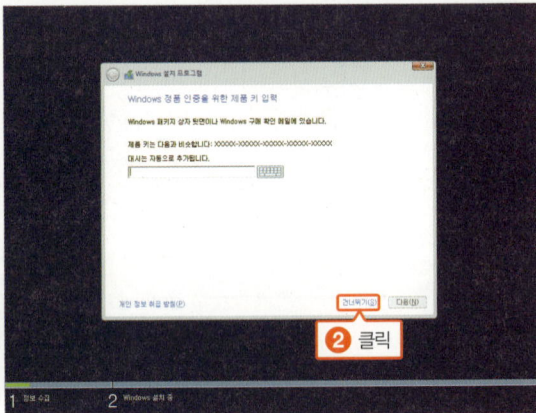

바로 통하는 TIP 처음 사용자용 윈도우 10을 구입했다면 제품 키를 입력하여 설치를 진행합니다.

사용 조건에 동의하고 새로 설치하기 위해 [사용자 지정]을 선택합니다.

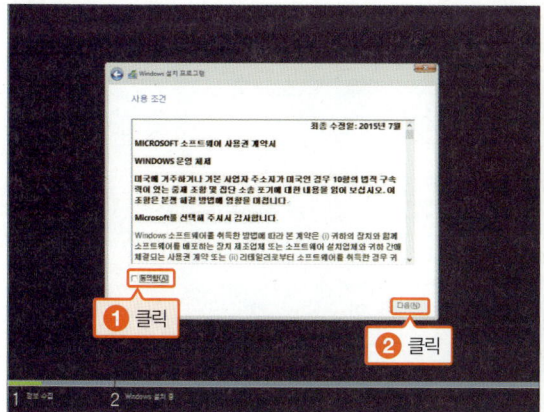 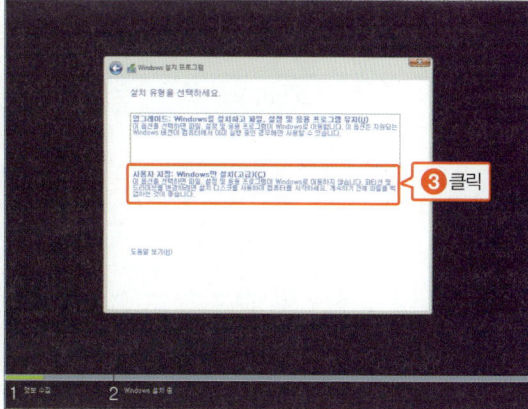

윈도우를 설치할 파티션을 선택하면 자동으로 설치가 진행됩니다.

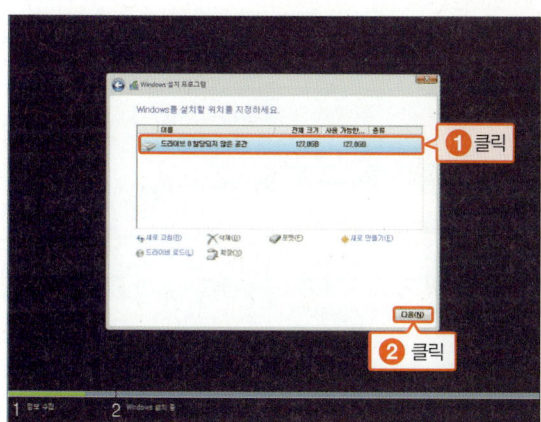 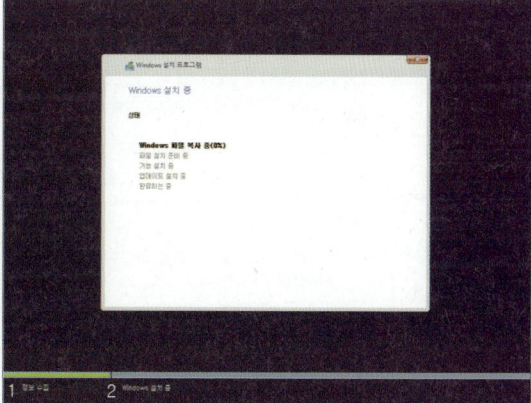

제품 키 입력에서 아래쪽의 [나중에]를 선택합니다. 빠른 시작 페이지가 나오면 원하는 옵션을 선택합니다. [기본 설정 사용]을 클릭하면 권장하는 값으로 빠르게 설정됩니다.

 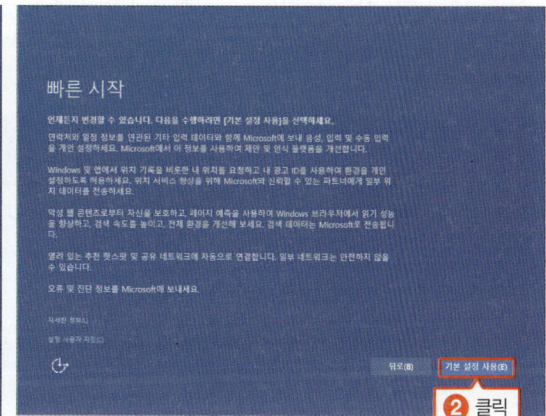

바로 통하는 TIP 처음 사용자용 윈도우 10을 구입했다면 제품 키를 입력하여 설치를 진행합니다.

설정 사용자 지정 옵션

[설정 사용자 지정]을 클릭하면 업데이트, 개인 정보 보호 옵션을 스스로 선택할 수 있습니다.

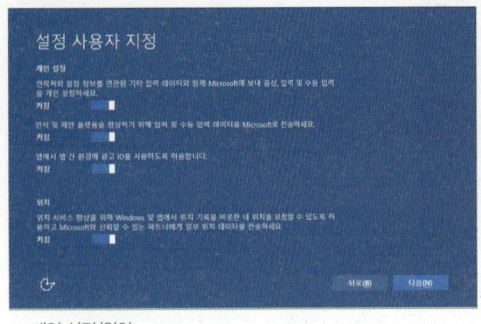

▲ 개인 설정/위치   ▲ 브라우저 및 보호/오류 보고

'이 PC를 누가 소유하고 있나요?'라는 물음이 나오면 조직 소유인지, 개인 소유인지를 선택하여 진행합니다. 일반적인 개인용 컴퓨터라면 [내가 소유합니다.]를 클릭합니다.

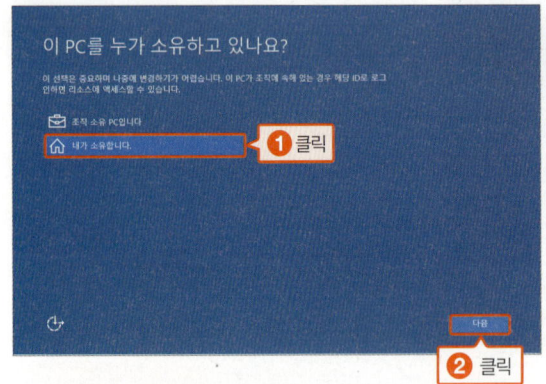
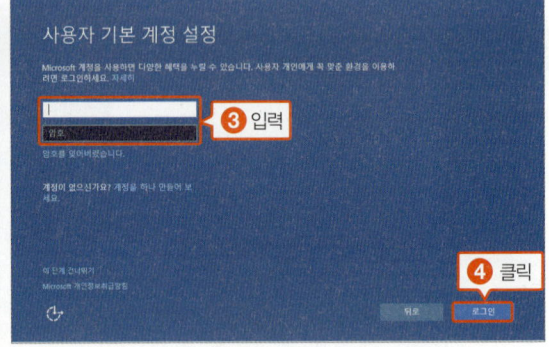

사용자 계정 만들기

'사용자 기본 계정 설정'에서 [이 단계 건너뛰기]를 선택하면 마이크로소프트 계정을 사용하지 않고 로컬 계정을 만들어 로그인할 수 있습니다. 하지만 스토어, OneDrive 등을 활용하려면 마이크로소프트 계정으로 로그인해야 합니다. 계정이 없으면 [계정을 하나 만들어 보세요.]를 클릭합니다.

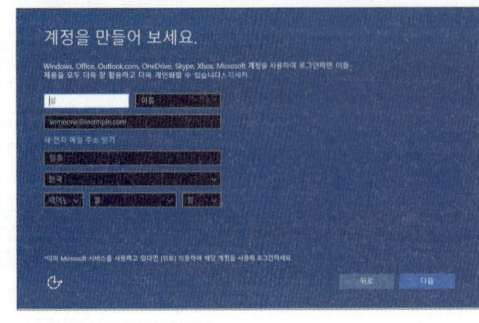

▲ 마이크로소프트 계정 생성   ▲ 로컬 계정 생성

연결 방법 선택 옵션

오피스 365 등 회사나 기관에서 제공하는 계정을 사용해 로그인해야 한다면 [조직 소유 PC입니다.]를 선택합니다. Azure AD 조인과 도메인 조인 중에서 선택할 수 있습니다.

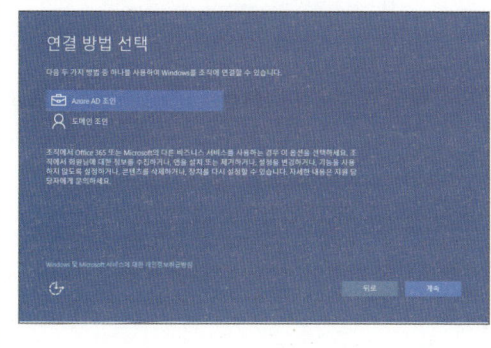

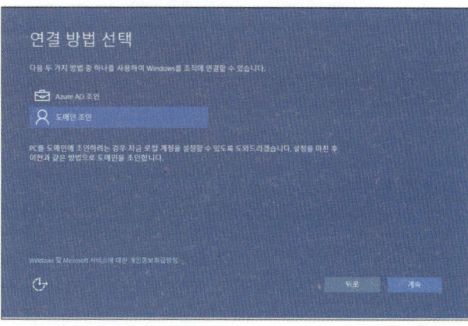

▲ Azure AD 조인   ▲ 도메인 조인

'암호는 구시대 방식입니다.'라는 메시지가 보입니다. 간단한 숫자로 구성된 추가 암호를 만드는 과정입니다. [PIN 설정]을 클릭하고 4~6자리 정도의 숫자 암호를 입력합니다.

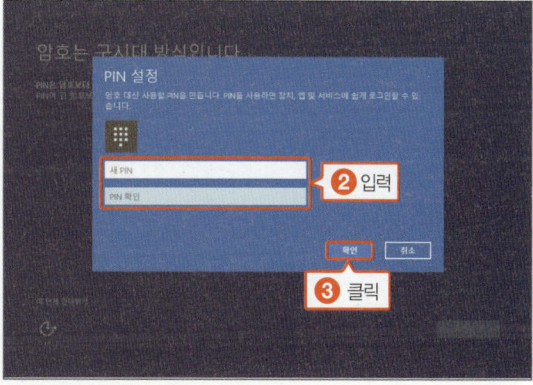

이후 설정 작업을 자동으로 수행합니다. 완료되면 바탕 화면이 나타납니다.

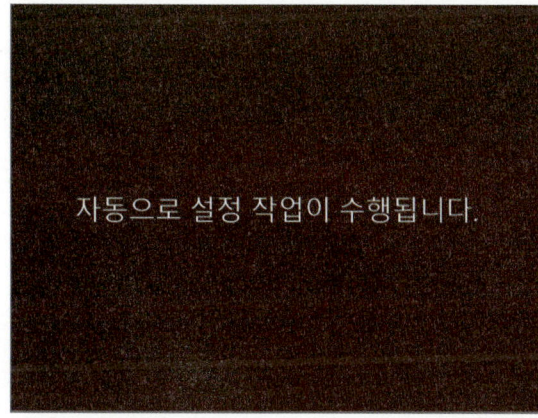

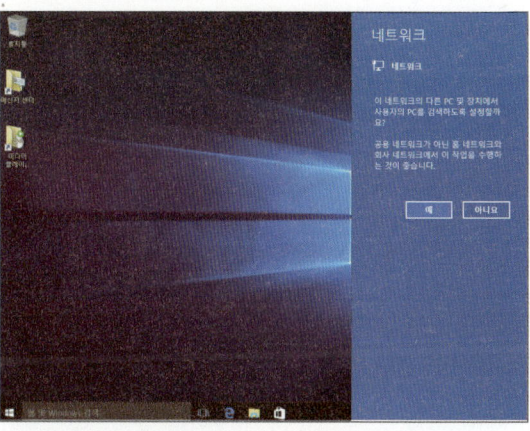

03 이전 운영체제로 되돌리기

새로운 운영체제와의 만남은 무척 설레는 일입니다. 하지만 프로그램의 호환성이나 하드웨어의 한계, 개인의 취향에 따라 이전 버전으로 되돌려야 하는 상황도 발생할 수 있습니다. 이번에는 이전 윈도우로 복구하는 방법을 살펴보겠습니다. 중요한 자료는 미리 백업해둡니다.

복구 조건 확인하기

윈도우 10으로 업그레이드했을 때 기본 값인 [개인 파일, 앱을 유지합니다.]를 선택한 경우에만 다운그레이드가 가능합니다. 그리고 윈도우 10 업그레이드 이후 1개월 동안만 원상 복구할 수 있으니 업그레이드했던 날짜를 꼭 기억해놓습니다.

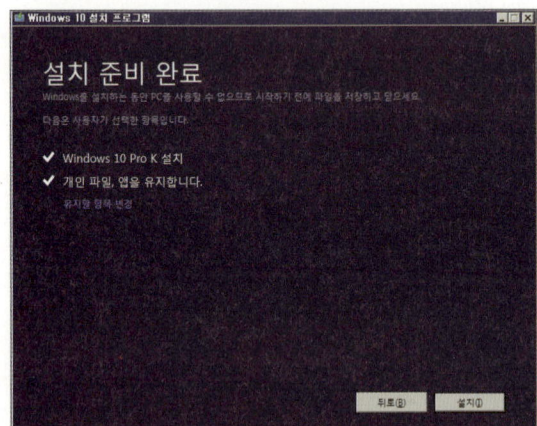
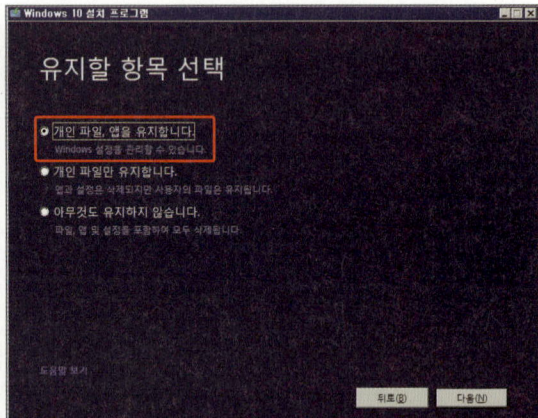

복구 방법 살펴보기

[시작 ▦]에서 [설정]을 클릭한 후 [업데이트 및 복구]를 선택합니다.

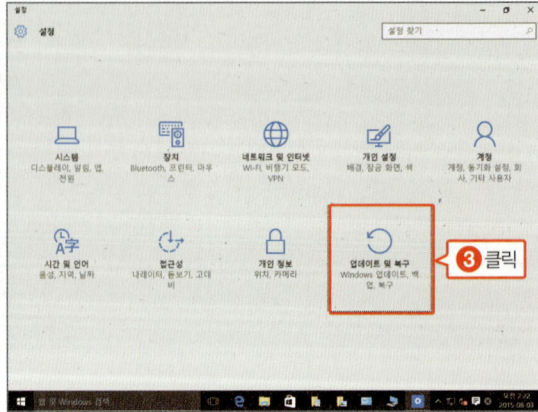

[복구]에서 [Windows 7/8.1로 돌아가기] 아래에 있는 [시작]을 클릭합니다.

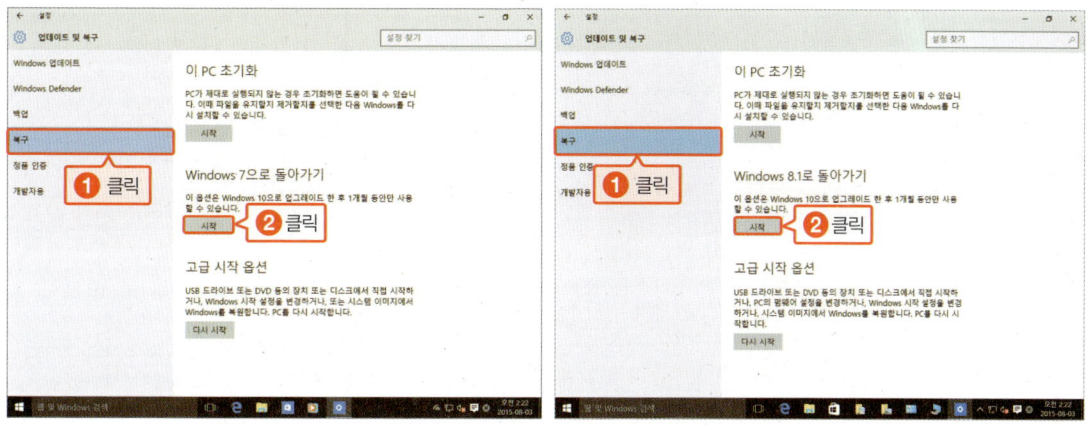

▲ Windows 7   ▲ Windows 8.1

되돌리려는 이유를 선택하고 [알아야 할 사항]을 읽어봅니다. 이전 버전으로 복원하면 설치한 프로그램이나 파일이 영향을 받을 수 있다고 알려줍니다.

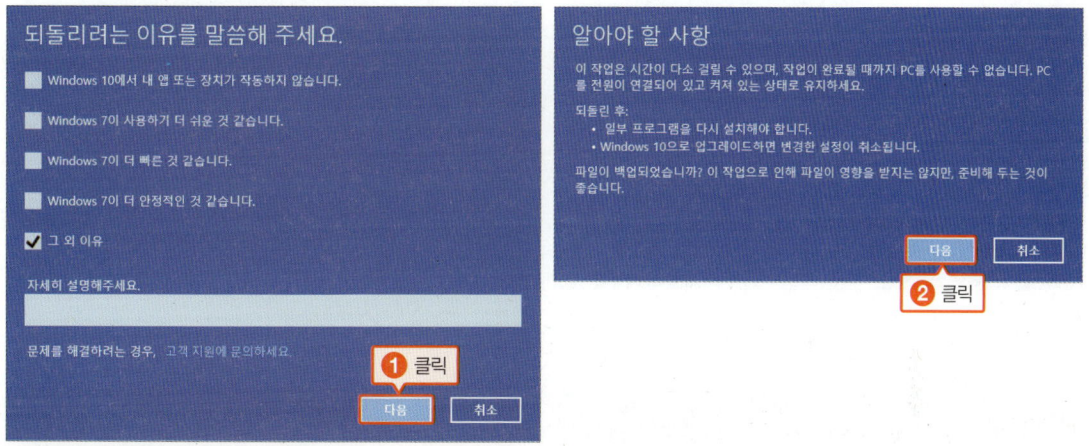

이전 윈도우 버전에서 사용했던 암호도 숙지해놓습니다. [Windows 7/8.1로 되돌리기]를 클릭합니다.

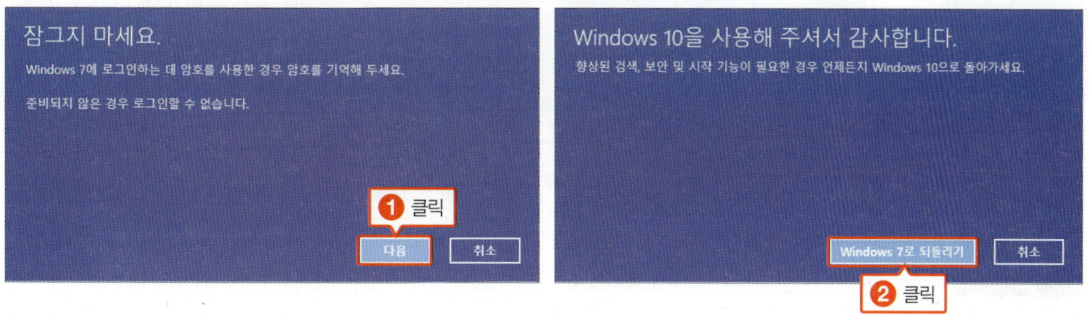

시스템이 다시 시작되고 이전 버전의 윈도우로 복원됩니다.

익숙한 예전 로그온 화면으로 돌아왔습니다. 이전에 사용하던 비밀번호로 로그인합니다.

▲ Windows 7로 복원

▲ Windows 8.1로 복원

바로 통하는 TIP 다운그레이드해서 윈도우 7∼8.1로 돌렸더라도 다시 윈도우 10으로 업그레이드할 수 있습니다. 28쪽을 참고합니다.

04 윈도우 10에서 컴퓨터 켜고 끄기

컴퓨터를 사용하려면 전원을 눌러 컴퓨터를 켭니다. 컴퓨터를 켤 수 있다면 당연히 끄는 방법도 알아야 합니다. 윈도우 7처럼 윈도우 10에서도 시작 메뉴를 통해 시스템을 종료할 수 있습니다.

잠금 화면에서 로그인하기

전원 버튼을 눌러 컴퓨터를 켜면 잠금 화면이 나타납니다. 마치 스마트폰이나 태블릿처럼 현재 시간, 네트워크 상태, 일정 등이 보입니다. 정해진 사용자 외에는 사용할 수 없도록 사생활 보호 기능도 제공합니다. 마우스로 아무데나 클릭하거나 키보드로 아무 키나 누르면 비밀번호 입력 화면으로 넘어갑니다. 태블릿처럼 터치스크린에서는 손가락으로 화면을 쓸어 올려도 됩니다.

실무활용노트 WINDOWS **좀 더 편리한 암호 입력 방식 사용하기**

태블릿에서는 손가락을 사용하는 사진 암호나 빠르게 로그인할 수 있는 4자리로 된 PIN 번호를 입력할 수도 있습니다. 윈도우 10에 탑재된 생체 정보 이용 기술인 Windows Hello를 사용하면 지문이나 홍채 등 생체 정보로 로그인할 수 있습니다.

▲ 사진 암호

▲ Windows Hello

시스템 종료로 컴퓨터 끄기

컴퓨터를 끄려면 [시스템 종료]를 찾아야 합니다. 데스크톱과 태블릿은 시스템 종료 방법이 조금 다릅니다. 마우스와 키보드를 사용하는 데스크톱이나 노트북에서는 윈도우 7과 동일하게 시작 메뉴에서 시스템을 종료할 수 있습니다. 태블릿에서는 전원 버튼을 활용합니다.

➖ 시작 메뉴에서 시스템 종료하기

[시작 ⊞]을 클릭하거나 키보드의 ⊞를 누릅니다. 시작 메뉴가 나타나면 [전원]을 클릭한 후 [시스템 종료]를 선택합니다. 잠시 후 컴퓨터가 꺼집니다.

➖ 전원 버튼을 눌러서 시스템 종료하기

서피스 같은 기기에서는 손가락으로 편리하게 컴퓨터를 끌 수 있습니다. 전원 단추를 5초 정도 누르면 [내려서 PC 종료] 화면이 나타납니다. 이때 전원 버튼에서 손을 뗀 후 화면을 끌어내리면 컴퓨터가 꺼집니다. 스마트폰을 종료할 때와 비슷합니다.

05 시작 메뉴 살펴보기

윈도우 10에서 시작 메뉴가 돌아왔습니다. 시작 메뉴만 잘 활용해도 윈도우 10을 습득하는 데 큰 도움을 줍니다. 윈도우의 모든 기능이 이곳에 있다고 해도 과언이 아니기 때문입니다. 폴더나 웹 사이트, 자주 사용하는 앱을 고정하거나 타일 또는 시작 메뉴 자체의 크기를 조정할 수 있습니다.

시작 메뉴 자세히 보기

시작 메뉴로 이동하려면 [시작█]이나 키보드의 █를 누릅니다. 시작 메뉴의 왼쪽에는 자주 사용되는 앱이 나타납니다. 오른쪽에는 앱이 타일 형태로 나열되어 있습니다. 왼쪽은 윈도우 7의 장점을, 오른쪽은 윈도우 8/8.1의 장점을 잘 섞어놓은 모습입니다.

① **사용자 이름** : 사용자를 전환하고 계정 설정을 변경할 수 있습니다.

② **자주 사용되는 앱** : 자주 사용하는 앱을 빠르게 실행할 수 있습니다.

③ **최근에 추가한 항목** : 스토어에서 최근에 설치한 앱이 나타납니다.

④ **각종 폴더와 설정 및 전원 메뉴** : 파일 탐색기, 설정, 전원 메뉴 등이 자리합니다. 자주 사용하는 폴더를 추가할 수도 있습니다. 48쪽을 참고합니다.

⑤ **모든 앱** : 컴퓨터에 설치된 모든 앱 목록이 나타납니다.

⑥ **시작 화면** : 앱(프로그램)을 타일 형태로 추가할 수 있는 공간입니다.

시작 메뉴 크기 조절하기

시작 메뉴의 끝부분을 잡고 내리거나 올리면 너비나 높이를 조절할 수 있습니다.

앱(프로그램) 목록 보기

시작 메뉴에서 [모든 앱]을 클릭하면 컴퓨터에 설치된 모든 앱(프로그램)이 나타납니다. 원하는 앱을 찾아 실행할 수 있습니다.

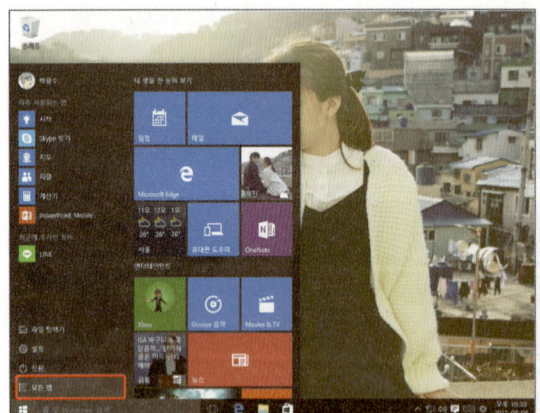

06 사용자 친화적으로
시작 메뉴 설정하기

윈도우 10의 기능은 시작 메뉴에서 출발해 시작 메뉴에서 끝난다고 해도 무방합니다. 이런 공간을 사용자 입맛에 맞게 설정할 수 있습니다. 자신에게 편리하도록 시작 메뉴를 설정하는 방법에 대해 살펴보겠습니다.

시작 화면에 앱 고정하기

자주 사용하는 앱을 시작 화면에 고정할 수 있습니다. 왼쪽의 목록에서 오른쪽으로 앱을 끌어다놓으면 고정됩니다. 왼쪽 앱에서 마우스 오른쪽 버튼을 눌러 [시작 화면에 고정]을 선택해도 됩니다.

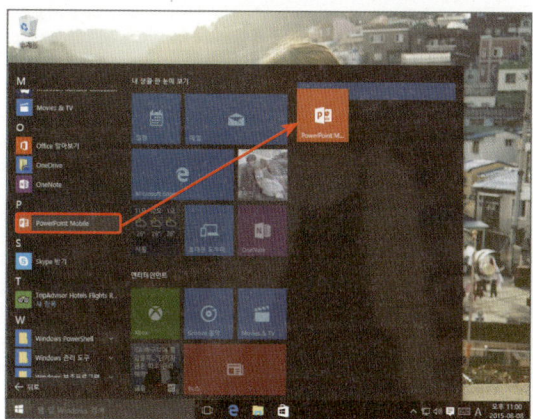

시작 화면에서 앱 제거하기

시작 화면에서 사용하지 않거나 필요 없어진 타일은 고정을 해제할 수 있습니다. 타일에서 마우스 오른쪽 버튼을 클릭한 후 [시작 화면에서 제거]를 선택합니다.

타일 크기 조절하기

타일을 마우스 오른쪽 버튼으로 클릭한 후 [크기 조정]에서 네 가지 크기(① 작게, ② 보통, ③ 넓게, ④ 크게)를 선택할 수 있습니다. 사용하기 편리할 뿐 아니라 예쁘게 꾸밀 수도 있습니다.

앱을 그룹으로 묶기

시작 화면의 타일 고정 영역에 각 섹션마다 이름을 넣을 수 있습니다. 타일 위의 빈 공간을 선택하면 이름을 입력할 수 있습니다.

그룹의 이름을 마우스로 클릭한 채 드래그하면 원하는 곳으로 옮길 수 있습니다.

전체 화면 크기로 확대하기

윈도우 8처럼 화면을 꽉 채우는 시작 메뉴를 만들 수 있습니다. [시작■]의 [설정]에서 [개인 설정]으로 들어갑니다.

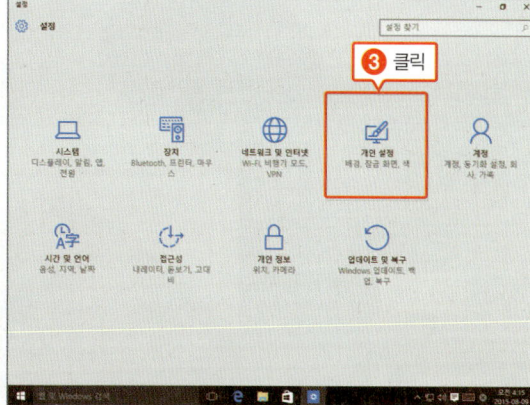

[시작]에서 [전체 시작 화면 사용]을 클릭해 [켜짐 ◯]으로 바꾸면 시작 메뉴가 화면 전체를 꽉 채웁니다.

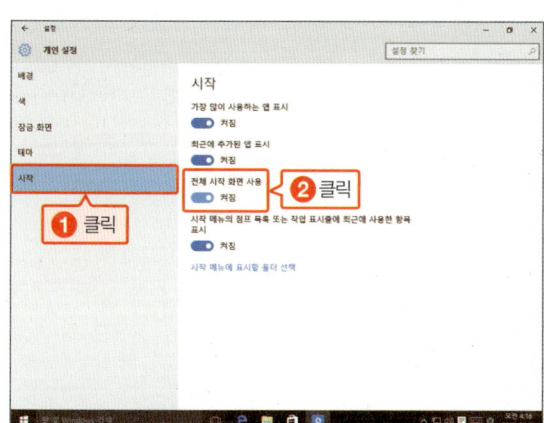

위쪽의 [메뉴■]를 클릭하면 시작 메뉴의 왼쪽 항목이 보이고, 아래쪽의 [모든 앱■]을 클릭하면 앱 목록이 나타납니다.

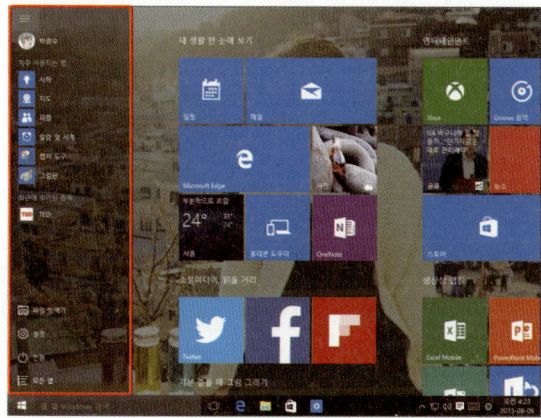
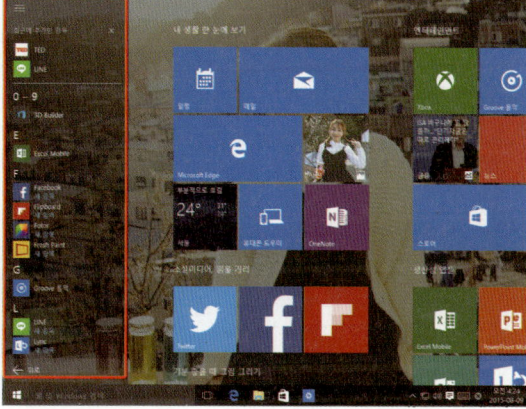

자주 찾는 폴더를 표시하기

시작 메뉴를 열면 [설정] 위에 [파일 탐색기]가 보입니다. 이 부분에 자주 찾는 폴더를 추가할 수 있습니다. [시작 ■]의 [설정]에서 [개인 설정]을 클릭합니다.

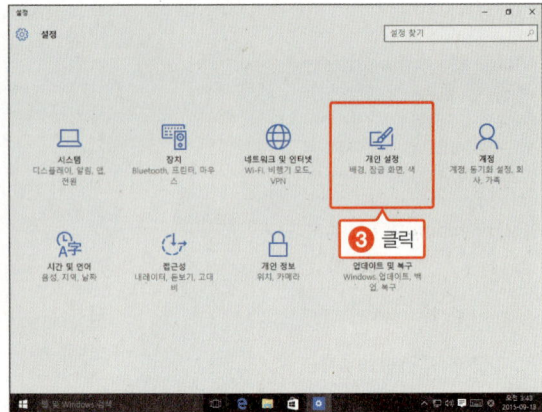

[시작]을 클릭하면 [시작 메뉴에 표시할 폴더 선택]이 보입니다. 이를 클릭한 후 시작 메뉴에 보이길 원하는 폴더를 추가합니다. [켜짐 ◯]으로 표시된 폴더가 시작 메뉴에 나타납니다.

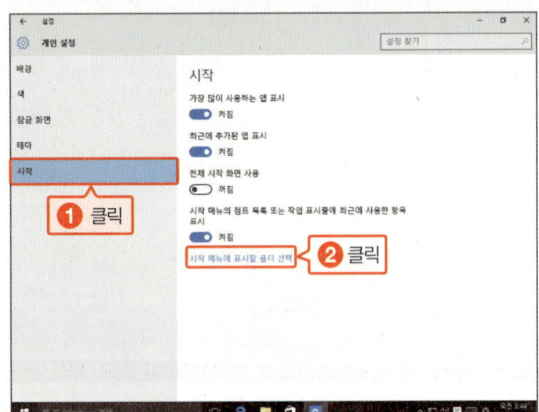
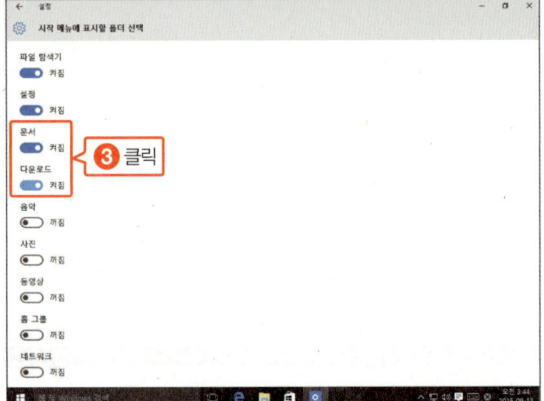

[시작 ■]을 눌러 추가된 폴더를 확인합니다. 이제부터는 시작 메뉴에서 빠르게 접근할 수 있습니다.

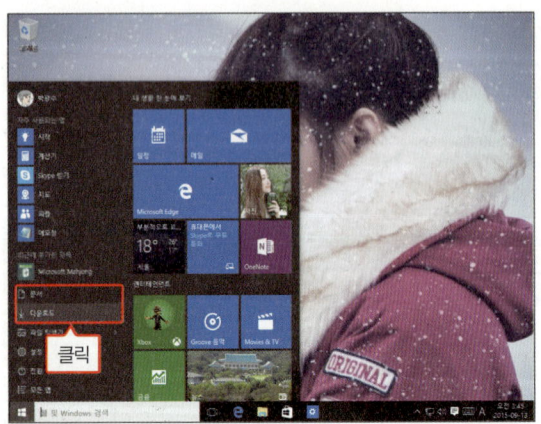
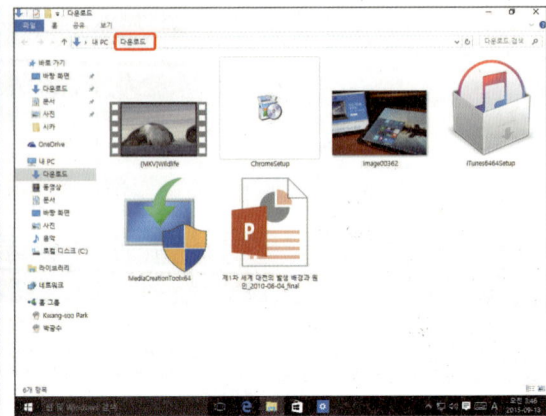

07 스마트한 비서이자 팔방미인 코타나 둘러보기

윈도우 10의 검색 상자에는 코타나(Cortana)라는 비서가 숨어 있습니다. 코타나는 [시작 ⊞]의 오른쪽인 [웹 및 Windows 검색]에서 사용할 수 있습니다. 코타나는 파일부터 전자 메일, 원드라이브(OneDrive)까지 검색해줍니다. 코타나와 빨리 친해지면 윈도우 10을 빠르고 간편하게 사용할 수 있습니다.

코타나 둘러보기

[시작 ⊞]의 오른쪽에 있는 [웹 및 Windows 검색]을 클릭한 후 검색할 키워드를 입력합니다.

[시작 ⊞]을 클릭하거나 ⊞를 누른 후 검색할 키워드를 입력해도 됩니다.

① **메뉴** : 홈, 설정, 피드백 등 코타나 관련 메뉴를 열 수 있습니다.

② **검색 결과** : 검색 상자에 입력한 키워드에 대한 검색 결과가 나타납니다.

③ **검색 위치** : 내 장치와 웹 검색 결과 중에서 검색할 위치를 선택할 수 있습니다.

④ **검색 상자** : 이곳에 원하는 키워드를 입력하여 검색합니다.

바로 통하는 TIP 검색 상자가 작업 표시줄을 너무 많이 차지한다고 느껴진다면 작업 표시줄의 검색 상자에서 마우스 오른쪽 버튼을 클릭한 후 [검색]–[검색 아이콘 표시]를 선택합니다. 검색 상자가 작아집니다.

코타나로 검색하기

● 내 장치에서 찾기

[웹 및 Windows 검색]에 키워드를 입력하면 곧바로 검색을 시작합니다. 두 가지 검색 위치 중에서 [내 장치]를 클릭하면 내 컴퓨터의 자료를 먼저 보여줍니다. [정렬]과 [표시] 드롭다운 메뉴로 검색 범위를 더 좁혀나갈 수 있습니다. 내 PC뿐 아니라 원드라이브(OneDrive)의 자료도 찾아줍니다.

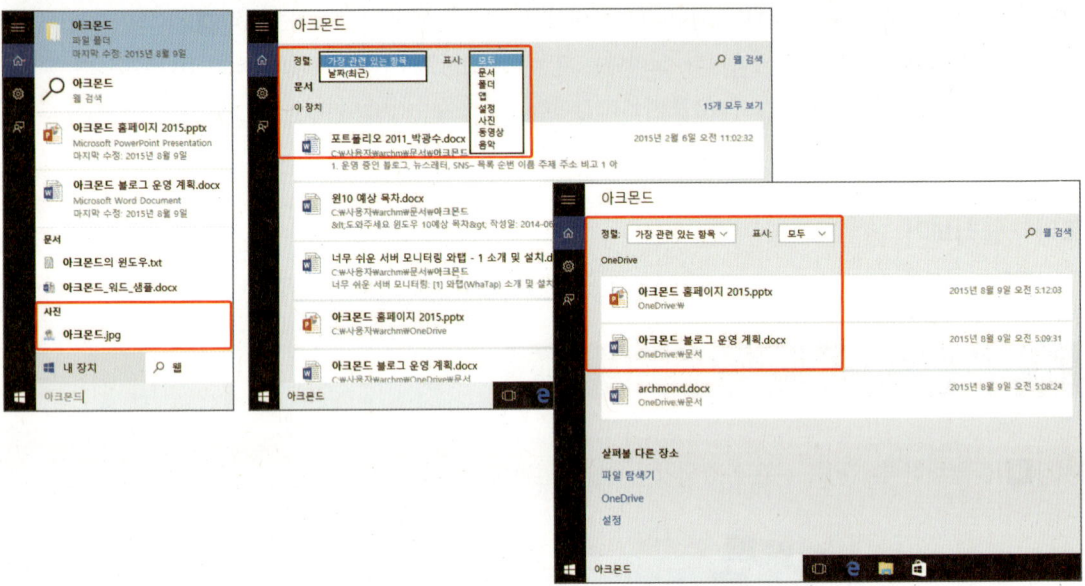

바로 통하는 TIP 원드라이브(OneDrive)는 마이크로소프트가 제공하는 클라우드 저장 공간입니다. 94쪽을 참고합니다.

실무활용노트 WINDOWS | **코타나(Cotrana)란?**

코타나는 인공 지능 소프트웨어입니다. 마이크로소프트의 게임 시리즈 헤일로(Halo)의 등장인물에서 유래했습니다. 코타나는 윈도우 10에서 개인 비서 역할을 합니다. 사용자의 작업을 돕고 다양한 최신 정보를 제공합니다.

자료 검색 외에도 앱을 실행하는 용도로 활용할 수 있습니다. 검색 상자에 실행하려는 앱의 이름을 입력하고 Enter를 누르면 바로 실행됩니다.

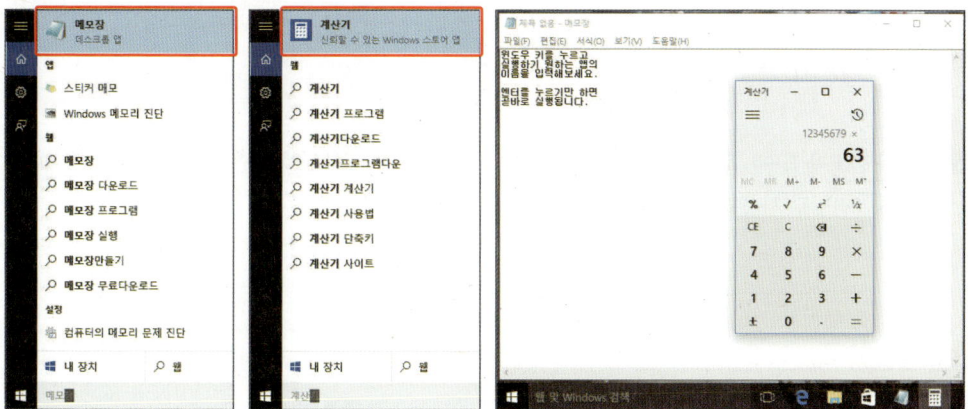

웹에서 찾기

검색 상자에서 [웹]을 선택하면 웹 브라우저가 열리면서 키워드를 빠르게 검색할 수 있습니다.

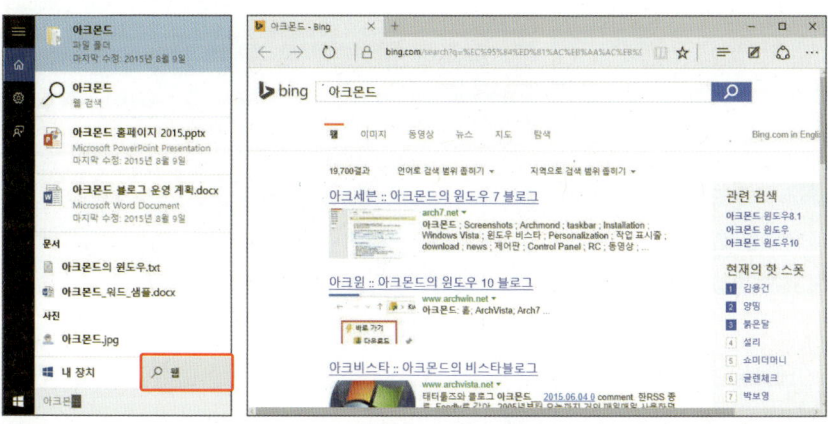

코타나의 음성 인식 알아보기

코타나는 단순한 검색 서비스가 아니라 마이크로소프트가 제공하는 개인 비서입니다. 음성 인식 기능과 함께 다양한 분야를 넘나들며 사용자에게 맞춤형 서비스를 제공합니다. 아쉽게도 현재 한글 버전에서는 제공되지 않습니다.

바로 통하는 TIP 코타나는 원래 윈도우폰에서 먼저 선보인 기능입니다. 윈도우 10 모바일에서도 똑똑한 비서를 활용할 수 있습니다. 기본 기능에 전화, 메모 등 스마트폰에 특화된 기능을 추가로 제공합니다.

08 작업 보기로 가상 데스크톱 만들기

가상 데스크톱 기능이 윈도우 10에 추가되었습니다. 가상 데스크톱은 복수의 바탕 화면을 만드는 기능입니다. 여러 앱을 실행했을 때, 화면별로 사용하기 좋게 정리할 수 있습니다. 가상 데스크톱에서 앱을 그룹처럼 모아 사용하면 됩니다.

가상 데스크톱 만들기

작업 표시줄의 [작업 보기 ▣]를 클릭한 후 다시 오른쪽 아래의 [새 데스크톱 ✛]을 클릭합니다.

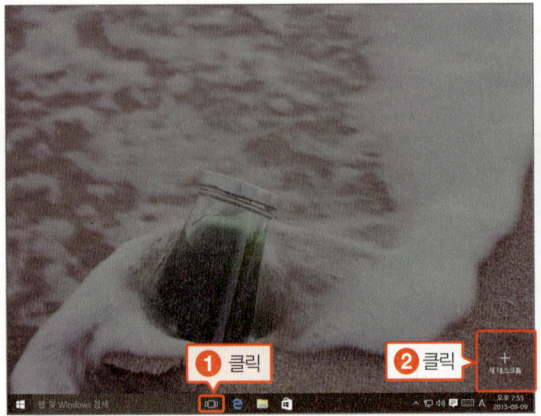 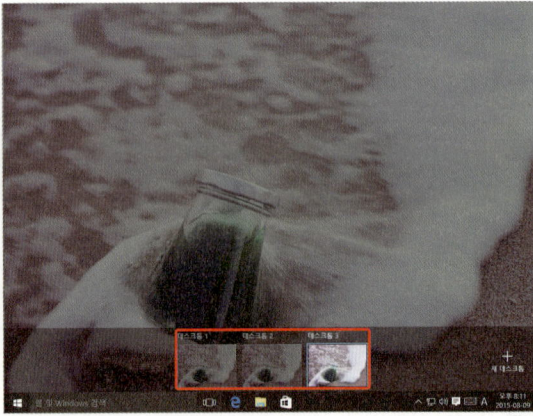

마치 별도의 모니터로 앱을 실행하는 것처럼 각각의 데스크톱에서 서로 다른 앱을 실행할 수 있습니다. 오피스 앱은 데스크톱 1에서, 웹 브라우저는 2에서, 게임은 3에서 실행한 모습입니다.

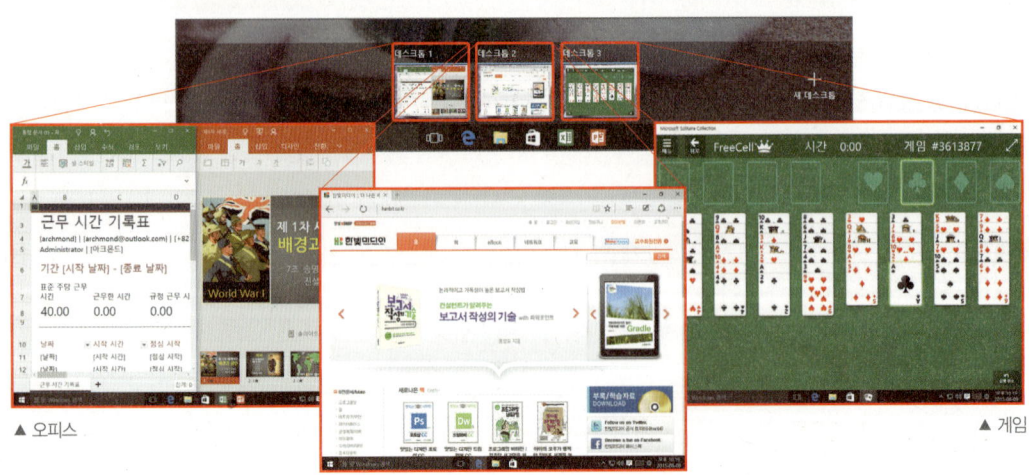

▲ 오피스

▲ 웹 브라우저

▲ 게임

작업 보기 모드에서 앱을 오른쪽 아래의 [새 데스크톱 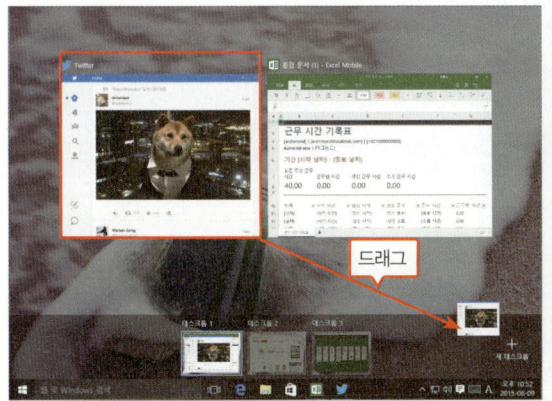]으로 끌어다놓으면 앱이 새로 만들어진 데스크톱 4로 이동합니다. 기존에 실행된 앱이 많을 때는 [새 데스크톱 ]을 만들어 앱을 실행하는 것보다 이 방법이 편리합니다.

가상 데스크톱 간에 앱 이동하기

실행 중인 앱을 드래그해 원하는 곳으로 이동합니다. 아래는 데스크톱 1에 있던 파워포인트를 데스크톱 2로 옮겨둔 모습입니다. 이 방법은 터치스크린에서 더욱 편리합니다.

앱 썸네일에서 마우스 오른쪽 버튼을 클릭한 후 [이동]을 선택해도 됩니다.

가상 데스크톱 닫기

데스크톱을 닫으려면 아래의 데스크톱 목록에서 [닫기 ☒]를 클릭합니다. 가상 데스크톱은 사라지지만 그곳에서 실행 중인 앱은 종료되지 않고 다른 열려 있는 데스크톱으로 이동됩니다.

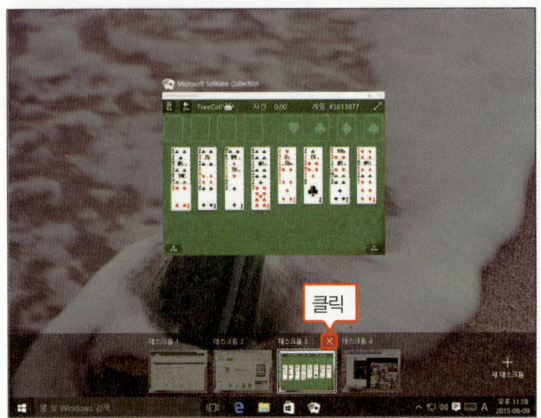
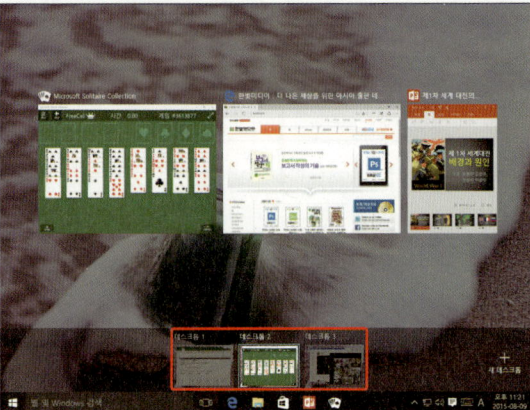

모든 데스크톱을 닫으면 하나로 합쳐지면서 가상 데스크톱을 만들지 않았던 상태로 돌아옵니다.

바로 통하는 TIP 단축키를 사용해 '작업 보기'를 전문가처럼 활용해봅니다. 가상 데스크톱 관련 단축키는 ⊞+Ctrl을 사용합니다.

• 새 가상 데스크톱 만들기 : ⊞+Ctrl+D

• 현재 가상 데스크톱 닫기 : ⊞+Ctrl+F4

• 가상 데스크톱 이동하기 : ⊞+Ctrl+← 또는 →

가상 데스크톱 설정하기

[시작 ⊞]에서 [설정]을 클릭한 후 [시스템]의 [멀티태스킹]에 들어가면 [가상 데스크톱]의 설정을 변경할 수 있습니다. 작업 표시줄이나 Alt + Tab 에서 열린 창을 표시하는 옵션을 [모든 데스크톱] 또는 [내가 사용하는 데스크톱만] 중에서 선택할 수 있습니다.

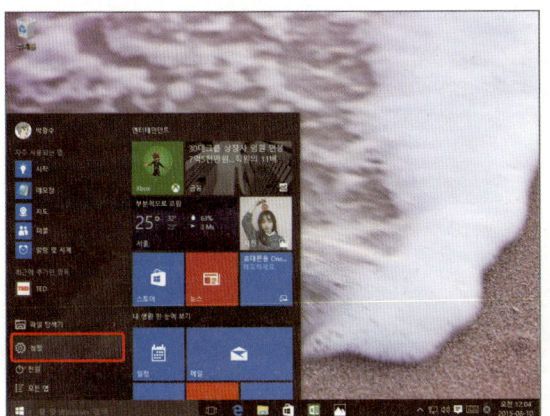 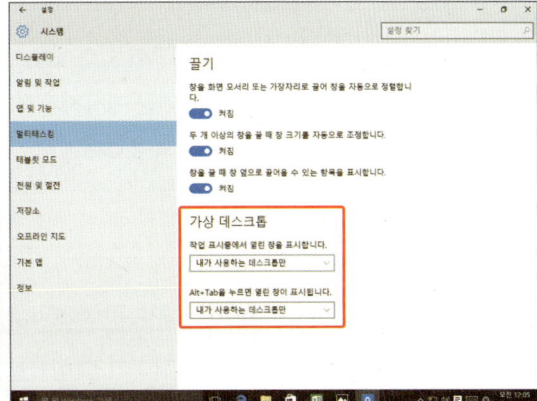

기본 값인 [내가 사용하는 데스크톱만]을 선택하면 해당 가상 데스크톱에서 실행된 앱만 보여줍니다. [모든 데스크톱]을 선택하면 실행된 앱을 모두 표시합니다.

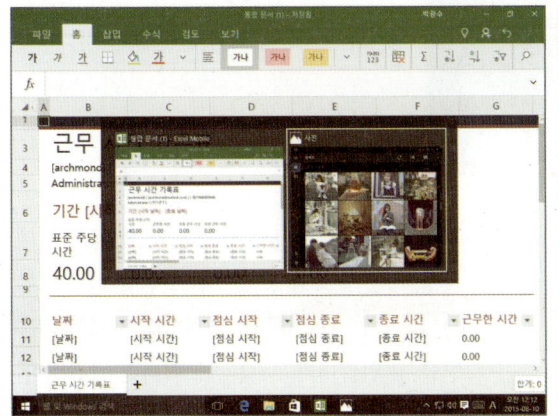 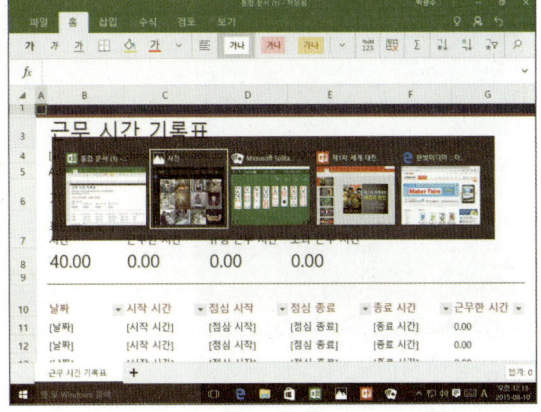

▲ [내가 사용하는 데스크톱만] 선택 시 : 현재 데스크톱에서 실행 중인 앱만 나타납니다(기본값).

▲ [모든 데스크톱] 선택 시 : 모든 데스크톱에서 실행 중인 앱 전체가 나타납니다.

바로 통하는 TIP Alt + Tab vs ⊞ + Tab

활성 프로그램 간 전환 시에 사용하는 전통적인 단축키 Alt + Tab 은 Tab 을 때는 순간 작업이 전환되어 속도가 빠릅니다. 하지만 가상 데스크톱 간에는 적용되지 않습니다. 윈도우 10은 두 가지 단축키를 모두 지원합니다. 가상 데스크톱 기능을 제대로 활용하려면 새로운 단축키인 ⊞ + Tab 을 사용합니다.

09 시스템 유지, 관리, 보안의 최전선인 알림 센터 알아보기

작업 표시줄의 오른쪽에 [알림 🗐] 아이콘이 있습니다. 알림 센터는 원래 시스템의 유지, 관리, 보안 메시지가 나타나는 곳이었는데, 윈도우 10에서는 최근 메시지와 장치 설정과 관련된 항목 등이 나타나는 곳으로 변모했습니다. 각종 설정을 빠르게 변경할 때 아주 유용합니다.

알림 센터 살펴보기

PC라면 작업 표시줄의 [알림 🗐]을 클릭하고, 태블릿이라면 오른쪽 가장자리에서 안쪽으로 손가락을 쓸어봅니다. 오른쪽에 알림 센터가 나타납니다. 단축키인 ⊞+Ⓐ를 눌러도 됩니다.

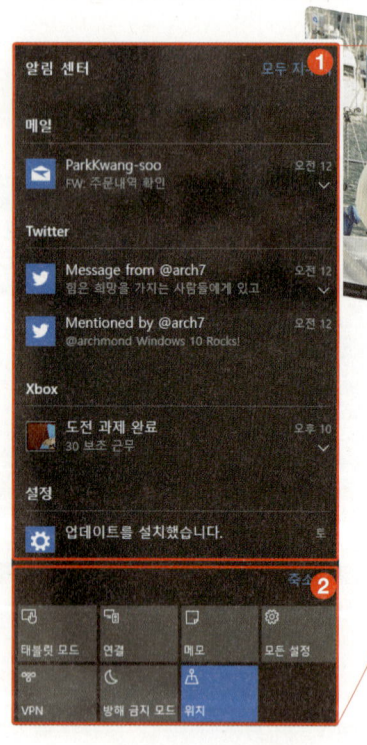

① **알림 목록** : 소셜 네트워크의 새 메시지, 윈도우 업데이트 일정, 아웃룩 모임 등 필요한 알림을 한눈에 볼 수 있습니다. [펼쳐보기 ⌄]를 클릭하면 자세한 내용을 확인할 수 있습니다. 내용을 클릭하면 관련된 앱이나 설정에 연결됩니다. [닫기 ✕]를 클릭하면 알림이 사라집니다.

② **시스템 기능** : [태블릿 모드], [연결], [메모], [모든 설정], [VPN], [방해 금지 모드], [위치] 등이 있습니다. 껐다 켰다 하는 스위치라고 보면 됩니다. 기존에는 제어판에 들어가 복잡한 과정을 거쳐서 설정해야 했던 기능을 편리하게 바꿀 수 있습니다.

각종 설정에 빠르게 접근하는 바로 가기

알림 센터의 아래쪽에 있는 '바로 가기'를 클릭하면 스마트폰처럼 Wi-Fi, 블루투스(Bluetooth) 등을 켜고 끌 수 있습니다. 이곳에 나타나는 아이콘은 컴퓨터마다 다르지만 보통 아래와 같은 항목으로 이뤄집니다.

① **태블릿 모드** : 태블릿에 최적화된 형태로 시작 메뉴 등을 변경합니다.

② **회전 잠금** : 기기의 화면 방향에 따라 회전하는 것을 방지합니다.

③ **메모** : 원노트 앱을 실행합니다.

④ **모든 설정** : 설정에 들어갑니다.

⑤ **연결** : 무선 장비와 연결합니다.

⑥ **배터리 절약 모드** : 밝기와 푸시 등을 조절하여 배터리 사용 시간을 늘립니다.

⑦ **VPN** : 가상 사설망에 연결합니다.

⑧ **Bluetooth** : 블루투스를 켜고 끕니다.

⑨ **화면 밝기** : 화면 밝기를 조절합니다. 25%, 50%, 75%, 100% 순서로 바뀝니다.

⑩ **Wi-Fi** : 무선 랜을 켜고 끕니다.

⑪ **방해 금지 모드** : 팝업 형태로 나타나는 알림을 멈춰줍니다.

⑫ **위치** : 위치 정보를 사용합니다.

⑬ **비행기 모드** : 비행기 모드를 켜고 끕니다.

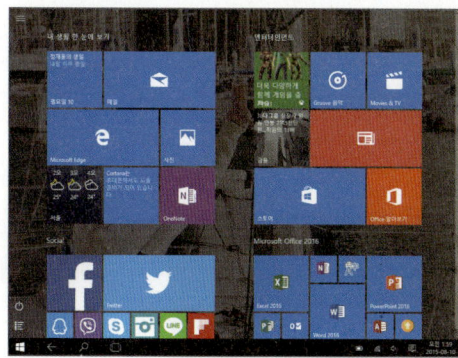

▲ 태블릿 모드

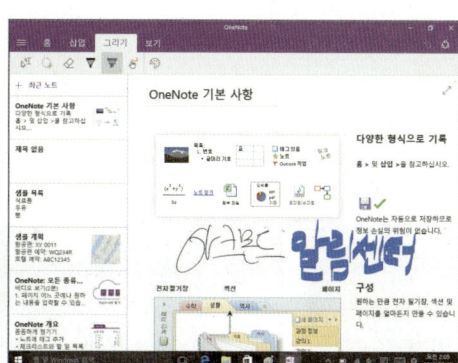

▲ 메모

▲ 모든 설정

▲ 연결

알림 센터의 아이콘 바꾸기

알림 센터의 아래에 나타나는 장치 설정 바로 가기를 다른 것으로 변경하려면 알림 센터에서 [모든 설정]을 클릭합니다. [시스템]의 [알림 및 작업]에 있는 [바로 가기 선택]에서 원하는 기능으로 바꿉니다.

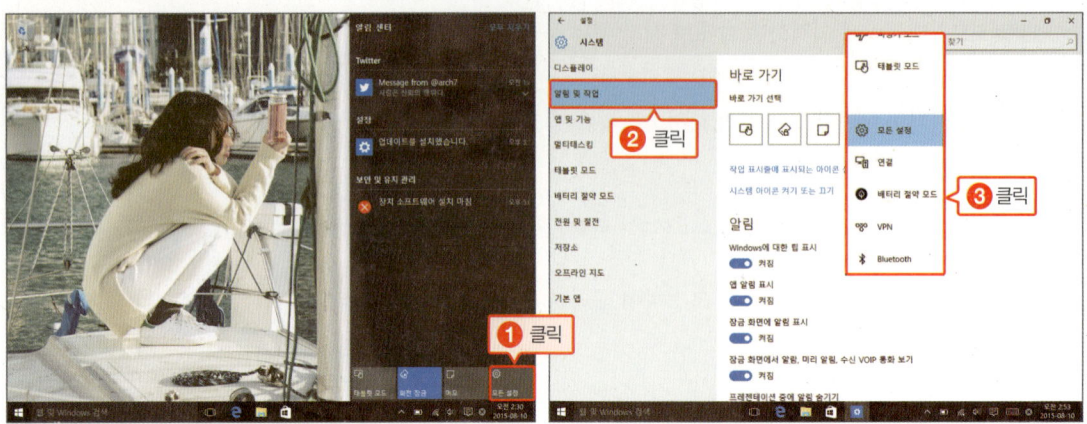

위에서 바꿨던 항목은 알림 센터의 아이콘을 [축소]했을 때 보이는 4개 아이콘에 적용됩니다.

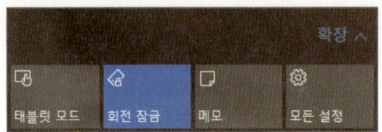

실무활용노트 WINDOWS **윈도우 10 모바일의 알림 센터(스마트폰용)**

알림 센터는 모바일에서도 데스크톱용 버전과 동일한 역할을 합니다. 장치에 대한 설정을 빠르게 변경하고 최근에 받은 알림을 확인할 수 있습니다.

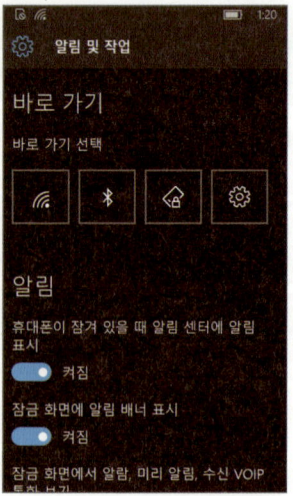

10 화면 분할 스냅으로 동시에 여러 창을 비교하기

화면에 앱을 잘 배치하는 것은 데스크톱 사용자의 생산성을 높이는 중요한 부분입니다. 여러 개의 창을 아주 쉬운 방법으로 분할해주는 스냅(Snap) 기능을 살펴보겠습니다.

한 번 드래그로 즉시 분할하기

여러 앱을 실행하고 있을 때, 창의 제목 표시줄을 잡고 가장자리로 드래그해 화면을 분할하는 기능이 있습니다. 윈도우 7부터 있던 기능으로, 앱을 선택한 후 한 번만 가장자리로 끌면 됩니다. 남은 절반을 채울 창은 직접 드래그할 필요 없이 앱 목록에서 선택할 수 있습니다.

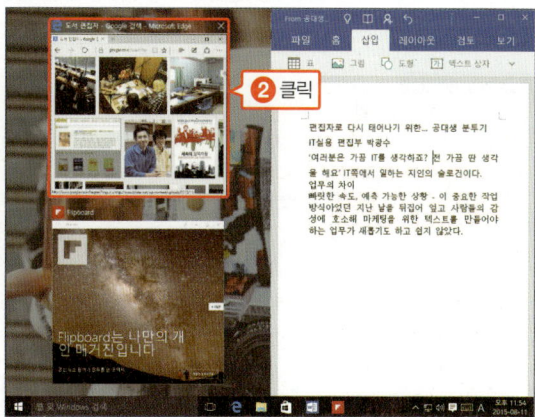

스냅을 사용하면 두 개의 창을 비교해서 볼 수 있어 편리합니다. 좌우측 창의 내용을 비교하거나 서로 다른 앱을 균등하게 배열하여 겹치지 않게 할 때 효과적입니다.

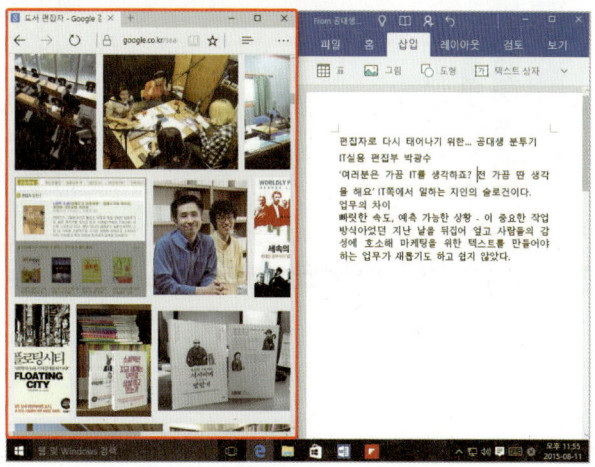

상하로도 자유롭게 분할하기

창의 제목 표시줄을 잡고 왼쪽 위/아래쪽 모서리나 오른쪽 위/아래쪽 모서리로 끌어놓아봅니다. 화면 절반을 또다시 절반으로 나눌 수 있습니다. 이 기능은 고해상도 모니터에서 유용합니다. 해상도가 낮은 모니터에서는 너무 많이 분할했을 때 내용이 잘 보이지 않을 수 있으니 주의합니다.

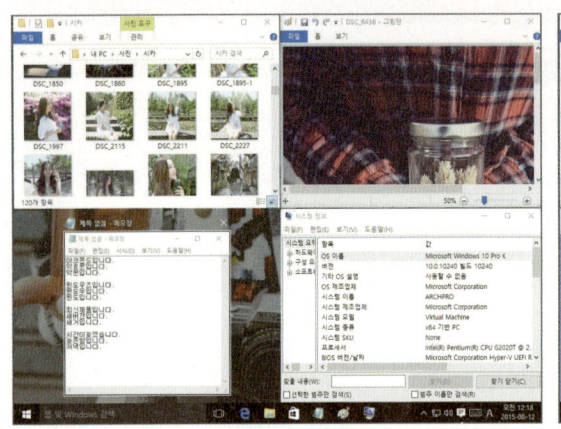 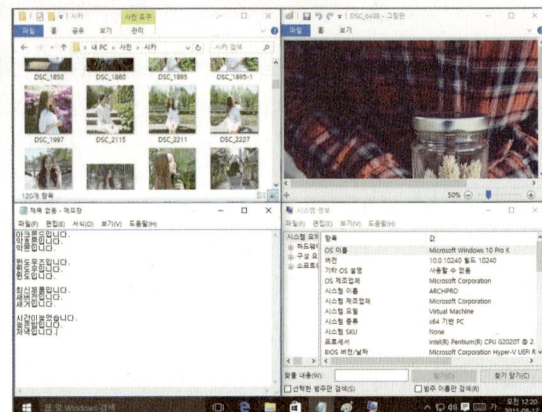

▲ 앱을 좌우측 모서리로 끌어다놓으면 상하로도 분할할 수 있습니다.

바로 통하는 TIP 스냅으로 모니터 하나당 최대 2×2까지 분할할 수 있습니다.

실무활용노트 WINDOWS | **좀 더 많은 창을 분할하려면?**

스냅은 드래그해서 화면을 분할하는 기능입니다. 좀 더 여러 창을 정렬하고 싶다면 [창 정렬]을 사용합니다. 작업 표시줄에서 마우스 오른쪽 버튼을 클릭한 후 [창 가로/세로 정렬 보기]를 선택하면 좀 더 많은 앱을 화면에 정렬할 수 있습니다. 정렬을 취소하려면 [모든 창 가로/세로 정렬 보기 취소]를 선택합니다.

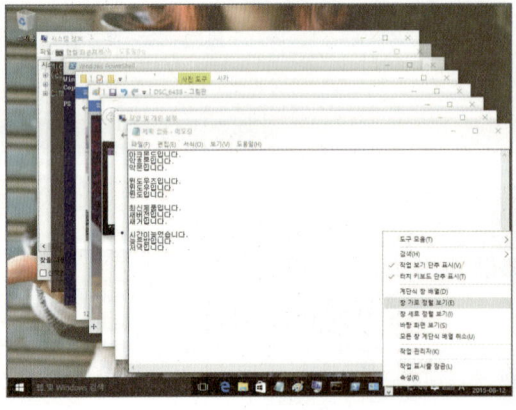 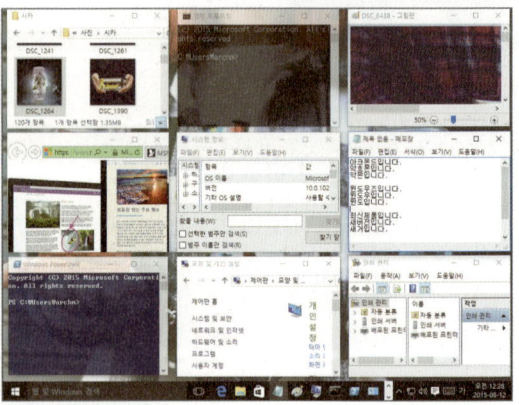

11 앱 실행, Wi-Fi 접속, 날짜와 시간 등을 표시하는 작업 표시줄 알아보기

화면의 맨 아래에 항상 보이는 기다란 바는 바로 작업 표시줄입니다. 시작 메뉴와 더불어 윈도우 운영체제의 특징 중 하나입니다. 작업 표시줄에 자유롭게 앱을 배치하거나 어떤 작업을 하고 있는지 빠르게 파악하도록 도와줍니다.

작업 표시줄 살펴보기

작업 표시줄에는 앞에서 설명한 시작 메뉴와 코타나(웹 및 Windows 검색)뿐 아니라 고정 또는 실행 중인 앱 목록이 나타납니다. 오른쪽에는 알림 영역의 아이콘과 시계 등이 보입니다.

❸ 작업 보기 ❼ 바탕 화면 보기

❶ 시작 ❷ 코타나 ❹ 고정된/실행 중인 앱 ❺ 알림 영역 ❻ 시계

작업 표시줄 기본 사용법

시작 메뉴뿐 아니라 작업 표시줄에도 앱을 고정해둘 수 있습니다. 앱에서 마우스 오른쪽 버튼을 클릭한 후 [작업 표시줄에 고정]을 선택합니다. 시작 메뉴보다 빠르고 쉽게 실행되므로 매일 사용하는 중요 프로그램을 추가해놓으면 편리합니다. 고정된 아이콘을 좌우로 이동하여 원하는 대로 꾸밀 수도 있습니다.

실무활용노트 WINDOWS | 단축키로 작업 표시줄 앱 실행하기

작업 표시줄에 등록해놓은 앱을 단축키로 빠르게 실행할 수 있습니다. ⊞+[숫자]를 누르면 해당 위치에 있는 프로그램이 실행되고, 이미 실행된 프로그램은 활성화됩니다. ⊞+Alt+[숫자]를 누르면 해당 앱에 대한 점프 목록이 나타납니다.

자주 사용하는 문서나 항목을 고정하는 점프 목록

작업 표시줄의 앱 아이콘에서 마우스 오른쪽 버튼을 클릭하면 '점프 목록'이 나타납니다. 점프 목록의 상단에는 최근에 사용했던 파일이나 폴더 등이 나타납니다. 그중에서도 자주 사용하는 항목을 [고정]해놓으면 언제든 해당되는 문서를 빨리 불러올 수 있어 편리합니다.

 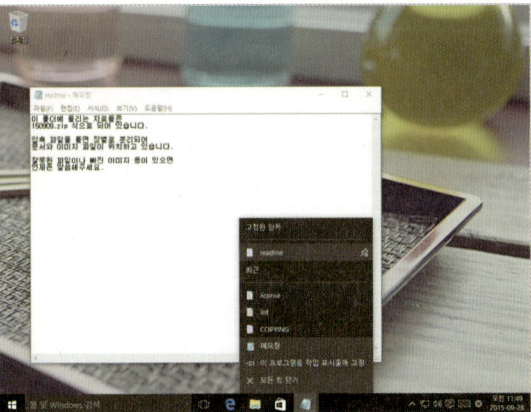

알림 영역 : 숨겨진 아이콘 표시하기

알림 영역에서 [숨겨진 아이콘 표시 ^]를 클릭하면 감춰진 아이콘이 나타납니다. 비좁은 작업 표시줄을 조금이라도 넓게 사용하도록 쓰지 않는 아이콘을 드래그해 숨길 수 있습니다. 숨긴 아이콘을 작업 표시줄로 드래그하면 아이콘이 다시 표시됩니다.

알림 영역 : Wi-Fi 접속하기

[Wi-Fi 📶]를 클릭하면 접속할 수 있는 무선 네트워크가 나타납니다. 암호가 걸려 있는 Wi-Fi는 아이콘 📶으로 나타내며, 암호 없이 접속할 수 있는 것은 작은 느낌표 표시 📶가 붙어 있습니다.

실무활용노트 WINDOWS 　연락처와 네트워크 공유 옵션

Wi-Fi 암호를 입력할 때 나타나는 [연락처와 네트워크 공유]는 와이파이 센스(Wi-Fi Sense)라는 기능으로, 비밀번호 공유 기능이라고 볼 수 있습니다. 저장된 정보를 주소록에 등록된 사람들에게 자동으로 전송합니다.

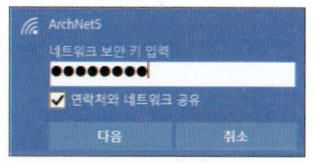

알림 영역 : 볼륨 조절하기

알림 영역의 [볼륨]을 눌러 음량을 조절할 수 있습니다. 볼륨 아이콘을 마우스 오른쪽 버튼으로 클릭한 후 [볼륨 믹서 열기]를 선택합니다. 앱에 따라 개별적으로 볼륨을 조절할 수 있습니다.

알림 영역 : 배터리 전원 확인하기

[전원]을 클릭하면 현재 남아 있는 배터리 양을 보여줍니다. [밝기]를 누를 때마다 25%, 50%, 75%, 100% 으로 순서대로 화면의 밝기가 바뀝니다. [배터리 절약 모드]를 켜면 PC를 사용할 수 있는 시간이 길어집니다. 대략적인 배터리 가용 시간은 오른쪽에 표시됩니다.

시계 : 다른 나라의 시각을 동시에 살펴보기

오른쪽의 [시간 오후 1:48 2015-09-28]을 클릭하면 달력이 올라옵니다. 출장 등의 목적으로 다른 나라의 현재 시각을 알고 싶다면 [날짜 및 시간 설정]에서 [다른 시간대에 대한 시계 추가]를 클릭해 적용합니다.

 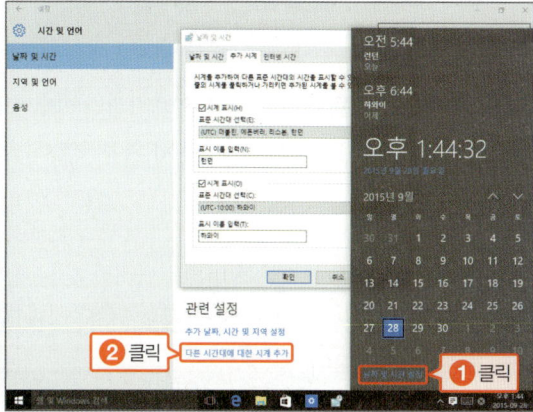

바탕 화면 보기

작업 표시줄의 가장 오른쪽에 작은 네모 상자가 있습니다. 여기에 마우스 포인터를 올려놓으면 바탕 화면을 엿볼 수 있습니다. 클릭하면 바탕 화면이 보이고, 한 번 더 클릭하면 원래 화면으로 돌아갑니다. 현재 실행 중인 창은 아래처럼 테두리만 남은 채 투명하게 비칩니다.

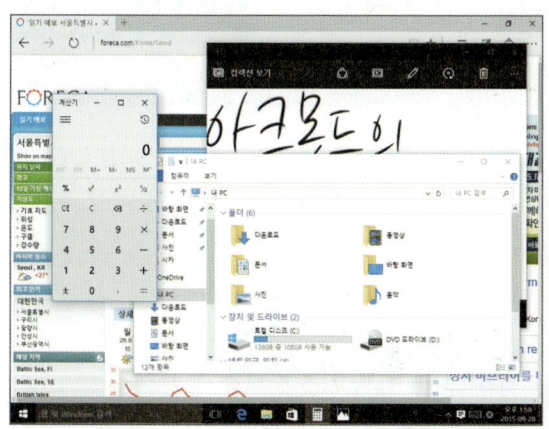 

바로 통하는 TIP 바탕 화면 미리 보기가 동작하지 않을 경우 화면의 오른쪽 아래 가장자리에서 마우스 오른쪽 버튼을 클릭한 후 [바탕 화면 미리 보기]에 체크 표시합니다.

실무활용노트 WINDOWS | **태블릿 모드의 작업 표시줄**

태블릿 모드로 전환하면 시작 메뉴만 변하지 않고, 작업 표시줄도 태블릿 사용자에게 적합한 형태로 변경됩니다. [시작 ▦]의 오른쪽에 [뒤로]가 생기고, 실행 중인 앱 아이콘은 감춰집니다.

12 작업 표시줄을 윈도우 XP처럼 바꾸기

작업 표시줄은 윈도우 95 이후 10에 이르기까지 비슷한 모습과 기능을 제공해왔습니다. 작업 표시줄의 옵션을 조금만 손보면 윈도우 10 작업 표시줄이 XP와 비슷한 모습으로 변합니다.

작업 표시줄에서 마우스 오른쪽 버튼을 클릭한 후 [속성]을 선택합니다. [단추 하나로 표시 안함]이나 [작업 표시줄이 꽉 차면 단추 하나로 표시]를 선택하고, [작은 아이콘 사용]에도 체크 표시해봅니다.

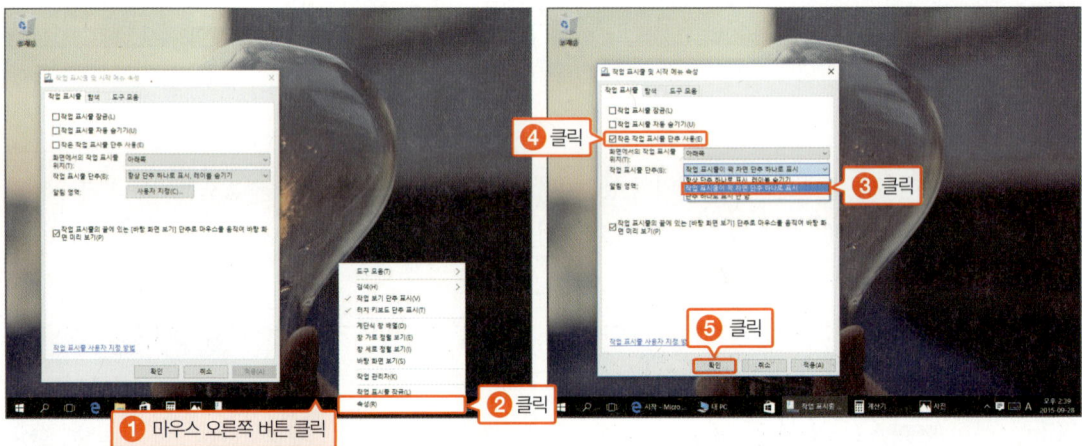

왼쪽은 윈도우 XP, 오른쪽은 윈도우 10입니다. 버전이 달라져도 예전 스타일로 작업할 수 있도록 관련된 설정을 제공하므로 원하는 대로 꾸밀 수 있습니다.

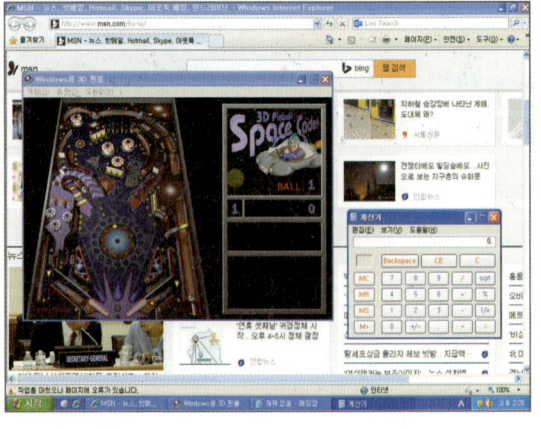

CHAPTER

02

엣지와 스토어
제대로 사용하기

이번 장에서는 새로운 마이크로소프트 엣지 웹 브라우저를 소개하고, 원하는 앱을 검색해 설치할 때 사용하는 스토어에 대해 알아보겠습니다. 엣지에서는 보고 있는 웹 페이지를 캔버스로 만들어 필요한 내용을 메모하고 그림을 그릴 수 있습니다. 스토어에서 다운로드한 앱을 이용하면 좀 더 효율적인 업무 환경을 꾸밀 수 있습니다.

13 인터넷을 여는 새로운 창 엣지 알아보기

윈도우 10에는 새로운 웹 브라우저인 엣지(Edge)가 포함되어 있습니다. 깔끔한 인터페이스가 인상적이며 '읽기 모드, 웹 메모 만들기, 향상된 즐겨찾기' 등 놀라운 기능이 추가되었습니다.

엣지 브라우저 살펴보기

작업 표시줄 왼쪽의 [엣지 e]를 클릭하면 엣지 웹 브라우저가 나타납니다.

① **탭 브라우징** : 탭을 만들고 전환할 수 있습니다. 탭 하나당 하나의 웹 페이지가 나타납니다. 탭 브라우징을 자세히 알아보려면 83쪽을 참고합니다.

② **내비게이션** : 이전이나 앞에 열었던 웹 페이지를 찾아가거나 최신 내용으로 새로 고침할 수 있습니다. 홈 버튼을 추가하면 엣지를 실행했을 때 맨 처음 나오는 웹 페이지를 보여줍니다. 자세한 내용은 81쪽을 참고합니다.

③ **명령 모음** : 허브, 웹 메모, 공유, 기타 작업이 있습니다. 자세한 내용은 79쪽을 참고합니다.

④ **사용자 계정** : 계정 설정을 변경하거나 InPrivate 브라우징 창을 열 수 있습니다.

⑤ **주소 표시줄** : 처음에는 이곳에 표시되지만 웹 사이트에 들어가면 위쪽으로 이동합니다. 웹 페이지의 주소를 입력하거나 검색하고 싶은 단어를 적을 수 있습니다.

⑥ **주요 사이트** : 자주 찾아가는 사이트와 엣지에서 추천하는 사이트가 함께 나타납니다.

⑦ **제안된 콘텐츠** : MSN 뉴스, 날씨 등의 개인화된 정보를 제공합니다. 새 탭을 열 때마다 나타나므로 동향을 간단하게 살펴보기 좋습니다.

기본 사용법 알아보기

엣지를 실행하면 맞춤형 홈페이지가 먼저 나타납니다. [웹 주소 검색 또는 입력]에 찾아가고 싶은 사이트의 주소나 검색할 키워드를 입력하여 결과를 확인할 수 있습니다.

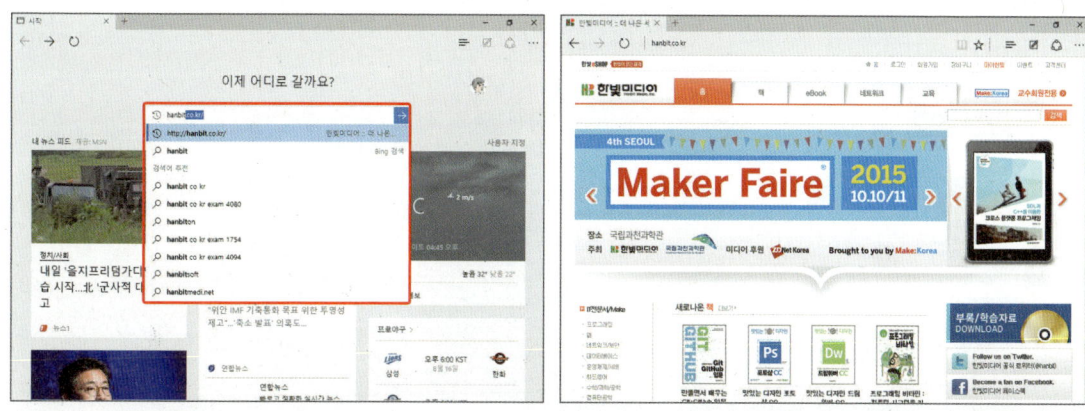

주소 표시줄에 검색하려는 키워드를 입력하면 검색 엔진을 통해 해당 내용을 찾아줍니다. 기본 검색 엔진을 변경하려면 82쪽을 참고합니다.

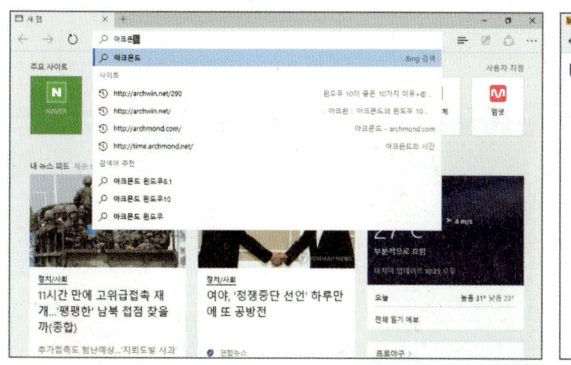

실무활용노트
WINDOWS

홈페이지(새 탭 페이지) 바꾸기

엣지를 실행할 때 기본으로 나타나는 홈페이지를 원하는 사이트로 바꿀 수 있습니다. 오른쪽 위의 [기타 작업 •••]을 누른 후 [설정]에 들어갑니다. [다른 프로그램으로 열기] 아래의 [특정 페이지]에서 [사용자 지정]을 선택한 후 기본 값인 'about:start'를 제거하고 원하는 주소를 [추가 ╋]합니다. 그런 다음 브라우저를 다시 시작합니다.

시작 화면에 웹 사이트 고정하기

자주 찾는 웹 사이트를 시작 화면에 고정해보겠습니다. [기타 작업 …]에서 [시작 화면에 고정]을 클릭합니다. 앞으로 시작 화면에 고정시켜놓은 타일만 클릭하면 웹 사이트가 바로 열립니다.

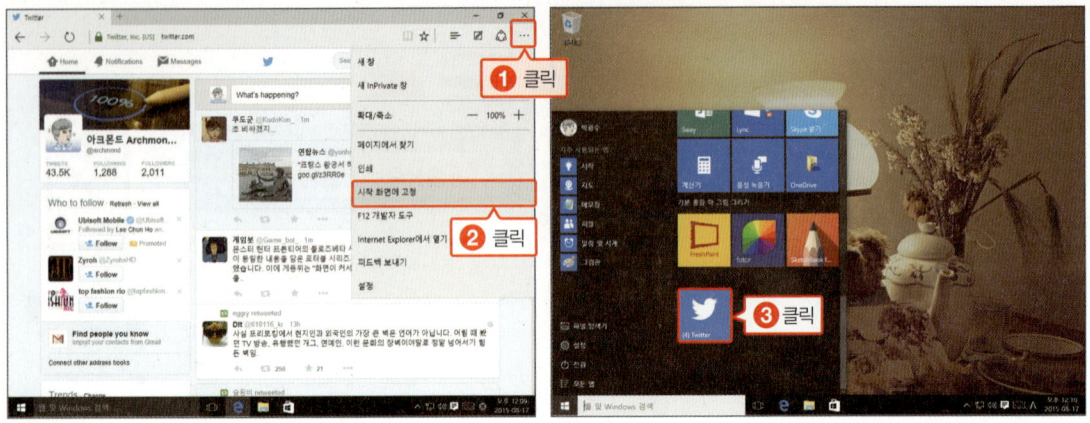

웹 페이지 인쇄하기

[기타 작업 …]에서 [인쇄]를 선택하거나 Ctrl + P 를 누르면 지금 보고 있는 웹 페이지를 빠르게 인쇄할 수 있습니다.

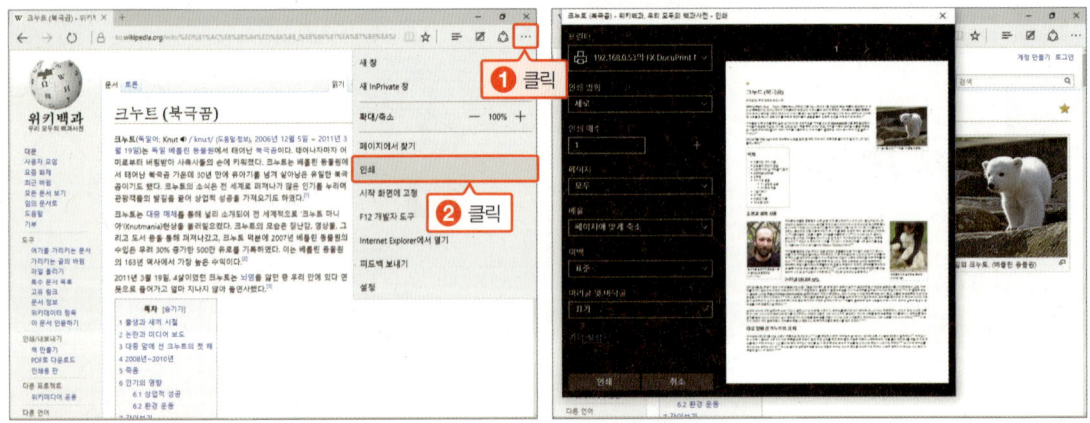

실무활용노트 WINDOWS | **인터넷 문서를 PDF로 인쇄하기**

종이에 인쇄하지 않고 PDF 문서로 저장할 수도 있습니다. 인쇄 창에서 [Microsoft Print to PDF]를 선택하여 [인쇄]를 클릭합니다. 문서 폴더에 PDF 파일로 저장됩니다.

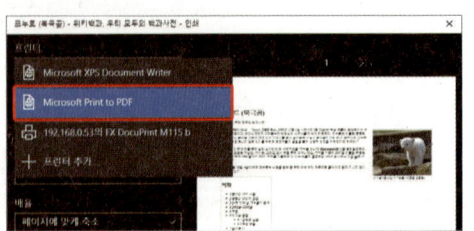

14 엣지 vs 익스플로러 자유롭게 넘나들기

윈도우 10에는 최신 웹 브라우저인 엣지뿐만 아니라 호환성 유지를 위해 이전 브라우저인 인터넷 익스플로러 (Internet Explorer)도 동시에 제공합니다.

호환성이 필요하다면 익스플로러 사용하기

빠른 웹 브라우징을 원하면 새로운 엣지를 사용하고, 인터넷 뱅킹이나 쇼핑몰 등을 이용할 때는 기존의 익스플로러를 활용합니다.

▲ 엣지

▲ 익스플로러

엣지 vs 익스플로러 비교하기

브라우저	마이크로소프트 엣지	인터넷 익스플로러 11
출시일	2015. 07. 29	2013. 10. 17
속도	아주 빠름	빠름
ActiveX 지원	미지원	지원
웹 표준 준수	높음	보통
이전 버전 호환성	미지원	지원(호환성 보기)
차후 버전	지속적으로 업그레이드	다음 버전은 나오지 않을 예정
렌더링 엔진	EdgeHTML	Trident, Chakra
부가 기능	읽기 모드, 펜 입력 등	바로 연결, 추적 방지 목록
용도	최신의 웹 기술을 지원하는 페이지를 빠르게 보여줍니다.	인터넷 뱅킹과 쇼핑몰 등 IE가 필요한 상황에 활용합니다.

인터넷 익스플로러로 자동 전환하기

인터넷 익스플로러에 더 어울리는 사이트를 자동으로 감지해 알려줄 때가 있습니다. 이때는 [Internet Explorer 에서 열기]를 클릭합니다. 인터넷 익스플로러가 새 창으로 열립니다.

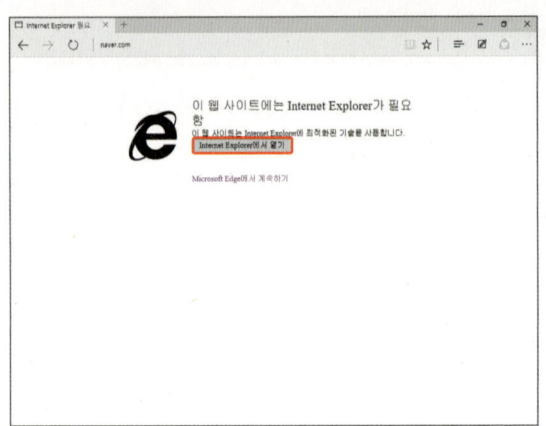 

● '이 웹 사이트에는 Internet Explorer가 필요함' 경고 무시하기

인터넷 익스플로러로 열라는 알림이 귀찮다면 해당 메시지를 무시하고 엣지로 계속 인터넷을 사용할 수 있습니다. 주소 표시줄에 'about:flags'를 입력한 후 Enter 를 누릅니다. [개발자 설정]의 [Microsoft 호환성 목록 사용] 의 체크 표시를 해제합니다. 엣지를 재시작하면 앞으로 번거로운 알림을 피할 수 있습니다.

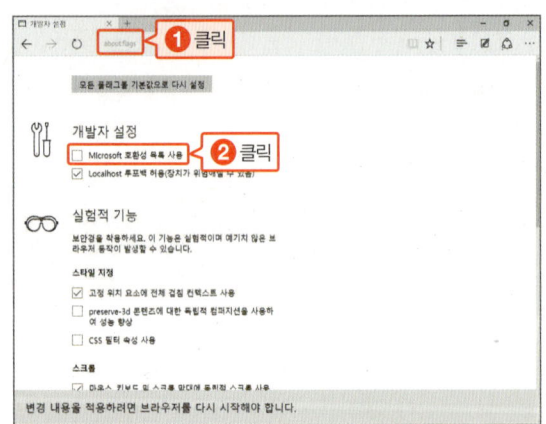 

바로 통하는 TIP 내 컴퓨터에 저장된 브라우징 기록을 직접 삭제하려면 84쪽을 참고합니다.

인터넷 익스플로러로 수동 전환하기

ActiveX 설치가 필요한 사이트이지만 인터넷 익스플로러에서 열라는 경고를 내보내지 않을 때가 있습니다. 이 때는 [기타 작업 …]에서 [Internet Explorer에서 열기]를 클릭합니다. 현재 엣지로 보고 있는 사이트가 인터넷 익스플로러로 열립니다.

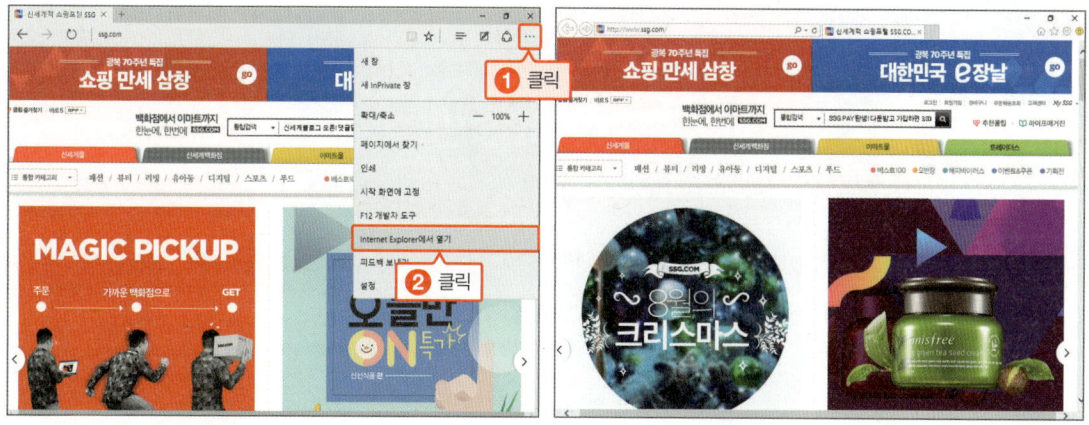

인터넷 익스플로러 사용하기

[웹 및 Windows 검색] 상자에 'internet'만 입력하면 익숙한 인터넷 익스플로러를 실행할 수 있습니다. 인터넷 익스플로러를 자주 사용한다면 작업 표시줄에 고정해놓고 사용합니다.

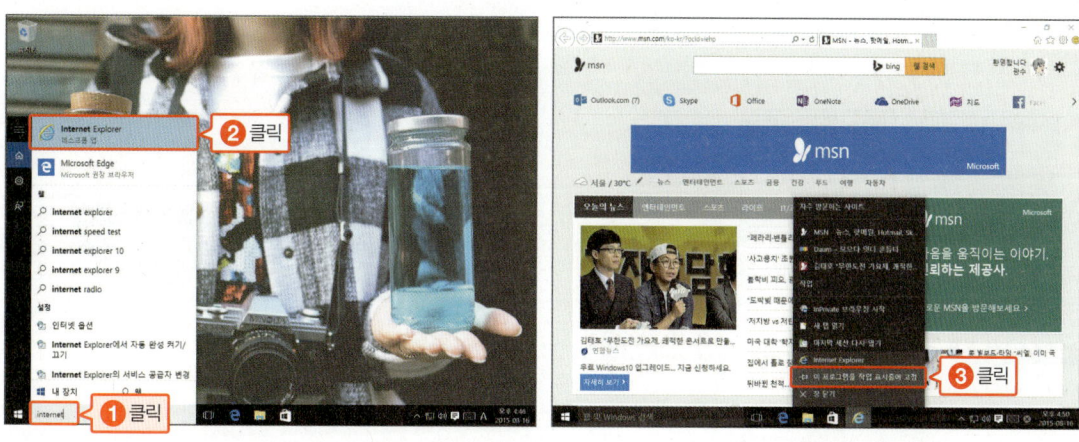

실 무 활 용 노 트
WINDOWS

기본 브라우저 변경하기

기본 웹 브라우저를 엣지에서 크롬이나 인터넷 익스플로러 등 다른 브라우저로 변경할 수 있습니다. [웹 및 Windows 검색]에 '기본 앱'을 입력한 후 [기본 앱 설정]에서 [웹 브라우저]를 원하는 프로그램으로 변경합니다. 선택한 앱을 기본 브라우저로 삼아 웹이 열립니다.

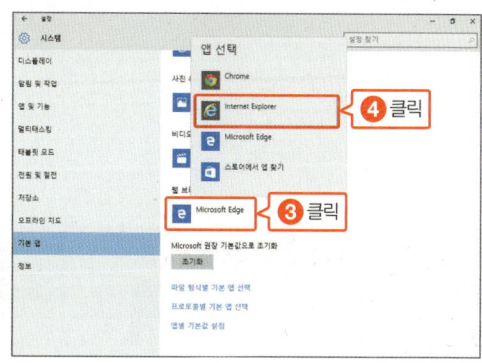

15 읽기 모드로 내용에 집중하기

오피스 프로그램에 있는 '읽기 모드'가 엣지에도 탑재되었습니다. [읽기용 보기 📖]를 클릭하면 복잡한 웹 페이지가 읽기 좋은 상태로 바뀝니다. 내용에만 집중할 수 있어 눈이 훨씬 편안해집니다.

주소 표시줄 끝의 [읽기용 보기 📖]가 활성화되면 클릭합니다. 블로그나 뉴스 사이트가 읽기 좋은 형태로 바뀝니다. 원래대로 돌아가려면 다시 같은 아이콘을 클릭합니다.

바로 통하는 TIP 키보드에서 [Ctrl]+[Shift]+[R]을 눌러 '읽기용 보기'를 빠르게 켜고 끌 수 있습니다.

● 읽기용 보기 스타일 조절하기

[기타 작업 …]의 [설정]에서 [읽기용 보기 글꼴 크기]를 조절하거나 [읽기용 보기 스타일]을 조절해 자신에게 편한 화면으로 바꿀 수 있습니다.

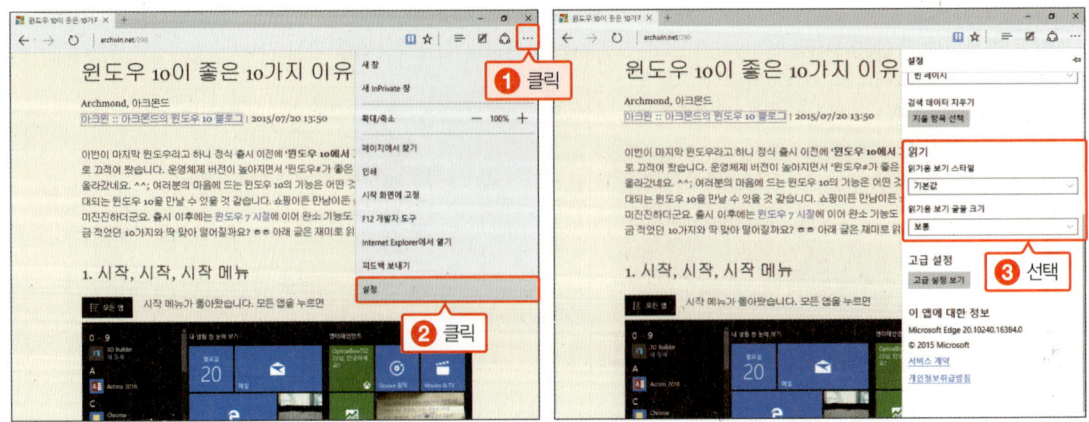

[기본값/밝게/어둡게/보통]을 적용한 결과입니다.

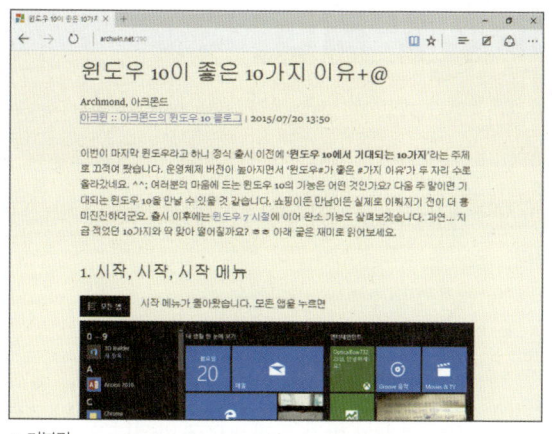

▲ 기본값

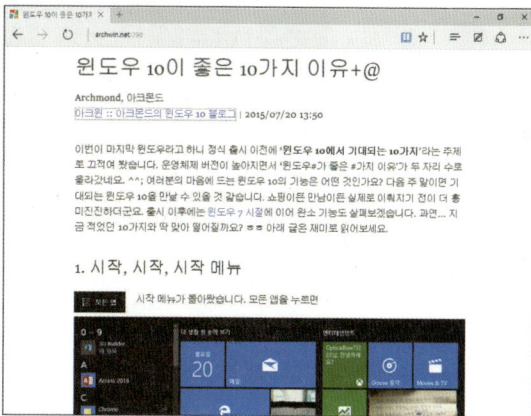

▲ 밝게

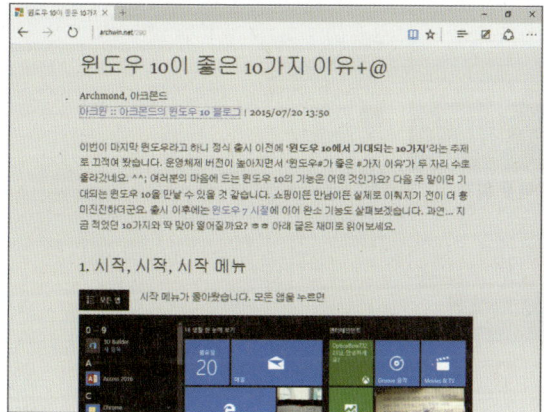

▲ 보통

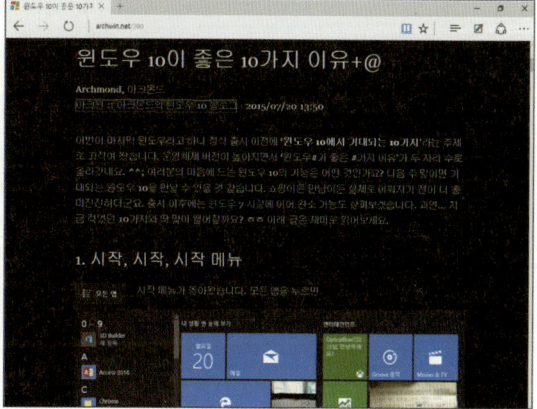

▲ 어둡게

실무활용노트
WINDOWS

엣지에서 어두운 테마(Dark Mode) 사용하기

읽기 모드뿐만 아니라 엣지 브라우저 자체를 깜깜한 밤에 어울리는 [어둡게] 테마로 변경할 수 있습니다. [기타 작업 …]을 클릭한 후 [설정]의 [테마 선택]에서 [어둡게]를 선택합니다. 이 기능은 읽기용 보기와는 별개로 브라우저 자체에 적용됩니다.

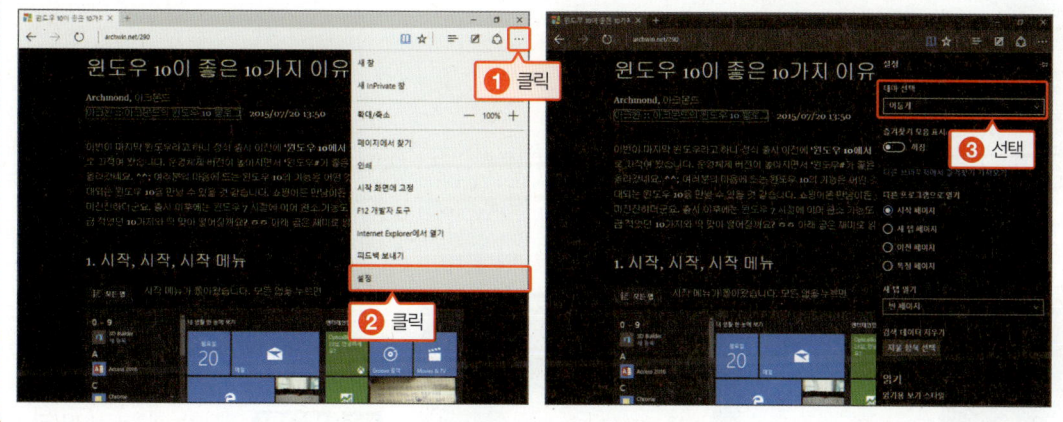

16 내 맘대로 인터넷에 필기하는 웹 메모 만들기

웹 메모 기능을 활용하면 보고 있는 웹 페이지에 메모를 하거나 내용을 강조하고 펜으로 그림을 그릴 수 있습니다. 웹 서핑 중에 좋은 아이디어가 떠올랐을 때 활용해봅니다.

웹 브라우저를 원노트처럼 사용하기

엣지를 원노트처럼 사용할 수 있습니다. [웹 메모 작성 ☑]을 클릭하면 메뉴 바가 보라색으로 바뀝니다. 원하는 도구를 선택해 필기 입력을 시작합니다.

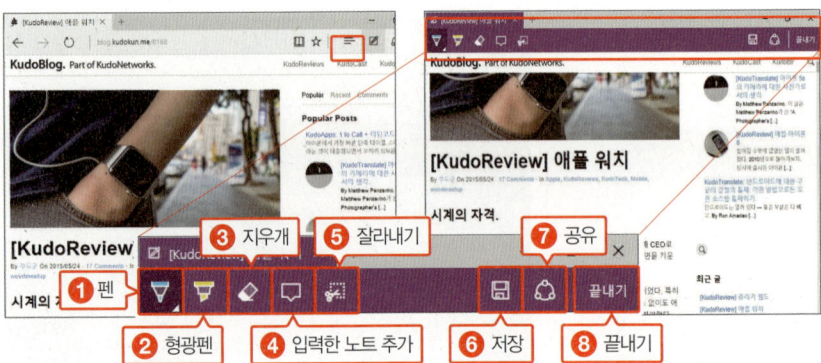

① **펜** : 펜으로 필기합니다.

② **형광펜** : 형광펜으로 강조합니다.

③ **지우개** : 펜이나 형광펜을 지웁니다.

④ **입력한 노트 추가** : 설명을 삽입합니다.

⑤ **잘라내기** : 원하는 부분만 잘라냅니다.

▲ 펜

▲ 형광펜

▲ 지우개

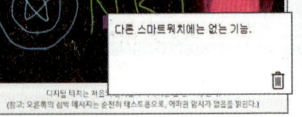

▲ 입력한 노트 추가

▲ 잘라내기

바로 통하는 TIP 원노트는 마이크로소프트의 메모 프로그램입니다. 강력한 펜 입력 기능으로 유명합니다.

웹 메모 저장하기

여러 가지 펜을 사용해서 웹 페이지에 선을 긋고 강조하고 메모를 삽입합니다. 필기가 끝났다면 웹 메모를 [저장 🖫]할 수 있습니다.

원노트, 즐겨찾기, 읽기 목록 중에서 원하는 곳에 저장할 수 있습니다. 다음은 웹 메모를 원노트로 내보낸 모습입니다. 웹 메모로 필기한 부분뿐 아니라 해당 웹 페이지 전체를 저장해줍니다. 맨 마지막에는 원본 문서의 주소가 포함되어 출처를 찾기도 편리합니다.

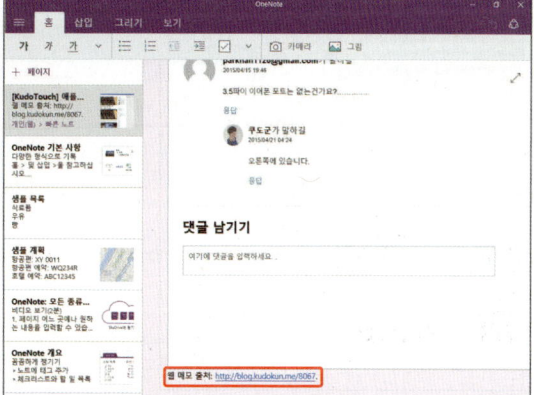

실무활용노트
WINDOWS   웹 메모를 즐겨찾기나 읽기 목록에 저장하기

웹 메모를 저장할 때 즐겨찾기나 읽기 목록에 저장할 수도 있습니다. [저장 🖫]을 클릭한 후 [즐겨찾기 ☆]나 [읽기 목록 ▤]을 클릭합니다. 웹 메모는 필기를 포함해 그림 형태로 저장되며 언제든 원할 때 다시 불러올 수 있습니다.

웹 메모 공유하기

웹 메모를 다른 사람과 공유하고 싶다면 [공유 ◻]를 클릭합니다. 화면 오른쪽에 공유에 사용할 수 있는 앱 목록이
나타납니다. [메일]을 선택해 공유해보겠습니다.

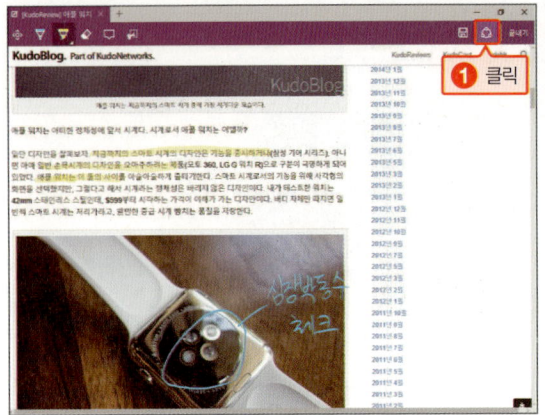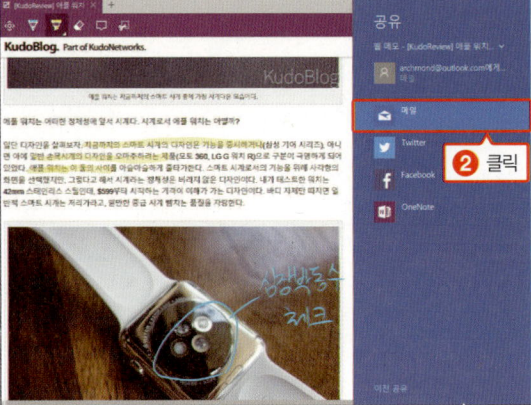

[받는 사람]에 메일 주소를 입력하고 [보내기]를 클릭하면 웹 메모를 공유할 수 있습니다.

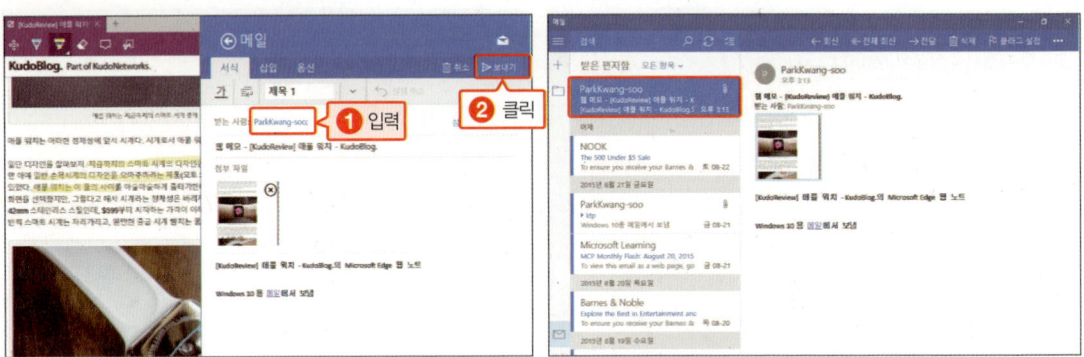

실무활용노트
WINDOWS　　　**스크린샷으로 저장해 SNS에 공유하기**

기본 공유 기능은 웹 문서 전체를 그림 파일로 저장해 보내므로 매우 길쭉한 사진으로 나타납니다. 따라서 트위터, 페이스북 등 소셜미
디어에 공유할 때는 현재 메모한 부분만 보이도록 [스크린샷]을 이용하면 더 편리합니다.

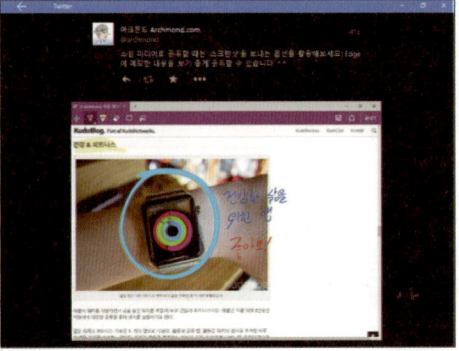

17 중요한 정보를 한곳에서 관리하는 허브 알아보기

엣지에서 즐겨찾기와 읽기 목록, 브라우징 기록, 다운로드한 파일을 한눈에 보여주는 곳이 '허브'입니다. 여러 기능을 한군데 모아놓은 대표적인 공간입니다.

즐겨찾기와 읽기 목록 중에 선택해서 저장하기

[별표 ☆]를 클릭해 자주 찾는 페이지를 [즐겨찾기] 또는 [읽기 목록]에 [추가]할 수 있습니다.

▲ 즐겨찾기에 추가하기

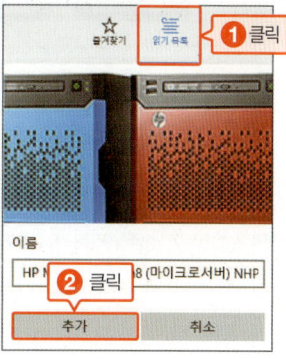

▲ 읽기 목록에 추가하기

[즐겨찾기] 또는 [읽기 목록]에 웹 페이지를 추가해봅니다. 폴더별로 [즐겨찾기]를 만들면 체계적으로 관리하기 좋습니다. [읽기 목록]에 추가하면 헤드라인 사진을 포함해 보여줍니다.

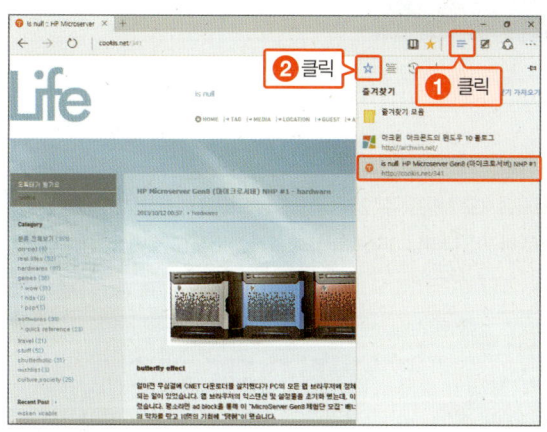

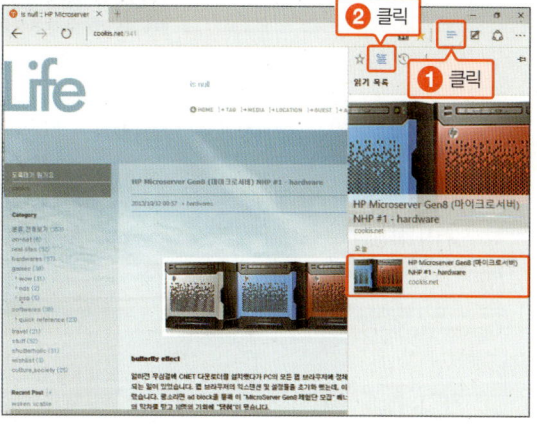

바로 통하는 TIP 자주 찾는 홈페이지는 [즐겨찾기]에, 나중에 읽을 기사나 블로그 포스트는 [읽기 목록]에 추가하면 보기도 좋고 관리하기도 편합니다. 다 읽은 기사는 마우스 오른쪽 버튼을 클릭해 삭제합니다. [읽기 목록]에는 읽지 않은 글만 남기고 최신 글을 유지할 수 있습니다.

다른 곳에 저장된 즐겨찾기 가져오기

구글 크롬 같은 다른 브라우저에서 사용하던 즐겨찾기를 엣지로 가져올 수 있습니다. [기타 작업 …]을 클릭한 후 [설정]에 들어갑니다.

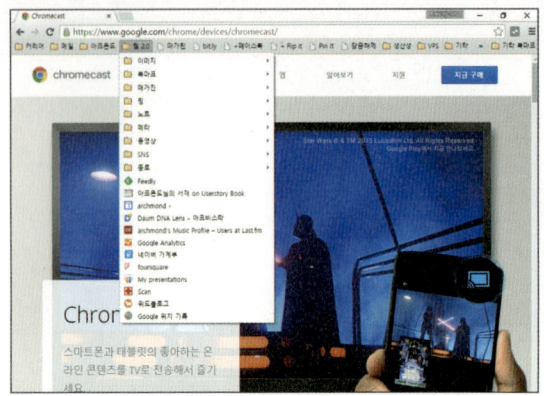

[다른 브라우저에서 즐겨찾기 가져오기]를 클릭한 후 즐겨찾기가 저장된 웹 브라우저를 선택합니다. [가져오기]를 클릭하면 엣지로 즐겨찾기를 가져올 수 있습니다. [허브 ≡]에서 [즐겨찾기 ☆]를 클릭하면 다른 브라우저에서 가져온 즐겨찾기 목록을 확인할 수 있습니다.

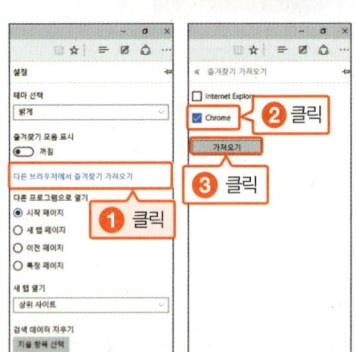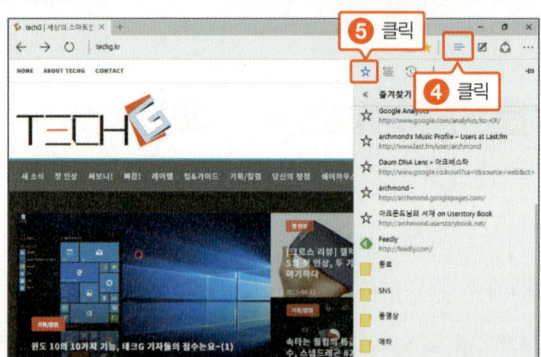

실무활용노트 WINDOWS　　**즐겨찾기 모음 사용하기**

인터넷 익스플로러나 구글 크롬에서 사용하던 즐겨찾기 모음을 엣지에서도 사용할 수 있습니다. 기본으로 숨겨져 있지만 [기타 작업 …]에서 [설정]을 선택한 후 [즐겨찾기 모음 표시]를 [켜짐 ●]으로 바꾸면 나타납니다. 북마크를 추가할 때 [즐겨찾기 모음]에 저장하면 이곳에 나타납니다.

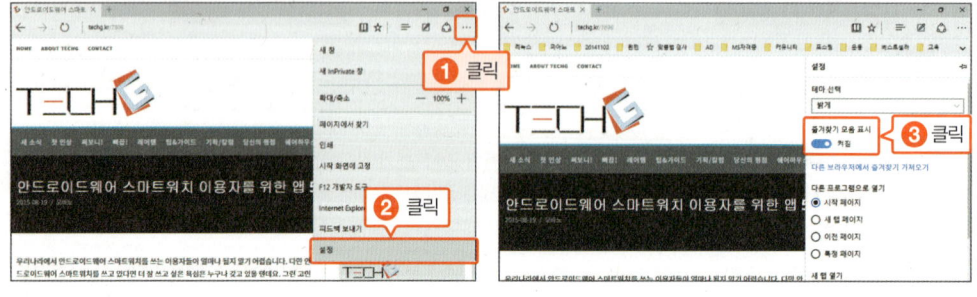

브라우징 기록 찾아보기

[허브 ☰]에서 [기록 ⟲]을 클릭하면 이전에 검색한 기록이 나타납니다. Ctrl + H 를 누른 것과 동일한 결과를 보여줍니다. 원하는 기간을 선택해 브라우징 기록을 살펴볼 수 있습니다.

다운로드한 파일 확인하기

파일을 다운로드하면 [허브 ☰]의 [다운로드 섹션 ↓]에서 진행 상황을 실시간으로 확인할 수 있습니다. Ctrl + J 를 누르면 조금 더 빠르게 확인할 수 있습니다. [폴더 열기]를 클릭하면 내려 받은 파일이 저장된 [다운로드] 폴더가 열립니다.

실무활용노트
WINDOWS   **엣지에 홈 버튼 만들기**

[홈 ⌂]을 만들려면 [기타 작업 …]의 [설정]에 들어가 [고급 설정 보기]를 클릭합니다. [홈 단추 표시]를 [켜짐 ●]으로 하고 아래쪽에 원하는 웹 사이트 주소를 입력한 후 [저장]을 클릭합니다. 이제 [홈 ⌂]을 클릭하면 해당 웹 사이트로 이동합니다.

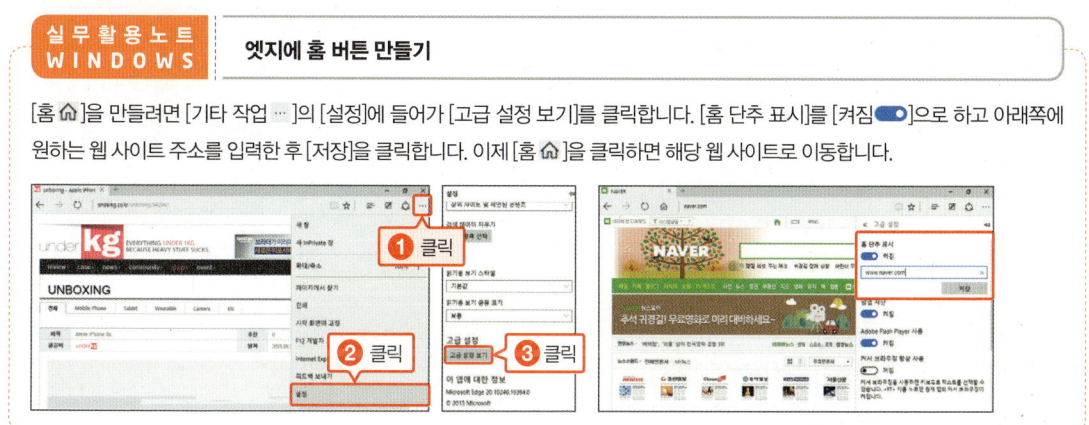

18 엣지 활용 팁으로 더 편리하게 인터넷 사용하기

웹 브라우저에는 사용자의 요구에 맞춰 수정할 수 있는 설정과 편리한 활용법이 존재합니다. 엣지도 마찬가지입니다. 예전 기능을 비롯해 강화되거나 새로워진 엣지 활용 팁을 알아보겠습니다.

기본 검색 엔진을 구글로 변경하기

엣지의 주소 표시줄에 단어를 입력하면 기본적으로 MS의 검색 엔진인 빙으로 검색됩니다. 기본 검색 사이트를 변경하려면 구글(Google.co.kr)에 접속한 뒤 [기타 작업 …]에서 [설정]을 클릭합니다.

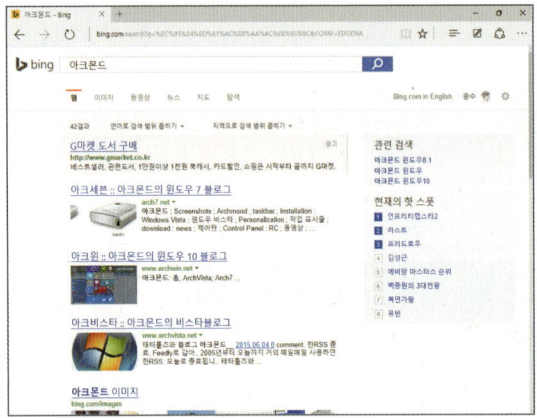
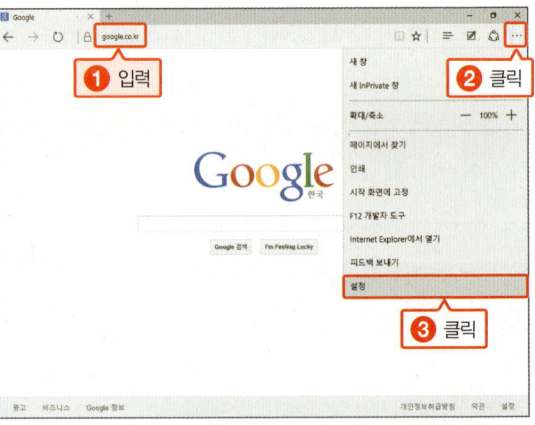

[고급 설정 보기]를 클릭한 후 [주소 표시줄의 검색에 사용]을 열어서 [〈새로 추가〉]를 선택합니다. [하나 선택]에서 [www.google.co.kr]을 선택한 후 [기본값으로 추가]를 클릭합니다. 주소 표시줄에서 검색할 단어를 입력하면 구글에서 검색 결과를 바로 확인할 수 있습니다.

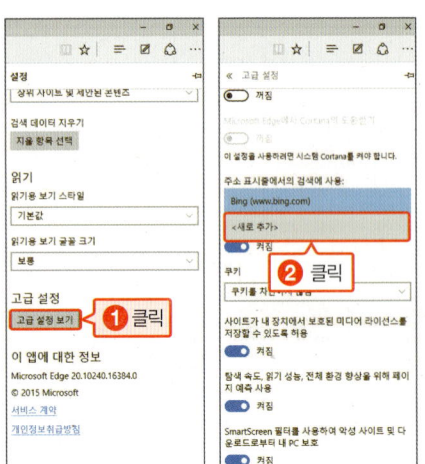
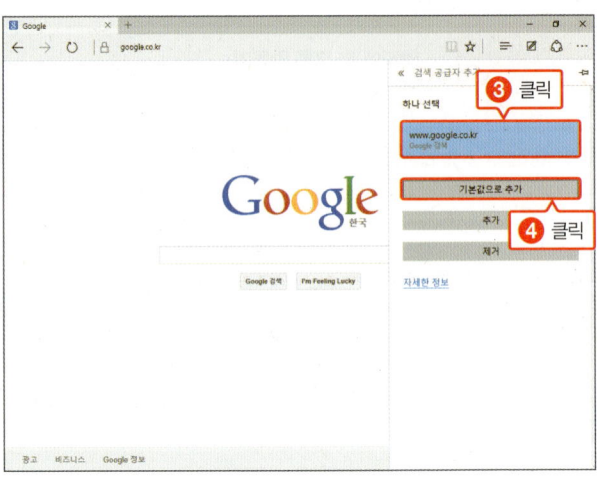

탭 브라우징 완전 정복하기

익스플로러, 엣지, 크롬 등은 모두 탭 브라우징을 지원합니다. '탭 브라우징'은 브라우저를 벗어나지 않고 한 화면에서 여러 페이지를 넘나들 수 있는 편리한 기능입니다. 전문가처럼 능숙하게 탭 브라우징을 도와주는 몇몇 단축키를 살펴보겠습니다. 여러 브라우저에서 통용되므로 기억해두는 것이 좋습니다.

🔴 탭 브라우징에 필요한 Ctrl

가장 기본이 되는 단축키부터 살펴보겠습니다. 탭 브라우징에 사용되는 단축키는 대부분 Ctrl 을 조합해 사용합니다.

바로 통하는 TIP 새 탭을 눌렀을 때 나오는 기본 페이지를 변경하려면 69쪽을 참고합니다.

- Ctrl + T : 새 탭으로 열기
- Ctrl + 1 ~ 8 : 왼쪽부터 순서대로 탭 전환
- Ctrl + 9 : 가장 끝에 있는 탭으로 전환
- Ctrl + Tab : 탭을 누를 때마다 순차적으로 탭 전환, Shift 를 같이 누르면 왼쪽 탭으로 전환
- Ctrl + Shift + T : 마지막에 닫은 탭을 다시 열기
- Ctrl + W : 현재 열려 있는 탭만 닫기
- Ctrl + 마우스 왼쪽 버튼 클릭 : 링크를 새 탭으로 열기

흔적을 남기지 않는 InPrivate 사용하기

InPrivate 브라우징은 웹을 검색할 때 흔적을 남기지 않아 다른 사람이 여러분이 웹에서 본 내용을 알 수 없습니다. In Private는 '다른 사람이 없는 곳에서, 비공식적으로, 개인적으로, 조용히'라는 의미입니다.

🔴 InPrivate 브라우징 사용하기

엣지에서 [기타 작업 ⋯]을 클릭한 후 [새 InPrivate 창]을 선택하거나 Ctrl + Shift + O 를 누르면 [InPrivate 🔵 InPrivate]라는 라벨이 달린 엣지가 나타납니다. 브라우저 사용법은 동일하며 이 라벨이 보이는 동안에는 조금 더 안전하게 인터넷을 사용할 수 있습니다. 이 단축키는 인터넷 익스플로러에서도 그대로 사용할 수 있습니다.

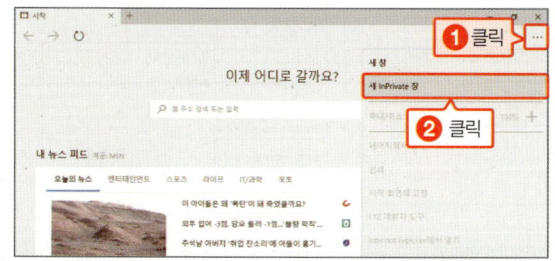
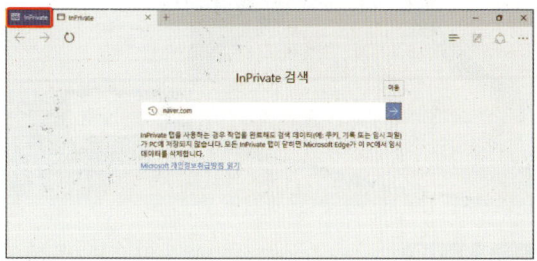

바로 통하는 TIP InPrivate 브라우징의 원리
InPrivate 브라우징을 사용해 웹을 서핑하는 동안 웹 브라우저에서는 사용자가 방문한 웹 페이지가 올바로 작동하도록 쿠키와 임시 인터넷 파일 등을 저장합니다. 하지만 InPrivate 브라우징 세션이 끝나면 모든 임시 데이터를 지워줍니다.

개인 정보 내역 관리하기

브라우징 기록 제거하기

인터넷 사용 기록을 지우려면 [기타 작업 …]의 [설정]에 들어가서 [검색 데이터 지우기]의 [지울 항목 선택]을 누릅니다. 삭제할 항목을 선택한 후 [지우기]를 클릭하면 사용 기록이 깨끗하게 지워집니다. 단축키로 좀 더 빠르게 제거하려면 Ctrl + Shift + Delete 를 누릅니다. 이 단축키는 크롬, 인터넷 익스플로러 등에서도 동일하게 작동합니다.

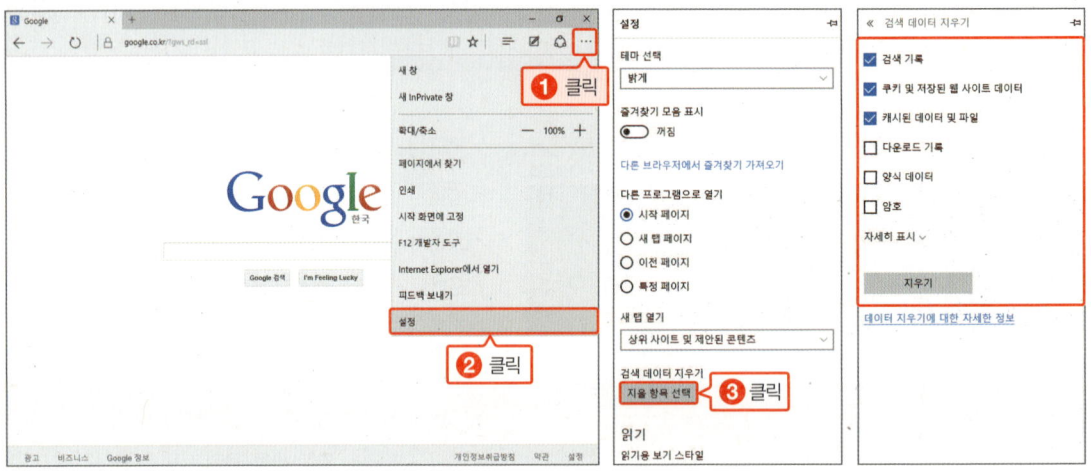

개인 정보 저장 옵션 살펴보기

인터넷을 하다 보면 입력했던 개인 정보나 아이디, 비밀 번호가 저장되는 경우가 있습니다. 편리하지만 개인 정보 보호에는 좋지 않습니다. 개인 정보 저장 옵션은 [기타 작업 …]의 [설정]에서 확인할 수 있습니다. [고급 설정 보기]를 클릭한 후 [암호를 저장하도록 제안], [양식 항목 저장] 등의 옵션을 설정합니다. 꼭 필요한 사이트만 선택적으로 암호를 저장하고 저장할 필요가 없는 곳은 [×]를 눌러 삭제할 수 있습니다.

바로 통하는 TIP Do Not Track(추적 방지)은 방문자의 웹 사용 정보를 추적하여 연관된 광고 등을 나타내지 않도록 요청하는 기능입니다. 이를 [켜짐 ●]으로 바꾸면 개인 정보 보안성을 높일 수 있지만, 일부 사이트에서 표시할 수 있는 콘텐츠가 제한될 수도 있습니다.

19 윈도우에 등장한 스토어 활용하기

윈도우 10은 터치에 최적화된 기능과 사용자 경험이 잘 어우러진 유니버설 앱 스토어를 제공합니다. 이를 잘 활용하면 업무를 수행하고 멀티미디어를 즐기는 데 도움이 됩니다. 유니버설 앱(Universal app)은 PC와 태블릿, 스마트폰, 엑스박스 등에서도 같은 기능을 실행할 수 있는 앱입니다.

스토어 살펴보기

작업 표시줄의 [스토어 🔳]를 클릭하면 스토어가 나타납니다.

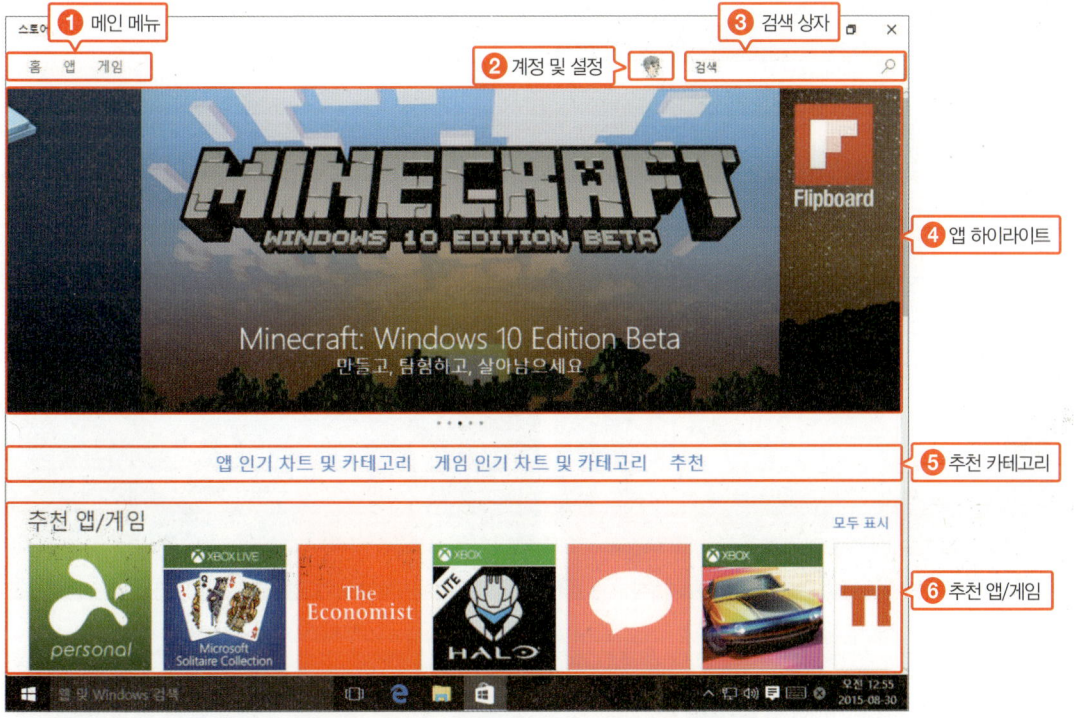

① **메인 메뉴** : 홈(첫 화면), 앱(애플리케이션), 게임 중에서 선택할 수 있습니다.

② **계정 및 설정** : 사용자 계정 및 지불, 앱 업데이트 및 스토어에 대한 설정을 살펴봅니다.

③ **검색 상자** : 원하는 앱을 빠르게 찾을 수 있도록 도와줍니다.

④ **앱 하이라이트** : 마이크로소프트에서 추천하는 앱을 큼직한 사진으로 광고합니다.

⑤ **추천 카테고리** : 링크를 클릭하면 사람들이 많이 찾는 앱 및 게임 차트와 카테고리를 보여줍니다.

⑥ **추천 앱/게임** : 추천 앱 목록을 타일 형식으로 나열해 보여줍니다.

국가 및 지역 설정은 스토어를 포함하여 윈도우 전반에 영향을 미칩니다. 미국 등 원하는 나라로 설정할 수 있으며, 다른 나라로 설정 시 우리나라에서 제공하지 않는 기능을 활용할 수 있습니다. 물론 원래대로 한국으로 되돌리면 본래의 설정을 유지할 수 있습니다. [웹 및 Windows 검색]에 '국가 및 언어'를 입력해 [국가 및 언어 설정]에 들어갑니다. [국가 또는 지역]이 [한국]으로 되어 있습니다. 이를 원하는 국가로 변경합니다.

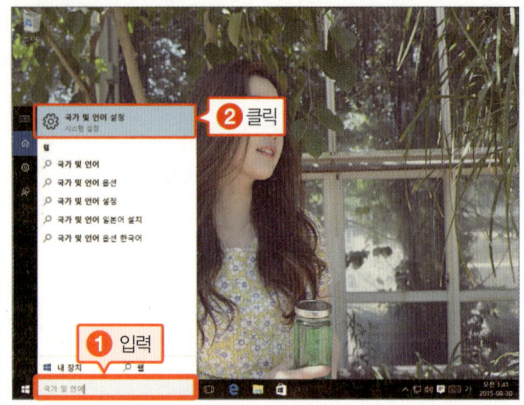
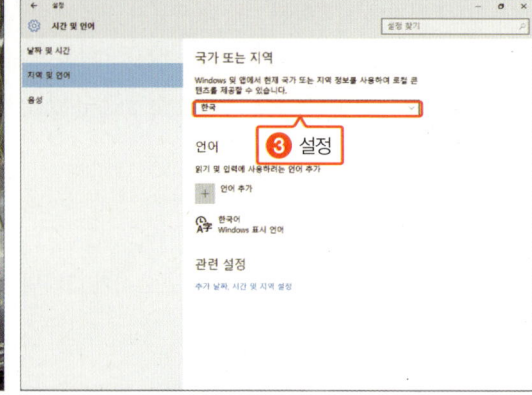

여러 가지 앱 둘러보기

스토어는 어떻게 생겼을까요? 과연 어떤 앱이, 얼마나 제공될까요? 윈도우 10의 스토어에는 아이폰, 안드로이드 스마트폰의 앱 스토어처럼 여러 항목을 다채롭게 나열해놓았습니다. [앱], [게임] 등을 클릭해 다양하게 제공되는 앱을 살펴봅니다.

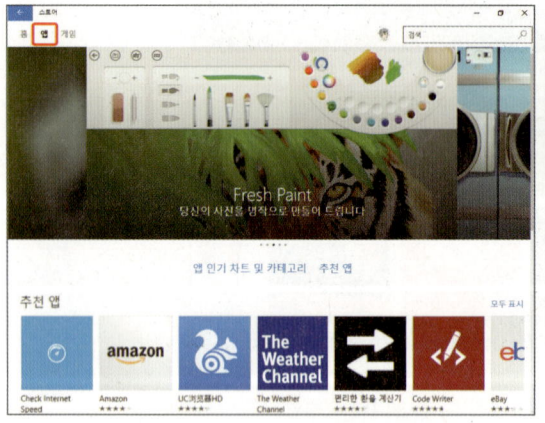
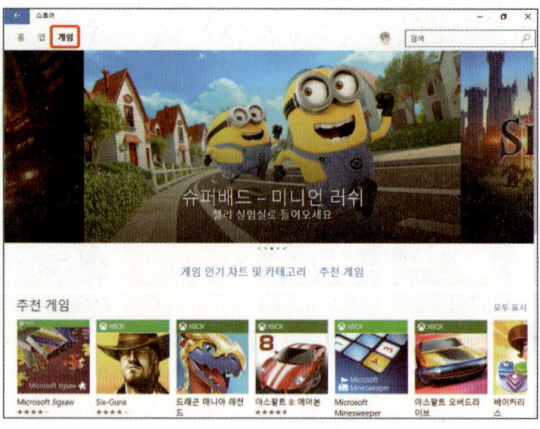

▲ 앱   ▲ 게임

한국에서는 엑스박스 Music/Video 서비스가 되지 않아 앱과 게임 카테고리만 제공합니다. 한국의 스토어에 제공되지 않는 앱과 게임 뿐 아니라 음악, 비디오, 영화 및 TV까지 살펴보려면 다른 나라의 스토어에 들어가야 합니다. 대표적으로 미국이나 일본의 스토어가 있습니다. 아래 사진은 국가 및 지역 설정을 미국으로 변경한 모습입니다. 스토어를 실행하면 앱과 게임 외에도 [음악]과 [영화 및 TV]가 추가됩니다.

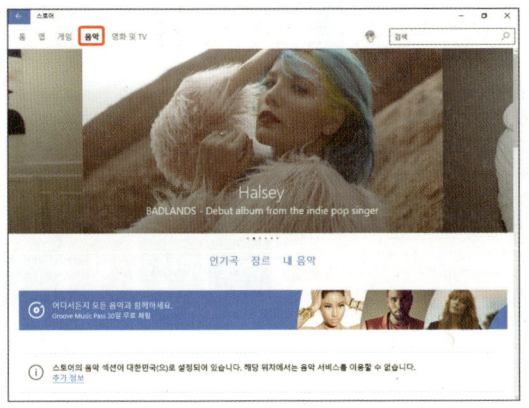 

아쉽게도 컴퓨터를 사용하는 곳이 해당 국가가 아니면 음악이나 영화 등의 콘텐츠를 구매할 수 없습니다. 다만 예고편 등을 살펴보는 것은 가능합니다.

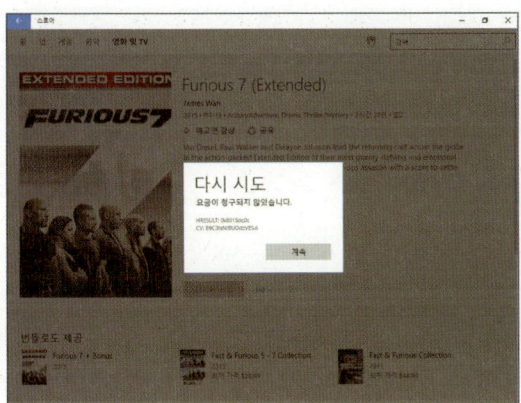 

이번에는 국가 및 지역을 일본으로 변경했습니다. 인기곡을 미리 들어볼 수 있지만 결제는 불가능합니다. 국가 및 지역 설정을 변경해 다른 나라에서 제공되는 콘텐츠에는 무엇이 있는지 살펴봅니다. 언제든지 한국 스토어로 다시 변경할 수 있습니다.

 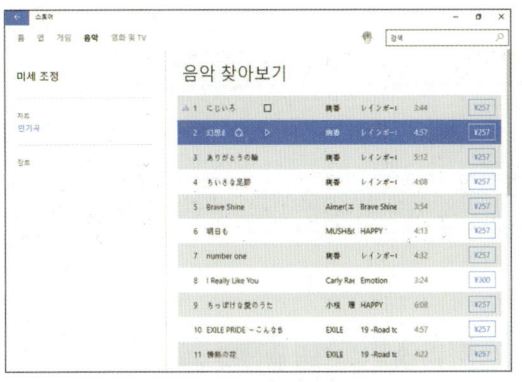

카테고리 또는 검색으로 앱 살펴보기

윈도우 10을 설치한 후 [인기 무료]나 [신규 인기] 카테고리에서 필요한 앱을 살펴봅니다. 데스크톱용은 아니지만 손가락이나 펜으로 터치하기 편리한 앱이 제공됩니다.

일반적인 스마트폰의 앱 스토어와 사용법이 비슷합니다. 앱을 찾고 자세한 정보를 확인한 후 마음에 들면 설치합니다. 스크린샷이나 평점, 리뷰 등을 살펴보면 좋은 앱을 판별하는 데 도움이 됩니다.

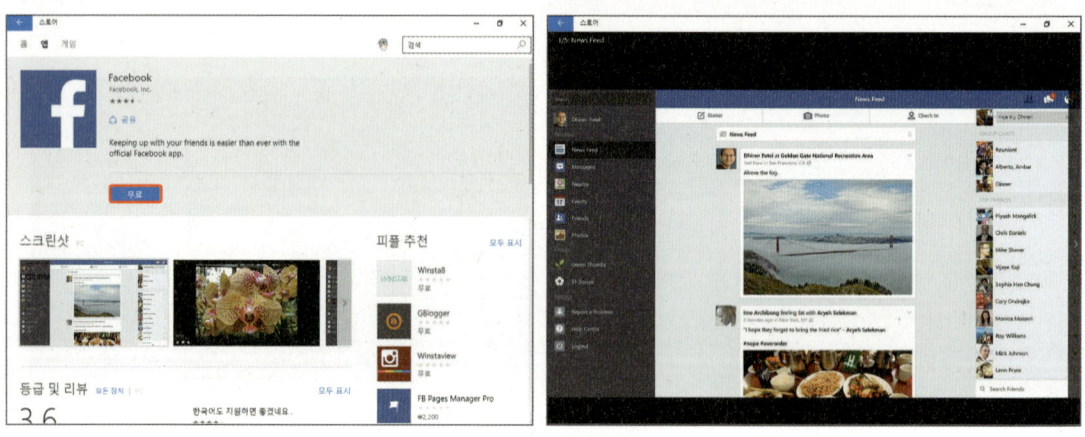

카테고리별로 찾아서 앱을 검색해도 되지만 검색 상자에서 원하는 앱을 찾을 수도 있습니다.

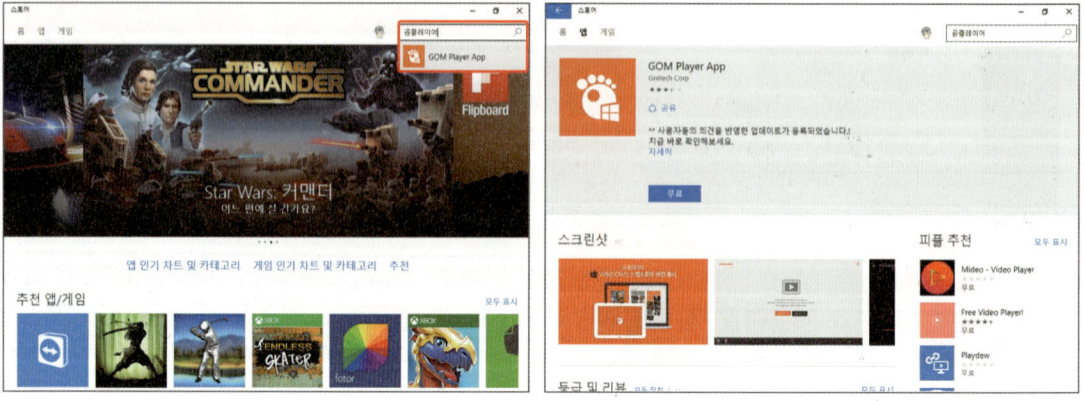

20 자유롭고 간편하게 앱 설치하고 제거하기

스마트폰과 마찬가지로 윈도우 10에서도 좋은 앱을 찾아서 설치하는 것이 중요합니다. 유용한 앱은 시작 메뉴에 정렬해놓으면 사용하기도 편리합니다. 시작 메뉴에 자주 찾는 항목을 고정해두는 것은 윈도우 10을 제대로 쓰는 비법이기도 합니다.

앱 설치하기

원하는 앱을 찾았다면 파란색 [무료]를 눌러 설치합니다. [사용자 계정 아이콘 👤]의 왼쪽에 나타나는 [↓](다운로드 및 설치)를 클릭하면 현재 다운로드 중인 앱이 대기열에 나타납니다. 앱의 크기가 작다면 다운로드 표시가 나타나기도 전에 설치가 완료될 수 있습니다.

바로 통하는 TIP 무료 앱을 적극 활용해봅니다. 데스크톱 앱과 달리 스토어에 있는 앱은 컴퓨터의 성능이나 저장 공간을 많이 차지하지 않아 부담 없이 설치할 수 있습니다.

추가된 앱은 시작 메뉴의 [최근에 추가한 항목]에 나타납니다. 이곳에는 가장 최근에 받은 앱이 표시됩니다. [모든 앱 ▤ 모든 앱]을 클릭하면 가장 위에 나타납니다.

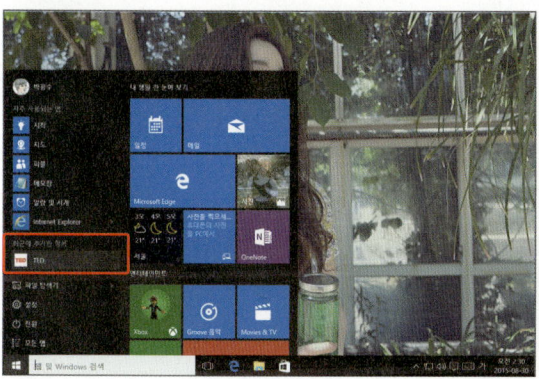
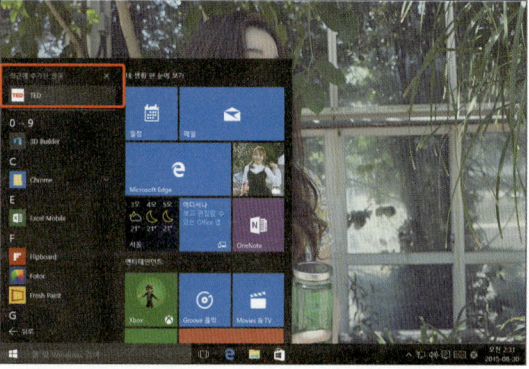

앱 고정하기

설치된 앱에서 마우스 오른쪽 버튼을 클릭해 메뉴를 연 뒤 시작 화면이나 작업 표시줄에 고정할 수 있습니다. 업무용 필수 앱은 작업 표시줄에, 뉴스나 멀티미디어, 게임 등은 시작 화면에 추가하면 좀 더 편리하게 사용할 수 있습니다.

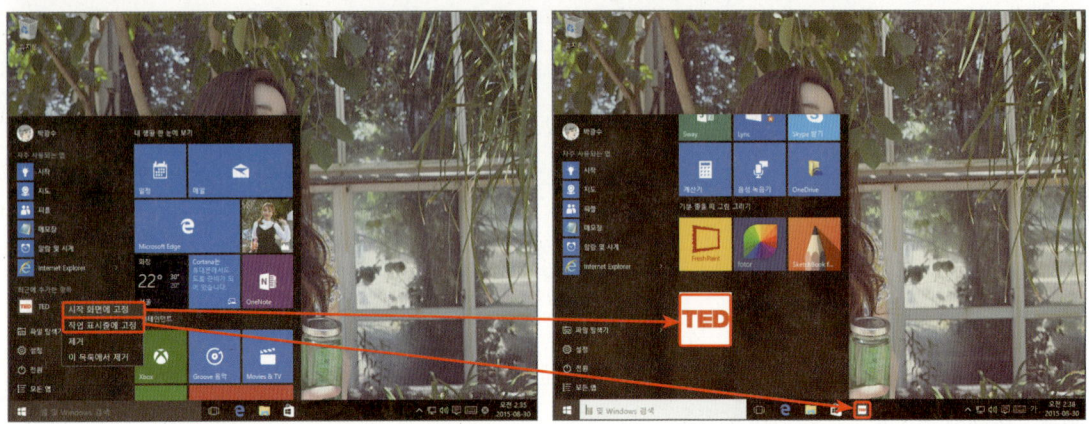

앱 제거하기

설치된 앱에서 마우스 오른쪽 버튼을 클릭한 후 [제거]를 선택합니다. '이 앱 및 관련 정보가 제거됩니다.'라는 메시지가 나올 때 다시 [제거]를 클릭하면 앱이 삭제됩니다.

바로 통하는 TIP 한 번 설치한 앱의 경우 언제든 스토어에서 다시 설치할 수 있습니다.

모바일 오피스와
앱 활용하기

윈도우 10은 기존에 사용하던 데스크톱용 업무 프로그램은 물론,
스토어에서만 제공하는 오피스 모바일을 더해 역대 최고의 생산
성을 자랑합니다. 모바일 오피스와 원드라이브, 스티커 메모와 캡
처 도구 등 윈도우 10을 강력한 생산 도구로 만들어주는 다양한
앱의 활용 방법을 알아보겠습니다.

21 스마트폰용 모바일 오피스 살펴보기

마이크로소프트 오피스는 엑셀, 파워포인트, 워드 등을 포함하고 있으며 사용자의 생산성 향상을 도와주는 프로그램입니다. 스마트폰용 모바일 오피스는 윈도우 10뿐만 아니라 안드로이드, 애플의 iOS에서도 그대로 제공됩니다.

스마트폰/패드용 마이크로소프트 오피스(안드로이드)

구글 플레이 스토어에서 'microsoft corporation'으로 검색하면 각종 오피스 앱이 나타납니다. 모바일용 엑셀에서는 수식, 서식, 차트 등 핵심적인 기능을 잘 지원하며 파워포인트에서는 문서 확인 및 간단한 수정을 편리하게 할 수 있습니다. 워드에서는 [읽기 모드]를 지원하며 쉽게 본문 내용을 찾을 수 있습니다.

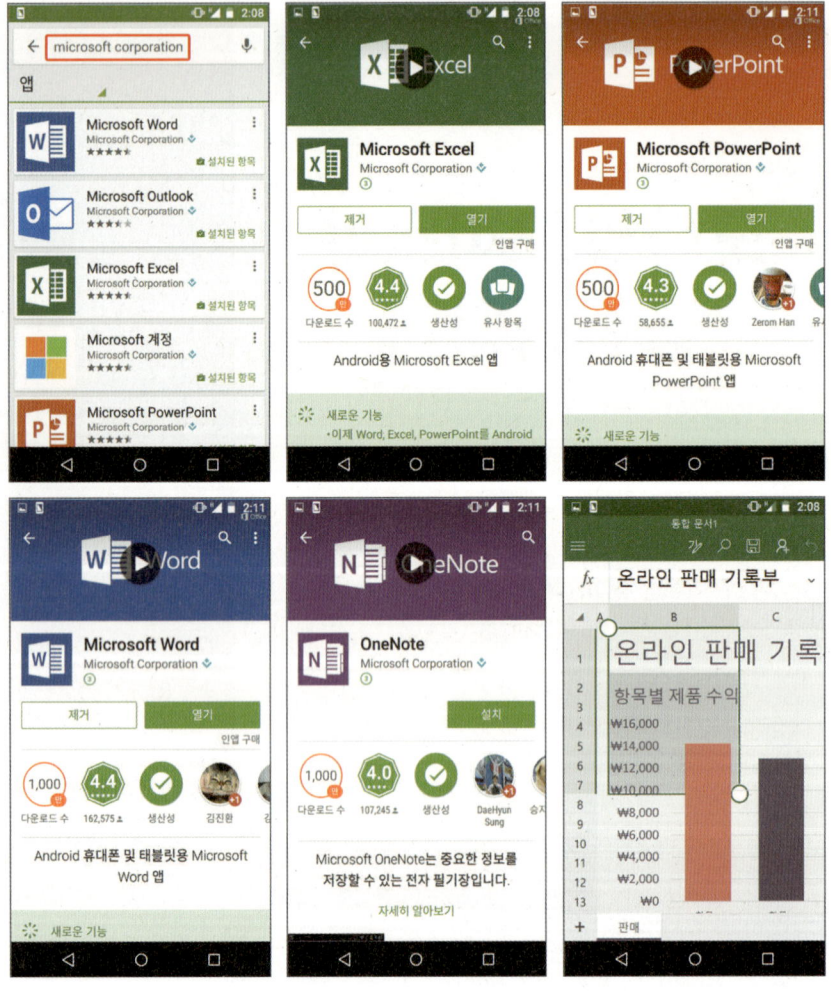

바로 통하는 TIP 구글 플레이 스토어에서는 기본적인 오피스 앱뿐 아니라 메일 쓰기 및 일정 관리에 유용한 아웃룩(Outlook), 클라우드에서 웹 문서를 쉽게 제작할 수 있는 스웨이(Sway) 등도 제공합니다.

아이폰/아이패드용 마이크로소프트 오피스(애플 iOS)

앱 스토어에서 'microsoft office'를 검색하면 iOS용 마이크로소프트 오피스를 만날 수 있습니다.

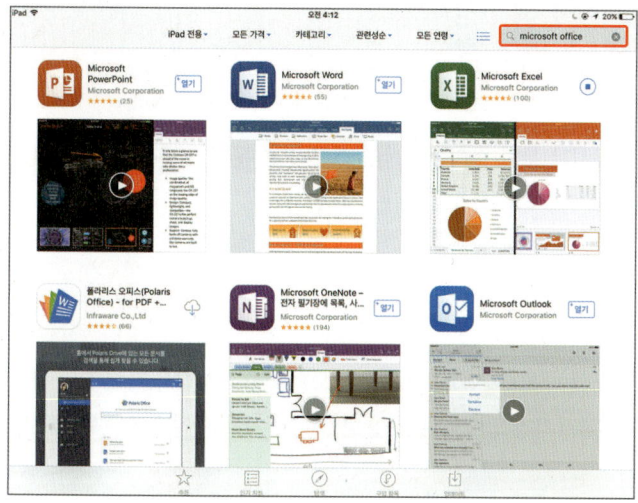

아이패드에서는 좀 더 시원하고 큰 화면으로 오피스 문서를 살필 수 있습니다.

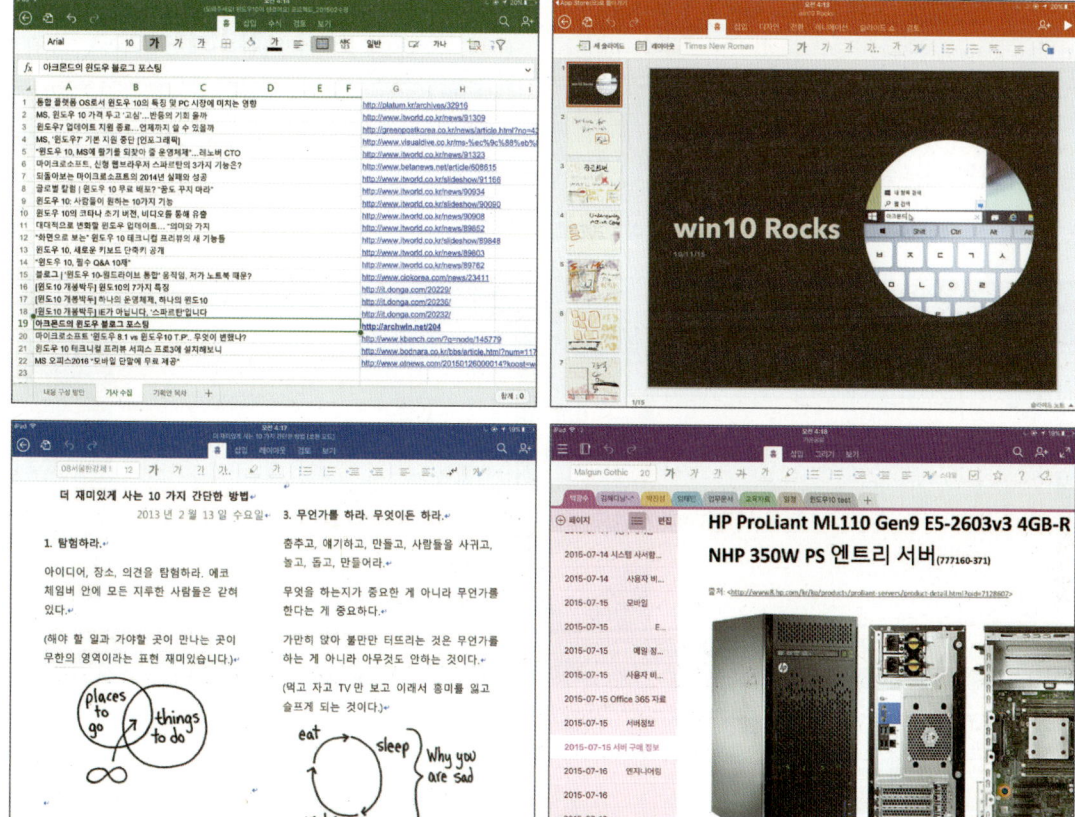

22 무료 클라우드 저장소 원드라이브 사용법 알아보기

원드라이브(OneDrive)는 마이크로소프트가 제공하는 무료 클라우드 저장소입니다. 문서, 사진뿐 아니라 여러 가지 파일을 저장할 수 있습니다. 스마트폰, 태블릿, 컴퓨터에서 모두 사용 가능합니다.

개인용과 기업용으로 나뉜 원드라이브

현재 원드라이브는 마이크로소프트 계정을 가진 개인 사용자용(OneDrive)과 오피스 365 계정을 가진 기업 사용자를 위한 비즈니스용(OneDrive for Business) 두 가지가 있습니다. 사용법은 크게 다르지 않으므로 한 가지만 제대로 배워도 사용하는 데 어려움이 없습니다.

원드라이브 기본 사용법

탐색기에서 파란색으로 표시된 [OneDrive] 폴더를 클릭해 들어간 후 원하는 파일을 옮겨 넣습니다.

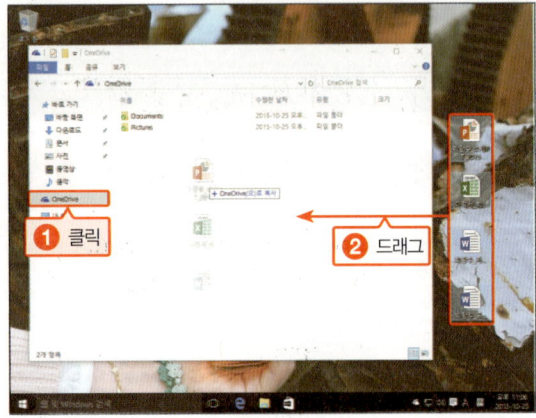

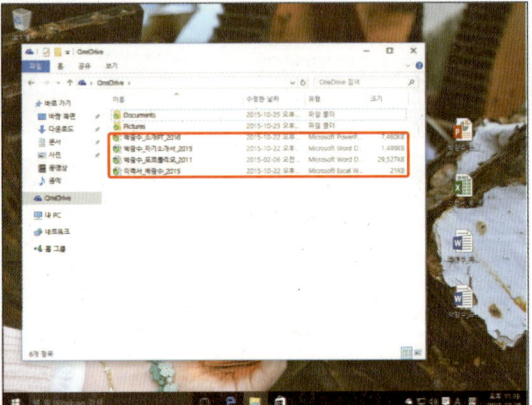

인터넷 웹 브라우저에서 onedrive.com에 접속하면 원드라이브 폴더에 넣었던 파일이나 폴더를 확인할 수 있습니다. [☁OneDrive] 폴더에 파일을 넣으면 자동으로 클라우드 저장소와 동기화됩니다.

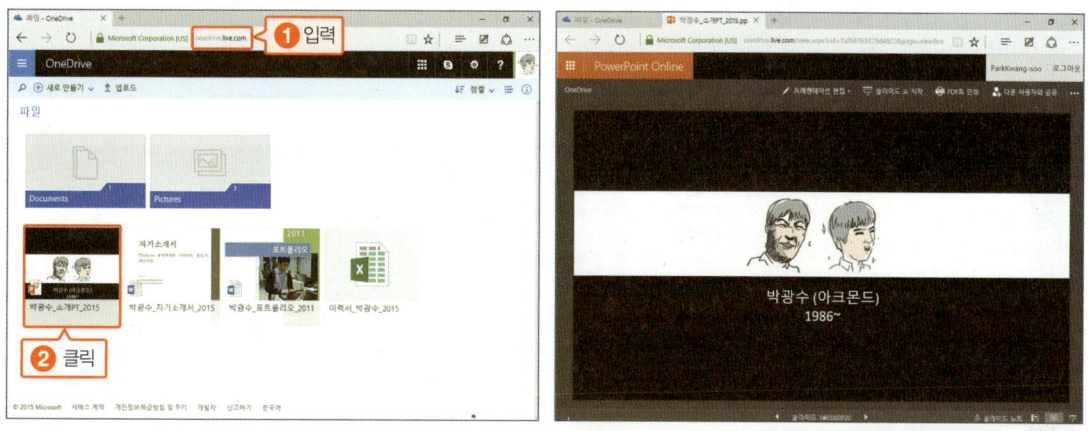

바로 통하는 TIP 원드라이브에 동기화된 파일이나 폴더는 컴퓨터를 포맷하거나 초기화했을 때 다시 나타납니다. 자료를 오랫동안 잃어버리지 않고 보관하려면 원드라이브 폴더에 저장하는 습관을 들이면 좋습니다.

파일과 폴더 공유하기(파일 링크 공유)

원드라이브 폴더에 들어 있는 공유할 파일이나 폴더를 마우스 오른쪽 버튼으로 클릭해 단축 메뉴를 엽니다. [☁OneDrive 링크 공유]를 클릭하면 '준비가 완료되었다'는 메시지가 오른쪽 아래에서 나타납니다. 원하는 곳 어디서든 Ctrl + V 만 누르면 공유 링크를 붙일 수 있습니다.

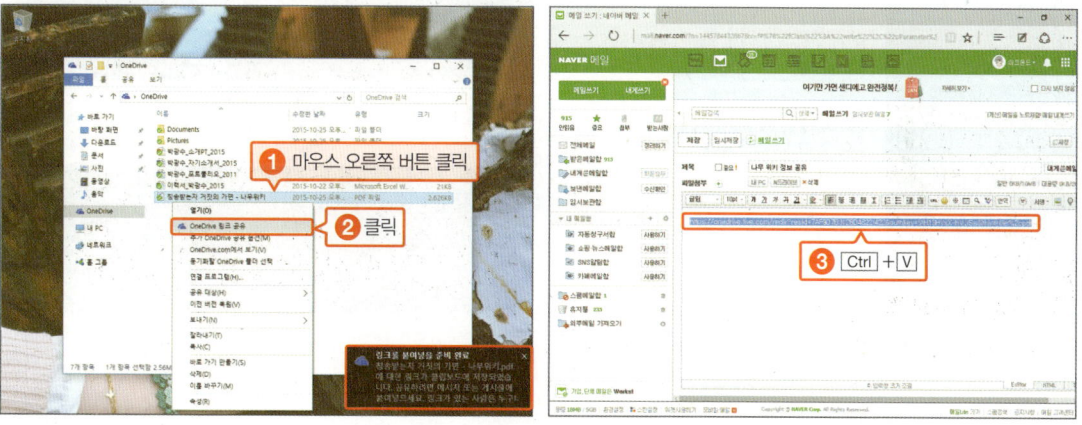

메일이나 메신저 프로그램 등에서 해당 링크를 클릭하면 웹 브라우저가 열리고 파일 내용을 바로 확인할 수 있습니다. 워드, 파워포인트, 엑셀 문서나 PDF 파일 등을 다른 사람들과 공유할 때 매우 편리합니다.

문서 공유하기(공동 편집 기능)

단순히 폴더나 파일의 링크를 공유 하는 것 외에도 원드라이브로 동시에 편집할 수 있는 링크를 만들 수 있습니다. 원드라이브의 문서를 마우스 오른쪽 버튼으로 클릭한 후 [추가 OneDrive 공유 옵션]을 선택합니다. 공유 링크는 메일로 전송되며 문서를 함께 편집할 사람의 이메일 주소와 초대 메시지를 적절히 입력해 공유합니다.

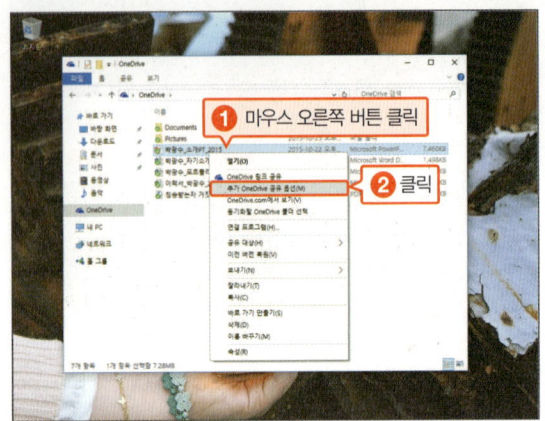 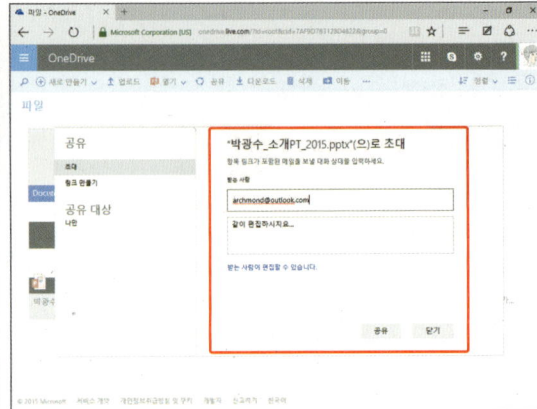

메일을 받은 사람은 [OneDrive에서 열기]를 선택해 [브라우저에서 편집]을 클릭하면 해당 문서를 바로 편집할 수 있습니다.

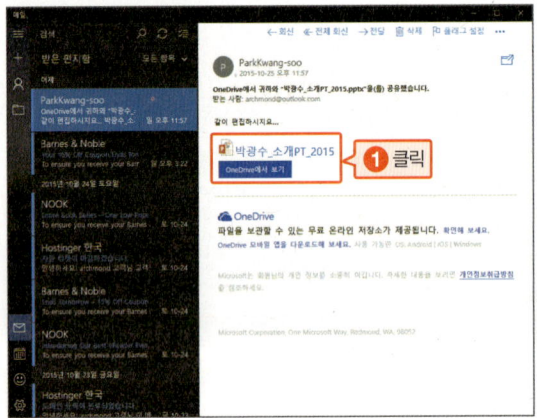 

문서에서 마우스 오른쪽 버튼을 클릭한 후 [OneDrive에서 보기]를 선택하면 웹 브라우저에서 바로 편집할 수 있습니다. 다른 사람과 같은 시간에 웹에서 문서를 공동 편집할 수 있으며 수정 내용이 동시에 나타납니다. 편집하는데 별도의 오피스 프로그램이 필요하지 않습니다.

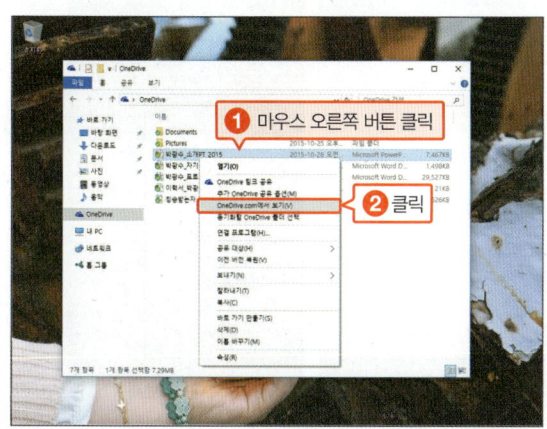 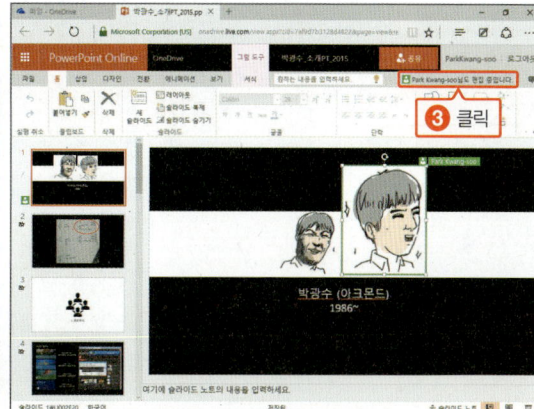

카메라 업로드 기능 활성화하기(iOS, 안드로이드, 윈도우 10 모바일)

스마트폰과 태블릿 PC로 사진을 많이 찍는다면 원드라이브의 카메라 업로드 기능을 꼭 살펴봅니다. 카메라로 촬영한 내용을 자동으로 백업하려면 스토어에서 OneDrive를 검색해 설치합니다.

앱을 실행해 설정에 들어가면 [카메라 업로드]가 있습니다. 이 기능을 켜면 촬영한 사진이 자동으로 원드라이브에 업로드됩니다. 사진을 촬영하고 나서 번거롭게 컴퓨터와 연결할 필요가 없습니다.

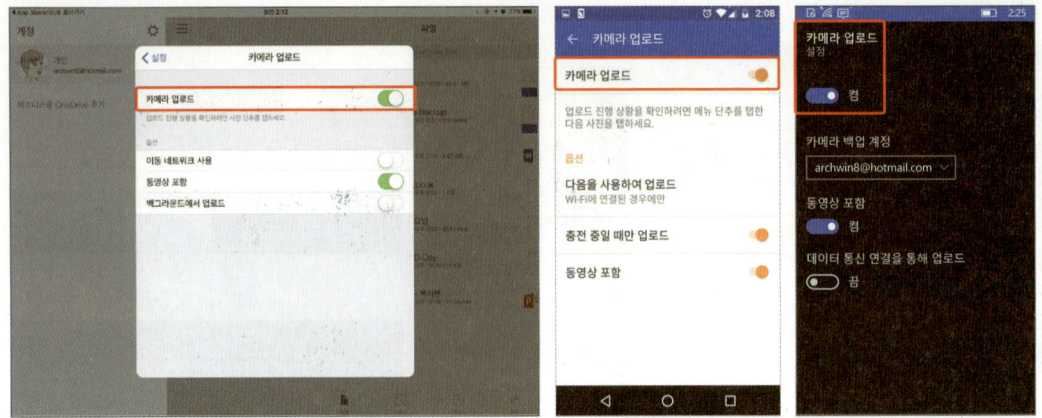

컴퓨터, 스마트폰 등 모든 기기에서 동일한 사진을 확인할 수 있습니다.

바로 통하는 TIP 스마트폰을 초기화해도 원드라이브에 업로드한 사진은 사라지지 않습니다. 원드라이브를 사용하지 않더라도 사진 백업용으로만 활용해도 훌륭합니다. 업로드한 사진은 원드라이브 [사진]의 [카메라 앨범] 폴더에 저장됩니다.

원하는 폴더만 동기화하기 : 디스크 공간 절약하기

소중한 시간과 디스크 용량을 절약해주는 팁입니다. 작업 표시줄 알림 영역의 원드라이브 아이콘에서 마우스 오른쪽 버튼을 클릭한 후 메뉴에서 [설정]을 선택합니다. [계정] 탭의 [이 장치에서 동기화할 폴더 선택]의 [폴더 선택]을 클릭하면 원하는 폴더만 동기화할 수 있습니다. 체크 표시하지 않은 폴더는 원드라이브 폴더에서 사라집니다.

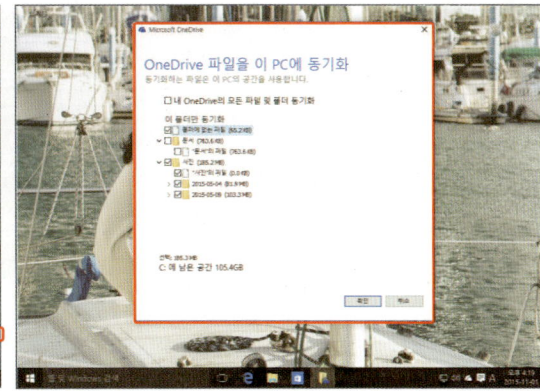

스마트폰, 디카 사진을 스마트하게 백업하기

스마트폰이나 디지털 카메라로 찍은 사진을 자동으로 원드라이브에 백업할 수 있습니다. 원드라이브 설정에서 [자동 저장] 탭에 있는 [내 PC에 카메라, 휴대폰, 또는 기타 장치를 연결할 때마다 OneDrive에 사진 및 비디오를 자동으로 저장합니다.]에 체크 표시합니다. 컴퓨터에 스마트폰이나 미러리스 카메라 등을 연결하면 원드라이브에서 자동으로 사진과 동영상을 찾습니다.

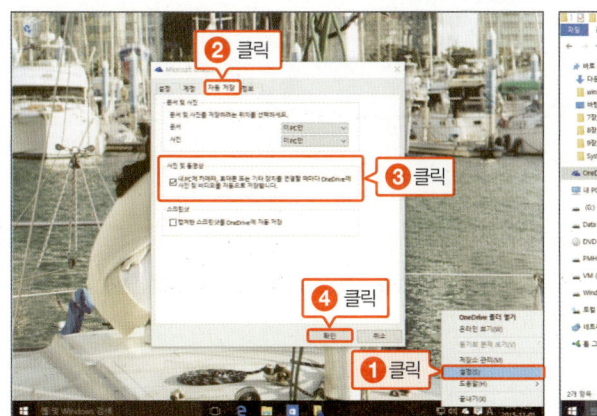
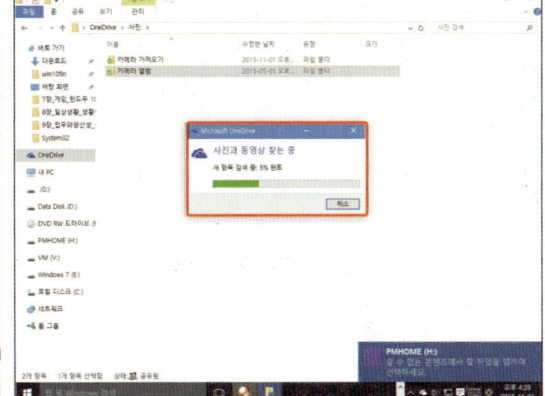

사진 및 동영상은 원드라이브 [사진]의 [카메라 가져오기] 폴더에 저장됩니다. 사진이나 동영상의 수가 많으면 가져오거나 동기화가 다 될 때까지 기다리는 시간이 필요합니다.

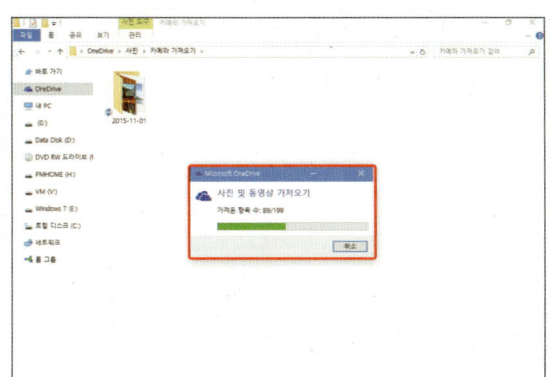
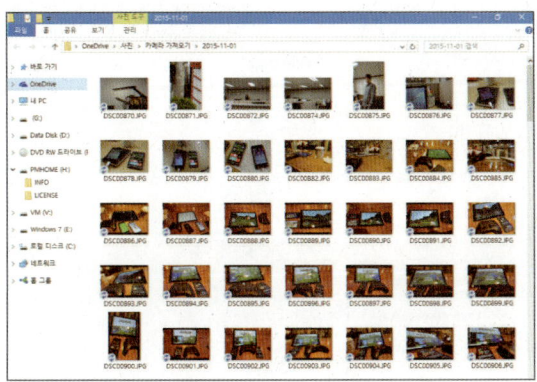

23 스티커 메모를 PC 속의 포스트잇으로 활용하기

스티커 메모는 윈도우 7에서도 제공한 유용한 메모 도구입니다. 갑자기 생각난 아이디어나 일정을 마치 포스트잇에 쓰는 것처럼 간단하게 기록할 수 있습니다.

스티커 메모 시작하기

스티커 메모는 [웹 및 Windows 검색]에서 '스티커'를 입력해 실행합니다. [새 메모+]를 클릭해 메모를 새로 기록할 수 있습니다. 메모를 마우스 오른쪽 버튼으로 클릭한 후 색을 지정할 수도 있습니다.

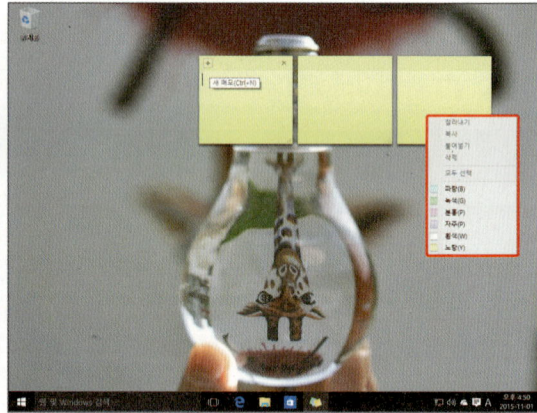

메모를 눈에 띄게 꾸미기

필요 없는 메모는 [X]를 눌러 제거할 수 있습니다. 메모를 꾸밀 때 글꼴 굵게, 기울이기, 밑줄, 취소선 효과와 글꼴을 크고 작게 만드는 작업은 단축키로 해결할 수 있습니다. 글머리가 필요할 때는 Ctrl + Shift + L 을 누르면 되는데, 누를 때마다 목록 스타일이 바뀝니다.

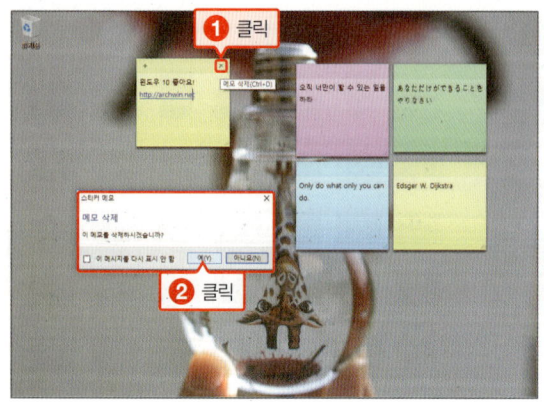
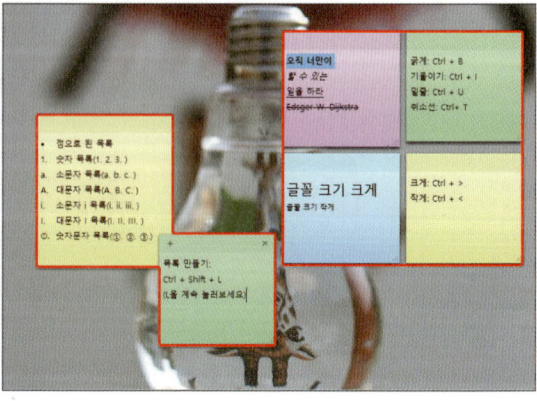

메모 백업하기

![]+[R]을 눌러 실행 창을 연 뒤 %AppData%₩Microsoft₩Sticky Notes를 입력해 실행하면 StickyNotes.snt 파일이 나타납니다. 이 파일을 복사한 후 필요할 때 동일한 폴더로 복구하면 됩니다. 다른 컴퓨터에 붙여 넣어도 마찬가지로 잘 복구됩니다.

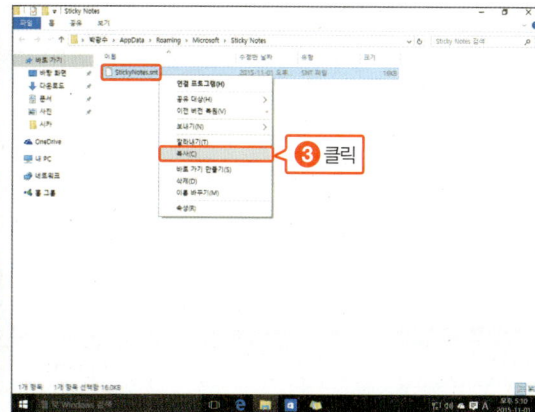

스티커 노트를 작업 표시줄에 고정하기

[웹 및 Windows 검색]에서 '스티커'를 입력한 뒤 마우스 오른쪽 버튼으로 누릅니다. 단축 메뉴에서 [작업 표시줄에 고정]을 선택하면 더 편리하게 스티커를 확인, 수정할 수 있습니다.

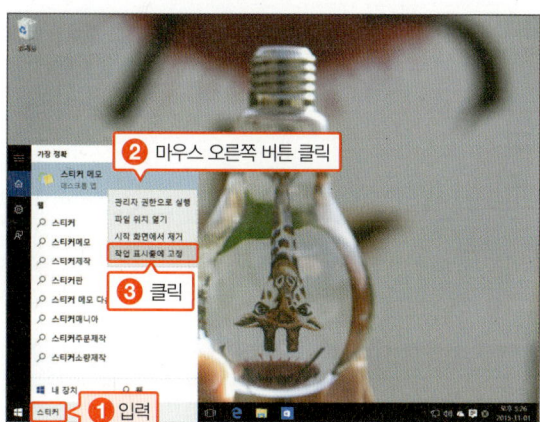

24 스크린샷 촬영할 때 캡처 도구 활용하기

윈도우 10에서 화면을 캡처하는 모든 방법을 알아봅니다. 원드라이브 자동 저장 기능까지 익힐 수 있습니다.

풀 스크린샷 ⊞ + Print Screen

전체 화면의 스크린샷을 촬영하려면 ⊞+ Print Screen 을 누릅니다. 캡처 결과가 [사진]의 [스크린샷] 폴더에 파일로 만들어집니다. 그림판에 붙여 넣은 후 별도로 저장하지 않아도 됩니다.

특정 앱 스크린샷 ⊞ + H

일부의 스크린샷을 보여줄 목적이라면 ⊞+ H 를 누릅니다. 특정 앱을 실행해 단축키를 누르면 해당 앱만 캡처되며 메일이나 트위터, 페이스북, 원노트 등에 저장할 수 있습니다. 트위터나 페이스북을 선택하여 스크린샷을 소셜미디어에 빠르게 게시할 수 있습니다.

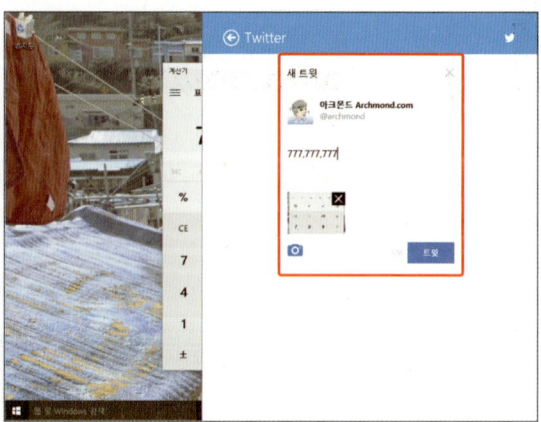

스크린샷을 자동으로 원드라이브에 저장하기

작업 표시줄 알림 영역의 [원드라이브 ☁] 아이콘에서 마우스 오른쪽 버튼을 클릭한 후 [설정]에 들어갑니다. [자동 저장] 탭의 [캡처한 스크린샷을 OneDrive에 자동 저장]에 체크 표시합니다. Print Screen 를 눌러 캡처하면 원드라이브에 바로 저장됩니다.

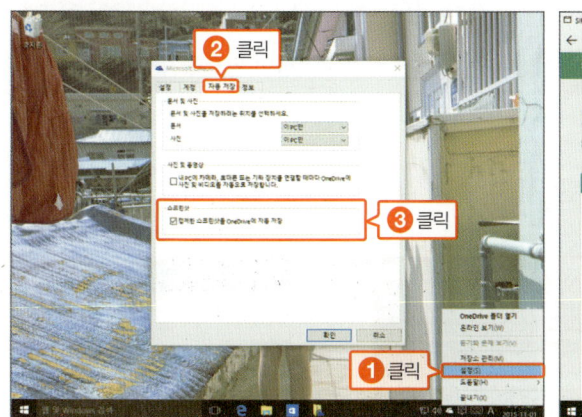
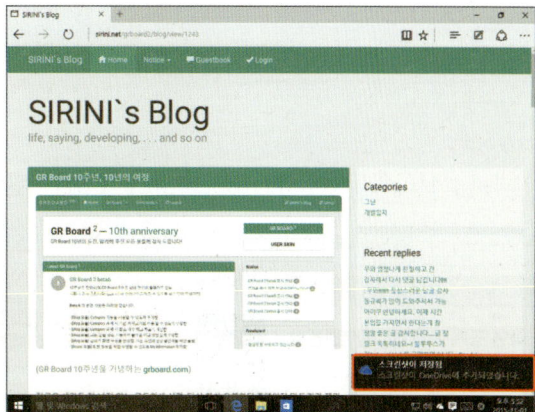

캡처한 파일은 [☁ 원드라이브]에서 [사진]의 [스크린샷] 폴더에 자동으로 저장됩니다. 웹 브라우저로 onedrive .com에 접속해도 스크린샷을 살펴볼 수 있습니다.

마우스로 캡처하기

키보드가 아니라 마우스나 펜으로 캡처하고 싶다면 캡처 도구를 사용합니다. [웹 및 Windows 검색]에서 '캡처'를 입력해 실행합니다. 여러 옵션을 사용해 스크린샷을 촬영할 수 있습니다.

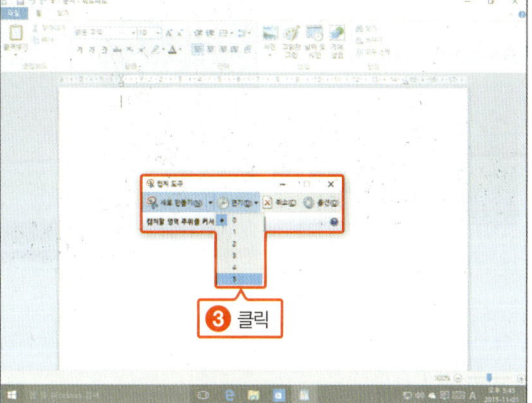

바로 통하는 TIP 캡처 도구에서 [연기]를 눌러 1~5초 뒤의 화면을 촬영할 수 있습니다. 0은 즉시 촬영하는 옵션입니다.

25 언제 어디서나 PDF 문서로 저장하기

윈도우 10에 내장된 PDF 인쇄 기능을 활용하면 PDF로 저장하는 데 별도의 프로그램이 필요하지 않습니다.

인터넷 웹 브라우저에서 [Microsoft Print to PDF] 프린터를 지정해 인쇄합니다.

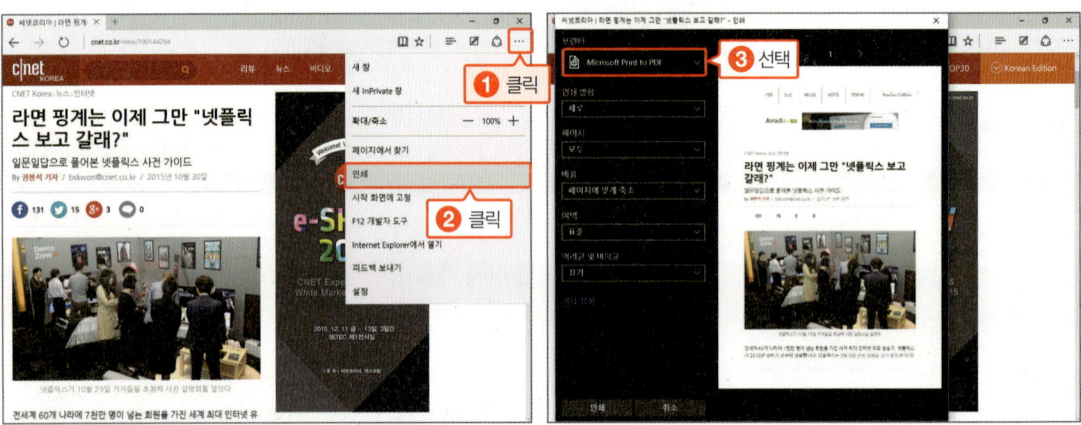

인쇄가 완료되면 오른쪽 아래에 [저장됨]이라는 메시지가 나타납니다. 탐색기를 열어 문서 폴더에 들어가면 웹 페이지 제목으로 되어 있는 PDF 파일을 찾을 수 있습니다. 워드, 파워포인트, 엑셀뿐 아니라 인쇄가 가능한 모든 프로그램에서 PDF 인쇄 기능을 지원합니다.

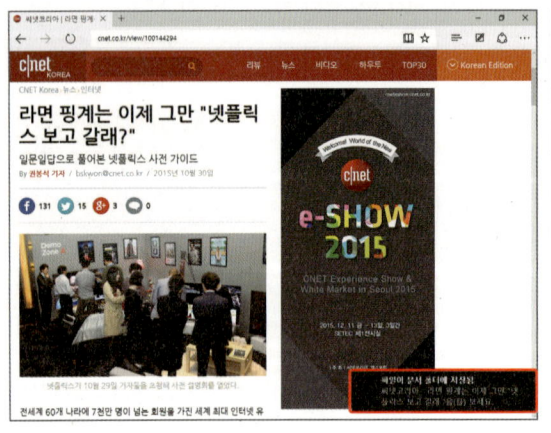

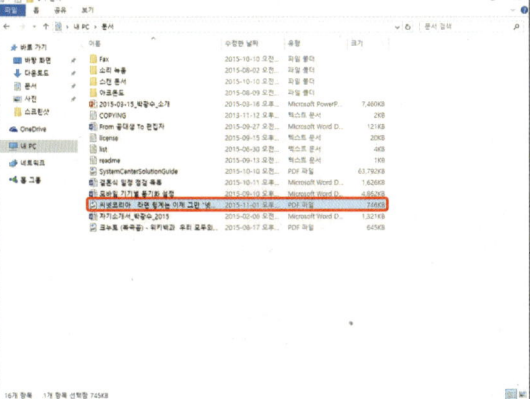

숨어 있는
고급 기능 알아보기

윈도우 10에 숨어 있는 강력한 기능을 모았습니다. 작업 관리자, 제어판 설정, 탐색기 등은 좀 더 쉽게 컴퓨터를 활용하는 데 도움을 줍니다. 백업 및 복원 기능을 이용해 중요한 자료를 정기적으로 관리할 수 있습니다.

26 강력한 파일 관리 도구인 파일 탐색기 알아보기

파일 탐색기는 파일이나 폴더를 관리하는 앱입니다. 파일 만들기, 열기, 편집, 보기, 인쇄, 재생, 이름 바꾸기, 이동, 복사, 삭제, 검색, 속성 수정 등을 할 수 있습니다. 윈도우 95 이후부터 향상되어 온 탐색기의 강력한 파일 관리 기능을 살펴보겠습니다.

탐색기 화면 구성 살펴보기

[시작 ■]을 클릭해 [파일 탐색기 📁]를 선택합니다. 작업 표시줄의 [파일 탐색기 📁]를 클릭해도 됩니다. 키보드가 편하다면 단축키 ■+E 로도 실행할 수 있습니다.

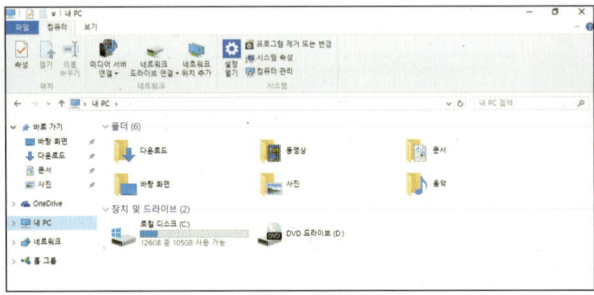

빠른 실행 및 제목 표시줄

파일과 폴더의 형식에 따라 바뀌는 리본 메뉴

내비게이션 바와 검색 상자

파일과 폴더의 내용이 보이는 공간

탐색 창

상태 표시줄

탐색기의 바로 가기 살펴보기

윈도우 10의 탐색기는 조금 더 지능적으로 변했습니다. 탐색기를 실행하면 [★ 바로 가기]가 나타납니다. 이는 웹 브라우저의 [즐겨찾기]와 [자주 찾는 웹 사이트]가 합쳐진 듯한 기능을 제공합니다. 사용자가 굳이 추가하지 않아도 최근에 사용한 폴더와 파일이 나타나며 직접 고정할 수도 있습니다.

● 자주 찾는 폴더와 파일에 빠르게 접근하기

[★ 바로 가기] 화면을 살펴보겠습니다. 빨간색 부분은 직접 고정한 항목이며, 파란색 부분은 탐색기로 연 파일이 자동으로 추가된 것입니다. [핀★]은 사용자가 고정시킨 항목에 나타납니다. 이로써 자주 찾는 폴더와 파일에 쉽고 빠르게 접근할 수 있습니다.

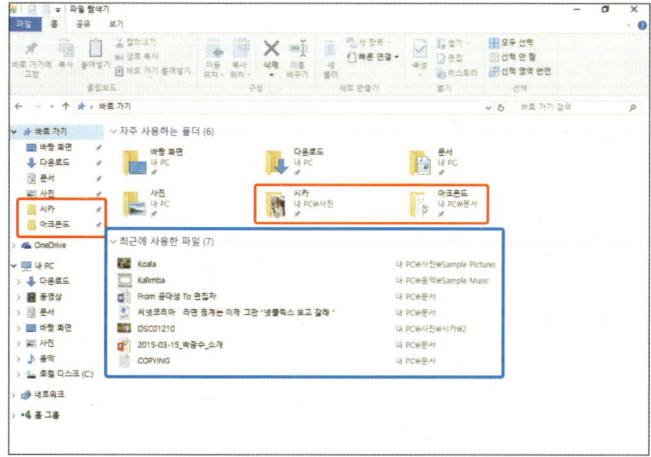

● 자동 또는 수동으로 바로 가기에 추가하기

파일을 만들거나 수정하면 자동으로 [★ 바로 가기]에 추가됩니다. 직접 고정하려면 원하는 폴더를 마우스 오른쪽 버튼으로 클릭하고 [바로 가기에 고정]을 선택합니다. 바로 가기에서 지우려면 반대로 [바로 가기에서 제거]를 클릭합니다. 일정 시간 후에는 자주 찾는 폴더도 바로 가기에 자동으로 추가됩니다.

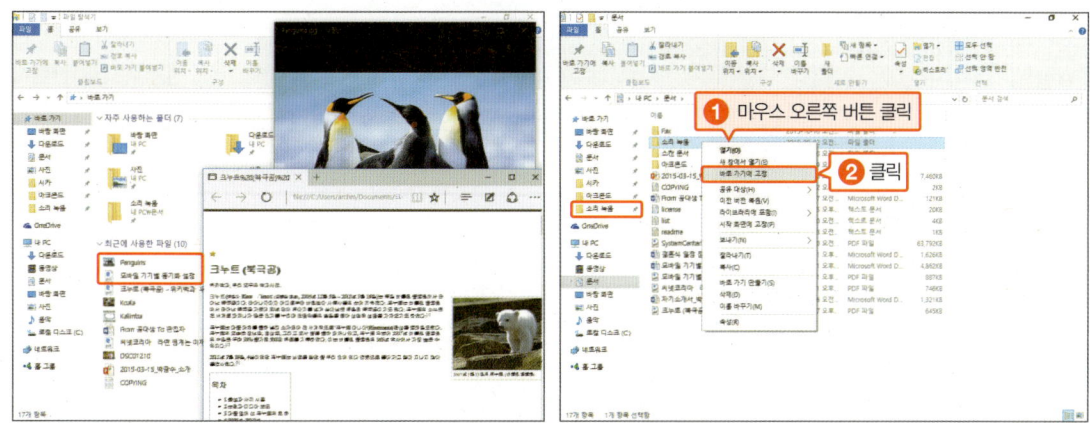

◉ 바로 가기 대신 내 PC가 열리게 만들기

파일 탐색기를 열면 [★ 바로 가기] 대신 곧바로 [💻 내 PC]가 열리게 변경할 수 있습니다. 탐색기에서 [파일]의 [폴더 및 검색 옵션 변경]에 들어갑니다. 폴더 옵션 창이 열리면 [파일 탐색기 열기]에서 [내 PC]를 선택합니다. 이제 탐색기를 켜면 내 PC가 먼저 나타납니다.

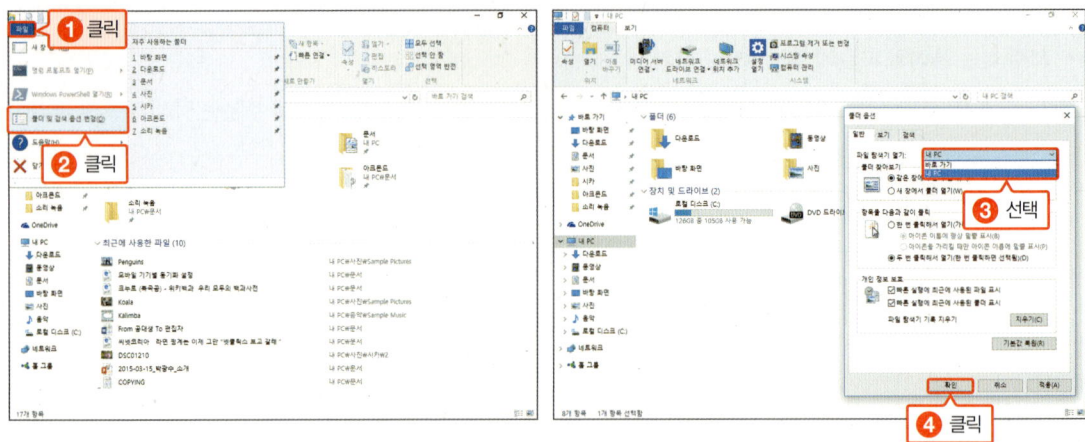

◉ 최근에 사용한 파일 지우기

[★ 바로 가기]에서 최근 파일을 곧바로 보여주니 편리하지만, 보안에 민감하거나 보여주지 말아야 할 자료라면 목록에서 지우는 편이 좋습니다. 또는 아예 쌓이지 않게 설정해도 괜찮습니다. [파일]의 [폴더 및 검색 옵션 변경]을 클릭한 후 폴더 옵션 창에서 [개인 정보 보호]의 옵션을 변경합니다.

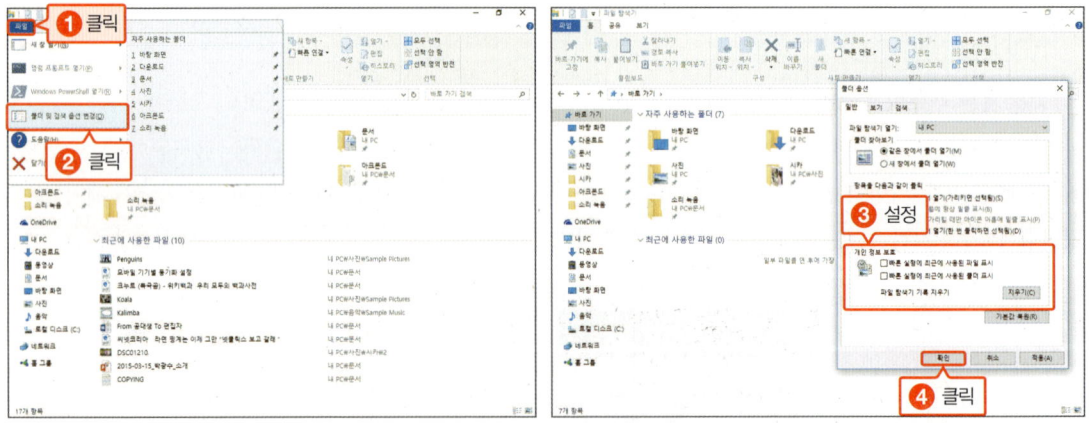

실무활용노트 WINDOWS | [개인 정보 보호] 옵션 알아보기

- [빠른 실행에 최근에 사용된 파일 표시]의 체크 표시를 해제하면 바로 가기에서 [최근에 사용한 파일]이 사라집니다.
- [빠른 실행에 최근에 사용된 폴더 표시]의 체크 표시를 해제하면 고정된 폴더를 제외하고 최근에 사용한 폴더가 나타나지 않습니다. 마치 윈도우 7/8의 '즐겨찾기'처럼 동작합니다.

사용자 폴더를 다른 드라이브로 옮기기

[사용자] 폴더는 윈도우 10에서 중요한 역할을 합니다. '검색, 다운로드, 링크, 문서, 바탕 화면, 비디오, 사진, 연락처, 음악, 저장된 게임, 즐겨찾기'처럼 컴퓨터를 사용하면서 자주 사용하는 작업에 대한 기본적인 폴더를 미리 만들어놓았습니다.

사용자 폴더를 옮기는 이유

C:₩ 드라이브(부팅 드라이브)에 존재하는 폴더들은 윈도우 10 재설치 또는 하드디스크 포맷 등으로 인해 없어지거나 손상될 가능성이 높기 때문에 자주 쓰는 [사용자] 폴더를 부팅 드라이브가 아닌 곳으로 옮기는 것을 추천합니다. 관리나 백업 시 편리합니다.

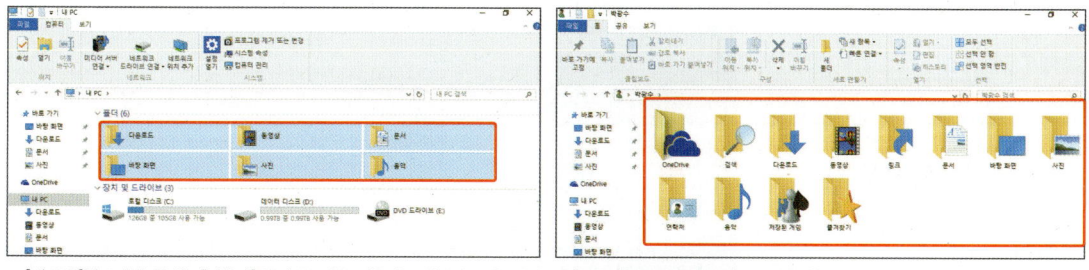

▲ [내 PC]의 6가지 폴더는 [사용자] 폴더 중 자주 사용하는 항목만 모은 것입니다. ▲ [사용자] 폴더는 실제로 [C:₩사용자]에 존재합니다.

바로 통하는 TIP 사용자 폴더 옮기기는 윈도우 10을 처음 설치하고 나서 바로 적용해주면 좋습니다.

사용자 폴더 요소 옮기기

우선 [문서] 폴더를 옮겨보겠습니다. [문서] 폴더에서 마우스 오른쪽 버튼을 클릭한 후 [속성]을 선택합니다. 속성 창의 [위치] 탭을 클릭한 후 [이동]을 선택해 이동할 위치를 정하고 [확인]을 클릭합니다. 파일을 옮길 것인지 물어보면 [예]를 클릭합니다. 같은 방법으로 다른 폴더도 옮겨봅니다.

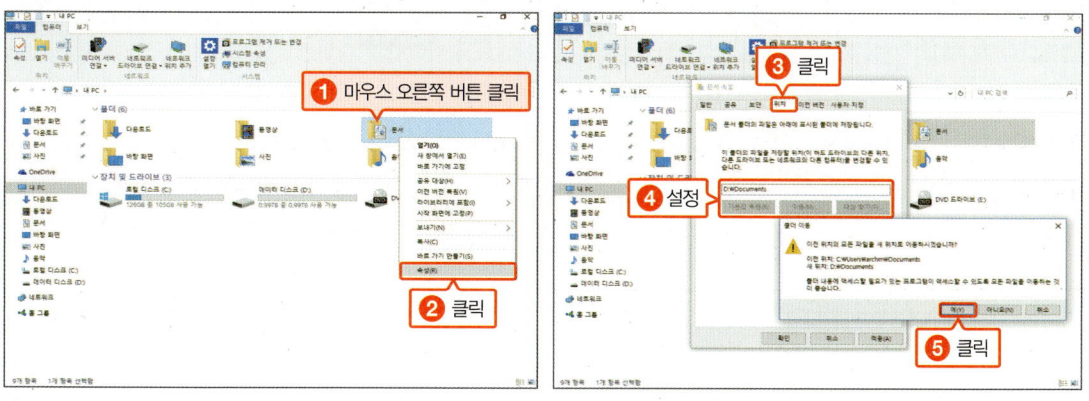

바로 통하는 TIP 이후 윈도우 10을 새로 설치했을 때 옮겨놓은 드라이브의 [사용자] 폴더를 다시 지정해 간단하게 복원할 수 있습니다.

공유 기능 활용하기

윈도우 10에서 작업한 파일을 다른 사람과 쉽게 공유하는 방법을 소개합니다. 탐색기에 별도로 마련된 [공유] 탭을 활용하면 클릭 몇 번 만에 자료를 공유할 수 있습니다.

● 메일로 파일 공유하기

[공유] 탭에서 메일로 공유하는 방법은 크게 두 가지로 나뉩니다. 먼저 메일 앱을 사용하는 방법입니다. 공유할 파일을 선택한 후 [공유] 탭의 [공유 ◔]를 클릭하고 [메일 ◀]을 선택하면 메일 앱에 선택한 파일이 첨부됩니다. 본문과 받을 사람을 입력해 메일을 보내면 됩니다.

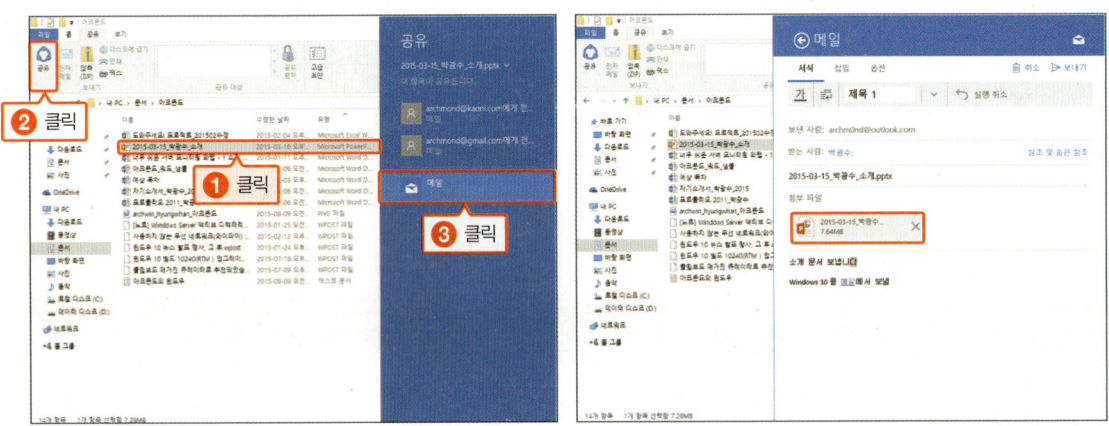

[전자메일 ▤]을 클릭해 아웃룩이나 썬더버드 등 데스크톱의 메일 프로그램을 사용할 수도 있습니다. 받을 사람과 내용만 입력하면 해당 파일을 메일로 첨부해 보낼 수 있습니다.

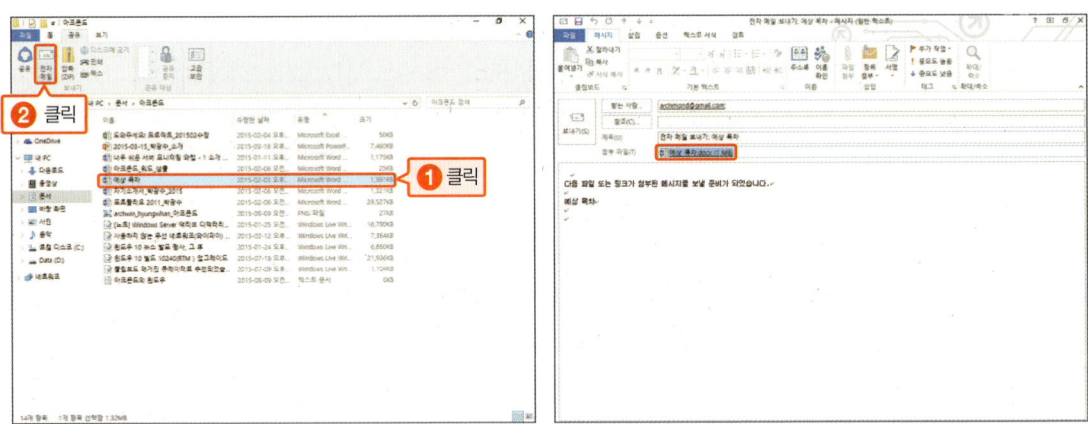

● 네트워크 공유 설정하기

특정 폴더를 네트워크에 공유하려면 [공유] 탭의 [특정 사용자 ▨]를 클릭합니다. 공유할 사용자를 선택한 후 [공유]를 클릭하면 폴더가 공유됩니다. ₩₩로 시작하는 공유 폴더의 주소를 잘 메모해둡니다.

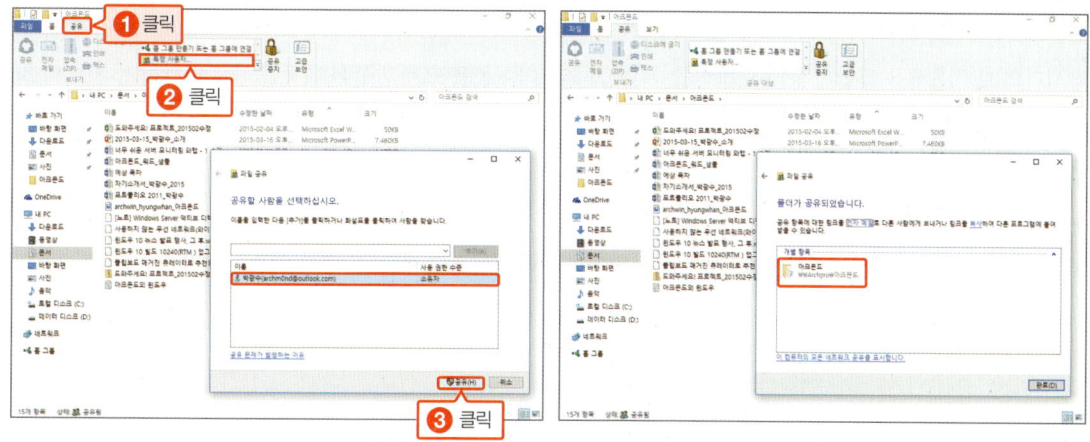

다른 PC에서 공유 폴더에 접근하려면 WW로 시작하는 주소를 입력해 Enter를 누릅니다. 앞에서 공유한 사용자 계정으로 로그인하면 공유된 폴더를 사용할 수 있습니다. 두 컴퓨터가 동일한 계정을 사용한다면 공유 폴더에 접근할 때 암호를 입력하지 않아도 됩니다.

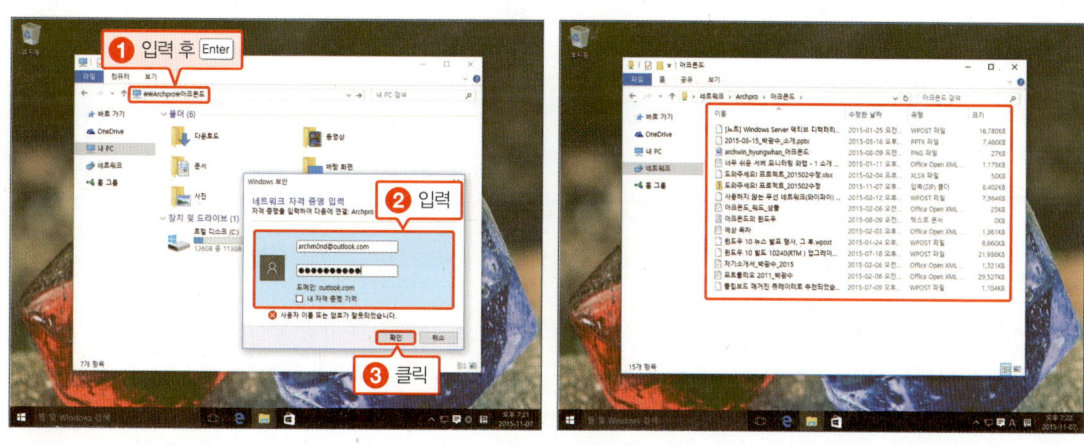

실무활용노트
WINDOWS　　　**공유 중지하기**

공유를 중단하려면 [공유 중지]를 클릭한 후 한 번 더 [공유 중지]를 클릭합니다.

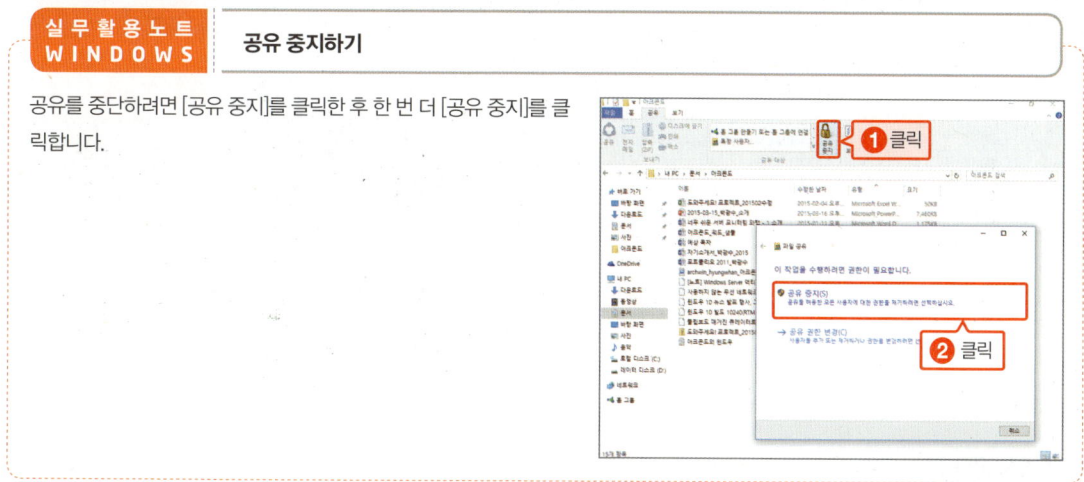

보기 옵션 변경하기

탐색기의 보기 옵션을 적합한 형태로 변경할 수 있습니다. 아이콘을 크게 만들어 내용을 바로 파악하거나 좀 더 자세한 정보가 나타나도록 보기 옵션을 변경할 수 있습니다.

● 아이콘으로 보기 옵션 바꾸기

지금 보고 있는 폴더에 사진이나 동영상 파일이 많다면 큰 아이콘으로 보는 것이 편합니다. 탐색기 오른쪽 아래의 [큰 아이콘 보기 ▦]를 클릭합니다. 반대로 파일 수가 많고 자세한 정보를 확인하고 싶다면 [자세히 보기 ▤]를 클릭합니다.

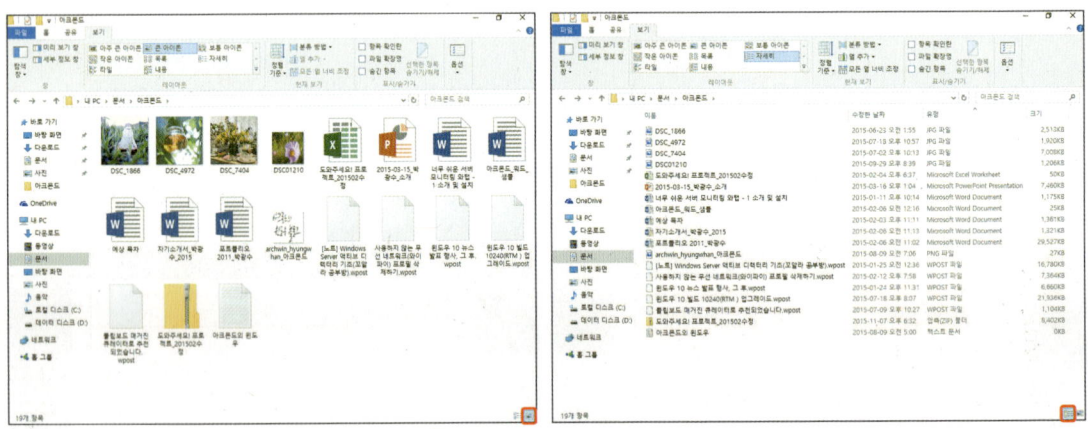

● 마우스로 바꾸기

[보기] 탭의 [레이아웃]에서 원하는 보기 방법에 마우스 포인터를 갖다 대기만 하면 보기 옵션이 자동으로 달라집니다. 매번 클릭하지 않아도 편리하게 결과를 확인할 수 있습니다. 아이콘 크기를 조절하려면 Ctrl 를 누른 채 마우스 휠을 위아래로 움직여봅니다. 아이콘 크기가 커지거나 작아지는 모습을 살펴볼 수 있습니다.

▲ 원하는 보기 모드에 마우스 포인터를 올리면 옵션이 변경됩니다.　　▲ Ctrl + 마우스 스크롤을 사용하면 크기가 바뀝니다.

바로 통하는 TIP Ctrl + 마우스 스크롤로는 아이콘의 크기만 조절할 수 있습니다. 목록, 자세히, 타일 모드를 보려면 직접 선택해야 합니다.

🖜 단축키로 바꾸기

탐색기의 보기 모드는 단축키인 Ctrl + Shift + 1 ~ 8로도 빠르게 적용됩니다. 굳이 마우스를 사용하지 않아도 원하는 보기 모드를 빠르게 변경할 수 있습니다.

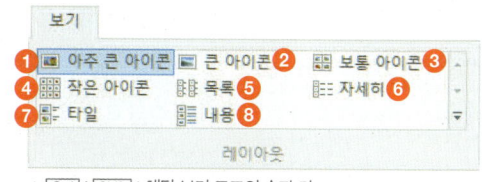

▲ Ctrl + Shift + 해당 보기 모드의 숫자 키

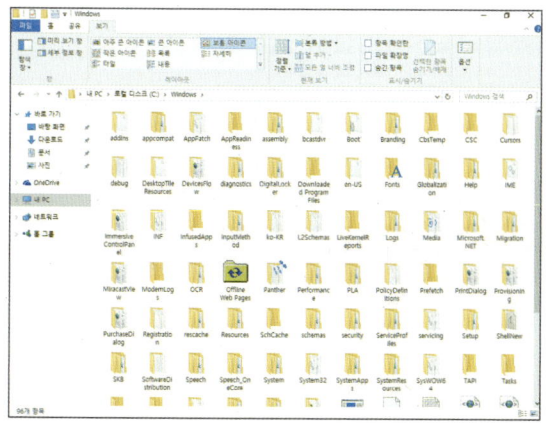

▲ 탐색기에서 Ctrl + Shift + 3 을 눌렀을 때

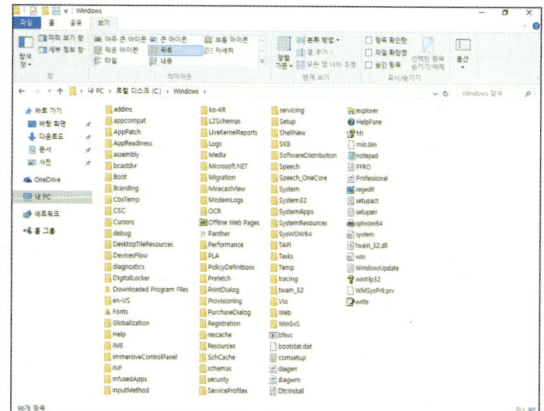

▲ 탐색기에서 Ctrl + Shift + 5 를 눌렀을 때

바탕 화면에서도 단축키를 사용할 수 있습니다. 바탕 화면에서 Ctrl + Shift + 1 ~ 8을 누르면 보기 모드 옵션이 변경됩니다. 바탕 화면에서도 아이콘 목록을 '자세히' 볼 수 있다는 것이 이 단축키의 묘미입니다.

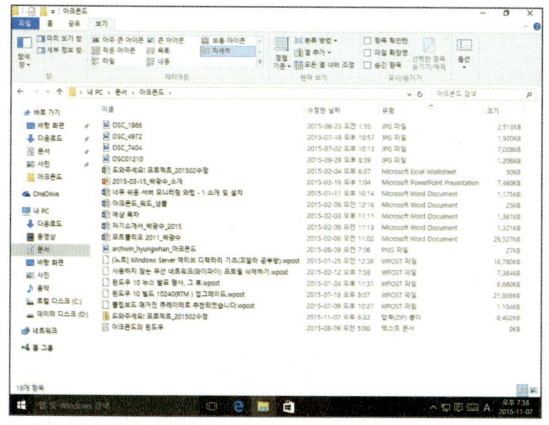

▲ 탐색기에서 Ctrl + Shift + 6 을 눌렀을 때

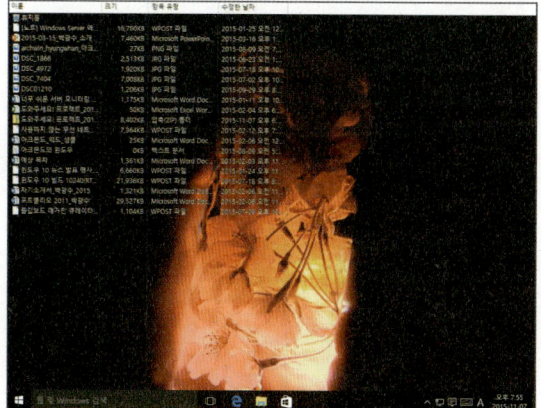

▲ 바탕 화면에서 Ctrl + Shift + 6 을 눌렀을 때

빠른 실행 모음에 자주 사용하는 기능 추가하기

탐색기의 제목 표시줄 왼쪽에는 [빠른 실행 도구 모음]이라고 하는 자그마한 공간이 제공됩니다. 이곳에 자주 사용하는 기능을 추가하면 빠르게 실행할 수 있습니다. 이 기능은 탐색기뿐 아니라 리본 메뉴가 제공되는 모든 앱에서 사용할 수 있습니다.

빠른 실행 도구 모음에 아이콘 추가하기

자주 사용하는 기능에서 마우스 오른쪽 버튼을 클릭한 후 [빠른 실행 도구 모음에 추가]를 선택합니다. 추가한 아이콘은 제목 표시줄의 왼쪽에 나타납니다. 이제 추가된 아이콘만 클릭하면 곧바로 해당 기능이 실행됩니다. 빠른 실행 도구 모음은 리본 메뉴의 기본적인 특징입니다.

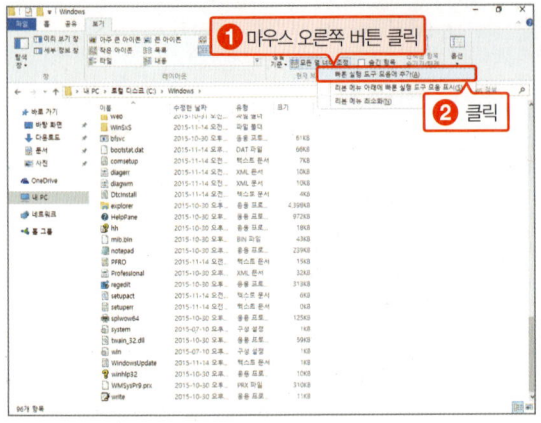

▲ 빠른 실행 도구 모음에 [모든 열 크기 조정]을 추가했습니다.

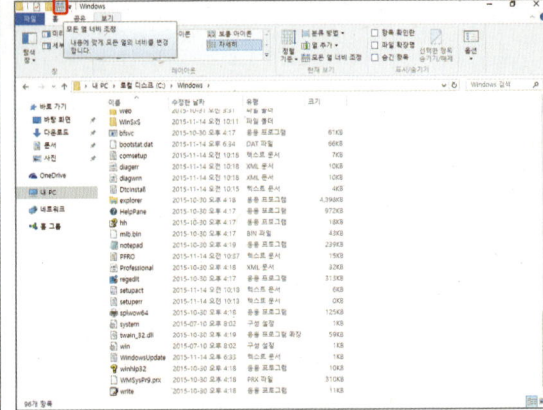

▲ 빠른 실행 도구 모음에 추가된 아이콘만 클릭하면 열의 너비가 적절하게 변경됩니다.

빠른 실행 도구 모음을 아래쪽으로 옮기기

[빠른 실행 도구 모음 사용자 지정 ▼]을 클릭해 [리본 메뉴 아래에 표시]를 선택합니다. 리본 메뉴 아래에 바 형태로 빠른 실행 도구 모음이 제공됩니다. 빠른 실행 도구 모음을 좀 더 적극적으로 사용할 수 있습니다.

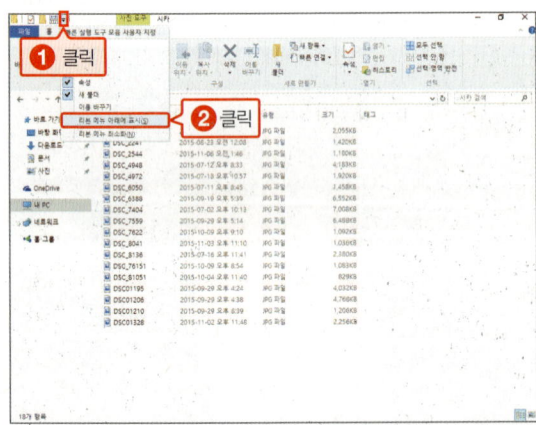

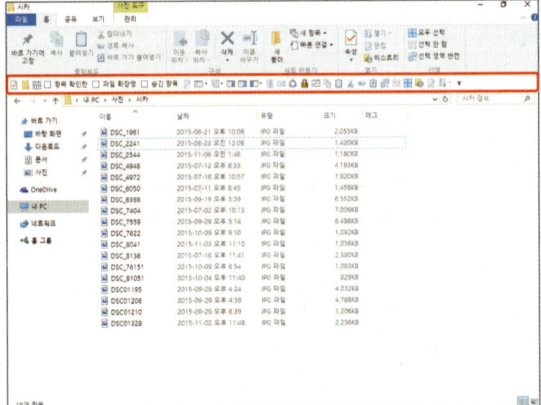

실무 활용 노트
WINDOWS   키보드로 빠른 실행 도구 모음을 실행하기

탐색기에서 Alt를 누르면 빠른 실행 도구 모음을 키보드로 실행할 수 있습니다. Alt를 누른 후 화면에 나타나는 숫자를 누르면 해당 기능이 바로 실행됩니다.

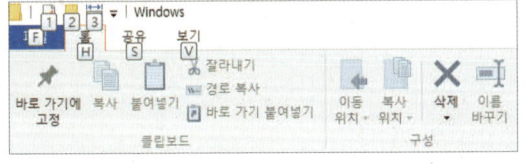

27 컴퓨터를 모니터링하는 간편한 도구 작업 관리자 알아보기

윈도우 10의 작업 관리자는 일반인도 간단히 컴퓨터를 모니터링 할 수 있는 도구로 사용 방법이 어렵지 않습니다. 작업 관리자로 실행 중인 프로그램을 확인하고 해당 프로그램이 어떤 상태인지 바로 파악할 수 있습니다.

작업 관리자 기초 배우기

작업 표시줄에서 단축 메뉴를 열어 [작업 관리자]를 선택하면 실행 중인 앱 목록이 나타납니다. 문제가 생겼거나 종료할 앱을 선택하여 [작업 끝내기]를 클릭하면 그 항목을 바로 종료할 수 있습니다. 작업 관리자의 전체 기능을 사용하려면 [자세히]를 클릭합니다.

작업 관리자로 컴퓨터 상태 모니터링하기

보통 작업 관리자는 시스템 상태를 확인할 때 많이 사용합니다. [프로세스]와 [성능] 탭의 CPU, 메모리, 디스크, 네트워크에 대한 모니터링만 잘해도 PC 상태를 파악하고 시스템에 영향을 미치는 요소를 살펴볼 수 있습니다.

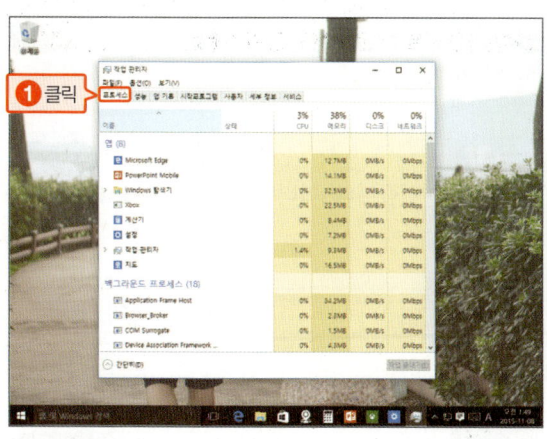
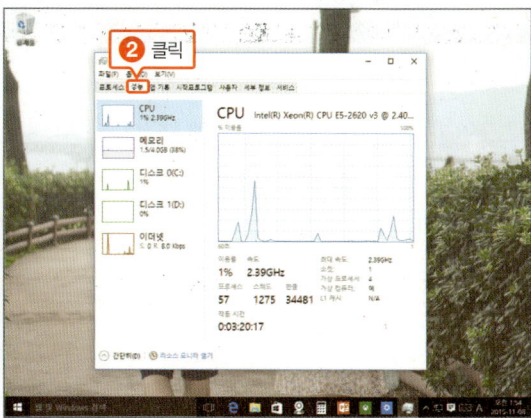

바로 통하는 TIP 작업 관리자를 실행하려면 Ctrl + Shift + Esc 를 누르거나 Ctrl + Alt + Delete 를 누른 후 [작업 관리자]를 선택합니다.

[성능] 탭의 항목을 클릭하면 메모리, 디스크 등의 세부 정보를 확인할 수 있습니다.

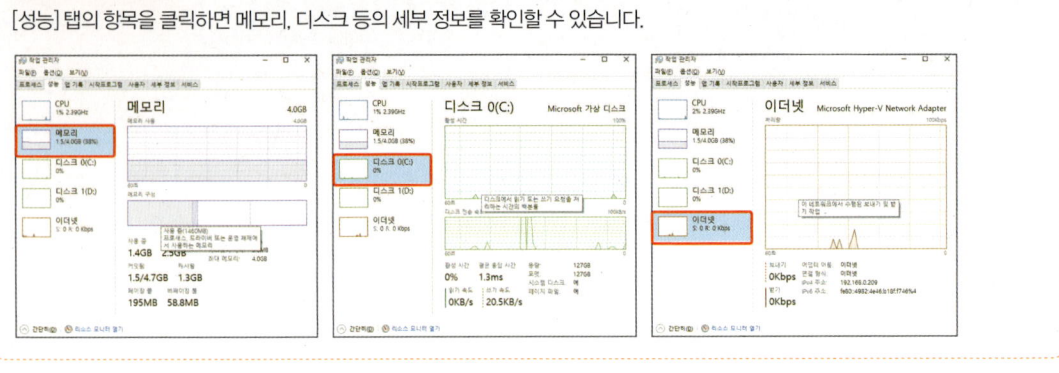

작업 관리자로 시작 프로그램 관리하기

컴퓨터를 켜는 시간이 많이 걸리거나 처음보다 시스템 속도가 느려지면 [시작프로그램] 탭에서 필요 없는 항목을
[사용 안 함]으로 설정합니다. 꼭 필요한 것만 남겨두고 사용하지 않는 것은 끄면 됩니다.

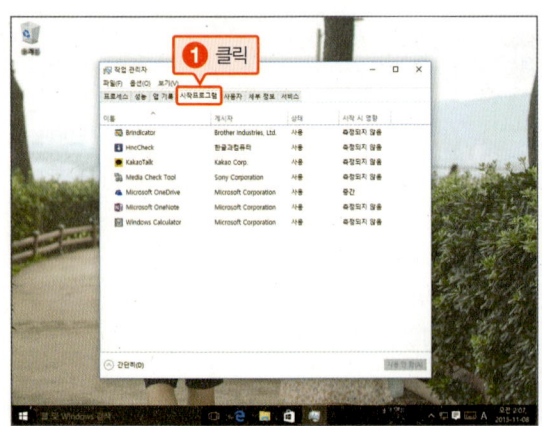
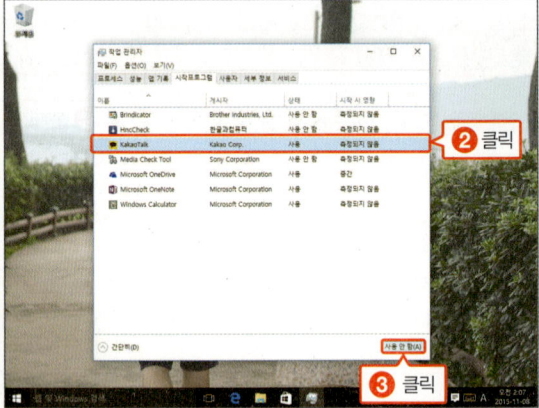

로그인한 사용자별 자원 사용량 보기

[사용자] 탭에서는 PC에 로그인된 유저의 시스템 자원 사용량을 볼 수 있습니다. 여러 명이 사용하는 PC라면 사용
자별 사용량을 확인해봅니다.

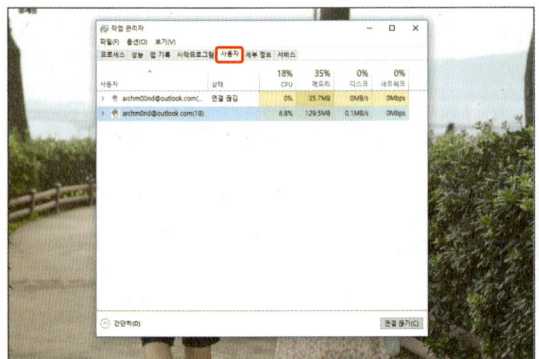
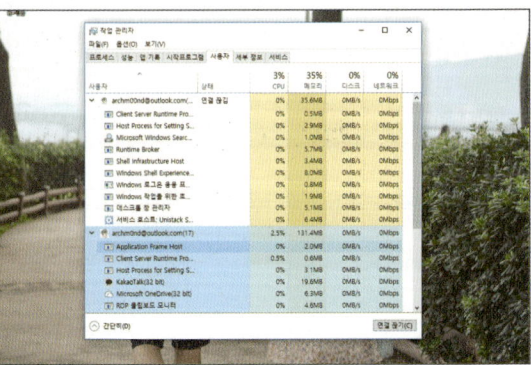

세부 정보 및 서비스 확인하기

[세부 정보] 탭과 [서비스] 탭에서는 실행 중인 프로그램과 서비스의 상태, 자세한 정보를 살펴볼 수 있습니다.

실무활용노트 WINDOWS

Windows 탐색기 다시 시작하기

시스템이 멈췄거나 바탕 화면, 작업 표시줄이 제대로 응답하지 않으면 작업 관리자에서 [Windows 탐색기]를 선택한 후 [다시 시작]을 클릭합니다. 전체적인 창이 다시 열리면서 바탕 화면, 파일 탐색기, 작업 표시줄 등의 문제가 해결될 수 있습니다.

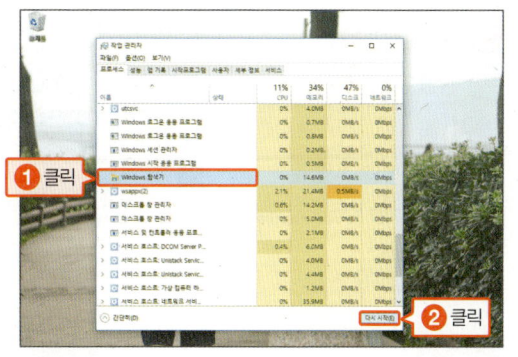

시스템 상태를 위젯으로 살펴보기

컴퓨터 자원을 실시간으로 모니터링하는 위젯으로 작업 관리자를 탈바꿈시킬 수 있습니다. 먼저 작업 [옵션] 탭에서 [항상 위에 표시]를 선택하면 다른 작업 중일 때도 작업 관리자 창이 가려지지 않고 계속 나타납니다. [성능] 탭에서 CPU나 메모리, 디스크 등 왼쪽 항목을 더블클릭하면 실시간으로 작업 상황을 확인할 수 있습니다.

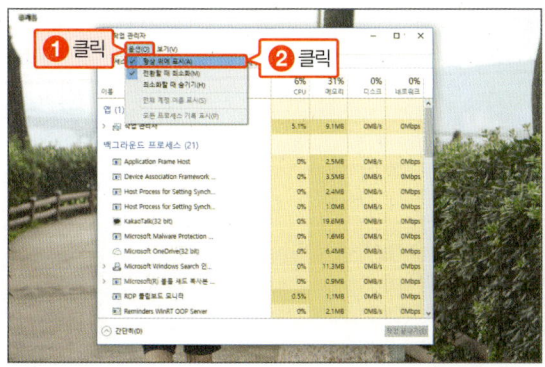 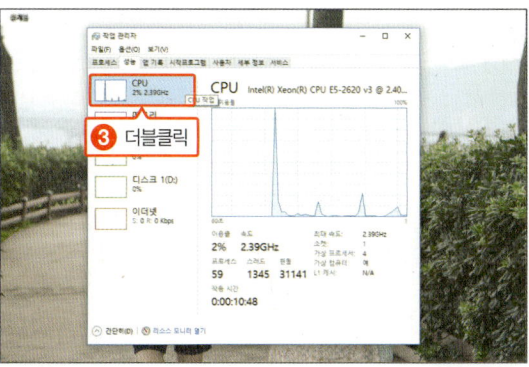

작업 상황을 표시하는 작업 관리자가 작게 변하면서 마치 위젯처럼 나타납니다. 다른 창을 띄우더라도 제일 앞에 표시됩니다. 위젯 위에서 마우스 오른쪽 버튼을 클릭한 후 [그래프 숨기기]를 선택하면 필요한 수치 정보만 나옵니다. 시스템 자원의 사용 현황을 실시간으로 파악하고 싶다면 위젯을 띄워봅니다.

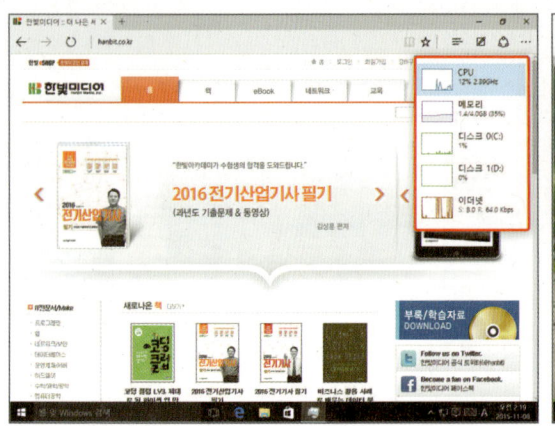

실무 활용 노트 WINDOWS | 작업 관리자에서 시스템 사용 현황 복사하기

작업 관리자에서는 복사 기능을 제공합니다. 왼쪽의 CPU, 메모리, 디스크 등의 항목을 복사해서 텍스트 형식으로 붙여 넣을 수 있습니다.

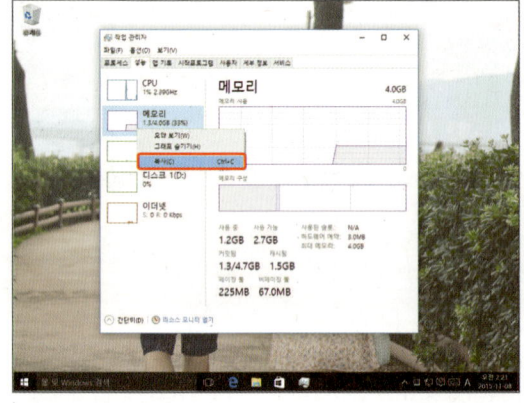
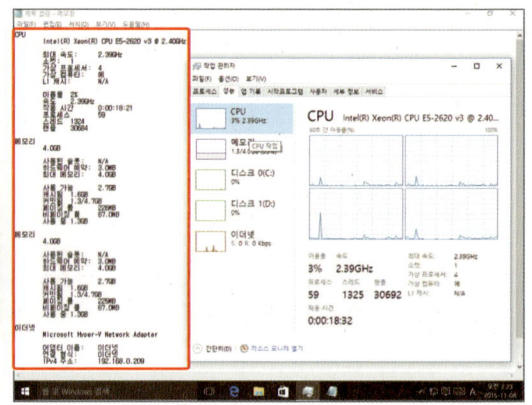

28 제어판을 대체하는 새로운 앱인 설정 알아보기

제어판은 PC의 여러 옵션을 바꾸는 역할을 합니다. 윈도우 10에는 전통적인 제어판보다 더 빠르게 옵션을 변경하는 설정 앱이 추가되었습니다. 설정 앱의 검색 상자에 키워드를 입력하면 원하는 설정 메뉴로 곧바로 이동합니다.

설정 앱 살펴보기

[시작 ▦]을 클릭한 후 [설정]을 선택합니다. 윈도우 10의 제어판은 각종 설정을 범주별로 묶어 직관적인 아이콘과 설명으로 구성했습니다. ▦ + ▯ 또는 알림 센터에서 [모든 설정]을 클릭하면 [설정]으로 이동할 수 있습니다.

윈도우 10의 설정 앱은 고전적인 제어판의 기능을 대부분 흡수했지만 여전히 구식 제어판에서만 제공하는 기능도 남아 있습니다.

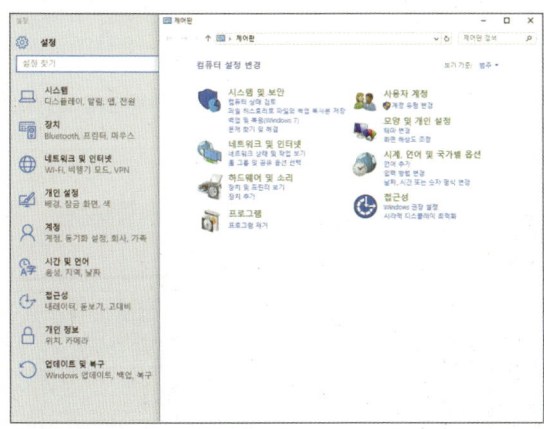

▲ 새로운 설정 앱 vs 고전적인 제어판

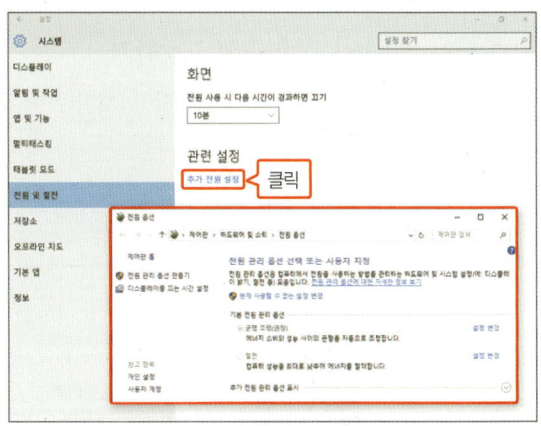
▲ 예전 제어판의 항목은 [관련 설정]에서 링크로 제공됩니다.

내가 원하는 설정 항목을 검색하기

검색 상자에 키워드를 입력하면 관련 옵션이 나타납니다. 설정하려는 항목을 검색해봅니다.

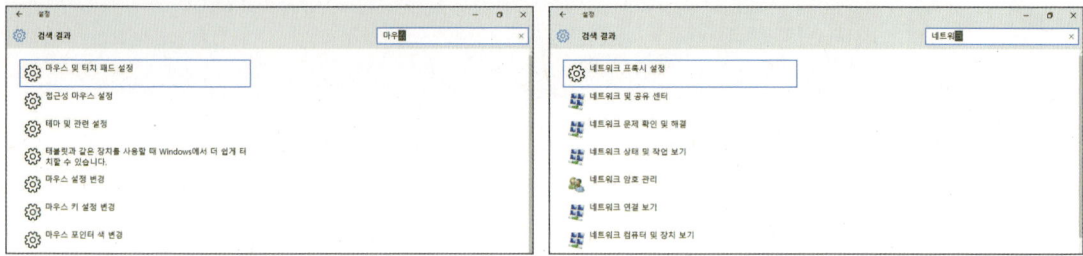

시작 메뉴에서 설정 검색하기

[웹 및 Windows 검색]에 키워드를 입력하면 관련 설정이 나타납니다. [내 장치]를 눌러 좀 더 자세히 검색할 수 있으며, [표시]에서 [설정]을 선택했을 때 제어판에서 검색하는 것과 비슷합니다. 굳이 설정 앱까지 실행하지 않아도 됩니다.

자주 찾는 설정을 시작 화면에 고정하기

자주 찾는 설정이 있다면 단축 메뉴를 열고 [시작 화면에 고정]을 선택합니다. 시작 화면에서 쉽고 빠르게 해당 옵션에 접근할 수 있습니다.

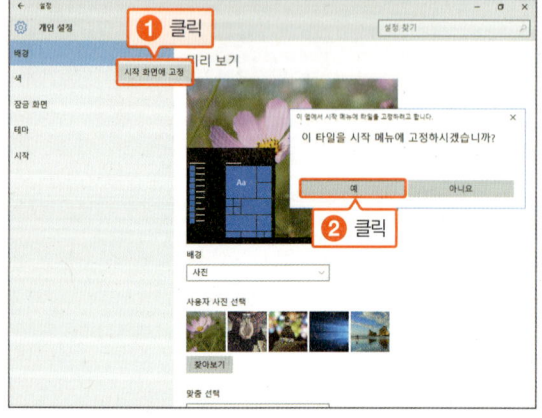

29 컴퓨터 복구 기능인 시스템 복원 알아보기

윈도우 10에 문제가 생긴다면 운영체제를 다시 설치하기 전에 시스템을 복원할 수 있습니다. 이는 시스템 파일을 이전 시점으로 복원하는 기능으로, 시스템 복원 시에는 윈도우가 설치된 영역만 복원됩니다. 따라서 윈도우가 설치되지 않은 영역의 데이터는 복원을 진행해도 문제가 발생하지 않습니다.

시스템 복원은 개인 파일에 영향을 주지 않고 컴퓨터에 대한 시스템 변경 내용을 취소합니다. 프로그램이나 드라이버 설치 때문에 오동작이 발생하면 보통 이를 제거해 문제를 해결합니다. 그래도 해결되지 않는다면 올바르게 작동했던 이전 날짜로 컴퓨터 시스템을 복원합니다.

시스템 복원하기 : 자동으로 만들어진 시스템 복원 지점 활용하기

정상적으로 동작했던 시점으로 복원하는 방법을 살펴보겠습니다. [웹 및 Windows 검색]에서 '복원'을 입력해 [복원 지점 만들기]를 실행합니다. 창이 열리면 [시스템 복원]을 클릭합니다.

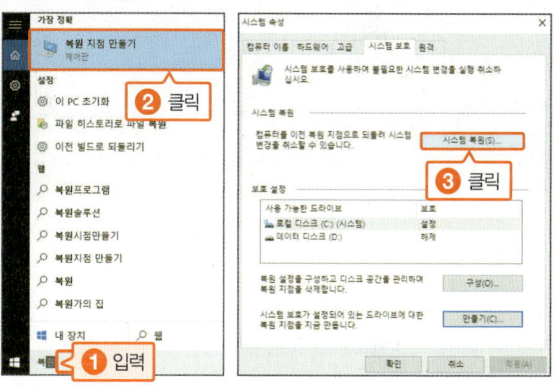

시스템 파일 및 설정 복원 마법사가 나타나면 [다음]을 클릭합니다. 시스템이 정상적으로 동작했던 날짜 및 시간을 선택하고 [영향을 받는 프로그램 검색]을 클릭합니다.

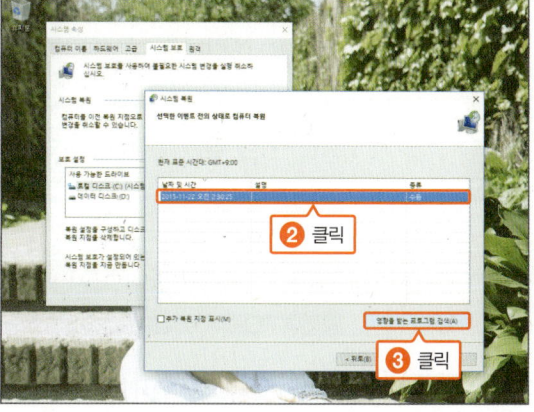

시스템 복원에 영향을 받는 프로그램과 드라이버 목록이 나타나는데 이러한 프로그램은 복원 시 제거될 수 있습니다. [마침]을 클릭하면 도중에 중단할 수 없다는 경고를 보여줍니다. [예]를 클릭합니다.

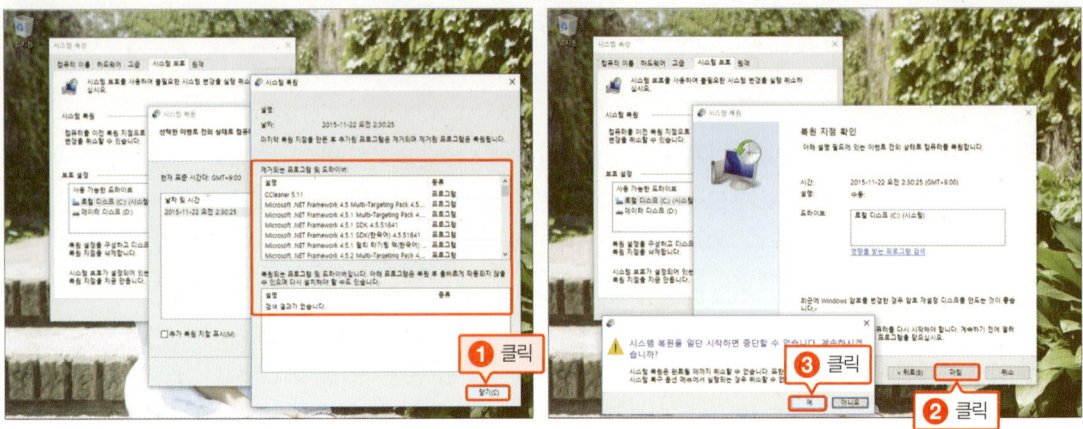

시스템 복원이 동작하면서 선택한 날짜로 상태를 복구합니다. 작업이 완료되면 알림을 보여줍니다.

시스템 복원 지점 만들기

시스템 복원 지점을 직접 만들어보겠습니다. 시스템이 정상적일 때 복원 지점을 만들어두면 문제가 생겼을 때 그 지점으로 복구할 수 있습니다. [웹 및 Windows 검색]에서 '복원'을 입력해 [복원 지점 만들기]를 실행합니다. 창이 열리면 [만들기]를 클릭한 후 설명을 입력하고 [만들기]를 선택합니다.

바로 통하는 TIP 시스템 복원을 이용하더라도 사용자 폴더의 파일에는 영향을 미치지 않고 시스템 파일만 복원합니다.

30 백업 및 복원 기능으로 중요한 자료만 정기적으로 백업하기

윈도우 10은 윈도우 7의 백업 및 복원 방식도 여전히 제공합니다. 고전적인 방법으로 백업과 복원을 수행하고 싶다면 살펴봅니다. 시스템 이미지 백업을 정해진 스케줄대로 실행하고 싶을 때도 유용합니다.

중요한 자료 백업하기

[웹 및 Windows 검색]에서 '백업'을 입력해서 [백업 및 복원(Windows 7)]을 실행합니다. [백업 설정]을 클릭한 후 백업을 저장할 위치를 선택하고 [다음]을 클릭합니다.

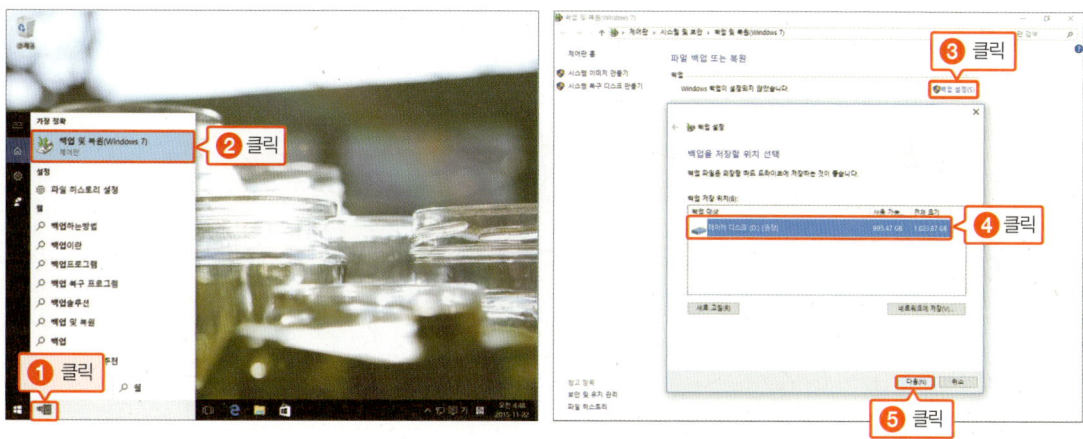

백업할 대상을 선택합니다. 원하는 대로 설정하려면 [직접 선택]을 선택합니다. 기본적으로 백업 대상에는 라이브러리 파일 및 시스템 이미지가 포함됩니다.

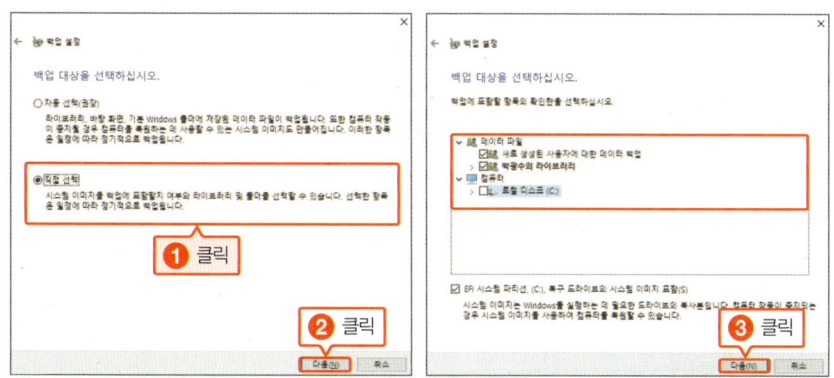

바로 통하는 TIP 드라이브를 통으로 백업하고 싶다면 백업 설정에서 [시스템 예약, 시스템 이미지 포함]에 체크 표시합니다. 백업되는 데이터는 커지지만 문제가 생겼을 때 시스템을 완전하게 복원할 수 있습니다.

백업에 포함할 항목에 체크 표시한 후 [시스템 예약, 시스템 이미지 포함]의 체크 표시를 해제합니다. 여기서는 하나의 폴더를 백업하기로 했습니다. [일정 변경]을 클릭합니다.

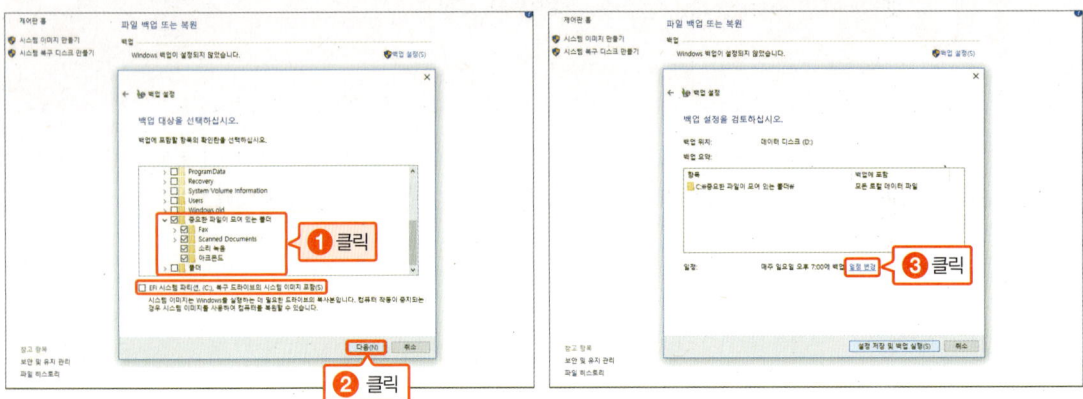

백업 주기를 선택합니다. 원하는 시간대를 지정하면 해당 시기에 자동으로 백업을 수행합니다. 그리고 [설정 저장 및 백업 실행]을 클릭하면 자료가 바로 백업됩니다.

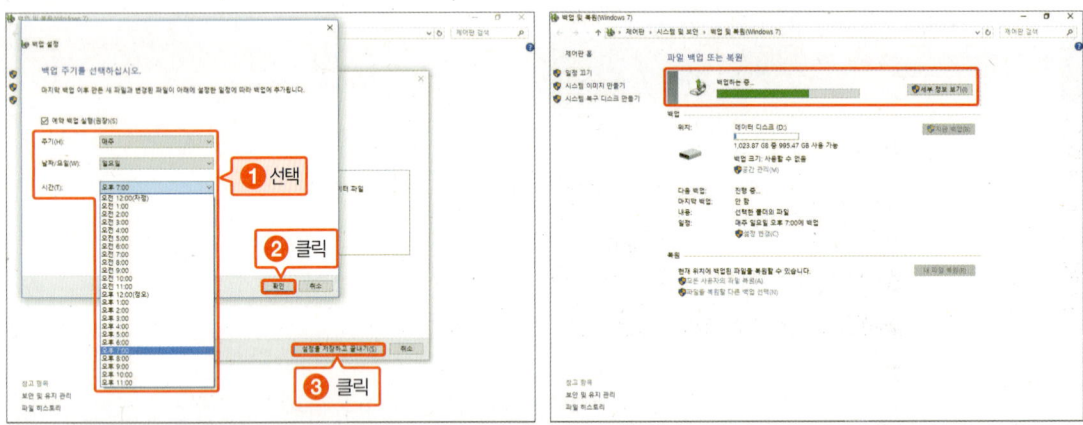

백업된 자료 복원하기

[웹 및 Windows 검색]에서 '백업'을 입력해서 [백업 및 복원(Windows 7)]을 실행합니다. [내 파일 복원]을 클릭한 후 복원할 파일이나 폴더를 선택해 추가합니다. 특정 파일이나 폴더만 복원하고 싶다면 [검색]을 눌러 찾아볼 수도 있습니다.

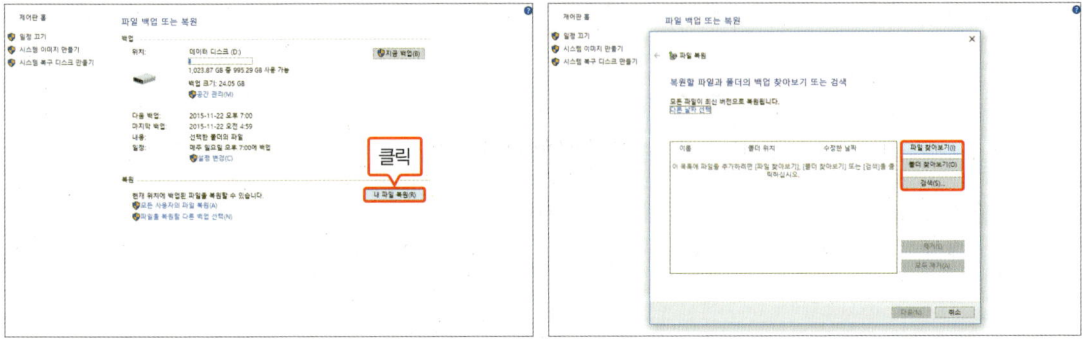

복원하고 싶은 파일이나 폴더를 선택했다면 [다음]을 클릭합니다. 파일을 복원할 위치를 선택합니다. 여기서는 [원래 위치]를 선택했습니다.

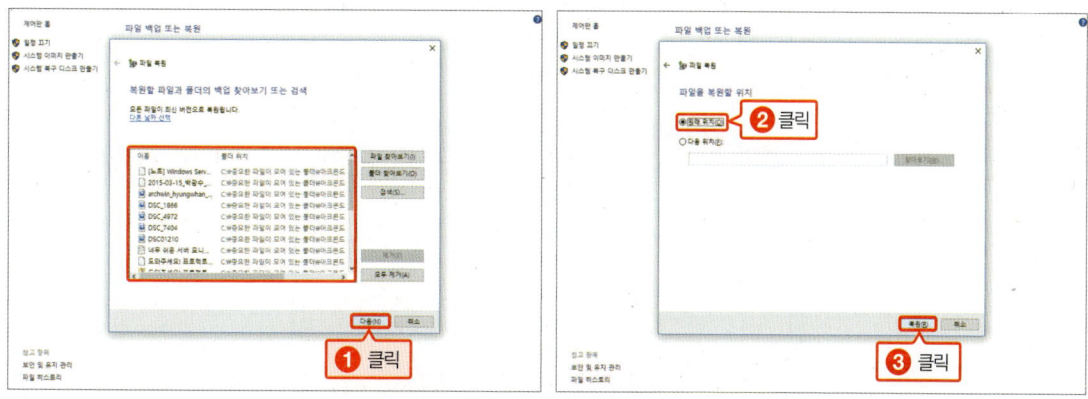

원래 위치로 파일을 복원할 때 같은 이름의 파일이 있으면 어떤 파일을 우선할지 물어봅니다. 백업된 자료를 신뢰하는 경우 [복사하는 파일로 대상 파일 덮어쓰기]를 선택합니다.

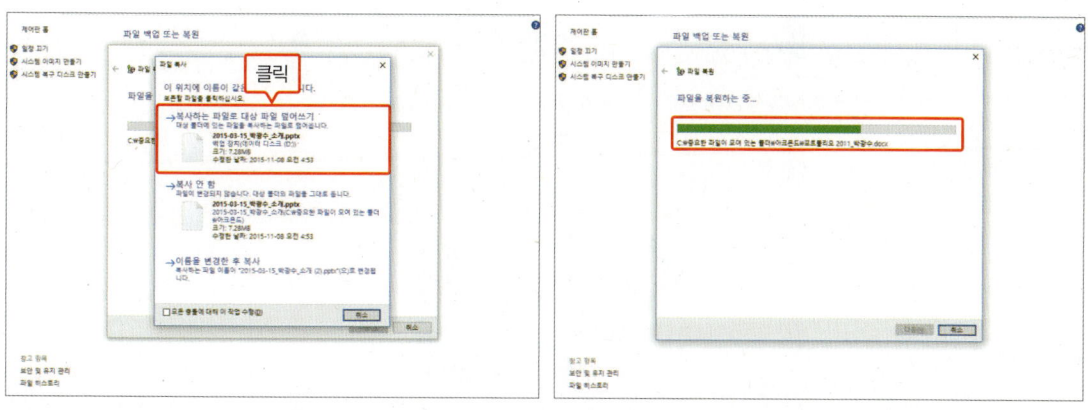

작업이 완료되면 [마침]을 누릅니다. 복원한 폴더를 찾아가 파일을 확인해봅니다.

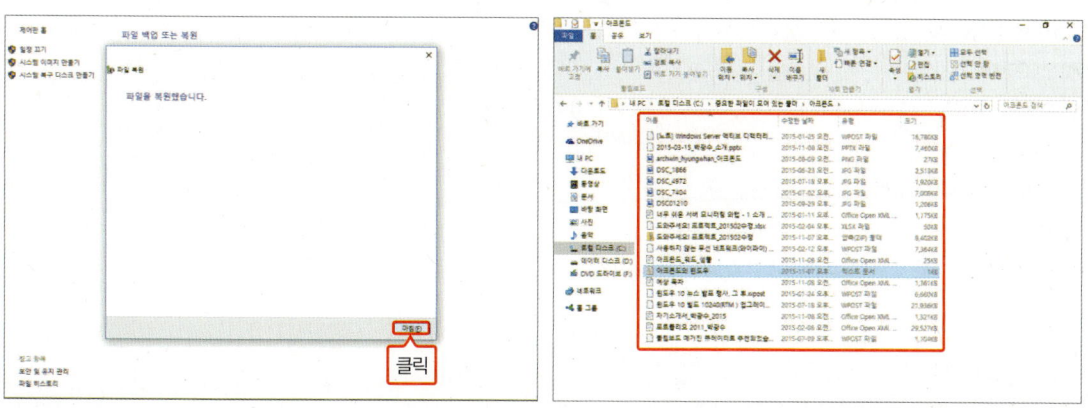

바로 통하는 TIP 가벼운 문서나 사진 파일만 백업하려면 원드라이브를 활용해도 좋습니다. 최신 자료를 클라우드에 업로드할 수 있습니다.

PART

02

엑셀
2013

EXCEL 2013

문서 작성하기

엑셀과 빨리 친숙해지려면 엑셀의 구성 요소들을 잘 다룰 수 있어야 합니다. 엑셀의 구성 요소들을 익숙하게 다룰 수 있게 되면 문서 작성의 기본인 데이터를 효율적으로 입력하는 방법을 익혀야 전체 작업 시간을 줄일 수 있습니다.

엑셀의 기본 화면에 대해 살펴보고 각 구성 요소를 잘 다루는 방법 및 데이터를 입력하여 통합 문서를 작성하는 방법에 대해서 알아보겠습니다.

00 엑셀 2013 기본 화면 구성 살펴보기

엑셀 2013의 인터페이스는 2010 버전에 비해 좀 더 업그레이드되었습니다. 메뉴가 아이콘 형식으로 되어 있어서 쉽게 명령을 실행할 수 있으며, 탭 형식으로 메뉴가 배치되어 있어 빠르게 필요한 명령을 찾아 사용할 수 있습니다.

기본 화면 구성

엑셀을 실행했을 때 나타나는 기본 화면입니다. 크게 ① 리본 메뉴, ② 워크시트, ③ 상태 표시줄로 구성되어 있습니다.

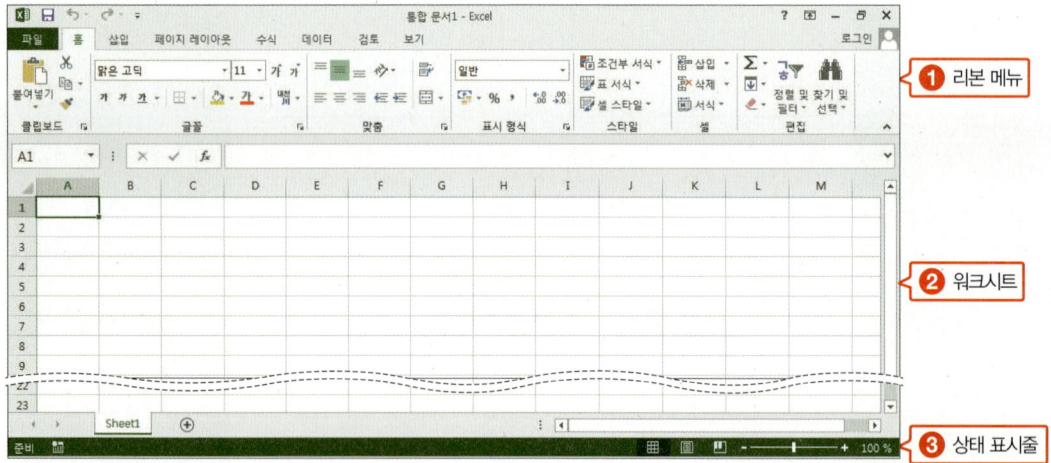

🔵 리본 메뉴

리본 메뉴는 화면 상단에 있는 텍스트 형태의 메뉴와 아이콘 형태의 명령을 모아놓은 부분입니다.

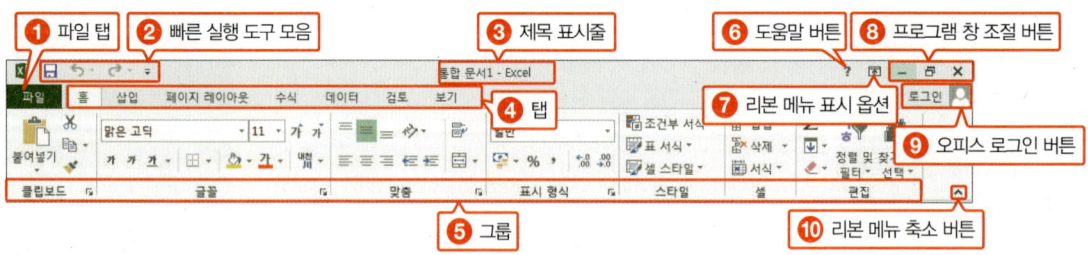

① **파일 탭** : 파일을 관리하는 메뉴가 모여 있으며 개인 정보를 설정하고 저장, 공유, 인쇄 및 옵션과 관련된 설정을 실행할 수 있습니다.

② **빠른 실행 도구 모음** : 자주 사용하는 기능을 추가하여 빠르게 실행할 수 있습니다.

③ **제목 표시줄** : 프로그램 이름과 현재 작업 중인 파일 이름이 표시되며 작업 상태에 따라 [읽기 전용], [호환 모드], [공유], [그룹] 등이 표시됩니다.

④ **탭** : 비슷한 종류의 명령을 그룹별로 모아놓은 메뉴 부분입니다. 기본적으로 파일, 홈, 삽입, 페이지 레이아웃, 수식, 데이터, 검토, 보기로 구성되어 있습니다.

⑤ **그룹** : 각각의 탭과 관련 있는 기능을 세부적으로 구분해놓았습니다.

⑥ **도움말 버튼** : 엑셀 도움말 창을 엽니다. 단축키 F1을 눌러도 됩니다.

⑦ **리본 메뉴 표시 옵션** 🔼 : 리본 메뉴를 [자동 숨기기], [탭 표시], [모두 보이기]로 옵션을 선택할 수 있으며 작업 영역의 넓이를 조절할 수 있습니다.

⑧ **프로그램 창 조절 버튼** : 엑셀 창을 최소화/최대화하거나 닫을 때 사용합니다.

⑨ **오피스 로그인 버튼** 로그인 : 마이크로소프트 계정으로 로그인하여 웹 클라우드인 원드라이브(OneDrive)에 오피스 문서를 온라인으로 [업로드], [열기], [공유]할 수 있습니다.

⑩ **리본 메뉴 축소 버튼** ⌃ : 리본 메뉴를 축소하여 리본 메뉴 탭만 표시합니다.

● **워크시트(작업 영역)**

워크시트는 모눈종이처럼 보이는 공간입니다.

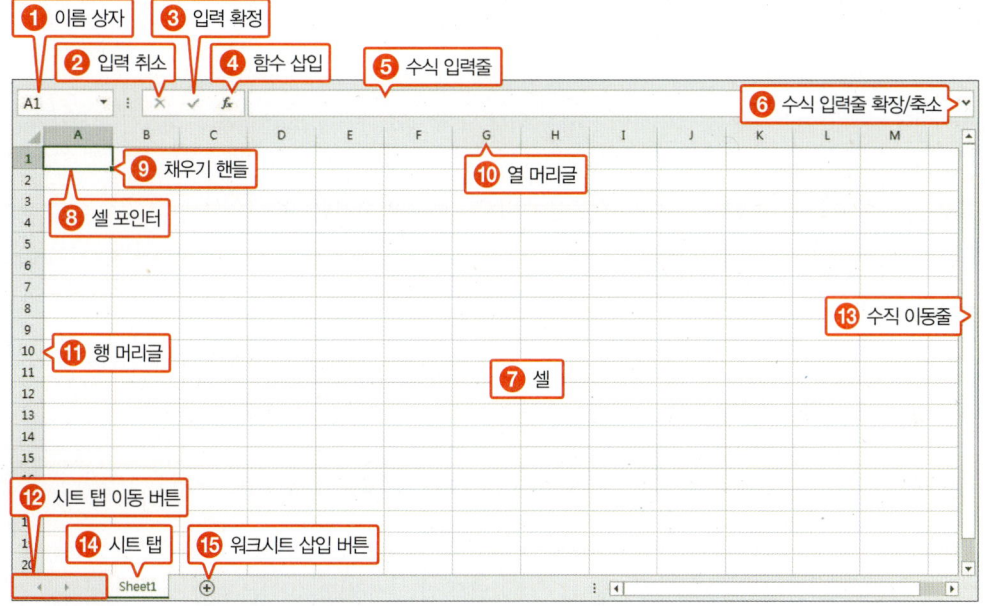

① **이름 상자** : 셀 주소와 정보 또는 수식이나 함수 목록이 나타납니다.

② **입력 취소** : 셀에 입력한 내용을 취소합니다. [ESC]를 누르는 것과 같습니다.

③ **입력 확정** : 셀에 입력한 내용을 확정합니다. [Enter]를 누르는 것과 같습니다.

④ **함수 삽입** : 함수 마법사를 실행하여 함수를 삽입합니다.

⑤ **수식 입력줄** : 선택한 셀에 입력한 내용이나 수식이 나타나며 셀 내용을 직접 입력하거나 수정할 수 있습니다.

⑥ **수식 입력줄 확장/축소** : 수식 입력줄을 확장/축소합니다.

⑦ **셀** : 행과 열이 만나는 격자 형태의 사각형 영역으로 데이터나 수식 등을 입력할 수 있습니다.

⑧ **셀 포인터** : 셀이 선택되었다는 표시로 굵은 테두리가 셀 주위에 표시됩니다.

⑨ **채우기 핸들** : 셀 포인터 오른쪽 아래에 검은 점입니다. 채우기 핸들을 드래그하면 셀 내용을 연속적으로 채울 수 있습니다.

⑩ **열 머리글** : 열 이름이 표시되는 곳으로 A열부터 XFD열까지 16,384개의 열이 있습니다.

⑪ **행 머리글** : 행 번호가 표시되는 곳으로 1행부터 1,048,576행까지 있습니다.

⑫ **시트 탭 이동 버튼** : 시트 개수가 많아 가려진 시트 탭이 있을 경우 시트 탭으로 이동할 수 있습니다.

⑬ **수직 이동줄** : 화면을 위/아래로 옮기면서 볼 수 있습니다.

⑭ **시트 탭** : 현재 통합 문서에 있는 시트와 이름이 표시됩니다.

⑮ **워크시트 삽입 버튼** : 새 워크시트를 삽입할 수 있습니다.

● 상태 표시줄

상태 표시줄에서는 현재의 작업 상태를 확인할 수 있습니다.

① **셀 모드** : 준비, 입력, 편집 등의 셀 작업 상태를 표시합니다.

② **표시 영역** : 키보드 기능키의 선택 상태를 표시합니다. 숫자가 입력된 셀 범위를 지정하면 자동 계산 결과를 표시합니다.

③ **보기 바로 가기** : 기본, 페이지 레이아웃, 페이지 나누기 미리 보기 등 워크시트 보기 상태를 선택합니다.

④ **확대/축소 슬라이더** : 확대/축소 버튼을 클릭하여 10% 단위로 확대/축소하거나 조절 바를 드래그하여 확대/축소할 수 있습니다.

⑤ **확대/축소 비율** : [확대/축소]를 지정하는 대화상자를 열어 원하는 배율을 지정합니다.

작업 영역의 기본 구조

엑셀은 통합 문서, 워크시트(Worksheet), 셀(Cell)로 이루어져 있습니다. 엑셀의 기본 구조를 살펴보면 엑셀의 동작 원리와 용도를 명확하게 알 수 있습니다.

● 셀과 셀 주소

모눈종이 형태의 작업 영역은 가로 행과 세로 열이 교차하여 생긴 격자 모양의 직사각형으로 이루어져 있습니다. 이 격자 모양의 직사각형 하나를 **셀(Cell)**이라고 부릅니다. 데이터를 입력(저장)할 수 있는 공간으로, 각 셀에는 고유한 주소가 있으며 이것을 **셀 주소**라고 부릅니다. 셀 주소는 열 머리글과 행 머리글을 조합해서 만듭니다. 예를 들어 C열과 2행이 만나는 셀의 주소는 **C2**가 됩니다.

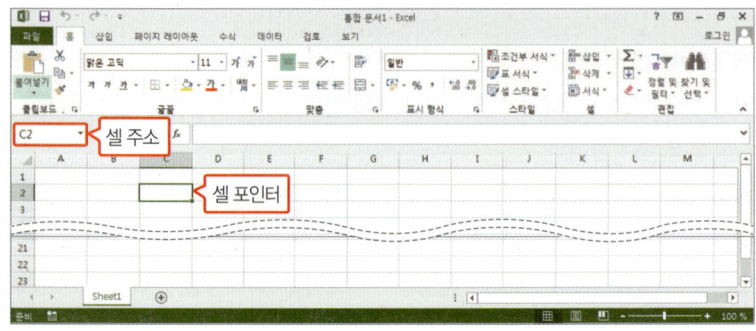

▲ 셀 포인터와 셀 주소

셀이 모여 이뤄지는 워크시트

1,048,576행과 16,384열의 셀이 모여 문서를 만들고 편집하는 공간이 **워크시트**입니다. 엑셀을 실행하면 기본으로 [Sheet1] 한 개의 워크시트가 생성되며 총 255개까지 워크시트를 삽입할 수 있습니다. 장부에 견출지를 붙여서 내용을 구분하는 것처럼 각 워크시트 또한 이름이나 탭 색으로 구분할 수 있습니다.

워크시트가 모여 이뤄지는 통합 문서

엑셀은 관련 있는 워크시트(개별 문서)를 묶어서 관리합니다. 이것을 **통합 문서**라고 부릅니다. 엑셀은 통합 문서 단위로 문서를 저장하므로 관련 있는 문서는 하나로 묶어서 관리하는 것이 좋습니다. 예를 들어 교육 회계 문서에는 일계표, 월계표, 총계장, 수입결의서, 지출결의서 등의 문서가 모두 들어 있도록 작업하는 것입니다.

엑셀 빠르게 시작하기

엑셀 2013을 시작하면 [엑셀 빠르게 시작하기] 화면이 나타납니다. [최근에 사용한 항목], [다른 통합 문서 열기], [새 통합 문서], [둘러보기], [서식 통합 문서] 중에서 사용자가 원하는 문서를 선택하여 엑셀을 시작할 수 있습니다.

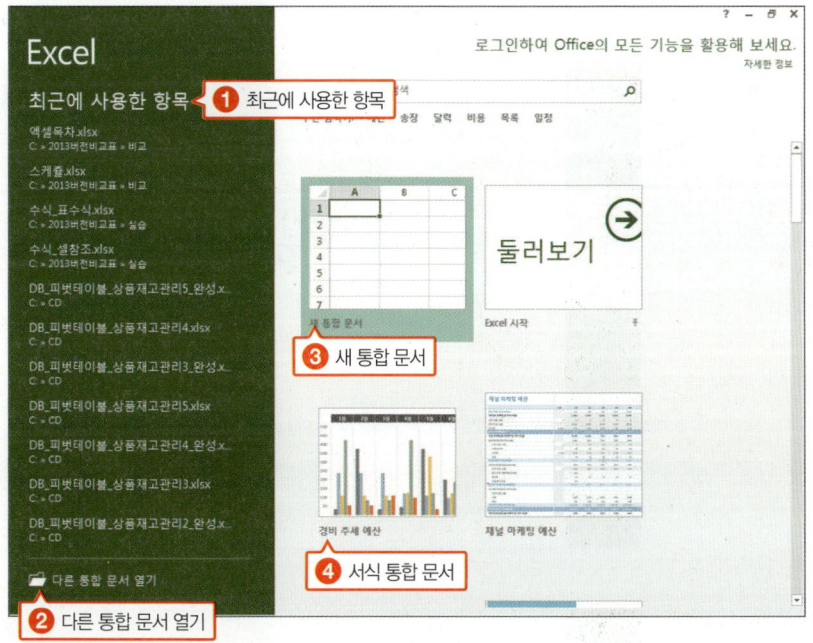

① **최근에 사용한 항목** : 최근에 작업한 통합 문서 목록에서 통합 문서를 불러옵니다.

② **다른 통합 문서 열기** : 기존에 작업했던 통합 문서를 온/오프 저장 공간(컴퓨터/원드라이브 등)에서 찾아옵니다.

③ **새 통합 문서** : 새로운 통합 문서를 열어 데이터 입력, 편집, 서식 적용 등을 할 수 있습니다.

④ **서식 통합 문서** : 자주 사용하는 엑셀 문서의 서식 파일을 열어 빠르게 문서 작업을 할 수 있습니다.

01 엑셀 서식 파일로 열고 통합 문서 저장하기

엑셀에서 문서를 작성할 때는 새 통합 문서를 열어 빈 워크시트에서 작업하거나 마이크로소프트에서 제공하는 기본 서식을 사용할 수도 있습니다. 다양한 서식 파일을 이용해 쉽게 문서를 만들고 저장하는 방법에 대해서 알아 보겠습니다.

▪ **완성 파일** 엑셀 \ 1장 \ 저장_일별작업일정_완성.xlsx

01 엑셀에서 기본으로 제공하는 서식 파일을 열어서 문서를 작성해보겠습니다.
① [파일] 탭 클릭
② [새로 만들기] 선택
③ [일정]을 선택합니다.

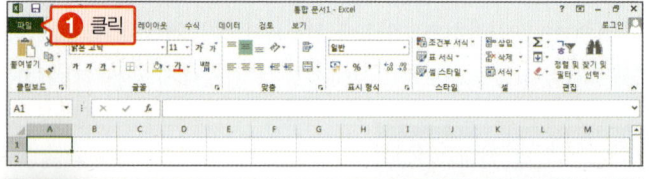

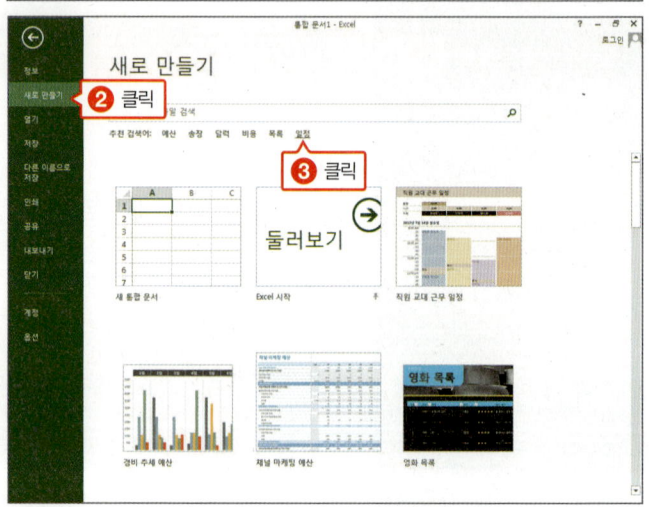

02 일정과 관련된 서식 파일 목록이 나타납니다. **일별 작업 일정**을 더블클릭합니다.

Office.com 온라인에서 다운로드한 후 파일이 열립니다.

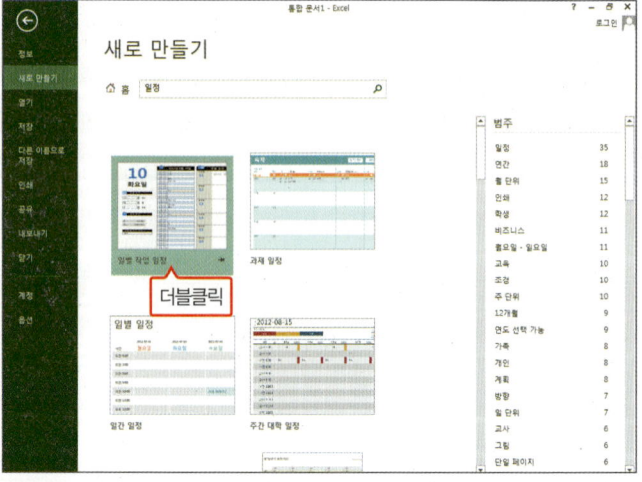

03

① 서식에 맞게 **일정** 입력

② 빠른 실행 도구 모음에서 [**저장**🖫]을 클릭합니다.

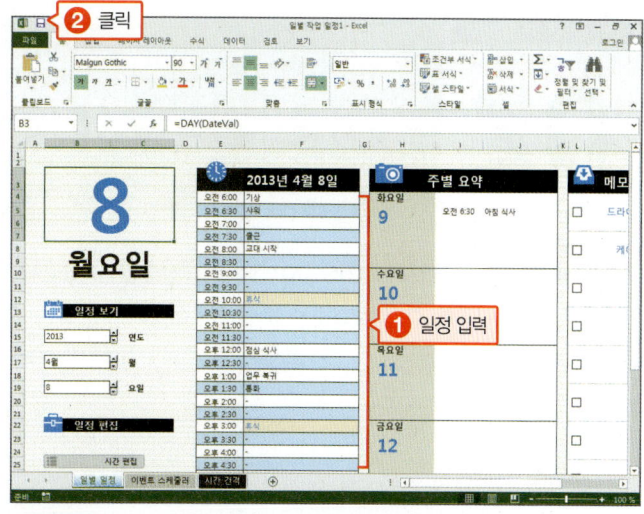

04

① [다른 이름으로 저장]에서 [**컴퓨터**] 선택

② [**찾아보기**]를 클릭합니다.

[다른 이름으로 저장] 대화상자가 활성화됩니다.

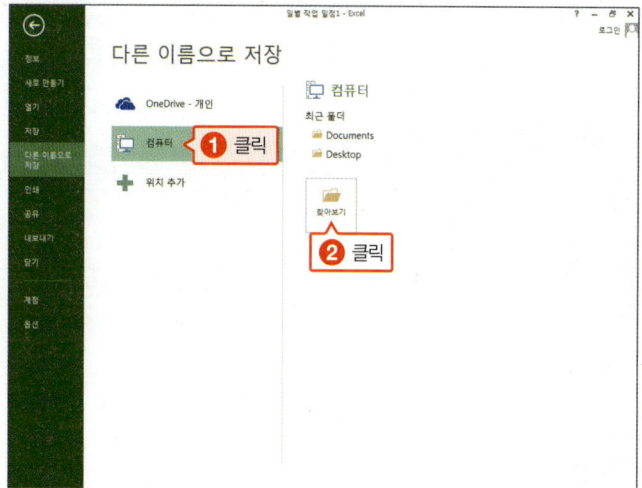

05

① [다른 이름으로 저장] 대화상자에서 [파일 이름]에
일별 작업 일정1 입력

② [**저장**]을 클릭해서 통합 문서를 저장합니다.

완성된 내용은 1장 폴더 내 '저장_일별작업일정_완성.xlsx'에서 확인할 수 있습니다.

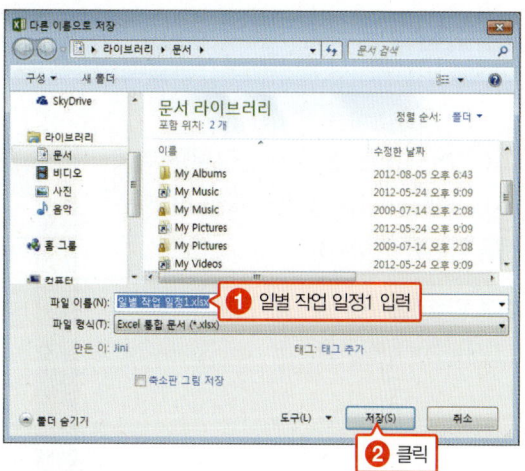

02 PDF 파일로 저장하기

엑셀 문서를 전자 문서인 PDF 또는 XPS 파일로 저장할 수 있습니다. 전자 문서로 저장하면 온라인상에서 공유하거나 인쇄할 때 원하는 형식이 그대로 유지되며 데이터를 쉽게 변경할 수 없습니다.

• **실습 파일** 엑셀 \ 1장 \ 저장_견적서.xlsx • **완성 파일** 엑셀 \ 1장 \ 저장_견적서.pdf

01 엑셀이 설치되지 않은 컴퓨터에서도 견적서 파일 내용을 확인할 수 있도록 PDF 형식으로 저장해보겠습니다. ① **[파일]** 탭 클릭 ② **[내보내기]** 선택 ③ **[PDF/XPS 문서 만들기]** 선택 ④ **[PDF/XPS 만들기]** 클릭 ⑤ **저장_견적서.pdf** 입력 ⑥ **[게시]**를 클릭합니다.

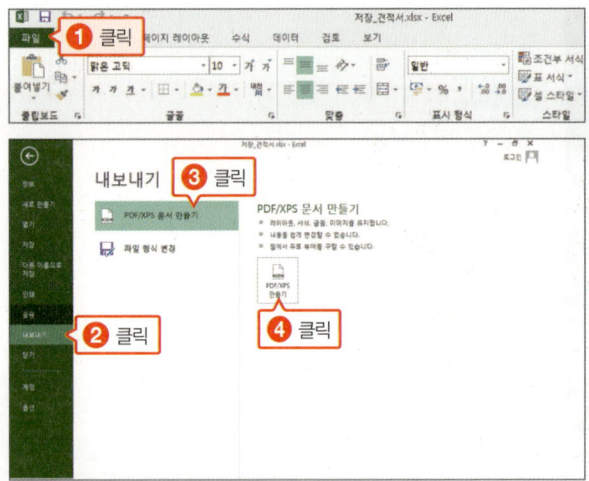

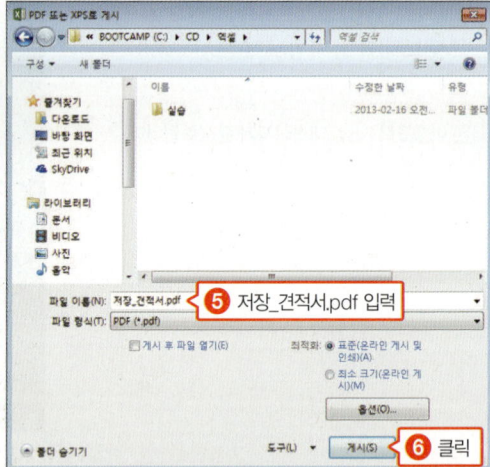

바로 통하는 TIP PDF나 XPS 형식으로 저장할 때 인쇄 품질을 높이려면 최적화 항목에서 [표준(온라인 게시 및 인쇄)]을 선택하고 파일 크기를 줄이려면 [최소 크기(온라인 게시)]를 선택합니다. 그밖에 파일의 옵션을 설정하려면 [옵션]을 클릭합니다.

02 PDF 파일을 볼 수 있는 뷰어 프로그램(PDF Reader)을 통해 저장한 PDF 문서를 확인할 수 있습니다.

바로 통하는 TIP PDF Reader가 설치되어 있지 않으면 PDF 파일을 볼 수 없습니다.

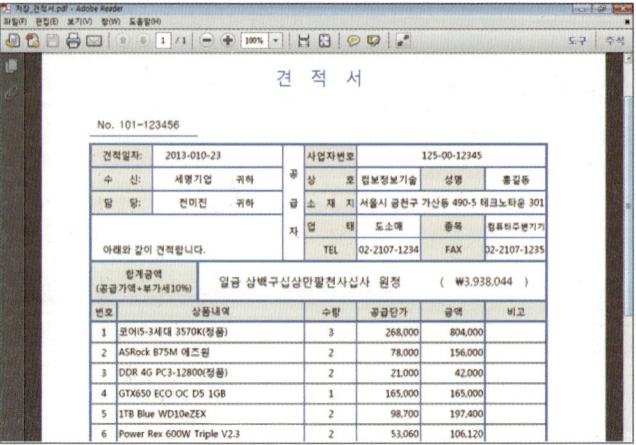

03 엑셀 화면 구성 요소 보이기/숨기기

문서를 작성할 때는 수식 입력줄, 열/행 머리글, 워크시트에 나타나는 눈금선이 편리하지만 결과물을 보여줄 때는 눈에 거슬리는 요소일 수 있습니다. 엑셀 화면의 구성 요소들은 임의로 보여주거나 숨길 수 있습니다.

▪ **실습 파일** 엑셀 \ 1장 \ 화면구성_경력증명서.xlsx

01 눈금선 숨기기

[보기] 탭의 [표시] 그룹에서 **[눈금선]**을 클릭하여 체크 표시를 해제합니다. 완성된 경력 증명서를 확인할 때 눈금선과 같은 불필요한 요소를 숨기면 편리합니다.

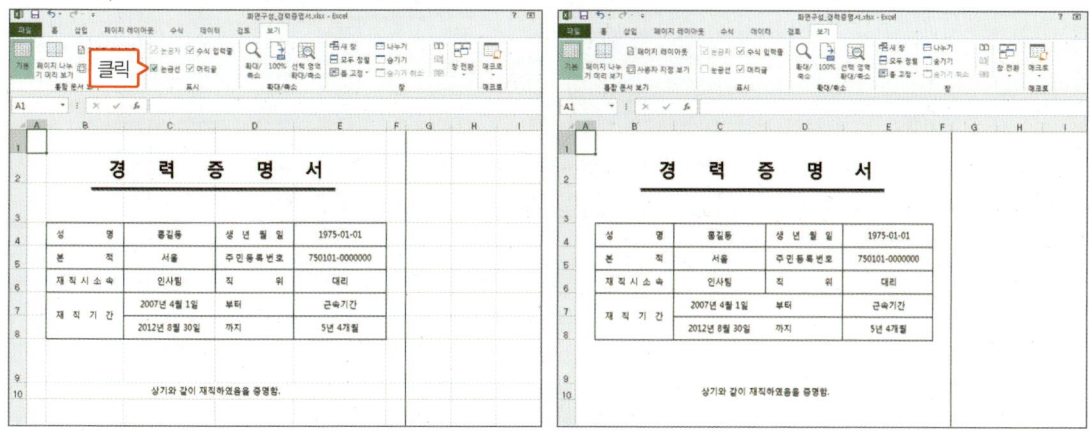

바로 통하는 TIP 눈금선 외에 수식 입력줄, 머리글 등의 요소도 같은 방법으로 숨길 수 있습니다.

02 리본 메뉴 축소하기

① [리본 메뉴 축소 ∧] 클릭. 리본 메뉴가 축소되면서 작업 창의 문서 내용을 좀 더 넓은 영역에서 볼 수 있습니다.

② [리본 메뉴 표시 옵션 ▣] 클릭 ③ [탭 및 명령 표시]를 선택하면 다시 원상태로 돌아갑니다.

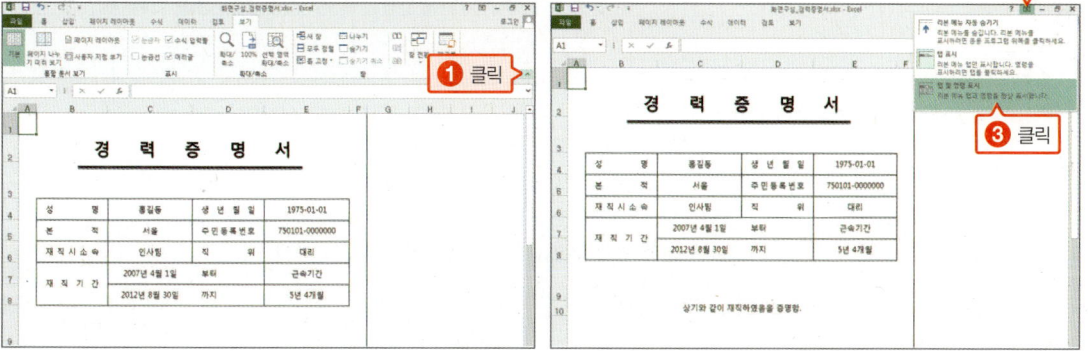

바로 통하는 TIP 임의의 리본 탭을 더블클릭하거나 단축키 Ctrl + F1 을 눌러도 리본 메뉴를 축소/확장할 수 있습니다.

04 키보드로 셀 범위 지정하기

데이터를 입력하거나 서식을 꾸미려면 셀을 선택해야 합니다. 하나의 셀을 선택하거나 여러 셀을 범위로 지정하는 방법에 대해서 살펴보겠습니다.

• 실습 파일 엑셀 \ 1장 \ 셀범위_거래처판매현황.xlsx

01 행 범위 지정하기

① [A3] 셀 클릭

② Ctrl + Shift + → 를 누릅니다. [A3:H3] 셀까지 범위가 지정됩니다.

02 전체 데이터 범위 지정하기

데이터 목록에서 임의의 셀을 선택한 후 Ctrl + A 를 누르면 데이터가 입력된 전체 범위가 선택됩니다.

바로통하는 TIP 워크시트 전체를 선택할 때는 [A1] 셀 왼쪽 위에 있는 [전체 선택 ◢]을 클릭합니다.

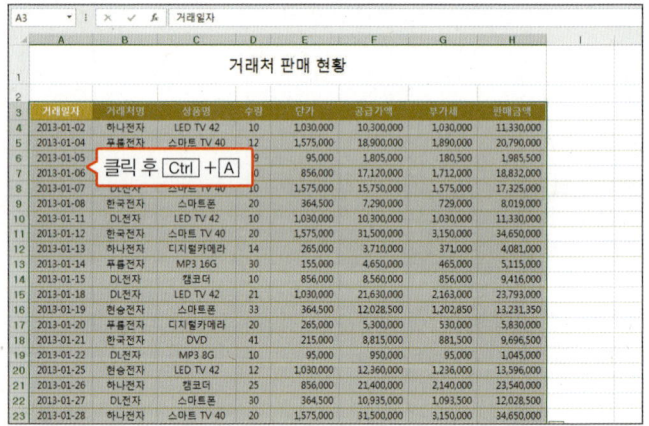

실무활용노트 EXCEL | **키보드를 이용해 범위 지정하기**

Ctrl + Shift + ↑, ↓, ←, →	데이터가 입력된 현재 셀에서 열의 첫 행 또는 마지막 행, 첫 열 또는 마지막 열까지 범위를 지정합니다. 단, 데이터가 입력되지 않았을 때는 현재 열/행의 처음 또는 마지막 셀까지 범위가 지정됩니다.
Ctrl + Shift + *	데이터가 입력된 전체 범위를 지정합니다. 단, 데이터가 입력되지 않았을 때는 범위가 지정되지 않습니다.
Ctrl + A	데이터가 입력된 전체 범위를 지정합니다. 단, 데이터가 입력되지 않았을 때는 현재 워크시트의 전체 셀 범위가 지정됩니다.

05 행과 열 너비 조정하기

행과 열의 너비를 조정하는 기능을 이용하여 데이터의 높이와 너비에 맞게 편집하는 방법에 대해 알아보겠습니다.

▪**실습 파일** 엑셀 \ 1장 \ 행열너비_청구서.xlsx ▪**완성 파일** 엑셀 \ 1장 \ 행열너비_청구서_완성.xlsx

01 행 너비 조절하기

① **2행 머리글**을 선택하고 행 머리글에서 마우스 오른쪽 버튼 클릭 ② **[행 높이]** 선택 ③ [행 높이] 대화상자에 **50** 입력 ④ **[확인]** 클릭. 선택한 행의 높이가 50으로 바뀝니다. ⑤ **4~21행 머리글** 드래그 ⑥ **5행 머리글 경계선**에 마우스 포인터를 위치시키고 아래쪽으로 드래그합니다. 드래그해서 조절한 5행의 높이만큼 선택한 나머지 행의 높이도 일괄적으로 변경됩니다.

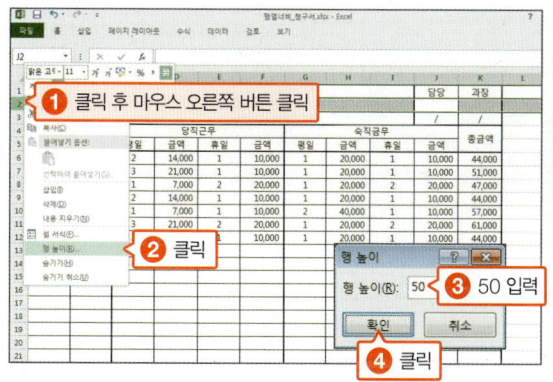
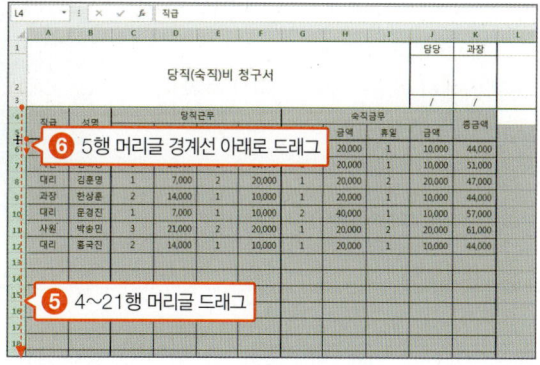

02 열 너비 조절하기

① **C열 머리글** 선택 ② Ctrl 을 누른 상태에서 **E, G, I열** 클릭 ③ 선택한 임의의 **열 머리글 사이 경계선**에 마우스 포인터를 위치시키고 더블클릭합니다. 선택한 범위의 데이터 너비만큼 열 너비가 일괄적으로 자동 조절됩니다.

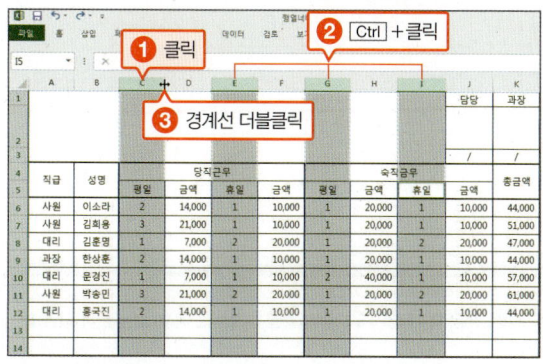

바로 통하는 TIP 행/열 머리글에서 행의 아래쪽 및 열의 오른쪽 경계선을 더블클릭하면 행/열의 너비가 자동으로 조절됩니다.

06 너비를 유지하여 붙여넣기 및 선택하여 붙여넣기

데이터를 옮기거나 붙여 넣는 방법으로 [선택하여 붙여넣기] 기능을 쓸 수 있습니다. 셀 수식, 값, 서식 등을 붙여 넣을 수 있을 뿐만 아니라 연산 기능 등의 옵션도 선택해 붙여 넣을 수 있습니다.

▪**실습 파일** 엑셀 \ 1장 \ 복사_개인고객정보.xlsx   ▪**완성 파일** 엑셀 \ 1장 \ 복사_개인고객정보_완성.xlsx

01 너비를 유지하여 붙여넣기

[고객정보] 시트의 카드 번호, 이름, 사용 한도 항목을 [한도조회] 시트에 열 너비를 유지한 채 붙여 넣어보겠습니다.

① [고객정보] 시트의 **[B3:B26] 셀** 드래그

② Ctrl 을 누른 상태에서 **[D3:D26] 셀**, **[G3:G26] 셀** 드래그

③ 범위에서 마우스 오른쪽 버튼 클릭

④ **[복사]**를 선택합니다.

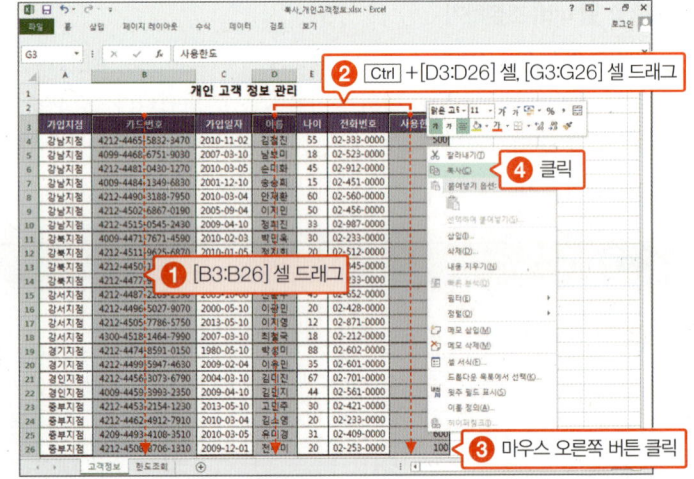

선택한 범위의 데이터가 복사됩니다.

바로 통하는 TIP 복사의 단축키는 Ctrl + C , 잘라내기는 Ctrl + X , 붙여넣기는 Ctrl + V 입니다.

02

① **[한도조회]** 시트 클릭

② **[A3] 셀**에서 마우스 오른쪽 버튼 클릭

③ [선택하여 붙여넣기]의 옵션 목록에서 **[원본 열 너비 유지]**를 선택한 후 ESC 를 눌러 복사 모드를 해제합니다.

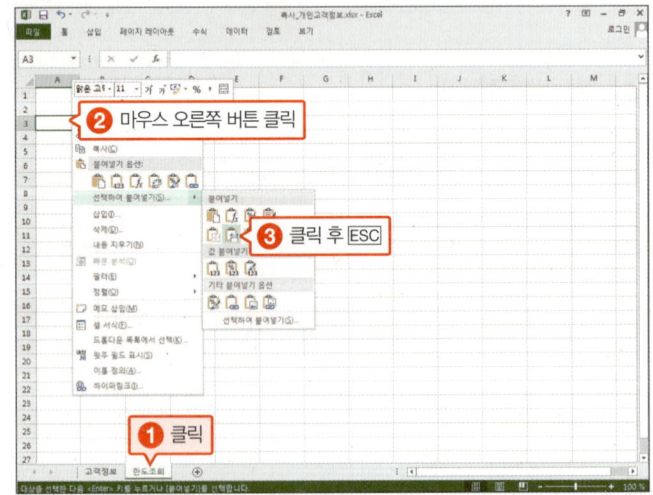

원본 데이터와 동일하게 열 너비가 유지되도록 붙여 넣었습니다.

바로 통하는 TIP 데이터를 복사하면 범위로 지정한 테두리가 깜빡거립니다. 이는 원본 데이터를 계속 붙여 넣을 수 있다는 의미입니다. 더 이상 붙여 넣지 않으려면 ESC 를 누릅니다.

03 곱하여 붙여넣기

사용한도 금액은 10000단위가 절사되어 있습니다. [선택하여 붙여넣기] 기능을 이용해 사용한도 금액에 10000을 곱해서 표시해보겠습니다.

① **[E3] 셀**에 **10000** 입력 후 Enter

② **[E3] 셀**을 선택한 후 Ctrl + C 를 누릅니다.

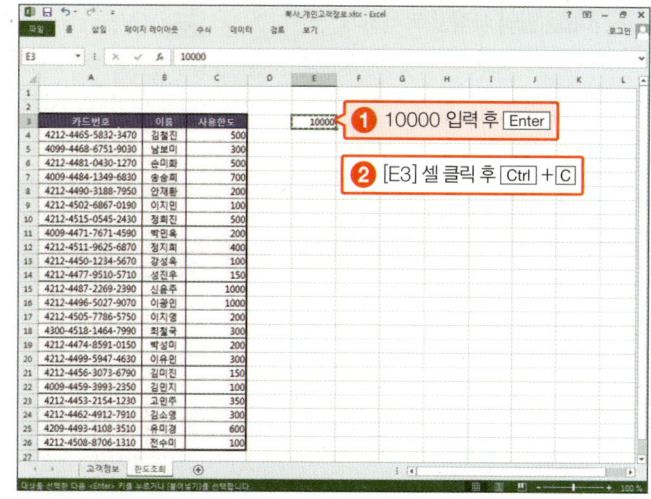

04

① **[C4:C26] 셀** 드래그

② 마우스 오른쪽 버튼 클릭

③ [선택하여 붙여넣기]에서 **[선택하여 붙여넣기]**를 선택합니다.

바로 통하는 TIP 선택하여 붙여넣기 단축키는 Ctrl + Alt + V 입니다.

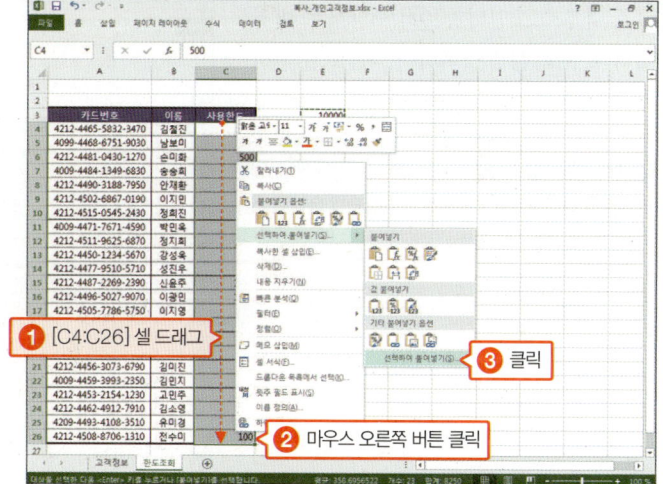

05

① [선택하여 붙여넣기] 대화상자에서 **[곱하기]** 선택

② **[확인]** 클릭

③ [사용한도] 열 값이 10000을 곱한 값으로 바뀌면 **[E3] 셀**에서 Delete 를 눌러 값을 삭제합니다.

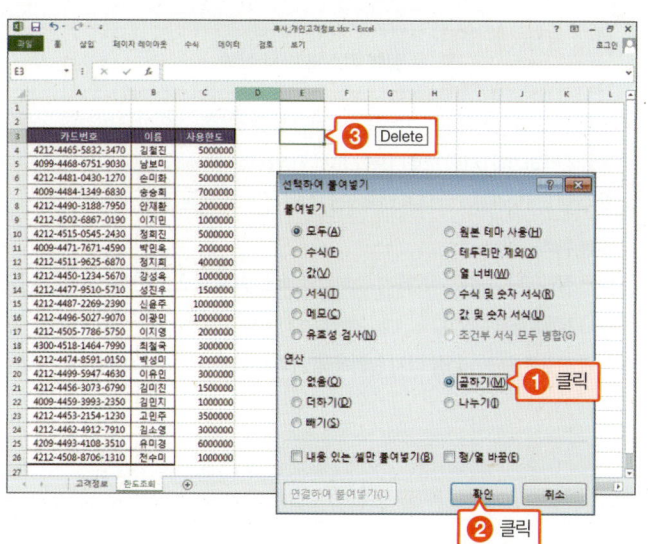

06 [이름] 열의 서식만 복사하기

[이름] 열에 지정된 서식을 복사하여 [사용
한도] 열에 적용해보겠습니다.

① **[B4:B26] 셀 드래그**

② [홈] 탭-[클립보드] 그룹-**[서식 복사]**
를 클릭합니다.

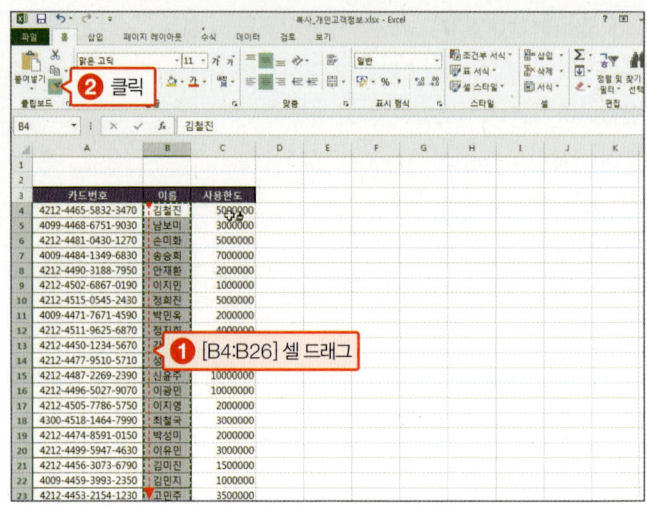

07 마우스 포인터가 모양으로 변경
됩니다. **[C4]** 셀을 클릭하면 [이름] 열의 서
식이 [사용한도] 열로 복사됩니다.

바로 통하는 TIP [서식 복사]를 더블클릭하면 동일
한 서식을 여러 군데에 반복해서 복사할 수 있습니다. 서
식 복사를 중단하고 싶을 때는 ESC 를 누릅니다.

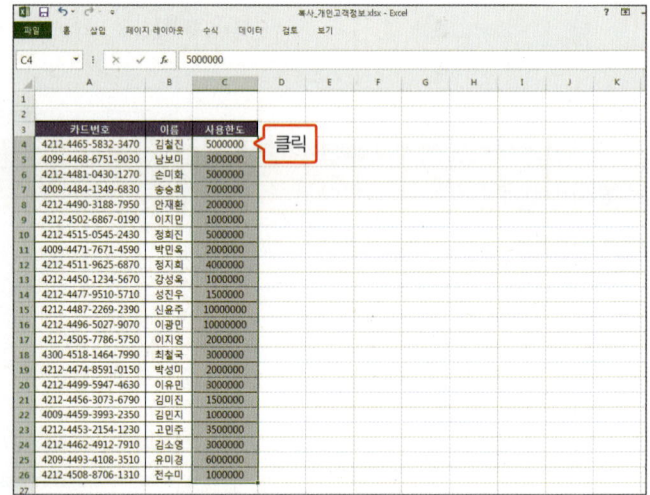

실무활용노트 EXCEL | **실행 취소와 다시 실행**

[실행 취소]나 [다시 실행] 기능을 이용하면 잘못 실행한 작업이나 명령을 100단계까지 취소하거나 다시 실행할 수 있습니다. 단, [메뉴]
탭을 선택하거나 [시트 보호], [통합 문서 저장], [매크로 실행] 등의 일부 작업은 취소할 수 없습니다. [실행 취소]와 [다시 실행] 명령은 [빠
른 실행 도구 모음]에 있으며 단축키는 Ctrl + Z 와 Ctrl + Y 입니다.

실행 취소(Ctrl + Z)
최근 작업이나 그 이전 작업을 취소하려면 [빠른 실행 도구 모음]에서 [실행 취소]를 클릭합니다.

다시 실행(Ctrl + Y)
실행 취소한 최근 작업을 다시 실행하려면 [빠른 실행 도구 모음]에서 [다시 실행]을 클릭합니다.

07 그림으로 연결하여 붙여넣기

열 너비에 관계없이 여러 종류의 표를 한곳에 모아놓을 때 그림으로 연결하여 붙여넣기 기능을 이용하면 편리합니다.

▪**실습 파일** 엑셀 \ 1장 \ 복사_인사평가표.xlsx ▪**완성 파일** 엑셀 \ 1장 \ 복사_인사평가표_완성.xlsx

01 평가정보 복사하기

[평가정보] 시트에 작성된 표를 복사하여 [평가표] 시트에 그림으로 붙여 넣어보겠습니다. 각 시트에 작성된 표의 열 너비는 서로 다릅니다.

①**[평가정보]** 시트 선택

②**[A3:I5]** 셀을 드래그한 후 Ctrl + C를 눌러 복사합니다.

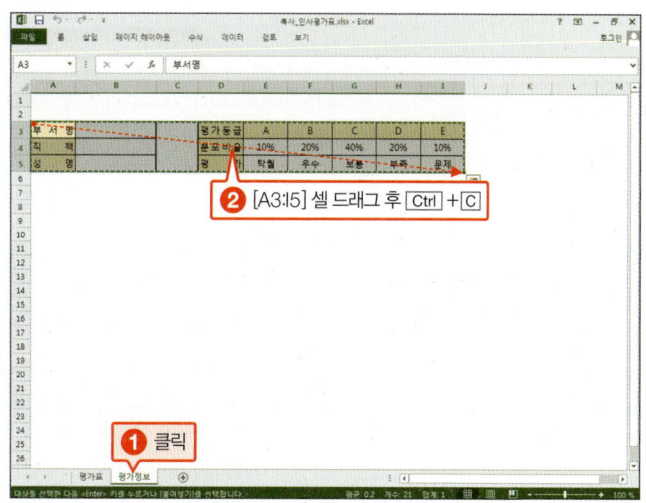

02 그림으로 붙여넣기

①**[평가표]** 시트 선택

②**[A2]** 셀에서 마우스 오른쪽 버튼 클릭

③[선택하여 붙여넣기] – [기타 붙여넣기 옵션]에서 **[연결된 그림]**을 클릭한 후 ESC를 눌러 복사 모드를 해제합니다.

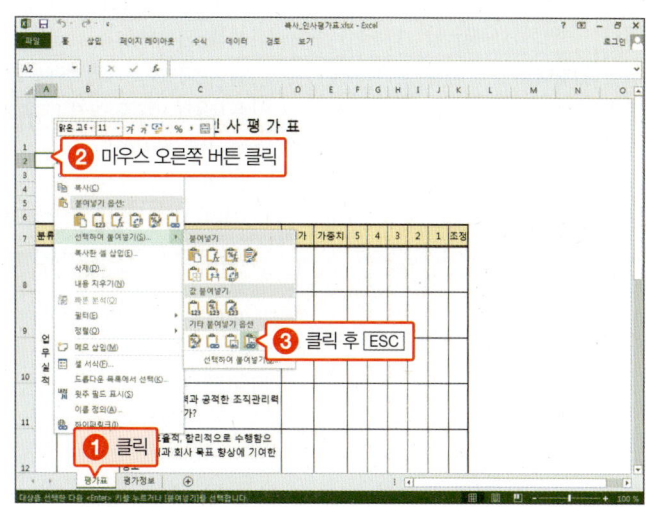

바로 통하는 TIP [연결된 그림]을 사용하면 원본 데이터에 따라 연결된 데이터가 자동으로 수정됩니다. 만약 원본 데이터의 영향을 받지 않으려면 [그림]을 선택합니다.

03 붙여 넣은 **그림 개체**를 선택하고 조절점을 드래그하여 크기를 조절합니다.

바로 통하는 TIP 개체를 선택한 후 방향키(←, ↑, →, ↓)를 눌러 위치를 옮길 수 있습니다.

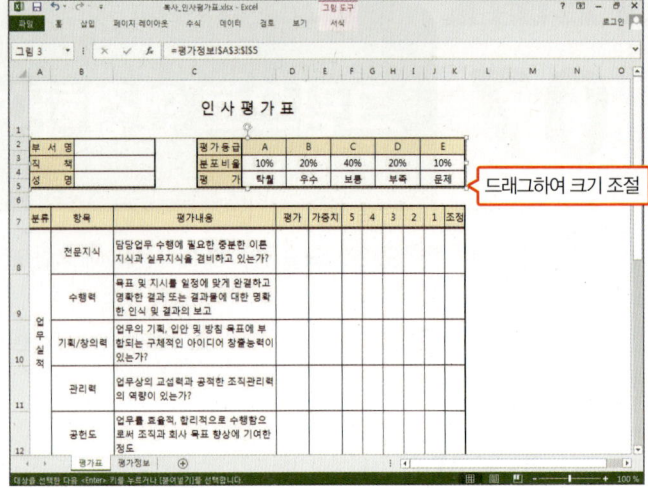

드래그하여 크기 조절

선택하여 붙여넣기 옵션 살펴보기

마우스 오른쪽 버튼을 클릭하면 나타나는 메뉴는 붙여넣기 옵션 지정을 아이콘으로 제공합니다. 이 메뉴를 이용하면 좀 더 쉽고 다양하게 붙여넣기 옵션을 지정할 수 있습니다.

붙여넣기 옵션		설명
붙여넣기	: 붙여넣기	모든 셀 내용과 수식 및 서식 붙여넣기
	: 수식	수식 입력줄에 입력한 대로 수식만 붙여넣기
	: 수식 및 숫자 서식	수식 입력줄에 입력한 대로 수식과 숫자 서식 붙여넣기
	: 원본 서식 유지	원본 서식을 유지하면서 셀 내용과 수식 붙여넣기
	: 테두리 없음	테두리 없이 셀 내용과 서식 및 수식 붙여넣기
	: 원본 열 너비 유지	원본 열 너비를 유지하면서 셀 내용과 서식, 수식 붙여넣기
	: 바꾸기	행과 열을 바꿔서 셀 내용과 서식, 수식 붙여넣기
값 붙여넣기	: 값	셀 내용만 붙여넣기
	: 값 및 숫자 서식	셀 내용과 숫자 서식만 붙여넣기
	: 값 및 원본 서식	셀 내용과 서식 붙여넣기
기타 붙여넣기	: 서식	셀 서식만 붙여넣기
	: 연결하여 붙여넣기	셀 내용만 연결하여 붙여넣기
	: 그림	원본과 연결하지 않고 그림으로 붙여넣기
	: 연결된 그림	원본과 연결하여 그림으로 붙여넣기

08 워크시트 이름 변경 및 탭 색 변경하기

워크시트는 문서를 만들고 편집하는 공간입니다. 워크시트 이름을 정의하거나 시트 탭의 색을 수정해서 표시해 놓으면 여러 파일을 관리할 때 쉽게 구분할 수 있어 편리합니다.

▪**실습 파일** 엑셀 \ 1장 \ 시트_실적현황1.xlsx   ▪**완성 파일** 엑셀 \ 1장 \ 시트_실적현황1_완성.xlsx

01 ① [Sheet1] 시트 더블클릭 후 **1주** 입력 ② 같은 방법으로 [Sheet2]와 [Sheet3] 시트에 **2주**, **3주**를 각각 입력합니다.

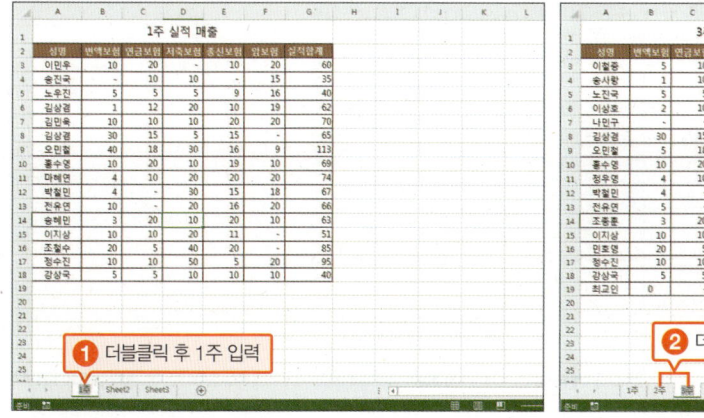

바로 통하는TIP 시트 이름 위에서 마우스 오른쪽 버튼을 클릭합니다. [이름 바꾸기]를 선택해 이름을 바꾸거나 [탭 색]을 선택해 탭을 원하는 색으로 바꿀 수 있습니다. 워크시트 이름은 31자를 넘지 않아야 하며 ₩ / ? * [ ] '를 포함하지 않아야 합니다.

02 ① [1주] 시트 선택 후 마우스 오른쪽 버튼 클릭 ② [탭 색]에서 **[진한 빨강]** 선택 ③ 같은 방법으로 [2주]와 [3주] 시트의 색을 **[노랑]**, **[연한 녹색]**으로 변경합니다.

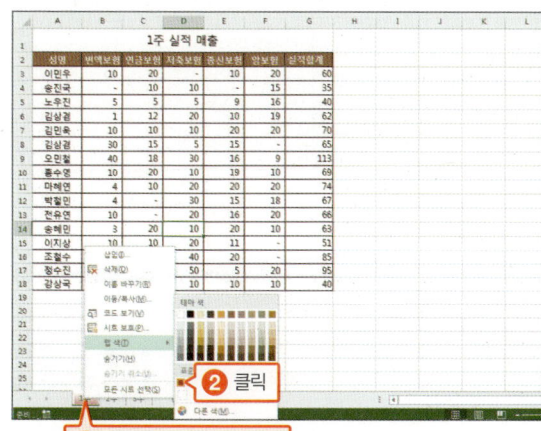

09 워크시트 이동/복사/삭제하기

워크시트는 문서를 만들고 편집하는 공간으로 필요에 따라 이동, 추가하고 삭제하면서 효과적으로 데이터를 관리할 수 있습니다. 워크시트의 이동, 복사, 삭제 방법에 대해서 알아보겠습니다.

▪ **실습 파일** 엑셀 \ 1장 \ 시트_실적현황2.xlsx　▪ **완성 파일** 엑셀 \ 1장 \ 시트_실적현황2_완성.xlsx

01 워크시트 복사하기

4주간의 매출 실적을 각각의 시트에 기록하려고 합니다. [3주] 시트를 복사한 후 '4주'로 이름을 바꿔보겠습니다.

① **[3주]** 시트 클릭

② Ctrl 을 누른 상태에서 시트를 오른쪽으로 드래그합니다.

[3주] 시트가 [3주 (2)] 시트로 복제됩니다.

02 워크시트 이름 바꾸기

복제된 시트를 더블클릭하고 **4주**라고 입력합니다.

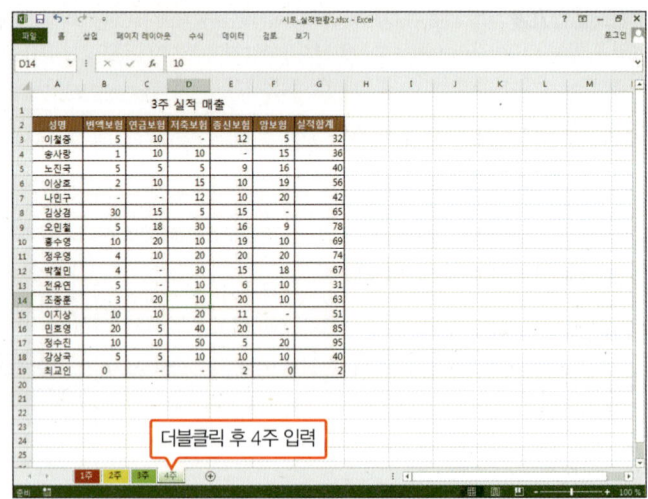

03 워크시트 삽입 및 이동하기

새 워크시트를 만들고 워크시트의 위치를
이동해보겠습니다.

① [새 시트⊕] 클릭

② 새로운 시트 더블클릭

③ **월간시트** 입력 후 Enter

④ [월간시트] 시트를 드래그하여 [1주] 시트
왼쪽으로 옮깁니다.

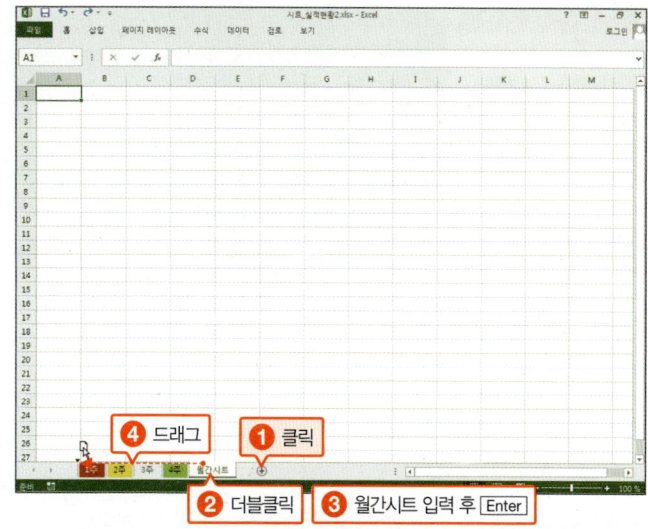

바로 통하는TIP　새로 만든 통합 문서에는 기본적으로 한 개의 워크시트가 있습니다. 개수를 조정하려면 [파일] 탭에서 [옵션]을 선택한 후 [옵션] 대화상자를 엽니다. [일반] 항목의 [포함할 시트 수]에 1~255 사이의 값을 입력합니다.

04 워크시트 삭제하기

앞서 추가한 [4주] 시트를 다시 삭제해보겠
습니다.

① [4주] 시트 클릭 후 마우스 오른쪽 버튼
클릭

② [삭제] 선택

③ 삭제하려는 시트에서 데이터를 삭제해
도 되는지 물어보는 대화상자가 나타납
니다. [삭제]를 클릭합니다.

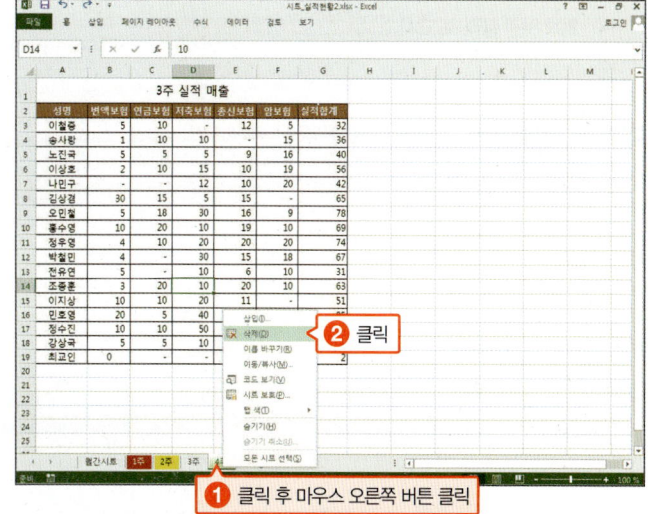

바로 통하는TIP　여러 개의 워크시트를 한 번에 선택할 때는 Shift와 Ctrl을 이용합니다. Shift를 누른 상태에서 워크시트를 클릭하면 처음 선택한 워크시트와 마지막에 선택한 워크시트 사이에 위치한 모든 워크시트가 선택됩니다. Ctrl을 누른 상태에서 워크시트를 클릭하면 클릭한 워크시트만 선택됩니다.

10 문자/숫자 데이터 입력하기

셀에는 문자 데이터, 숫자 데이터, 수식 등을 입력할 수 있습니다. 문자 데이터는 한글, 한자, 일본어, 특수 문자 등과 같이 계산할 수 없는 데이터를, 숫자 데이터는 숫자, 날짜, 시간처럼 계산할 수 있는 데이터를 의미합니다.

▪**실습 파일** 엑셀 \ 1장 \ 데이터입력.xlsx [문자], [숫자] 시트 ▪**완성 파일** 엑셀 \ 1장 \ 데이터입력_완성.xlsx [문자], [숫자] 시트

01 문자 데이터 입력하기

① [문자] 시트에서 [C4] 셀에 **1분기 실적** 입력 후 Enter

② [C5] 셀에 **2013년** 입력 후 Alt + Enter

③ **실적 보고서**를 입력하고 Enter 를 누릅니다. **2013년 실적 보고서**가 두 줄로 입력됩니다.

바로 통하는 TIP 문자 데이터는 입력했을 때 셀 내에서 왼쪽 정렬됩니다.

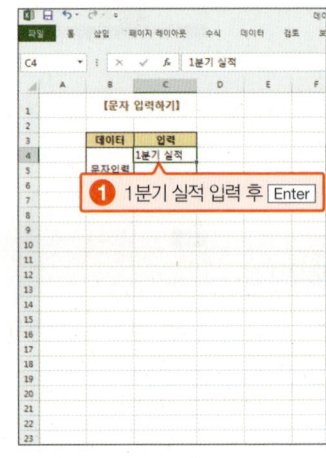
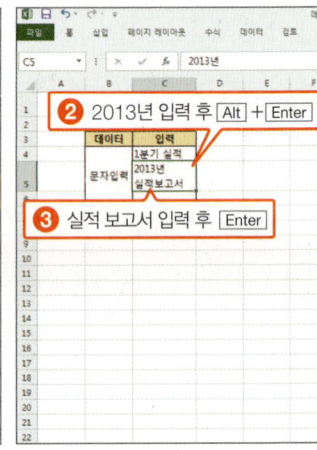

02

① [C6] 셀에 **'2013**을 입력 후 Enter

② [C6] 셀 옆에 있는 [**오류 표시** ◆] 클릭

③ [**오류 무시**]를 선택해서 오류 표시를 지웁니다.

바로 통하는 TIP 아포스트로피(')는 숫자를 계산하지 않는 문자로 입력할 때 사용하는 기호입니다. 엑셀에서는 숫자 데이터에 아포스트로피가 붙어 있으면 문자 데이터로 인식합니다.

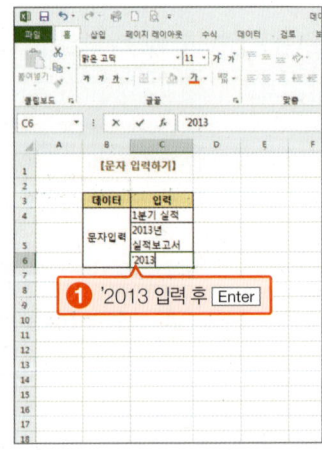
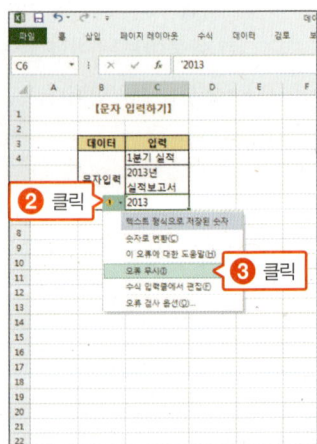

03 숫자 데이터 입력하기

① [숫자] 시트에서 [C4] 셀에 **4500** 입력 후 Enter

② [C5] 셀에 **123456789012**를 입력한 후 Enter 를 누릅니다.

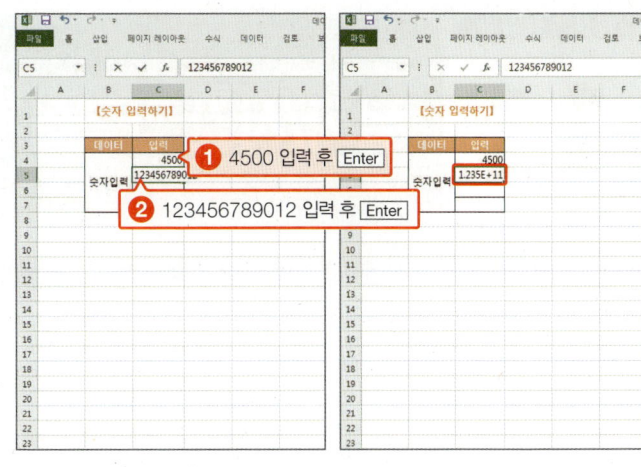

숫자 데이터는 셀 너비가 좁거나 12자리 이상이면 지수 형태로 표시됩니다.

바로 통하는 TIP 숫자 데이터는 입력했을 때 셀 내에서 오른쪽 정렬됩니다.

04 [C6] 셀에 **123,456,789,123**을 입력한 후 Enter 를 누릅니다.

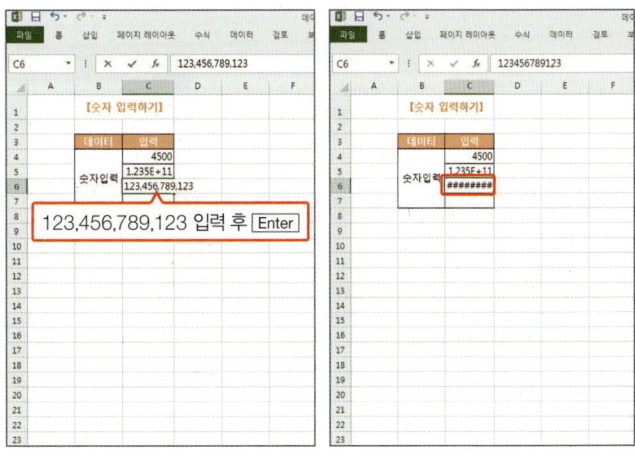

숫자 데이터의 가짓수에 비해 셀 너비가 좁으면 ####으로 표시됩니다.

바로 통하는 TIP C열 머리글의 경계를 오른쪽으로 드래그하여 셀 너비를 조정하면 '123,456,789,123' 값이 나타납니다. 셀 너비를 데이터 너비에 맞춰 자동으로 조절하려면 C열 머리글의 오른쪽 영역을 더블클릭합니다.

05 [C7] 셀에 **0 1/4**을 입력한 후 Enter 를 누릅니다. 분수로 입력됩니다.

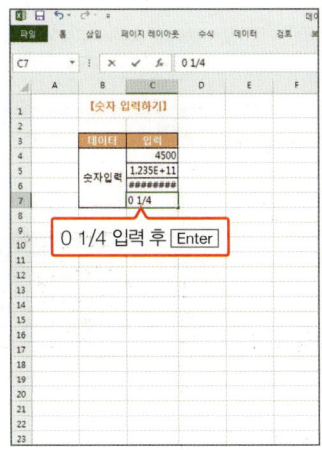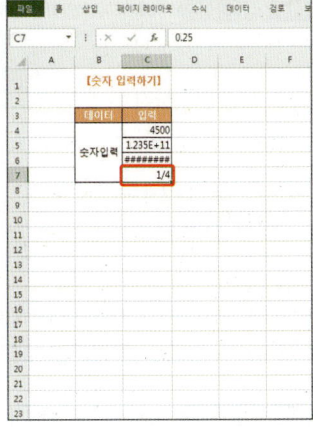

'0 1/4'라고 입력하면 셀에는 '1/4'로 표시되고 수식 입력줄에는 0.25로 나타납니다.

바로 통하는 TIP 숫자 데이터 중 분수를 표현하려면 0 이상의 숫자를 입력한 후 한 칸 띄고 분자/분모 값을 입력합니다.

11 날짜/시간 입력하기

엑셀에서 날짜나 시간은 정해진 형식에 맞춰 입력해야 합니다. 날짜를 입력할 때는 슬래시(/)나 하이픈(-)을 구분 기호로 사용하고(년-월-일 또는 년/월/일), 시간은 콜론(:)을 구분 기호로 넣어 입력합니다(시:분:초). 시간을 입력한 후 한 칸을 띄우고 AM이나 PM을 입력하면 12시간제로 표시되고 입력하지 않으면 24시간제로 표시됩니다.

▪**실습 파일** 엑셀\1장\데이터입력.xlsx [날짜시간] 시트 ▪**완성 파일** 엑셀\1장\데이터입력_완성.xlsx [날짜시간] 시트

01 날짜 입력하기

① [날짜시간] 시트에서 **[C4]** 셀에 **4-20** 입력 후 Enter

올해 연도를 기준으로 **4월 20일**이 입력됩니다.

② [C5] 셀을 선택하고 **2012/3/5**를 입력한 후 Enter를 누릅니다.

'2012/3/5'라고 입력하면 년-월-일로 인식해 '2012-03-05'라고 표시됩니다.

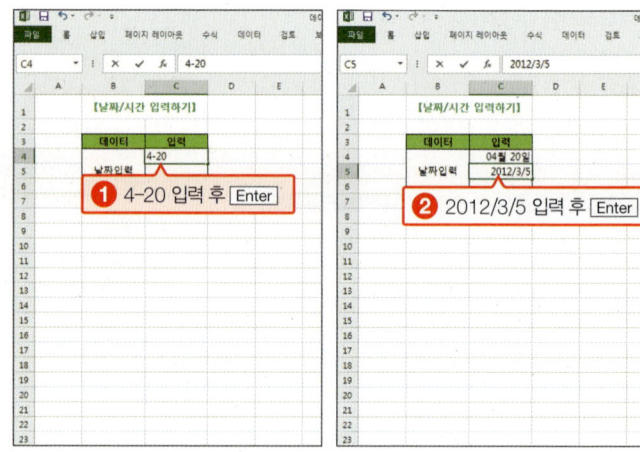

바로 통하는 TIP 현재 날짜를 입력하려면 Ctrl + ;을 누릅니다. 컴퓨터에 설정된 오늘 날짜가 자동으로 입력됩니다.

02 시간 입력하기

① [C6] 셀에 **8:20:45** 입력 후 Enter
② [C7] 셀에 **21:15:30**을 입력한 후 Enter를 누릅니다.

[C6] 셀, [C7] 셀을 클릭하면 수식 입력줄에 각각 8:20:45 AM, 9:15:30 PM이 표시됩니다.

바로 통하는 TIP 현재 시간을 입력하려면 Ctrl + Shift + ;을 누릅니다. 컴퓨터에 설정된 현재 시간이 자동으로 입력됩니다.

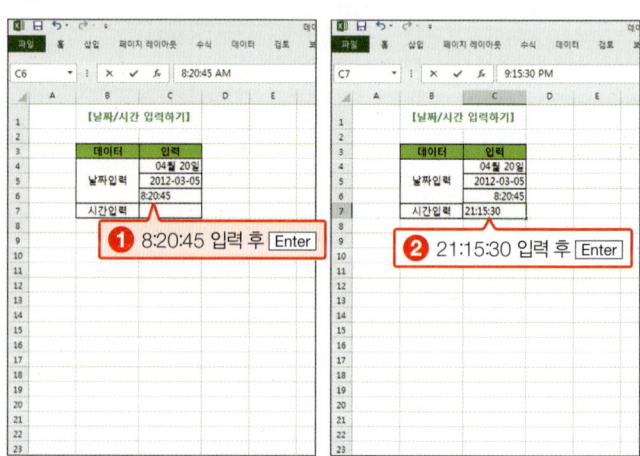

12 한자/기호 입력하기

한자를 입력할 때는 한글을 입력한 후 [한자]를 누르거나 [검토] 탭의 [언어] 그룹에서 한글/한자 변환 기능을 이용합니다. 반대로 한자를 한글로 변환할 때도 [한자]를 누르거나 한글/한자 변환 기능을 이용할 수 있습니다. 특수 문자를 입력하려면 [삽입] 탭의 [기호] 그룹에서 [Ω 기호]를 클릭하고 [기호] 대화상자에서 [글꼴]과 [하위 집합 목록]을 선택합니다.

• 실습 파일 엑셀 \ 1장 \ 데이터입력_설문조사.xlsx • 완성 파일 엑셀 \ 1장 \ 데이터입력_설문조사_완성.xlsx

01 한자로 바꿀 범위 지정하기

고객 설문 조사 양식에서 한자로 바꿀 범위를 지정한 후 한글을 한자로 바꿔보겠습니다.

① [J4] 셀 클릭

② [C8:K8] 셀 [Ctrl]+드래그

③ [검토] 탭-[언어] 그룹-[한글/한자 변환]을 클릭합니다.

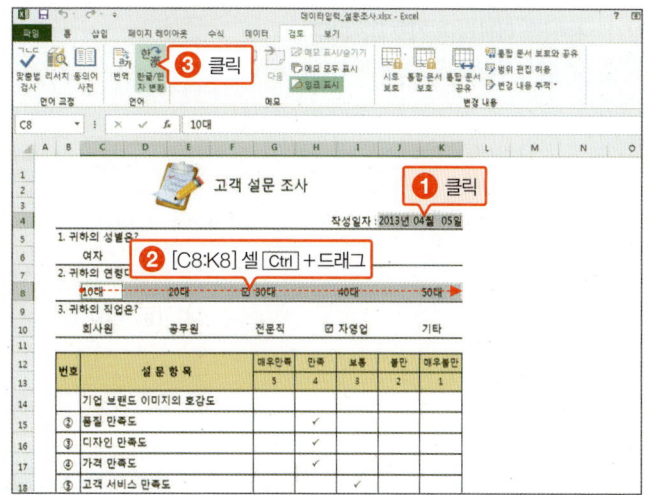

02 한자로 바꾸기

① [한글/한자 변환] 대화상자에서 年(년) 선택

② [변환] 클릭

한자를 변환합니다.

③④⑤⑥⑦⑧ 月(월), 日(일), 代(대)를 순서대로 변환합니다. 한자 변환이 모두 끝났다는 메시지 창이 나타나면 [확인]을 클릭해서 변환을 마칩니다.

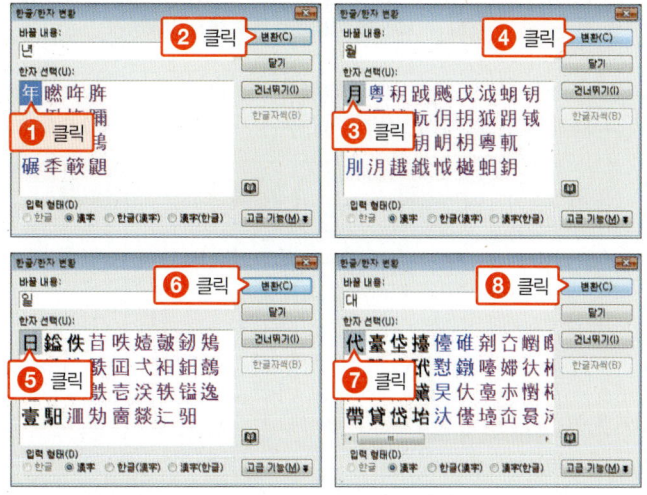

바로 통하는 TIP 글자를 입력하면서 한 글자씩 한자로 변환하려면 [한자]를 눌러 변경합니다.

03 기호 입력하기

① [B6] 셀 클릭

② [삽입] 탭–[기호] 그룹–**[기호 Ω 기호]** 클릭

③ [기호] 대화상자에서 [글꼴]의 [목록 ▾]을 클릭하여 [Wingdings 2] 선택

④ **[체크 표시 ☑]** 더블클릭

⑤ **[닫기]**를 클릭한 후 Enter 를 누릅니다.

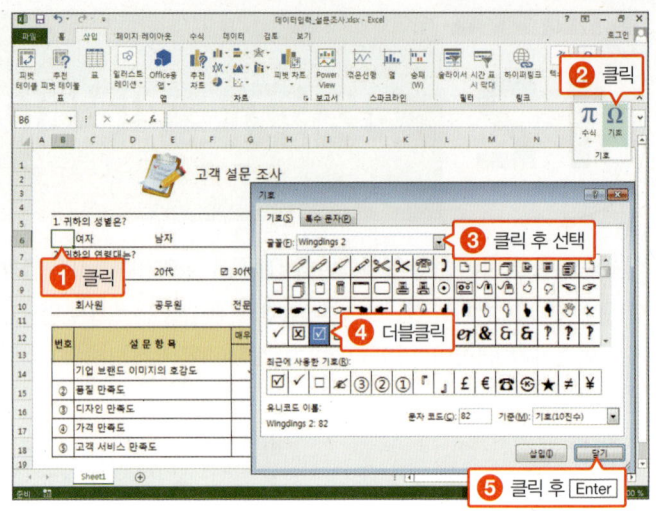

04 한자 를 이용하여 기호 입력하기

① [B14] 셀에 ㅇ 입력 후 한자

② 목록에서 ①을 선택한 후 Enter 를 누릅니다.

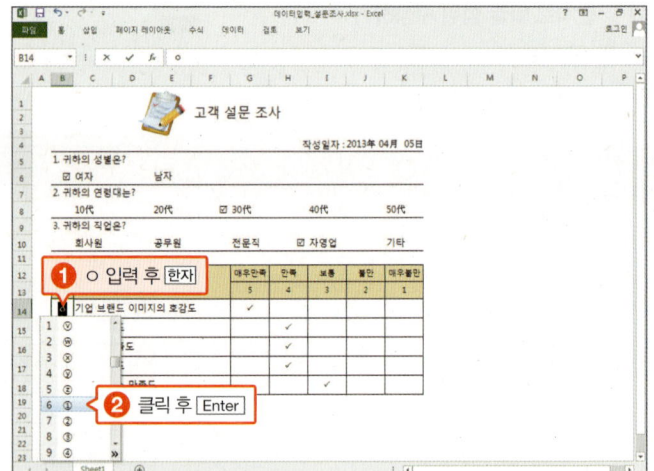

한자 를 이용해서 특수 문자 입력하기

한글 자음을 입력한 후 한자 를 눌러서 특수 문자를 입력할 수 있습니다. 자음을 입력한 후 한자 를 누르면 특수 문자 목록이 나타납니다. 여기에서 원하는 특수 문자를 선택하거나 특수 문자 옆에 있는 숫자를 입력합니다.

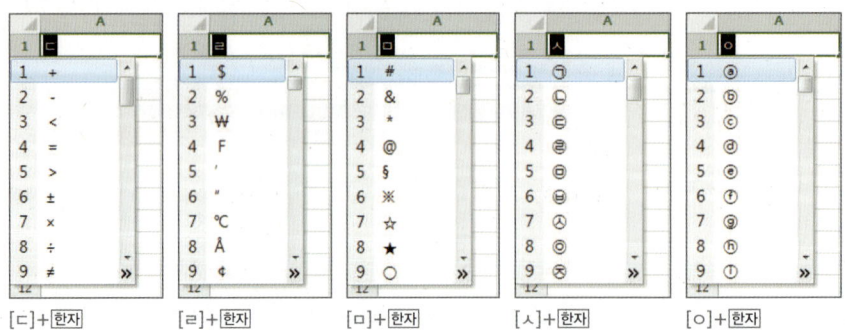

13 데이터 수정 및 행 삽입/삭제하기

데이터의 일부를 수정할 때는 수식 입력줄을 이용합니다. 또는 셀을 더블클릭하거나 F2 를 눌러 편집 상태로 만든 후 내용을 수정할 수도 있습니다. 데이터를 지울 때는 Delete 를 누르거나 [홈] 탭 – [편집] 그룹 – 🧽지우기▼ 를 클릭 합니다. 또한 필요에 따라 행이나 열을 삽입하거나 삭제할 수 있습니다.

▪ **실습 파일** 엑셀 \ 1장 \ 수정_대출금.xlsx ▪ **완성 파일** 엑셀 \ 1장 \ 수정_대출금_완성.xlsx

01 데이터 수정하기

셀을 더블클릭하여 데이터를 수정할 수 있습니다. [F1] 셀을 더블클릭하여 **6.5**로 수정한 후 Enter 를 누릅니다.

연이율에는 백분율 서식이 지정되어 있으므로 6.5로 수정하면 '%'가 자동으로 입력됩니다.

02 F2 를 누르면 셀을 편집 상태로 만들어 데이터를 수정할 수 있습니다.

① [A3] 셀 클릭 후 F2 를 눌러 **대출연도**로 수정

② [A4:A10] 셀 드래그

③ 수식 입력줄에서 **2013**이라고 입력한 후 Ctrl + Enter 를 눌러 지정한 범위에 같은 값을 넣습니다.

대출연도 열에는 날짜 서식이 지정되어 있어 '2013' 으로 수정하면 '1905 – 07 – 05'로 입력됩니다. 다음 과정에서 서식을 지워보도록 하겠습니다.

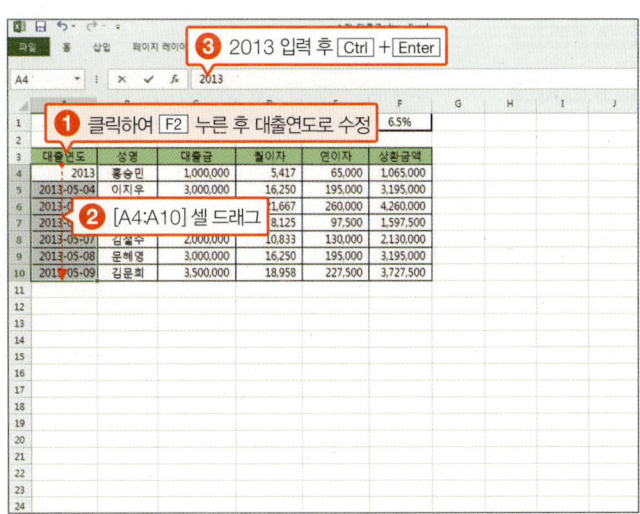

03 서식 지우기

셀에 지정된 서식을 지워보겠습니다.

① [A4:A10] 셀 드래그

② [홈] 탭–[편집] 그룹–[지우기 📍지우기▾] 클릭

③ [서식 지우기]를 선택합니다. 범위에 적용된 날짜 서식이 지워져서 '2013'이라는 숫자만 나타납니다.

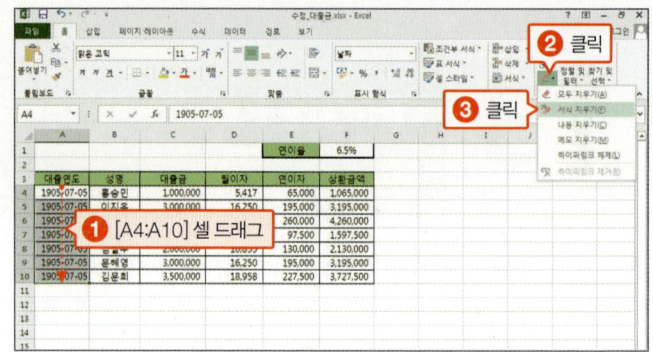

바로 통하는 TIP [지우기]에는 4가지 옵션이 있습니다. [모두 지우기]는 셀에 입력된 서식, 내용, 메모를 모두 지웁니다. [서식 지우기]는 셀에 입력된 내용은 남겨두고 서식만 지웁니다. [내용 지우기]는 셀에 입력된 서식은 남겨두고 내용만 지웁니다. [메모 지우기]는 셀에 입력된 메모만 지웁니다.

04 행 삽입하기

① 1행 머리글 선택 후 마우스 오른쪽 버튼 클릭 ② [삽입] 선택. 행이 삽입됩니다. ③ [삽입 옵션 📍] 클릭 ④ [서식 지우기]를 선택합니다.

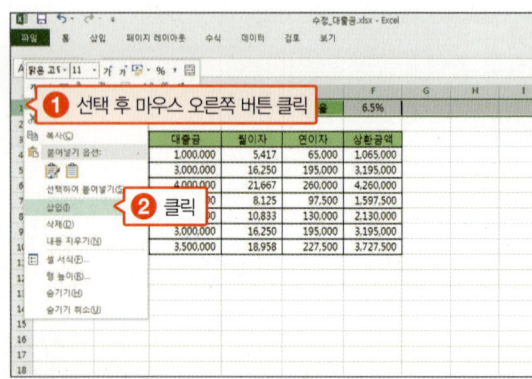
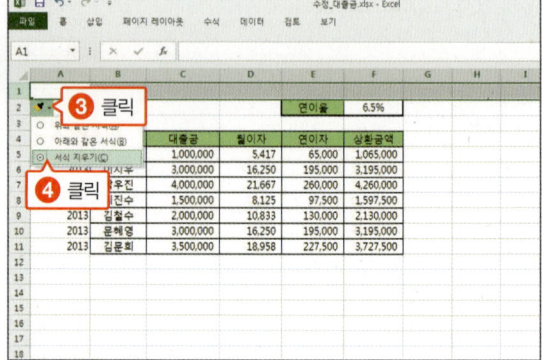

바로 통하는 TIP 행을 삽입하는 단축키는 Ctrl + Shift + + 입니다.

바로 통하는 TIP 서식이 지정된 행을 선택하고 행을 삽입하면 [삽입 옵션 📍]이 나타납니다. 삽입 옵션에서는 [위와 같은 서식], [아래와 같은 서식], [서식 지우기] 옵션을 선택할 수 있습니다. [삽입 옵션]은 다른 셀을 편집하면 바로 사라집니다.

05 행 삭제하기

① [A1] 셀에 2013년 대출금과 상환금 입력

② 7행 머리글 선택 후 마우스 오른쪽 버튼 클릭

③ [삭제]를 선택해서 행을 삭제합니다.

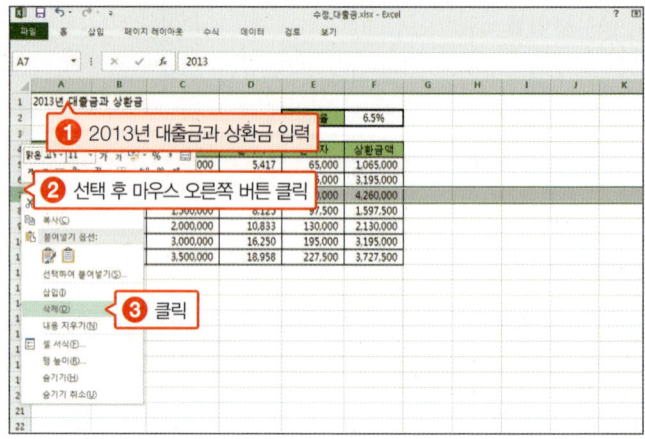

바로 통하는 TIP 행을 삭제하는 단축키는 Ctrl + - 입니다.

14 채우기 핸들을 이용해 데이터 채우기

연속적인 데이터나 일정한 규칙이 있는 데이터를 채워야 할 때는 채우기 핸들을 사용합니다. 셀 포인터 오른쪽 아래에 나타나는 검은 점(▢)을 '채우기 핸들'이라고 부릅니다. 마우스 포인터를 채우기 핸들로 가져가면 ✚와 같이 십자가 모양으로 바뀌며, 이때 채우기 핸들을 드래그하면 드래그한 방향으로 데이터를 채울 수 있습니다. 문자 데이터는 같은 내용으로 채워지며, 문자와 숫자가 혼합된 데이터는 숫자만 1씩 증가하며 채워집니다. 또한 숫자 데이터 두 셀을 범위로 지정하고 드래그하면 두 셀의 차이만큼 데이터가 증감합니다. '1월~12월', '1사분기 ~4사분기'와 같이 시작과 끝 값이 정해진 상태에서 반복되는 데이터는 사용자 지정 목록에 등록되어 있으며 필요에 따라 사용자 지정 목록에 추가해 사용할 수 있습니다.

▪**실습 파일** 엑셀 \ 1장 \ 채우기_생산현황.xlsx ▪**완성 파일** 엑셀 \ 1장 \ 채우기_생산현황_완성.xlsx

01 같은 내용으로 채우기

연간 제품 생산 현황표에서 제품 및 생산 공장에 해당하는 내용을 채우기 핸들을 이용해 채워 넣어보겠습니다.

① [A4] 셀 클릭

② 채우기 핸들을 [A12] 셀까지 드래그하면 데이터가 채워집니다.

바로 통하는 TIP 채우기 핸들을 드래그해서 값을 채우고 나면 마지막 셀 아래쪽에 자동 채우기 옵션(▦)이 나타납니다. 채우기 옵션을 이용하면 셀 복사, 연속 데이터 채우기, 서식만 채우기, 서식 없이 채우기 중 하나를 선택하여 데이터를 채울 수 있습니다.

02

① [A13] 셀 클릭

② 채우기 핸들을 [A21] 셀까지 드래그하면 데이터가 채워집니다.

바로 통하는 TIP 문자 데이터를 채우기 핸들로 드래그하면 내용이 변하지 않고 동일한 내용으로 복제됩니다.

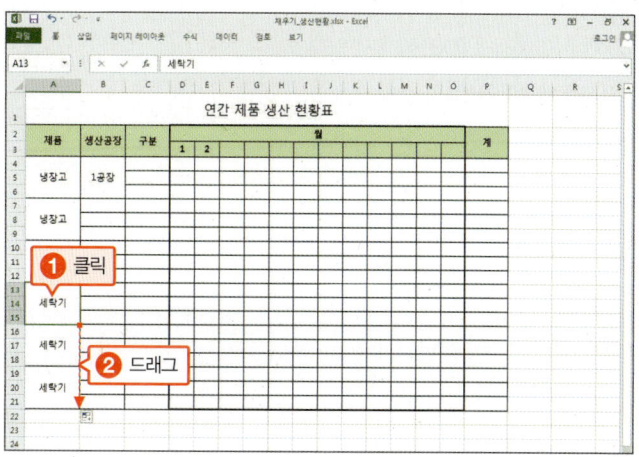

03 숫자만 바꾸면서 채우기

① [B4] 셀 클릭

② 채우기 핸들을 [B12] 셀까지 드래그합니다. 문자와 숫자가 혼합된 데이터에서 채우기 핸들을 드래그하면 문자는 그대로인 채로 숫자만 1씩 증가하므로 **1공장, 2공장, 3공장** 순서로 채워집니다.

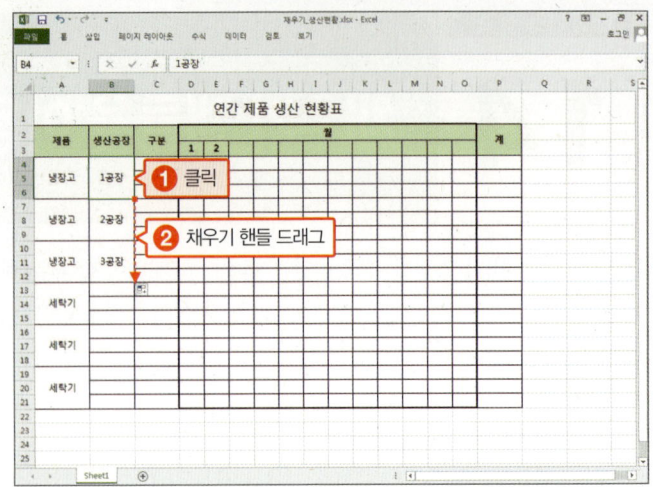

04

① [B4:B12] 셀 드래그

② Ctrl 을 누른 상태에서 채우기 핸들을 [B21] 셀까지 드래그합니다. 지정한 범위 안의 내용이 반복해서 채워집니다.

바로 통하는 TIP Ctrl 을 누른 상태에서 채우기 핸들을 드래그하면 숫자 데이터가 증가하지 않고 동일한 내용이 복제됩니다.

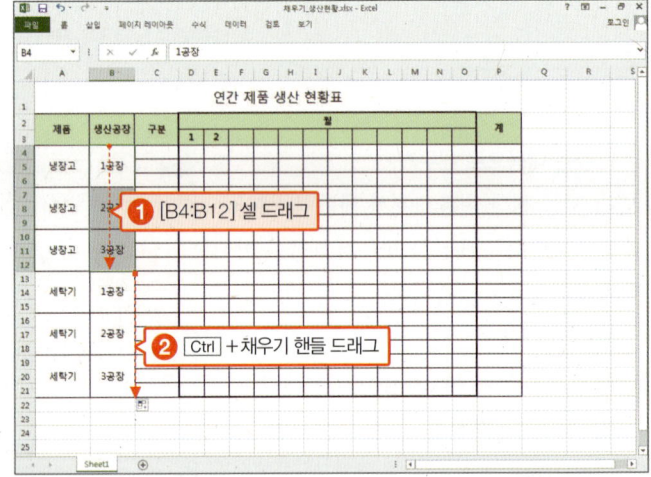

05 숫자 1씩 증가하면서 채우기

월에 해당하는 항목에 12월까지 숫자를 채워보겠습니다.

① [D3:E3] 셀 드래그

② 채우기 핸들을 [O3] 셀까지 드래그

③ [자동 채우기 옵션🖳] 클릭

④ [서식 없이 채우기]를 선택합니다.

서식은 그대로 유지되고, 숫자가 1씩 증가하면서 번호가 채워집니다.

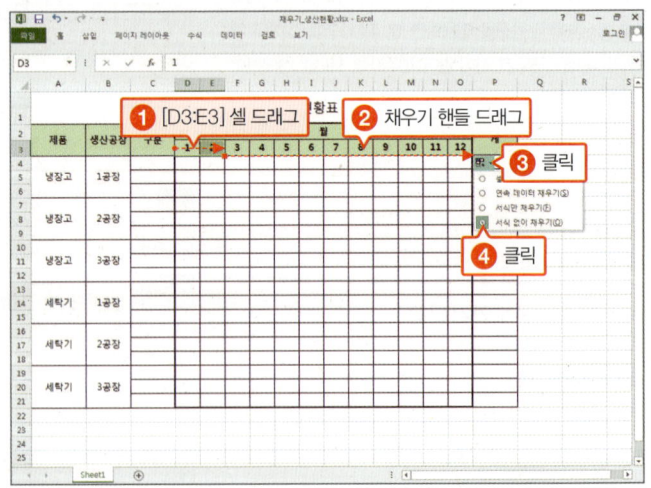

06 사용자가 지정한 목록으로 채우기

①[파일] 탭 클릭 ②[옵션]을 선택합니다.

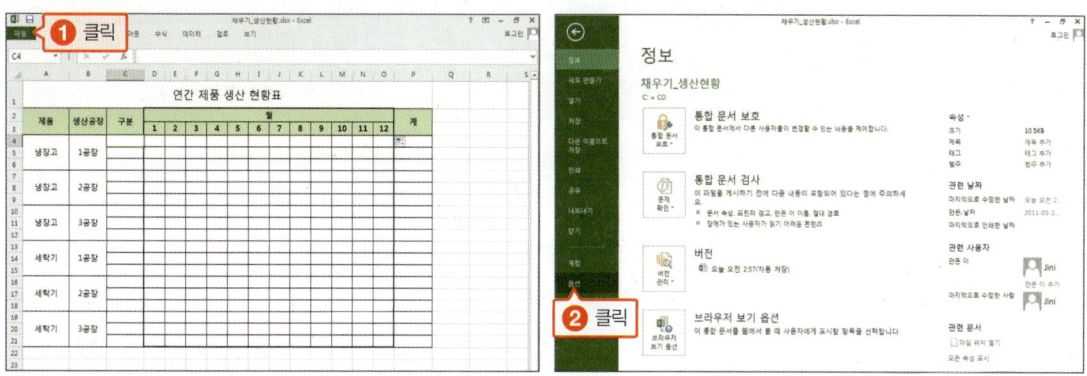

07 ①[Excel 옵션] 대화상자에서 [고급] 항목 선택 ②[일반]에서 [사용자 지정 목록 편집] 클릭 ③[사용자 지정 목록] 대화상자의 [목록 항목]에 목표, 생산, 불량 입력. Enter를 눌러 구분해줍니다. ④[추가] 클릭. 사용자 지정 목록에 등록합니다. ⑤[확인] 클릭 ⑥[Excel 옵션] 대화상자에서 [확인]을 클릭해서 대화상자를 닫습니다.

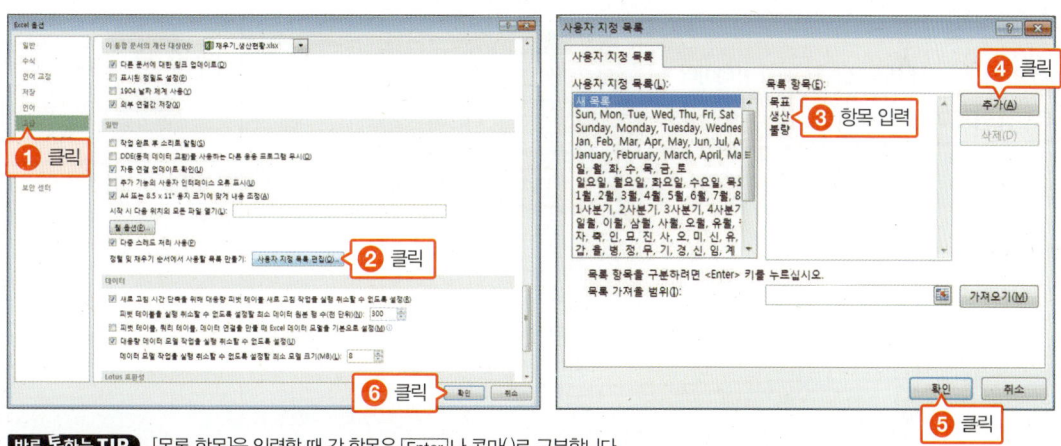

바로 통하는 TIP [목록 항목]을 입력할 때 각 항목은 Enter나 콤마(,)로 구분합니다.

08

①[C4] 셀에 목표 입력

②[C4] 셀의 채우기 핸들을 [C21] 셀까지 드래그합니다.

사용자 지정 목록에 추가한 목표, 생산, 불량 순서대로 셀이 채워집니다.

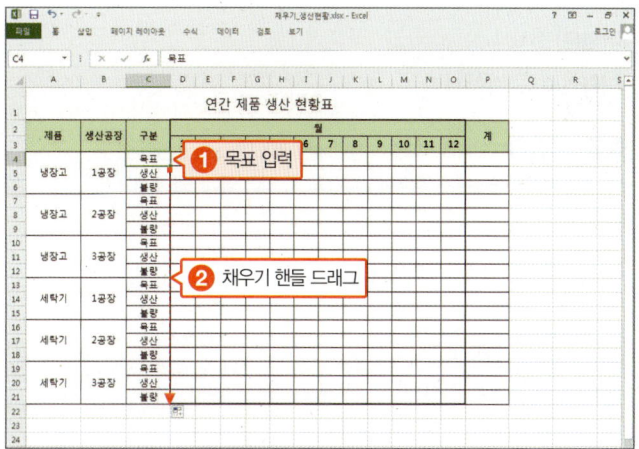

15 데이터 유효성 검사로 한글/영문 모드 설정하기

데이터를 입력할 때 데이터의 입력 오류를 줄이고 유효한 데이터만 입력할 수 있도록 데이터 유효성 검사를 설정하는 방법에 대해서 알아보겠습니다. 또한 [한/영]을 눌러 한글과 영문을 바꿀 필요 없이 셀에 설정한 형식으로 데이터를 입력할 수 있는 한글/영문 IME 모드 설정 방법에 대해서 알아봅니다.

▪ **실습 파일** 엑셀 \ 1장 \ 유효성_직무교육1.xlsx ▪ **완성 파일** 엑셀 \ 1장 \ 유효성_직무교육1_완성.xlsx

01 아이디에 데이터 유효성 검사 설정하기
데이터 유효성 검사를 설정하여 아이디 항목에는 영문만 입력할 수 있도록 변경해보겠습니다.
① **[A4:A24] 셀 드래그**
② **[데이터] 탭−[데이터 도구] 그룹−[데이터 유효성 검사]**를 클릭합니다.

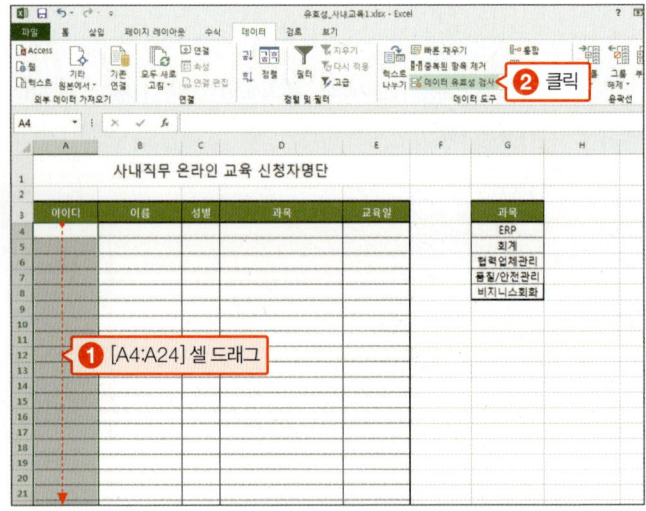

02
① **[데이터 유효성] 대화상자에서 [IME 모드] 탭 클릭**
② **[입력기]에서 [모드▼] 클릭**
③ **[영문] 선택**
④ **[확인]**을 클릭합니다.

바로 통하는 TIP 입력기 모드를 적용한 셀은 [한/영]을 눌러 한글과 영문을 바꾸지 않아도 설정한 형식이 기본 모드가 되어 데이터를 입력할 수 있습니다.

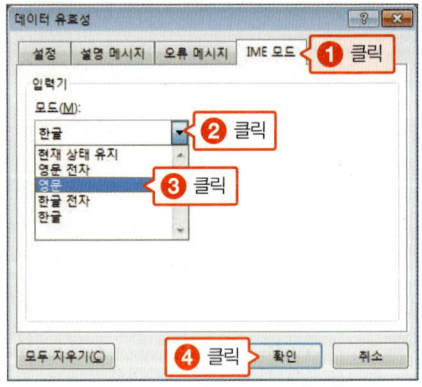

03 이름에 데이터 유효성 검사 설정하기

데이터 유효성 검사를 설정하여 이름 항목
에는 한글만 입력할 수 있도록 변경해보겠
습니다.

① **[B4:B24]** 셀 드래그

② [데이터] 탭–[데이터 도구] 그룹–**[데이터
유효성 검사]**를 클릭합니다.

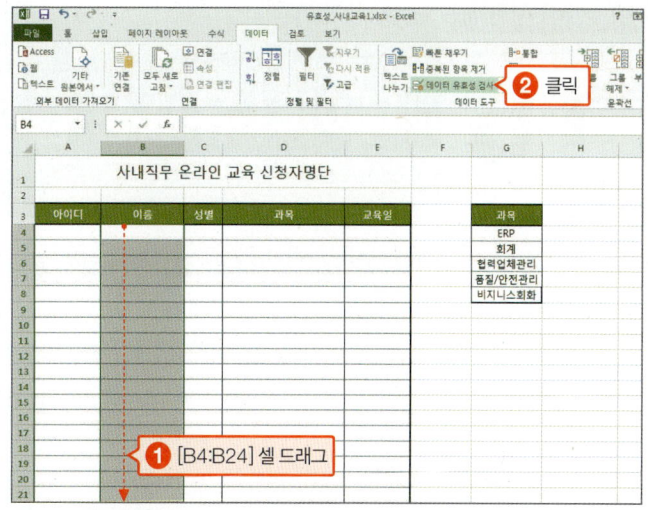

04

① [데이터 유효성] 대화상자에서 **[IME 모드]** 탭 클릭

② [입력기]에서 **[모드▼]** 클릭

③ **[한글]** 선택

④ **[확인]**을 클릭합니다.

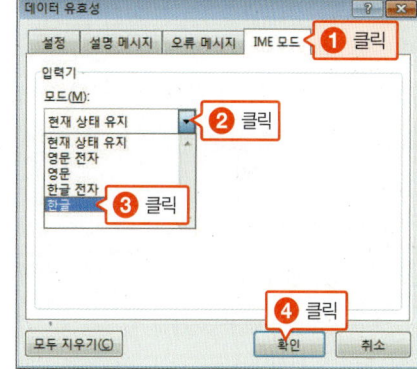

05

① **[A4]** 셀에 **hong001** 입력 후 Tab

② **[B4]** 셀에 **홍길동**을 입력합니다.

바로 통하는 TIP [IME 모드]에서 [한글] 또는 [영문]
모드를 설정하면 한/영을 눌러 한글과 영문으로 바꾸지
않아도 설정한 형식으로 데이터를 입력할 수 있습니다.

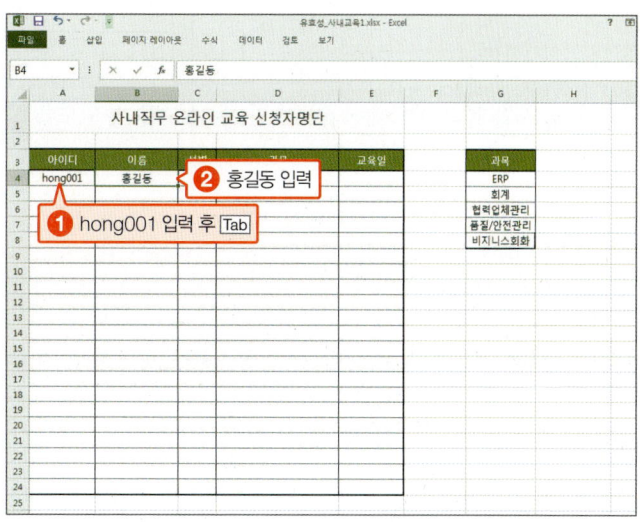

16 데이터 유효성 검사로 목록 설정하기

사용자가 데이터를 입력할 때 자동으로 오류를 검색하여 셀에 유효한 데이터만 입력되도록 목록, 숫자, 날짜 등을 설정할 수 있습니다. 사용자에게는 입력 방법에 대한 도움말을 제공하고 잘못된 데이터를 입력하면 경고 메시지를 표시해서 데이터를 입력할 때 생기는 오류를 최소로 줄일 수 있습니다.

• **실습 파일** 엑셀\1장\유효성_직무교육2.xlsx   • **완성 파일** 엑셀\1장\유효성_직무교육2_완성.xlsx

01 성별에 데이터 유효성 검사 설정하기

데이터를 입력하기 전에 성별, 과목, 교육일 입력 셀에 데이터 유효성 검사를 설정하여 유효한 데이터만 입력할 수 있도록 사내 직무 온라인 교육 신청자 명단을 만들어보겠습니다.

① **[C4:C24] 셀** 드래그

② **[데이터]** 탭−**[데이터 도구]** 그룹−**[데이터 유효성 검사]**를 클릭합니다.

02 성별 셀을 클릭했을 때 목록에서 남, 여를 고를 수 있도록 설정해보겠습니다.

① **[설정]** 탭에서 [제한 대상]으로 **[목록]** 선택

② **[원본]**에 **남,여** 입력

③ **[확인]**을 클릭합니다.

바로 통하는TIP 원본 항목에 입력되는 데이터는 콤마(,)로 각 데이터를 구분합니다.

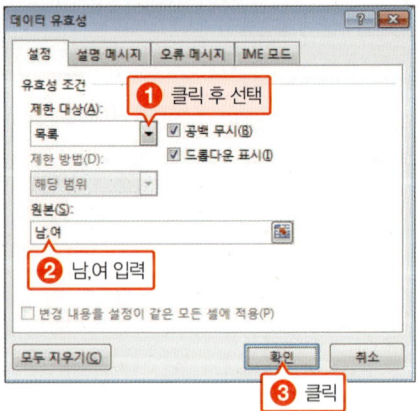

03 과목에 데이터 유효성 검사 설정하기

과목 셀은 G열에 입력되어 있는 데이터 범위에서만 값을 고를 수 있도록 설정해보겠습니다.
①**[D4:D24] 셀** 드래그 ② [데이터] 탭 – [데이터 도구] 그룹 – **[데이터 유효성 검사]** 클릭 ③ [설정] 탭에서 [제한 대상]
으로 **[목록]** 선택 ④ **[원본]** 클릭 ⑤ [원본] 내용을 채우기 위해 **[G4:G8] 셀** 드래그 ⑥ **[확인]**을 클릭합니다.

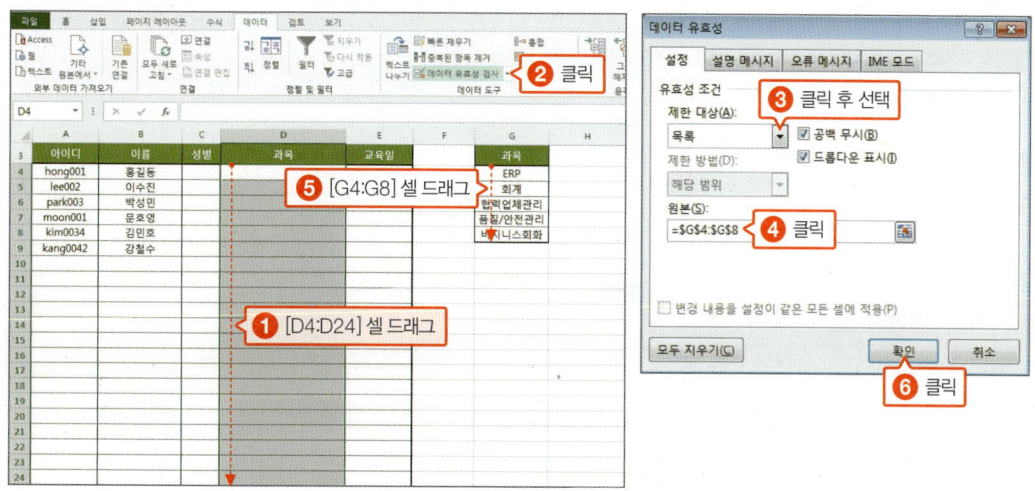

바로 통하는 TIP [설정] 탭에서 설정한 사항은 입력 데이터에 대한 제한 조건이며 각 셀마다 서로 다른 조건을 설정할 수 있습니다.

04 교육일에 데이터 유효성 검사 설정하기

특정 날짜 범위에서만 교육일을 표시할
수 있도록 설정해보겠습니다.
① **[E4:E24] 셀** 드래그
② [데이터] 탭 – [데이터 도구] 그룹 – **[데이
터 유효성 검사]**를 클릭합니다.

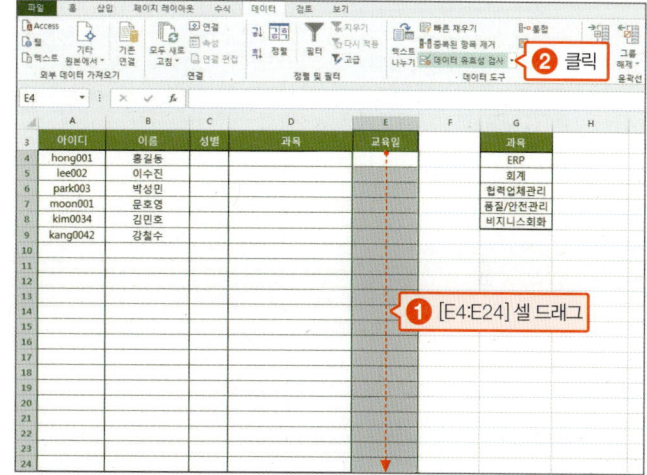

05

① [데이터 유효성] 대화상자의 [설정] 탭에서 [제한 대상]으로 **[날
짜]** 선택
② [시작 날짜]에 **2013-1-1** 입력
③ [끝 날짜]에는 **2013-12-31**을 입력합니다.

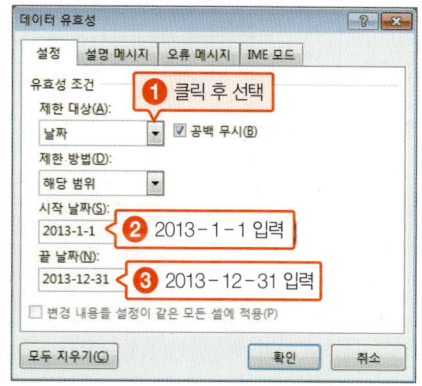

06 날짜에 유효한 데이터 값을 설명하기 위한 메시지 입력하기

데이터 유효성 검사에서 설정한 유효 값 이외의 값을 입력했을 때 보여줄 오류 대화상자 내용을 입력합니다.

① [데이터 유효성] 대화상자에서 **[설명 메시지]** 탭 클릭

② [제목]에 **교육일** 입력

③ [설명 메시지]에 **교육일은 2013 – 01 – 01~2013 – 12 – 31** 입력

④ **[확인]**을 클릭합니다.

바로 통하는 TIP 유효성 검사에서 설정한 유효 값 이외의 값을 입력하면 나타나는 오류 메시지는 [오류 메시지] 탭에 입력합니다.

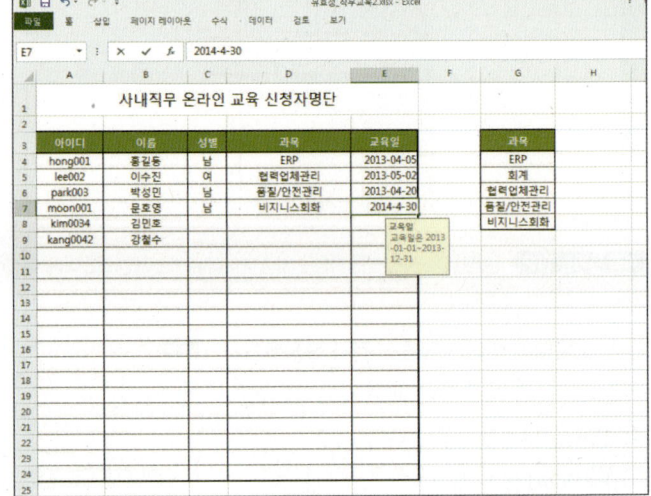

07 유효성 검사를 모두 설정했습니다. [성별]과 [과목] 열에서 셀을 클릭한 후 목록 상자에서 원하는 항목을 선택하거나 목록에 있는 내용을 직접 입력합니다. 교육일에는 2013 – 01 – 01~2013 – 12 – 31 사이의 날짜를 입력할 수 있고 잘못 입력하면 오류 메시지가 나타납니다.

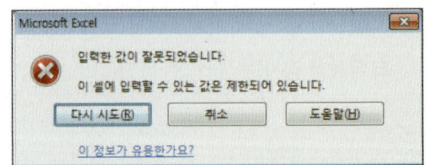

문서 편집 및 인쇄하기

문서를 구체적이고 명확하게 볼 수 있도록 깔끔하고 보기 좋게 만들려면 셀 서식을 잘 다루어 문서를 편집할 수 있어야 합니다. 또한 인쇄 미리보기를 통해 인쇄될 문서의 모양을 확인하고 다양한 인쇄 옵션을 설정하면 용지 낭비를 최소화할 수 있습니다.

이번 장에서는 엑셀 문서 내의 셀 스타일, 표 서식, 글꼴, 맞춤, 표시 형식, 조건부 등의 서식을 꾸며 완성된 문서의 용지, 여백, 배율, 제목, 페이지를 나누고 미리 보기로 확인한 후 인쇄하는 방법에 대해서 알아보겠습니다.

17 표 서식 스타일과 셀 스타일 적용하기

표 서식과 셀 스타일을 이용하면 클릭 한 번으로 셀 서식을 지정할 수 있습니다. 일일이 서식을 지정할 필요가 없고 디자인도 깔끔해서 문서 서식을 지정할 때 유용합니다. 간편하게 문서를 꾸미는 방법에 대해서 알아보겠습니다.

▪**실습 파일** 엑셀 \ 2장 \ 서식_교통비지불증1.xlsx   ▪**완성 파일** 엑셀 \ 2장 \ 서식_교통비지불증1_완성.xlsx

01 표 서식 적용하기

표 서식과 셀 스타일을 이용해 여비·교통비 지불증을 빠르게 꾸며보겠습니다.

① **[A11]** 셀 클릭

② **[홈]** 탭–**[스타일]** 그룹–**[표 서식]** 클릭

③ **[밝게]** 영역의 **[표 스타일 밝게 6]**을 선택합니다.

바로 통하는 TIP 표 서식을 적용할 범위에 병합된 셀이 있으면 자동으로 병합이 해제됩니다.

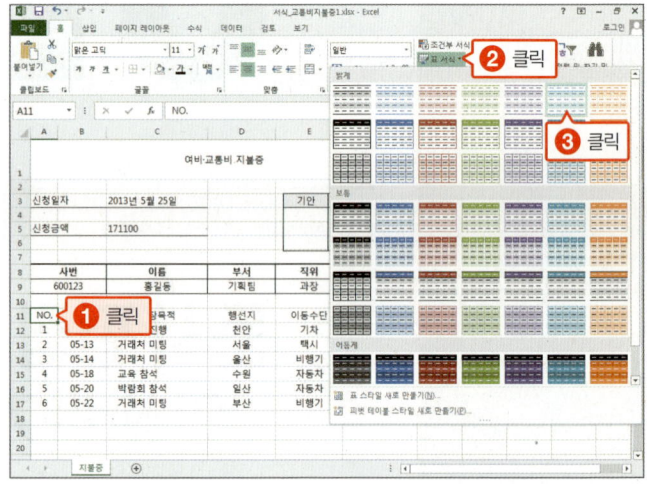

02 [표 서식] 대화상자가 나타나면 표에 사용할 데이터를 범위로 지정합니다.

① **[A11:F17]** 셀 드래그

② **[머리글 포함]**에 체크 표시

③ **[확인]**을 클릭해서 서식을 적용합니다.

[표 스타일 밝게 6] 서식이 적용됩니다. 표 서식을 적용하면 열 머리글에는 필터 단추가 나타나는데, 필터 단추를 사용하면 데이터를 빠르게 필터링하고 정렬할 수 있습니다.

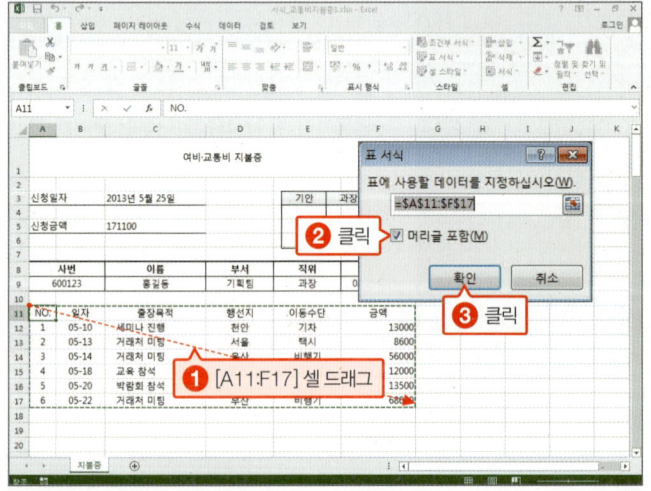

바로 통하는 TIP 표 서식의 첫째 행이 제목 행일 경우 [머리글 포함]에 체크 표시합니다. 체크 표시하지 않으면 선택 범위 맨 위에 열1, 열2, 열3,… 순으로 임시 제목 행이 삽입됩니다.

03 셀 스타일 적용하기

① [A1] 셀 클릭

② [홈] 탭-[스타일] 그룹-[셀 스타일] 클릭

③ [제목 및 머리글] 영역의 [제목]을 선택해서 스타일을 변경합니다.

바로 통하는 TIP 셀 스타일에서 [표준]을 선택하면 셀 무늬나 글자 색, 데이터 형식 등이 모두 표준 표시 형식으로 변경됩니다.

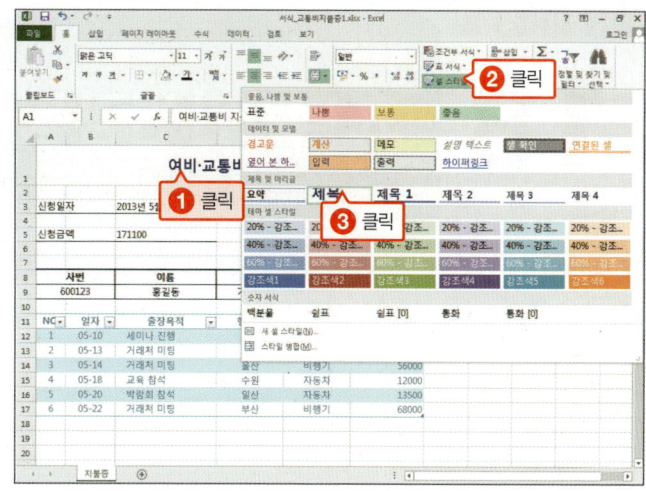

04 숫자 서식 셀 스타일 적용하기

① [C5] 셀 클릭

② [F12:F17] 셀 Ctrl + 드래그

③ [홈] 탭-[스타일] 그룹-[셀 스타일] 클릭

④ [숫자 서식] 영역에서 [쉼표 [0]]을 선택합니다. 숫자에 천 단위로 쉼표가 표시됩니다.

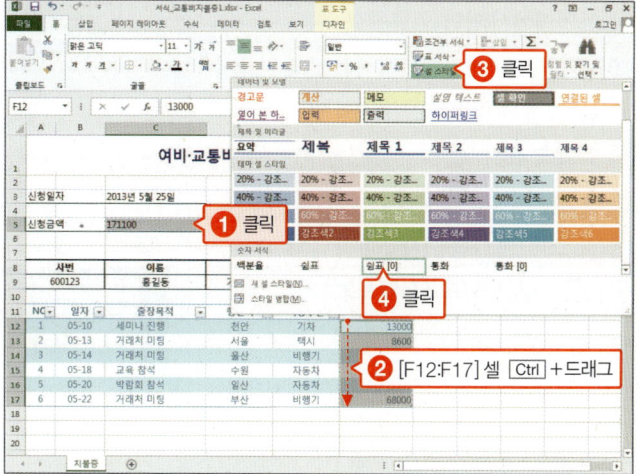

바로 통하는 TIP 숫자 서식에서 [쉼표]와 [쉼표 [0]]은 둘 다 천 단위로 쉼표를 표시합니다. 그러나 [쉼표]는 소수 둘째 자리까지 표시하고 [쉼표 [0]]은 정수로 표시합니다.

18 표 디자인 변경 및 범위로 변환하기

표 서식이 적용된 디자인은 [표 도구]-[디자인] 탭에서 언제든지 다른 스타일로 변경할 수 있습니다. 또한 일부 셀을 삭제해야 할 때, 셀을 병합할 때, 표 디자인이 마음에 들지 않을 때는 표를 데이터 범위로 돌려놓을 수 있습니다.

▪ **실습 파일** 엑셀 \ 2장 \ 서식_교통비지불증2.xlsx　▪ **완성 파일** 엑셀 \ 2장 \ 서식_교통비지불증2_완성.xlsx

01 표 스타일 변경하기

① 표 영역에서 임의의 셀 클릭

② [표 도구]-[디자인] 탭-[표 스타일 옵션] 그룹의 **[첫째 열]**, **[마지막 열]**에 추가로 체크 표시
옵션을 변경합니다.

③ [표 스타일] 그룹-**[자세히⊡]** 클릭

④ [보통] 영역의 **[표 스타일 보통 12]**를 선택합니다. 표 스타일이 변경됩니다.

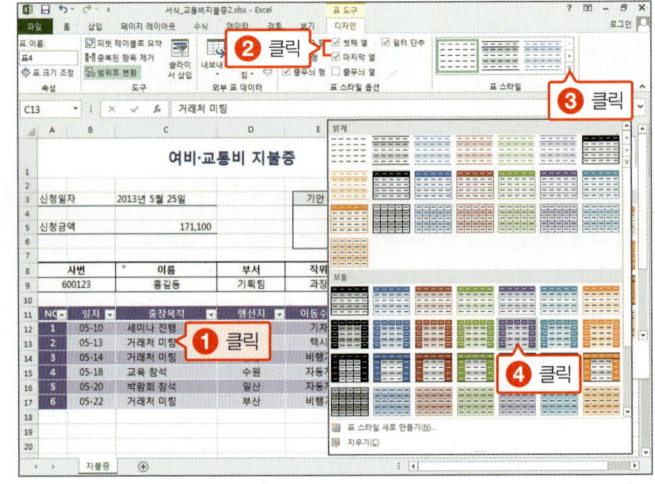

[표 스타일 보통 12] 서식이 적용됩니다. 첫째 열과 마지막 열이 굵게 처리되어 데이터를 쉽게 구분할 수 있습니다.

02 그림과 같이 **[A18:F18]** 셀에 **7, 5 – 23, 워크샵 참석, 기흥, 자동차, 23000**을 각각 입력합니다. 표 서식이 자동으로 확장됩니다.

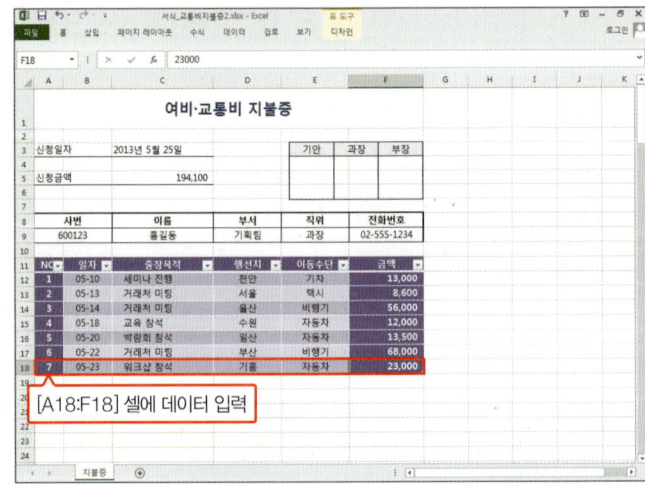

여비·교통비 지불증의 데이터 범위에 표 서식을 적용해두었기 때문에 사용자가 내용을 입력할 때마다 표 서식이 자동으로 확장된 것입니다.

03 표 서식을 범위로 변환하기

① 표 영역에서 임의의 셀 선택

② [표 도구] – [디자인] 탭 – [표 스타일] 그룹 – **[자세히]**를 클릭합니다.

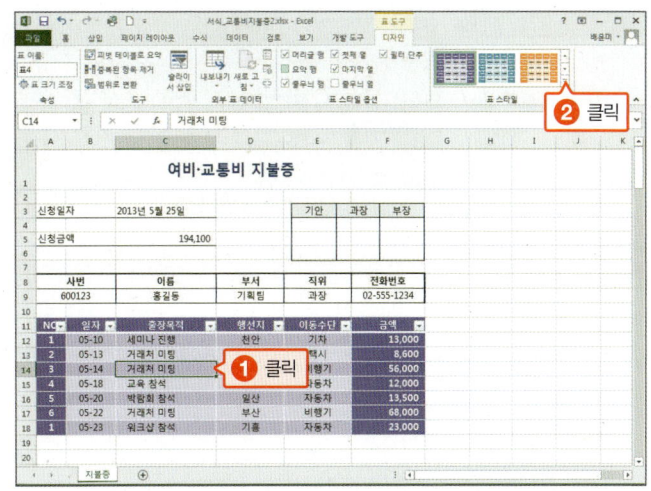

04 [밝게] 영역에서 **[없음]**을 선택합니다.

표 스타일이 [없음]으로 변경됩니다.

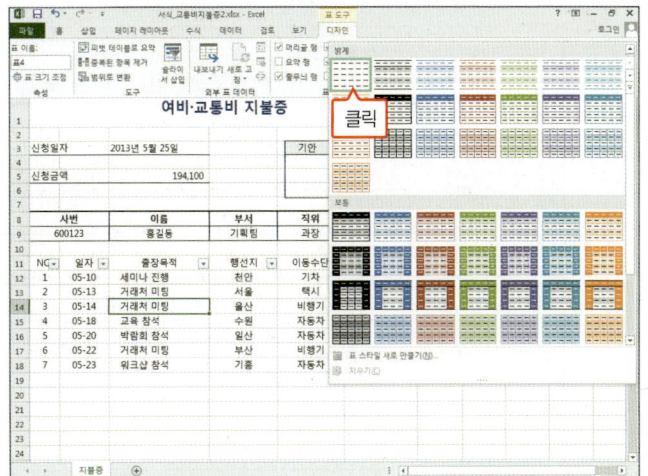

05 표 스타일은 변경되었지만 아직 표 서식이 적용되어 있습니다. 표 범위를 일반 데이터 범위로 변경해보겠습니다.

① [표 도구] – [디자인] 탭 – [도구] 그룹 – **[범위로 변환]** 클릭

② 나타난 대화상자에서 **[예]**를 클릭합니다. 표가 데이터 범위로 바뀝니다.

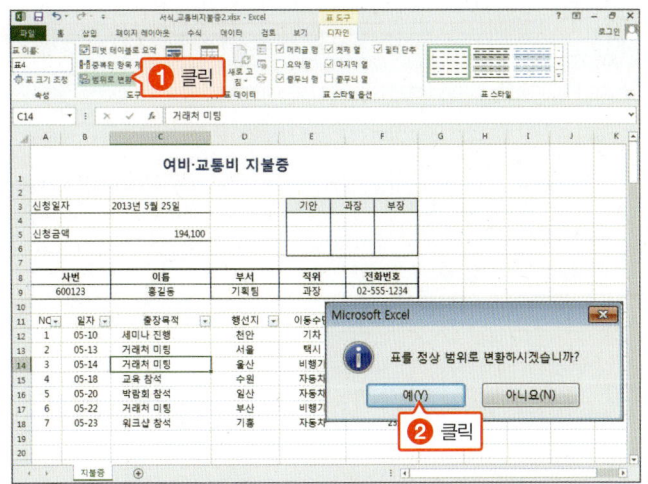

19 글꼴 그룹에서 서식 지정하기

표 서식과 셀 스타일로 간편하게 표를 만들고 셀 서식을 지정할 수 있지만 일부 마음에 들지 않는 부분이 있다면 사용자가 직접 서식을 지정할 수 있습니다. [홈] 탭-[글꼴] 그룹 및 [셀 서식] 대화상자에서 제공하는 기능을 이용해 글꼴, 크기, 테두리, 색 등 서식을 지정하는 방법에 대해서 알아보겠습니다.

• 실습 파일 엑셀 \ 2장 \ 서식_세금계산서.xlsx • 완성 파일 엑셀 \ 2장 \ 서식_세금계산서_완성.xlsx

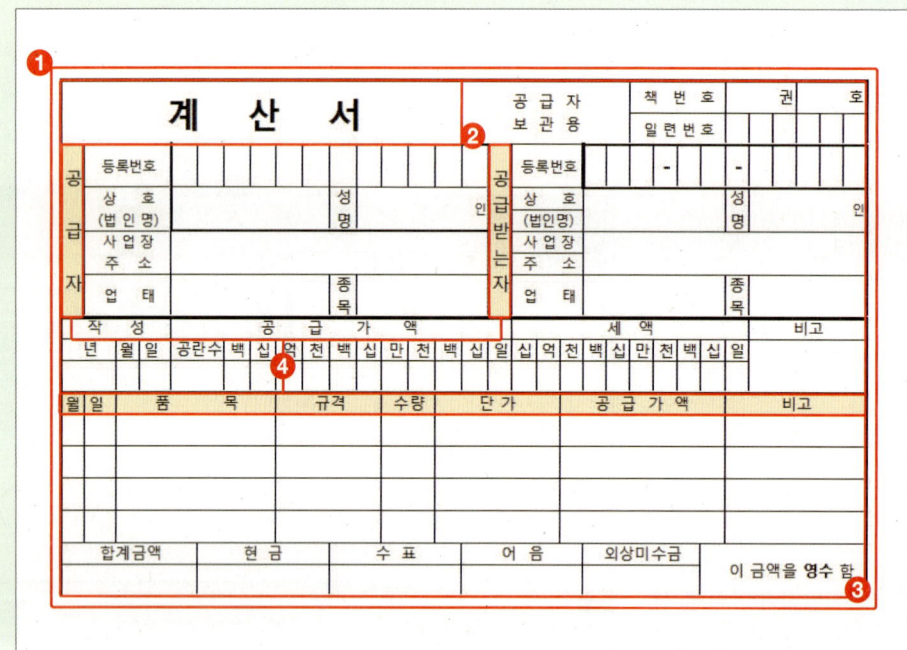

▲ 핵심기능실습 미리보기

❶ 전체 글꼴 지정하기

❷ 제목 글꼴 크기 지정하기

❸ 테두리 설정하기

❹ 채우기 색 지정하기

01 글꼴 지정하기

표 서식과 셀 스타일을 이용해 계산서 양식
을 완성해보겠습니다.

①[셀 전체 선택 ▢] 버튼 클릭

②③ [홈] 탭의 [글꼴] 그룹에서 **[맑은 고딕]**
을 선택합니다.

워크시트 전체가 범위로 지정되고 글꼴이 [맑은 고
딕]으로 변경됩니다.

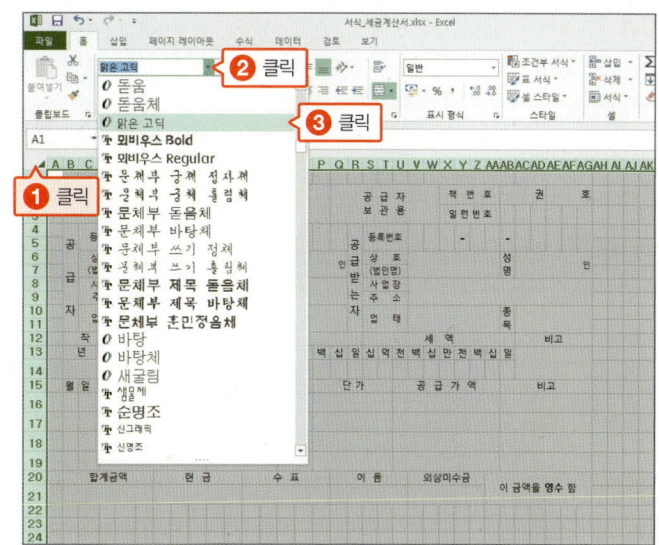

02 글꼴 크기 지정하기

표 서식과 셀 스타일을 이용해 계산서 양식
을 완성해보겠습니다.

①[B2] 셀 클릭

②[홈] 탭-[글꼴] 그룹에서 글꼴 크기로
[22] 선택

③**[굵게 𝒯]**를 클릭해서 글꼴 크기를 키우
고 굵게 표시합니다.

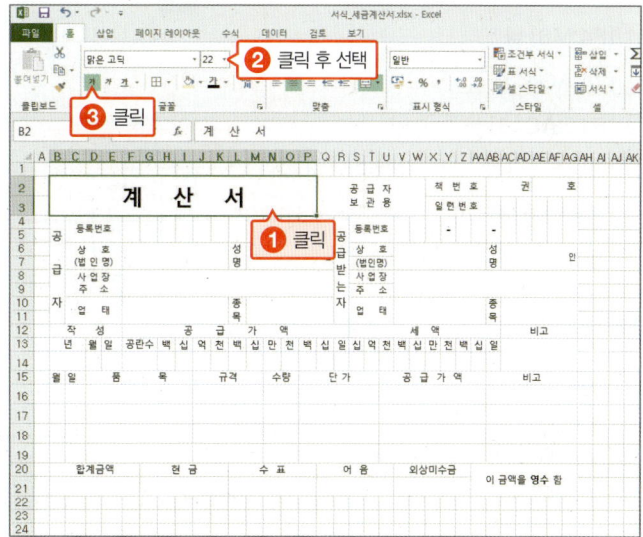

03 테두리 설정하기

①[B2:AG21] 셀 드래그

②[홈] 탭-[글꼴] 그룹-**[테두리 ▦ ᐯ]** 클릭

③**[다른 테두리]**를 선택합니다.

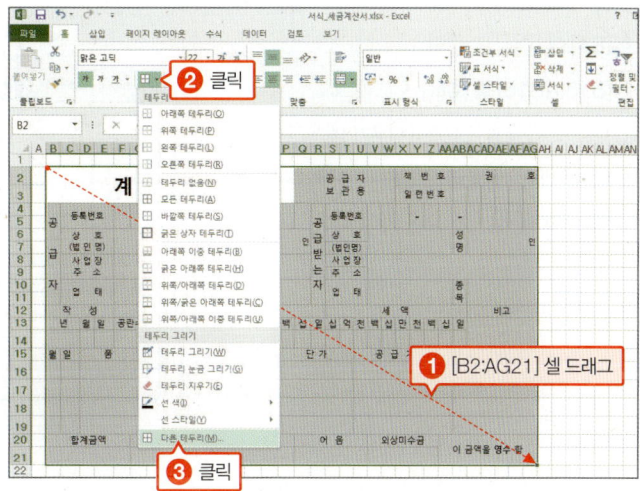

04

① **[중간 굵기]** 선택

② **[윤곽선]** 클릭

③ **[실선]** 선택

④ **[안쪽]** 클릭

⑤ **[확인]**을 클릭합니다.

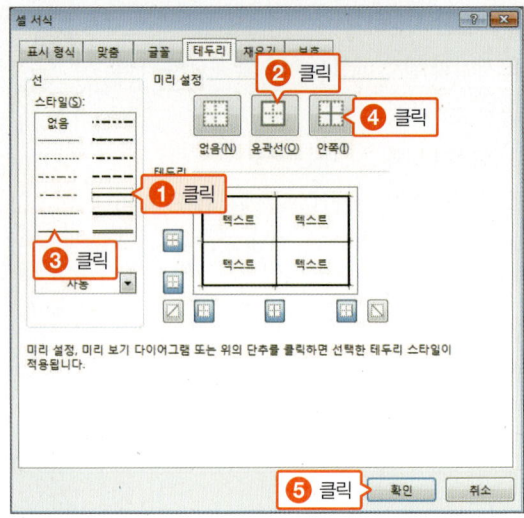

05

① **[F4:M6]** 셀 드래그

② **[V4:AG4]** 셀 Ctrl+드래그

③ **[B12:AC13]** 셀 Ctrl+드래그

④ **[홈]** 탭-**[글꼴]** 그룹-**[테두리 ⊞]** 클릭

⑤ **[굵은 상자 테두리]**를 선택해서 각 선택 영
역의 윤곽선을 그립니다.

바로 통하는 TIP 테두리 그리기 항목에서 ☑ 테두리 그리기
는 마우스로 드래그한 범위 바깥쪽의 가로/세로 선만 그
릴 수 있으며 ☑ 테두리 눈금 그리기 는 드래그한 범위의 안쪽 가
로/세로 선까지 그릴 수 있습니다. 테두리를 그린 후에는
ESC를 눌러 테두리 그리기를 해제합니다.

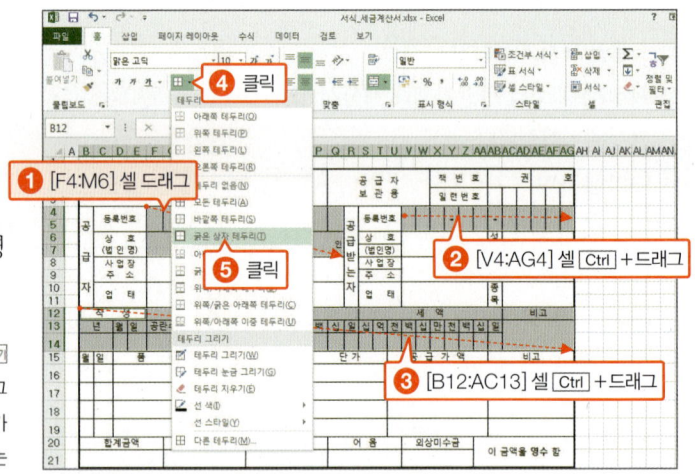

06 채우기 색 지정하기

① **[B4]** 셀 클릭

② **[R4]** 셀 Ctrl + 클릭

③ **[B15:AB15]** 셀 Ctrl + 드래그

④ **[홈]** 탭-**[글꼴]** 그룹-**[채우기 색 ⊞]** 클릭

⑤ 테마 색에서 **[황금색, 강조 4, 80% 더 밝게]**
를 선택해서 셀에 색을 채웁니다.

계산서 양식이 완성됩니다.

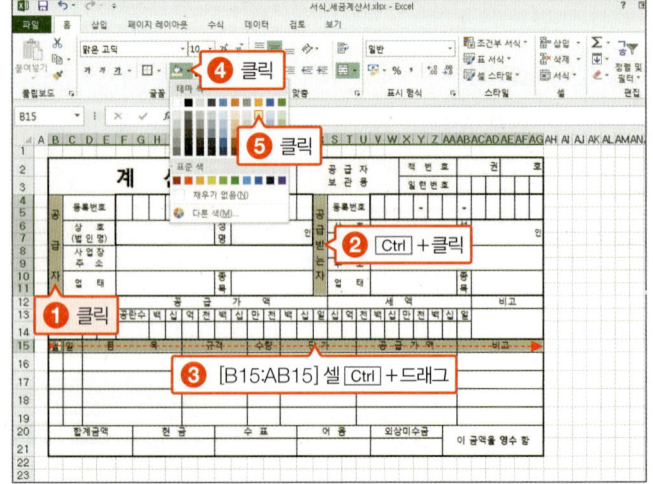

20 맞춤, 표시 형식 그룹에서 서식 지정하기

맞춤 서식에서는 셀에 입력되어 있는 데이터의 쓰기 방향, 회전 방향, 병합, 줄 바꿈 등을 지정합니다. 표시 형식에서는 문자와 수치 데이터가 화면에 어떻게 보일지 결정합니다. 숫자, 통화, 회계, 날짜, 시간, 문자, 사용자 지정형식이 있습니다.

▪실습 파일 엑셀 \ 2장 \ 서식_실적분석.xlsx   ▪완성 파일 엑셀 \ 2장 \ 서식_실적분석_완성.xlsx

01 병합하고 가운데 맞춤 지정하기

①[A1:H1] 셀 드래그

②[홈] 탭-[맞춤] 그룹-[병합하고 가운데 맞춤]을 클릭합니다.

이웃한 셀들이 하나로 병합되고 텍스트는 가운데로 정렬됩니다.

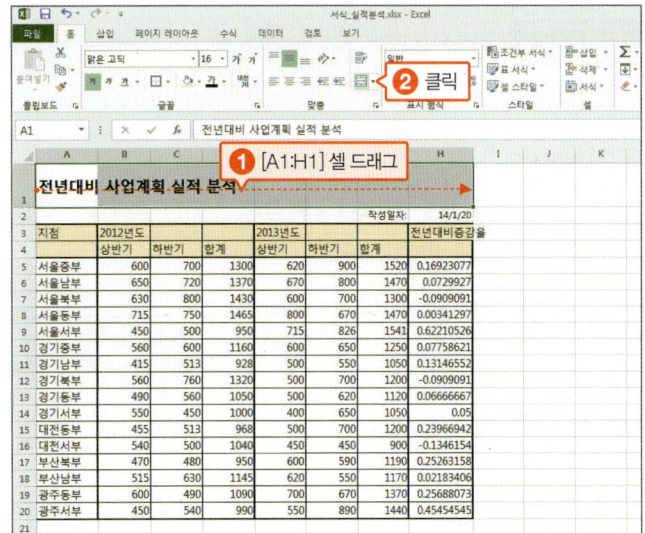

02 병합하고 가운데 맞춤할 범위가 떨어져 있는 경우에는 Ctrl 을 누른 상태에서 각각의 범위를 지정해 한 번에 맞춤 기능을 적용할 수 있습니다.

①[A3:A4] 셀 드래그

②[B3:D3] 셀 Ctrl +드래그

③[E3:G3] 셀 Ctrl +드래그

④[H3:H4] 셀 Ctrl +드래그

⑤[홈] 탭-[맞춤] 그룹-[병합하고 가운데 맞춤]을 클릭합니다.

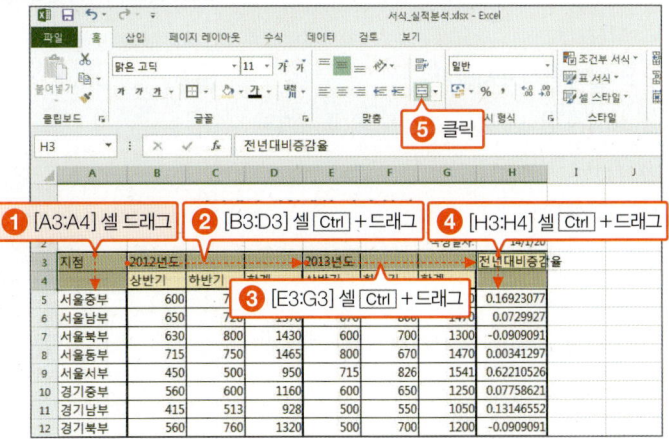

03 '전년대비증감율'이 표시된 [H3] 셀은
데이터의 길이가 길어 텍스트 전체가 다 보
이지 않습니다. 텍스트를 줄 바꿈하여 데이
터가 한 셀에 모두 표시되도록 수정해보겠
습니다.

① [H3] 셀 클릭

② [홈] 탭-[맞춤] 그룹-**텍스트 줄 바꿈**[📑]
을 클릭합니다.

셀 너비에 맞춰 자동 줄 바꿈됩니다.

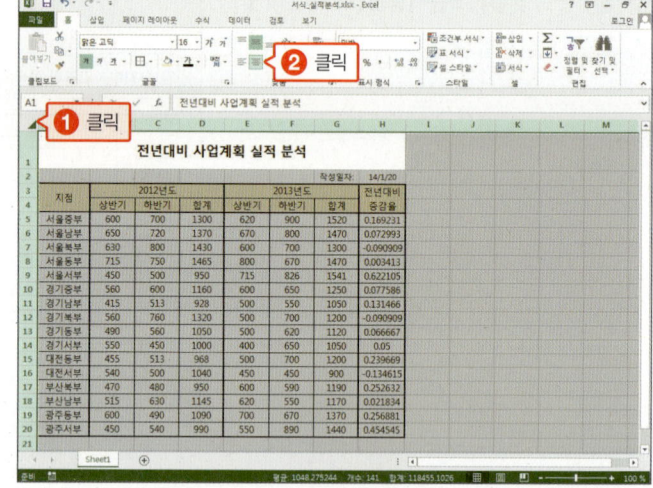

바로 **통하는 TIP** [Alt]+[Enter]를 눌러 텍스트의 줄을 바꿀 수도 있습니다.

04

① [셀 전체 선택[▦]] 클릭

② [홈] 탭-[맞춤] 그룹-**[가운데 맞춤[≡]**을
클릭해서 가운데 정렬합니다.

문서 전체의 텍스트가 셀을 기준으로 가운데 정렬됩
니다.

바로 **통하는 TIP** 맞춤 옵션을 상세하게 지정하려면 [맞
춤 설정[▧]] 표시 아이콘을 클릭해서 [셀 서식] 대화상자를
불러옵니다.

05 날짜 형식 표시하기

'작성일자'를 년-월-일 형태로 표시해보
겠습니다.

① [H2] 셀 클릭

② [홈] 탭-[표시 형식] 그룹- **[표시 형식 목
록[▾]]** 클릭

③ **[간단한 날짜]**를 선택해서 날짜 형식을
년-월-일 형태로 바꿉니다.

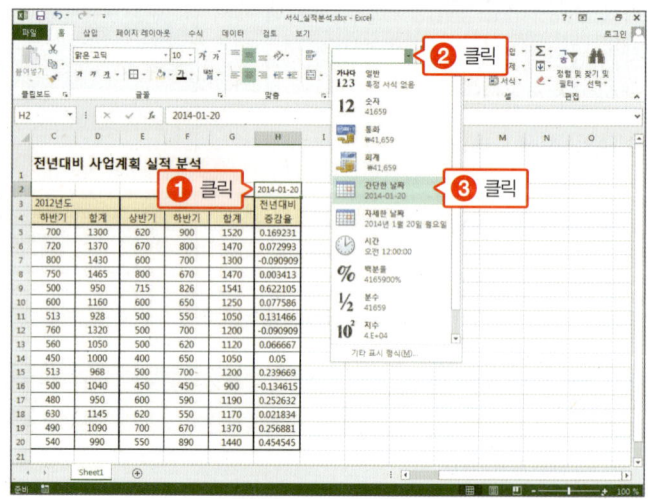

06 숫자 세 자리마다 쉼표 넣기

숫자 세 자리마다 구분 기호로 쉼표가 표시
되도록 수정해보겠습니다.

① [B5:G20] 셀 드래그

② [홈] 탭-[표시 형식] 그룹-[쉼표 스타일 ,]
을 클릭합니다.

숫자 세 자리마다 쉼표가 표시됩니다.

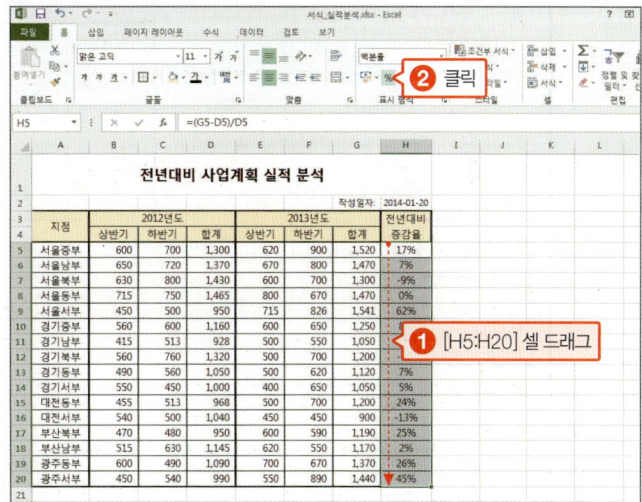

07 백분율 기호 넣기

'전년대비증감율'을 백분율 형식으로 표시
해보겠습니다.

① [H5:H20] 셀 드래그

② [홈] 탭-[표시 형식] 그룹-[백분율 스타
일 %]을 클릭해서 숫자에 백분율 기호
를 넣습니다.

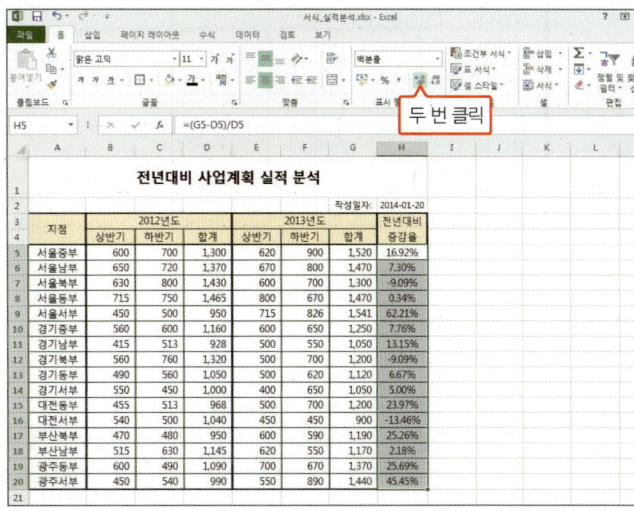

08 소수 자릿수 늘리기

[홈] 탭-[표시 형식] 그룹-[자릿수 늘림 ⁺⁰⁰]
을 두 번 클릭해서 소수 둘째 자리까지 표시
합니다.

소수 자릿수를 줄이려면 줄일 자릿수만큼 [자릿수 줄
임 ⁰⁰]을 클릭합니다.

21 문자, 숫자 데이터 표시 형식 사용자 지정하기

사용자 지정 표시 형식을 만들 때는 데이터 형식별로 약속된 기호가 있습니다. 문자는 @ 기호, 수치 데이터는 #, 0 등의 기호로 직접 표시 형식을 지정할 수 있습니다.

▪ **실습 파일** 엑셀 \ 2장 \ 서식_표시형식.xlsx [견적서] 시트   ▪ **완성 파일** 엑셀 \ 2장 \ 서식_표시형식_완성.xlsx [견적서] 시트

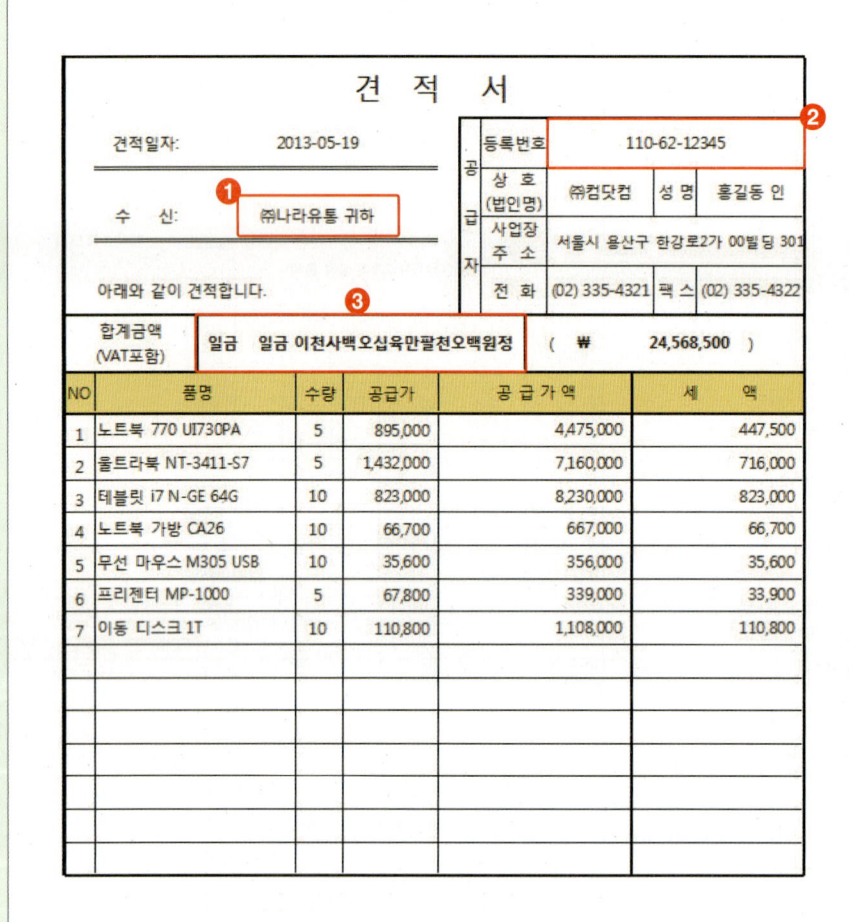

▲ 핵심기능실습 21, 22 공통 미리 보기

❶ 문자 표시 형식 사용자 지정하기

❷ 숫자 표시 형식 사용자 지정하기

❸ 숫자를 한글로 표시하는 사용자 지정하기

01 문자 표시 형식 사용자 지정하기

고객 명단이나 세미나 참석자 명단, 수신인
등을 표시할 경우 이름 뒤에 '님'이나 '귀하'
를 붙이기도 합니다. 문자 사용자 코드인
@를 사용해 이름 뒤에 반복되는 문자를 표
시할 수 있습니다.

① [G7] 셀 클릭

② [홈] 탭-[표시 형식] 그룹-[표시 형식 ▣]
표시 아이콘을 클릭합니다.

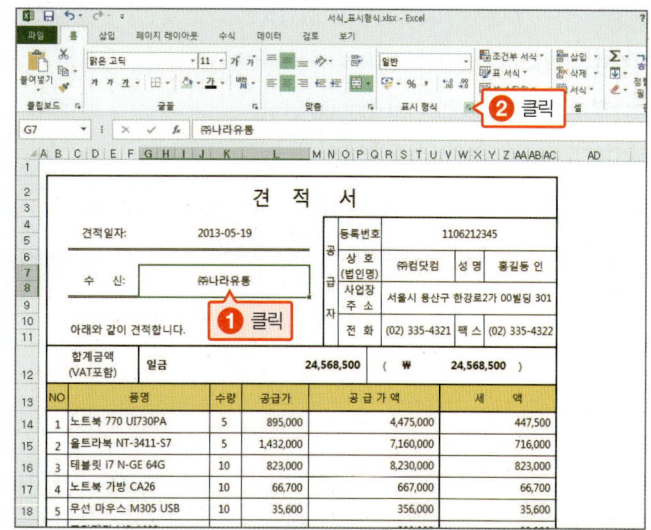

02

① [셀 서식] 대화상자의 [표시 형식] 탭의 [범주] 목록
에서 [사용자 지정] 선택

② [형식] 입력란에 @ 귀하 입력

③ [확인]을 클릭해서 셀에 입력한 내용에 귀하가 자동
으로 붙도록 서식을 적용합니다.

'(주)나라유통 귀하'와 같이 수신 이름 뒤에 '귀하'가 붙어 표시됩
니다.

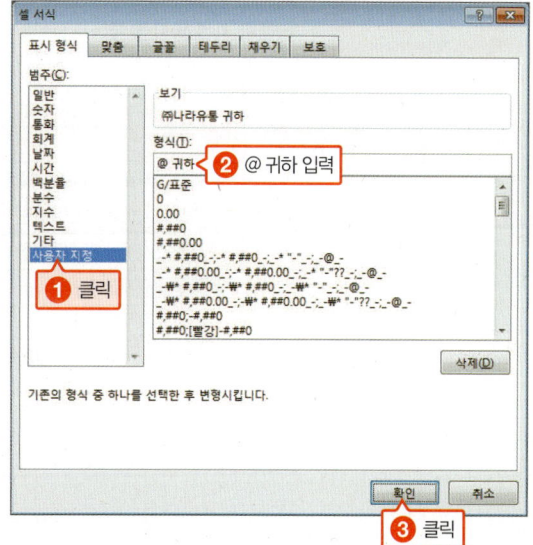

03 숫자 표시 형식 사용자 지정하기

계좌번호나 사업자 등록번호, 신용카드 일
련번호와 같이 숫자의 자릿수를 맞춰 표시
해야 하는 경우가 있습니다. 사업자 등록번
호 10자리를 3자리-2자리-5자리 형식으
로 표시해보겠습니다.

① [R4] 셀 클릭

② [홈] 탭-[표시 형식] 그룹-[표시 형식 ▣]
표시 아이콘을 클릭합니다.

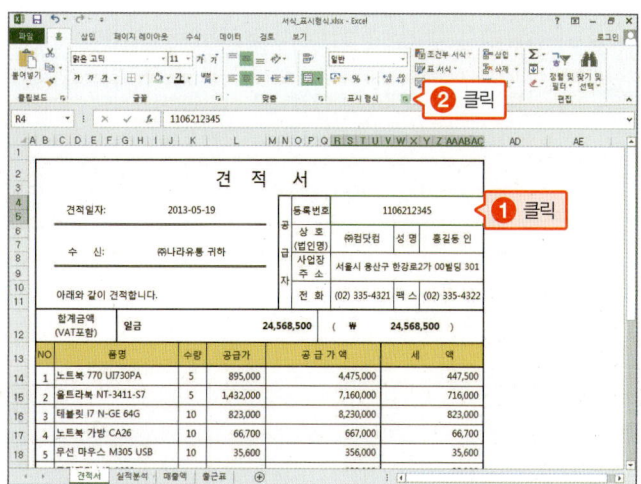

04

① [표시 형식] 탭의 [범주] 목록에서 **[사용자 지정]** 선택

② [형식] 입력란에 **000-00-00000** 입력

③ **[확인]**을 클릭해서 서식을 적용합니다.

바로 통하는 TIP 0은 유효한 자릿수가 아니더라도 숫자의 자릿수를 맞추는 기호로, 000-00-00000은 사업자등록번호를 3자리-2자리-5자리 형식으로 표시합니다.

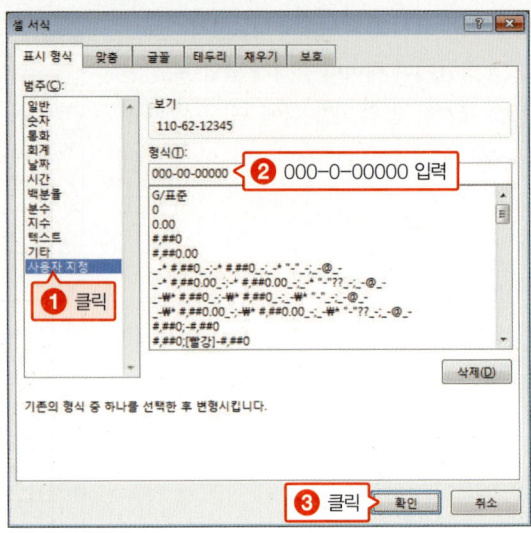

실무활용노트 EXCEL | **사용자 지정 표시 형식**

사용자 지정 형식을 만들 때는 다음과 같이 데이터 형식별로 약속된 기호가 있습니다.

데이터 형식	서식 기호	기능
숫자	#	유효한 숫자를 표시하는 기호(무효한 0은 표시 안 함)입니다.
	0	숫자를 표시하는 기호(무효한 0을 표시하여 자릿수를 맞춤)입니다.
	?	숫자를 표시하는 기호(무효한 0을 공백으로 표시하여 자릿수를 맞춤)입니다.
	%	백분율을 표시합니다.
	.	소수점을 표시합니다.
	,	숫자 세 자리마다 구분 기호를 표시합니다.
	₩, $, ¥	통화 유형 기호를 표시합니다.
문자	@	문자를 대표하는 형식으로 문자에 특정 문자를 표시하고 싶을 때 사용합니다.

22 숫자를 한글로 표시하는 서식 지정하기

엑셀에서는 숫자 데이터가 커지면 값을 잘못 읽어 오해를 일으킬 가능성이 있습니다. 이런 경우에는 숫자를 한글이나 한자로 변경하여 숫자를 직관적으로 읽을 수 있도록 합니다.

▪**실습 파일** 엑셀 \ 2장 \ 서식_표시형식.xlsx [견적서] 시트　　▪**완성 파일** 엑셀 \ 2장 \ 서식_표시형식.xlsx [견적서] 시트

01 합계금액을 한글로 표시하는 사용자 지정하기

견적서의 '합계금액'이 너무 커서 직관적으로 읽기 어렵습니다. 숫자를 정확히 읽을 수 있도록 한글로 바꿔 표시해보겠습니다.

① **[I12] 셀** 클릭

② Ctrl + 1 을 누릅니다.

[셀 서식] 대화상자가 활성화됩니다.

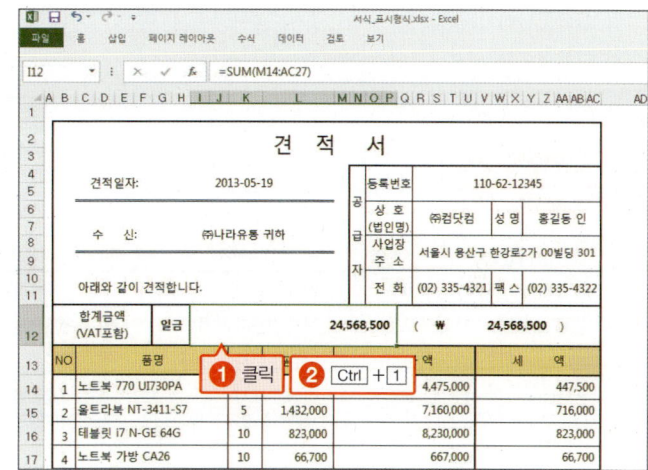

02

① [표시 형식] 탭의 [범주] 목록에서 **[기타]** 선택

② [형식]에서 **[숫자(한글)]**을 선택합니다.

바로 통하는 TIP 숫자(한글) 서식은 숫자를 입력하면 한글로 표시하는 서식으로 [형식] 목록에 숫자(한글)가 없다면 [로컬(위치)]를 [한국어]로 변경합니다.

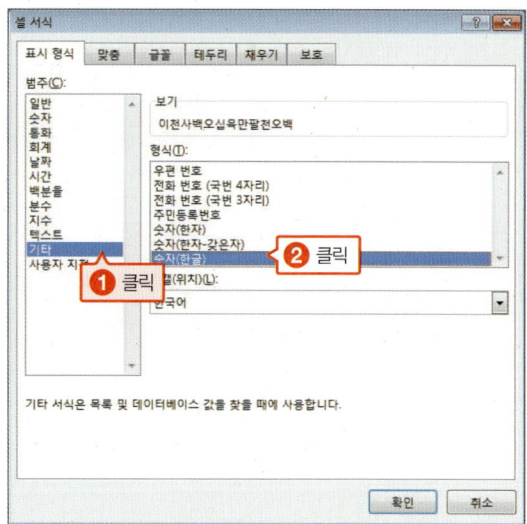

03

① [범주] 목록에서 **[사용자 지정]** 선택

②③ [형식]에 입력되어 있는 서식 코드 맨 앞에 **일금**, 맨 뒤에 **원정** 입력

④ **[확인]**을 클릭해서 숫자(한글) 서식을 수정해서 적용합니다.

숫자가 한글로 표기되며 앞에 일금, 뒤에 원정이 붙습니다.

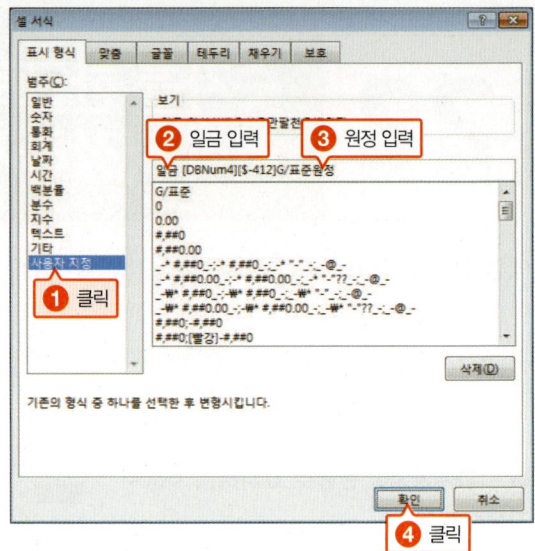

실무활용노트 EXCEL 숫자를 한글, 한자로 표시하는 형식 코드

형식 코드	설명	표시 형식
[DBNum1][$-412]G/표준	한자로 표시	一千二百五十万
[DBNum2][$-412]G/표준	한자 갖은자 표시	壹阡貳百伍拾萬
[DBNum3][$-412]G/표준	단위만 한자로 표시	千2百5十万
[DBNum4][$-412]G/표준	한글로 표시	일천이백오십만

23

숫자 데이터 표시 형식 양수/음수/0 서식 지정하기

사용자 지정 형식은 한 번에 네 개까지 지정할 수 있으며 세미콜론(;)을 구분 기호로 사용합니다. 기본적으로 0보다 크면 양수 형식, 0보다 작으면 음수 형식, 0이면 0 형식, 문자면 문자 형식으로 지정할 수 있습니다. 양수 형식 ; 음수 형식 ; 0 ; 문자 형식 으로 표시합니다.

• **실습 파일** 엑셀 \ 2장 \ 서식_표시형식.xlsx [실적분석] 시트   • **완성 파일** 엑셀 \ 2장 \ 서식_표시형식_완성.xlsx [실적분석] 시트

01 양수, 음수, 0의 형식 지정하기

전년대비 실적이 증가했을 때와 하락했을 때, 0인 경우를 구분하여 셀에 표시해보겠습니다.

① [실적분석] 시트 클릭

② [H5:H20] 셀 드래그 후 [셀 서식] 대화상자를 불러오기 위해 Ctrl + 1

③ [표시 형식] 탭의 [범주] 목록에서 [사용자 지정] 선택

④ [형식] 입력란에 서식 코드 [파랑]▲0.00% ;[빨강]▼0.00%;# 입력

⑤ [확인]을 클릭합니다.

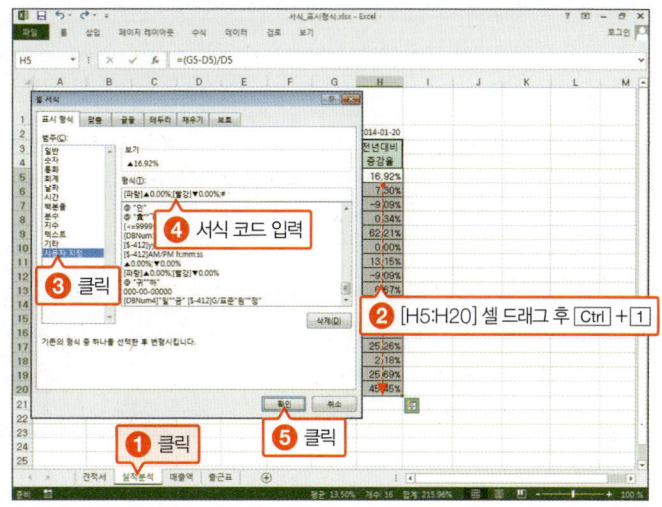

바로 통하는 TIP 서식 설명 : [색] 양수의 형식;[색] 음수의 형식;0의 형식

[파랑]▲#,##0;[빨강]▼#,##0;#

지정한 범위의 숫자가 양수면 파랑색에 ▲이 표시되고, 음수면 빨간색에 ▼이 표시됩니다. 0일 때는 0을 셀에 표시하지 않습니다. 색상은 [검정], [파랑], [녹청], [녹색], [자홍], [빨강], [흰색], [노랑]으로 8가지입니다.

02 증감율 범위에 양수, 음수, 0의 형식이 적용되어 나타납니다.

A1				전년대비 사업계획 실적 분석						
	A	B	C	D	E	F	G	H	I	J	K	L

전년대비 사업계획 실적 분석

작성일자: 2014-01-20

지점	2012년도			2013년도			전년대비
	상반기	하반기	합계	상반기	하반기	합계	증감율
서울중부	600	700	1,300	620	900	1,520	▲16.92%
서울남부	650	720	1,370	670	800	1,470	▲7.30%
서울북부	630	800	1,430	600	700	1,300	▼9.09%
서울동부	715	750	1,465	800	670	1,470	▲0.34%
서울서부	450	500	950	715	826	1,541	▲62.21%
경기중부	560	600	1,160	600	560	1,160	
경기남부	415	513	928	500	550	1,050	▲13.15%
경기북부	560	760	1,320	500	700	1,200	▼9.09%
경기동부	490	560	1,050	500	620	1,120	▲6.67%
경기서부	550	450	1,000	400	650	1,050	▲5.00%
대전동부	455	513	968	500	700	1,200	▲23.97%
대전서부	540	500	1,040	540	500	1,040	
부산북부	470	480	950	600	590	1,190	▲25.26%
부산남부	515	630	1,145	620	550	1,170	▲2.18%
광주동부	600	490	1,090	700	670	1,370	▲25.69%
광주서부	450	540	990	550	890	1,440	▲45.45%

24 숫자 백만 단위 이하 자르기 / 만 단위에 쉼표 표시하기

자릿수가 큰 숫자는 셀 공간을 많이 차지하기도 하고 데이터를 읽기도 불편합니다. 이때는 자릿수를 세 자리씩 잘라서 표시할 수 있으며 네 자리마다 콤마를 붙여 만 단위, 억 단위로 표시할 수도 있습니다.

• **실습 파일** 엑셀 \ 2장 \ 서식_표시형식.xlsx [매출액] 시트 • **완성 파일** 엑셀 \ 2장 \ 서식_표시형식_완성.xlsx [매출액] 시트

01 백만 단위 이하는 잘라서 표시하기

자릿수가 큰 매출 목표의 숫자를 백 만원 단위로 잘라서 간단하게 표시해보겠습니다.

① [매출액] 시트 클릭

② [C4:C7] 셀을 드래그 후 Ctrl + 1 을 누릅니다.

[셀 서식] 대화상자가 활성화됩니다.

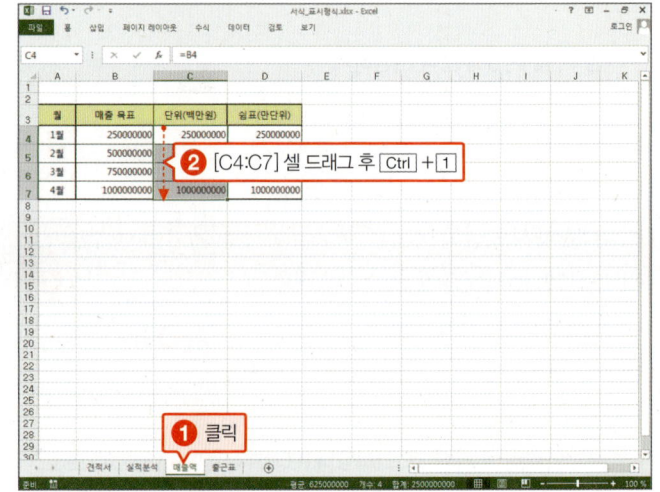

02

① [표시 형식] 탭의 [범주] 목록에서 **[사용자 지정]** 선택

② [형식] 입력란에 #,##0,, 입력

③ **[확인]**을 클릭합니다.

바로 통하는 TIP 천 단위 또는 백만 단위로 표시하기

사용자 형식 코드 단위(천 원) : #,##0,
사용자 형식 코드 단위(백만 원) : #,##0,,
쉼표(,)는 세 자리마다 콤마를 표시하는 형식과 세 자릿수가 잘려 표시되는 쉼표(,) 형식이 있습니다.

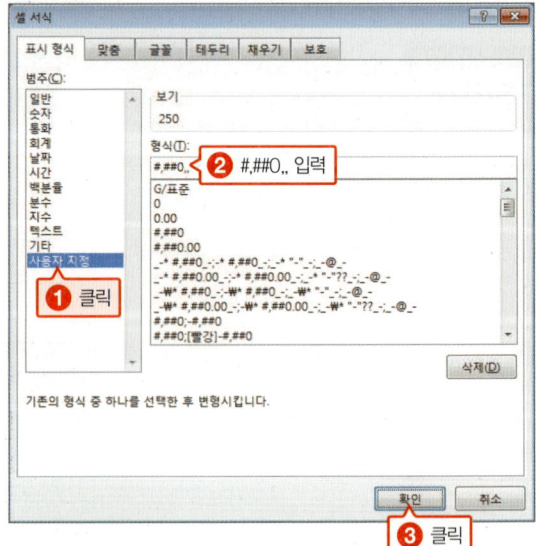

03 네 자리마다 쉼표로 표시하기

숫자 네 자리마다 쉼표를 표시해 만 단위, 억 단위로 읽을 수 있도록 수정해보겠습니다. **[D4:D7] 셀**을 드래그한 후 Ctrl + 1 을 누릅니다.

[셀 서식] 대화상자가 활성화됩니다.

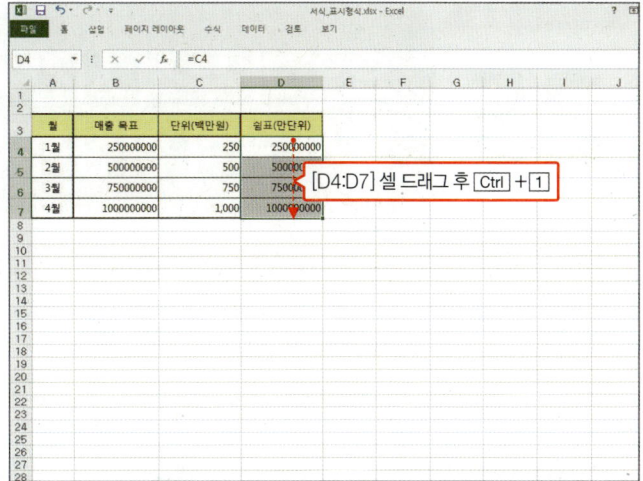

04

① [표시 형식] 탭의 [범주] 목록에서 **[사용자 지정]** 선택

② [형식] 입력란에 **[>99999999]####","####","####; ####","####** 입력

③ **[확인]**을 클릭합니다.

바로 통하는 TIP 서식 설명

[조건] 서식1 ;서식2
조건을 만족하면 서식1을 적용하고, 조건을 만족하지 않으면 서식2를 적용합니다.

[>99999999]####","####","####;####","####
자릿수가 12자리일 경우와 8자리일 경우에 따라 쉼표(,)가 찍혀야 할 자릿수가 달라지므로 8자리가 초과되면 ####","####","#### 서식을 적용하고, 8자리 이하가 되면 ####","#### 서식을 적용합니다.

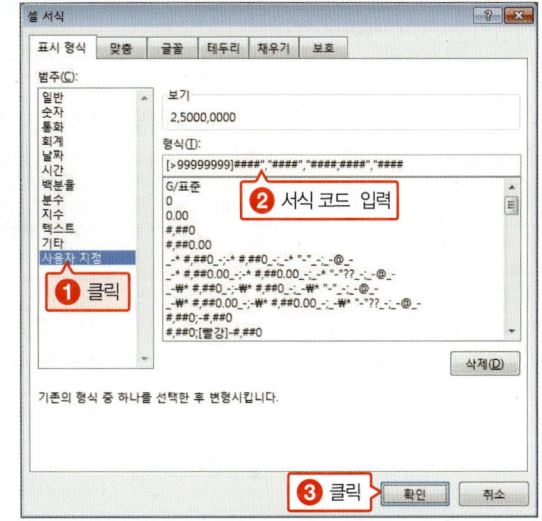

05 매출액에 네 자리마다 쉼표가 표시됩니다.

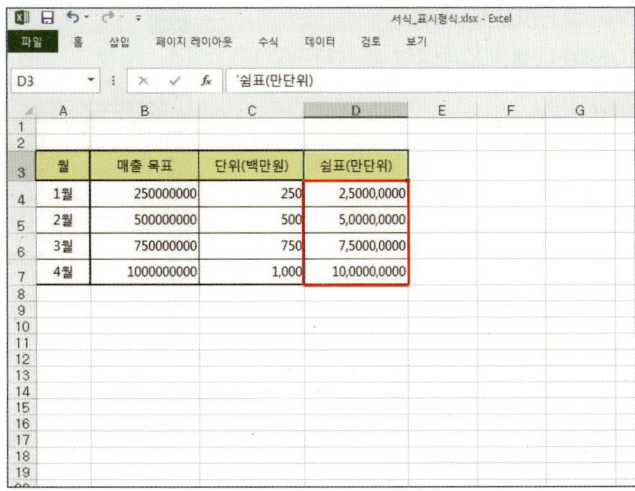

25 요일과 누적 시간 사용자 지정 표시 형식 설정하기

날짜 형식은 년 – 월 – 일 형태의 yyyy – mm – dd 형태의 서식을, 시간 형식은 시:분:초 형태의 h:m:s 형식을 주로 사용합니다. 날짜 형식에서 요일은 표시 방식에 따라 aaa, aaaa, ddd, dddd 기호를 사용합니다.

▪ **실습 파일** 엑셀 \ 2장 \ 서식_표시형식.xlsx [출근표] 시트 ▪ **완성 파일** 엑셀 \ 2장 \ 서식_표시형식_완성.xlsx [출근표] 시트

01 요일 표시하기

① [출근표] 시트에서 **[A3:A11] 셀** 드래그 후 [셀 서식] 대화상자를 블러오기 위해 Ctrl + 1

② [표시 형식] 탭의 [범주] 목록에서 **[사용자 지정]** 선택

③ [형식] 입력란에 **yyyy–mm–dd(aaa)** 입력

④ **[확인]**을 클릭해서 셀에 입력한 내용에 요일이 나타나도록 서식을 적용합니다.

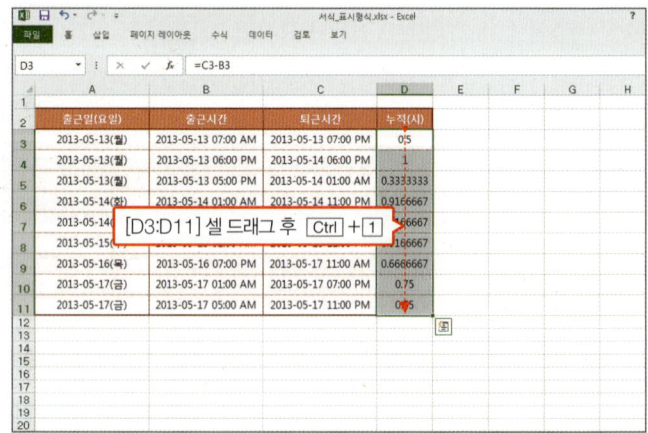

'2013–05–13(월)'과 같이 연도와 월, 일이 각각 4자리–2자리–2자리로 표시되고 괄호 안에 요일이 한글 한 자리로 표시됩니다.

02 근무 시간 표시하기

[D3:D11] 셀을 드래그한 후 Ctrl + 1 을 누릅니다.

[셀 서식] 대화상자가 활성화됩니다.

03

① [표시 형식] 탭의 [범주] 목록에서 **[사용자 지정]** 선택

② [형식] 입력란에 **[h]** 입력

③ **[확인]**을 클릭합니다.

출근시간부터 퇴근시간까지 24시간을 넘어서는 누적 시간이 표시됩니다. 시간이 '12', '8' 등과 같이 0~23 형식으로 수정됩니다.

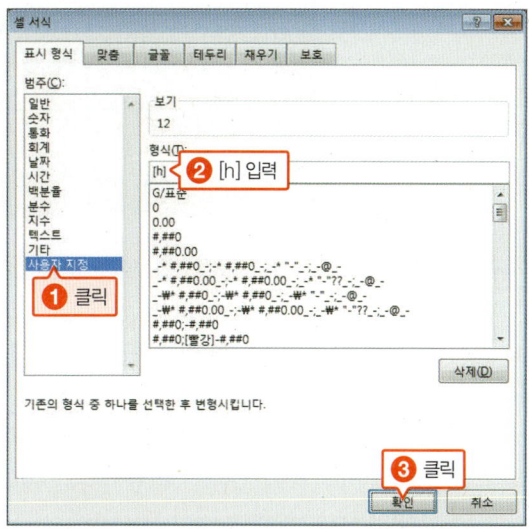

실무활용노트 EXCEL : 날짜/시간 사용자 지정 형식에 사용되는 기호 살펴보기

날짜 형식은 주로 년 − 월 − 일 형태의 표시 형식을 사용합니다.

데이터 형식	서식 기호	기능
날짜	YY/YYYY	연도를 두 자리 또는 네 자리로 표시합니다.
	M/MM/MMMM	월을 1~12 또는 01~12로 표시합니다.
	D/DD	일을 1~31 또는 01~31로 표시합니다.
	DDD/DDDD	요일을 영문 세 자리 또는 영문으로 표시(예 : Mon 또는 Monday)합니다.
	AAA/AAAA	요일을 한글 한 자리 또는 한글로 표시(예 : 월 또는 월요일)합니다.

시간 형식은 주로 시:분:초 형태의 h:m:s 표시 형식을 사용합니다. 시간 형식에서 24시간을 넘는 누적 시간을 표시해야 할 때는 대괄호 [ ]와 함께 h, m, s 기호를 사용합니다.

데이터 형식	서식 기호	기능
시간	H/HH	시간을 0~23 또는 00~23으로 표시합니다.
	M/MM	분을 0~59 또는 00~59로 표시합니다.
	S/SS	초를 0~59 또는 00~59로 표시합니다.

---

04 출근시간부터 퇴근시간까지 걸린 시간, 즉 '퇴근시간 − 출근시간'이 표시되도록 서식이 적용되었습니다.

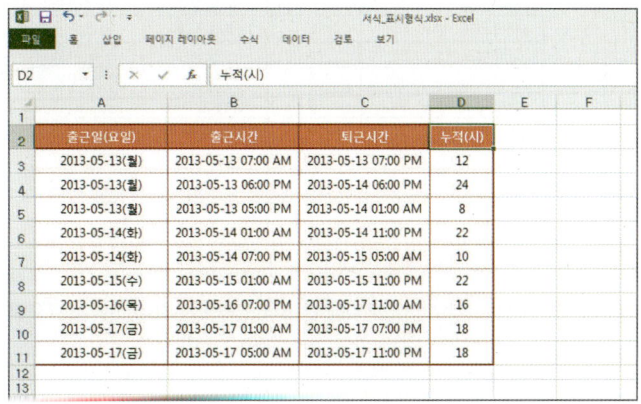

26 셀 강조와 상위/하위 규칙으로 조건부 서식 지정하기

조건부 서식이란 셀에 사용자가 지정한 조건이나 셀 값을 기준으로 서로 다른 서식을 적용하는 규칙입니다. 조건부 서식 중 셀 강조 규칙은 지정한 데이터 범위에서 비교 연산자를 기준으로 조건에 맞는 셀을 찾아 사용자가 지정한 셀 서식을 적용합니다. 상위/하위 규칙은 지정한 데이터 범위에서 셀 값을 기준으로 상위 값 또는 하위 값을 찾아 지정한 서식을 적용합니다.

• 실습 파일 엑셀 \ 2장 \ 서식_신용평가.xlsx   • 완성 파일 엑셀 \ 2장 \ 서식_신용평가_완성.xlsx

기업별 신용 위험도 평가표

회사명	평가점수	신용평가	신용분류	위험도 평가
호스비안	80	B	유동성부족	정상기업
인즈테크	91	A	정상	정상기업
고비테크	92	A	정상	정상기업
나사월드	75	B	유동성부족	정상기업
기브테크	90	A	정상	정상기업
홍인닷컴	88	A	정상	정상기업
미앤뷰컴	60	C	부실징후	워크아웃
모바일닷컴	71	C	부실징후	워크아웃
미래창조	60	C	부실징후	워크아웃
디자인테크	97	A	정상	정상기업
사이버월드	61	C	부실징후	워크아웃
아트라인	58	D	부실	법정관리
뷰라인사	70	C	부실징후	워크아웃
한미테크	92	A	정상	정상기업
파스밸트	83	B	유동성부족	정상기업
호야테크	79	B	유동성부족	정상기업
컴앤뷰스	82	B	유동성부족	정상기업
이즈비안	90	A	정상	정상기업
텍크밸트	84	B	유동성부족	정상기업
갬닥월드	92	A	정상	정상기업
컴닷컴	72	C	부실징후	워크아웃
미즈테크	88	A	정상	정상기업
자바닷컴	70	C	부실징후	워크아웃
씨테크넷	65	C	부실징후	워크아웃
다바밸트	88	A	정상	정상기업
앤컨테크	90	A	정상	정상기업
나노테크	84	B	유동성부족	정상기업
테크빌리	75	B	유동성부족	정상기업
텔리테크	87	A	정상	정상기업
나라닷컴	88	A	정상	정상기업
로인테크	60	C	부실징후	워크아웃
데몬닷컴	71	C	부실징후	워크아웃

② ①

❶ 조건부 서식의 셀 강조 규칙 지정하기
❷ 조건부 서식의 상위/하위 규칙 지정하기

▲ 핵심기능실습 미리보기

01 조건부 서식의 셀 강조 규칙 적용하기

위험도 평가에서 '정상'이 포함된 셀의 경우 녹색으로 강조해보겠습니다.

① [E4:E35] 셀 드래그

② [홈] 탭–[스타일] 그룹–[조건부 서식] 클릭

③ [셀 강조 규칙] 선택

④ [텍스트 포함] 클릭

⑤ [텍스트 포함] 대화상자의 서식을 지정할 셀 값에 정상 입력

⑥ [적용할 서식] 목록에서 [진한 녹색 텍스트가 있는 녹색 채우기] 선택

⑦ [확인]을 클릭해서 정상이라는 텍스트를 포함하는 셀에 서식을 적용합니다.

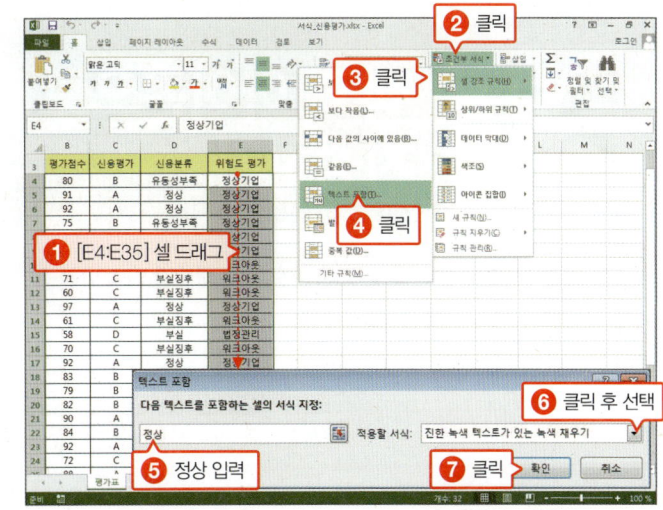

바로 통하는 TIP 조건부 서식을 수정 또는 삭제하거나 [스타일] 그룹에서 [조건부 서식]–[규칙 관리]를 선택합니다. [조건부 서식 규칙 관리자] 대화상자가 활성화되면 규칙을 수정 또는 삭제합니다.

02 조건부 서식의 상위/하위 규칙 적용하기

평가점수의 평균을 초과하는 셀의 경우 글꼴을 굵게, 빨간색으로 표시해보겠습니다.

① [B4:B35] 셀 드래그

② [홈] 탭 [스타일] 그룹–[조건부 서식] 클릭

③ [상위/하위 규칙] 선택

④ [평균 초과] 선택

⑤ [평균 초과] 대화상자가 활성화되면 [적용할 서식]에서 [사용자 지정 서식]을 선택합니다.

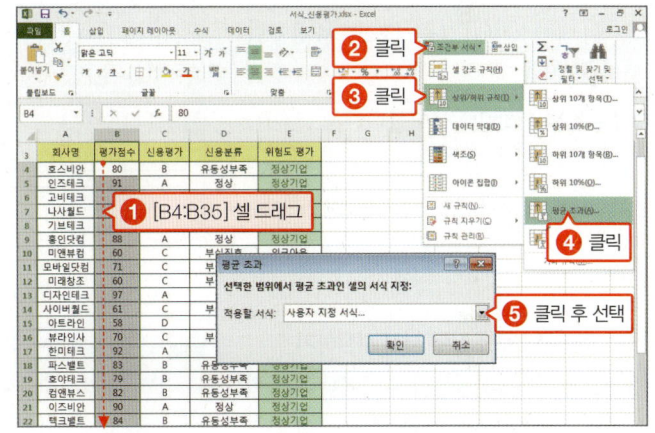

03

① [셀 서식] 대화상자의 [글꼴] 탭 클릭

②③ [글꼴 스타일]은 [굵게], [색]은 [빨강, 강조 2] 선택

④ [확인]을 클릭해서 대화상자를 닫습니다.

평가점수가 평균 초과인 셀에 서식이 적용됩니다.

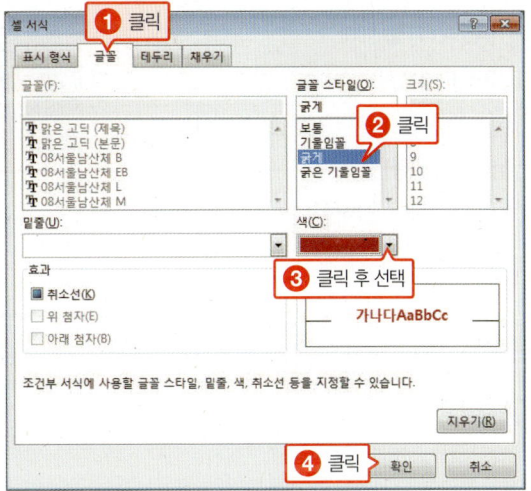

27 색조, 아이콘으로 조건부 서식 지정하기

색조는 지정한 범위의 셀 값에 따라 최솟값과 최댓값으로 나눈 두 가지 색, 또는 최대/중간/최소로 나눈 세 가지 색을 지정해서 셀을 강조합니다. 아이콘 집합은 임계 값 3~5개의 범위에 따라 아이콘의 형태를 달리하여 지정한 데이터의 값을 비교해서 나타냅니다.

▪ **실습 파일** 엑셀 \ 2장 \ 서식_예산집계표1.xlsx　▪ **완성 파일** 엑셀 \ 2장 \ 서식_예산집계표1_완성.xlsx

01　색조로 조건부 서식 지정하기

2012년과 2013년 예산액을 녹색과 흰색의 두 가지 색조로 표시한 후 비교해보겠습니다.

① [H5:I13] 셀 드래그
② [홈] 탭-[스타일] 그룹-[조건부 서식] 클릭
③ [색조] 선택
④ [녹색, 흰색 색조]를 선택합니다.

─────────────────────

큰 값일수록 녹색에, 작은 값일수록 흰색에 가깝게 표현됩니다.

02　아이콘으로 조건부 서식 지정하기

2012년 대비 2013년의 수입이나 지출이 증가했을 때, 감소했을 때, 그대로일 경우를 비교해 아이콘으로 표시해보겠습니다.

① [A5:A11] 셀 드래그
② [F5:F13] 셀을 Ctrl + 드래그
③ [홈] 탭-[스타일] 그룹-[조건부 서식] 클릭
④ [아이콘 집합] 선택
⑤ [기타 규칙]을 선택합니다.

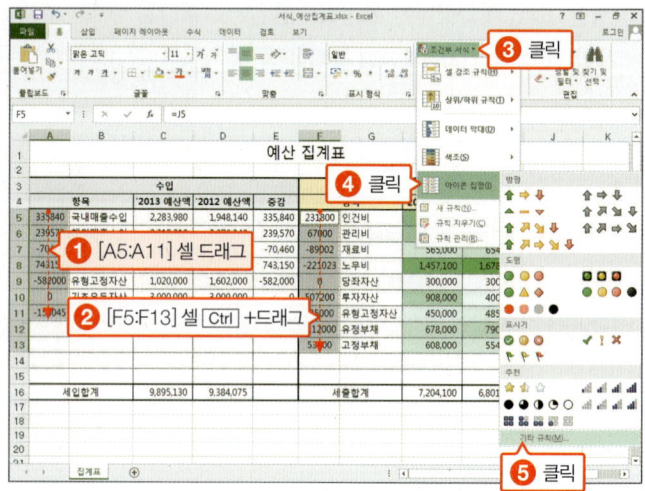

03

① 아이콘 스타일에서 **[삼각형 3개 ▲ ━ ▼]** 선택

② **[아이콘만 표시]**에 체크 표시

③ [다음 규칙에 따라 아이콘 표시] 영역에서 [아이콘▲]
 값에 **[>, 0, 숫자]** 지정

④ [아이콘━] 값에 **[>=, 0, 숫자]** 지정

⑤ **[확인]**을 클릭하여 대화상자를 닫습니다.

바로 통하는 TIP 셀 값을 기준으로 백분율, 숫자, 백분위수, 수식으로
변경할 수 있습니다. 백분율과 백분위수는 0~100 사이 값을 입력합니다.

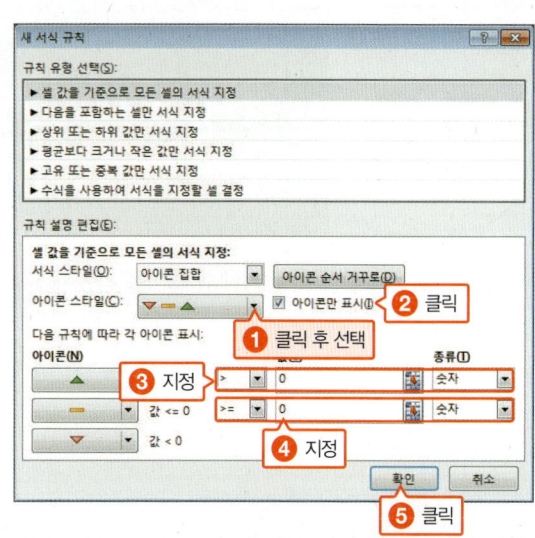

04 셀 값이 0 초과이면▲, 0이면━, 0 미
만이면 ▼ 아이콘이 표시됩니다. 아이콘에
맞춰서 A열과 F열의 너비를 적당히 조절합
니다.

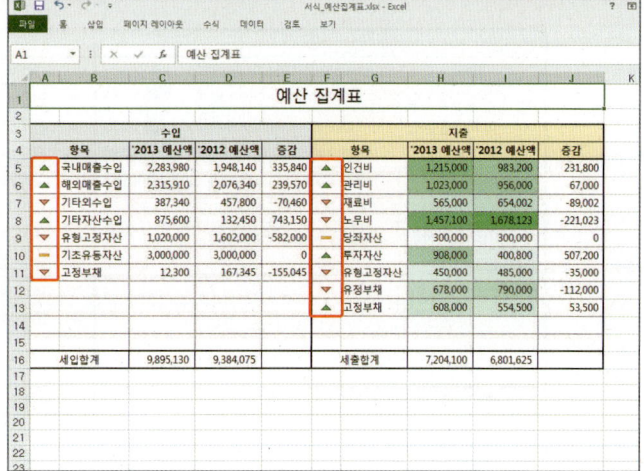

28 막대로 조건부 서식 지정 및 규칙 편집하기

데이터 막대는 셀 값에 따라 막대의 길이를 다르게 표시하여 시각화합니다. 데이터를 시각화하면 전체적인 추세를 한눈에 볼 수 있습니다.

•실습 파일 엑셀 \ 2장 \ 서식_예산집계표2.xlsx •완성 파일 엑셀 \ 2장 \ 서식_예산집계표2_완성.xlsx

예산 집계표

수입				지출			
항목	'2013 예산액	'2012 예산액	증감	항목	'2013 예산액	'2012 예산액	증감
▲ 국내매출수입	2,283,980	1,948,140	335,840	▲ 인건비	1,215,000	983,200	231,800
▲ 해외매출수입	2,315,910	2,076,340	239,570	▲ 관리비	1,023,000	956,000	67,000
▼ 기타외수입	387,340	457,800	-70,460	▼ 재료비	565,000	654,002	-89,002
▲ 기타자산수입	875,600	132,450	743,150	▼ 노무비	1,457,100	1,678,123	-221,023
▼ 유형고정자산	1,020,000	1,602,000	-582,000	― 당좌자산	300,000	300,000	0
― 기초유동자산	3,000,000	3,000,000	0	▲ 투자자산	908,000	400,800	507,200
▼ 고정부채	12,300	167,345	-155,045	▼ 유형고정자산	450,000	485,000	-35,000
				▼ 유정부채	678,000	790,000	-112,000
				▲ 고정부채	608,000	554,500	53,500
세입합계	9,895,130	9,384,075		세출합계	7,204,100	6,801,625	

▲ 핵심기능실습 미리보기

❶ 데이터 막대로 조건부 서식 지정하기

❷ 음수와 양수 막대로 조건부 서식 지정하기

01 데이터 막대로 조건부 서식 지정하기

2012년과 2013년 예산액에 해당하는 각 셀 값을 전체 셀 값과 비교했을 때 예산액이 차지하는 비율을 데이터 막대 길이로 표시해보겠습니다.

① [C5:D11] 셀 드래그

② [홈] 탭-[스타일] 그룹-[조건부 서식] 클릭

③ [데이터 막대] 선택

④ [그라데이션 채우기]-[주황 데이터 막대]를 선택합니다. 셀 값에 따라 막대 길이가 다르게 표시됩니다.

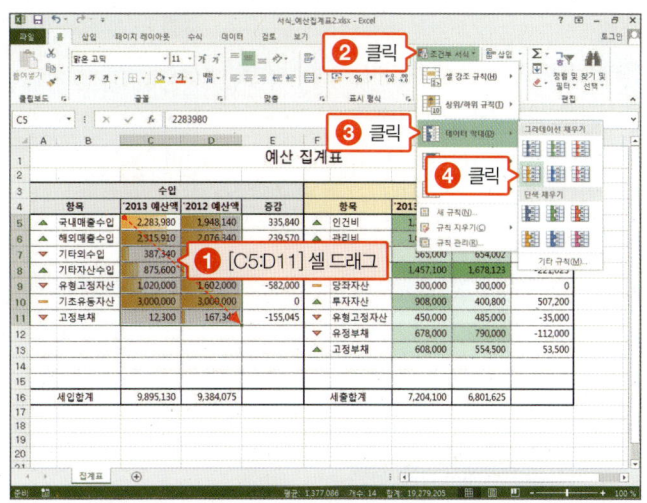

02

2012년 대비 2013년의 수입이나 지출이 증가했을 때, 감소했을 때, 그대로일 경우를 비교해 데이터 막대로 표시해보겠습니다.

① [E5:E11] 셀 드래그

② [J5:J13] 셀 Ctrl +드래그

③ [홈] 탭-[스타일] 그룹-[조건부 서식] 클릭

④ [데이터 막대] 선택

⑤ [그라데이션 채우기]-[연한 파랑 데이터 막대]를 선택합니다. 셀 값에 따라 음수와 양수 막대로 표시됩니다.

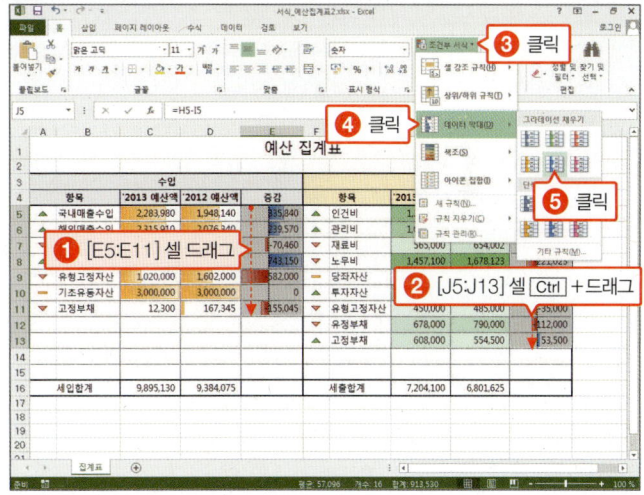

예산액이 증가한 경우 파란색 데이터 막대가 오른쪽으로 길게 표시되고 감소한 경우 빨간색 데이터 막대가 왼쪽으로 길게 표시됩니다.

03 음수와 양수 막대를 반대 방향으로 표시하기

예산액 증감이 표시된 데이터 막대의 방향을 바꿔보겠습니다.

① 범위가 지정된 상태에서 [홈] 탭-[스타일] 그룹-[조건부 서식] 클릭

② [규칙 관리]를 선택합니다.

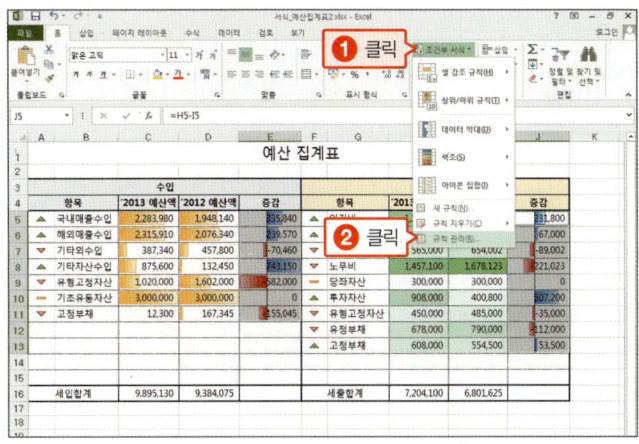

04

① [조건부 서식 규칙 관리자] 대화상자에
서 **[데이터 막대]** 규칙 선택

② **[규칙 편집]**을 클릭합니다.

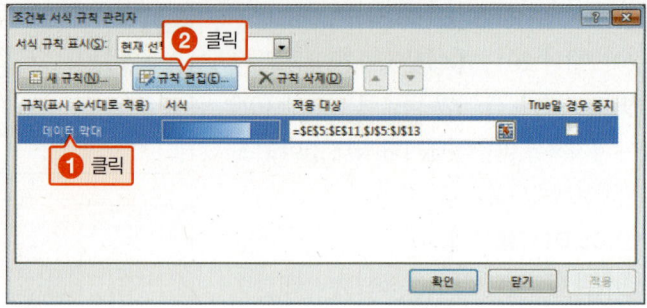

05

① [서식 규칙 편집] 대화상자의 [규칙 설명 편집] 영역에서 [막대
방향]-**[오른쪽에서 왼쪽]** 선택

② **[음수 값 및 축]**을 클릭합니다.

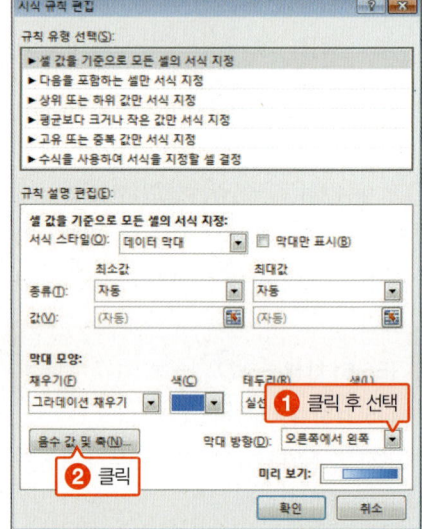

06 예산액 증감이 표시된 데이터 막대의 중심축을 셀 가운데로
바꿔보겠습니다.

① [음수 값 및 축 설정] 대화상자의 [축 설정]에서 **[셀 중간점]** 선택

② **[확인]**을 클릭하고 대화상자를 모두 닫습니다.

막대의 방향이 오른쪽에서 왼쪽으로 변경되고 중심축이 셀 중간으로 변경됩니다.

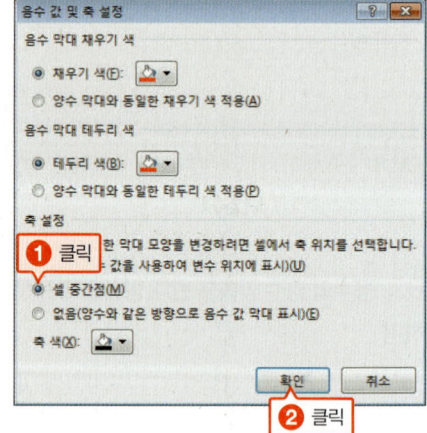

29 수식으로 조건부 서식 지정하기

조건부 서식을 이용하면 셀 값에 따라 조건을 지정하여 셀 서식을 강조할 수 있지만, 함수나 논리 수식 등을 사용하면 조건을 보다 다양하게 지정하고 행 전체를 강조할 수 있습니다.

▪실습 파일 엑셀 \ 2장 \ 서식_실적현황.xlsx　▪완성 파일 엑셀 \ 2장 \ 서식_실적현황_완성.xlsx

실적 현황표

날짜	성명	부서	직위	목표	실적	목표달성
2013-10-01	송수정	기획부	부장	1,050,000	1,470,000	달성
2013-10-02	박영주	기획부	차장	1,750,000	1,330,000	미달성
2013-10-03	최영도	총무부	과장	1,400,000	1,242,500	미달성
2013-10-04	표영주	기획부	대리	1,400,000	1,435,000	달성
2013-10-05	박성호	영업부	사원	1,050,000	1,365,000	달성
2013-10-06	백이승	영업부	사원	1,050,000	973,000	미달성
2013-10-07	김미진	관리부	부장	1,050,000	805,000	미달성
2013-10-08	김준호	영업부	대리	1,050,000	1,575,000	달성
2013-10-09	한수희	기획부	부장	1,750,000	1,155,000	미달성
2013-10-10	양민주	기획부	차장	1,050,000	1,645,000	달성
2013-10-11	문준혁	총무부	과장	1,050,000	973,000	미달성
2013-10-12	김수진	기획부	대리	1,050,000	1,330,000	달성
2013-10-13	홍진희	영업부	사원	1,400,000	1,242,500	미달성
2013-10-14	이영희	영업부	사원	1,750,000	1,435,000	미달성
2013-10-15	박영주	관리부	부장	1,050,000	1,365,000	달성
2013-10-16	배수정	기획부	부장	1,050,000	973,000	미달성
2013-10-17	민호준	기획부	차장	1,050,000	805,000	미달성
2013-10-18	박미호	총무부	과장	1,400,000	1,575,000	달성
2013-10-19	한봉주	기획부	대리	1,050,000	973,000	미달성
2013-10-20	손귀화	총무부	과장	1,050,000	1,645,000	달성
2013-10-21	진선미	관리부	과장	1,750,000	1,470,000	미달성
2013-10-22	한선희	영업부	사원	1,400,000	1,330,000	미달성
2013-10-23	나철수	영업부	사원	1,400,000	1,242,500	미달성
2013-10-24	강민욱	관리부	부장	1,050,000	1,435,000	달성
2013-10-25	정상호	영업부	대리	1,050,000	1,365,000	달성
2013-10-26	전상철	기획부	부장	1,400,000	973,000	미달성
2013-10-27	이진우	기획부	차장	1,050,000	805,000	미달성
2013-10-28	김시형	총무부	과장	1,050,000	1,575,000	달성
2013-10-29	최나영	기획부	대리	1,050,000	973,000	미달성
2013-10-30	박민규	총무부	과장	1,400,000	1,645,000	달성
2013-10-31	신승훈	관리부	과장	1,050,000	1,470,000	달성
2013-11-01	선예진	영업부	사원	1,400,000	1,330,000	미달성
2013-11-02	고민호	영업부	사원	1,400,000	1,242,500	미달성
2013-11-03	이동완	관리부	부장	1,750,000	1,435,000	미달성
2013-11-04	차미연	영업부	대리	1,400,000	1,365,000	미달성
2013-11-05	이현준	기획부	부장	1,050,000	973,000	미달성
2013-11-06	민대철	기획부	차장	1,400,000	805,000	미달성
2013-11-07	김우진	총무부	과장	1,400,000	1,575,000	달성
2013-11-08	이형국	기획부	대리	1,400,000	1,155,000	미달성
2013-11-09	최민규	총무부	과장	1,400,000	1,645,000	달성

❶ 수식을 사용하여 조건부 서식 지정하기

▲ 핵심기능실습 미리보기

01 수식을 사용하여 조건부 서식 지정하기

목표 실적을 달성한 경우 해당 행을 연한
주황색으로 채울 수 있도록 수식을 사용하
여 조건부 서식을 지정해보겠습니다.

① [A4:G65] 셀 드래그

② [홈] 탭–[스타일] 그룹–[조건부 서식] 클릭

③ [새 규칙]을 선택합니다.

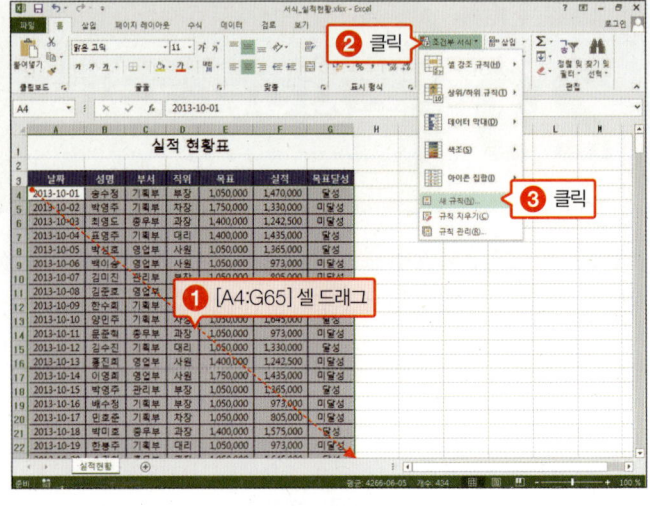

02

① [새 서식 규칙] 대화상자에서 [수식을 사용하여 서식을 지정할 셀 결
정] 선택

② 목표를 달성한 행 전체에 서식을 적용하기 위해 수식 입력란에
=$G4="달성" 입력

③ [서식]을 클릭합니다.

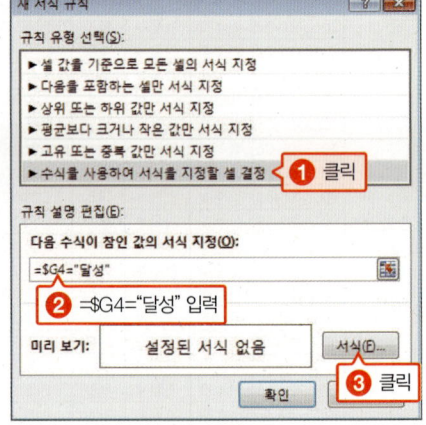

03

① [채우기] 탭 클릭

② [연한 주황] 선택

③ [확인]을 클릭해서 서식을 적용합니다.

목표를 달성한 [달성] 셀만 강조할 수도 있지만 수식을 지정하면 [달
성] 행 전체가 지정한 서식(연한 주황)으로 바뀝니다.

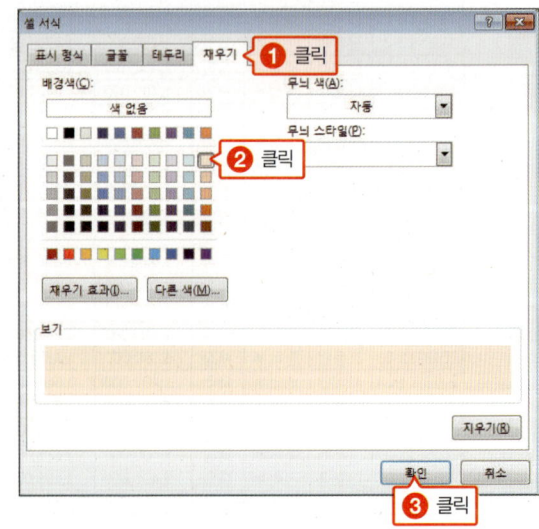

30 틀 고정하기

워크시트에 많은 양의 데이터가 입력되어 있다면 제목 행이나 제목 열과 같은 특정 셀을 고정시켜두는 것이 편리합니다. [틀 고정] 기능으로 특정 셀을 고정해보겠습니다.

▪**실습 파일** 엑셀 \ 2장 \ 틀고정_매출표.xlsx

01 틀 고정하기

상반기 상품 매출표에서 화면을 이동해도 표 제목과 항목 이름, 연번과 일자, 담당자가 계속해서 보여지도록 특정 셀을 고정해보겠습니다.

① **[D4] 셀** 클릭 ② **[보기] 탭 – [창] 그룹 – [틀 고정]** 클릭 ③ **[틀 고정]**을 선택합니다. 틀 고정을 하면 **셀 포인터를 기준으로 위쪽과 왼쪽에 있는 셀이 고정**됩니다. 그러므로 화면을 이동해도 [D4] 셀 위쪽인 1~3행, 왼쪽인 A~C열은 계속해서 나타납니다.

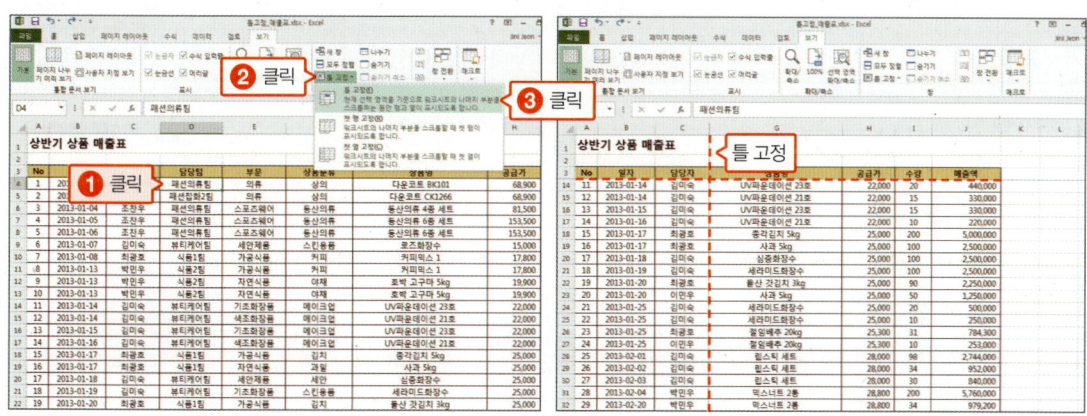

02 틀 고정 취소하기

① 임의의 셀 클릭

② [보기] 탭 – [창] 그룹 – **[틀 고정]** 클릭

③ **[틀 고정 취소]**를 선택합니다.

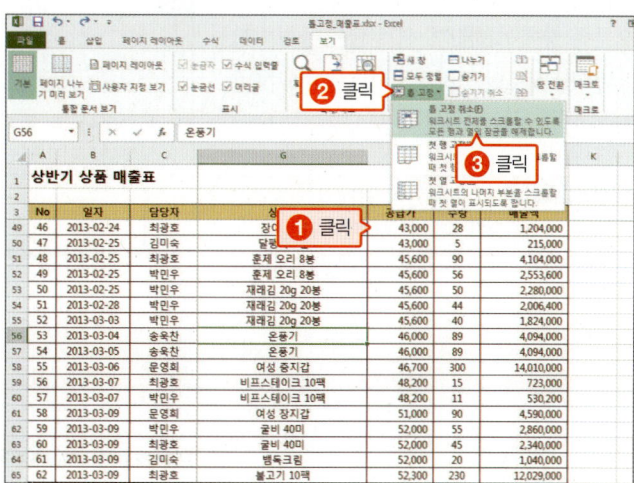

31 문서를 바둑판식으로 정렬해서 작업하기

여러 개의 엑셀 문서를 띄워놓고 작업할 때 다양한 형태의 화면 보기 방법이나 창 정렬 기능을 이용하면 좀 더 편하게 작업할 수 있습니다.

▪ **실습 파일** 엑셀 \ 2장 \ 창_매출실적.xlsx

01 바둑판식으로 창 정렬하기

매출 실적 파일에 있는 [상반기]와 [하반기] 시트를 한 화면에 표시해보겠습니다. 엑셀 창을 추가로 열고 원하는 시트를 선택한 후 창을 정렬하면 됩니다.

① 작업 중인 문서를 새 창에 띄우기 위해 [보기] 탭 – [창] 그룹– [새 창] 클릭 ② [보기] 탭 – [창] 그룹– [모두 정렬] 클릭 ③ [창 정렬] 대화상자에서 [바둑판식] 선택 ④ [확인]을 클릭합니다. 작업 창 두 개가 바둑판식으로 정렬됩니다.

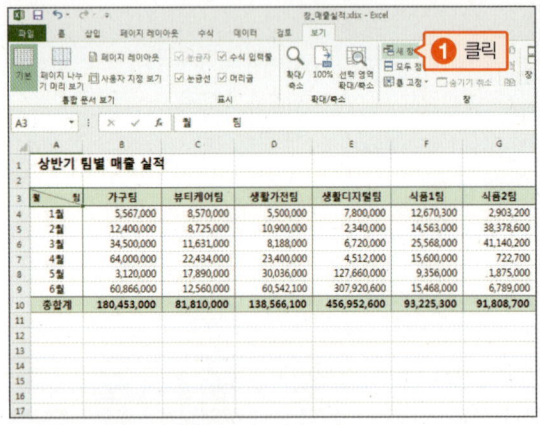
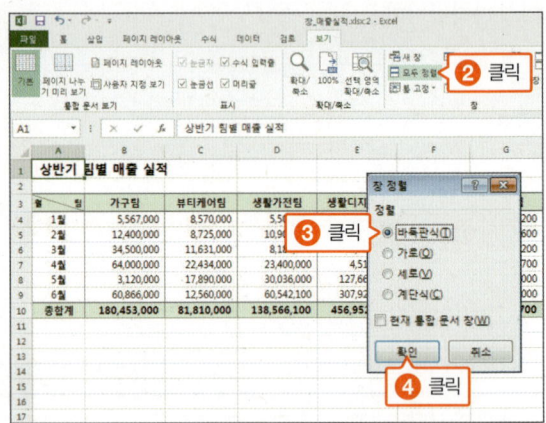

02 창 나란히 비교하기

오른쪽 창에서 [하반기] 시트 탭을 클릭해서 [상반기] 시트와 [하반기] 시트를 비교하면서 작업합니다.

바로 통하는 TIP [보기] 탭–[창] 그룹에서 [창 전환]을 클릭하면 '창_매출실적.xlsx:1', '창_매출실적.xlsx:2' 두 개의 문서가 열려 있는 것을 확인할 수 있습니다. 현재 열려 있는 문서를 새 창에서 한 번 더 열었다는 의미입니다.

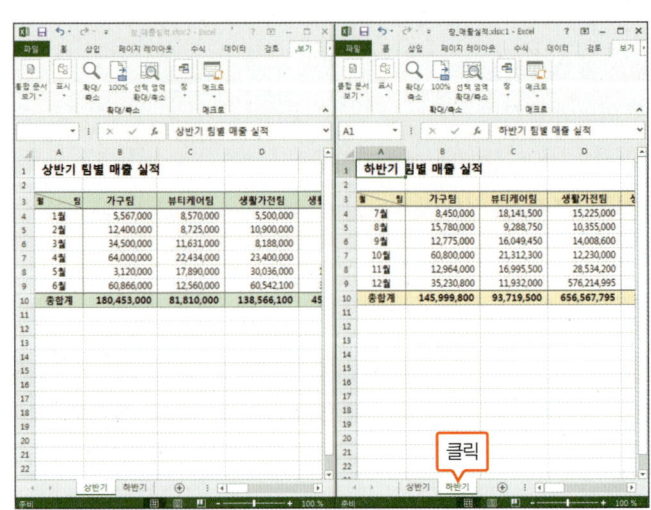

32 인쇄 미리 보기에서 인쇄 선택 영역 및 여백 설정하기

인쇄 미리 보기는 [파일] 탭을 클릭할 때 나타나는 오피스 백스테이지 [인쇄] 탭에서 확인할 수 있습니다. 인쇄와 관련된 모든 작업과 메뉴가 모여 있어서 업무 처리 시간을 단축할 수 있습니다. 인쇄 시에는 워크시트에 있는 내용 전체를 인쇄할 수도 있지만 일부만 인쇄 영역을 설정하여 인쇄할 수도 있습니다.

▪**실습 파일** 엑셀 \ 2장 \ 인쇄_주간일정표.xlsx ▪**완성 파일** 엑셀 \ 2장 \ 인쇄_주간일정표_완성.xlsx

01 인쇄 영역 설정하기

① **[1주]** 시트 클릭

② **[4주]** 시트 Shift +클릭

③ 인쇄 영역을 지정하기 위해 **[A2:D38]** 셀 드래그

④ **[파일]** 탭을 클릭합니다.

> **바로 통하는 TIP** Shift 는 '~부터 ~까지'라는 개념이고, Ctrl 은 'A와 B'라는 개념입니다. 따라서 Shift 를 누르면 처음 선택한 워크시트부터 마지막 워크시트까지 선택되고, Ctrl 을 누르면 처음 선택한 워크시트와 각각 선택한 워크시트만 선택됩니다.

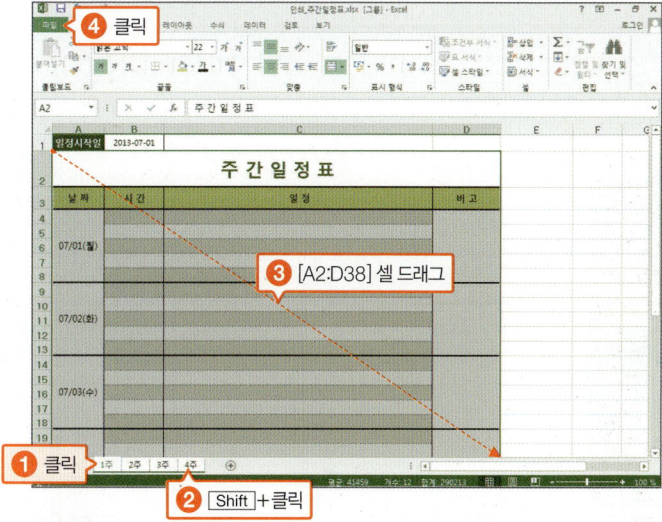

02

① **[인쇄]** 선택

오피스 백스테이지에 인쇄 관련 메뉴와 미리 보기가 나타납니다.

② **[인쇄 대상]** 클릭

③ **[선택 영역 인쇄]**를 선택합니다.

[1주]~[4주] 시트에서 [A2:E38] 셀의 범위가 인쇄되도록 영역이 설정되었습니다.

> **바로 통하는 TIP** 편집 화면에서 단축키 Ctrl + P 를 누르면 인쇄 미리 보기가 바로 실행됩니다.

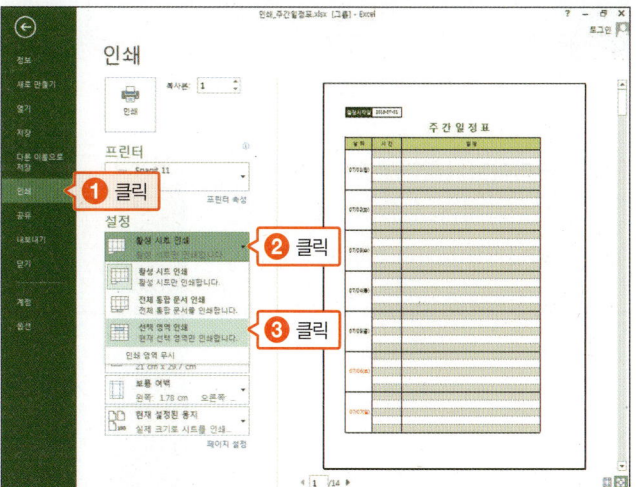

03 용지 여백 설정하기

용지 여백을 설정해보겠습니다.

① 백스테이지 미리 보기에서 [여백 표시📖]
  클릭
② 여백이 너무 넓으므로 [여백 설정] 클릭
③ [좁게]를 선택하여 여백을 조절합니다.

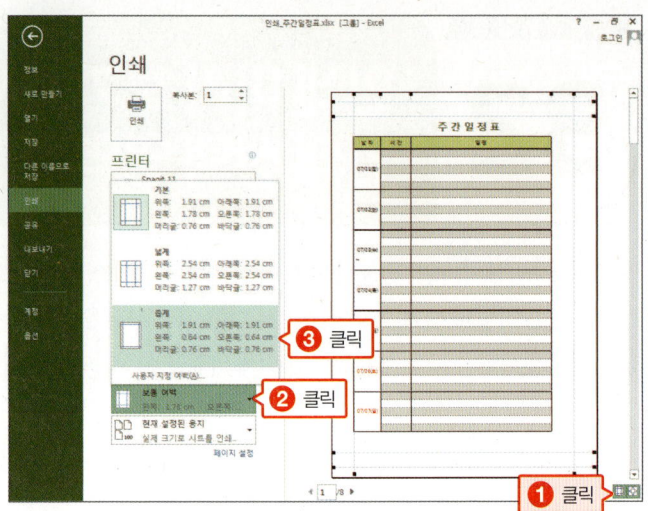

04

① [페이지 설정] 클릭 ② [페이지 설정] 대화상자에서 [여백] 탭 클릭 ③ [페이지 가운데 맞춤]에서 [가로], [세로]
에 체크 표시 ④ [확인]을 클릭하여 문서 내용을 페이지 가운데로 정렬합니다.

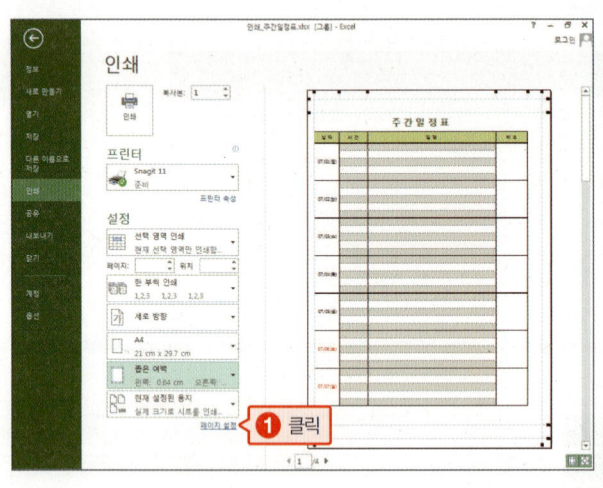

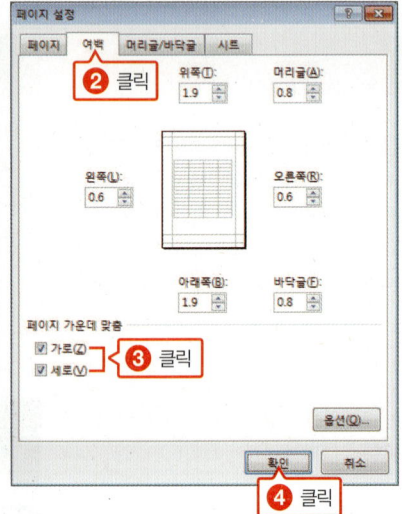

05 인쇄 미리 보기 확대/축소하기

① 백스테이지 미리 보기에서 [이동] 클릭
② 다른 페이지를 보거나 화면 오른쪽 아래
  의 [페이지 확대/축소📖]를 클릭해서 미리
  보기 화면을 확대/축소할 수 있습니다.

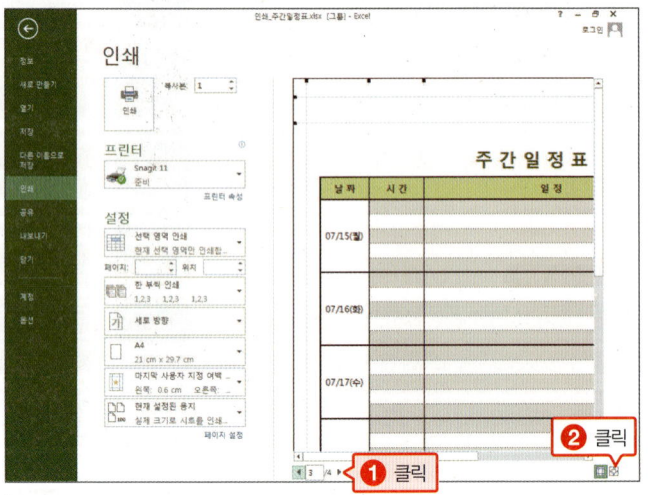

33 반복 인쇄할 제목 행 지정하기

인쇄할 페이지 수가 많을 경우에는 첫 페이지에 표시되는 제목 행과 열을 반복하여 다음 페이지에 인쇄되도록 인쇄 제목을 지정할 수 있습니다.

▪**실습 파일** 엑셀 \ 2장 \ 인쇄_업무추진비1.xlsx ▪**완성 파일** 엑셀 \ 2장 \ 인쇄_업무추진비1_완성.xlsx

01 페이지마다 제목행이 반복 인쇄되도록 설정하기

① 상태 표시줄에서 [**페이지 레이아웃**▣] 클릭 ② [페이지 레이아웃] 탭─[페이지 설정] 그룹─[**인쇄 제목**] 클릭 ③ [페이지 설정] 대화상자의 [**반복할 행**] 입력란 클릭 ④ **3행 머리글** 클릭. 반복할 행이 선택됩니다. ⑤ [**확인**]을 클릭합니다.

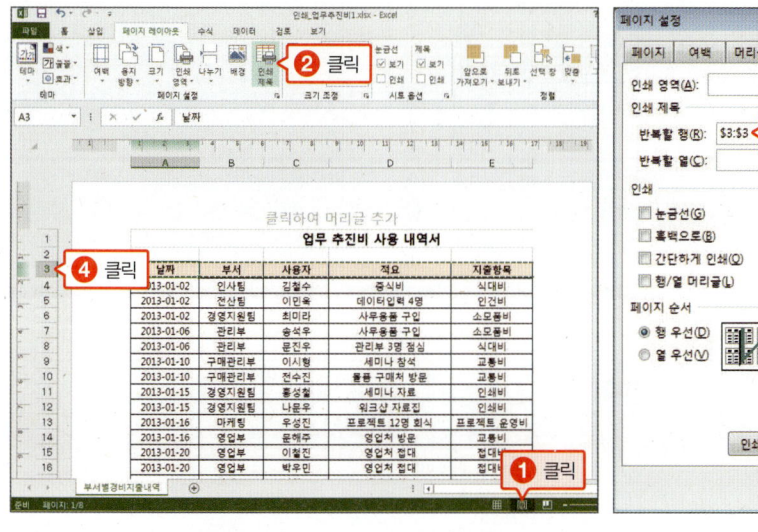
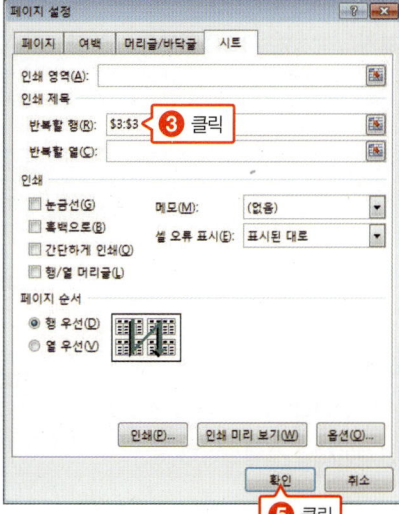

02 각 페이지로 이동하면서 살펴보면 제목이 반복되어 나타납니다.

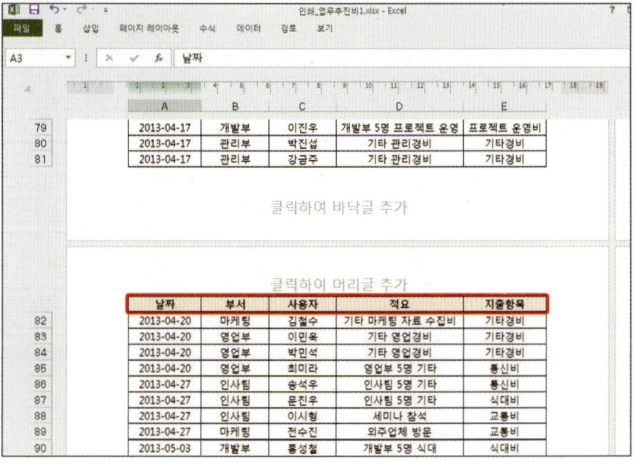

34 페이지 나누기 미리 보기 및 인쇄 배율 지정하기

페이지 나누기 미리 보기를 사용하면 인쇄할 문서 영역을 페이지 구분선으로 나눠볼 수 있습니다. 특히 용지 방향, 인쇄 배율 등을 변경했을 때 자동 페이지 나누기에 어떤 영향이 있는지 직접 확인할 수 있습니다.

▶ **실습 파일** 엑셀 \ 2장 \ 인쇄_업무추진비2.xlsx ▶ **완성 파일** 엑셀 \ 2장 \ 인쇄_업무추진비2_완성.xlsx

01 페이지 나누기 미리 보기 모드로 변경하기

상태 표시줄에서 [**페이지 나누기 미리 보기**📖]를 클릭합니다. 페이지 나누기 창에서 인쇄 영역 전체는 **파란색 실선**으로, 자동으로 나눠진 페이지 구분선은 **파란색 점선**으로 표시됩니다.

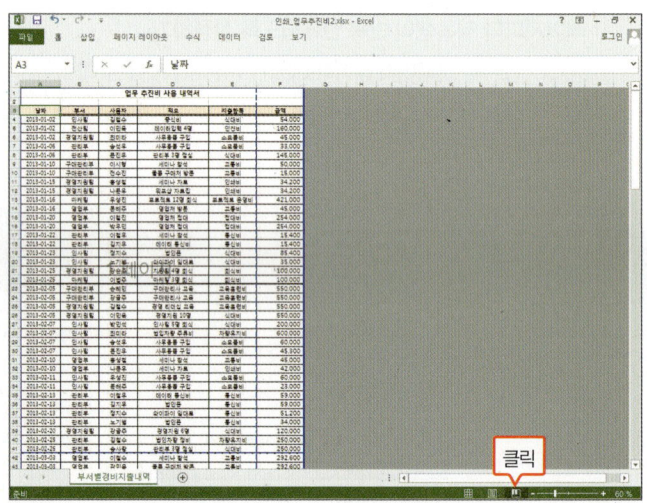

02 인쇄 배율 조정하기

[페이지 레이아웃] 탭-[크기 조정] 그룹-[**너비**]를 [**1페이지**]로 선택합니다.

인쇄 가로 배율이 [89%]로 조정되었습니다.

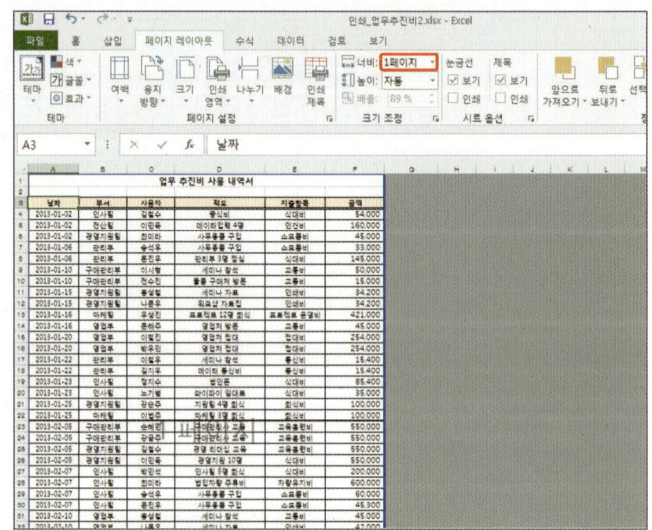

35 페이지 나누기 구분선 수정하기

페이지 나누기를 이용하면 자동으로 설정된 페이지 영역을 임의로 수정하여 사용자가 원하는 페이지 영역으로 구분할 수 있습니다. 페이지 수를 정확히 맞춰 인쇄하려면 마우스로 페이지 구분선을 드래그해 한 페이지에서 인쇄할 내용을 조절할 수 있습니다.

• **실습 파일** 엑셀 \ 2장 \ 인쇄_업무추진비3.xlsx • **완성 파일** 엑셀 \ 2장 \ 인쇄_업무추진비3_완성.xlsx

01 1~6월까지의 매출 보고 실적 데이터를 월별로 나누겠습니다. ① 1페이지 나누기 구분선을 **41행** 위치로 드래그 ② 2페이지 나누기 구분선을 **85행** 위치로 드래그합니다.

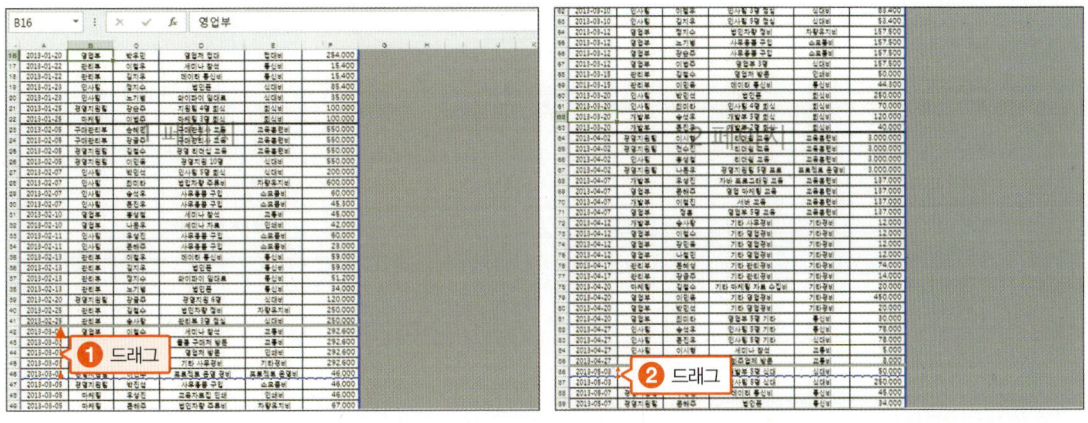

02 3페이지 나누기 구분선을 **113행** 위치로 드래그합니다. 월별로 매출 보고 실적 데이터의 페이지가 나눠졌습니다.

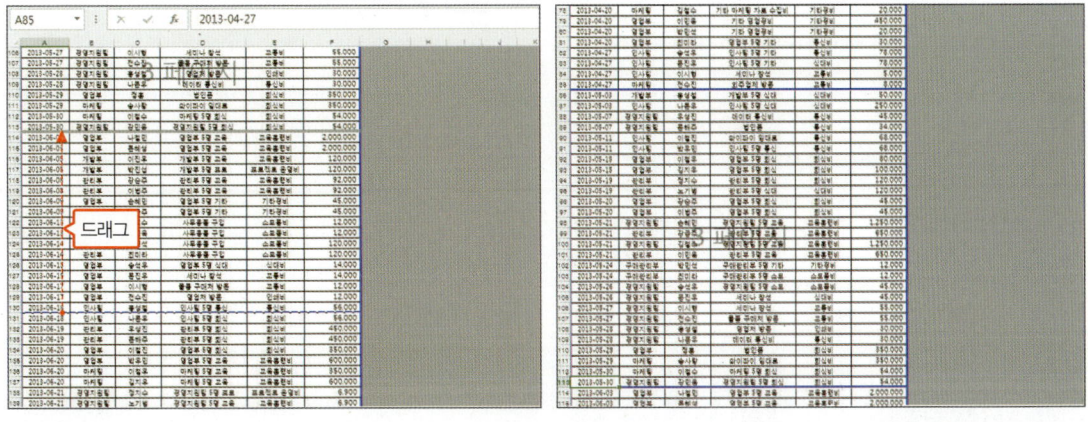

바로 통하는 TIP [페이지 레이아웃] 탭-[페이지 설정] 그룹-[나누기]를 클릭하여 [페이지 나누기 삽입], [페이지 나누기 제거]나 [페이지 나누기 모두 원래대로]를 선택하여 페이지 나누기를 수정할 수 있습니다.

36 페이지 레이아웃 보기에서 머리글/바닥글 설정하기

각 페이지의 상단이나 하단에 머리글/바닥글을 설정하여 날짜, 페이지 번호, 파일 이름 등을 표시할 수 있습니다. 머리글/바닥글은 페이지 레이아웃 보기에서 쉽게 설정할 수 있습니다.

▪ **실습 파일** 엑셀 \ 2장 \ 인쇄_업무추진비4.xlsx ▪ **완성 파일** 엑셀 \ 2장 \ 인쇄_업무추진비4_완성.xlsx

01 머리글에 현재 날짜 입력하기

① 상태 표시줄에서 [페이지 레이아웃 보기 ▣] 클릭 ② [클릭하여 머리글 추가] 영역 오른쪽 빈칸 클릭 ③ **작성일자 :** 입력 ④ [머리글/바닥글 도구]–[디자인] 탭–[머리글/바닥글 요소] 그룹–[현재 날짜]를 클릭해서 날짜를 표기합니다.

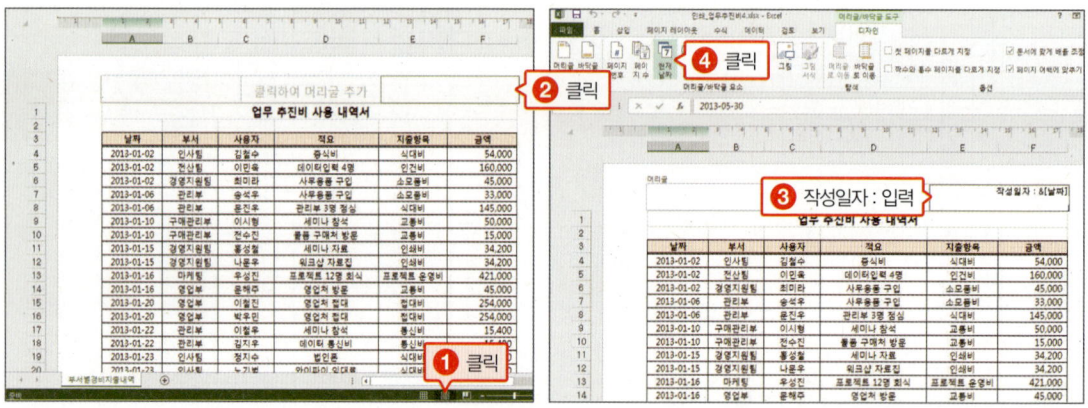

02 바닥글에 페이지 번호를 입력하기

① [머리글/바닥글 도구]–[디자인] 탭–[탐색] 그룹–[바닥글로 이동] 클릭 ② **바닥글** 가운데 영역 클릭 ③ [머리글/바닥글 도구]–[디자인] 탭–[머리글/바닥글 요소] 그룹–[페이지 번호] 클릭 ④ **/** 입력 ⑤ [페이지 수]를 클릭합니다. 바닥글이 **페이지 번호/전체 페이지 수** 형식으로 표기됩니다.

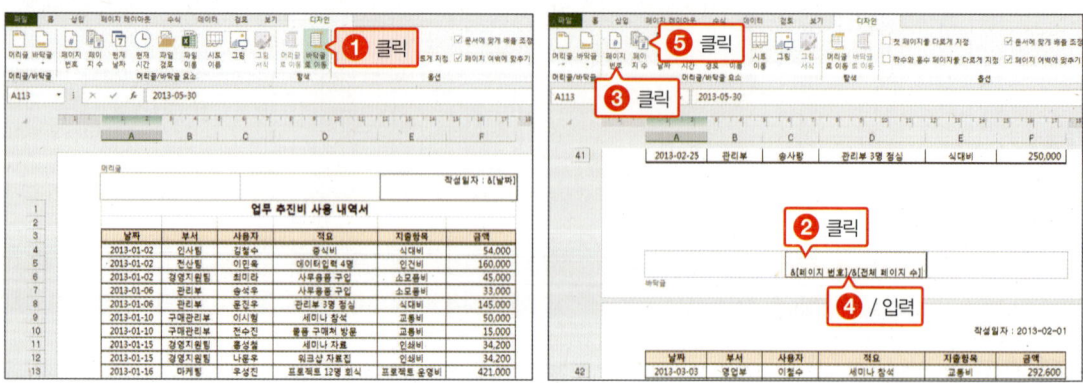

바로 통하는 TIP [머리글/바닥글 도구]–[디자인] 탭은 머리글 또는 바닥글 영역을 클릭한 상태에서만 나타납니다.

37 배경 그림 삽입하기

머리글/바닥글 영역에 그림을 배경으로 삽입하여 각 페이지마다 배경 그림을 표시할 수 있습니다. 경력증명서에
로고 그림이 배경으로 희미하게 삽입되도록 머리글을 설정해보겠습니다.

▪ **실습 파일** 엑셀 \ 2장 \ 인쇄_경력증명서.xlsx ▪ **완성 파일** 엑셀 \ 2장 \ 인쇄_경력증명서_완성.xlsx

01 배경 그림 삽입하기

① **[클릭하여 머리글 추가]** 영역의 가운데 빈
칸 클릭

② [머리글/바닥글 도구] – [디자인] 탭 – [머
리글/바닥글 요소] 그룹 – **[그림]**을 클릭
합니다.

[그림 삽입] 창이 실행됩니다.

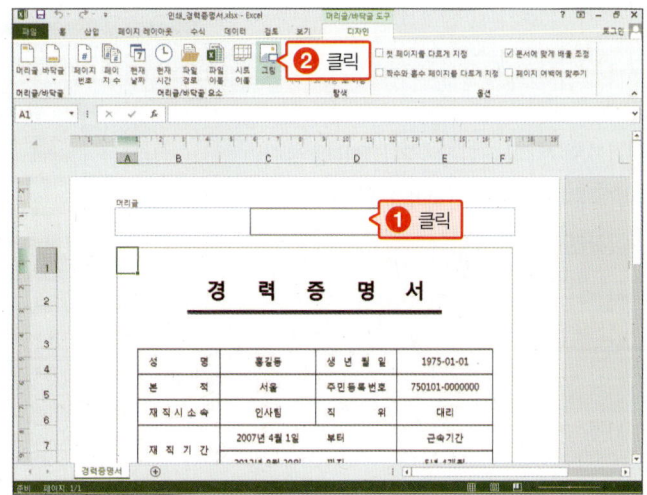

02 ① [그림 삽입] 창의 [파일에서] – **[찾아보기]** 클릭 ② [그림 삽입] 대화상자가 활성화되면 실습 폴더에서 logo.
png 선택 ③ **[삽입]**을 클릭합니다.

03 배경 그림 서식 지정하기

① 그림을 가운데 배치하기 위해 &[그림] 앞
  에 커서를 두고 Enter를 여러 번 누름
② [머리글/바닥글 도구] - [디자인] 탭 -
  [머리글/바닥글 요소] 그룹 - [그림 서식]
  을 클릭합니다.

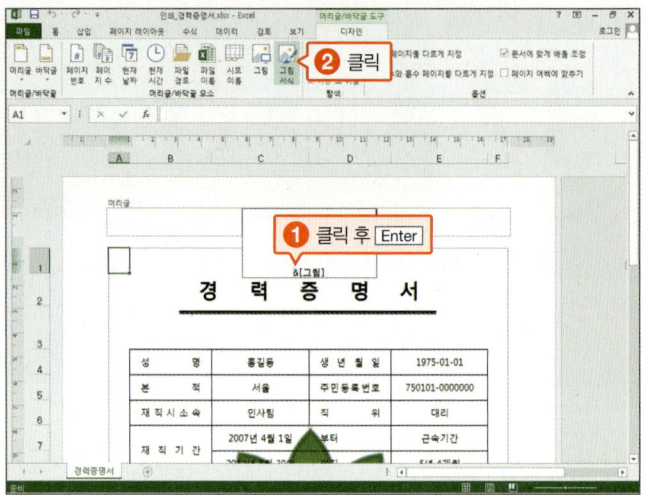

04

① [그림 서식] 대화상자의 [그림] 탭 클릭
② ③ [색] 목록에서 [희미하게] 선택
④ [확인]을 클릭합니다.

머리글의 가운데 영역에 로고 그림이 배경으로 희미하게 삽입되었
습니다.

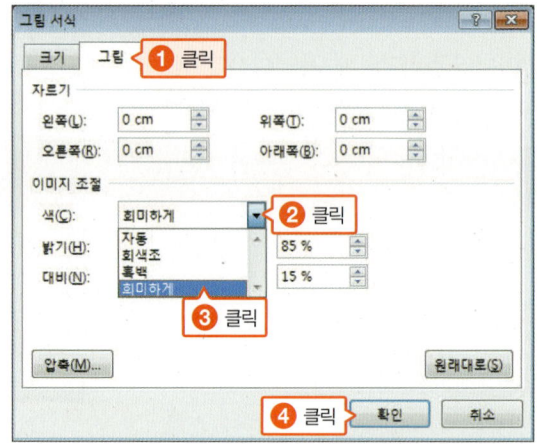

실무활용노트 EXCEL — [머리글/바닥글 도구]-[디자인] 탭 살펴보기

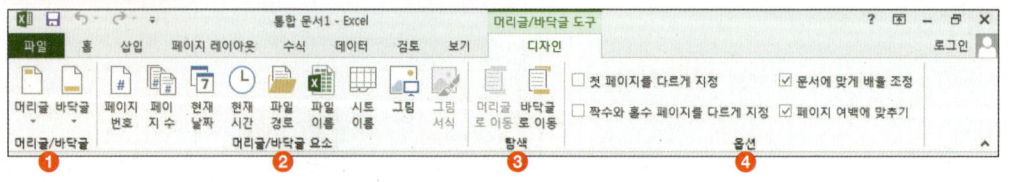

① 머리글/바닥글 : 미리 설정된 머리글/바닥글 목록 16개를 이용해서 머리글/바닥글을 설정합니다.

② 머리글/바닥글 요소 : 머리글과 바닥글에 삽입할 요소를 사용자가 직접 선택합니다.

③ 탐색 : 머리글과 바닥글로 이동할 수 있습니다.

④ 옵션 : 첫 페이지나 홀수와 짝수 페이지의 머리글과 바닥글을 각각 다르게 지정하여 사용할 수 있습니다.

수식 작성 및
함수 활용하기

엑셀을 사용하는 가장 큰 이유는 복잡한 계산을 쉽고 빠르게 끝
낼 수 있고, 복잡하고 반복되는 수식도 함수를 사용하면 간단하
게 해결할 수 있기 때문입니다.

수식과 함수의 구조를 이해하고, 상대 참조/절대 참조/혼합 참조
를 이용한 수식을 만들어보겠습니다. 실무에서 자주 쓰는 활용도
높은 함수를 사용하는 방법에 대해서 살펴보겠습니다.

38 상대 참조로 수식 만들기

상대 참조는 [A1], [B2]와 같은 일반적인 셀 주소 형식으로 수식을 입력하는 방식입니다. 수식을 복제하면 셀 위치에 따라 참조한 셀 주소도 바뀌기 때문에 엑셀에서 셀을 참조하여 수식을 만드는 방법 중 가장 많이 사용됩니다.

▪실습 파일 엑셀 \ 3장 \ 수식_셀참조.xlsx [상대참조] 시트 ▪완성 파일 엑셀 \ 3장 \ 수식_셀참조_완성.xlsx [상대참조] 시트

01 상대 참조로 재고량 구하기

생산량에서 판매량을 빼면 재고량([D4] 셀)을 구할 수 있습니다. [상대참조] 시트에서 [D4] 셀을 선택하고 수식 **=B4-C4**를 입력한 후 Enter를 누릅니다. 수식이 완성됩니다.

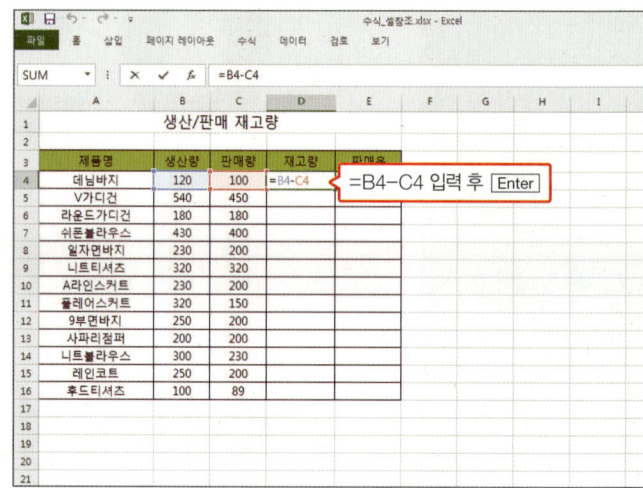

02 상대 참조로 판매율 구하기

판매율([E4] 셀)은 생산량에서 판매량을 나누어 구합니다. [E4] 셀에 **=C4/B4**를 입력하고 Enter를 누릅니다.

03 수식 복사하기

재고량과 판매율의 수식을 복사해 각 셀에 결과 값을 표시해보겠습니다.

① **[D4:E4] 셀 드래그**

② **채우기 핸들**을 **[E16] 셀**까지 드래그하여 수식을 복사합니다. 셀 위치에 따라 재고량과 판매율이 바뀝니다.

재고량과 판매율의 각 셀을 클릭해 수식 입력줄을 살펴보면 수식이 입력된 셀 위치에 따라 참조한 셀 주소가 변하는 것을 알 수 있습니다.

수식의 구조

수식은 등호(=)를 처음 입력하고 연산자, 피연산자, 함수 등을 조합하여 만듭니다. 피연산자는 숫자일 수도 있지만 셀 주소가 될 수도 있습니다. 연산자는 산술, 문자, 비교 연산자로 데이터를 계산하라는 명령 기호입니다.

=   **피연산자**   **연산자**   **피연산자**

❶ 등호   ❷ 숫자 또는 셀 주소   ❸ 산술, 문자, 비교 연산자 등   ❹ 숫자 또는 셀 주소

연산자의 종류와 우선순위

연산자는 산술, 비교, 문자, 참조 연산자가 있습니다. 산술, 문자, 참조 연산자는 수식에 직접 사용하지만 비교 연산자는 TRUE, FALSE 값을 결과로 표시하기 때문에 함수식에 주로 쓰입니다.

① 산술 연산자 : 더하기, 빼기, 곱하기와 같은 기본적인 수학 연산을 수행합니다.

기능	백분율	거듭제곱	곱하기	나누기	더하기	빼기
연산자	%	^	*	/	+	−

② 비교 연산자 : 두 값을 비교하여 참 또는 거짓으로 결과 값이 나타납니다.

기능	같다	크다	크거나 같다	작다	작거나 같다	같지 않다
연산자	=	>	>=	<	<=	<>

③ 문자 연결 연산자 : 문자열을 여러 개 연결해서 하나로 만듭니다.

기능	
연산자	&

각 연산자 사이의 우선순위는 산술 연산자(− (음수), %, ^, *, /, +, −) → 문자 연결 연산자(&) → 비교 연산자(=, <, >, <=, >=, <>) 순입니다. 우선순위가 같은 연산자는 왼쪽에 있는 연산자를 먼저 계산합니다. 연산자의 우선순위를 바꾸려면 괄호()를 씁니다. 괄호 연산자 안에 있는 수식을 가장 먼저 계산합니다.

39 절대 참조로 수식 만들기

절대 참조를 만들 때는 [$A$1] 또는 [$B$2] 형태로 열 머리글과 행 머리글 앞에 $ 기호를 붙입니다. 절대 참조 수식을 입력한 후에는 복제로 인해 셀 위치가 바뀌어도 셀 위치에 관계없이 참조한 셀 주소가 변하지 않고 고정됩니다.

▪ **실습 파일** 엑셀 \ 3장 \ 수식_셀참조.xlsx [절대참조] 시트 ▪ **완성 파일** 엑셀 \ 3장 \ 수식_셀참조_완성.xlsx [절대참조] 시트

커피 생두 수입표

	환율	₩	1,150 ②

생두명	단가($)	중량(kg)	금액(원) ③
콜롬비아 수푸리모	$ 4.60	400	₩ 2,116,000
브라질 산토스	$ 4.20	500	₩ 2,415,000
케냐 AA	$ 5.20	150	₩ 897,000
탄자니아 AA	$ 4.60	100	₩ 529,000
인도네시아 만델링	$ 5.10	200	₩ 1,173,000
하와이 코나	$ 6.20	100	₩ 713,000
자메이카 블루마운틴	$ 5.70	120	₩ 786,600
에디오피아 이가체프	$ 4.70	200	₩ 1,081,000
과테말라 SHB	$ 5.40	100	₩ 621,000
모카시다모	$ 4.20	50	₩ 241,500
온두라스 SHB	$ 4.70	50	₩ 270,250
엘살바도르 팬시 SHB	$ 5.10	100	₩ 586,500

①

▲ 핵심기능실습 미리보기

❶ 상대 참조와 ❷ 절대 참조로 금액 계산하기

　단가(상대 참조)*환율(절대 참조)*중량(상대 참조)

❷ 서식 없이 수식 자동 채우기

01 절대 참조로 금액 구하기

생두의 단가를 원화로 환산하고 중량을 곱하여 금액([D5] 셀)을 구합니다.

① [절대참조] 시트에서 [D5] 셀에 수식 =B5*D2 입력

② [D2] 셀을 클릭한 후 F4를 눌러 절대 참조로 바꿉니다.

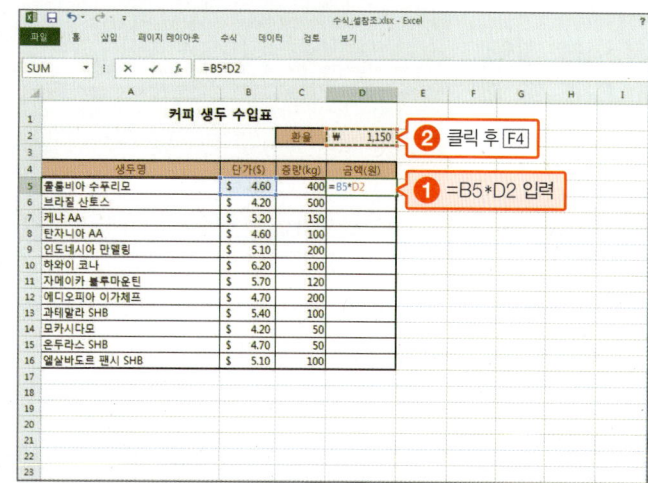

02 계속해서 *C5를 입력하고 Enter를 눌러 =B5*$D$2*C5 수식을 완성합니다.

바로 통하는 TIP 수식 완성 : 금액=단가*환율*중량

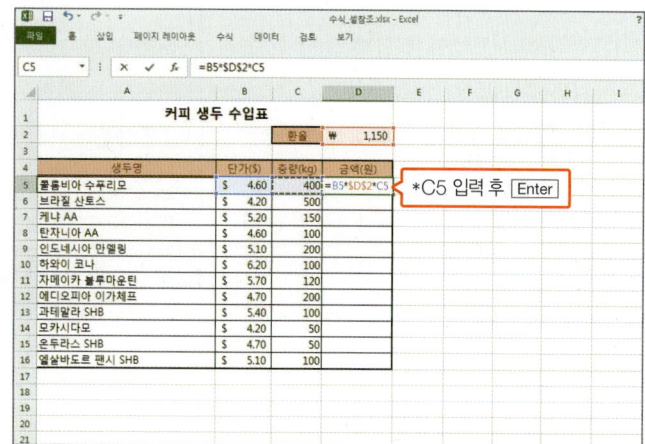

03 서식 없이 수식 자동 채우기

완성된 수식을 [D16] 셀까지 채워보겠습니다.

① [D5] 셀 클릭 후 채우기 핸들을 [D16] 셀까지 드래그

② [자동 채우기 옵션] 클릭

③ [서식 없이 채우기]를 선택하여 미리 지정되어 있는 서식을 유지합니다.

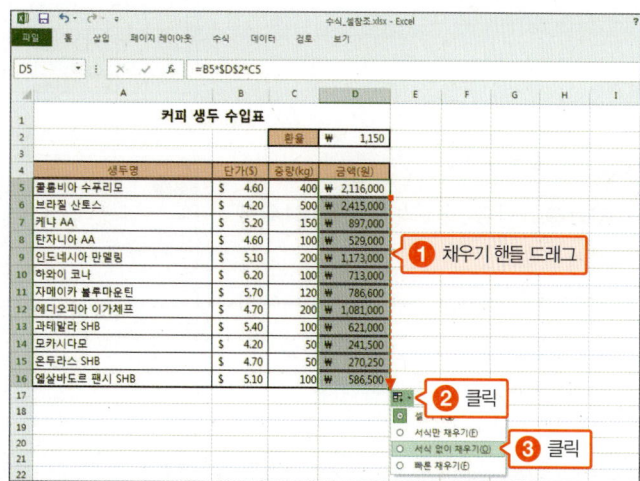

[D16] 셀까지 금액이 계산됩니다. 셀 주소를 고정할 때는 절대 참조를 사용합니다.

바로 통하는 TIP 상대, 절대, 혼합 참조의 유형 빠르게 변경하기

참조 영역을 고정할 때는 $ 기호를 직접 입력할 수도 있지만 F4를 누르면 셀 참조 유형을 빠르게 변경할 수 있습니다. 상대 참조 → 절대 참조 → 혼합 참조 순서로 바뀝니다.

40 혼합 참조로 수식 만들기

혼합 참조를 만들 때는 [A$1] 또는 [$B2]의 형태로 열 또는 행 중 한 군데만 $를 붙입니다. 혼합 참조 수식을 입력한 후 복제하면 셀 위치에 따라 $가 붙은 행(열)은 고정되고 열(행)만 바뀝니다.

▪실습 파일 엑셀 \ 3장 \ 수식_셀참조.xlsx [혼합참조] 시트 ▪완성 파일 엑셀 \ 3장 \ 수식_셀참조_완성.xlsx [혼합참조] 시트

01 혼합 참조로 예산 기본급 구하기

호봉에 따른 기본급을 기준으로 2013년 인상 기본급([C5] 셀)을 구합니다.

① [혼합참조] 시트에서 [C5] 셀 클릭 후 수식 **=B5*C4+B5** 입력

② 수식 내 **B5**를 각각 블록 설정한 후 F4를 세번 눌러 **$B5**로 변경

③ **C4**를 블록 설정한 후 F4를 두 번 눌러 **C$4**로 변경하고 Enter 를 누릅니다. **=$B5*C$4+$B5** 수식이 완성됩니다.

[C5] 셀의 수식을 복사해도 B열과 4행은 고정되어야 하므로 B와 4행 앞에 $ 기호를 붙여 각각 $B5와 C$4로 변환했습니다.

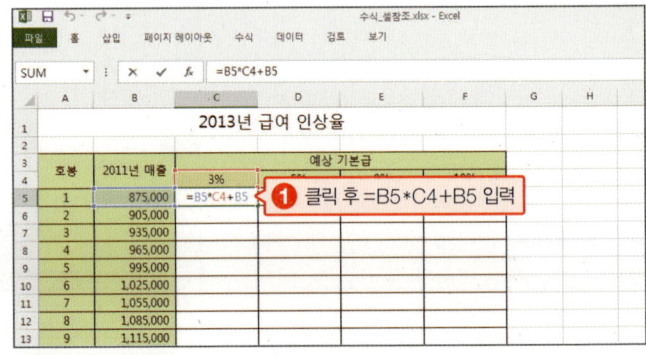

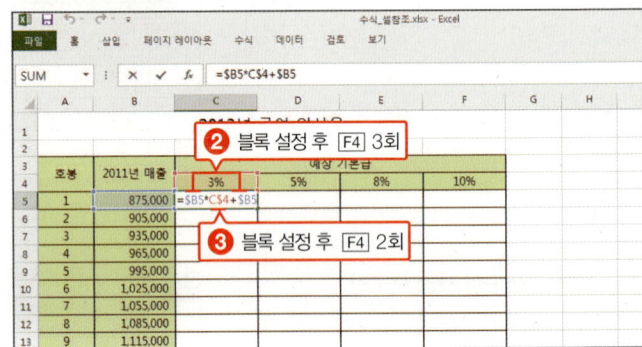

02

① [C5] 셀 클릭 후 채우기 핸들을 [C14] 셀까지 드래그

② [C5:C14] 셀 범위가 지정된 상태에서 **[C14] 셀**의 채우기 핸들을 **[F14] 셀**까지 드래그하여 수식을 복사합니다.

수식을 복사해도 B열과 4행은 변하지 않고 $ 기호가 붙지 않은 부분의 값만 변하는 혼합 참조 형태의 수식이 복사됩니다.

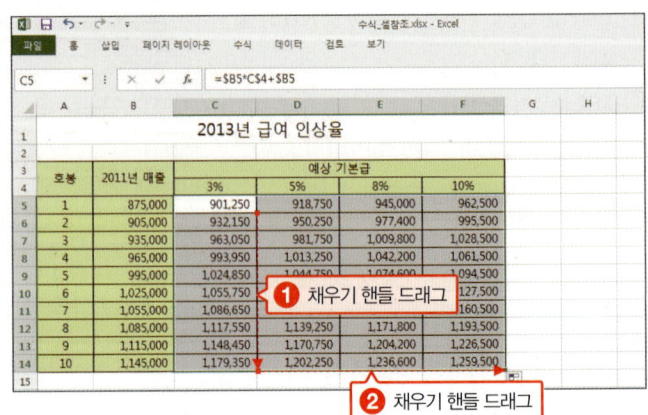

41 이름으로 수식 만들기

엑셀에서는 셀이나 선택 범위에 이름을 정의할 수 있습니다. 이름을 정의해두면 셀 주소를 사용한 선택 범위 대신 이름을 사용할 수 있습니다. 자주 참조하는 셀 주소를 셀 이름으로 지정하면 셀 주소를 수식으로 사용할 때 자주 나타나는 오류를 줄일 수 있고, 수식을 좀 더 직관적으로 만들 수 있습니다. 셀 이름을 정의하고 정의된 이름으로 수식을 만들어보겠습니다.

▪**실습 파일** 엑셀 \ 3장 \ 수식_셀참조.xlsx [이름참조] 시트　▪**완성 파일** 엑셀 \ 3장 \ 수식_셀참조_완성.xlsx [이름참조] 시트

01 선택 영역에서 이름 정의하기

[선택 영역에서 만들기]를 이용하면 셀 이름을 정의할 때마다 매번 범위를 지정할 필요 없이 데이터의 첫 행(제목 행)이나 왼쪽 열(제목 열)의 이름을 한 번에 셀 이름으로 지정할 수 있습니다. 열 이름인 배송료, 할인율, 세율을 셀 이름으로 정의해보겠습니다.

① [이름참조] 시트에서 **[A2:B4] 셀 드래그**

② [수식] 탭-[정의된 이름] 그룹-**[선택 영역에서 만들기]** 클릭

③ [선택 영역에서 이름 만들기] 대화상자에서 **[왼쪽 열]**에 체크 표시

④ **[확인]**을 클릭합니다.

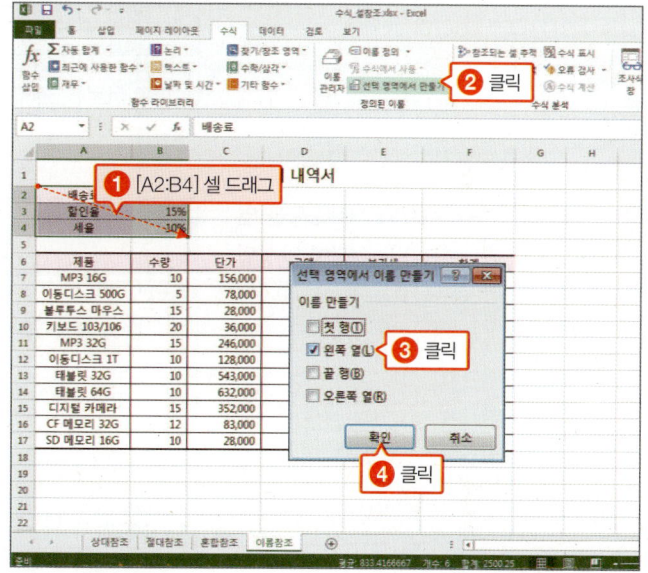

지정된 범위에서 왼쪽 열에 해당하는 각 셀의 이름이 오른쪽 셀 범위의 이름으로 정의되었습니다.

02 [이름 상자 목록▼]을 클릭하면 정의된 이름이 표시됩니다.

바로 통하는 TIP [수식] 탭의 [정의된 이름] 그룹에서 [이름 관리자]를 클릭하면 정의된 이름을 수정 및 삭제할 수 있습니다.

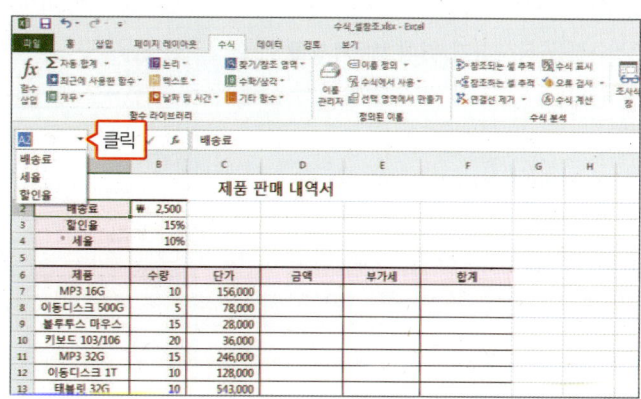

03 정의한 이름으로 수식 만들기

정의한 이름을 이용해 수식을 만들면 수식을 좀 더 직관적으로 이해할 수 있습니다.

① [D7] 셀에 수식 **=C7*(1-할인율)*B7** 입력 후 Enter

② [E7] 셀에 수식 **=D7*세율**을 입력한 후 Enter를 누릅니다.

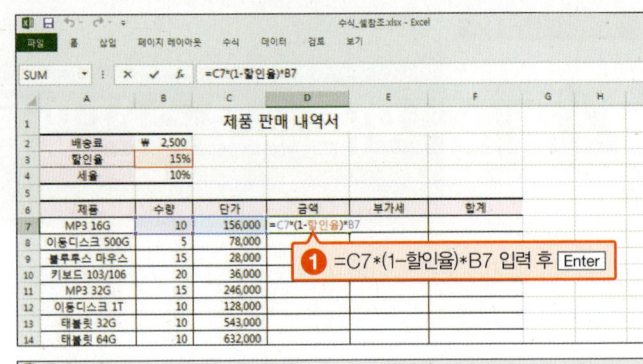

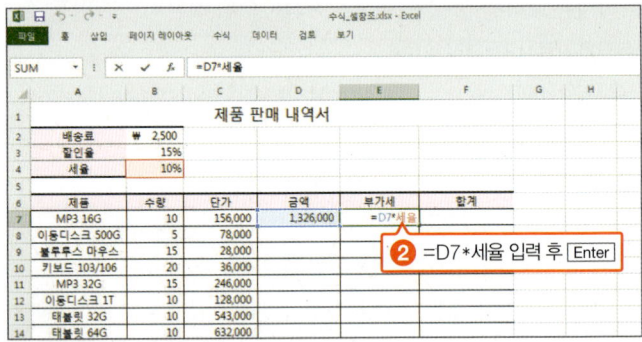

04 [F7] 셀에 수식 **=D7+E7+배송료**를 입력한 후 Enter를 누릅니다. 수식이 완성됩니다.

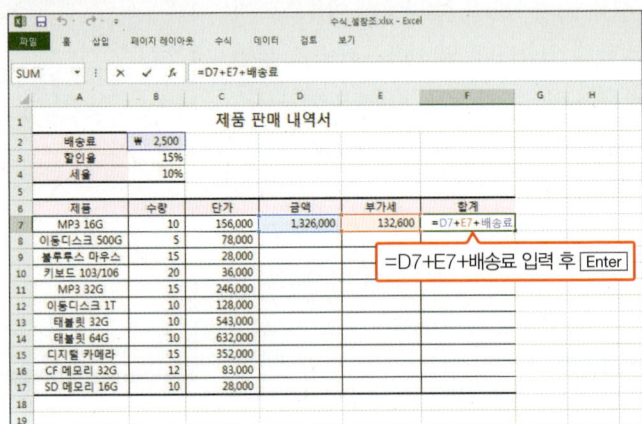

05

① **[D7:F7]** 셀 드래그

② 수식을 복사하기 위해 **채우기 핸들** 더블클릭

③ **[자동 채우기 옵션]** 클릭

④ **[서식 없이 채우기]**를 선택합니다.

전 제품의 금액, 부가세, 합계가 구해집니다.

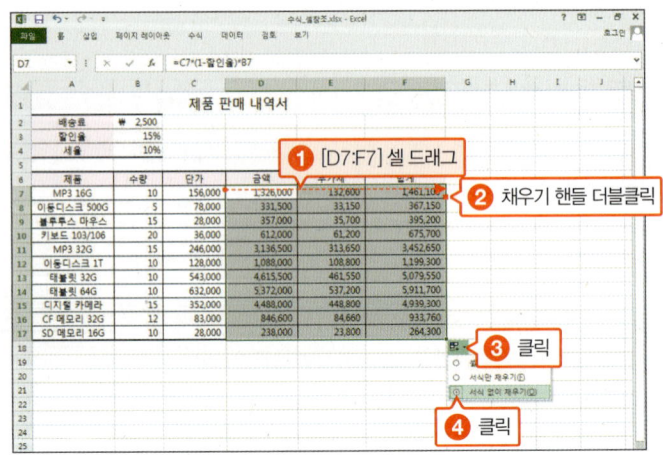

42 자동 합계 기능으로 수식 계산하기

엑셀에서는 자주 사용하는 수식을 버튼으로 만들어놓아 사용자가 더 쉽게 계산할 수 있도록 도와줍니다. 합계, 평균, 개수와 최댓값, 최솟값 등의 함수를 이용한 수식은 자동 합계 기능을 사용하면 클릭 한 번으로 간편하게 값을 구할 수 있습니다.

• **실습 파일** 엑셀 \ 3장 \ 수식_자동합계.xlsx · **완성 파일** 엑셀 \ 3장 \ 수식_자동합계_완성.xlsx

01 합 구하기

인사고과 집계표에서 평가 항목별 총점의 합계를 구해보겠습니다.

① [G4:G17] 셀 드래그

② [홈] 탭-[편집] 그룹-[**자동 합계 Σ**]를 클릭합니다.

행 방향으로 개인별 고과 점수 합계가 계산됩니다.

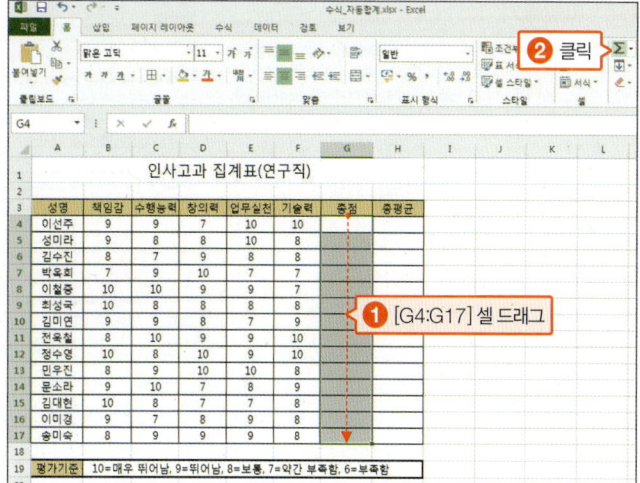

02 평균 구하기

인사고과 집계표에서 평가 항목별 점수의 평균을 구해보겠습니다.

① [H4] 셀 클릭

② [**합계 목록 Σ**] 클릭

③ [**평균**] 선택

④ [B4:F4] 셀 드래그 후 Enter

⑤ [H4] 셀의 채우기 핸들을 더블클릭하여 수식을 복사합니다.

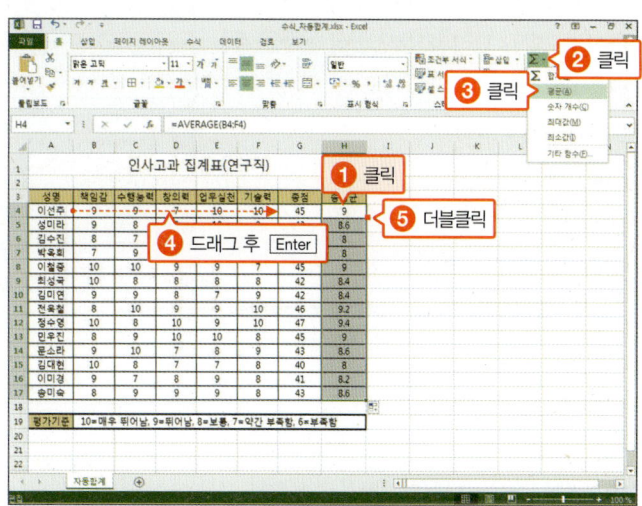

43 표에서 구조적 참조를 이용해 한 번에 수식 계산하기

표 안의 데이터를 참조해 만든 수식은 대괄호([ ])와 열 머리글을 사용하는 구조적 참조 방식을 사용합니다. 구조적 참조를 사용하면 수식의 이해가 쉽고 표 안의 데이터가 수정, 추가, 삭제된다 하더라도 자동으로 셀 참조가 조정되기 때문에 일반 셀 참조에 비해 매우 유용합니다.

▪ **실습 파일** 엑셀 \ 3장 \ 수식_표수식.xlsx [표수식1] 시트   ▪ **완성 파일** 엑셀 \ 3장 \ 수식_표수식_완성.xlsx [표수식1] 시트

01 표 만들기

거래명세서에 표 서식을 적용해보겠습니다.

① [표수식1] 시트에서 임의의 데이터 셀 클릭

② [삽입] 탭-[표] 그룹-[표] 클릭

③ [표 만들기] 대화상자에서 표에 사용할 데이터 범위로 [A3:F10] 셀 드래그

④ [머리글 포함]에 체크 표시

⑤ [확인]을 클릭합니다.

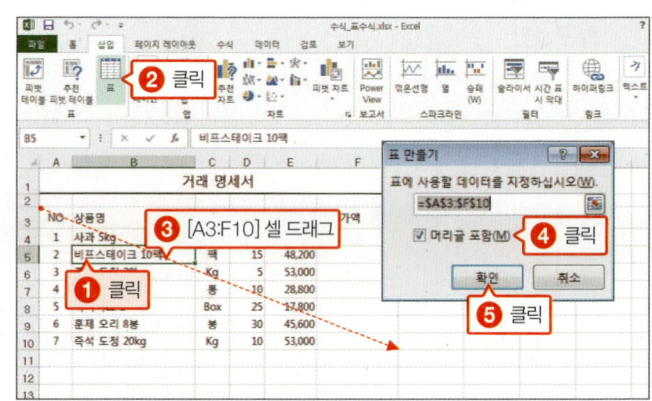

> **바로 통하는 TIP** 표 서식을 적용할 범위에 병합된 셀이 있으면 자동으로 병합이 해제됩니다. 표에 사용할 데이터로 지정한 범위의 첫째 행이 제목 행일 경우 [머리글 포함]에 체크합니다. 체크하지 않으면 선택 범위 맨 위에 열1, 열2, 열3,… 순으로 임시 제목 행이 삽입됩니다.

02 구조적 참조로 공급가액 구하기

상품의 수량과 단가를 곱해 공급가액을 계산해보겠습니다.

① [F4] 셀에 = 입력

② [D4] 셀 클릭

③ * 입력

④ [E4] 셀 클릭

  =[@수량]*[@단가]로 수식이 자동 입력됩니다.

⑤ Enter 를 누릅니다.

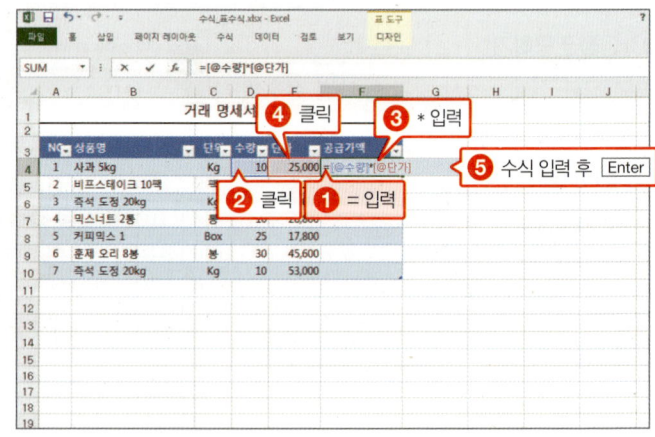

표의 구조적 수식으로 공급가액 전체가 계산됩니다.

> **바로 통하는 TIP** 표의 구조적 수식에서 [열 머리글]은 열 전체의 범위를 의미하고, [@열 머리글]은 열 전체 중에서 현재 셀이 위치하는 행을 의미합니다. 즉, [수량]이면 [D4:D10] 셀까지의 범위를 의미하고, [@수량]이면 각각의 [D4], [D5], … [D10] 셀을 의미합니다.

03 세액 열 추가하기

[G3] 셀에 **세액**을 입력한 후 Enter를 누릅니다.

자동으로 표 구조가 오른쪽으로 확장됩니다.

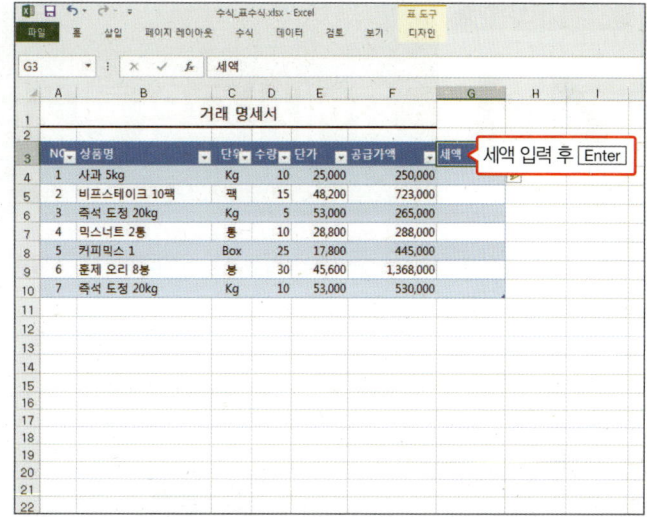

04 구조적 참조로 세액 구하기

① [G4] 셀에 = 입력
② [F4] 셀 클릭
③ *와 10%를 입력합니다. **=[@공급가액]*10%**로 자동 입력됩니다. Enter를 눌러 세액 전체를 구합니다.

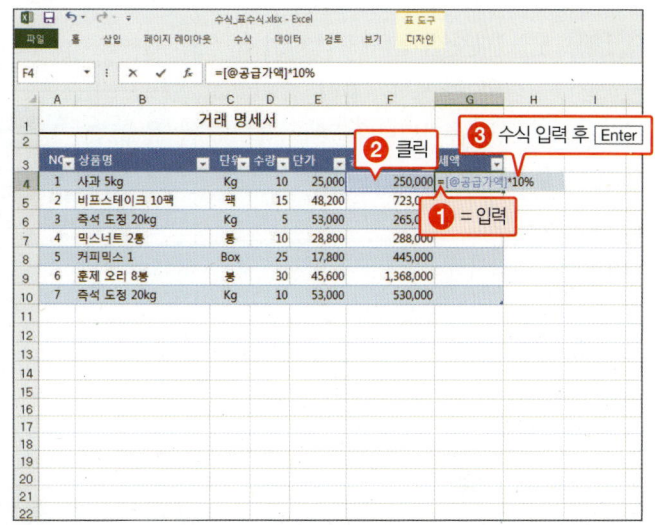

표의 구조적 참조

구조적 참조는 일반적으로 사용하는 [A1], [B$1], [$A$2] 등의 셀 참조를 수식에서 사용하지 않는 대신에 표 이름과 행, 열 머리글을 참조하는 방식입니다.

구조적 참조	일반 셀 참조
=[@수량]*[@단가]	=D4*E4
거래 명세서의 [표1]의 수량*단가	거래 명세서의 수량*단가
=SUM(표1[공급가액])	=SUM(F4:F10)
거래 명세서의 [표1] 공급가액 열의 합계를 계산	거래 명세서의 [F4]~[F10] 셀 합계를 계산

44 표에서 요약 행 지정하기

표의 마지막 행에 계산 값을 넣을 수 있습니다. 요약 행은 열의 합계, 평균, 개수, 최댓값, 최솟값 등을 선택했을 때 자동으로 데이터를 요약해줍니다.

▪ **실습 파일** 엑셀 \ 3장 \ 수식_표수식.xlsx [표수식2] 시트　　▪ **완성 파일** 엑셀 \ 3장 \ 수식_표수식_완성.xlsx [표수식2] 시트

01 요약 행 표시하기

① [표수식2] 시트에서 표 안에 있는 임의의 데이터 셀 클릭

② [표 도구] - [디자인] 탭 - [표 스타일 옵션] 그룹 - **[요약 행]**에 체크 표시

　표에 요약 행이 추가됩니다.

③ **[F11] 셀** 클릭

④ **[요약 목록▼]** 클릭

⑤ **[합계]**를 선택해서 공급가액의 합계를 구합니다.

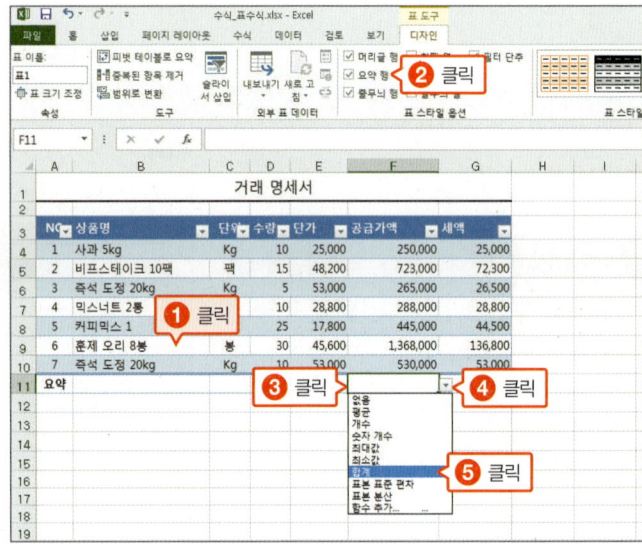

표의 마지막 행에 요약 행이 삽입되어 열의 합계를 간단히 구할 수 있습니다.

02

① 같은 방법으로 **[D11] 셀** 클릭

② **[요약 목록▼]** 클릭

③ **[합계]**를 선택하여 수량의 합계를 구합니다.

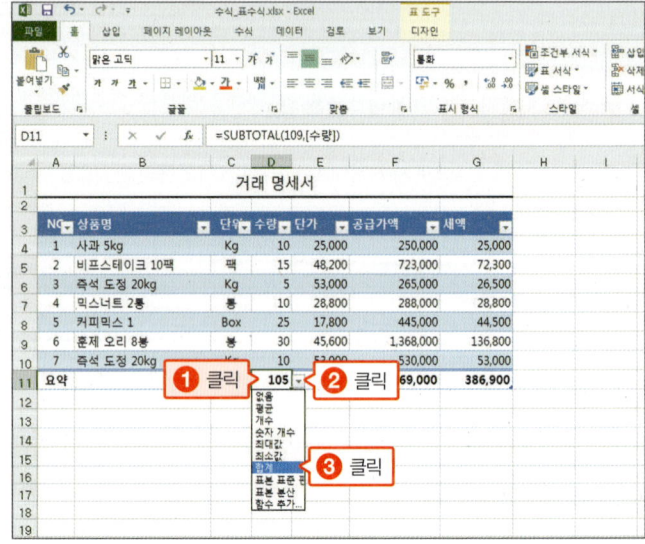

03 데이터 입력하기

표 범위에서 데이터의 마지막 셀인 [G10] 셀을 클릭하고 Tab 을 누르면 자동으로 행이 추가됩니다.

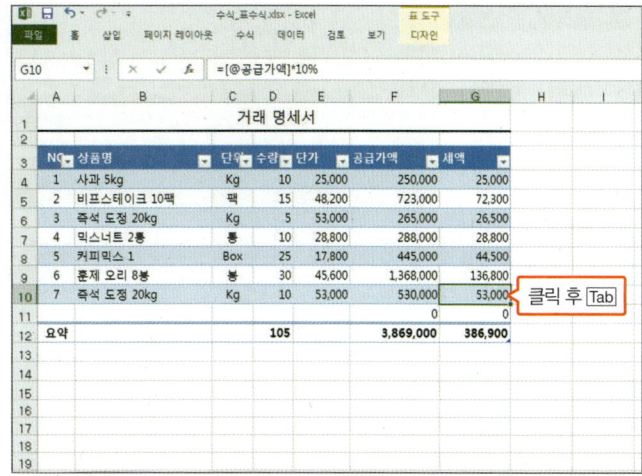

04 추가된 [A11:E11] 셀에 8, 불고기 10 팩, 팩, 10, 59900을 각각 입력하면 '공급가액'과 '세액'이 자동 계산됩니다.

자동으로 표 스타일이 적용되면서 요약 행에는 합계가 계산됩니다.

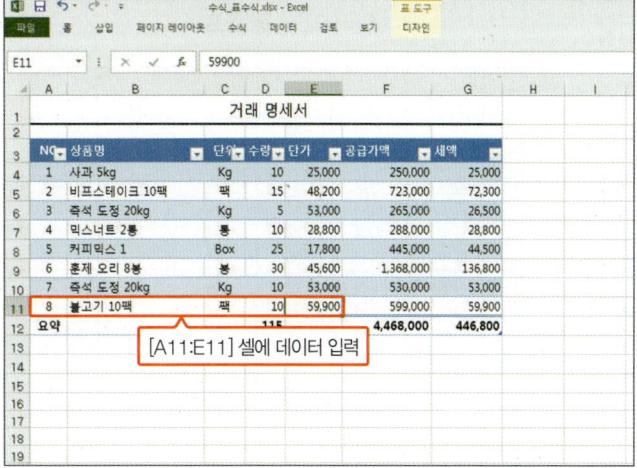

45 함수 라이브러리와 수식 자동 완성 이용해 MAX, LARGE 함수로 최댓값 구하기

함수는 계산에 필요한 값을 미리 만들어놓은 수식에 수치를 대입하여 계산한 결과 값을 반환해줍니다. 함수를 사용하려면 함수를 직접 입력하거나 함수 라이브러리의 범주에서 함수를 찾은 다음 [함수 인수] 대화상자에 값을 입력합니다.

▪ **실습 파일** 엑셀 \ 3장 \ 함수_Max_인사고과.xlsx ▪ **완성 파일** 엑셀 \ 3장 \ 함수_Max_인사고과_완성.xlsx

인사 고과 평가표

성명	부서명	직급	업적	능력	태도	평균
이중건	인사팀	대리	90	75	92	85.67
김수진	인사팀	부장	88	72	94	84.67
오민오	감사팀	차장	92	95	91	92.67
강회수	인사팀	사원	99	45	81	75.00
문상민	총무팀	대리	98	92	72	87.33
민재호	홍보팀	사원	88	94	93	91.67
박희재	총무팀	사원	85	91	91	89.00
이상철	기획팀	대리	91	81	76	82.67
최철구	감사팀	주임	92	72	77	80.33
이수민	인사팀	주임	92	93	92	92.33
성호중	기획팀	주임	88	91	93	90.67
송수진	총무팀	과장	91	95	91	92.33
민주리	인사팀	사원	76	82	82	80.00
최훈국	홍보팀	대리	77	75	83	78.33
이철명	총무팀	사원	92	56	91	79.67
박민우	기획팀	과장	79	63	85	75.67
이정길	홍보팀	차장	93	98	93	94.67
이정수	기획팀	주임	91	77	77	81.67
임수진	홍보팀	부장	82	67	91	80.00
전병철	감사팀	과장	83	92	95	90.00
전상민	홍보팀	사원	91	77	82	83.33
정수민	총무팀	과장	85	58	75	72.67
최민수	총무팀	부장	93	81	56	76.67
최철민	인사팀	사원	81	65	80	75.33

	업적	능력	태도
최고점수	99	98	95	❶

	1	2	3
최고평점	94.67	92.67	92.33	❷

▲ 핵심기능실습 미리보기

❶ 인사 고과 평가 항목의 최대 점수를 MAX 함수로 구하고 수식 복사하기

❷ 고과 점수 평점에서 첫 번째~세 번째 큰 값을 LARGE 함수로 구하고 수식 복사하기

01 인사 고과 평가 항목의 최대 점수 구하기

함수명은 알고 있지만 어떤 인수를 사용해야 할지 헷갈릴 때는 함수 라이브러리 범주에서 함수를 삽입하는 것이 편리합니다. 인사 고과의 평가 항목 중 업적, 능력, 태도의 최고 점수를 구해보겠습니다.

① **[J4]** 셀 클릭

② **[수식]** 탭-**[함수 라이브러리]** 그룹-**[기타 함수]** 클릭

③ **[통계]** 선택

④ **[MAX]**를 선택합니다.

> **바로 통하는 TIP** MAX 함수는 최댓값을 구할 때 사용합니다.

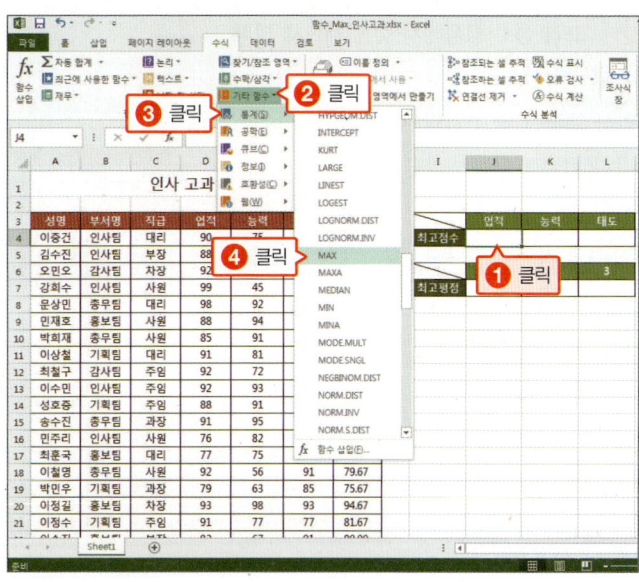

02 MAX 함수 인수 입력하기

① **[함수 인수]** 대화상자의 **[Number1]**란에 **D4:D27** 입력

② **[확인]**을 클릭합니다.

선택한 범위에서 최댓값을 구합니다.

> **바로 통하는 TIP** 셀과 셀 사이에 콜론(:)을 입력하면 '앞에 있는 셀부터 뒤에 있는 셀까지의 범위'라는 의미입니다. 완성 수식은 =MAX(D4:D27)입니다.

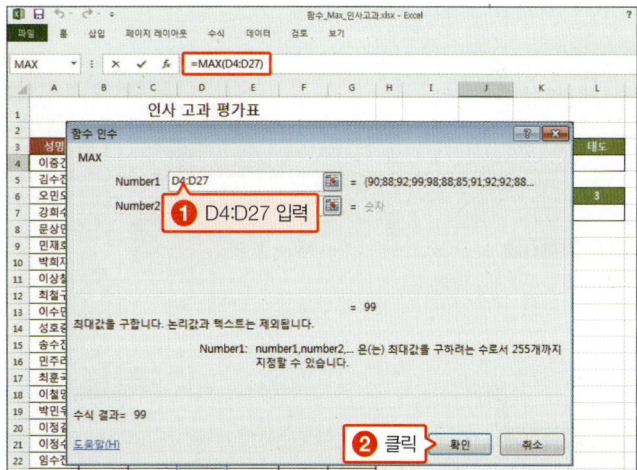

03 [J4] 셀의 채우기 핸들을 [L4] 셀까지 드래그해서 수식을 복사합니다.

업적, 능력, 태도 항목에서 가장 높은 점수가 기록됩니다.

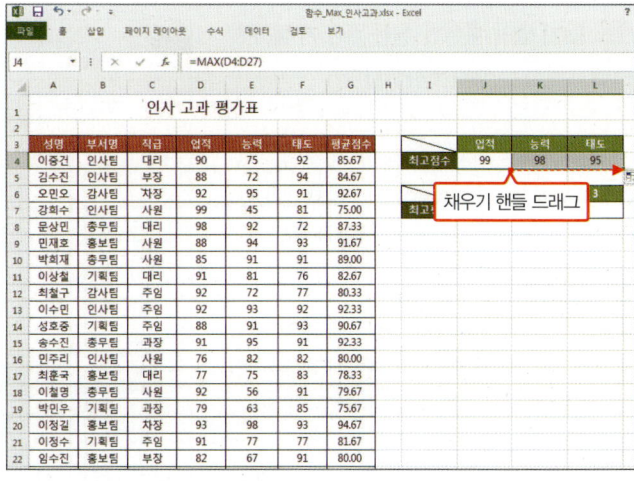

04 고과 점수 평점에서 첫 번째~세 번째 큰 값 구하기

인사 고과 평균 중 가장 높은 순서로 상위 세 개 점수를 구해보겠습니다.

① [J7] 셀에 **=L** 입력

② 수식 자동 완성 목록 상자에서 **LARGE** 를 선택하고 Tab 을 누릅니다.

05 LARGE 함수 인수 입력하기

① [G4:G27] 셀 드래그 후 F4

② , 입력

③ [J6] 셀 클릭

④)를 입력해서 수식을 완성하고 Enter 를 눌러 첫 번째로 큰 값을 구합니다.

바로 통하는 TIP LARGE 함수는 범위 내에서 몇 번째로 큰 값을 구할 때 사용합니다.

바로 통하는 TIP LARGE 함수는 두 번째 인수에 몇 번째 큰 값을 구할 것인지 순번을 입력해야 하는데, 1을 직접 입력하는 대신 1 값이 입력된 [J6] 셀을 지정했습니다. 완성 수식은 =LARGE($G$4:$G$27,J6)입니다.

06 [J7] 셀의 채우기 핸들을 [L7] 셀까지 드래그해서 수식을 복사합니다.

[J7] 셀을 오른쪽 방향으로 드래그해서 수식을 복사 하면 두 번째 인수 값이 자동으로 2, 3으로 변하면서 두 번째, 세 번째로 큰 평균 점수가 구해집니다.

바로 통하는 TIP 함수식 수정

함수식은 수식 입력줄에서 [함수 삽입 ƒx]을 클릭하여 [함 수 인수] 대화상자에서 수정할 수 있습니다. 직접 수정하 려면 수식 입력줄을 클릭하거나 F2 를 눌러 함수식을 수 정합니다.

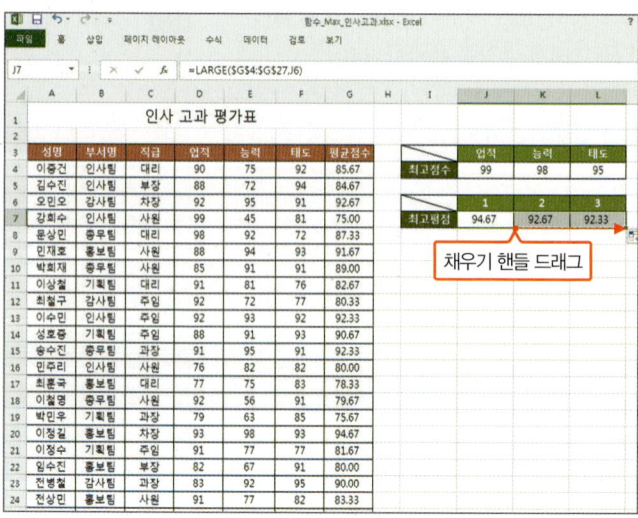

46 COUNTA, COUNTBLANK 함수로 인원수 구하기

일정 범위에서 공백을 제외한 셀의 개수를 세는 COUNTA 함수와 빈 셀의 개수를 세는 COUNTBLANK 함수에 대해서 살펴보겠습니다.

• **실습 파일** 엑셀 \ 3장 \ 함수_Counta_출석부.xlsx   • **완성 파일** 엑셀 \ 3장 \ 함수_Counta_출석부_완성.xlsx

01 출석일수 구하기

1~5일까지 기간 중 어학 교육에 출석한 출석일을 구해보겠습니다.

① [H3] 셀 클릭

② [수식] 탭-[함수 라이브러리] 그룹-[기타 함수] 클릭

③ [통계] 선택

④ [COUNTA]를 선택합니다.

바로 통하는 TIP COUNTA는 공백을 제외한 셀의 개수를 구하는 함수입니다.

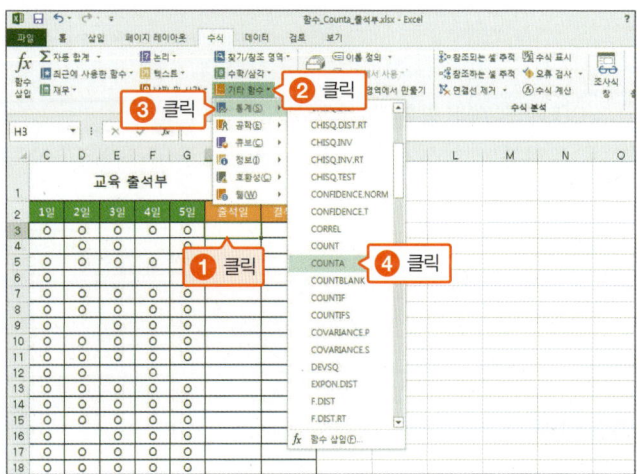

02 COUNTA 함수 인수 입력하기

① [함수 인수] 대화상자의 [Value1]란에 C3:G3 입력

② [확인]을 클릭합니다.

범위([C3:G3] 셀)에서 공백을 제외한 셀의 개수를 구합니다. 출석일이 구해집니다.

바로 통하는 TIP 완성 수식은 =COUNTA(C3:G3)입니다.

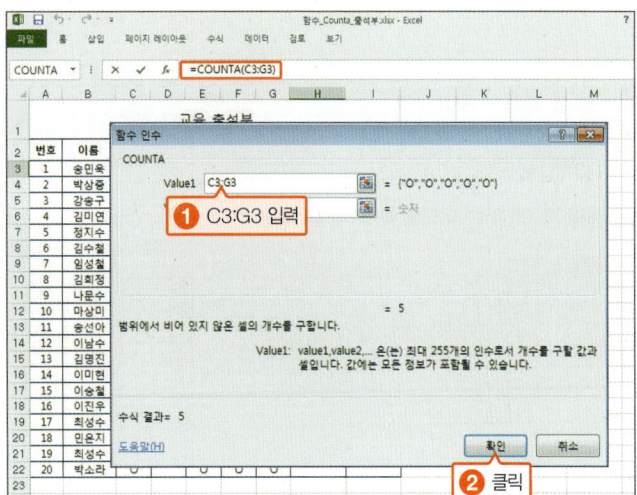

03 결석일수 구하기

1~5일까지 기간 중 어학 교육에 결석한 결석일을 구해보겠습니다.

① [I3] 셀 클릭

② [수식] 탭-[함수 라이브러리] 그룹-[기타 함수] 클릭

③ [통계] 선택

④ [COUNTBLANK]를 선택합니다.

바로 통하는 TIP COUNTBLANK는 공백 셀의 개수를 구하는 함수입니다.

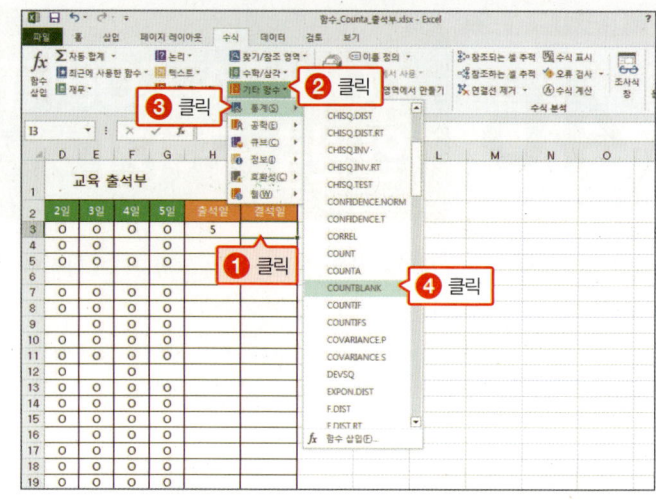

04 COUNTBLANK 함수 인수 입력하기

① [함수 인수] 대화상자의 [Range]란에 C3:G3 입력

② [확인]을 클릭합니다.

범위([C3:G3] 셀)에서 빈 셀의 개수를 구합니다. 결석일이 구해집니다.

바로 통하는 TIP 완성 수식은 =COUNTBLANK(C3:G3)입니다.

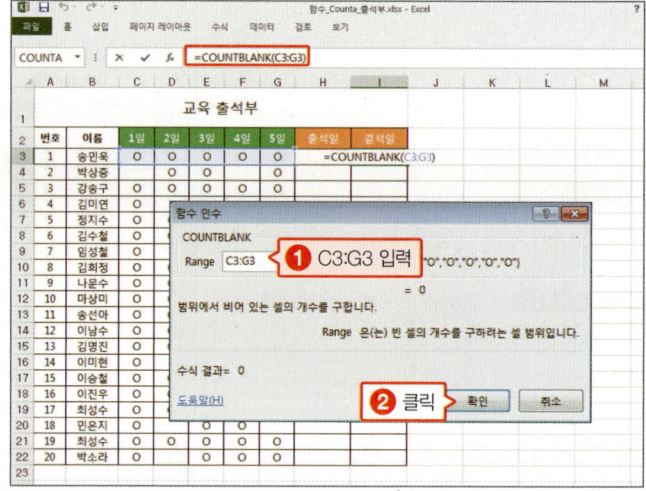

05

① [H3:I3] 셀 드래그

② 채우기 핸들을 **더블클릭**하여 수식을 복사합니다.

어학 교육 출석 수강생의 전체 출석일과 결석일이 구해집니다.

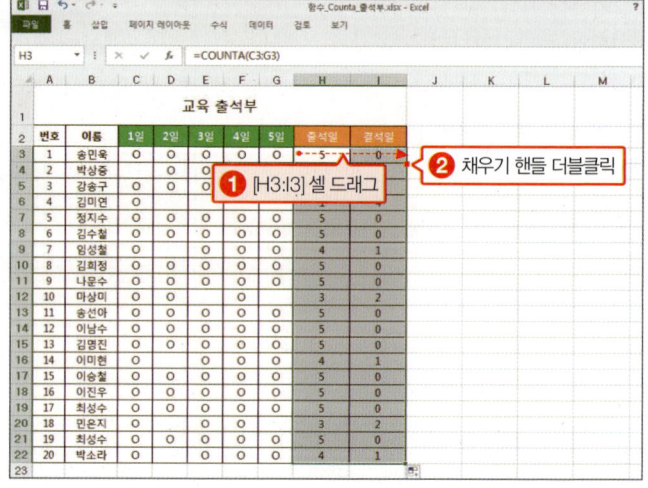

47 ROUNDDOWN, FORMULATEXT 함수로 내림과 함수식 표시하기

ROUNDDOWN 함수는 내림하는 함수로, 지정된 자릿수 아래 값을 버립니다. FORMULATEXT 함수는 엑셀 2013에 새로 추가된 함수로, 함수식을 텍스트로 반환하는 함수입니다.

▪**실습 파일** 엑셀 \ 3장 \ 함수_Rounddown_외주인력.xlsx   ▪**완성 파일** 엑셀 \ 3장 \ 함수_Rounddown_외주인력_완성.xlsx

01 함수식을 텍스트로 표시하기

평균 항목에는 부서별 외주 인력의 평균 인 원수를 구하는 수식이 입력되어 있습니다. 수식을 텍스트로 변환해 표시해보겠습니다.

① [G3] 셀 클릭

② [수식] 탭-[함수 라이브러리] 그룹-[**찾 기/참조 영역**] 클릭

③ [**FORMULATEXT**]를 선택합니다.

바로 통하는 TIP FORMULATEXT 함수는 셀이나 셀 범위 내 수식을 문자열로 반환합니다.

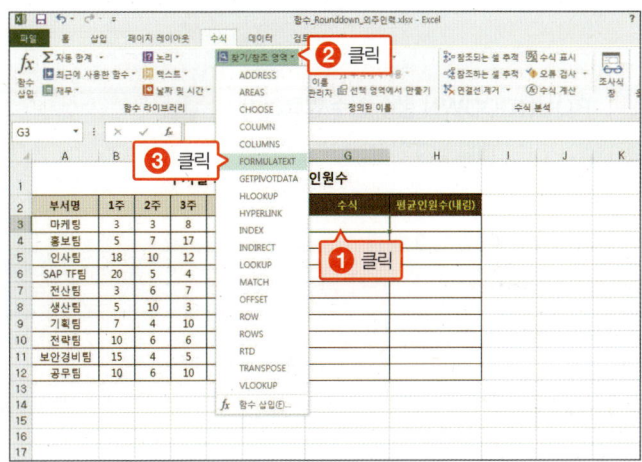

02 FORMULATEXT 함수 인수 입력하기

① [함수 인수] 대화상자의 [Reference]란 에 **F3** 입력

② [**확인**]을 클릭합니다. 수식 =**FORMULA TEXT(F3)**이 완성됩니다.

평균 수식을 텍스트로 표시합니다.

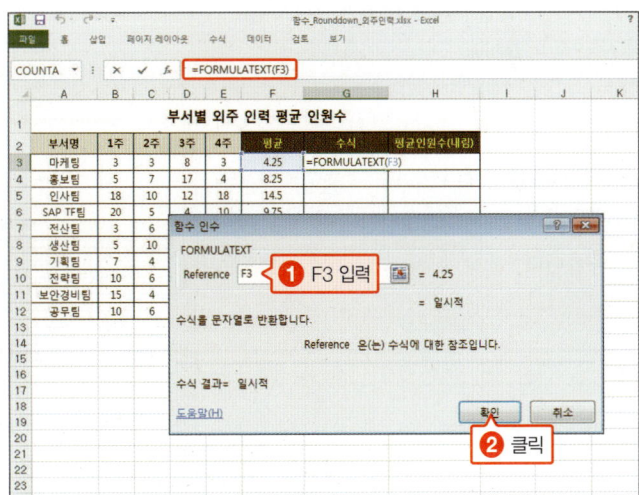

03 평균 인원수 소수 첫째 자리에서 내림하기

부서별 외주 인력의 평균 인원수에서 소수
첫째 자리를 내림해 값을 표시해보겠습니다.

① [H3] 셀 클릭

② [수식] 탭-[함수 라이브러리] 그룹-[수
학/삼각] 클릭

③ [ROUNDDOWN]을 선택합니다.

바로 통하는 TIP ROUNDDOWN 함수는 지정한 자
릿수 이하를 무조건 내림합니다.

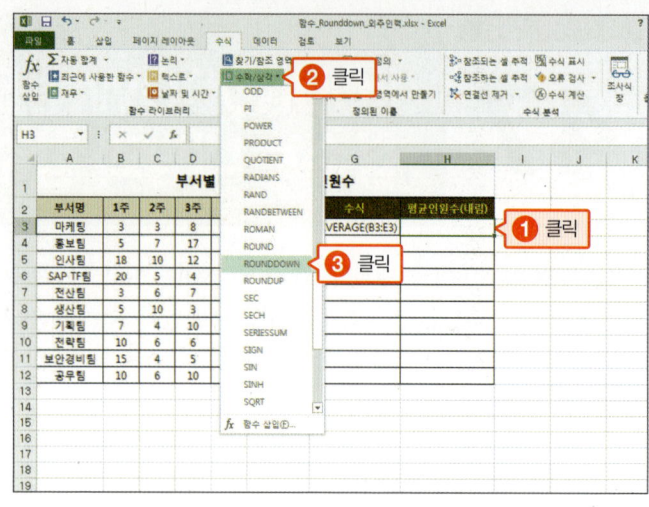

04 ROUNDDOWN 함수 인수 입력하기

① [함수 인수] 대화상자의 [Number]란에
F3 입력

② [Num_digits]란에 **0** 입력

③ [확인]을 클릭합니다. 수식 =ROUND
DOWN(F3,0)이 완성됩니다.

평균 인원수를 소수 첫째 자리에서 내림해서 정수로
표시합니다.

바로 통하는 TIP 자릿수는 0을 기준으로 1, 2, 3,…
과 같이 양수를 지정하면 소수 이하로 자릿수를 조정하고,
-1, -2, -3,…과 같이 음수를 지정하면 소수점 이상으
로 자릿수를 조정합니다.

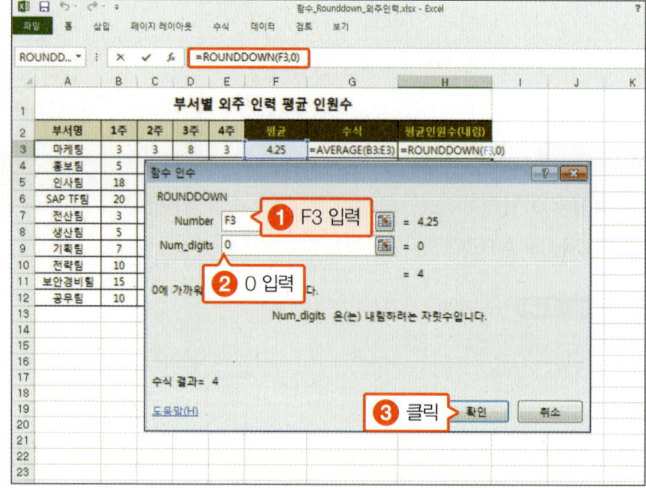

05

① [G3:H3] 셀 드래그

② 채우기 핸들을 더블클릭하여 수식을 복
사합니다.

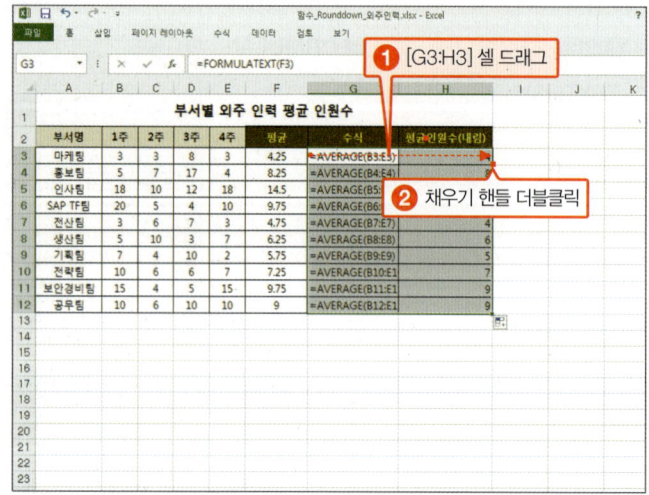

48 ROW, SUMPRODUCT 함수로 번호와 합계 금액 구하기

ROW 함수는 현재 셀이나 특정 셀의 번호를 구할 때 사용하고 SUMPRODUCT 함수는 배열 또는 범위의 대응하는 값끼리 곱하고 더할 때 사용합니다.

▪ **실습 파일** 엑셀 \ 3장 \ 함수_Row_견적서.xlsx   ▪ **완성 파일** 엑셀 \ 3장 \ 함수_Row_견적서_완성.xlsx

01 행 번호 구하기

견적서에서 품명의 행 번호를 구해보겠습니다.

① **[B14]** 셀 클릭

② **=ROW()−13**을 입력하고 Enter 를 누릅니다.

[B14] 셀의 현재 행 번호는 14이므로 ROW 함수에서 13을 빼서 1을 표시했습니다.

바로 통하는 TIP ROW 함수는 현재 셀의 행 번호를 알려줍니다. 특정 셀의 번호를 알고 싶다면 인수에 셀 주소를 넣어서 사용합니다.

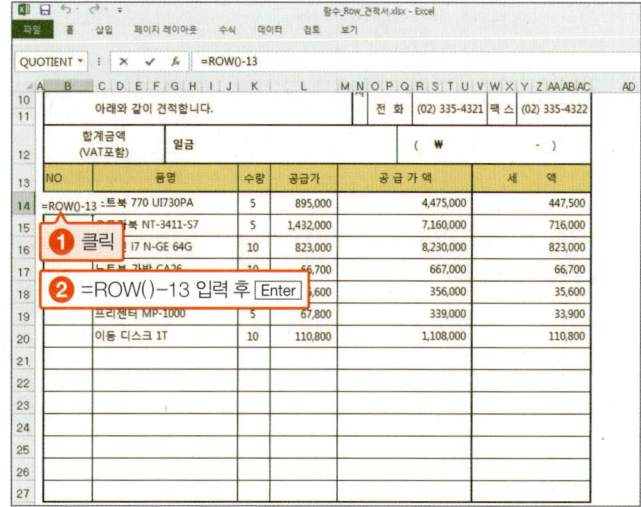

02

① **[B14]** 셀의 채우기 핸들을 **[B27]** 셀까지 드래그

② **[자동 채우기 옵션 📋]** 클릭

③ **[서식 없이 채우기]**를 선택합니다.

[B27] 셀까지 행 번호가 채워집니다.

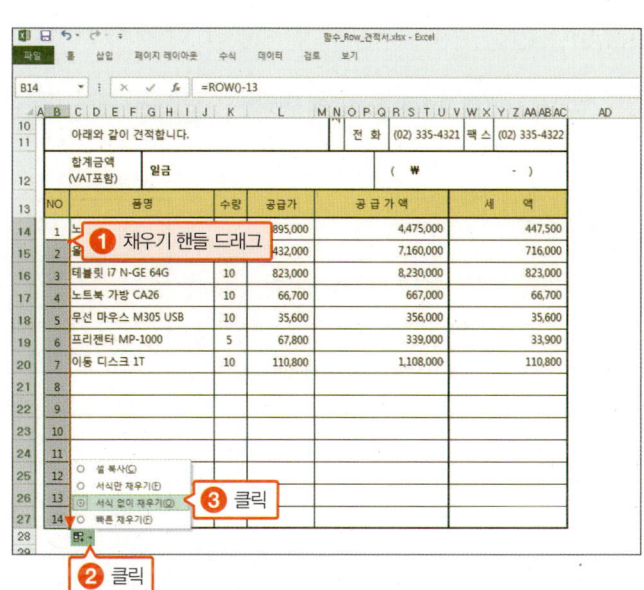

03 합계 구하기

수량과 공급가를 곱하고 더하여 합계 금액을 구합니다.

① [I12] 셀 클릭

② [수식] 탭-[함수 라이브러리] 그룹-[수학/삼각] 클릭

③ [SUMPRODUCT]를 선택합니다.

바로통하는 TIP SUMPRODUCT 함수는 범위에서 대응되는 같은 행의 값끼리 곱하고 더해줍니다.

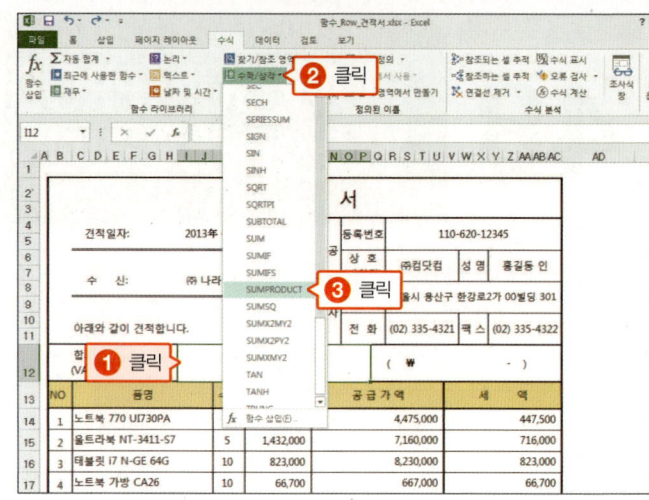

04 SUMPRODUCT 함수 인수 입력하기

① [함수 인수] 대화상자의 [Array1](대응하여 곱할 범위1)란에 **K14:K27** 입력

② [Array2](대응하여 곱할 범위2)란에 **L14:L27** 입력

③ [확인]을 클릭합니다. 수식 **=SUMPRODUCT(K14:K27,L14:L27)**이 완성됩니다.

범위의 수량과 공급가를 곱한 후 모두 더한 값이 구해집니다.

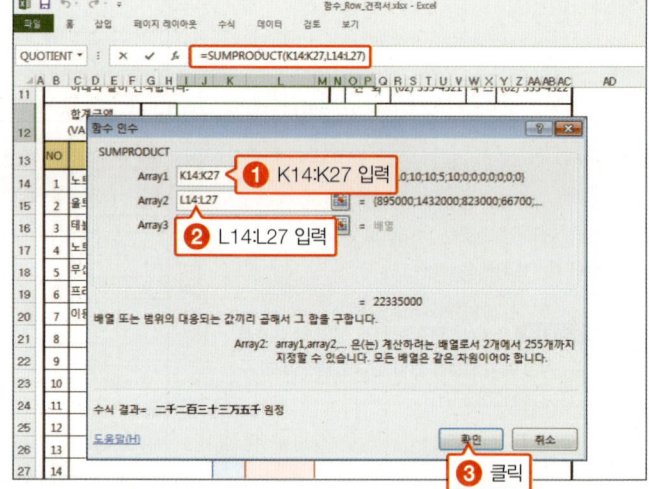

05 부가세 10%를 포함한 합계금액 구하기

합계금액에는 세금이 포함되므로 결과 값에 10%를 추가하겠습니다.

① [I12] 셀 클릭

② 수식 입력줄에서 수식의 마지막 부분에 ***1.1**을 추가로 입력한 후 Enter 를 누릅니다. 수식 **=SUMPRODUCT(K14:K27, L14:L27)*1.1**이 완성됩니다.

공급가액에 10%가 추가되어 합계금액이 구해집니다.

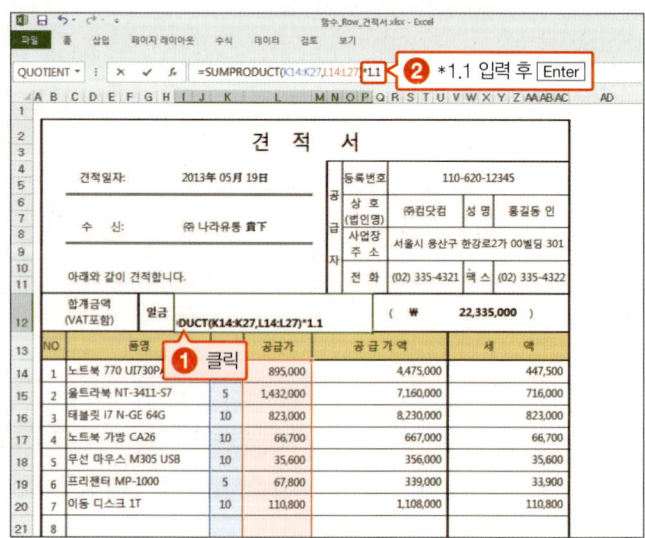

49 RANK.EQ, RANK.AVG 함수로 순위 구하기

RANK.EQ는 데이터의 순위를 구하는 함수로 동순위가 나올 경우 동순위를 표시합니다. RANK.AVG는 동순위가 나올 경우 순위의 구간 평균 값을 표시합니다.

▪**실습 파일** 엑셀 \ 3장 \ 함수_Rank_보험계약.xlsx ▪**완성 파일** 엑셀 \ 3장 \ 함수_Rank_보험계약_완성.xlsx

01 합계를 기준으로 순위 구하기

서울 지역의 전체 계약 건수 중 보험 종류별로 가장 많이 계약된 보험의 순위를 알아보겠습니다.

① [B13] 셀 클릭

② [수식] 탭-[함수 라이브러리] 그룹-[기타 함수] 클릭

③ [통계] 선택

④ [RANK.EQ]를 선택합니다.

> **바로 통하는 TIP** RANK.EQ는 순위를 구하는 함수로 동순위가 나올 경우 순위의 동순위로 표시됩니다.

> **바로 통하는 TIP** 엑셀 2007 이전 버전과의 호환 함수를 사용하려면 [수식] 탭-[함수 라이브러리] 그룹-[기타 함수]-[통계]-[호환성]-[RANK] 함수를 사용합니다.

02 RANK.EQ 함수 인수 입력하기

① [함수 인수] 대화상자의 [Number](순위를 구할 셀)란에 **B12** 입력

② [Ref](순위를 구할 때 참조할 범위)란에 **$B$12: $E$12** 입력

③ [Order](오름차순/내림차순)란에 **0** 입력

④ [확인]을 클릭합니다. 수식 =RANK.EQ (B12,$B$12 :$E$12,0)이 완성됩니다.

특정 셀(B12)이 범위([B12]~[E12] 셀)에서 몇 위인지 내림차순(0)으로 순위를 구합니다.

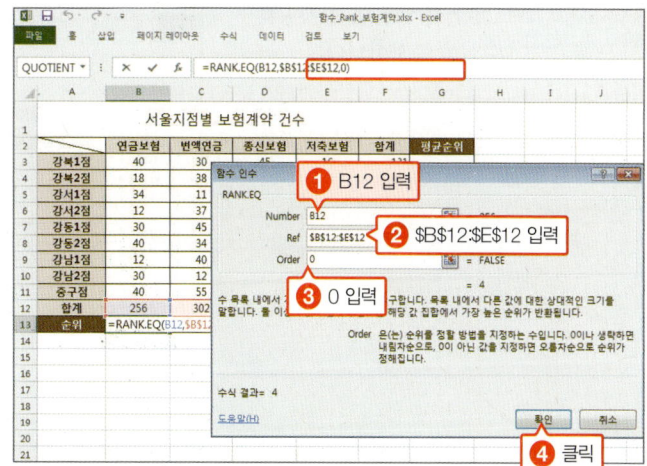

> **바로 통하는 TIP** 순위를 계산할 때 큰 값에서 작은 값 순으로 순위를 계산하면 내림차순, 작은 값에서 큰 값 순으로 순위를 계산하면 오름차순입니다. 순위 결정 방법에 0을 입력하거나 생략하면 내림차순으로, 1을 입력하면 오름차순으로 순위를 구합니다.

03 [B13] 셀의 채우기 핸들을 **[E13] 셀**까지 드래그해서 수식을 복사합니다.

가장 계약 건수가 많은 보험 순서대로 순위가 표시됩니다.

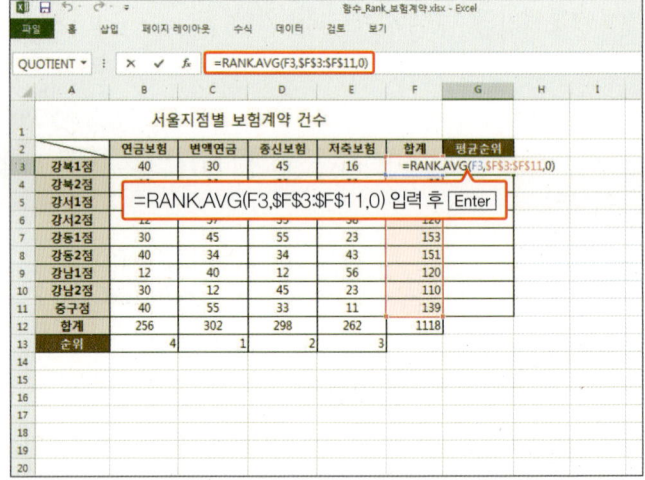

04 RANK.AVG 함수로 합계의 평균 순위 구하기

보험 계약 건수가 많은 서울 지역의 지점별 순위를 알아보겠습니다.

[G3] 셀에 **=RANK.AVG(F3,$F$3:$F$11, 0)**을 입력하고 Enter 를 누릅니다.

바로 통하는 TIP RANK.AVG는 순위를 구하는 함수로 동순위가 나올 경우 순위의 구간 평균 값을 순위로 나타냅니다.

05 [G3] 셀의 채우기 핸들을 **[G11] 셀**까지 드래그하여 수식을 복사합니다.

범위([F3:F11] 셀)는 동순위일 경우 순위의 구간 평균 값이 순위로 표시됩니다.

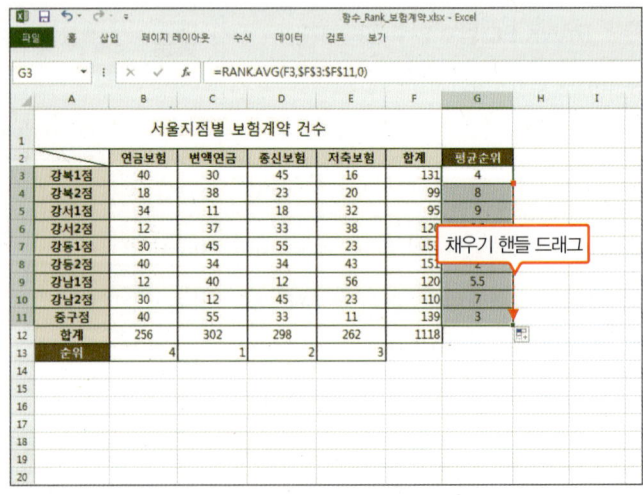

50 IF 함수로 과정 수료자와 교육비 구하기

IF 함수는 조건식에 따라 참 또는 거짓으로 구분할 때 사용합니다. 엑셀에서 가장 많이 사용하는 함수 중에 하나이고 쓰임새 또한 다양하므로 잘 알아두는 것이 좋습니다.

실습 파일 엑셀 \ 3장 \ 함수_If_과정수료.xlsx   **완성 파일** 엑셀 \ 3장 \ 함수_If_과정수료_완성.xlsx

01 출석일수에 따라 수료와 미수료를 표시하기

출석 일수의 80%(4일) 이상 교육에 참여한 경우에는 '수료'를, 그렇지 않은 경우에는 '미수료'를 표시해보겠습니다.

① [I4] 셀 클릭

② [수식] 탭-[함수 라이브러리] 그룹-[논리] 클릭

③ [IF]를 선택합니다.

02

① [Logical_test](조건)란에 **H4>=4** 입력

② [Value_if_true](참 값)란에 **수료** 입력

③ [Value_if_false](거짓 값)란에 **미수료** 입력

④ [확인]을 클릭합니다. 수식 **=IF(H4>=4, "수료","미수료")**이 완성됩니다.

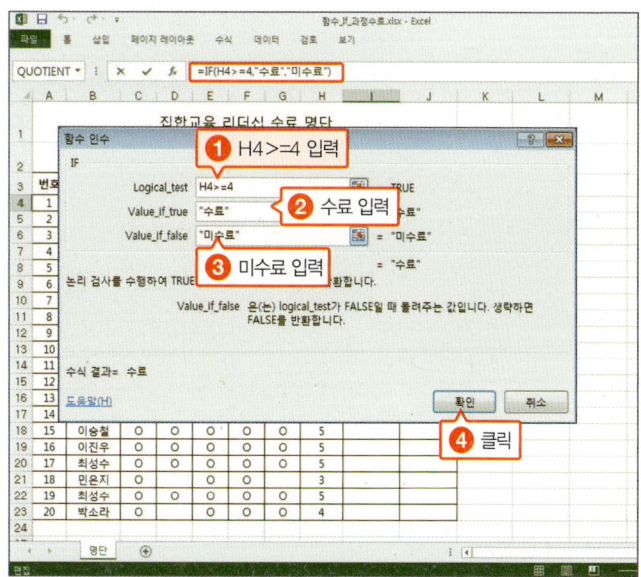

03 교육비에 수료면 0, 미수료면 300000을 표시하기

교육을 수료한 경우에는 교육비에 '0'을, 미수료한 경우에는 '300000'을 표시해보겠습니다. [J4] 셀에 **=IF(I4="수료",0,300000)**을 입력하고 Enter 를 누릅니다.

교육 유무에 따라 수료면 교육비 0, 미수료면 300000이 표시됩니다.

04

① **[I4:J4] 셀 드래그**
② **채우기 핸들을 더블클릭해서 수식을 복사합니다.**

수강생의 교육 과정 수료 여부 및 납입할 교육비가 표시됩니다.

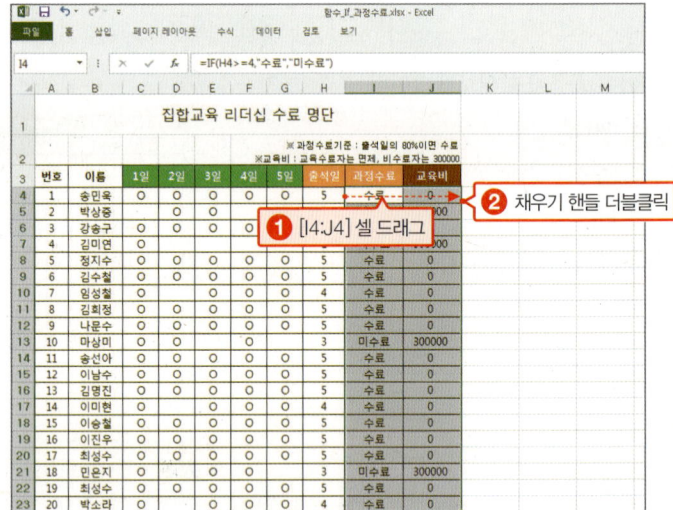

IF(I4="수료",0,300000) 입력 후 Enter

① [I4:J4] 셀 드래그

② 채우기 핸들 더블클릭

51 중첩 IF 함수로 신용 평가 등급 구하기

IF 함수는 단독으로 쓰일 때도 있지만 다수의 조건을 비교해야 할 경우에는 64개까지 중첩하여 사용할 수 있습니다. 여러 조건을 비교할 때 쓸 수 있는 IF 함수의 중첩에 대해서 알아보겠습니다.

▪**실습 파일** 엑셀\3장\함수_If중첩_신용평가.xlsx ▪**완성 파일**엑셀\3장\함수_If중첩_신용평가_완성.xlsx

01 IF 함수 중첩해 신용평가등급 표시하기

신용평가등급에 신용 점수가 90점 이상이면 A, 80점 이상이면 B, 70점 이상이면 C, 70점 미만이면 D를 표시해보겠습니다.

① 신용평가등급을 표시할 **[C4] 셀** 클릭
② **[수식] 탭–[함수 라이브러리]** 그룹–**[논리]** 클릭
③ **[IF]**를 선택합니다.

02 IF 함수 인수 입력하기

① **[함수 인수]** 대화상자의 **[Logical_test]** 란에 **B4>=90** 입력
② **[Value_if_true]**란에 **A** 입력
③ **[Value_if_false]**란 클릭
④ **[이름 상자]**의 **[IF]**를 클릭합니다.

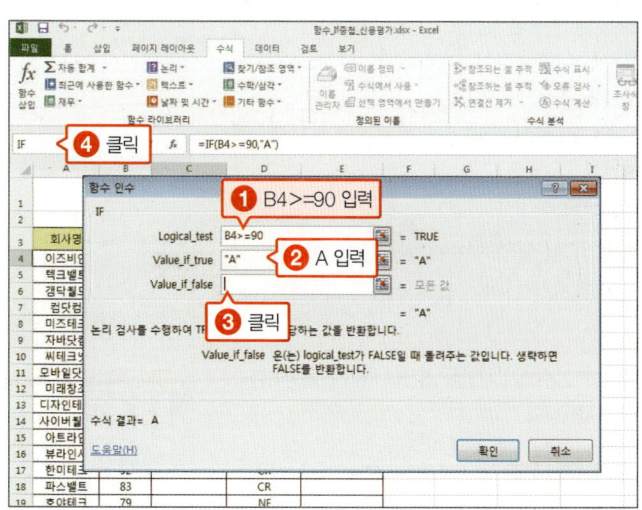

바로 통하는TIP Logical_test(조건식) : 신용 평가 점수가 90 이상인지를 판단하는 조건식으로 B4>=90을 입력합니다.

Value_if_true(참 값) : 점수가 90 이상이면 신용 등급 A를 입력합니다.

Value_if_false(거짓 값) : 첫 번째 조건이 거짓인 경우 두 번째 조건으로 IF 함수를 중첩하기 위해 [이름 상자]에서 [IF]를 클릭합니다.

03

① 새로운 [함수 인수] 대화상자의 [Logi-cal_test]란에 **B4>=80** 입력

② [Value_if_true]란에 **B** 입력

③ [Value_if_false]란 클릭

④ [이름 상자]의 **[IF]**를 클릭합니다.

바로 통하는 TIP Logical_test : 신용 점수가 80 이상인지를 판단하는 조건식으로 B4>=80을 입력합니다.
Value_if_true : 점수가 80 이상이면 신용 등급 B를 입력합니다.
Value_if_false : 두 번째 조건이 거짓인 경우 세 번째 조건으로 IF 함수를 중첩하기 위해 [이름 상자]에서 [IF]를 클릭합니다.

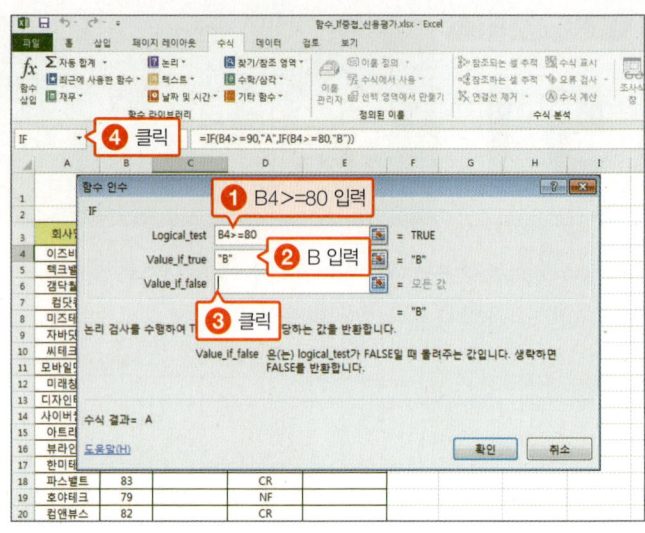

04

① 새로운 [함수 인수] 대화상자의 [Logi-cal_test]란에 **B4>=70** 입력

② [Value_if_true]란에 **C**입력

③ [Value_if_false]란에 **D** 입력

④ **[확인]**을 클릭해서 수식 **=IF(B4>=90, "A",IF(B4>=80,"B",IF(B4>=70,"C", "D")))**를 완성합니다.

바로 통하는 TIP Logical_test : 신용 점수가 70 이상인지를 판단하는 조건식으로 B4>=70을 입력합니다.
Value_if_true : 점수가 70 이상이면 신용 등급 C를 입력합니다.
Value_if_false : 점수가 70 미만이면 신용 등급 D를 입력합니다.

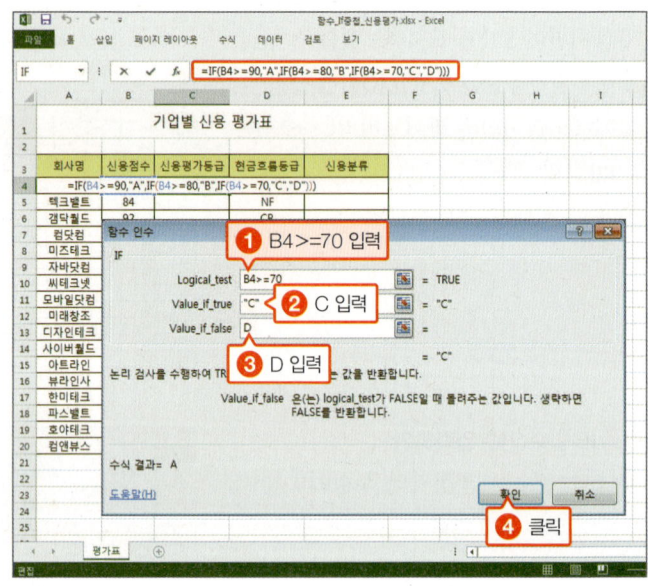

05 [C4] 셀의 채우기 핸들을 **[C20] 셀**까지 드래그하여 나머지 셀에 수식을 복사합니다.

중첩 IF 함수에서 지정한 조건에 따라 신용평가등급이 표시됩니다.

바로 통하는 TIP IF 중첩 함수는 [함수 인수] 대화상자를 이용하면 쉽게 수식을 완성할 수 있지만 여러 함수를 중첩하여 사용하는 경우가 많으므로 직접 수식을 입력해 보는 것도 좋습니다. 함수를 중첩해서 사용할 때에는 중첩한 함수의 개수만큼 수식의 마지막 괄호 개수를 맞추어야 합니다.

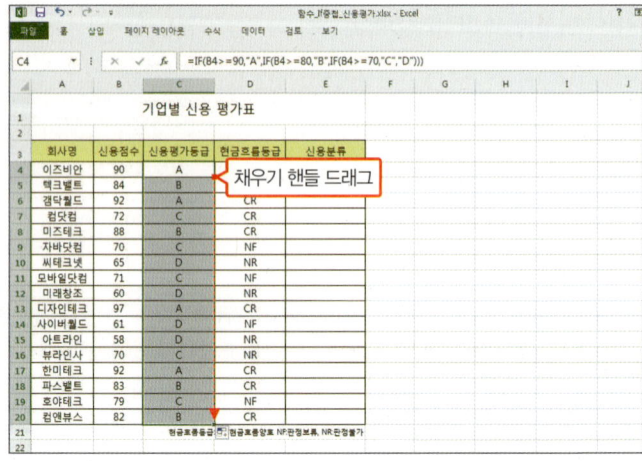

52 IF, AND, OR 함수로 기업 신용도 분류하기

수식에서 여러 항목의 조건을 비교하여 조건을 모두 만족할 경우 참 값을 반환하는 함수는 AND이며, 일부의 조건을 만족할 경우 참 값을 반환하는 함수는 OR입니다. 조건은 255개까지 지정할 수 있습니다.

• **실습 파일** 엑셀 \ 3장 \ 함수_If_And_신용평가.xlsx　• **완성 파일** 엑셀 \ 3장 \ 함수_If_And_신용평가_완성.xlsx

01 IF와 AND 함수를 중첩해 신용도 분류하기

기업별 신용 평가표에서 신용평가등급이 A나 B고 현금흐름등급이 CR일 때는 신용분류에 '정상기업'을, 그렇지 않은 경우에는 '워크아웃'을 표시해보겠습니다.

① [E4] 셀 클릭

② [수식] 탭-[함수 라이브러리] 그룹-[논리] 클릭

③ [IF]를 선택합니다.

[함수 인수] 대화상자가 활성화됩니다.

02 신용평가등급과 현금흐름등급의 두 가지 조건을 모두 만족해야 하므로 조건식에 AND 함수를 중첩시킵니다.

① 수식 입력줄에서 [함수 삽입 fx] 클릭

② [함수 라이브러리] 그룹-[논리] 클릭

③ [AND]를 선택합니다.

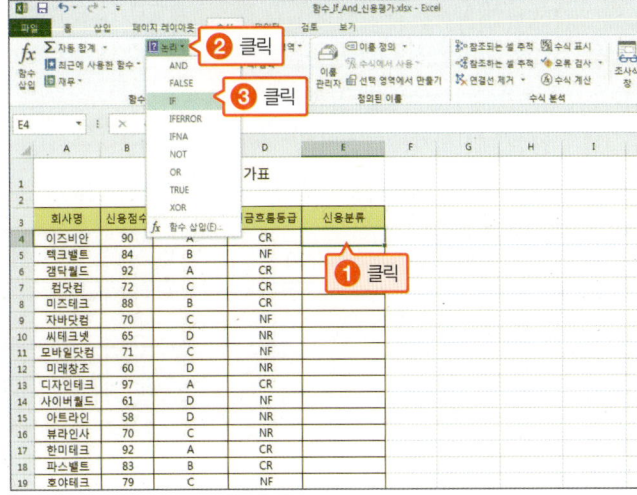

03 AND 함수 인수 입력하기

① [AND 함수 인수] 대화상자에서 [Logical1]란에
   D4="CR" 입력

② [Logical2]란을 클릭합니다.

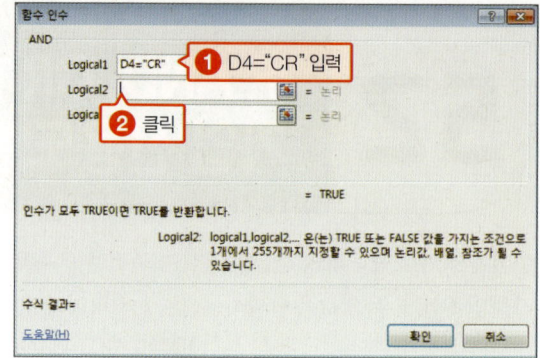

04 OR 함수 중첩하기

신용평가등급이 A나 B인 경우 조건을 만
족하므로 OR 함수를 중첩시킵니다.

① 수식 입력줄에서 [함수 삽입 f_x] 클릭
   [함수 인수] 대화상자를 닫습니다.

② [함수 라이브러리] 그룹—[논리] 클릭

③ [OR]을 선택합니다.

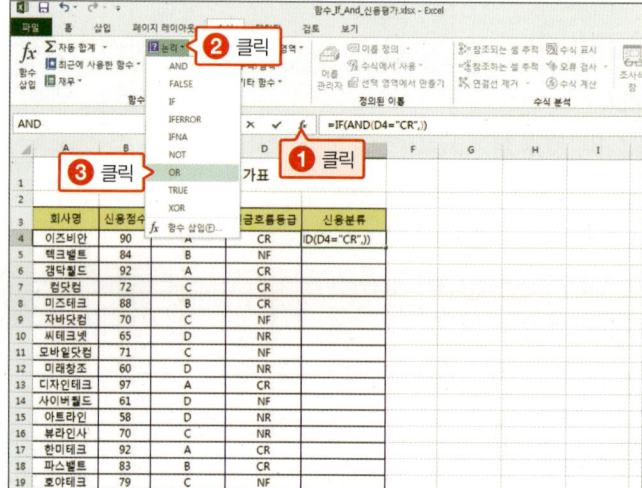

05 OR 함수 인수 입력하기

① [OR 함수 인수] 대화상자의 [Logical1]
   란에 C4="A" 입력

② [Logical2]란에 C4="B" 입력

③ IF 함수 인수 대화상자로 돌아가기 위해
   수식 입력줄에서 IF를 클릭합니다.

바로 통하는 TIP Logical1(조건1) : 신용 평가 등급
이 A인지 판단하는 조건입니다.
Logical2(조건2) : 신용 평가 등급이 B인지 판단하는
조건입니다.

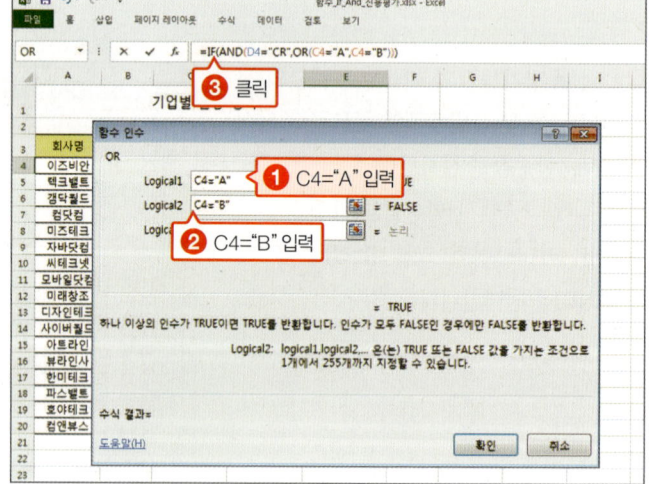

06 [IF 함수 인수] 대화상자가 나타납니다. [Logi-cal_test]에 **AND**, **OR** 함수 수식이 입력되어 있습니다.

① [Value_if_true]란에 **"정상기업"** 입력

② [Value_if_false]란에 **"워크아웃"** 입력

③ **[확인]**을 클릭합니다. 수식 **=IF(AND(D4="CR",OR (C4="A",C4="B")),"정상기업","워크아웃")**을 완성합니다.

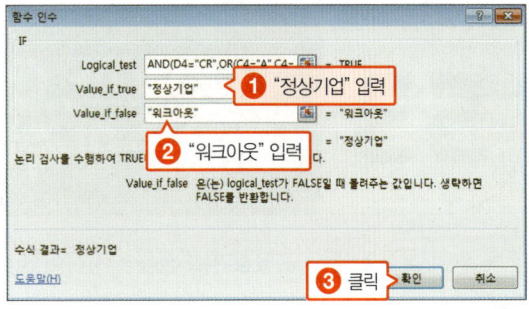

① "정상기업" 입력
② "워크아웃" 입력
③ 클릭

바로 통하는 TIP Logical_test : 현금 흐름 등급이 CR이고, 신용 평가 등급이이 A이거나 B인 조건입니다.
Value_if_true : 조건 결과가 참이면 '정상기업'을 표기합니다.
Value_if_false : 조건 결과가 거짓이면 '워크아웃'을 표기합니다.

07 [E4] 셀의 채우기 핸들을 더블클릭하여 나머지 셀에 수식을 복사합니다.

중첩한 IF, AND, OR 함수의 조건에 따라 '정상기업'과 '워크아웃'으로 신용분류가 표시됩니다.

바로 통하는 TIP Logical_test : 현금 흐름 등급이 CR이고, 신용 평가 등급이이 A이거나 B인 조건입니다.
Value_if_true : 조건 결과가 참이면 '정상기업'을 표기합니다.
Value_if_false : 조건 결과가 거짓이면 '워크아웃'을 표기합니다.

E4 셀 수식 : `=IF(AND(D4="CR",OR(C4="A",C4="B")),"정상기업","워크아웃")`

기업별 신용 평가표

회사명	신용점수	신용평가등급	현금흐름등급	신용분류
이즈비안	90	A	CR	정상기업
텍크발트	84	B	NF	워크아웃
갬닥퀼드	92	A	CR	정상기업
컴닷컴	72	C	CR	워크아웃
미즈테크	88	B	CR	정상기업
자바닷컴	70	C	NF	워크아웃
씨테크넷	65	D	NR	워크아웃
모바일닷컴	71	C	NF	워크아웃
미래창조	60	D	NR	워크아웃
디자인테크	97	A	CR	정상기업
사이버퀼드	61	D	NF	워크아웃
아트라인	58	D	NR	워크아웃
부라인사	70	C	NR	워크아웃
한미테크	92	A	CR	정상기업
파스발트	83	B	CR	정상기업
호야테크	79	C	NF	워크아웃
컴앤뷰스	82	B	CR	정상기업

← 채우기 핸들 더블클릭

현금흐름등급 CR:현금흐름양호 NF:환경보류, NR:환경불가

실무 활용 노트 EXCEL **IF 함수 살펴보기**

IF 함수 형식은 IF(Logical_test, Value_if_true, Value_if_FALSE)입니다.
　　　　　　　　　　　　　조건식　　　　참 값　　　　거짓 값

기본적으로 조건이 하나일 때 IF 함수를 쓰지만, 조건이 여러 개일 때도 IF 함수 안에 IF 함수를 중첩하여 쓸 수 있습니다. 예를 들어 평가 점수가 90점 이상이면 교육 이수 점수를 2점, 70점 이상이면 1점, 70점 미만이면 0점을 주는 경우를 다음과 같이 쓸 수 있습니다.

=만약(점수가 90점 이상이면 2점, 만약(점수가 70점 이상이면 1점, 70점 미만이면 0점을 준다)

이것을 함수식으로 표현하면 다음과 같습니다. 교육 점수에는 교육 점수가 담긴 셀 주소를 입력하면 됩니다.

조건식 ② 　 참 값 ② ┌ 거짓 값 ②
=IF(교육점수>=90, 2, IF(교육점수>=70, 1, 0))
조건식 ① 　 참 값 ①　　　　거짓 값 ①

53

COUNTIF, COUNTIFS 함수로
조건을 만족하는 인원수 구하기

전체 셀의 개수를 셀 수도 있지만 조건을 지정하여 조건에 만족하는 셀의 개수를 셀 수 있습니다. 조건에 만족하는 셀의 개수를 세는 COUNTIF 함수와 다중 조건에 만족하는 셀의 개수를 세는 COUNTIFS 함수에 대해 살펴보겠습니다.

• **실습 파일** 엑셀 \ 3장 \ 함수_Countif_판매명부.xlsx　　• **완성 파일** 엑셀 \ 3장 \ 함수_Countif_판매명부_완성.xlsx

텔레마케팅 통신판매 명부

이름	주민번호	성별	구매유무
이민철	840103-1058456	남	구매
홍수민	701220-2545612	여	비구매
김수철	550712-2546891	여	구매
김희정	760720-2099887	여	비구매
나숙정	600530-1045777	남	비구매
문소라	010504-4085741	여	구매
이송민	731248-1345789	남	구매
박희영	770505-1245781	남	비구매
민대호	690530-2545698	여	구매
송주선	781212-2014335	여	구매
이우민	560708-2045678	여	구매
강민국	021106-4567891	여	비구매
황송국	650407-2145678	여	구매
전미영	010607-4546789	여	구매
문지연	000914-3078788	남	구매
지철민	580715-1356789	남	비구매
김민욱	791105-1020112	남	구매
강수지	550825-1546789	남	비구매
최지은	020108-3085741	남	비구매
강진원	801009-1045897	남	비구매

<구매/비구매 인원수>

	인원수
구매	11 ❶
비구매	9 ❷
합계	20

<성별 구매 인원수>

	구매
남	4
여	7 ❸
합계	11

▲ 핵심기능실습 미리보기

❶ 구매 인원수를 COUNTIF 함수로 구하기

❷ 비구매 인원수를 COUNTIF 함수로 구하기

❸ 성별에 따른 구매 인원수를 COUNTIFS 함수로 구하고 수식 복사하기

01 구매 인원수 구하기

구매유무에 따라 명부에 '구매', 또는 '비구매'가 표시되어 있습니다. 구매한 인원수를 세어보겠습니다.

① [G5] 셀 클릭

② [수식] 탭–[함수 라이브러리] 그룹–[기타 함수] 클릭

③ [통계] 선택

④ [COUNTIF]를 선택합니다.

바로 통하는 TIP COUNTIF는 조건에 만족하는 셀을 개수를 구하는 함수입니다.

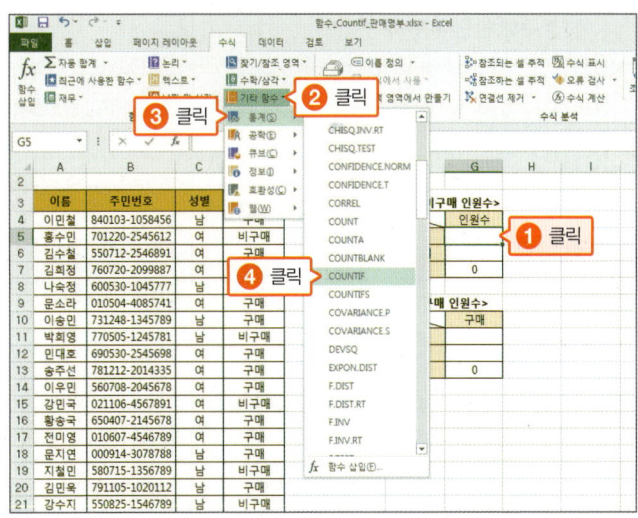

02 COUNTIF 함수 인수 입력하기

① [함수 인수] 대화상자의 [Range]란에 D4:D23 입력

② [Criteria]란에 =구매 입력

③ [확인]을 클릭합니다. 범위([D4]~[D23] 셀)에서 조건(구매)을 만족하는 셀의 개수를 구합니다.

구매한 인원의 수가 표시됩니다.

바로 통하는 TIP 완성 수식은 =COUNTIF(D4:D23, "=구매")입니다.

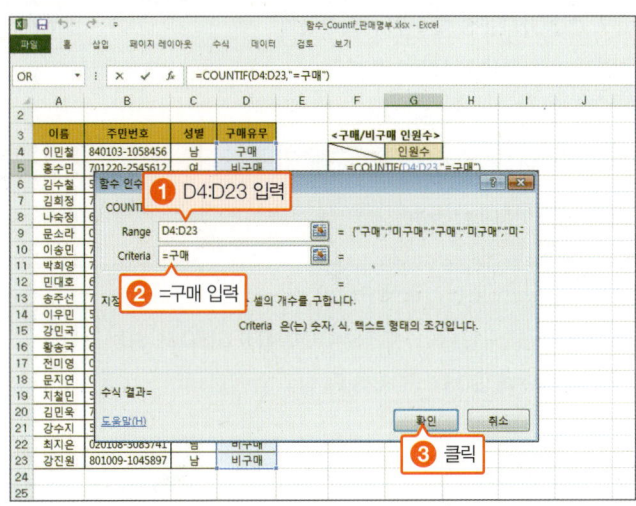

03 비구매 인원수 구하기

명부에 비구매로 표시되어 있는 인원수를 세어보겠습니다.

[G6] 셀에 =COUNTIF(D4:D23,"=비구매")를 입력하고 Enter를 누릅니다. 범위([D4]~[D23] 셀)에서 조건(비구매)을 만족하는 셀의 개수를 구합니다.

구매하지 않은 인원의 수가 표시됩니다.

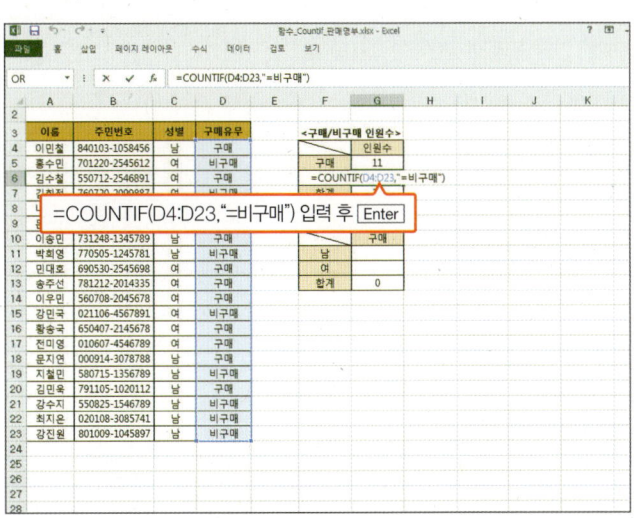

04 성별 구매 인원수 구하기

구매한 인원 중 성별에 따라 남, 여의 인원수를 세어보겠습니다.

① [G11] 셀 클릭

② [수식] 탭-[함수 라이브러리] 그룹-[기타 함수] 클릭

③ [통계] 선택

④ [COUNTIFS]를 선택합니다.

바로 통하는 TIP COUNTIFS는 여러 개의 조건을 만족하는 셀의 개수를 구하는 함수입니다.

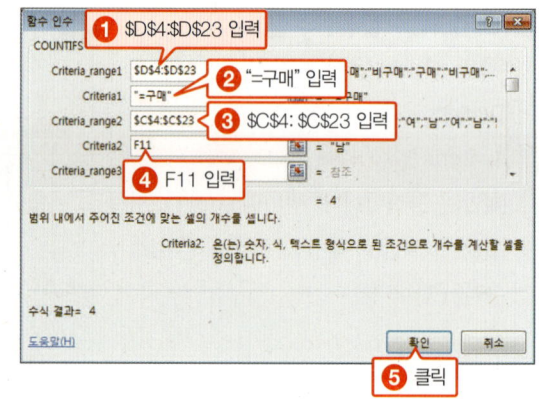

05 COUNTIFS 함수 인수 입력하기

① [함수 인수] 대화상자에서 [Criteria_range1](조건1 범위)란에 **$D$4:$D$23** 입력

② [Criteria1](조건1)란에 **"=구매"** 입력

③ [Criteria_range2](조건2 범위)란에 **$C$4:$C$23** 입력

④ [Criteria2](조건2)란에 **F11** 입력

⑤ [확인]을 클릭합니다. 수식 **=COUNTIFS($D$4:$D$23,"=구매",$C$4:$C$23,F11)**을 완성합니다.

06 [G11] 셀의 채우기 핸들을 [G12] 셀

까지 드래그해서 수식을 복사합니다.

구매한 인원 중 남, 여 인원수가 표시됩니다.

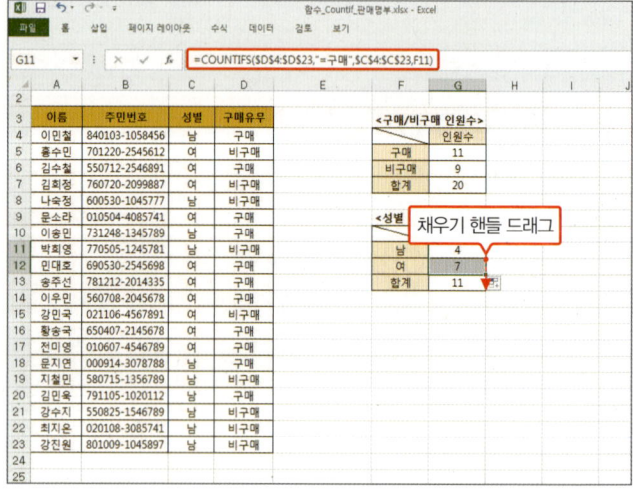

54

SUMIF, SUMIFS 함수로 조건을 만족하는 합계 계산하기

조건에 만족하는 셀의 합계를 계산하는 SUMIF 함수와 다중 조건에 만족하는 셀의 합계를 계산하는 SUMIFS 함수에 대해 살펴보겠습니다.

• **실습 파일** 엑셀\3장\함수_Sumif_입금대장.xlsx • **완성 파일** 엑셀\3장\함수_Sumif_입금대장_완성.xlsx

01 입금방법별 금액의 합계 구하기

주간 입금 대장에서 금액을 입금한 방법에 따른 입금액의 합계를 구해보겠습니다.

① [I5] 셀 클릭

② [수식] 탭-[함수 라이브러리] 그룹-[수학/삼각] 클릭

③ [SUMIF]를 선택합니다.

바로 통하는 TIP SUMIF는 조건에 만족하는 셀의 합계를 구하는 함수입니다.

02 SUMIF 함수 인수 입력하기

① [함수 인수] 대화상자의 [Range](범위)란에 $F$4:$F$24 입력

② [Criteria](조건)란에 H5 입력

③ [Sum_range](합계 범위)란에 $E$4:$E$24 입력

④ [확인] 클릭

수식 =SUMIF($F$4:$F$24, H5,$E$4:$E$24)를 완성합니다.

⑤ [I5] 셀의 채우기 핸들을 더블클릭하여 수식을 복사합니다.

전체 입금 대장에서 [H5] 셀에 해당하는 '현금'으로 입금한 금액의 합계가 구해집니다.

바로 통하는 TIP Criteria(조건)에 '=현금'을 입력하면 수식을 복사할 때 조건이 변하지 않고 고정됩니다. 따라서 [H5] 셀을 지정하여 조건이 바뀌도록 합니다.

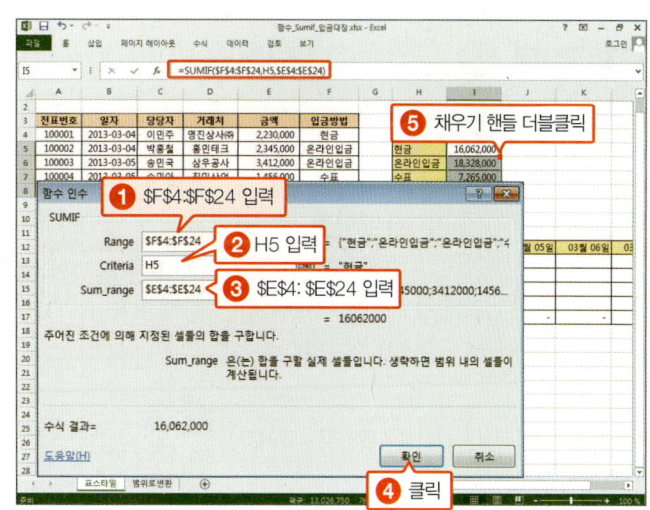

03 일자별로 입금방법을 조건으로 한 금액의 합계 구하기

일자별로 입금한 방법에 따른 금액의 합계를 구해보겠습니다.

① [I13] 셀 클릭

② [수식] 탭–[함수 라이브러리] 그룹–[수학/삼각] 클릭

③ [SUMIFS]를 선택합니다.

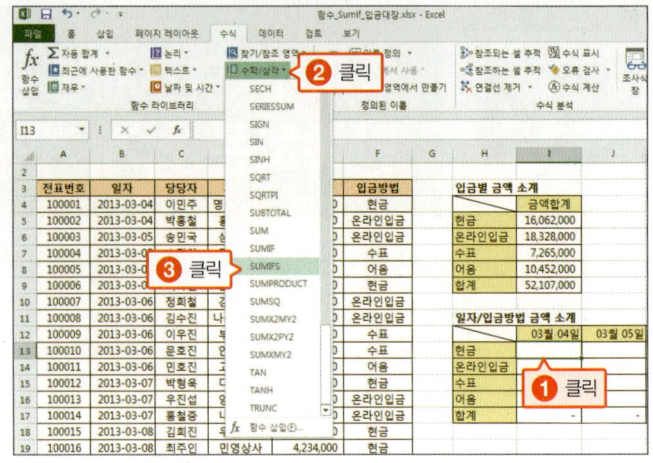

04

① [Sum_range](합계 범위)란에 $E$4:$E$24 입력

② [Criteria_range1](조건1 범위)란에 $B$4:$B$24 입력

③ [Criteria1](조건1)란에 I$12 입력

④ [Criteria_range2](조건2 범위)란에 $F$4:$F$24 입력

⑤ [Criteria2](조건2)란에 $H13 입력

⑥ [확인]을 클릭합니다. 수식 =SUMIFS($E$4:$E$24, $B$4:$B$24,I$12,$F$4:$F$24,$H13)이 완성됩니다.

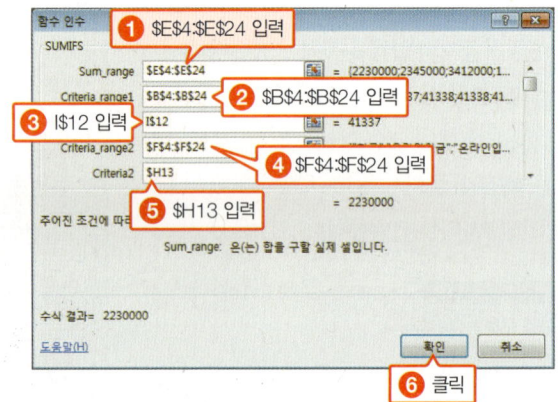

바로 통하는 TIP 조건을 복사할 때 날짜와 입금방법이 바뀌어야 하므로 [Criteria1](조건1)과 [Criteria2](조건2)에 각각 I$12와 $H13을 지정했습니다.

05

① [I13] 셀의 채우기 핸들을 [I16] 셀까지 드래그

② [I13:I16] 셀 범위의 채우기 핸들을 [M16] 셀까지 드래그해서 수식을 복사합니다.

입금한 날짜별로 입금한 방법에 따른 금액의 합계가 구해집니다.

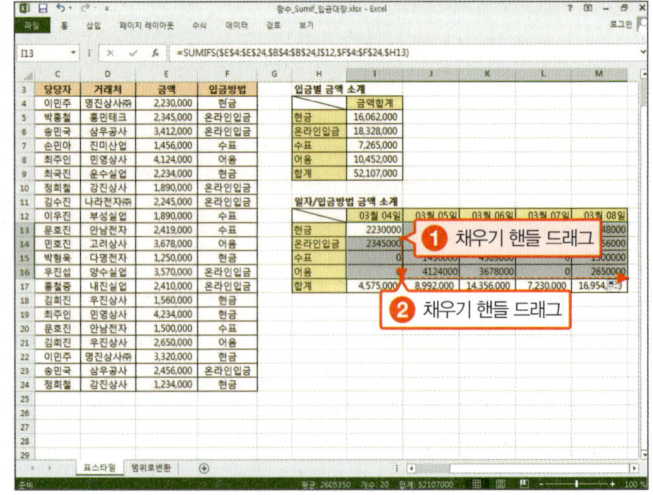

55 CHOOSE, MID 함수로 성별 구하기

CHOOSE 함수는 인덱스 번호(색인 값)에 따라 원하는 목록을 직접 입력하여 인덱스 값에 따른 목록을 찾아줍니다. CHOOSE 함수의 인덱스 번호는 반드시 1부터 254 사이의 숫자로 입력하고 목록 개수도 인덱스 번호와 일치해야 합니다. MID 함수는 문자열에서 글자 일부를 추출합니다. 문자열 중간에 있는 글자의 일부를 추출할 때 사용합니다.

• **실습 파일** 엑셀\3장\함수_Choose_사원명부.xlsx   • **완성 파일** 엑셀\3장\함수_Choose_사원명부_완성.xlsx

01 CHOOSE와 MID 함수를 중첩하여 성별 표시하기

사원의 주민번호를 확인하여 8번째 자리의 숫자가 1이나 3이면 성별에 '남'을, 2나 4면 '여'를 표시해보겠습니다.

① [F4] 셀 클릭
② [수식] 탭-[함수 라이브러리] 그룹-[찾기/참조 영역] 클릭
③ [CHOOSE]를 선택합니다.

바로 통하는 TIP CHOOSE 함수는 [Index num]에서 지정하는 수식이나 셀 값에 따라 인덱스 번호에서 지정한 값을 나타냅니다.

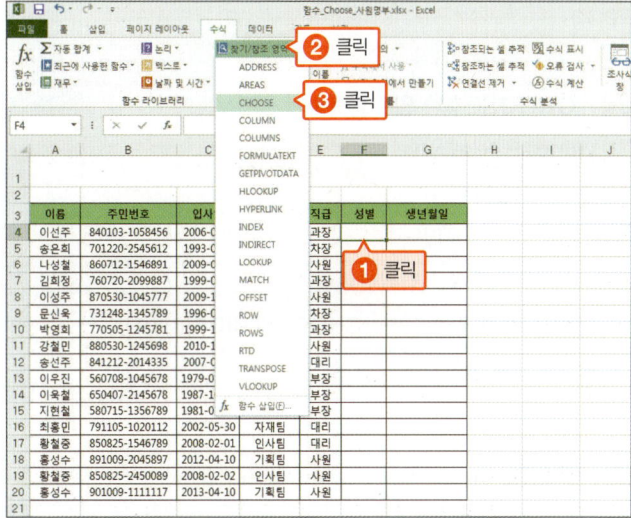

02

① [함수 인수] 대화상자의 [Index_num]란에 mid() 입력
② MID 함수의 인수를 입력하기 위해 수식 입력줄에서 **mid()**를 클릭합니다.

바로 통하는 TIP MID 함수는 문자열 중간에 있는 글자의 일부를 추출할 때 사용합니다.

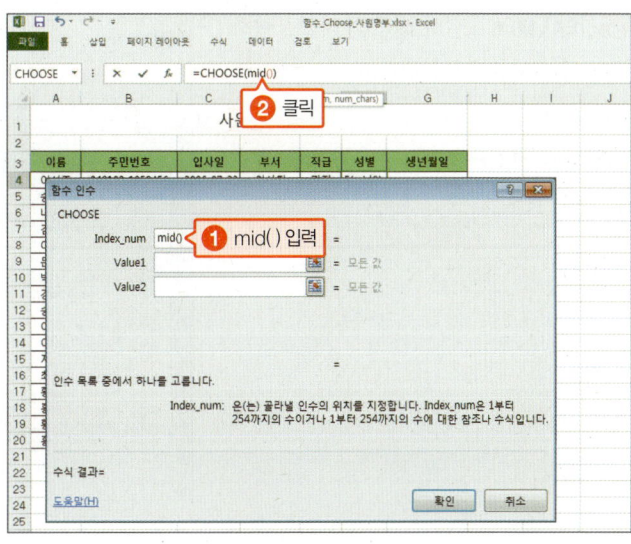

03 MID 함수 인수 입력하기

① [MID 함수 인수] 대화상자의 [Text]란에 **B4** 입력

② [Start_num]란에 **8** 입력

③ [Num_chars]에 **1** 입력

④ 수식 입력줄에서 **CHOOSE**를 클릭해서 [CHOOSE 함수 인수] 대화상자로 돌아갑니다.

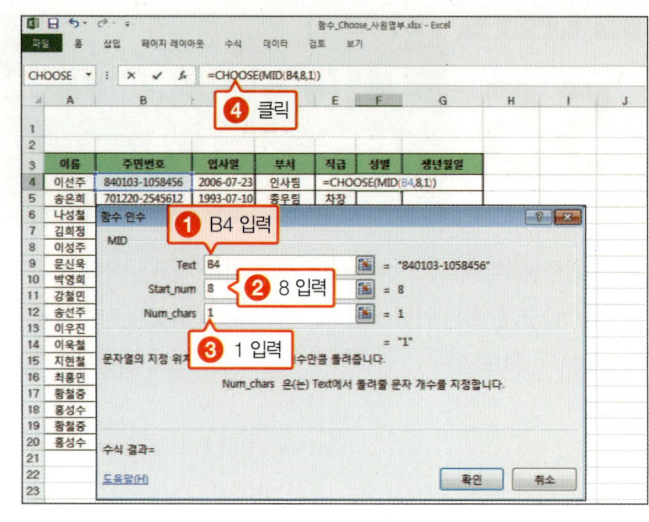

바로 통하는 TIP 인수 설명

Text : 주민등록번호가 있는 셀 주소를 지정합니다.

Start_num : 주민등록번호에서 추출한 시작 위치를 입력합니다.

Num_chars : 시작 위치로부터 추출할 문자 개수를 입력합니다.

04 CHOOSE 함수 인수 입력하기

① [Value1]란에 **남** 입력

② [Value2]란에 **여** 입력

③ [Value3]란에 **남** 입력

④ [Value4]란에 **여**를 입력합니다.

⑤ **[확인]**을 클릭해서 수식 =CHOOSE(MID(B4,8,1), "남","여","남","여")를 완성합니다.

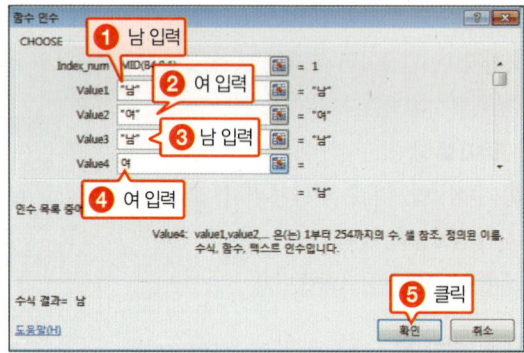

바로 통하는 TIP 주민등록번호의 8번째 자리에 따라 1900년대 출생한 사람일 경우 1이면 남자, 2면 여자, 2000년대에 출생한 사람일 경우 3이면 남자, 4면 여자이므로 주민등록 성별 구분 번호(1~4)에 따라 순서대로 '남', '여', '남', '여'를 반환합니다.

05 [F4] 셀의 채우기 핸들을 더블클릭하여 수식을 복사합니다.

주민번호 8번째 자리 숫자를 추출해 알게 된 사원의 성별이 표시됩니다.

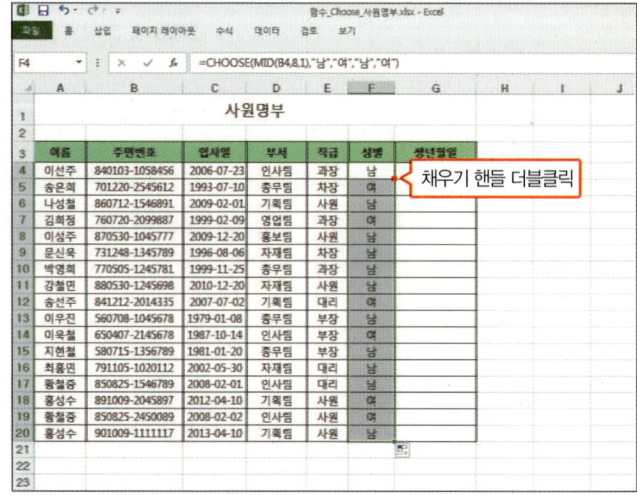

56 DATE, LEFT, MID 함수로 생년월일 계산하기

DATE는 년, 월, 일 형태의 날짜 형식으로 변경하는 함수입니다. 왼쪽으로부터 몇 글자를 추출하려면 LEFT 함수, 문자열 중간에 있는 글자 일부를 추출하려면 MID 함수를 사용합니다.

▪**실습 파일** 엑셀 \ 3장 \ 함수_Date_사원명부.xlsx ▪**완성 파일** 엑셀 \ 3장 \ 함수_Date_사원명부_완성.xlsx

01 생년월일 구하기

주민등록번호의 앞부분 6자리에서 두 자리는 년도, 두 자리는 월, 두 자리는 일자이므로 LEFT, MID 함수로 년, 월, 일을 각각 추출하고, 추출한 문자를 DATE 함수를 사용하여 날짜 속성으로 바꿔보겠습니다.

① **[G4]** 셀 클릭
② **[수식]** 탭-**[함수 라이브러리]** 그룹-**[날짜 및 시간]** 클릭
③ **[DATE]**를 선택합니다.

바로 통하는TIP DATE 함수는 DATE(연, 월, 일) 형태로 날짜를 입력합니다.

02 DATE 함수 인수 입력하기

① **[함수 인수]** 대화상자의 **[Year]**란에 **LEFT(B4,2)** 입력
② **[Month]**란에 **MID(B4,3,2)** 입력
③ **[Day]**란에 **MID(B4,5,2)** 입력
④ **[확인]** 클릭
수식 **=DATE(LEFT(B4,2),MID(B4,3,2), MID(B4,5,2))**이 완성됩니다.
⑤ **[G4]** 셀의 채우기 핸들을 더블클릭하여 수식을 복사합니다.

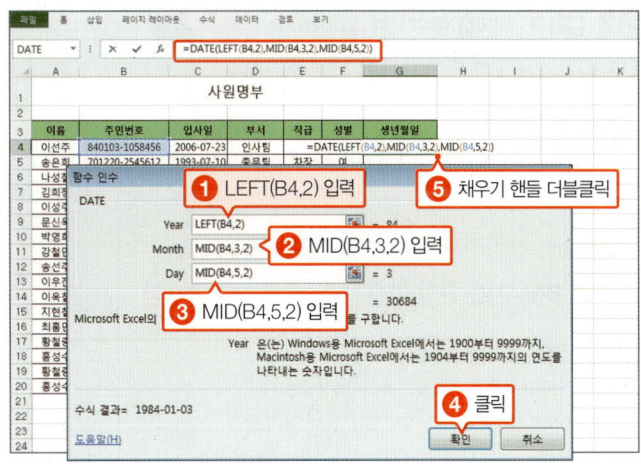

바로 통하는TIP 인수 설명
Year : 주민등록번호(B4)의 왼쪽에서 두 글자를 가져와 연도를 지정합니다.
Month : 주민등록번호의 세 번째 글자부터 두 글자를 가져와 월로 지정합니다.
Day : 주민등록번호의 다섯 번째 글자부터 두 글자를 가져와 일로 지정합니다.

57

LEFT, FIND, SUBSTITUTE 함수로 아이디와 이메일 주소 수정하기

FIND 함수는 문자열에서 찾고자 하는 문자의 위치를 숫자로 알려줍니다. SUBSTITUTE 함수는 문자열에서 일부 글자를 다른 글자로 대치하고자 할 때 사용합니다.

•**실습 파일** 엑셀 \ 3장 \ 함수_Find_이메일주소록.xlsx　•**완성 파일** 엑셀 \ 3장 \ 함수_Find_이메일주소록_완성.xlsx

01 이메일 주소에서 아이디 추출하기

이메일 주소에서 '@' 기호 앞부분에 위치한 사원별 아이디를 추출해보겠습니다.

①[C4] 셀 클릭

②[수식] 탭-[함수 라이브러리] 그룹-[**텍스트**] 클릭

③[**LEFT**]를 선택합니다.

바로 통하는 TIP LEFT 함수는 문자열의 왼쪽으로부터 몇 글자를 추출할 때 사용합니다.

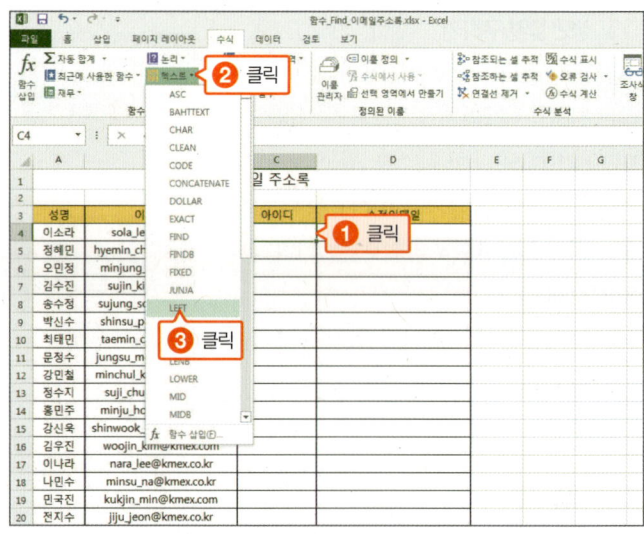

02 LEFT, FIND 함수 인수 입력하기

①[함수 인수] 대화상자의 [Text]란에 **B4** 입력

②[Num_chars]란에 **FIND("@",B4)-1** 입력

③[**확인**]을 클릭해서 수식 =**LEFT(B4, FIND("@",B4)-1)**을 완성합니다.

바로 통하는 TIP 인수 설명

Text : 아이디를 추출할 이메일 주소(B4)를 지정합니다.

Num_chars : 이메일 주소에서 '@' 기호(FIND("@", B4))의 위치를 구하고, @ 위치 전까지만 추출해야 하므로 '-1'을 입력합니다.

바로 통하는 TIP FIND 함수는 문자열에서 특정 문자를 찾아 문자의 위치를 숫자로 나타냅니다.

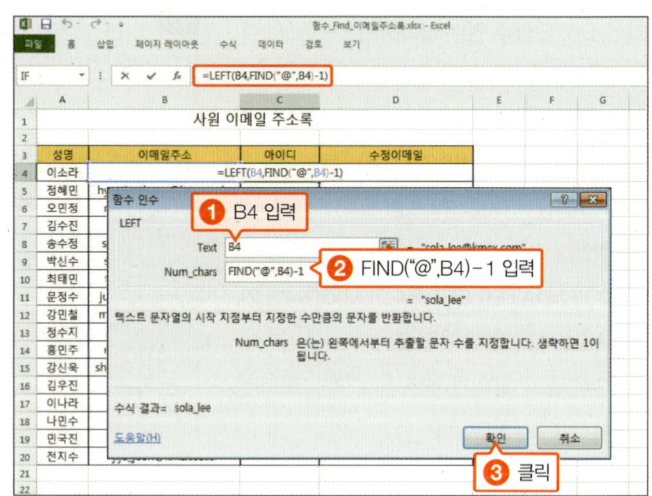

03 이메일 주소 수정하기

이메일 주소에서 'co.kr'을 'com'으로 수정
해보겠습니다.

① [D4] 셀 클릭

② [수식] 탭-[함수 라이브러리] 그룹-[**텍
스트**] 클릭

③ [SUBSTITUTE]를 선택합니다.

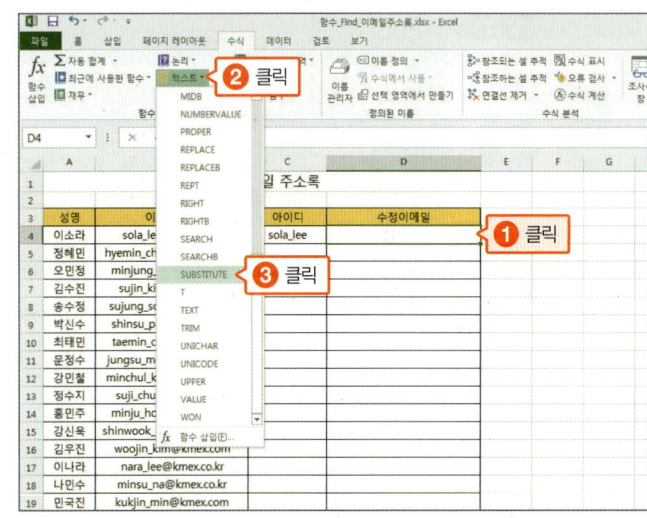

04 SUBSTITUTE 함수 인수 입력하기

① [함수 인수] 대화상자의 [Text]란에 **B4**
입력

② [Old_text]란에 **co.kr** 입력

③ [New_text]란에 **com** 입력

④ [**확인**]을 클릭합니다. 수식 **=SUBSTI-
TUTE(B4,"co.kr","com")**이 완성됩니다.

바로 통하는 TIP 인수 설명

Text : 이메일 주소(B4)를 지정합니다.
Old_text : 바꾸고자 하는 문자열을 찾기 위해 'co.kr'을 입
력합니다.
New_text : 새롭게 바꿀 문자열 'com'을 입력합니다.

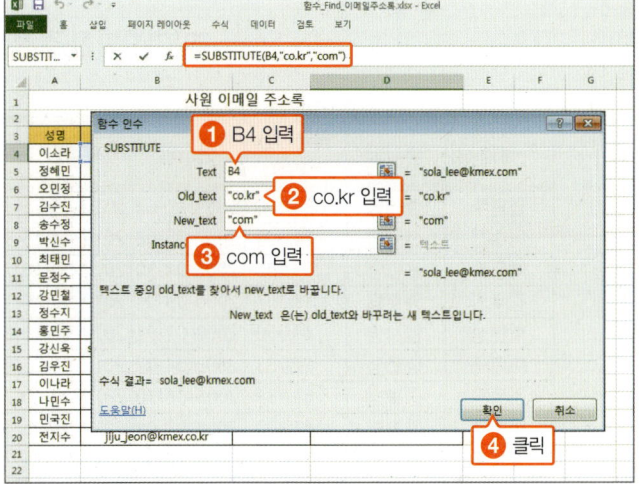

05

① [C4:D4] 셀 드래그

② 채우기 핸들을 **더블클릭**하여 수식을 복사
합니다.

이메일 주소가 'com'으로 변경됩니다.

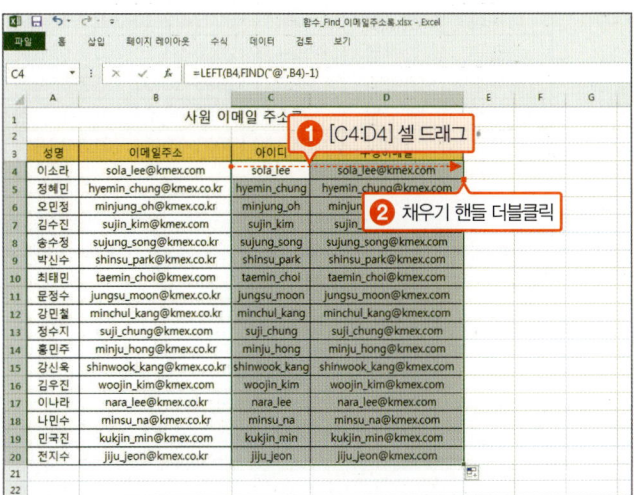

58

DATEDIF, EOMONTH 함수로 근무 기간과 퇴직금 지급일 구하기

두 날짜 사이의 간격은 종료 일자에서 시작 일자를 빼서 계산할 수 있습니다. 하지만 두 날짜 사이의 개월수나 년 수를 계산하려면 수식이 좀 더 복잡해집니다. 이때 DATEDIF 함수를 사용하면 두 날짜 사이의 년, 월, 일 간격을 간단하게 계산할 수 있습니다. EOMONTH 함수는 지정한 날짜 전, 후 개월의 마지막 날짜를 반환합니다. DATEDIF와 EOMONTH 함수에 대해 살펴보겠습니다.

• **실습 파일** 엑셀 \ 3장 \ 함수_Datedif_퇴직금.xlsx　• **완성 파일** 엑셀 \ 3장 \ 함수_Datedif_퇴직금_완성.xlsx

2012년 퇴직금 정산

※ 퇴직금:1일 평균임금 X 30(일) X (총 재직일수/365)

성명	부서명	평균임금 (1일)	입사일	퇴사일	근무기간	퇴직금	퇴직금 지급일
김민주	마케팅	85,000	1999-01-02	2012-03-15	13년2개월13일	33,680,959	2012-05-31
이수진	전략팀	70,000	2002-05-08	2012-01-15	9년8개월7일	20,361,370	2012-03-31
박민욱	보안팀	65,000	2005-04-10	2012-05-10	7년1개월0일	13,820,959	2012-07-31
김우진	총무팀	78,167	2000-03-04	2012-02-10	11년11개월6일	28,011,507	2012-04-30
최민성	인사팀	44,000	2009-02-01	2012-03-15	3년1개월14일	4,115,507	2012-05-31
이민국	영업팀	62,433	2003-04-02	2012-05-25	9년1개월23일	17,144,364	2012-07-31
김우진	홍보팀	63,833	2005-06-10	2012-08-10	7년2개월0일	13,735,534	2012-10-31
전민수	기획팀	43,800	2008-02-04	2012-09-25	4년7개월21일	6,102,000	2012-11-30
조섭중	보안팀	53,833	2004-10-05	2012-05-15	7년7개월10일	12,296,123	2012-07-31
민욱태	인사팀	68,333	2006-03-05	2012-10-25	6년7개월20일	13,625,479	2012-12-31
문국현	총무팀	44,000	2009-03-04	2012-11-05	3년8개월1일	4,853,260	2013-01-31
정우선	연구팀	62,433	2003-02-10	2012-12-10	9년10개월0일	18,427,241	2013-02-28
김철민	전략팀	50,433	2005-03-10	2012-09-10	7년6개월0일	11,362,008	2012-11-30
홍우성	기획팀	88,333	1998-10-02	2012-06-15	13년8개월13일	36,337,671	2012-08-31
이미진	연구팀	75,000	2000-04-05	2012-11-10	12년7개월5일	28,368,493	2013-01-31
김태우	영업팀	88,333	2001-10-04	2012-04-15	10년6개월11일	27,923,014	2012-06-30

▲ 핵심기능실습 미리보기

❶ DATEDIF 함수로 근무 기간 계산하기

❷ EOMONTH 함수로 퇴직금 지급 일자 구하기

01 DATEDIF 함수로 근무 기간 계산하기

퇴직금 정산 목록의 입사일과 퇴사일을 비교해 근무기간을 계산해보겠습니다.

[F4] 셀에 =DATEDIF(D4,E4,"y")&"년"을 입력하고 [Enter]를 누릅니다.

입사일([D4] 셀)과 퇴사일([E4] 셀) 사이의 경과 연수가 계산됩니다.

=DATEDIF(D4,E4,"y")&"년" 입력 후 [Enter]

02 [F4] 셀을 선택하고 수식 입력줄에 입력되어 있는 =DATEDIF(D4,E4,"Y")&"년"에 이어서 &DATEDIF(D4,E4,"ym")&"개월" & DATEDIF(D4,E4,"md")&"일"을 입력하고 [Enter]를 누릅니다.

근무 기간이 계산됩니다.

&DATEDIF(D4,E4,"ym")&"개월"&DATEDIF(D4,E4,"md")&"일" 입력 후 [Enter]

바로 통하는 TIP 수식 설명

DATEDIF(D4,E4,"y")&"년" : 입사일([D4] 셀)로부터 퇴직일([E4] 셀)까지의 경과 년도("y")를 구한 후 "년"과 연결합니다.

&DATEDIF(D4,E4,"ym")&"개월" : 입사일([D4] 셀)로부터 퇴직일([E4] 셀)까지의 경과 년도를 제외한 개월수("ym")를 구한 후 "개월"과 연결합니다.

&DATEDIF(D4,E4,"md")&"일" : 입사일([D4] 셀)로부터 퇴직일([E4] 셀)까지의 경과 개월 수를 제외한 일수("md")를 구한 후 "일"과 연결합니다.

실무활용노트 EXCEL | 날짜 사이의 년, 월, 일 간격을 계산하는 DATEDIF 함수

DATEDIF 함수는 함수 마법사나 수식 자동 완성 목록, 도움말에 함수에 대한 설명이 없기 때문에 직접 입력하여 수식을 만들어야 합니다.

함수 범주	날짜 및 시간 함수	
함수 형식	DATEDIF(시작일, 종료일, 옵션)	
	옵션	설명
	y	두 날짜 사이 경과된 년 수
	m	두 날짜 사이 경과된 개월 수
	d	두 날짜 사이 경과된 일 수
	ym	두 날짜 사이 경과 년도를 제외한 나머지 개월 수
	yd	두 날짜 사이 경과 년도를 제외한 나머지 일 수
	md	두 날짜 사이 경과 년도와 개월 수를 제외한 나머지 일 수

03 퇴사일로부터 2개월 후 그 달의 마지막 날짜로 퇴직금 지급 일자 구하기

퇴직금은 퇴사일로부터 2개월이 경과한 후 그 달의 마지막 날짜에 지급합니다. 퇴직금 지급일을 계산해보겠습니다.

① [H4] 셀 클릭

② [수식] 탭-[함수 라이브러리] 그룹-[날짜 및 시간] 클릭

③ [EOMONTH]를 선택합니다.

바로 통하는 TIP EOMONTH 함수는 지정한 날짜의 전이나 후의 마지막 날짜를 계산합니다. EOMONTH 함수는 결과 값을 일련번호로 반환하기 때문에 날짜로 표시하려면 표시 형식을 날짜 형식으로 지정해야 합니다. [H4:H19] 셀에는 날짜 형식으로 표시 형식이 지정되어 있습니다.

04 EOMONTH 함수 인수 입력하기

① [함수 인수] 대화상자의 [Start_date](시작일)란에 E4 입력

② [Months](개월 수)란에 2 입력

③ [확인]을 클릭합니다. 수식 =EOMONTH(E4,2)이 완성됩니다.

퇴사일(E4)에서 2개월 후의 퇴직금 지급일이 구해집니다.

바로 통하는 TIP 인수 설명

Start_date : 시작일입니다. 퇴사일([E4] 셀)을 입력합니다.

Months : 개월 수입니다. 시작일로부터 2개월 후에 마지막 날짜를 표시하기 위해 '2'를 입력합니다.

05

① [F4:H4] 셀 드래그

② 채우기 핸들을 **더블클릭**하여 수식을 복사합니다.

근무기간이 계산되면서 근무기간에 따른 퇴직금 및 퇴직금 지급일이 표시됩니다.

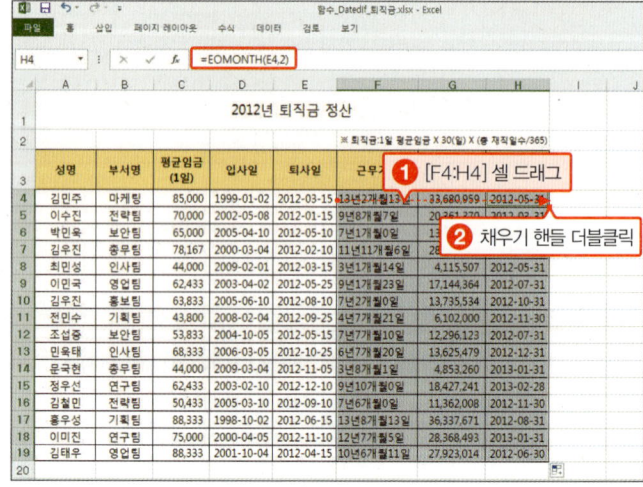

59 HLOOKUP, VLOOKUP 함수로 제품명, 단가, 할인율 표시하기

특정 범위나 배열을 참조하여 원하는 값을 찾거나 필요한 정보를 가져오는 찾기/참조 함수 중에 HLOOKUP 함수는 목록 범위의 첫 번째 행에서 가로(Horizontal) 방향으로 검색하면서 원하는 값을 추출하고, VLOOKUP 함수는 목록 범위의 첫 번째 열에서 세로(Vertical) 방향으로 검색하면서 원하는 값을 추출합니다.

▪ **실습 파일** 엑셀 \ 3장 \ 함수_VHlookup_판매일보.xlsx ▪ **완성 파일** 엑셀 \ 3장 \ 함수_VHlookup_판매일보_완성.xlsx

01 VLOOKUP 함수 이용하여 상품명 입력하기

코드표에 입력된 코드를 참조하여 판매일보에 상품명을 기록해보겠습니다.

① [C3] 셀 클릭

② [수식] 탭-[함수 라이브러리] 그룹-[찾기/참조 영역] 클릭

③ [VLOOKUP]을 선택합니다.

바로 통하는 TIP VLOOKUP 함수는 목록에서 원하는 값을 수직 방향으로 찾을 때 사용합니다.

02 VLOOKUP 함수 인수 입력하기

① [함수 인수] 대화상자의 [Lookup_value](찾을 값)란에 B3 입력

② [Table_array](범위)란에 $I$8:$K$12 입력

③ [Col_Index_num](추출할 열)란에 2입력

④ [Range_lookup](옵션)란에 FALSE 입력

⑤ [확인]을 클릭합니다.

수식 =VLOOKUP (B3, $I$8:$K$12,2,FALSE)이 완성됩니다.

바로 통하는 TIP 인수 설명

Lookup_value : 상품코드를 찾아 상품명을 입력해야 하므로 [B3] 셀을 입력합니다.

Table_array : [B3] 셀의 값을 찾을 범위로, 코드 표의 범위를 지정합니다. [I8:K12] 셀입니다.

Col_index_num : 상품코드별 코드 표 범위에서 [B3] 셀의 값을 찾아 상품명을 반영할 열의 번호입니다.

Range_lookup : 찾는 값을 정확하게 일치시켜 찾을 때는 FALSE 또는 0을 입력합니다.

03 VLOOKUP 함수 이용하여 단가 입력하기

코드표에 입력된 단가를 참조하여 해당 상품의 단가를 기록해보겠습니다. [D3] 셀에 **=VLOOKUP**을 입력한 후 Ctrl + A 를 누릅니다.

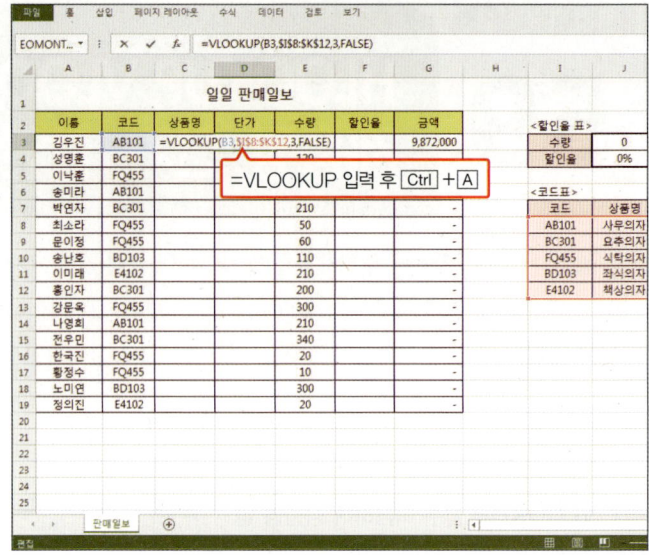

04

① [Lookup_value](찾을 값)란에 **B3** 입력
② [Table_array](범위)란에 **$I$8:$K$12** 입력
③ [Col_Index_num](추출할 열)란에 **3** 입력
④ [Range_lookup](옵션)란에 **FALSE** 입력
⑤ **[확인]**을 클릭합니다.

수식 **=VLOOKUP(B3,$I$8: $K$12,3,FALSE)**이 완성됩니다.

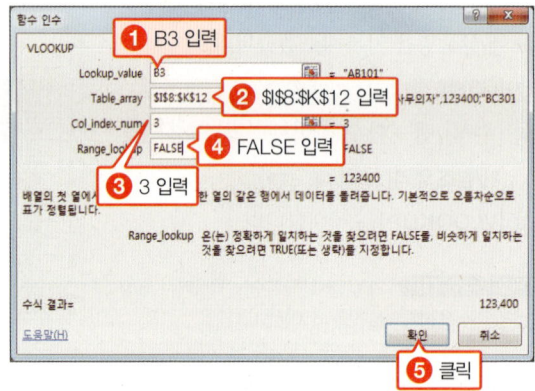

05

① [C3:D3] 셀 드래그
② 채우기 핸들을 **더블클릭**하여 수식을 복사합니다.

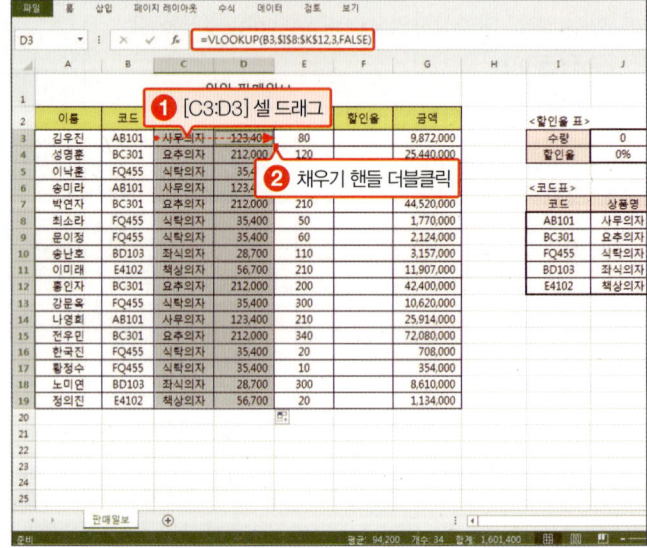

06 HLOOKUP 함수 이용하여 할인율 입력하기

할인율 표에 입력된 수량별 할인율을 참조하여 해당 상품의 할인율을 기록해보겠습니다. [F3] 셀에 **=HLOOKUP**을 입력한 후 Ctrl + A 를 누릅니다.

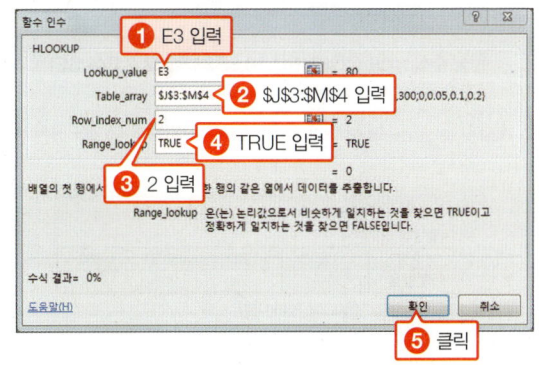

07

① [Lookup_value]란에 **E3** 입력
② [Table_array]란에 **$J$3:$M$4** 입력
③ [Row_Index_num]란에 **2** 입력
④ [Range_lookup]란에 **TRUE** 입력
⑤ [확인]을 클릭합니다.

　수식 **=HLOOKUP(E3,$J$3:$ M$4,2,TRUE)**이 완성됩니다.

바로 통하는 TIP 인수 설명

Lookup_value : 수량을 찾아 할인율을 입력해야 하므로 [E3] 셀을 입력합니다.
Table_array : [E3] 셀 값을 찾을 범위로, 할인율 표가 위치한 [J3:M4] 셀입니다.
Row_index_num : 할인율 표 범위에서 [E3] 셀의 값을 찾아 할인율을 반영할 행의 번호입니다.
Range_lookup : 찾는 값의 근삿값을 찾을 때는 TRUE 또는 1을 입력합니다.

08 [F3] 셀에 채우기 핸들을 더블클릭하여 수식을 복사합니다.

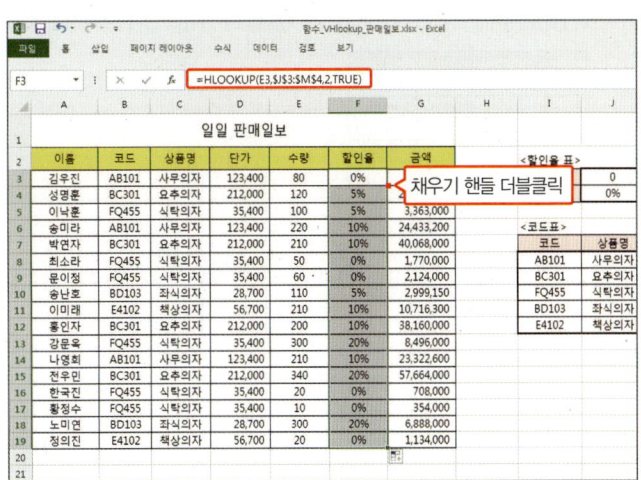

VLOOKUP과 HLOOKUP은 사용 방법과 기능이 유사합니다. VLOOKUP은 첫 행에서 원하는 값을 찾아 지정한 열에 있는 값을 반환하고 HLOOKUP은 첫 열에서 원하는 값을 찾아 지정한 행에 있는 값을 반환합니다.

① 찾는 값(Lookup_value)은 반드시 Table_array의 **첫 번째 행(열)**에 있어야 합니다. 예를 들어 VLOOKUP 함수를 이용하여 상품 코드를 찾아서 단가를 반환하려고 한다면 Table_array는 [A3:C7] 셀을 범위로 지정하면 안 됩니다. [B3:C7] 셀을 범위로 지정해야 합니다.

	A	B	C
1	<코드표>		
2	상품명	코드	단가
3	사무의자	AB101	123,400
4	요추의자	BC301	212,000
5	식탁의자	FQ455	35,400
6	좌식의자	BD103	28,700
7	책상의자	E4102	56,700

→ [B3:C7] 셀 범위를 참조하여 단가를 찾음 →

	A	B
8		
9	코드	단가
10	FQ455	35,400
11	AB101	123,400
12	AB101	123,400
13	BD103	28,700
14	AB101	123,400

완성 수식 : =VLOOKUP(A10,$B$3:$C$7,2,FALSE)

② Table_array의 첫 번째 열(행)에서 근삿값을 찾을 경우에는 반드시 **오름차순으로 정렬**되어 있어야 합니다.

	A	B	C	D	E
1	<할인율 표>				
2	수량	0	100	200	300
3	할인율	0%	5%	10%	20%

▲ 오름차순으로 정렬되어 있어야 함

→ [B2:E3] 셀 범위를 참조하여 할인율을 찾음 →

	A	B
4		
5	수량	단가
6	110	5%
7	55	0%
8	210	10%
9	300	20%

0 : 점수가 0~99 사이에 0%

100 : 점수가 100~199 사이는 5%

200 : 점수가 200~299 사이는 10%

300 : 점수가 300 이상 20%

완성 수식 : =HLOOKUP(A6,$B$2:$E$3,2,TRUE)

③ VLOOKUP이나 HLOOKUP 함수를 사용할 때 원하는 값을 찾지 못하면 해당 셀에 #N/A 오류가 나타납니다.

코드	상품명	단가
AB101	사무의자	123,400
AB1	#N/A	#N/A
BD103	좌식의자	28,700
FQ4	#N/A	#N/A

60 IFERROR 함수로 오류 처리하기

IFERROR 함수는 수식이나 셀의 오류를 검사하고 오류가 있다면 오류를 처리합니다. 수식에서 오류가 발생할 경우 사용자가 지정한 값을 반환하고, 그렇지 않으면 수식 결과를 반환합니다. 예제에서는 상품코드 표에 일치하는 코드가 없으므로 표에 '#N/A' 오류가 표시되어 있습니다.

▪**실습 파일** 엑셀 \ 3장 \ 함수_Iferror_판매일보.xlsx   ▪**완성 파일** 엑셀 \ 3장 \ 함수_Iferror_판매일보_완성.xlsx

01 상품명에 '#N/A' 오류 발생 시 '코드입력오류' 표시하기

상품명에 '#N/A' 오류가 발생한 경우 셀에 '코드입력오류'라고 표시해보겠습니다.

① [C3] 셀 클릭

② 수식 입력줄에서 = 뒤에 마우스 포인터를 위치시킨 후 **IFERROR(** 입력

③ 수식 입력줄의 **IFERROR** 클릭

④ [**함수 삽입** fx]을 클릭합니다.

[함수 인수] 대화상자가 열립니다.

바로 통하는 TIP IFERROR 함수는 셀이나 수식에 오류가 있는지 검사합니다.

02 IFERROR 함수 인수 입력하기

① [함수 인수] 대화상자의 [Value]란에 **VLOOKUP (B3,$I$8:$K$12,2,FALSE)** 입력

② [Value_if_error]란에 **코드입력오류** 입력

③ [**확인**]을 클릭합니다.

수식 **=IFERROR(VLOOKUP(B3,$I$8:$K$12,2,FALSE),"코드입력오류")**이 완성됩니다.

바로 통하는 TIP 인수 설명

Value : [C3] 셀에 오류(#N/A, #VALUE!, #REF!, #DIV/0!, #NUM!, #NAME?, #NULL!)가 있는지 검사합니다.

Value_if_error : 수식에서 오류(#N/A)가 발생했을 때 반환할 값을 '코드입력오류'로 지정합니다.

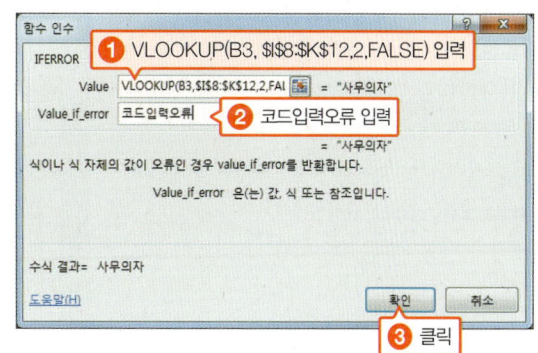

03 단가에 '#N/A' 오류 발생 시 '0'으로 표시하기

단가에 '#N/A' 오류가 발생한 경우 셀에 '0'을 표시해보겠습니다.

① [D3] 셀 클릭

② 수식 입력줄에서 = 뒤에 마우스 포인터를 위치시킨 후 **IFERROR(** 입력

③ 수식 입력줄의 **IFERROR** 클릭

④ **[함수 삽입⨍]**을 클릭합니다.

[함수 인수] 대화상자가 활성화됩니다.

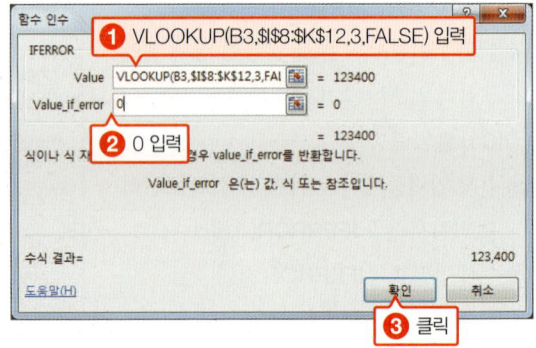

04 IFERROR 함수 인수 입력하기

① [함수 인수] 대화상자의 [Value]란에 **VLOOKUP(B3,$I$8:$K$12,3,FALSE)** 입력

② [Value_if_error]란에 **0** 입력

③ **[확인]**을 클릭합니다.

수식 **=IFERROR(VLOOKUP(B3,$I$8:$K$12,FALSE),0)**이 완성됩니다.

바로 통하는 TIP 인수 설명

Value : [D3] 셀에 오류(#N/A, #VALUE!, #REF!, #DIV/0!, #NUM!, #NAME?, #NULL!)가 있는지 검사합니다.

Value_if_error : 수식에서 오류(#N/A)가 발생했을 때 반환할 값을 '0'으로 지정합니다.

05

① [C3:D3] 셀 드래그

② 채우기 핸들을 **더블클릭**하여 수식을 복사합니다.

상품명의 '#N/A' 오류는 '코드입력오류'로, 단가의 '#N/A' 오류는 '0'으로 표시됩니다.

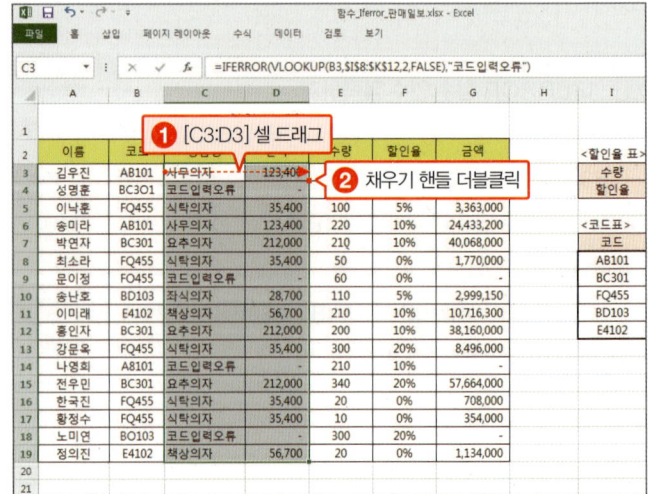

차트 만들기

차트는 표 형태의 자료를 효과적으로 분석해서 데이터의 변화와 추이를 시각적으로 보여주기 때문에 데이터의 흐름을 한눈에 파악할 때 사용하면 좋습니다.

이번 장에서는 차트 구성 요소를 익히고 막대, 원형, 혼합 등의 다양한 차트와 셀에 데이터의 추이를 확인할 수 있는 스파크라인 차트를 만들어보겠습니다.

61 데이터에 적합한 차트 만들고 차트 종류 변경하기

차트는 일반 텍스트나 표에 비해 데이터 추세나 유형을 한눈에 비교할 수 있어 유용합니다. 엑셀 2013에서는 선택한 차트가 데이터에 적합한지 아닌지 고민할 필요 없이 추천 차트 기능으로 데이터에 알맞은 차트를 빠르게 만들 수 있습니다.

▪**실습 파일** 엑셀\4장\차트_기본1.xlsx   ▪**완성 파일** 엑셀\4장\차트_기본1_완성.xlsx

01 추천 차트로 데이터에 적합한 차트 삽입하기

연도별로 매출액과 영업이익을 기록한 데이터를 차트로 만들어보겠습니다. 엑셀의 [추천 차트]를 이용하면 선택한 데이터의 특징에 맞는 차트 종류를 추천합니다.

① [기본차트] 시트에서 차트로 만들 데이터인 **[A3:C8]** 셀 드래그

② [삽입] 탭-[차트] 그룹-**[추천 차트]** 클릭

③ [추천 차트] 탭에서 사용자의 데이터에 알맞은 추천 차트 목록 중 **[묶은 가로 막대형]** 선택

④ **[확인]**을 클릭합니다.

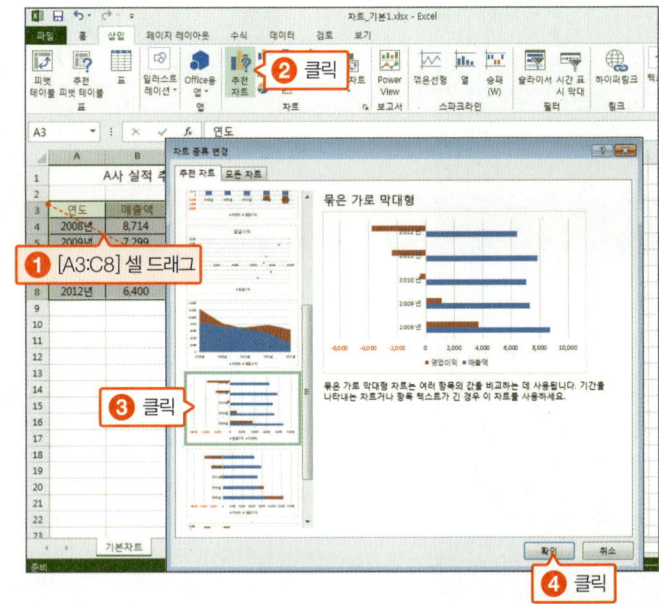

02 차트 위치와 크기 조절하기

① [D3] 셀을 기준으로 차트를 배치하기 위해 삽입한 **차트** 드래그

② **차트 조절점**을 드래그해서 적당한 크기로 조절합니다.

바로 통하는TIP 차트를 선택하고 Delete를 누르면 차트를 삭제할 수 있습니다.

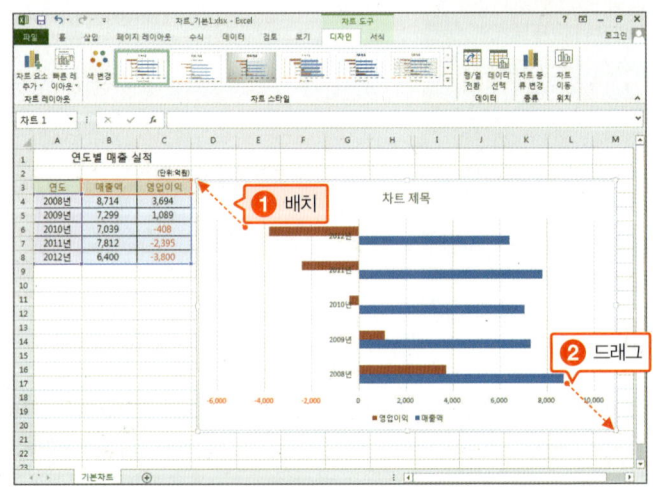

03 차트 종류 변경하기

삽입된 차트의 종류를 변경해보겠습니다.

① 차트 영역 클릭

② [차트 도구]-[디자인] 탭-[종류] 그
룹-[차트 종류 변경] 클릭

③ [차트 종류 변경] 대화상자의 [모든 차
트] 탭에서 [세로 막대형] 선택

④ [3차원 묶은 세로 막대형] 선택

⑤ [확인]을 클릭합니다.

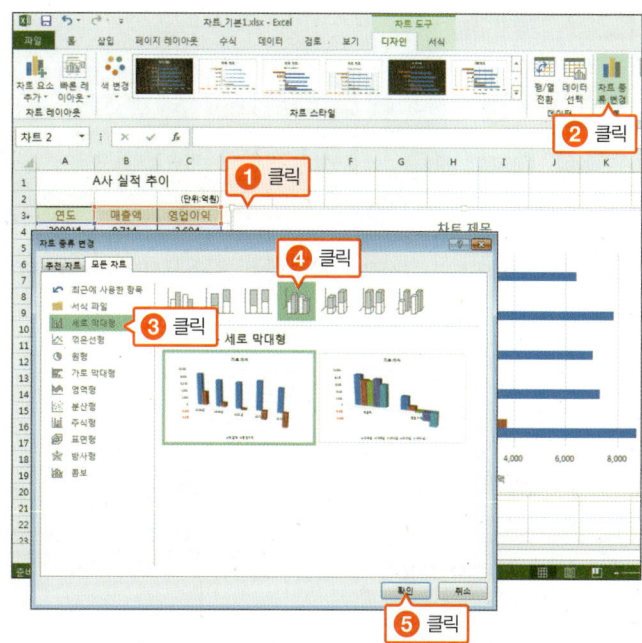

04 새 시트로 차트 이동하기

새 시트를 만들어 현재 삽입되어 있는 차트
를 이동해보겠습니다.

① 차트 영역이 선택된 상태에서 [차트 도
구]-[디자인] 탭-[위치] 그룹-[차트 이
동] 클릭

② [차트 이동] 대화상자에서 [새 시트] 선택

③ 매출실적차트 입력

④ [확인]을 클릭합니다.

[매출실적차트] 시트가 삽입되고 [기본차트] 시트에
있던 차트가 이동됩니다.

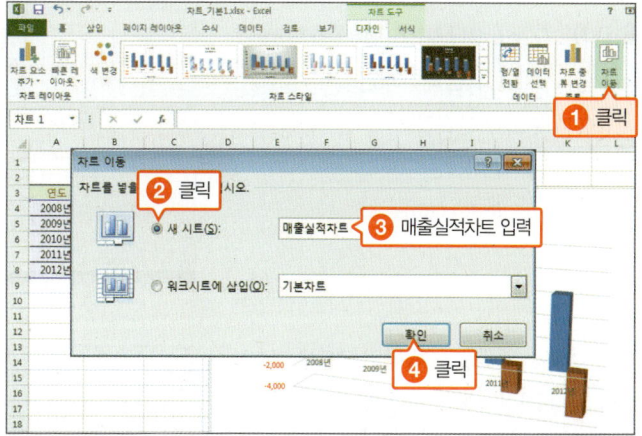

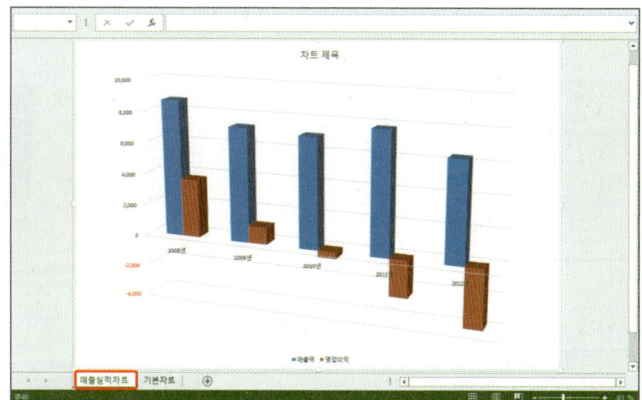

62 차트 레이아웃, 색, 스타일, 필터링하기

차트의 각 구성 요소별 서식을 지정하려면 먼저 서식을 지정할 구성 요소를 선택해야 합니다. 엑셀 2013은 차트 레이아웃과 색, 스타일 등 다양한 차트 서식을 제공하고 있어 차트를 빠르게 변경할 수 있습니다.

▪ **실습 파일** 엑셀\ 4장\ 차트_기본2.xlsx [매출실적차트] 시트　▪ **완성 파일** 엑셀\ 4장\ 차트_기본2_완성.xlsx [매출실적차트] 시트

01　차트 레이아웃 변경하기

[빠른 레이아웃]을 이용하면 미리 구성된 차트 서식을 빠르게 적용할 수 있습니다. 차트 레이아웃을 변경해보겠습니다.

① [매출실적차트] 시트에서 차트 영역 클릭

② [차트 도구] – [디자인] 탭 – [차트 레이 아웃] 그룹 – **[빠른 레이아웃]** 클릭

③ **[레이아웃 5]**를 선택합니다.

데이터 표가 차트 하단에 삽입됩니다.

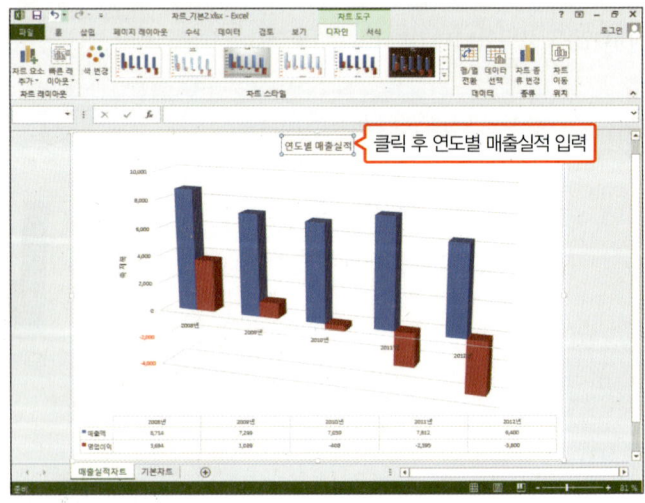

02 [차트 제목]을 클릭하고 **연도별 매출실 적**을 입력합니다.

03 색 변경하기

[색 변경]을 이용하면 미리 구성된 차트 색 배합을 빠르게 적용할 수 있습니다. 차트 색을 변경해보겠습니다.

① 차트 영역이 선택된 상태에서 [차트 도구]-[디자인] 탭-[차트 스타일] 그룹-**[색 변경]** 클릭

② **[색 4]**를 선택합니다.

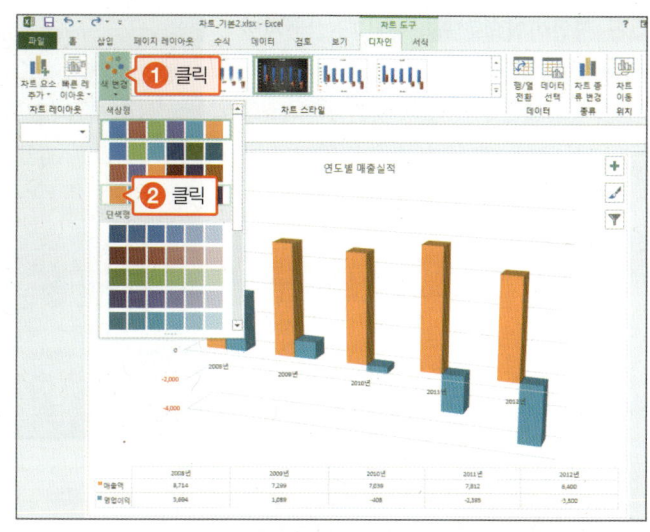

04 차트 스타일 변경하기

차트 스타일을 변경해보겠습니다.

① 차트 영역이 선택된 상태에서 [차트 도구]-[디자인] 탭-[차트 스타일] 그룹-**[차트 스타일 자세히 ▾]** 클릭

② **[스타일 9]**를 선택합니다.

바로 통하는 TIP 차트 스타일 및 색 변경은 차트 내의 [차트 스타일 ✏]을 클릭해서 변경할 수도 있습니다.

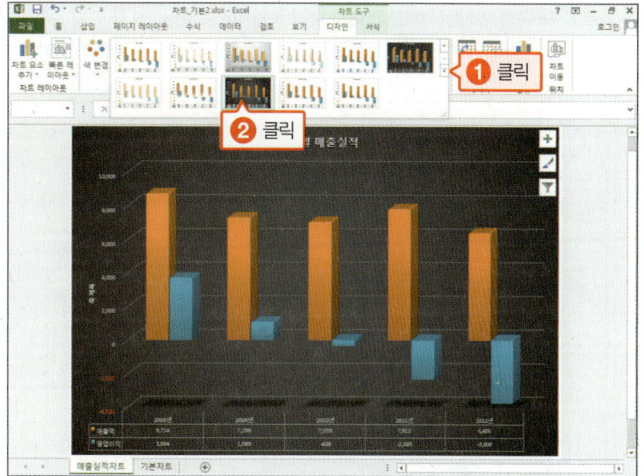

05 차트 데이터 필터링하기

[차트 필터]를 이용해 매출액과 영업이익이 표시된 차트에서 영업이익만 표시해보겠습니다.

① 차트 영역이 선택된 상태에서 **[차트 필터 ▾]** 클릭

② [계열]에서 **[매출액]**의 체크 표시 해제

③ **[적용]** 클릭

④ **[차트 필터 ▾]**를 다시 클릭하여 차트 필터를 마칩니다.

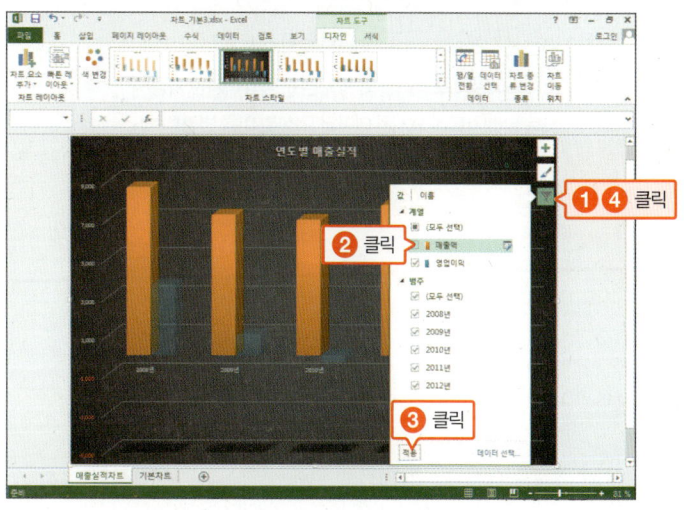

06 영업이익으로 필터링된 데이터 계열
이 표시됩니다.

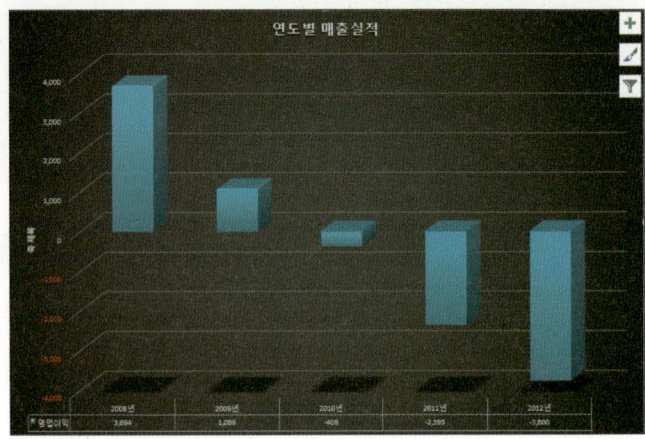

차트의 구성 요소

차트의 각 구성 요소들은 차트 안에서 각각 독립적으로 이동, 크기 조절, 수정, 삭제 등을 할 수 있습니다. 차트를 제대로 만들려면 각 구성 요소를 이해하고 있는 것이 좋습니다.

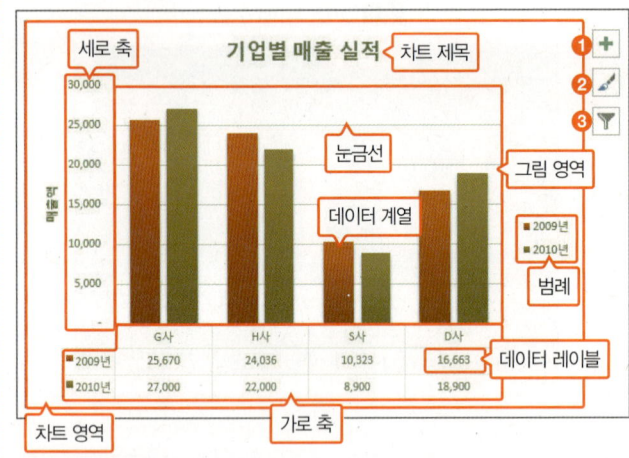

① ➕ : 차트 요소(축 제목, 데이터 레이블 등의 요소 추가/숨기기)
② 🖌 : 차트 스타일(차트 스타일 및 색 구성표 등의 디자인 지정)
③ ▼ : 차트 필터(차트에 표시된 데이터 요소 및 이름 변경)

63 차트의 눈금 간격 조절 및 레이블, 범례 표시하기

차트 데이터 계열 축의 눈금 간격을 조절하고 레이블을 표시하여 데이터 계열의 값을 명확하게 보여줄 수 있습니다.

• **실습 파일** 엑셀 \ 4장 \ 차트_기본3.xlsx [매출실적차트] 시트 • **완성 파일** 엑셀 \ 4장 \ 차트_기본3_완성.xlsx [매출실적차트] 시트

01 주 눈금 조정하기

세로 축의 주 단위 눈금 간격을 조정해보겠습니다.

① [매출실적차트] 시트에서 **차트 영역** 클릭

② [**차트 요소** +] 클릭

③ [**축▶**] 클릭

④ [**기타 옵션**]을 선택합니다.

[축 서식] 창이 활성화됩니다.

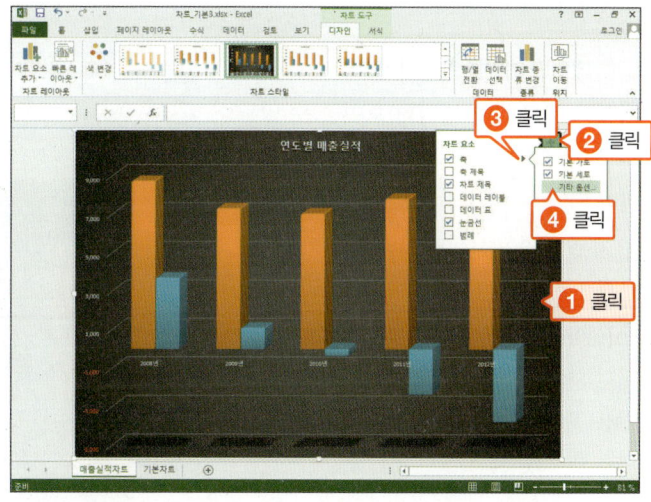

02

① [축 서식] 창에서 [**축 옵션▼**] 클릭

② [**세로(값) 축**]을 선택합니다.

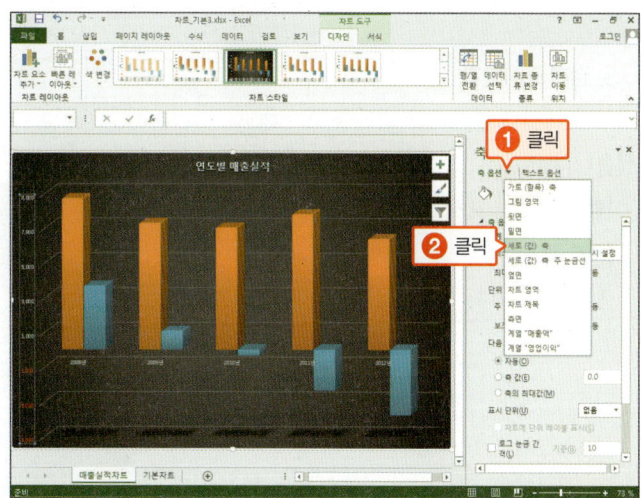

03

① [최소값]에 **-4000** 입력

② [최대값]에 **10000** 입력

③ [창 닫기⊠]를 클릭하여 [축 서식] 창을 닫습니다.

세로 축의 주 단위 눈금이 -4000부터 10000까지 표시됩니다.

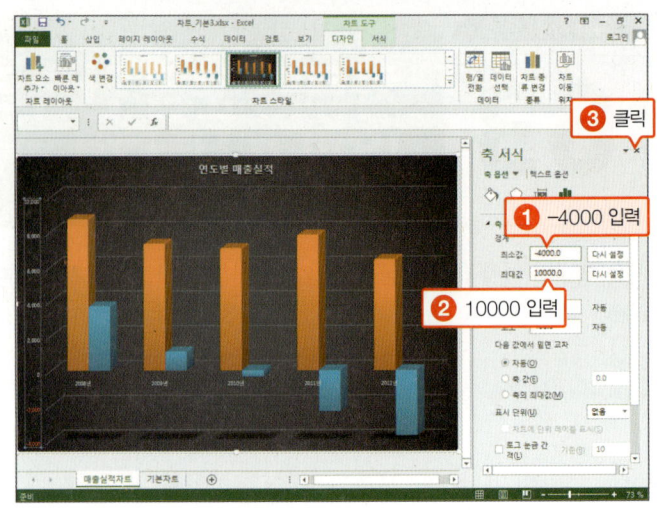

04 데이터 레이블 표시하기

데이터 계열 값을 명확히 보여줄 수 있도록 데이터 레이블을 차트에 표시해보겠습니다.

① 차트 영역이 선택된 상태에서 [차트 요소 ⊞] 클릭

② [데이터 레이블]에 체크 표시합니다.

데이터 계열의 값이 표시됩니다.

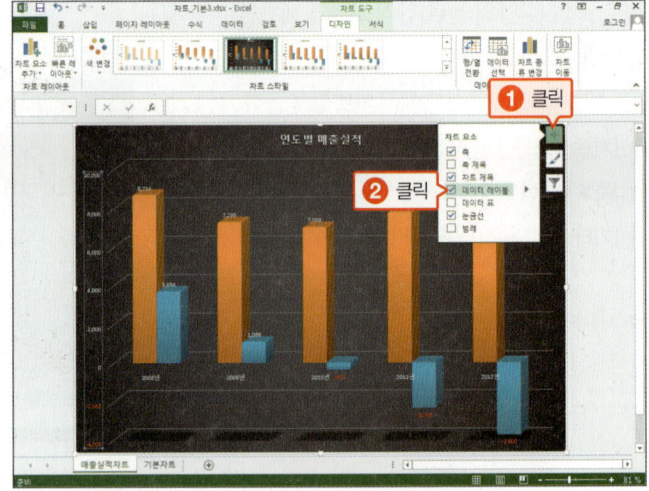

05 범례 표시하기

데이터 계열 오른쪽으로 범례를 표시해보겠습니다.

① [범례]에 체크 표시

② [차트 요소 ⊞]를 클릭하여 차트 요소 설정을 마칩니다.

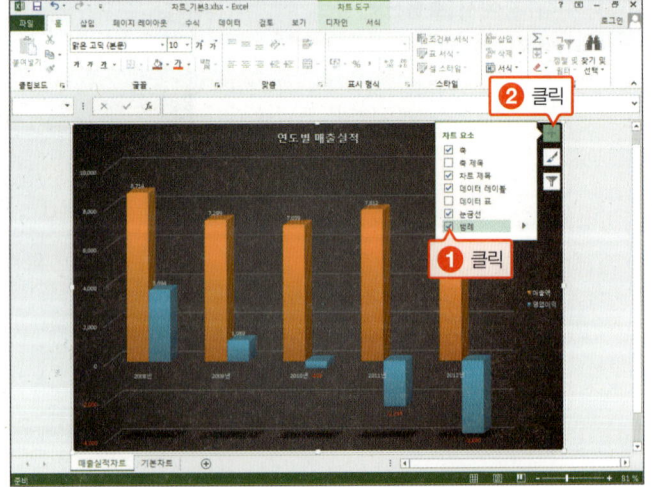

64 차트 배경 설정 및 눈금선 없애기

차트 영역, 그림 영역, 데이터 계열은 색, 그림, 질감 등을 배경으로 채울 수 있습니다. 구성 요소에 그림을 배경으로 채우고 필요 없는 구성 요소를 제거함으로써 차트의 내용을 보다 효과적으로 전달할 수 있습니다.

▪**실습 파일** 엑셀 \ 4장 \ 차트_기본4.xlsx [매출실적차트] 시트   ▪**완성 파일** 엑셀 \ 4장 \ 차트_기본4_완성.xlsx [매출실적차트] 시트

01 차트 배경 꾸미기

그림으로 차트 배경을 채워보겠습니다.

① [매출실적차트] 시트에서 **차트 영역** 클릭

② [차트 도구] – [서식] 탭–[현재 선택 영역] 그룹 – **[선택 영역 서식]** 클릭

③ [차트 영역 서식] 창에서 **[채우기]** 선택

④ **[그림 또는 질감 채우기]** 선택

⑤ **[파일]**을 클릭합니다.

[그림 삽입] 대화상자가 나타납니다.

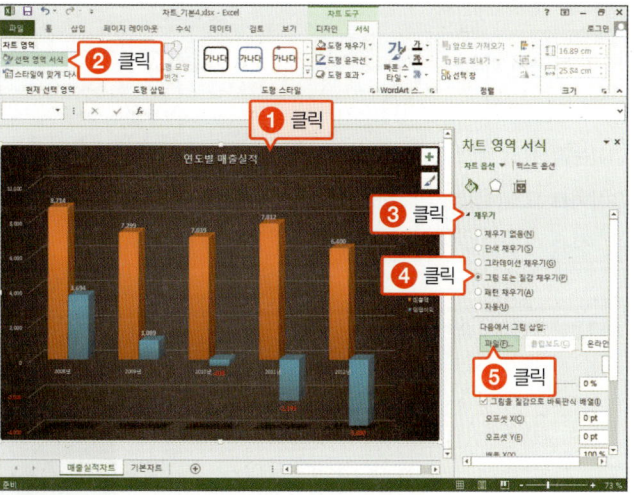

02

① 실습 폴더에서 **차트배경.jpg 파일** 더블클릭

② **[창 닫기⊠]**를 클릭하여 [차트 영역 서식] 창을 닫습니다.

차트 영역이 선택한 그림으로 채워집니다.

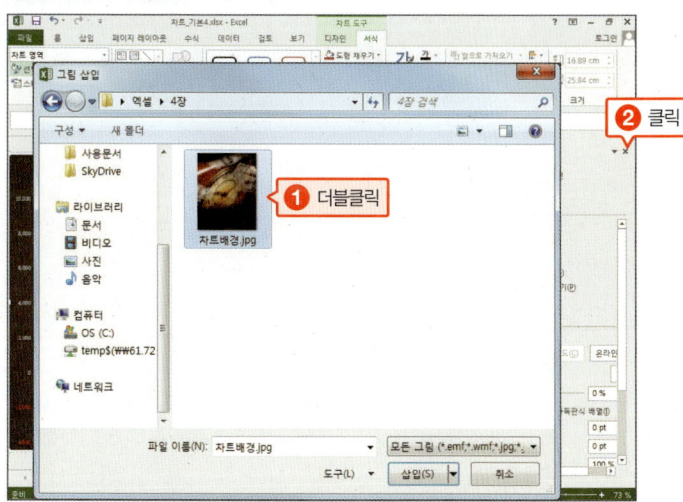

03 세로 축 지우기

세로 축을 지워보겠습니다.

① 차트 영역이 선택된 상태에서 [차트 요소
　+] 클릭

② [축▶] 클릭

③ [기본 세로]의 체크 표시를 해제합니다.

세로축이 화면에서 숨겨집니다.

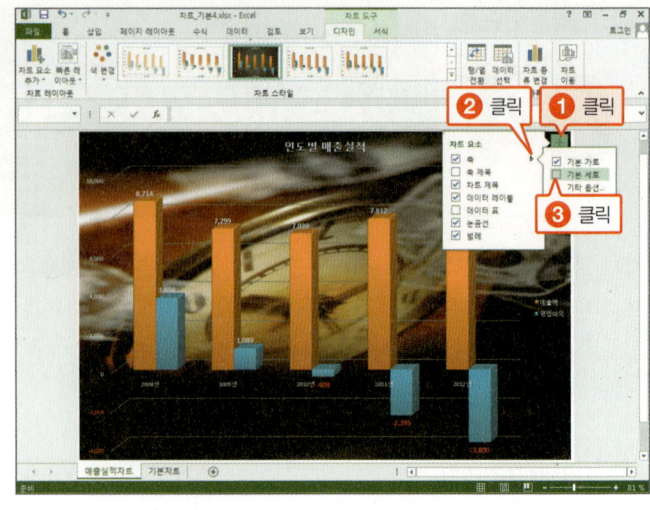

04 눈금선 지우기

눈금선을 지워보겠습니다.

① [눈금선]의 체크 표시 해제

② [차트 요소+]를 클릭하여 차트 요소 설
　정을 마칩니다.

눈금선이 화면에서 숨겨집니다.

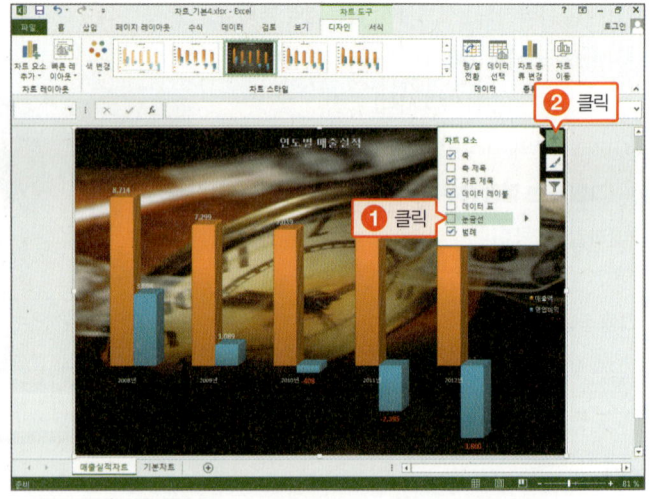

65 콤보(이중 축 혼합) 차트 만들기

혼합형 차트는 두 종류 이상의 차트를 사용하여 차트에 다른 정보가 있음을 강조합니다. 각 데이터 계열별로 서로 다른 유형의 데이터 값을 가지고 있거나 두 계열의 데이터 값이 차이가 클 경우 이중 축(보조 축)을 사용합니다.

▪ **실습 파일** 엑셀 \ 4장 \ 차트_혼합.xlsx　▪ **완성 파일** 엑셀 \ 4장 \ 차트_혼합_완성.xlsx

▲ 핵심기능실습 미리보기

❶ 이중 축 혼합 차트 변경하기

❷ 그림으로 표식 지정하기

❸ 데이터 레이블 표시하기

01 이중 축 혼합 차트 변경하기

[중량] 계열은 기본 축을 기준으로 막대가 표시되므로 데이터 값의 차이가 너무 커서 막대가 짧게 나타납니다. [중량] 계열을 오른쪽 보조 축으로 지정한 후 꺾은선형으로 변경하겠습니다.

① **차트 영역** 클릭

② [차트 도구] - [디자인] 탭-[종류] 그룹-**[차트 종류 변경]** 클릭

③ [모든 차트] 탭에서 **[콤보]** 선택

④ **[묶은 세로 막대형 – 꺾은선형, 보조 축]** 선택

⑤ **[확인]**을 클릭합니다.

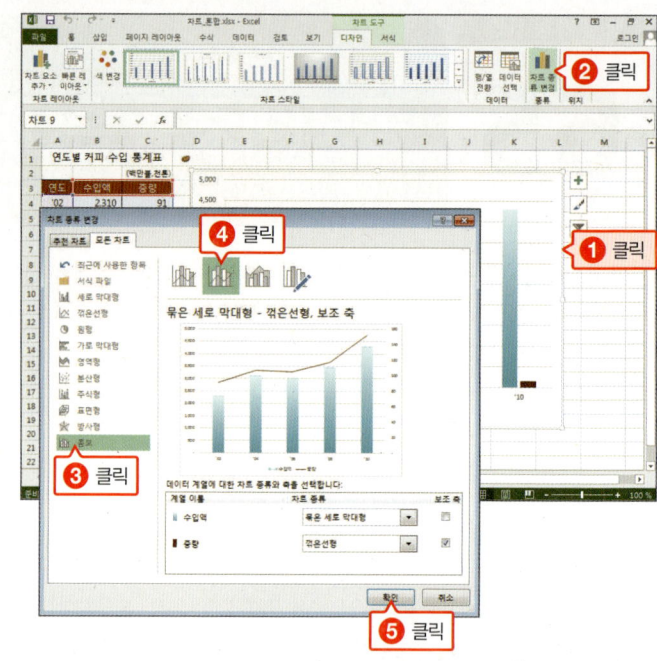

[중량] 데이터 계열의 막대가 꺾은선형으로 바뀌어 혼합 차트가 만들어집니다.

02 그림으로 표식 지정하기

꺾은선 차트의 표식을 그림으로 지정해보겠습니다.

① [D1] 셀의 **원두 그림** 클릭 후 Ctrl + C

② [중량]의 **꺾은선형 데이터 계열** 클릭 후 Ctrl + V

③ **[차트 요소 +]**를 클릭합니다.

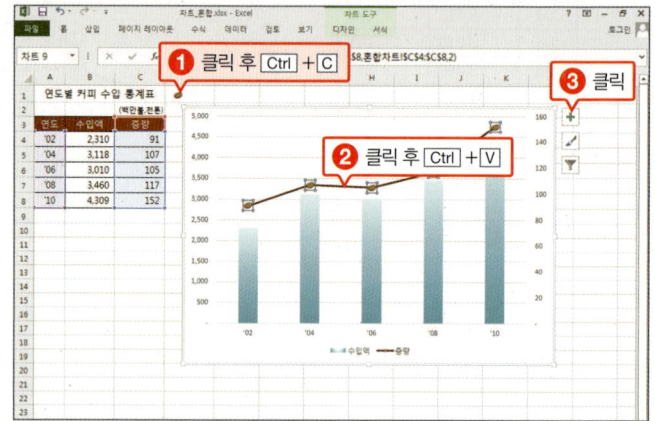

03 데이터 레이블 표시하기

① **[데이터 레이블▶]** 클릭

② **[위쪽]** 선택

③ **[차트 요소 +]**를 클릭하여 차트 요소 수정을 마칩니다.

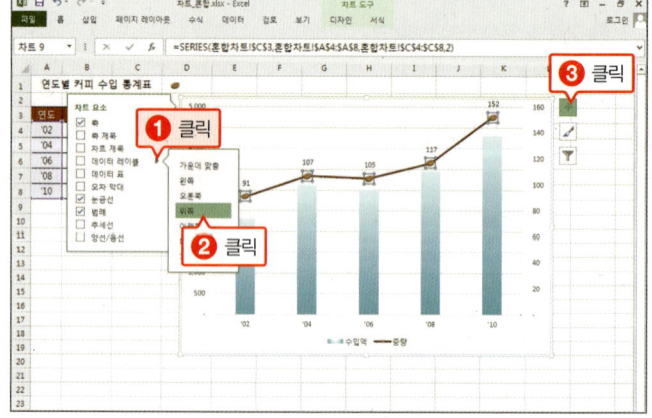

데이터 레이블이 차트와 서로 겹치지 않고 위치가 조정됩니다.

66 원형 차트 3차원 서식 및 테마 바꾸기

원형이나 도넛 차트는 전체 데이터에 대한 계열의 구성비를 나타내줍니다. 각 항목의 전체에 대한 비율을 나타낼 때 사용하며, 원을 나누는 항목은 5~6개가 적당합니다.

▪ **실습 파일** 엑셀 \ 4장 \ 차트_원형.xlsx   ▪ **완성 파일** 엑셀 \ 4장 \ 차트_원형_완성.xlsx

01 차트 스타일 변경하기

PC 종류에 따른 시장 점유율이 원형 차트로 표시되어 있습니다. 차트 스타일을 변경해보겠습니다.

① 차트 영역 클릭

② [**차트 스타일**🖌] 클릭

③ [**스타일 2**] 선택

④ [**차트 스타일**🖌]을 다시 클릭합니다.

차트 스타일 변경이 완료됩니다.

02 3차원 서식 지정하기

3차원 서식이 좀 더 두드러지도록 데이터 계열 서식에서 너비와 높이를 조절해보겠습니다.

① 차트 데이터 계열의 영역에서 마우스 오른쪽 버튼 클릭

② [**데이터 계열 서식**]을 선택합니다.

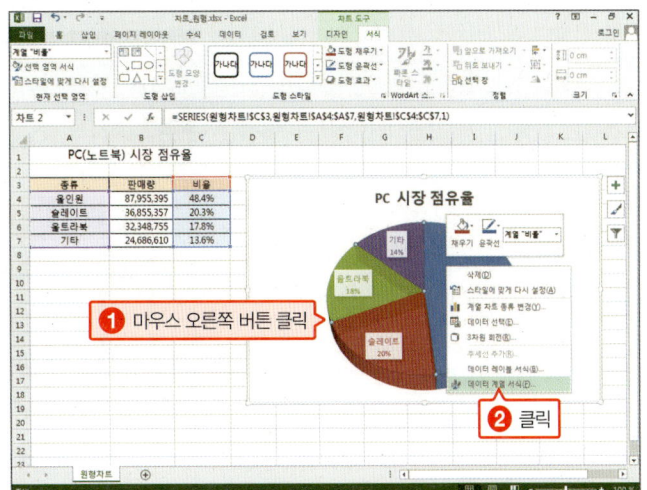

03

① [데이터 계열 서식] 창에서 [효과 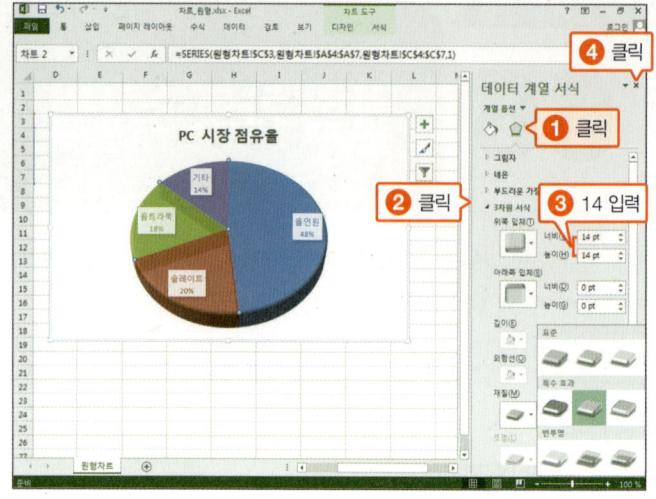] 클릭

② [3차원 서식] 선택

③ [위쪽 입체]의 [너비]와 [높이] 모두 14로 입력

④ [닫기⊠]를 클릭합니다.

04 항목 조각내기

차트의 올인원 항목을 조각내서 보기 좋게 배치해보겠습니다.

① 원형 차트 데이터 계열 클릭

② [올인원] 항목만 한 번 더 클릭

③ [올인원] 항목을 오른쪽으로 드래그합니다.

―――――――――――――――――――

[올인원] 항목의 조각이 원형 차트에서 분리됩니다.

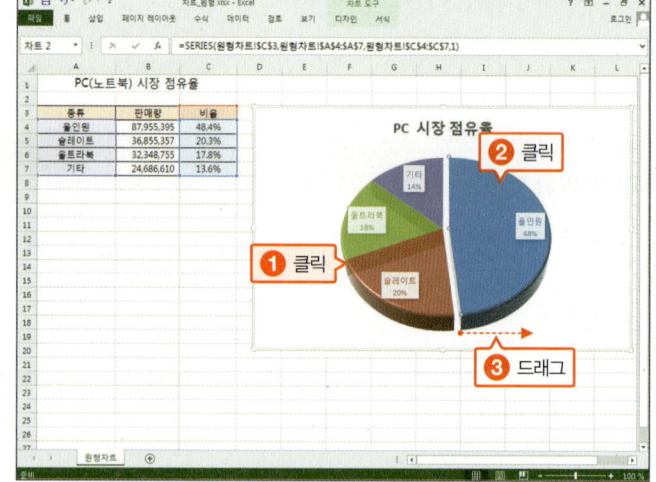

05 차트에 테마를 적용해보겠습니다.

① 임의의 빈 셀 클릭

② [페이지 레이아웃] 탭-[테마] 그룹-[테마] 클릭

③ [이온]을 선택해서 테마를 변경합니다.

―――――――――――――――――――

테마에 따라 차트의 색상도 바뀝니다.

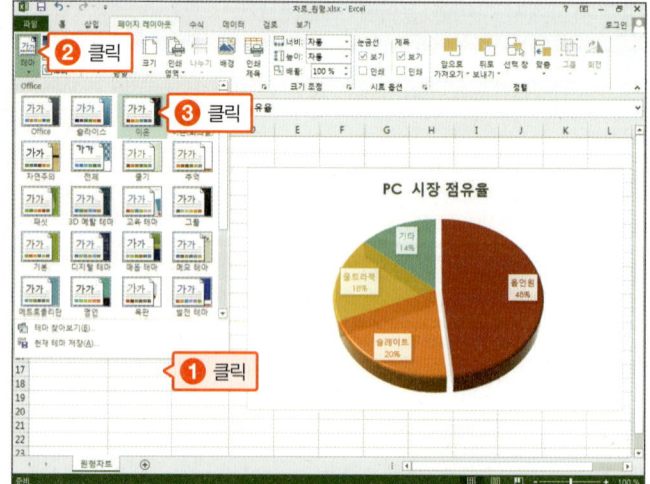

67 스파크라인 차트 삽입하고 종류 변경하기

스파크라인 차트는 셀 하나에 작은 추세 차트(꺾은선형, 열, 승패)를 삽입하는 것입니다. 스파크라인 차트를 사용하면 데이터의 추세를 쉽게 분석하고, 강조하거나 비교할 수 있습니다.

▪**실습 파일** 엑셀 \ 4장 \ 차트_스파크라인.xlsx [스파크라인1] 시트 ▪**완성 파일** 엑셀 \ 4장 \ 차트_스파크라인_완성.xlsx [스파크라인1] 시트

01 스파크라인 차트 삽입하기
주간 국가별 환율 추이를 스파크라인으로 표시해보겠습니다.

① [스파크라인1] 시트에서 **[B4:F11] 셀 드래그**

② [삽입] 탭-[스파크라인] 그룹-**[열]**을 클릭합니다.

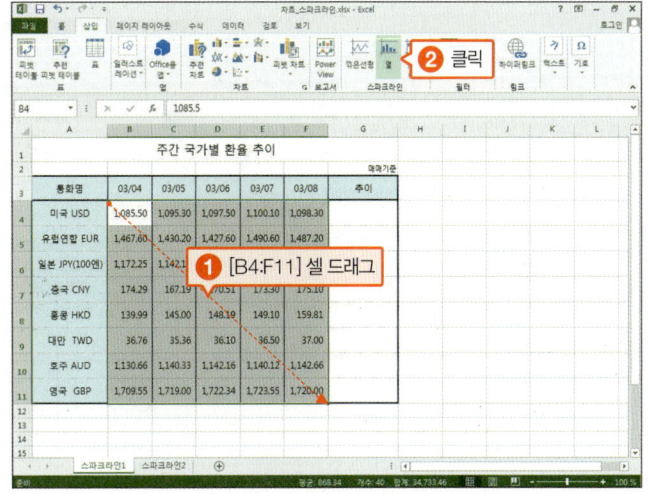

02

① [스파크라인 만들기] 대화상자의 [데이터 범위]란에 **B4:F11** 입력

② [위치 범위]란에 **$G$4:$G$11** 입력

③ **[확인]**을 클릭합니다.

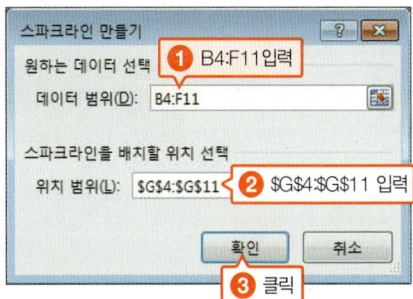

03 [G4:G11] 셀에 3월 4일~3월 8일까지의 주간 환율 추이가 **열 차트**로 표시됩니다.

바로 통하는 TIP 열 스파크라인은 데이터 값의 크기를 비교할 때 적합합니다.

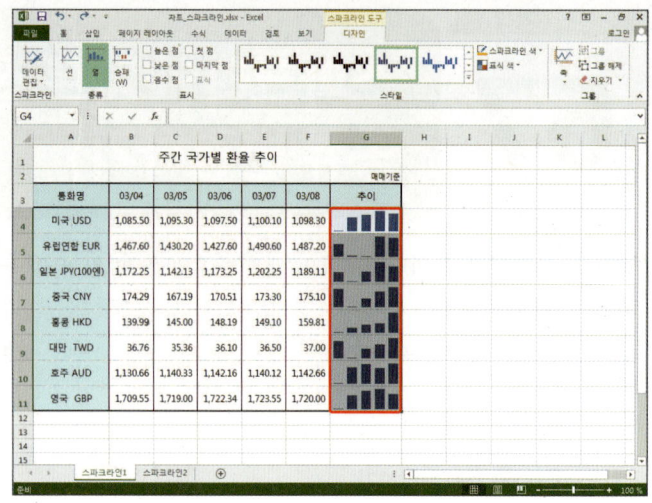

04 스파크라인 차트의 종류 변경하기
[G4:G11] 셀이 범위로 지정되어 있는 상태에서 [스파크라인 도구]-[디자인] 탭-[종류] 그룹-**[선]**을 클릭합니다. 주간 환율 추이가 **선 차트**로 표시됩니다.

바로 통하는 TIP 선 스파크라인은 데이터의 변화 추세를 나타낼 때 적합합니다.

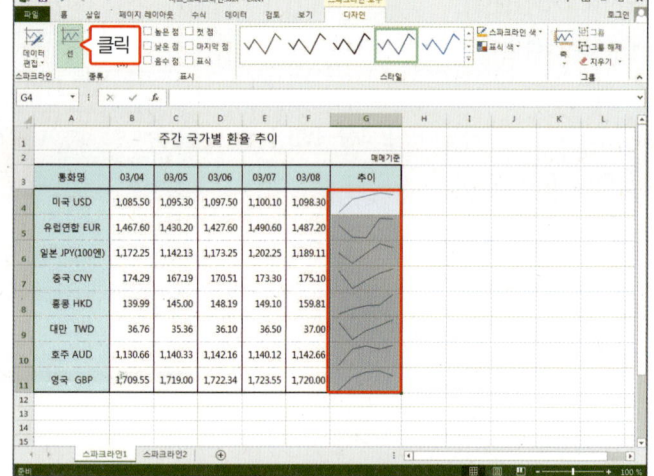

68 스파크라인 차트 스타일과 디자인 변경하기

엑셀에서는 다양한 스파크라인 스타일을 제공하므로 이를 이용하여 스파크라인 스타일을 변경할 수 있습니다. 또한 직접 차트 계열의 표식 색, 모양 등의 디자인을 변경할 수 있습니다.

• **실습 파일** 엑셀 \ 4장 \ 차트_스파크라인.xlsx [스파크라인2] 시트 • **완성 파일** 엑셀 \ 4장 \ 차트_스파크라인_완성.xlsx [스파크라인2] 시트

01 스파크라인 차트의 표식 강조하기

선 스파크라인 차트에서 표식을 강조해보 겠습니다.

① [스파크라인2] 시트에서 **[G4:G11] 셀** 드래그

② [스파크라인 도구] – [디자인] 탭 – [표시] 그룹에서 **[높은 점]**, **[낮은 점]**, **[표식]**에 체크 표시합니다.

환율 추이에 선형 표식이 나타납니다.

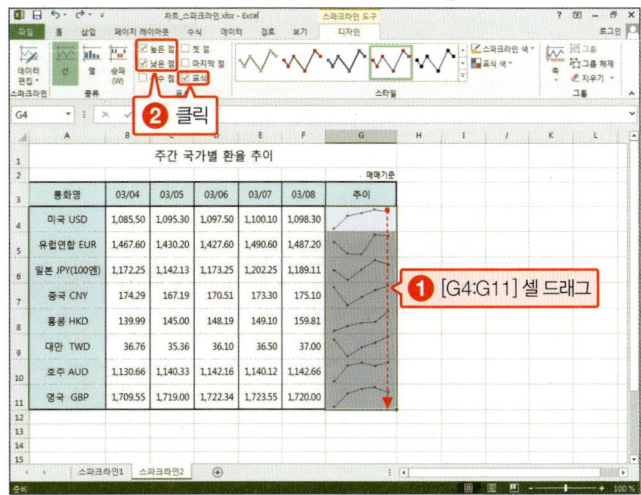

02 스파크라인 차트의 스타일 변경하기

① [G4:G11] 셀의 범위가 지정된 상태에서 [스파크라인 도구] – [디자인] 탭 – [스타일] 그룹 – **[스타일 자세히 ▼]** 클릭

② **[스파크라인 스타일 강조 5, 50% 더 어둡게]** 를 선택합니다.

스파크라인 차트 스타일이 변경됩니다.

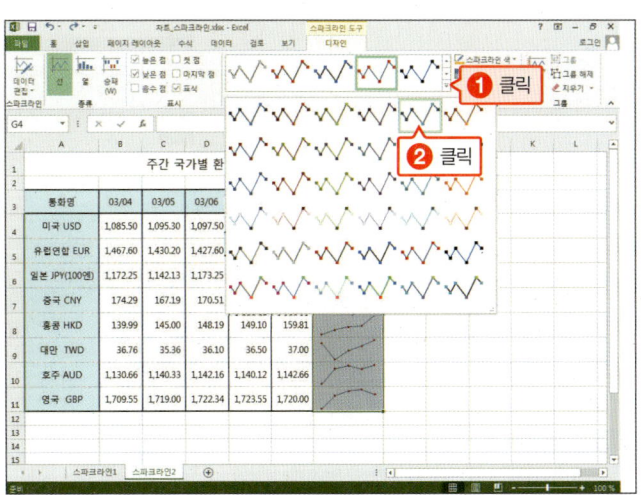

03 스파크라인 차트의 두께 변경하기

① [스파크라인 도구]-[디자인] 탭-[스타일] 그룹-[스파크라인 색] 클릭

② [두께]를 선택하고 [2¼]을 선택합니다.

스파크라인 차트의 선 두께가 두꺼워집니다.

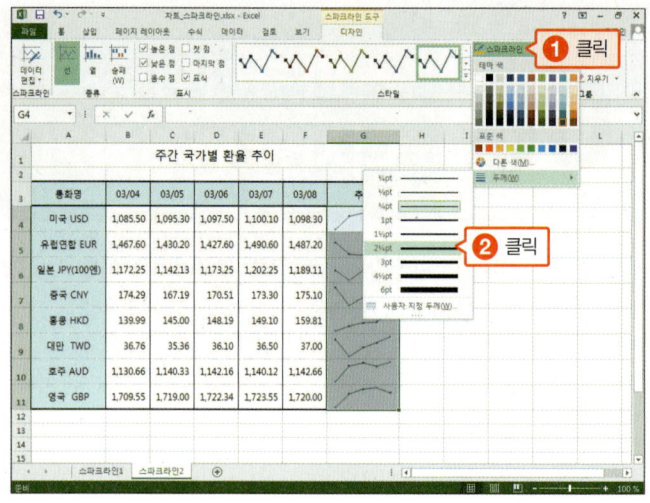

04 스파크라인 차트의 표시 색 변경하기

① [스파크라인 도구]-[디자인] 탭-[스타일] 그룹-[표식 색] 클릭

② [높은 점]-[주황, 강조 6]을 선택합니다.

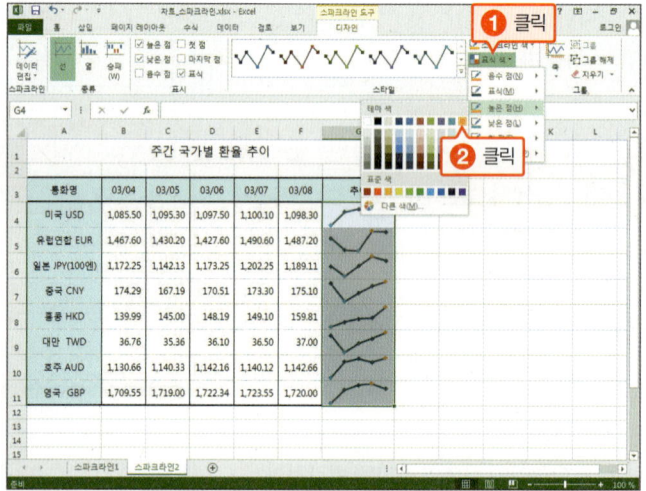

05

① 다시 [표식 색] 클릭

② [낮은 점]-[빨강]을 선택합니다.

스파크라인 차트에서 가장 높은 점은 주황색, 가장 낮은 점은 빨간색으로 표시됩니다.

바로 통하는 TIP 스파크라인 차트를 지우려면 [스파크라인 도구]-[디자인] 탭-[그룹] 그룹-[지우기]를 클릭하여 일부 또는 전체를 지울 수 있습니다.

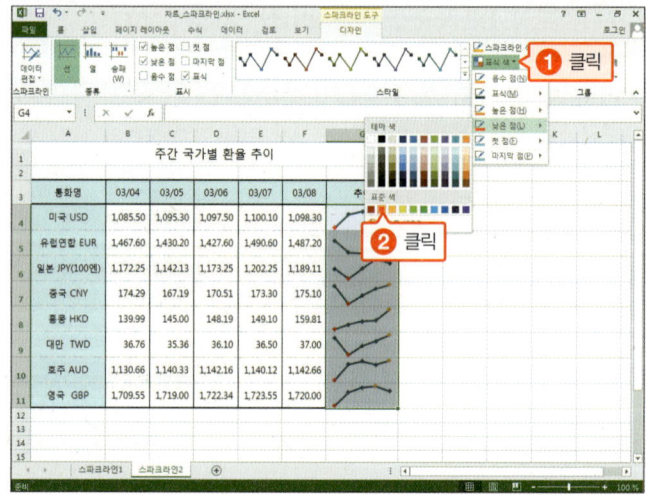

CHAPTER

05

데이터베이스
관리/분석 및
자동화하기

엑셀에서 제공하는 데이터베이스의 기능은 방대한 양의 자료를
관리하고 요약해서 데이터를 효과적으로 분석하기에 유용합니다.
반복된 작업을 한 번에 처리할 수 있는 매크로를 사용하면 업무
시간을 단축하고 자동화하기에 좋습니다.

이번 장에서는 텍스트 나누기, 중복 데이터, 통합 기능을 사용하
여 데이터베이스를 관리하고, 정렬, 필터, 부분합, 피벗 테이블로
데이터를 분석하는 방법에 대해서 알아보겠습니다. 마지막으로
통합 문서 내 자동화에 필요한 명령어들을 모아 매크로로 기록하
고 실행 및 편집하는 방법에 대해서 살펴보겠습니다.

69 텍스트 나누기

데이터를 효율적으로 관리하려면 열 하나에 여러 정보가 담기지 않도록 종류별로 데이터를 나눕니다. 데이터를 나눠두면 정보를 검색하거나 분석할 때 유리합니다.

▪ 실습 파일 엑셀 \ 5장 \ DB _텍스트_입출고현황.xlsx   ▪ 완성 파일 엑셀 \ 5장 \ DB _텍스트_입출고현황_완성.xlsx

01 텍스트를 나눌 셀 범위 지정하기

텍스트 나누기는 일정 너비나 기호를 기준으로 텍스트를 나누는 것입니다. 상품의 가로, 세로, 높이가 한 열에 모두 입력되어 있으므로 각각 데이터를 나눠보겠습니다.

① [D3:D37] 셀 드래그

② [데이터] 탭-[데이터 도구] 그룹-[텍스트 나누기]를 클릭합니다.

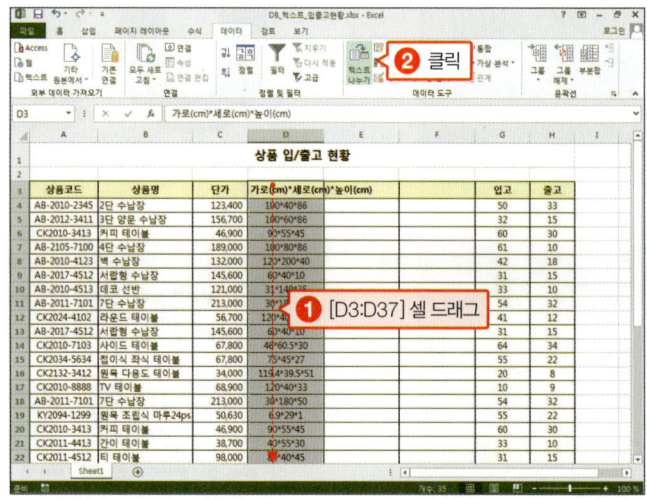

바로 통하는 TIP 텍스트를 나누려면 나누려는 데이터의 개수만큼 오른쪽에 빈 열이 있어야 합니다. 만약 빈 열이 없을 경우에는 오른쪽 열이 나눠진 텍스트 값으로 대치되므로 주의합니다.

02 텍스트 마법사 -1단계

① [텍스트 마법사 -3단계 중 1단계]에서 원본 데이터의 파일 유형으로 [구분 기호로 분리됨] 선택

② [다음]을 클릭합니다.

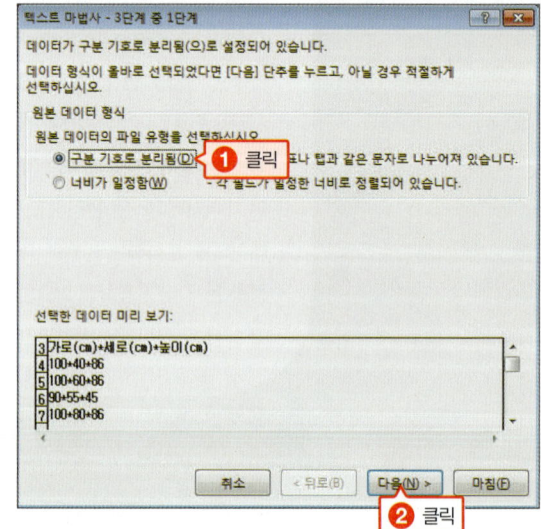

03 텍스트 마법사 – 2단계

① [텍스트 마법사 – 3단계 중 2단계]에서 [구분 기호]
　의 [기타]에 체크 표시
② 입력 상자에 * 입력
③ [다음]을 클릭합니다.

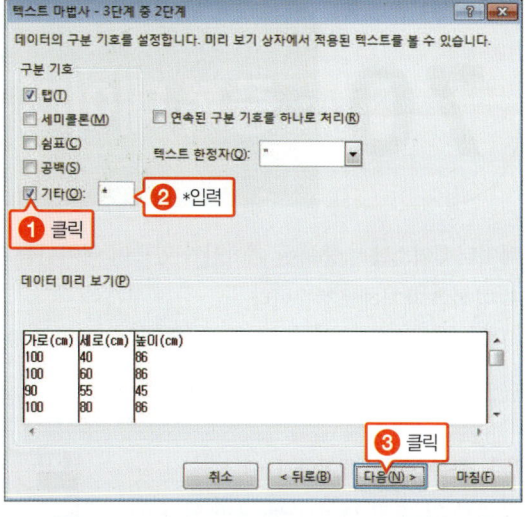

04 텍스트 마법사 – 3단계

① [텍스트 마법사 – 3단계 중 3단계]의 [데이터 미리
　보기] 목록에서 서식 지정합니다. 지정할 서식이 없
　으므로 텍스트 마법사를 완료하기 위해 [마침] 클릭
② 기존 데이터를 바꿀 것인지 확인하는 대화상자가
　나타나면 [확인]을 클릭합니다.

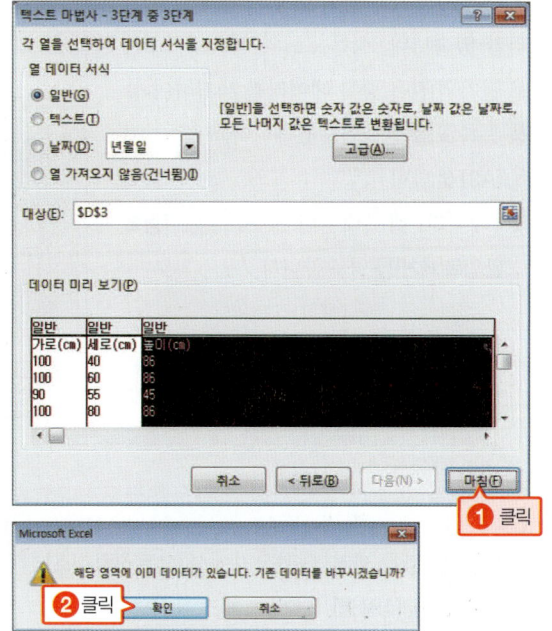

05 가로, 세로, 높이 항목이 나눠졌습니다.

70 중복 데이터 삭제하기

데이터베이스에서 중복된 데이터가 있으면 데이터를 분석할 때 잘못된 결과를 불러올 수 있습니다. 데이터의 중복 항목을 제거해보겠습니다.

•**실습 파일** 엑셀\5장\DB_중복제거_입출고현황.xlsx •**완성 파일** 엑셀\5장\DB_중복제거_입출고현황_완성.xlsx

01 중복 데이터 제거하기

상품의 입/출고 현황 표를 보면 일자별로 상품이 입고되고 출고를 보면 중복된 데이터가 있습니다. 상품코드와 상품명, 그리고 단가와 같은 중복 데이터를 제거하여 상품 목록 표를 만들어보겠습니다.

① [A3] 셀 클릭

② [데이터] 탭–[데이터 도구] 그룹–[**중복된 항목 제거**]를 클릭합니다.

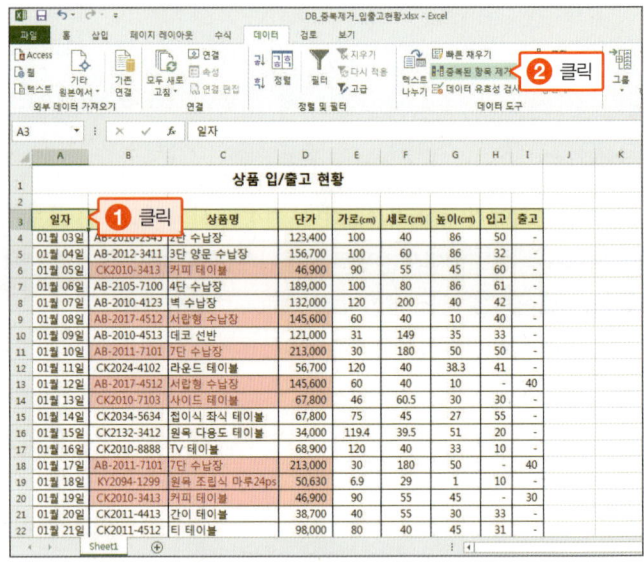

02

① [중복된 항목 제거] 대화상자에서 [**모두 선택 취소**] 클릭

② [**상품코드**], [**상품명**], [**단가**]에 체크 표시

③ [**확인**]을 클릭합니다.

바로 통하는 TIP 일자에 체크 표시를 해도 일치하는 항목이 없으므로 제거되지 않습니다. 체크 표시한 항목에서 일치하는 레코드가 있을 때만 제거됩니다.

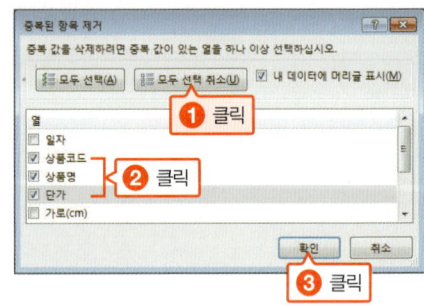

03 5개의 중복된 데이터가 제거되었다는
메시지가 나타나면 **[확인]**을 클릭합니다.

중복된 값이 제거된 것을 확인할 수 있습니다.

바로 통하는TIP 중복된 데이터는 첫 번째 레코드 하
나만 남고 두 번째 레코드부터는 삭제됩니다.

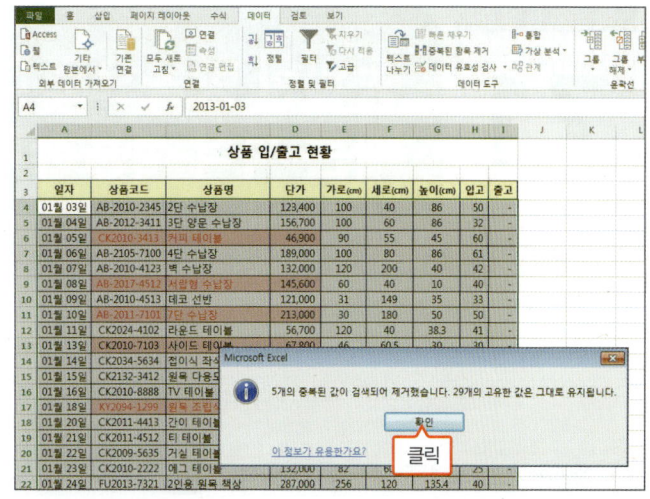

04 상품 목록 표 만들기
① **[B1]** 셀에 **상품 목록** 입력 후 Enter
② **A열 열 머리글** 클릭
③ **[H:I] 열머리글** Ctrl + 드래그
④ Ctrl + − 를 눌러 일자, 입고, 출고 열을
삭제합니다.

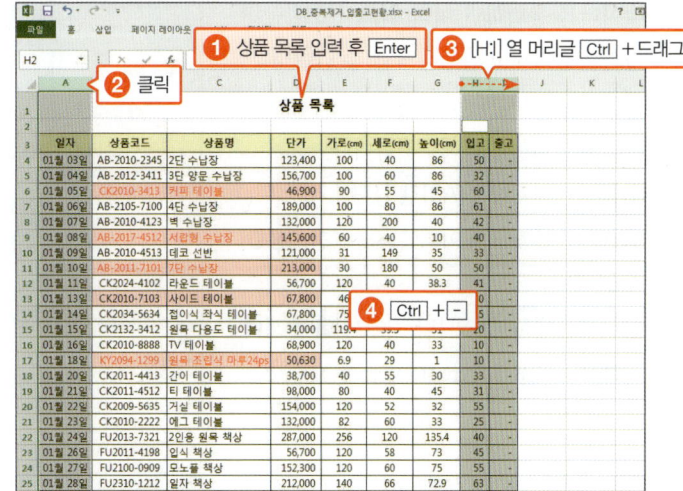

05
① Alt + F2 를 눌러 [다른 이름으로 저장]
대화상자가 표시되면 파일 이름에 **상품
목록** 입력
② **[저장]**을 클릭합니다.

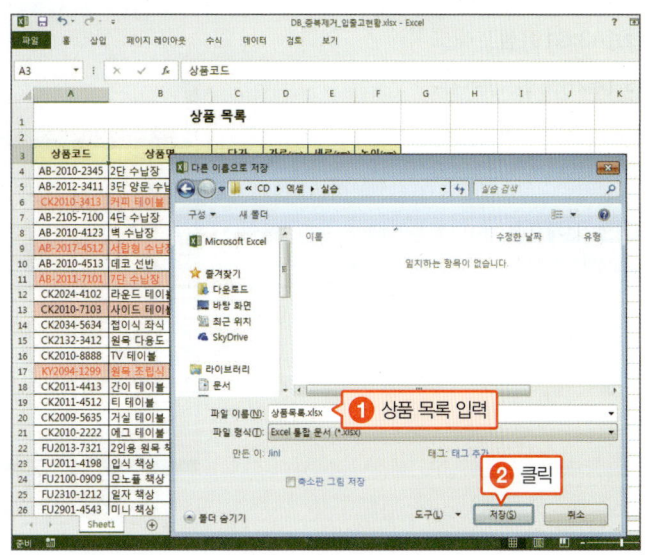

71 동일한 항목으로 데이터 통합하고 빠른 서식 적용하기

데이터 통합은 첫 번째 필드 항목을 기준으로 여러 워크시트의 결과를 합계, 개수, 평균, 최댓값, 최솟값, 곱, 수치 개수, 표본 표준 편차, 표준 편차, 표본 분산, 분산 등으로 요약하고 집계합니다.

- **실습 파일** 엑셀 \ 5장 \ DB _통합_월실적현황.xlsx - **완성 파일** 엑셀 \ 5장 \ DB _통합_월실적현황_완성.xlsx

01 성명을 기준으로 1주~4주까지의 실적 통합하기

데이터를 통합하면 여러 워크시트에 담긴 결과를 요약하고 집계해서 볼 수 있습니다. 같은 통합 문서 내에 있는 [1주]~[4주] 시트의 데이터를 통합해보겠습니다.

① [통합] 시트에서 **[A3] 셀** 클릭

② [데이터] 탭-[데이터 도구] 그룹-**[통합]** 클릭

③ [통합] 대화상자의 [함수]에서 **[합계]** 선택

④ **[참조]** 란을 클릭합니다.

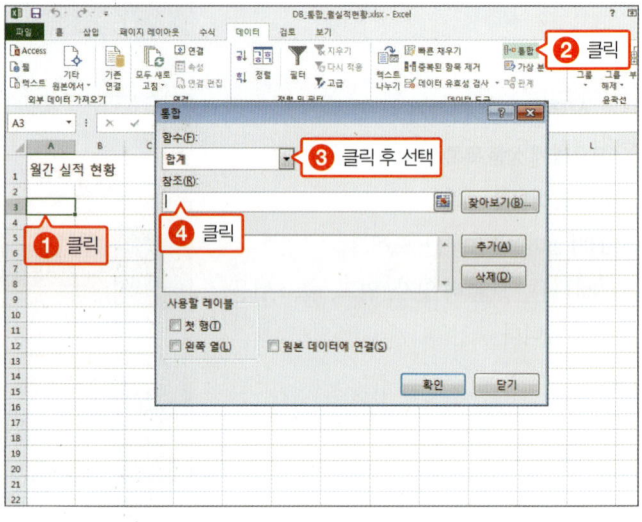

02 통합할 데이터 선택하기

① **[1주]** 시트 탭 클릭

② **[A3:G19] 셀** 드래그

③ **[추가]**를 클릭합니다.

선택한 범위가 [모든 참조 영역]에 표시됩니다.

바로 통하는 TIP 데이터를 통합하면 첫 번째 열을 기준으로 여러 데이터가 하나로 합쳐집니다.

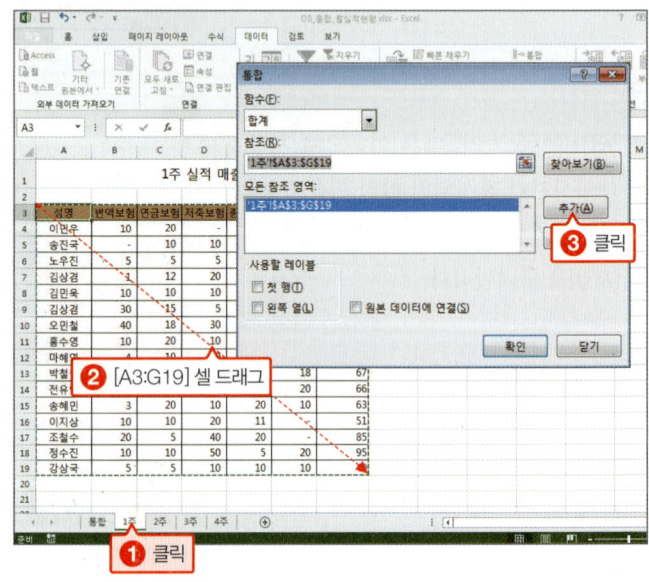

03

① [2주] 시트 클릭

② [A3:G15] 셀 드래그

③ [추가]를 클릭합니다.

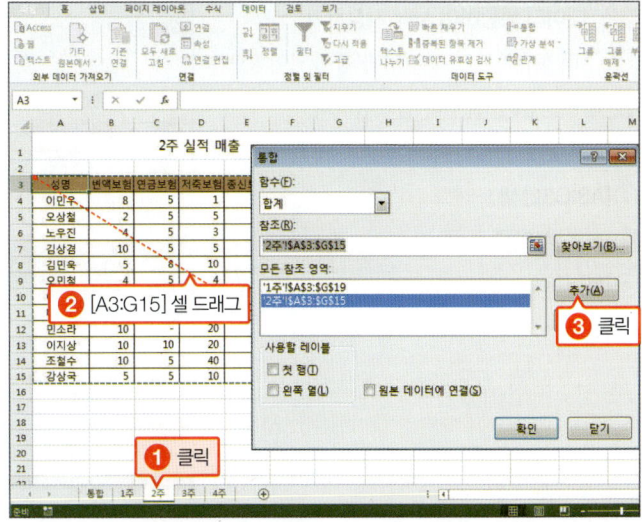

04

① [3주] 시트 클릭

② [A3:G16] 셀 드래그

③ [추가]를 클릭합니다.

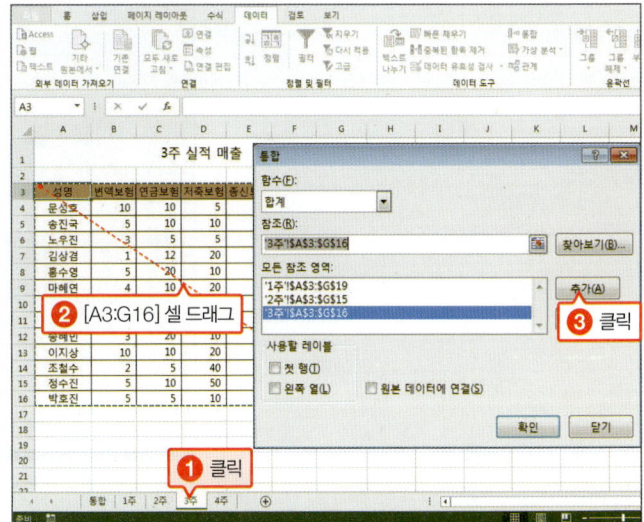

05

① [4주] 시트 클릭

② [A3:G20] 셀 드래그

③ [추가] 클릭

④ [사용할 레이블]에서 [첫 행]과 [왼쪽 열]에
체크 표시

⑤ [확인]을 클릭합니다.

바로 통하는 TIP [사용할 레이블]에서 [첫 행]과 [왼쪽 열]에 체크 표시하면 제목 행과 제목 열을 기준으로 통합됩니다. 그러나 레이블을 사용하지 않으면 행과 열 방향의 순서대로 데이터를 통합하기 때문에 잘못된 통합 결과를 얻을 수도 있습니다.

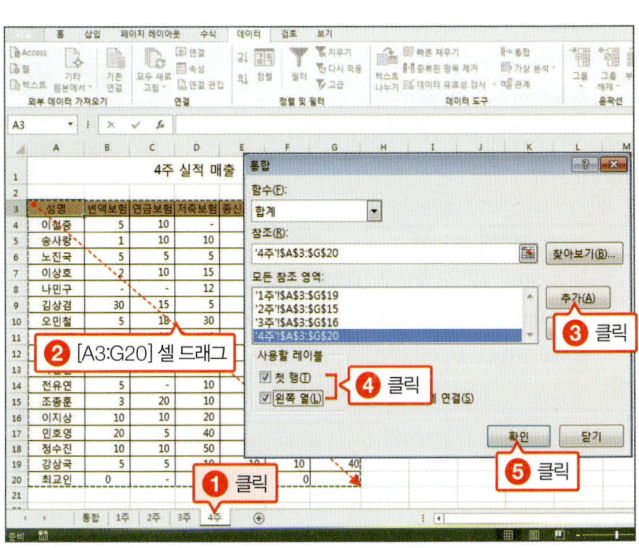

06 데이터 통합하여 서식 지정하기

1주부터 4주까지의 데이터가 통합되어 [통합] 시트의 [A3] 셀부터 입력됩니다.

① [A3] 셀에 성명 입력
② [A3:G32] 셀 드래그
③ [빠른 분석 📊] 클릭
④ [표] 클릭
⑤ [표]를 선택합니다.

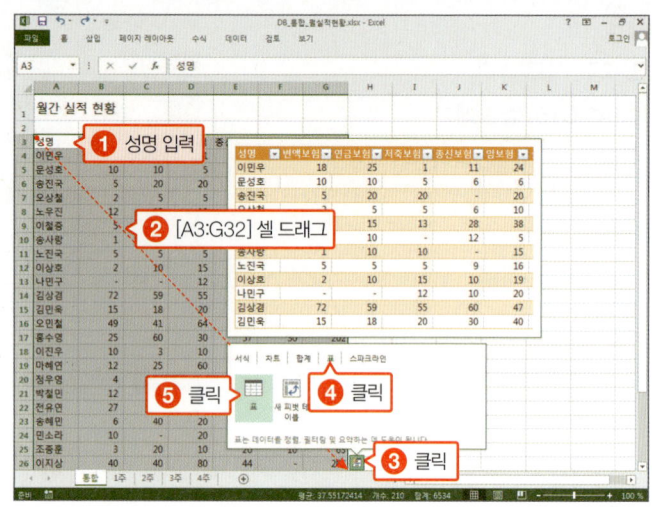

07 표에 서식이 적용된 것을 확인할 수 있습니다.

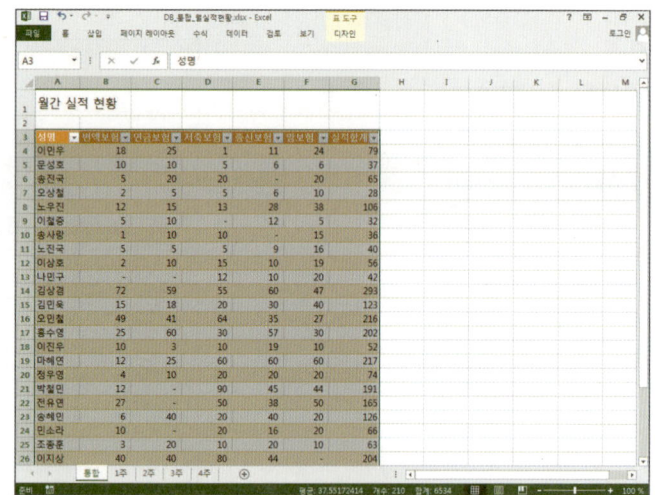

데이터베이스로 관리할 데이터 목록을 작성할 때는 다음과 같은 사항에 주의합니다.

① 필드명은 한 줄로 입력하고, 필드명이 입력된 셀은 병합하지 않아야 합니다.

② 각 셀에 입력한 데이터는 병합하지 않아야 하고, 빈 행이나 열이 없어야 합니다.

③ 셀 하나에는 하나의 정보만 입력해야 합니다. 외부에서 데이터를 가져왔을 때 셀 하나에 여러 정보가 있으면 텍스트를 나눠서 여러 필드에 입력합니다.

	A	B	C	D	E	F	G	H	I
1	성명	부서명	직급	직종 구분	성별	생년월일	입사일자	재직구분	기본급
2	강미라	인사팀	사원	관리직	여자	1966-01-01	1990-02-01	근무	1,650,000
3	강보철	생산팀	사원	생산직	남자	1970-12-20	1996-10-02	근무	1,650,000
4	강수경	기획팀	사원	관리직	여자	1975-06-06	1998-05-03	휴직	1,650,000
5	김길훈	인사팀	대리	관리직	남자	1980-05-04	1999-12-02	근무	1,900,000
6	김미경	영업팀	사원	관리직	여자	1977-05-05	2000-03-02	근무	1,650,000
7	김미숙	영업팀	과장	관리직	여자	1960-05-30	1987-07-01	퇴사	2,150,000
8	김상식	생산팀	대리	생산직	남자	1965-04-07	1995-04-05	근무	1,900,000
9	김새롬	인사팀	부장	관리직	여자	1979-11-05	1998-02-02	근무	2,750,000
10	김수진	인사팀	사원	관리직	여자	1975-08-25	2000-12-01	근무	1,650,000
11	김진철	기획팀	사원	관리직	남자	1980-07-12	2001-06-01	근무	1,650,000
12	나철수	생산팀	사원	생산직	남자	1960-01-08	1988-06-01	퇴사	1,650,000
13	남궁희	총무팀	차장	관리직	여자	1969-05-30	1995-05-05	근무	2,350,000
14	남희철	총무팀	과장	관리직	남자	1974-12-08	1995-06-04	퇴사	2,150,000
15	문소라	생산팀	대리	생산직	여자	1975-03-06	1998-12-01	퇴사	1,900,000
16	문정욱	총무팀	사원	관리직	남자	1981-09-14	2004-02-02	근무	1,650,000
17	민상욱	영업팀	차장	관리직	남자	1966-01-11	1990-02-21	근무	2,350,000

---

72 셀 값을 기준으로 정렬하기

데이터베이스에서 사용자가 보기 편한 기준으로 데이터를 정렬할 수 있어야 합니다. [정렬] 대화상자를 이용하면 기본적으로 오름차순 또는 내림차순으로 정렬할 수 있고 정렬 기준을 2가지 이상으로 지정해서 정렬할 수도 있습니다.

▪**실습 파일** 엑셀 \ 5장 \ DB _정렬_회원명단1.xlsx　▪**완성 파일** 엑셀 \ 5장 \ DB _정렬_회원명단1_완성.xlsx

01 회원등급 오름차순으로 정렬하기

회원명단의 회원등급을 기준으로 셀을 정렬해보겠습니다.

① [회원등급] 필드에서 임의의 셀 클릭

② [데이터] 탭-[정렬 및 필터] 그룹-[**오름차순**]을 클릭합니다.

회원등급 순서로 정렬합니다.

02 여러 조건으로 정렬하기

① 데이터에서 임의의 셀 클릭

② [데이터] 탭의 [정렬 및 필터] 그룹에서 [**정렬**]을 클릭합니다.

[정렬] 대화상자가 활성화됩니다.

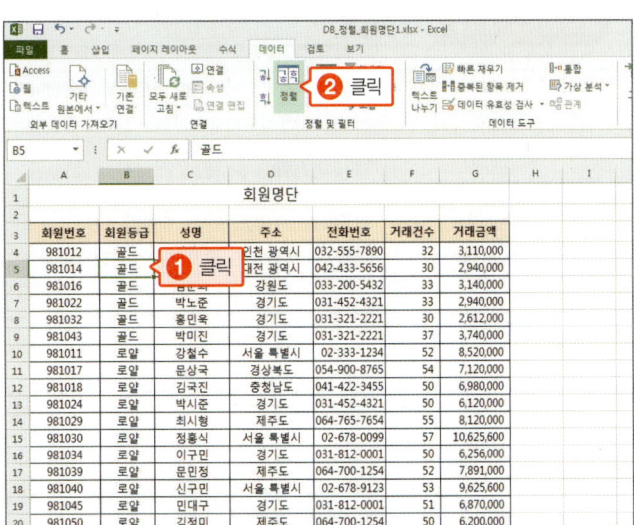

03

① 두 번째 정렬 기준을 추가하기 위해 [기준 추가] 클릭

② [다음 기준]에서 [주소], [값], [오름차순] 선택

③ 세 번째 정렬 기준을 추가하기 위해 [기준 추가] 클릭

④ [다음 기준]에서 [거래금액], [값], [내림차순] 선택

⑤ [확인]을 클릭합니다.

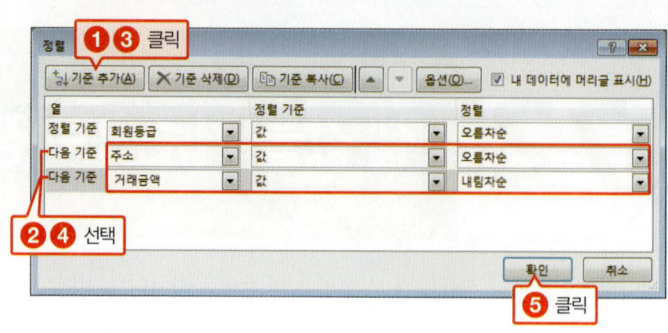

04 회원등급, 주소 순서에 따라 오름차순으로, 거래금액을 기준으로 내림차순으로 데이터가 정렬됩니다.

회원번호	회원등급	성명	주소	전화번호	거래건수	거래금액
981016	골드	김순희	강원도	033-200-5432	33	3,140,000
981043	골드	박미진	경기도	031-321-2221	37	3,740,000
981022	골드	박노준	경기도	031-452-4321	33	2,940,000
981032	골드	홍민욱	경기도	031-321-2221	30	2,612,000
981014	골드	민태우	대전 광역시	042-433-5656	30	2,940,000
981012	골드	이미옥	인천 광역시	032-555-7890	32	3,110,000
981045	로얄	민대구	경기도	031-812-0001	51	6,870,000
981034	로얄	이구민	경기도	031-812-0001	50	6,256,000
981024	로얄	박시준	경기도	031-452-4321	50	6,120,000
981017	로얄	문상국	경상북도	054-900-8765	54	7,120,000
981030	로얄	정홍식	서울 특별시	02-678-0099	57	10,625,600
981040	로얄	신구민	서울 특별시	02-678-9123	53	9,625,600
981011	로얄	강철수	서울 특별시	02-333-1234	52	8,520,000
981051	로얄	노현철	서울 특별시	02-678-9123	52	7,625,600
981029	로얄	최시형	제주도	064-765-7654	55	8,120,000
981039	로얄	문민정	제주도	064-700-1254	52	7,891,000
981050	로얄	김정미	제주도	064-700-1254	50	6,200,000
981018	로얄	김국진	충청남도	041-422-3455	50	6,980,000
981027	실버	강수진	경상북도	055-322-1334	28	1,380,000
981037	실버	강성수	경상북도	055-302-1934	28	1,380,000
981048	실버	이성민	경상북도	055-302-1934	28	1,245,000
981013	실버	전선우	전라남도	061-400-8888	22	1,520,000
981023	실버	이철우	전라북도	063-777-0987	22	1,380,000

실무활용노트 EXCEL | 정렬 순서

숫자	가장 작은 음수에서 가장 큰 양수로 정렬됩니다.
날짜	가장 이전 날짜에서 가장 최근 날짜로 정렬됩니다.
문자 (문자와 숫자가 섞여 있는 경우)	0~9 (공백) ! # $ % & ( ) * , . / : ; ? @ [₩] ^ _ ' { I } ~ + 〈 = 〉 a-z, A-Z 순서로 정렬됩니다.
논리 값	FALSE, TRUE 순서로 정렬됩니다.
오류 값	#N/A, #VALUE! 등의 오류 값은 정렬 순서가 모두 동일합니다.

73 사용자가 지정한 순서로 정렬하기

일반적인 정렬 순서 외에도 월, 요일, 분기 등 사용자가 직접 지정한 순서로 데이터를 정렬할 수 있습니다.

▪**실습 파일** 엑셀 \ 5장 \ DB _정렬_회원명단2.xlsx ▪**완성 파일** 엑셀 \ 5장 \ DB _정렬_회원명단2_완성.xlsx

회원명단

회원번호	회원등급	성명	주소	전화번호	거래건수	거래금액
981045	로얄	민대구	경기도	031-812-0001	51	6,870,000
981034	로얄	이구민	경기도	031-812-0001	50	6,256,000
981024	로얄	박시준	경기도	031-452-4321	50	6,120,000
981017	로얄	문상국	경상북도	054-900-8765	54	7,120,000
981030	로얄	정홍식	서울 특별시	02-678-0099	57	10,625,600
981040	로얄	신구민	서울 특별시	02-678-9123	53	9,625,600
981011	로얄	강철수	서울 특별시	02-333-1234	52	8,520,000
981051	로얄	노현철	서울 특별시	02-678-9123	52	7,625,600
981029	로얄	최시형	제주도	064-765-7654	55	8,120,000
981039	로얄	문민정	제주도	064-700-1254	52	7,891,000
981050	로얄	김정미	제주도	064-700-1254	50	6,200,000
981018	로얄	김국진	충청 남도	041-422-3455	50	6,980,000
981031	프리미엄	홍나래	경기도	031-452-4321	43	5,120,000
981042	프리미엄	오연수	경기도	031-452-4321	41	4,249,000
981015	프리미엄	강철수	경기도	032-312-0127	41	4,160,000
981052	프리미엄	노민욱	경기도	031-400-2121	46	4,140,000
981041	프리미엄	고철중	경기도	031-400-2121	46	4,040,000
981047	프리미엄	민대홍	서울 특별시	02-235-8848	42	4,780,000
981036	프리미엄	민욱	서울 특별시	02-235-8848	41	4,190,000
981026	프리미엄	김민우	서울 특별시	02-355-4848	40	4,098,000
981016	골드	김순희	강원도	033-200-5432	33	3,140,000
981043	골드	박미진	경기도	031-321-2221	37	3,740,000
981022	골드	박노준	경기도	031-452-4321	33	2,940,000
981032	골드	홍민욱	경기도	031-321-2221	30	2,612,000
981014	골드	민태우	대전 광역시	042-433-5656	30	2,940,000
981012	골드	이미옥	인천 광역시	032-555-7890	32	3,110,000
981027	실버	강수진	경상북도	055-322-1334	28	1,380,000
981037	실버	강성수	경상북도	055-302-1934	28	1,380,000
981048	실버	이성민	경상북도	055-302-1934	28	1,245,000
981013	실버	전선우	전라남도	061-400-8888	22	1,520,000
981023	실버	이철우	전라북도	063-777-0987	22	1,380,000
981044	실버	황중훈	전라북도	063-123-5587	22	1,340,000
981033	실버	황철중	전라북도	063-123-5587	20	1,267,000
981060	일반	고민진	경기도	031-607-9123	9	1,120,000
981049	일반	김산우	경기도	031-887-9123	8	980,000
981056	일반	김미진	경기도	031-127-9903	8	820,000
981057	일반	문재순	경상북도	055-267-0034	14	1,910,000
981020	일반	이진우	경상북도	055-322-1334	14	1,820,000
981025	일반	이진상	경상북도	055-322-1334	14	1,810,000
981035	일반	나필승	경상북도	055-422-5534	14	1,810,000

①

▲ 핵심기능실습 미리보기

① 회원등급(로얄, 프리미엄, 골드, 실버, 일반)으로 사용자 지정 정렬하기

01 회원등급 사용자 지정으로 정렬하기

오름차순(골드~프리미엄)으로 정렬되어 있는 회원등급을 사용자 지정 순서(로얄~일반)로 정렬해보겠습니다.

① 데이터에서 임의의 셀 클릭

② [데이터] 탭-[정렬 및 필터] 그룹-**[정렬]** 클릭

③ [열 정렬 기준]의 [회원등급]에서 [정렬] 목록을 **[사용자 지정목록]**으로 선택합니다.

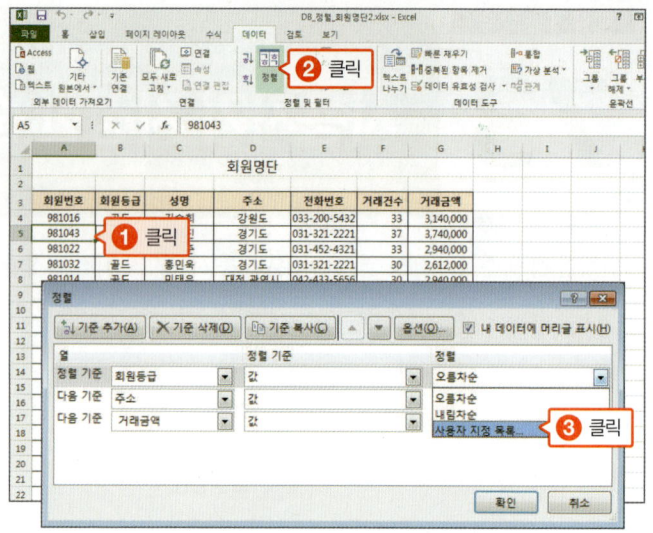

02 사용자 지정 목록 추가하기

① [사용자 지정 목록]에서 **[새 목록]** 선택

② [목록 항목]에 **로얄, 프리미엄, 골드, 실버, 일반**을 순서대로 Enter 를 누르며 입력

③ **[추가]** 클릭

④ **[확인]**을 클릭합니다.

[정렬] 대화상자로 돌아옵니다.

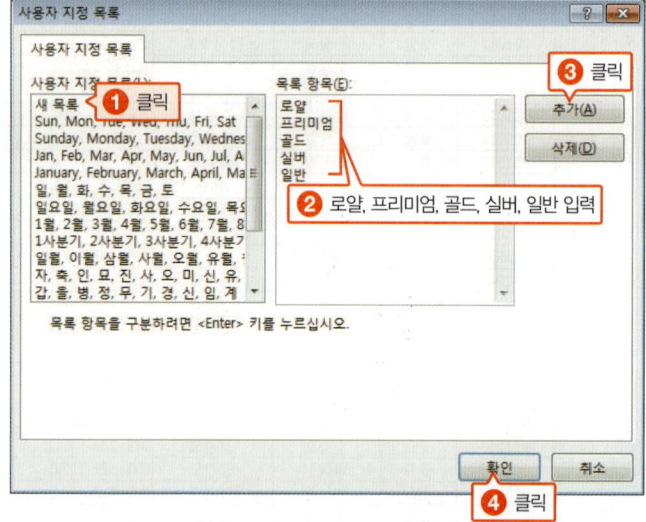

03 [정렬] 대화상자에서 회원등급의 정렬 순서가 **로얄~일반** 순서로 지정되었습니다. **[확인]**을 클릭해 [정렬] 대화상자를 닫습니다.

로얄, 프리미엄, 골드, 실버, 일반의 목록 순서로 회원등급이 정렬됩니다.

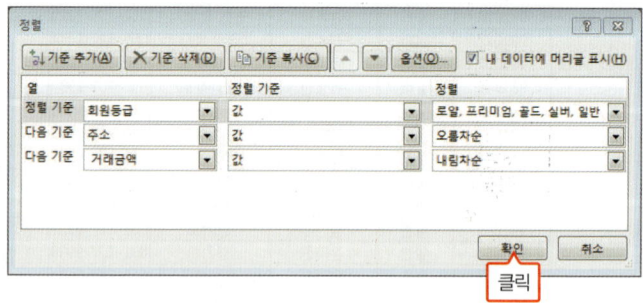

74

SUBTOTAL 함수를 이용해 데이터 필터하기

전체 데이터의 합계, 개수가 아닌 조건에 맞는 데이터 목록만 가지고 부분합을 계산하기 위해 SUBTOTAL 함수를 사용합니다.

▪**실습 파일** 엑셀\5장\DB_필터_비품목록1.xlsx ▪**완성 파일** 엑셀\5장\DB_필터_비품목록1_완성.xlsx

01 SUBTOTAL 함수로 비품 수량 합계 계산하기

비품 수량의 합계를 구해보겠습니다. **[H3]** 셀에 **=SUBTOTAL(9,E6:E82)**를 입력하고 **Enter**를 누릅니다.

바로 통하는 TIP [E6:E82] 셀에 담긴 데이터의 합계(9)를 구합니다.

02 SUBTOTAL 함수로 비품 목록 건수 합계 계산하기

전체 비품 목록의 개수를 구해보겠습니다. **[J3]** 셀에 **=SUBTOTAL(3,A6:A82)**를 입력하고 **Enter**를 누릅니다.

바로 통하는 TIP [A6:A82] 셀에 담긴 데이터의 개수(3)를 구합니다.

바로 통하는 TIP 검색 수량 합계와 검색 건수의 값은 전체 수량 합계와 전체 건수가 같지만, '핵심기능실습 82 자동 필터로 데이터 추출하기'의 자동 필터 기능으로 지정 조건에 맞는 데이터를 검색할 경우에 검색된 결과에 따라 SUBTOTAL 함수로 구한 검색 수량 합계와 검색 건수의 값은 달라집니다.

자동 필터나 고급 필터 기능으로 데이터를 검색하여 원하는 데이터를 추출하면 결과에 따라 계산된 수식 값도 매번 달라져야 합니다. 하지만 일반적인 SUM 함수나 COUNT 함수, AVERAGE 함수를 사용하면 추출된 데이터의 결과와 상관없이 전체 데이터의 계산 결과를 표시해줍니다. SUBTOTAL 함수를 사용하면 현재 표시되는 데이터의 목록을 가지고 부분합을 계산할 수 있습니다. 따라서 SUBTOTAL 함수는 자동 필터나 고급 필터에서 자주 사용됩니다.

함수 범주	수학/삼각 함수			
함수 형식	=SUBTOTAL(함수 번호, 범위1, 범위2…) 함수 번호 : 데이터 범위나 목록에서 부분합을 계산할 함수를 1~11, 또는 101~111까지 지정할 수 있습니다. 1~11 : 숨겨진 행의 셀 값을 포함하여 계산(필터 기능 이외에 일부 행 숨기기를 한 경우)합니다. 101~111 : 숨겨진 행의 셀 값을 포함하지 않고 계산(필터 기능 이외에 일부 행 숨기기를 한 경우)합니다.			
	Fun_num(숨겨진 값 포함)	Fun_num(숨겨진 값 무시)	함수 유형	계산
	1	101	AVERAGE	평균
	2	102	COUNT	수치 개수
	3	103	COUNTA	개수
	4	104	MAX	최댓값
	5	105	MIN	최솟값
	6	106	PRODUCT	수치 곱
	7	107	STDEV	표본 표준 편차
	8	108	STDEVP	표준 편차
	9	109	SUM	합계
	10	110	VAR	표본 분산
	11	111	VARP	분산

75 자동 필터로 데이터 추출하기

필터링은 지정한 조건에 맞는 데이터를 찾는 기능입니다. 날짜, 문자, 숫자의 필터 조건으로 데이터를 추출할 수 있습니다. 필터링 기능으로 추출한 데이터는 복사, 삭제, 편집이 가능하며 서식을 지정하여 인쇄할 수 있습니다. 자동 필터 기능을 이용해서 여러 조건에 맞는 데이터를 추출해보겠습니다.

• **실습 파일** 엑셀 \ 5장 \ DB _필터_비품목록2.xlsx • **완성 파일** 엑셀 \ 5장 \ DB _필터_비품목록2_완성.xlsx

01 특정 문자가 포함된 데이터 표시하기

'사무'라는 문자가 포함된 레코드만 표시해보겠습니다.

① 데이터 목록에서 임의의 셀 클릭

② [데이터] 탭-[정렬 및 필터] 그룹-**[필터]** 클릭

③ 분류 필드의 **[필터 목록▼]** 클릭

④ [텍스트 필터]의 [검색]에 **사무** 입력

⑤ **[확인]**을 클릭합니다.

02 [분류]에서 **사무**라는 문자가 포함된 레코드만 표시되면서 앞서(핵심기능실습 81 SUBTOTAL 함수를 이용해 데이터 필터하기) SUBTOTAL 함수로 수식을 입력한 [H3], [J3] 셀의 값이 검색된 레코드를 기준으로 다시 계산됩니다.

바로 통하는 TIP [자동 필터] 단추가 ▼이면 아무 조건도 지정되지 않은 필드 열이라는 뜻이고, 🔽이면 현재 필드 열에 조건이 지정되어 있다는 의미입니다.

03 특정 날짜의 데이터 표시하기

구매일자가 2011년~2012년에 구입한 비품을 검색해보겠습니다.

① 구매일자 필드의 [필터 목록▼] 클릭

② [날짜 필터]에서 [모두 선택]의 체크 표시 해제

③ [2012년], [2011년]에 체크 표시

④ [확인]을 클릭합니다.

바로 통하는 TIP 필드 열의 데이터가 날짜일 경우 일, 주, 월, 분기, 년 등의 값을 검색할 수 있습니다.

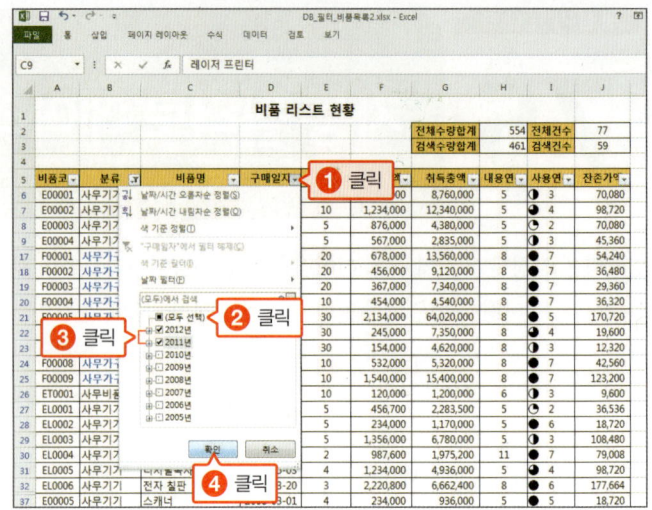

04 특정 수량의 데이터 표시하기

수량이 5개 이상인 비품을 검색해보겠습니다.

① 수량 필드의 [필터 목록▼] 클릭

② [숫자 필터] 선택

③ [크거나 같음] 선택

④ [사용자 지정 자동 필터] 대화상자에서 [찾을 조건] 입력란에 5 입력

⑤ [확인]을 클릭합니다.

바로 통하는 TIP 필드 열의 데이터가 숫자일 경우 같은 값, 이상, 이하, 미만, 초과 등의 값을 검색할 수 있습니다.

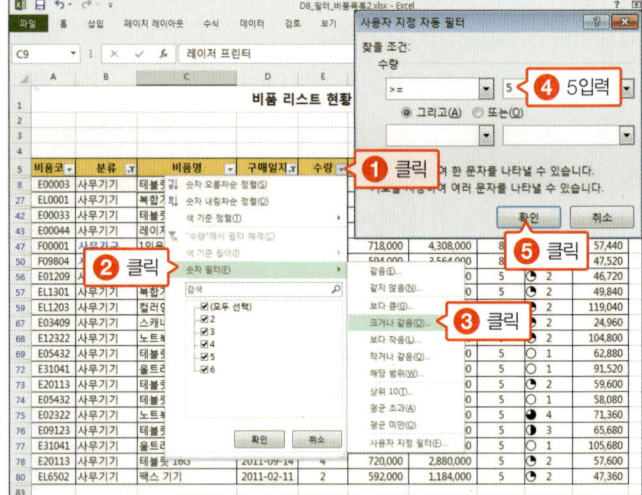

05 사무라는 문자가 포함되고, 구매일자는 2011년~2012년, 수량이 5개 이상인 비품이 목록에 표시됩니다.

바로 통하는 TIP [데이터] 탭-[정렬 및 필터] 그룹-[지우기 ▼지우기]를 클릭하면 모든 데이터를 다시 표시할 수 있습니다.

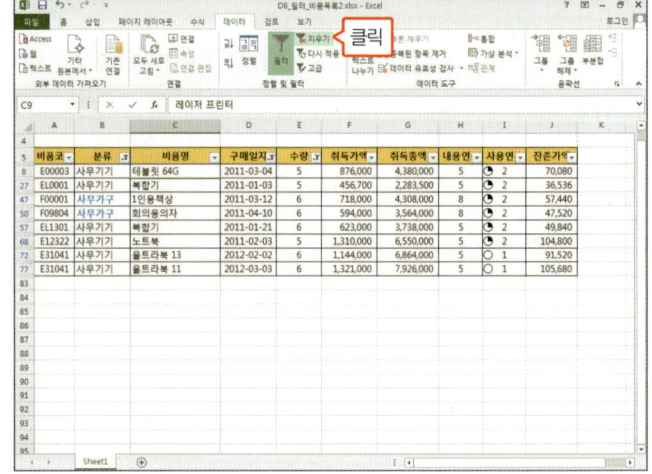

76 평균과 상위 10 기준으로 데이터 추출하기

자동 필터를 사용하여 상위 값, 하위 값을 조건으로 원하는 데이터를 추출할 수 있습니다.

▪**실습 파일** 엑셀 \ 5장 \ DB _필터_비품목록4.xlsx ▪**완성 파일** 엑셀 \ 5장 \ DB _필터_비품목록4_완성.xlsx

01 평균 초과 데이터 추출하기

필드 열의 데이터가 숫자일 경우 같은 값, 이상, 이하, 미만, 초과 등의 값을 검색할 수 있습니다.

① 데이터 목록에서 **임의의 셀** 클릭

② [데이터] 탭-[정렬 및 필터] 그룹-[**필터**] 클릭

③ 취득가액 필드의 [**필터 목록**▼] 클릭

④ [숫자 필터]에서 [**평균 초과**]를 선택합니다.

―――

취득가액이 평균 초과인 데이터를 추출합니다.

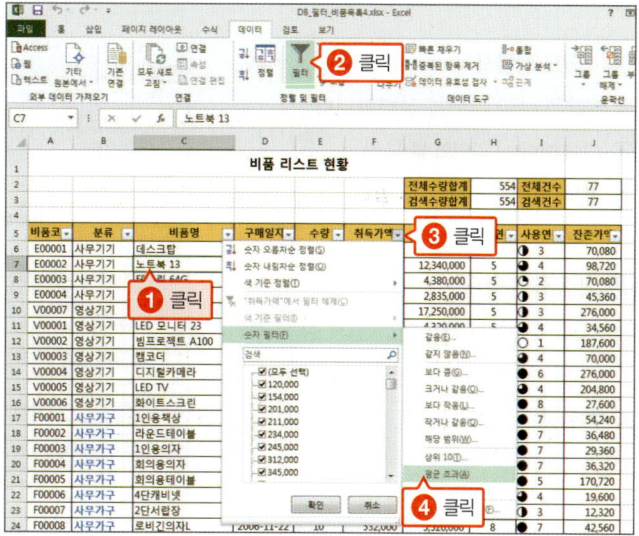

02 상위 5개 항목 추출하기

① 잔존가액 필드의 [**필터 목록**▼] 클릭

② [숫자 필터]에서 [**상위 10**] 선택

③ [상위 10 자동 필터] 대화상자에서 [**상위**], [**5**], [**항목**] 설정

④ [**확인**]을 클릭합니다.

―――

비품 목록에서 취득가액이 평균 초과이고, 잔존가액이 상위 5위에 해당하는 데이터가 추출됩니다.

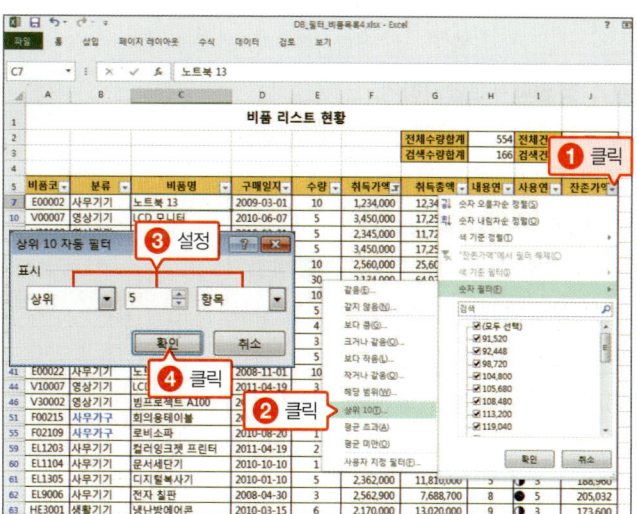

77 여러 그룹으로 다중 부분합 작성하기

부분합은 자동으로 특정 필드를 그룹화하여 분류하고, 각 그룹별로 합계, 평균, 개수 등을 자동으로 계산하는 기능입니다. 부분합을 이용하면 그룹별 소계 및 총계를 쉽게 구할 수 있습니다.

▪ 실습 파일 엑셀\5장\DB _부분합_납품실적1.xlsx   ▪ 완성 파일 엑셀\5장\DB _부분합_납품실적1_완성.xlsx

01 필드 정렬하기

부분합을 구할 필드를 정렬합니다.

① 데이터에서 **임의의 셀** 클릭

② [데이터] 탭-[정렬 및 필터] 그룹-**[정렬]** 클릭

③ **[기준 추가]** 클릭

④ 월과 제품종류 필드를 그림과 같은 정렬 조건으로 선택

⑤ **[확인]**을 클릭합니다.

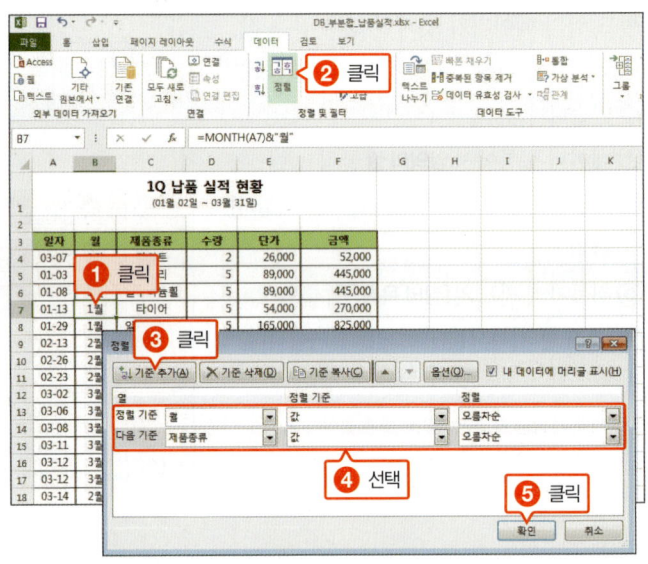

02 첫 번째 부분합 구하기

월별 납품 수량과 금액의 소계가 표시되는 첫 번째 부분합을 구해보겠습니다.

① 데이터에서 **임의의 셀** 클릭

② [데이터] 탭-[윤곽선] 그룹-**[부분합]** 클릭

③ [부분합] 대화상자에서 [그룹화할 항목] 을 **[월]**, [사용할 함수]를 **[합계]**로 선택

④ [부분합 계산 항목]의 **[수량]**, **[금액]**에 체크 표시

⑤ **[확인]**을 클릭합니다.

바로 통하는 TIP [부분합] 대화상자에서 [모두 제거]를 클릭하면 부분합을 제거할 수 있습니다.

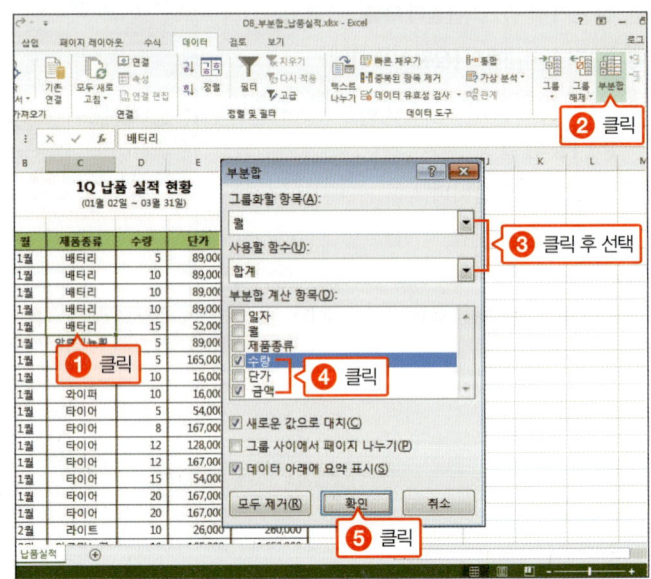

03 [데이터] 탭–[윤곽선] 그룹–**[부분합]**
을 클릭합니다.

[부분합] 대화상자가 활성화됩니다.

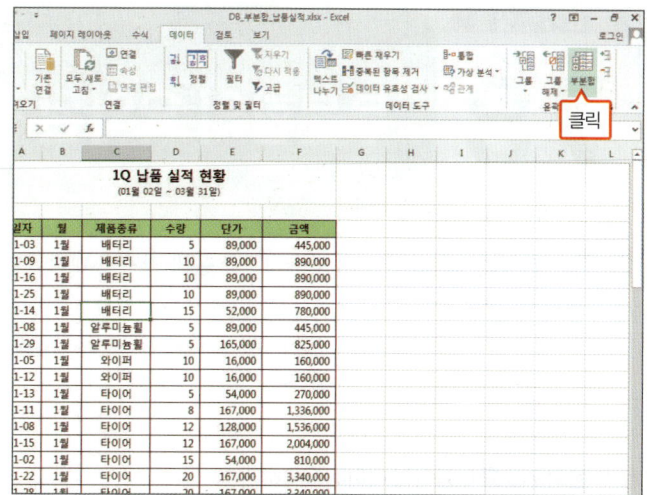

04 두 번째 부분합 구하기

수량과 금액의 합계가 표시되는 두 번째 부분합을 구해보겠습니다.

① [부분합] 대화상자에서 [그룹화할 항목]으로 **[제품종류]**, [사용할 함수]로 **[합계]** 선택

② [부분합 계산 항목]의 **[수량]**, **[금액]**에 체크 표시

③ **[새로운 값으로 대치]**의 체크 표시 해제

④ **[확인]**을 클릭합니다.

바로 통하는 TIP [새로운 값으로 대치]의 체크 표시를 해제해야 여러 그룹으로
부분합을 할 수 있습니다.

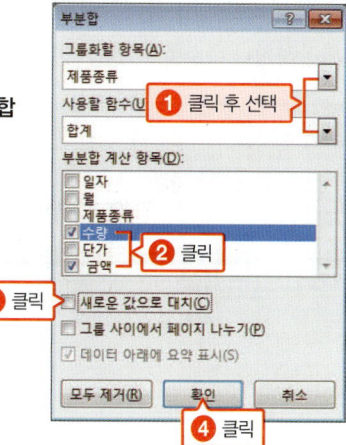

05 그림과 같이 월별, 제품종류별 지출
비용의 합계가 나타납니다.

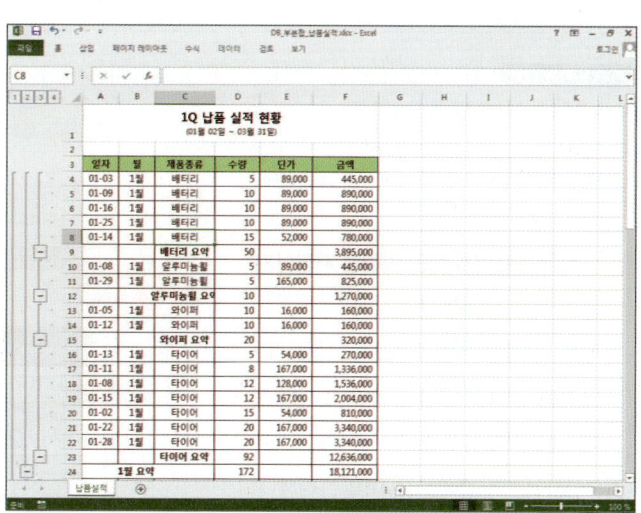

78 부분합의 요약된 결과만 복사하기

부분합을 지정하면 그룹별 소계가 구해지고 윤곽 기호가 나타납니다. 윤곽 기호로 일부 축소된 데이터를 복사해서 다른 곳에 붙여 넣으면 숨겨진 하위 수준까지 붙여지므로 화면에 보이는 셀만 붙여 넣는 과정이 필요합니다.

▪**실습 파일** 엑셀\5장\DB_부분합_납품실적2.xlsx ▪**완성 파일** 엑셀\5장\DB_부분합_납품실적2_완성.xlsx

01 윤곽 기호를 이용하여 데이터 요약하기

부분합을 작성하면 그림과 같이 월별, 제품종류별 수량과 금액의 합계가 구해지고 윤곽 기호가 생깁니다. 윤곽 기호 중에 [2번 ②]을 클릭하면 월별 부분합 결과만 표시할 수 있습니다. [확장 ＋]이나 [축소 －]를 클릭해서 데이터를 확장하거나 축소할 수 있습니다.

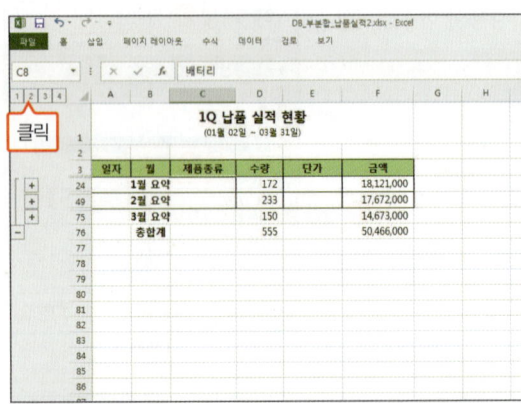 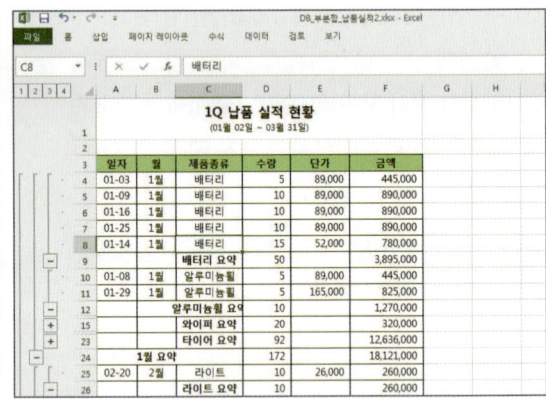

바로 통하는 TIP 윤곽 기호를 이용하면 그룹별로 하위 수준을 숨기거나 표시할 수 있습니다. ①은 전체 결과(총 합계), ②는 월별 소계, ③은 제품종류별 소계, ④는 전체 데이터를 표시합니다.

＋ : 확장 버튼을 클릭하면 숨겨져 있는 하위 수준을 표시합니다.

－ : 축소 버튼을 클릭하면 하위 수준(그룹)을 숨깁니다.

02 화면에 보이는 셀만 범위로 지정하기

① 윤곽 기호 중에 [3번 ③] 클릭

월별, 제품종류별 소계만 표시됩니다.

② 그림과 같이 요약된 결과만 표시된 상태에서 [B3:F76] 셀 드래그 후 F5

③ [이동] 대화상자에서 [옵션]을 클릭합니다.

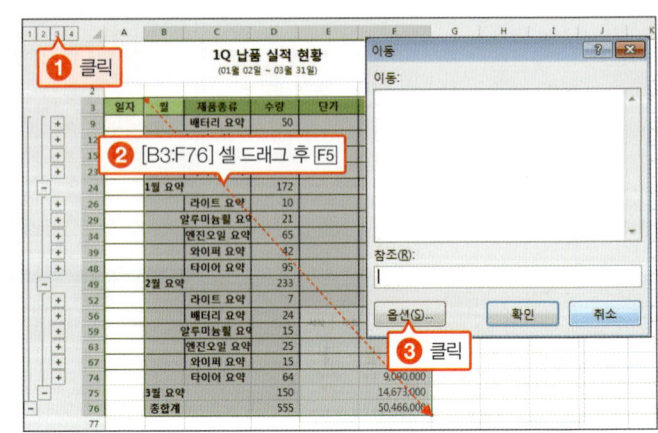

03

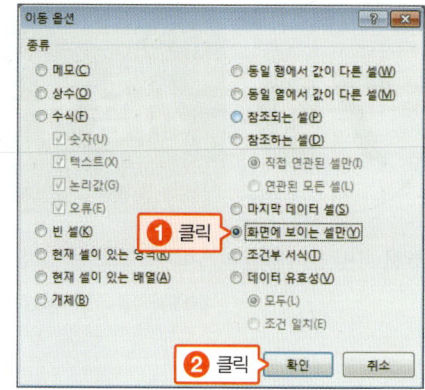

① **[화면에 보이는 셀만]** 선택

② **[확인]**을 클릭합니다. 화면에 보이는 영역만 범위로 지정됩니다.

바로 통하는 TIP 화면에 보이는 셀 선택 단축키는 Alt + ; 입니다.

04 화면에 보이는 셀만 복사하기

화면에 보이는 셀만 선택된 상태에서 Ctrl + C 를 눌러 복사합니다.

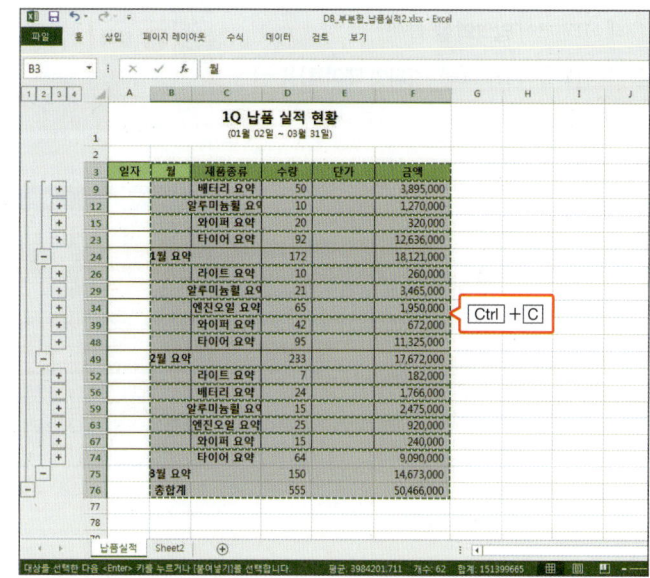

05 화면에 보이는 셀만 붙여넣고 요약 표 편집하기

① **[Sheet2]** 시트 클릭 후 붙여 넣을 셀의 위치 클릭

② Ctrl + V

③ **[Sheet2]** 시트에서 열 너비를 보기 좋게 조절

④ **D열 머리글**을 클릭하고 Ctrl + - 을 눌러 필요 없는 단가 열을 삭제합니다.

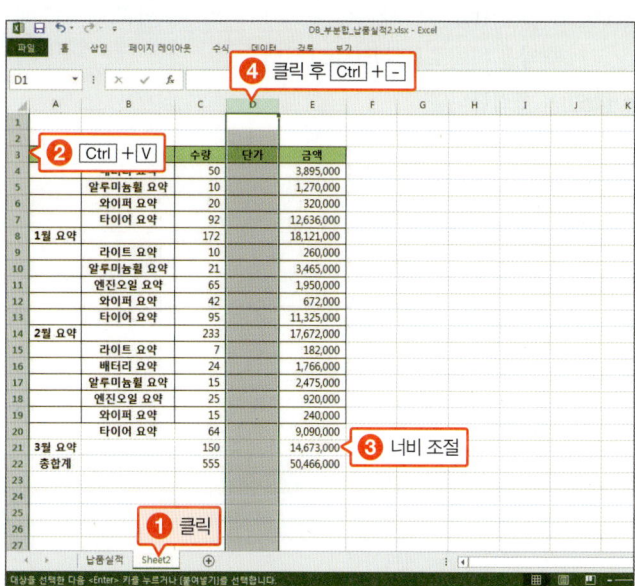

79 사용자 지정 새 피벗 테이블 만들기

추천 피벗 테이블이 마음에 들지 않을 때는 사용자가 직접 피벗 테이블을 만들고 레이아웃을 설계할 수 있습니다.

▪**실습 파일** 엑셀\5장\DB_피벗테이블_상품재고관리2.xlsx ▪**완성 파일** 엑셀\5장\DB_피벗테이블_상품재고관리2_완성.xlsx

01 피벗 테이블 만들기

① 데이터에서 **임의의 셀** 클릭

② [삽입] 탭−[표] 그룹− **[피벗 테이블]**을 클릭합니다.

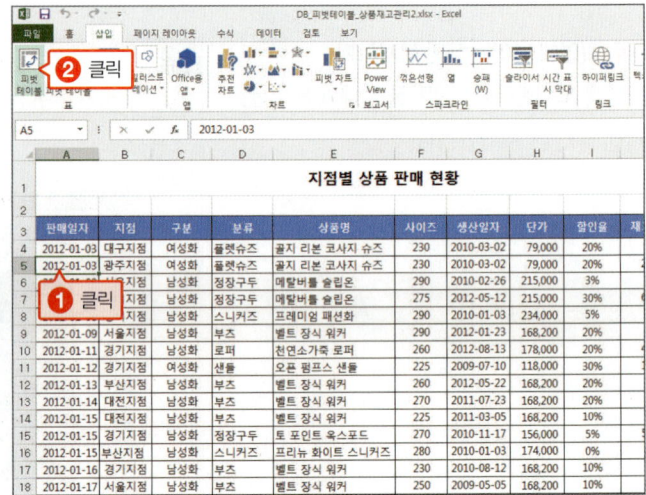

02

① **[표 또는 범위 선택]** 클릭

② [표/범위]에 자동으로 데이터 범위가 지정되면 피벗 테이블 보고서를 넣을 위치로 **[새 워크시트]** 선택

③ **[확인]**을 클릭합니다.

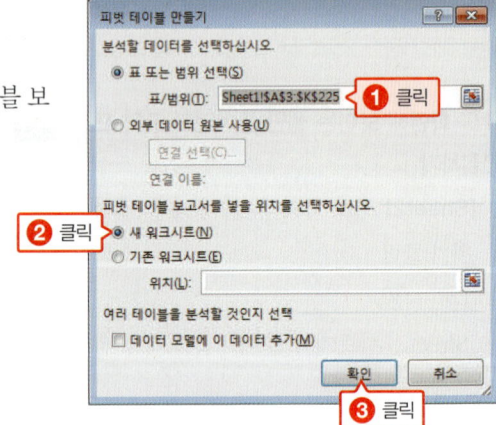

03 피벗 테이블 레이아웃 지정하기

새로운 시트가 삽입되면서 왼쪽에는 피벗
테이블 레이아웃을 설계할 영역이, 오른쪽
에는 [피벗 테이블 필드] 창의 목록이 나타
납니다.

① 필드 목록에서 [판매일자], [구분], [분류],
  [재고량]에 체크 표시
② [행] 레이블 영역에 있는 [구분]을 [필터]
  영역으로 드래그
③ [분류]를 [열] 레이블 영역으로 드래그하
  여 옮깁니다.

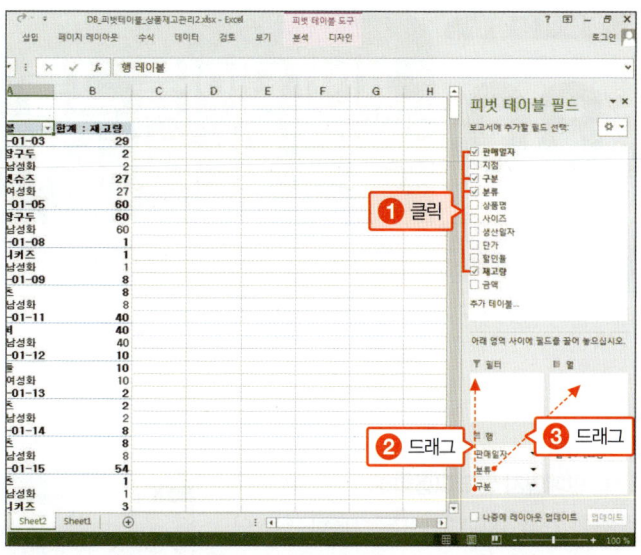

04 [피벗 테이블 필드] 창에서 지정한 대로
피벗 테이블 레이아웃이 완성되었습니다.

바로 통하는 TIP [필터], [행], [열], [Σ 값] 레이블 영역
에 있는 필드를 제거하려면 필드를 클릭할 때 나타나는
메뉴에서 [필드 제거]를 선택합니다.

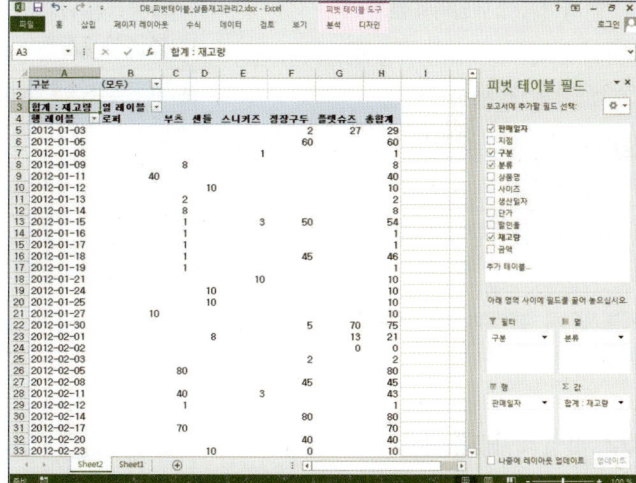

80 피벗 테이블 그룹 지정 및 필드 필터링하기

행과 열 방향으로 그룹화된 항목이 숫자 데이터인 경우에는 다시 한 번 그룹으로 지정할 수 있으며, 요약된 피벗 테이블의 필드에서 조건을 지정하여 필터링할 수 있습니다.

• **실습 파일** 엑셀 \ 5장 \ DB _피벗테이블_상품재고관리3.xlsx • **완성 파일** 엑셀 \ 5장 \ DB _피벗테이블_상품재고관리3_완성.xlsx

01 판매일자 필드 그룹화하기

날짜와 같은 숫자 데이터는 그룹화할 수 있습니다.

① 행 레이블에서 **임의의 셀** 클릭

② [피벗 테이블 도구] – [분석] 탭 – [그룹] 그룹 – **[그룹 선택]** 클릭

③ [그룹화] 대화상자의 [단위]에서 **[월]** 과 **[분기]** 선택

④ **[확인]**을 클릭합니다.

개별 일자로 입력되어 있던 데이터가 [월], [분기] 항목별로 그룹화됩니다.

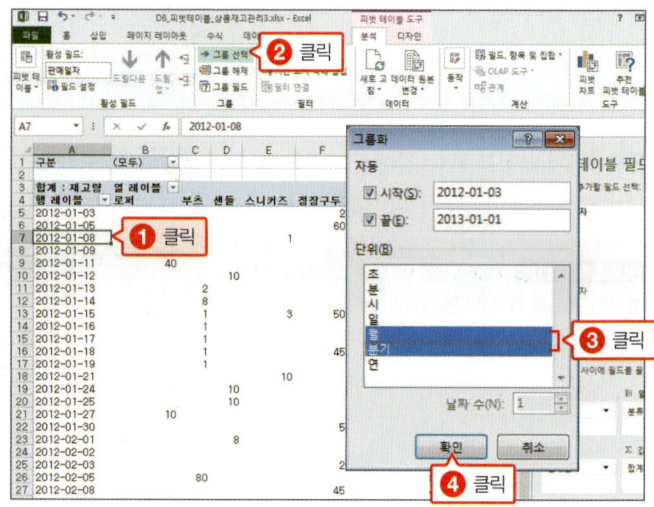

02 피벗 테이블은 기본적으로 합계로 요약됩니다.

① 요약 기준을 변경하려면 [Σ 값] 영역에서 **[합계 : 재고량]** 클릭

② **[값 필드 설정]**을 선택합니다.

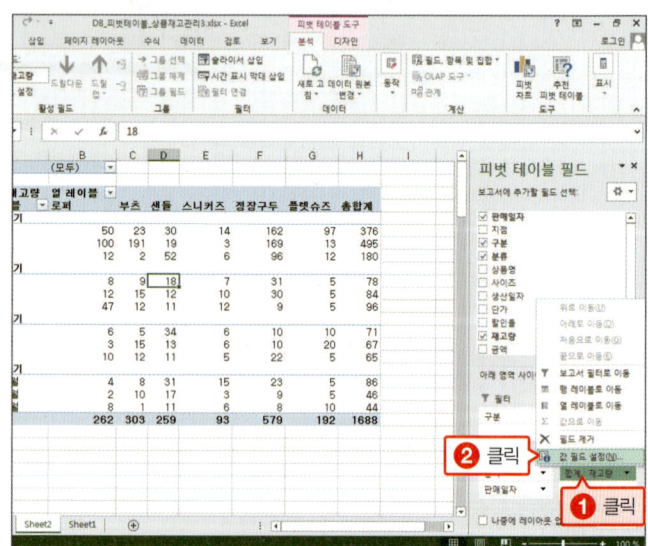

03

① [값 요약 기준] 탭에서 **[최소값]** 선택

② **[확인]**을 클릭하면 값 필드 요약 기준이 최솟값으로 변경됩니다.

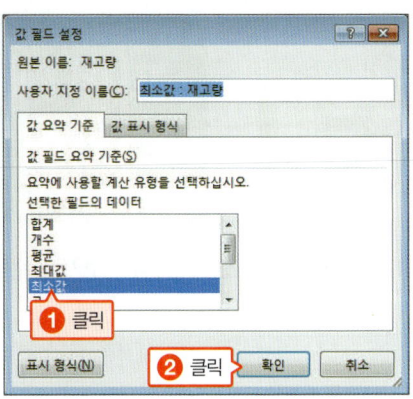

월별, 분기별로 재고량이 가장 적은 데이터로 요약됩니다.

04 필드 필터링하기

여성화 중에서 로퍼와 정장구두, 플랫슈즈만 표시해보겠습니다.

① 구분 필드의 **[필터 목록 ▼]** 클릭

② **[여러 항목 선택]**에 체크 표시

③ **[모두]**의 체크 표시 해제

④ **[여성화]**에 체크 표시

⑤ **[확인]**을 클릭합니다.

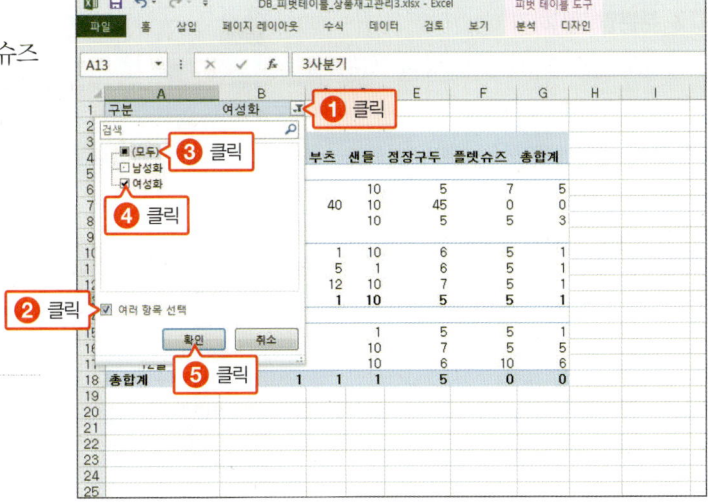

여성화에 해당하는 상품 분류가 표시됩니다.

05

① 열 레이블 필드의 **[필터 목록 ▼]** 클릭

② **[로퍼]**와 **[정장구두]**, **[플랫슈즈]**에 체크 표시

③ **[확인]**을 클릭합니다.

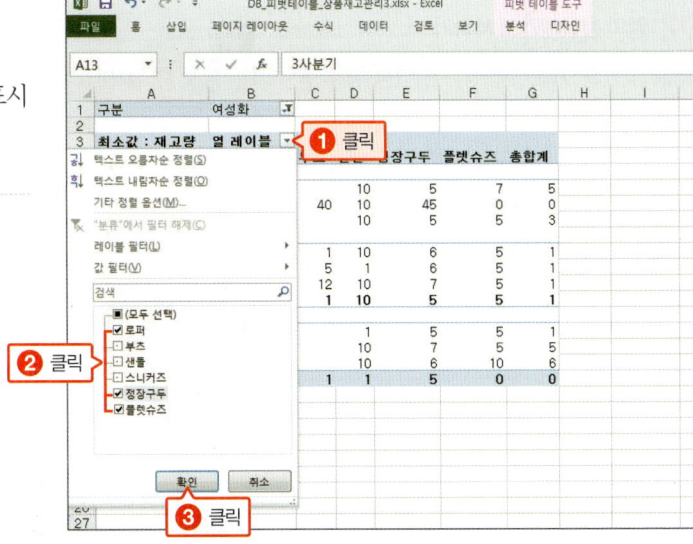

로퍼, 정장구두, 플랫슈즈 항목만 나타납니다.

바로 통하는 TIP 피벗 테이블에서 [확장 +]과 [축소 -]를 클릭해서 일부 하위 레코드를 확장/축소할 수 있습니다.

81 피벗 테이블 레이아웃 및 디자인 변경하기

피벗 테이블 기능으로 요약한 보고서에 레이아웃과 서식, 스타일을 적용해보겠습니다. 보고서를 보기 좋고 이해하기 쉽게 꾸밀 수 있습니다.

• **실습 파일** 엑셀 \ 5장 \ DB _피벗테이블_상품재고관리4.xlsx　• **완성 파일** 엑셀 \ 5장 \ DB _피벗테이블_상품재고관리4_완성.xlsx

01 부분합 표시하기

분기별로 하단에 상품 재고량의 부분합을 구해보겠습니다.

① [피벗 테이블 도구] – [디자인] 탭 – [레이아웃] 그룹 – **[부분합]** 클릭

② **[그룹 하단에 모든 부분합 표시]**를 선택합니다.

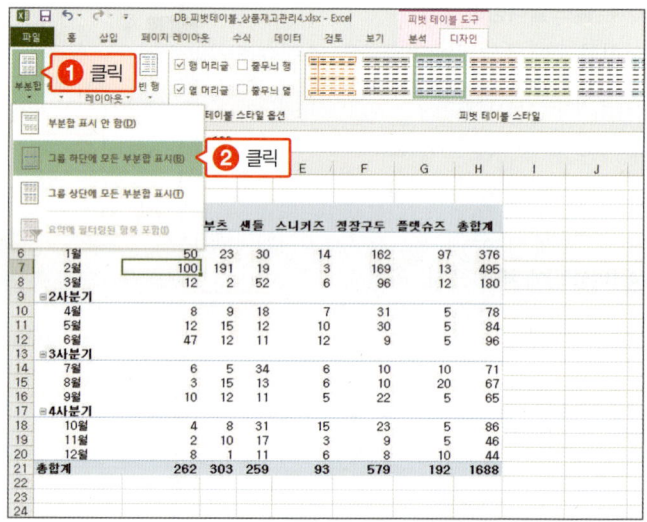

02 열의 총합계만 표시하기

피벗 테이블에는 기본적으로 행과 열의 총합계가 표시됩니다.

① [피벗 테이블 도구] – [디자인] 탭 – [레이아웃] 그룹 – **[총합계]** 클릭

② **[열의 총합계만 설정]**을 선택합니다.

H열에 표시되었던 행의 총합계가 사라지고 열의 총합계만 표시됩니다.

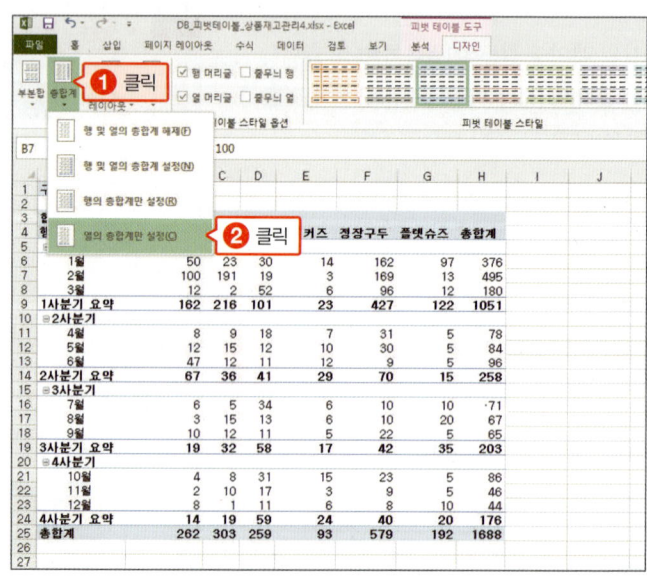

03 피벗 테이블을 테이블 형식으로 변경하기

① [피벗 테이블 도구] – [디자인] 탭–[레이아웃] 그룹–**[보고서 레이아웃]** 클릭

②③ **[테이블 형식으로 표시]**와 **[항목 레이블 반복 안 함]**을 각각 선택합니다.

레이아웃이 테이블 형식으로 변경됩니다.

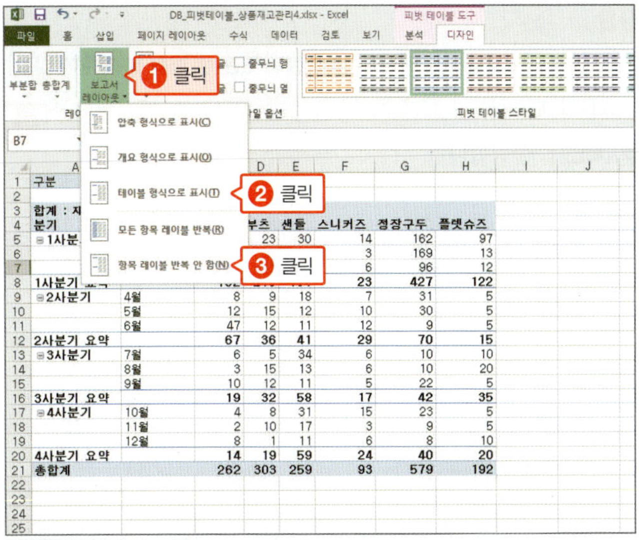

04 피벗 테이블 스타일 변경하기

① [피벗 테이블 도구] – [디자인] 탭–[피벗 테이블 스타일 옵션] 그룹에서 **[행 머리글]**, **[줄무늬 행]**, **[열 머리글]**에 체크 표시

② [피벗 테이블 스타일] 그룹–**[자세히]** 클릭

③ **[피벗 스타일 밝게 12]**를 선택합니다.

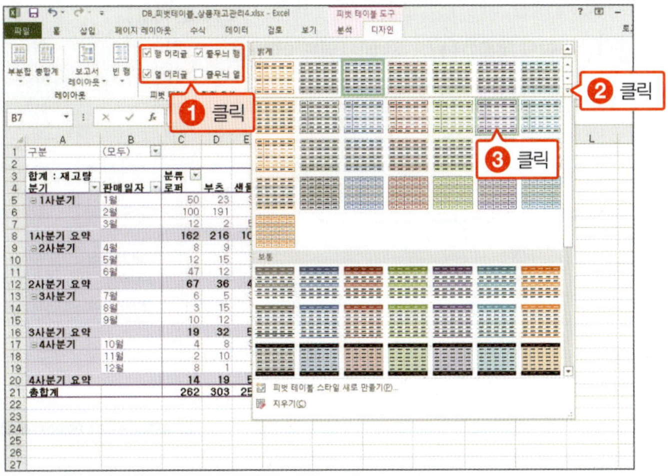

05 셀 병합하기

행/열 레이블에 두 개 이상의 필드가 있는 경우 첫 번째 항목에 대해 셀 병합을 할 수 있습니다.

① 피벗 테이블 안에 있는 **임의의 셀** 클릭후 마우스 오른쪽 버튼 클릭

② **[피벗 테이블 옵션]**을 선택합니다.

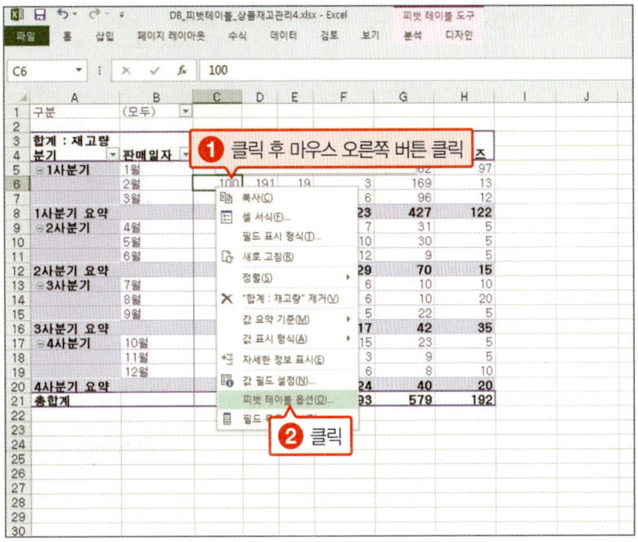

06

① [레이아웃 및 서식] 탭에서 [레이블이 있는 셀 병합 및 가운데 맞춤]
  에 체크 표시

② [확인]을 클릭합니다.

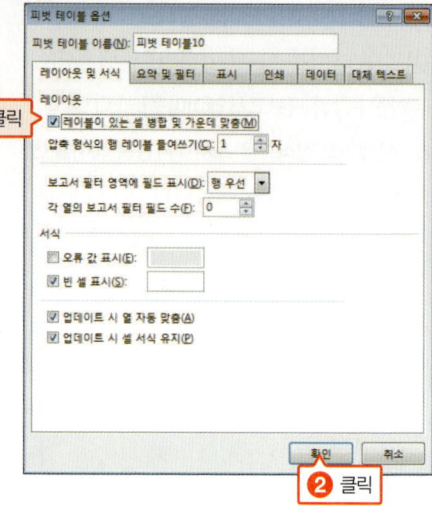

행 레이블이 분기별로 병합됩니다.

07 피벗 테이블 보고서 완성하기

[피벗 테이블 도구]-[분석] 탭-[표시] 그
룹에서 [필드 목록], [+/- 단추], [필드 머리글]
을 각각 클릭하여 숨깁니다.

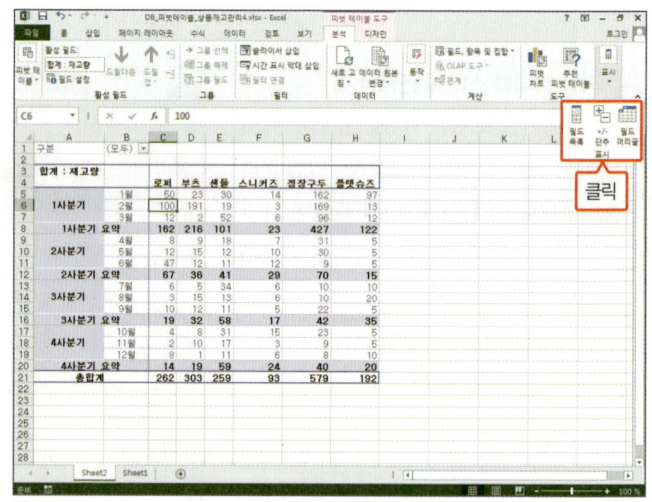

08 열 너비를 보기 좋게 조정하여 피벗
테이블 보고서를 완성합니다.

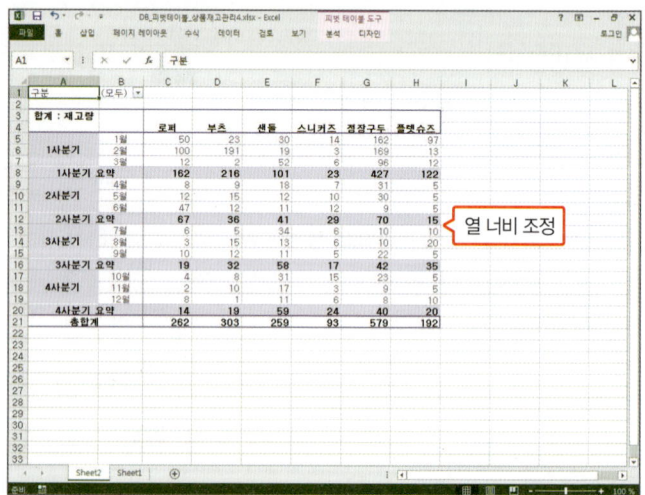

82 개발 도구 탭 추가 및 매크로 보안 설정하기

매크로를 기록하고 실행하려면 매크로와 관련된 명령어들이 모여 있는 [개발 도구] 탭을 추가하고 매크로 보안을 설정합니다.

01 리본 메뉴에 [개발 도구] 탭 표시하기

① [파일] 탭-[옵션] 선택

② [리본 사용자 지정] 선택

③ [리본 메뉴 사용자 지정] 목록에서 [개발 도구]에 체크 표시

④ [확인]을 클릭합니다.

리본 메뉴에 [개발 도구] 탭이 표시됩니다.

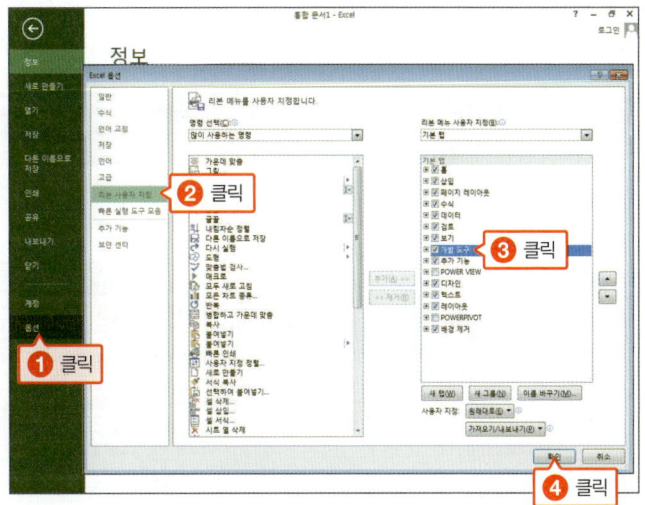

02 매크로 보안 설정하기

① [개발 도구] 탭-[코드] 그룹-[매크로 보안] 클릭

② [매크로 설정] 선택

③ [매크로 설정] 목록에서 [모든 매크로 제외(알림 표시)] 선택

④ [확인]을 클릭합니다.

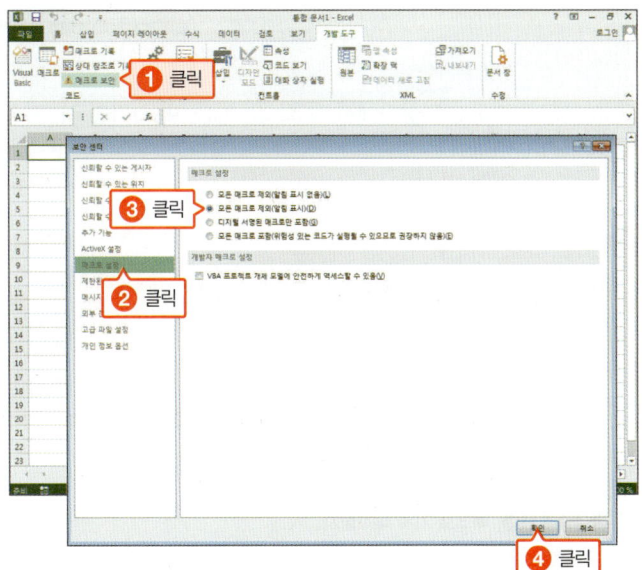

83 자동 매크로 기록 및 저장하기

자동 매크로를 이용하면 일련의 명령어들을 매우 쉽게 VBA(Visual Basic for Application)로 기록할 수 있습니다. 매크로를 기록하기 전에 명령어의 순서와 흐름을 계획하고 순서에 맞춰 연습한 후 기록을 시작하는 것이 좋습니다. 매크로를 기록한 후에는 반드시 매크로 사용 통합 문서인 ＊.xlsm 형식으로 저장합니다.

▪ **실습 파일** 엑셀 \ 5장 \ 매크로_도서목록1.xlsx ▪ **완성 파일** 엑셀 \ 5장 \ 매크로_도서목록1_완성.xlsm

01 매크로 기록하기

조건부 서식에서 짝수 행마다 셀에 배경색을 채워 구분하도록 조건부 서식 과정을 매크로로 기록하겠습니다.

① [A3] 셀 클릭

② [개발 도구] 탭-[코드] 그룹-**[매크로 기록]**을 클릭합니다.

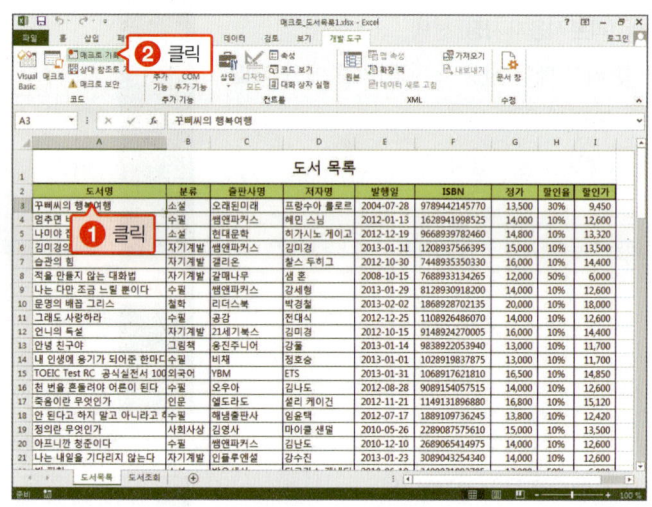

02 매크로 기록 대화상자에서 매크로의 이름, 바로 가기 키, 저장 위치를 지정합니다.

① [매크로 이름]에 **행배경색채우기** 입력

② [바로 가기 키]에 **r** 입력

③ [매크로 저장 위치]를 **[현재 통합 문서]**로 선택

④ **[확인]**을 클릭합니다.

매크로 기록 대화상자에서 [확인]을 클릭한 다음부터는 셀과 관련된 명령어, 메뉴 선택 등의 동작이 모두 매크로로 기록됩니다.

바로 통하는 TIP 매크로 기록 대화상자

매크로 이름 : 기록할 매크로 이름을 입력합니다. 매크로 이름은 첫 글자가 반드시 문자로 시작해야 합니다. 공백, 특수 문자(!, @, ?, %, & 등), 셀 주소는 사용할 수 없습니다.

바로 가기 키 : 매크로를 실행하는 바로 가기 키를 설정할 수 있으며 대소문자를 구별합니다.

매크로 저장 위치 : 자동 매크로가 기록될 위치를 '개인용 매크로 통합 문서', '새 통합 문서', '현재 통합 문서' 중에서 선택합니다.

설명 : 매크로에 대한 부연 설명을 입력합니다.

03

① [A3:I97]셀을 범위로 지정하기 위해 Ctrl
   + Shift + →

② Ctrl + Shift + ↑

③ [홈] 탭-[스타일] 그룹-**[조건부 서식]** 클릭

④ **[새 규칙]**을 선택합니다.

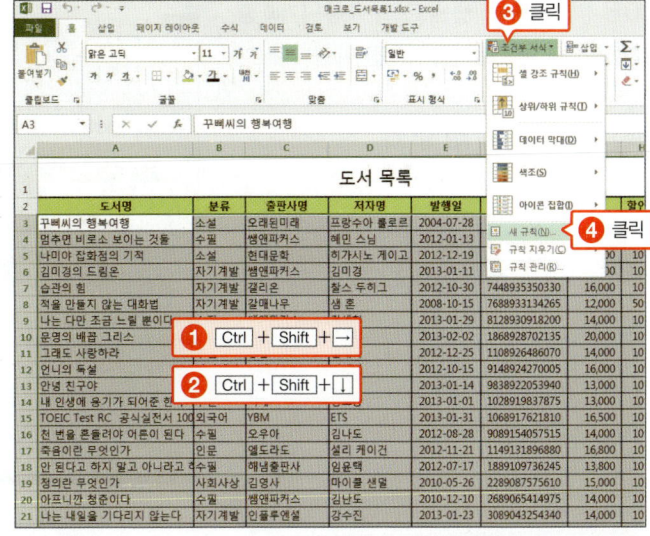

04

① **[수식을 사용하여 서식을 지정할 셀 결정]** 선택

② 짝수 행마다 배경색을 지정하기 위해 수식 입력란에 **=MOD
   (ROW()–2,2)=0** 입력

③ **[서식]**을 클릭합니다.

바로 통하는 TIP 수식 설명 =MOD(ROW()–2,2)=0

현재 행 번호(ROW())는 3이므로 1행부터 조건이 시작되려면 빼기 '2'를 합니다. 행 번호
를 2로 나눠(MOD(ROW()–2,2) 나머지 값이 0이 나오면 짝수 행입니다.

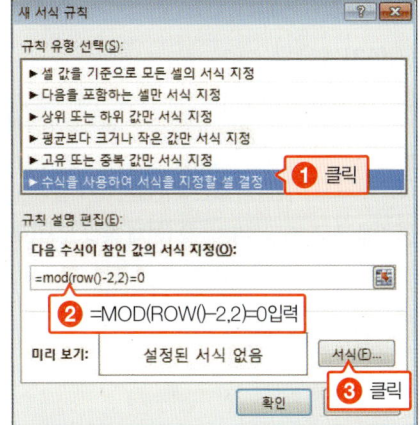

05

① [셀 서식] 대화상자에서 **[채우기]** 탭 클릭

② **[주황, 강조3, 80% 더 밝게]** 선택

③ **[확인]**을 클릭해 [셀 서식] 대화상자를 닫습니다.

[서식 규칙 편집] 대화상자의 [확인]을 클릭합니다.

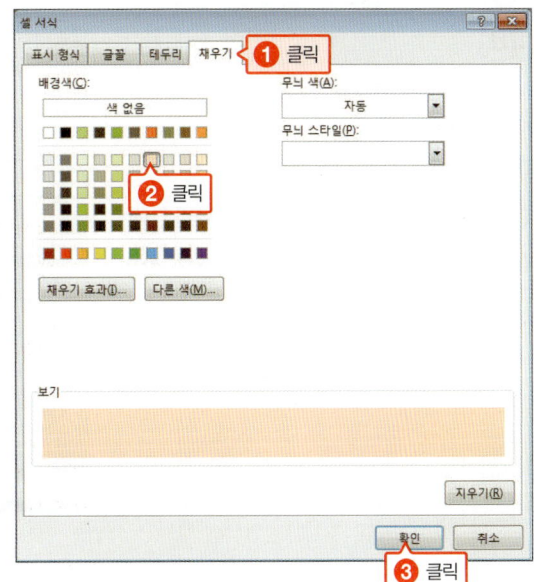

06 [개발 도구] 탭-[코드] 그룹-[기록 중지]를 클릭하여 매크로 작성을 마칩니다.

짝수 행마다 배경색이 지정됩니다.

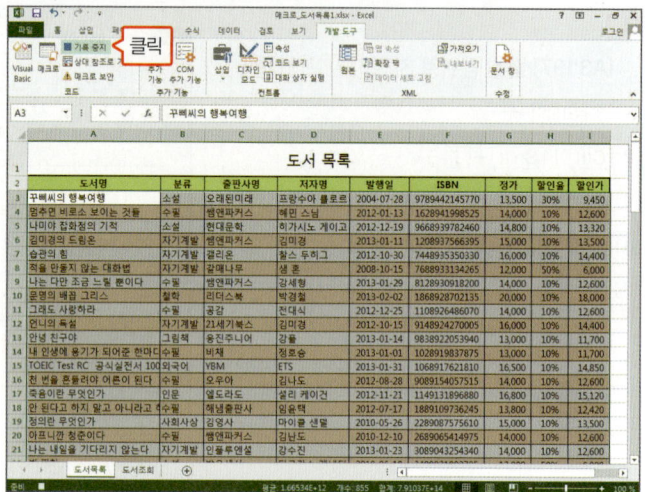

07 조건부 서식의 규칙을 지우는 매크로를 기록하겠습니다.

① [A3] 셀 클릭

② [개발 도구] 탭-[코드] 그룹-[매크로 기록] 클릭

③ [매크로 이름]에 **조건부규칙지우기** 입력

④ [매크로 저장 위치]를 [현재 통합 문서]로 선택

⑤ [확인]을 클릭합니다.

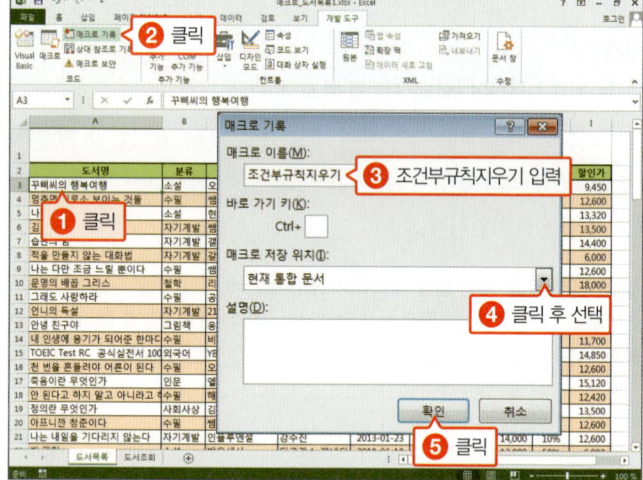

08

① [A3:I97] 셀을 범위로 지정하기 위해 Ctrl + Shift + →

② Ctrl + Shift + ↓

③ [홈] 탭-[스타일] 그룹-[조건부 서식] 클릭

④ [규칙 지우기]에서 [선택한 셀의 규칙 지우기]를 선택합니다.

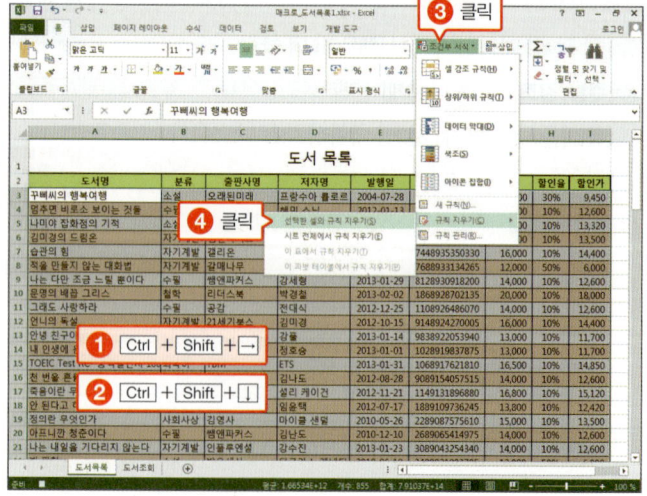

09 [개발 도구] 탭–[코드] 그룹–[기록 중지]를 클릭하여 매크로 작성을 마칩니다.

지정된 서식이 사라집니다.

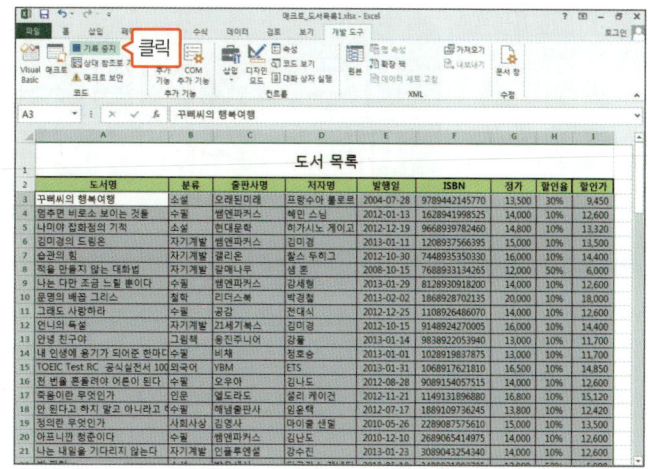

10 매크로 포함 문서 저장하기
①[A1] 셀 클릭
②[파일] 탭을 클릭합니다.

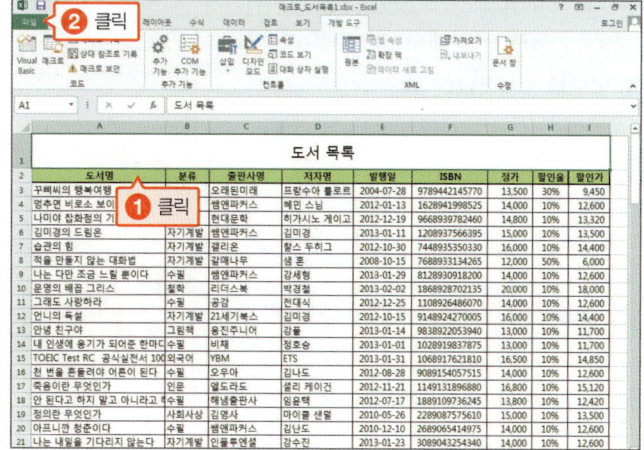

11 ①[내보내기] 선택 ②[파일 형식 변경] 선택 ③[매크로 사용 통합 문서(*.xlsm)] 선택 ④[다른 이름으로 저장] 클릭 ⑤ [다른 이름으로 저장] 대화상자에서 저장 위치 지정 ⑥파일 이름을 **매크로_도서목록1**로 입력 ⑦[저장]을 클릭합니다.

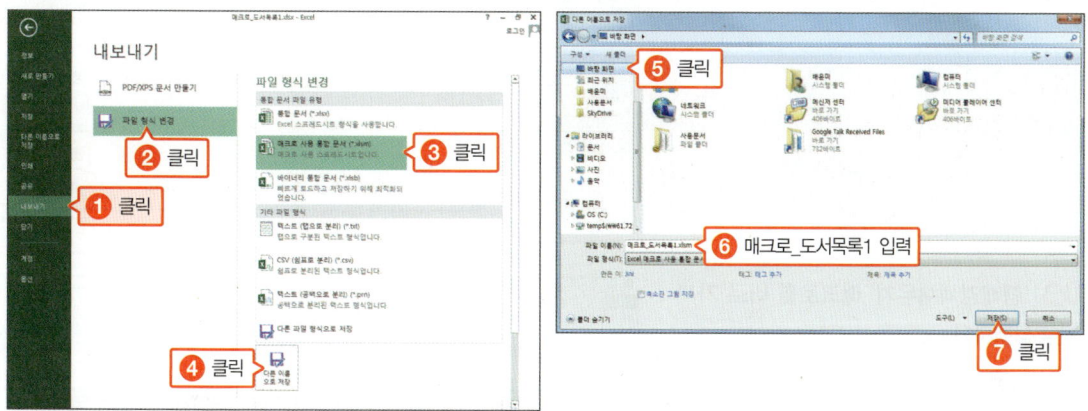

바로 통하는 TIP *.xlsx 형태로 저장하면 현재 통합 문서에서 작성한 매크로가 저장되지 않습니다. 반드시 매크로 사용 통합 문서인 *.xlsm 형식으로 저장합니다.

84 바로 가기 키와 양식 컨트롤로 매크로 실행하기

매크로를 실행하려면 [매크로] 대화상자를 이용합니다. [매크로] 대화상자 이외에 바로 가기 키, 도형이나 양식 이용, 빠른 실행 도구 모음에 명령 아이콘 등록 등 다양한 방법이 있습니다.

· 실습 파일 엑셀 \ 5장 \ 매크로_도서목록2.xlsm · 완성 파일 엑셀 \ 5장 \ 매크로_도서목록2_완성.xlsm

01 매크로_도서목록2 문서를 열면 메시지 표시줄에 보안 경고 메시지가 나타납니다. [콘텐츠 사용]을 클릭해서 매크로를 사용할 수 있도록 설정합니다.

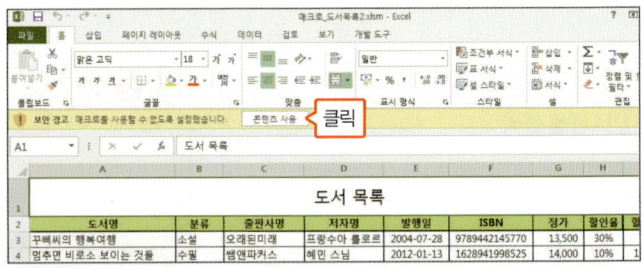

02
① [개발 도구] 탭-[코드] 그룹-[매크로] 클릭
② 앞서 기록한 매크로 목록이 나타나면 여기서는 [취소]를 클릭해서 [매크로] 대화상자를 닫습니다.

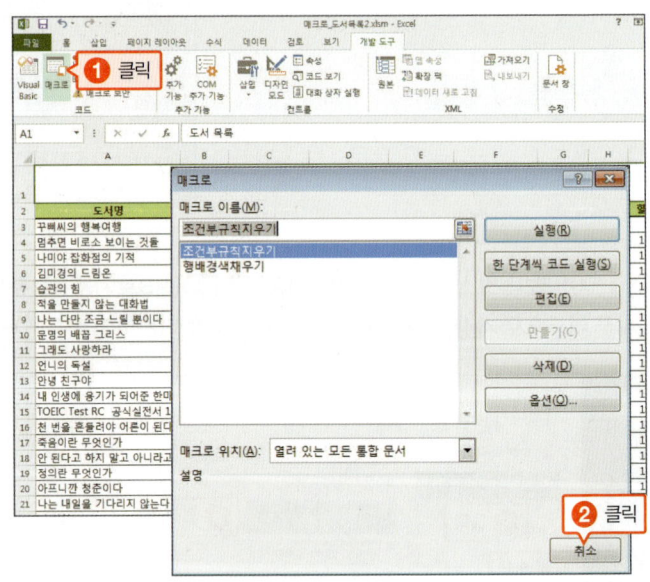

03 '행배경색채우기' 매크로를 바로 가기 키로 실행하기
① [A3] 셀 클릭
② Ctrl + R 을 눌러 매크로를 실행합니다.

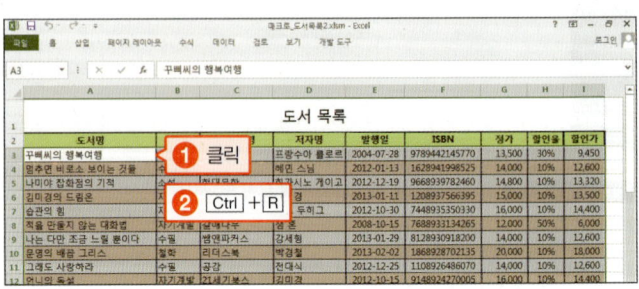

04 '조건부규칙지우기' 매크로를 양식 컨트롤로 실행하기

① [A1] 셀 클릭

② [개발 도구] 탭—[컨트롤] 그룹—[삽입]을 클릭

③ 양식 컨트롤의 [단추]를 선택합니다.

바로 통하는 TIP ActiveX 컨트롤은 주로 VBA로 프로그래밍할 때 사용하며 양식 컨트롤은 매크로를 실행하거나 통합 문서에서 함수와 연동 작업을 할 때 사용합니다.

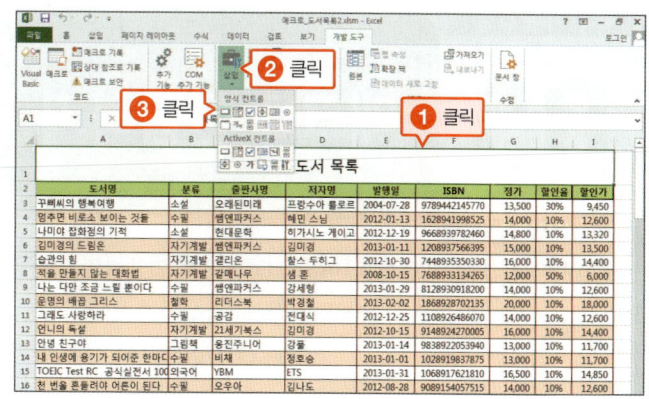

05

① [H1] 셀에서 드래그하여 단추 삽입

② [매크로 지정] 대화상자가 활성화되면 매크로 목록에서 [조건부규칙지우기] 선택

③ [확인]을 클릭합니다.

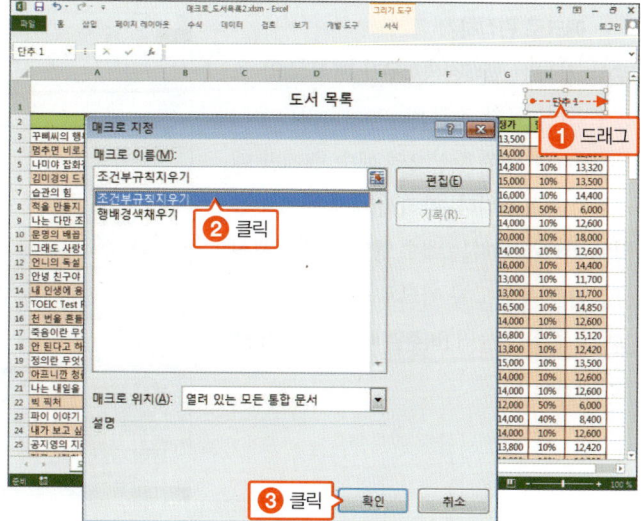

06

① 단추 안을 클릭하고 **규칙 지우기** 입력

② 임의의 셀을 선택하여 단추 선택 해제

③ [A3] 셀 클릭

④ [규칙 지우기] 단추를 클릭해 매크로를 실행합니다. 지정된 서식이 사라집니다.

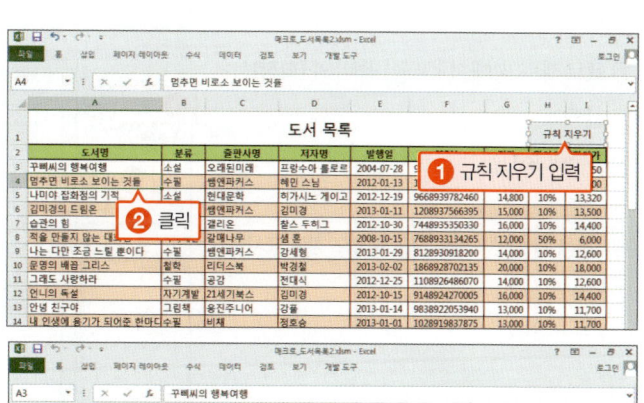

85 매크로 편집하기

비주얼 베이식 편집기(Visual BASIC Editor)를 이용하면 이미 작성된 매크로를 편집하거나 직접 VBA(Visual BASIC for Application) 언어로 매크로를 작성할 수 있습니다.

▪실습 파일 엑셀 \ 5장 \ 매크로_도서목록3.xlsm   ▪완성 파일 엑셀 \ 5장 \ 매크로_도서목록3_완성.xlsm

01 매크로 편집하기

앞서 기록한 **행배경색채우기** 매크로의 조건부 서식 규칙 조건은 =MOD(ROW( )−2,2)=0이므로 항상 2의 배수 행에만 매크로가 적용됩니다. 따라서 배경 행의 값을 입력 받아서 원하는 배수 행에 조건부 서식 규칙이 적용되도록 매크로를 편집합니다. Alt + F11을 눌러 **[비주얼 베이식 편집기 창]**을 엽니다.

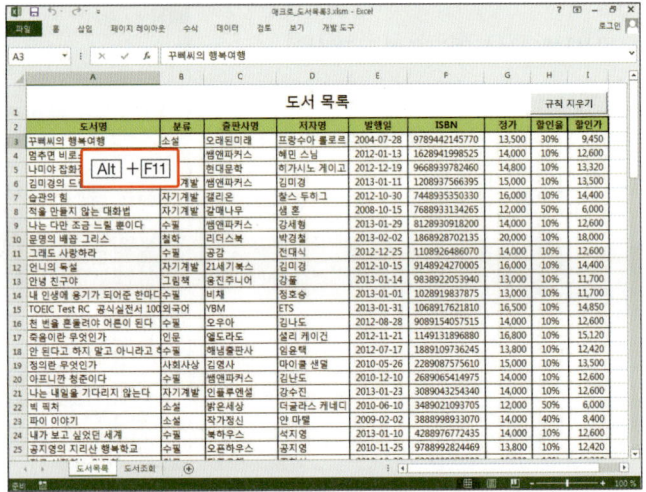

02

① 프로젝트 창에서 [모듈] 폴더의 **[확장]**을 클릭

② **[Module1]**을 더블클릭합니다.

[행배경색 채우기] 매크로 구문이 코드 창에 표시됩니다.

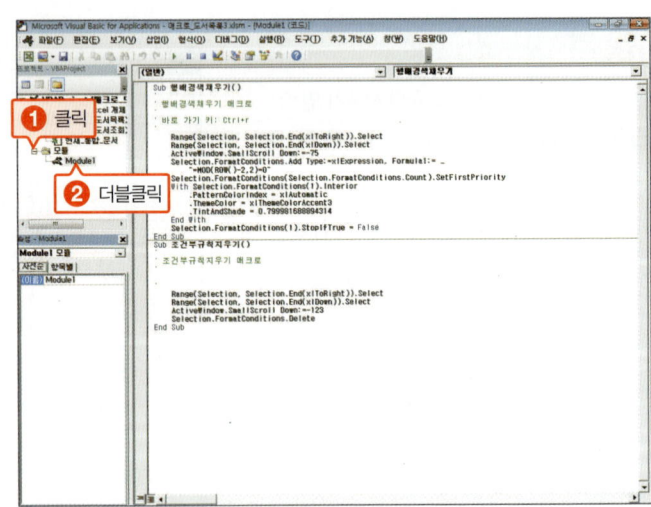

바로 통하는 TIP [개발 도구] 탭의 [코드] 그룹에서 'Visual Basic'을 클릭하거나 시트 탭에서 마우스 오른쪽 버튼을 클릭하여 [코드 보기]를 선택해도 비주얼 베이식 편집기 창을 열 수 있습니다.

비주얼 베이식 편집기 창의 화면 구성 살펴보기

① **프로젝트 탐색기 창** : 엑셀을 구성하는 통합 문서, 워크시트 그리고 모듈, 폼, 클래스 등의 개체를 계층 구조 형태로 표시합니다.

② **속성 창** : 각 프로젝트 탐색기 창에 나타나는 개체들의 속성을 설정합니다.

③ **코드 창** : 매크로가 VBA 코드로 기록되어 나타나는 창으로 매크로를 직접 수행하거나 삭제할 수 있고, 매크로를 만들 수 있습니다.

④ **프로시저** : Sub로 시작하고 VBA 명령어 코드가 입력되어 End Sub로 끝납니다. 앞서 매크로 기록기로 기록한 매크로에 해당합니다.

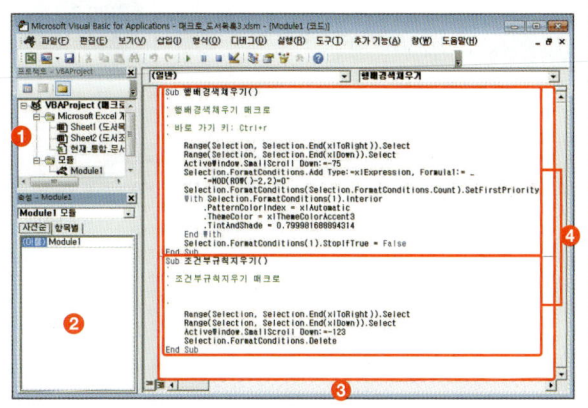

03 [행배경색채우기] 코드 창에 다음과 같이 빨간색으로 표기된 코드를 입력하여 매크로를 수정합니다.

```
Sub 행배경색채우기()
'
' 행배경색채우기 매크로
'
' 바로 가기 키: Ctrl + R
'
    Dim rowno As Integer
    rowno = Val(InputBox("배경색을 지정할 행의 배수 값을 숫자로 입력해주세요", "숫자 입력창", 2)

    Range(Selection, Selection.End(xlToRight)).Select
    Range(Selection, Selection.End(xlDown)).Select
    ActiveWindow.SmallScroll Down:=-75
    Selection.FormatConditions.Add Type:=xlExpression, Formula1:= _
        "=MOD(ROW()-2," & rowno & ")=0"

    Selection.FormatConditions(Selection.FormatConditions.Count).SetFirstPriority
    With Selection.FormatConditions(1).Interior
        .PatternColorIndex = xlAutomatic
        .ThemeColor = xlThemeColorAccent3
        .TintAndShade = 0.799981688894314
    End With
    Selection.FormatConditions(1).StopIfTrue = False
End Sub
```

바로 통하는 TIP

1. Dim rowno As Integer 구문은 변수 rowno를 정수로 선언합니다.

2. rowno = Val(InputBox("배경색을 지정할 행의 배수 값을 숫자로 입력해주세요", "숫자 입력창", 2)) 구문은 [입력 상자] 대화상자를 통해 행의 배수 값을 입력받아서 rowno 변수에 넘겨줍니다.

3. "=MOD(ROW()-2," & rowno & ")=0" 구문은 조건부 서식 규칙에 rowno 값이 매번 바뀌도록 규칙을 수정합니다.

04 [닫기 ✕]를 클릭하여 비주얼 베이식 편집기를 닫습니다.

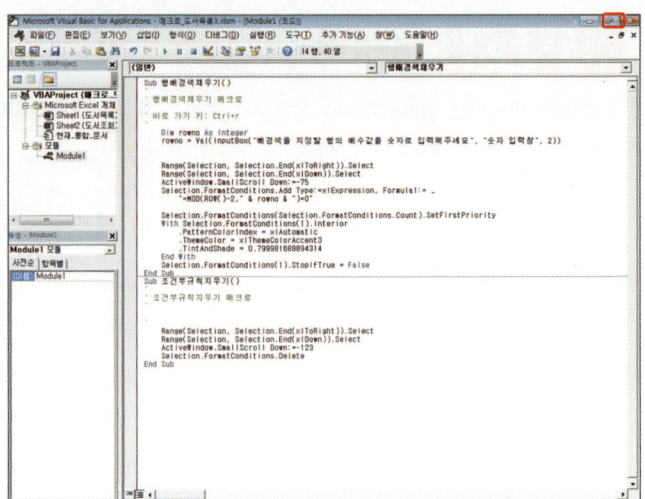

05 [A3] 셀을 클릭하고 Ctrl + R 을 누릅니다.

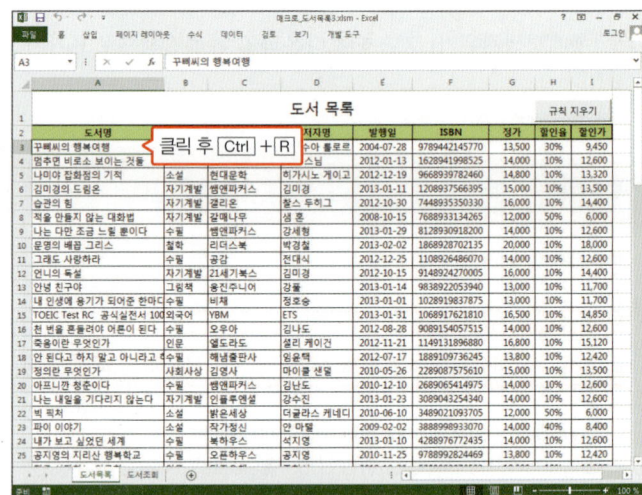

06

① [숫자 입력창] 대화상자가 나타나면 5 입력

② [확인]을 클릭합니다.

5행마다 배경색이 채워지는 매크로가 실행됩니다.

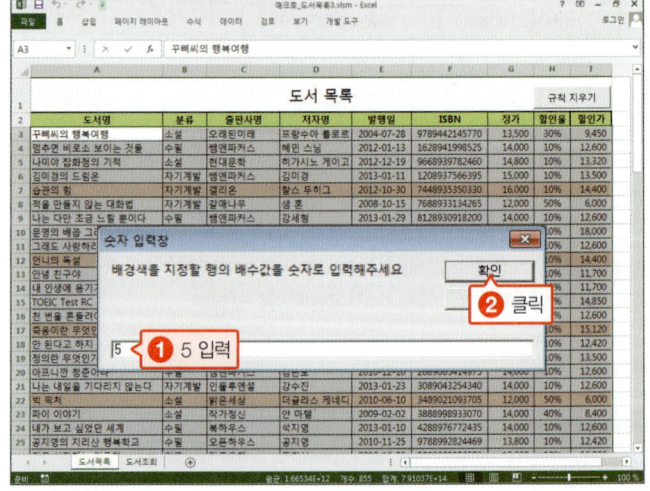

86 매크로 삭제하기

잘못 작성된 매크로나 더 이상 필요하지 않은 매크로는 언제든지 삭제할 수 있습니다. 매크로는 [개발 도구] 탭의 [코드] 그룹에서 [매크로]를 클릭하여 삭제하거나 비주얼 베이식 편집기(Visual BASIC for Editor)에서 삭제합니다.

▪**실습 파일** 엑셀 \ 5장 \ 매크로_도서목록4.xlsm ▪**완성 파일** 엑셀 \ 5장 \ 매크로_도서목록4_완성.xlsm

01 매크로 삭제하기

① [개발 도구] 탭-[코드] 그룹-**[매크로]** 클릭

② [매크로] 대화상자에서 **[행배경색채우기]** 선택

③ **[삭제]**를 클릭합니다.

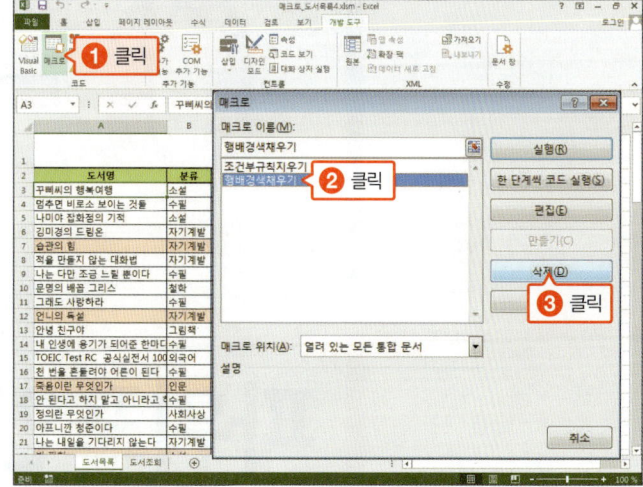

02

① 매크로 삭제 경고 메시지가 나타나면 **[예]** 클릭

② [개발 도구] 탭-[코드] 그룹-**[매크로]**를 클릭합니다.

- - - - - - - -

[행배경색채우기] 매크로가 삭제된 것을 확인할 수 있습니다.

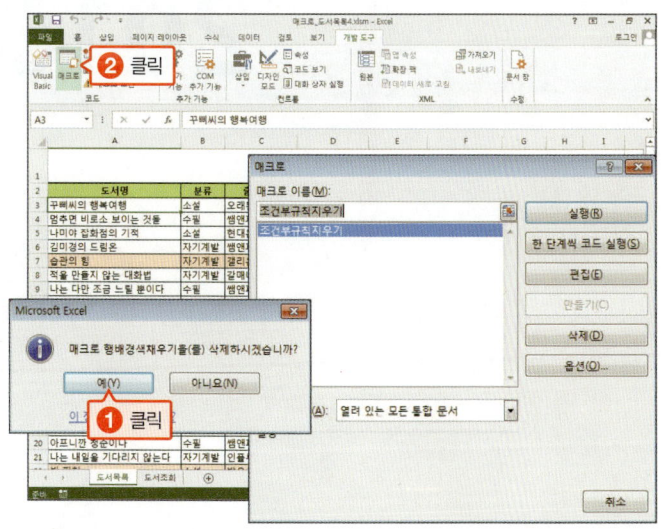

바로 통하는 TIP 매크로를 삭제하면 Ctrl + R 바로 가기 키를 눌러도 매크로가 실행되지 않습니다.

PART

03

파워포인트 2013

POWERPOINT 2013

기본
프레젠테이션
만들기

파워포인트 2013을 활용하여 프레젠테이션을 위한 기본적인 슬라이드 화면을 만들어보겠습니다. 먼저 파워포인트 2013의 화면 구성을 알아봅니다. 슬라이드를 추가하고 삭제, 이동하는 등 자유롭게 슬라이드를 다룰 수 있습니다. 텍스트, 도형, 이미지, 표, 차트의 디자인을 쉽고 빠르게 하는 방법을 익혀 초보자들도 디자인에 자신감을 가질 수 있게 될 것입니다. 나만의 리본 메뉴를 만들어 쓰면 작업 시간을 단축할 수 있습니다. 이번 장을 통해 파워포인트 디자인에 자신감을 가져보기 바랍니다.

00 파워포인트 2013 기본 화면 구성 살펴보기

파워포인트 2013의 기본적인 메뉴 배치는 파워포인트 2010과 같습니다. 새롭게 추가된 몇 개의 버튼은 작업의 효율성을 높여줍니다.

기본 화면 구성

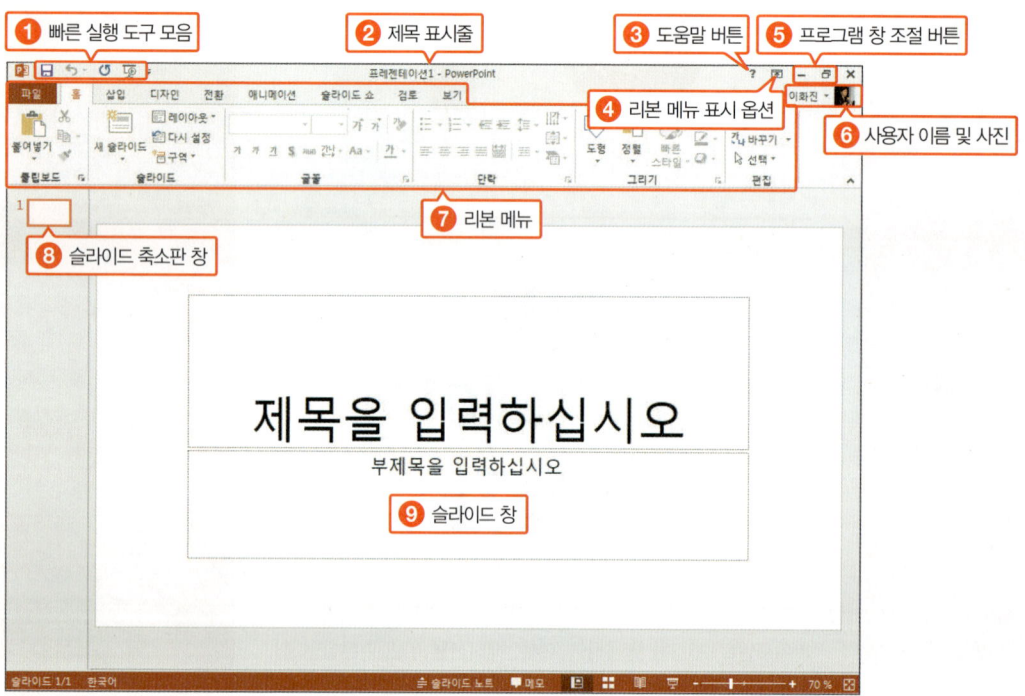

① **빠른 실행 도구 모음** : 사용자가 자주 사용하는 명령을 모아놓은 도구함입니다. 사용자가 필요에 따라 명령을 추가 또는 삭제할 수 있습니다. [저장], [실행 취소], [다시 실행], [처음부터 시작] 명령이 기본으로 구성되어 있습니다.

② **제목 표시줄** : 프로그램 이름과 현재 편집 중인 문서의 이름이 나타납니다.

③ **도움말 버튼** : 파워포인트 도움말 창이 열립니다. 단축키 F1을 눌러도 됩니다.

④ **리본 메뉴 표시 옵션** : 리본 메뉴 자동 숨기기, 탭 표시, 탭 및 명령 표시가 가능합니다.

⑤ **프로그램 창 조절 버튼** : 파워포인트 창을 최소화/최대화하거나 닫을 때 사용합니다.

⑥ **사용자 이름 및 사진** : 마이크로소프트 계정 로그인 후 나타나는 사용자 이름이나 사진을 클릭하면 메뉴가 나타납니다. [계정 설정]을 클릭하고 사용자 정보에서 원하는 정보를 변경합니다.

⑦ **리본 메뉴** : 슬라이드를 작성할 때 필요한 각종 명령을 기능별로 구분해서 탭 형태로 모아놓은 것입니다. 기본적으로 파일, 홈, 삽입, 디자인, 전환, 애니메이션, 슬라이드 쇼, 검토, 보기로 구성되어 있습니다. 슬라이드에 개

체를 선택하거나 그림이나 표 등의 요소를 삽입하면 상황별 탭이 자동으로 나타납니다.

⑧ **슬라이드 축소판 창** : 열려 있는 파워포인트 파일의 각 슬라이드가 작은 그림으로 나타납니다.

⑨ **슬라이드 창** : 슬라이드를 편집하는 작업 영역으로 도형, 텍스트, 차트, 표 등의 개체를 삽입하고 편집합니다.

상태 표시 및 화면 보기

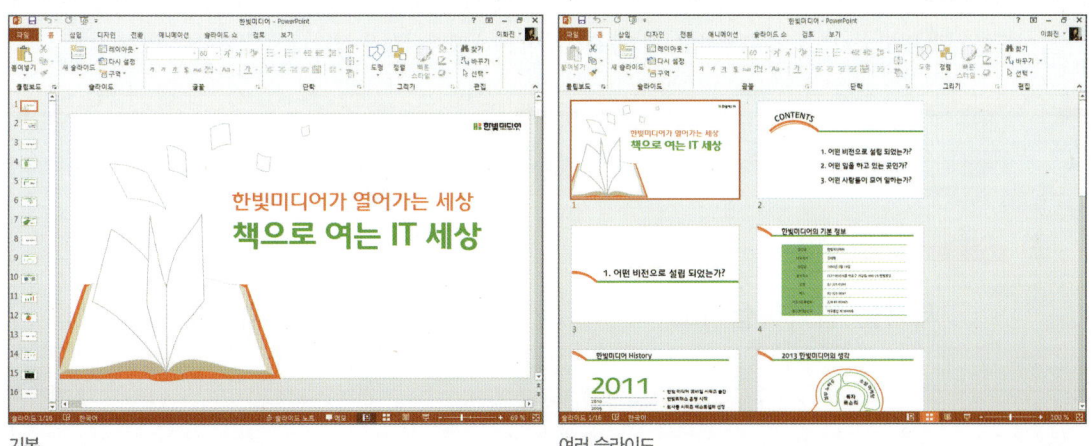

① **상태 표시줄** : 현재 편집 중인 슬라이드 번호 및 입력 언어를 표시해줍니다.

② **슬라이드 노트 버튼** : 슬라이드 노트 버튼을 클릭하면 슬라이드 창 아래에 슬라이드 노트 창이 열립니다. 감추려면 다시 슬라이드 노트 버튼을 클릭하면 됩니다.

③ **메모 버튼** : 메모 버튼을 클릭하면 화면 오른쪽에 메모 작업 창이 나타나며, [새로 만들기] 버튼을 클릭하여 원하는 메모를 추가합니다.

④ **화면 보기 버튼** : 기본, 여러 슬라이드, 읽기용 보기, 슬라이드 쇼 보기로 원하는 대로 화면 보기를 변경하여 작업할 수 있습니다.

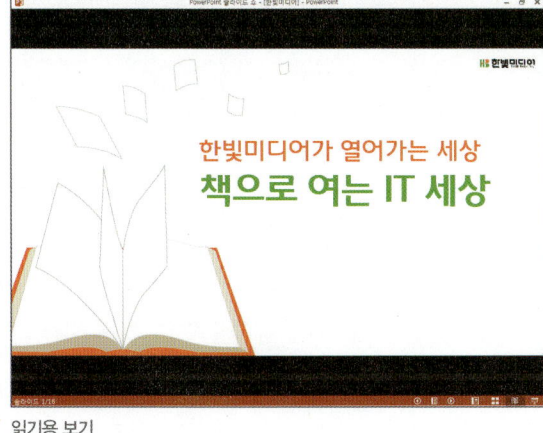

기본

여러 슬라이드

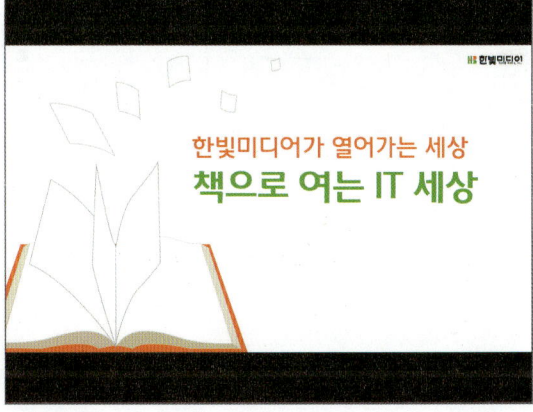

읽기용 보기

슬라이드 쇼

⑤ **확대/축소** : [−] 버튼을 클릭하면 화면이 축소되고 [+] 버튼을 클릭하면 화면이 확대됩니다. 조절 바를 드래그하여 조정할 수도 있습니다.

⑥ **현재 창 크기에 맞춤** : 슬라이드 크기를 현재 창 크기에 최대한 맞춥니다.

⑦ **작업 창** : 이전 버전에서는 대화상자를 통해 작업했던 명령이나 옵션 적용을 파워포인트 2013에서는 오른쪽에 있는 작업 창에서 적용할 수 있습니다.

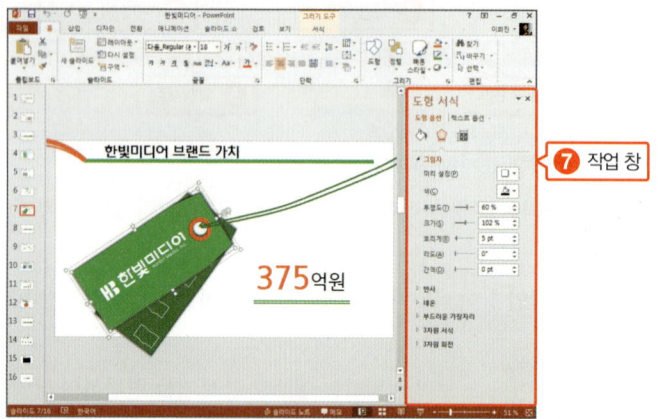

⑧ **터치 마우스 모드** : Windows 8 기반의 터치 컴퓨터에서 사용할 수 있습니다. 일반적인 터치 제스처를 통해 슬라이드를 살짝 밀고, 누르고, 스크롤하고, 확대/축소하며 프레젠테이션을 실감나게 진행할 수 있습니다.

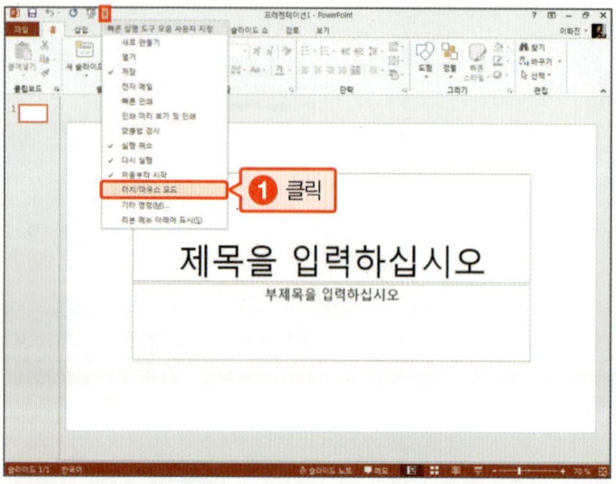

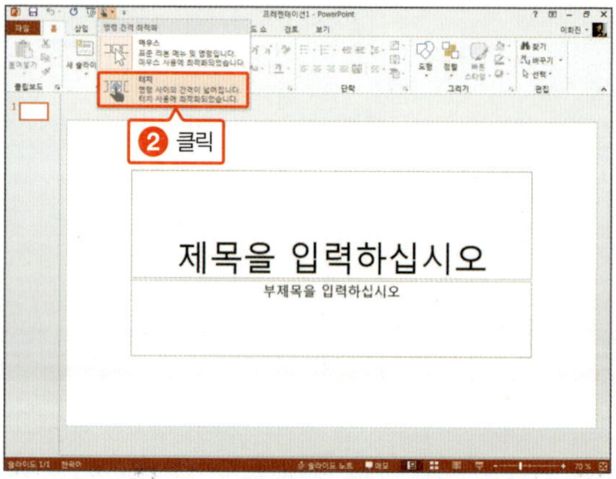

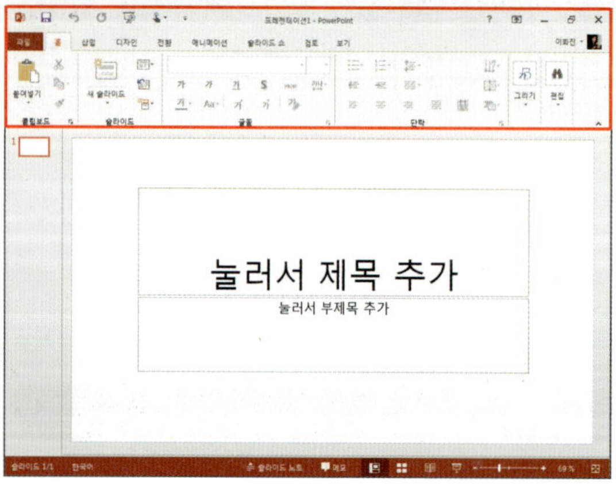

01 원하는 테마 선택하기

파워포인트 2013을 실행하면 서식 파일, 테마, 최근에 본 프레젠테이션, 이전에 열었던 프레젠테이션 또는 빈 프레젠테이션 등을 선택할 수 있어 여러 가지 방법으로 프레젠테이션을 시작할 수 있습니다. 테마는 서로 어울리는 색, 글꼴, 특수 효과가 포함된 슬라이드 디자인입니다.

▪**완성 파일** 파워포인트 \ 1장 \ 원하는 테마 선택하기_완성.pptx

01 파워포인트 시작한 후 테마 선택하기
파워포인트 2013을 실행한 후 기본으로 제공되는 여러 가지 테마 중 하나를 선택합니다.

02 새 프레젠테이션 만들기
① 원하는 디자인 선택 ② **[만들기]**를 클릭합니다. 선택한 테마가 적용된 프레젠테이션이 열립니다.

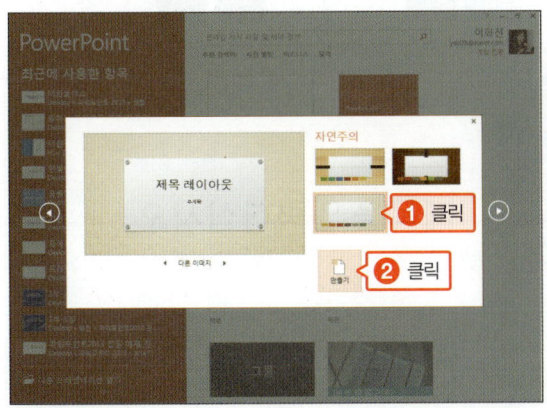

바로 통하는 TIP 적용된 테마를 변경하려면 [디자인] 탭에서 원하는 테마를 다시 선택합니다. 테마를 적용하기 전 현재 슬라이드에 적용된 결과를 미리 보려면 각 테마의 축소판 그림 위에 마우스 포인터를 올려놓습니다. 좀 더 구체적인 사항을 변경하려면 [적용] 그룹에서 [자세히⊡]를 클릭하여 색, 글꼴, 효과, 배경 스타일을 변경합니다.

02 슬라이드 크기 변경하기

파워포인트 2010까지는 슬라이드의 가로와 세로 크기가 4:3 비율이었습니다. 그러나 파워포인트 2013에서는 전 세계 대부분 TV와 비디오에 적용된 와이드스크린 추세를 따라 슬라이드의 비율이 16:9로 바뀌었습니다. 처음 파워포인트를 실행하면 슬라이드 기본 크기가 16:9 비율인 와이드스크린으로 시작합니다. 슬라이드 크기는 슬라이드에 있는 개체들의 변형 없이 자유롭게 변경할 수 있습니다.

▪ **실습 파일** 파워포인트 \ 1장 \ 슬라이드 크기 변경하기.pptx   ▪ **완성 파일** 파워포인트 \ 1장 \ 슬라이드 크기 변경하기_완성.pptx

01 슬라이드 비율 바꾸기

파워포인트 2013에서 기본으로 적용된 16:9 비율의 와이드스크린 슬라이드의 크기를 4:3 비율로 변경해보겠습니다.

① [디자인] 탭 – [사용자 지정] 그룹 – **[슬라이드 크기]** 클릭

② **[표준(4:3)]**을 선택합니다.

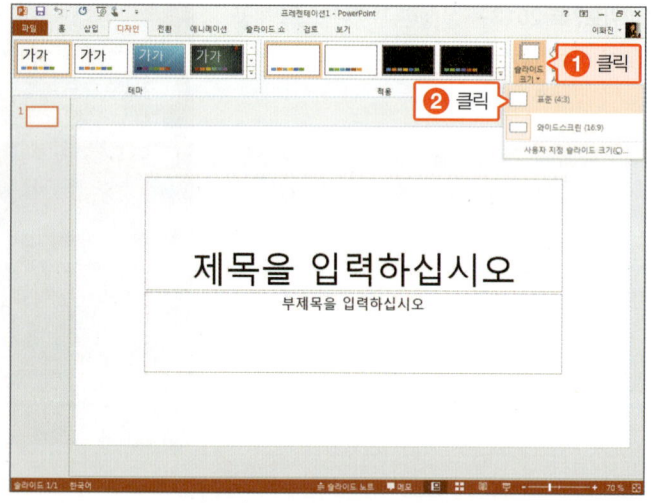

02 슬라이드의 크기가 변경된 것을 확인할 수 있습니다.

바로 통하는 TIP 슬라이드 크기를 변경할 때

파워포인트에서 슬라이드에 있는 개체 크기를 자동으로 조정하지 못할 때 다음의 두 가지 옵션이 메시지로 표시됩니다.

최대화 : 슬라이드 크기는 변경되지만 슬라이드에 있는 개체는 원래의 크기를 유지합니다. 이 옵션을 선택하면 개체가 슬라이드에 맞지 않을 수 있습니다.

맞춤 확인 : 슬라이드 크기가 변경되면 그 크기에 맞게 슬라이드에 있는 개체 크기도 변경됩니다. 이 옵션을 선택하면 개체 크기가 작게 표시되지만 슬라이드에서 모든 개체를 볼 수 있습니다.

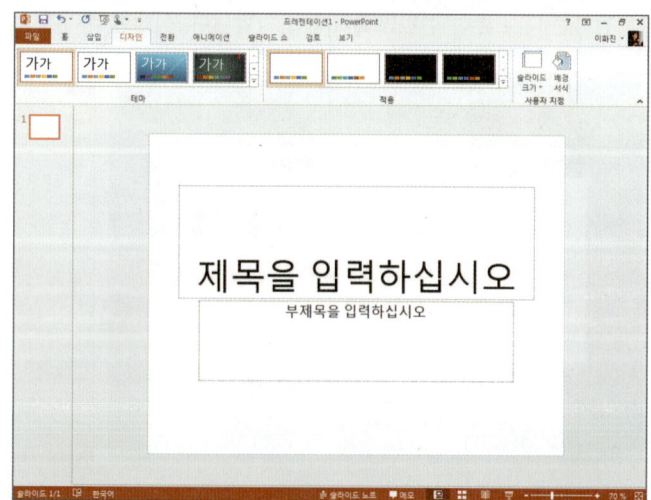

03 슬라이드 추가 및 레이아웃 변경하기

원하는 레이아웃의 슬라이드를 추가하고 레이아웃 역시 마음대로 변경할 수 있습니다. 레이아웃을 잘 구성하면 슬라이드에서 전하고자 하는 내용을 효과적으로 표현할 수 있습니다. 파워포인트에서는 기본적으로 형태가 다른 11개의 레이아웃이 제공됩니다.

▪**실습 파일** 파워포인트 \ 1장 \ 슬라이드 추가 및 레이아웃 변경하기.pptx ▪**완성 파일** 파워포인트 \ 1장 \ 슬라이드 추가 및 레이아웃 변경하기_완성.pptx

01 슬라이드 추가하기

① [홈] 탭 - [슬라이드] 그룹-[새 슬라이드 ▼] 클릭

② [Office 테마] 목록의 슬라이드 축소판 그림에서 [제목 및 내용] 레이아웃을 선택합니다.

바로 통하는 TIP 새 슬라이드를 만드는 단축키는 Ctrl + M 입니다. 이때 추가되는 슬라이드는 바로 앞에 추가한 슬라이드의 레이아웃과 같은 형태입니다.

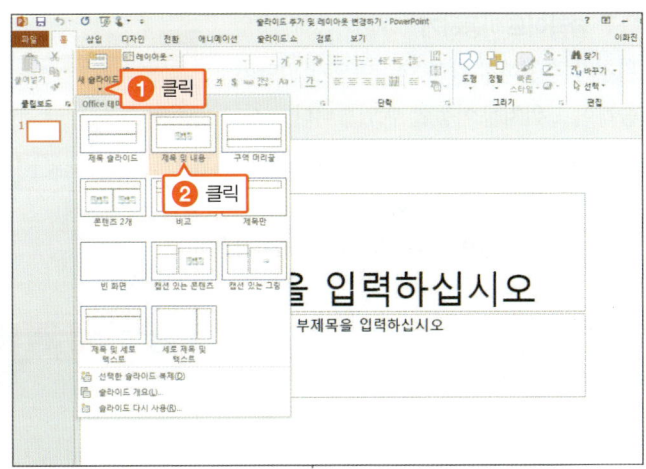

02 레이아웃 변경하기

현재 슬라이드의 레이아웃을 변경해보겠습니다. ① [홈] 탭 - [슬라이드] 그룹 - [**레이아웃**] 클릭 ② [Office 테마] 목록의 슬라이드 축소판 그림에서 [**빈 화면**] 레이아웃을 선택합니다. 선택한 레이아웃으로 슬라이드 레이아웃이 변경되었습니다.

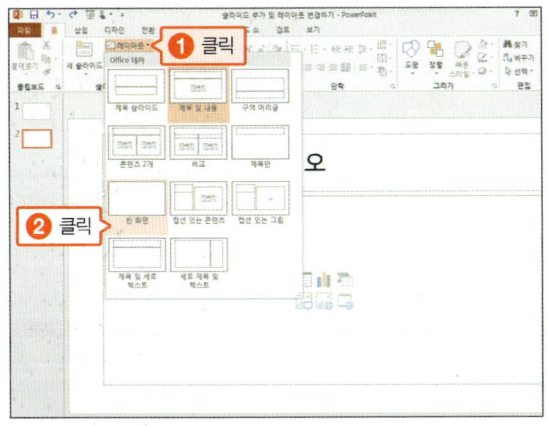

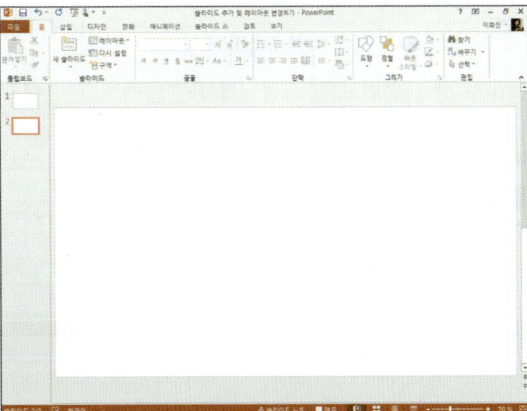

04 슬라이드 이동/복사/삭제하기

슬라이드의 순서를 바꾸기 위해 슬라이드를 이동하는 방법 및 비슷한 슬라이드를 만들 때 기존 슬라이드를 복사하는 방법을 살펴봅니다. 슬라이드의 이동, 복사, 삭제는 기본적이면서도 많이 사용하는 기능입니다. 다양한 실행 방법을 알아보겠습니다.

▪실습 파일 파워포인트 \ 1장 \ 슬라이드 이동 복사 삭제하기.pptx ▪완성 파일 파워포인트 \ 1장 \ 슬라이드 이동 복사 삭제하기_완성.pptx

01 슬라이드 이동하기

위치가 적절하지 않은 슬라이드가 있다면 슬라이드 위치를 이동할 수 있습니다.

① 화면 왼쪽의 슬라이드 축소판 그림에서 이동하려는 **10번 슬라이드** 선택

② 선택한 **10번 슬라이드**를 **6번과 7번 슬라이드 사이**로 이동시킵니다.

6번과 7번 슬라이드 사이로 슬라이드가 이동됩니다.

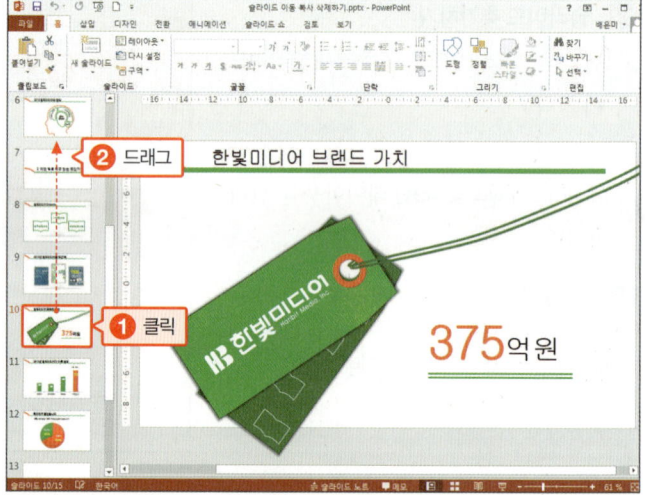

02 슬라이드 복사하기

슬라이드를 복사하면 같은 슬라이드를 추가할 수 있습니다.

① 화면 왼쪽의 슬라이드 축소판 그림에서 복사하고자 하는 **14번 슬라이드** 선택

② [홈] 탭 – [클립보드] 그룹–[복사]를 클릭합니다.

바로 통하는 TIP 슬라이드 복사 단축키는 Ctrl + C 입니다.

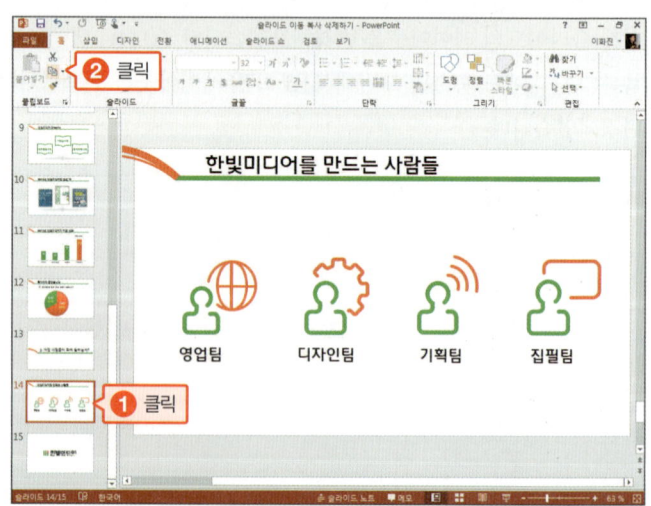

03 복사한 슬라이드 붙여넣기

① 붙여 넣고 싶은 위치인 **12번과 13번 슬라이드 사이**에 마우스 포인터 이동

② **[홈]** 탭 – **[클립보드]** 그룹 – **[붙여넣기]**를 클릭합니다.

바로 통하는 TIP 슬라이드 붙여넣기 단축키는 Ctrl + V 입니다. 슬라이드 복사와 붙여넣기를 한 번에 하는 단축키는 Ctrl + D 입니다.

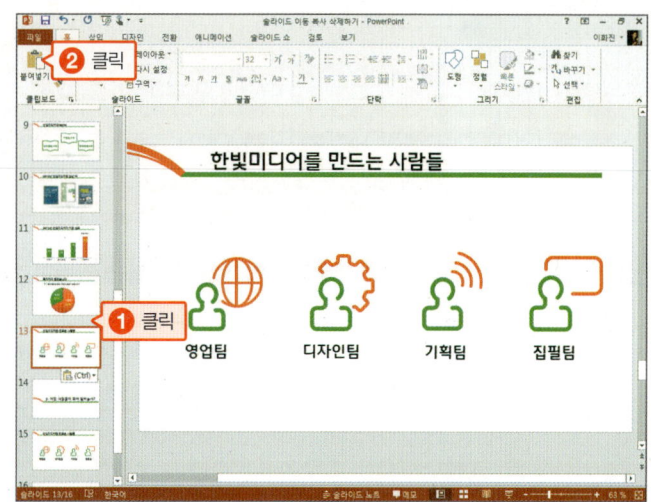

실 무 활 용 노 트
POWER POINT   **붙여넣기 옵션**

복사한 슬라이드를 붙여 넣으려는 위치에서 마우스 오른쪽 버튼을 클릭하면 다음과 같은 붙여넣기 옵션이 나타납니다. 원하는 옵션을 선택해 슬라이드를 붙여 넣을 수 있습니다.

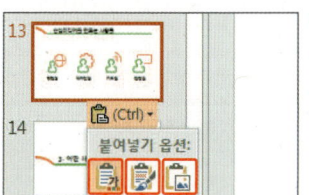

① **대상 테마 사용** : 대상 프레젠테이션의 테마를 그대로 사용할 때 클릭합니다.

② **원본 서식 유지** : 복사하려는 프레젠테이션의 테마를 유지할 때 클릭합니다.

③ **그림** : 복사하려는 프레젠테이션 슬라이드를 그림으로 붙여 넣을 때 클릭합니다.

---

04 슬라이드 삭제하기

화면 왼쪽의 슬라이드 축소판 그림에서 삭제하려는 **6번 슬라이드**를 선택하고 Delete 를 누릅니다.

6번 슬라이드가 삭제됩니다.

바로 통하는 TIP 여러 개의 슬라이드를 선택하려면 Ctrl 을 누른 상태에서 슬라이드를 클릭합니다.

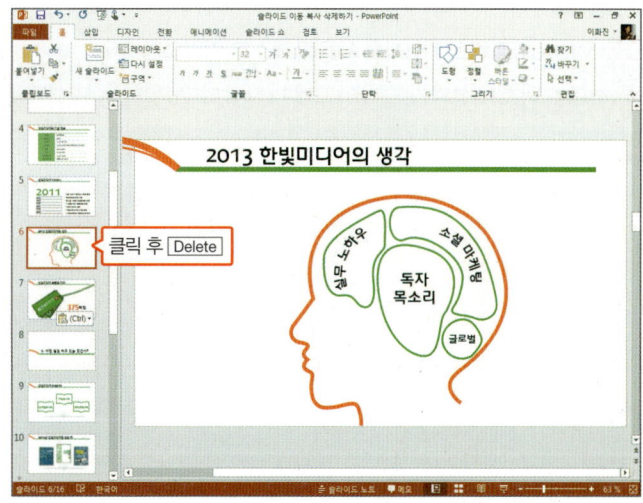

05 WordArt 텍스트 상자를 사용해 텍스트 입력하기

전문가 수준으로 빠르고 쉽게 디자인이 적용된 텍스트를 입력하려면 WordArt 텍스트 상자를 사용해 슬라이드에 텍스트를 입력합니다. 20가지 다양한 스타일을 클릭 한 번으로 적용할 수 있습니다.

- 실습 파일 파워포인트 \ 1장 \ WordArt 텍스트 상자를 사용해 텍스트 입력하기.pptx
- 완성 파일 파워포인트 \ 1장 \ WordArt 텍스트 상자를 사용해 텍스트 입력하기_완성.pptx

01 WordArt 스타일 선택하기

WordArt 스타일을 이용해 디자인이 적용된 텍스트를 간편하게 입력할 수 있습니다.

① [삽입] 탭 – [텍스트] 그룹–[WordArt] 클릭

② 원하는 **WordArt 스타일**을 선택합니다.

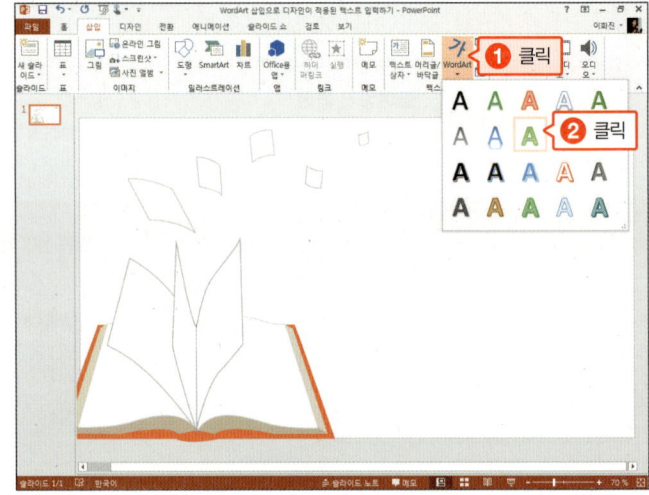

02 WordArt 텍스트 상자를 사용해 텍스트 입력하기

WordArt 텍스트 상자가 슬라이드에 나타납니다. 원하는 텍스트를 입력하여 슬라이드를 완성합니다.

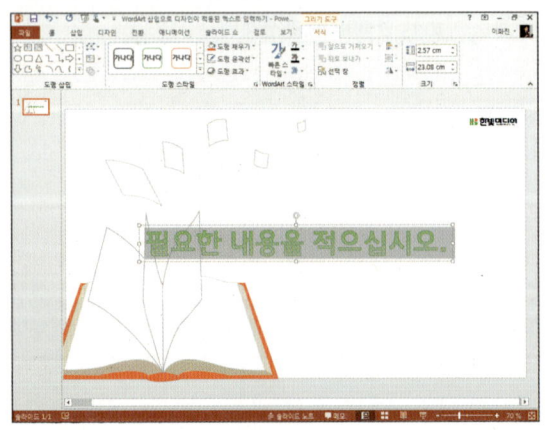
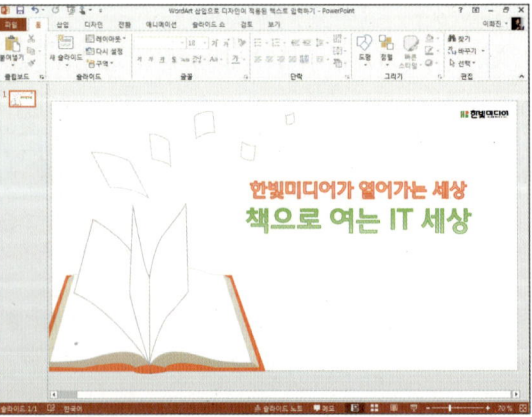

06 도형 그린 후 빠른 스타일 적용하기

도형을 그린 후에는 다양한 도형 서식이 적용된 빠른 스타일 갤러리를 이용해 손쉽게 도형을 디자인할 수 있습니다.

•**실습 파일** 파워포인트 \ 1장 \ 도형 그린 후 빠른 스타일 적용하기.pptx •**완성 파일** 파워포인트 \ 1장 \ 도형 그린 후 빠른 스타일 적용하기_완성.pptx

01 슬라이드에 도형 그리기

① [삽입] 탭 – [일러스트레이션] 그룹–[도형] 클릭

② [포인트가 5개인 별] 선택

③ 기획팀 사람 도형 위를 클릭한 후 Shift 를 누른 상태에서 마우스를 대각선으로 드래그하여 적당한 크기로 도형을 그려줍니다.

바로 통하는 TIP Shift 를 눌러 드래그할 경우 도형의 사방이 같은 모양으로 확대됩니다.

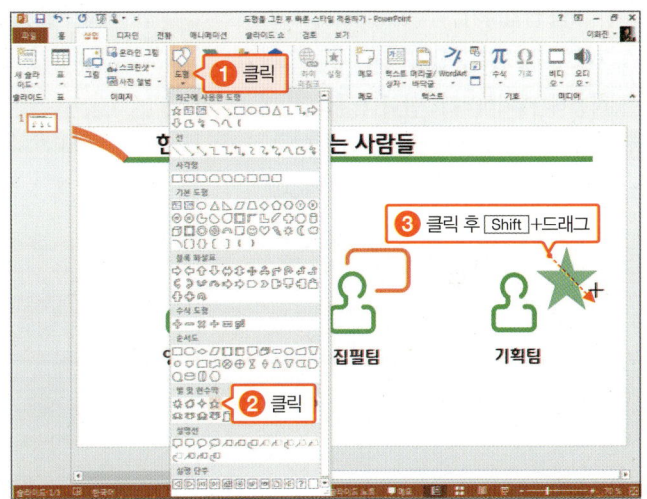

02 도형에 빠른 스타일 적용하기

① 그린 도형 클릭 ② [그리기 도구] – [서식] 탭 – [도형 스타일] 그룹 – [자세히⋮] 클릭

③ 나타나는 도형 스타일 중에서 [강한 효과 – 빨강, 강조 2]를 선택합니다. 빠른 스타일이 적용되어 도형 스타일이 바뀝니다.

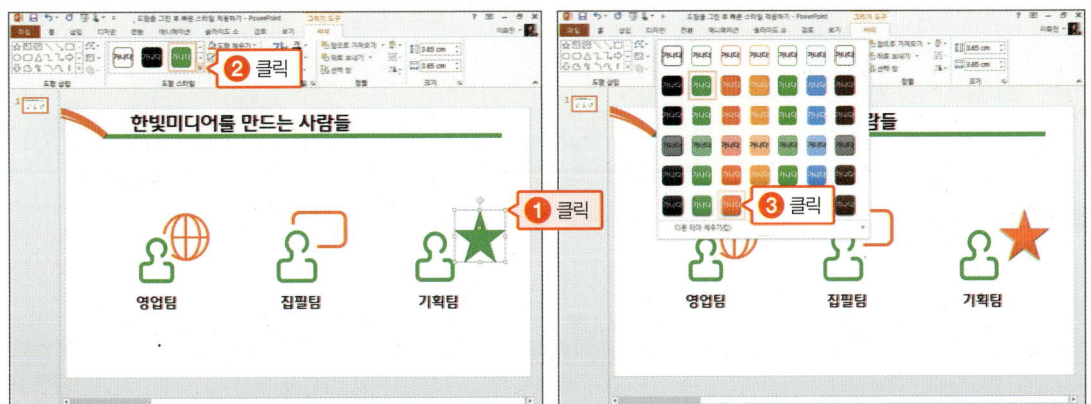

07 그림 삽입 후 빠른 스타일 적용하기

그림을 삽입한 후 다양한 그림 스타일을 손쉽게 적용할 수 있습니다. 빠른 그림 스타일을 이용하면 그림을 전문가 수준으로 빠르게 디자인할 수 있다는 장점이 있습니다.

•**실습 파일** 파워포인트 \ 1장 \ 그림 삽입 후 빠른 스타일 적용하기.pptx　•**완성 파일** 파워포인트 \ 1장 \ 그림 삽입 후 빠른 스타일 적용하기_완성.pptx

01 그림 삽입하기

슬라이드에 그림을 삽입한 후 빠른 스타일을 적용해 배치하려고 합니다. [삽입] 탭 – [이미지] 그룹 – **[그림]**을 클릭합니다.

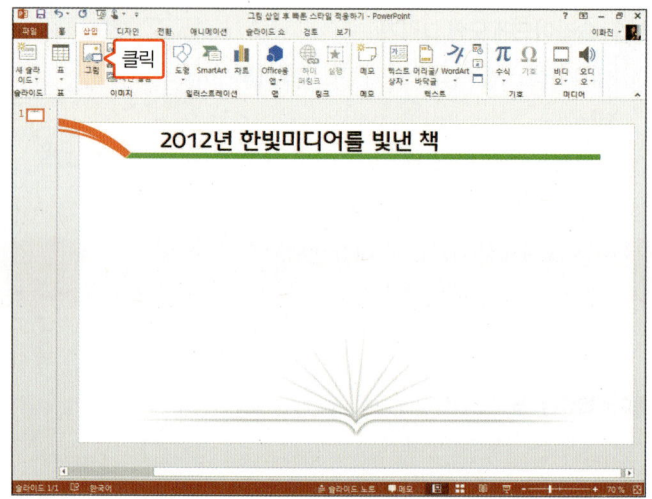

02

① [그림 삽입] 대화상자에서 **책1.jpg**, **책2. jpg**, **책3.jpg** Ctrl +클릭
② **[삽입]**을 클릭합니다.

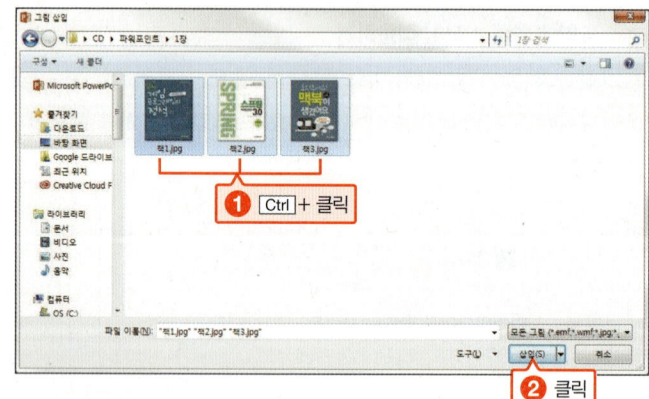

바로 통하는 TIP 여러 개의 그림을 선택하려면 Ctrl 을 누른 상태에서 그림을 클릭합니다.

03 그림에 빠른 스타일 적용하기

삽입한 세 개의 이미지가 선택된 상태에서 빠른 스타일을 적용합니다. [그림 도구] – [서식] 탭 – [그림 스타일] 그룹 – [자세히▾] 를 클릭합니다.

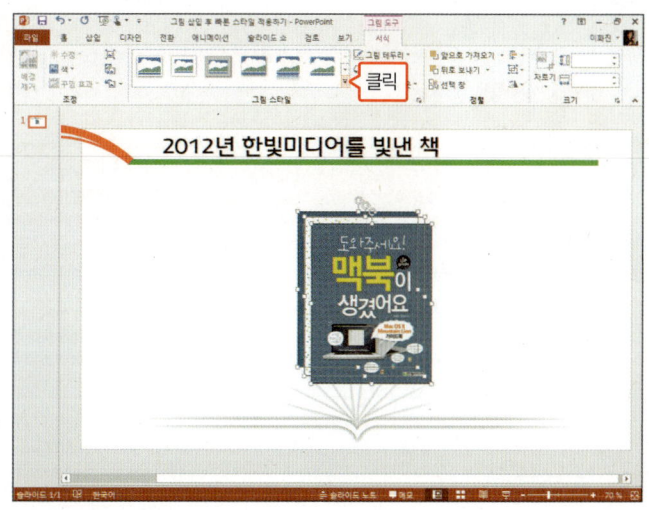

04 나타난 그림 스타일 중에서 [금속 프레임]을 선택합니다.

빠른 스타일이 적용되어 그림 테두리가 바뀝니다.

바로 통하는 TIP 28가지 다양한 스타일을 클릭 한 번으로 그림에 바로 적용할 수 있습니다.

05 스타일이 적용된 그림을 보기 좋게 배치합니다.

08 표 삽입 후 빠른 스타일 적용하기

표를 사용하면 내용을 일목요연하게 정리할 수 있어 편리합니다. 슬라이드에 삽입한 표에는 미리 정의된 레이아웃 스타일을 빠르게 적용할 수 있습니다.

•실습 파일 파워포인트 \ 1장 \ 표 삽입 후 빠른 스타일 적용하기.pptx **•완성 파일** 파워포인트 \ 1장 \ 표 삽입 후 빠른 스타일 적용하기_완성.pptx

01 표 삽입하기

회사 기본 정보를 표로 정리하려고 합니다. [표] 기능을 이용해 표를 만들고 슬라이드에 삽입해보겠습니다.

① [삽입] 탭 – [표] 그룹 – **[표]** 클릭

② **[2×8]**, 즉 2열 8행을 드래그합니다.

바로 통하는TIP [표]를 이용하여 표를 만들면 10열 8행 이내의 표만 삽입할 수 있습니다.

바로 통하는TIP 다른 방법으로 표를 삽입하려면 [삽입] 탭 – [표] 그룹 – [표]를 클릭한 후 [표 삽입], [표 그리기], [Excel 스프레드시트] 중 하나를 선택합니다.

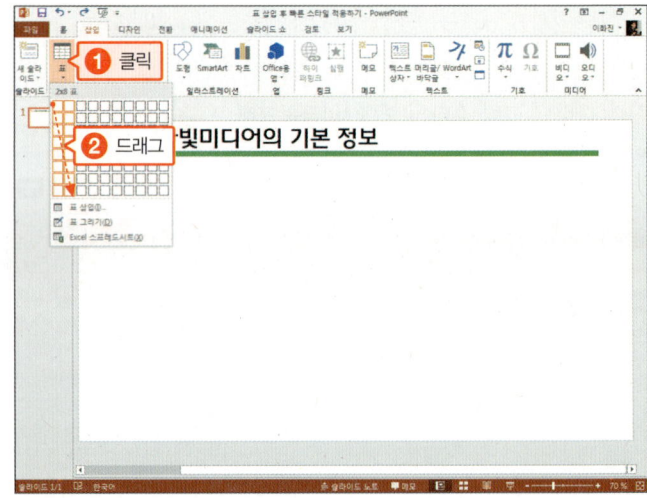

02 슬라이드에 표가 삽입된 것을 확인할 수 있습니다.

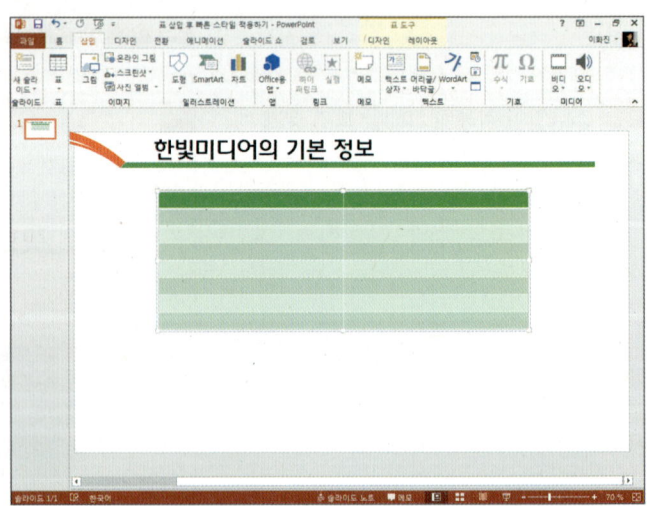

03 표에 빠른 스타일 적용하기

① 보기 좋게 표 크기 늘리기 위해 슬라이
드에서 드래그

② 빠른 스타일을 적용하기 위해 **표** 클릭

③ [표 도구] – [디자인] 탭 – [표 스타일] 그
룹 – **[자세히⊡]**를 클릭합니다.

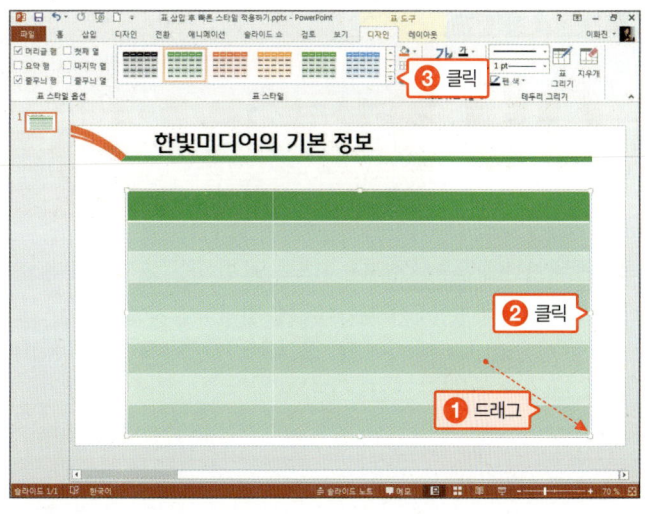

04 나타나는 표 스타일 중에서 **[밝은 스타**
일 3 – 강조4]를 선택합니다.

빠른 스타일이 적용되어 표 스타일이 바뀝니다.

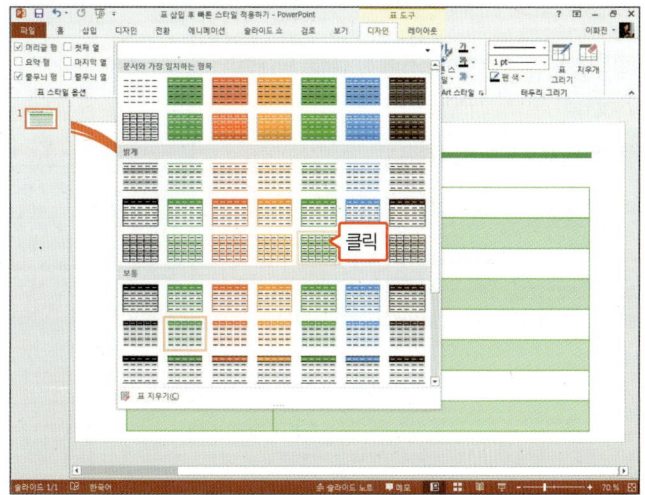

05 스타일이 적용된 표에 내용을 입력하
여 표를 완성합니다.

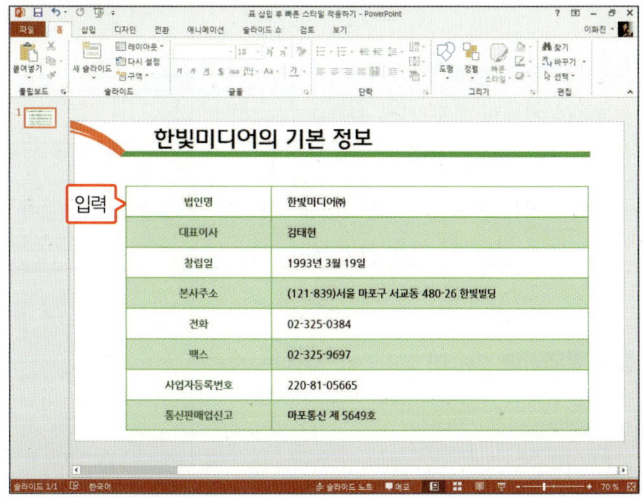

09 차트 삽입 후 빠른 스타일 적용하기

프레젠테이션에서 수치 정보는 차트로 표현하는 것이 좋습니다. 파워포인트 2013에서 차트를 삽입하면 스프레드시트가 나타나며 이곳에 데이터 값을 입력하면 차트에 자동으로 표시됩니다.

▪ **실습 파일** 파워포인트 \ 1장 \ 차트 삽입 후 빠른 스타일 적용하기.pptx　　▪ **완성 파일** 파워포인트 \ 1장 \ 차트 삽입 후 빠른 스타일 적용하기_완성.pptx

01 차트 삽입하기

① [삽입] 탭 – [일러스트레이션] 그룹 – [차트] 클릭

② [차트 삽입] 대화상자에서 [세로 막대형] 선택

③ [묶은 세로 막대형] 선택

④ [확인]을 클릭합니다.

슬라이드에 묶은 세로 막대형 차트가 삽입되고 데이터 값을 입력할 수 있는 스프레드시트가 나타납니다.

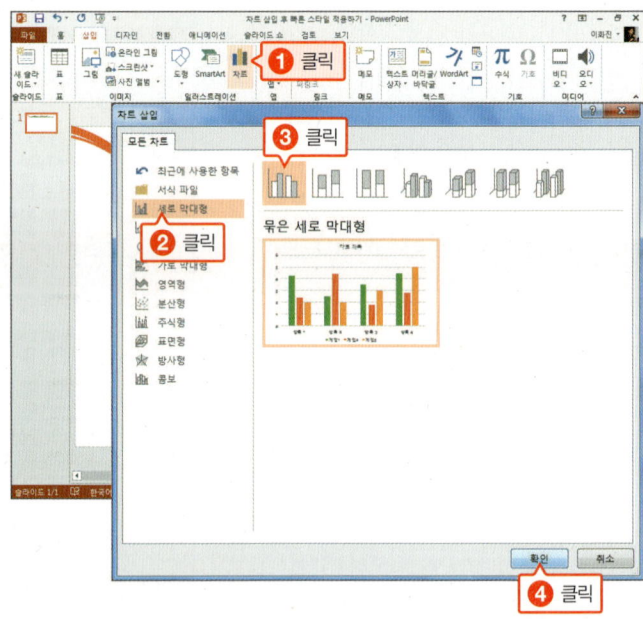

02 데이터 값 입력하기

스프레드시트의 기본 값을 삭제하고 그림과 같이 **값**을 입력합니다.

스프레드시트를 닫으면 입력한 데이터 값으로 차트가 표시된 것을 확인할 수 있습니다.

바로 통하는 TIP 데이터가 잘못 입력된 경우에는 [차트 도구] – [디자인] 탭 – [데이터] 그룹 – [데이터 편집]에서 수정할 수 있습니다.

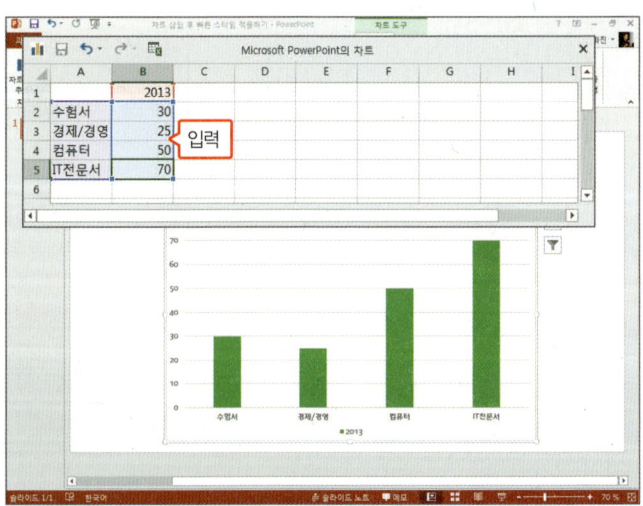

03 차트 레이아웃 변경하기

① [차트 도구]–[디자인] 탭 – [차트 레이아
　웃] 그룹 – [빠른 레이아웃] 클릭

② 나타나는 레이아웃 중에서 [레이아웃 4]
　선택

③ 차트 아래에 있는 **범례 항목**을 클릭한 후
　Delete 를 눌러 삭제합니다.

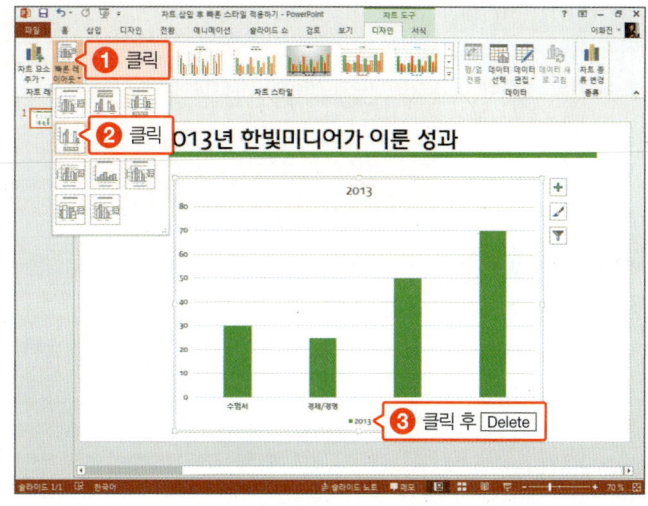

04 차트에 빠른 스타일 적용하기

① **차트** 클릭

② [차트 도구] – [디자인] 탭 – [차트 스타
　일] 그룹 – [자세히🔽]를 클릭합니다.

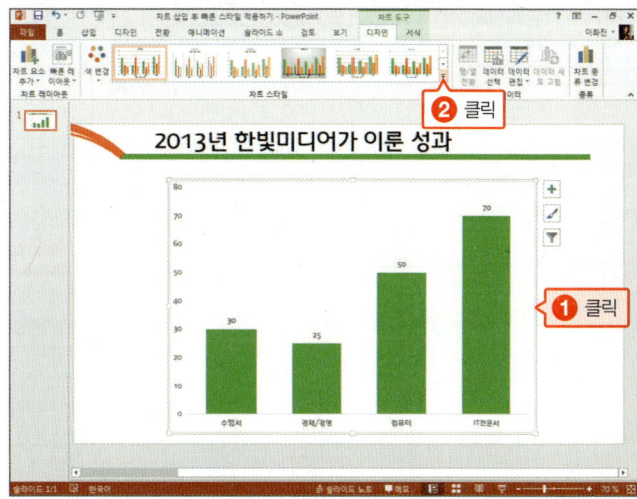

05 나타나는 차트 스타일 중에서 [**스타일 14**]를 선택합니다. 스타일이 적용된 차트의 값과 항목을 읽기 편하게
변경하여 차트를 완성합니다.

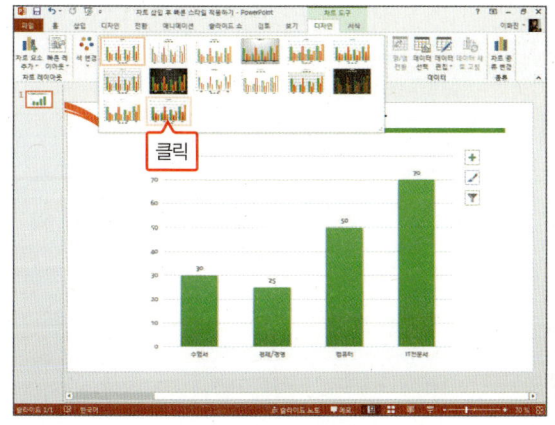 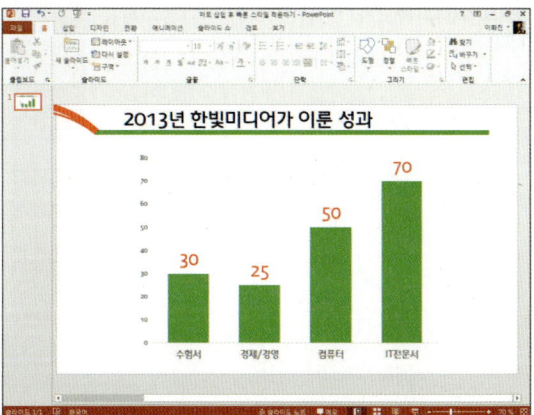

10 프레젠테이션 문서 열기 및 저장하기

파워포인트 2013에서는 기본적으로 확장자가 *.pptx인 프레젠테이션 문서로 저장됩니다. 이 외에도 다양한 형식으로 파일을 저장할 수 있습니다.

▪ **실습 파일** 파워포인트 \ 1장 \ 프레젠테이션 문서 열기 및 저장하기.pptx   ▪ **완성 파일** 파워포인트 \ 1장 \ 프레젠테이션 문서 열기 및 저장하기_완성.pptx

01 파일 열기

① 프레젠테이션 문서를 열기 위해 [파일] 탭 – **[열기]** 선택 ② **[컴퓨터]** 선택 ③ **[찾아보기]** 클릭 ④ [열기] 대화상자가 나타나면 **프레젠테이션 문서 열기 및 저장하기.pptx** 파일 선택 ⑤ **[열기]**를 클릭합니다.

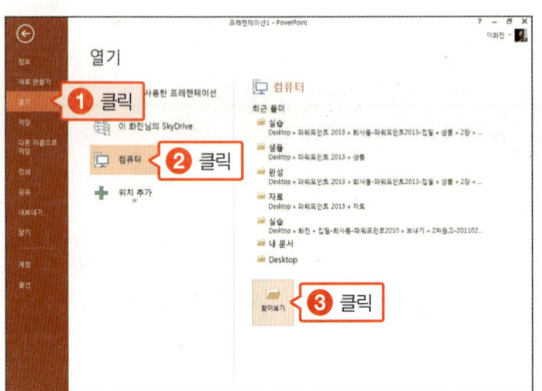
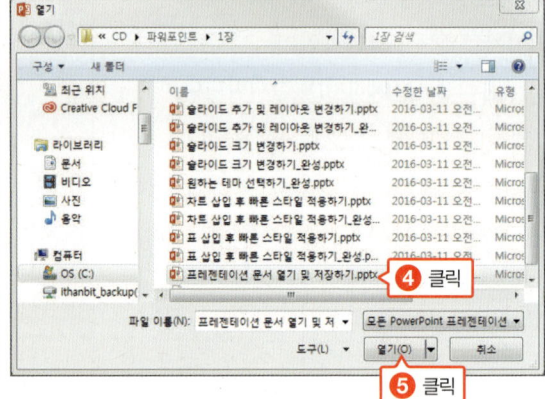

02 파일 저장하기

문서 수정 후 열린 파일을 저장하기 위해 [파일] 탭 – **[저장]**을 선택합니다.

바로 통하는 TIP 저장하기의 단축키는 Ctrl+S입니다.

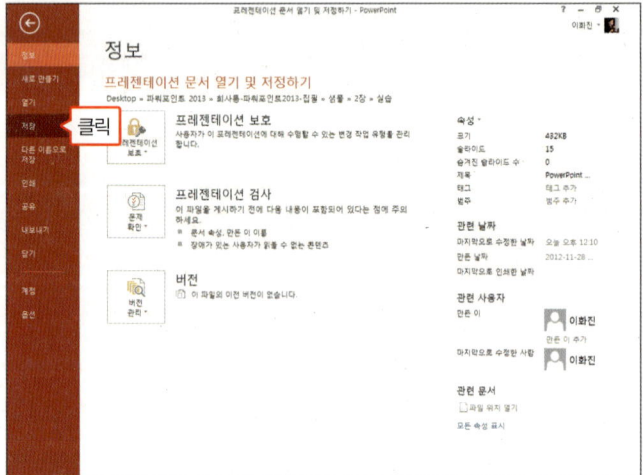

03 다른 이름으로 저장하기

불러온 파일은 이름이나 형식을 바꿔 다른 이름으로 저장할 수 있습니다.

① [파일] 탭 – [다른 이름으로 저장] 선택

② [컴퓨터] 선택

③ [찾아보기]를 클릭합니다.

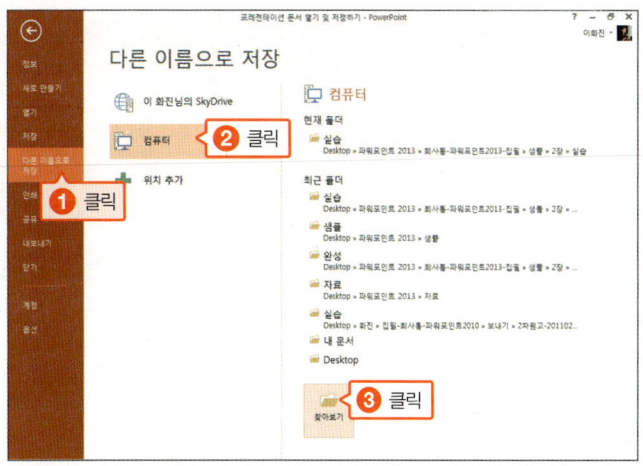

04

① [다른 이름으로 저장] 대화상자가 나타나면 **프레젠테이션 문서 열기 및 저장하기_완성** 입력

② [저장]을 클릭합니다.

프레젠테이션 문서 열기 및 저장하기_완성.pptx 파일이 저장되었습니다.

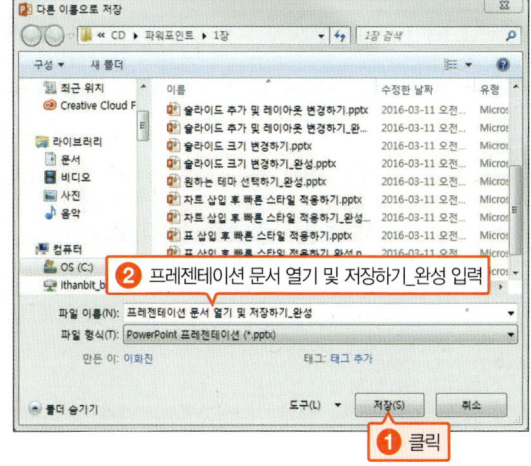

실 무 활 용 노 트
POWER POINT | **자동으로 자동 복구 정보를 저장하기**

자동으로 자동 복구 정보를 저장하려면 [파일] 탭 – [옵션]을 선택한 후 [PowerPoint 옵션] 대화상자에서 [저장]을 선택합니다. 분단위로 [자동 복구 정보 저장 간격]을 설정할 수 있는 확인란에 시간 간격을 선택하거나 직접 입력합니다. 파일이 열린 상태에서 전원이 끊기거나 다른 문제가 발생한 경우에는 파일 저장 간격이 짧을수록 더 많은 정보를 복구할 수 있습니다.

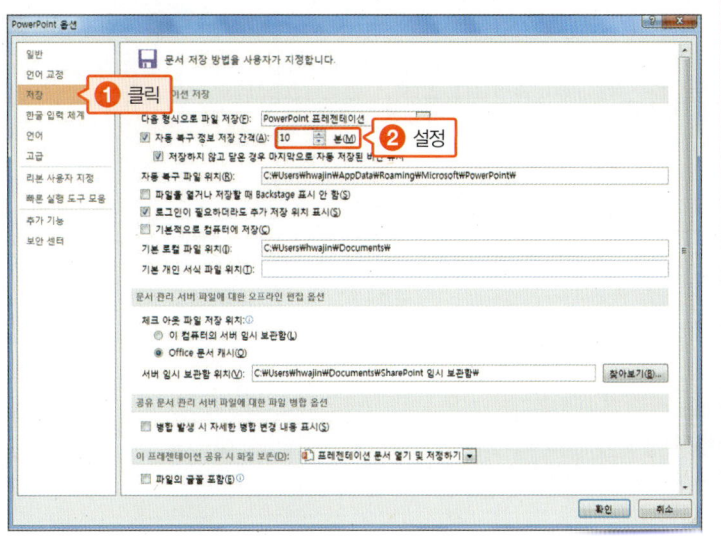

11 나만의 리본 메뉴 만들기

오피스 작업을 좀 더 쉽고 빠르게 하기 위해 자주 사용하는 명령들을 모아 리본 메뉴를 새로 만들 수 있습니다. 기존의 탭 구성도 자신의 작업 스타일에 맞게 변경할 수 있어 편리합니다. 파워포인트 2013으로 나만의 리본 메뉴를 설정하는 방법에 대해 알아보겠습니다.

01 ①[파일] 탭 클릭 ②[옵션]을 선택합니다. [Power Point 옵션] 대화상자가 활성화됩니다.

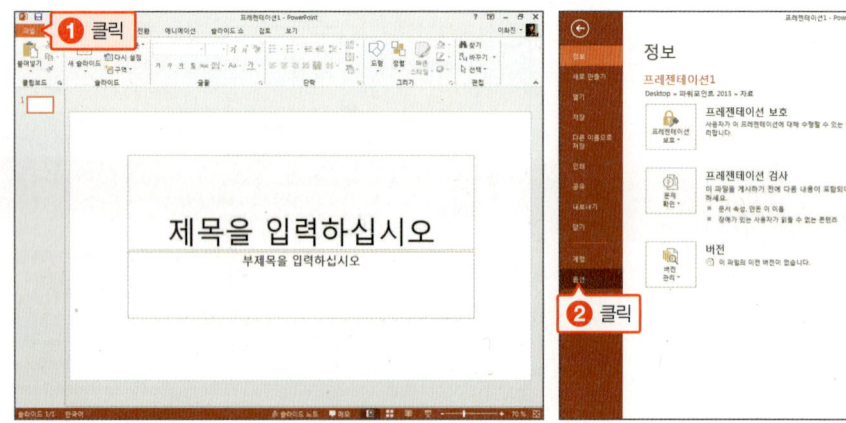

02

①[PowerPoint 옵션] 대화상자에서 [리본 사용자 지정] 선택

②오른쪽 아래에서 [새 탭]을 클릭합니다.

[새 탭]과 [새 그룹]이 생성된 것을 확인할 수 있습니다.

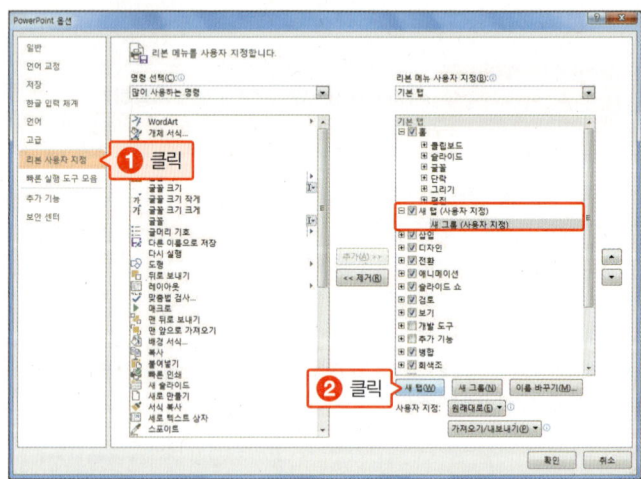

03

① [새 탭] 선택

② [이름 바꾸기] 클릭

③ [이름 바꾸기] 대화상자에서 [표시 이름]
   에 **이화진** 입력

④ [확인]을 클릭합니다.

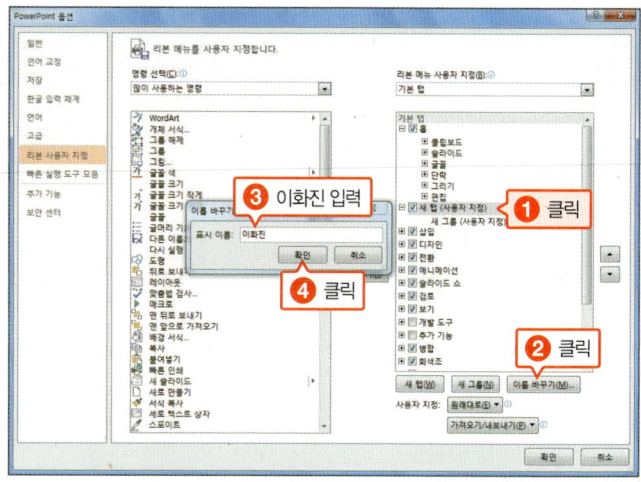

04 [새 그룹]의 이름도 같은 방법으로 바꿔
줍니다.

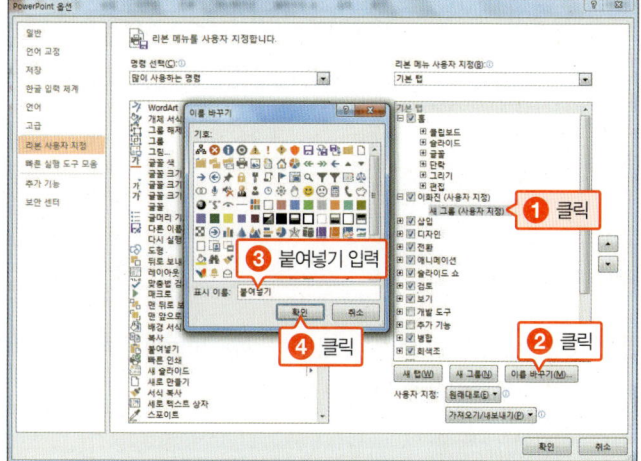

05

① 새로 만든 **그룹** 선택

② 왼쪽 [명령 선택]에서 필요한 **명령** 선택

③ [추가]를 클릭합니다.

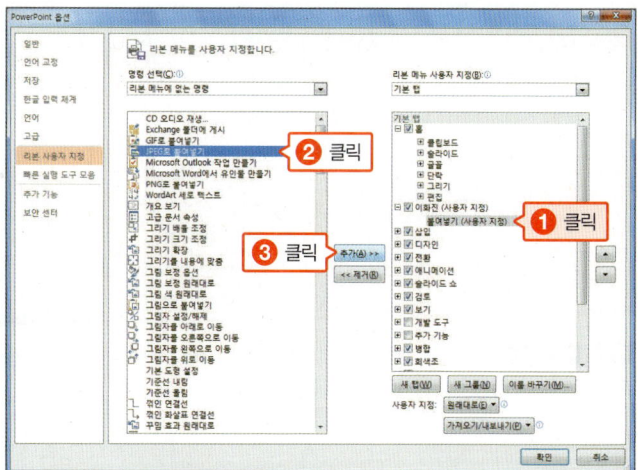

06 새로 만든 그룹에 명령이 추가되는 것을 확인할 수 있습니다. 이와 같은 방법으로 원하는 명령을 모두 추가합니다. ▲(위로 이동)을 클릭하여 탭의 위치를 이동할 수도 있습니다.

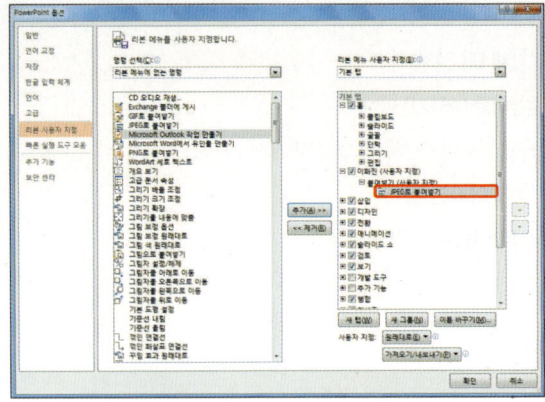

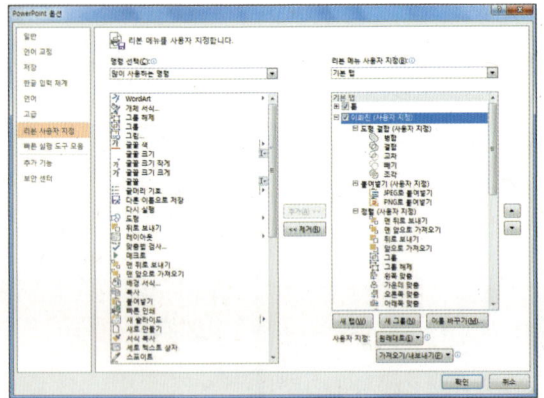

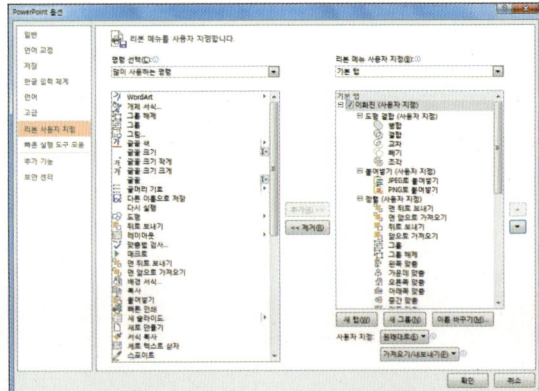

07 명령을 모두 추가한 후 **[확인]**을 클릭합니다. 리본 메뉴에서 [파일] 탭과 [홈] 탭 사이에 새로 만든 **[이화진]** 탭이 추가된 것을 확인할 수 있습니다.

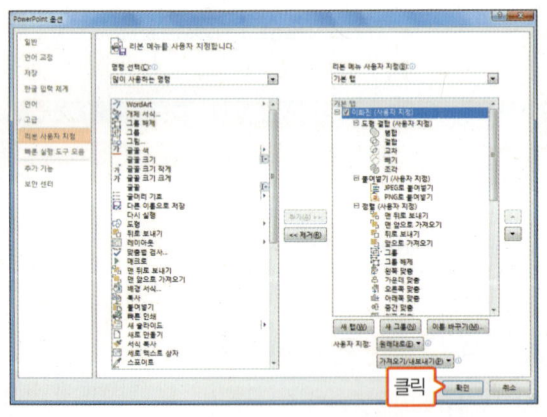

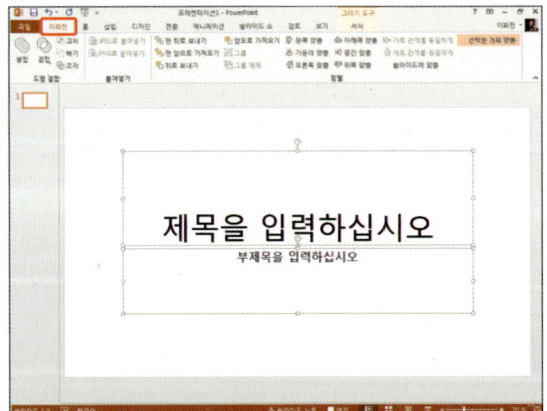

바로 통하는 TIP [PowerPoint 옵션] 대화상자에서 [가져오기/내보내기]를 클릭하여 현재 리본 메뉴 및 빠른 실행 도구 모음 사용자 지정을 파일로 내보낸 후 다른 컴퓨터로 가져와 사용할 수도 있습니다.

프레젠테이션 슬라이드 배경 서식 만들기

프레젠테이션 주제에 어울리는 배경 서식 디자인은 청중의 시선을 사로잡고 프레젠테이션이 그들의 기억 속에 오래도록 남게 해줍니다. 프레젠테이션 내용과 대상, 상황에 맞는 테마 글꼴을 설정하고 브랜드 컬러를 중심으로 테마 색을 설정합니다. 프레젠테이션에 공통으로 적용되는 슬라이드 배경, 제목 서식, 로고, 번호 등을 슬라이드 마스터에서 작업합니다. 슬라이드 마스터를 사용하면 수정 및 편집을 쉽게 할 수 있습니다. 잘 만든 슬라이드 배경은 테마로 저장하여 재활용할 수 있습니다.

12 새 테마 글꼴 만들기

프레젠테이션에서 사용할 글꼴은 주장하는 내용, 대상, 상황에 맞게 선택합니다. 슬라이드 제작에 들어가기 전 글꼴을 미리 설정해놓으면 슬라이드 작업에서 글꼴을 바꾸느라 시간을 낭비하지 않아도 됩니다. 테마 글꼴에서 글꼴 미리 설정할 수 있습니다.

• **실습 파일** 파워포인트 \ 2장 \ 새 테마 글꼴 만들기.pptx   • **완성 파일** 파워포인트 \ 2장 \ 새 테마 글꼴 만들기_완성.pptx

01 새 테마 글꼴 만들기

① [디자인] 탭 – [적용] 그룹 – [**자세히** ▾] 클릭

② [글꼴] – [**글꼴 사용자 지정**] 선택

③ [새 테마 글꼴 만들기] 대화상자에서 프레젠테이션의 스타일에 맞게 [**영어 글꼴**]과 [**한글 글꼴**]의 제목 및 본문 글꼴 변경

④ [이름]에 **한빛미디어** 입력

⑤ [**저장**]을 클릭합니다.

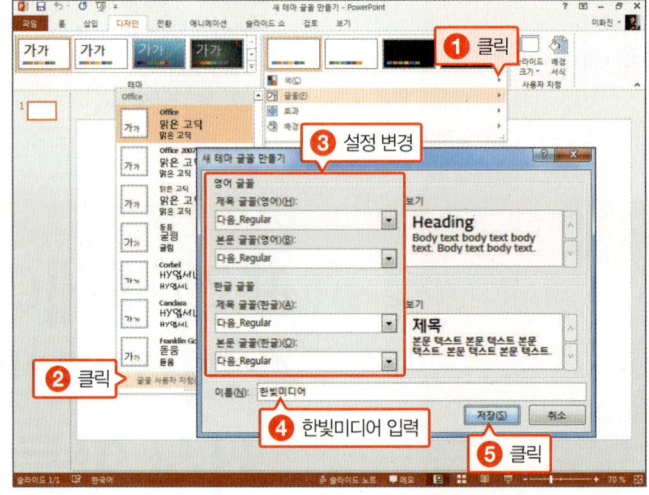

02 개체 틀의 글꼴이 변경된 것을 확인할 수 있습니다. 또한 새로 만든 글꼴이 사용자 지정 목록에 추가되었습니다.

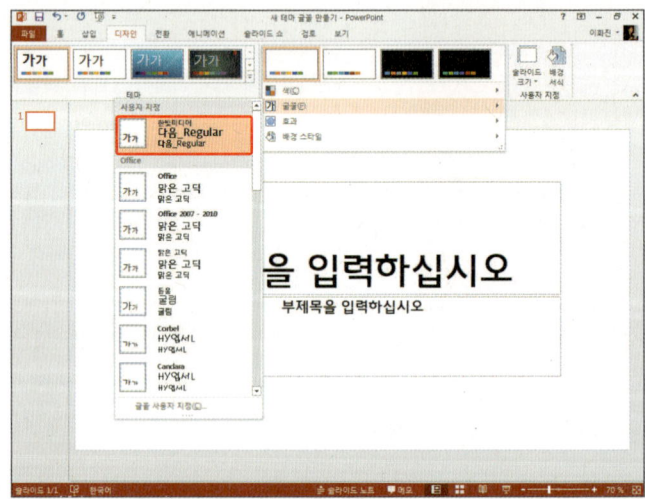

13 새 테마 색 만들기

프레젠테이션에서 사용할 색은 브랜드 컬러를 중심으로 전체 내용을 잘 표현할 수 있어야 합니다. 새 테마 색을 만들어보겠습니다.

▪**실습 파일** 파워포인트 \ 2장 \ 새 테마 색 만들기.pptx   ▪**완성 파일** 파워포인트 \ 2장 \ 새 테마 색 만들기_완성.pptx

01 새 테마 색 만들기

① [디자인] 탭 – [적용] 그룹 – **[자세히 ⬝]** 클릭

② **[색]** – **[색 사용자 지정]**을 선택합니다.

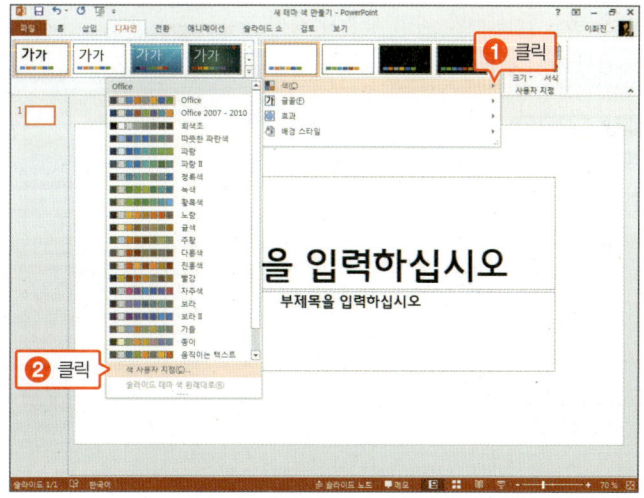

02

① [새 테마 색 만들기] 대화상자에서 프레젠테이션의 스타일에 맞게 **색** 변경. '바로 통하는 TIP'의 새 테마 색 표를 참조합니다.

② [이름]에 **한빛미디어** 입력

③ **[저장]**을 클릭합니다.

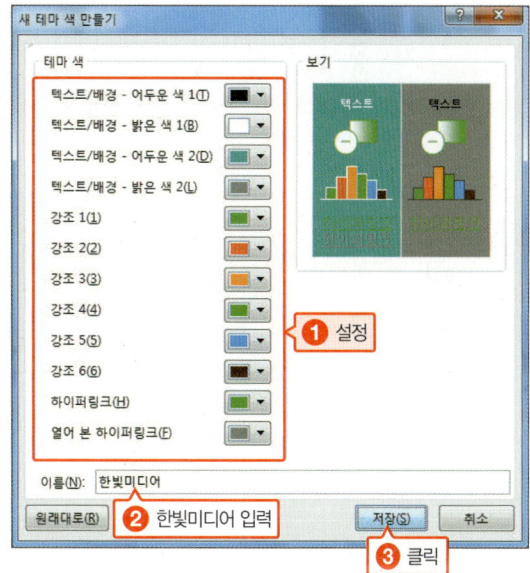

바로 통하는 TIP 새 테마 색은 다음의 표와 같이 구성합니다.

텍스트/배경 – 어두운 색 1(T)	빨강(R): 0, 녹색(G): 0, 파랑(B): 0
텍스트/배경 – 밝은 색 1(B)	빨강(R): 255, 녹색(G): 255, 파랑(B): 255
텍스트/배경 – 어두운 색 1(D)	빨강(R): 31, 녹색(G): 174, 파랑(B): 182
텍스트/배경 – 밝은 색 1(L)	빨강(R): 145, 녹색(G): 145, 파랑(B): 145
강조 1(1)	빨강(R): 57, 녹색(G): 181, 파랑(B): 74
강조 2(2)	빨강(R): 241, 녹색(G): 90, 파랑(B): 49
강조 3(3)	빨강(R): 250, 녹색(G): 157, 파랑(B): 28
강조 4(4)	빨강(R): 65, 녹색(G): 181, 파랑(B): 10
강조 5(5)	빨강(R): 85, 녹색(G): 170, 파랑(B): 234
강조 6(6)	빨강(R): 77, 녹색(G): 39, 파랑(B): 2
하이퍼링크(H)	빨강(R): 57, 녹색(G): 181, 파랑(B): 74
열어 본 하이퍼링크(F)	빨강(R): 145, 녹색(G): 145, 파랑(B): 145

03 새로 만든 테마 색이 사용자 지정 목록에 추가된 것을 확인할 수 있습니다.

바로 통하는 TIP [강조 1]에 적용한 색은 도형 채우기 색입니다. 따라서 [강조 1]에 색을 적용할 때는 가장 많이 사용하는 색을 선택하는 것이 좋습니다.

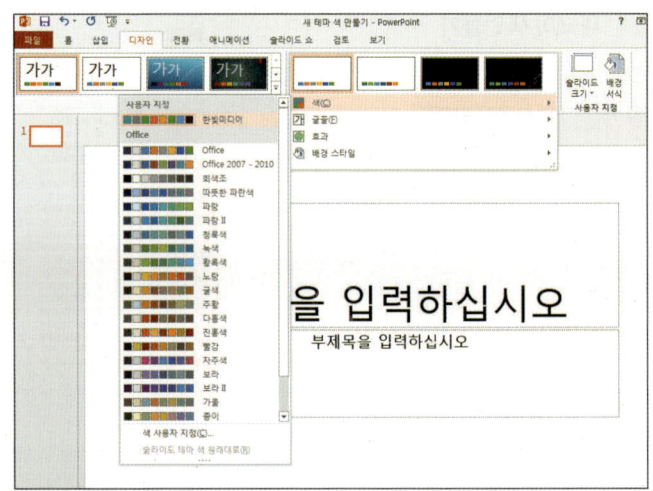

14 슬라이드 배경 서식 변경하기

슬라이드에 공통적으로 적용되는 슬라이드 배경이나 로고, 번호 등을 디자인하기 위해서는 슬라이드 마스터를
사용합니다. 단색 외에 그라데이션, 그림, 질감, 패턴 등을 사용하여 슬라이드를 디자인할 수 있습니다.

▪**실습 파일** 파워포인트 \ 2장 \ 슬라이드 배경 서식 변경하기.pptx　▪**완성 파일** 파워포인트 \ 2장 \ 슬라이드 배경 서식 변경하기_완성.pptx

01 배경 서식 변경하기

최상위 슬라이드 마스터에는 모든 슬라이
드에 적용되는 서식과 배경이 들어 있습니
다. 최상위 슬라이드 마스터에 배경을 삽입
해 레이아웃에 적용해보겠습니다.
[보기] 탭 – [마스터 보기] 그룹 – **[슬라이드
마스터]**를 클릭합니다.

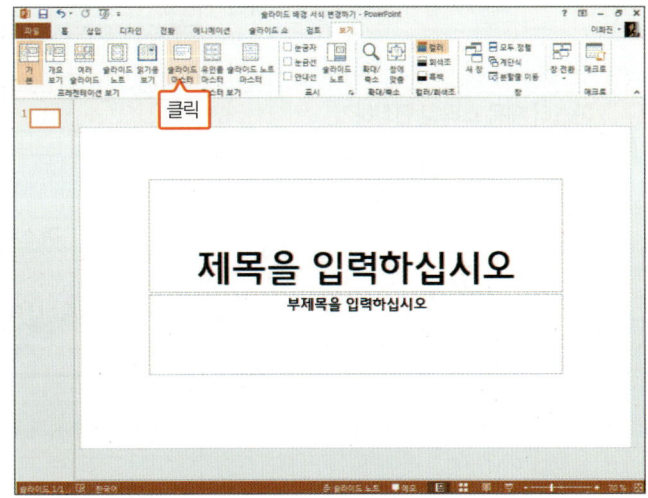

02 배경 이미지 삽입하기

① **최상위 슬라이드 마스터** 선택
② 슬라이드 상단에 이미지를 넣기 위해
　[삽입] 탭 – [이미지] 그룹 – **[그림]** 클릭
③ [그림 삽입] 대화상자에서 **펼쳐진 책2.png**
　선택
④ **[삽입]**을 클릭합니다.

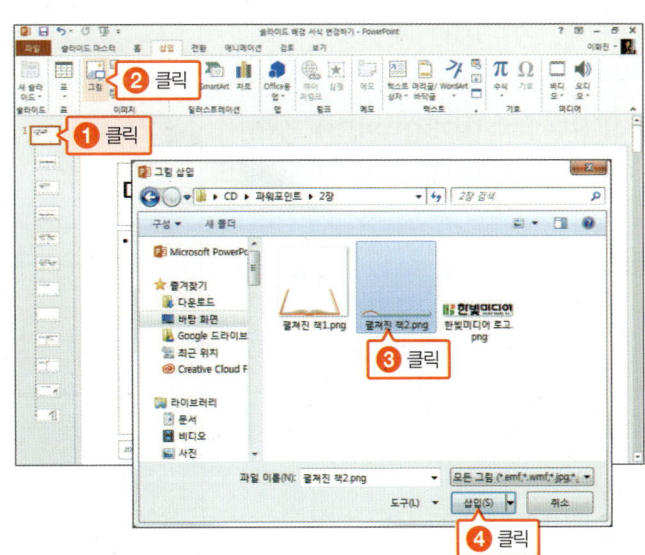

03 삽입한 이미지를 보기 좋게 위치시킵니다.

슬라이드 마스터 아래에 형태가 다른 11개의 레이아웃에도 똑같이 적용된 것을 확인할 수 있습니다.

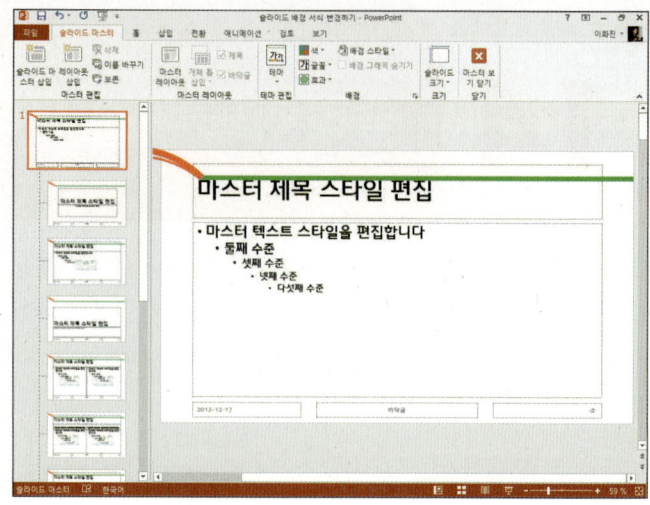

04 **마스터 제목 스타일 편집하기**

최상위 슬라이드 마스터에서 마스터 제목의 위치와 글꼴 크기를 수정해보겠습니다.

① 제목 개체 틀에서 글꼴 크기를 [**36pt**]로 변경

② 삽입한 **이미지 위쪽으로 이동**

③ [슬라이드 마스터] 탭 – [닫기] 그룹 – [**마스터 보기 닫기**]를 클릭합니다.

슬라이드 마스터에 있는 아래 11개의 레이아웃에도 변경된 제목 스타일이 적용됩니다.

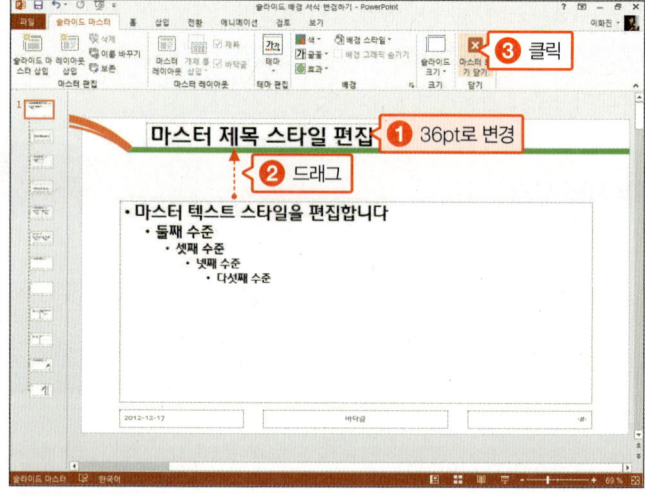

05 삽입한 이미지가 슬라이드에 적용된 것을 확인할 수 있습니다.

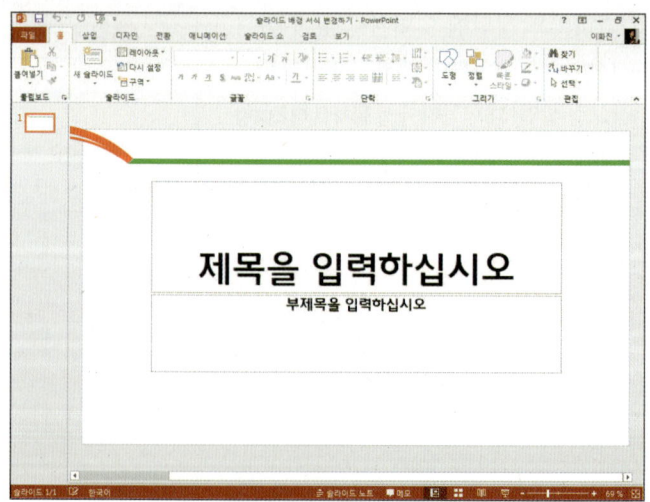

15 제목 슬라이드 배경 서식만 변경하기

슬라이드 마스터에서 배경 서식을 변경하면 모든 레이아웃에 공통으로 적용됩니다. 제목 슬라이드에만 다른 배경을 적용하려면 제목 레이아웃에서 배경 서식을 변경해야 합니다.

▪**실습 파일** 파워포인트 \ 2장 \제목 슬라이드 배경 서식만 변경하기.pptx ▪**완성 파일** 파워포인트 \ 2장 \제목 슬라이드 배경 서식만 변경하기_완성.pptx

01 제목 슬라이드 배경 서식만 변경하기

슬라이드 마스터의 제목 레이아웃에 배경 그림을 삽입하고 제목의 텍스트 스타일을 수정해보겠습니다.

[보기] 탭 - [마스터 보기] 그룹 - **[슬라이드 마스터]**를 클릭합니다.

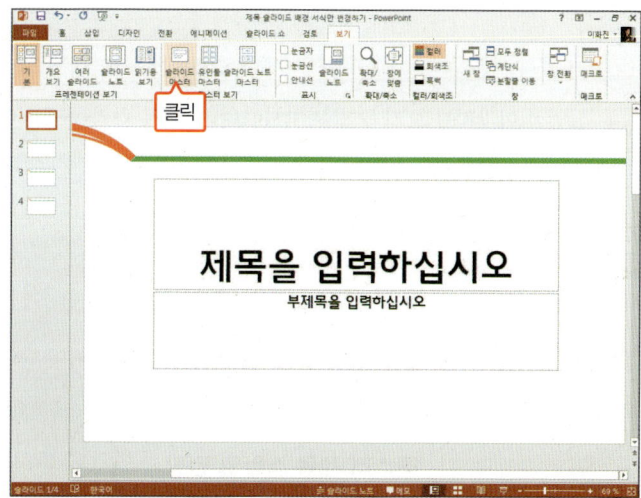

02 배경 그래픽 숨기기

① **[제목 슬라이드 레이아웃]** 선택

② [슬라이드 마스터] 탭 - [배경] 그룹 - **[배경 그래픽 숨기기]**에 체크 표시합니다.

배경 그래픽이 사라집니다.

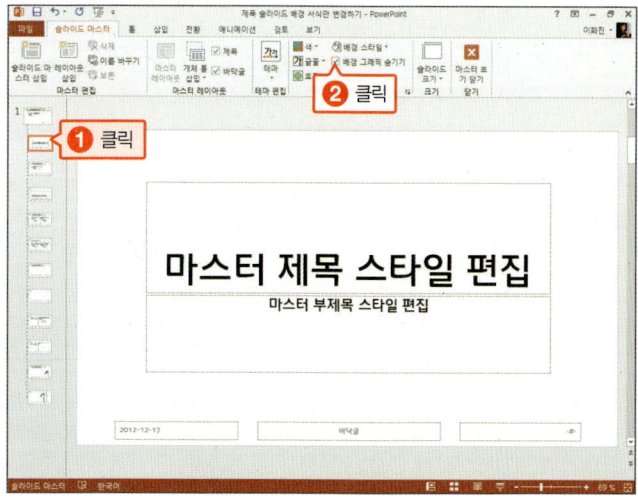

03 이미지 삽입하기

① [삽입] 탭 – [이미지] 그룹 – **[그림]** 클릭

② [그림 삽입] 대화상자에서 **펼쳐진 책 1.png**
　 선택

③ **[삽입]**을 클릭합니다.

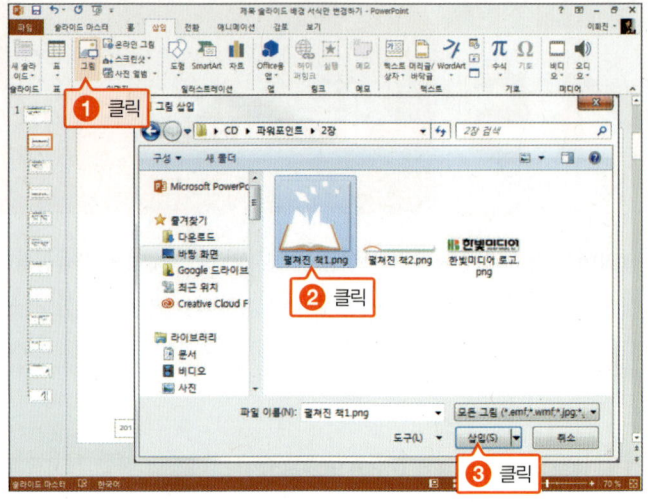

04 삽입한 이미지를 보기 좋게 위치시킵니다. 제목 슬라이드 레이아웃에만 그림이 적용된 것을 확인할 수 있습니다. 텍스트 개체 틀의 서식을 변경하여 제목 슬라이드 레이아웃을 완성합니다. [슬라이드 마스터] 탭 – [닫기]
그룹 – **[마스터 보기 닫기]**를 클릭합니다.

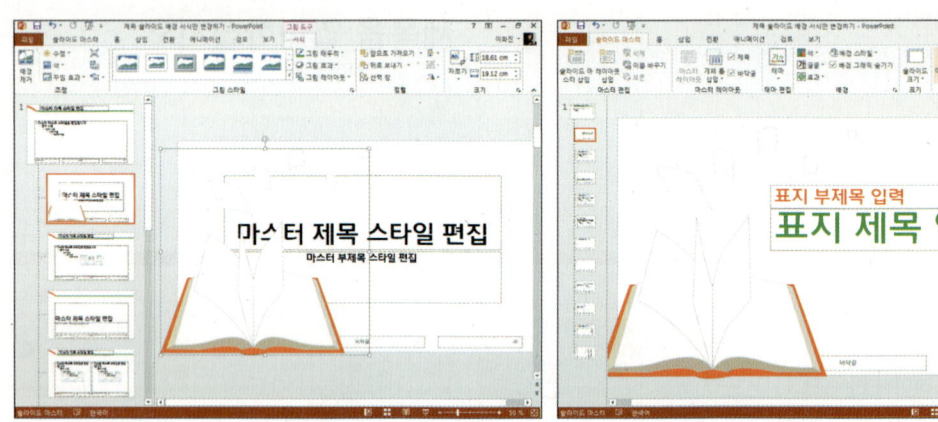

05 제목 슬라이드의 배경 서식만 변경된
것을 확인할 수 있습니다.

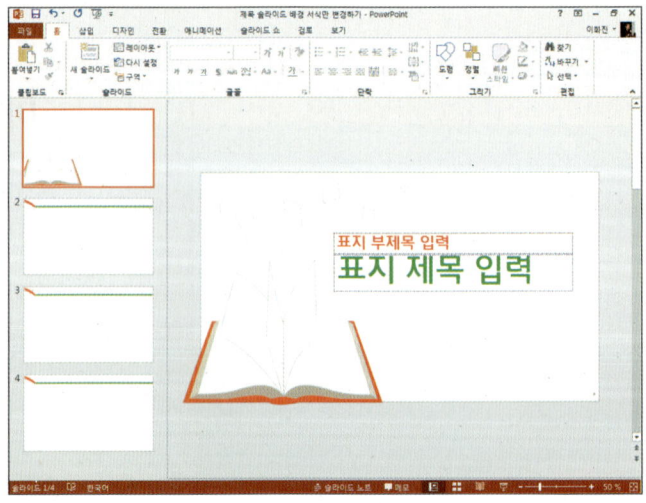

16 슬라이드에 로고 삽입하기

최상위 슬라이드 마스터에 로고를 삽입하면 모든 레이아웃에 공통으로 적용됩니다. 모든 슬라이드에서 같은 위치에 로고가 나타납니다.

▪ **실습 파일** 파워포인트 \ 2장 \슬라이드에 로고 삽입하기.pptx ▪ **완성 파일** 파워포인트 \ 2장 \슬라이드에 로고 삽입하기_완성.pptx

01 로고 삽입하기

최상위 슬라이드 마스터에 로고를 삽입해
전체 슬라이드에 적용해보겠습니다.
[보기] 탭 - [마스터 보기] 그룹 - **[슬라이드
마스터]**를 클릭합니다.

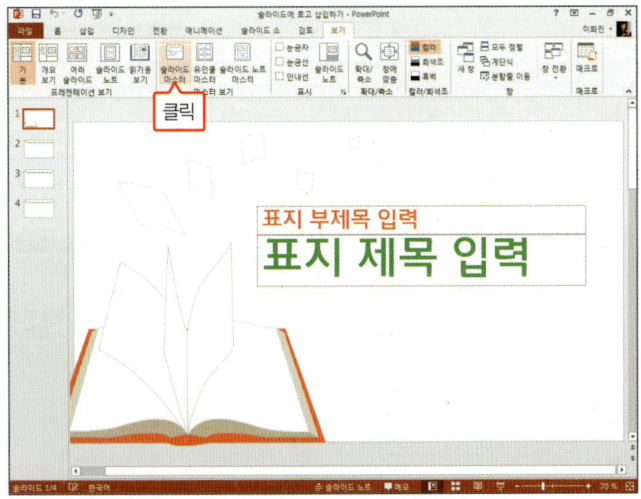

02

① **최상위 슬라이드 마스터** 선택

② [삽입] 탭 - [이미지] 그룹 - **[그림]** 클릭

③ [그림 삽입] 대화상자에서 **한빛미디어 로
고.png** 선택

④ **[삽입]**을 클릭합니다.

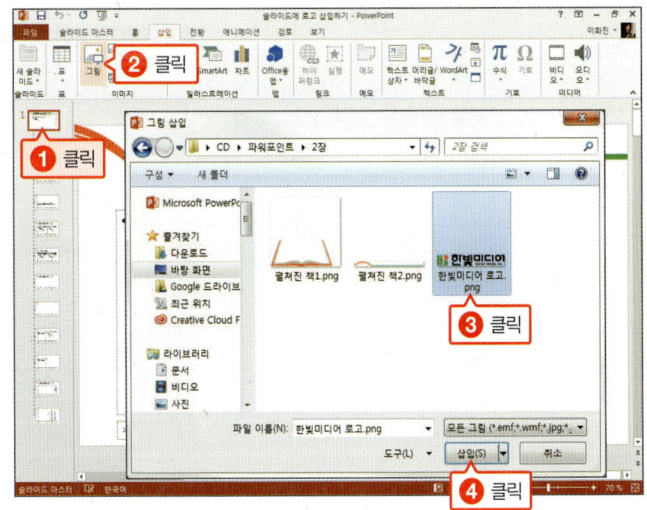

03 로고 배치하기

로고가 나타나면 사각 테두리의 **조절점을 드래그**하여 적당한 크기로 줄인 후 화면 오른쪽 위에 위치시킵니다.

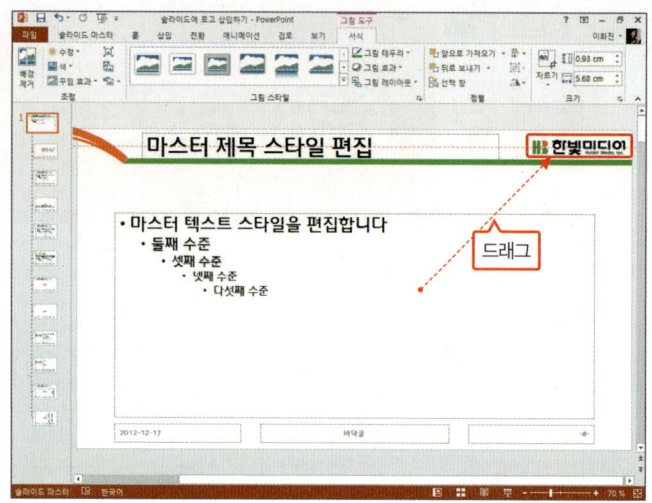

04 [슬라이드 마스터] 탭 - [닫기] 그룹 - **[마스터 보기 닫기]**를 클릭합니다.

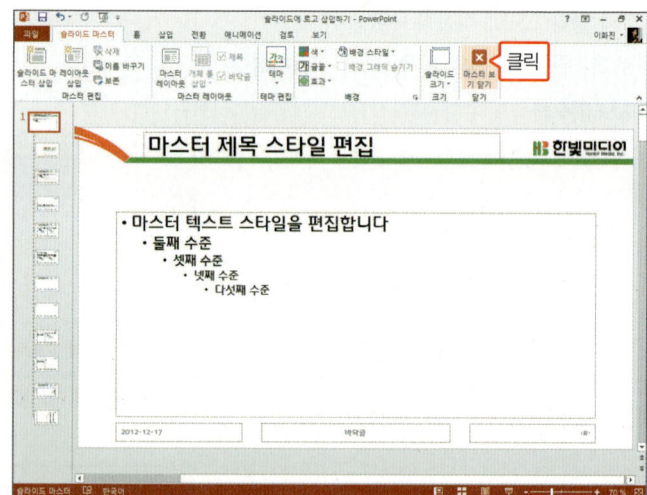

05 슬라이드 **오른쪽 위**에 로고가 삽입된 것을 확인할 수 있습니다.

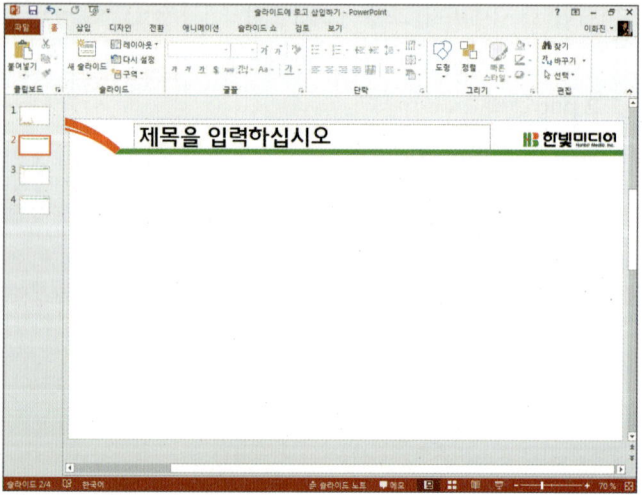

17 슬라이드에 번호 삽입하기

여러 슬라이드 중에서 필요한 슬라이드의 위치를 쉽게 찾을 수 있도록 슬라이드에 번호를 표시할 수 있습니다. [머리글/바닥글] 기능을 이용하여 간단히 슬라이드에 번호를 삽입하는 방법 및 제목 슬라이드에만 번호를 삽입하지 않는 방법에 대해서 알아보겠습니다.

▪**실습 파일** 파워포인트 \ 2장 \ 슬라이드에 번호 삽입하기.pptx ▪**완성 파일** 파워포인트 \ 2장 \ 슬라이드에 번호 삽입하기_완성.pptx

01 슬라이드에 번호 삽입하기

원하는 슬라이드의 위치를 쉽게 찾을 수 있도록 슬라이드에 번호를 넣어보겠습니다. [삽입] 탭 – [텍스트] 그룹 – **[슬라이드 번호]** 를 클릭합니다.

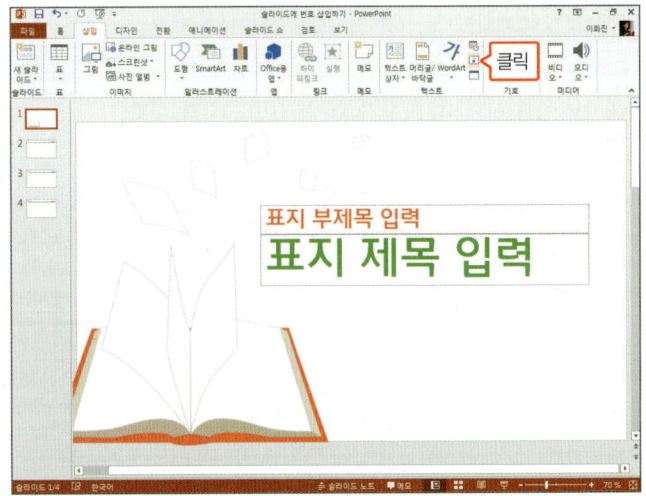

02 제목 슬라이드에 페이지 번호 표시하지 않기

① [머리글/바닥글] 대화상자의 [슬라이드] 탭에서 **[슬라이드 번호]**, **[제목 슬라이드에는 표시 안 함]** 에 체크 표시

② **[모두 적용]** 을 클릭합니다.

첫 번째 제목 슬라이드를 제외한 모든 슬라이드의 오른쪽 아래에 슬라이드 번호가 나타납니다.

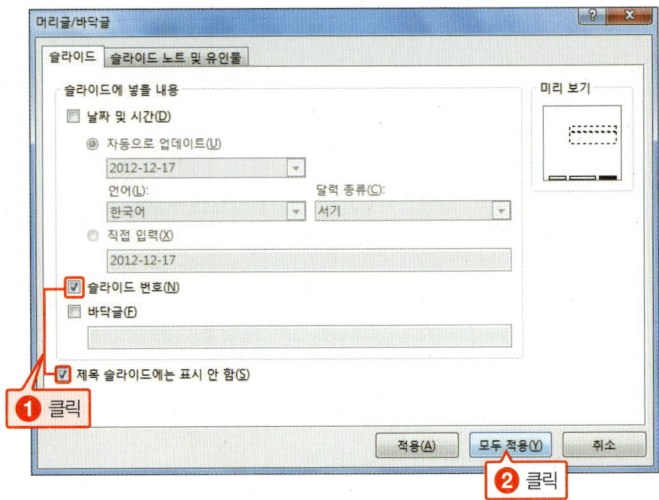

03 2번 슬라이드의 시작 번호가 1이 되도록 수정하기

슬라이드 축소판 창을 살펴보면 제목 슬라이드부터 슬라이드 번호가 1번으로 표시된 것을 알 수 있습니다. 2번 슬라이드가 1번으로 표시되도록 수정해보겠습니다.

① **2번 슬라이드** 선택

② [디자인] 탭 – [사용자 지정] 그룹 – **[슬라이드 크기]** 클릭

③ **[사용자 지정 슬라이드 크기]**를 선택합니다.

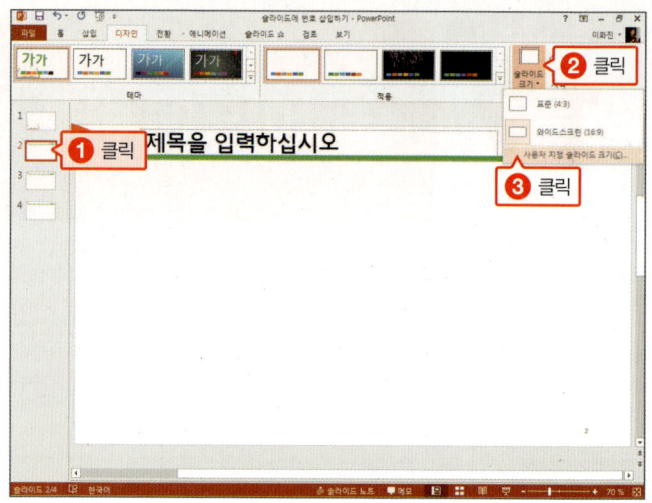

04

① [슬라이드 크기] 대화상자의 [슬라이드 시작 번호]에 **0** 입력

② **[확인]**을 클릭합니다.

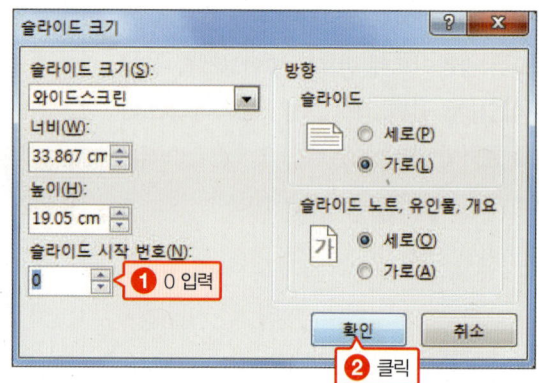

05 2번 슬라이드의 오른쪽 아래에 있는 슬라이드 번호가 1로 변경되었습니다.

슬라이드 축소판 창에서 첫 번째 제목 슬라이드가 0으로 표시된 것을 확인할 수 있습니다.

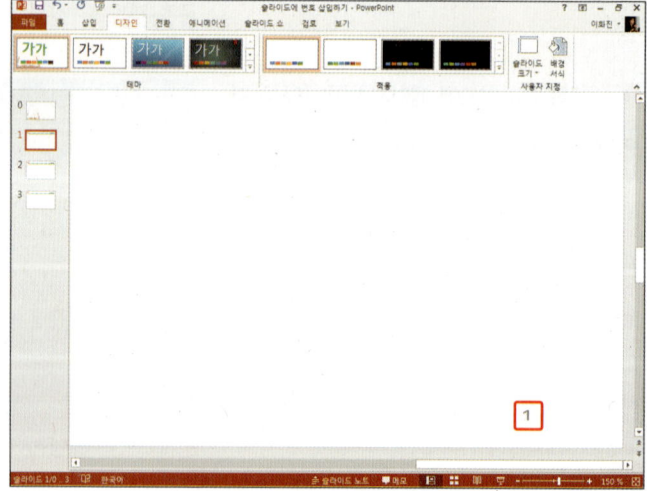

바로 통하는 TIP 슬라이드 번호 서식 변경하기

[보기] 탭 – [마스터 보기] 그룹 – [슬라이드 마스터]를 클릭한 후 [슬라이드 번호] 개체 틀의 서식 및 위치를 변경합니다. 글꼴, 글꼴 크기, 글꼴 색 등 원하는대로 변경할 수 있습니다.

18 새 테마 저장하기

잘 만들어진 테마 글꼴, 테마 색 등이 적용된 테마 서식을 저장해서 필요할 때마다 사용할 수 있습니다. 새 테마를 저장하는 방법에 대해서 알아보겠습니다.

▪ **실습 파일** 파워포인트 \ 2장 \새 테마 저장하기.pptx ▪ **완성 파일** 파워포인트 \ 2장 \새 테마 저장하기_완성.pptx

01 새 테마 저장하기

① [디자인] 탭 - [테마] 그룹 - **[자세히** ⃒**]** 클릭
② **[현재 테마 저장]**을 선택합니다.

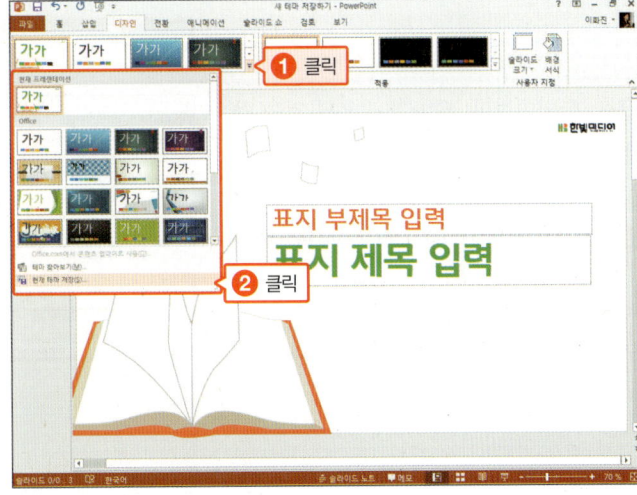

02

① [현재 테마 저장] 대화상자가 나타나면
  한빛미디어 입력
② **[저장]**을 클릭합니다.

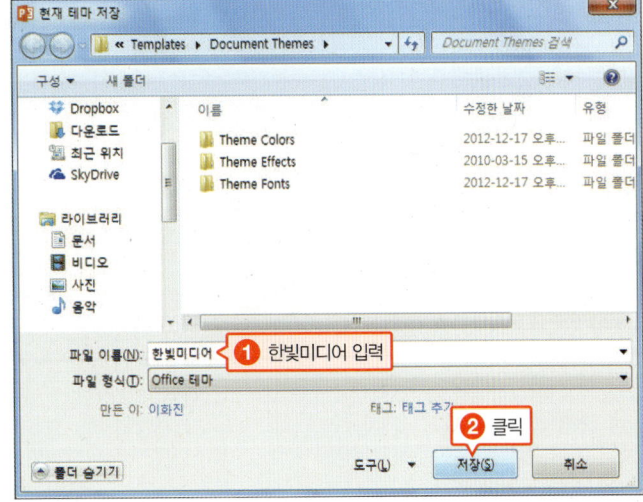

바로 통하는 TIP 새 테마를 저장할 때는 기본적으로 [Microsoft]−[Templates] 폴더의 [Document Themes] 폴더 내에 저장됩니다. 다른 폴더로 저장할 위치를 설정해도 됩니다.

03 **새로 저장한 테마 적용하기**

새 문서를 만듭니다. **한빛미디어**라는 테마
를 적용하기 위해 [디자인] 탭 – [테마] 그
룹 – [**자세히**⎽]를 클릭합니다. 사용자 지정
항목에서 [**한빛미디어**] 테마를 선택합니다.

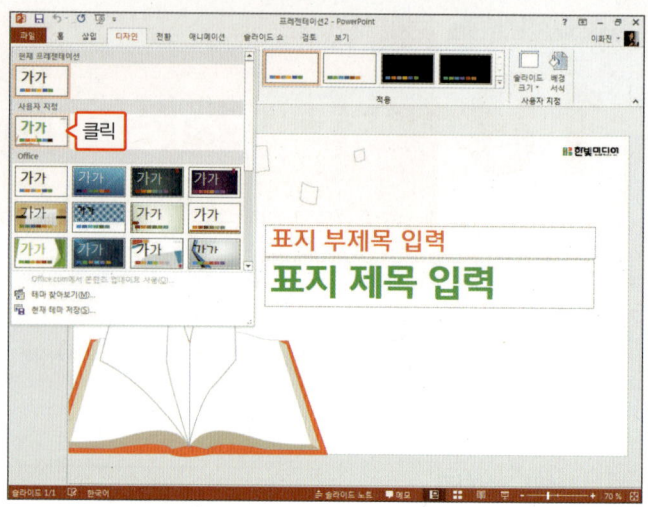

04 [한빛미디어] 테마가 적용된 것을 확
인할 수 있습니다.

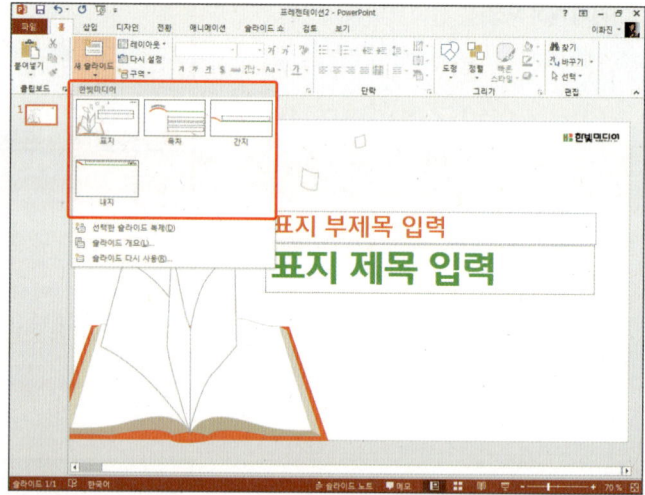

프레젠테이션 내용 작성 및 서식 지정하기

메시지 전달의 가장 기본 요소인 텍스트 작업에 대한 내용을 배우는 장입니다. 슬라이드에 텍스트를 입력하고 입력한 텍스트의 서식을 자유롭게 변경할 수 있습니다. 텍스트 작업에서 중요한 것은 많은 내용을 넣는 것이 아니라 간단명료하고 보기 좋게 정렬해야 한다는 것입니다. 또한 정렬을 위한 글머리 기호의 활용 방법과 줄 및 단락 간격 조정에 대해서도 배웁니다. 정렬이 잘 된 텍스트는 가독성을 높여주므로 해당 기능을 기억해둡니다.

19 슬라이드에 텍스트 입력하기

슬라이드에서 텍스트를 입력하려면 개체 틀이나 텍스트 상자, 도형 등의 폼이 있어야 합니다. 슬라이드에 다양한 방법으로 텍스트를 입력해보겠습니다.

▪**실습 파일** 파워포인트 \ 3장 \ 슬라이드에 텍스트 입력하기.pptx　▪**완성 파일** 파워포인트 \ 3장 \ 슬라이드에 텍스트 입력하기_완성.pptx

01 개체 틀에 텍스트 입력하기

개체 틀에 텍스트를 입력할 수 있습니다. 먼저 개체 틀을 클릭한 후 텍스트를 입력합니다. **1번 슬라이드**에서 **표지 제목 입력**이라는 텍스트가 쓰여 있는 개체 틀을 클릭합니다.

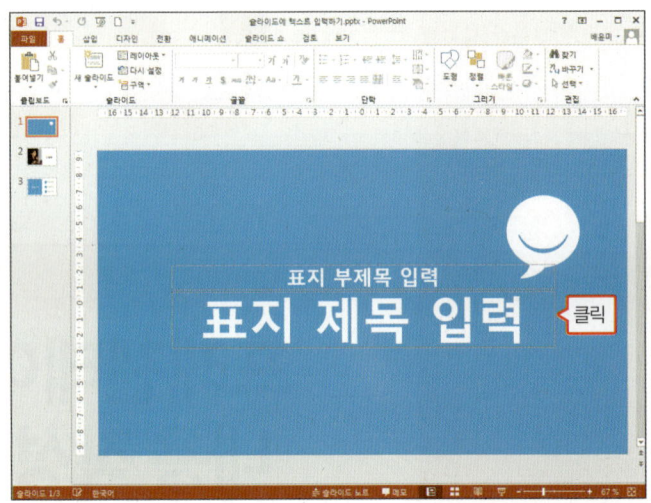

02 개체 틀에 **워킹맘드림센터**라고 입력합니다.

바로 통하는TIP 개체 틀에서 텍스트를 편집할 때 사용하는 단축키

Ctrl + Enter : 다음 개체 틀로 이동, 새 슬라이드 생성
Tab 또는 Alt + Shift + → : 수준 낮추기
Tab + Shift 또는 Alt + Shift + → : 수준 높이기

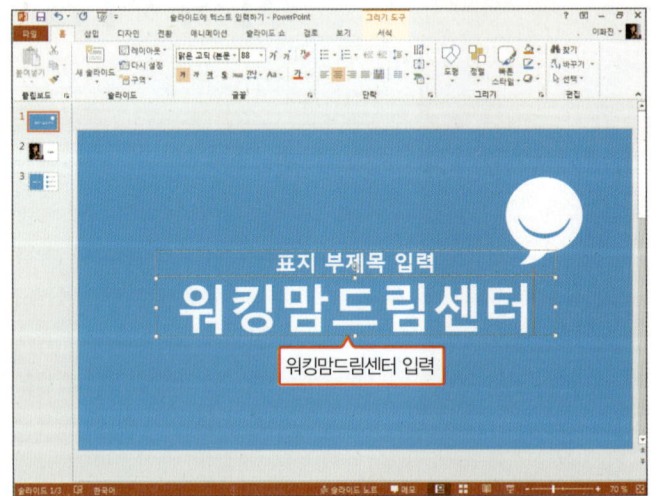

03 텍스트 상자에 텍스트 입력하기

'이화진'이라는 텍스트 위에 텍스트 상자를 사용하여 텍스트를 입력해보겠습니다.

① **2번 슬라이드** 선택

② [삽입] 탭 – [텍스트] 그룹 – **[텍스트 상자]** 를 클릭합니다.

04

① 슬라이드 클릭

② 생성되는 텍스트 상자에 **워킹맘드림센터 원장**을 입력합니다.

텍스트 상자에 입력한 텍스트의 글자 수에 따라 텍스트 상자의 크기가 자동으로 조절됩니다.

05 도형에 텍스트 입력하기

도형에 텍스트를 입력해보겠습니다.

① **3번 슬라이드** 선택

② 웃고 있는 말풍선 도형을 클릭하고 **워**를 입력합니다.

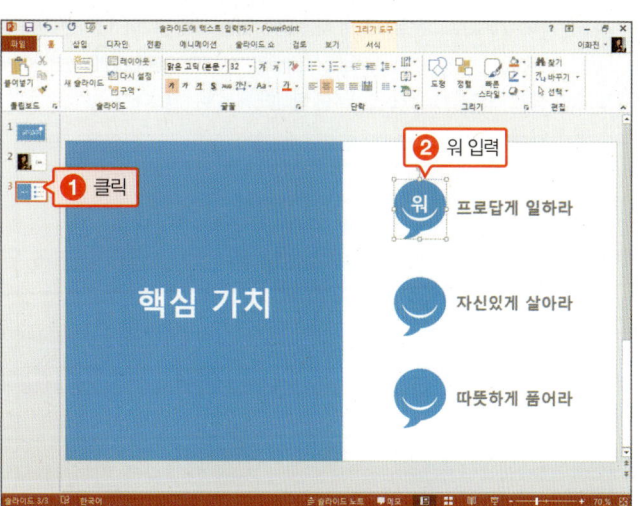

20 글꼴, 글꼴 크기, 글꼴 색 변경하기

글꼴 그룹에서는 글꼴, 글꼴 크기, 글꼴 색과 같은 텍스트의 서식을 변경할 수 있습니다. 적절한 텍스트 서식을 사용하면 슬라이드의 내용을 잘 드러낼 수 있습니다.

▪ **실습 파일** 파워포인트 \ 3장 \ 글꼴 글꼴 크기 글꼴 색 변경하기.pptx　▪ **완성 파일** 파워포인트 \ 3장 \ 글꼴 글꼴 크기 글꼴 색 변경하기_완성.pptx

01 글꼴 변경하기

말풍선 도형에 입력되어 있는 글꼴을 변경해보겠습니다.

① **말풍선** 클릭

② [홈] 탭 – [글꼴] 그룹 – [글꼴] 목록에서 **[08서울한강체 M]**을 선택합니다.

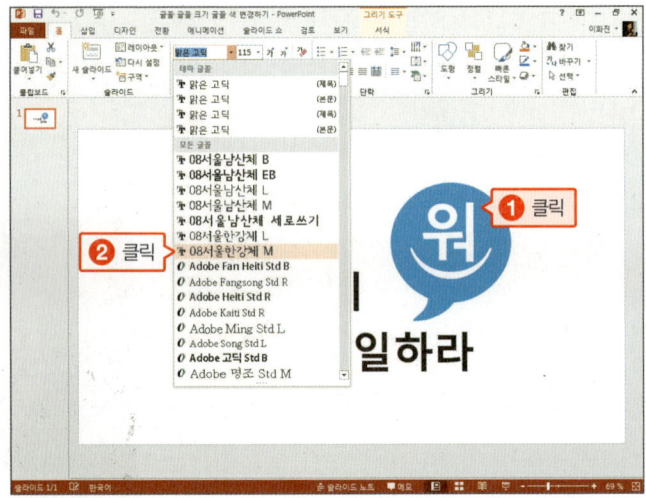

'워'의 글꼴이 변경됩니다.

바로 통하는 TIP 글꼴을 변경할 글자를 블록 선택한 후 원하는 글꼴을 선택해도 됩니다.

실무활용노트 POWER POINT │ **무료 폰트 다운로드해 사용하기**

서울한강체는 무료로 다운로드하여 사용할 수 있는 서체입니다. 디자인 서울 홈페이지의 [자료마당] – [자료다운로드](http://design.seoul.go.kr/dscontent/designseoul.php?MenuID=490&pgID=237)에서 다운로드합니다. 다운로드한 서체를 [제어판] – [모양 및 개인 설정] – [글꼴] 폴더에 넣어주면 됩니다.

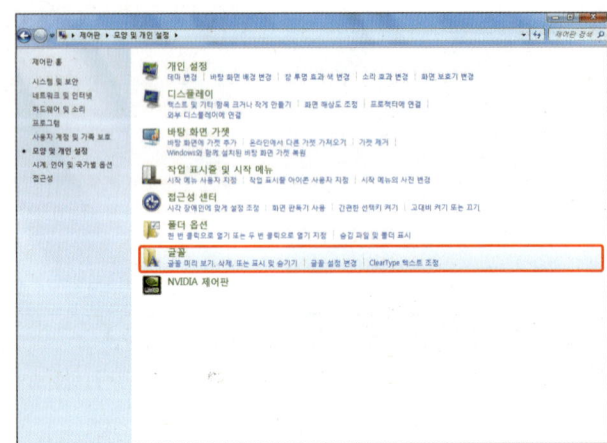

02 글꼴 크기 변경하기

슬라이드에 입력된 문장 중 '프로'의 글꼴 크기를 변경해보겠습니다.

① **프로** 블록 설정

② [홈] 탭 – [글꼴] 그룹에서 글꼴의 크기를 [96]으로 변경합니다.

'프로'의 글꼴 크기가 커집니다.

바로 통하는 TIP 글꼴 크기 조정 단축키
- 글꼴 크게 : Ctrl + ↑
- 글꼴 작게 : Ctrl + ↓

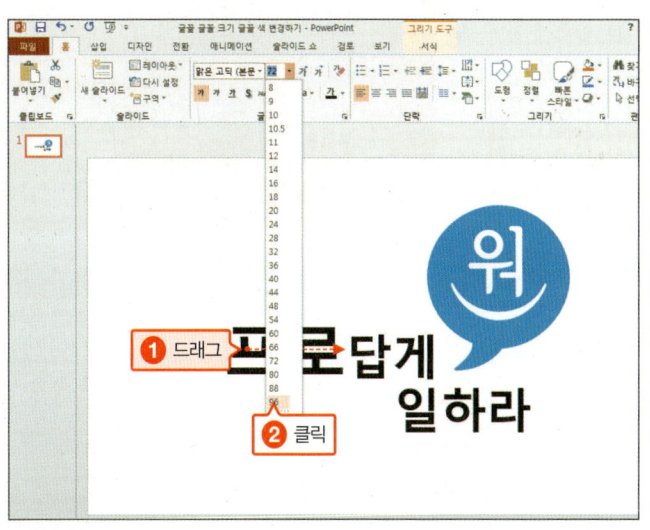

03 글꼴 색 변경하기

① 글꼴 크기를 변경한 **프로** 블록 설정

② [홈] 탭 – [글꼴] 그룹 – [글꼴 색] – **[연한 파랑]**을 선택합니다.

'프로'의 글꼴 색이 변경됩니다.

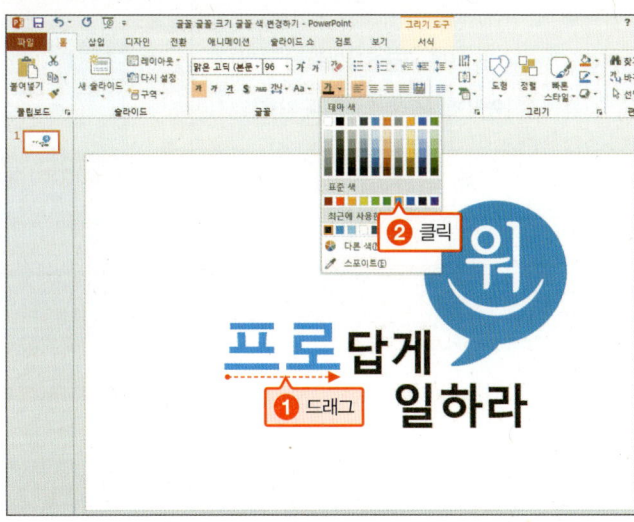

21 글머리 기호 설정 및 서식 변경하기

글머리 기호는 많은 내용의 텍스트를 구분하고 슬라이드를 보는 청중의 주목도를 높이기 위해서 사용합니다. 단락에 글머리 기호를 설정하고 글머리 기호와 텍스트 사이의 간격을 조정하는 방법에 대해서 알아보겠습니다.

▪실습 파일 파워포인트 \ 3장 \ 글머리 기호 설정 및 서식 변경하기.pptx ▪완성 파일 파워포인트 \ 3장 \ 글머리 기호 설정 및 서식 변경하기_완성.pptx

01 글머리 기호 삽입하기

① 6개의 교육 프로그램 항목의 텍스트 상자 클릭

② [홈] 탭 - [단락] 그룹 - [글머리 기호▼] 클릭

③ 목록에서 [속이 찬 큰 둥근 글머리 기호]를 선택합니다.

텍스트 상자 내 6개 항목 앞에 글머리 기호가 삽입됩니다.

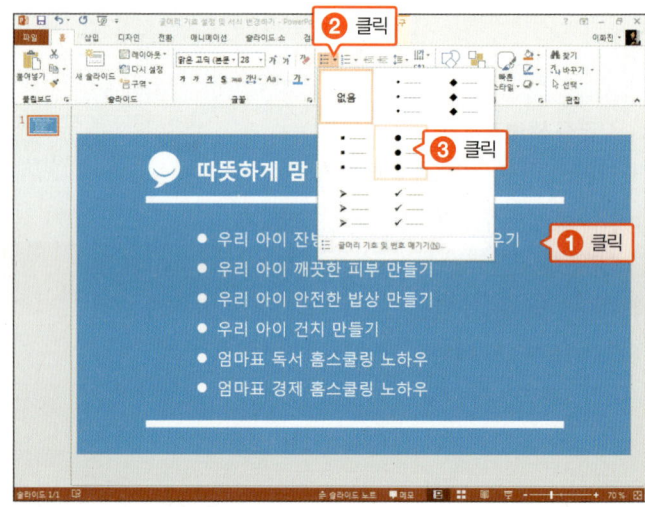

02 글머리 기호 색상 및 크기 변경하기

① [홈] 탭 - [단락] 그룹 - [글머리 기호▼] 클릭

② [글머리 기호 및 번호 매기기] 선택

③ [글머리 기호 및 번호 매기기] 대화상자에서 [텍스트 크기]는 [70%], [색]은 [진한 파랑]으로 설정

④ [확인]을 클릭합니다.

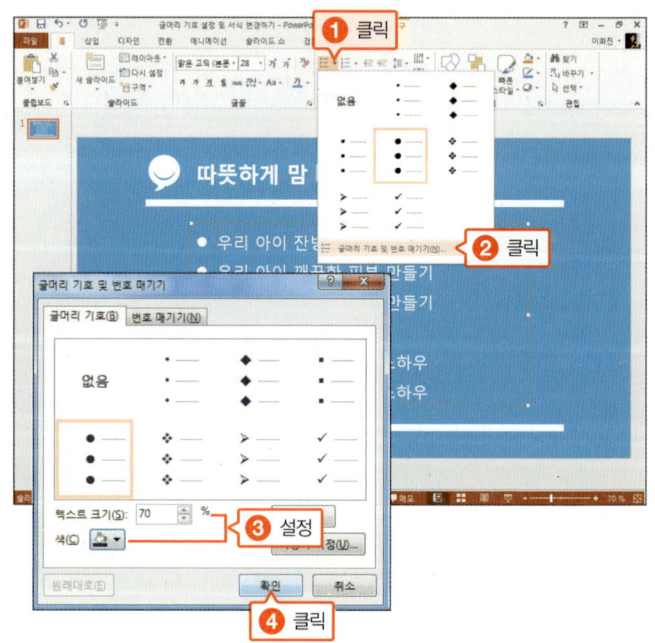

03 글머리 기호의 크기와 색이 변경된 것을 확인할 수 있습니다.

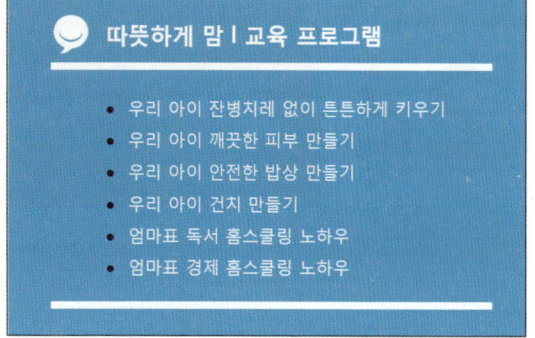

실무활용노트 POWER POINT　**글머리 기호를 그림으로 변경하기**

글머리 기호로 사용하고 싶은 그림이 있다면 글머리 기호로 설정할 수 있습니다. [글머리 기호 및 번호 매기기] 대화상자에서 [그림]을 클릭합니다. [그림 삽입] 창에서 원하는 그림을 불러온 후 [확인]을 선택하면 불러온 그림이 글머리 기호로 삽입됩니다.

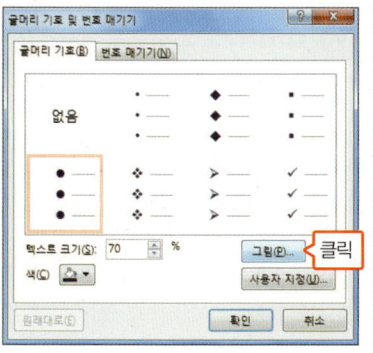

---

04 **글머리 기호와 텍스트 사이의 간격 조정하기**

글머리 기호의 위치가 고정되어 있으므로 텍스트의 시작 위치를 조정하면 글머리 기호와 텍스트 사이의 간격을 조정할 수 있습니다. 눈금자를 표시하여 텍스트의 시작 위치를 조정해보겠습니다.

① 눈금자를 표시하기 위해 [보기] 탭 – [표시] 그룹 – **[눈금자]**에 체크 표시

② 간격을 조정할 텍스트 블록 설정

③ 상단 눈금자에 있는 **[내어쓰기]**에 마우스 포인터를 위치시키고 **1**까지 드래그합니다.

상단 눈금자의 [1] 위치로 텍스트 시작 위치가 조정됩니다.

바로 통하는 TIP　**내어쓰기 및 들여쓰기 아이콘**

첫 줄 들여쓰기(▽) : 글머리 기호 및 번호 매기기의 시작 위치를 지정합니다.

내어쓰기(△) : 글머리 기호 다음의 텍스트 위치를 지정합니다.

왼쪽 들여쓰기(▭) : 위 두 개의 아이콘이 간격을 유지한 상태에서 이동할 수 있게 해줍니다.

22 글머리 기호를 번호로 변경하기

순서가 있는 텍스트는 글머리 기호보다 번호로 구분하는 것이 보기에 좋습니다. 글머리 기호를 번호로 바꾸는 방법을 알아보고 원하는 번호부터 시작하도록 시작 번호를 바꾸는 방법에 대해서 알아보겠습니다.

▪ **실습 파일** 파워포인트 \ 3장 \ 글머리 기호를 번호로 변경하기.pptx ▪ **완성 파일** 파워포인트 \ 3장 \ 글머리 기호를 번호로 변경하기_완성.pptx

01 글머리 기호를 번호로 변경하기

슬라이드에는 컨설팅 프로세스를 나타내는 항목이 표시되어 있습니다. 텍스트에서 순서나 과정 등을 나타낼 때는 글머리 기호보다 번호를 붙이는 것이 더 좋습니다. 글머리 기호를 번호로 변경해보겠습니다.

① 네 개의 글머리 기호가 적용된 **텍스트 상자** 클릭 ② [홈] 탭 – [단락] 그룹 – [**번호 매기기▼**] 클릭 ③ 목록에서 [1) 2) 3)] 형식을 선택합니다. 글머리 기호가 번호로 변경된 것을 확인할 수 있습니다.

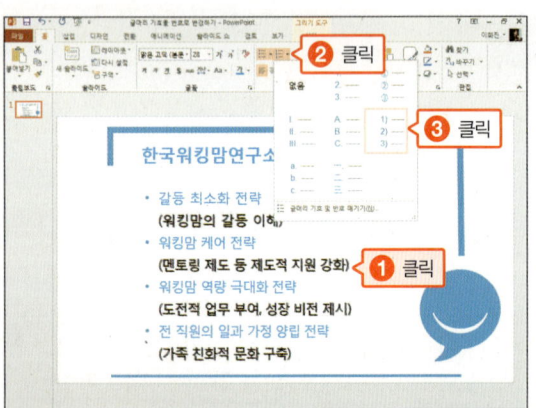
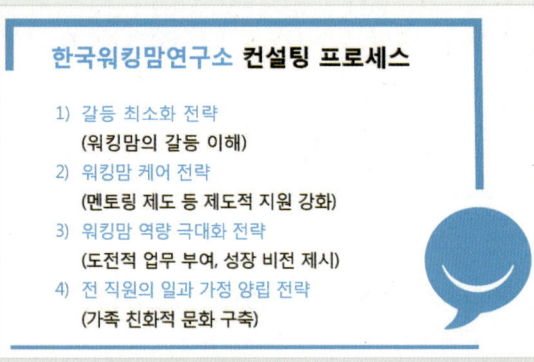

시작 번호 변경하기

1부터 시작하는 글머리 기호의 시작 번호를 변경하려면 [글머리 기호 및 번호 매기기] 대화상자에서 원하는 번호로 [시작 번호]를 다시 설정합니다.

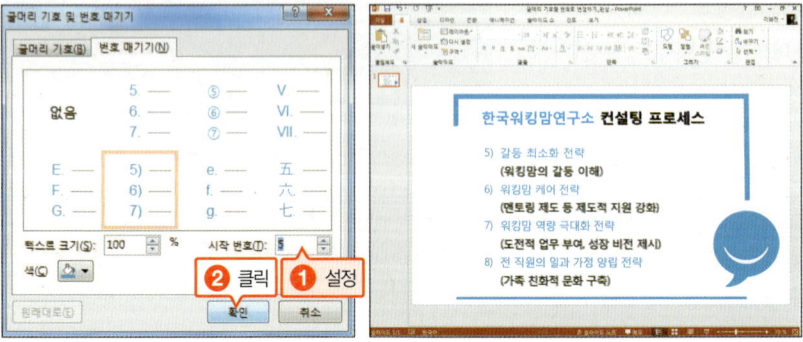

23 줄 및 단락 간격 조정하기

입력한 텍스트의 줄 간격이 너무 좁으면 답답해 보이고 너무 넓으면 읽기 힘듭니다. 따라서 같은 내용을 구성하는 문단의 경우에는 줄 간격을 좁히고 다른 내용이 시작하는 부분은 앞 문단과의 간격을 넓혀주는 것이 좋습니다. 텍스트의 줄 간격을 원하는 간격으로 세밀하게 조정하는 방법에 대해서 알아보겠습니다.

▪ **실습 파일** 파워포인트 \ 3장 \ 줄 및 단락 간격 조정하기.pptx ▪ **완성 파일** 파워포인트 \ 3장 \ 줄 및 단락 간격 조정하기_완성.pptx

01 줄 간격 넓히기

슬라이드에는 교육 프로그램의 분류와 해당 내용이 표시되어 있습니다. 텍스트의 줄 간격을 조정하여 교육 프로그램의 분류와 해당 내용을 보기 좋게 수정해보겠습니다.

① 교육 프로그램이 입력된 **텍스트 상자** 클릭
② [홈] 탭-[단락] 그룹-[줄 간격] 클릭
③ 목록에서 [1.5]를 선택합니다.

텍스트의 줄 간격이 넓어집니다.

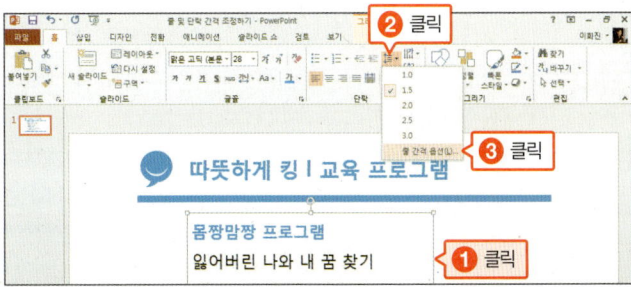

02 세밀하게 줄 간격 조정하기

① 교육 프로그램이 입력된 **텍스트 상자** 클릭
② [홈] 탭 – [단락] 그룹 – [줄 간격] 클릭
③ [줄 간격 옵션]을 선택합니다.

[단락] 대화상자가 활성화됩니다.

03

① [들여쓰기 및 간격] 탭 – [간격] – [줄 간격]을 [고정]으로 설정
② [값]을 [45pt]로 설정
③ [확인]을 클릭합니다.

줄 간격이 좁아집니다.

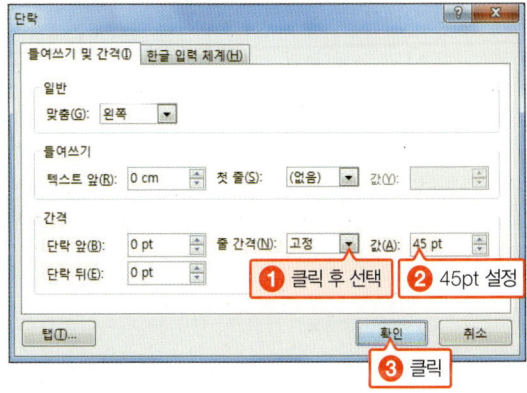

04 단락 간격 조정하기

텍스트의 단락 간격을 조정해보겠습니다.

① '몸짱맘짱 프로그램'과 '태짱말짱 프로 그램'을 구분하기 위해 **텍스트 상자** 클릭

② [홈] 탭 – [단락] 그룹 – [줄 간격] 클릭

③ [줄 간격 옵션]을 선택합니다.

[단락] 대화상자가 활성화됩니다.

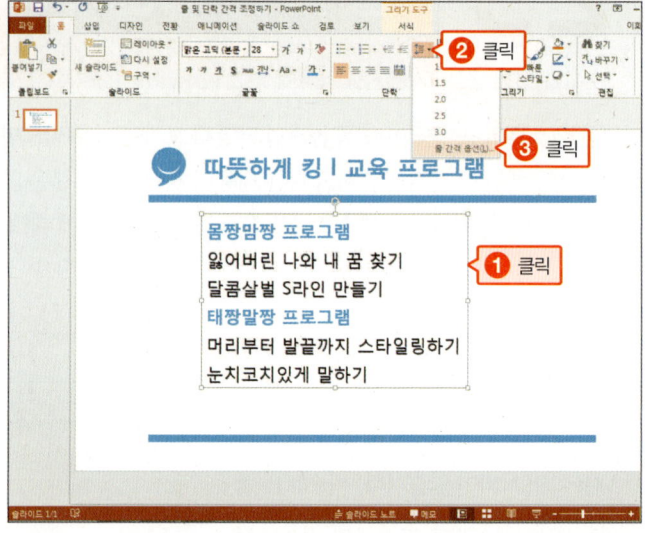

05

① [들여쓰기 및 간격] 탭 – [간격] – [단락 앞]을 [30pt] 로 설정

② [확인]을 클릭합니다.

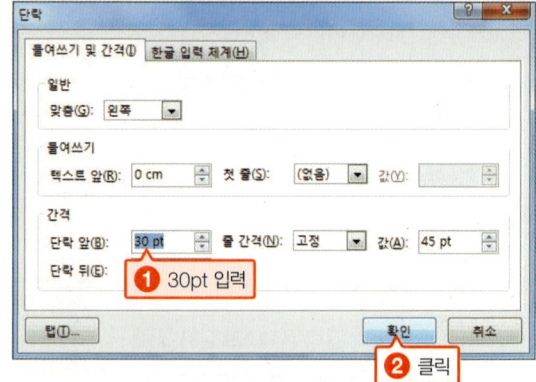

06 단락 간격이 넓어진 것을 확인할 수 있 습니다.

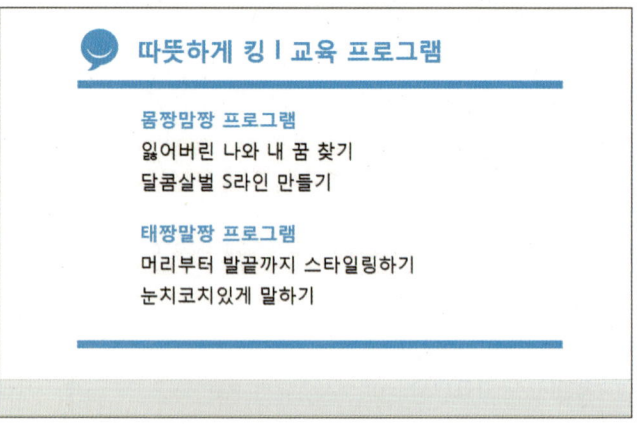

24 목록 수준 조정하기

같은 수준의 내용을 같은 모양으로 들여쓰기하거나 내어쓰기를 해주면 상위 개념과 하위 개념의 관계가 구별되므로 쉽게 내용을 파악할 수 있습니다. [목록 수준 줄임], [목록 수준 늘림] 기능을 이용해 목록 수준을 정리해줍니다.

▪ **실습 파일** 파워포인트 \ 3장 \ 목록 수준 조정하기.pptx ▪ **완성 파일** 파워포인트 \ 3장 \ 목록 수준 조정하기_완성.pptx

01 들여쓰기

슬라이드 내용이 모두 같은 수준으로 정리되어 있습니다. 목록 수준을 조정하여 제목과 하위 내용을 구분해보겠습니다.

① **세미나 프로그램 텍스트 아래**의 내용 블록 설정

② [홈] 탭 – [단락] 그룹 – **[목록 수준 늘림]**을 클릭합니다.

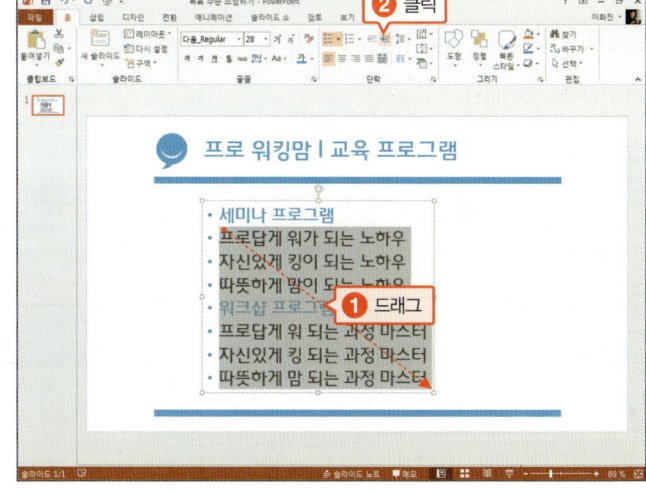

02 '세미나 프로그램' 부분을 제외한 내용이 한 칸 들여쓰기된 것을 확인할 수 있습니다.

바로 통하는 TIP 들여쓰기 단축키는 Tab 입니다.

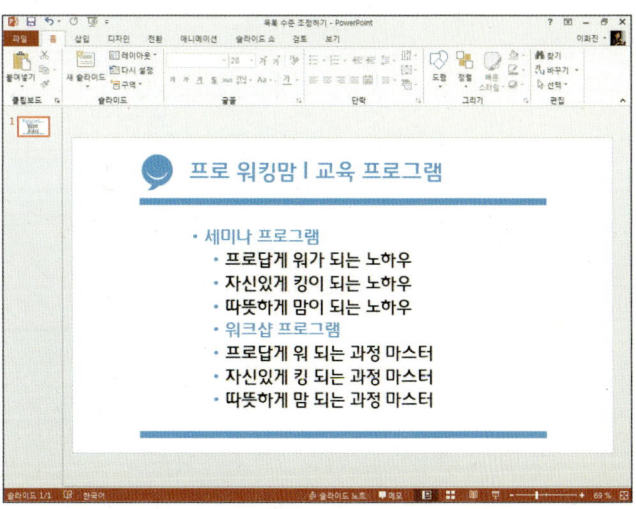

03 내어쓰기

워크샵 프로그램 부분은 제목 역할을 하므로 한 칸 앞으로 나오게 하여 그 아래 내용과 구분해주어야 합니다.

① **워크샵 프로그램** 블록 설정

② [홈] 탭 – [단락] 그룹 – **[목록 수준 줄임]**을 클릭합니다.

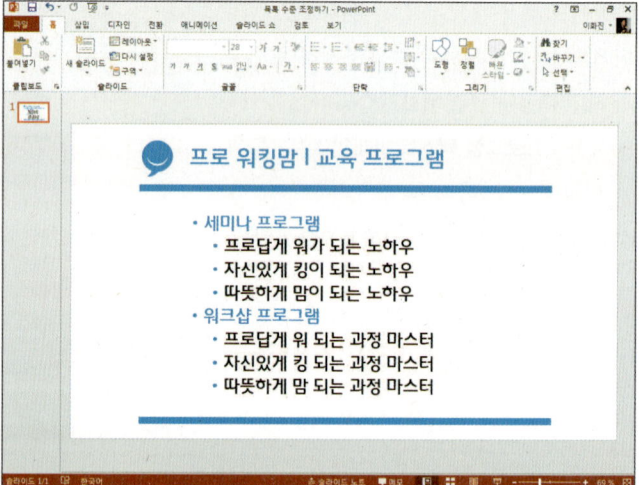

04 워크샵 프로그램이 내어쓰기된 것을 확인할 수 있습니다.

바로 통하는 TIP 내어쓰기 단축키는 Shift + Tab 입니다.

프레젠테이션 시각화 및 서식 지정하기

프레젠테이션을 위한 슬라이드 작업을 할 때 가장 활용도가 높은 시각화 작업에 대해서 배우는 장입니다. 도형, 표, 차트, 이미지는 청중이 메시지를 더 쉽게 이해하고 오래도록 기억하게 만들 수 있는 요소입니다. 메시지의 도해 표현이 힘들었다면 SmartArt 그래픽으로 쉽게 해결할 수 있습니다. 파워포인트 2013에서 새롭게 추가된 기능인 스포이트는 화면에 보이는 색을 추출하여 도형이나 텍스트 개체에 똑같이 적용할 수 있습니다.

25 정원 그리고 서식 지정하기

도형 그리기는 파워포인트에서 가장 기본적인 기능이며 중요한 작업입니다. 특히 도형을 정방향으로 그리는 방법은 숙지해두는 것이 좋습니다.

- **실습 파일** 파워포인트 \ 4장 \ 정원 그리고 서식 지정하기.pptx   **완성 파일** 파워포인트 \ 4장 \ 정원 그리고 서식 지정하기_완성.pptx

01 **회사 90%**라는 텍스트 뒤에 정원을 그립니다.
① [삽입] 탭 - [일러스트레이션] 그룹 - **[도형]** 클릭
② **[타원]**을 선택합니다.

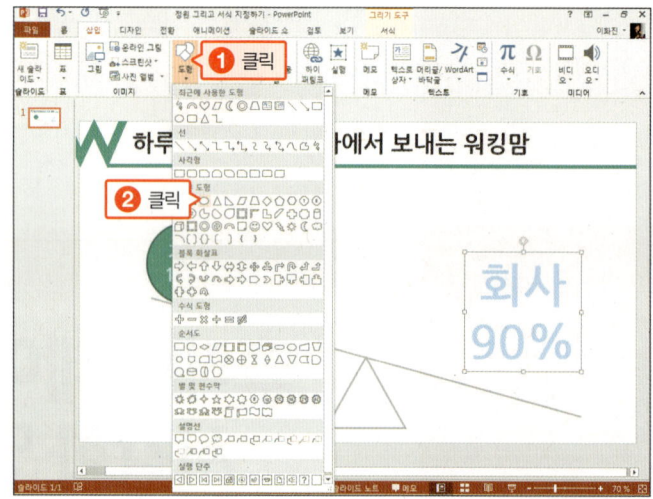

02 **정원 그리기**
텍스트의 중심을 클릭한 후 Ctrl + Shift 를 **누른 상태**에서 마우스를 바깥쪽으로 **드래그** 하여 텍스트를 감싸도록 그려줍니다.

Shift 를 누른 채 드래그하면 도형의 세로와 가로 비율이 고정되므로 정원이 그려집니다.

바로 통하는 TIP 정방향 도형을 그릴 때는 Shift 를, 시작 지점이 중심이 되게 하려면 Ctrl 을 누른 상태에서 도형을 그립니다. 두 키를 같이 누르고 그리면 시작한 지점이 중심인 정방향 도형이 그려집니다.

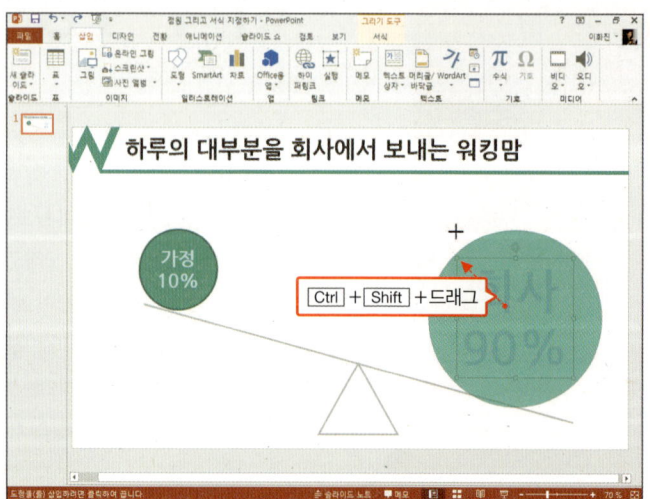

03 도형 순서 바꾸기

① 원을 텍스트보다 뒤로 보내기 위해 **도형** 클릭

② [그리기 도구] – [서식] 탭 – [정렬] 그룹 – **[뒤로 보내기]**를 클릭합니다.

도형이 텍스트 상자 뒤로 보내지면서 텍스트가 원 위로 나타납니다.

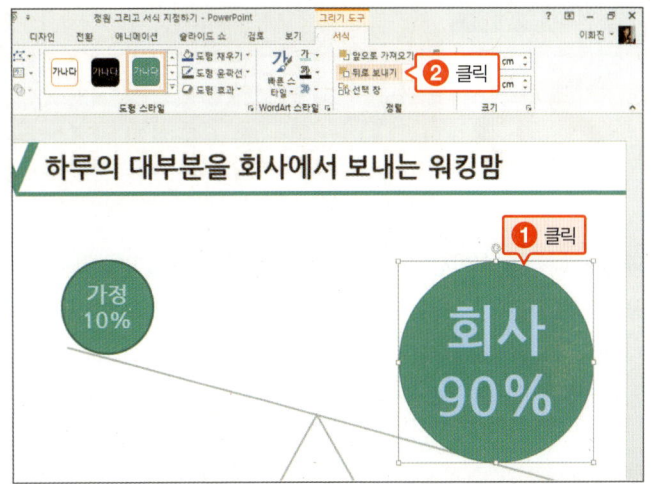

04 도형 채우기 변경하기

① 채우기 색을 변경하고자 하는 **도형** 클릭

② [그리기 도구] – [서식] 탭 – [도형 스타일] 그룹 – **[도형 채우기]** 클릭

③ **[진한 파랑, 강조 3]**을 선택합니다.

도형의 색이 바뀝니다.

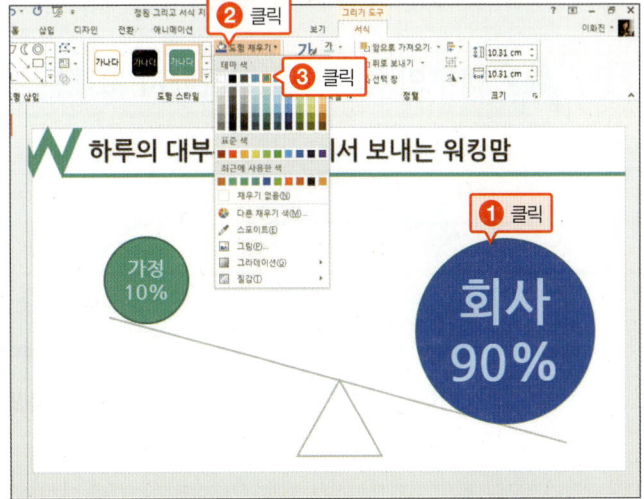

05 도형 윤곽선 변경하기

① 윤곽선을 변경하고자 하는 **도형** 클릭

② [그리기 도구] – [서식] 탭 – [도형 스타일] 그룹 – **[도형 윤곽선]** 클릭

③ **[진한 파랑, 강조 3, 50% 더 어둡게]** 선택

④ [두께]는 **[6pt]**를 선택합니다.

도형에 두께 6pt의 윤곽선이 나타납니다.

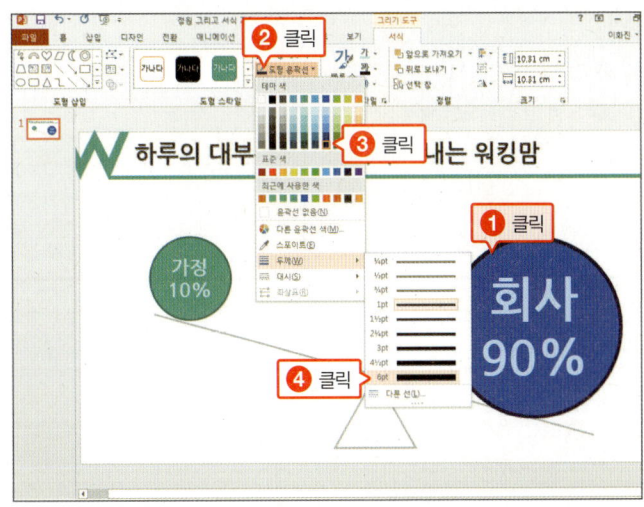

26 여러 도형을 병합하여 새로운 도형 만들기

파워포인트 2013 이전 버전에서는 여러 개의 도형을 병합하여 새로운 도형을 만들 때 그래픽 전문 프로그램을 사용해야 했습니다. 이제는 파워포인트의 강력한 그래픽 기능을 이용해 원하는 모양의 도형을 손쉽게 만들 수 있습니다.

▪ **실습 파일** 파워포인트 \ 4장 \ 여러 도형을 병합하여 새로운 도형 만들기.pptx   ▪ **완성 파일** 파워포인트 \ 4장 \ 여러 도형을 병합하여 새로운 도형 만들기_완성.pptx

▲ 핵심기능실습 미리보기

❶ 도형 병합 후 도형 빼기

01 도형 다중 선택하기

원 위에 색이 다른 평행 사변형 네 개가 엇
갈려 위치해 있습니다. 각각의 도형을 병합
한 후 정원에서 빼면 도형에 눈이 표현됩니
다. Ctrl 을 누른 상태에서 평행 사변형 네
개를 클릭합니다.

바로 통하는 TIP 도형을 다중 선택할 때는 Shift 를
눌러도 됩니다.

02 도형 병합하기

① 평행 사변형을 선택한 상태에서 [그리기
　도구] – [서식] 탭 – [도형 삽입] 그룹 –
　[도형 병합] 클릭
② **[병합]** 을 선택합니다.

네 개의 도형이 하나로 병합됩니다.

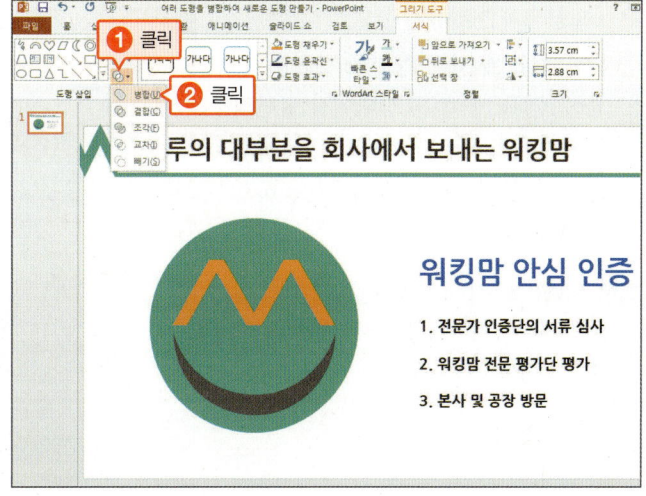

03 도형 빼기

정원에서 눈을 만든 병합한 평행 사변형과
입 모양의 도형을 빼서 얼굴을 완성해보겠
습니다.

① 슬라이드에 있는 **정원** 클릭
② Ctrl 을 누른 상태에서 **눈과 입 모양** 클릭
③ [그리기 도구] – [서식] 탭 – [도형 삽입]
　그룹에서 **[도형 병합]** 클릭
④ **[빼기]** 를 선택합니다.

정원에서 눈과 입 모양의 도형이 빠집니다.

바로 통하는 TIP 도형 병합 작업에서는 제일 먼저 선택한 도형의 서식을 따릅니다.

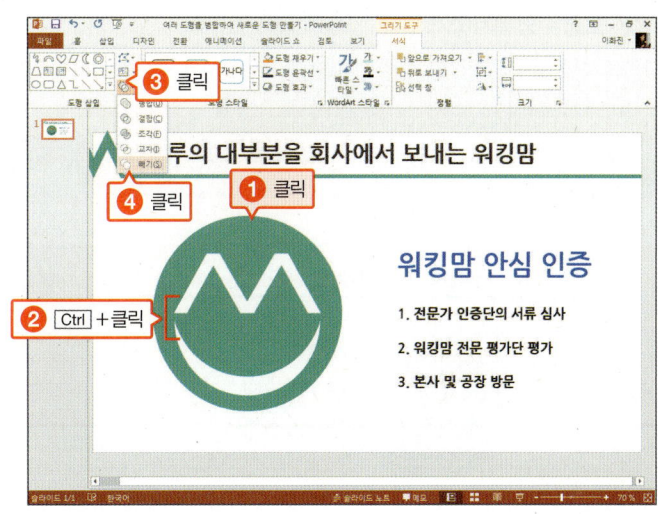

27 도형의 크기 변경 및 수평 복사하기

도형의 크기를 일정한 비율로 변경하거나 복사할 수 있습니다. 또 이동할 때 수직이나 수평으로 이동할 수 있습니다.

▪**실습 파일** 파워포인트 \ 4장 \ 도형의 크기 변경 및 수평 복사하기.pptx ▪**완성 파일** 파워포인트 \ 4장 \ 도형의 크기 변경 및 수평 복사하기_완성.pptx

01 도형 크기 변경하기

① **가정**이라는 텍스트가 있는 정원 클릭

② Ctrl + Shift 를 누른 상태에서 정원의 사방 모서리에 있는 조절점(흰색 사각형) 중 하나를 클릭한 후 사선으로 마우스를 **드래그**합니다.

바로 통하는 TIP 도형의 크기를 변경할 때 Shift 를 누르면 정비례로 변경되고 Ctrl 을 누르면 개체의 중심을 잡아주면서 크기를 변경할 수 있습니다.

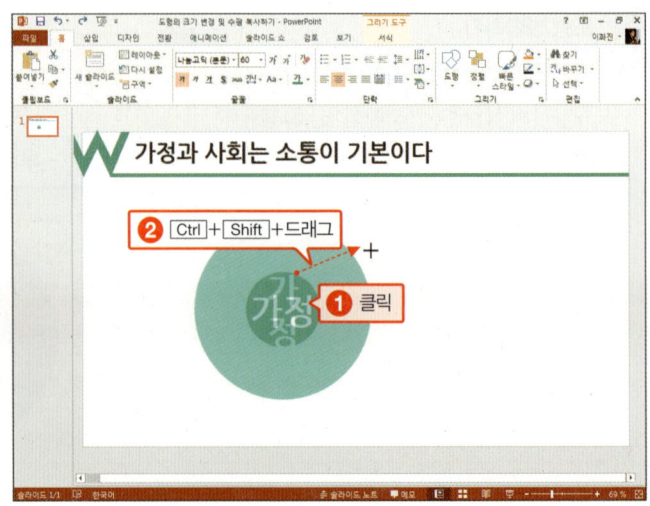

02 도형 수평 복사하기

① 복사할 도형 클릭 ② Ctrl + Shift 를 누른 상태에서 **오른쪽으로 드래그**합니다. 복사한 도형의 색과 텍스트 내용을 변경하여 슬라이드를 완성합니다.

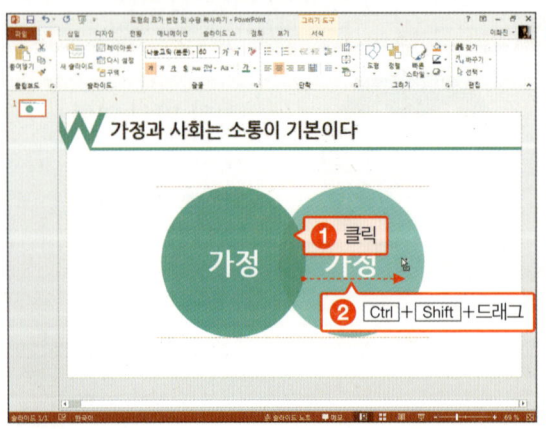
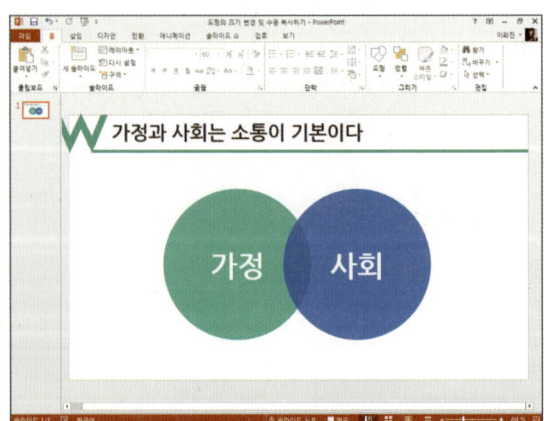

바로 통하는 TIP 도형을 복사하려면 Ctrl 을 누르고, 수직이나 수평으로 이동하려면 Shift 를 누릅니다. 개체를 선택한 후 Ctrl 과 Shift 를 함께 누르고 드래그하면 수평이나 수직으로 이동하면서 개체가 복사됩니다.

28 균등한 간격으로 도형 정렬하기

파워포인트 2013에서는 스마트 가이드 기능이 이전 버전보다 업그레이드되어 개체를 정렬할 때 좀 더 편리합니다. 스마트 가이드는 빨간색 점선으로 표시되어 도형이나 다른 개체 등을 슬라이드 내에서 쉽게 정렬할 수 있도록 도와줍니다.

▪ **실습 파일** 파워포인트 \ 4장 \ 균등한 간격으로 도형 정렬하기.pptx ▪ **완성 파일** 파워포인트 \ 4장 \ 균등한 간격으로 도형 정렬하기_완성.pptx

01 중간 맞춤 및 가로 간격 동일하게 하기
개체를 이동할 때 자동으로 표시되는 스마트 가이드를 이용해 개체 사이의 간격을 정렬해보겠습니다.
① **가정**이라는 원 클릭
② **VS**라는 텍스트 사이에 위치시킵니다. 이때 세 개 개체의 간격이 일정하도록 정렬합니다.

스마트 가이드가 자동으로 생깁니다.

바로 통하는 TIP 맞추기 옵션을 일시적으로 무시하려면 Alt 를 누른 채로 개체를 끌면 됩니다.

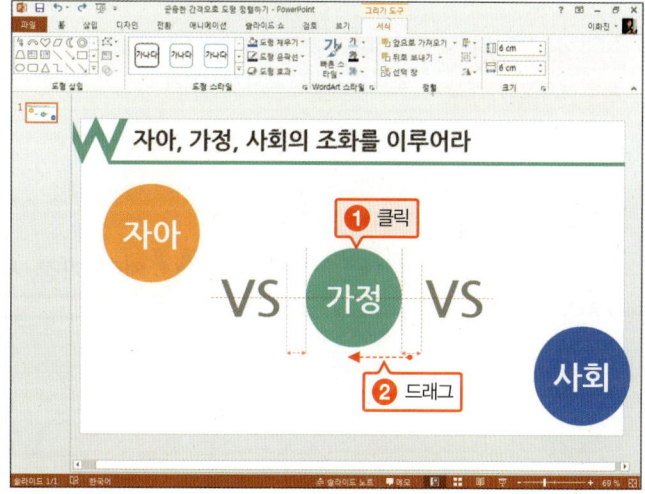

02 가운데 배치한 원과 같은 간격을 두고 왼쪽에 두 번째 원을 배치해보겠습니다.
① **자아**라는 원 클릭
② 아래로 이동하여 **가정**이라는 원과의 가운데에서 사이 간격이 맞는 지점에서 멈춥니다.

스마트 가이드가 자동으로 생기는 것을 확인할 수 있습니다.

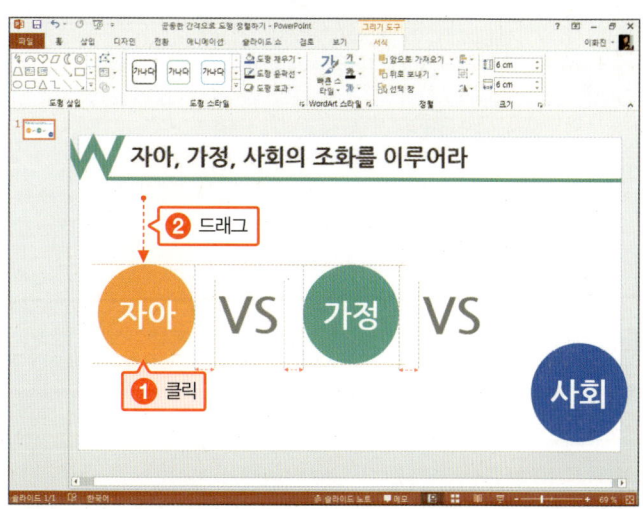

03 가운데 배치한 원과 같은 간격을 두고 오른쪽에 세 번째 원을 배치해보겠습니다.

① **사회**라는 원 클릭

② 위로 이동하여 **자아**, **가정**이라는 원과의 가운데에서 사이 간격이 동일한 지점에 멈춥니다.

스마트 가이드가 자동으로 생깁니다. 원의 위아래 위치 및 사이 간격이 균등하게 정렬되었습니다.

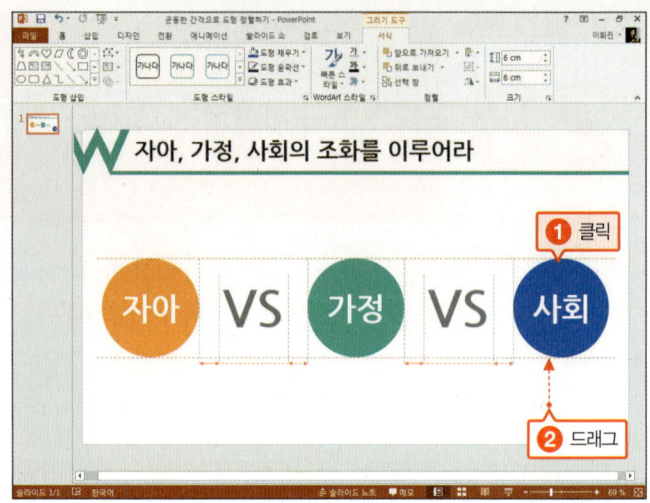

스마트 가이드 표시 해제하기

스마트 가이드 표시를 해제하려면 [보기] 탭 – [표시] 그룹 – [눈금 설정] 표시 아이콘을 클릭합니다. 나타나는 [눈금 및 안내선] 대화상자에서 [도형 맞춤 시 스마트 가이드 표시]의 체크 표시를 해제합니다.

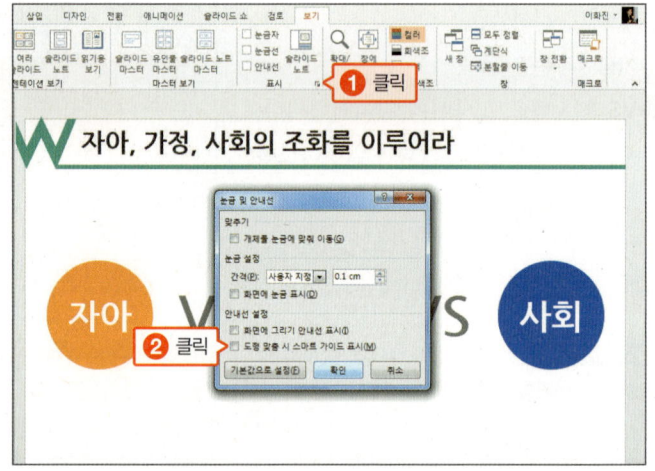

29 스포이트를 사용하여 원하는 색 추출 후 도형에 적용하기

파워포인트 2013에 새롭게 추가된 기능인 스포이트를 사용하면 원하는 색을 추출하여 도형이나 텍스트 개체에 똑같이 적용할 수 있습니다. 스포이트 기능을 사용하면 일관성 있는 디자인을 쉽게 만들 수 있습니다.

- **실습 파일** 파워포인트 \ 4장 \ 스포이트를 사용하여 원하는 색 추출 후 도형에 적용하기.pptx
- **완성 파일** 파워포인트 \ 4장 \ 스포이트를 사용하여 원하는 색 추출 후 도형에 적용하기_완성.pptx

01 스포이트 선택하기

슬라이드에 배치한 이미지에서 색을 추출해 도형에 적용해보겠습니다.

① 색을 적용할 **도형** 클릭

② [그리기 도구] – [서식] 탭 – [도형 스타일] 그룹 – **[도형 채우기]** 클릭

③ **[스포이트]**를 선택합니다.

바로 통하는 TIP 색을 선택하지 않고 스포이트를 취소하려면 ESC를 누릅니다.

02 색 추출하기

원하는 색이 있는 곳에 스포이트를 가져간 후 클릭합니다. 추출한 색이 도형에 적용된 것을 확인할 수 있습니다.

바로 통하는 TIP 색 위에 커서를 올려놓으면 RGB(빨강, 녹색, 파랑) 색 좌표를 확인할 수 있습니다. 정확한 색을 추출하려면 Enter나 Space Bar를 누릅니다.

바로 통하는 TIP 슬라이드 밖 화면에 있는 어떤 색을 추출하려면 스포이트를 클릭한 후 상태에서 추출하고자 하는 색이 있는 곳으로 마우스 포인터를 끌고 갑니다.

30 멋진 도형 서식을 다른 도형에 똑같이 적용하기

도형에 그라데이션 효과를 적용하여 멋지게 만든 도형 서식이 있다면 다른 도형에도 똑같이 적용할 수 있습니다.
서식 복사를 사용하면 편리합니다.

- **실습 파일 파워포인트 \ 4장 \ 멋진 도형 서식을 다른 도형에 똑같이 적용하기.pptx**
- **완성 파일 파워포인트 \ 4장 \ 멋진 도형 서식을 다른 도형에 똑같이 적용하기_완성.pptx**

01 도형에 그라데이션 적용하기

도형에 그라데이션 효과를 적용한 후 만들
어둔 도형 서식을 다른 도형에서 사용해보
겠습니다.

① **하트 도형** 중 하나 클릭
② [그리기 도구]−[서식] 탭−[도형 스타일]
그룹−[**도형 서식** 🖾] 표시 아이콘 클릭
③ [**채우기**] 선택
④ [**그라데이션 채우기**]를 선택합니다.

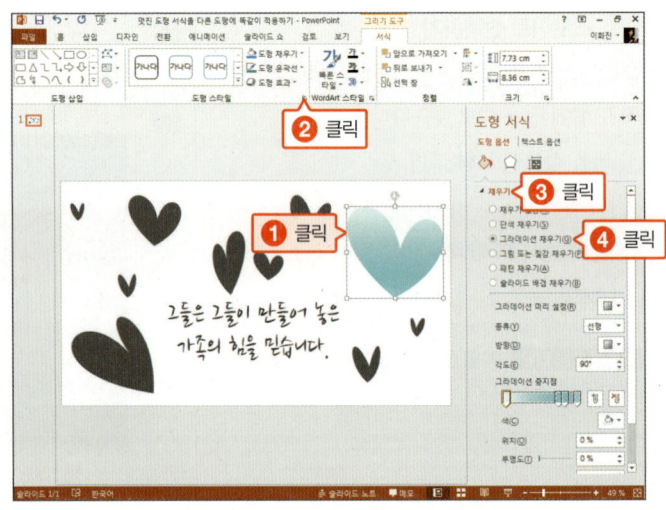

02 [중지점 2/4]와 [중지점 3/4]을 **삭제**하고
두 개의 중지점만 남겨놓습니다.

두 중지점이 위치한 곳의 색상이 서로 혼합되면서 그
라데이션 효과가 표현됩니다.

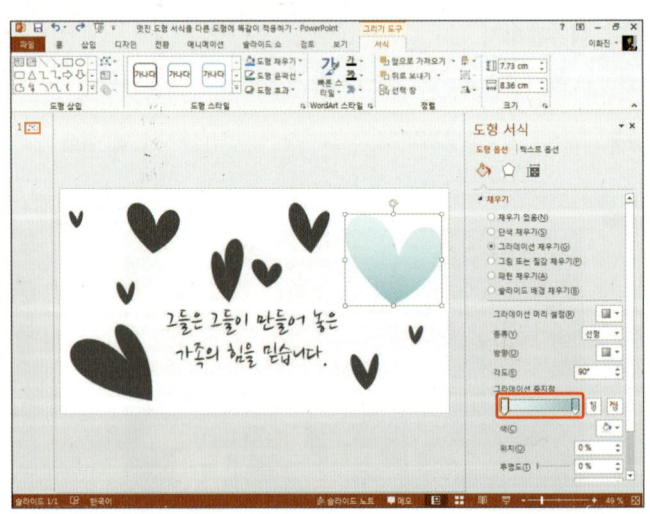

바로 통하는 TIP 중지점을 삭제할 때는 삭제할 중지점을 클릭한 후 [그라데이션 중지점 제거 🖾]를 클릭합니다.

03

① [중지점 1/2] 클릭

② [색] – [진한 청록, 강조 1], [위치] – [0%], [투명도] – [0%], [밝기] – [0%]로 설정

③ [중지점 2/2] 클릭

④ [색] – [진한 파랑, 강조 3], [위치] – [100%], [투명도] – [0%], [밝기] – [0%]로 설정합니다.

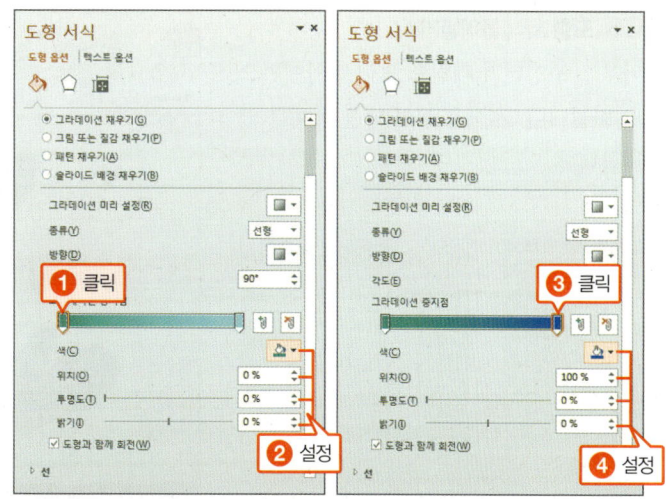

바로 통하는 TIP 중지점이란 그라데이션에서 인접한 두 색상의 혼합이 끝나는 특정 지점입니다. 중지점은 슬라이드 막대에서 추가하거나 제거할 수 있으며 중지점을 움직이거나 정확한 위치로 이동하려면 위치 백분율을 사용합니다. 지정할 수 있는 중지점의 최대 수는 10개이고 최소 수는 두 개입니다.

04 하트 도형에 두 가지 색으로 그라데이션이 적용된 것을 확인할 수 있습니다.

05 도형 서식 복사하기

하트 도형의 그라데이션 효과를 복사해 다른 도형에 적용해보겠습니다.

① 그라데이션 색이 적용된 **하트** 클릭

② [홈] 탭 – [클립보드] 그룹 – [서식 복사]를 클릭합니다.

06 도형 서식 붙여넣기

마우스 포인터가 페인트 브러시 아이콘으로 바뀝니다. 서식을 붙여 넣을 개체를 클릭합니다.

복사한 도형 서식이 적용되어 그라데이션 효과가 나타납니다.

07 나머지 개체에도 같은 방법으로 도형 서식을 적용합니다.

바로 통하는 TIP 도형 서식 명령을 반복 실행하려면 명령 버튼을 더블클릭합니다. 서식 지정을 중지하려면 ESC 를 누릅니다.

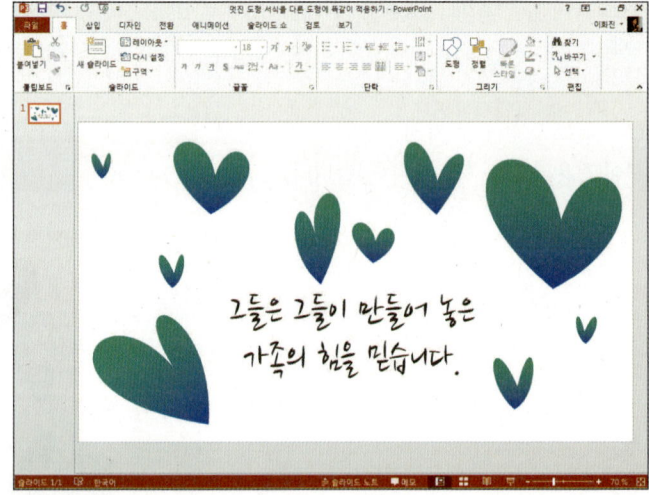

31 평면 도형을 입체 도형으로 만들기

파워포인트 2013에서는 3D 프로그램 없이도 손쉽게 입체 도형을 만들 수 있습니다. 재질과 조명, 그림자 등 다양한 효과를 적용하여 입체 도형을 표현해보겠습니다.

▪ **실습 파일** 파워포인트 \ 4장 \ 평면 도형을 입체 도형으로 만들기.pptx ▪ **완성 파일** 파워포인트 \ 4장 \ 평면 도형을 입체 도형으로 만들기_완성.pptx

01 도형 서식 작업 창 열고 입체 효과 적용하기

① 슬라이드에 있는 **정원** 클릭

② [그리기 도구] – [서식] 탭 – [도형 스타일] 그룹 – **[도형 서식 ▣]** 표시 아이콘 클릭

③ 화면 오른쪽에 [도형 서식] 작업 창이 활성화되면 **[효과]** 클릭

④ **[3차원 서식]** 항목을 선택합니다.

02 입체 효과를 다음과 같이 설정합니다.

바로 통하는 TIP 도형 서식을 다음과 같이 설정합니다.

• [위쪽 입체] – [너비 : 85pt, 높이 : 85pt]   • [재질] – [투명하게]   • [각도] – [40도]

• [아래쪽 입체] – [너비 : 85pt, 높이 : 85pt]   • [조명] – [퍼지게]

03 그림자 적용하기

① [도형 서식] 작업 창에서 [효과]의 [그림자] 선택

② [미리 설정] 클릭

③ [원근감] - [아래쪽]을 선택합니다.

04 도형 복사하기

① 입체 효과가 적용된 **도형** 클릭 후 마우스 오른쪽 버튼 클릭

② 바로 가기 메뉴 중 [복사]를 선택합니다.

05 그림으로 붙여넣기

① 도형을 붙여 넣을 위치에서 마우스 오른쪽 버튼 클릭

② 바로 가기 메뉴의 [붙여넣기 옵션] 중에서 [그림]을 선택합니다.

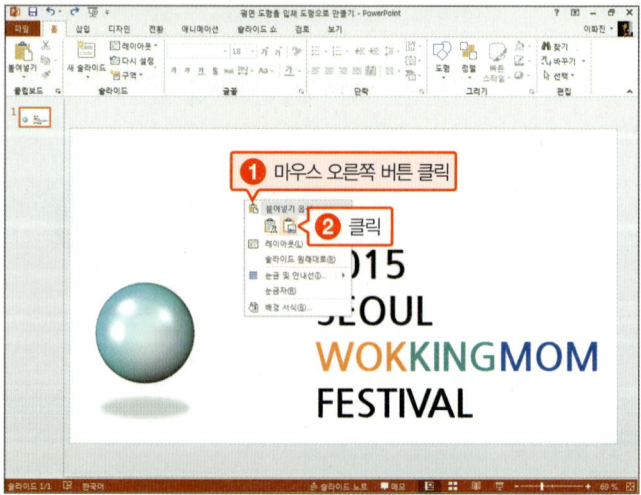

06 도형 크기 줄이고 복사하기

① 붙여 넣은 **도형** 클릭

② Ctrl + Shift 를 누른 상태에서 사방의
휘 사각형 중 하나를 안쪽으로 드래그합
니다.

도형 서식은 유지되면서 크기가 작아집니다.

07

① 붙여 넣은 **도형** 클릭

② Ctrl 을 누른 상태에서 복사될 위치로 드
래그합니다.

도형이 복사됩니다.

32 SmartArt 그래픽 삽입 후 텍스트 입력하기

SmartArt 그래픽을 이용하면 다양한 레이아웃을 사용자가 목적에 맞게 선택하여 표현할 수 있습니다. 따라서 자신의 아이디어나 메시지를 쉽고 빠르게 전달하는 데 도움이 됩니다.

▪ 실습 파일 파워포인트 \ 4장 \ SmartArt 그래픽 삽입 후 텍스트 입력하기.pptx
▪ 완성 파일 파워포인트 \ 4장 \ SmartArt 그래픽 삽입 후 텍스트 입력하기_완성.pptx

01 SmartArt 그래픽 삽입하기

① [삽입] 탭 – [일러스트레이션] 그룹 – [SmartArt] 클릭

② [주기형] 선택

③ [무지향 주기형] 선택

④ [확인]을 클릭합니다.

슬라이드에 [무기향 주기형] SmartArt 그래픽이 삽입됩니다.

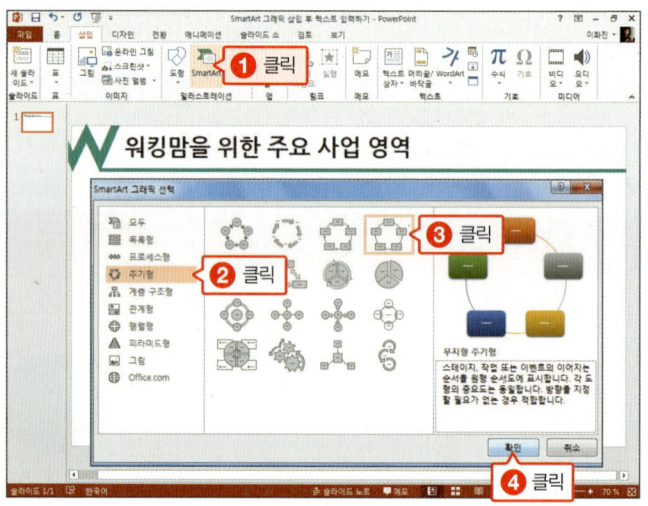

02 SmartArt 그래픽에 텍스트 입력하기

① SmartArt 그래픽에 텍스트를 입력하기 위해 [SMARTART 도구] – [디자인] 탭 – [그래픽 만들기] 그룹 – [텍스트 창] 클릭

② 교육, 리서치, 컨설팅, 인증제도, 공모사업 입력

텍스트가 자동으로 SmartArt 그래픽에 표시됩니다.

③ 텍스트 창을 닫아 SmartArt 그래픽을 완성합니다.

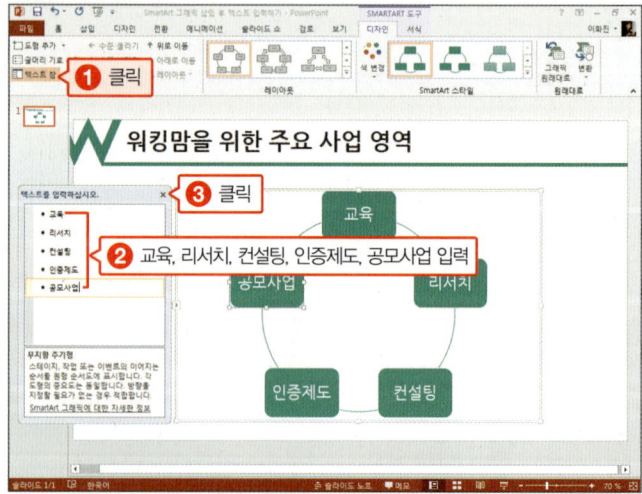

바로 통하는 TIP 텍스트 창을 나타내려면 SmartArt 그래픽 왼쪽 중간에 있는 ◀ 화살표를 클릭해도 됩니다. 텍스트 창을 여는 대신 SmartArt 그래픽의 도형을 선택한 후 텍스트를 입력할 수 있습니다.

33 SmartArt 그래픽 색상 및 스타일 변경하기

SmartArt 스타일은 선 스타일, 입체, 3차원 등을 비롯한 다양한 효과를 조합해놓은 것입니다. 이를 목적에 맞게 잘 적용하면 전문가 수준의 디자인을 손쉽게 만들 수 있습니다.

- **실습 파일** 파워포인트 \ 4장 \ SmartArt 그래픽 색상 및 스타일 변경하기.pptx
- **완성 파일** 파워포인트 \ 4장 \ SmartArt 그래픽 색상 및 스타일 변경하기_완성.pptx

01 SmartArt 그래픽의 색 변경하고 3차원 효과 적용하기

① 슬라이드에서 SmartArt 그래픽 클릭 ② [SMARTART 도구] – [디자인] 탭 – [SmartArt 스타일] 그룹 – **[색 변경]** 클릭 ③ **[색상형 범위 – 강조색 3 또는 4]** 선택 ④ SmartArt 그래픽에 [SMARTART 도구] – [디자인] 탭 – [SmartArt 스타일] 그룹 – **[자세히⏷]** 클릭 ⑤ **[광택 처리]**를 선택합니다.

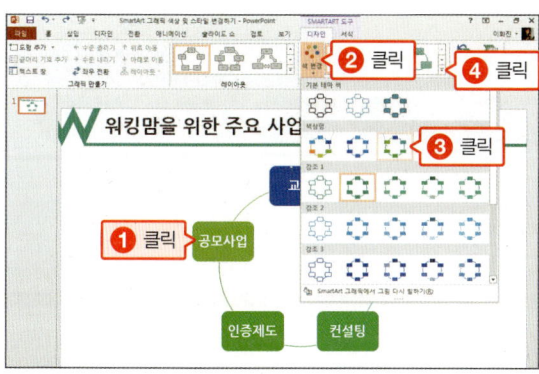
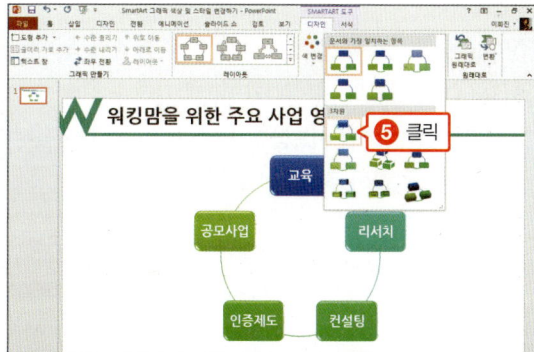

02 개별 서식 변경하기

① **인증제도**라는 도형 클릭 ② [SMARTART 도구] – [서식] 탭 – [도형 스타일] 그룹 – **[도형 효과]** 클릭 ③ [네온] – **[라임, 18pt 네온, 강조색 4]**를 선택합니다. 인증제도 도형에 네온 효과가 적용되었습니다. 나머지 도형에도 네온 효과를 적용하여 슬라이드를 완성합니다.

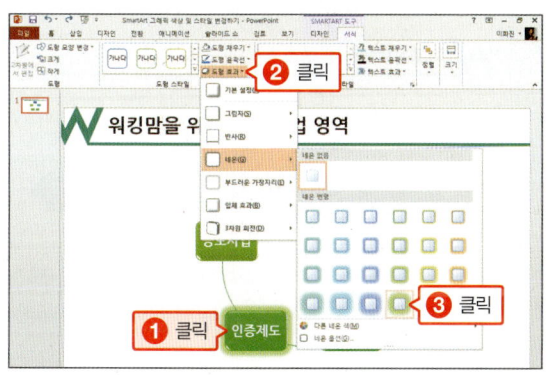
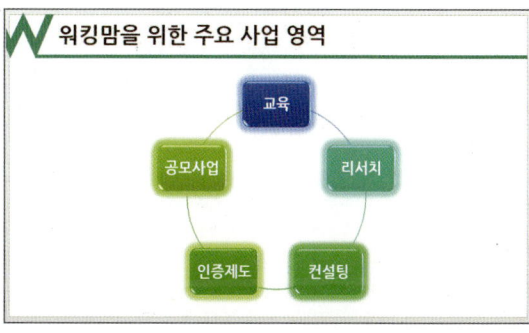

34 SmartArt 그래픽에 도형 추가 및 모양 변경하기

내용에 따라 기본 SmartArt 그래픽에 도형을 추가하거나 삭제할 수 있습니다. 또한 일반 도형처럼 각각 모양을 변경할 수 있습니다.

▪ **실습 파일** 파워포인트 \ 4장 \ SmartArt 그래픽에 도형 추가 및 모양 변경하기.pptx
▪ **완성 파일** 파워포인트 \ 4장 \ SmartArt 그래픽에 도형 추가 및 모양 변경하기_완성.pptx

01 도형 추가하기

도형 추가 기능을 이용하면 SmartArt의 모양을 다양하게 변형할 수 있습니다. 기본으로 적용된 SmartArt의 레이아웃을 수정해 보겠습니다.

① SmartArt 그래픽 클릭

② [SMARTART 도구] – [디자인] 탭 – [그래픽 만들기] 그룹 – **[도형 추가]** 클릭

　오른쪽에 도형이 추가되면 추가됩니다.

③ 도형에 **홍보** 입력

④ **[도형 추가]** 다시 한 번 클릭

⑤ **공헌**이라고 입력합니다.

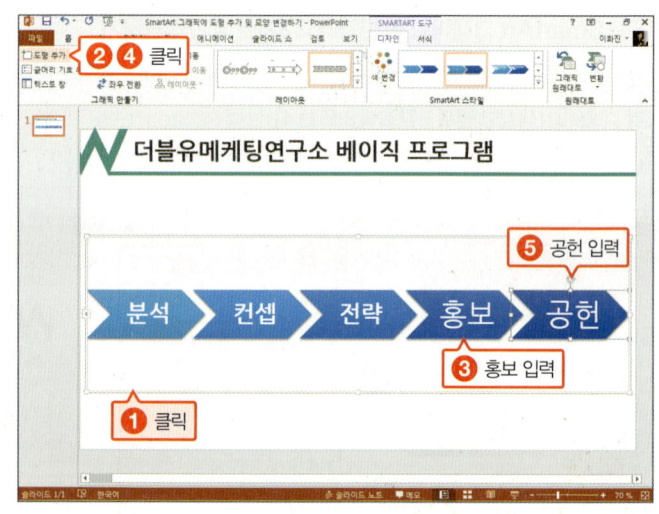

02 도형 모양 변경하기

① **분석**이라는 도형 클릭 ② [SMARTART 도구] – [서식] 탭 – [도형] 그룹 – **[도형 모양 변경]** 클릭 ③ 변경하고 싶은 도형으로 **[오각형]**을 선택합니다. 도형 모양이 오각형으로 변경된 것을 확인할 수 있습니다.

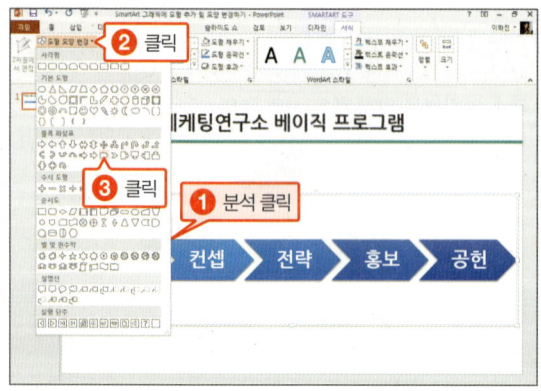

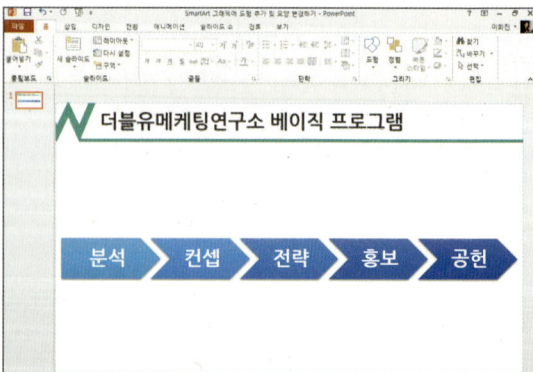

35 텍스트 또는 그림을 SmartArt 그래픽으로 변환하기

글머리 기호가 있는 텍스트나 여러 개의 그림은 빠르게 SmartArt 그래픽으로 변환할 수 있습니다. [SmartArt 그래픽으로 변환] 기능을 이용하면 텍스트를 시각화하여 정보를 쉽게 전달할 수 있으며 그림 배열을 보기 좋게 수정할 수 있습니다.

- **실습 파일** 파워포인트 \ 4장 \ 텍스트 또는 그림을 SmartArt 그래픽으로 변환하기.pptx
- **완성 파일** 파워포인트 \ 4장 \ 텍스트 또는 그림을 SmartArt 그래픽으로 변환하기_완성.pptx

01 텍스트를 SmartArt 그래픽으로 변환하기

구분 기호와 상하위 수준을 이용해 내용이 정리되어 있습니다. 텍스트 상자에 입력한 내용을 SmartArt 그래픽으로 변경해보겠습니다. 1번 슬라이드에서 본문 **텍스트** 상자를 클릭합니다.

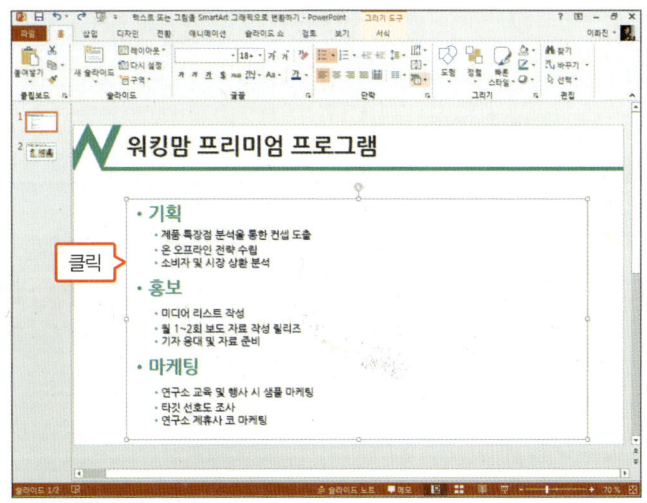

02

① [홈] 탭 – [단락] 그룹 – [**SmartArt 그래픽으로 변환**] 클릭 ② 목록에서 [**세로 블록 목록형**]을 선택합니다. 도형의 서식을 변경하여 슬라이드를 완성합니다.

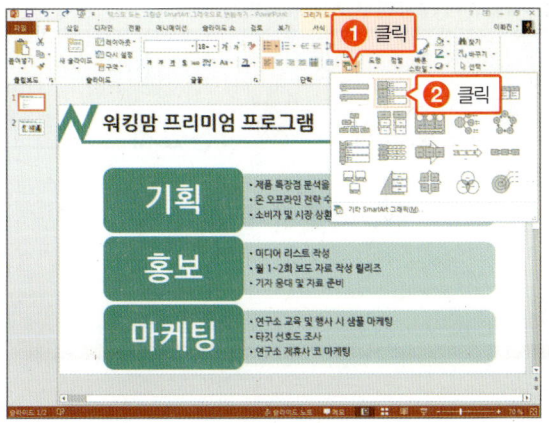

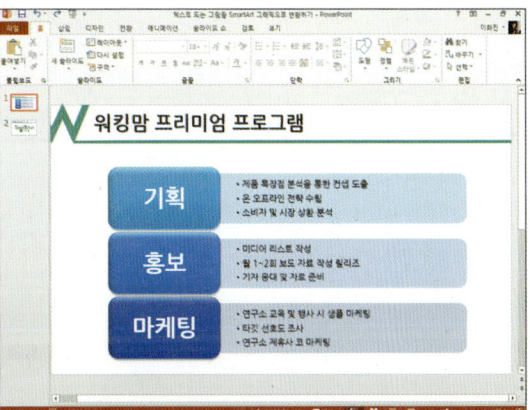

03 그림을 SmartArt 그래픽으로 변환하기

2번 슬라이드에 있는 그림 세 개를 선택합니다. Ctrl 을 누른 상태에서 클릭합니다.

04

① [그림 도구] – [서식] 탭 – [그림 스타일] 그룹 – **[그림 레이아웃]** 클릭

② **[그림 계단 모양]**을 선택합니다.

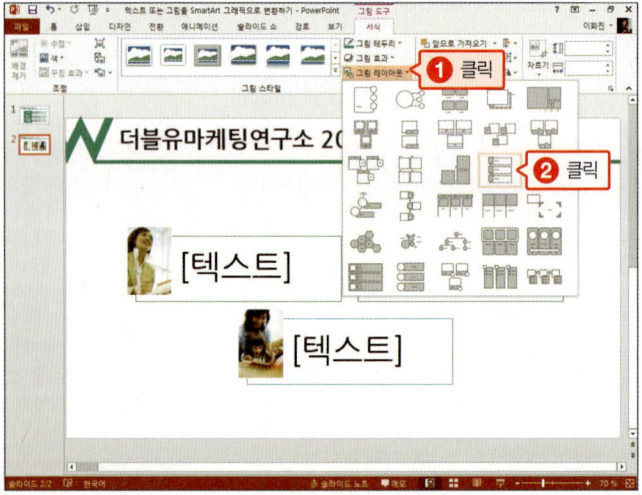

05 텍스트를 입력한 후 슬라이드를 완성합니다.

36 표 디자인하기

표는 일목요연하게 내용을 정리할 수 있어 많이 사용합니다. 사용자가 원하는 대로 표의 테두리 색, 스타일, 두께를 지정할 수 있고 셀의 색이나 효과도 지정할 수 있습니다. 또한 표 내의 여러 셀을 병합하거나 하나의 셀을 여러 셀로 분할할 수도 있습니다.

▪**실습 파일** 파워포인트 \ 4장 \ 표 디자인하기.pptx ▪**완성 파일** 파워포인트 \ 4장 \ 표 디자인하기_완성.pptx

01 표 테두리 색 및 두께 변경하기

슬라이드에 작성된 표를 원하는 스타일로 수정해보겠습니다.

① 표 전체 클릭

②[표 도구]-[디자인] 탭-[테두리 그리기] 그룹-[펜 두께]를 [1pt]로 설정

③[펜 색]을 [옥색, 강조 2]로 설정

④[표 스타일] 그룹-[테두리▼] 클릭

⑤[모든 테두리]를 선택합니다.

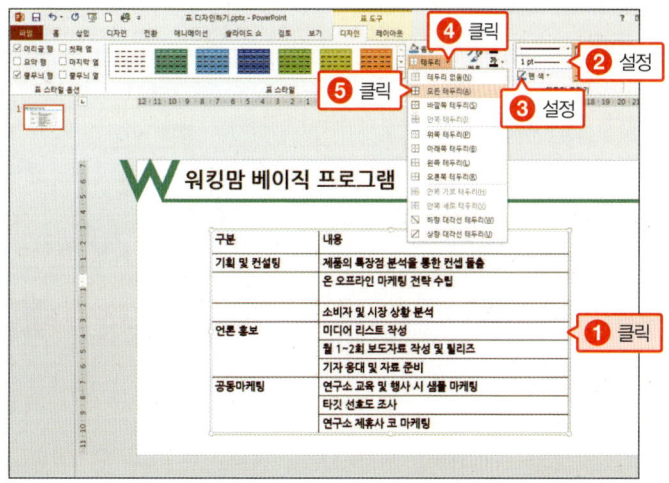

02 표 위쪽 테두리와 아래쪽 테두리 두껍게 하기

① 표 전체 클릭

②[표 도구]-[디자인] 탭-[테두리 그리기] 그룹-[펜 두께]를 [3pt]로 설정, [펜 색]을 [옥색, 강조 2]로 설정

③[표 스타일] 그룹-[테두리▼] 클릭

④[위쪽 테두리] 선택

⑤[아래쪽 테두리]를 선택합니다.

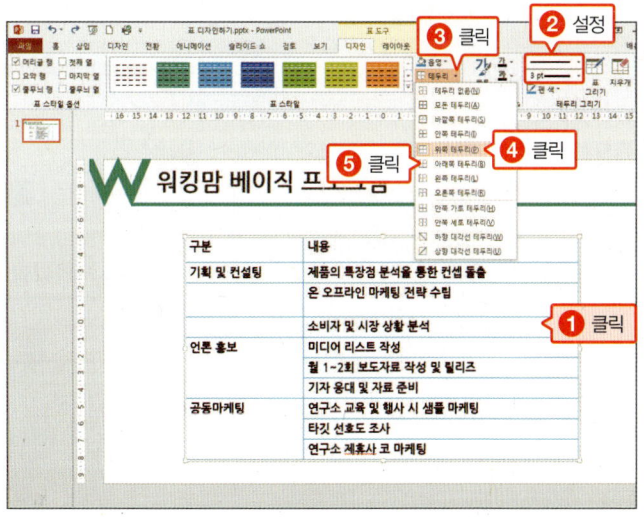

03 표 왼쪽 테두리와 오른쪽 테두리 지우기

① [표 도구] – [디자인] 탭 – [테두리 그리기] 그룹 – **[지우개]** 클릭

② 표의 **왼쪽 테두리**와 **오른쪽 테두리**를 드래그합니다.

표의 왼쪽과 오른쪽 테두리가 지워집니다.

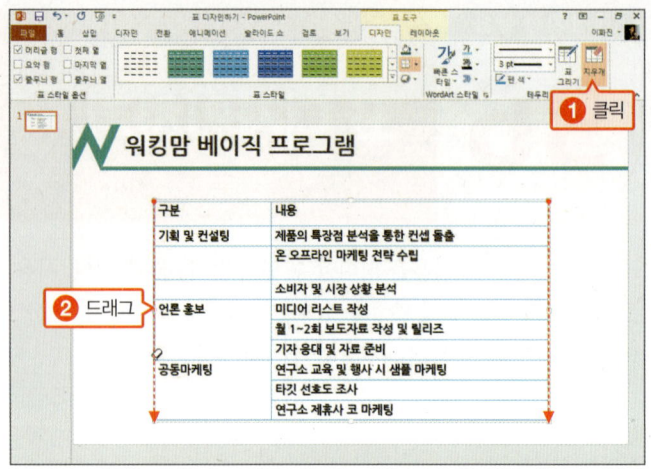

바로 통하는 TIP 지우개로 표의 선을 지울 때 드래그하여 표시되는 지우개의 경로가 점선인 경우에는 선이 지워지지 않습니다. 선 형태일 때만 지워집니다.

04 셀에 배경색 채우기

① 표의 **1행** 블록 설정

② [표 도구] – [디자인] 탭 – [표 스타일] 그룹 – **[음영▼]** 클릭

③ **[옥색, 강조 2, 60% 더 밝게]**를 선택합니다.

1행에 배경색이 적용됩니다.

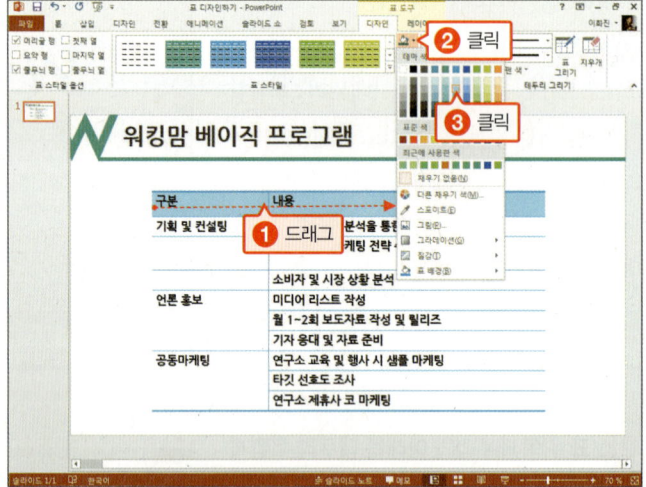

05

① 표의 1열 **기획 및 컨설팅**이라는 텍스트가 들어 있는 셀부터 가장 아래쪽 셀까지 블록 설정

② [표 도구] – [디자인] 탭 – [표 스타일] 그룹 – **[음영▼]** 클릭

③ **[옥색, 강조 2, 80% 더 밝게]**를 선택합니다.

1열에 배경색이 적용됩니다.

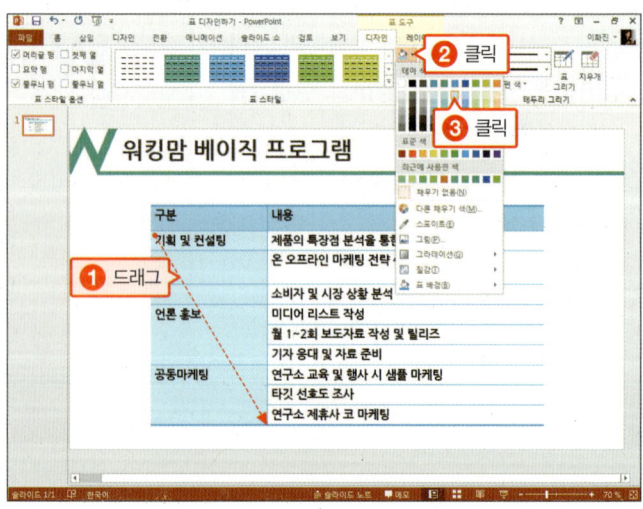

06 셀 병합하기

① **기획 및 컨설팅**이라는 텍스트가 들어 있는 셀부터 그 아래쪽 두 개 셀까지 블록 설정

② [표 도구] – [레이아웃] 탭 – [병합] 그룹 – [**셀 병합**]을 클릭합니다.

세 개의 셀이 하나로 병합됩니다.

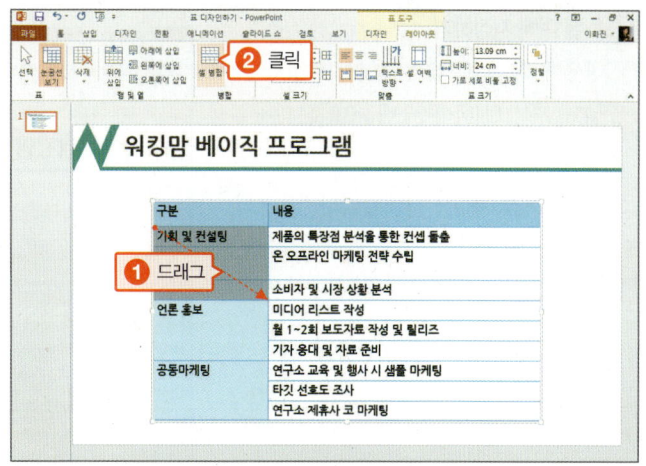

07 행 높이를 같게 하기

① 내용에 해당하는 **전체 행** 블록 설정

② [표 도구] – [레이아웃] 탭 – [셀 크기] 그룹 – [**행 높이를 같게**]를 클릭합니다.

선택한 행의 행 높이가 동일하게 조정됩니다.

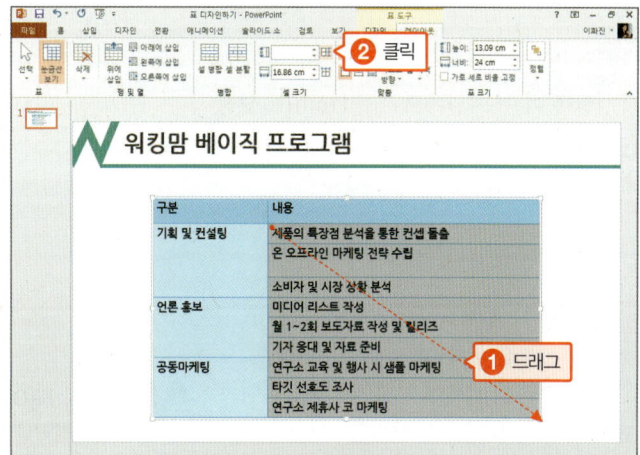

08 셀 안에 텍스트 위치 맞추기

① 표의 **1열** 전체 블록 설정

② [표 도구] – [레이아웃] 탭 – [맞춤] 그룹 – [**가운데 맞춤**] 클릭

③ [**세로 가운데 맞춤**] 클릭

④ **내용 셀** 클릭

⑤ [**가운데 맞춤**] 클릭

⑥ [**세로 가운데 맞춤**] 클릭

⑦ 내용 **셀 하단 전체** 블록 설정

⑧ [**세로 가운데 맞춤**]을 클릭합니다.

각 셀의 텍스트 위치가 수정됩니다.

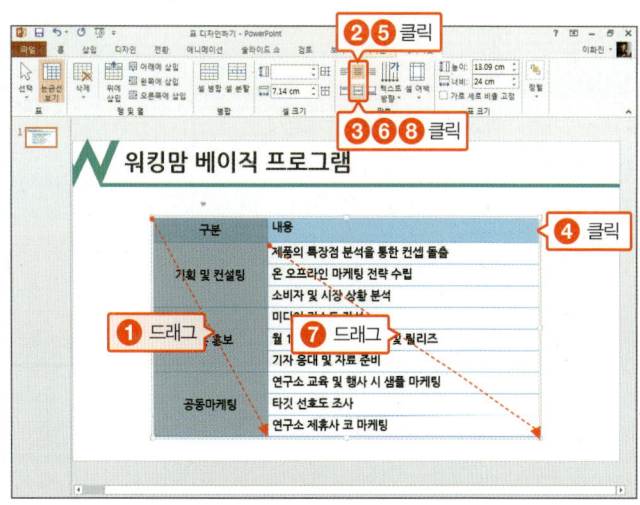

09 셀 여백 지정하기

① 내용에 해당하는 **셀 전체** 블록 설정

② [표 도구] – [레이아웃] 탭 – [맞춤] 그룹 –

　[**셀 여백**] 클릭

③ [**사용자 지정 여백**]을 선택합니다.

[셀 텍스트 레이아웃] 대화상자가 활성화됩니다.

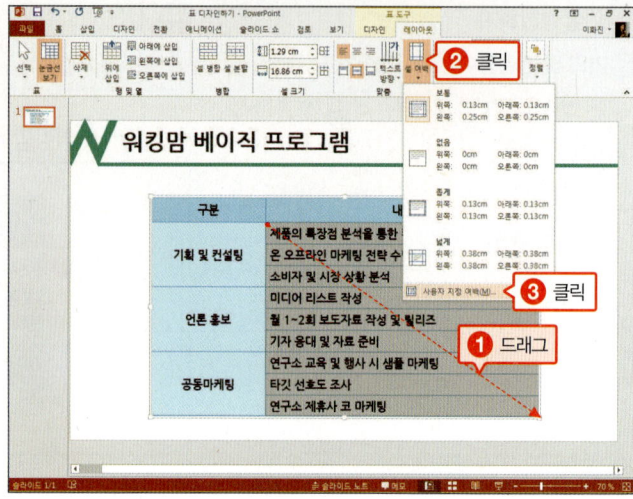

10

① [안쪽 여백] – [왼쪽으로]를 [1cm]로 설정

② [**확인**]을 클릭합니다.

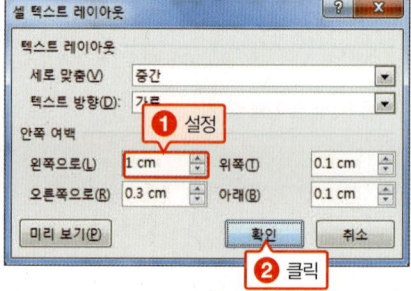

11 선택한 셀 전체에 여백이 적용됩니다.
표가 완성됩니다.

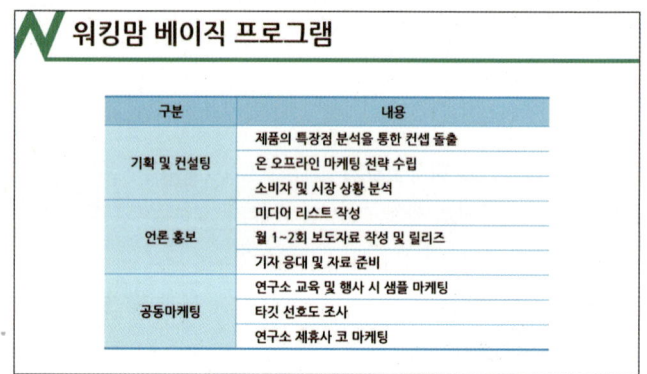

37 차트 디자인하기

프레젠테이션에서 수치 정보는 차트로 표현하는 것이 좋습니다. 파워포인트 2013에서는 차트를 좀 더 쉽고 빠르게 디자인할 수 있습니다. 사용자가 원하는 대로 차트를 디자인해보겠습니다.

▪**실습 파일 파워포인트 \ 4장 \ 차트 디자인하기.pptx** ▪**완성 파일 파워포인트 \ 4장 \ 차트 디자인하기_완성.pptx**

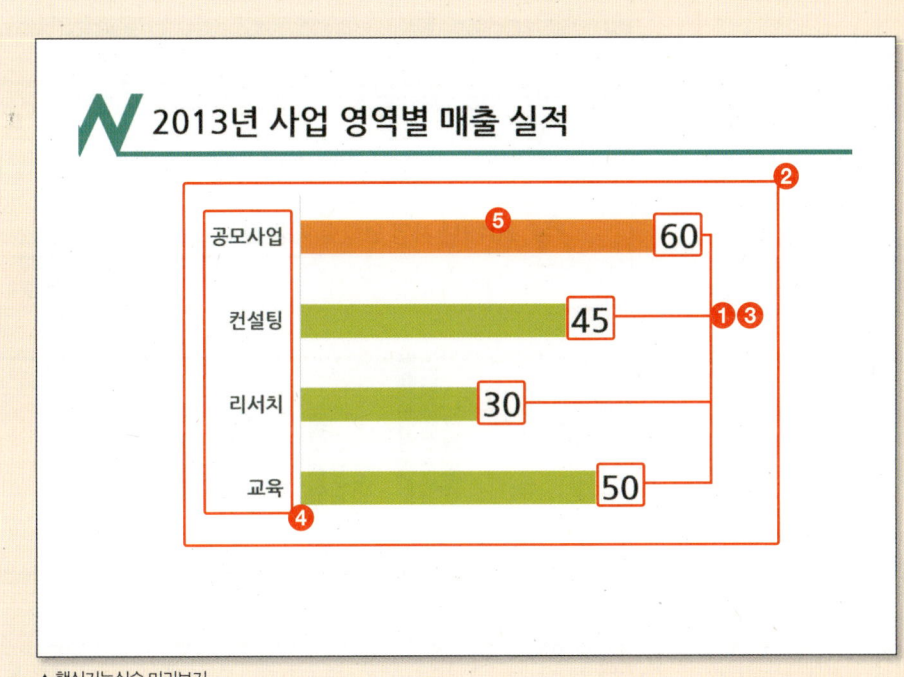

▲ 핵심기능실습 미리보기

❶ 데이터 레이블 표시하기
❷ 차트 종류 변경하기
❸ 글꼴 크기 변경하기
❹ 글꼴 색 변경하기
❺ 막대 서식 변경하기

01 차트 레이아웃 변경하기

① **차트** 클릭

② [차트 도구] - [디자인] 탭 - [차트 레이아웃] 그룹 - **[빠른 레이아웃]** 클릭

③ **[레이아웃 2]**를 선택합니다.

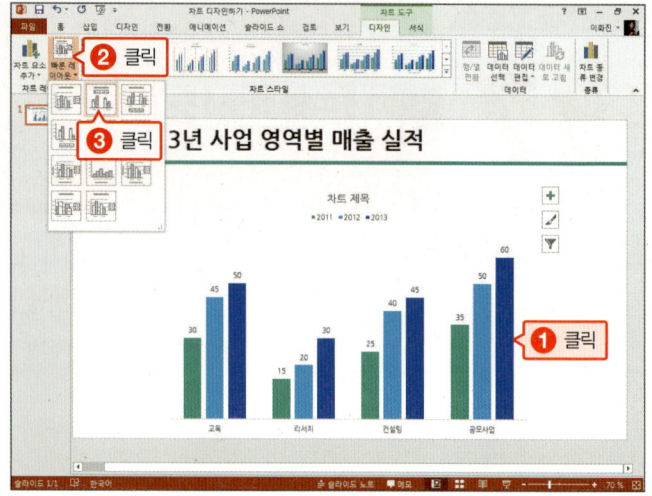

02 차트 제목과 범례 없애기

[차트 요소]와 [차트 스타일]을 이용해 간편하게 차트를 편집할 수 있습니다.

① **[차트 요소]** 클릭

② **[차트 제목]**과 **[범례]**의 체크 표시를 해제합니다.

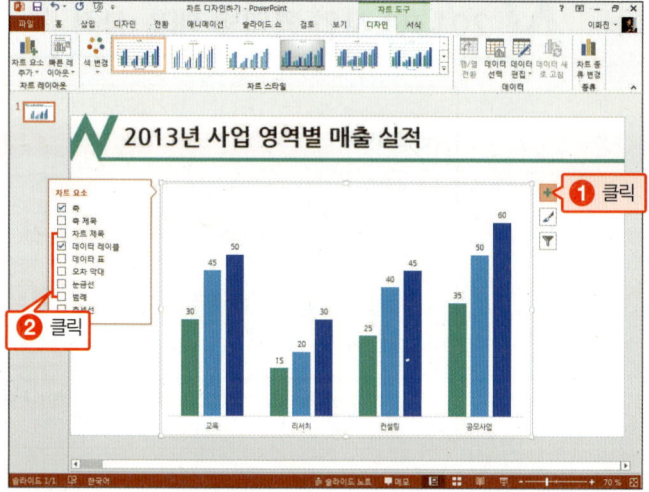

03 차트 색 변경하기

① **[차트 스타일]** 클릭

② **[색]** 클릭

③ **[색 2]**를 선택합니다.

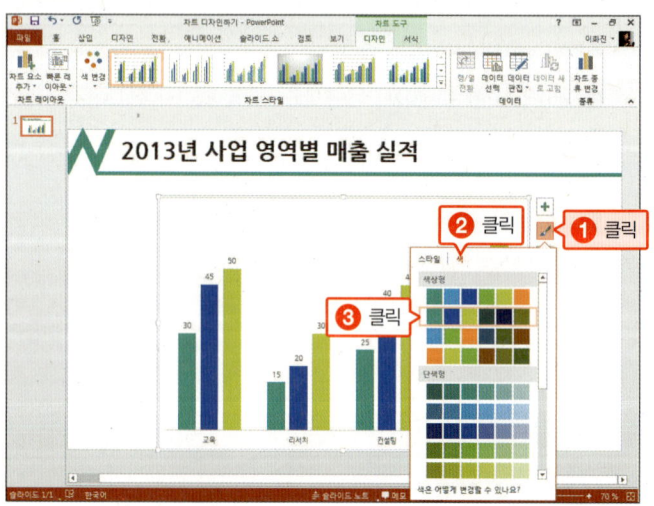

04 원하는 계열만 보이기

[차트 필터]를 이용하면 차트에 표시할 데
이터 요소를 간편하게 선택할 수 있습니다.

① [차트 필터] 클릭

② [값] 클릭

③ [계열] 항목 중 [2013]에 체크 표시

④ [적용]을 클릭합니다. 2013년에 해당하
  는 막대만 표시됩니다.

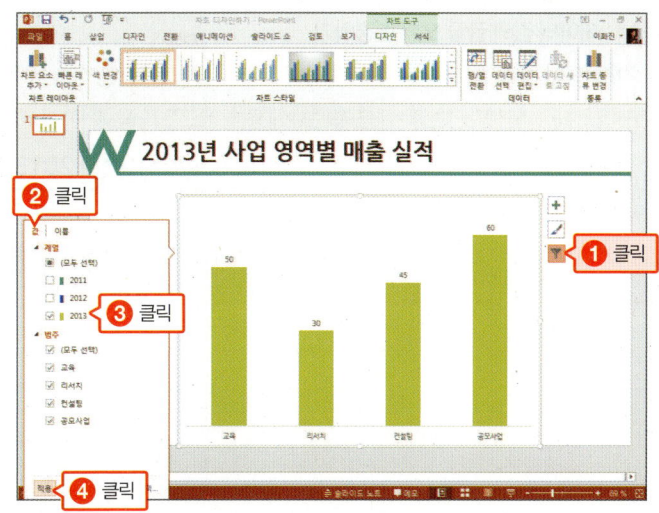

05 차트 종류 변경하기

세로 막대형 차트를 가로 막대형 차트로 변
경해보겠습니다.

① 차트 전체 클릭

② [차트 도구] - [디자인] 탭 - [종류] 그
  룹 - [차트 종류 변경] 클릭

③ [차트 종류 변경] 대화상자에서 [가로 막
  대형] 선택

④ [묶은 가로 막대형] 선택

⑤ [확인]을 클릭합니다.

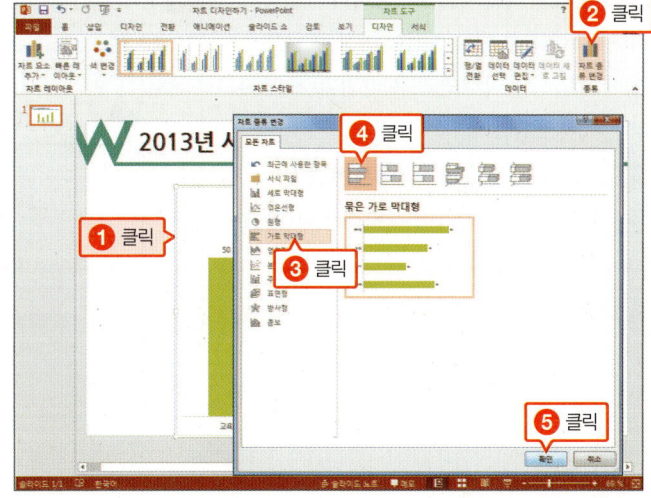

묶은 가로 막대형 차트로 변경됩니다.

06 항목 글꼴 크기 변경하기

① 세로 축의 항목 클릭

② [홈] 탭 - [글꼴] 그룹 - [글꼴 크기]를
  [24pt]로 설정

③ [굵게]를 클릭합니다.

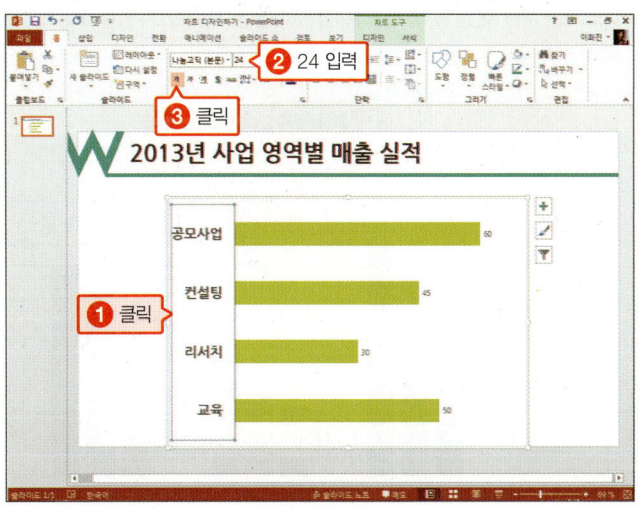

07 데이터 값의 글꼴 크기 변경하기

① **데이터 값** 클릭

② [홈] 탭 – [글꼴] 그룹 – [글꼴 크기]를 [40pt]로 설정

③ [**굵게**]를 클릭합니다.

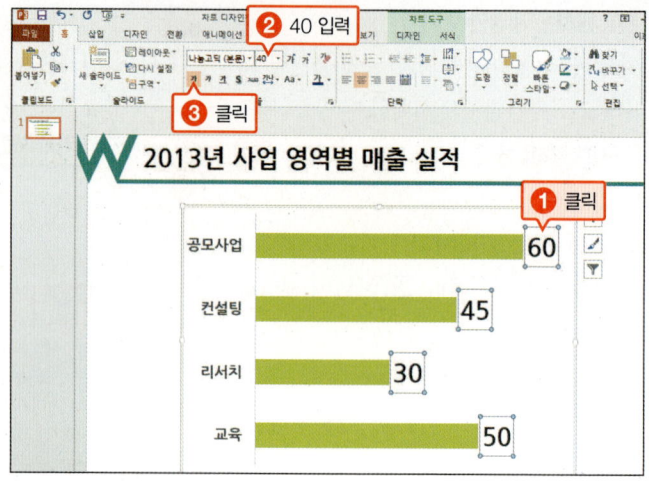

08 한 개의 막대 서식만 변경하기

네 가지 항목 중 매출 실적이 가장 큰 공모사업에 해당하는 막대의 색을 바꿔 눈에 띄도록 수정해보겠습니다.

① 공모사업에 해당하는 막대 **두 번** 클릭

② [차트 도구] – [서식] 탭 – [도형 스타일] 그룹 – [**도형 채우기**] 클릭

③ [**주황, 강조 6**]을 선택합니다.

차트가 완성됩니다.

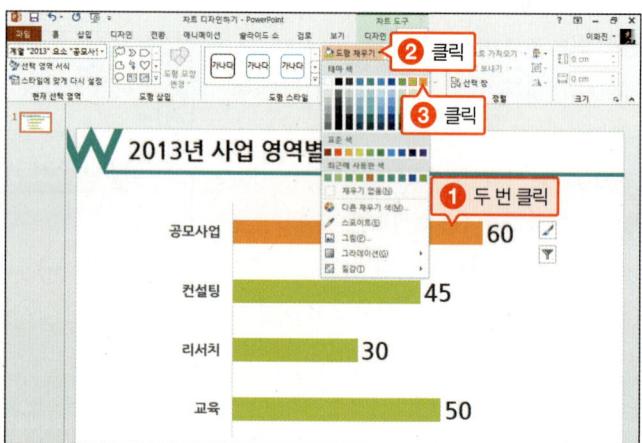

실무 활용 노트 POWER POINT | **차트 구성 요소 살펴보기**

차트에는 계열, 축, 범위, 데이터 레이블 등 다양한 구성 요소가 있습니다. 차트를 선택하면 차트 영역 오른쪽에 차트 요소, 차트 스타일, 차트 필터 등이 표시됩니다. 간편하게 차트 요소를 추가, 제거하거나 차트 스타일을 선택할 수 있습니다.

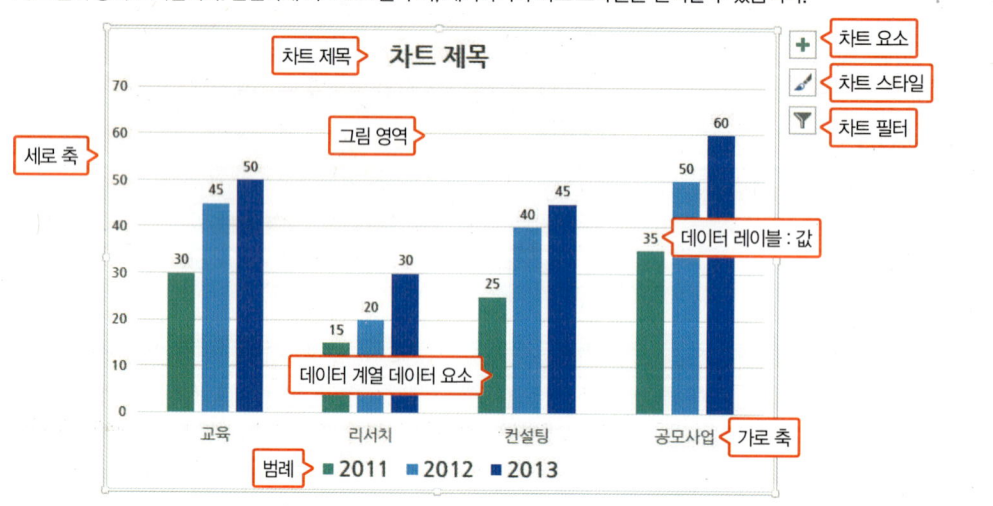

38 잘 만든 차트 서식 저장 후 재활용하기

다양한 서식을 적용하여 멋지게 만든 차트는 다시 사용할 수 있습니다. 자주 쓰는 차트 서식을 저장하여 재활용하면 차트 스타일을 수정할 때 시간을 절약할 수 있습니다.

▪실습 파일 파워포인트 \ 4장 \ 잘 만든 차트 서식 저장 후 재활용하기.pptx　▪완성 파일 파워포인트 \ 4장 \ 잘 만든 차트 서식 저장 후 재활용하기_완성.pptx

01 차트 서식 저장하기

사용자가 잘 만든 차트 서식을 저장해두었다가 다시 사용할 수 있습니다.

① **1번 슬라이드**에 있는 차트 클릭 후 마우스 오른쪽 버튼 클릭

② 바로 가기 메뉴 중 **[서식 파일로 저장]**을 선택합니다.

[차트 서식 파일 저장] 대화상자가 활성화됩니다.

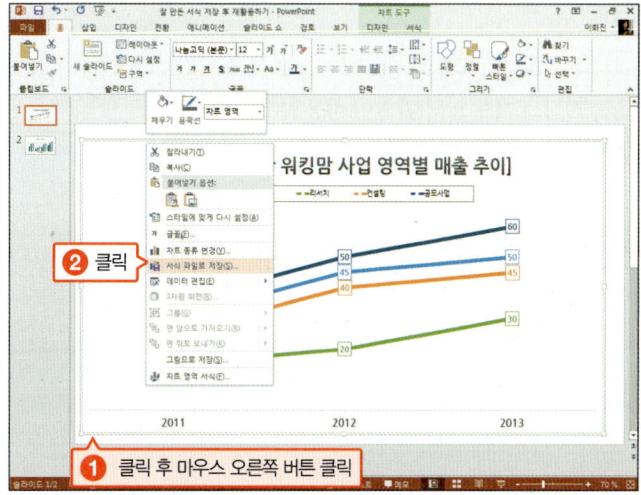

02

① [파일 이름]에 **색이 다른 굵은 꺾은선형 차트** 입력

② **[저장]**을 클릭합니다.

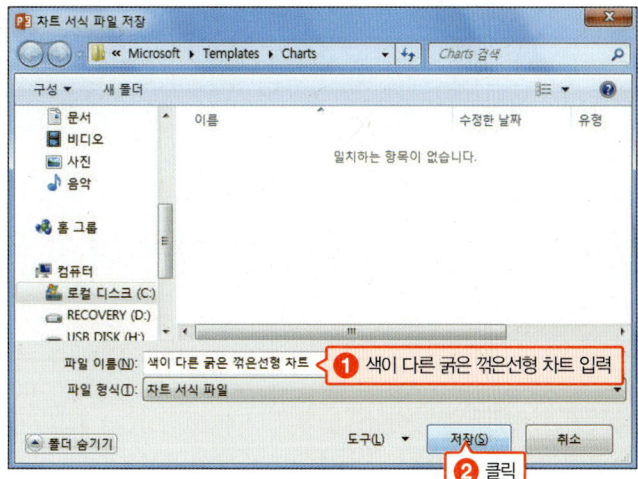

03 저장된 서식 파일 적용하기

① 2번 슬라이드에 있는 차트 클릭

② [차트 도구] – [디자인] 탭 – [종류] 그룹 – [차트 종류 변경] 클릭

③ [차트 종류 변경] 대화상자에서 [서식 파일] 선택

④ 색이 다른 굵은 꺾은선형 차트 선택

⑤ [확인]을 클릭합니다.

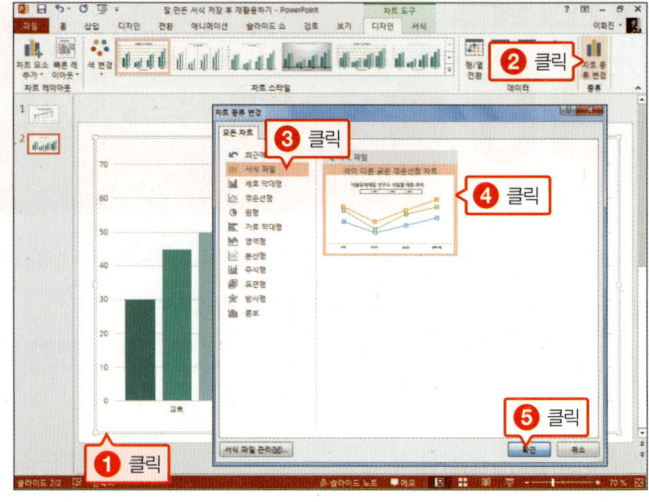

04 저장된 차트 서식 파일이 적용되어 차트 종류가 변경됩니다.

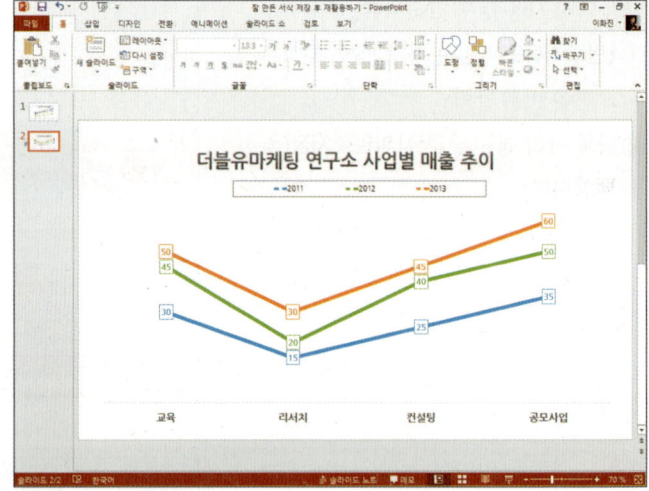

39 그림의 특정 부분만 강조하기

전체 그림 중 특정 부분을 컬러로 남겨두고 나머지는 회색조로 나타내거나 희미하게 만들어 표현하려는 내용을 좀 더 강조할 수 있습니다. 이때 그림을 자연스럽게 표현하려면 그림 주변을 부드럽게 처리하는 것이 좋습니다.

▪ **실습 파일** 파워포인트 \ 4장 \ 그림의 특정 부분만 강조하기.pptx ▪ **완성 파일** 파워포인트 \ 4장 \ 그림의 특정 부분만 강조하기_완성.pptx

01 그림을 복사하여 수평으로 이동하기

그림의 특정 부분만 강조하기 위해 그림을 복사한 후 원본과 겹쳐두고 강조할 부분만 남기고 잘라냅니다. 주변부에 효과를 주면 강조할 부분이 더 자연스럽게 표현됩니다.

① 슬라이드의 **그림** 클릭

② 그림을 복사하기 위해 [Ctrl] + [Shift]를 누른 상태에서 **왼쪽으로 드래그**합니다.

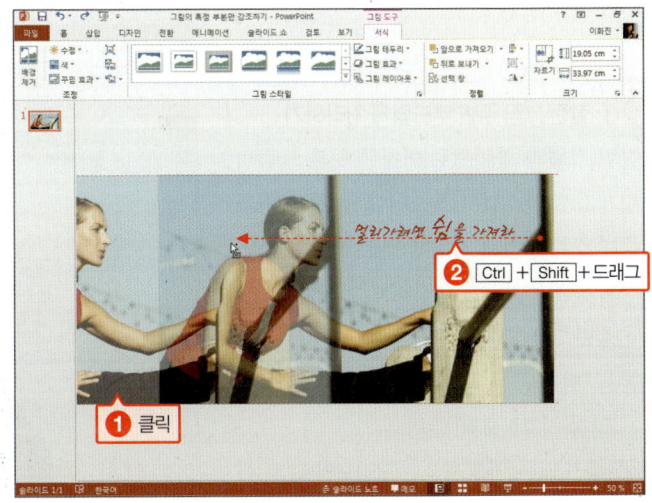

02 그림 색 변경하기

① 복사하기 전 **그림** 클릭 ② [그림 도구] – [서식] 탭 – [조정] 그룹 – [**색**] 클릭 ③ [다시 칠하기]에서 [**회색조**]를 선택합니다.

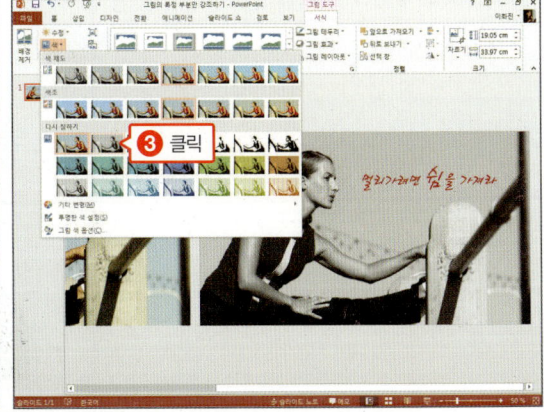

바로 통하는 TIP 원본에 회색조를 적용하면 강조할 부분과 겹쳐두었을 때 주변부가 회색으로 표시되어 강조할 부분이 더 눈에 띕니다.

03 그림의 원하는 부분만 남기고 자르기

복사해둔 그림에서 강조할 부분만 남기고 잘라냅니다.

① 복사한 그림을 본래 그림과 **겹치도록 드래그**

② [그림 도구]-[서식] 탭-[크기] 그룹-**[자르기]** 클릭

③ 강조하고 싶은 부분만 남도록 그림 테두리에 생긴 **꺾쇠**로 크기 조절

④ **[자르기]**를 클릭합니다.

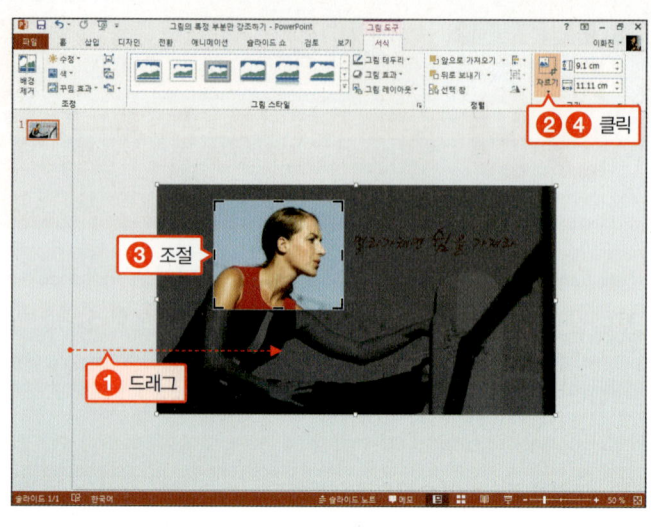

04 잘린 그림 주변 부드럽게 처리하기

잘린 그림과 회색으로 변경한 원본 그림의 경계가 자연스럽지 않습니다. 잘린 그림의 주변을 부드럽게 처리해 원본 배경과 자연스럽게 어울리도록 수정해보겠습니다.

① **잘린 그림** 클릭

② [그림 도구]-[서식] 탭-[그림 스타일] 그룹-**[그림 효과]** 클릭

③ [부드러운 가장자리]-**[50포인트]**를 선택합니다.

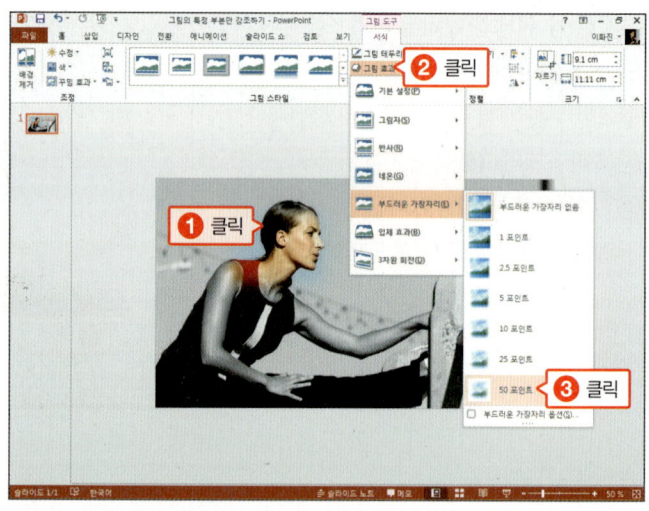

05 전체 컬러 그림 중 특정 부분만 색이 강조된 것을 확인할 수 있습니다.

40 그림 서식 변경 후 서식은 유지하고 그림만 변경하기

테두리 및 그림자, 반사와 같은 그림 서식을 변경한 후 서식은 그대로 유지하고 그림만 변경할 수 있습니다. 서식이 같은 다른 여러 개의 그림을 표현할 때 유용하게 활용할 수 있습니다.

▪ **실습 파일** 파워포인트 \ 4장 \ 그림 서식 변경 후 서식은 유지하고 그림만 변경하기.pptx
▪ **완성 파일** 파워포인트 \ 4장 \ 그림 서식 변경 후 서식은 유지하고 그림만 변경하기_완성.pptx

01 그림 테두리 변경하기

① 슬라이드에 있는 **그림** 클릭

② [그림 도구] – [서식] 탭 – [그림 스타일] 그룹 – **[그림 테두리]** 클릭

③ [두께] – **[다른 선]** 선택

④ [그림 서식] 작업 창에서 [채우기 및 선] – [두께]를 **[20pt]**로 설정합니다.

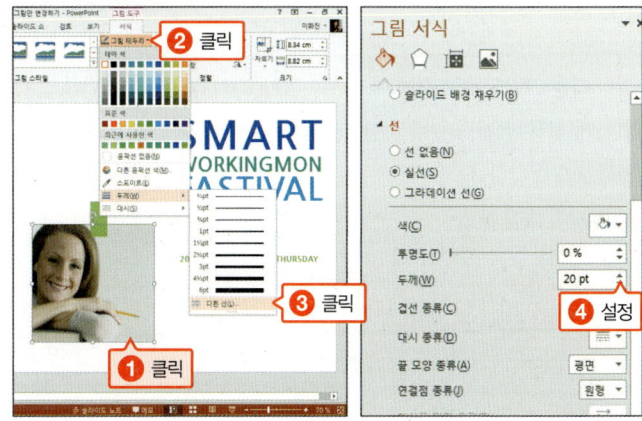

02 그림에 그림자 적용하기

① [그림 서식] 작업 창에서 [효과] – **[그림자]** 선택

② [미리 설정] 클릭

③ [바깥쪽] – **[오프셋 가운데]**를 선택합니다.

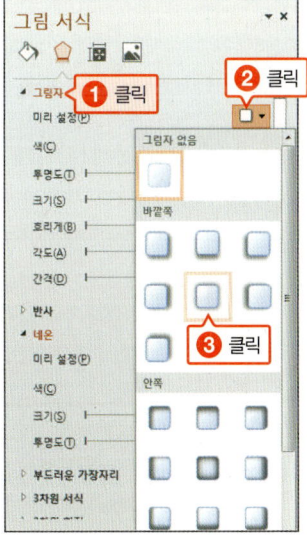

03 그림 서식 복사하고 붙여넣기

그림 서식을 복사해 다른 그림에도 적용해
보겠습니다.

① 서식이 적용된 **그림** 클릭

② [홈] 탭 – [클립보드] 그룹 – **[서식 복사]**
　 더블클릭

③④ 마우스 포인터가 **페인트 붓 모양**이 되면
　 서식을 붙여 넣을 그림을 클릭합니다.

다른 그림에 자동으로 서식이 적용됩니다.

04 다른 그림으로 변경하기

그림에 적용한 서식은 유지한 채 그림만 변
경해보겠습니다.

① 변경할 **그림** 클릭

② [그림 도구] – [서식] 탭 – [조정] 그룹 –
　 [그림 바꾸기]를 클릭합니다.

05 [그림 삽입] 창의 [파일에서] – **[찾아보기]**를 클릭합니다. ① **[그림 삽입]** 대화상자에서 **여자.jpg** 선택 ② **[삽입]**을
클릭합니다. 서식은 그대로 유지되면서 그림만 변경됩니다.

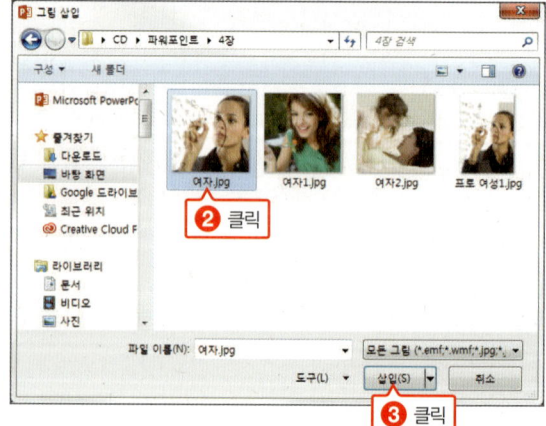

41 그림에서 불필요한 부분 제거하기

그림에서 불필요한 부분을 제거하여 슬라이드와 어울리게 표현할 수 있습니다. 제거하고자 하는 부분과 남기고 싶은 부분의 색 구분이 분명할 때 [배경 제거] 기능이 더 깔끔하게 적용됩니다.

▪**실습 파일** 파워포인트 \ 4장 \ 그림에서 불필요한 부분 제거하기.pptx　▪**완성 파일** 파워포인트 \ 4장 \ 그림에서 불필요한 부분 제거하기_완성.pptx

01 배경 제거하기

그림에 불필요한 배경이 들어 있으면 슬라이드가 복잡해 보일 수 있습니다. 불필요한 배경을 제거해보겠습니다.

① 슬라이드에서 **그림** 클릭

② [그림 도구] – [서식] 탭 – [조정] 그룹 – **[배경 제거]**를 클릭합니다.

02 배경 제거 선의 **핸들**을 조정하여 원하는 그림이 최대한 포함되도록 만듭니다.

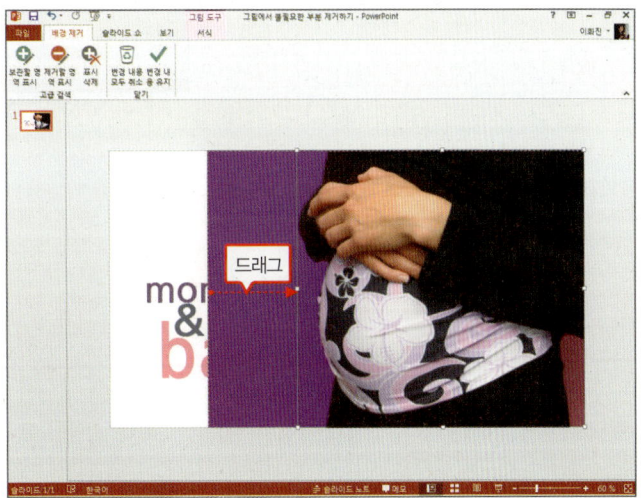

03 제거할 영역 표시하기

① 그림에서 제거할 부분이 남아 있으면 [배경 제거] 탭 – [고급 검색] 그룹 – **[제거할 영역 표시]** 클릭

② 마우스 포인터가 **연필 모양**으로 바뀌면 그림에서 제거할 영역에 선 그리기 그림의 오른쪽 아래에 분홍색 부분을 표시하면 배경이 보라색으로 바뀝니다.

③ 제거할 영역이 다 표시되면 [배경 제거] 탭 – [닫기] 그룹 – **[변경 내용 유지]**를 클릭합니다.

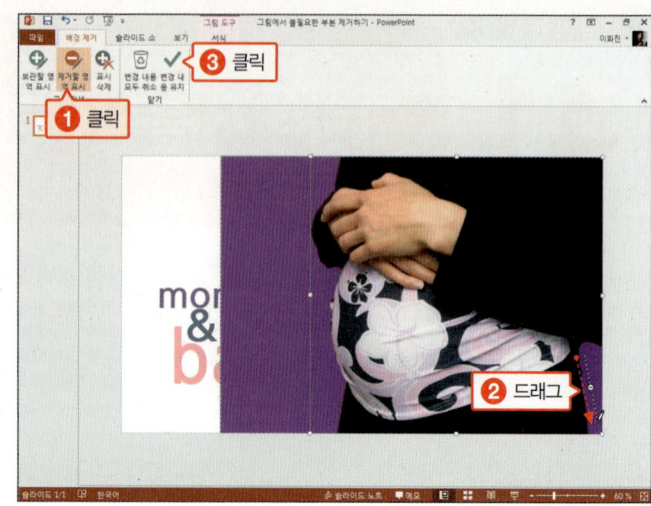

바로 통하는 TIP 제거하려는 부분과 남기고 싶은 부분의 색 구분이 분명한 것이 좋습니다.

04 불필요한 배경이 제거되고 그 자리에 슬라이드 배경이 보입니다. 남은 부분이 슬라이드 내용과 조화롭게 표현되었습니다.

프레젠테이션에 멀티미디어 삽입 및 서식 지정하기

프레젠테이션에서 오디오와 비디오는 내용을 역동적으로 만들어 줍니다. 단순히 슬라이드에 오디오와 비디오를 삽입하는 것뿐만 아니라 삽입된 오디오와 비디오의 특정 부분만 실행하는 것도 가능합니다. 또한 책갈피 기능을 사용하여 원하는 부분에 표시할 수 있습니다. 오디오는 원하는 슬라이드까지 재생되게 할 수 있으며, 비디오는 마치 그림처럼 모양이나 색을 변경할 수도 있습니다. 다만 비디오의 경우에는 지나치게 변형하여 내용을 왜곡하지 않도록 주의해야 합니다.

42 오디오 클립 삽입 후 특정 슬라이드까지 실행하기

오디오를 삽입한 슬라이드부터 특정 슬라이드까지 슬라이드 쇼가 실행되는 동안 오디오 파일을 재생할 수 있습니다. 이때 오디오 클립의 재생 중지를 제어하기 위해서는 사용자 지정 애니메이션에서 효과 옵션을 지정합니다.

- **실습 파일** 파워포인트 \ 5장 \ 오디오 삽입 후 특정 슬라이드까지 실행하기.pptx
- **완성 파일** 파워포인트 \ 5장 \ 오디오 삽입 후 특정 슬라이드까지 실행하기_완성.pptx

01 오디오 클립 삽입하기

슬라이드 쇼를 실행했을 때 특정 슬라이드에서 배경음악이 재생되도록 오디오 클립을 삽입해보겠습니다.

①**3번 슬라이드** 선택

②[삽입] 탭 – [미디어] 그룹 – **[오디오]** 클릭

③**[내 PC의 오디오]**를 선택합니다.

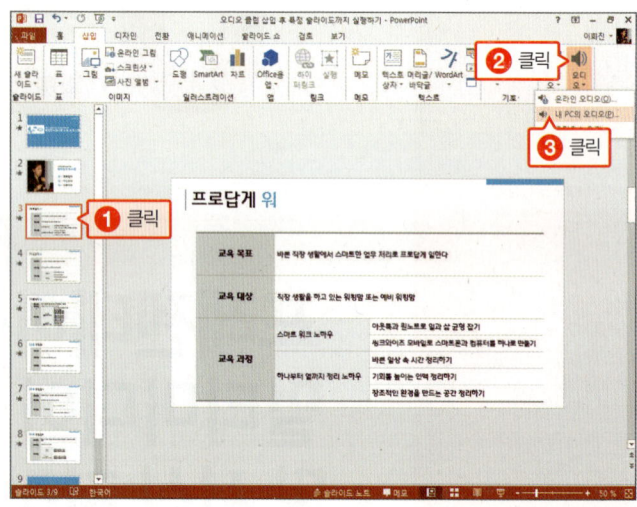

02

①[오디오 삽입] 대화상자가 열리면 파워포인트\5장 폴더에서 **배경음악.mp3** 선택

②**[삽입]**을 클릭합니다.

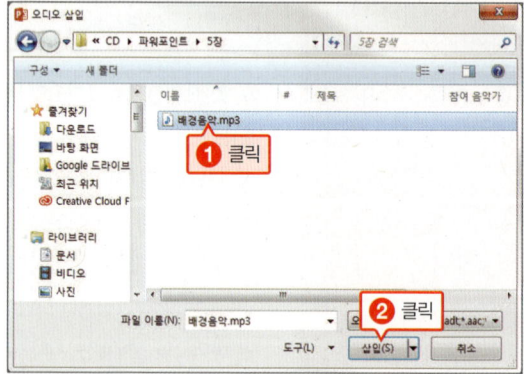

> **바로 통하는 TIP** 오디오 클립 삽입 시 [오디오 삽입] 대화상자의 오른쪽 아래의 [삽입] 옆의 역삼각형(▼) 모양의 목록 버튼을 클릭하면 삽입 여부에 대한 옵션을 지정할 수 있습니다.

03 삽입된 오디오 클립에서 **스피커 모양의 아이콘**을 드래그하여 슬라이드 오른쪽 위에 위치시킵니다.

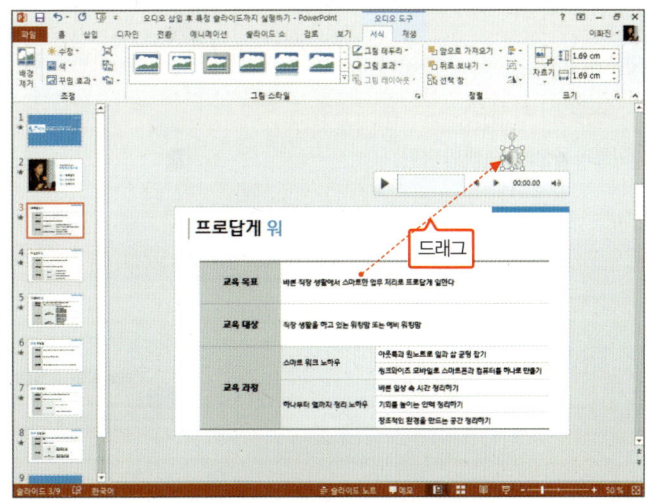

04 슬라이드 쇼 실행 시 오디오 클립 자동 실행하기

3번 슬라이드의 슬라이드 쇼가 시작될 때 오디오 클립이 자동으로 실행되도록 설정해보겠습니다.

① **오디오 클립** 클릭

② [오디오 도구] – [재생] 탭 – [오디오 옵션] 그룹 – **[시작]** 목록 클릭

③ **[자동 실행]**을 선택합니다.

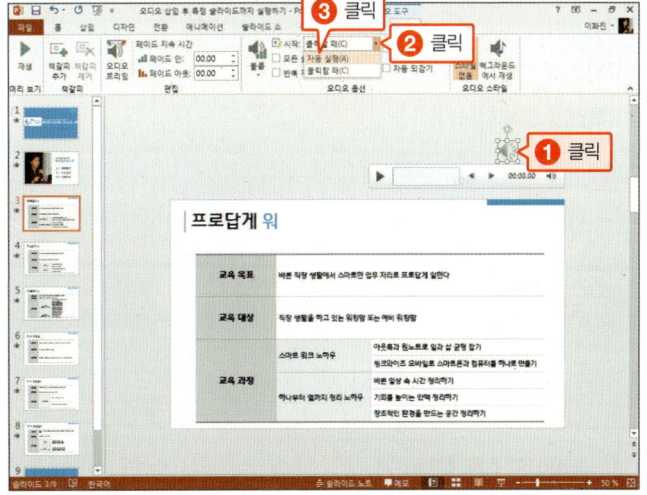

05 오디오 클립을 5번 슬라이드까지만 실행하기

오디오 클립이 5번 슬라이드까지만 실행되도록 수정해보겠습니다.

[애니메이션] 탭 – [고급 애니메이션] 그룹에서 **[애니메이션 창]**을 클릭합니다.

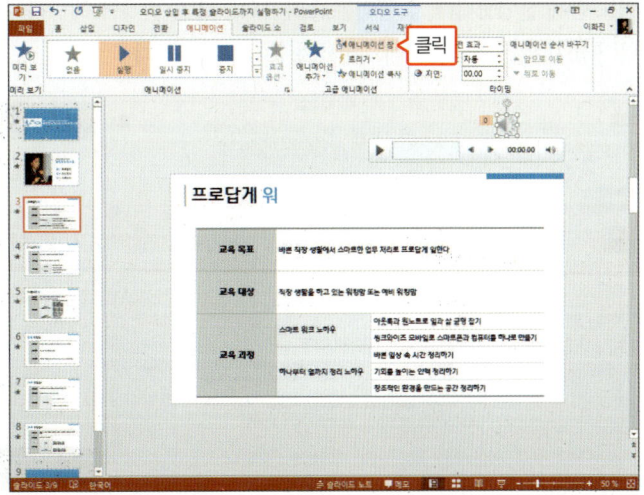

06

① [애니메이션 창] 작업 창에서 오디오 클립
   목록 옆[▼] 클릭

② [효과 옵션]을 선택합니다.

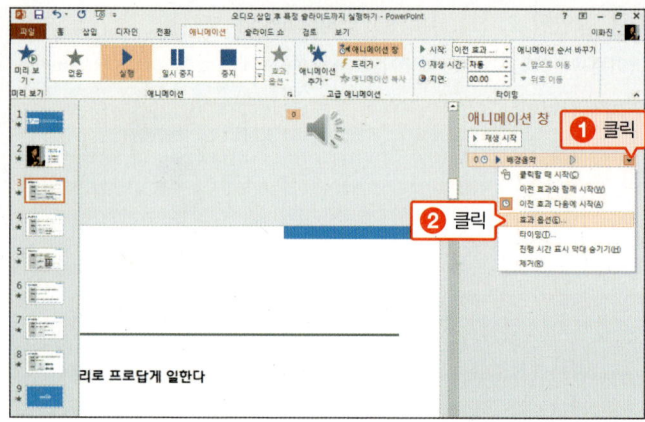

07

① [오디오 재생] 대화상자의 [효과] 탭에서 [재생 중지] 옵션 중 [지금부
   터] 선택

② [3]으로 설정

③ [확인]을 클릭합니다.

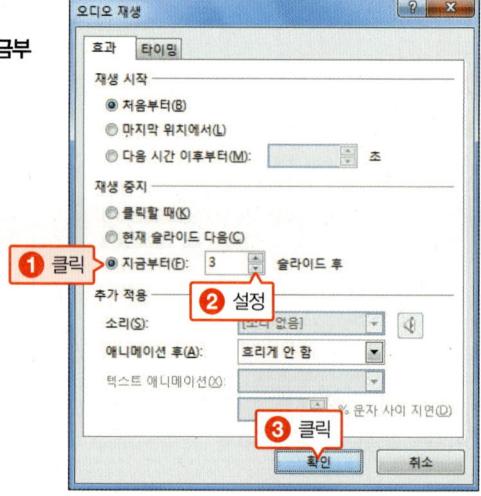

08 슬라이드 쇼를 실행하기

[슬라이드 쇼] 탭 – [슬라이드 쇼 시작] 그룹 – [현재 슬라이드부터]를 클릭합니다. 슬라이드 쇼가 실행되면 오디오 클립도 함께 실행됩니다. 실행되는 슬라이드부터 세 번째에 해당하는 5번 슬라이드까지 오디오 클립이 계속 실행되다가 네 번째인 6번 슬라이드에서 재생이 중지됩니다.

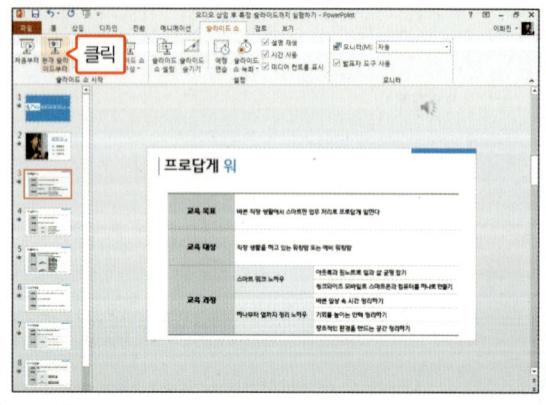

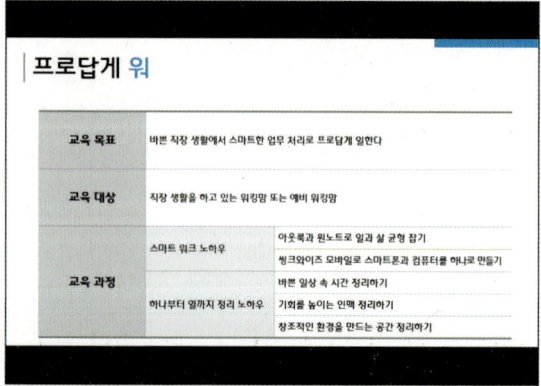

바로 통하는 TIP 화면의 오른쪽 아래에 있는 [슬라이드 쇼]를 클릭하거나 Ctrl + F5 를 누르면 현재 슬라이드부터 슬라이드 쇼를 실행할 수 있습니다.

43 전체 오디오 클립 중 원하는 부분만 남기기

오디오 클립을 삽입한 후 슬라이드 내용과 관계없는 설명이 있거나 슬라이드 시간에 맞게 오디오 길이를 줄여야 하는 경우 오디오 클립을 트리밍합니다. 트리밍 기능을 이용하면 오디오의 시작과 종료 시간을 사용자가 지정할 수 있습니다.

▪ **실습 파일** 파워포인트 \ 5장 \ 전체 오디오 클립 중 원하는 부분만 남기기.pptx
▪ **완성 파일** 파워포인트 \ 5장 \ 전체 오디오 클립 중 원하는 부분만 남기기_완성.pptx

01 오디오 클립 트리밍하기

오디오 클립의 재생 시간을 조정해보겠습니다.

① 슬라이드에 있는 **오디오 클립** 클릭

② [오디오 도구] – [재생] 탭 – [편집] 그룹 – **[오디오 트리밍]**을 클릭합니다.

[오디오 맞추기] 대화상자가 활성화됩니다.

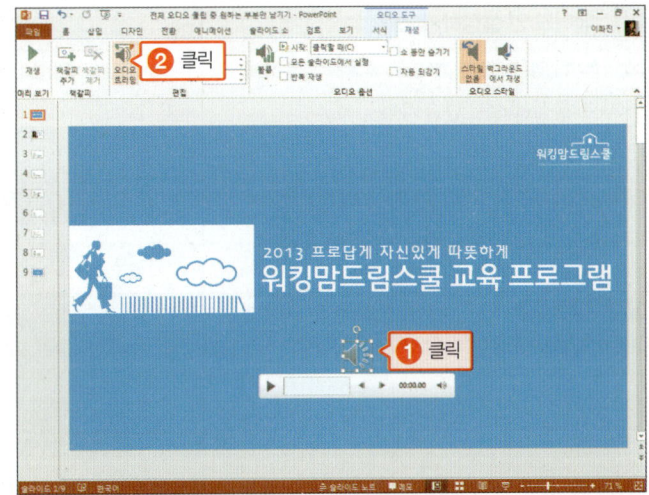

02 시작과 종료 지점 지정하기

① 오디오 클립의 처음을 트리밍하기 위해 **[시작 지점]**을 원하는 지점으로 드래그

② 오디오 클립의 끝을 트리밍하기위해 **[종료 지점]**을 원하는 지점으로 드래그

③ **[확인]**을 클릭합니다.

오디오를 실행하여 확인합니다.

바로 통하는 TIP 트리밍을 위해 직접 시작 시간과 종료 시간을 설정할 수도 있습니다. 이때 오디오 클립을 미리 재생하여 시간을 확인한 후 트리밍 작업을 하면 효과적입니다.

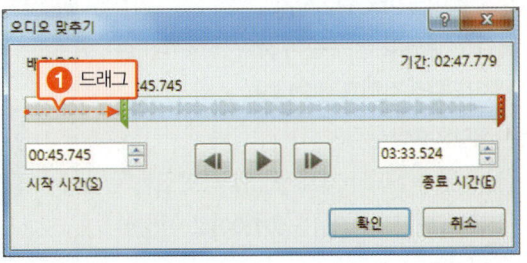

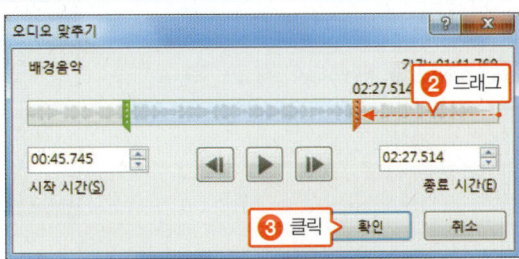

44

부드럽게 시작하고 부드럽게 끝나는 오디오 클립 만들기

오디오 편집 시 가장 많이 사용하는 기능은 소리가 점점 커지면서 오디오 클립이 부드럽게 시작하고 끝은 점점 작아지면서 부드럽게 종료되도록 하는 것입니다. 이 효과는 오디오 [페이드 인/아웃] 기능으로 쉽게 만들 수 있습니다.

- 실습 파일 파워포인트 \ 5장 \ 부드럽게 시작하고 부드럽게 끝나는 오디오 클립 만들기.pptx
- 완성 파일 파워포인트 \ 5장 \ 부드럽게 시작하고 부드럽게 끝나는 오디오 클립 만들기_완성.pptx

01 페이드 인 설정하기

오디오 클립의 시작 부분의 소리가 서서히 커지도록 설정해보겠습니다.

① **오디오 클립** 클릭

② [오디오 도구]-[재생] 탭-[편집] 그룹- [페이드 인]을 [01.00]로 설정합니다.

바로 통하는TIP 오디오 클립을 재생하려면 오디오 컨트롤에서 재생 버튼을 누릅니다.

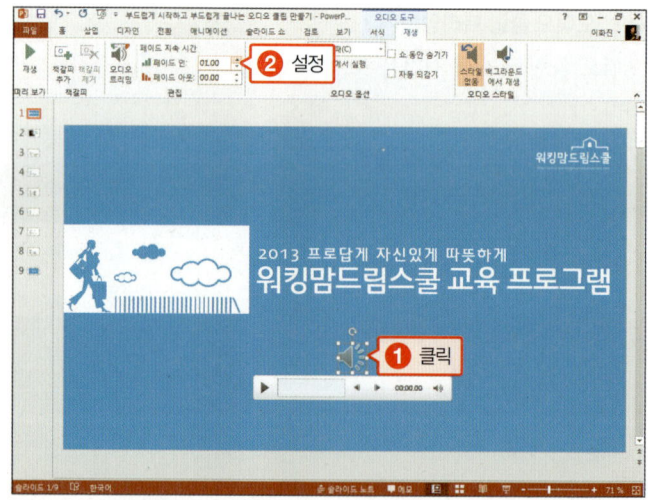

02 페이드 아웃 설정하기

오디오 클립의 끝 부분의 소리가 서서히 작아지도록 설정해보겠습니다.

① **오디오 클립** 클릭

② [오디오 도구]-[재생] 탭-[편집] 그룹-[페이드 아웃]을 [01.00]로 설정합니다.

바로 통하는TIP 페이드 상자 옆에 있는 위쪽(▲)/아래쪽(▼) 화살표를 클릭하여 페이드 인/아웃 시간을 늘리거나 줄일 수 있습니다.

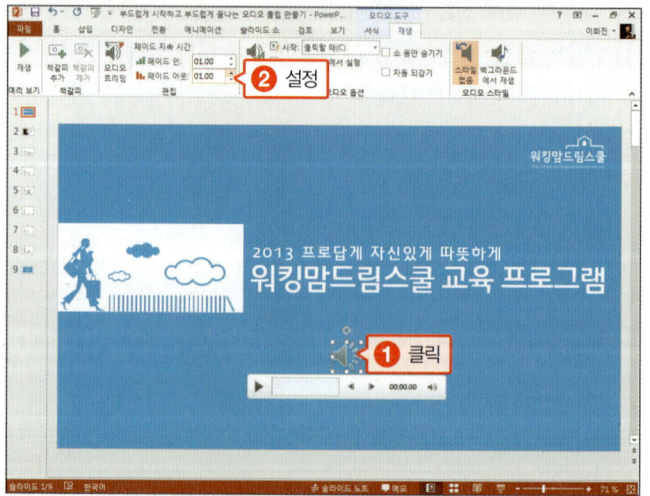

45 비디오 삽입 후 빠른 스타일 적용하기

청중의 시선을 사로잡는 방법 중 하나는 슬라이드에 비디오를 삽입하여 프레젠테이션 내용을 역동적으로 표현하는 것입니다. 파워포인트 2013에서는 내 PC의 비디오뿐만 아니라 유튜브(YouTube)와 같은 온라인상의 비디오도 쉽게 삽입할 수 있습니다.

▪**실습 파일** 파워포인트 \ 5장 \ 비디오 삽입 후 빠른 스타일 적용하기.pptx ▪**완성 파일** 파워포인트 \ 5장 \ 비디오 삽입 후 빠른 스타일 적용하기_완성.pptx

01 비디오 삽입하기

①[삽입] 탭 – [미디어] 그룹 – **[비디오]** 클릭
②**[내 PC의 비디오]**를 선택합니다.

[비디오 삽입] 대화상자가 활성화됩니다.

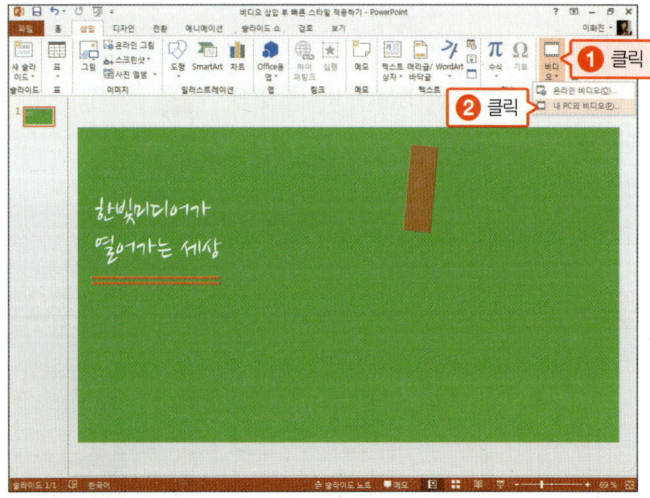

02

①5장 폴더에서 **한빛미디어.wmv** 선택
②**[삽입]**을 클릭합니다.

온라인에 있는 비디오 삽입하기

온라인에 있는 비디오를 삽입하려면 [삽입] 탭 – [미디어] 그룹 – [비디오]를 클릭한 후 [온라인 비디오]를 선택합니다. [비디오 삽입] 창이 나타나면 원하는 비디오를 검색하여 슬라이드에 삽입합니다.

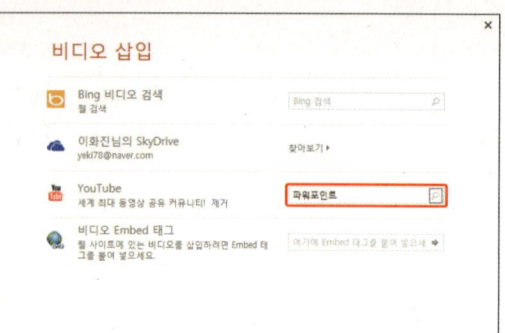 

03 비디오 클립 크기 조정 및 비디오 클립에 빠른 스타일 적용하기

① 삽입된 **비디오 클립** 클릭

② **크기 조정 핸들**로 크기 조정 후 주황색 스티커 아래로 위치 조정

③ [비디오 도구] – [서식] 탭 – [비디오 스타일] 그룹 – **[자세히 ⬚]**를 클릭합니다.

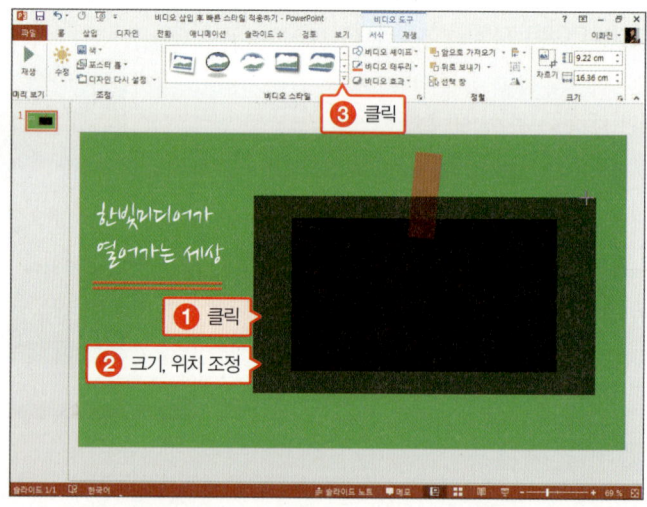

04 [일반] – **[회전, 그라데이션]**을 선택합니다.

비디오 클립에 빠른 스타일이 적용되어 화면 모양이 바뀝니다.

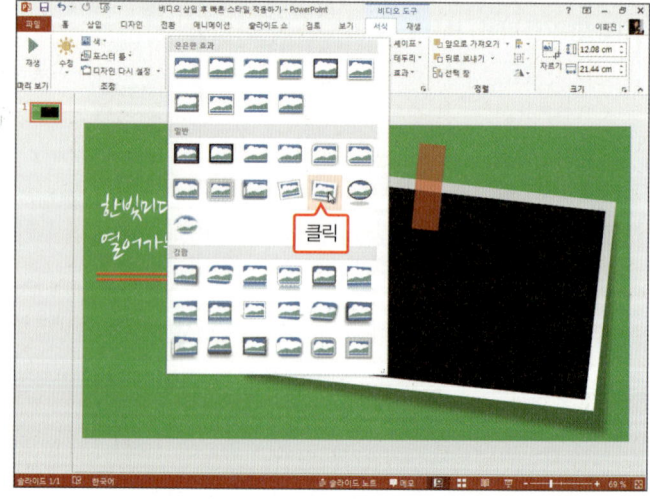

05 슬라이드 쇼 실행 시 자동으로 비디오 실행하기

슬라이드 쇼가 시작할 때 비디오 클립이 자동으로 재생되도록 설정해보겠습니다.

① **비디오 클립** 클릭

② [비디오 도구] – [재생] 탭 – [비디오 옵션] 그룹 – [시작] 목록 클릭

③ [자동 실행]을 선택합니다.

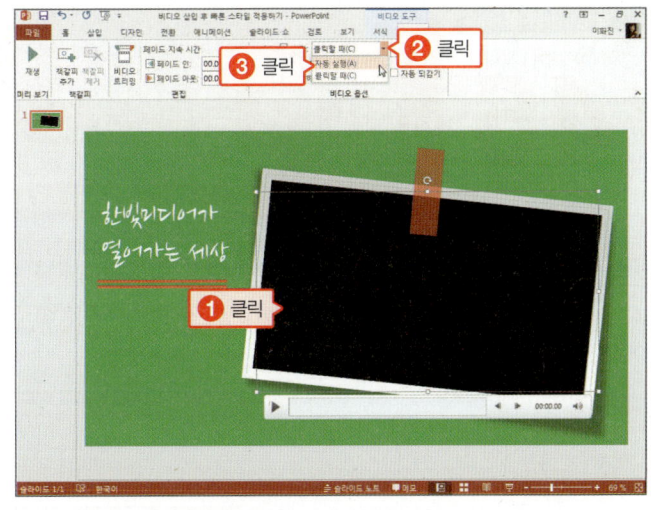

바로 통하는 TIP 파워포인트 2013에서 비디오 클립을 삽입하면 기본적으로 [시작]이 [클릭할 때]로 설정되어 있습니다.

06 슬라이드 쇼 실행하기

[슬라이드 쇼] 탭 – [슬라이드 쇼 시작] 그룹 – [처음부터]를 클릭합니다. 슬라이드 쇼가 실행되며 비디오 클립도 함께 실행됩니다.

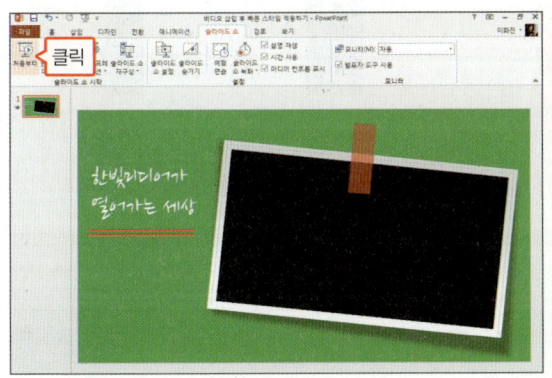

바로 통하는 TIP 첫 번째 슬라이드를 선택한 후 빠른 실행 도구 모음에 [슬라이드 쇼] 버튼을 클릭하거나 F5 를 눌러도 첫 번째 슬라이드부터 슬라이드 쇼를 실행할 수 있습니다.

46 비디오 클립의 모양 및 서식 변경하기

비디오 클립도 그림을 변경하듯이 다양하게 서식 변경할 수 있습니다. 비디오의 밝기 및 대비, 색, 모양 변경이 가능하고 그림자, 네온, 반사, 3차원 회전 같은 시각 효과도 적용할 수 있습니다. 이때 비디오에 너무 많은 변화를 주어 내용 전달에 방해가 되지 않도록 주의합니다.

▪ **실습 파일** 파워포인트 \ 5장 \ 비디오 클립의 모양 및 서식 변경하기.pptx   ▪ **완성 파일** 파워포인트 \ 5장 \ 비디오 클립의 모양 및 서식 변경하기_완성.pptx

01 비디오 클립의 모양 변경하기

사각형의 비디오 클립에 서식을 적용해 다양한 스타일로 꾸며보겠습니다.

① 슬라이드에 삽입된 **비디오 클립** 클릭

② [비디오 도구] – [서식] 탭 – [비디오 스타일] 그룹 – [**비디오 셰이프**] 클릭

③ [**기본 도형**] – [**구름**]을 선택합니다.

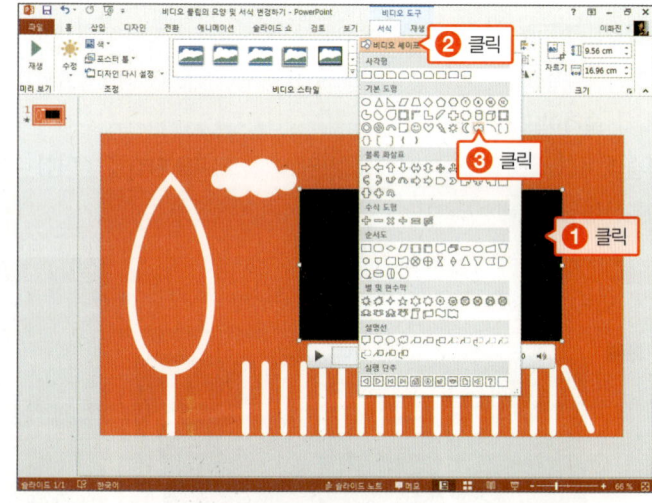

02 비디오 클립의 모양이 구름 형태로 변경된 것을 확인할 수 있습니다.

03 비디오 클립에 그림자 적용하기

① **비디오 클립** 클릭

② [비디오 도구] – [서식] 탭 – [비디오 스타일] 그룹 – **[비디오 효과]** 클릭

③ [그림자] – [바깥쪽] – **[오프셋 가운데]**를 선택합니다.

비디오 클립에 그림자가 적용된 것을 확인할 수 있습니다.

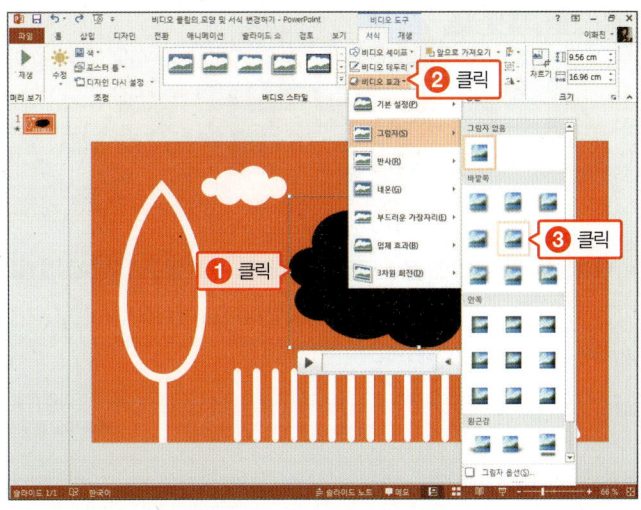

04 비디오 클립의 색 변경하기

① **비디오 클립** 클릭

② [비디오 도구] – [서식] 탭 – [조정] 그룹 – **[색]** 클릭

③ **[빨강, 어두운 강조색 2]**를 선택합니다.

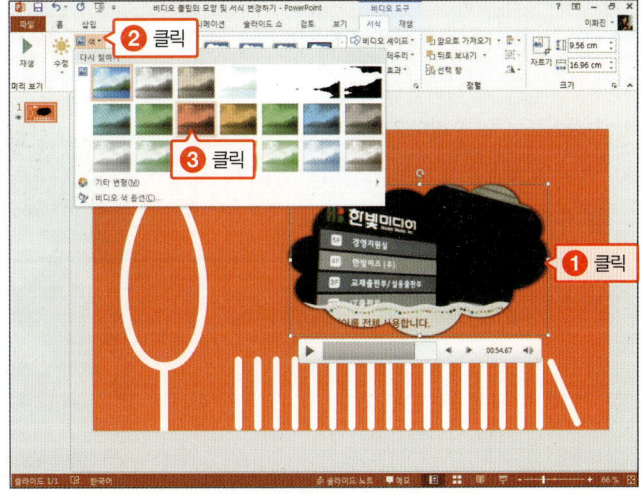

05 비디오 클립의 색이 변경된 것을 확인할 수 있습니다.

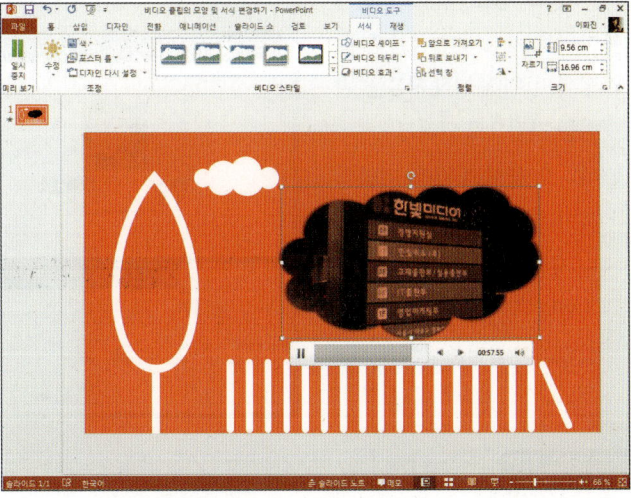

47 전체 비디오 클립 중 원하는 부분만 남기기

비디오 클립을 삽입한 후 슬라이드 내용과 관계없는 설명이 있거나 슬라이드 시간에 맞게 비디오 길이를 줄여야 하는 경우에는 비디오 클립을 트리밍합니다. [비디오 트리밍] 기능을 사용하면 비디오의 시작과 종료 시간을 사용자가 지정할 수 있습니다.

▪ **실습 파일** 파워포인트 \ 5장 \ 전체 비디오 클립 중 원하는 부분만 남기기.pptx
▪ **완성 파일** 파워포인트 \ 5장 \ 전체 비디오 클립 중 원하는 부분만 남기기_완성.pptx

01 비디오 트리밍

비디오 클립의 재생 시간을 조정해보겠습니다.

① 슬라이드에 있는 **비디오 클립** 클릭

② [비디오 도구] – [재생] 탭 – [편집] 그룹 – **[비디오 트리밍]**을 클릭합니다.

[비디오 맞추기] 대화상자가 활성화됩니다.

02 시작과 종료 지점 지정하기

① 비디오 클립의 처음을 트리밍하기 위해 **시작 지점**을 원하는 지점으로 드래그

② 비디오 클립의 끝을 트리밍하기 위해 **종료 지점**을 원하는 지점으로 드래그

③ **[확인]**을 클릭한 후 비디오를 실행하여 확인합니다.

바로 통하는 TIP 트리밍을 위해 직접 시작 시간과 종료 시간을 설정할 수도 있습니다. 이때 비디오 클립을 미리 재생하여 시간을 확인한 후 트리밍 작업을 하면 효과적입니다.

48 비디오 클립에 특정 지점 지정하기

비디오 클립의 내용 중 특정 지점을 표시해놓으면 애니메이션을 시작하거나 비디오 클립의 특정 지점을 빠르게 찾아낼 수 있습니다. [책갈피 추가] 기능을 사용하면 편리합니다.

▪ **실습 파일** 파워포인트 \ 5장 \ 비디오 클립에 특정 지점 지정하기.pptx ▪ **완성 파일** 파워포인트 \ 5장 \ 비디오 클립에 특정 지점 지정하기_완성.pptx

01 비디오 클립에 책갈피 추가하기

① 슬라이드에 있는 **비디오 클립** 클릭

② 비디오 클립 아래 비디오 컨트롤에서 [**재생**]을 눌러 비디오 실행 후 표시하고 싶은 특정 지점 찾기

③ 원하는 지점에 책갈피를 표시하기 위해 [비디오 도구]-[재생] 탭-[책갈피] 그룹-[**책갈피 추가**]를 클릭합니다.

02 책갈피를 추가한 지점에 노란색 원이 표시되는 것을 확인할 수 있습니다.

바로 통하는 TIP 추가된 책갈피를 삭제하려면 시간 표시 막대에서 제거할 책갈피를 찾아 클릭합니다. [비디오 도구]-[재생] 탭-[책갈피] 그룹에서 [책갈피 제거]를 클릭합니다.

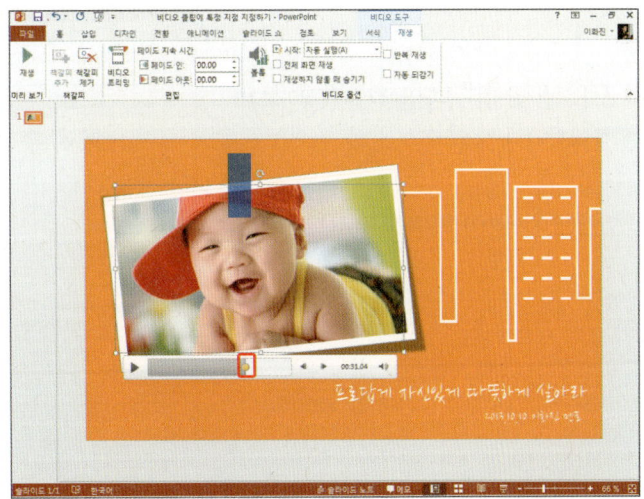

49 비디오 클립의 미리 보기 이미지 설정하기

비디오 클립을 시작하기 전 비디오와 관련된 미리 보기 화면을 설정하면 청중은 보다 쉽게 비디오의 내용을 파악할 수 있습니다. 미리 보기 화면은 재생되는 비디오 클립의 특정 화면을 사용하거나 저장된 이미지 파일을 사용합니다.

- **실습 파일** 파워포인트 \ 5장 \ 비디오 클립의 미리 보기 이미지 설정하기.pptx
- **완성 파일** 파워포인트 \ 5장 \ 비디오 클립의 미리 보기 이미지 설정하기_완성.pptx

01 미리 보기 이미지 설정하기

비디오 클립의 내용을 좀 더 잘 전달할 수 있도록 관련 이미지를 비디오의 미리 보기 화면으로 설정해보겠습니다.

① **비디오 클립** 클릭

② [비디오 도구] – [서식] 탭 – [조정] 그룹 – **[포스터 틀]** 클릭

③ **[파일의 이미지]**를 선택합니다.

02 [그림 삽입] – [파일에서] – **[찾아보기]**를 클릭합니다.

[그림 삽입] 대화상자가 활성화됩니다.

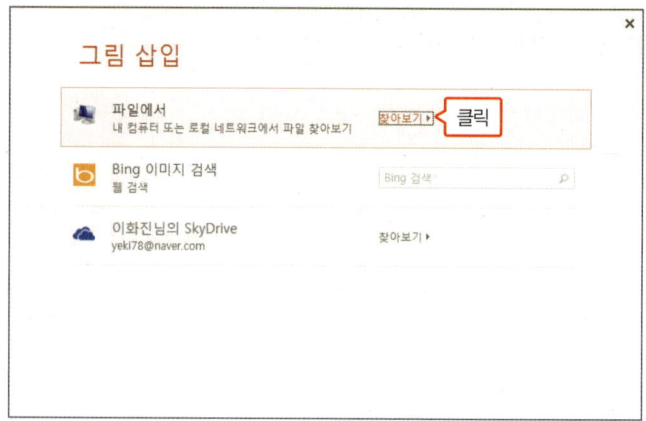

03
① 5장 폴더에서 **워킹맘.jpg** 선택
② [**삽입**]을 클릭합니다.

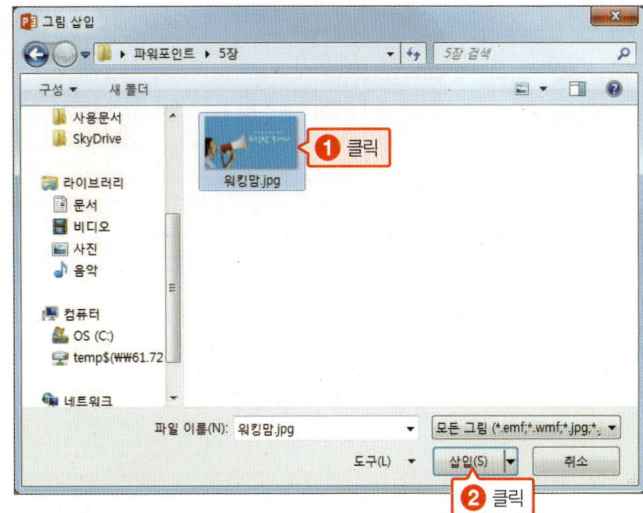

04 삽입한 그림이 포스터 틀로 적용된 것을 확인할 수 있습니다.

05 페이드 인 기능으로 비디오 클립 부드럽게 시작하기

비디오 클립이 서서히 시작되도록 설정해 보겠습니다.

① **비디오 클립** 클릭
② [비디오 도구] – [재생] 탭 – [편집] 그룹 – [페이드 인]을 [**01.00**]로 설정합니다.

바로 통하는 TIP 비디오 클립을 재생하려면 비디오 클립 아래의 비디오 컨트롤에서 재생 버튼을 누릅니다.

50 미디어 파일 압축하기

슬라이드에 비디오나 오디오 파일을 삽입한 경우 파워포인트 문서에 저장됩니다. 만약 미디어 파일의 용량이 크면 파워포인트 문서의 용량도 같이 커집니다. 문서 용량이 큰 경우 실행 속도 등이 느려질 수 있으므로 미디어 파일을 압축하여 저장하는 것이 좋습니다. 단, 파일 압축이 미디어 품질에 영향을 줄 수 있으므로 저장하기 전에 압축된 품질을 확인하고 저장하는 것이 좋습니다.

▪ **실습 파일** 파워포인트 \ 5장 \ 미디어 파일 압축하기.pptx   ▪ **완성 파일** 파워포인트 \ 5장 \ 미디어 파일 압축하기_완성.pptx

01 미디어 파일 압축하기

① [파일] 탭 - [정보] - **[미디어 압축]** 클릭
② **[프레젠테이션 품질]**을 선택합니다.

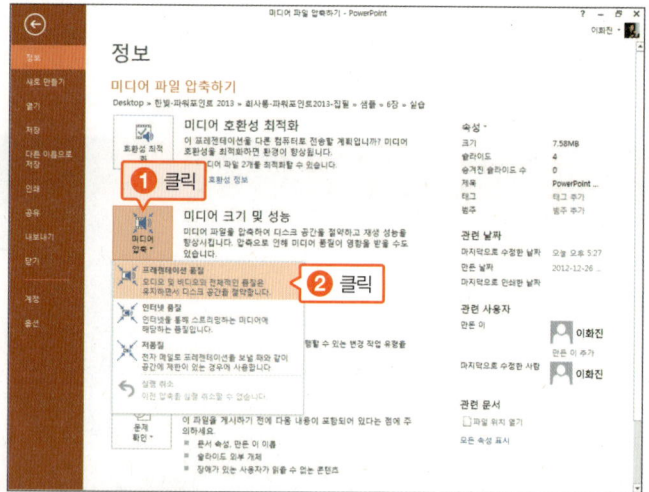

02

[미디어 압축] 대화상자가 열리고 압축 진행률이 보입니다. 압축이 끝나면 **[닫기]**를 클릭하여 대화상자를 닫아줍니다.

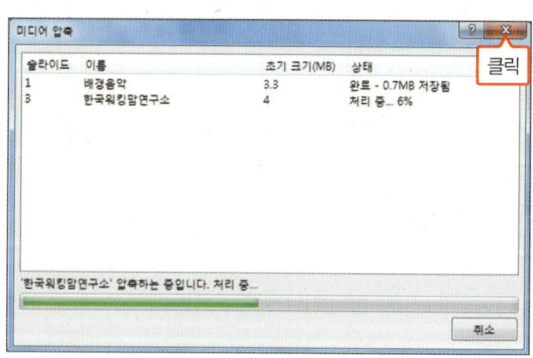

슬라이드에 있는 미디어 파일이 압축되어 용량이 줄어든 것을 확인할 수 있습니다.

바로 통하는 TIP 압축된 미디어 파일을 원래대로 복구하려면 [파일]탭 - [정보] - [미디어 압축] - [실행 취소]를 선택합니다.

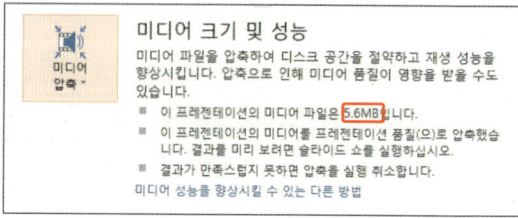

프레젠테이션 슬라이드 정리하고 발표하기

프레젠테이션을 준비할 때 슬라이드 제목이나 번호가 불분명하여 해당 슬라이드를 찾지 못하는 경우가 있습니다. 이때 슬라이드를 유사한 내용끼리 구역을 나누어 정리하면 쉽고 빠르게 원하는 슬라이드 찾을 수 있습니다. 애니메이션 사용으로 발표자의 말과 청중의 시선을 동기화하고 예행 연습을 통해 소요 시간을 체크하면서 발표 전에 슬라이드 쇼를 설정하는 방법에 대해 알아보겠습니다.

51 슬라이드를 구역으로 나누어 정리하기

슬라이드가 여러 장인 프레젠테이션에서 슬라이드 제목이나 번호가 불분명해 해당 슬라이드의 위치를 찾기 어렵다면 파워포인트의 구역을 활용합니다. 이는 컴퓨터에서 폴더를 사용해 파일을 나눠두는 것과 유사합니다. 이름이 지정된 구역을 사용하여 슬라이드 그룹을 추적하고, 공동 작업 중인 동료와 소유권을 명확하게 나눌 수 있도록 구역을 할당하는 것도 가능합니다.

▪**실습 파일** 파워포인트 \ 6장 \ 슬라이드를 구역으로 나누어 정리하기.pptx ▪**완성 파일** 파워포인트 \ 6장 \ 슬라이드를 구역으로 나누어 정리하기_완성.pptx

01 구역 추가하기

① [여러 슬라이드 보기] 상태에서 구역을 추가하고자 하는 **6번과 7번 슬라이드** 사이에서 마우스 오른쪽 버튼 클릭

② **[구역 추가]**를 선택합니다.

> **바로 통하는 TIP** 여러 슬라이드 보기 또는 기본 보기에서 구역을 볼 수 있지만 정의한 논리적 범주를 통해 슬라이드를 구성하고 정렬할 때는 여러 슬라이드 보기가 좀 더 유용합니다. 여러 슬라이드 보기 상태로 만들려면 화면의 오른쪽 아래에 있는 [여러 슬라이드 보기 田]를 클릭합니다.

> **바로 통하는 TIP** 구역을 추가할 때는 [홈] 탭-[슬라이드] 그룹에서 [구역]을 클릭한 후 [구역 추가]를 선택해도 됩니다.

02 구역 이름 바꾸기

① **[제목 없는 구역]** 위에서 마우스 오른쪽 버튼 클릭

② **[구역 이름 바꾸기]** 선택

③ [구역 이름 바꾸기] 대화상자가 나타나면 [구역 이름]에 **한빛미디어가 하는 일** 입력

④ **[이름 바꾸기]**를 클릭합니다.

> **바로 통하는 TIP** 구역 이름을 바꿀 때는 [홈] 탭-[슬라이드] 그룹에서 [구역]을 클릭한 후 [구역 이름 바꾸기]를 선택해도 됩니다.

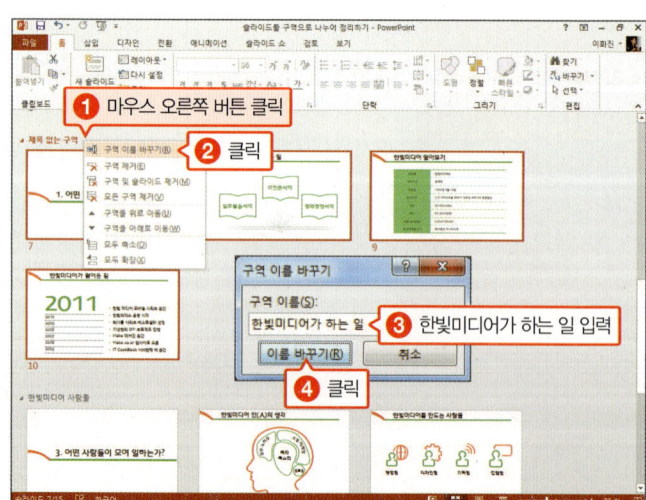

03 **한빛미디어가 하는 일**이라는 이름의 구
역이 추가되었습니다.

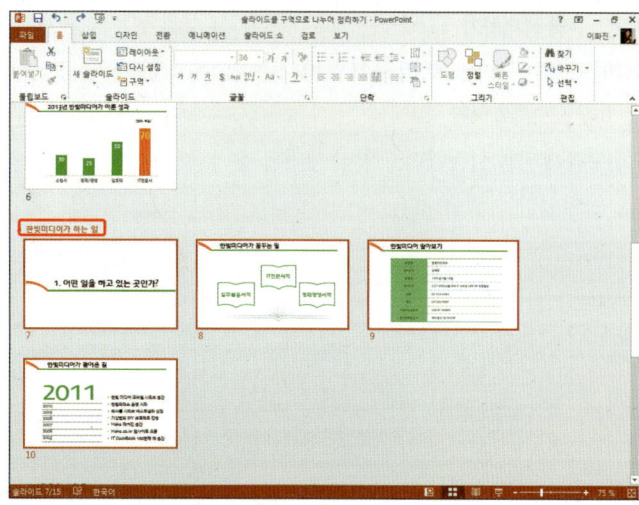

04 **구역 이동하기**

① 이동하고자 하는 [**한빛미디어가 하는 일**]
구역 클릭

② **마우스 오른쪽 버튼** 클릭

③ [**구역을 위로 이동**]을 선택합니다.

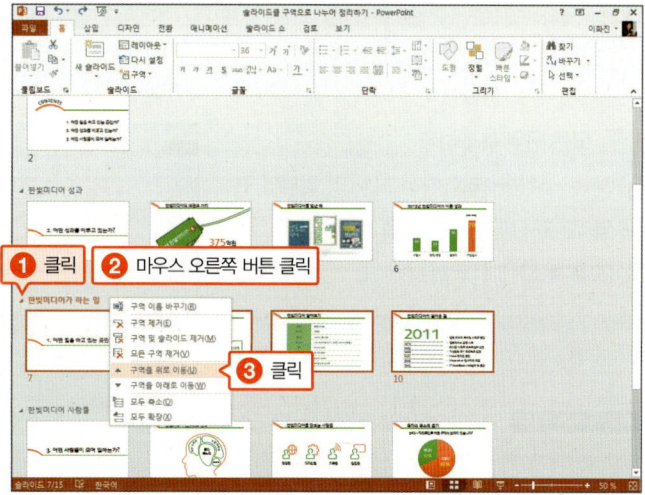

05 구역이 위로 이동된 것을 확인할 수
있습니다. 구역이 이동되면서 슬라이드 순
서도 변경됩니다.

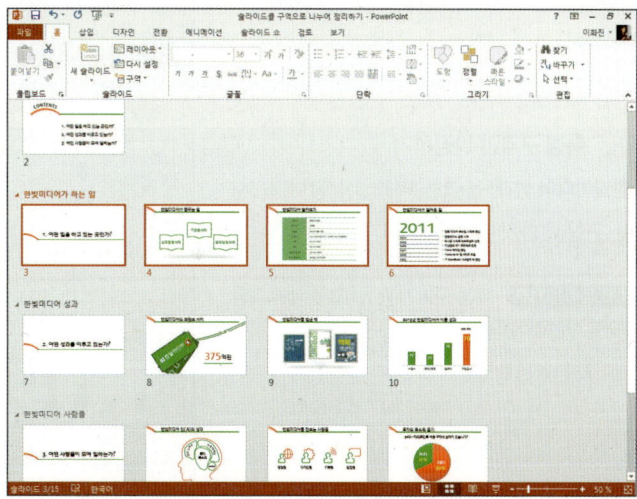

06 구역 삭제하기

① 불필요한 구역인 **[로고]** 구역 클릭

② **마우스 오른쪽 버튼 클릭**

③ **[구역 제거]**를 선택하면 구역이 제거된 것을 확인할 수 있습니다.

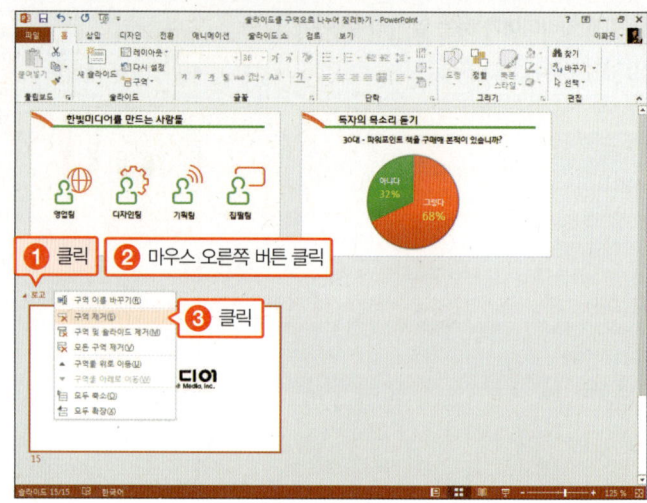

바로 통하는 TIP 구역을 제거할 때는 [홈] 탭-[슬라이드] 그룹-[구역]을 클릭한 후 [구역 제거]를 선택해도 됩니다. 만들어진 모든 구역을 제거하려면 [홈] 탭-[슬라이드] 그룹-[구역]을 클릭한 후 [모든 구역 제거]를 선택합니다. 구역이 제거되어도 구역에 속해 있는 슬라이드는 그대로 남아 있습니다.

07 모든 구역 축소하기

① 모든 구역을 축소해서 보려면 **임의의 구역** 위에서 마우스 오른쪽 버튼 클릭

② **[모두 축소]**를 선택합니다.

구역이 축소되면서 구역 이름만 표시됩니다.

바로 통하는 TIP 모든 구역을 축소할 때는 [홈] 탭-[슬라이드] 그룹-[구역]을 클릭한 후 [모두 축소]를 선택해도 됩니다.

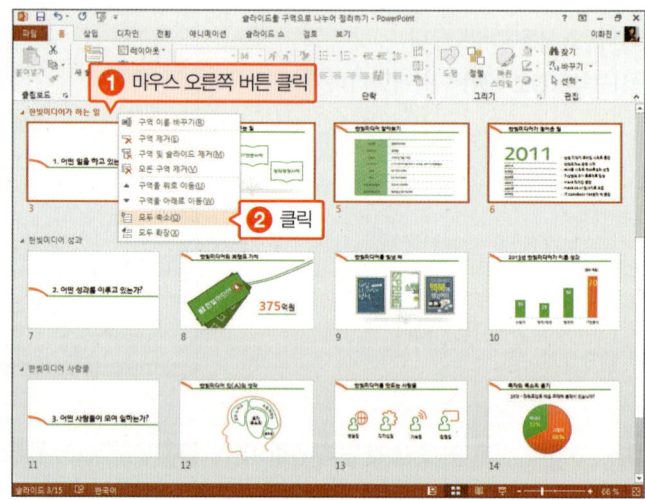

08 특정 구역만 확장하기

[한빛미디어 성과] 구역을 더블클릭합니다. 해당 구역이 확장됩니다.

바로 통하는 TIP 특정 구역만 축소하고 싶다면 해당 구역을 더블클릭합니다.

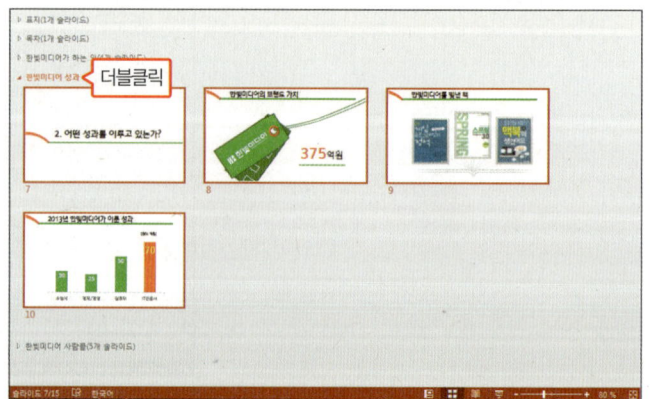

09 모든 구역 확장하기

① **구역** 위에서 마우스 오른쪽 버튼 클릭

② **[모두 확장]**을 선택합니다.

바로 통하는 TIP 모든 구역을 확장할 때는 [홈] 탭-
[슬라이드] 그룹에서 [구역]을 클릭한 후 [모두 확장]을 선
택해도 됩니다.

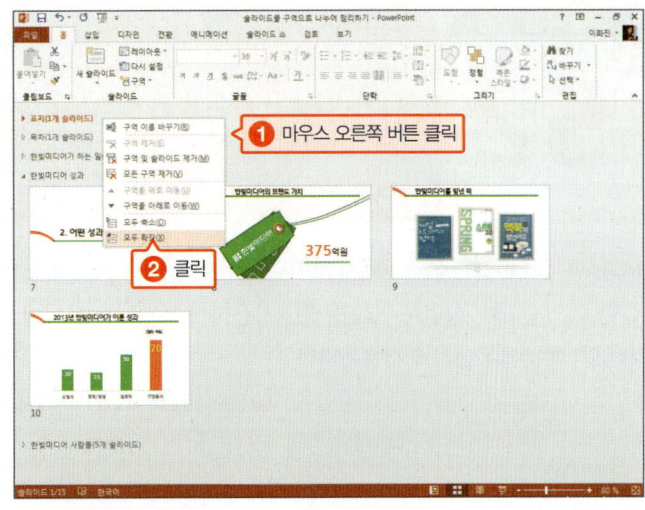

10 모든 구역이 확장되는 것을 확인할 수
있습니다.

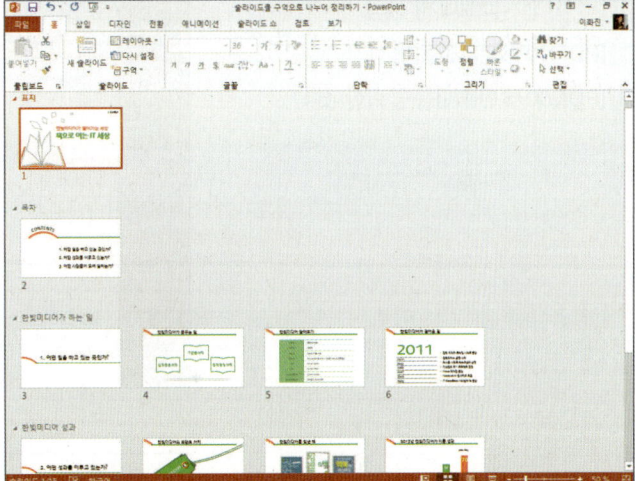

52 PDF 문서 만들기

PDF 형식의 파일은 온라인에서 보거나 인쇄했을 때도 사용자가 의도한 서식이 유지되어 서식 그대로 파일을 공유할 수 있습니다. 상업용 인쇄 방법을 사용하여 복제되는 문서에서도 PDF 문서는 서식 그대로 선명하게 인쇄할 수 있기 때문에 유용하게 사용됩니다.

• **실습 파일** 파워포인트 \ 6장 \ PDF 문서 만들기.pptx • **완성 파일** 파워포인트 \ 6장 \ PDF 문서 만들기.pdf

01 PDF 문서 만들기

① [파일] 탭 – [내보내기] 선택

② **[PDF/XPS 문서 만들기]** 선택

③ **[PDF/XPS 만들기]**를 클릭합니다.

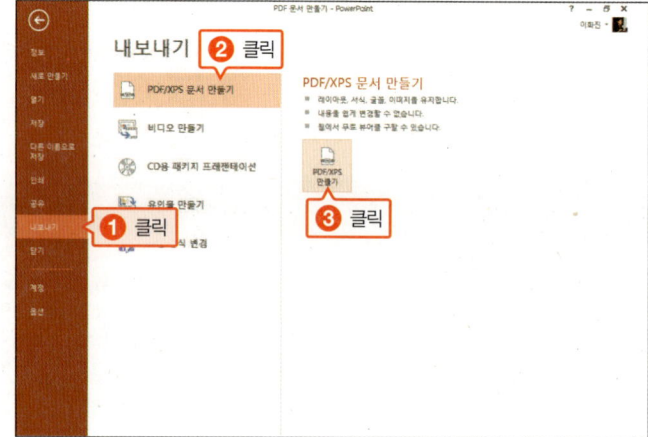

02

① [PDF 또는 XPS로 게시] 대화상자에서 [파일 이름]에 **PDF 문서 만들기** 입력

② **[게시]**를 클릭합니다.

전체 슬라이드 내용이 PDF 형식으로 변경됩니다.

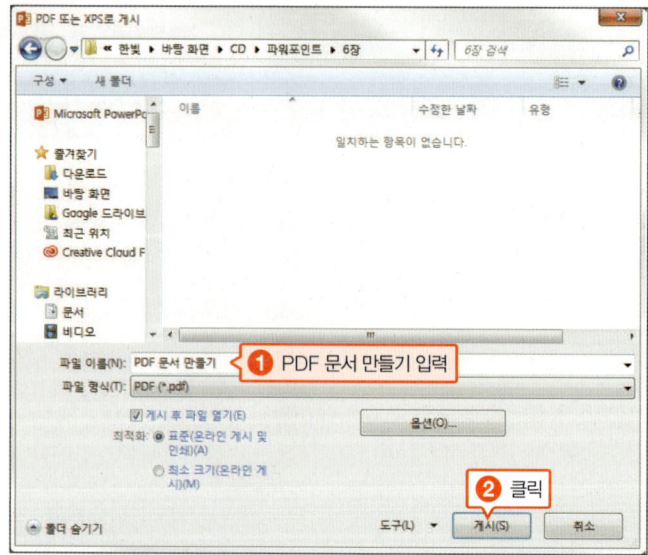

바로 통하는 TIP PDF Reader가 설치되어 있어야 PDF 파일을 볼 수 있습니다.

53 그림 프레젠테이션 만들기

각 슬라이드를 그림 파일로 만들 수 있습니다. 그림 프레젠테이션은 슬라이드에 있는 개체를 변형할 수 없고 내용만 확인할 수 있습니다.

▪**실습 파일** 파워포인트 \ 6장 \ 그림 프레젠테이션 만들기.pptx   ▪**완성 파일** 파워포인트 \ 6장 \ 그림 프레젠테이션 만들기_완성.pptx

01 그림 프레젠테이션 만들기

① [파일] 탭 – [내보내기] 선택 ② [파일 형식 변경] 선택 ③ [PowerPoint 그림 프레젠테이션] 선택 ④ [다른 이름으로 저장] 클릭 ⑤ [다른 이름으로 저장] 대화상자에서 [파일 이름]에 **그림 프레젠테이션 만들기_완성** 입력 ⑥ [저장]을 클릭합니다.

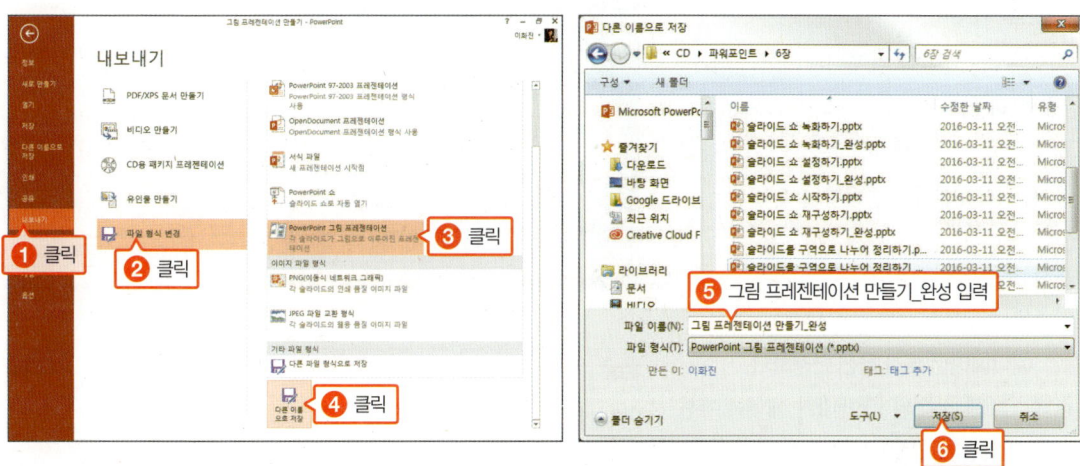

02 저장된 **그림 프레젠테이션 만들기_완성. pptx** 파일을 열어보면 각 슬라이드가 그림으로 이루어진 것을 확인할 수 있습니다.

바로 통하는 TIP 저장된 파워포인트 파일을 열려면 [파일] 탭 – [열기] – [컴퓨터] – [찾아보기]를 클릭합니다. [열기] 대화상자에서 열려고 하는 파일을 선택한 후 [열기]를 클릭합니다.

54 개체에 애니메이션 적용하기

발표자의 말과 청중의 시선을 적절하게 동기화할 수 있는 가장 좋은 방법은 개체에 애니메이션을 적용하는 것입니다. 목적에 맞게 애니메이션을 사용하여 청중의 시선을 끌어보기 바랍니다.

• **실습 파일** 파워포인트 \ 6장 \ 개체에 애니메이션 적용하기.pptx　• **완성 파일** 파워포인트 \ 6장 \ 개체에 애니메이션 적용하기_완성.pptx

01 텍스트에 애니메이션 적용하기

빈 화면에서 텍스트가 나타나는 모양으로 애니메이션을 적용해보겠습니다.

① **텍스트** 클릭

② [애니메이션] 탭 – [애니메이션] 그룹 – **[자세히⛛]** 클릭

③ 나타나는 애니메이션 목록에서 [나타내기] – **[닦아내기]**를 선택합니다.

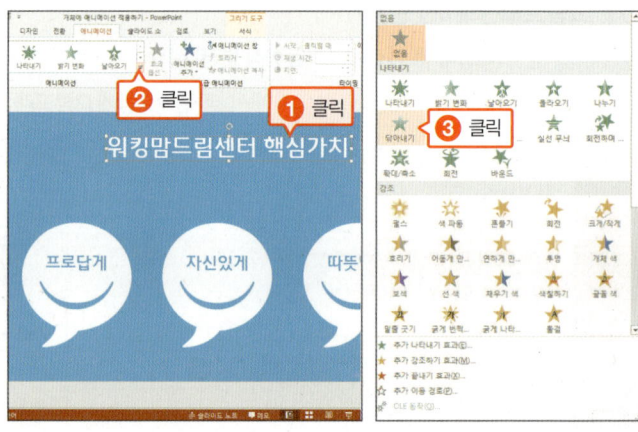

02 애니메이션 효과 옵션 변경하기

① 텍스트에 적용된 닦아내기 애니메이션의 방향을 변경하려면 **텍스트** 클릭

② [애니메이션] 탭 – [애니메이션] 그룹 – **[효과 옵션]** 클릭

③ **[왼쪽에서]**를 선택합니다.

텍스트가 왼쪽부터 나타나는 모양으로 옵션이 변경됩니다.

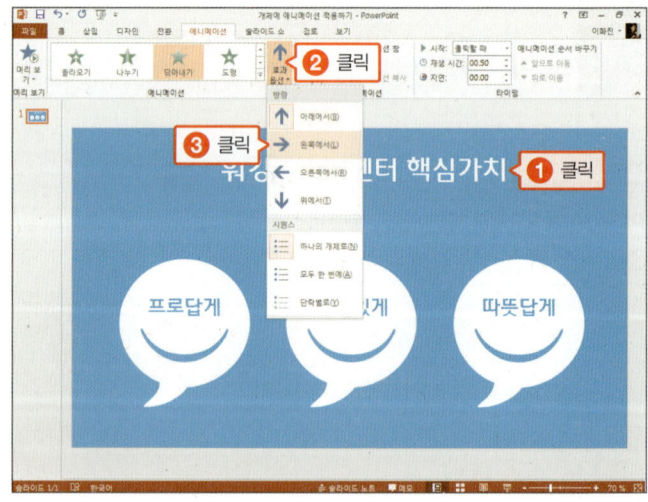

03 세 개의 개체에 같은 애니메이션 적용하기

세 개의 말풍선이 점점 커지면서 슬라이드에 나타나도록 설정해보겠습니다.

① 슬라이드에 있는 세 개의 **말풍선** 개체 Ctrl+클릭

② [애니메이션] 탭 – [애니메이션] 그룹 – **[자세히⟱]** 클릭

③ 나타나는 애니메이션 목록에서 [나타내기] – **[확대/축소]**를 선택합니다.

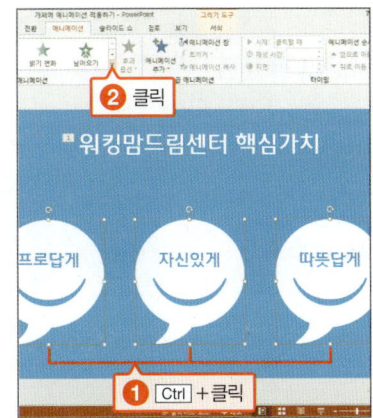

바로 통하는 TIP 여러 개의 개체를 선택할 때는 Ctrl 이나 Shift 를 누른 상태에서 개체를 선택합니다.

04 애니메이션 시작 방법 변경하기

① 세 개의 말풍선을 선택한 상태에서 [애니메이션] 탭 – [타이밍] 그룹 – **[시작▼]** 목록 클릭

② **[클릭할 때]**를 선택합니다.

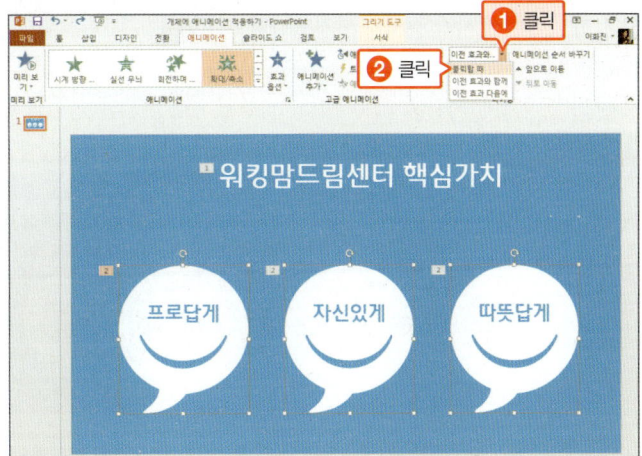

클릭할 때 애니메이션이 실행되며 말풍선이 나타납니다.

바로 통하는 TIP 애니메이션 재생 시간을 지정하기 위해서 [애니메이션] 탭 – [타이밍] 그룹에서 재생 시간을 지정합니다.

05 애니메이션 창 열기

[애니메이션] 탭 – [고급 애니메이션] 그룹 – **[애니메이션 창]**을 클릭합니다. 화면 오른쪽에 [애니메이션 창] 작업 창이 활성화됩니다. 지금까지 개체에 적용한 애니메이션 목록이 나타납니다.

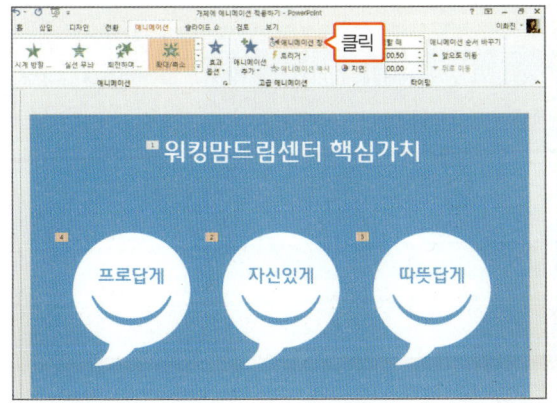
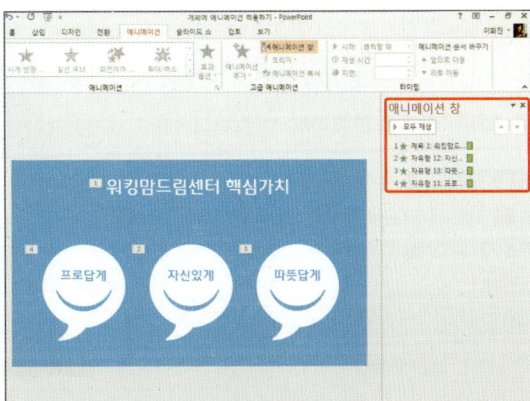

06 애니메이션 순서 변경하기

① [애니메이션 창] 작업 창에서 **네 번째 목록** 선택

② 앞으로 이동 버튼을 **두 번** 클릭합니다.

바로 동하는TIP 애니메이션 실행 순서가 왼쪽부터 2, 3, 4 순서로 표시된다면 이 단계는 생략해도 됩니다.

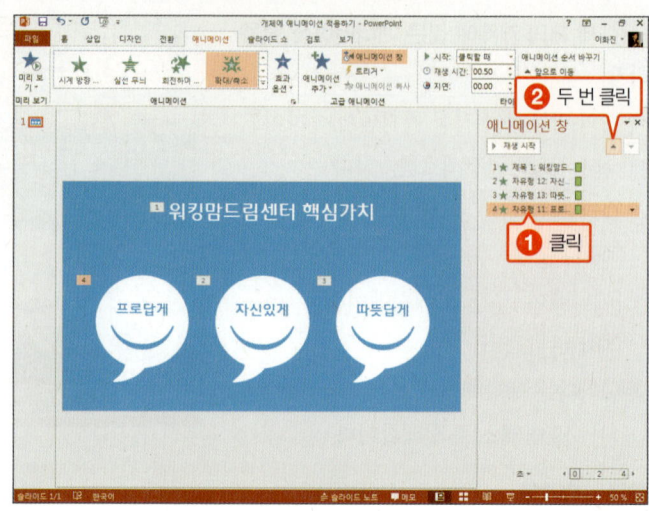

07 애니메이션 시작 순서가 변경됩니다.

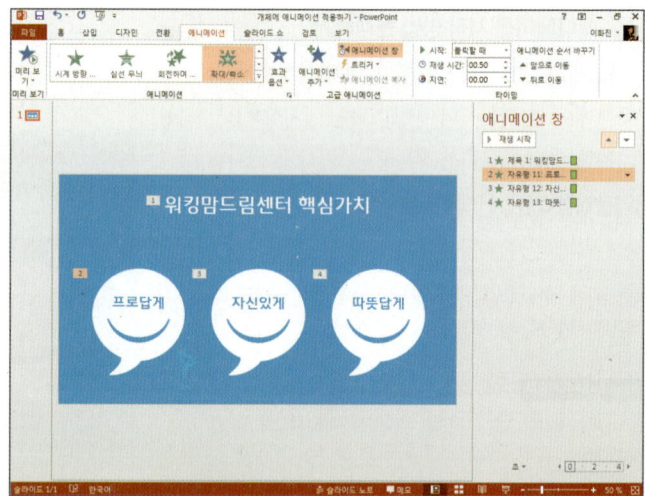

08 애니메이션 실행하기

[슬라이드 쇼] 탭 - [슬라이드 쇼 시작] 그룹에서 [처음부터] 또는 [현재 슬라이드부터]를 클릭합니다.

슬라이드 쇼가 실행되면 개체에 적용된 애니메이션 효과를 확인할 수 있습니다.

바로 동하는TIP 화면 오른쪽 아래에 있는 [슬라이드 쇼 🖵] 버튼이나 빠른 실행 도구 모음의 [슬라이드 쇼] 버튼을 클릭해도 됩니다. 슬라이드 쇼를 끝내려면 [ESC]를 누릅니다.

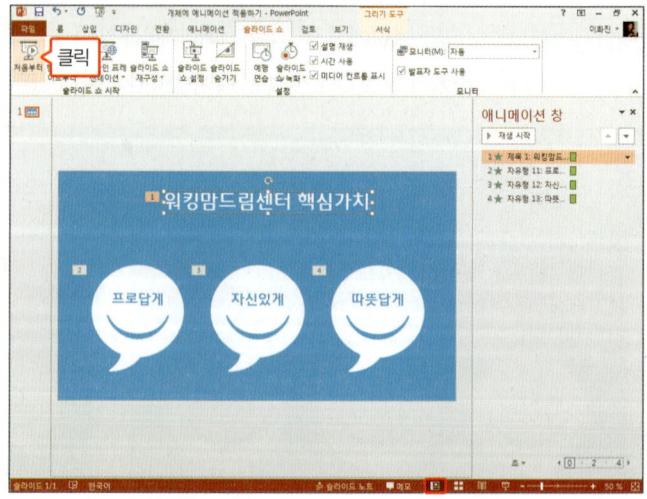

55 애니메이션 추가하고 다른 개체에 똑같이 적용하기

하나의 개체에 두 개 이상의 애니메이션을 적용할 수도 있습니다. 추가된 애니메이션은 기존 애니메이션 뒤로 적용됩니다. 여러 개의 애니메이션을 적용한 후에는 다른 개체에도 똑같이 애니메이션을 적용할 수 있습니다.

▪**실습 파일** 파워포인트 \ 6장 \ 애니메이션 추가하고 다른 개체에 똑같이 적용하기.pptx
▪**완성 파일** 파워포인트 \ 6장 \ 애니메이션 추가하고 다른 개체에 똑같이 적용하기_완성.pptx

01 애니메이션 창 열기

슬라이드 내 세 개의 말풍선에 동일한 애니메이션 효과를 적용하려고 합니다. 첫 번째 말풍선에 애니메이션 효과를 적용한 후 복사해 다른 개체에 애니메이션을 붙여 넣어 보겠습니다.

[애니메이션] 탭 – [고급 애니메이션] 그룹 – **[애니메이션 창]**을 클릭합니다.

화면 오른쪽에 [애니메이션 창] 작업 창이 열립니다.

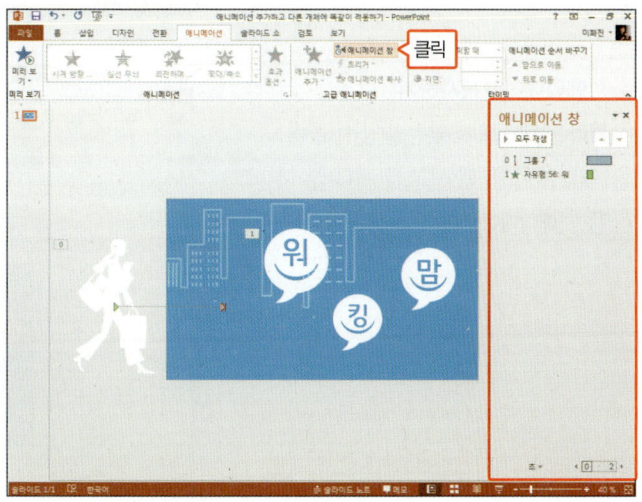

02 애니메이션 추가하기

① **워**라는 텍스트가 있는 말풍선 클릭
② [애니메이션] 탭 – [고급 애니메이션] 그룹 – **[애니메이션 추가]** 클릭
③ [강조] – **[펄스]**를 선택합니다.

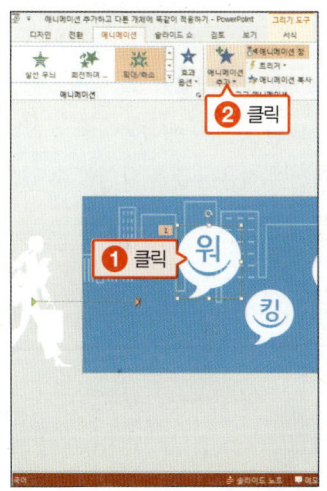

03 시작 방법 변경하기

① [애니메이션] 탭 – [타이밍] 그룹 – [시작] 목록 클릭
② [이전 효과 다음에]를 선택합니다.

애니메이션을 실행하면 각 항목이 차례로 등장합니다.

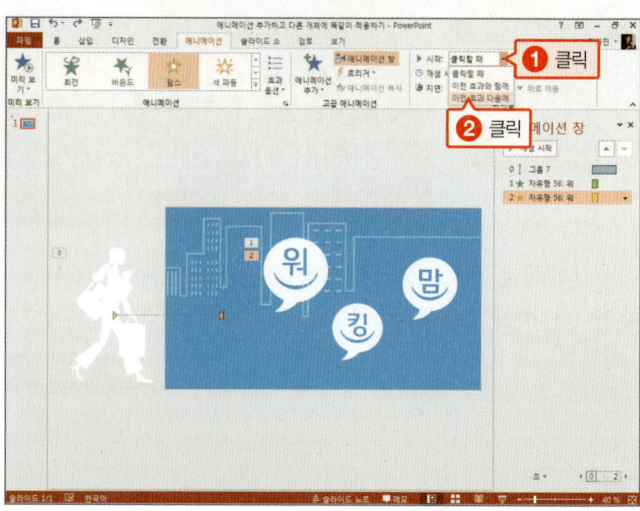

04 애니메이션 복사하기

① 워라는 텍스트가 있는 말풍선 클릭
② [애니메이션] 탭 – [고급 애니메이션] 그룹 – [애니메이션 복사]를 클릭합니다.

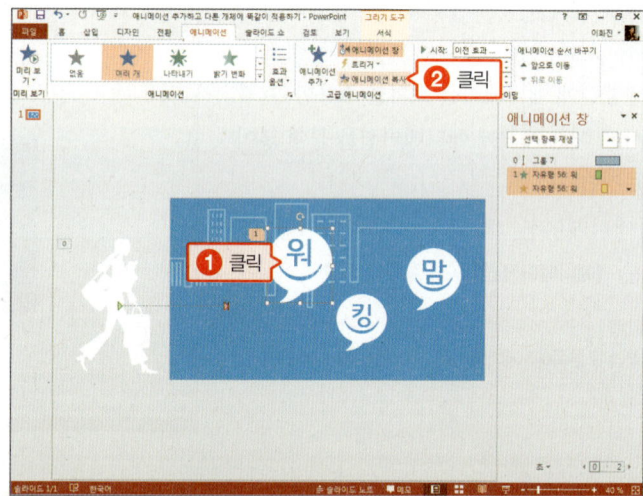

05 복사한 애니메이션 효과를 다른 개체에 붙여넣기

마우스 포인터가 붓 모양으로 변경되면 복사한 애니메이션 효과를 붙여 넣을 개체인 **킹**이라는 텍스트가 있는 말풍선을 클릭합니다. 같은 애니메이션이 적용된 것을 확인할 수 있습니다.

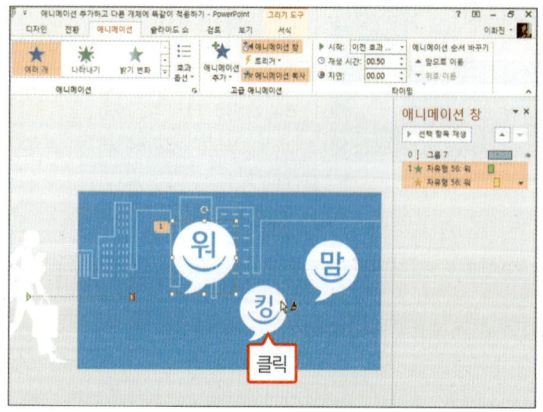

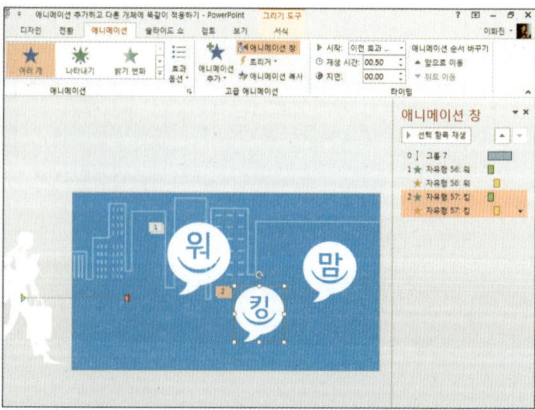

06 같은 방법으로 나머지 **맘**이라는 텍스트가 있는 말풍선도 애니메이션을 복사해 붙여 넣습니다.

바로 통하는 TIP 여러 개체에 같은 명령을 적용하려면 해당되는 명령 버튼을 더블클릭합니다.

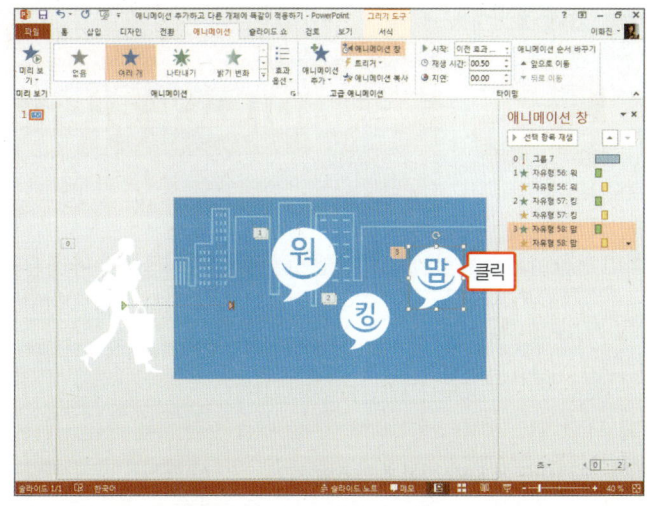

07 애니메이션 실행하기

[슬라이드 쇼] 탭 – [슬라이드 쇼 시작] 그룹에서 [처음부터] 또는 [현재 슬라이드부터]를 클릭합니다.

바로 통하는 TIP 화면 오른쪽 아래에 있는 [슬라이드 쇼] 버튼이나 빠른 실행 도구 모음의 [슬라이드 쇼] 버튼을 클릭해도 됩니다. 슬라이드 쇼를 끝내려면 [ESC]를 누릅니다.

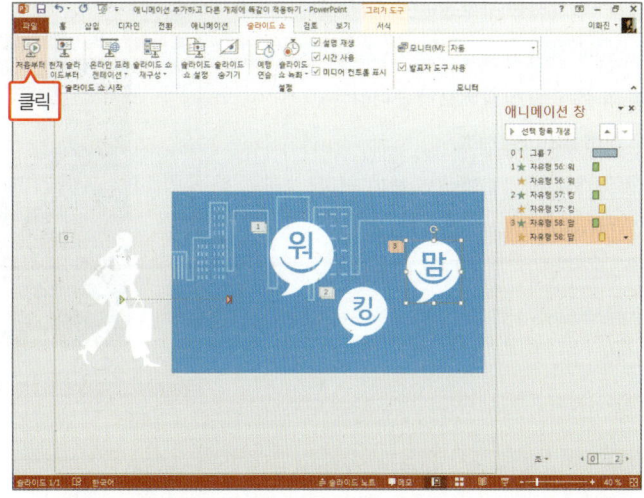

08 슬라이드 쇼가 실행되면 개체에 적용된 애니메이션 효과를 확인할 수 있습니다.

56 슬라이드에 화면 전환 효과 적용하기

화면 전환 효과는 슬라이드 쇼 실행 시 현재 슬라이드에서 다음 슬라이드로 넘어갈 때의 동작을 말합니다. 파워포인트 2013에서는 이전 버전에 비해 화려한 화면 전환 효과가 많이 추가되었습니다.

• **실습 파일** 파워포인트 \ 6장 \ 슬라이드에 화면 전환 효과 적용하기.pptx • **완성 파일** 파워포인트 \ 6장 \ 슬라이드에 화면 전환 효과 적용하기_완성.pptx

01 슬라이드에 화면 전환 효과 적용하기

슬라이드를 넘길 때 전환 효과를 적용하면 청중의 시선을 사로잡을 수 있습니다. 슬라이드에 전환 효과를 적용하고 전환 시간 및 효과 옵션을 설정해보겠습니다.

① **2번 슬라이드** 선택
② [전환] 탭 – [슬라이드 화면 전환] 그룹 – [자세히]를 클릭합니다.

02 [화려한 효과] – **[바람]**을 선택합니다.

바로 통하는 TIP 화면 전환 효과를 선택하면 미리 보기가 제공되므로 원하는 전환 효과를 쉽게 확인할 수 있습니다.

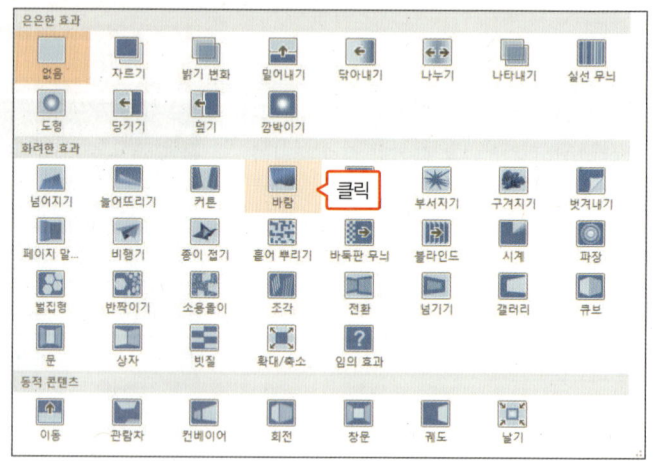

03 전환 길이 지정하기

[전환] 탭 – [타이밍] 그룹 – [기간]을 [02.25]로 설정합니다.

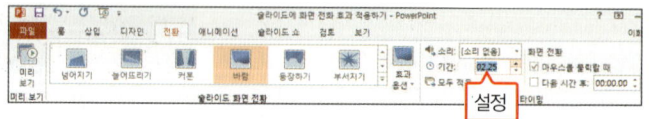

04 효과 옵션 변경하기

① [전환] 탭 – [슬라이드 화면 전환] 그룹 –
   [효과 옵션] 클릭

② [왼쪽으로]를 선택합니다.

앞장의 슬라이드가 바람에 날리듯 오른쪽에서 왼쪽
으로 넘어가는 전환 효과가 적용됩니다.

05 화면 전환 효과 실행하기

[슬라이드 쇼] 탭 – [슬라이드 쇼 시작] 그룹
– [처음부터] 또는 [현재 슬라이드부터]를 클릭
합니다.

06 슬라이드 쇼가 실행되며 다음 슬라이
드로 넘어갈 때 적용한 화면 전환 효과가
나타나는 것을 확인할 수 있습니다.

57 슬라이드 쇼 설정하기

프레젠테이션 발표 시 사용자가 원하는 대로 슬라이드 쇼를 진행하기 위해 슬라이드 쇼를 설정합니다. 발표 전 목적에 맞게 슬라이드 쇼를 설정해두면 청중에게 '프로답다'는 느낌을 심어줄 수 있습니다.

▪ **실습 파일** 파워포인트 \ 6장 \ 슬라이드 쇼 설정하기.pptx ▪ **완성 파일** 파워포인트 \ 6장 \ 슬라이드 쇼 설정하기_완성.pptx

01 슬라이드 쇼 설정하기

[슬라이드 쇼] 탭 – [설정] 그룹 – **[슬라이드 쇼 설정]**을 클릭합니다.

[쇼 설정] 대화상자가 활성화됩니다.

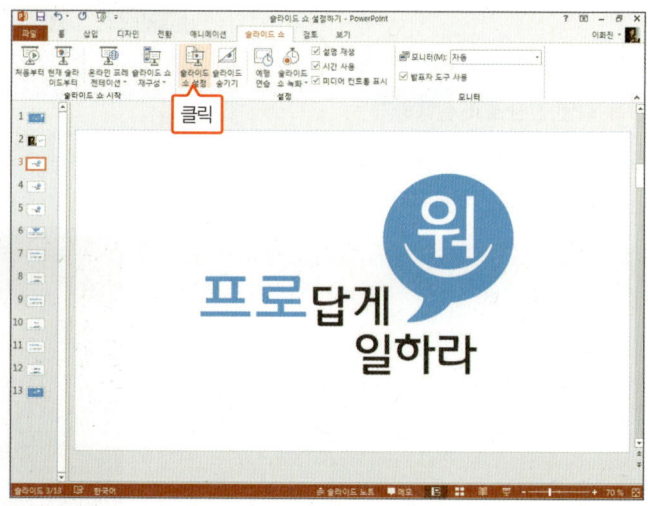

02

① [슬라이드 표시]에서 [시작]을 **[6]**, [끝]을 **[12]**로 설정

② [표시 옵션] 목록에서 **[애니메이션 없이 보기]**에 체크 표시

③ **[확인]**을 클릭합니다.

슬라이드에 적용된 애니메이션이 슬라이드 쇼에서 실행되지 않습니다.

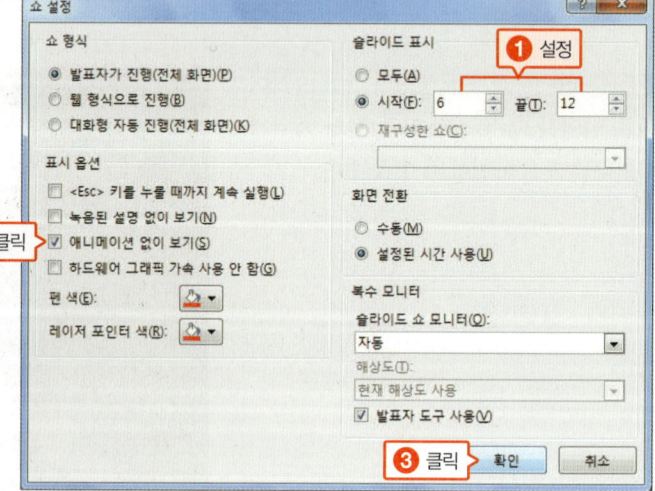

[슬라이드 쇼] 탭-[설정] 그룹-[슬라이드 쇼 설정]을 클릭하면 [쇼 설정] 대화상자가 나타납니다. 슬라이드 쇼를 최적화할 수 있습니다.

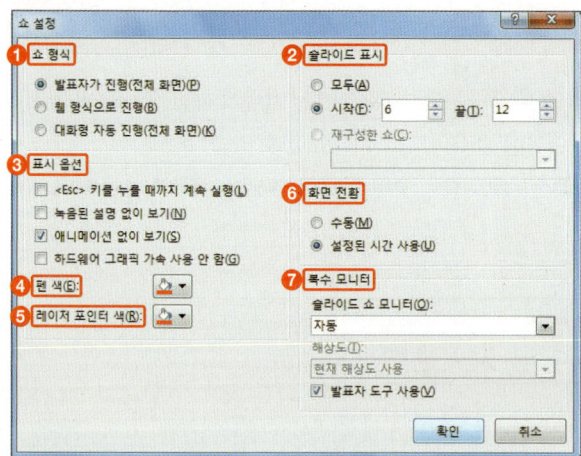

① **쇼 형식**

발표자가 진행(전체 화면) : 일반적인 쇼 보기 상태로 발표자가 Enter나 마우스를 클릭하면 다른 슬라이드로 전환됩니다.

웹 형식으로 진행 : 슬라이드 쇼를 [읽기용 보기]에서 진행합니다. 웹 페이지처럼 표시합니다.

대화형 자동 진행(전체 화면) : 슬라이드 쇼에서 Enter나 마우스 클릭은 전혀 사용할 수 없으며, 하이퍼링크로 설정된 개체를 클릭하여 슬라이드 쇼가 진행됩니다.

② **슬라이드 표시**

모두 : 프레젠테이션 내의 모든 슬라이드를 보여줍니다.

시작/끝 : 시작 슬라이드와 끝 슬라이드를 지정합니다.

재구성한 쇼 : 재구성한 슬라이드 쇼로 프레젠테이션을 진행합니다.

③ **표시 옵션**

ESC를 누를 때까지 계속 실행 : 슬라이드 쇼를 반복 실행하도록 설정할 수 있습니다.

녹음된 설명 없이 보기 : 설명 녹음 없이 슬라이드 쇼를 진행합니다.

애니메이션 없이 보기 : 애니메이션을 사용하지 않고 슬라이드 쇼를 진행합니다.

하드웨어 그래픽 가속 사용 안 함 : 하드웨어 그래픽 가속의 사용 여부를 선택합니다.

④ **펜 색**

슬라이드 쇼에서 Ctrl+P를 누르면 펜 기능을 실행해 밑줄이나 코멘트를 달 수 있는데, 이때 펜의 초기 색상을 지정해줍니다. 기본 값은 빨강색입니다.

⑤ **레이저 포인터 색**

슬라이드 쇼에서 레이저 포인터를 사용하는 경우 레이저 포인터의 색상을 지정해줍니다. 기본 값은 빨간색입니다.

⑥ **화면 전환**

수동 : 발표자의 조작에 의해서 화면 전환이 실행됩니다.

설정된 시간 사용 : 화면 전환 시간을 지정하여 지정된 시간 후에 화면 전환이 실행됩니다.

⑦ **복수 모니터**

슬라이드 쇼 모니터 : 복수 모니터 사용 시 슬라이드 쇼가 표시될 모니터를 선택합니다.

해상도 : 모니터 해상도를 선택합니다.

발표자 도구 사용 : 발표자 도구 사용 여부를 선택합니다.

58 슬라이드 쇼 재구성하기

전체 슬라이드 중 일부 슬라이드만 이용해 슬라이드 쇼를 재구성할 수 있습니다. 이렇게 하면 갑자기 발표 시간이 짧아져도 당황하지 않고 미리 짧은 시간용으로 만들어놓은 슬라이드 쇼로 발표할 수 있습니다.

▪실습 파일 파워포인트 \ 6장 \ 슬라이드 쇼 재구성하기.pptx ▪완성 파일 파워포인트 \ 6장 \ 슬라이드 쇼 재구성하기_완성.pptx

01 슬라이드 쇼 재구성하기

전체 슬라이드 구성에 변화를 주지 않고 원하는 슬라이드만 선별해 보여줄 수 있도록 슬라이드 쇼를 재구성해보겠습니다.

① [슬라이드 쇼] 탭 – [슬라이드 쇼 시작] 그룹 – [**슬라이드 쇼 재구성**] 클릭

② [**쇼 재구성**]을 선택합니다.

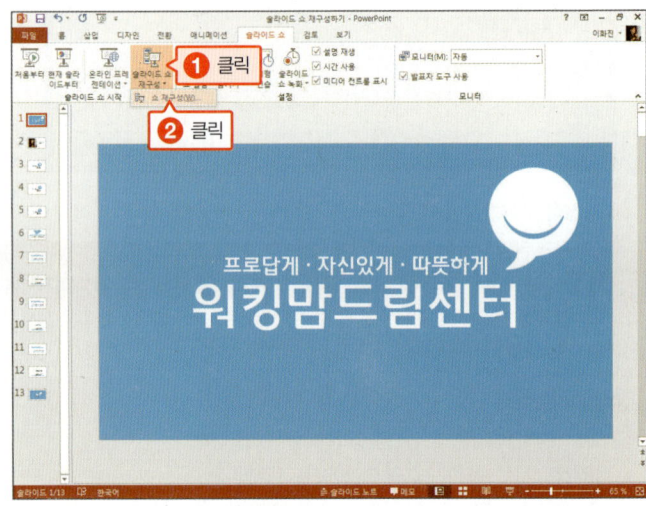

02

① [쇼 재구성] 대화상자에서 [**새로 만들기**] 클릭

② [쇼 재구성 하기] 대화상자의 [슬라이드 쇼 이름]에 **워킹맘 교육 프로그램** 입력

③ [프레젠테이션에 있는 슬라이드] 중 **6~12번 슬라이드**에 체크 표시

④ [**추가**]를 클릭합니다.

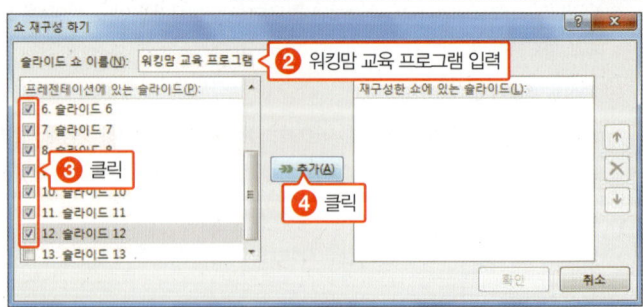

03 [재구성한 쇼에 있는 슬라이드]에 6~
12번 슬라이드가 추가된 것을 확인할 수 있
습니다. **[확인]**을 클릭합니다.

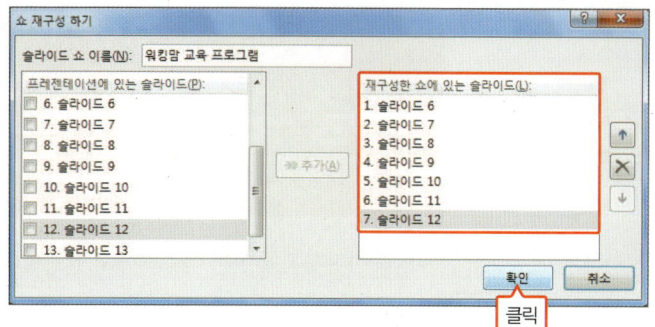

04 [쇼 재구성] 대화상자의 목록에 **워킹맘 교육 프로그램**이라는 목
록이 생긴 것을 확인할 수 있습니다. **[닫기]**를 클릭합니다.

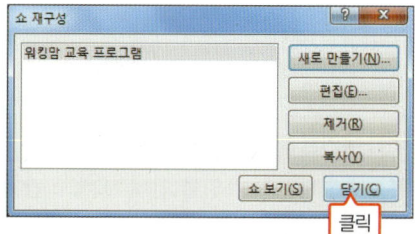

05 재구성한 슬라이드 쇼 실행하기
① [슬라이드 쇼] 탭 – [슬라이드 쇼 시작]
　그룹 – **[슬라이드 쇼 재구성]** 클릭
② **[워킹맘 교육 프로그램]**을 선택합니다.

06 전체 슬라이드 중 **워킹맘 교육 프로그램**
에 해당하는 슬라이드만 슬라이드 쇼로 나
타납니다.

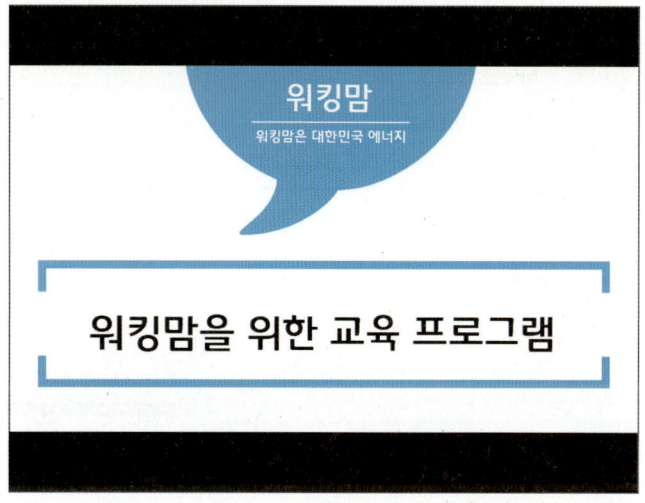

59 청중 유인물 만들고 인쇄하기

청중에게 배포할 유인물의 레이아웃은 유인물 마스터에서 설정합니다. 청중에게 배포할 유인물에도 디자인을 적용함으로써 전문가다운 느낌을 주는 것이 좋습니다.

▪ **실습 파일** 파워포인트 \ 6장 \ 청중 유인물 만들고 인쇄하기.pptx, 워킹맘드림센터 로고.emf
▪ **완성 파일** 파워포인트 \ 6장 \ 청중 유인물 만들고 인쇄하기_완성.pptx

01 유인물 레이아웃 설정하기

청중에게 배포할 유인물 인쇄 시 배포 단체, 날짜, 로고 등이 표시되도록 유인물 레이아웃을 수정해보겠습니다.
[보기] 탭 - [마스터 보기] 그룹 - **[유인물 마스터]**를 클릭합니다. 유인물 마스터 보기로 전환됩니다.

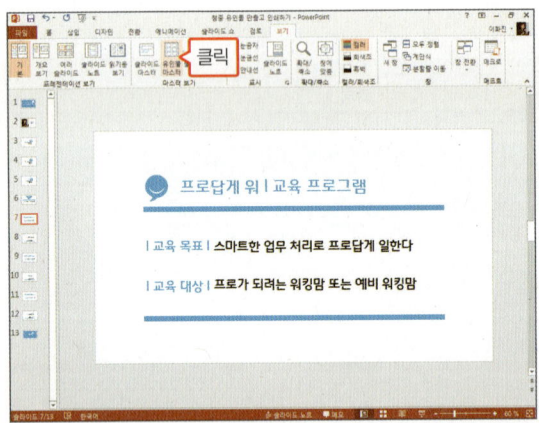
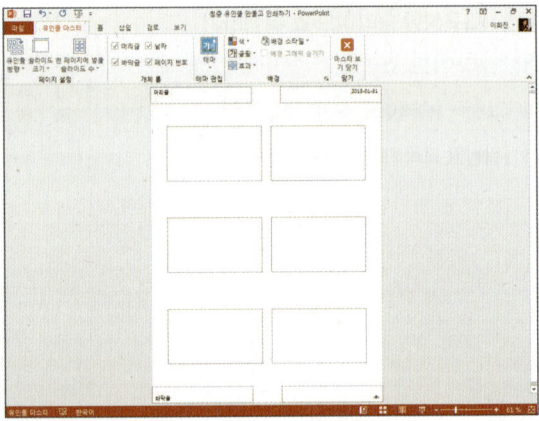

02

① 왼쪽 위에 **워킹맘드림센터** 입력

② 오른쪽 위에 **날짜** 입력

③ 아래쪽 **바닥글 개체 틀** 삭제

④ 가운데 아래에 **워킹맘드림센터 로고** 삽입

⑤ 오른쪽 아래에 **슬라이드 번호 서식**을 원하는 대로 변경합니다.

바로 통하는 TIP 로고 삽입은 [삽입] 탭 - [이미지] 그룹 - [그림]을 이용합니다.

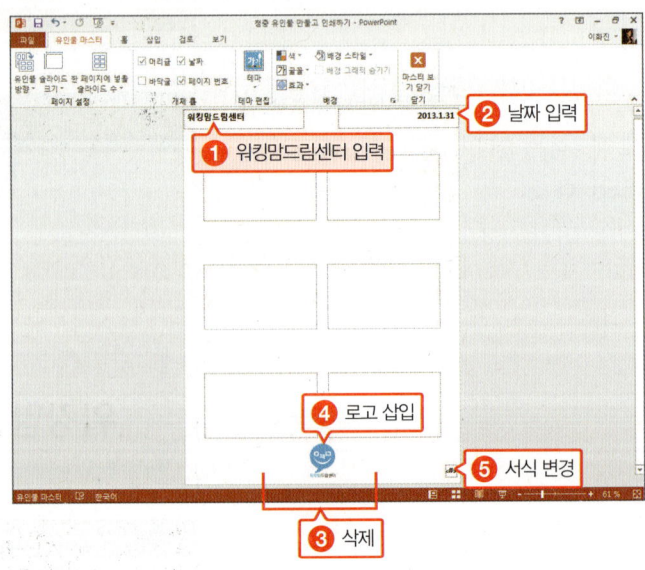

03 유인물 인쇄하기

① [파일] 탭 - [인쇄] 선택 ② 설정에서 [전체 페이지 슬라이드] 선택 ③ 인쇄 모양에서 [유인물] - [3슬라이드]를 선택합니다.

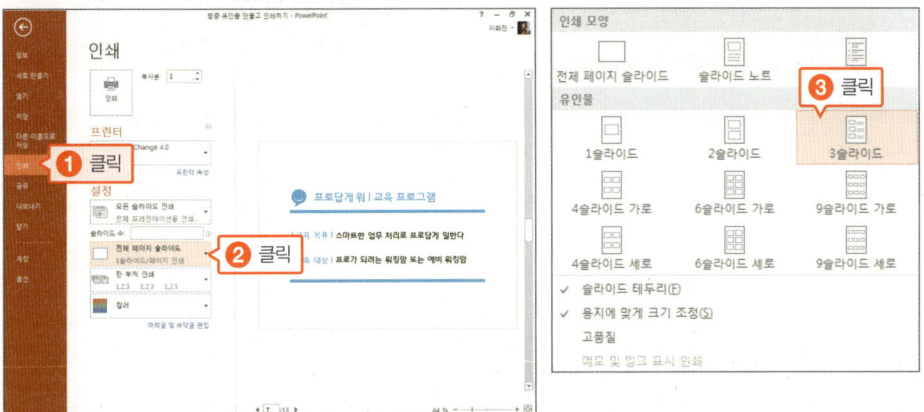

04 [인쇄]를 클릭합니다. 유인물 마스터에서 적용한 레이아웃 모양대로 인쇄됩니다.

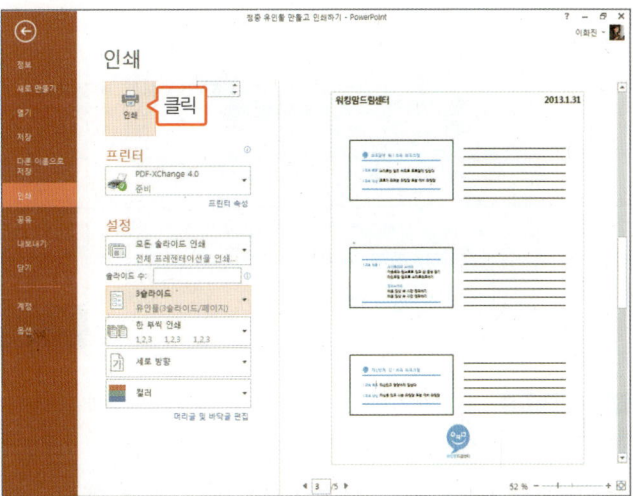

실무활용노트 POWER POINT | 유인물에 페이지 번호 삽입하기

[삽입] 탭 - [텍스트] 그룹 - [슬라이드 번호 삽입]을 클릭합니다.

① [머리글/바닥글] 대화상자에서 [슬라이드 노트 및 유인물] 탭 클릭

② [페이지 번호]에 체크 표시합니다.

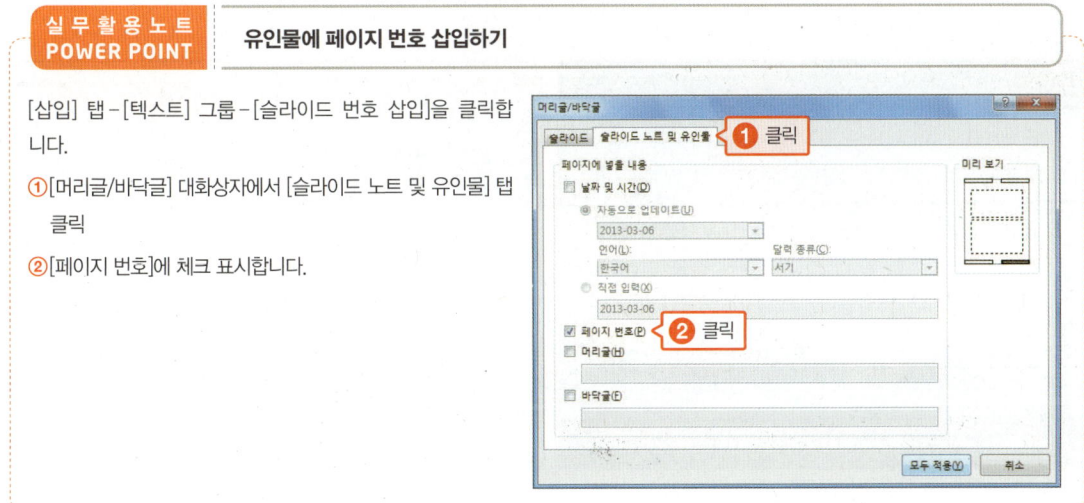

60 발표 전 예행 연습하기

프레젠테이션 발표 전에 각 슬라이드에 소요되는 시간을 미리 확인하는 것은 매우 중요합니다. 이때 예행 연습 기능을 사용하면 편리합니다.

▪ **실습 파일** 파워포인트 \ 6장 \ 발표 전 예행 연습하기.pptx   ▪ **완성 파일** 파워포인트 \ 6장 \ 발표 전 예행 연습하기_완성.pptx

01 ① **1번 슬라이드** 선택 ② [슬라이드 쇼] 탭 – [설정] 그룹 – **[예행 연습]** 클릭 ③ 슬라이드 쇼가 실행되며 화면 왼쪽 위에 [녹화] 대화상자가 나타납니다. Enter 를 눌러 슬라이드를 넘깁니다.

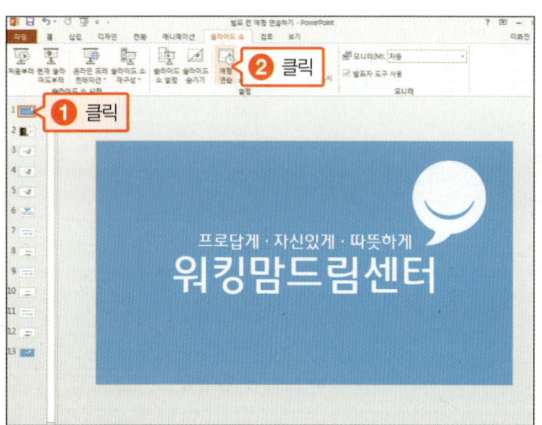

바로 통하는 TIP [녹화] 대화상자의 왼쪽 시간은 쇼가 진행되고 있는 현재 슬라이드의 시간이고, 오른쪽은 전체 녹화된 슬라이드 쇼의 누적된 시간입니다.

02 슬라이드 쇼가 끝까지 실행되면 마지막에 사용 시간 여부를 묻는 대화상자가 나타납니다. **[예]**를 클릭합니다. 여러 슬라이드 보기 화면으로 보면 각각의 슬라이드에 녹화된 시간이 표시됩니다.

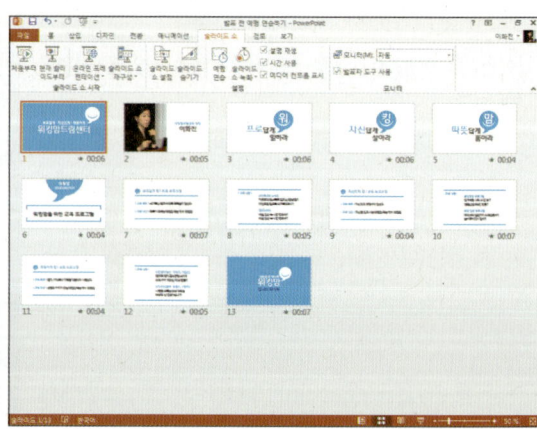

61 슬라이드 쇼 시작하기

프레젠테이션을 하기 위해서는 슬라이드 쇼를 실행해야 합니다. 처음부터 슬라이드 쇼를 시작할 수도 있고, 선택된 슬라이드부터 시작할 수도 있습니다. 슬라이드 쇼를 하는 다양한 방법에 대해서 알아보겠습니다.

• **실습 파일** 파워포인트 \ 6장 \ 슬라이드 쇼 시작하기.pptx

01 첫 번째 슬라이드부터 슬라이드 쇼하기

[슬라이드 쇼] 탭 - [슬라이드 쇼 시작] 그룹 - **[처음부터]**를 클릭합니다. 첫 번째 슬라이드부터 쇼가 시작됩니다.

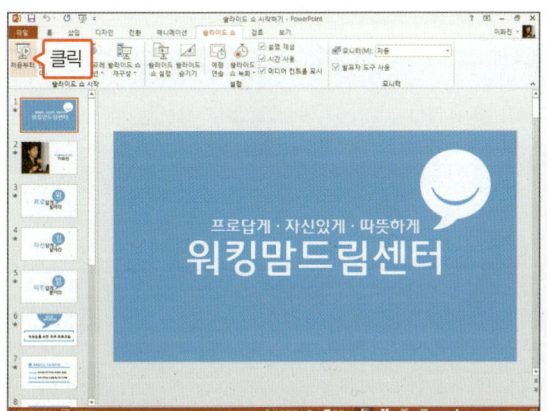 

바로 통하는 TIP 첫 번째 슬라이드부터 쇼를 시작하려면 빠른 실행 도구 모음의 [처음부터 시작]을 클릭해도 되고 F5 를 눌러도 됩니다.

02 Enter 를 눌러 슬라이드를 넘깁니다. 마지막 슬라이드 다음에 나타나는 화면을 클릭하거나 Enter 를 눌러 기본 보기 화면으로 돌아옵니다.

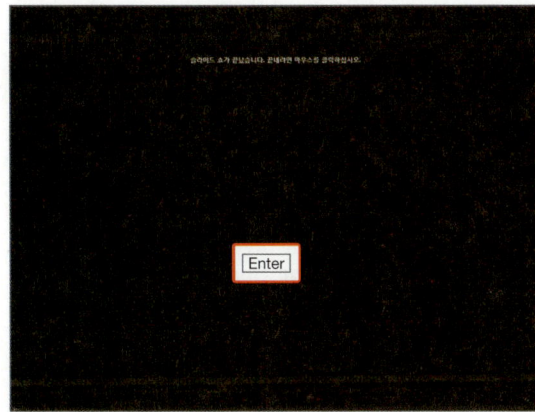 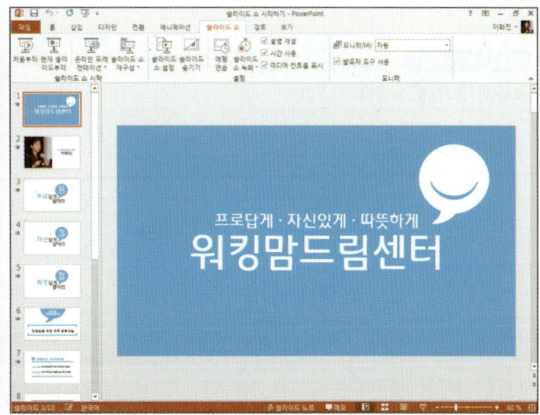

바로 통하는 TIP 슬라이드 쇼 도중에 슬라이드 쇼를 끝내려면 ESC 를 누릅니다.

03 현재 슬라이드부터 슬라이드 쇼하기

① **6번 슬라이드** 선택

② [슬라이드 쇼] 탭 – [슬라이드 쇼 시작] 그
룹 – [**현재 슬라이드부터**]를 클릭합니다.

현재 선택된 6번 슬라이드부터 슬라이드 쇼가 진행됩
니다.

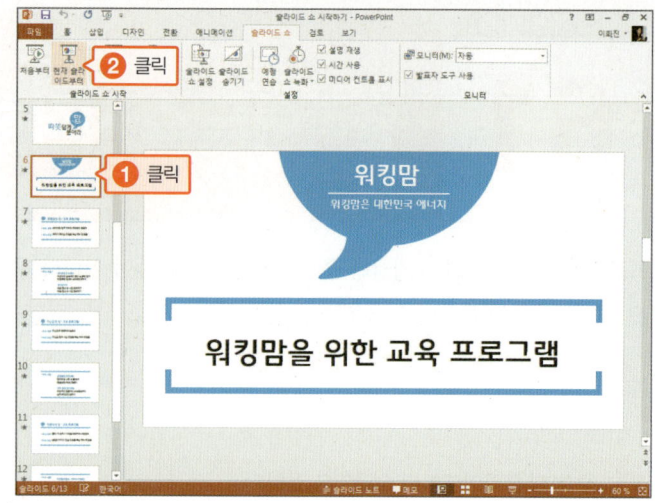

바로 통하는 TIP 현재 슬라이드부터 슬라이드 쇼를 하려면 화면 오른쪽 아래에 있는 [슬라이드 쇼 🖵]를 클릭하거나 Shift + F5 를 눌러도 됩니다.

04 Enter 를 눌러 슬라이드를 넘깁니다.
마지막 슬라이드 다음에 나타나는 검은 화
면에서 마우스로 화면을 클릭하거나 Enter
를 눌러 기본 보기 화면으로 돌아옵니다.

05 기본 화면에서 선택된 슬라이드 화면
이 보입니다.

바로 통하는 TIP 슬라이드 쇼 도중에 슬라이드 쇼를
끝내려면 ESC 를 누릅니다.

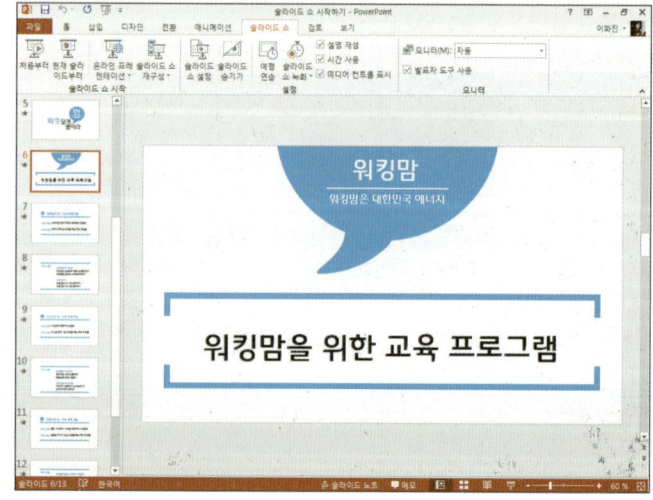

62 발표자 도구를 사용하여 발표하기

발표자 도구를 사용하면 청중에게는 슬라이드만 나타나게 하고 발표자의 화면에는 다음 슬라이드, 발표자 노트, 타이머 등의 미리 보기를 표시할 수 있습니다. 이를 통해 발표자는 자연스럽게 프레젠테이션을 진행할 수 있습니다.

▪ 실습 파일 파워포인트 \ 6장 \ 발표자 도구를 사용하여 발표하기.pptx

01 발표자 도구 표시하기

F5를 클릭하여 슬라이드 쇼를 실행합니다. ① 화면 왼쪽 아래에 있는 컨트롤 막대에서 **[슬라이드 옵션]** 클릭 ② **[발표자 도구 표시]**를 선택합니다. 발표자 보기 화면으로 바뀝니다.

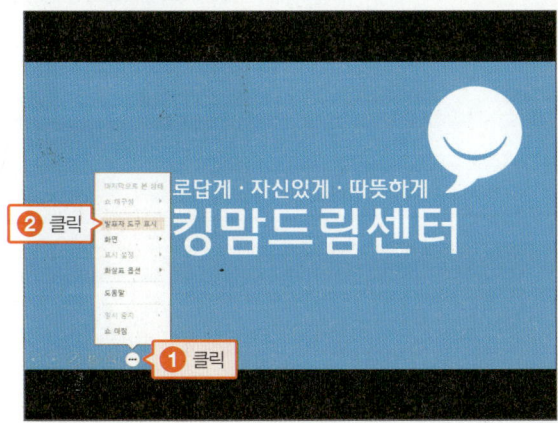

실무활용노트
POWER POINT

발표자 도구 구성 살펴보기

슬라이드 쇼를 실행 시 나타나는 발표자 도구는 발표자에게만 보입니다. 발표자 도구에서는 현재 슬라이드 및 다음 슬라이드의 내용을 확인할 수 있고 슬라이드에 추가한 노트 내용을 미리 볼 수 있는 기능 등이 제공됩니다.

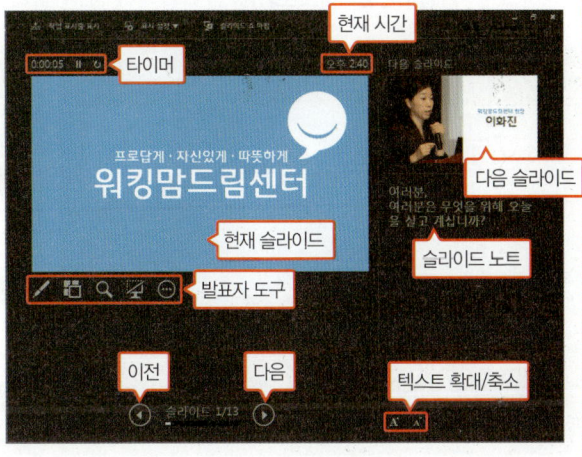

02 펜으로 주석 달기

발표자 도구의 펜 기능을 이용하면 슬라이드에 중요한 내용을 펜으로 표시하면서 프레젠테이션을 할 수 있습니다.

① 발표자 도구에서 [펜 및 레이저 포인터 도구] 클릭

② [펜]을 선택합니다.

03 마우스 포인터가 펜으로 변경되면 원하는 주석을 달아줍니다.

바로 통하는 TIP 마우스 포인터를 본래 화살표 모양으로 변경하려면 Ctrl + A 를 클릭합니다.

04 모든 슬라이드 보기

발표자 도구에서 [모든 슬라이드 보기]를 클릭합니다. 모든 슬라이드가 보이는 것을 확인할 수 있습니다.

05 다음 슬라이드로 넘기기

화면 아래쪽에 있는 슬라이드 넘기기 버튼 중 **[다음]**을 클릭합니다. 다음 슬라이드로 넘어갑니다.

06 슬라이드 특정 부분 확대하기

① 발표자 도구에서 **[슬라이드 확대]** 클릭 ② 확대하고자 하는 부분 위에 마우스 포인터를 놓고 클릭합니다.

07 해당 부분이 확대됩니다.

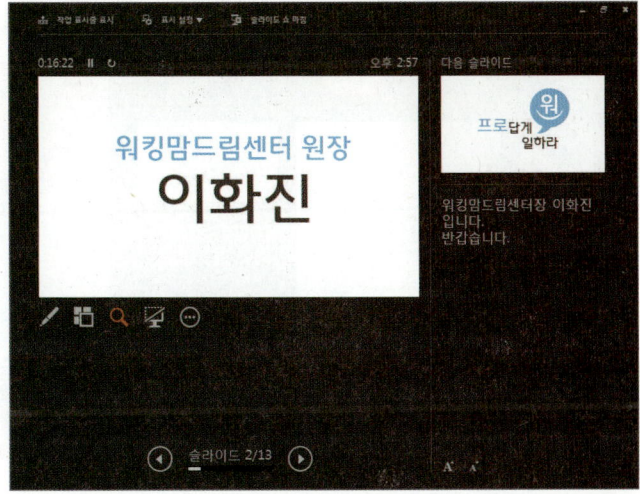

08 다시 본래의 상태로 돌아오려면 발표자 도구에서 **[축소]**를 클릭합니다. 확대 전 상태로 돌아오는 것을 확인할수 있습니다.

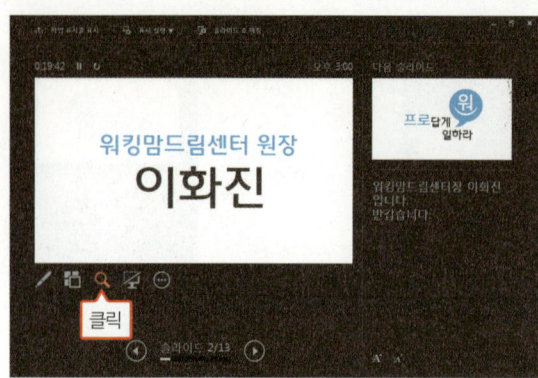

09 화면 검정으로 만들기

발표자 도구에서 **[슬라이드 쇼를 검정으로 설정/취소]**를 클릭합니다. 화면이 검정색으로 변경됩니다.

바로 통하는 TIP 본래의 상태로 돌아오려면 [슬라이드 쇼 검정으로 설정/취소]를 다시 클릭합니다.

10 슬라이드 쇼 마치기

화면의 위쪽에 있는 **[슬라이드 쇼 마침]**을 클릭합니다. 기본 보기 화면으로 돌아옵니다.

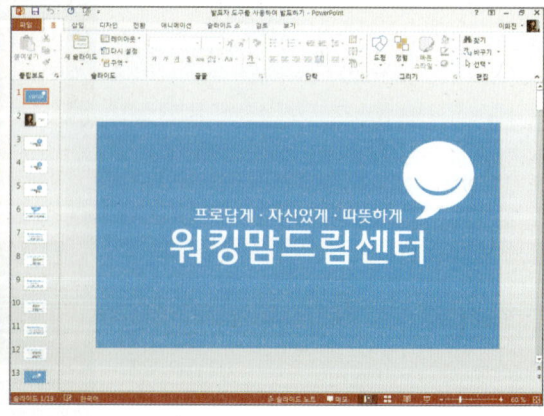

63 슬라이드 쇼 녹화하기

슬라이드 쇼가 실행되는 동안 재생되는 오디오 설명, 레이저 포인터 동작, 애니메이션을 녹화할 수 있습니다. 프레젠테이션에 참석하지 못한 청중이라면 이렇게 녹화한 파일을 통해 현장감 있는 프레젠테이션 발표 내용을 그대로 보고 들을 수 있습니다.

• **실습 파일** 파워포인트 \ 6장 \ 슬라이드 쇼 녹화하기.pptx • **완성 파일** 파워포인트 \ 6장 \ 슬라이드 쇼 녹화하기_완성.pptx

01 슬라이드 쇼 녹화하기

① [슬라이드 쇼] 탭 – [설정] 그룹 – **[슬라이드 쇼 녹화▼]** 클릭

② **[처음부터 녹음 시작]** 선택

③ [슬라이드 쇼 녹화] 대화상자에서 **[녹화 시작]**을 클릭합니다.

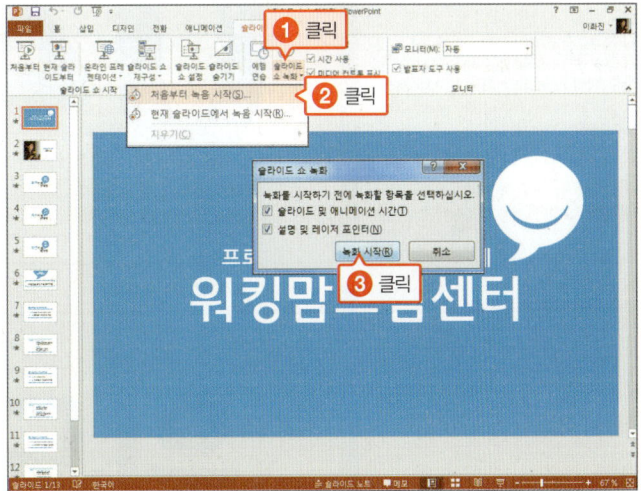

02 화면 왼쪽 위에 [녹화] 대화상자가 나타나고 녹화되는 시간과 누적된 시간이 보입니다. 슬라이드 쇼가 끝난 후 각 슬라이드에는 발표 내용이 녹음된 오디오 파일이 생성되고 재생해보면 프레젠테이션 내용을 확인할 수 있습니다.

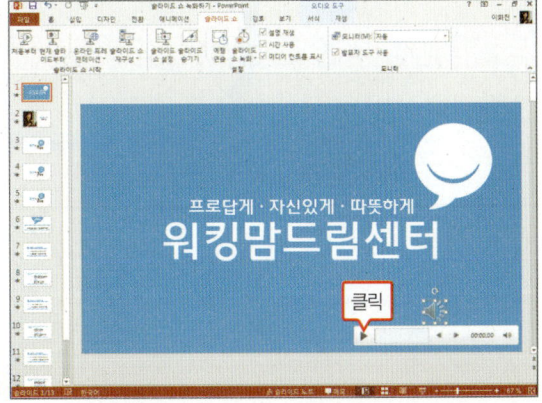

바로 통하는TIP 슬라이드 쇼를 실행하면 설명 녹음과 함께 화면 전환 효과가 자동으로 적용되면서 넘어가는 것을 확인할 수 있습니다.

워드
2013

워드 2013
기본기 다지기

워드 2013을 본격적으로 익히기 전에 워드 2013의 화면 구성이나 각 부분의 명칭을 익히고 새 문서를 만들고 저장하는 방법 및 문서에 비밀번호를 지정하고 해제하는 방법, 화면 확대/축소와 보기 옵션 등 워드 2013을 다루는 데 있어 기본이 되는 부분에 대해서 살펴보겠습니다.

00 워드 2013의 기본 화면 구성 살펴보기

워드 2013의 기본 화면 구성은 워드 2010과 유사합니다. 몇 가지 메뉴의 위치가 작업의 효율성을 위해 다른 리본 메뉴로 이동하는 정도의 변화만 있습니다.

기본 화면 구성

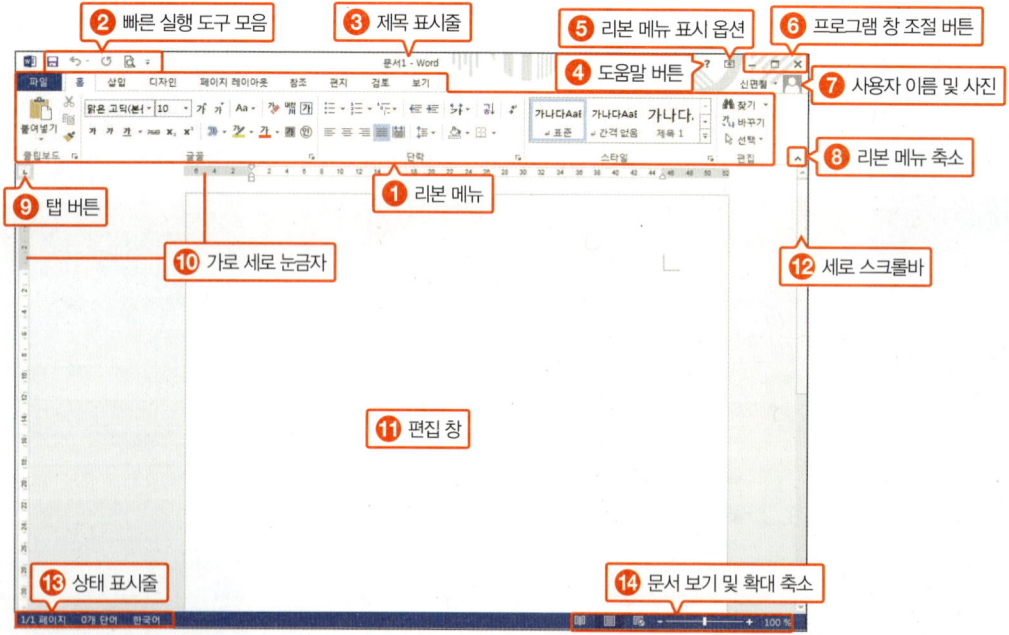

① **리본 메뉴** : 오피스 2007부터 선보인 메뉴 방식으로, 메뉴를 리본처럼 펼쳐놓아 사용자 접근성을 높였습니다. 탭은 파일, 홈, 삽입, 디자인, 페이지 레이아웃, 참조, 편지, 검토, 보기로 구성되어 있습니다.

② **빠른 실행 도구 모음** : 사용자가 자주 사용하는 명령을 빠르게 실행하도록 모아놓은 도구함입니다. 사용자가 필요에 따라 명령을 추가하거나 삭제할 수 있습니다.

③ **제목 표시줄** : 현재 작업 중인 문서의 이름을 표시합니다. 문서 이름을 별도로 지정하지 않을 경우 새로운 문서를 열었을 때 문서1, 문서2, 문서3… 순으로 이름이 자동 부여됩니다.

④ **도움말 버튼** : 워드 도움말 창이 열립니다. 단축키 F1을 눌러도 됩니다.

⑤ **리본 메뉴 표시 옵션** : 리본 메뉴 자동 숨기기, 탭 표시, 탭 및 명령 표시가 가능합니다.

⑥ **프로그램 창 조절 버튼** : 워드 창을 최소화/최대화하거나 닫을 때 사용합니다.

⑦ **사용자 이름 및 사진** : 오피스 2013부터 마이크로소프트 클라우드 서비스인 원드라이브(OneDrive) 사용자 계정 정보를 표시합니다. 로그인하면 사용자 정보가 표시됩니다.

⑧ **리본 메뉴 축소** : 문서 편집 영역을 넓게 사용하고자 할 경우 리본 메뉴 최소화 도구를 클릭하면 리본 메뉴를 숨

길 수 있습니다.

⑨ **탭 버튼** : 탭을 전환할 수 있는 버튼입니다. 클릭할 때마다 왼쪽 탭, 가운데 탭, 오른쪽 탭, 소수점 탭, 줄 탭, 첫 줄 들여쓰기, 내어쓰기 등으로 전환할 수 있습니다.

⑩ **가로 세로 눈금자** : 문서의 위치를 표시해주므로 문서를 작성할 때 위치를 확인하거나 도형, 표 등을 규칙적으로 배열할 수 있도록 도와주는 보조적인 도구입니다.

⑪ **편집 창** : 워드 2013에서 문자, 표, 도형, 차트 등의 개체를 입력해 문서를 편집하는 창입니다.

⑫ **세로 스크롤바** : 스크롤바를 움직이면 문서 위치를 위아래로 이동할 수 있습니다.

⑬ **상태 표시줄** : 편집 창에서 커서가 놓인 곳의 페이지 위치, 단어 수, 입력 언어, 입력 모드(삽입/겹쳐쓰기) 등에 관한 정보를 표시합니다.

⑭ **문서 보기 및 확대 축소** : 읽기 모드, 인쇄 모양, 웹 모양, 문서 확대 슬라이드 등으로 구성되어 있습니다. 각 버튼 을 이용해 화면에 문서를 표현하는 방식을 변경할 수 있습니다. 기본 설정은 인쇄 모양입니다.

워드 빠르게 시작하기

워드 2013을 실행하면 그림과 같은 시작 화면이 표시됩니다. ① 왼쪽에는 [최근에 사용한 항목]과 ② [다른 문서 열기] 기능이 배치되고 ③ 오른쪽에는 다양한 서식 파일을 바로 사용할 수 있도록 서식 목록이 표시됩니다. 서식 을 클릭하면 선택한 서식으로 새로운 문서를 작성할 수 있습니다. ④ 오른쪽 상단 모서리에는 마이크로소프트 계 정 정보가 표시됩니다.

01 새 문서 만들고 저장하기/ 다른 형식으로 저장하기

워드에서 문서를 작성할 때는 새 문서를 열어 빈 화면에서 작업하거나 마이크로소프트에서 제공하는 기본 서식을 사용할 수도 있습니다. 작성한 문서를 저장해두면 언제든 다시 불러와 인쇄하거나 편집할 수 있습니다. 문서를 저장하고 다른 워드프로세서에서 사용할 수 있도록 다른 형식으로 저장하는 방법에 대해서 알아보겠습니다.

01 워드 시작 후 새 문서 만들기

워드 2013을 실행하고 첫 화면에서 [새 문서] 템플릿을 더블클릭합니다.

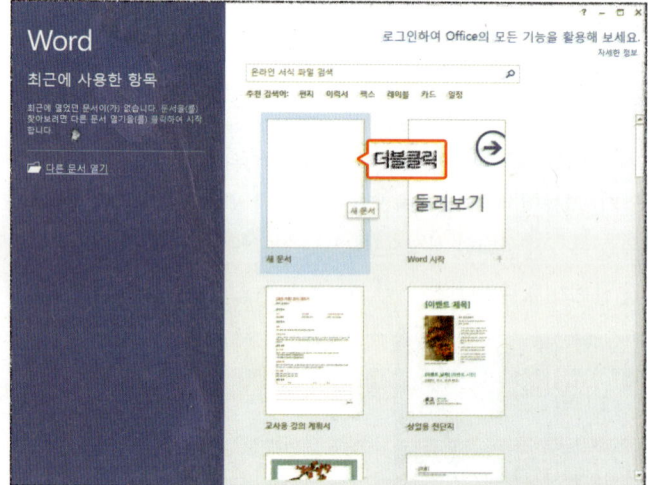

02 워드 작업 중 새 문서 만들기

문서를 작성하던 중 새로운 문서를 열어 작업해야 하는 경우가 있습니다. 편집 창에서 새 문서를 열어보겠습니다.

① [파일] 탭 클릭
② 파일 메뉴에서 [새로 만들기] 선택
③ 오른쪽 템플릿에서 [새 문서]를 더블클릭합니다.

새 문서가 하나 더 열립니다.

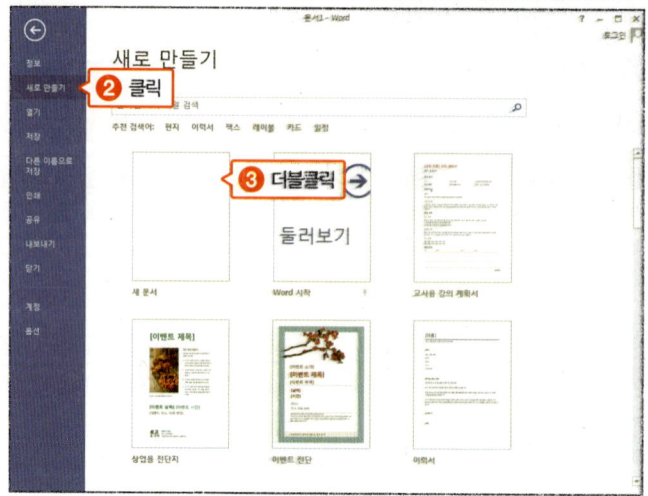

03 문서 저장하기

① [파일] 탭-[저장] 선택

② [컴퓨터] 선택

③ [바탕 화면] 선택

④ [다른 이름으로 저장] 대화상자 왼쪽에
  나타나는 탐색기에서 [바탕 화면] 선택

⑤ [파일 이름]에 연습1 입력

⑥ [저장]을 클릭합니다.

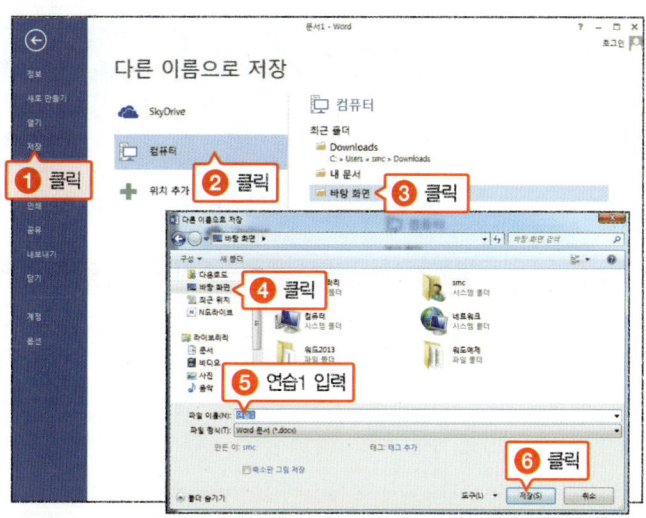

바탕 화면에 연습1.docx 파일이 저장됩니다.

바로 통하는 TIP 문서를 처음 작성하고 저장할 경우에는 [저장]을 선택하면 [다른 이름으로 저장] 대화상자가 나타납니다. 이후로는 저장할 때 [다른 이름으로 저장] 대화상자가 나타나지 않고 바로 저장됩니다. 두 번째 저장할 때 다른 이름으로 저장하려면 [파일] 탭에서 [다른 이름으로 저장]을 선택합니다.

04 문서 다른 형식으로 저장하기

워드 2013에서 작성한 문서를 하위 버전인 'Word 97-2003'에서 열 수 있도록 형식을 변경해 저장해보겠습니다.

① [파일] 탭-[다른 이름으로 저장] 선택

② [컴퓨터] 선택

③ [바탕 화면]을 선택합니다.

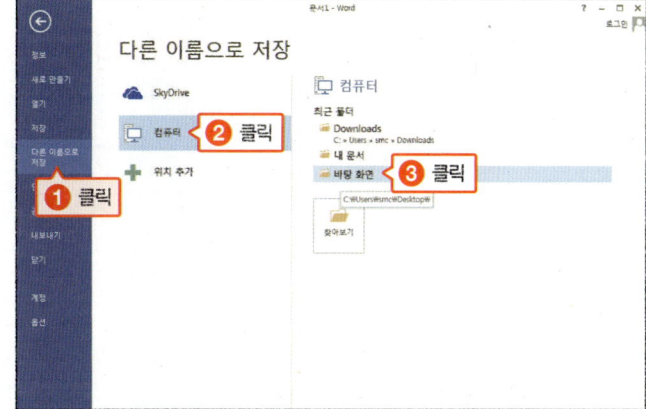

05

① [다른 이름으로 저장] 대화상자에서 [바탕 화면] 선택

② [파일 이름] 항목에 연습2 입력

③ [파일 형식]을 Word 97-2003 문서로 변경

④ [저장]을 누릅니다. 파일이 다른 형식으로 저장됩니다.

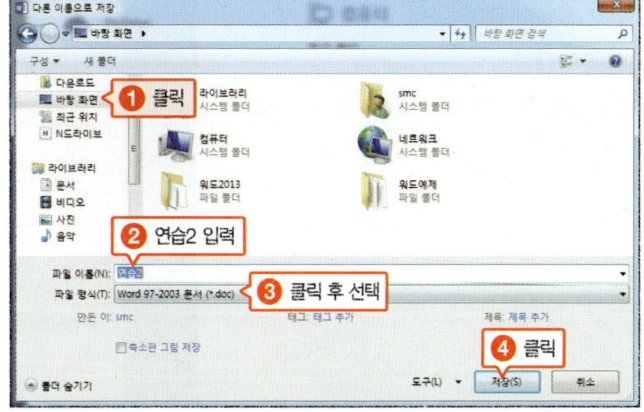

바탕 화면에 연습2.doc 파일이 저장됩니다.

바로 통하는 TIP 워드 2013 버전의 파일은 워드 97-2003 버전에서 정상적으로 열리지 않을 수 있습니다. 워드 2013에서 작성된 파일을 하위 버전이 설치된 컴퓨터에서 보려면 위와 같이 파일 형식을 바꿔서 저장하면 됩니다.

02 문서에 암호 지정 및 해제하기

문서에 암호를 지정해 타인이 무단으로 열람하거나 편집하지 못하도록 설정할 수 있습니다. 워드에서는 열기 암호와 쓰기 암호를 각각 설정할 수 있는데, 열기 암호는 문서를 열지 못하도록 할 때 사용하며 쓰기 암호는 문서를 열 수는 있으나 내용을 수정하지 못하게 할 때 사용합니다. 지정한 암호는 [다른 이름으로 저장] 대화상자에서 언제든 해제할 수 있습니다.

01 문서에 암호 지정하기

① [파일] 탭 – [다른 이름으로 저장] 선택

② [컴퓨터] 선택

③ 컴퓨터 그룹에서 [바탕화면]을 선택합니다.

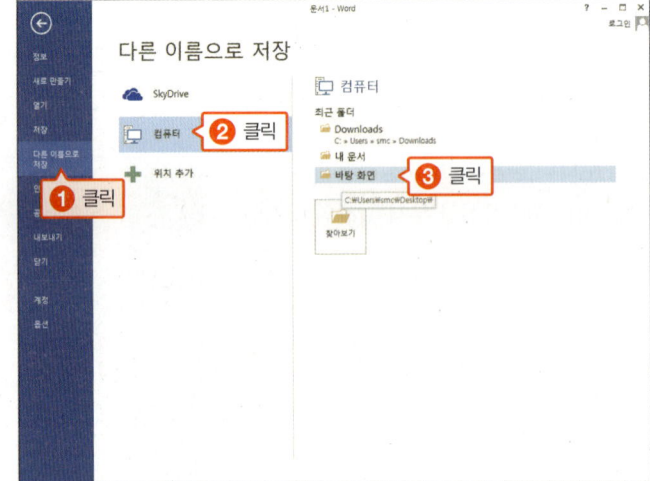

02

① [다른 이름으로 저장] 대화상자에서 [파일 이름]에 연습3 입력

② [도구 ▼] 클릭

③ [일반 옵션]을 선택합니다.

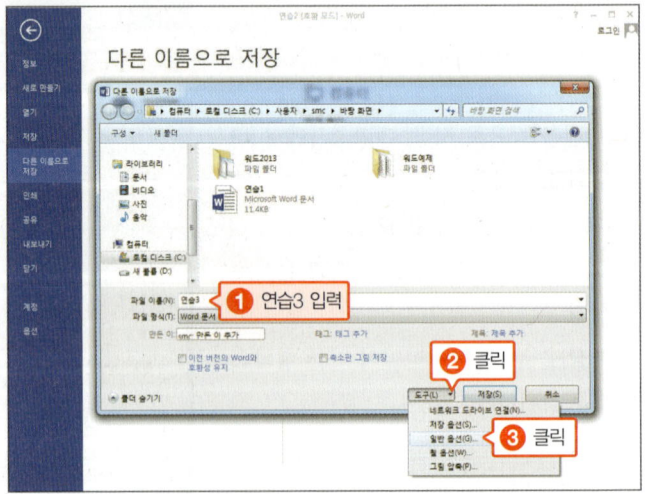

03 열기 암호와 쓰기 암호 입력하기

암호 형식은 문자, 숫자 또는 문자와 숫자 혼합으로 지정할 수 있습니다.

① [일반 옵션] 대화상자에서 **[열기 암호]**와 **[쓰기 암호]** 입력

② **[확인]**을 클릭합니다.

[암호 확인] 창이 활성화됩니다.

바로 통하는 TIP 열기 암호와 쓰기 암호의 차이점
열기 암호는 파일을 열 때 사용하는 암호이고 쓰기 암호는 파일을 수정한 뒤 저장할 때 묻는 암호입니다. 문서를 아예 열지 못하도록 할 때는 열기 암호를 지정하고, 문서를 열어 열람할 수 있지만 내용을 수정하지 못하게 할 때는 쓰기 암호를 지정합니다.

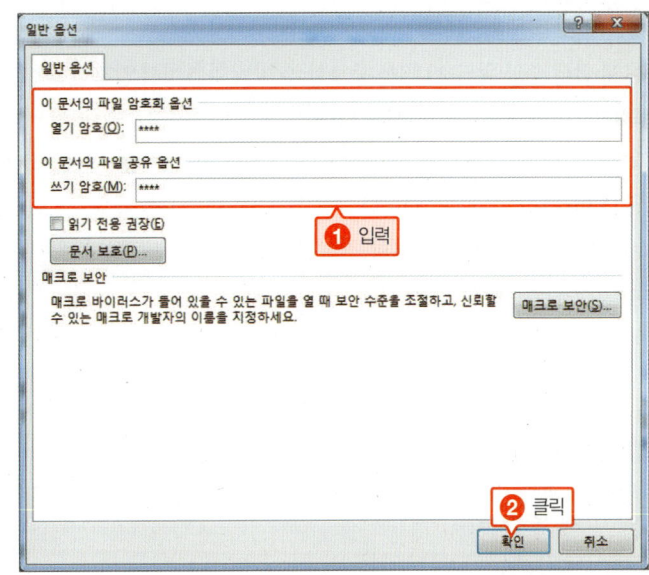

04 지정한 암호 확인하기

① [암호 확인] 대화상자에서 입력한 **[열기 암호]** 재입력

② **[확인]** 클릭
앞 단계에서 설정한 암호가 정확한지 확인합니다.

③ 마찬가지로 **[쓰기 암호]** 재입력

④ **[확인]**을 클릭합니다.

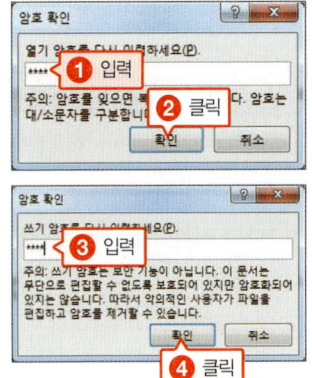

05 암호가 올바로 지정된 것을 확인했다면 **[저장]**을 클릭합니다. 문서가 저장됩니다.

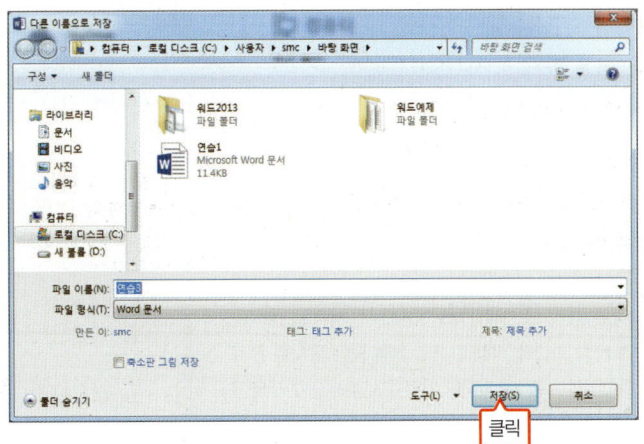

06 암호 적용 확인하기

현재 실행 중인 워드 2013을 종료한 후 바탕화면에서 암호를 포함해 저장한 **연습3** 파일을 더블클릭해 실행합니다.

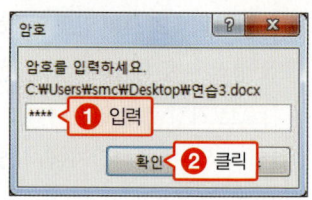

① 열기 [암호] 대화상자가 나타나면 **06**에서 입력한 **[열기 암호]** 입력

② **[확인]** 클릭

　쓰기 [암호] 대화상자가 활성화됩니다.

③ 앞서 입력한 **[쓰기 암호]** 입력

④ **[확인]**을 클릭합니다. 문서가 열립니다.

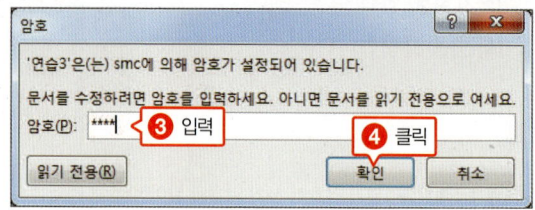

바로 통하는 TIP [열기 암호]와 [쓰기 암호]를 모두 설정한 경우에는 두 개의 대화상자가 순서대로 활성화됩니다. 한 가지 암호만 입력했다면 한 가지 대화상자만 활성화됩니다. 두 가지 암호를 모두 설정한 상태에서 [열기 암호]만 입력하고 쓰기 [암호] 대화상자에서 [읽기 전용]을 클릭하면 문서를 열람할 수 있지만 문서를 수정할 수는 없습니다.

07 지정한 암호 해제하기

암호가 지정된 파일을 실행한 후 암호를 해제해보겠습니다.

① [파일] 탭-**[다른 이름으로 저장]** 선택

② [컴퓨터]를 선택한 후 컴퓨터 그룹에서 **[바탕 화면]**을 선택

③ [다른 이름으로 저장] 대화상자에서 **[도구 ▼]** 클릭

④ **[일반 옵션]**을 선택합니다.

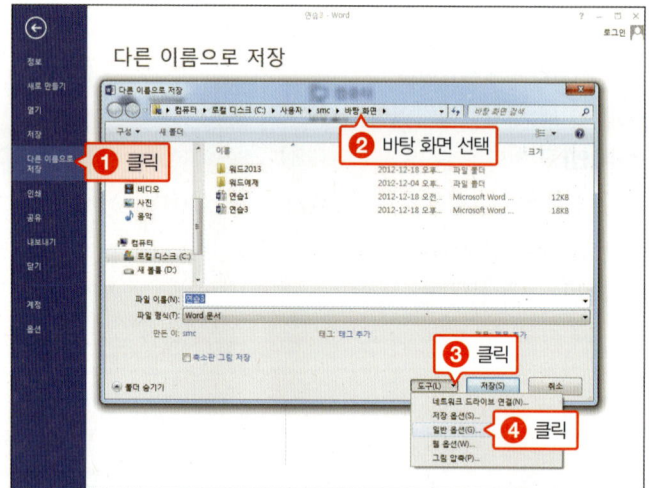

08

① [일반 옵션] 대화상자에서 입력되어 있는 **[열기 암호]**와 **[쓰기 암호]** 삭제

② **[확인]**을 클릭합니다.

─────────

[다른 이름으로 저장] 대화상자에서 [저장]을 클릭하여 바탕 화면에 저장합니다. 실행 중인 문서를 종료하고 바탕 화면에 저장한 파일을 실행해 암호가 해제되었는지 확인합니다.

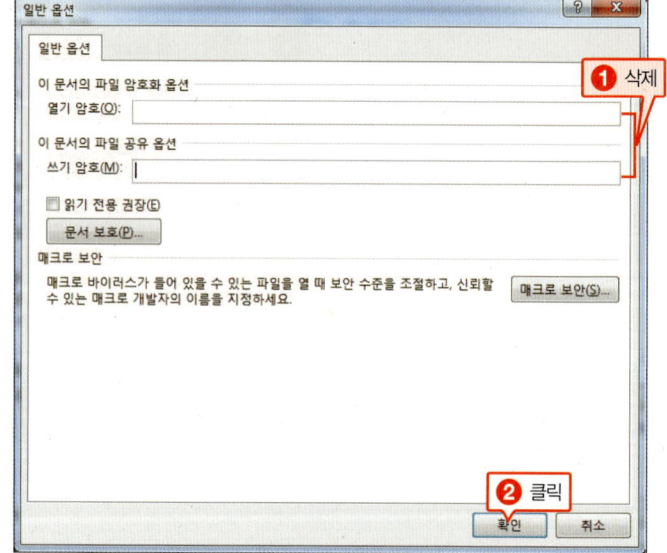

03 화면 확대/축소하기와 보기 옵션 변경하기

워드 2013으로 문서를 작성할 때 화면을 확대하거나 축소하는 방법에 대해 살펴보겠습니다. 문서 내에서 자세히 살펴볼 부분이 있다면 화면을 확대하고, 전체적인 레이아웃을 확인할 때는 화면을 축소해 사용합니다. 보기 옵션에는 [인쇄 모양], [웹 모양], [읽기 모드] 등이 제공되어 원하는 형식으로 화면 보기를 변경할 수 있습니다.

▪ **실습 파일** 워드 \ 1장 \ 화면 확대 축소하기.docx

01 [보기] 탭의 [확대/축소] 이용하기

[보기] 탭 – [확대/축소] 그룹 – [확대/축소]를 클릭해 나타나는 [확대/축소] 대화상자에서 원하는 배율을 선택할 수 있습니다.

① [보기] 탭 – [확대/축소] 그룹 – **[확대/축소]** 클릭

② [확대/축소] 대화상자에서 **[페이지 크기에 맞게]** 선택

③ **[확인]**을 클릭합니다.

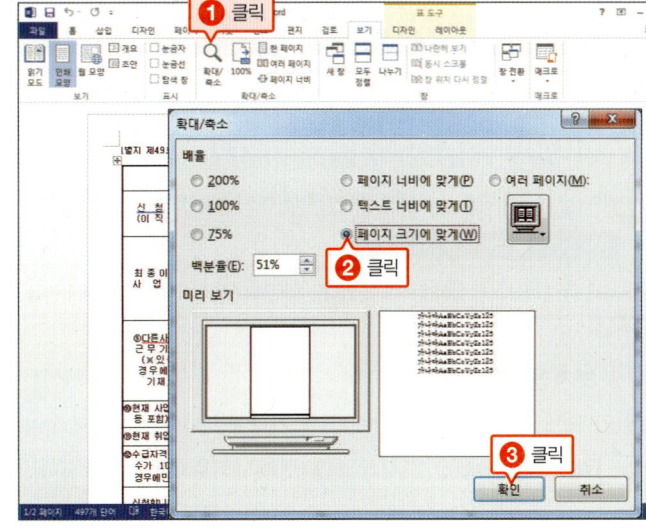

02 페이지 크기에 맞게 전체 페이지가 한 화면에 표시됩니다.

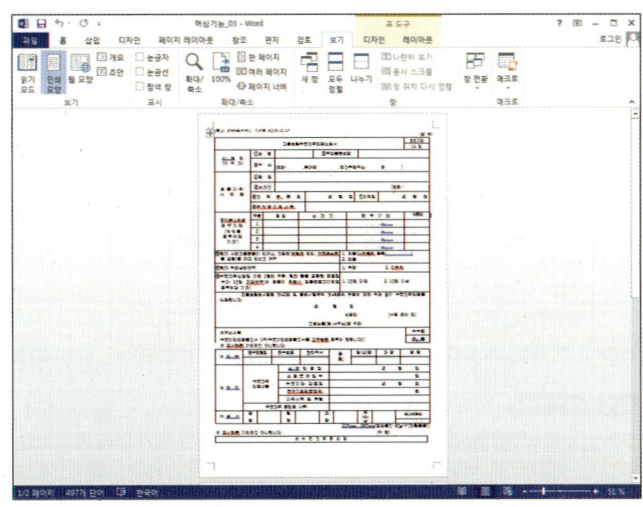

03 [보기] 탭의 리본 메뉴 이용하기

[보기] 탭 – [확대/축소] 그룹에서 [여러 페이지], [한 페이지], [페이지 너비], [100%] 등을 선택해 편집하기 좋은
화면 구성을 적용합니다.

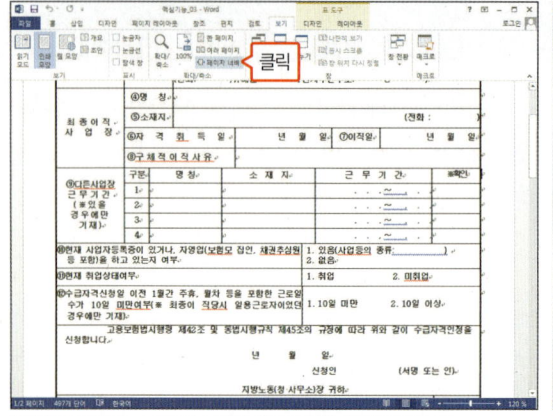

[페이지 너비] 기능 : 페이지 너비가 화면 크기에 맞춰 표시됩니다.

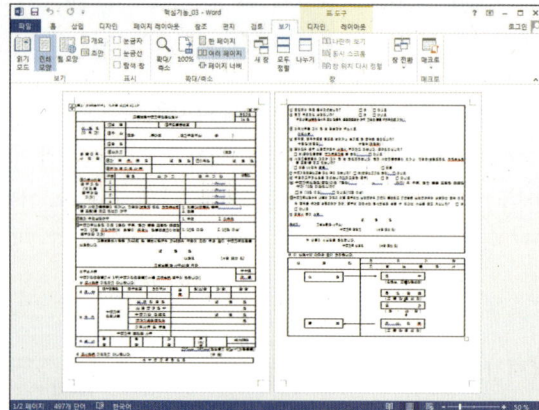

[여러 페이지] 기능 : 두 페이지를 한 화면에 펼쳐볼 수 있습니다.

바로 통하는 TIP 그밖에 간단한 화면 확대/축소 방법

[확대/축소] 슬라이드 및 키보드와 마우스 휠을 이용해 간단히 화면을 확대하거나 축소할 수 있습니다.

① 워드 2013 화면 오른쪽 하단에 위치한 [확대/축소] 슬라이드를 이용해 화면 배율을 변경할 수 있습니다.

② 사용 중인 마우스에 휠이 장착되어 있다면 [Ctrl]+마우스 휠을 이용하여 화면을 확대/축소할 수 있습니다.

04 보기 옵션 변경하기

[읽기 모드]는 문서를 읽기만 하고 쓰거나 편집하지 않을 때 사용하는 보기 옵션입니다. ① [보기] 탭 – [보기] 그
룹 – **[읽기 모드]** 클릭 ② [읽기 모드] 화면에서 **좌우 화살표**를 클릭하면 페이지가 전환됩니다.

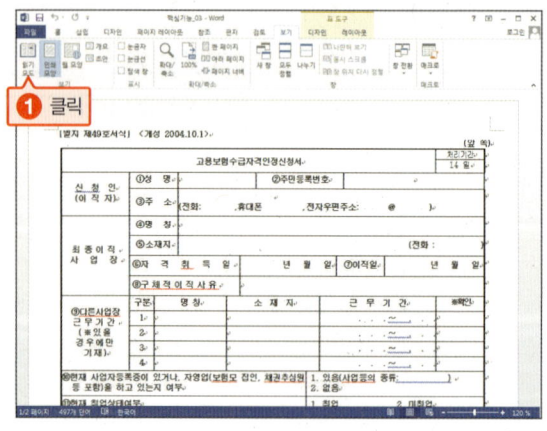

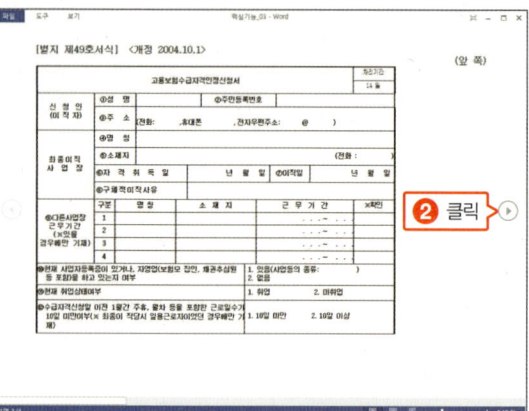

바로 통하는 TIP [읽기 모드]를 다시 [인쇄 모양]으로 전환할 때는 [ESC]를 이용하거나 화면 오른쪽 하단의 보기 모
드에서 [인쇄 모양]을 클릭합니다. 보기 모드는 문서 편집, 웹 모양, 읽기 모드, 개요, 초안 등으로 전환할 수 있습니다.

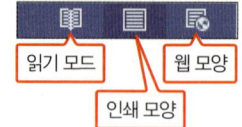

읽기 모드 / 웹 모양 / 인쇄 모양

입력 및
기본 편집하기

문서에 한자를 입력하거나 한자 사전에 자주 사용하는 한자 단어를 등록하는 기능, 문장을 꾸밀 때 사용하는 특수 기호나 단위 기호 입력 등 문서를 입력하고 작성할 때 좀 더 편리하게 사용할 수 있는 기본 기능에 대해서 알아봅니다. 문서에서 특정 단어를 찾거나 찾아 바꿀 때 사용하는 기능, 맞춤법 검사 기능 등은 오류 없는 정확한 문서를 만들 때 사용할 수 있는 유용한 기능입니다.

04 한자 입력 및 변환하기 / 자주 사용하는 한자 등록하기

워드에서는 한글 입력 후 한글 음에 따라 제공되는 한자를 [한글/한자 변환] 대화상자에서 찾아 쉽게 변환할 수 있습니다. 기본적으로 쓰이는 단어는 한자 사전에 거의 등록되어 있지만 별도로 등록되어 있지 않은 한자어는 한자한 글자씩, 혹은 단어를 조합해 한자 사전에 등록할 수 있습니다.

▪ **실습 파일** 워드 \ 2장 \ 한자 입력 및 변환하기.docx ▪ **완성 파일** 워드 \ 2장 \ 한자 입력 및 변환하기_완성.docx

01 한글을 한자로 변환하기 [사용자 ▷ 使用者]

워드에서는 한글을 음절 단위나 단어 단위로 한자 변환할 수 있습니다. '계약직 연봉 계약서'의 표 항목 중 '사용자'를 한자로 변환해보겠습니다.

① **사용자** 블록 설정 후 [한자]

② [한글/한자 변환] 대화상자의 [한자 선택]에서 **使用者** 선택

③ 대화상자 하단의 [입력 형태]에서 **[漢字]** 선택

④ **[변환]**을 클릭합니다.

'사용자'가 '使用者'로 변경됩니다.

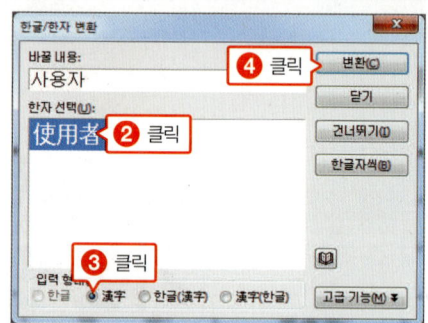

02 한글과 한자 병기하기 [근로자 ▷ 근로자(勤勞者)]

문서 작성 중 한글과 한자를 병기해주어야 하는 경우가 있습니다. '근로자'를 한자로 변환하고 괄호 안에 한글을 함께 표시해보겠습니다.

① **근로자** 블록 설정 후 [한자]

② [한글/한자 변환] 대화상자의 [한자 선택]에서 **勤勞者** 선택

③ [입력 형태]에서 **[한글(漢字)]** 선택

④ **[변환]**을 클릭합니다.

'근로자'가 '근로자(勤勞者)'로 변경됩니다.

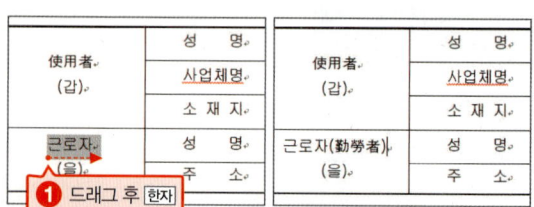

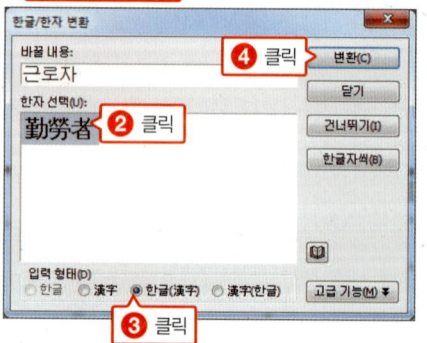

03 한자를 한글로 변환하기

한자로 입력되어 있는 근로자 성명 '洪吉童'을 한글로
변환해보겠습니다.

① **洪吉童** 블록 설정 후 [한자]

② [한자/한글 변환] 대화상자의 [입력 형태]에서 **[한글]**
 선택

③ **[변환]**을 클릭해 한자를 한글로 변환합니다.

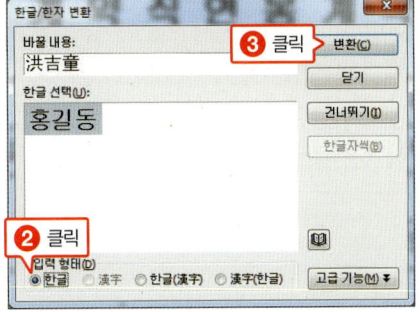

04 한자 사전 이용해 변환하기

① **연봉액** 블록 설정 후 [한자]

② [한글/한자 변환] 대화상자의 [한자 선택]에서 **年俸** 선택

③ **[한자 사전]** 클릭

④ [한자 사전] 대화상자에서 한자의 의미를 확인하고 **[확인]** 클릭

⑤ **[변환]**을 클릭합니다.

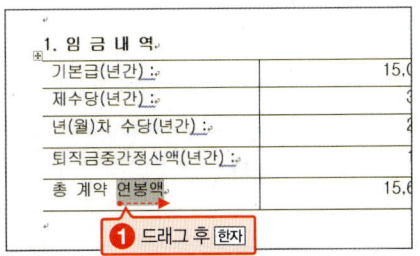

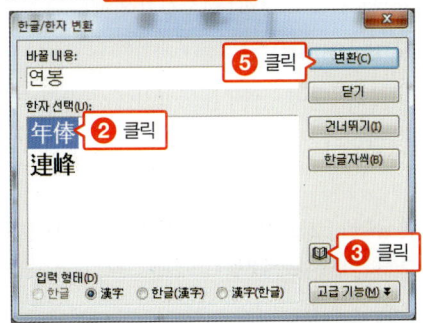

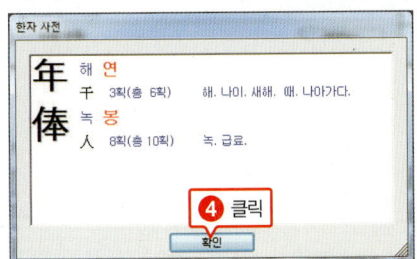

바로 통하는 TIP 한자로 변환할 단어인 '연봉액'에서 '연봉'만 우선 변환되는 이유는 '연봉액'이라는 단어가 사전에 등록되어 있지 않기 때문입니다. 한자 사전에 이미 입력되어 있는 '연봉'을 우선 변환하고 '액'은 다음 단계에서 일반 한자로 찾아 변환합니다.

05 **연봉액** 중 **연봉**만 한자로 변환되었습니다. 계속해서 **액**에 해당하는 한자 선택 목록이 나타납니다.

① [한자 선택] 항목에서 額 선택

② 앞 단계와 동일하게 **[한자 사전]** 클릭

③ 한자의 음과 뜻을 확인하고 **[확인]** 클릭

④ [한글/한자 변환] 대화상자에서 **[변환]**을 클릭합니다. **연봉액**을 정확한 한자로 변환합니다.

'연봉액'이 '年俸額'으로 변경됩니다.

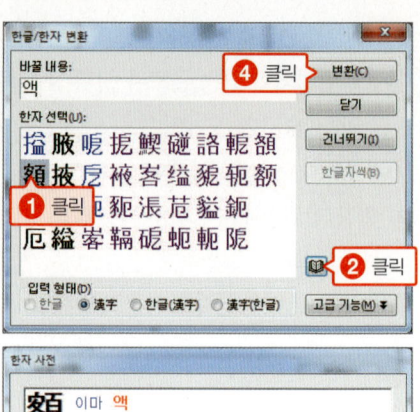

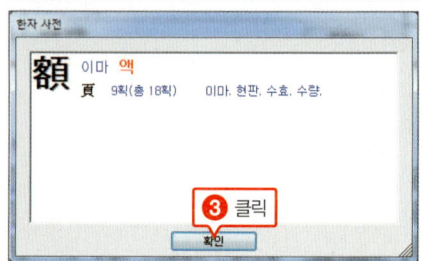

06 자주 사용하는 한자를 한자 사전에 등록하기

문서를 작성할 때 자주 사용하게 되는 한자를 미리 한자 사전에 등록하여 필요할 때마다 불러 쓸 수 있습니다.

① 한자 사전에 등록할 문자인 **임금내역** 블록 설정 후 [한자]

② [한글/한자 변환] 대화상자에서 **[고급 기능]** 클릭

③ **[새 단어 등록]** 클릭

④ [한자 단어 등록] 대화상자에서 각각 의미에 맞는 한자를 선택합니다.

한 글자씩 한자를 선택한 후 [선택]을 클릭하면 다음 글자에 해당하는 [한자 선택] 목록이 이어서 나타납니다.

바로 통하는 TIP 정확한 한자를 모른다면 [한자 사전]을 클릭해 의미가 맞는지 확인할 수 있습니다.

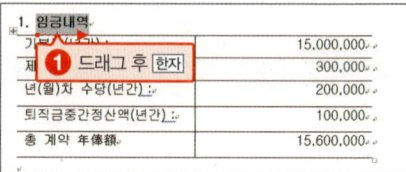

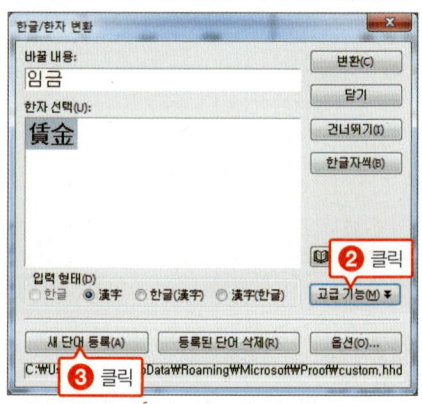

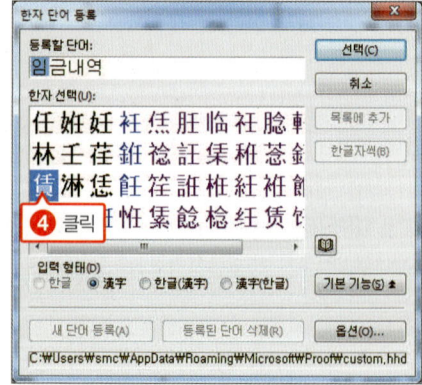

07 변환이 모두 완료되면 한자 사전에 등록하기 위해 **[목록에 추가]**를 클릭합니다.

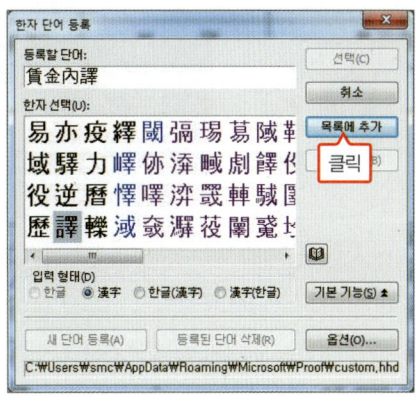

08 등록이 완료되면 그림과 같이 [한자 선택] 목록에 한자가 표시됩니다. **[변환]**을 클릭해 변환 작업을 완료합니다.

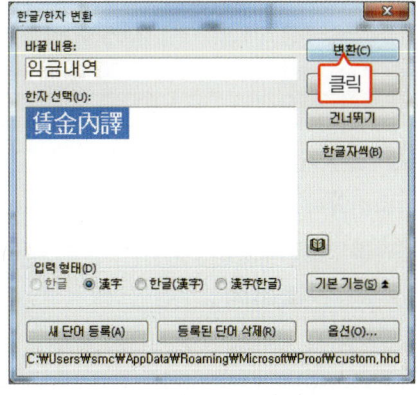

05 특수 기호와 수식 입력하기

문서를 작성할 때는 한글이나 영문, 숫자 외에도 다양한 특수 기호를 입력해야 하는 경우가 있습니다. 키보드에서 입력할 수 없는 다양한 문자와 외국어 등은 [기호] 대화상자를 통해 입력할 수 있으며 특수 문자를 잘 활용하면 문서의 해당 항목을 눈에 띄게 편집할 수 있습니다. 또한 수식 입력 시 '÷', '≠', '≤' 등에 해당하는 사칙 연산 기호를 [기호] 대화상자에서 일일이 찾아 넣으려면 문서 작성이 번거로울 수 있으므로 워드에서 수식을 입력하는 방법에 대해서 알아두는 것이 좋습니다.

• **실습 파일** 워드 \ 2장 \ 특수 기호와 수식 입력하기.docx　• **완성 파일** 워드 \ 2장 \ 특수 기호와 수식 입력하기_완성.docx

01 특수 기호 입력하기

지출결의서 문서 제목 앞에 ◆ 모양의 특수 문자를 삽입해보겠습니다.

① 제목의 **지출결의서** 앞부분 클릭

② [삽입] 탭 – [기호] 그룹 – **[기호]** 클릭

③ **[다른 기호]**를 선택합니다.

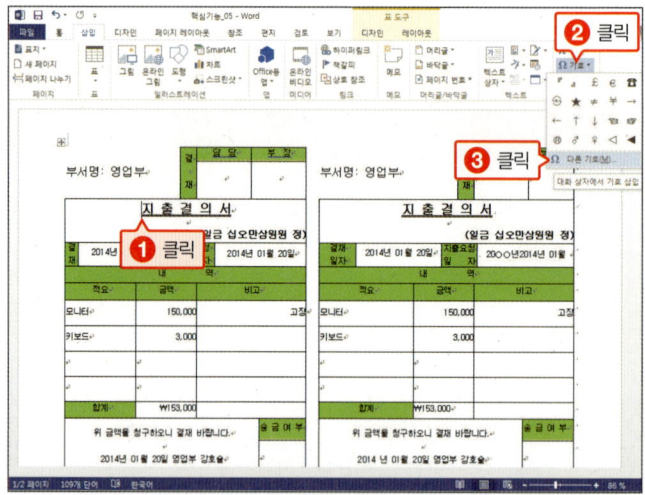

02

① [기호] 대화상자에서 [글꼴]을 **[Windings]**로 선택

② 스크롤을 조절해 ◆ 도형을 찾아 선택

③ **[삽입]**을 클릭해 문서에 삽입합니다.

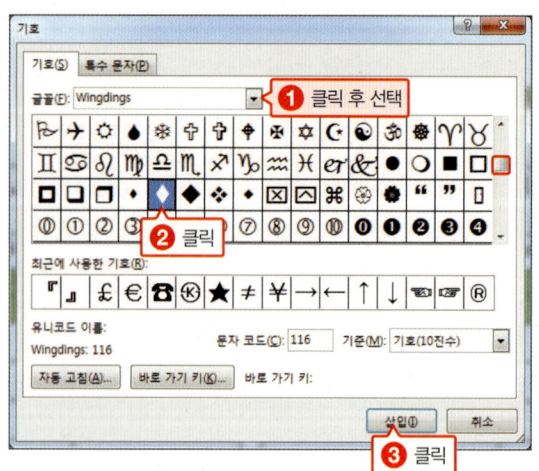

03

① **지출결의서** 뒤쪽 클릭

② [기호] 대화상자에서 다시 [**삽입**] 클릭

③ 도형 삽입이 모두 완료되면 [**닫기**]를 클릭합니다. [기호] 대화상자를 닫습니다.

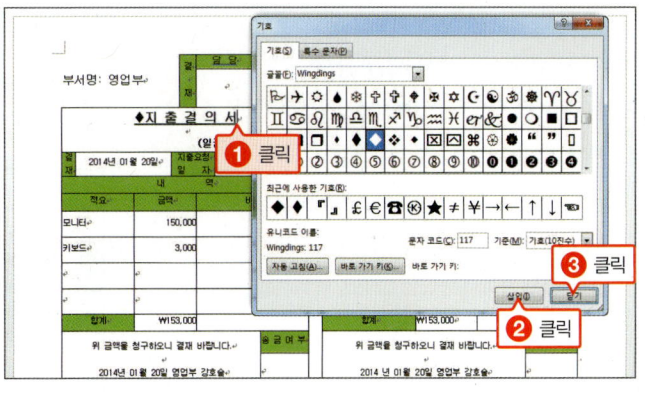

'지출결의서' 뒤로 '◆' 기호가 삽입됩니다.

04 특수 문자 바로 가기 키 지정하기

자주 사용하는 특수 문자는 바로 가기 키를 지정해 단축키로 사용할 수 있습니다. → 기호를 바로 가기 키로 등록해보겠습니다.

[삽입] 탭 – [기호] 그룹 – [기호]를 클릭한 후 [다른 기호]를 선택합니다. [기호] 대화상자가 활성화됩니다.

① [글꼴]을 [Windings]로 선택

② **스크롤바**를 아래로 드래그

③ → 선택

④ [**바로 가기 키**] 클릭

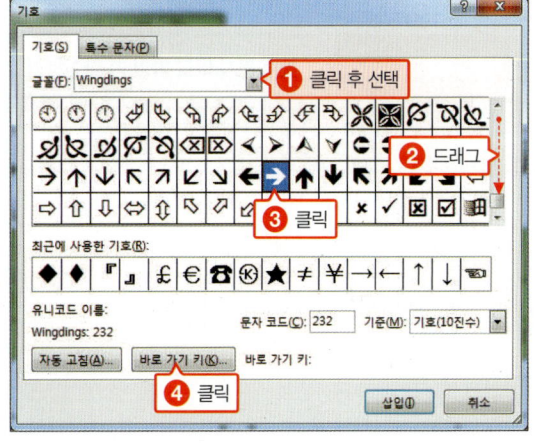

05

① [새 바로 가기 키]에서 Ctrl + Shift + →

② [**지정**] 클릭

③ [**닫기**]를 클릭합니다.

바로 가기 키 지정이 완료됩니다.

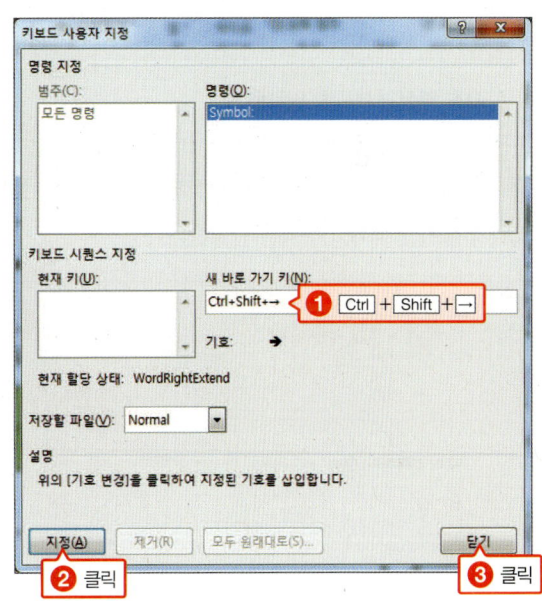

06

① [기호] 대화상자에서 **[닫기]** 클릭

② 문서 편집 상태에서 **부서명** 앞을 클릭한 후 지정한 바로 가기 키 Ctrl + Shift + □를 누릅니다. 특수 문자가 정상적으로 입력되는지 확인합니다.

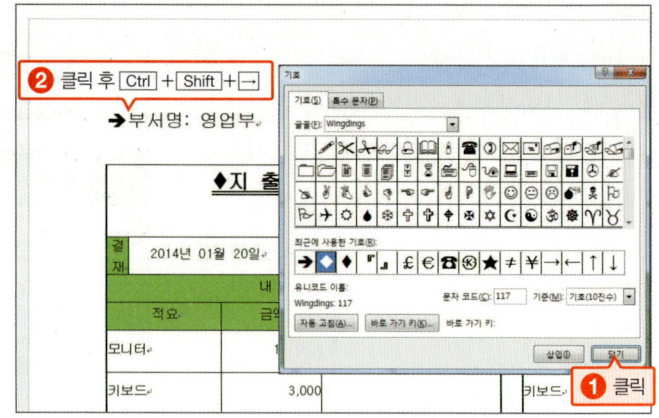

실무 활용 노트 W O R D 특수 문자 바로 가기 키 확인하기

[기호] 대화상자에서 [특수 문자] 탭은 자동 고침으로 등록된 문자들과 [바로 가기 키]를 표시합니다. 예를 들어 자동 고침은 'c'를 입력했을 때 ⓒ 특수 문자로 자동 변경되는 기능입니다. 자동 고침에 대한 자세한 내용은 '핵심기능실습 06 단위 기호 입력과 자동 고침 사용 및 해제하기'에서 다룹니다.

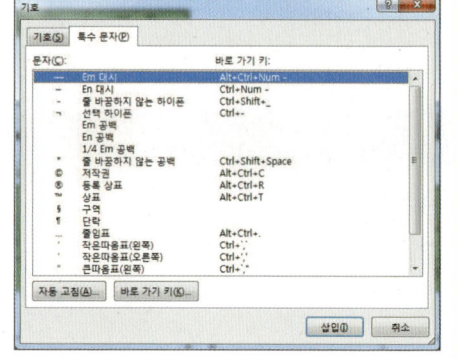

---

07 사칙 연산과 부등호 입력하기

본문 우측 스크롤바를 아래로 내리거나 PageDown 을 눌러 2페이지로 이동합니다.

① [삽입] 탭 – [기호] 그룹 – **[수식]** 클릭 ② 알파벳은 키보드로 입력하고 기호는 리본 메뉴의 [기호]를 클릭합니다. 그림과 같이 입력하고 수식을 완성합니다.

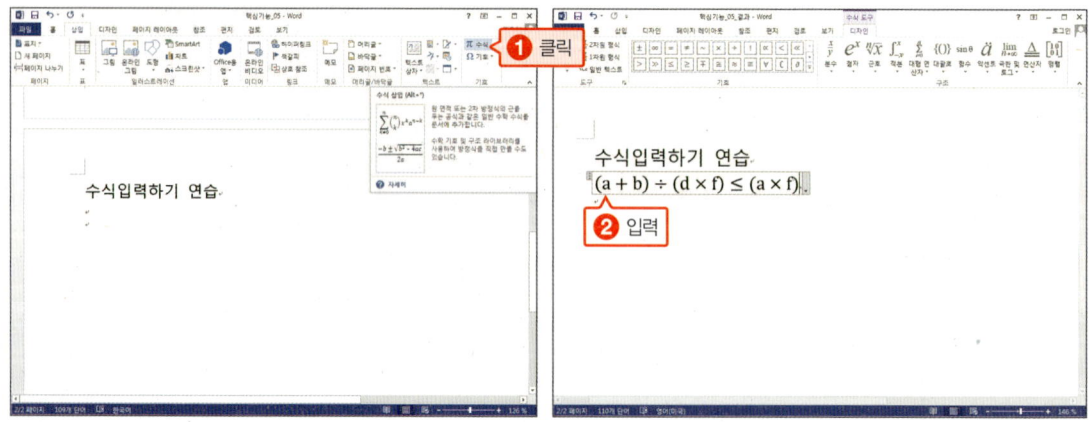

바로 통하는 TIP 수식 입력 시 ÷, ×, ≤ 등의 기호는 [수식 도구]–[디자인] 탭의 [기호] 그룹 내에서 기호를 클릭하면 삽입됩니다.

08 분수 수식 입력하기

① [삽입] 탭 – [기호] 그룹 – [수식 ▼] 클릭
② 목록에서 [새 수식 삽입]을 선택합니다.

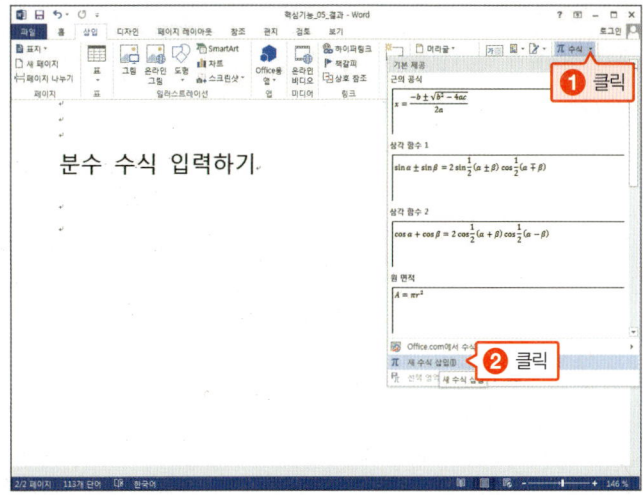

09

① [여기에 수식을 입력하세요] 클릭
② [디자인] 탭 – [구조] 그룹 – [분수 ▼] 클릭
③ 그림과 같이 [상하형 분수] 모양 선택
④ 분수 수식 입력 상태에서 분모 부분에 해당하는 사각형 상자를 클릭하고 c를 입력합니다.

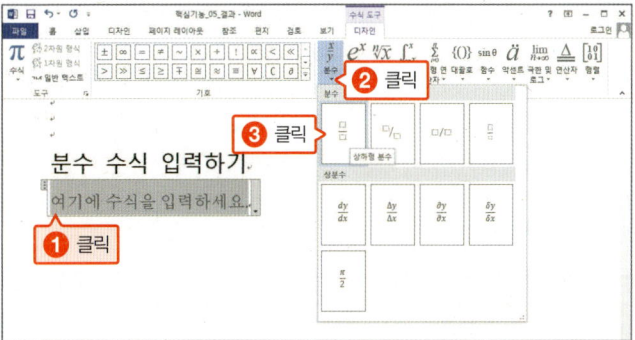

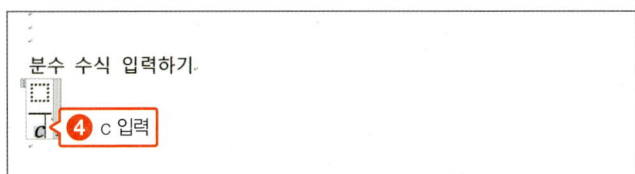

10 근호 입력하기

① 분자 상자 클릭
② [디자인] 탭 – [구조] 그룹 – [근호 ▼] 클릭
③ 첫 번째 [제곱근] 형태 선택
④ 근호 안 클릭
⑤ 5를 입력한 후 키보드에서 오른쪽 방향키 ㅁ를 눌러 근호 수식에서 벗어납니다.

바로 통하는 TIP 수식에서 벗어나지 않으면 근호 안에 계속 입력됩니다.

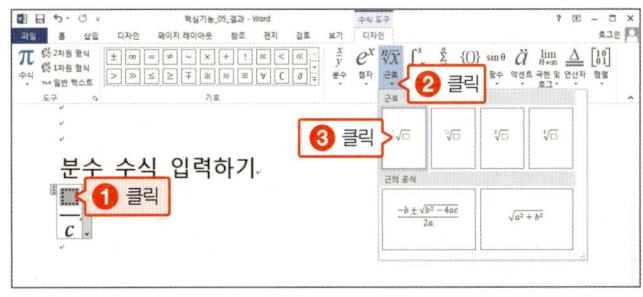

11

① [디자인] 탭 – [기호] 그룹 – [÷] 클릭

② [디자인] 탭 – [구조] 그룹 – **[근호 ▼]** 클릭

③ **[제곱근]**을 선택합니다.

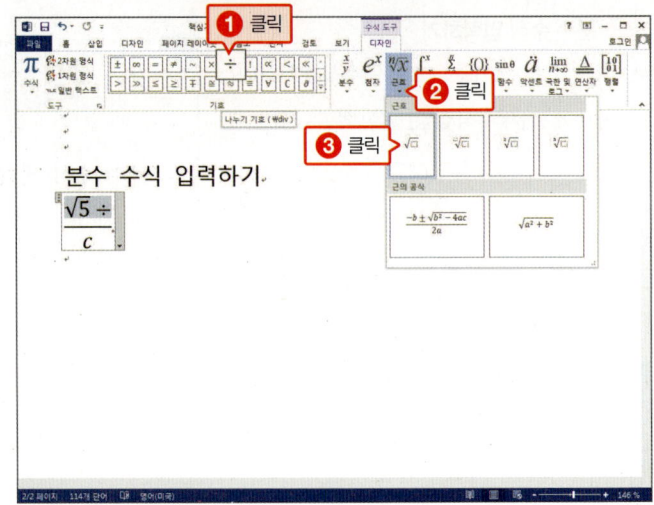

12

① 제곱근 상자 클릭

② **10**을 입력합니다.

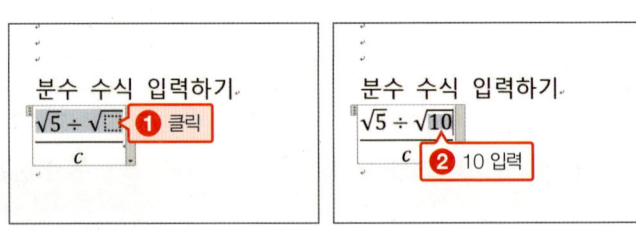

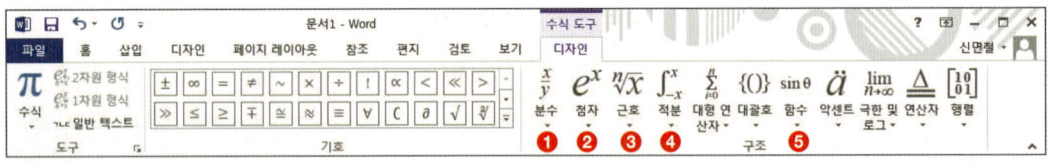

실무활용노트 WORD | **다양한 수식 구조 알아보기**

구조화되어 있는 다양한 수식을 형태별로 입력할 수 있습니다.

① **분수** : 분수 수식을 입력할 때 사용합니다.

② **첨자** : 승수 등의 첨자를 입력할 때 사용합니다.

③ **근호** : 루트 등의 근호 입력할 때 사용합니다.

④ **적분** : 적분 식을 입력할 때 사용합니다.

⑤ **함수** : 삼각함수 식을 입력할 때 사용합니다.

06 단위 기호 입력과 자동 고침 사용 및 해제하기

워드에서는 기본 단위 기호를 제공하고 있어 cm, cm², kg 등과 같은 길이와 면적, 무게 단위, $, ¥ 등과 같은 화폐 단위를 쉽게 입력할 수 있습니다. 문서에 사용되는 단위 기호를 입력하는 방법 및 기호의 자동 입력을 도와주는 자동 고침 기능에 대해서 알아보겠습니다. 자동 고침은 미리 지정해둔 단어를 한글로 입력하면 자동으로 해당 기호로 변경되는 기능입니다.

• **실습 파일** 워드 \ 2장 \ 단위 기호 입력과 자동 고침 사용 및 해제하기.docx • **완성 파일** 워드 \ 2장 \ 단위 기호 입력과 자동 고침 사용 및 해제하기_완성.docx

01 한중일 호환용 단위 기호 입력하기

① [단위연습] 열의 **첫 번째** 칸 클릭

② [삽입] 탭 – [기호] 그룹 – **[기호]** 클릭

③ **[다른 기호]**를 선택합니다. [기호] 대화상자가 활성화됩니다.

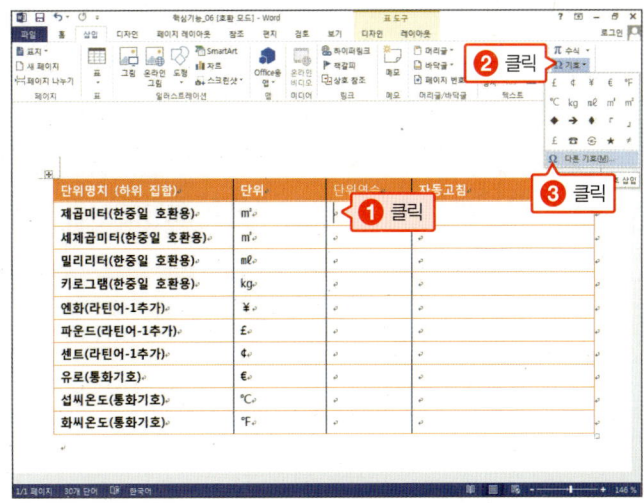

02

① [기호] 대화상자에서 [글꼴]을 **[(현재글꼴)]**로 선택

② [하위 집합]을 **[한중일 호환]**으로 선택

③ 기호 목록에서 **[m²]** 선택

④ **[삽입]**을 클릭합니다.

다른 칸의 단위도 [기호] 대화상자가 활성화된 상태에서 기호 선택 – [삽입] 순서로 클릭해 완성합니다.

단위연습 항목에 m²이 삽입됩니다.

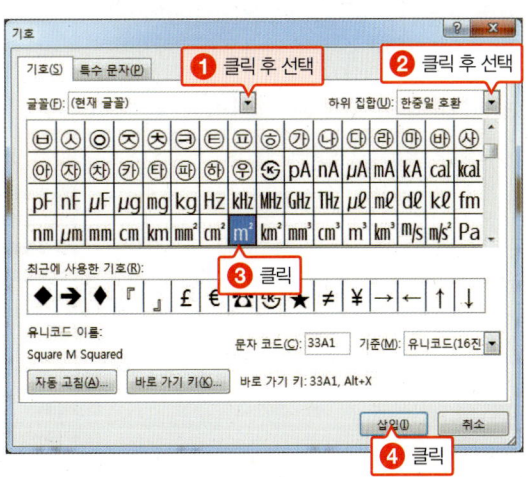

03 기타 단위 기호 입력하기

① [단위연습] 열의 다섯 번째 칸 클릭

② [하위 집합]을 [라틴어-1 추가]로 선택

③ [¥]을 입력합니다. [기호] 대화상자에서 순서대로 찾아 더블클릭하거나 [기호] 대화상자 하단의 [삽입]을 클릭해 [£], [¢]를 입력합니다.

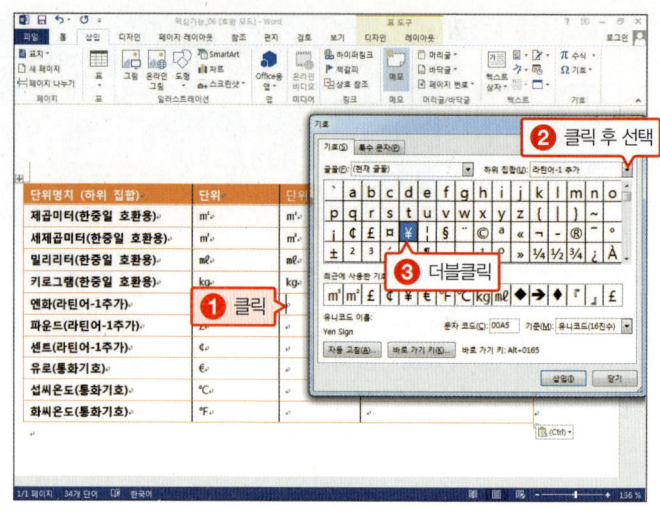

04

① [하위 집합]을 [글자 모양 기호]로 선택

② [€], [℃], [℉]를 순서대로 더블클릭하거나 [기호] 대화상자 하단의 [삽입] 클릭

③ 입력이 완료되면 [기호] 대화상자의 [닫기]를 클릭해 작업을 종료합니다.

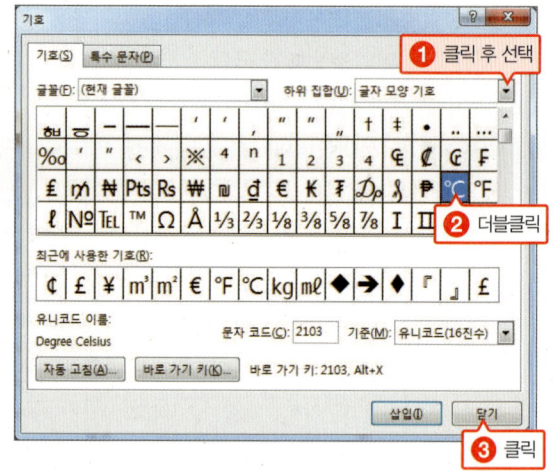

05 자동 고침 설정하기

자동 고침 기능을 이용해 '화시'라고 입력할 경우 ℉가 입력되도록 설정해보겠습니다.

① [삽입] 탭 - [기호] 그룹 - [기호] 클릭

② [다른 기호]를 선택합니다.

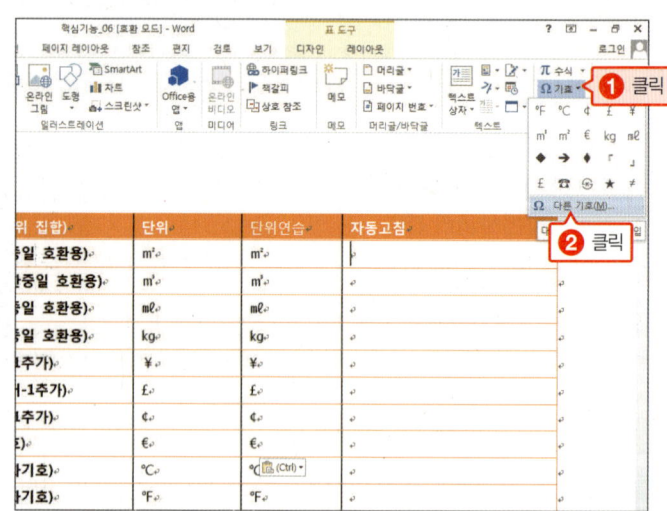

06

① [기호] 대화상자가 활성화되면 하단의 [최근에 사용한 기호]에서 [℉] 선택

② [자동고침]을 클릭합니다.

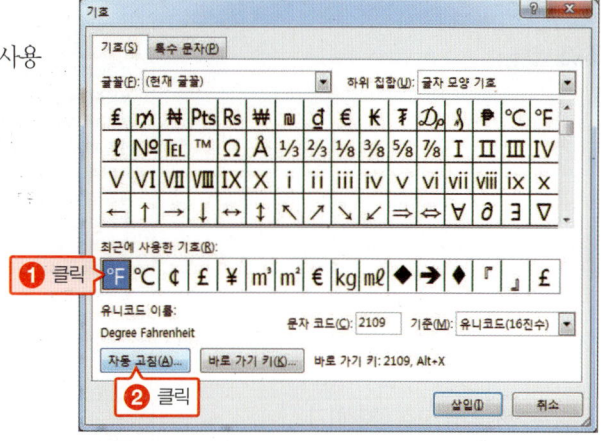

07

① [자동 고침] 대화상자의 [입력]란에 **화시** 입력

② [추가] 클릭

자동 고침 문자를 추가합니다.

③ [확인]을 클릭합니다. [자동 고침] 대화상자를 닫습니다.

[기호] 대화상자도 닫습니다.

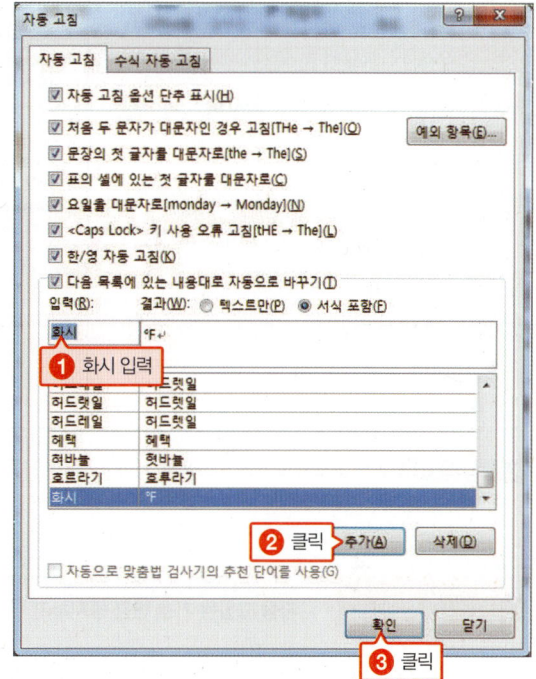

08 추가한 자동 고침 적용하기

예제 표의 [자동고침] 열 마지막 행에 **화시**를 입력하고 [Space Bar]를 누릅니다.

09 자동 고침 기능으로 '화시'가 °F로 변환됩니다.

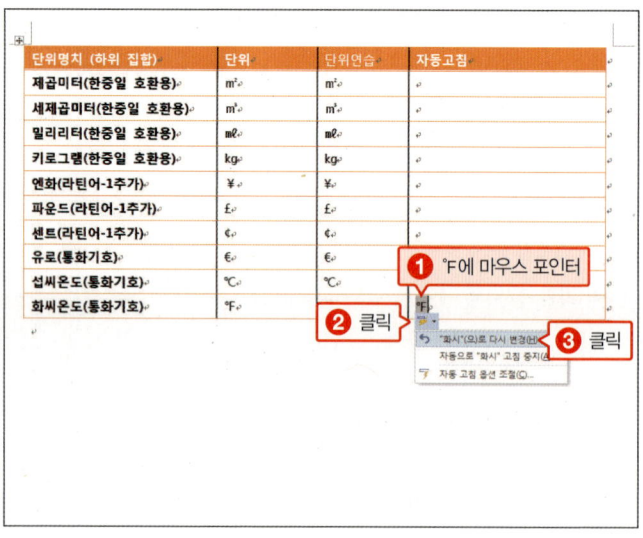

단위명칭 (하위 집합)	단위	단위연습	자동고침
제곱미터(한중일 호환용)	m²	m²	
세제곱미터(한중일 호환용)	m³	m³	
밀리리터(한중일 호환용)	mℓ	mℓ	
키로그램(한중일 호환용)	kg	kg	
엔화(라틴어-1추가)	¥	¥	
파운드(라틴어-1추가)	£	£	
센트(라틴어-1추가)	¢	¢	
유로(통화기호)	€	€	
섭씨온도(통화기호)	℃	℃	
화씨온도(통화기호)	°F	°F	°F

10 추가한 자동 고침 해제하기

자동 고침 기능이 기호를 입력할 때는 도움이 되지만, **화시**라는 단어를 그대로 사용해야 할 경우에는 유용하지 않습니다. 추가한 자동 고침 문자 °F를 문자인 **화시**로 다시 변환해보겠습니다.

① 예제 표의 °F에 마우스 포인터를 올려놓으면 [자동 고침 옵션] 선택 메뉴 활성화

② **[자동 고침 옵션]** 클릭

③ **["화시"로 다시 변경]**을 선택해 자동 고침을 해제할 수 있습니다.

단위명칭 (하위 집합)	단위	단위연습	자동고침
제곱미터(한중일 호환용)	m²	m²	
세제곱미터(한중일 호환용)	m³	m³	
밀리리터(한중일 호환용)	mℓ	mℓ	
키로그램(한중일 호환용)	kg	kg	
엔화(라틴어-1추가)	¥	¥	
파운드(라틴어-1추가)	£	£	
센트(라틴어-1추가)	¢	¢	
유로(통화기호)	€	€	
섭씨온도(통화기호)	℃	℃	
화씨온도(통화기호)	°F	°F	

① °F에 마우스 포인터
② 클릭
③ 클릭

"화시"(으)로 다시 변경(R)
자동으로 "화시" 고침 중지(S)
자동 고침 옵션 조절(C)...

바로 통하는 TIP 자동 고침 해제 기능을 적용해도 추가한 자동 고침 목록이 삭제되는 것은 아니므로 '화시'를 입력한 후 [Space Bar]를 누르면 다시 "°F'가 입력됩니다.

실무활용노트 WORD | **자동 고침된 기호 변경 중지하기**

자동 고침된 °F의 아래쪽에 나타나는 [자동 고침 옵션]을 클릭합니다. [자동으로 "화시" 고침 중지]를 선택하면 '화시'에 대한 자동 고침이 해제됩니다. 이 경우에는 추가된 자동 고침 기호가 [자동 고침]에서 삭제되므로 더 이상 사용할 수 없습니다.

07 찾기 및 찾아 바꾸기

문서를 작성하거나 편집하다 보면 문서 내에서 원하는 단어의 위치를 찾아야 하는 경우가 많습니다. 이때 찾기 기능을 사용합니다. 찾은 내용을 일괄적으로 변경할 때는 일일이 찾아 바꾸는 번거로움을 줄일 수 있는 찾아 바꾸기 기능을 이용할 수 있습니다.

▪**실습 파일** 워드 \ 2장 \ 찾기 및 찾아 바꾸기.docx ▪**완성 파일** 워드 \ 2장 \ 찾기 및 찾아 바꾸기_완성.docx

01 빠르게 찾기

워드 2013에서는 이전 버전에 비해 발전된 찾기 기능이 제공됩니다. 찾을 단어를 입력하면 바로 전체 문서 내에서 해당 단어를 찾아 표시해줍니다. 또한 [탐색] 작업 창 아래 탐색 결과가 실시간으로 표시됩니다.

① [홈] 탭 – [편집] 그룹 – **[찾기]** 클릭

② 화면 왼쪽에 [탐색] 작업 창이 실행되면 검색란에 **대화**를 입력합니다.

> **바로 통하는 TIP** 찾기는 단축키 Ctrl + F 를 이용해도 됩니다.

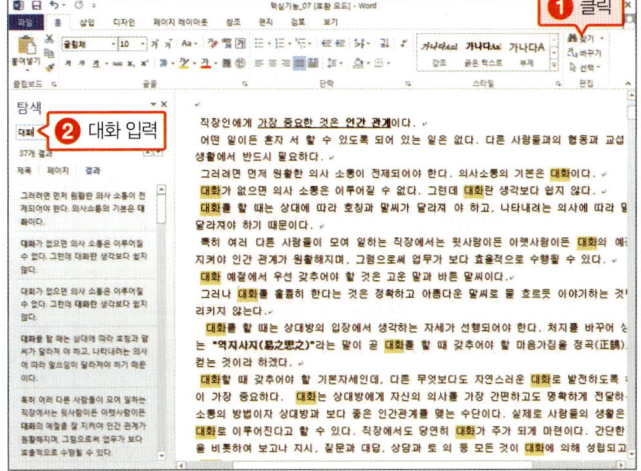

02 찾아 바꾸기

찾아 바꾸기 기능을 이용해 문서 전체에서 '상대방'이라고 쓰인 단어를 '고객'으로 변경해보겠습니다.

① [홈] 탭 – [편집] 그룹 – **[바꾸기]** 클릭

② [찾기 및 바꾸기] 대화상자에서 [찾을 내용]에 **상대방** 입력

③ [바꿀 내용]에 **고객** 입력

④ [찾기 및 바꾸기] 대화상자에서 하단의 **[바꾸기]**를 클릭해 한 단어씩 찾아 상대방을 고객으로 변경합니다.

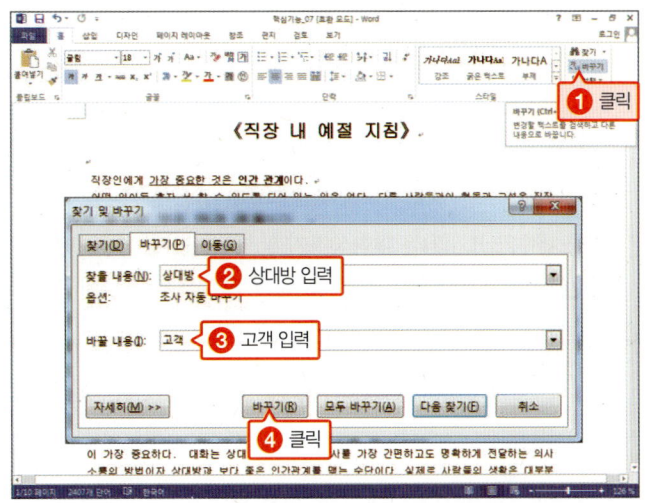

> **바로 통하는 TIP** 만약 한 개씩 바꾸는 것이 번거롭다면 [모두 바꾸기]를 클릭해 한 번에 모두 변경할 수도 있습니다. 찾아 바꾸기의 단축키는 Ctrl + H 입니다.

03 서식 바꾸기

문서에서 해당 문자열을 찾아 서식을 지정
해 새로운 서식으로 변경할 수 있습니다.

① [홈] 탭 – [편집] 그룹 – **[바꾸기]** 클릭
② [찾을 내용]과 [바꿀 내용]에 **인간관계** 입력
③ **[서식]** 클릭
④ **[글꼴]**을 선택합니다.

　[서식] 버튼이 보이지 않으면 [자세히]
를 눌러 대화상자를 확장시켜줍니다.

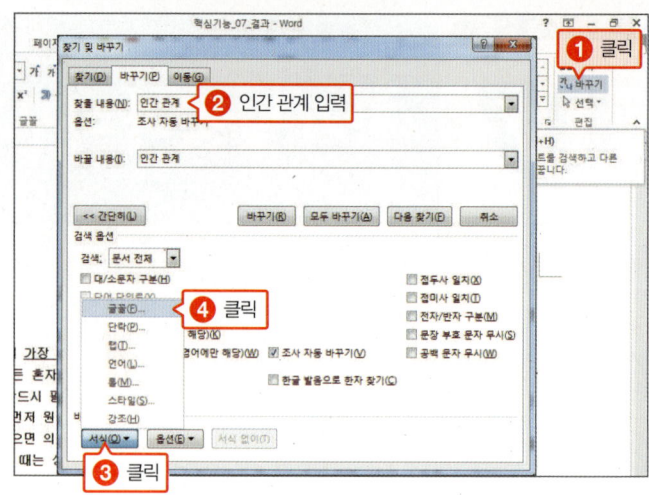

04

① [글꼴 바꾸기] 대화상자에서 [한글 글꼴]을 **[궁서체]**
　로 설정
② [글꼴 스타일]은 **[굵게]**로 설정
③ [크기]는 **[12]**로 설정
④ [글꼴 색]은 **[빨강]**으로 설정
⑤ [밑줄 스타일]은 **[이중 실선]**으로 설정
⑥ [밑줄 색]은 **[연한 파랑]**으로 설정
⑦ [강조점]은 **[˙]**로 설정
⑧ 설정이 완료되면 **[확인]**을 클릭해 창을 닫습니다.

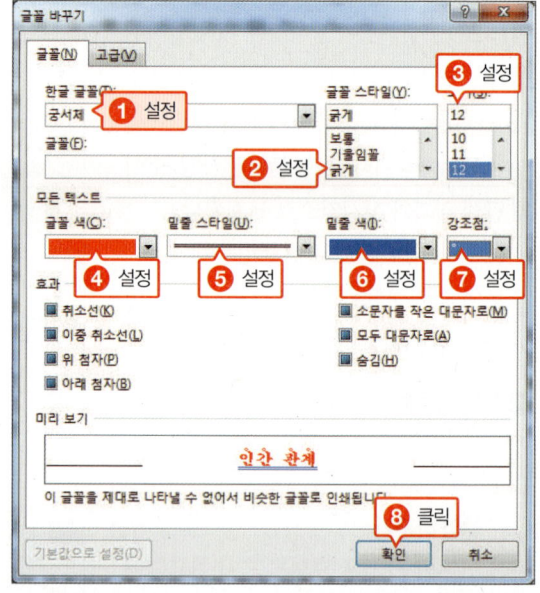

05

① [찾기 및 바꾸기] 대화상자에서 **[모두 바꾸기]** 클릭
　바꾼 개수가 표시되는 대화상자가 활성화됩니다.
② **[확인]** 클릭
③ [찾기 및 바꾸기] 대화상자에서 **[닫기]**를 클릭합니다.

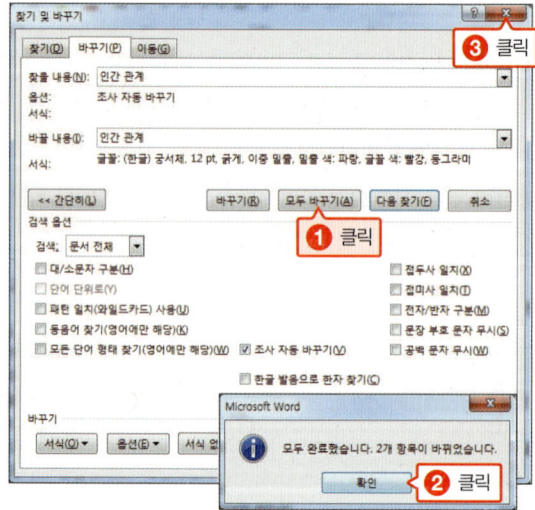

06 문서에 적용된 내용을 확인합니다.

《직장 내 예절 지침》

직장인에게 가장 중요한 것은 **인간 관계다.**

어떤 일이든 혼자 서 할 수 있도록 되어 있는 일은 없다. 다른 사람들과의 협동과 교섭은 생활에서 반드시 필요하다.

그러려면 먼저 원활한 의사 소통이 전제되어야 한다. 의사소통의 기본은 대화이다.

대화가 없으면 의사 소통은 이루어질 수 없다. 그런데 대화란 생각보다 쉽지 않다.

대화를 할 때는 상대에 따라 호칭과 말씨가 달라져 야 하고, 나타내려는 의사에 따라 말씨

달라져야 하기 때문이다.

특히 여러 다른 사람들이 모여 일하는 직장에서는 윗사람이든 아랫사람이든 대화의 예절

지켜야 **인간 관계**가 원활해지며, 그럼으로써 업무가 보다 효율적으로 수행될 수 있다.

대화 예절에서 우선 갖추어야 할 것은 고운 말과 바른 말씨이다.

그러나 대화를 훌륭히 한다는 것은 정확하고 아름다운 말씨로 물 흐르듯 이야기하는 것만

실무활용노트 WORD ｜ **[찾기 및 바꾸기] 대화상자의 [바꾸기] 탭**

문서에서 원하는 문자열을 찾고 변경할 때 사용하며 바꿀 내용을 하나씩 찾아 바꾸거나 한 번에 모두 바꿀 수 있습니다.

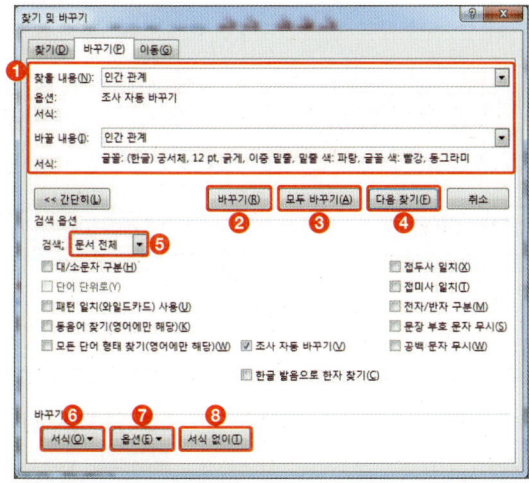

① 찾기 및 바꾸기를 이용해 찾거나 바꿀 내용에 적용된 서식이나 옵션을 표시합니다.

② 바꿀 내용을 하나씩 찾아가며 바꿀 때 사용합니다.

③ 여러 단어를 한 번에 바꿀 때 사용합니다.

④ 단어를 변경하지 않고 찾을 때 사용합니다.

⑤ [아래쪽으로], [위쪽으로], [문서 전체] 등 검색 방향을 선택합니다.

⑥ 찾을 내용 또는 바꿀 내용의 서식을 변경할 때 사용합니다.

⑦ 특수 문자 또는 기타 찾기 및 바꾸기 기능을 지정합니다.

⑧ 찾을 내용 또는 바꿀 내용에 적용된 서식을 삭제할 때 사용합니다.

08 실행 취소 및 다시 실행하기

문서 작업 중 잘못된 작업을 실행 취소하거나 실행 취소한 작업을 다시 이전 상태로 되돌리기 위한 방법을 알아 보겠습니다. 실행 취소는 잘못 실행한 작업을 바로 앞 단계로 되돌리거나 최대 1,000단계까지 취소할 수 있어 문서 편집 시 유용하게 사용할 수 있습니다.

• **실습 파일** 워드 \ 2장 \ 실행 취소 및 다시 실행하기.docx   • **완성 파일** 워드 \ 2장 \ 실행 취소 및 다시 실행하기_완성.docx

01 실행 취소하기

① [홈] 탭 – [편집] 그룹 – **[바꾸기]** 클릭

② [찾을 내용]에 **본 회사** 입력

③ [바꿀 내용]에 **한빛 미디어** 입력

④ **[모두 바꾸기]** 클릭. 문서 내의 **본 회사**라는 단어가 **한빛 미디어**로 바뀌었는지 확인합니다.

⑤ 찾아 바꾸기의 실행을 취소하려면 대화 상자를 닫고 Ctrl + Z 를 눌러 실행된 작업을 취소합니다.

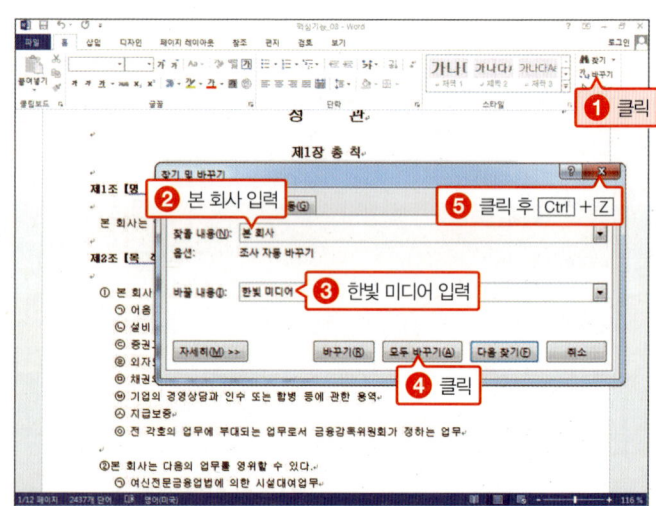

바로 통하는 TIP Ctrl + Z 단축키 외에 워드 2013 왼쪽 상단의 빠른 실행 도구에서 실행 취소도 가능합니다.

02 다시 실행하기

실행이 취소된 상태에서 Ctrl + Y 를 누르거나 빠른 실행 도구의 **[다시 실행]**을 클릭합니다.

문서 내 '본 회사'로 표시된 부분이 '한빛 미디어'로 다시 수정됩니다.

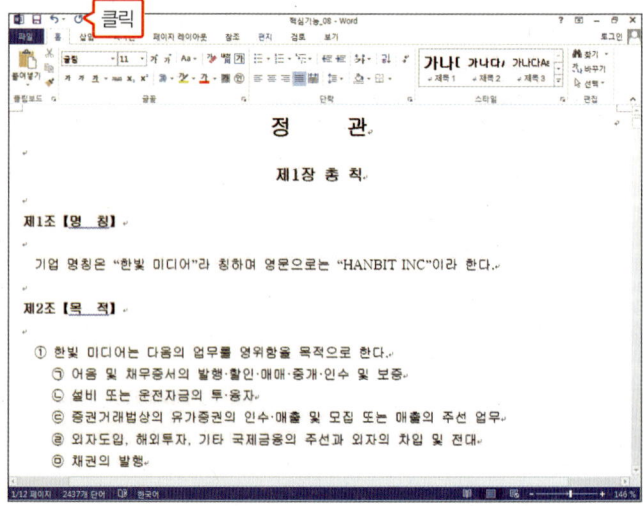

09 문장 이동 및 복사하기/ 엑셀 표를 워드로 가져오기

문서 작성 중에 이미 작성한 문장을 다른 위치로 이동하거나 같은 내용의 문장을 다른 곳에 복사할 때 사용하는 문장 이동 및 복사하기 기능에 대해서 알아보겠습니다. 이 기능을 이용하면 엑셀 문서의 내용을 복사해 워드에 붙여 넣는 것도 가능합니다.

> • **실습 파일** 워드 \ 2장 \ 문장 이동 및 복사하기.docx, 엑셀 표를 워드로 가져오기.docx, 엑셀 표를 워드로 가져오기.xlsx
> • **완성 파일** 워드 \ 2장 \ 문장 이동 및 복사하기_완성.docx, 엑셀 표를 워드로 가져오기_완성.docx

01 단축키로 문장을 잘라내 이동시키기

부서별 업무 분담 표에서 **총무 담당**의 분장 업무 중 빨간색 글씨로 적힌 내용을 아래쪽에 **인사 담당** 부분으로 이동해보겠습니다.

① 빨간색으로 칠해진 글씨를 잘라내기 위해 블록 설정 후 Ctrl + X

② 아래쪽 인사 담당의 빈칸을 클릭한 후 Ctrl + V 를 눌러 잘라낸 문장을 붙여 넣습니다.

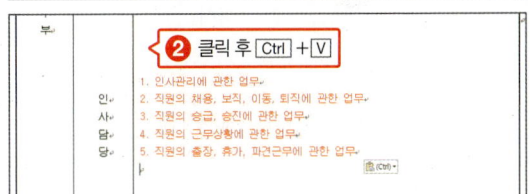

02 키보드를 사용하지 않고 마우스로 끌어 이동시키기

① **인사 담당** 부분으로 이동된 빨간색 글씨 블록 설정

② 마우스 포인터를 **선택 범위** 위에 위치

③ 클릭한 채로 위쪽 **총무 담당** 부분으로 드래그합니다.

───────────

총무 담당의 5번 항목 아래에 선택 범위가 이동됩니다.

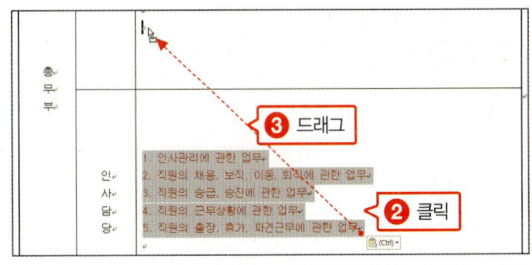

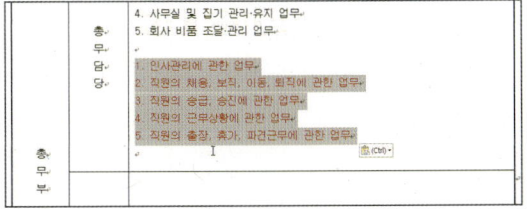

03 단축 메뉴를 이용한 복사하기

① **총무 담당** 부분의 빨간색 글씨 블록 설정 후 마우스 오른쪽 버튼 클릭

② 바로 가기 메뉴에서 **[복사]** 선택

③ **복사하고자 하는 위치**에 마우스 포인터를 올려 놓고 마우스 오른쪽 버튼 클릭

④ **[붙여넣기 옵션]** 중 **[원본 서식 유지]**를 선택합니다.

바로 통하는TIP 워드 2013에서는 붙여넣기할 때 붙여 넣을 부분을 미리 볼 수 있는 기능을 제공합니다.

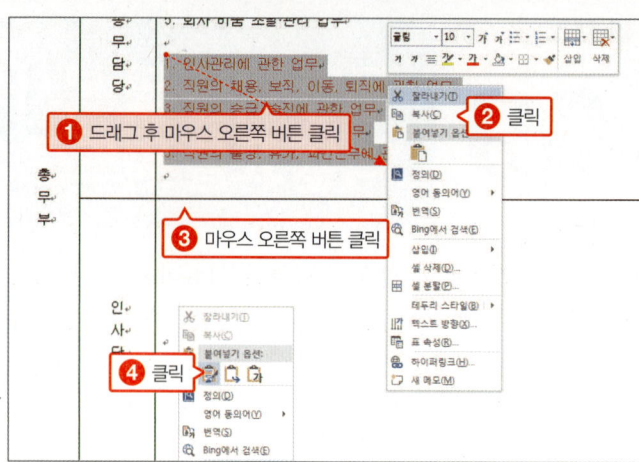

04 클립보드 도구를 이용해 복사하기

① **[홈]** 탭 – **[클립보드]** 그룹 – **[클립보드]** 대화상자 표시 아이콘 클릭

[클립보드] 작업 창이 활성화됩니다.

② **총무 담당** 부분의 빨간색 글씨 블록 설정

③ **[홈]** 탭 – **[클립보드]** 그룹 – **[복사]** 클릭

④ 문단을 붙여 넣을 위치인 **인사 담당** 빈칸 클릭

⑤ **[클립보드]** 작업 창의 [붙여 넣을 항목 클릭]에서 **복사된 항목**을 클릭합니다.

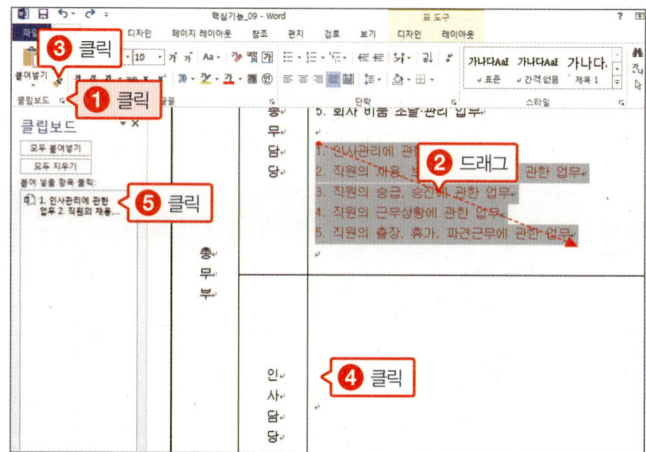

인사 담당란에 선택 범위가 붙여집니다.

바로 통하는TIP [클립보드] 작업 창은 문장을 이동할 때도 사용할 수 있습니다. 즉 이동하기, 복사하기 기능을 사용할 때는 단축키, 마우스로 드래그, 바로 가기 메뉴, [클립보드] 작업 창을 모두 사용할 수 있습니다. 가장 편한 방법을 선택해 사용합니다.

실무활용노트 WORD | 스마트 태그 사용하기

스마트 태그는 문장을 붙여 넣을 때 서식 적용에 대한 옵션을 선택할 수 있는 기능입니다. 스마트 태그는 문장을 복사해 [붙여넣기]하면 활성화됩니다. 예를 들어 그림과 같이 '5. 직원의 출장, 휴가…' 문장을 복사해 아래 줄에 복사하면 스마트 태그가 활성화되고 [붙여넣기]를 누르면 [붙여넣기 옵션]을 선택할 수 있습니다.

① 원본 서식 유지 : 복사한 원본 문장의 서식을 유지한 상태로 붙여 넣습니다.

② 서식 병합 : 붙여 넣을 위치의 서식으로 변경합니다.

③ 텍스트만 유지 : 서식을 모두 제거한 상태로 붙여 넣습니다.

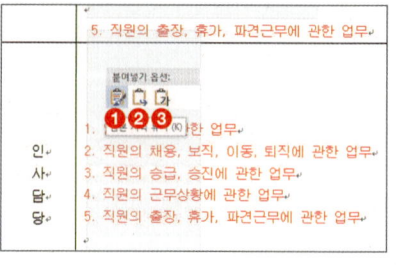

복사할 내용을 차례로 저장해두었다가 원하는 내용을 붙여 넣을 때 클립보드를 사용할 수 있습니다.

① **모두 붙여넣기** : 여러 내용을 클립보드에 복사해놓고 해당 내용을 한 번에 삽입할 때 사용합니다.

② **모두 지우기** : 클립보드의 내용을 모두 지울 때 사용합니다.

③ **클립보드 작업 선택** : 각각 클립보드의 [붙여넣기] 및 [삭제] 메뉴를 활성화합니다.

④ **붙여넣기/삭제** : 클립보드의 내용을 붙여 넣거나 삭제할 때 사용합니다.

⑤ **옵션** : 클립보드 표시 방법을 선택할 때 사용합니다.

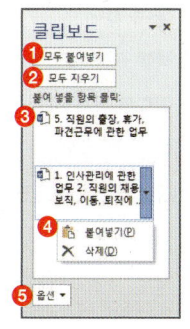

05 서식 복사하기

① 부서별 업무 분담 표에서 **기획부** 부분의 파란 취소선 문장 블록 설정

마우스를 놓는 순간 우측 그림과 같이 [바로 가기 도구 모음]이 활성화됩니다. [바로 가기 도구 모음]이 사라졌다면 블록 설정 상태에 마우스 오른쪽 버튼을 클릭하면 됩니다.

② [바로 가기 도구 모음]에서 **[서식 복사]** 클릭. [홈] 탭 – [클립보드] 그룹 – [서식 복사]를 클릭해도 됩니다.

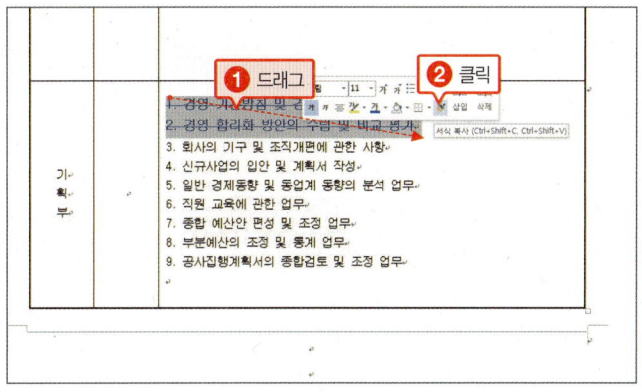

[바로 가기 도구 모음]에서 [서식 복사]를 클릭하고 서식을 복사할 다른 문장에 마우스를 이동해보면 마우스가 붓 모양으로 변경되는 것을 확인할 수 있습니다.

06 붓 모양의 마우스 커서로 서식을 복사할 범위를 드래그하면 복사해둔 서식이 적용됩니다.

바로 통하는 TIP 서식 복사하기를 여러 곳에 적용하고 싶을 때

[홈] 탭–[클립보드] 그룹–[서식 복사]를 더블클릭하면 여러 곳에 서식을 복사할 수 있습니다. 중간에 서식 복사를 중단하고자 한다면 ESC 를 눌러 해제합니다.

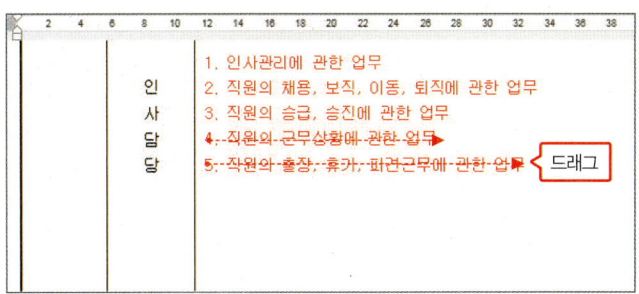

07 엑셀 표를 워드로 가져오기

엑셀에서 만든 세금계산서를 워드로 가져
와 붙여 넣어보겠습니다.

① **엑셀 표를 워드로 가져오기.docx, 엑셀 표를
워드로 가져오기.xlsx**를 순서대로 실행
엑셀 파일에서 가져오고자 하는 범위의
표 내용을 블록 설정합니다.

② Ctrl + C 를 눌러 내용을 복사합니다.

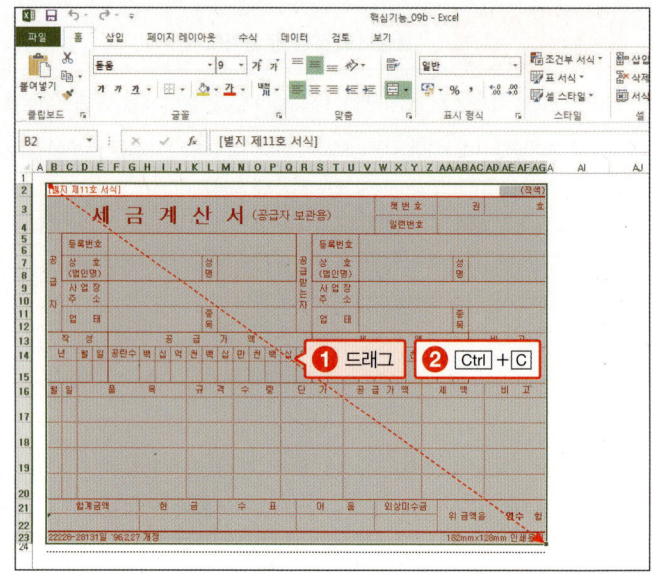

08

작업 표시줄에서 워드 2013으로 창을 전
환합니다. 복사할 내용을 붙여 넣을 위치에
마우스 포인터를 놓습니다.

① 마우스 오른쪽 버튼 클릭. 바로 가기 메
뉴에서 [붙여넣기] – [원본 서식 유지]에 마
우스 포인터를 올려놓으면 붙여 넣을 표
모양을 미리 보기로 볼 수 있습니다.

② 미리 보기가 문제없다면 바로 가기 메뉴
에서 [붙여넣기] – [원본 서식 유지]를 선택
해 붙여 넣습니다.

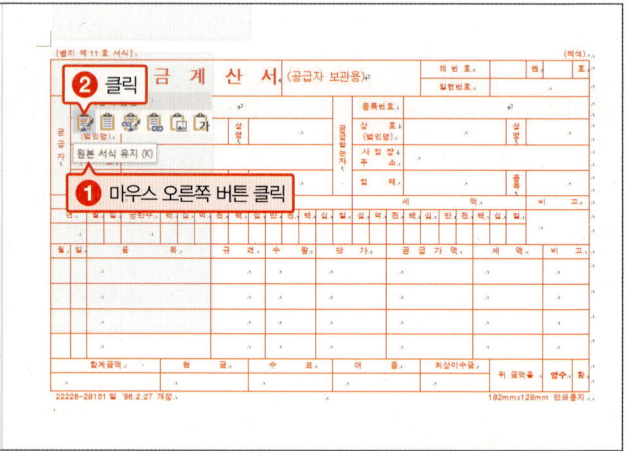

10 메모 삽입하고 표시하기/숨기기/삭제하기

문서 공동 작업 시 문서에 메모를 삽입하여 구성원들에게 문서에 대한 부연 설명을 남길 수 있습니다. 그룹 구성원들은 각각 자신의 의견을 추가로 작성해서 메모를 삽입할 수 있습니다.

▪**실습 파일** 워드 \ 2장 \ 메모 삽입, 표시 및 숨기기, 삭제하기.docx ▪**완성 파일** 워드 \ 2장 \ 메모 삽입, 표시 및 숨기기, 삭제하기_완성.docx

01 메모 삽입하기

① 예제 파일에서 **제1조(목적)** 블록 설정

② [검토] 탭 – [메모] 그룹 – **[새 메모]** 클릭

③ 문서의 오른쪽에 메모 공간이 활성화되면 메모를 입력합니다.

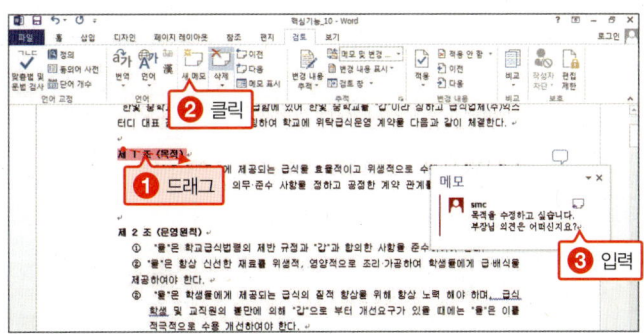

02 메모 표시하기

메모를 추가하면 문서 오른쪽에 말풍선 도형이 표시되고 작성한 메모는 **말풍선 도형**을 클릭해야 볼 수 있습니다.

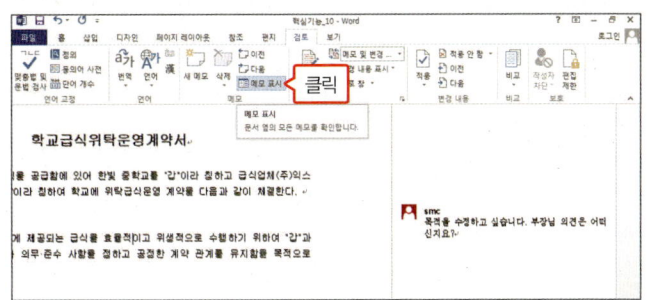

03 메모 숨기기

[검토] 탭 – [메모] 그룹 – **[메모 표시]**를 클릭하면 문서 오른쪽에 메모를 항상 표시할 수 있습니다. 반대로 [메모 표시]를 한 번 더 눌러 해제하면 메모가 다시 숨겨집니다.

바로 통하는 TIP [메모 표시]를 실행했는데도 메모가 활성화되지 않는다면 [검토] 탭 – [추적] 그룹 – [변경 내용 표시]를 클릭하고 [메모]가 선택되어 있는지 확인합니다.

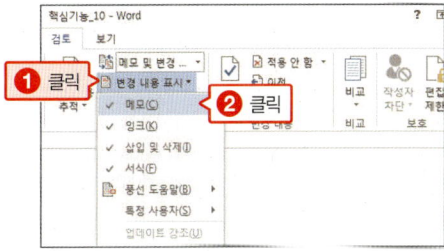

04 검토 창 이용하기

검토 창은 문서의 메모 내용과 수정 내용을 표시하는 작업 창입니다. 검토 창을 이용하면 좀 더 편리하게 메모를 관리할 수 있습니다.

① [검토] 탭 - [추적] 그룹 - **[검토 창▼]** 클릭
② **[세로로 표시]**를 선택합니다.

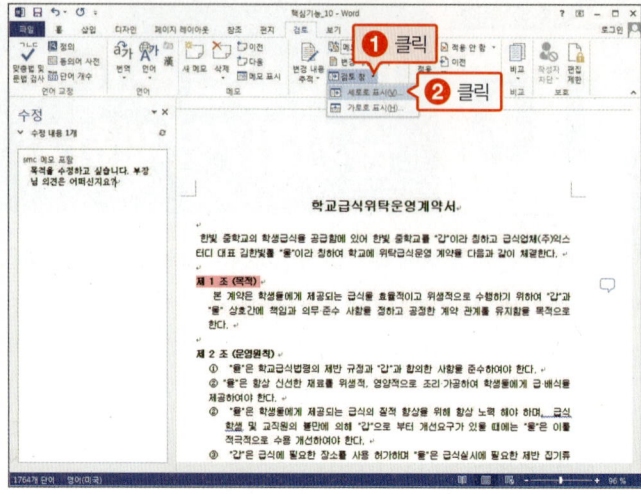

05

① 새로 추가할 **제2조(운영원칙)** 블록 설정
② [검토] 탭 - [메모] 그룹 - **[새 메모]**를 클릭합니다. [검토 창]에 새로운 메모를 추가합니다.

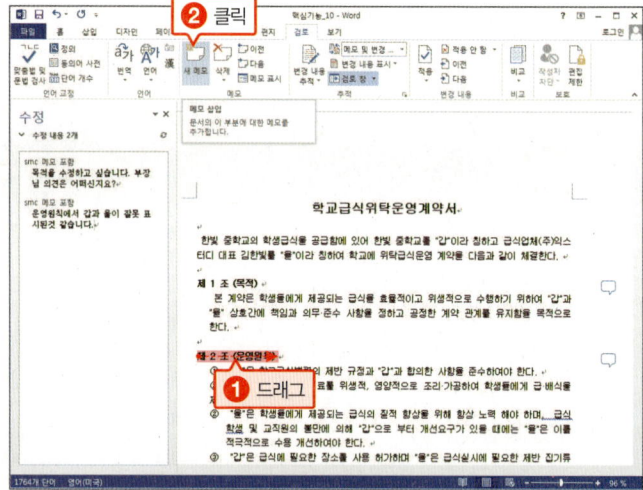

06 메모 삭제하기

① 삭제할 **메모** 클릭
② [검토] 탭 - [메모] 그룹 - **[삭제▼]** 클릭
③ **[삭제]**를 선택합니다.

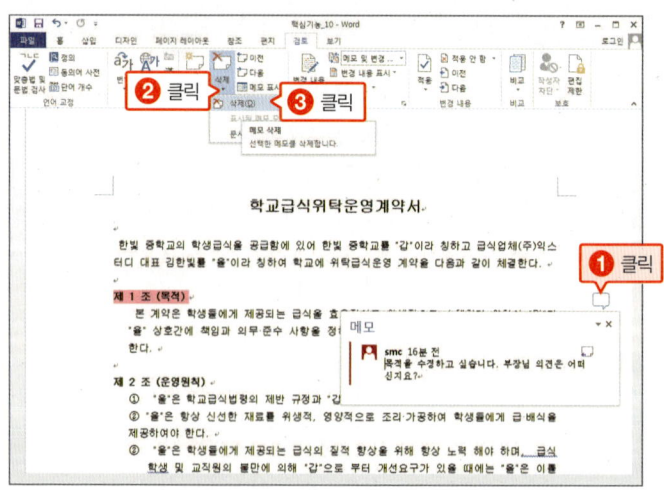

바로 통하는 TIP 문서 내의 전체 메모를 삭제하려면 [검토] 탭 - [메모] 그룹 - [삭제▼]에서 [문서에서 메모 모두 삭제]를 선택합니다.

11 맞춤법 검사기를 이용해 문서 오류 수정하기

맞춤법 검사기를 이용하면 문서를 입력 시 간편하게 오류를 찾고 수정할 수 있습니다. 문서를 입력할 때 맞춤법을 자동으로 검사하기 위해서는 옵션에서 이를 활성화해주어야 합니다. 맞춤법 검사 옵션이 활성화되면 문서에서 맞춤법과 문법에 맞지 않는 내용을 빨간색 밑줄로 표시해줍니다.

▸**실습 파일** 워드 \ 2장 \ 맞춤법 검사기를 이용해 문서 오류 수정하기.docx　▸**완성 파일** 워드 \ 2장 \ 맞춤법 검사기를 이용해 문서 오류 수정하기_완성.docx

01 맞춤법 검사 설정하기

① [파일] 탭 클릭 후 [**옵션**] 선택

② [Word 옵션] 대화상자가 활성화되면 왼쪽 메뉴에서 [**언어 교정**] 선택

③ [Word에서 맞춤법 검사 및 문법 검사]의 **네 가지 항목**에 모두 체크 표시

④ [**확인**]을 클릭한 후 [Word 옵션] 대화상자를 닫습니다.

바로 통하는TIP 이 옵션은 워드 2013의 기본 값입니다. 프로그램 설치 후 변경한 적이 없다면 이미 선택되어 있습니다.

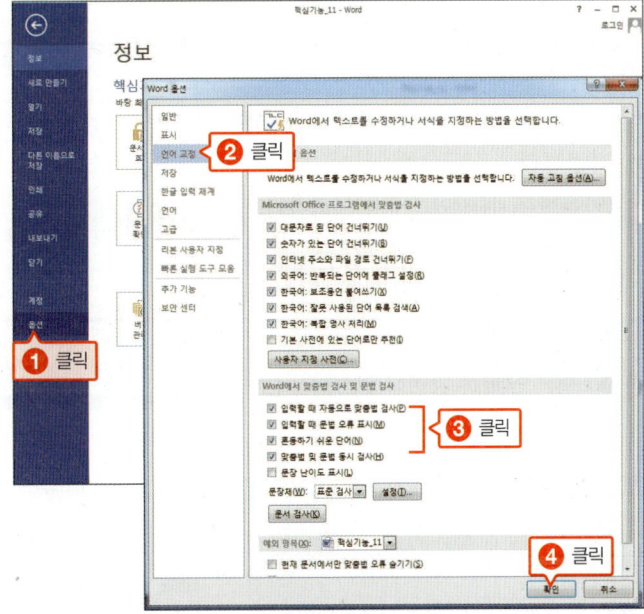

02 [Word 옵션] 대화상자에서 위와 같이 설정해두면 문서에서 맞춤법과 문법에 어긋나는 단어는 빨간색 밑줄이 그어집니다. 만약 문서를 편집할 때 빨간색 밑줄을 확인하는 것이 거추장스럽다면 [Word 옵션] 대화상자에서 [언어 교정] – [**입력할 때 자동으로 맞춤법 검사**]의 체크 표시를 해제합니다.

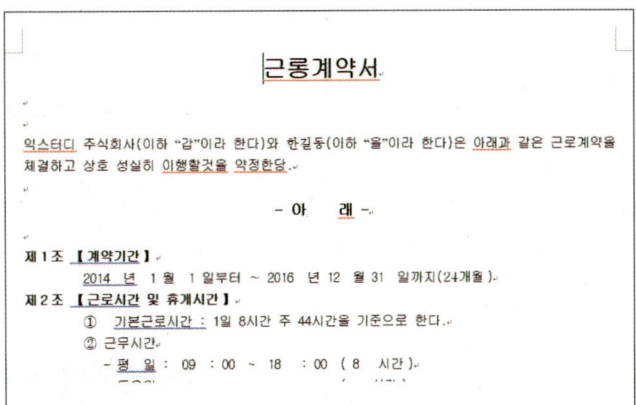

03 맞춤법에 어긋나는 단어를 교정하는 추천 단어 보기

① 맞춤법에 어긋나서 빨간 밑줄이 그어진 **단어**를 드래그한 후 마우스 오른쪽 버튼 클릭

② 워드 2013에서 제시하는 **추천 단어**를 볼 수 있습니다. 알맞은 단어를 선택해 맞춤법에 맞게 교정합니다.

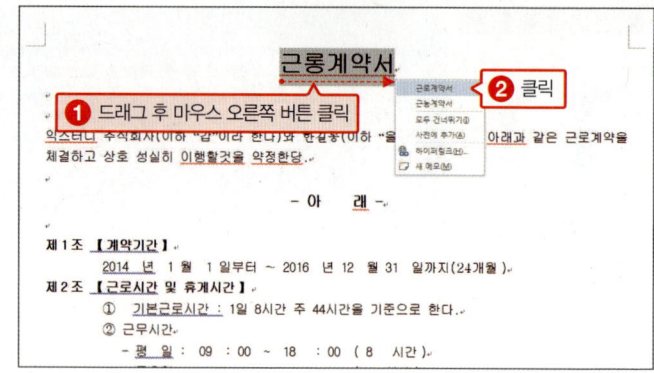

04 맞춤법 검사기 이용하기

문서 전체의 맞춤법을 검사할 때는 맞춤법 검사기를 사용합니다. 좀 더 빠르게 교정할 수 있습니다.

① [검토] 탭 - [언어 교정] - **[맞춤법 및 문법 검사]** 클릭

[맞춤법 검사] 작업 창을 활성화합니다. [맞춤법 검사] 작업 창은 맞춤법과 문법이 잘못된 경우를 감지하여 추천 단어 및 문장을 제공해줍니다.

② **회사명**은 문법과 관련이 없으므로 **[모두 건너뛰기]**나 [추가]를 클릭합니다.

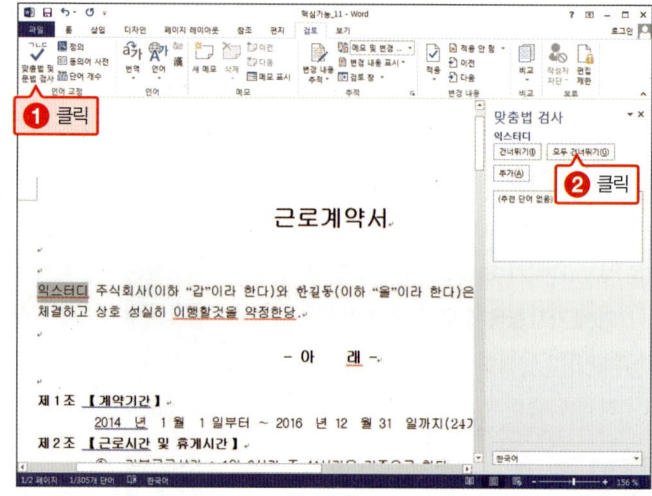

바로 통하는 TIP 문서의 파란색 밑줄은 문법에 오류가 있음을 표시합니다. 문서 구성에 나타난 문법적 오류를 감지하는 기능입니다.

05

① 다음 오류를 찾으면 아래 **추천 단어** 클릭

② **[변경]**을 클릭합니다. 문장이 맞춤법에 맞게 수정됩니다.

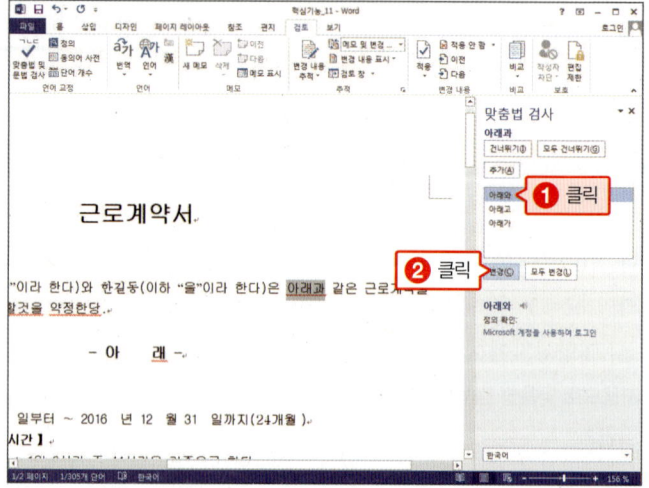

글꼴 및 단락 꾸미기

문서에 포함된 특정 단어를 강조할 때 글꼴을 변경하거나 음영을 설정할 수 있습니다. 글꼴은 문서를 이루는 기본 요소이므로 글꼴의 색, 장평, 글자 간격 등을 조정해 문서를 꾸밀 수 있습니다. 또한 각 단락에 번호를 넣거나 번호의 서식을 변경하고 단락의 줄 간격 등을 조정해서 체계적이고 통일된 형태의 문서를 만들 수 있습니다.

12

글꼴, 글꼴 색, 글꼴 크기,
밑줄 및 음영 지정하기

[홈] 탭-[글꼴] 그룹의 명령이나 [글꼴] 대화상자를 이용하면 원하는 모양으로 글꼴 서식을 변경할 수 있습니다. 글꼴, 글꼴 색, 글꼴 크기 등을 문서의 내용에 맞게 지정하고 좀 더 보기 좋은 문서를 작성하는 방법에 대해서 알아보겠습니다.

▪**실습 파일** 워드\3장\글꼴, 글꼴 색, 글꼴 크기, 밑줄 및 음영 지정하기.docx
▪**완성 파일** 워드\3장\글꼴, 글꼴 색, 글꼴 크기, 밑줄 및 음영 지정하기_완성.docx

01 글꼴 대화상자를 이용해 변경하기

문서 제목인 '한빛신문'의 글꼴 서식을 [글꼴] 대화상자에서 변경해보겠습니다.

① 글꼴 서식을 변경할 **한빛신문** 블록 설정
② [홈] 탭-[글꼴] 그룹-[글꼴 □] 대화상자 표시 아이콘을 클릭합니다.

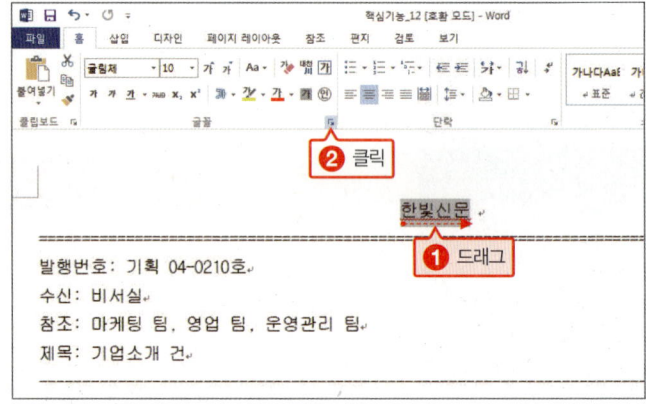

02

① [글꼴] 대화상자에서 [한글 글꼴]을 **[궁서체]**로 설정
② [글꼴 스타일]은 **[굵게]**로 설정
③ [크기]는 **[24]**로 설정
④⑤ [글꼴 색]에서 **[진한 파랑]**을 선택. 글꼴 색은 □을 눌러 나타는 메뉴에서 선택할 수 있으며, 기본 값으로 검정색이 적용되어 있습니다.
⑥ 설정이 완료되면 **[확인]**을 클릭합니다.

글꼴 모양과 스타일, 크기, 색 등이 변경됩니다.

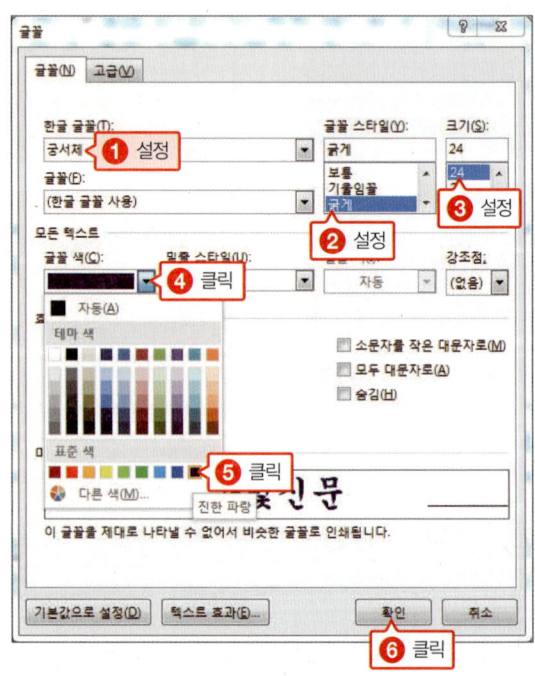

03 리본 메뉴를 이용하여 서식 변경하기

리본 메뉴의 [홈] 탭 – [글꼴] 그룹을 이용하면 좀 더 빠르게 글꼴을 꾸밀 수 있습니다.

① 본문의 **한빛신문** 블록 설정

②③ [홈] 탭 – [글꼴] 그룹 – **[굵게]**와 **[기울임꼴]** 클릭

④ **[글꼴 크기 크게]** 두 번 클릭. 12포인트로 설정합니다.

⑤ **[글꼴 색▼]** – **[빨강]**을 선택합니다.

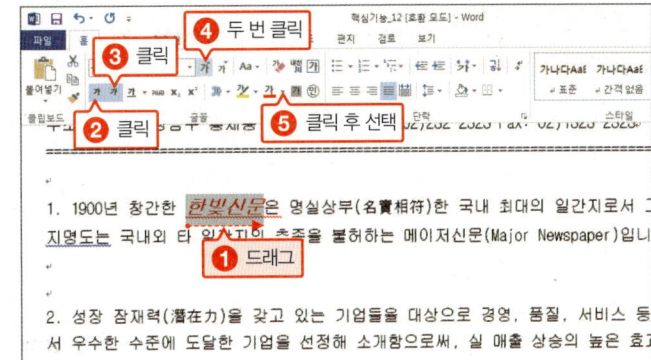

실무활용노트
W O R D   **간단한 글꼴 서식 변경 방법**

워드 2013에서는 더 간단한 방법으로 글꼴 서식을 변경할 수 있습니다. 서식을 변경할 블록을 설정하면 그림과 같은 [바로 가기 도구 모음]이 활성화됩니다. [바로 가기 도구 모음]을 이용해 간단한 글꼴 서식을 변경할 수 있습니다.

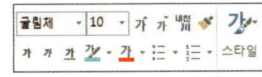

04 밑줄 및 밑줄 색상 적용하기

① 본문의 **2. 성장 잠재력~할 수 있습니다.**부분 블록 설정

② [홈] 탭 – [글꼴] 그룹 – **[밑줄▼]** 클릭

③ 밑줄의 종류를 **[물결선 밑줄]**로 선택합니다.

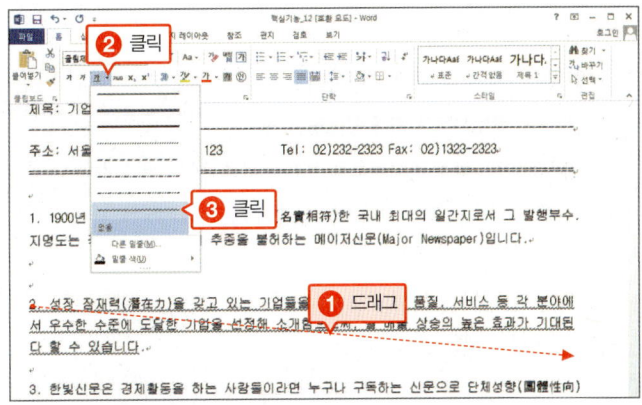

05

① [홈] 탭 – [글꼴] 그룹 – **[밑줄▼]** 클릭

② [밑줄 색] – **[자주]**를 선택합니다.

선택 범위에 자주색 물결선 모양으로 밑줄이 적용됩니다.

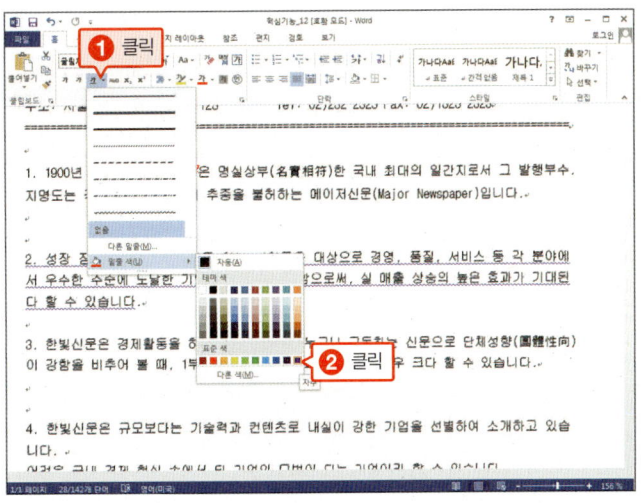

밑줄을 해제하고 싶을 때는 해제할 부분을 블록 설정한 후 [홈]
탭-[글꼴] 그룹-[밑줄]을 한 번 클릭해줍니다. 기본 목록에 없는
밑줄 종류를 선택하려면 [홈] 탭-[글꼴] 그룹-[밑줄▼]을 클릭하
고 [다른 밑줄]을 선택하면 [글꼴] 대화상자가 실행됩니다. [글꼴]
대화상자 [밑줄 스타일]에서 다른 밑줄로 종류를 변경할 수 있습
니다.

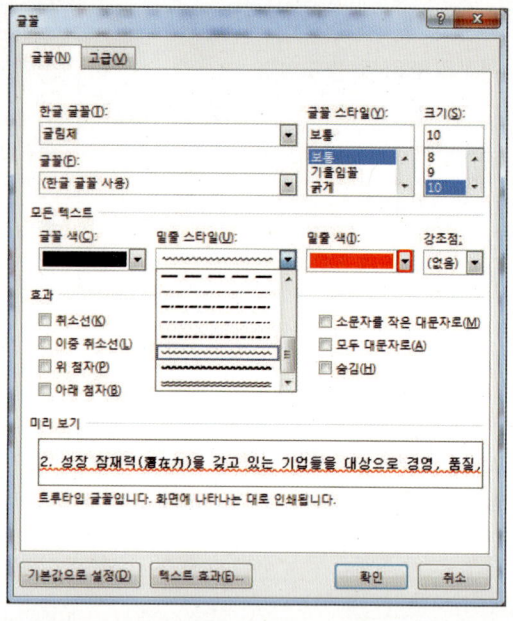

06 형광펜 기능으로 음영 지정하기

① 본문의 **3. 한빛신문은 경제 활동을 ~ 할 수
있습니다.** 부분 블록 설정

② [홈] 탭 - [글꼴] 그룹 - **[텍스트 강조색▼]**
클릭

③ 색상 팔레트에서 **[옥색]**을 선택하면 그림
과 같이 형광색이 적용됩니다.

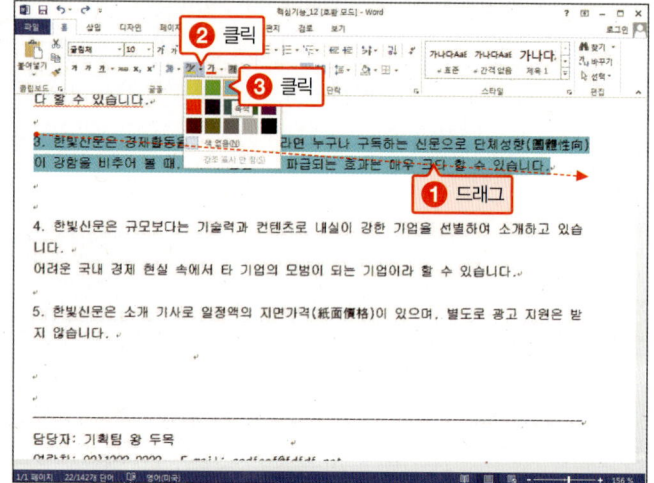

13 글자 간격과 장평 조정하기

글자와 글자 사이의 간격을 '자간'이라고 부르며 글자의 세로 길이 대비 가로의 폭을 비율로 설정하는 것을 '장평'이라고 합니다. 자간과 장평을 잘 조절하면 보기 좋은 글씨 스타일을 문서에 적용할 수 있습니다. 글자 간격과 장평을 조정하는 방법에 대하여 알아보도록 하겠습니다.

▪**실습 파일** 워드 \ 3장 \ 글자 간격과 장평 조정하기.docx ▪**완성 파일** 워드 \ 3장 \ 글자 간격과 장평 조정하기_완성.docx

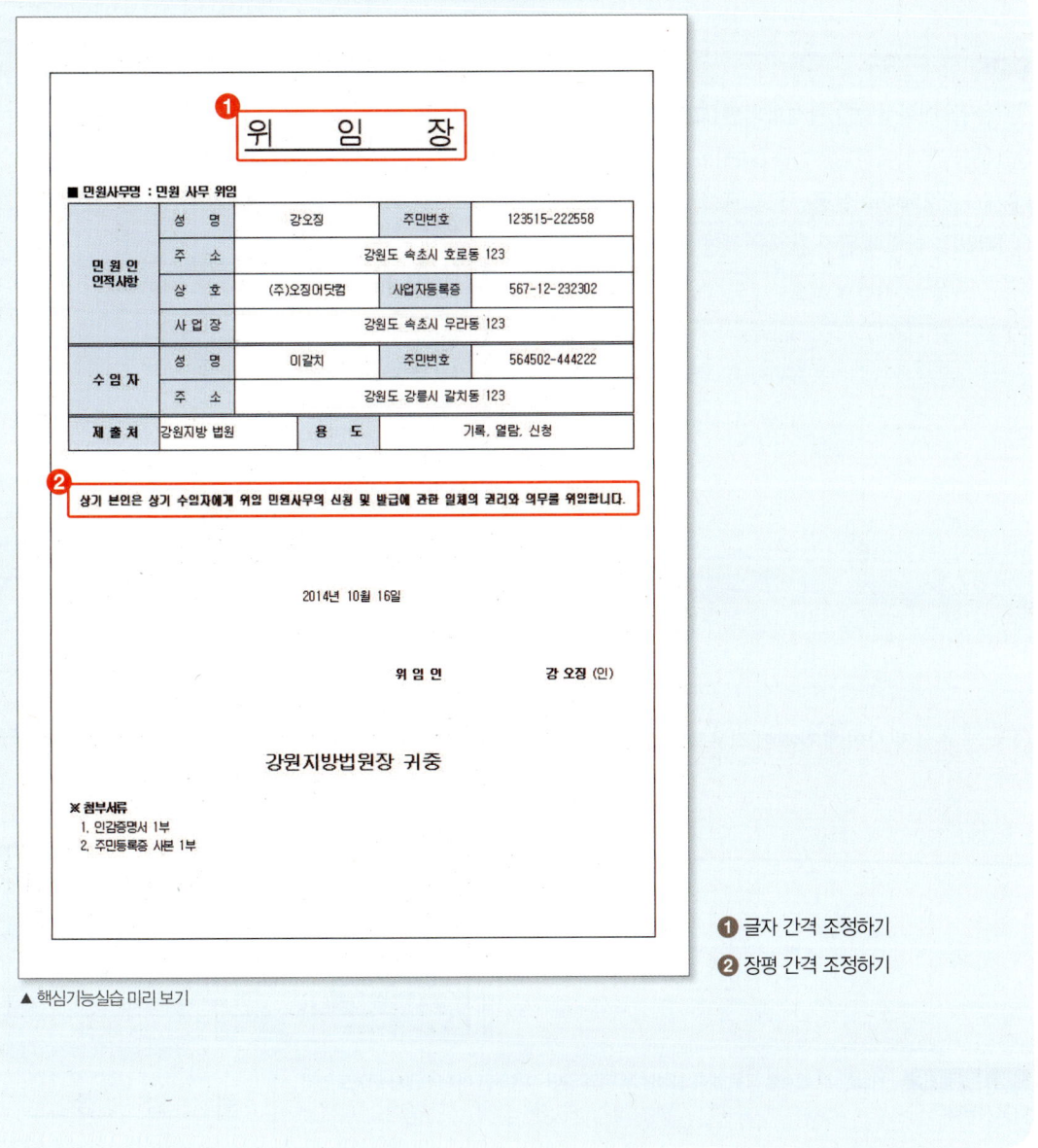

❶ 글자 간격 조정하기

❷ 장평 간격 조정하기

▲ 핵심기능실습 미리 보기

01 글자 간격 조정하기

제목인 '위임장'의 글자 간격을 조정해 보겠습니다.

① 제목 **위임장** 중 **위임** 두 글자만 블록 설정
② [홈] 탭 – [글꼴] 그룹 – [글꼴 🗔] 대화상자 표시 아이콘을 클릭합니다.

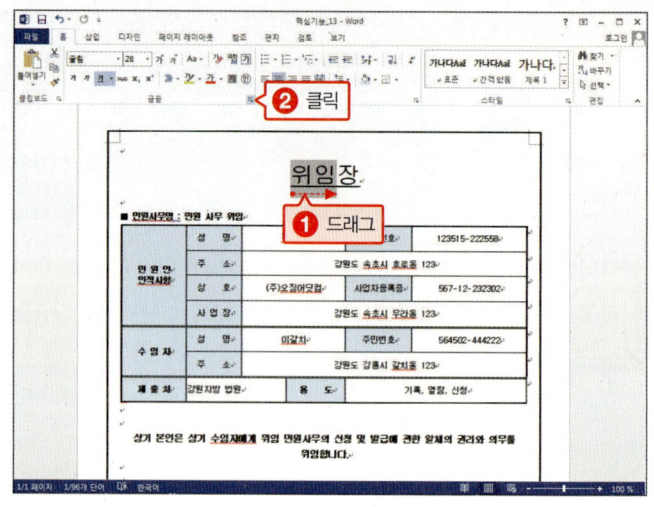

02

① [글꼴] 대화상자가 활성화되면 [고급] 탭 클릭
② [문자 간격]에서 [간격]을 [넓게]로 설정
③ [값]을 [25pt]로 설정
④ [확인]을 클릭해 글자 간격을 적용합니다.

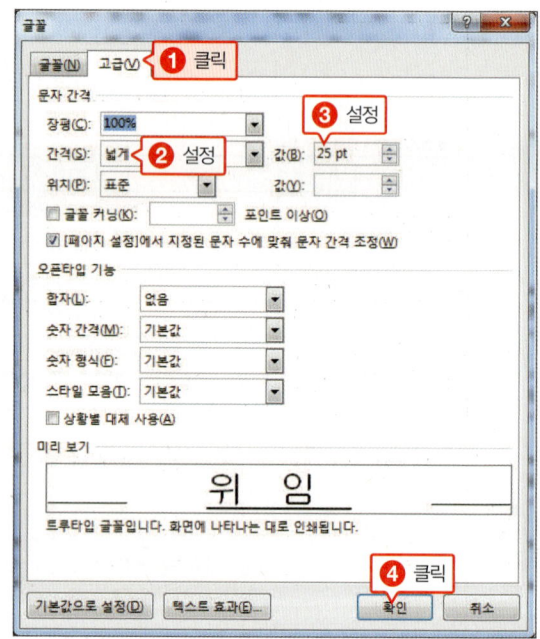

03 제목 글자 사이에 간격이 적용되었습니다.

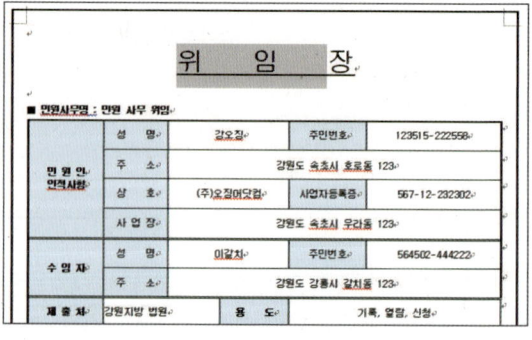

바로 통하는 TIP '위임장' 세 글자를 모두 블록 설정한 후 위와 같이 적용하면 마지막 글자 뒤에도 간격이 표시됩니다.

04 장평 조정하기

본문에 표시되어 있는 위임장의 내용에서
글자의 장평을 조정해 문장이 한 줄에 모두
표시되도록 수정해보겠습니다.

① 본문의 중앙에 위치한 **상기 본인은~위임**
합니다. 문장 블록 설정

② [홈] 탭 – [글꼴] 그룹 – **[글꼴 ⬚]** 대화상
자 표시 아이콘을 클릭합니다.

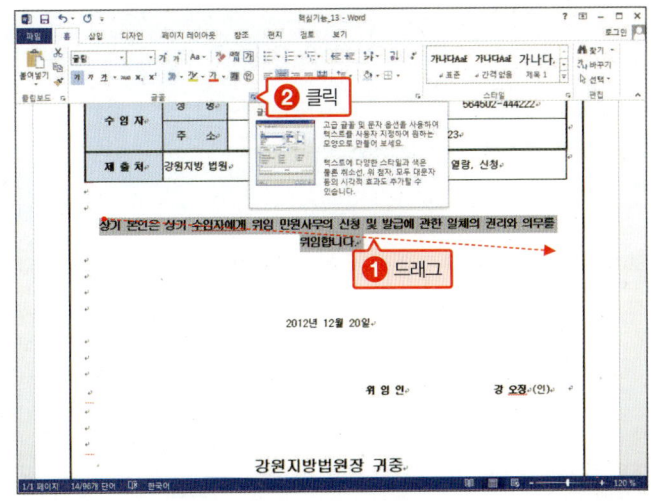

05

① [글꼴] 대화상자의 **[고급]** 탭 클릭

② [문자 간격]의 [장평]을 **[90%]**로 설정

③ **[확인]**을 클릭해 장평을 적용합니다.

위임장의 내용이 한 줄에 모두 표시됩니다.

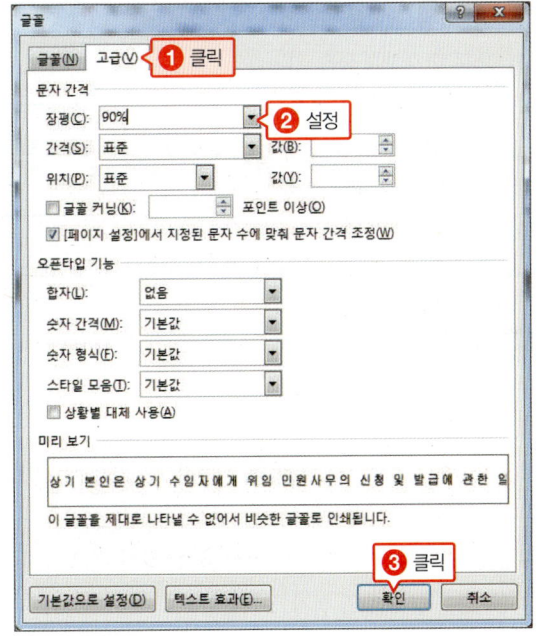

표준을 기준으로 글자 간격을 [넓게]로 지정하면 글자 사이가 넓어지고 [좁
게]를 선택하면 글자 사이의 간격이 좁아집니다. 반면 장평은 글자의 세로 길
이 대비 폭의 비율을 설정하는 것입니다. 장평 200%는 세로 길이를 100%
로 보았을 때 가로 길이를 200%로 늘리는 것을 의미합니다.

표준	오피스 워드
글자간격 넓게(2pt)	오 피 스 워 드
글자간격 좁게(2pt)	오피스워드
장 평 (200%)	오피스 워드
장 평 (50%)	오피스워드

14 첨자, 원 문자, 강조점 입력하기

첨자, 원 문자, 강조점 등을 적절히 활용하면 문서를 좀 더 보기 좋게 꾸밀 수 있습니다. 위 첨자와 아래 첨자, 강조점은 [글꼴] 대화상자에서, 원 문자는 [홈] 탭─[글꼴] 그룹─[원 문자]에서 적용할 수 있습니다.

▪**실습 파일** 워드 \ 3장 \ 첨자, 원 문자, 강조점 입력하기.docx ▪**완성 파일** 워드 \ 3장 \ 첨자, 원 문자, 강조점 입력하기_완성.docx

01 위 첨자 지정하기

부동산 임대차 계약서에서 토지와 건물, 임대할 부분의 면적을 표시하기 위해 'm2'를 'm²'으로 변경해보겠습니다.

① [면적]에서 **2** 블록 설정

② Ctrl 을 누른 채로 아래 칸에 위치한 두 개의 **2**를 연속으로 블록 설정합니다.

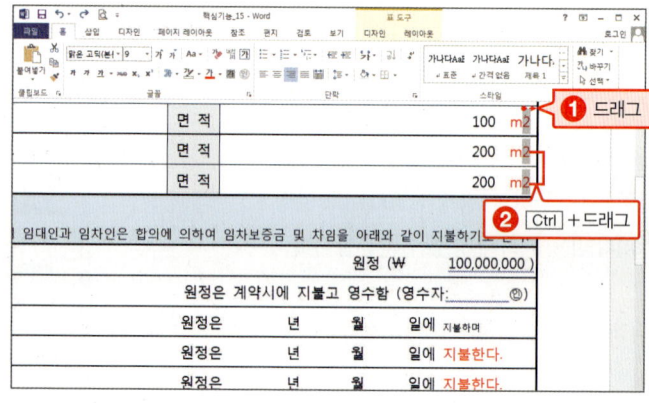

바로 통하는 TIP 각 문자를 연속으로 선택할 때는 Ctrl 을 이용합니다.

02

① [홈] 탭 ─ [글꼴] 그룹 ─ **[글꼴 🗖]** 대화상자 표시 아이콘 클릭

② [글꼴] 대화상자의 [효과]에서 **[위 첨자]**에 체크 표시

③ **[확인]**을 클릭해 위 첨자를 적용합니다.

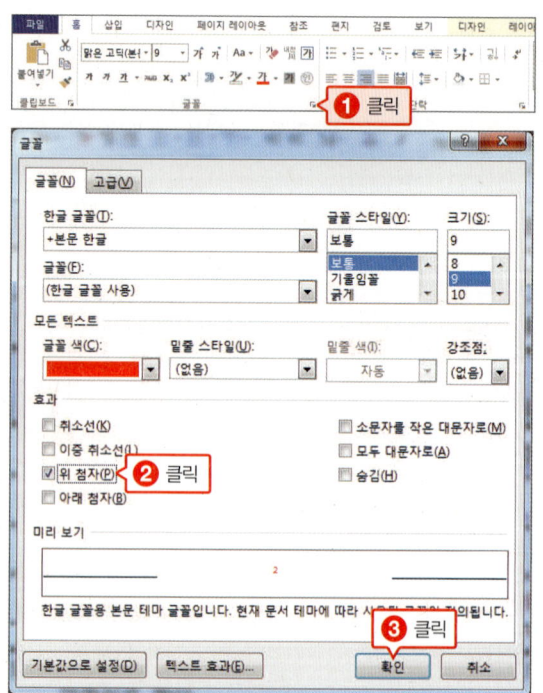

03 제곱미터를 표현할 수 있도록 2가 위 첨자로 적용되었습니다.

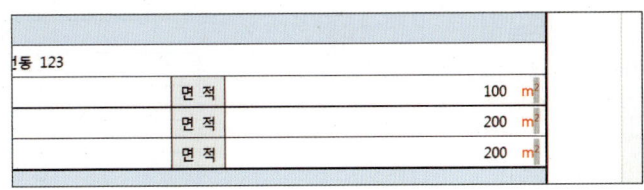

04 아래 첨자 지정하기

① 아래 첨자를 지정할 단어인 [중도금]의 **지불하며** 블록 설정

② Ctrl 을 누른 상태에서 [잔금]과 [차임]의 **지불한다**를 연속으로 블록 설정합니다.

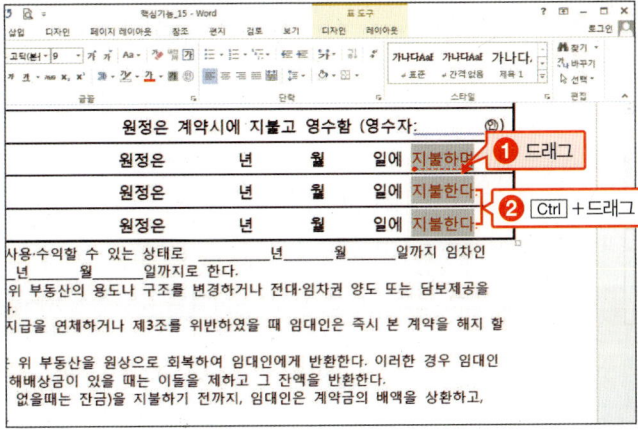

05

① [홈] 탭 – [글꼴] 그룹 – [**글꼴 ⌐**] 대화상자 표시 아이콘 클릭

② [글꼴] 대화상자의 [효과]에서 [**아래 첨자**]에 체크 표시

③ [**확인**]을 클릭해 아래 첨자를 적용합니다.

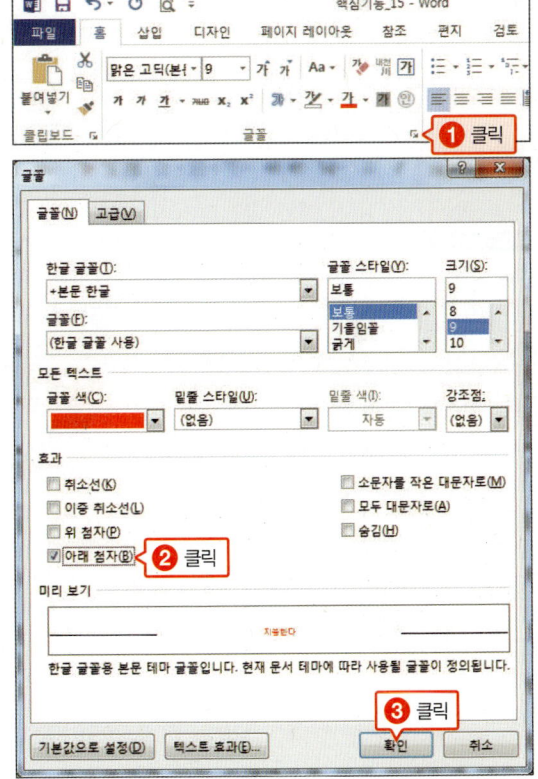

06 블록으로 설정한 본문 내용이 아래 첨자로 적용되었습니다.

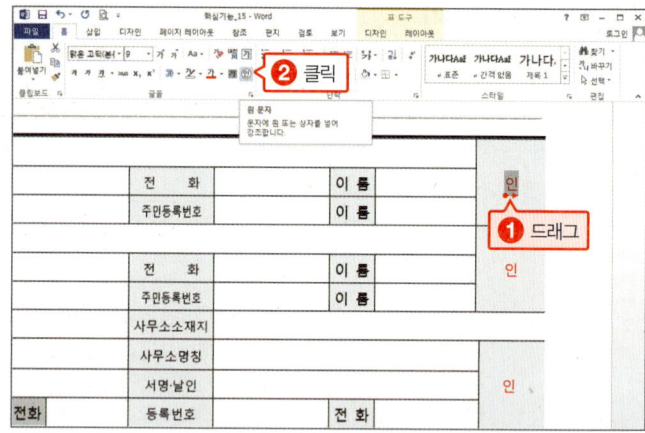

07 원 문자 입력하기

[원 문자] 기능을 이용하면 일반 글자를 원 문자로 변경할 수 있습니다.

① 원 문자로 변경할 **인** 블록 설정

② [홈] 탭 – [글꼴] 그룹 – **[원 문자]**를 클릭합니다.

08

① [원 문자] 대화상자에서 **[기호를 크게]** 선택

② **[확인]**을 클릭해 원 문자를 적용합니다.

'인'이 원 문자로 변경되었습니다.

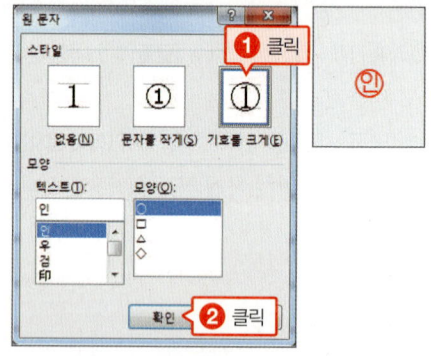

바로 통하는 TIP [원 문자] 대화상자에서 [없음]을 선택하면 원 문자가 해제됩니다. [문자를 작게]는 원 크기가 현재 글꼴 크기에 맞게 원 문자가 생성되며, [기호를 크게]는 원 안의 글꼴 크기가 현재 글꼴 크기와 같아지도록 원 문자가 생성됩니다.

09 강조점 지정하기

본문에서 눈에 잘 띄어야 할 단어인 '특약사항'에 강조점을 적용해보겠습니다.

① **특약사항** 블록 설정

② [홈] 탭 – [글꼴] 그룹 – **[글꼴 ⤵]** 대화상자 표시 아이콘을 클릭합니다.

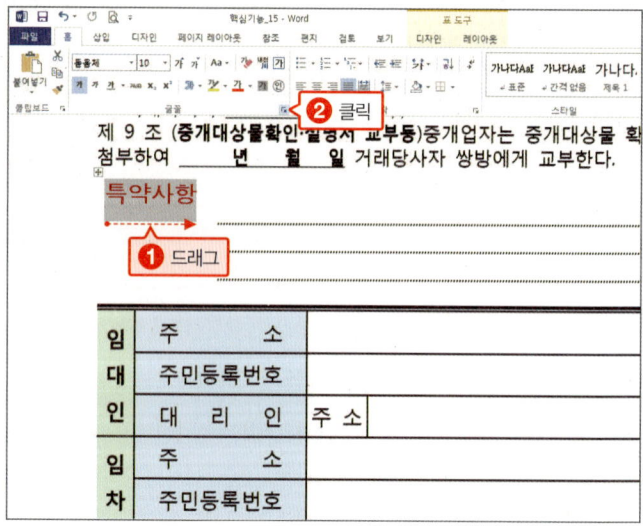

10

① [글꼴] 대화상자에서 **[강조점]**을 그림과 같이 선택

② **[확인]**을 클릭합니다.

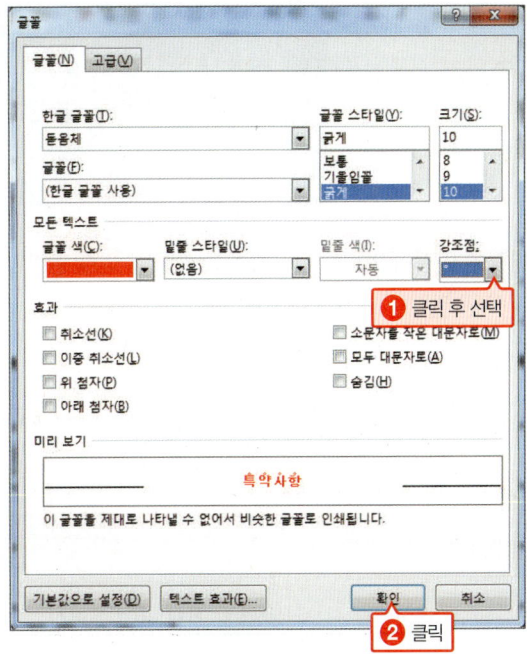

11 본문에서 강조한 '특약사항'에 강조점
이 적용되었습니다.

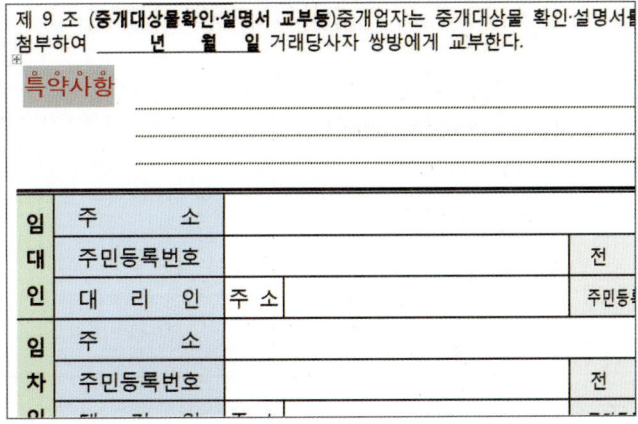

15 단락에 번호 삽입하기/ 번호 서식 및 시작 번호 변경하기

단락에 일일이 번호를 입력하지 않고도 한 번에 단락 번호를 매길 수 있습니다. 단락 번호 서식은 원하는 형식에 맞춰 원 번호나 로마자 등으로 변경해 사용합니다. 단락 번호를 매길 때 시작 번호가 1이 아닌 경우에는 [번호 매기기 값 설정] 대화상자에서 시작 번호를 변경할 수 있습니다.

- **실습 파일** 워드 \ 3장 \ 단락에 번호 삽입하기, 번호 서식 및 시작번호 변경하기.docx
- **완성 파일** 워드 \ 3장 \ 단락에 번호 삽입하기, 번호 서식 및 시작번호 변경하기_완성.docx

영업부 월간 업무보고서

2015년 09월 20일 현재	작성자 : 김수롱

| III 과 업 명 : DMW 5 시리즈 자동차 판매 ❶❷ |
| IV 과업기간 : 2015년 1월 03일 |
| V 발주기관(부서명) : 가라시대(구매팀) |
| VI 과업참여자 : PM 김수롱 |
| VII 주간업무 |

전 주 실 적	금 주 계 획
〈작성요령 및 자료제출〉	
- 과업 1건 1매 작성	
- 매주 토요일 오전11시까지 제출 (메일주소 : hana99@kara.net)	
- 주간업무보고자료 사장님 선열 후 화요일 회의개최	
현재공정 : 60%	계획공정 : 100%

□ 문제점

□ 대 책

□ 건의사항, 기타

❶ 단락 번호 삽입 후 번호 서식 변경하기

❷ 시작 번호를 다른 번호로 변경하기

▲ 핵심기능실습 미리 보기

01 단락 번호 삽입하기

월간 업무보고서에서 입력되어 있는 업무 내용에 단락 번호를 적용해보겠습니다.

① 단락 번호를 삽입할 빨간색 단락 블록 설정
② [홈] 탭 – [단락] 그룹 – [번호 매기기 ▼] 클릭
③ [번호 매기기 라이브러리]에서 [번호 맞춤 : 왼쪽]을 선택합니다.

단락에 원각 기호 번호가 적용됩니다.

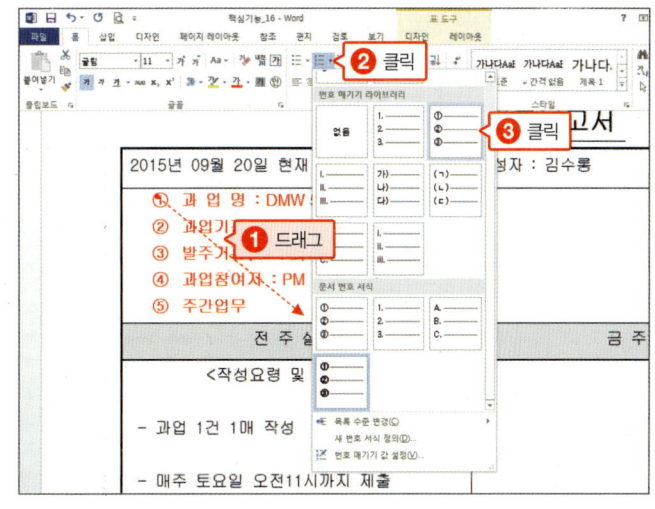

02 번호 서식 변경하기

단락 번호의 스타일을 변경할 수 있습니다.

① 앞서 작업한 번호 서식이 적용된 단락 블록 설정
② [홈] 탭 – [단락] 그룹 – [번호 매기기 ▼] 클릭
③ [번호 매기기 라이브러리]의 [새 번호 서식 정의]를 선택합니다.

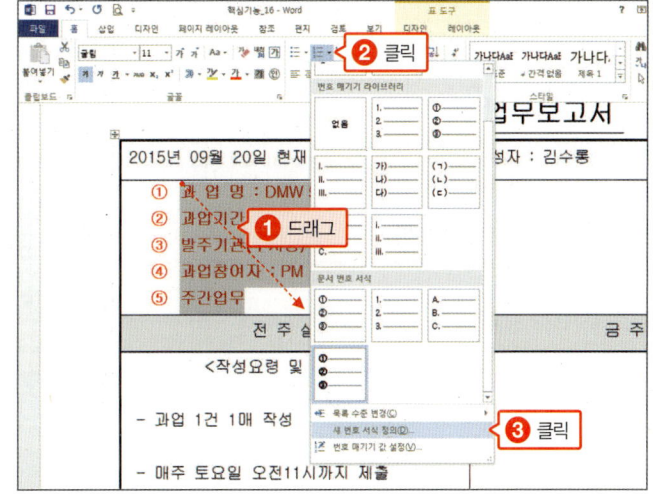

03

① [새 번호 서식 정의] 대화상자에서 번호 스타일을 [I,II,III, …]으로 변경
② [확인]을 클릭합니다.

로마자로 번호 서식이 적용됩니다.

바로 통하는 TIP [번호 서식]에서 글꼴을 클릭하면 숫자의 글꼴을 수정할 수 있습니다.

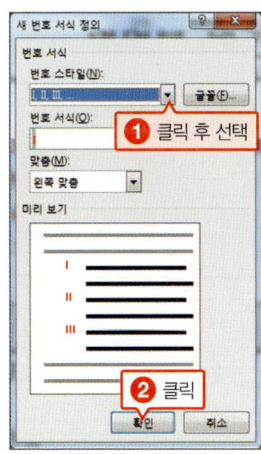

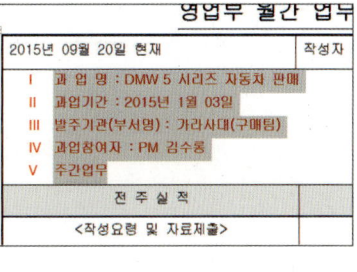

04 시작 번호를 다른 번호로 변경하기

단락의 시작 번호를 원하는 숫자로 변경할
수 있습니다.

① 시작 번호를 변경할 단락 블록 설정
② [홈] 탭-[단락] 그룹-[**번호 매기기▼**] 클릭
③ [번호 매기기 라이브러리]의 [**번호 매기기 값 설정**]을 선택합니다.

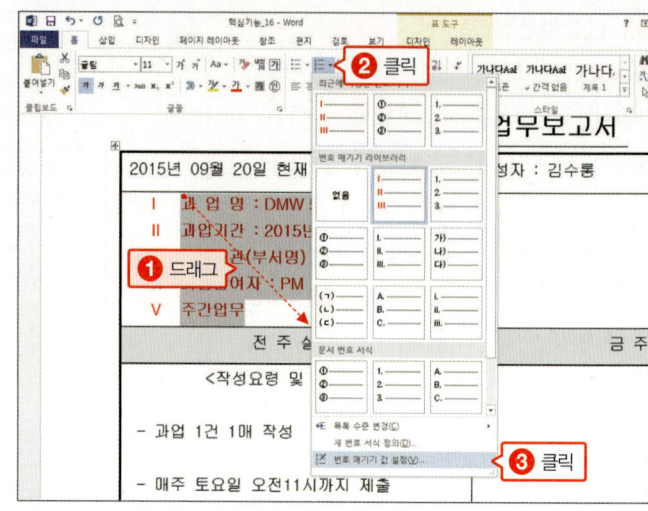

05

① [번호 매기기 값 설정] 대화상자에서 시
작 번호를 [**III**]으로 변경
② [**확인**]을 클릭합니다.

단락의 시작 번호가 'III'으로 변경됩니다.

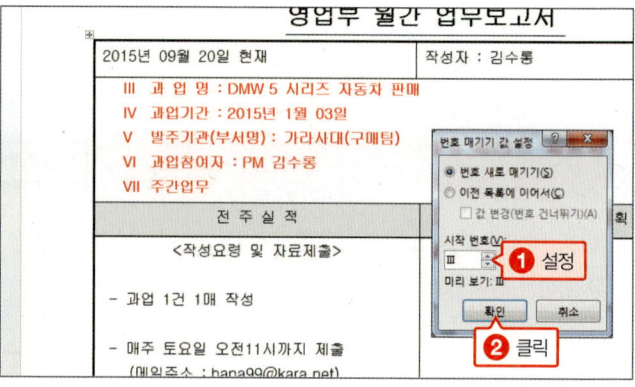

16 단락에 글머리 기호, 그림 글머리 기호 삽입하기

단락에 글머리 기호를 적용해두면 단락을 작성할 때 자동으로 글머리 기호가 생성되어 입력 작업을 편리하게 할 수 있습니다. 글머리 기호는 [글머리 기호 라이브러리]에서 원하는 모양을 선택하거나 그림을 삽입해 새로운 모양을 적용할 수 있습니다.

▪**실습 파일** 워드 \ 3장 \ 단락 글머리 기호, 그림 글머리 기호 삽입하기.docx　▪**완성 파일** 워드 \ 3장 \ 단락 글머리 기호, 그림 글머리 기호 삽입하기_완성.docx

01 글머리 기호 삽입하기

① 글머리 기호를 적용할 빨간색 단락 블록 설정

②③ [홈] 탭 – [단락] 그룹 – [**글머리 기호▼**] 에서 [**새 글머리 기호 정의**]를 선택합니다.

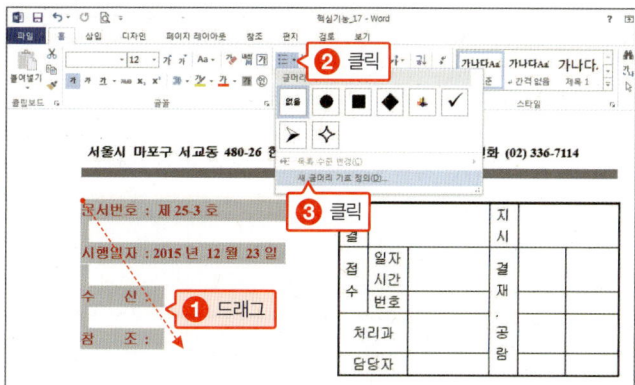

02 [새 글머리 기호 정의] 대화상자에서 [글머리 기호] – [**기호**]를 클릭합니다.

[기호] 대화상자가 활성화됩니다.

바로 통하는 TIP [새 글머리 기호 정의]에서 한 번 사용한 글머리 기호는 [최근에 사용한 글머리 기호]에 자동 등록됩니다. 같은 글머리 기호를 반복 적용할 때 유용하게 활용할 수 있습니다.

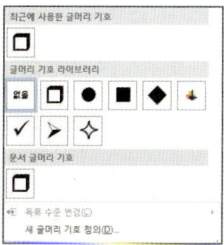

03

① [기호] 대화상자에서 [글꼴] – [Wing-dings]로 변경
② 그림과 같은 □ 도형 선택
③ [확인]을 클릭합니다.

[새 글머리 기호 정의] 대화상자에서 [확인]을 클릭해 글머리 기호를 적용합니다.

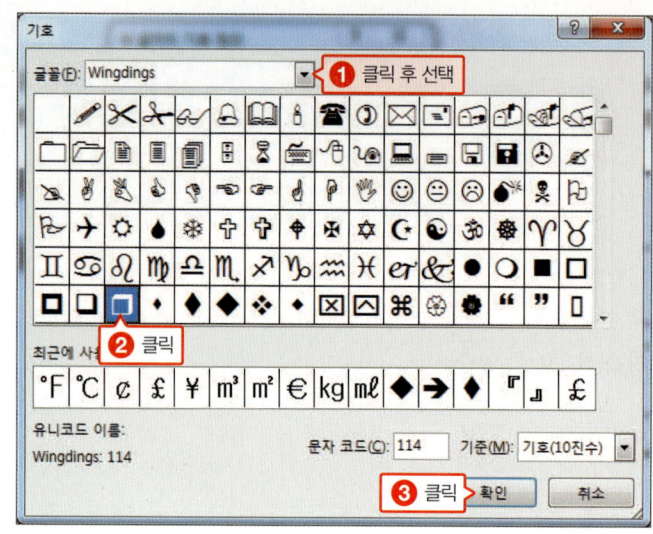

04 해당 단락에 글머리 기호가 적용되었습니다.

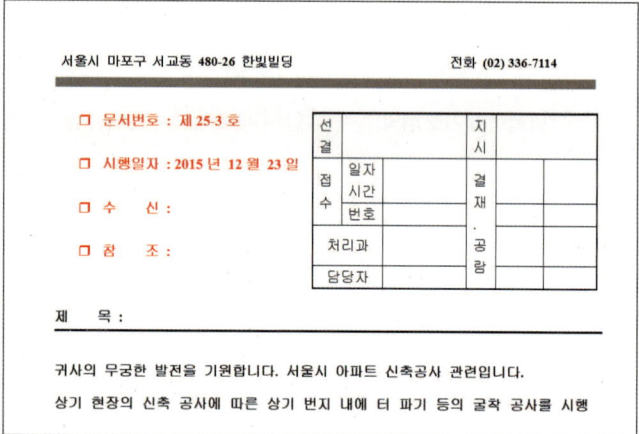

05 그림 글머리 기호 삽입하기

글머리 모양으로 적용하고 싶은 그림이 있다면 그림을 삽입해 글머리로 사용할 수 있습니다.
① 본문 아래의 빨간색 단락 블록 설정
② [홈] 탭 – [단락] 그룹 – [글머리 기호▼] 클릭
③ [새 글머리 기호 정의]를 선택합니다.

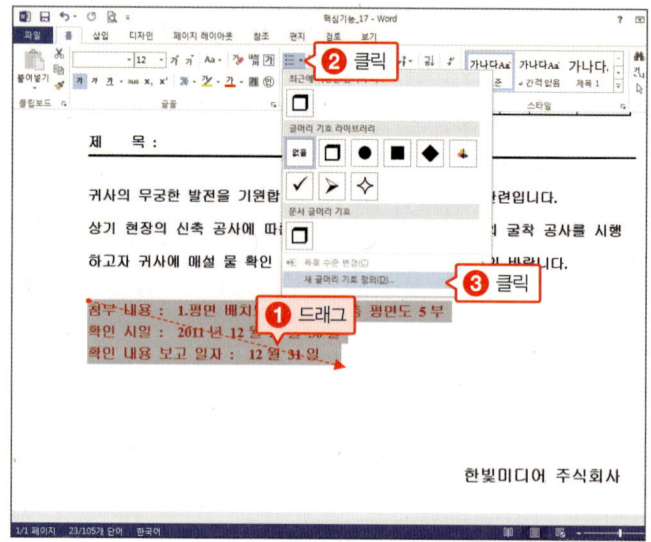

06 [새 글머리 기호 정의] 대화상자에서 **[그림]**을 클릭합니다.

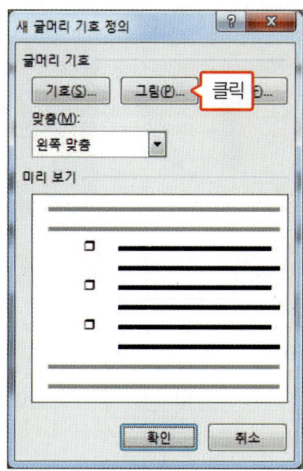

07 [그림 삽입] 대화상자의 [파일에서] – [찾아보기]를 클릭하면 [그림 삽입] 대화상 자가 나타납니다.

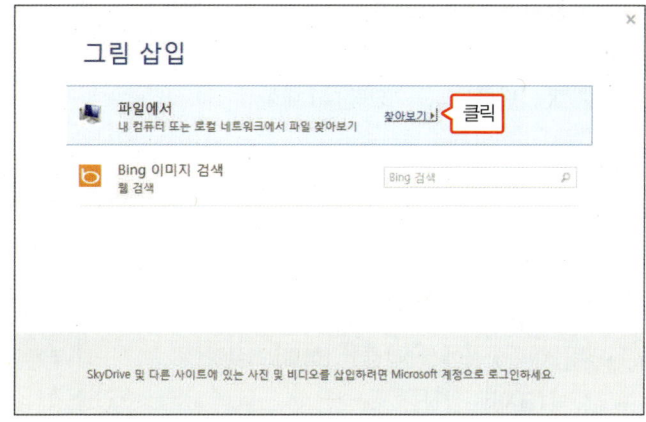

08 그림 글머리를 만들 때는 마이크로소프트에서 제공하는 클립아트를 검색해 사용하거나 미리 준비해둔 그림을 사용할 수 있습니다. 준비해둔 그림을 글머리 기호로 적용해보겠습니다.

① 예제 파일에서 **그림 글머리기호1.jpg**를 선택

② **[삽입]**을 클릭합니다. [새 글머리 기호 정의] 대화상자의 미리 보기에 삽입한 글머리 기호가 적용된 것을 확인할 수 있습니다.

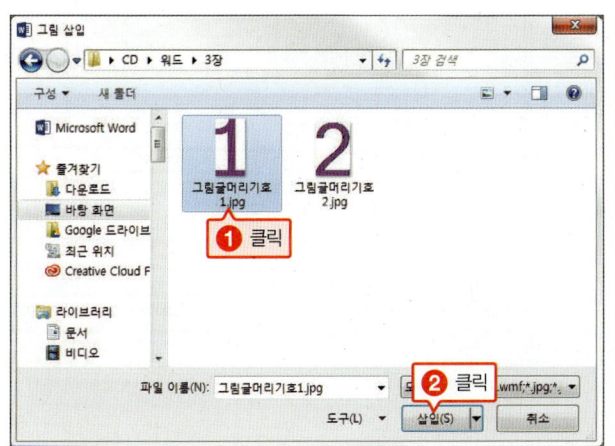

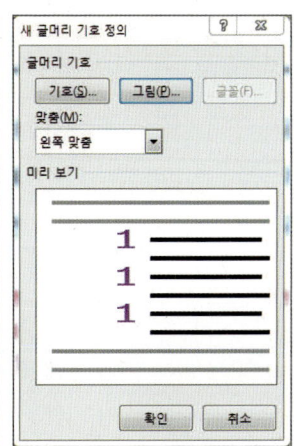

17 첫 줄 들여쓰기와 둘째 줄 이하 들여쓰기

보고서를 작성할 때 개요 번호가 달려 있어 첫 줄 들여쓰기와 둘째 줄 이하 들여쓰기를 해야 할 경우가 있습니다. 문서 내용이 많다면 스타일을 적용하는 것이 효율적이지만 문서가 단순하고 내용이 적다면 첫 줄 들여쓰기와 둘째 줄 이하 들여쓰기를 활용하는 것이 더 간편합니다.

▪**실습 파일** 워드 \ 3장 \ 첫 줄 들여쓰기와 둘째 줄 이하 들여쓰기.docx ▪**완성 파일** 워드 \ 3장 \ 첫 줄 들여쓰기와 둘째 줄 이하 들여쓰기_완성.docx

01 첫 줄 들여쓰기 지정하기

① 첫 줄 들여쓰기를 지정할 단락 블록 설정
② [홈] 탭 – [단락] 그룹 – [**단락**] 대화상자 표시 아이콘을 클릭합니다.

[단락] 대화상자가 활성화됩니다.

02

① [단락] 대화상자에서 [첫 줄] – [**첫 줄**]로 설정
② [값] – [**1글자**]로 설정
③ [**확인**]을 클릭합니다.

지정한 단락에 첫 줄 들여쓰기가 적용됩니다.

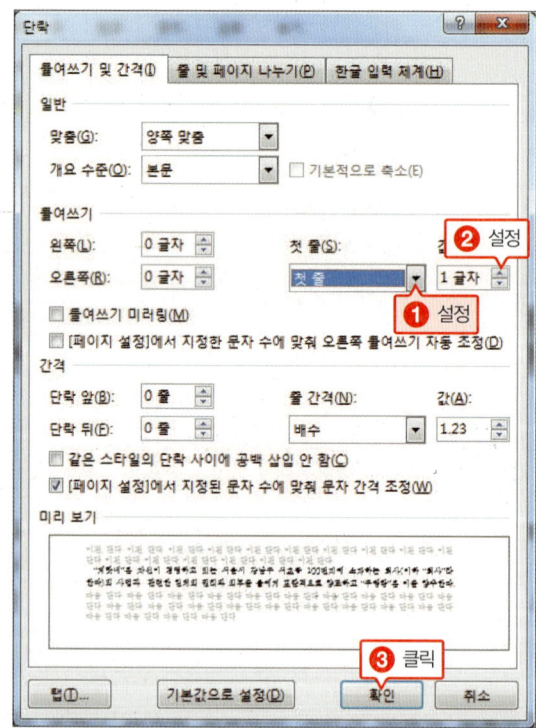

03 둘째 줄 이하 들여쓰기 지정하기

① 둘째 줄 이하 들여쓰기를 지정할 단락 블록 설정

② [홈] 탭 – [단락] 그룹 – **[단락 🔄]** 대화상자 표시 아이콘을 클릭합니다.

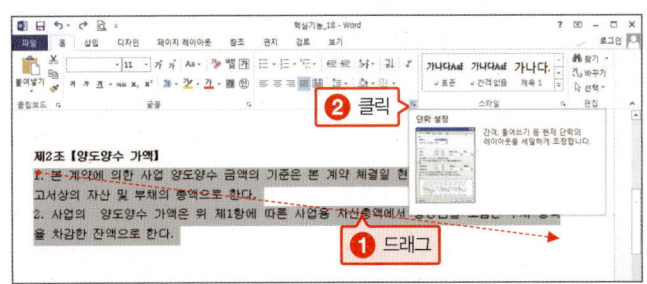

04 [단락] 대화상자가 활성화됩니다.

① [단락] 대화상자에서 [첫 줄] – **[둘째 줄 이하]**로 설정

② [값] – **[1.5 글자]**로 설정

③ **[확인]**을 클릭합니다.

둘째 줄 이하 들여쓰기가 적용됩니다.

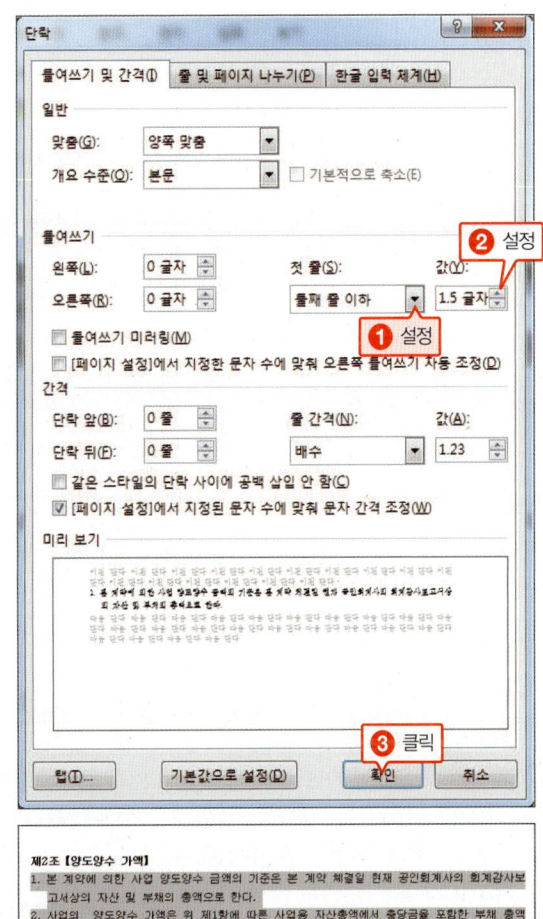

05 단락 전체 들여쓰기

① 단락 전체 들여쓰기를 지정할 부분 블록 설정

② [홈] 탭 – [단락] 그룹 – **[단락 🔄]** 대화상자 표시 아이콘을 클릭합니다.

[단락] 대화상자가 활성화됩니다.

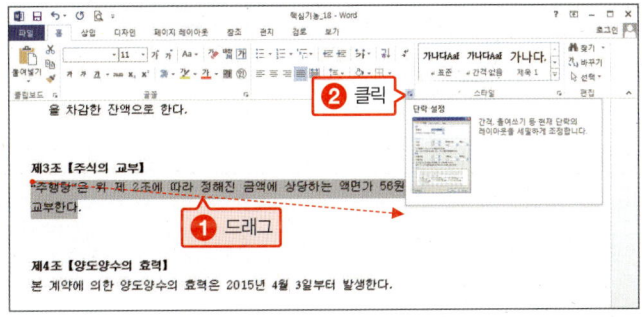

06

① [단락] 대화상자에서 [들여쓰기] – [왼쪽]을 **[2글자]** 로 설정

② **[확인]**을 클릭합니다.

단락 전체 들여쓰기가 적용됩니다.

바로 통하는 TIP 단락 전체 들여쓰기 및 내어쓰기는 리본 메뉴에서 간단히 적용할 수 있습니다. ① [내어쓰기], ② [들여쓰기] 버튼을 한 번 누를 때마다 한 글자 단위씩 이동합니다.

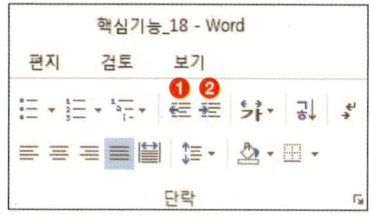

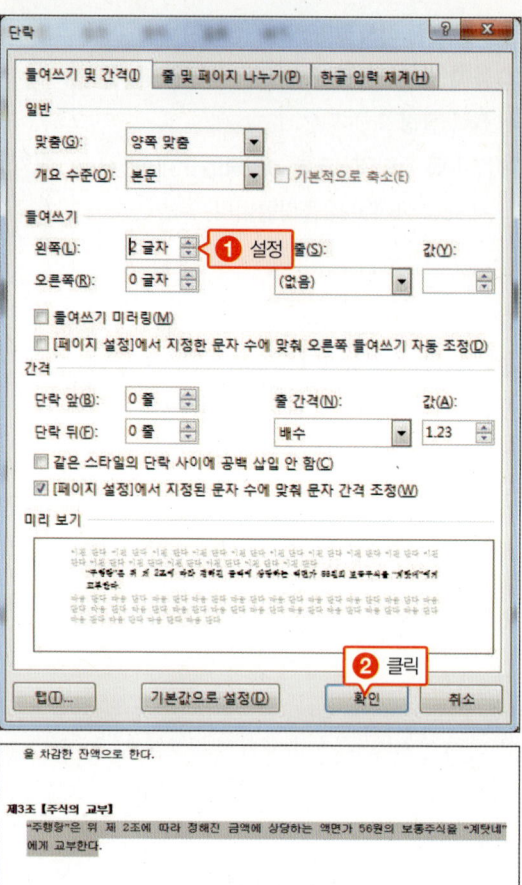

실무활용노트 WORD **한글과 숫자 간격을 자동으로 조절하기**

문서 내에 한글과 숫자가 혼용되어 사용될 경우 한글과 숫자의 간격을 자동으로 조절할 수 있습니다. 적용할 범위를 선택한 후 [단락] 대화상자 [한글 입력 체계] 탭의 [문자 간격]에서 [한글과 숫자 간격을 자동으로 조절]에 체크 표시하면 한글과 숫자의 글자 간격이 자동으로 설정됩니다.

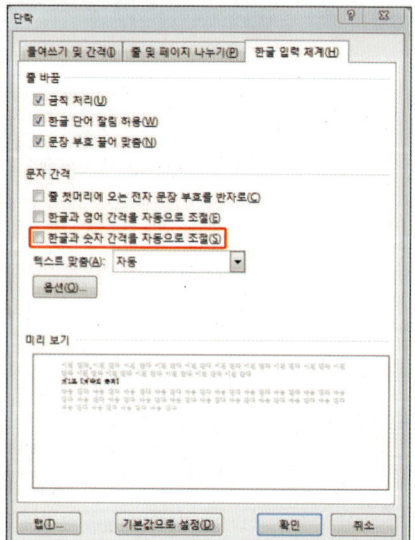

18 단락 줄 간격 조정하기

문서 내에는 글을 넣을 범위가 한정되어 있습니다. 범위에 넣을 글이 많을 때는 줄 간격을 줄입니다. 반대로 범위는 넓은데 글이 적을 때는 줄 간격을 늘려 문서를 편집할 수 있습니다.

▸**실습 파일** 워드 \ 3장 \ 단락 줄 간격 조정하기.docx ▸**완성 파일** 워드 \ 3장 \ 단락 줄 간격 조정하기_완성.docx

01 단락 줄 간격 조정하기

① 줄 간격을 조절할 빨간색 글꼴 블록 설정

② [홈] 탭 – [단락] 그룹 – [**선 및 단락 간격**] 클릭

③ [**줄 간격 옵션**]을 선택합니다.

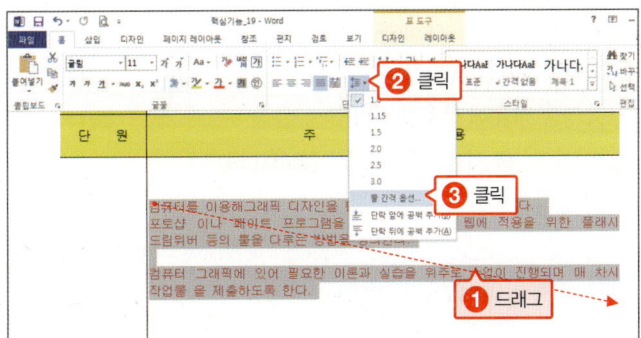

02

① [단락] 대화상자에서 [간격] – [줄 간격]을 [**2줄**]로 설정

② [**확인**]을 클릭합니다.

줄 간격이 적용되어 문장 사이의 간격이 넓어집니다.

바로 통하는 TIP 줄 간격 목록과 수치 값 알아보기

[홈] 탭 – [단락] 그룹 – [줄 간격]에서 리본 메뉴로 간단하게 줄 간격을 조정할 수 있습니다. [1.0]은 글꼴에 약간의 공간을 더하여 줄 간격을 설정하고, [1.5]와 [2.0]은 줄 간격의 너비가 [1.0]에 비해 각각 1.5배와 2배 넓습니다. [최소]와 [고정]은 pt로 줄 간격의 너비를 조절하고, [배수]는 1을 기준으로 1.11로 설정하면 줄 간격이 11% 늘어나며, 3을 입력하면 300%, 즉 3배로 늘어납니다. 여러 옵션을 선택하여 줄 간격을 설정해봅니다.

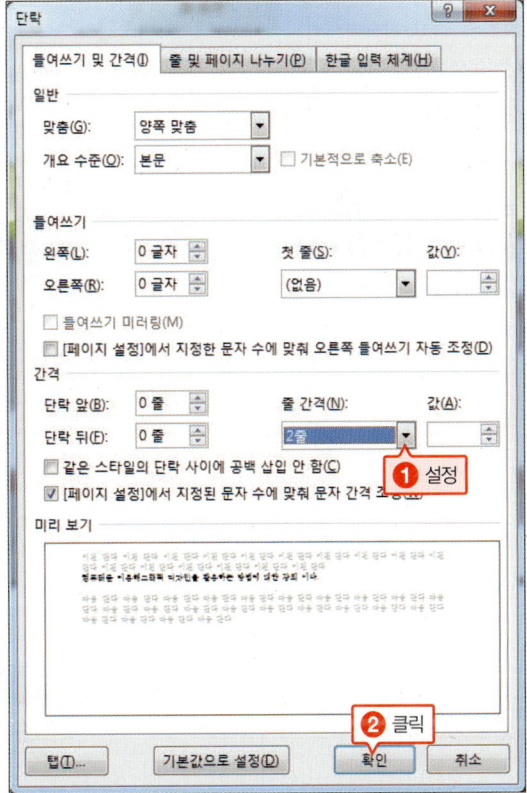

19 단락 음영 색 적용 및 서식 복사하기

문서 내에서 강조할 단락이 있다면 음영 색을 지정해 단락에 채울 수 있습니다. 원하는 색으로 단락 배경이 표시되어 해당 부분을 눈에 띄게 편집할 수 있습니다. 문서의 일부에 적용된 서식을 다른 글자에도 적용할 때는 [서식 복사] 기능을 사용합니다. 손쉽게 서식을 적용할 수 있습니다.

• **실습 파일** 워드 \ 3장 \ 단락 음영 색 적용 및 서식 복사하기.docx • **완성 파일** 워드 \ 3장 \ 단락 음영 색 적용 및 서식 복사하기_완성.docx

01 단락에 음영 색 지정하기

① 음영을 적용해 강조할 단락 블록 설정
② [디자인] 탭 – [페이지 배경] – **[페이지 테두리]**를 클릭합니다.

[테두리 및 음영] 대화상자가 활성화됩니다.

02

① **[음영]** 탭 클릭
② ③ **[채우기]** 색을 임의로 설정. 여기에서는 [연한 파랑]을 선택했습니다.
④ [적용 대상] – **[단락]** 선택
⑤ **[확인]**을 클릭합니다.

지정한 단락에 연한 파랑색으로 음영 색 채우기가 적용됩니다.

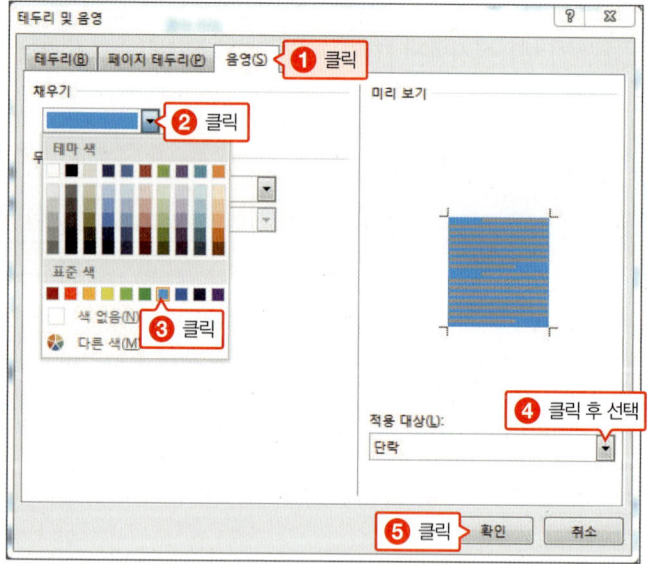

적용 대상 [단락]과 [텍스트]의 차이

[단락]을 선택하면 단락 전체에 음영 색이 적용되지만 [텍스트]를 선택하면 줄 간격에 음영 색이 지정되지 않습니다.

주식 총 수 : 30,000주	주 주 총 수 : 12명
출석 주주수 : 25,000명	이의 주식수 : 5,000주

적용 범위가 [단락]일 때

주식 총 수 : 30,000주	주 주 총 수 : 12명
출석 주주수 : 25,000명	이의 주식수 : 5,000주

적용 범위가 [텍스트]일 때

03 서식 복사하기

① 서식을 복사할 범위 블록 설정

② [홈] 탭 – [클립보드] 그룹 – **[서식 복사]**를 클릭합니다.

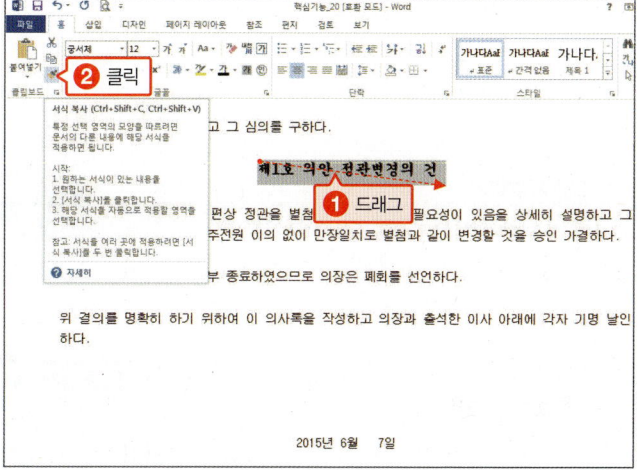

04 마우스포인터가 붓 모양으로 변경되면 서식을 복사할 범위를 드래그해 서식을 복사합니다.

복사한 서식이 적용됩니다.

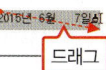 **바로 통하는 TIP** 서식 복사 중에 활성화된 붓은 [ESC]를 누르면 해제됩니다.

20 다단 지정하기

다단 지정하기는 신문이나 화보, 찾아보기 등을 만들 때 글을 읽기 쉽도록 한 페이지를 여러 개의 단으로 나누는 기능입니다. 다단을 사용하면 문서가 정돈되어 보이는 효과가 있으며, 보다 많은 내용을 한눈에 볼 수 있습니다. 각 단의 너비가 서로 다른 단을 만들 수도 있고, 한 페이지 내에서도 단의 수가 다른 단을 여러 개 만들 수 있습니다.

▪ **실습 파일** 워드 \ 3장 \ 다단 지정하기.docx ▪ **완성 파일** 워드 \ 3장 \ 다단 지정하기_완성.docx

01 2단 지정하기

범위를 지정하지 않고 단을 지정하면 현재 문서의 전체 내용이 다단으로 적용됩니다. 만약 구역이 나누어진 문서라면 현재 마우스 포인터가 위치한 구역에만 다단이 지정됩니다.

① **임의의 위치** 클릭

② [페이지 레이아웃] 탭 – [페이지 설정] 그룹 – [**단**] 클릭

③ [**둘**]을 선택합니다.

다단이 적용되어 문서가 2단 구조로 변경됩니다.

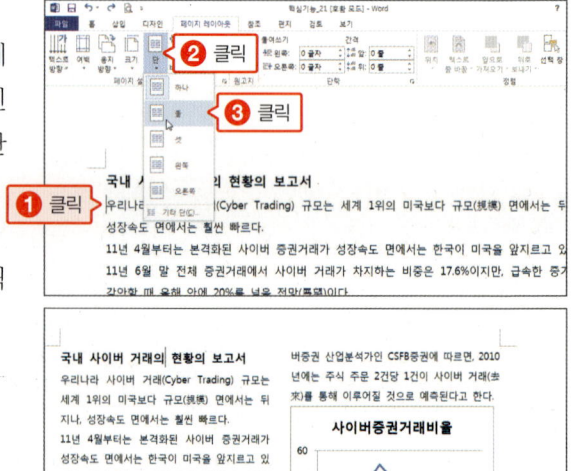

[단] 대화상자의 구성 요소 알아보기

[단] 대화상자에서는 단의 개수, 단의 너비 및 간격, 경계선 삽입 여부 등을 설정할 수 있습니다.

① [미리 설정]에서는 단의 개수 및 레이아웃을 설정할 수 있습니다.

② [단 개수]에서는 단의 개수를 임의로 설정할 수 있습니다.

③ [경계선 삽입]을 체크하면 단 사이에 경계선을 삽입할 수 있습니다.

④ [너비 및 간격]에서는 각 단의 너비와 간격을 설정할 수 있습니다.

⑤ [단 너비를 같게]의 체크를 해제하면 각 단의 너비를 다르게 설정할 수 있습니다.

⑥ [적용 대상]에서는 다단을 적용할 위치를 설정할 수 있습니다.

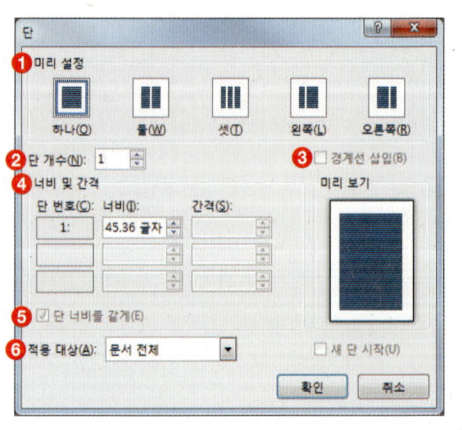

02 원하는 구역만 다단 지정하기

문서의 일부에만 다단을 지정할 수 있습니다.

① 다단을 지정할 구역만 블록 설정
② [페이지 레이아웃] 탭 - [페이지 설정] 그룹 - **[단]** 클릭
③ **[기타 단]**을 선택합니다.

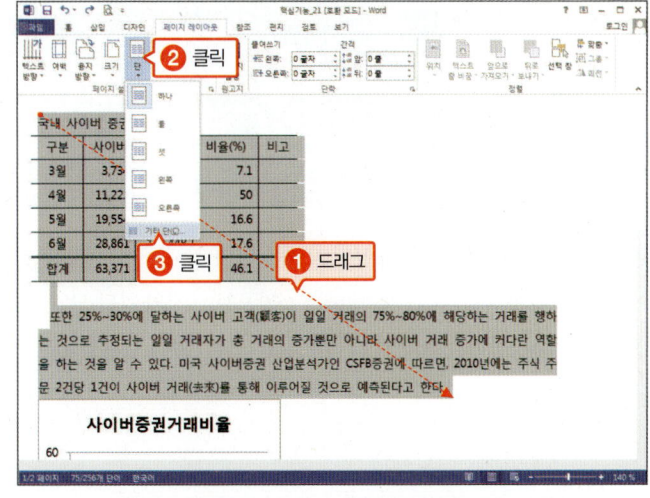

03

① [단] 대화상자에서 [미리 설정] - **[둘]** 선택
② [간격] - **[5글자]**로 설정
③ **[경계선 삽입]**에 체크 표시
④ **[확인]**을 클릭합니다.

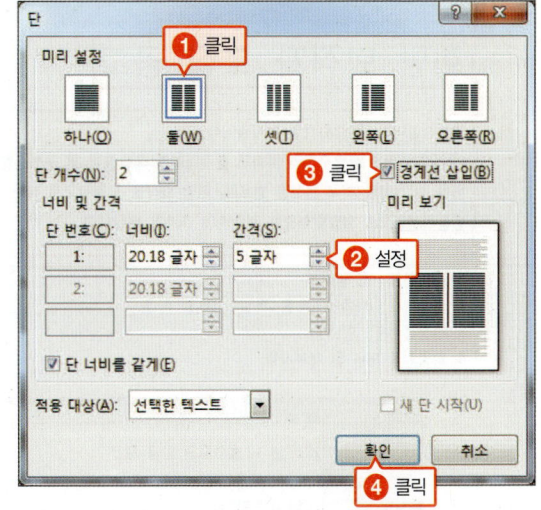

04 다단이 적용되어 블록을 설정한 부분이 2단 구조로 변경됩니다.

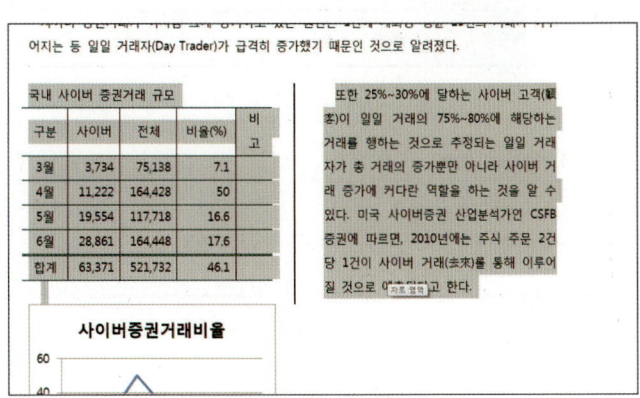

21 스타일 모음을 이용하여 스타일 지정 및 수정하기

자주 사용하는 글자 모양이나 문단 모양을 미리 정해놓고 사용하는 것을 스타일이라고 합니다. 스타일을 만들어놓으면 필요할 때 해당 스타일을 선택하는 것만으로 글자와 문단 모양을 한 번에 바꿀 수 있습니다. 스타일은 간편하게 글자나 문단을 변경하기 위한 기능이라기보다는 긴 글을 일관성 있는 편집 형태로 유지할 때 사용하는 기능입니다.

• 실습 파일 워드 \ 3장 \ 스타일 모음을 이용하여 스타일 지정 및 수정하기.docx
• 완성 파일 워드 \ 3장 \ 스타일 모음을 이용하여 스타일 지정 및 수정하기_완성.docx

❶ ❸ 희망 퇴직자 모집 공고

❷ 안녕하십니까. (주)강퇴기업 임직원여러분.
(주)강퇴기업은 경영구조의 악화로 불가피하게 조직개편 및 구성원을 조정하게 되었습니다.
이에 따라 희망 퇴직 신청을 받으니, 희망 퇴직을 지원하고자 하는 직원은 신청일까지
총괄지원팀으로 희망퇴직원을 제출하여 주시기 바랍니다.

1. 신청대상 : 전 임직원
2. 신청기간 : 2015 년 03 월 20 일 ~ 03 월 30 일
3. 신청접수처 : 인사팀
4. 희망퇴직 처우 및 세부사항

구 분	내 용
희망퇴직자 처우	2017 년 12 월까지의 임금 지급
퇴사일	2015 년 5 월 30 일
제출서류	희망 퇴직 요청서
비고	1. 퇴직금 별도 지급 2. 실업급여 신청 가능

5. 해고대상자 통보

일시 : 2015 년 4 월 1 일
내용 : 희망 퇴직 접수자 외에 해고대상자 개별통보 예정

2015 년 3 월 20 일

❹
(주)강퇴 대표이사 이가나

❶ 제목 스타일 적용하기
❷ 굵은 텍스트 스타일 적용하기
❸ 스타일 테마 변경하기
❹ 스타일 서식 변경하기

▲ 핵심기능실습 22, 23 공통 미리 보기

01 스타일 작업 창 이용해 스타일 적용하기

① 제목 스타일을 지정할 **첫 번째 줄** 클릭

② [홈] 탭 - [스타일] 그룹 - [**스타일** 🖻] 표시 아이콘 클릭

③ [스타일] 작업 창의 [**미리 보기 표시**]에 체크 표시

④ [**제목**]을 선택합니다.

첫 번째 줄에 '제목' 스타일이 적용됩니다.

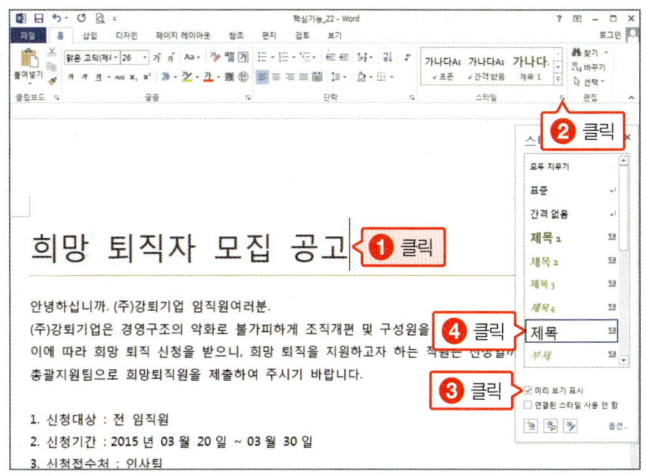

02

① 페이지 아래로 이동해 **마지막 줄**에서 임의의 위치 클릭

② [**제목1**]을 선택합니다.

마지막 줄에 '제목1' 스타일이 적용됩니다.

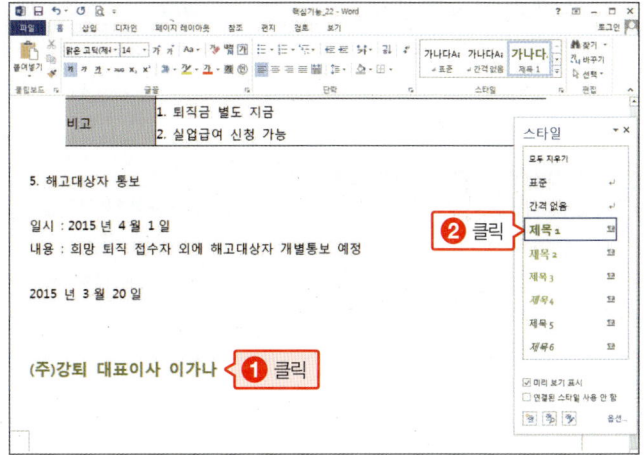

03 리본 메뉴에서 바로 스타일 적용하기

① 스타일을 적용할 범위 블록 설정

② [홈] 탭 - [스타일] 그룹 - [**스타일 자세히** 🖻] 클릭

③ [스타일 자세히] 메뉴에서 [**굵은 텍스트**]를 선택합니다.

해당 범위에 굵은 텍스트 스타일이 적용됩니다.

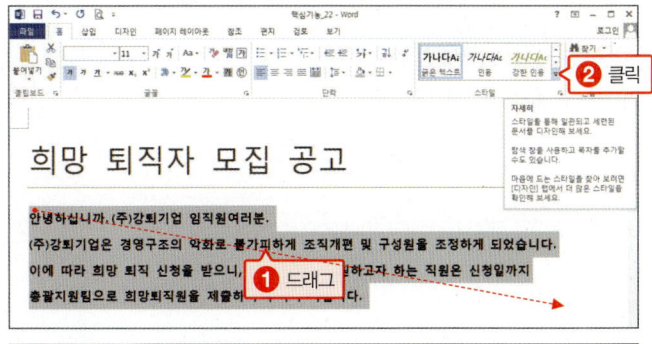

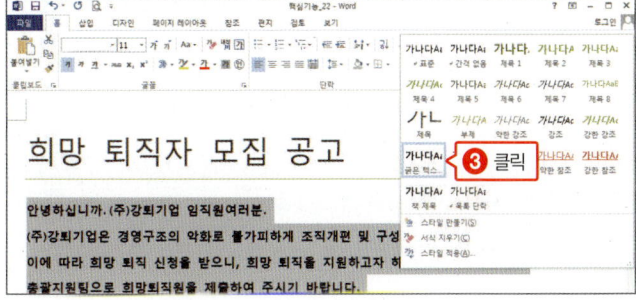

04 스타일 테마 변경하기

워드 2013에서는 여러 가지 스타일 테마
형태를 제공합니다. 별도의 작업 없이 스타
일을 다양한 형태로 변경할 수 있습니다.

① [디자인] 탭 – [문서 서식] 그룹 – [테마]
　클릭
② 임의의 테마를 선택합니다.

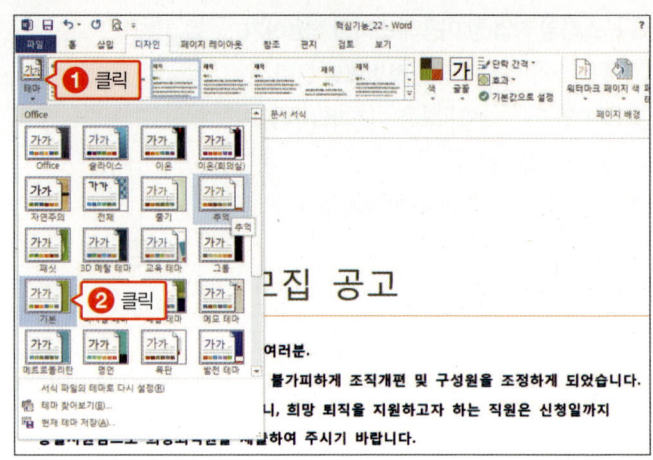

앞서 적용한 스타일이 다른 형태의 테마로 변경됩니
다. 워드 2013의 기본 테마는 [Office]입니다.

05 스타일 서식 변경하기

① 스타일을 변경할 부분 클릭
② [홈] 탭 – [스타일] 그룹 – [스타일 ⬚] 표
　시 아이콘 클릭
③ [스타일] 작업 창에서 [제목 1 ▼] 선택
④ [수정]을 선택합니다.

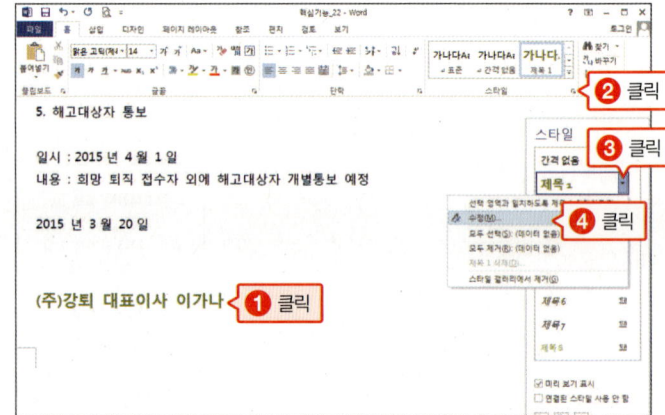

06

① [스타일 수정] 대화상자에서 [이름]에 발신인명 입력
② [문장 정렬] – [가운데] 클릭
③ [글꼴 크기] – [20]으로 설정
④ [확인]을 클릭해 스타일을 수정합니다.

문장이 가운데로 정렬되고 글꼴 크기가 20으로 변경됩니다.

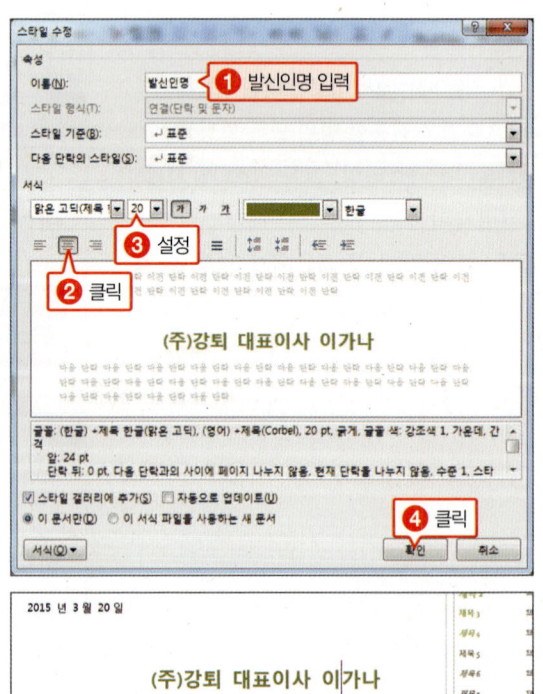

22 스타일 새로 만들기

기존에 제공되는 스타일 외에 원하는 스타일을 새롭게 추가해 사용할 수 있습니다. 문단에 번호를 자동으로 적용하는 새로운 스타일을 만들고 스타일 목록에 추가하는 방법에 대해서 알아보겠습니다.

▪ **실습 파일** 워드 \ 3장 \ 스타일 새로 만들기.docx   ▪ **완성 파일** 워드 \ 3장 \ 스타일 새로 만들기_완성.docx

01 새 스타일 만들기

① 새 스타일을 만들어 적용할 단락 블록 설정

② [홈] 탭 – [스타일] 그룹 – [스타일 □] 표시 아이콘 클릭

③ [스타일] 작업 창에서 [새 스타일]을 클릭합니다.

[서식에서 새 스타일 만들기] 대화상자가 활성화됩니다.

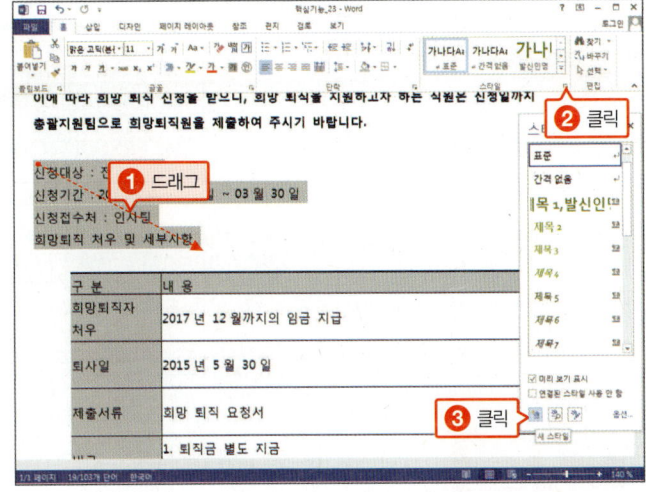

02

① [이름]에 **번호단락** 입력

② [서식] 클릭

③ [번호 매기기]를 선택합니다.

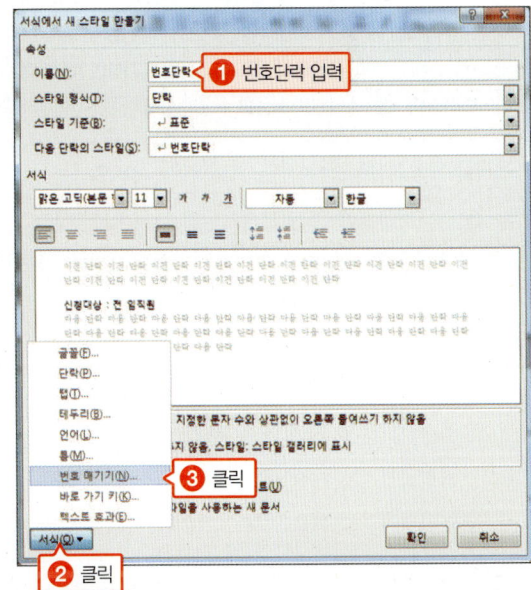

03

① [번호 매기기 및 글머리 기호] 대화상자의 [번호 매기기 라이브러리]에서
　임의의 **번호 서식** 선택

② **[확인]**을 클릭합니다.

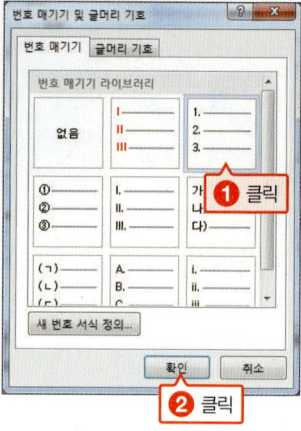

[스타일 수정] 대화상자에서 [확인]을 클릭합니다.

04 새로 만들어진 스타일이 적용되어 단
락에 자동으로 번호가 매겨집니다.

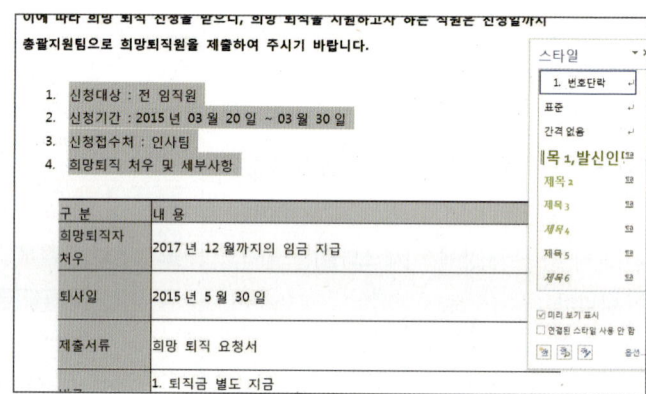

｜ 스타일에 사용되는 번호 서식 변경하기

스타일에 사용되는 번호 서식을 변경할 수 있습니다. ① [번호 매기기
및 글머리 기호] 대화상자 아래쪽의 [새 번호 서식 정의] 클릭 ② [새
번호 서식 정의] 대화상자에서 [번호 스타일]을 변경하면 [번호 매기기
라이브러리]에 없는 스타일도 적용할 수 있습니다.

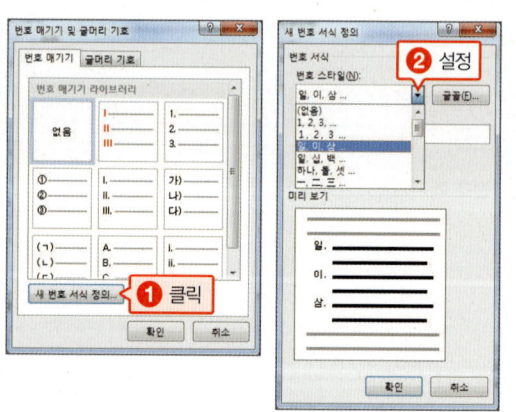

도형 및
객체 활용하기

문서에서 문자뿐만 아니라 그림과 도형, WordArt를 삽입하여 적
절히 편집하면 눈에 띄면서도 좀 더 화려한 문서로 꾸밀 수 있습
니다. 도형이나 WordArt를 삽입하고 편집하는 방법 및 간단한
차트 등을 문서에 추가해 내용을 더욱 풍성하게 만드는 방법 등
에 대해서 알아보도록 하겠습니다.

23 검색한 약도 이미지 삽입하고 서식 지정하기

초대장 등의 문서를 작성할 때 약도를 첨부해야 하는 경우가 있습니다. 이때 다음이나 네이버의 지도 서비스를 이용해 약도를 추가하는 방법에 대해서 알아보겠습니다. 지도를 삽입한 후 크기를 조절하고, 자르는 방법 등도 같이 살펴보겠습니다.

▪ **실습 파일** 워드 \ 4장 \ 검색한 약도 이미지 삽입하고 서식 지정하기.docx ▪ **완성 파일** 워드 \ 4장 \ 검색한 약도 이미지 삽입하고 서식 지정하기_완성.docx

01 약도 이미지 구하기

지점 개설 초대장에 행사장의 위치를 표시하는 지도를 첨부해보겠습니다. 네이버나 다음에서 [다음지도]를 검색해 클릭(http://map.daum.net)합니다.

① 다음지도 상단 검색 바에 **제주그랜드호텔** 입력

② [검색] 클릭

③ 화면 오른쪽의 확대/축소 바를 이용해 적당한 배율로 조정

④ [저장]을 클릭합니다.

02 지도 이미지 저장하기

① [저장하기] 대화상자가 활성화되면 [현재 화면 크기로 저장] 선택

② [확인] 클릭

③ [파일 다운로드] 대화상자에서 [저장]을 클릭합니다.

[다른 이름으로 저장] 대화상자가 활성화됩니다.

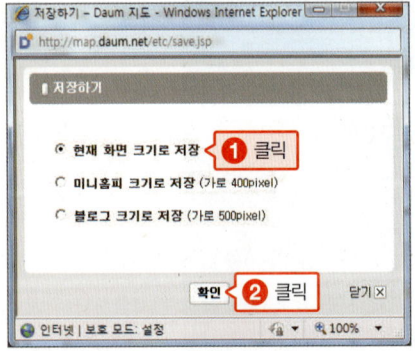

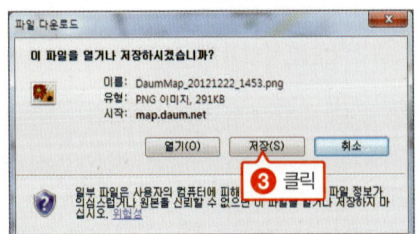

03

① [다른 이름으로 저장] 대화상자에서 저장 위치를 [바탕화면]으로 선택

② [파일 이름]에 **약도** 입력

③ [**저장**]을 클릭합니다.

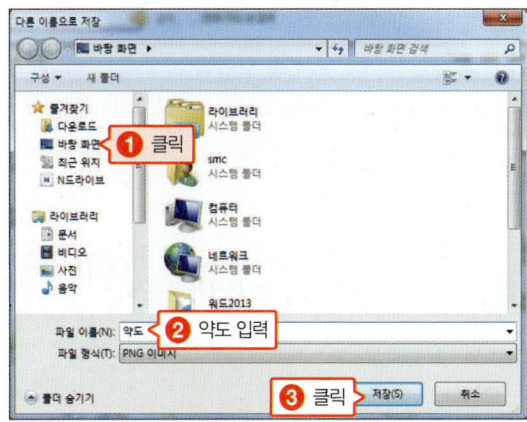

약도가 저장됩니다.

바로 통하는 TIP 익스플로러 버전에 따라 파일 다운로드 대화상자가 하단에 텍스트로 표시되는 경우도 있습니다. [저장▼]을 클릭한 후 [다른 이름으로 저장]을 선택합니다.

04 약도 삽입하기

① **약도 이미지**를 삽입할 위치 클릭

② [삽입] 탭 – [일러스트레이션] 그룹 – [**그림**]을 클릭합니다.

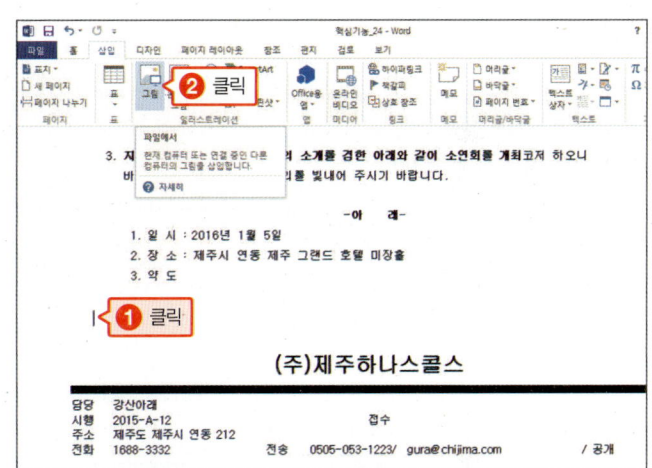

[그림 삽입] 대화상자가 활성화됩니다.

05 약도 파일 선택하기

① [그림 삽입] 대화상자에서 약도가 저장되어 있는 [바탕화면] 선택

② **약도** 파일 선택

③ [**삽입**]을 클릭합니다.

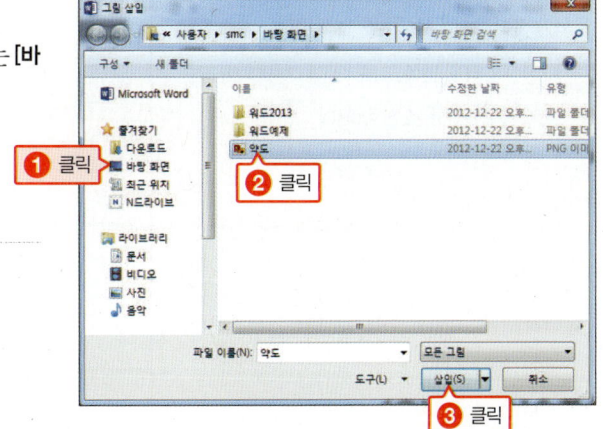

약도가 문서에 삽입됩니다.

06 도형에 맞게 약도 자르기

문서에 삽입된 약도를 도형 모양을 적용해 잘라보겠습니다.

① 문서에 삽입된 **약도** 클릭

② [그림 도구] – [서식] 탭 – [크기] 그룹 – **[자르기▼]** 클릭

③ [도형에 맞춰 자르기] – **[모서리가 둥근 직사각형]**을 선택합니다.

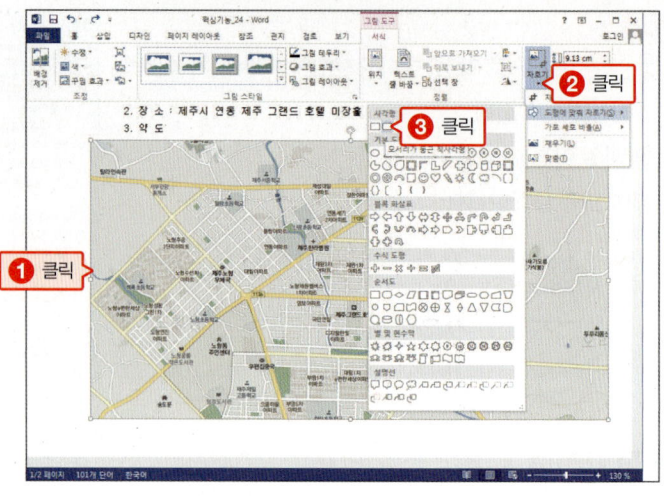

07 약도에 테두리 지정하기

도형 모양으로 자른 약도에 테두리를 지정해보겠습니다.

① [그림 도구] – [서식] 탭 – [그림 스타일] 그룹 – **[그림테두리]** 클릭

② **[연한 파랑]**을 선택합니다.

연한 파란색으로 테두리 색이 지정됩니다.

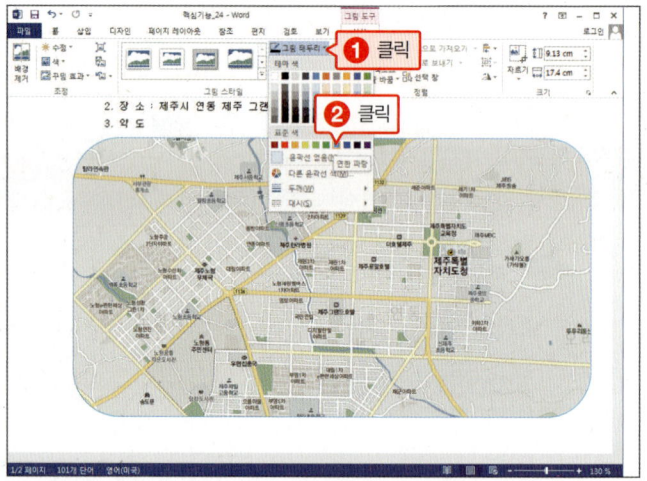

08 약도 크기 조절하기

① **약도** 클릭

② **4개** 모서리의 크기 조절점 중 하나를 클릭한 채 **약도 안쪽**으로 드래그해 약도의 크기를 적당히 조절합니다.

09 약도에 해당 위치 표시하기

① [삽입] 탭 – [일러스트레이션] 그룹에서
   [도형] 클릭

② [아래쪽 화살표]를 선택합니다.

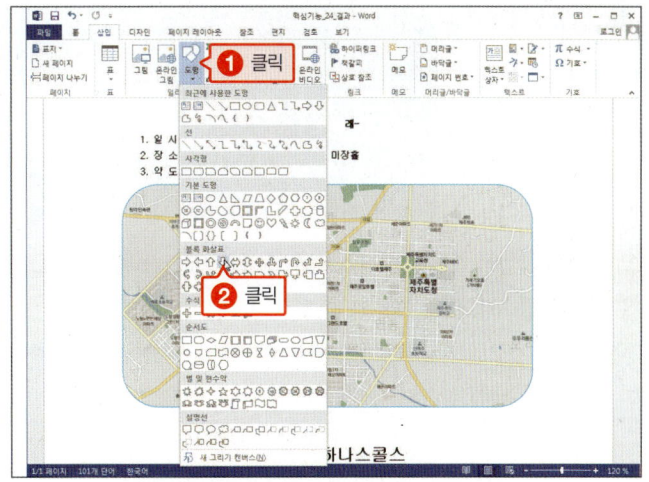

10 약도에 **제주 그랜드호텔** 위치에 도형을
적당한 크기로 삽입합니다.

실무활용노트 WORD | **그림 자르기 메뉴 알아보기**

그림을 잘라 불필요한 영역을 제거할 때 사용할 수 있는 기능입니다.

① **자르기** : 원하는 크기를 마우스로 드래그해서 설정할 수 있습니다.

② **도형에 맞춰 자르기** : 워드 2013에서 제공하는 기본 도형 모양에 맞게 자를 수 있습니다.

③ **가로 세로 비율** : 그림을 가로와 세로 비율에 맞춰 자릅니다.

④ **채우기** : 가로와 세로 비율은 유지되며, 정해진 크기에 맞춰 그림을 채우는 경우에 사용합니다.

⑤ **맞춤** : 채우기와 비슷한 기능입니다.

24 문서 안에서 그림 배치 설정하기

문서 내에 그림을 함께 배치하는 경우가 종종 있습니다. 이때 텍스트와 그림을 잘 어울리게 배치하려면 [레이아웃 옵션] 도구를 사용합니다.

■ **실습 파일** 워드 \ 4장 \ 문서 안에서 그림 배치 설정하기.docx ■ **완성 파일** 워드 \4장 \ 문서 안에서 그림 배치 설정하기_완성.docx

---

방록 주식회사 귀중 　　　　　　　　　　　2016년 3월 12일 자불라니 주식회사

친목 체육대회 제안

1. 체육대회 주최 목적
기업 내의 공동체 의식을 함양하고 사내 동료 구성원들간의 화합 과 체력단련 활동

2. 회사 소개
① 국내 국회 행사 이벤트 업계 1위이며, 국내외 기업 및 단체 등 다양한 행사 주최 하였습니다.
② 국내 유명 기업 체육대회 개최 경험을 바탕으로 고품격 행사 주도 및 선점 하였습니다.

3. 기본 전제는 전원 즐겁게!
① 누구라도 부담 없이 즐겁게 참여할 수 있는 내용으로 하며 기 업 내의 공동체의식을 함양하고 애사심과 자긍심을 고취시킨다.
② "일심단결"을 통한 체력 증진과 심신단련을 하고자 한다.

4. 행사 개요
① 행사장소 및 실시일시
　첨부된 체육대회 장소 20곳에서 협의를 통해 선택 가능
② 프로그램 내용
　(a) 토너먼트 형식(축구, 족구, 피구, 릴레이, 줄다리기, 수건 돌리기)
③ 평가
　(a) 토너먼트 우승, 준우승팀에게 상금과 기념품
　(b) 의상 부문도 평가하여 특별상 수여
⑤ 당일 스케줄

10:00 ~ 10:30	개회식(개회선언, 국민의례, 선수입장
11:00 ~ 12:00	예선 경기
12:00 ~ 13:00	점심식사
13:30 ~ 16:00	본선경기 및 레크레이션
16:00 ~ 19:00	시상식, 친목파티

자불라니주식회사 대표이사

① 텍스트 내 그림 배치하기
② 텍스트 뒤로 그림 배치하기

▲ 핵심기능실습 미리보기

01 텍스트 내 그림 배치하기

① **그림**을 클릭하면 우측 모서리에 [레이아웃 옵션] 도구 활성화

② **[레이아웃 옵션]** 클릭

③ **[텍스트 배치]** - **[정사각형]** 을 선택합니다.

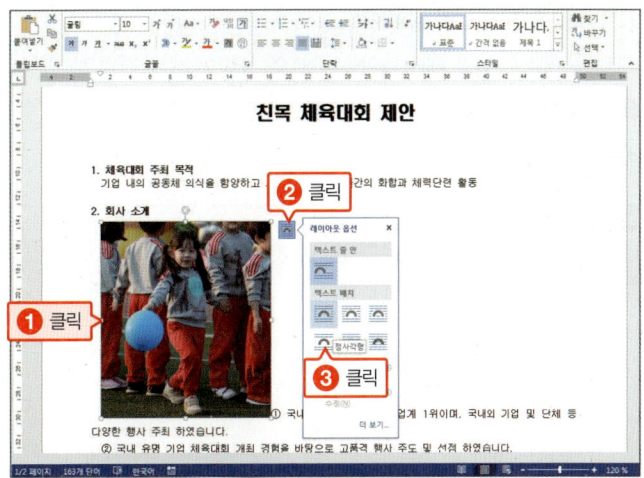

02 사진을 마우스로 드래그하여 **문서의 우측 경계**로 이동합니다. 초록색 경계선이 활성화되면 그 경계선에 따라 사진을 배치합니다.

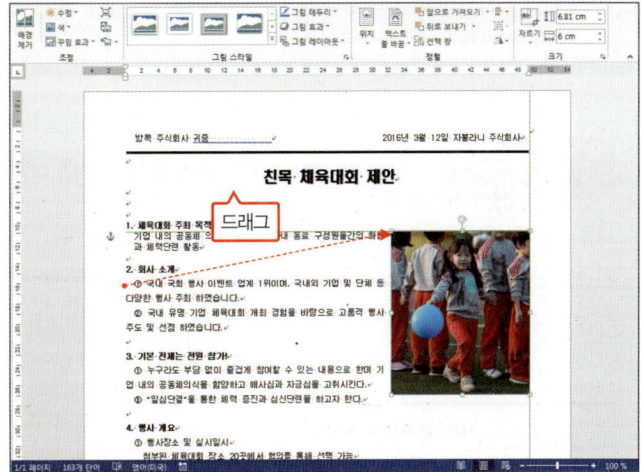

바로 통하는 TIP [레이아웃 옵션]-[텍스트 배치]에서 [정사각형], [빽빽하게], [투과하여] 외의 옵션을 선택한 경우 초록색 경계선이 나타나지 않습니다. [그림 도구]-[서식] 탭-[정렬] 그룹에서 [개체 맞춤]-[맞춤 안내선 사용]에 체크 표시가 되어 있는지 확인합니다.

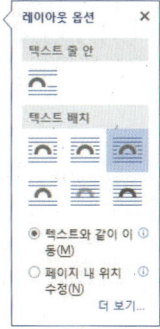

03 텍스트 뒤로 그림 배치하기

그림을 텍스트 뒤로 배치하여 텍스트와 그림이 서로 겹쳐 보이는 효과를 내보겠습니다.

① 문서 아래로 스크롤을 내려 **도장 그림** 클릭 ② **[레이아웃 옵션]** 클릭 ③ [텍스트 배치] - **[텍스트 뒤]** 선택 ④ 그림을 드래그하여 **인** 위에 배치합니다.

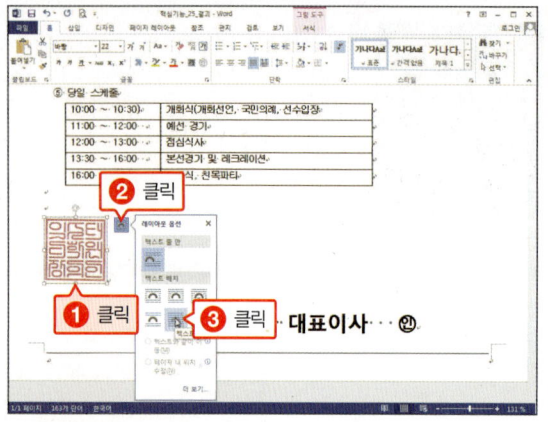
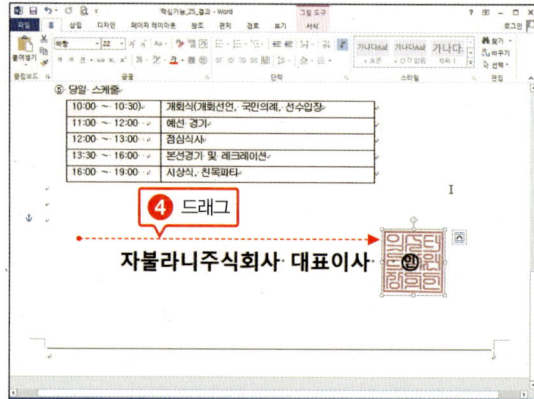

실무활용노트 WORD | **바로 가기 메뉴에서 [텍스트 줄 바꿈] 기능 이용하기**

바로 가기 메뉴에서 문서 내 그림의 배치 모양을 설정할 수 있습니다.

① 그림을 선택하고 마우스 오른쪽 버튼을 클릭하여 ② [바로 가기] 메뉴 - [텍스트 줄 바꿈]에서 원하는 배치 모양을 선택합니다.

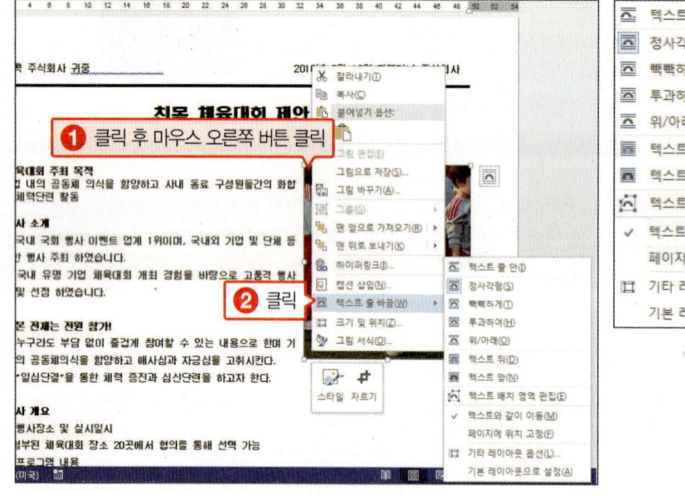

① **텍스트 줄 안** : 기본적으로 설정되어 있는 기본 값입니다. 삽입된 그림을 한 글자처럼 취급합니다.

② **정사각형** : 그림을 정사각형으로 취급하여 글자가 배치됩니다. 정사각형이 아닌 그림도 정사각형으로 취급합니다.

③ **빽빽하게** : 투명한 영역에 텍스트를 채웁니다.

④ **투과하여** : [빽빽하게]와 마찬가지로 그림의 투명한 영역을 글자로 채웁니다.

⑤ **위/아래** : 그림의 현재 위치를 기준으로 글자를 위와 아래로 나누어 채웁니다.

⑥ **텍스트 뒤** : 삽입된 그림을 글자 뒤로 이동시켜 글자를 그림 위에 채웁니다.

⑦ **텍스트 앞** : [텍스트 뒤]와 반대로 삽입된 그림을 글자 앞으로 이동시켜 그림 뒤에 글자를 채웁니다.

25 도형 삽입하고 서식 변경하기/ 도형 안에 텍스트 입력하기

[삽입] 탭-[일러스트레이션] 그룹-[도형]에서 다양한 도형을 삽입할 수 있습니다. 삽입한 도형에는 서식을 지정하거나 도형 내에 텍스트를 입력할 수 있습니다. 도형에 텍스트를 입력할 때는 도형을 선택한 상태에서 텍스트를 입력해야 합니다.

- **실습 파일** 워드 \ 4장 \ 도형 삽입하고 서식 변경하기, 도형 안에 텍스트 입력하기.docx
- **완성 파일** 워드 \ 4장 \ 도형 삽입하고 서식 변경하기, 도형 안에 텍스트 입력하기_완성.docx

01 도형 삽입하기

구매승인신청서의 제목을 도형을 이용해 꾸며보겠습니다.

① [삽입] 탭 - [일러스트레이션] 그룹 - **[도형]** 클릭

② **[모서리가 둥근 직사각형]** 선택

③ **드래그**하여 제목 크기에 맞게 도형을 그려줍니다.

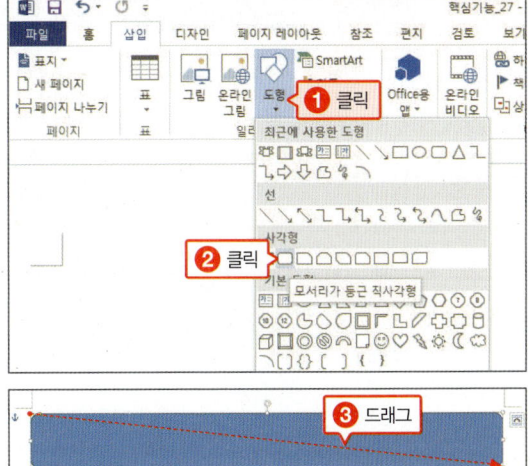

02 도형 서식 변경하기

① 삽입된 도형 클릭 후 [그리기 도구] - [서식] 탭 - [도형 스타일] 그룹 - **[스타일 자세히▼]** 클릭

② 도형 스타일 목록에서 적당한 모양을 선택합니다. 여기에서는 **[강한 효과 – 파랑, 강조1]**을 선택했습니다.

지정한 스타일로 도형 서식이 변경됩니다.

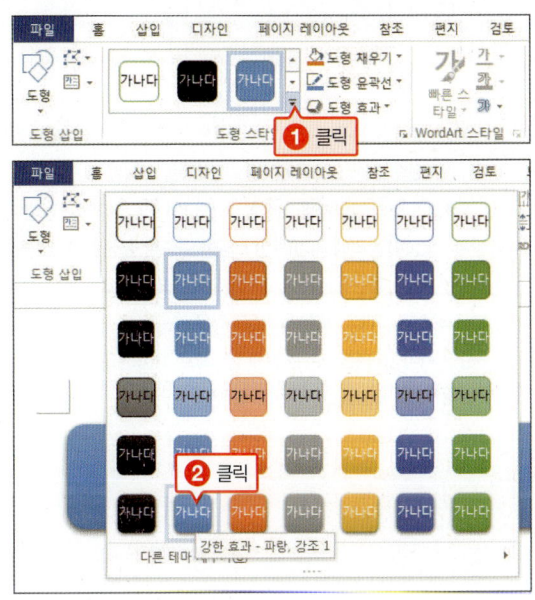

03 도형 안에 텍스트 입력하기

① 도형을 선택한 상태에서 **구매승인신청서** 입력

② 입력한 **제목** 블록 설정

[바로 가기 도구 모음]이 활성화됩니다.

③ [바로 가기 도구 모음]에서 글꼴을 [**맑은 고딕**]으로 설정

④ 글꼴 크기는 [20]으로 설정합니다.

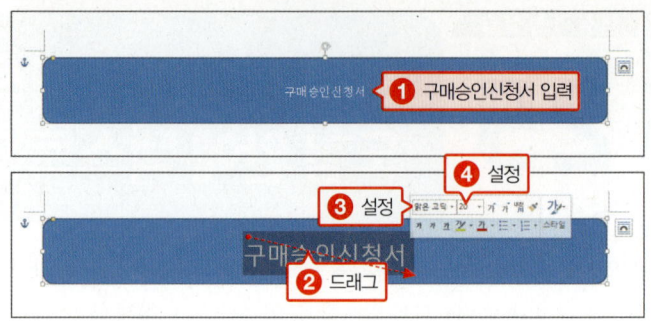

도형에 입력된 '구매승인신청서' 제목의 글꼴과 크기가 변경됩니다.

실무활용노트 WORD | **[도형 서식] 작업 창 활용하기**

도형의 테두리를 선택한 후 마우스 오른쪽 버튼 클릭합니다. 바로 가기 메뉴에서 [도형 서식]을 클릭하면 [도형 서식] 작업 창이 나타납니다. [도형 서식] 작업 창에서는 좀 더 다양한 도형 효과를 적용할 수 있습니다.

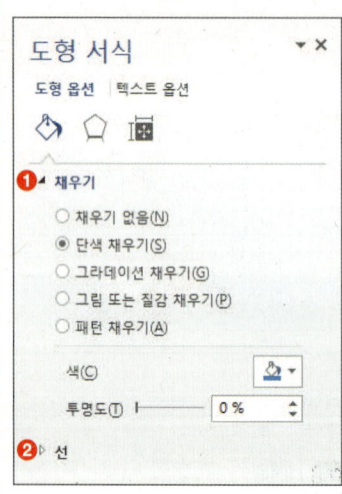
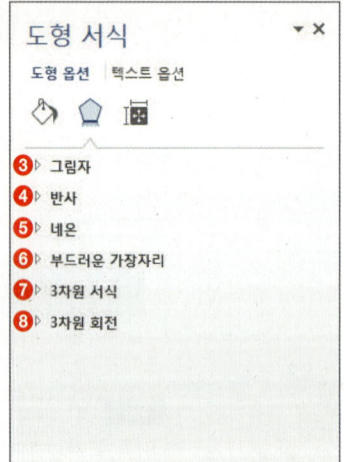

① **채우기** : 채우기 없음, 단색, 그라데이션, 그림 또는 질감, 패턴 채우기를 설정할 수 있습니다.

② **선** : 선 없음, 실선, 그라데이션 등의 선 색을 설정할 수 있습니다.

③ **그림자** : 도형의 그림자를 설정할 수 있으며 그림자의 모양, 색, 투명도, 크기, 각도 등을 설정할 수 있습니다.

④ **반사** : 도형이 유리에 비친 듯한 느낌을 주도록 설정할 수 있습니다.

⑤ **네온** : 도형에 네온을 설정하고 네온의 색, 크기, 투명도를 지정할 수 있습니다.

⑥ **부드러운 가장자리** : 도형에 가장자리를 부드럽게 처리할 수 있습니다.

⑦ **3차원 서식** : 도형을 3차원 입체 형식으로 설정하고, 표면의 재질도 설정할 수 있습니다.

⑧ **3차원 회전** : 도형을 3차원으로 회전할 수 있으며, 각도를 설정할 수 있습니다.

26 도형 복사, 정렬, 회전하기

문서에 삽입된 도형은 텍스트와 마찬가지로 복사하거나 정렬할 수 있습니다. 문서에 삽입된 같은 모양의 도형이라도 회전해서 배치하면 다른 분위기를 얻을 수 있습니다. 도형의 복사, 정렬, 회전 방법에 대해서 알아보겠습니다.

• 실습 파일 워드 \ 4장 \ 도형 복사, 정렬, 회전하기.docx　**• 완성 파일** 워드 \ 4장 \ 도형 복사, 정렬, 회전하기_완성.docx

---

01 도형 복사하기

① 문서에서 **화살표 도형** 클릭 후 Ctrl + C

② Ctrl + V 를 **4번** 더 반복해 눌러 도형을 복사합니다.

> **바로 통하는TIP** 도형을 선택한 상태에서 Ctrl +드래그 그해도 도형을 복사할 수 있습니다.

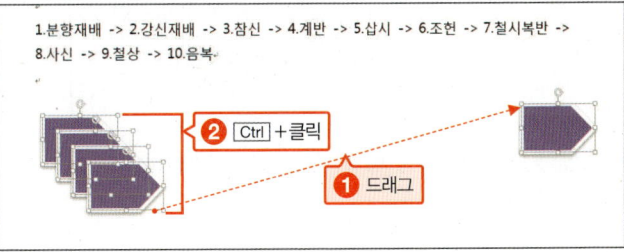

02 도형 정렬하기

① 마지막으로 복사한 도형을 문서의 **오른 쪽으로 이동**

② Ctrl 이나 Shift 를 누른 상태에서 나머지 도형을 각각 클릭해 **5개 도형을 모두 선택**합니다.

03

① [그리기 도구] - [서식] 탭 - [정렬] 그룹 - [맞춤▼] 클릭

② [가로 간격을 동일하게] 선택

③ 다시 [맞춤▼] 클릭

④ [위쪽 맞춤]을 선택해 도형 정렬을 마무리합니다.

첫 번째 도형과 마지막 도형 사이에 나머지 도형이 동일한 간격으로 배치됩니다.

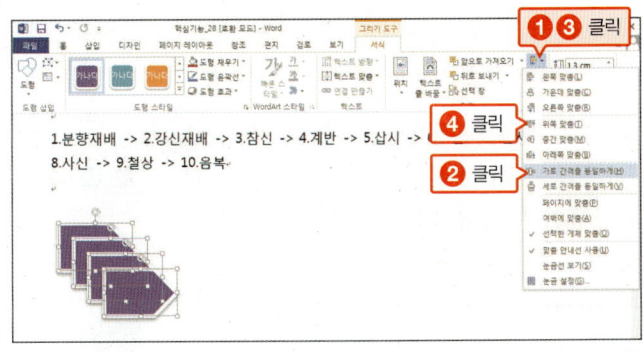

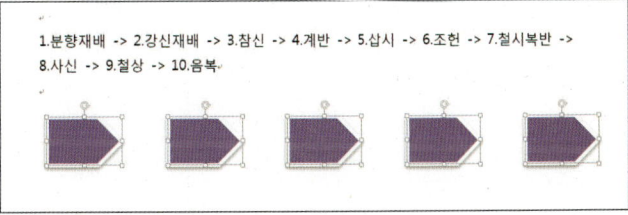

드래그로 도형 여러 개 선택하기

① [홈] 탭-[편집] 그룹-[선택▼]을 클릭하고 [개체 선택]을 선택합니다. ② 도형을 마우스로 드래그하면 여러 도형을 마우스 드래그만으로 선택할 수 있습니다. 선택을 취소할 때는 ESC 를 누르면 됩니다.

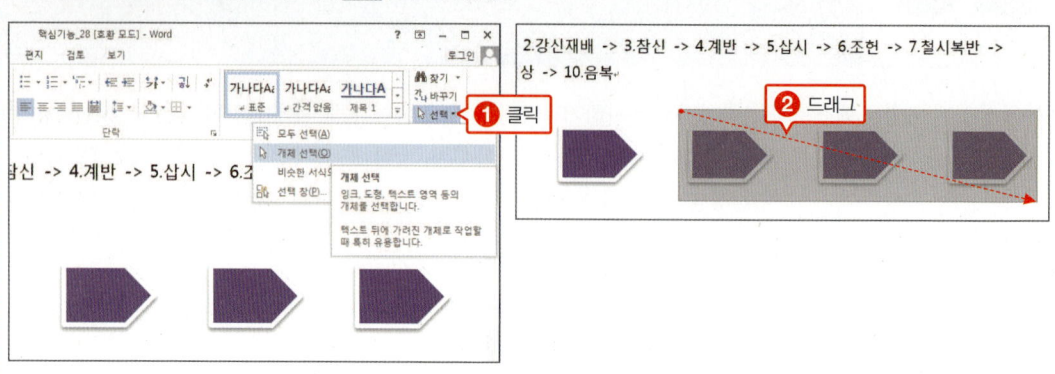

04 도형 회전하기

① 맨 **오른쪽 도형** 클릭

② 도형을 복사하기 위해 Ctrl + Shift 를 누른 상태에서 **아래쪽으로** 드래그

③ 복사된 도형을 선택한 후 상단의 회전 점을 클릭한 채 움직여 그림과 같이 오른쪽으로 **90도 회전**합니다.

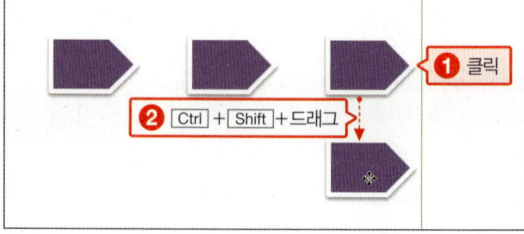

바로 통하는TIP 마우스를 움직일 때 Shift 를 누르고 있으면 회전 각도를 15도씩 조절할 수 있습니다.

05 리본 메뉴를 사용하면 도형을 90도씩 회전시킬 수 있습니다.

① 앞서 회전된 **도형** 클릭

② [그리기 도구]-[서식] 탭-[정렬] 그룹- **[회전▼]** 클릭

③ [오른쪽으로 90도 회전]을 선택합니다.

도형이 오른쪽으로 회전됩니다.

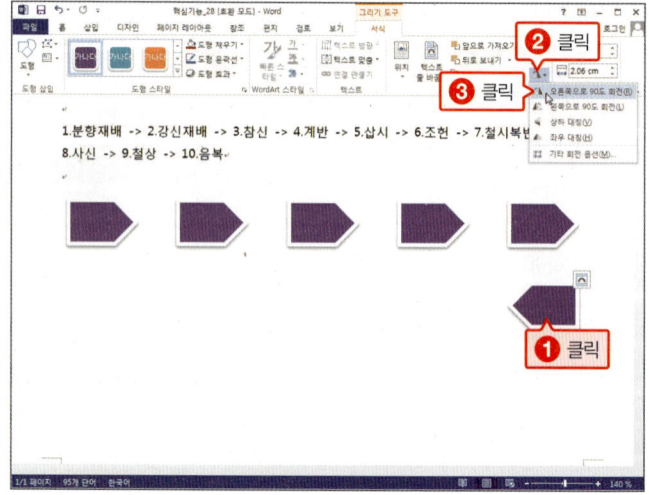

27 WordArt 삽입 및 수정하기

문서에 WordArt를 삽입하면 문서의 제목이나 강조할 내용 등을 화려하게 꾸밀 수 있습니다. WordArt를 삽입하고 효과를 설정하는 방법에 대해서 알아보겠습니다.

▪**실습 파일** 워드 \ 4장 \ WordArt 삽입 및 수정하기.docx ▪**완성 파일** 워드 \ 4장 \ WordArt 삽입 및 수정하기_완성.docx

01 WordArt 삽입하고 문구 입력하기

크리스마스 파티 초대장의 제목을 Word-Art를 이용해 화려하게 꾸며보겠습니다.

① WordArt를 삽입할 부분 클릭
② [삽입] 탭 – [텍스트] 그룹 – **[WordArt]** 클릭
③ 임의의 **WordArt 스타일** 선택
   그림과 같이 문장을 입력할 수 있는 WordArt 텍스트 상자가 표시됩니다.
④ **Christmas Party**를 입력합니다.

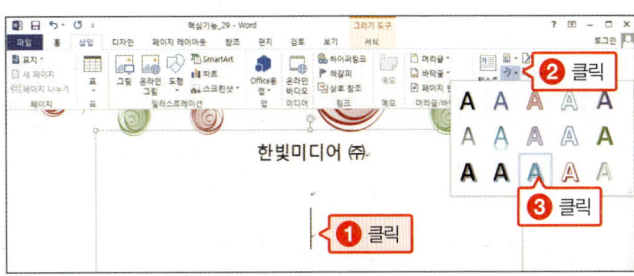

02 WordArt 배치하기

WordArt 텍스트 상자를 문서 중앙으로 이동합니다. 워드 2013부터는 중앙 배치선이 나타납니다.

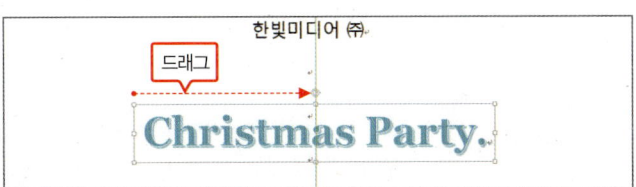

03 WordArt 꾸미기

① [그리기 도구] – [서식] 탭 – [WordArt 스타일] 그룹 – **[텍스트 효과]** 클릭
② [변환] – [휘기]에서 임의의 **스타일**을 선택해 WordArt의 모양을 변경합니다.

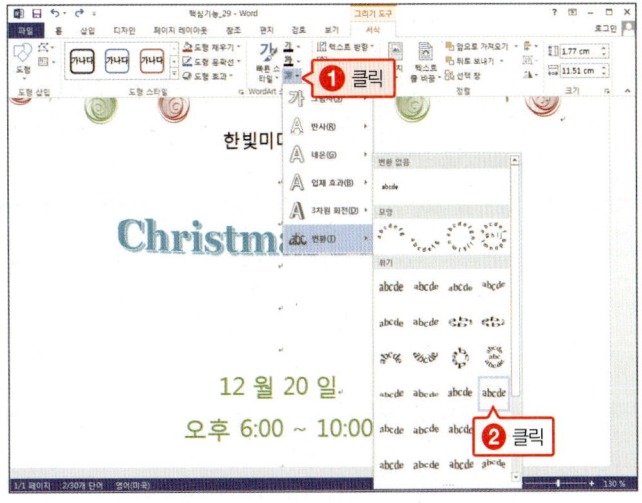

04 WordArt 반사 설정하기

① WordArt 텍스트 상자 클릭

② [그리기 도구] – [서식] 탭 – [WordArt 스타일] 그룹 – **[텍스트 효과 서식 🔳]** 표시 아이콘 클릭

③ [도형 서식] 작업 창에서 **[반사]** 선택

④ **[미리 설정]** 클릭

⑤ [반사 변형] – **[근접 반사, 4pt 오프셋]**을 선택합니다.

반사 효과가 적용됩니다.

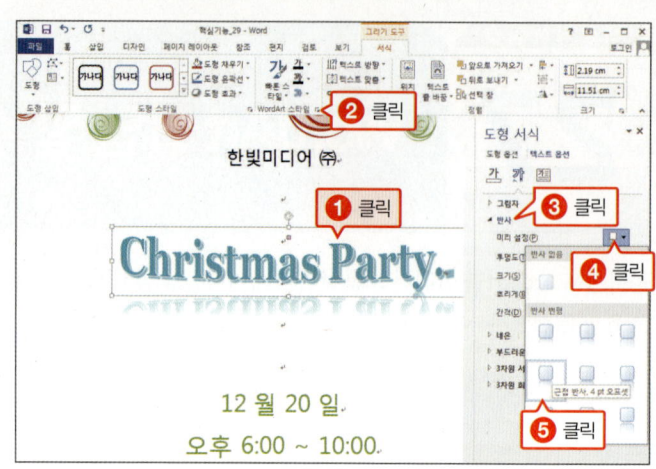

05 WordArt 네온 설정하기

① [도형 서식] 작업 창에서 **[네온]** 선택

② **[미리 설정]** 클릭

③ [네온 변형] – **[파랑, 18pt 네온, 강조색 1]**을 선택합니다.

네온 효과가 적용됩니다.

실무활용노트 WORD | 일반 텍스트 상자에서 WordArt 효과 주기

텍스트를 넣을 때 꼭 WordArt 도구로 텍스트 상자를 만들지 않아도 됩니다. 워드 2013에서는 일반 텍스트 상자를 이용해서 WordArt 효과를 설정할 수 있습니다. ① [삽입] 탭 – [텍스트] 그룹 – [텍스트 상자]를 클릭해 ② 임의의 스타일을 선택하여 텍스트 상자를 생성하고 ③ ④ [그리기 도구] – [서식] 탭 – [WordArt 스타일] 그룹 – [텍스트 효과]를 이용해 WordArt를 적용할 수 있습니다.

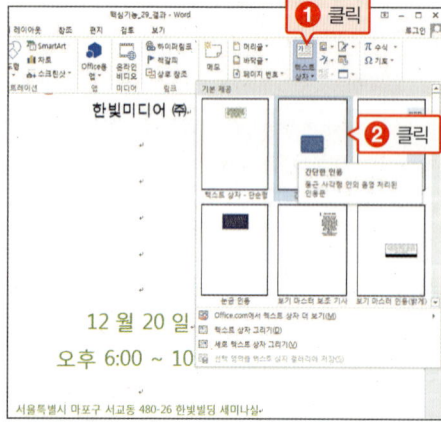
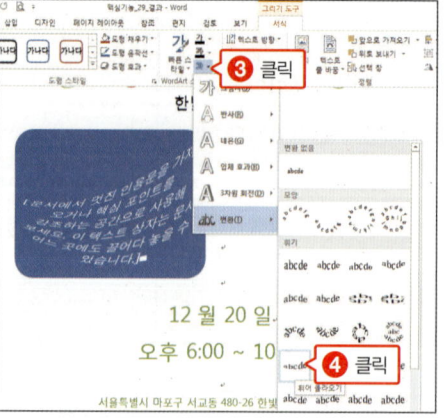

28 SmartArt로 다이어그램 만들기

SmartArt는 서식이 미리 지정된 여러 도형의 구성으로 정보를 시각적으로 표현할 수 있도록 제공되는 그래픽 개체입니다. 도형이나 클립 아트 등으로 레이아웃과 디자인 서식이 미리 지정되어 있으므로 전문가가 아니더라도 수준 높은 일러스트레이션을 쉽게 작성할 수 있습니다. SmartArt를 이용해 문서에 다이어그램을 삽입하고 편집하는 방법에 대해서 알아보겠습니다.

▪**실습 파일** 워드 \ 4장 \ SmartArt를 이용해 다이어그램 만들기.docx   ▪**완성 파일** 워드 \ 4장 \ SmartArt를 이용해 다이어그램 만들기_완성.docx

01 SmartArt를 이용해 다이어그램 만들기

① SmartArt를 삽입할 위치 클릭
② [삽입] 탭 – [일러스트레이션] 그룹 –
　[SmartArt] 클릭
③ [SmartArt 그래픽 선택] 대화상자에서
　[프로세스형] 선택
④ [연속 블록 프로세스형] 선택
⑤ [확인]을 클릭합니다.

선택한 SmartArt가 삽입됩니다.

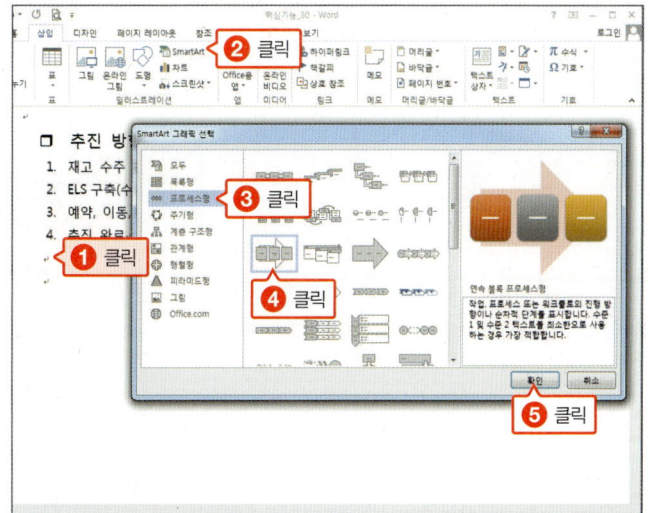

02 텍스트 추가하기

다이어그램이 삽입되면 텍스트 창이 활성화됩니다. 텍스트 창에 예제 문서의 추진 방향을 순서대로 입력합니다. 새로운 항목을 추가할 때는 텍스트 창에서 Enter를 누릅니다.

SmartArt에 새로운 도형이 자동으로 추가됩니다.

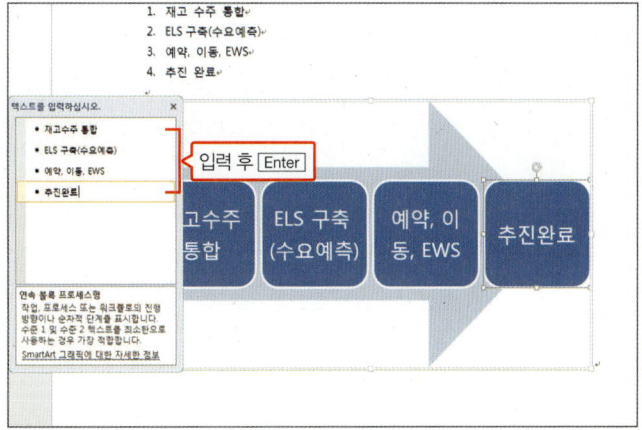

[SMARTART 도구]-[디자인] 탭-[그래픽 만들기]
그룹-[텍스트 창]을 클릭하면 SmartArt 텍스트 창이
활성화됩니다.

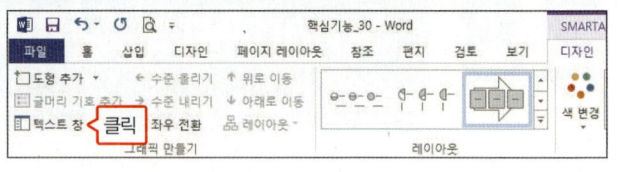

03 SmartArt 색상 변경하기

① SmartArt 테두리 클릭

② [SMARTART 도구] – [디자인] 탭 –
　[SmartArt 스타일] 그룹 – [색 변경] 클릭

③ [색상형] – [색상형 – 강조색]을 선택합니다.

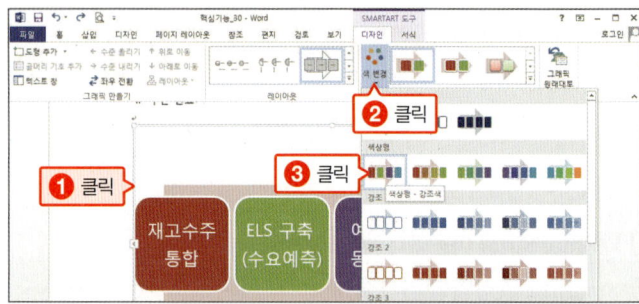

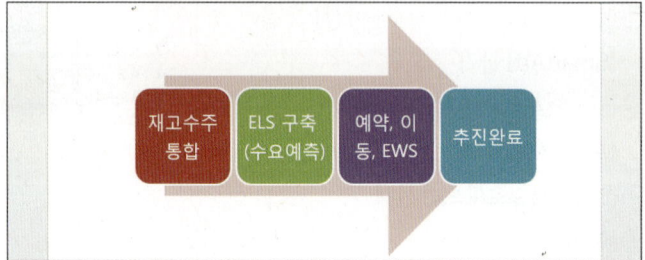

04 SmartArt 스타일 변경하기

① SmartArt 테두리가 선택된 상태에서
　[SMARTART 도구] – [디자인] 탭 –
　[SmartArt 스타일] 그룹 – [자세히] 클
　릭

② 스타일 목록에서 [3차원] – [조감도]를 선
　택합니다.

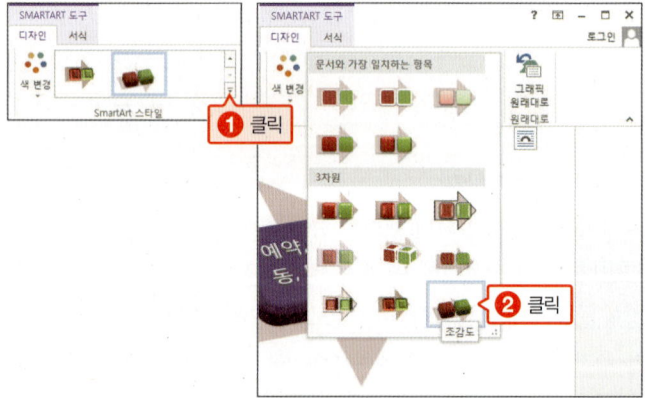

05 선택한 스타일이 적용되어 3차원 형
식의 SmartArt로 변경됩니다.

29 차트 삽입하고 스타일, 종류, 크기 변경하기

차트는 수치 데이터를 한눈에 파악하고 비교, 분석할 수 있도록 시각화하는 도구입니다. 수치와 텍스트만으로 이루어진 문서에 비해 자료의 변화를 직관적으로 파악할 수 있어 유용합니다. 문서에 차트를 삽입하고 차트 스타일, 차트 종류, 차트 크기를 변경하는 방법에 대해 알아보겠습니다.

▪**실습 파일** 워드 \ 4장 \ 차트 삽입하고 스타일, 종류, 크기 변경하기.docx   ▪**완성 파일** 워드 \ 4장 \ 차트 삽입하고 스타일, 종류, 크기 변경하기_완성.docx

01 차트 삽입하기

워드 2013에서 차트를 추가하려면 사용할 데이터를 미리 복사해놓아야 합니다.

① 표 전체 블록 설정 후 Ctrl + C

② 차트가 추가될 위치 클릭

③ [삽입] 탭 – [일러스트레이션] 그룹 – **[차트]**를 클릭합니다.

[차트 삽입] 대화상자가 활성화됩니다.

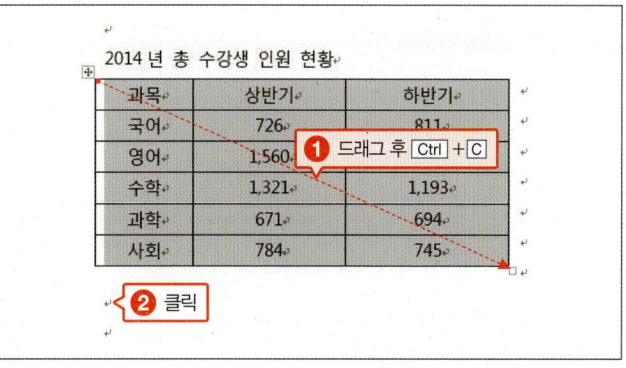

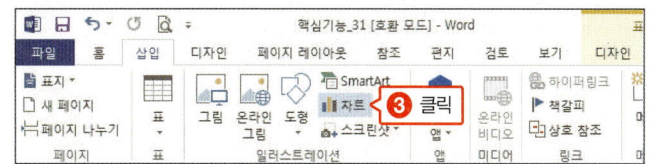

02

① [차트 삽입] 대화상자에서 [세로막대형] – **[3차원 묶은 세로 막대형]** 선택

② **[확인]**을 클릭합니다.

3차원 묶은 세로 막대형 차트가 문서에 삽입됩니다.

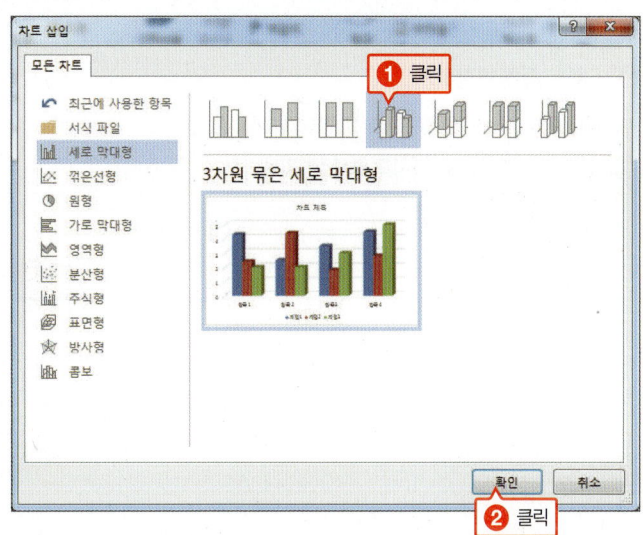

03 차트 데이터 입력하기

① 활성화된 [Microsoft Word의 차트] 엑
셀 창에서 **전체 셀 선택** 버튼을 클릭해 모
든 데이터 선택

② Delete 를 눌러 전체 **데이터 삭제**

③ **[A1]** 셀을 클릭한 후 Ctrl + V
앞에서 복사한 데이터를 붙여넣습니다.

④ 기존 차트의 영역선 **모서리를 드래그**해서
새로 붙여 넣은 데이터 범위에 맞게 영
역 선을 이동합니다.

04 차트 스타일 변경하기

① **차트** 클릭
워드 2013에서 새로 추가된 기능으로
오른쪽에 차트 속성 변경 도구가 활성화
됩니다.

② 속성 변경 도구들 중 [**차트 스타일**] 도구
클릭. [디자인] 탭 – [차트 스타일] 그룹
에서도 변경할 수 있습니다.

③ 스타일 목록에서 [**스타일 8**]을 선택해 스
타일을 적용합니다.

각 과목의 상반기, 하반기 수강생 인원을 확인할 수
있는 차트가 적용한 스타일에 맞게 삽입됩니다.

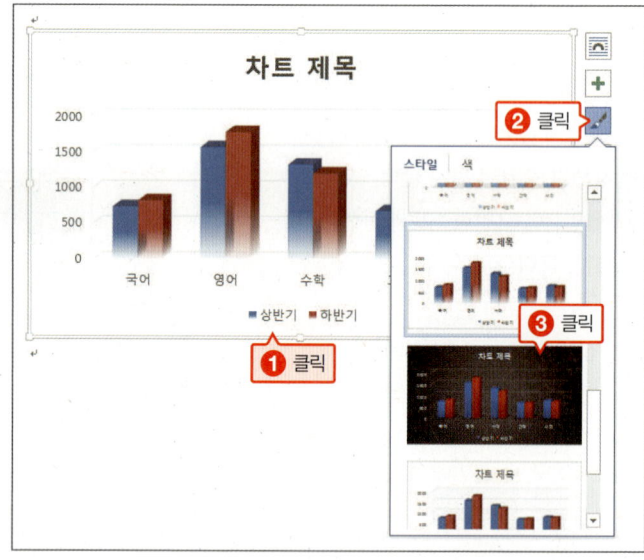

05 차트 종류 변경하기

① **차트 영역**에서 마우스 오른쪽 버튼 클릭

② 바로 가기 메뉴에서 [**차트 종류 변경**]을 선
택합니다.

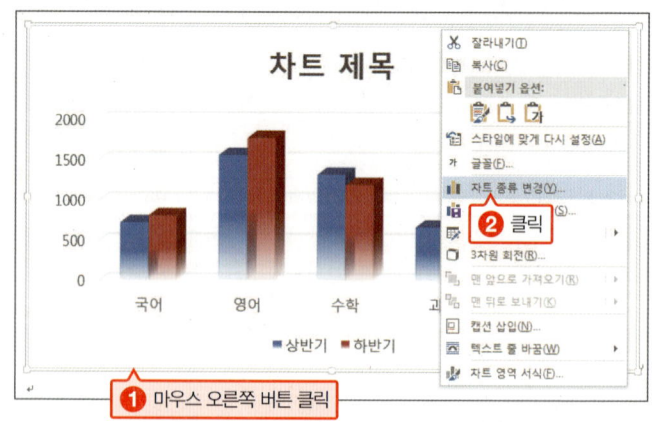

06

① [차트 종류 변경] 대화상자에서 [가로 막대형] 선택

② [3차원 묶은 가로 막대형] 선택

③ [확인]을 클릭합니다.

차트 모양이 변경됩니다.

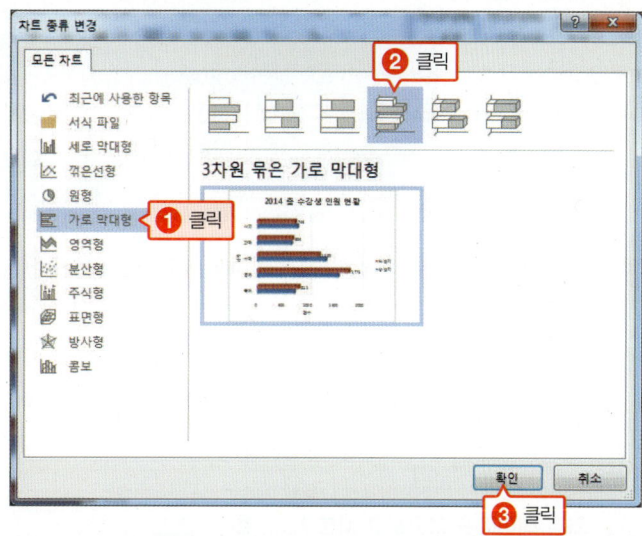

07 차트 크기 조절하기

① 차트 영역 클릭

② 오른쪽 아래 모서리의 크기 조절점을 마우스로 드래그하여 차트 크기를 조절해줍니다.

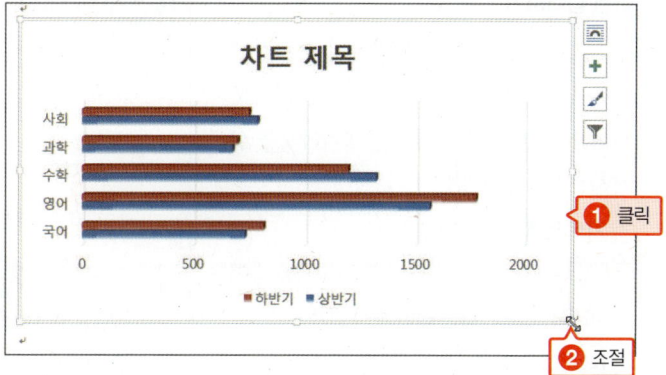

실무활용노트 WORD | 차트 영역과 그림 영역

차트 영역에서는 차트의 위치와 크기 등을 조절할 수 있습니다. 그림 영역에는 실제 그래프가 표시됩니다.

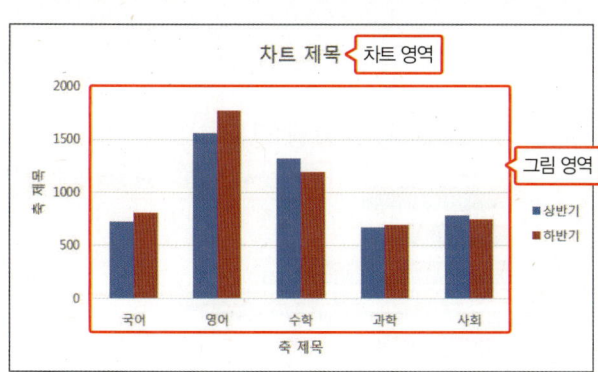

30 차트 레이아웃 설정, 데이터 변경하기

차트가 선택된 상태에서는 리본 메뉴에 [차트 도구]가 표시됩니다. [차트 도구]–[디자인] 탭에서는 차트의 종류, 데이터 범위, 레이아웃, 스타일 등을 수정할 수 있습니다. 문서에 삽입된 차트의 레이아웃을 설정하고 데이터를 변경하는 방법과 차트 테두리를 지정하는 방법에 대해 알아보겠습니다.

▪**실습 파일** 워드＼4장＼차트 레이아웃 설정, 데이터 변경하기.docx　▪**완성 파일** 워드＼4장＼차트 레이아웃 설정, 데이터 변경하기_완성.docx

01 차트 레이아웃 설정하고 차트 제목, 축 이름 입력하기

2014년 상반기와 하반기 과목별 총 수강생 인원을 표시하는 차트에 [차트 제목], [축 제목], [범례] 등을 표시하는 레이아웃을 설정해보겠습니다.

① **차트 영역** 클릭

② [차트 도구] – [디자인] 탭 – [차트 레이아웃] 그룹 – **[빠른 레이아웃]** 클릭

③ **[레이아웃 8]** 을 선택해 레이아웃을 설정합니다.

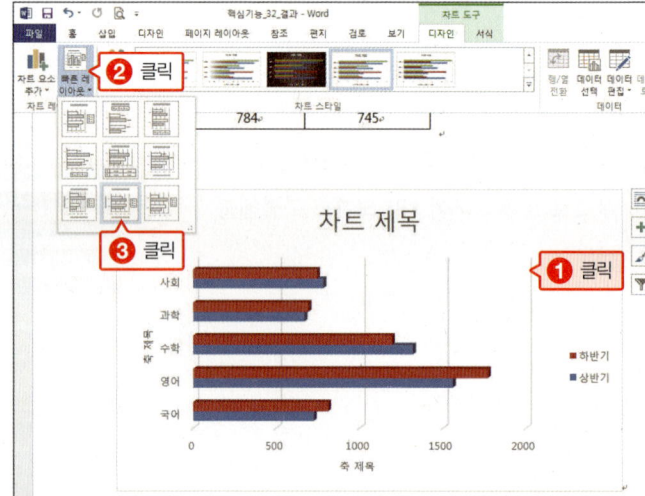

각 과목의 상반기, 하반기 수강생 인원을 확인할 수 있는 차트가 적용한 스타일에 맞게 삽입됩니다.

02

① **차트 제목 영역** 에 차트 이름 입력

② 세로 축 이름을 **과목** 으로 변경

③ 가로 축 이름을 **점수** 로 변경합니다.

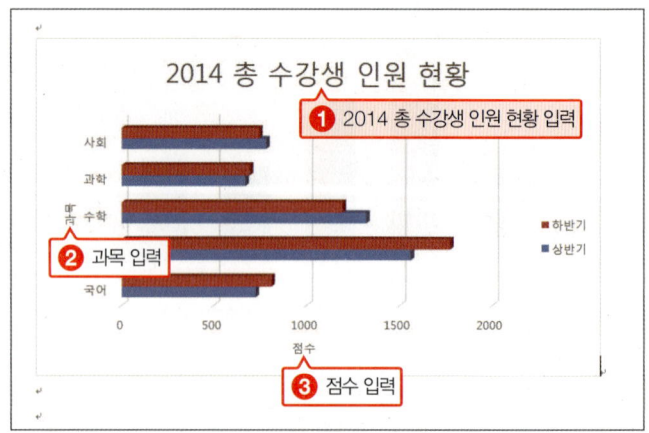

03 범례 위치 변경하기

그래프의 색이나 모양이 어떤 데이터 계열인지 알려주는 표식을 범례라고 합니다. 차트 오른쪽에 표시된 범례의 위치를 변경해보겠습니다.

① **차트 영역** 클릭

② **[차트 요소]** 클릭

③ **[범례▶]** 선택

④ **[위쪽]**을 선택합니다.

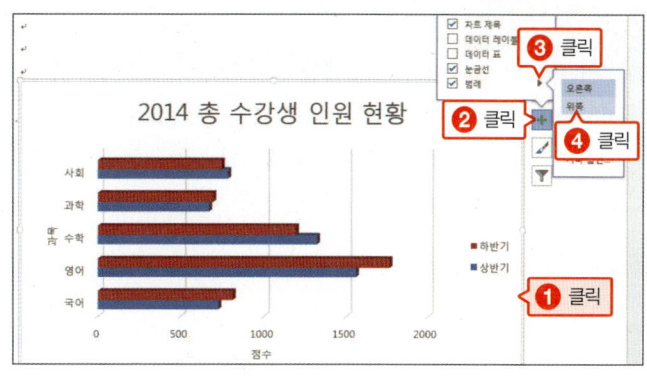

04 범례 위치가 위쪽으로 변경됩니다.

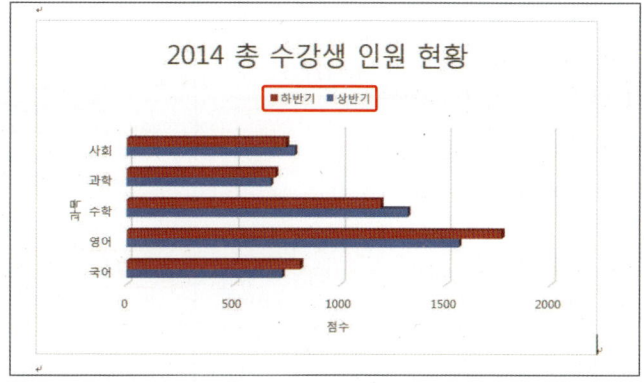

05 특정 계열에 데이터 레이블 추가하기

① 그림 영역의 **하반기 계열**에서 마우스 오른쪽 버튼 클릭

② 바로 가기 메뉴에서 [데이터 레이블 추가]-**[데이터 레이블 추가]**를 선택합니다.

데이터 값을 나타내는 데이터 레이블이 추가됩니다.

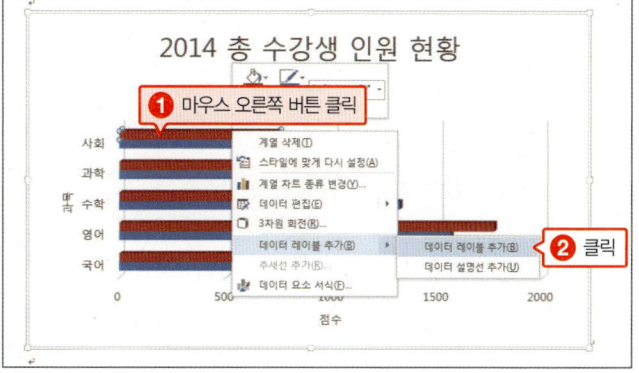

06 차트 데이터 변경하기

① **차트 영역**에서 마우스 오른쪽 버튼 클릭

② 바로 가기 메뉴에서 [데이터 편집]-**[데이터 편집]**을 선택합니다.

바로 통하는TIP 리본 메뉴의 [데이터 편집]
차트 영역을 클릭한 후 [차트 도구]-[디자인] 탭-[데이터] 그룹-[데이터 편집]을 클릭하면 데이터를 편집할 수 있습니다.

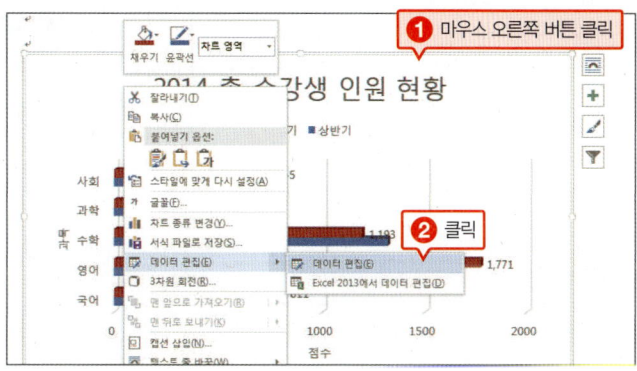

07

① [Microsoft Word의 차트] 엑셀 창이 활성화되면 사회 과목 하반기 값을
   600으로 변경

② [Microsoft Word의 차트] 창을 닫습니다.

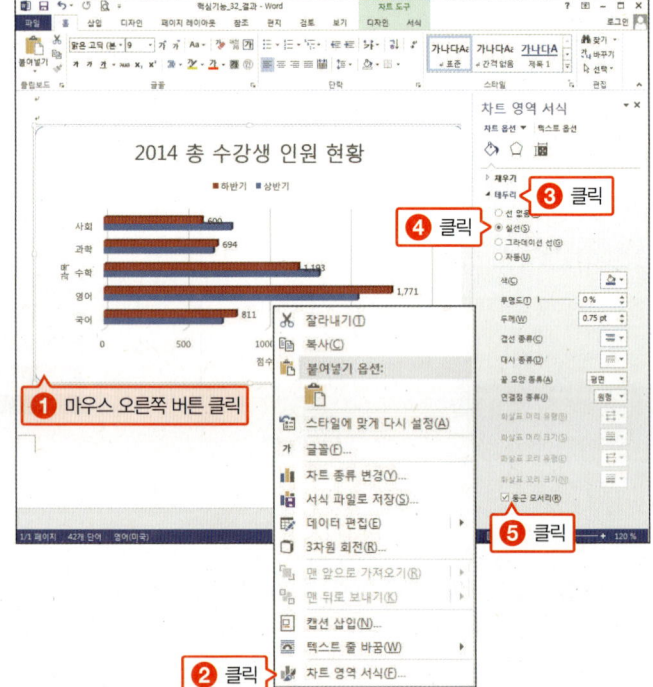

	A	B	하
1	과목	상반기	하
2	국어	726	811
3	영어	1,560	1,771
4	수학	1,321	1,193
5	과학	671	694
6	사회	784	600
7			

08 차트 둥근 테두리 지정하기

① 차트 영역에서 마우스 오른쪽 버튼 클릭

② 바로 가기 메뉴에서 **[차트 영역 서식]** 선택
   오른쪽에 [차트 영역 서식] 작업 창이 활
   성화됩니다.

③ [차트 영역 서식] - **[테두리]** 선택

④ **[실선]** 선택

⑤ **[둥근 모서리]**에 체크 표시합니다.

09 차트에 둥근 테두리가 적용되었습니다.

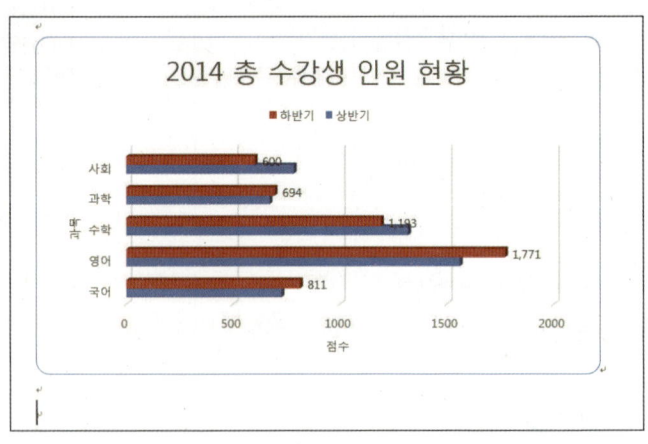

표 꾸미기

워드프로세서의 백미는 표 기능입니다. 여러 가지 데이터가 문서에 삽입되었을 때 표를 이용하여 가독성 있게 표현할 수 있으며 좀 더 체계적으로 정리된 문서를 만들 수 있습니다. 표 만들기, 행/열을 삽입하거나 삭제하는 기능, 표에서 문자열을 정렬하고 표의 셀에 테두리와 음영을 적용해 표 스타일을 변경하는 등의 기능에 대해서 알아보도록 하겠습니다.

31 표 삽입, 크기 조절, 이동, 셀 합치기 및 나누기

문서에 포함된 복잡한 내용이나 수치 자료 등을 한눈에 확인하기 쉽게 표를 사용합니다. 표를 삽입하고 표의 크기를 조절, 이동하는 기능 및 셀을 합치고 나누는 기능에 대해서 알아보겠습니다.

▪실습 파일 워드＼5장＼표 삽입, 크기 조절, 이동, 셀 합치기 및 나누기.docx ▪완성 파일 워드＼5장＼표 삽입, 크기 조절, 이동, 셀 합치기 및 나누기_완성.docx

01 표 만들기

[삽입] 탭에서 [표] 기능으로 간편하게 표를 만들 수 있습니다. 차입금 내역서에 필요한 결재란을 표로 만들어 삽입해보겠습니다.

① 표를 **삽입할 위치** 클릭

② [삽입] 탭 - [표] 그룹 - **[표]** 클릭

③ 마우스를 드래그해 **5×3** 크기로 만들고 클릭합니다.

표가 삽입됩니다.

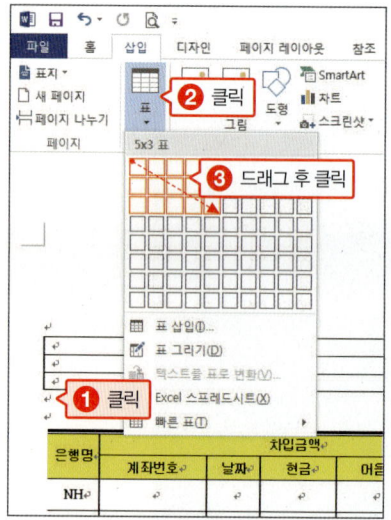

02 삽입된 표의 셀을 클릭하고 그림과 같이 내용을 입력합니다.

결재↵	대표이사↵	기획이사↵	부장↵	과장↵
↵	↵	↵	↵	↵
↵	↵	↵	↵	↵

실무활용노트 WORD | 표를 삽입하는 또 다른 방법

[삽입] 탭 - [표] 그룹 - [표 ▼] - [표 삽입]을 이어서 클릭하면 [표 삽입] 대화상자가 활성화됩니다. [열 개수]는 가로를 기준으로 한 칸의 수를 말하며, [행 개수]는 세로를 기준으로 한 줄의 수를 말합니다. [표 삽입] 대화상자를 이용해도 표를 삽입할 수 있습니다.

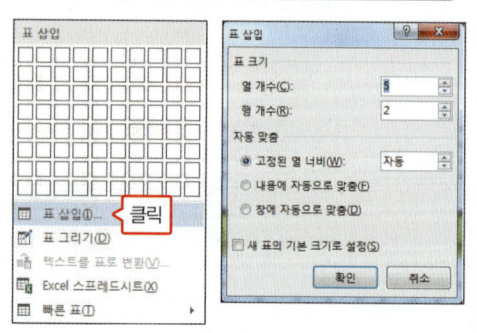

03 표 크기 조절하기

표 오른쪽 하단 모서리에 마우스를 올려보면 [크기 조절점]이 활성화됩니다.

① [크기 조절점] 클릭

② 클릭한 채 드래그하여 **표 크기**를 적당하게 조절합니다.

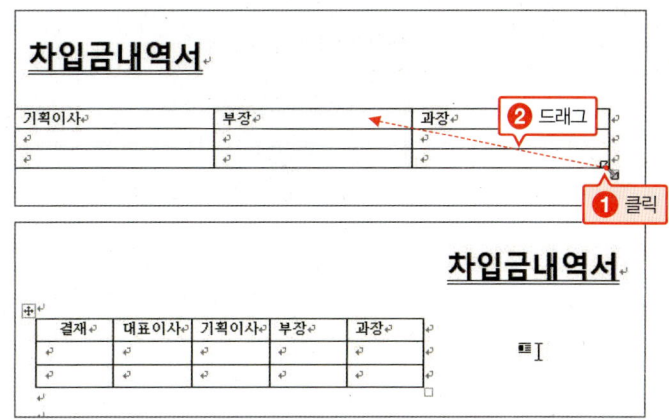

04 표 이동하기

표 왼쪽 위 모서리에 마우스를 올리면 [표 이동] 버튼이 활성화 됩니다.

[표 이동] 버튼을 클릭한 채 드래그하여 **문서의 오른쪽**으로 이동시킵니다.

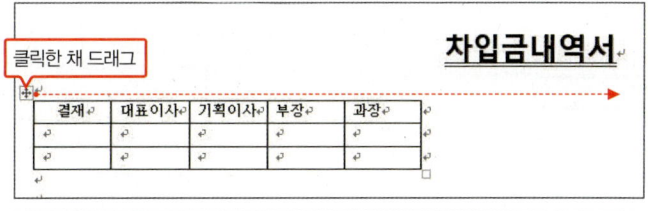

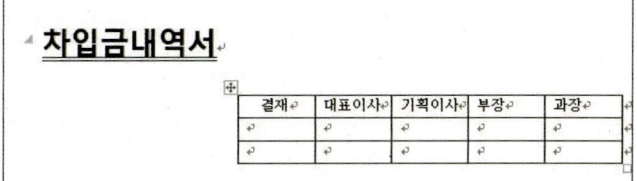

05 셀 병합하기

① **병합할 셀** 드래그

② [표 도구] – [레이아웃] 탭 – [병합] 그룹 – **[셀 병합]**을 클릭합니다.

선택한 셀이 병합됩니다.

리본 메뉴 외에도 바로 가기 메뉴에서 셀을 병합할 수 있습니다.

① 병합할 셀을 마우스로 드래그하여 선택한 후 마우스 오른쪽 버튼을 클릭해 나타나는 바로 가기 메뉴에서 ② [셀 병합]을 선택해도 셀을 병합할 수 있습니다.

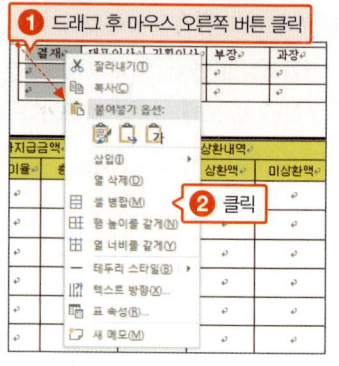

06 셀 분할하기

① **분할할 셀** 클릭

② [표 도구] – [레이아웃] 탭 – [병합] 그룹에서 [셀 분할]을 클릭합니다.

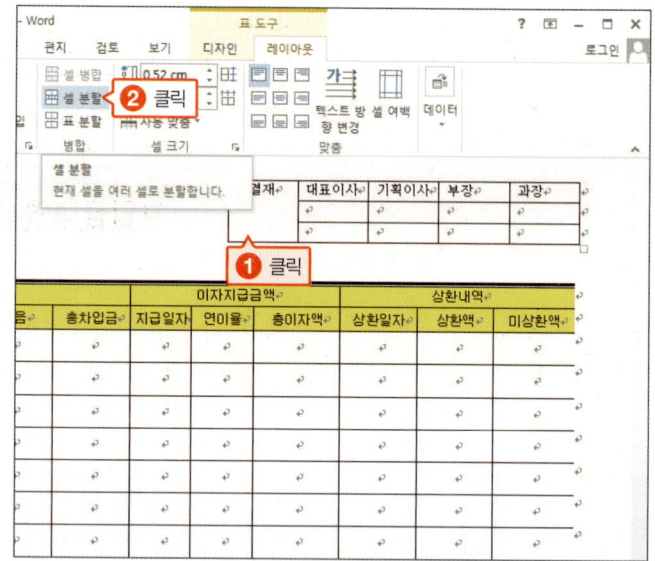

07

① [셀 분할] 대화상자가 나타나면 그림과 같이 [행 개수]를 3으로 변경

② [확인]을 클릭합니다.

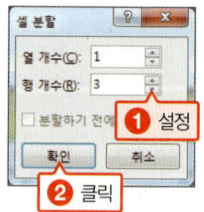

08 병합되었던 셀을 다시 분할할 수 있습니다.

결재	대표이사	기획이사	부장	과장	

바로 통하는 TIP 셀 병합과 마찬가지로 바로 가기 메뉴를 이용해서 셀을 분할할 수 있습니다. 바로 가기 메뉴에서 [셀 분할]을 선택합니다.

32 표에 행/열 삽입, 삭제하고 문자열 정렬하기

이미 만들어둔 표에 줄, 칸을 추가해 편집하거나 불필요한 행을 삭제해야 하는 경우가 있습니다. 표에 행과 열을 삽입, 삭제하고 표 안에 입력된 문자열을 정렬하는 방법에 대해서 알아보겠습니다.

▪ **실습 파일** 워드 \ 5장 \ 표에 행, 열 삽입 삭제하고 문자열 정렬하기.docx ▪ **완성 파일** 워드 \ 5장 \ 표에 행, 열 삽입 삭제하고 문자열 정렬하기_완성.docx

01 리본 메뉴를 이용해 행/열 삽입하기

표 아래에 행을 한 줄 더 삽입해보겠습니다.

① 임의의 **열 맨 아래 셀** 클릭

② [표 도구] – [레이아웃] 탭 – [행 및 열] 그룹 – [**아래에 삽입**]을 클릭합니다.

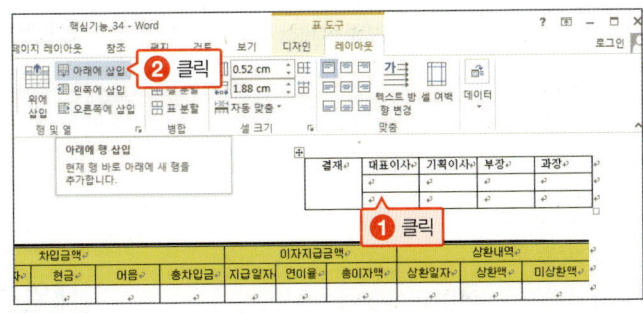

행이 삽입됩니다.

02 열을 추가할 곳 위에 마우스 포인터를 올려놓으면 그림과 같은 [열 삽입] 버튼이 활성화됩니다. [**열 삽입**] 버튼을 클릭합니다.

열이 자동으로 추가됩니다.

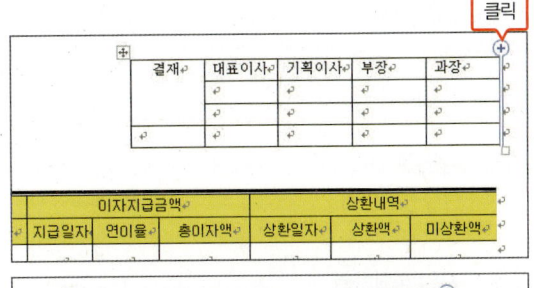

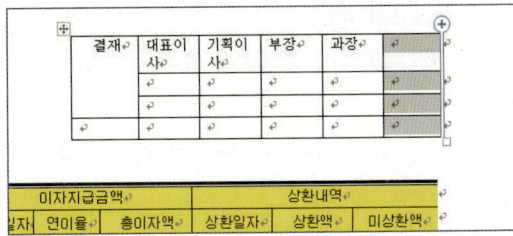

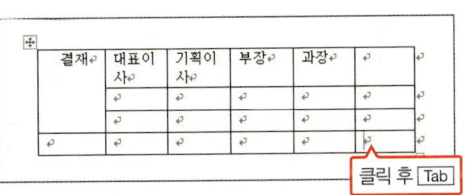

03 바로 가기 메뉴를 이용해 열 삭제하기

① 삭제할 열 전체를 드래그해 **범위 선택**

② 마우스 오른쪽 버튼 클릭

③ 바로 가기 메뉴에서 **[열 삭제]**를 선택합니다.

바로 통하는 TIP 열 삭제와 동일한 방법으로 행도 삭제할 수 있습니다.

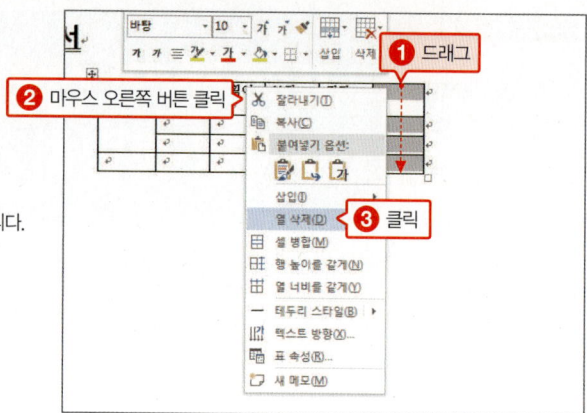

04 플로팅 도구를 이용해 행/열 삭제하기

① 삭제할 행 드래그

　　[플로팅 도구]가 활성화됩니다.

② [플로팅 도구]–**[삭제]** 클릭

③ **[행 삭제]** 선택

④ **마지막 열** 드래그

⑤ [플로팅 도구]–**[삭제]** 클릭

⑥ **[열 삭제]** 선택합니다.

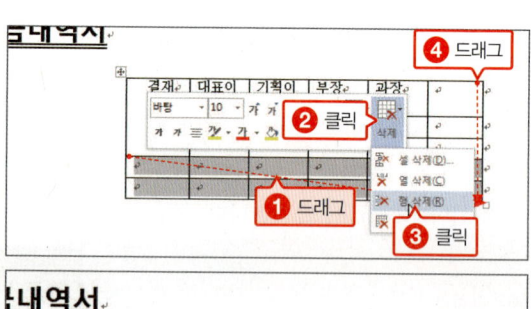

행과 열이 삭제됩니다.

바로 통하는 TIP [플로팅 도구]가 사라졌을 경우에는 다시 블록을 설정하면 나타납니다.

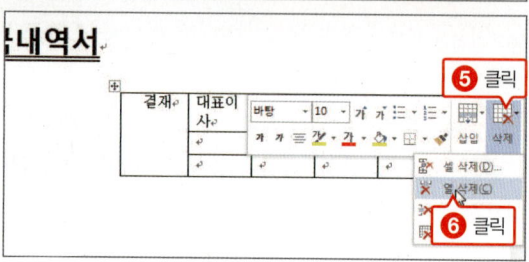

05 문자열 정렬하기

① 표의 **크기 조절점**을 이용해 표의 폭 조정

② **표 전체** 범위 드래그

③ [레이아웃] 탭–[맞춤] 그룹–**[정가운데]**를 클릭합니다.

문자열이 정가운데로 정렬됩니다.

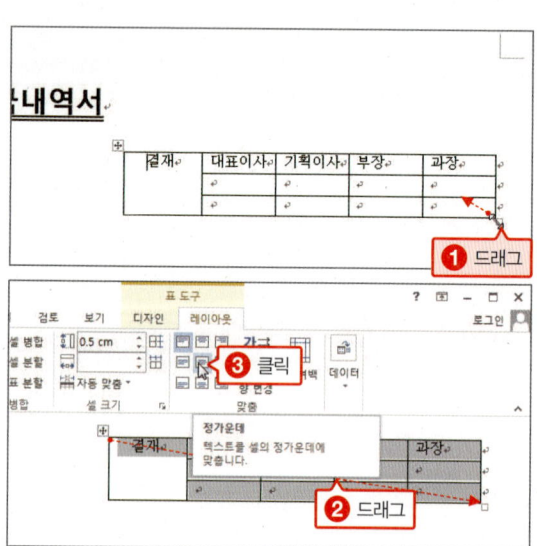

06 열의 폭 조절하기

폭을 조정할 열 경계선에 마우스 포인터를 올리면 경계
조절 커서로 변경됩니다.

① **경계선**을 클릭한 채 드래그
　 열의 폭을 조정할 수 있습니다.

② 결재란을 제외한 **나머지 셀** 드래그

③ [표 도구] – [레이아웃] 탭 – [셀 크기] 그룹 – **[열 너비
　 를 같게]**를 클릭합니다.

나머지 열의 폭이 같게 설정됩니다.

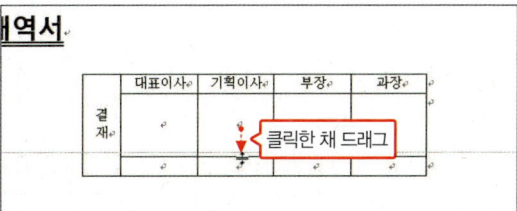

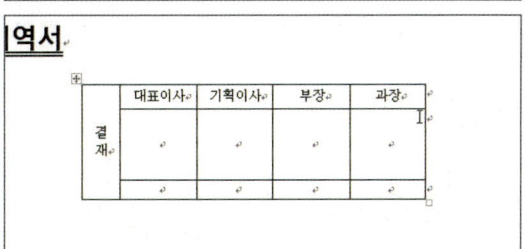

07 2행 경계선을 클릭한 상태에서 아래로 드래그해
2행의 높이를 변경해줍니다.

결재란이 완성됩니다.

바로 통하는 TIP 　열의 폭을 조절했던 것과 동일한 방법으로 행 높이도
같게 설정할 수 있습니다.

33 셀 테두리 및 음영 지정하기

문서에 삽입한 표에서 눈에 띄게 강조해야 할 부분에는 기본 서식 이외의 테두리 스타일을 적용하고 음영 색을 변경해주면 좀 더 보기 좋은 표 서식을 완성할 수 있습니다. 워드 문서에 삽입된 표의 테두리와 음영을 지정하는 방법에 대해서 알아보겠습니다.

▪ **실습 파일** 워드 \ 5장 \ 셀 테두리 및 음영 지정하기.docx   ▪ **완성 파일** 워드 \ 5장 \ 셀 테두리 및 음영 지정하기_완성.docx

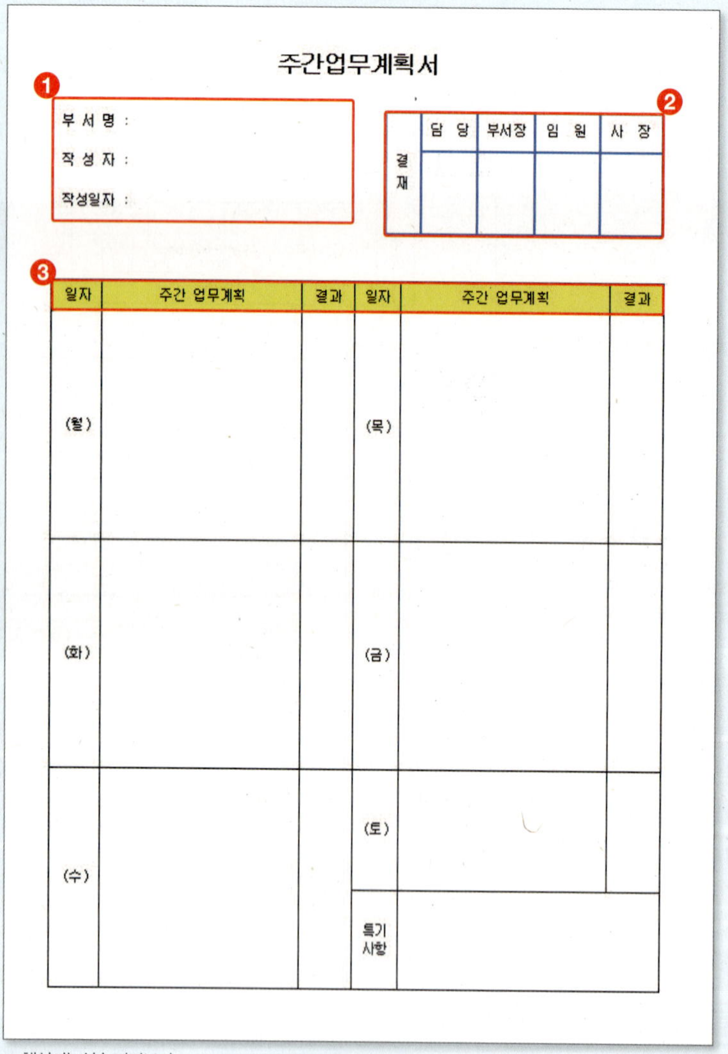

주간업무계획서

① 부서명 :
작성자 :
작성일자 :

②

	담 당	부서장	임 원	사 장
결재				

③

일자	주간 업무계획	결과	일자	주간 업무계획	결과
(월)			(목)		
(화)			(금)		
(수)			(토)		
			특기사항		

❶ 투명 테두리 설정하기
❷ 테두리 색 및 두께 변경하기
❸ 셀 음영 설정하기

▲ 핵심기능실습 미리보기

01 투명 테두리 설정하기

'주간업무계획서'에서 부서명, 작성자, 작성일자가 표로 삽입되어 있습니다. 표의 테두리를 투명하게 설정해보겠습니다.

① 투명 테두리를 설정할 셀 드래그

② 마우스 오른쪽 버튼 클릭

③ 바로 가기 메뉴에서 **[표 속성]**을 클릭합니다.

[표 속성] 대화상자가 활성화됩니다.

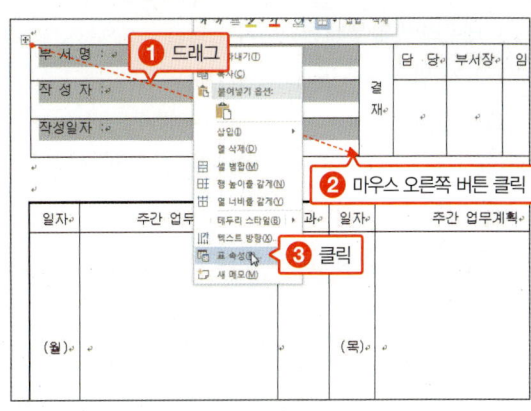

02 [표 속성] 대화상자 하단의 **[테두리 및 음영]**을 클릭합니다.

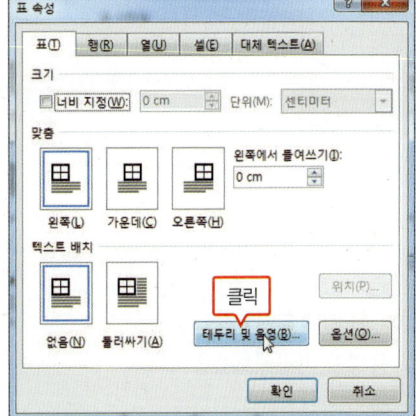

03 테두리 설정하기

① [테두리 및 음영] 대화상자에서 [설정] – **[없음]** 선택

② [스타일] – **[실선]** 선택

③ [미리 보기] – **[오른쪽 테두리]** 클릭

④ **[확인]** 클릭

⑤ [표 속성] 대화상자도 **[확인]**을 클릭해 종료합니다.

표의 오른쪽 테두리는 실선이, 나머지에는 투명 테두리가 설정되었습니다.

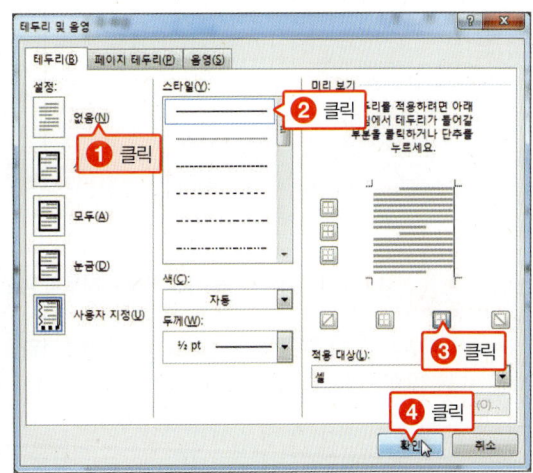

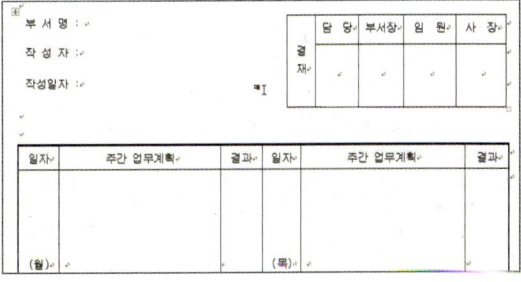

04 테두리 색 및 두께 변경하기

테두리 색 및 두께를 변경해보겠습니다.

① **표** 드래그

② [표 도구] – [디자인] 탭 – [테두리] 그룹에서 [선 두께] – **[2pt]**로 설정

③ [펜 색] – **[파랑]**으로 설정

④ **[테두리▼]** 클릭

⑤ **[모든 테두리]**를 선택합니다.

테두리 색 및 두께가 변경됩니다.

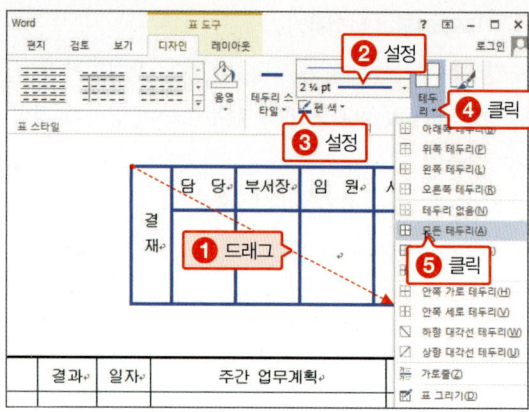

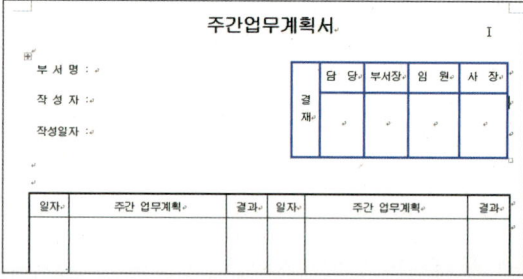

05 셀 음영 설정하기

셀 음영을 변경해보겠습니다.

① **셀** 드래그

② [디자인] 탭 – [표 스타일] 그룹 – **[음영▼]** 클릭

③ **[노랑]**을 선택합니다.

음영색이 노랑으로 설정됩니다.

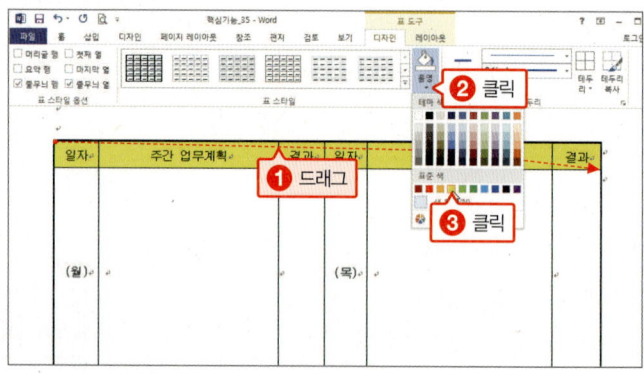

실무활용노트 WORD **[테두리 복사]를 이용해 테두리 색 변경하기**

[테두리 복사]를 이용하면 원하는 부분의 표 테두리 선 스타일을 변경할 수 있습니다. 테두리 스타일을 임의로 변경하고 ① [표 도구] – [디자인] 탭 – [테두리] 그룹 – [테두리 복사]를 클릭합니다. ② 변경할 테두리 선을 그림과 같이 드래그하면 해당 부분만 선 스타일이 변경됩니다.

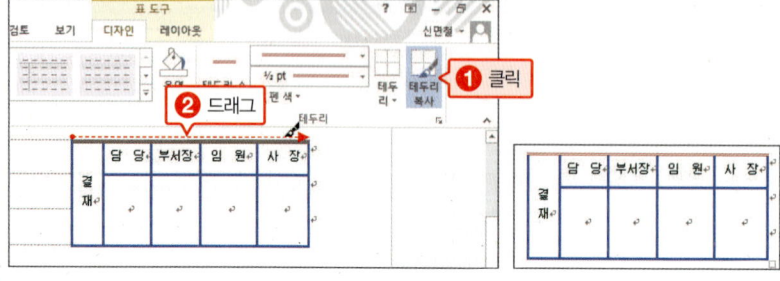

34 표 스타일 적용 및 캡션 붙이기

삽입한 표를 클릭하면 리본 메뉴에 [표 도구]-[디자인] 탭이 활성화되어 표 스타일을 빠르게 지정할 수 있습니다. 셀 스타일에는 테두리, 셀 색, 표시 형식, 글꼴 등이 미리 정의되어 있어 간편하게 완성도 높은 표를 만들어낼 수 있습니다. 표 스타일을 변경하고 캡션을 붙이는 방법에 대하여 알아보겠습니다.

• **실습 파일** 워드 \ 5장 \ 표 스타일 적용 및 캡션 붙이기.docx • **완성 파일** 워드 \ 5장 \ 표 스타일 적용 및 캡션 붙이기_완성.docx

01 표 스타일 적용하기

결혼식 순서를 안내하는 프로그램 표에 표 스타일을 적용해 꾸며보겠습니다. 표에서 임의의 셀을 클릭하고 [표 도구] - [디자인] 탭 - [표 스타일] 그룹 - **[자세히⎙]**를 클릭합니다.

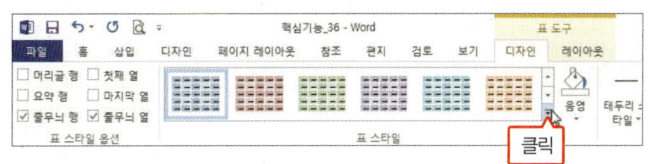

02 표 스타일 목록에서 **[눈금 표 5 어둡게 - 강조색1]**을 선택합니다.

선택한 스타일이 표에 적용됩니다.

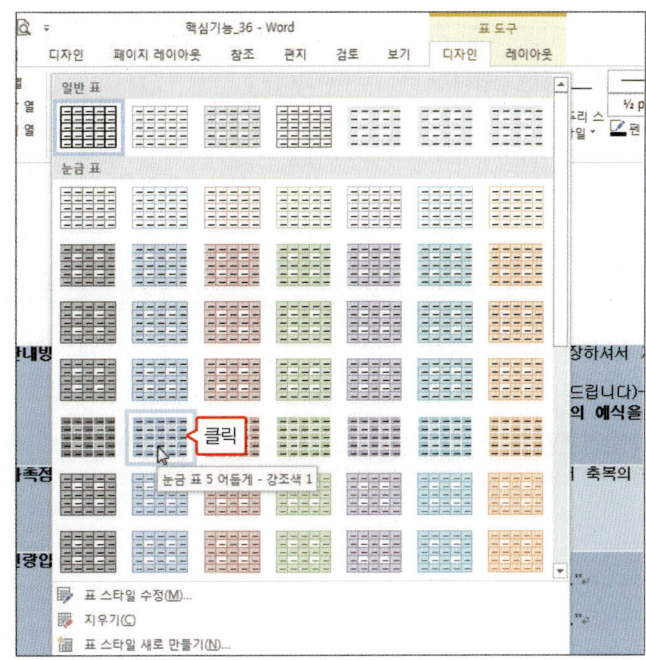

03 [표 도구] - [디자인] 탭 - [표 스타일] 그룹 - **[자세히⎙]**를 클릭합니다.

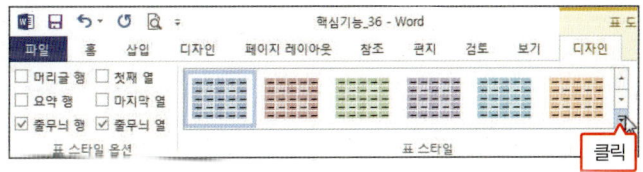

04 표 스타일 목록 아래에 있는 **[표 스타일 수정]**을 선택합니다.

[스타일 수정] 대화상자가 활성화됩니다.

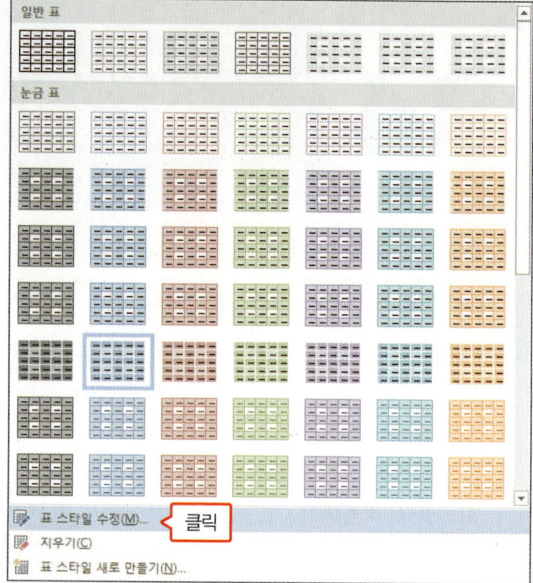

05

① [스타일 수정] 대화상자에서 **[글꼴]**을 **[맑은 고딕(본문)]**으로 설정

② **[문자열 정렬 ▼]** 클릭

③ **[가운데 양쪽 맞춤]** 선택

④ **[확인]**을 클릭합니다.

스타일이 적용됩니다.

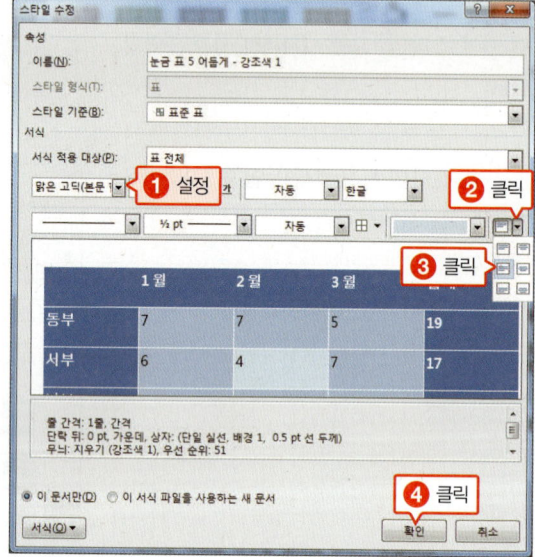

바로 통하는 TIP [스타일 수정] 대화상자에서 셀 음영과 텍스트 서식 및 표 서식을 변경할 수 있습니다.

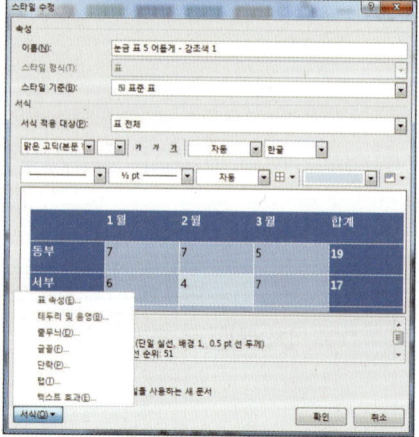

06 캡션 삽입하기

'결혼식 식순'을 나타내는 표라는 것을 쉽게 알아볼 수 있도록 표에 캡션을 붙여보겠습니다.

① 표 왼쪽 모서리의 [표 선택] 도구 마우스 오른쪽 버튼 클릭

② 바로 가기 메뉴에서 [캡션 삽입]을 클릭해 [캡션] 대화상자를 실행합니다.

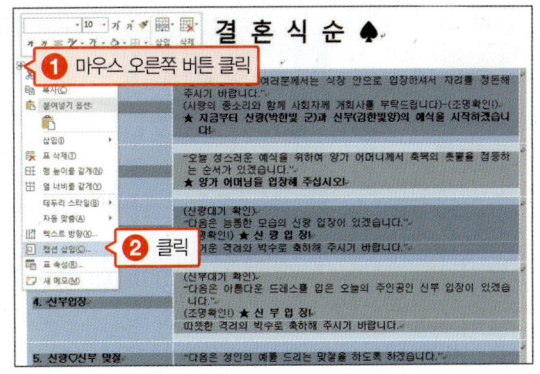

07

① [캡션] 대화상자에서 [새 레이블] 클릭

② [새 레이블] 대화상자의 [레이블]에 **서식** 입력

③ [확인]을 클릭합니다.

새 레이블이 추가됩니다.

08 ① [캡션] 대화상자의 [캡션]에 그림과 같이 .**결혼식 식순** 입력 ② [위치] - [선택한 항목 위] 선택 ③ [확인]을 클릭합니다. 캡션이 삽입됩니다.

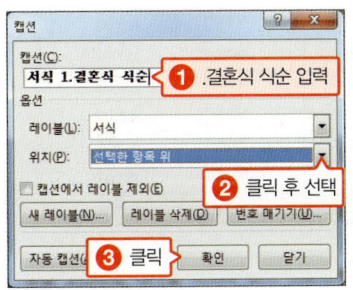

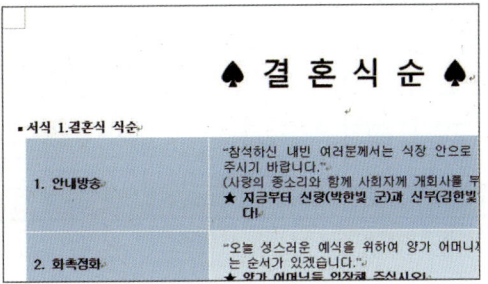

실무 활용 노트 WORD │ 간단하게 표를 선택하는 방법

[레이아웃] 탭 - [표] 그룹 - [선택]을 클릭하면 [셀 선택], [열 선택], [행 선택], [표 선택]이 나타납니다.

① 화면의 커서를 '1. 안내방송' 셀에 두고 ② [선택]에서 ③ [셀 선택]을 선택하면 해당 셀만 선택됩니다. [선택] 기능을 이용하면 커서의 위치를 기준으로 간단하게 행, 열 또는 표 전체를 선택할 수 있습니다.

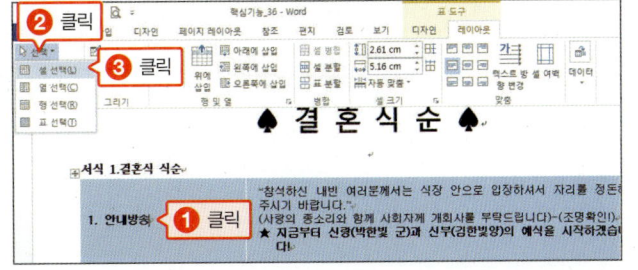

35

표 내용을 오름차순이나
내림차순으로 정렬하기

표에 삽입된 내용을 가, 나, 다 순서나 그 역순으로 정리할 수 있습니다. 숫자의 경우 작은 값이 위에 오도록 정렬하거나 그 반대로 정렬하는 것이 가능합니다. [정렬] 기능을 이용해 표의 내용을 기준에 맞게 오름차순, 혹은 내림차순으로 정리하는 방법에 대해서 알아보겠습니다.

▪**실습 파일** 워드\5장\표 내용을 오름차순이나 내림차순으로 정렬하기.docx ▪**완성 파일** 워드\5장\표 내용을 오름차순이나 내림차순으로 정렬하기_완성.docx

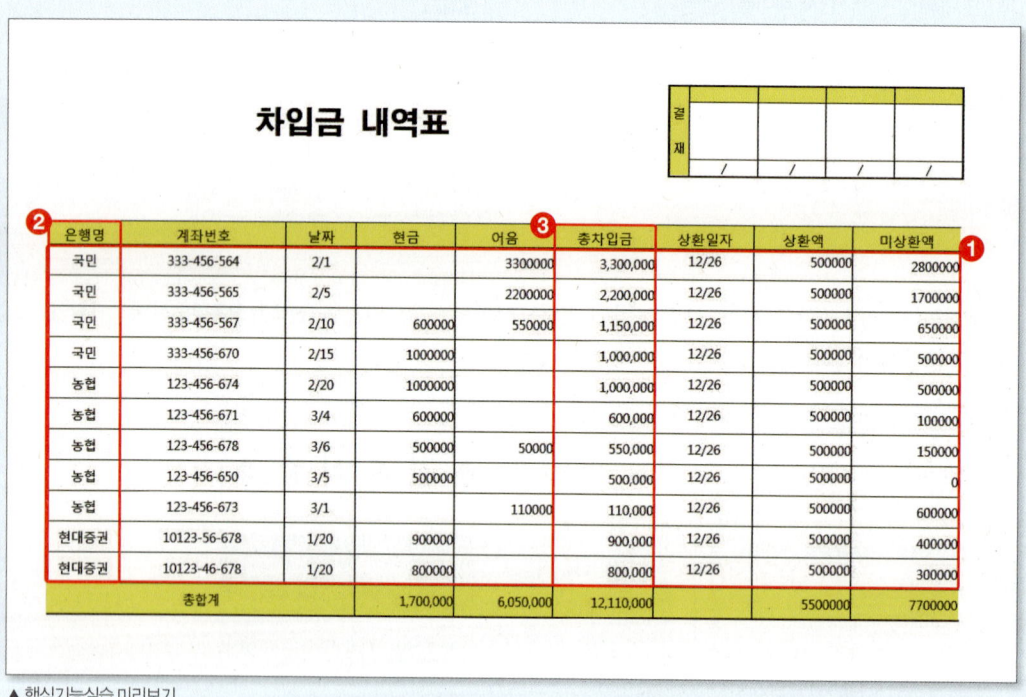

▲ 핵심기능실습 미리보기

❶ 정렬하기

❷ 은행명 기준으로 오름차순 정렬하기

❸ 총차입금 기준으로 내림차순 정렬하기

01 정렬하기

'차입금 내역표'에서 차입한 은행명, 총차입한 금액에 따라 표 내용을 정렬해보겠습니다. 이때 은행명은 오름차순으로, 총차입금액은 큰 금액부터 표시되도록 내림차순으로 정렬합니다.

① 표 내용 중 항목 이름부터 총 합계를 제외한 부분을 드래그하여 **범위 설정**

② [표 도구] – [레이아웃] 탭 – [데이터] 그룹 – **[정렬]**을 클릭합니다.

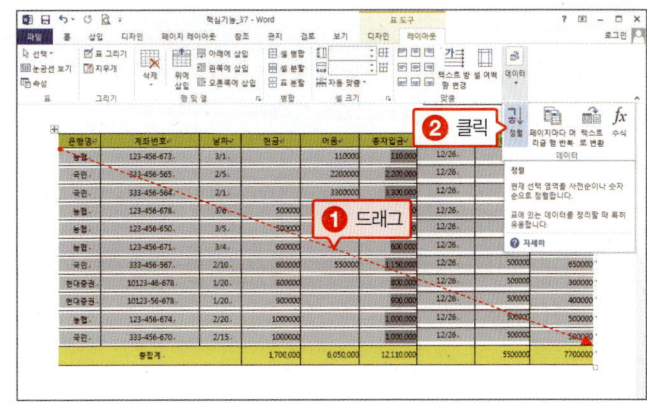

02

① [정렬] 대화상자에서 [선택한 범위의 첫 행]을 [머리글 행]으로 선택

② [첫째 기준]을 [은행명], [형식] – [사전], [오름차순]으로 설정

③ [둘째 기준]을 [총차입금], [형식] – [숫자], [내림차순]으로 설정

④ [확인]을 클릭합니다.

선택한 기준에 맞춰 정렬이 적용됩니다.

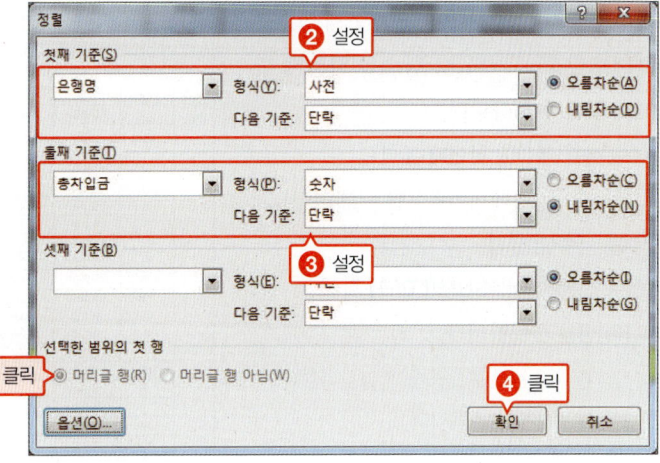

실무활용노트 WORD | **오름차순과 내림차순 및 선택한 범위의 첫 행**

[정렬] 대화상자의 오른쪽에서 [오름차순]과 [내림차순]을 선택할 수 있습니다. [오름차순]은 가, 나, 다, 라…와 같이 일반적으로 생각하는 정렬 순서입니다. [내림차순]은 그 반대로 큰 값이 위쪽에 정렬되는 형식입니다. [선택한 범위의 첫 행]의 [머리글 행]은 선택한 표의 첫 행에서 항목 이름을 표시하고, [머리글 행 아님]을 선택하면 열 번호로 표시됩니다. 주의할 점은 [머리글 행 아님]은 열 이름을 함께 선택할 수 없는 표에서 사용되며 만약 열 이름까지 같이 선택한 상태에서 이 옵션을 선택하면 열 이름도 정렬 대상에 포함된다는 것입니다. 그림은 열 이름을 정렬 범위에 포함한 채 [머리글 행 아님]을 선택하고 정렬한 결과입니다.

36 수식 기능 이용하여 표 내용 자동 계산하기

다양한 함수 계산은 엑셀로 처리하는 것이 편리하지만 표에 입력된 수치를 계산하는 간단한 합계, 평균 계산 정도는 워드에서 바로 처리할 수 있습니다. 간단히 수식을 적용하고 값을 계산하는 방법에 대해서 알아보겠습니다.

▪ **실습 파일** 워드 \ 5장 \ 표 내용을 수식 기능 이용하여 자동 계산하기.docx　▪ **완성 파일** 워드 \ 5장 \ 표 내용을 수식 기능 이용하여 자동 계산하기_완성.docx

01 합계 계산하기

학생별로 각 과목 시험 성적의 합계 점수를 구해보겠습니다. SUM 함수를 사용해 합계를 구할 수 있습니다.

① 합계를 계산할 **첫 번째 셀** 클릭

② [표 도구] - [레이아웃] 탭 - [데이터] 그룹 - **[수식]** 클릭

③ [수식]란에서 **=SUM(LEFT)** 확인

④ **[확인]**을 클릭합니다.

―――――

첫 번째 셀의 합계가 계산됩니다.

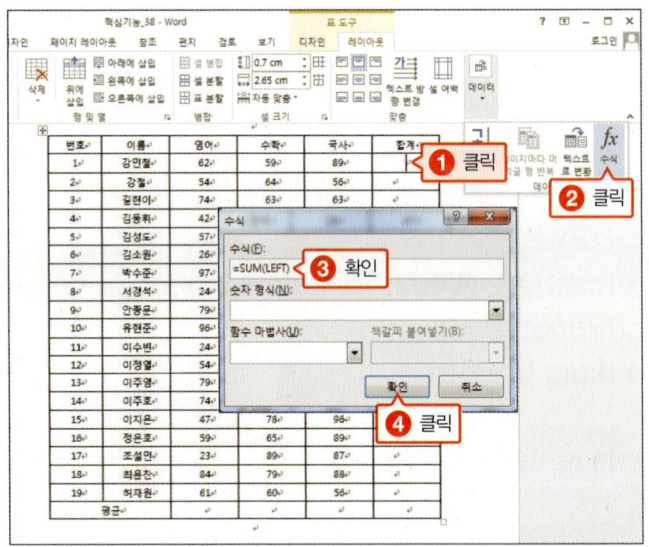

02

① 계산된 값을 드래그한 후 Ctrl + C

② 계산된 값 아래에 있는 **나머지 셀** 드래그

③ **마우스 오른쪽 버튼** 클릭

④ 바로 가기 메뉴에서 [붙여넣기 옵션] - **[원본 서식 유지]**를 선택합니다.

―――――

수식 값이 나머지 셀에 붙여 넣어집니다.

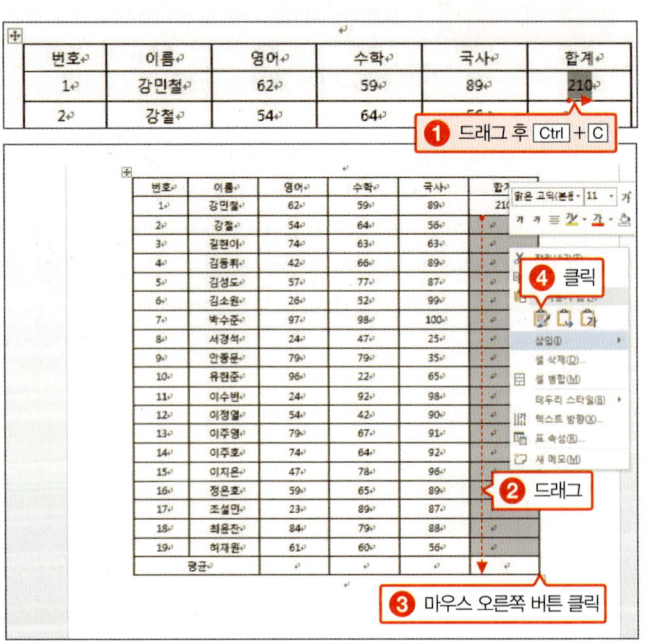

03 복사된 값이 적용된 **모든 셀**을 마우스로 드래그해 선택한 후 F9를 눌러 각 셀에 맞는 내용의 결과 값으로 **업데이트**합니다.

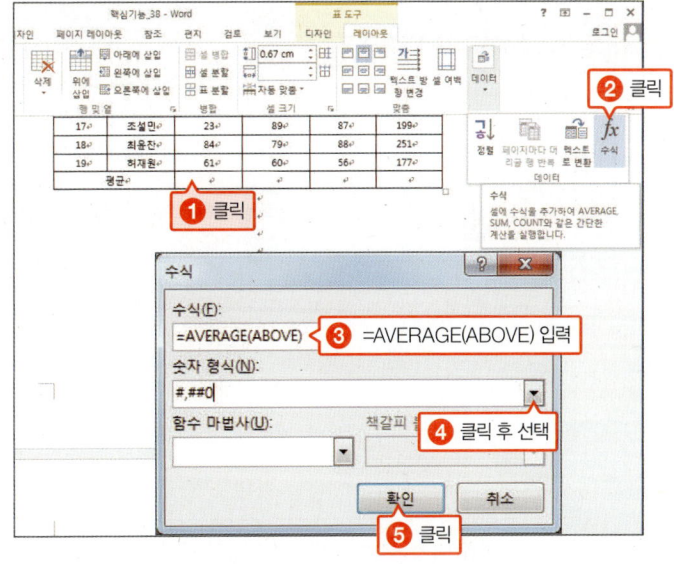

드래그 후 F9

04 평균 계산하기

각 과목별 평균 점수를 구해보겠습니다. AVERAGE 함수를 사용해 평균을 구할 수 있습니다.

① 평균을 **계산할 셀** 클릭

② [표 도구] – [레이아웃] 탭 – [데이터] 그룹 – **[수식]** 클릭

③ [수식] 대화상자에서 [수식]을 그림과 같이 **=AVERAGE(ABOVE)**로 변경

④ [숫자 형식]을 **[#,##0]**으로 선택

⑤ **[확인]**을 클릭합니다.

평균이 계산됩니다.

05 앞 단계와 동일하게 수식을 복사해 나머지 셀에 붙여 넣고 F9를 눌러 업데이트를 적용합니다.

한빛학원 시험 성적현황

번호	이름	영어	수학	국사	합계
1	강민철	62	59	89	210
2	강철	54	64	56	174
3	길현이	74	63	63	200
4	김동휘	42	66	89	197
5	김성도	57	77	87	221
6	김소원	26	52	99	177
7	박수준	97	98	100	295
8	서경석	24	47	25	96
9	안풍문	79	79	35	193
10	유현준	96	22	65	183
11	이수빈	24	92	98	214
12	이정열	54	42	90	186
13	이주영	79	67	91	237
14	이주호	74	64	92	230
15	이지은	47	78	96	221
16	정온호	59	65	89	213
17	조설민	23	89	87	199
18	최윤잔	84	79	88	251
19	허재원	61	60	56	177
평균		59	66	79	204

[수식] 대화상자에서 선택할 수 있는 함수와 숫자 형식은 다음과 같습니다.

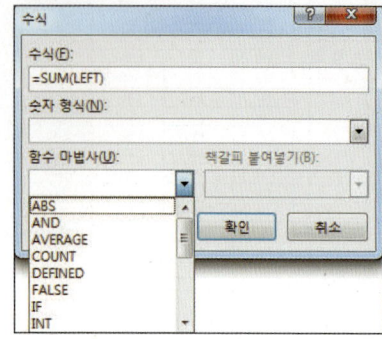

수식 : [함수 마법사]를 선택하여 함수를 선택할 수 있습니다.

－SUM : 합계를 계산합니다.

－ABS : 절댓값을 계산합니다.

－AVERAGE : 평균을 계산합니다.

－COUNT : 항목의 개수를 계산합니다.

－INT : 정수로 반올림합니다.

－MAX : 최댓값을 계산합니다.

－MIN : 최솟값을 계산합니다.

숫자 형식 : 계산된 값의 숫자 형식을 지정하는 기능입니다.

－#,##0 : 계산 결과 값에 천 단위 구분 기호를 표시합니다.

－#,##0.00 : 계산 결과에 천 단위 구분 기호와 소수점 2자리까지 표시합니다.

－?#,##0;(?#,##0) : 계산 결과 값을 통화 형식으로 표시합니다.

－0 : 계산 결과 값을 정수로 표시합니다.

－0% : 계산 결과 값을 백분율로 표시합니다.

－0.00 : 계산 결과 값을 소수점 2자리까지 표시합니다.

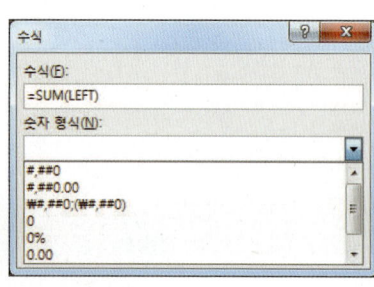

페이지 관리하기

문서를 편집하다 보면 문서 말미에 새로운 페이지를 삽입하거나 문서 중간에서 페이지를 나누고 페이지별로 다른 쪽 번호나 머리글, 바닥글 등을 설정해야 하는 경우가 많습니다. 문서 전체 페이지를 좀 더 쉽게 관리할 수 있도록 문서 내 구역 나누기, 페이지 번호 삽입, 번호 서식을 변경할 수 있는 기능 등에 대해서 알아보겠습니다.

37 페이지 삽입과 페이지 나누기

문서 작성 중 페이지 중간에 새로운 페이지를 삽입하거나 특정 문단 이하를 다음 페이지로 나누는 기능을 알아보겠습니다. 페이지를 삽입하면 선택한 위치에 1페이지가 삽입되고 선택한 위치 이하 내용은 2페이지로 밀려납니다.

▪**실습 파일** 워드 \ 6장 \ 페이지 삽입과 페이지 나누기.docx

01 페이지 삽입하기

새 페이지가 삽입되는 것을 시각적으로 확인하면서 작업해보겠습니다.

① [보기] 탭 – [확대/축소] 그룹 – **[확대/축소]** 클릭

② [확대/축소] 대화상자에서 **[여러 페이지]** 선택

③ [보기]에서 **[1×3페이지]** 선택

④ **[확인]**을 클릭해 여러 페이지 보기 설정을 적용합니다.

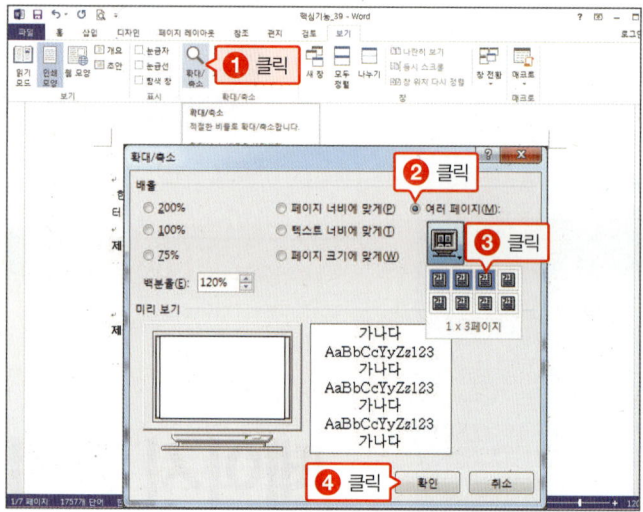

02

① **두 번째 페이지** 첫 번째 행 맨 앞 클릭 ② [삽입] 탭 – [페이지] 그룹 – **[새 페이지]**를 클릭해 새 페이지를 추가합니다.

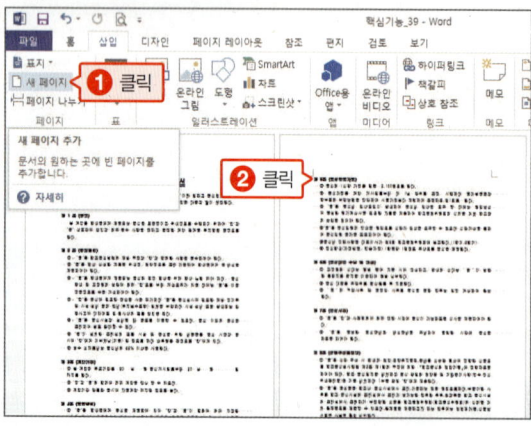

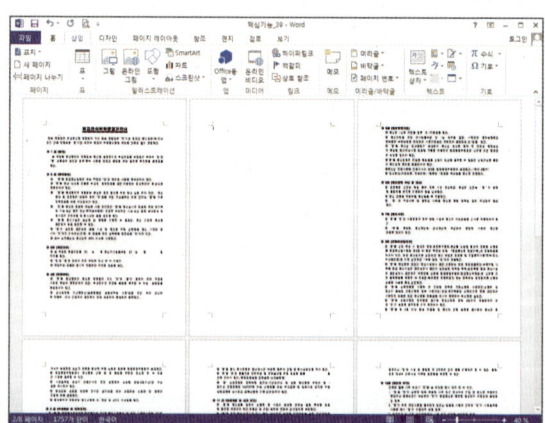

03 페이지 나누기

페이지 내에서 선택한 위치 이후에 들어 있는 내용을 다음 페이지로 밀려나게 하는 기능입니다. ① 4페이지 **첫 번째 단락** 앞 클릭 ② [삽입] 탭 – [페이지] 그룹 – **[페이지 나누기]**를 클릭해 페이지 나누기를 적용합니다.

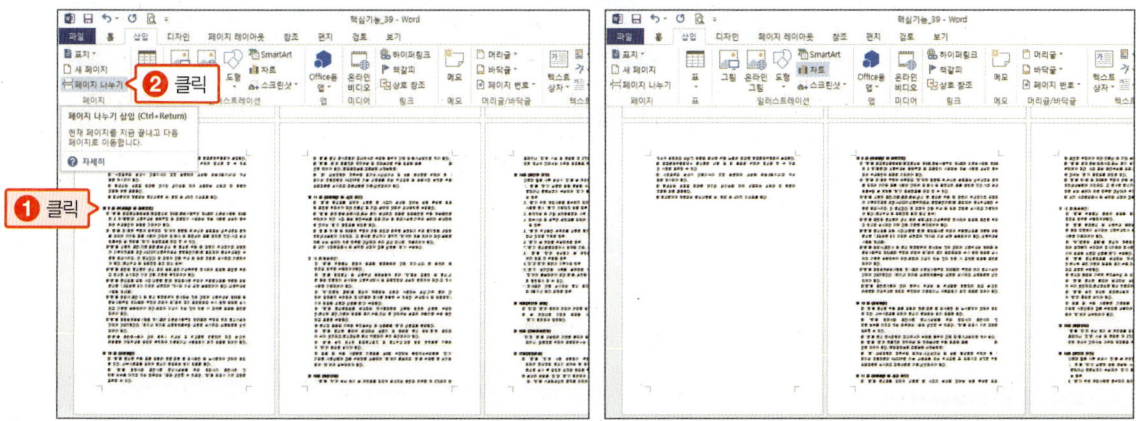

바로 통하는 TIP 페이지를 나눌 위치를 클릭한 후 Ctrl + Enter 를 눌러도 페이지 나누기가 실행됩니다.

04 삽입한 페이지 작업 취소하기

① [홈] 탭 – [단락] 그룹 – **[편집 기호 표시/숨기기]** 클릭

[페이지 나누기] 편집 기호가 화면에 표시됩니다.

② 표시된 **[페이지 나누기]** 편집 기호를 드래그한 후 Delete 를 눌러 **삭제**합니다.

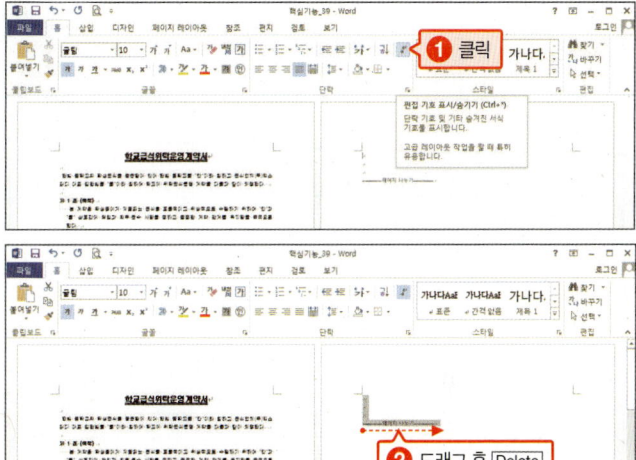

삽입했던 페이지가 다시 삭제됩니다.

05 페이지 나누기 작업 취소하기

아래 페이지의 **[페이지 나누기]** 편집 기호도 드래그한 후 Delete 를 눌러 **삭제**하여 페이지 나누기를 취소합니다.

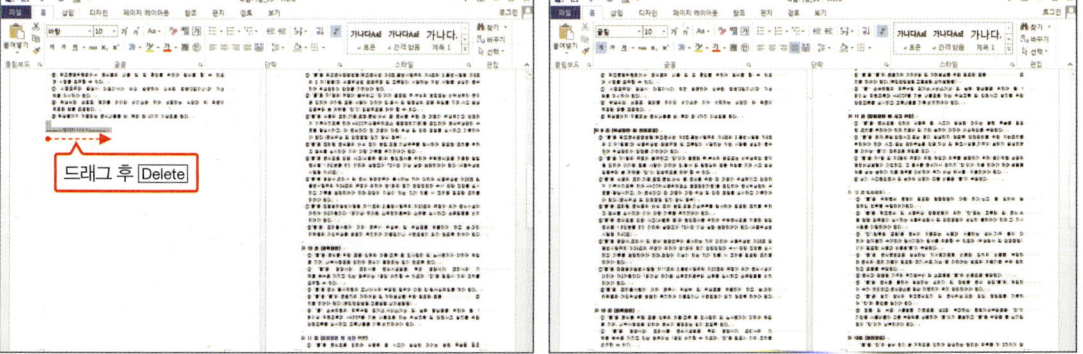

38 페이지 구역 나누고 구역별로 페이지 방향 및 테두리 지정하기

문서 내에서 구역을 나누어 적용하면 각 구역별로 머리글/바닥글, 다단, 배경, 페이지 방향 등을 다르게 적용할 수 있습니다. 이러한 페이지 레이아웃을 적용하기 위해서는 우선 기준이 되는 레이아웃 구역을 나누어야 합니다. 각 구역별로 페이지 방향과 테두리를 지정해보겠습니다.

- **실습 파일** 워드 \ 6장 \ 페이지 구역 나누고 구역별로 페이지 방향 및 테두리 지정하기.docx
- **완성 파일** 워드 \ 6장 \ 페이지 구역 나누고 구역별로 페이지 방향 및 테두리 지정하기_완성.docx

01 페이지 구역 나누기

1페이지의 '물품구매내역서'와 2페이지의 '물품구매내역'의 표 모양이 달라 2페이지의 용지 방향을 가로로 바꿔주어야 합니다. 레이아웃을 변경하기 위해 우선 페이지 구역을 나눠보겠습니다.

① 페이지 구역을 나누기 위해 [보기] 탭 - [확대/축소] 그룹 - **[여러 페이지]** 클릭

② **2페이지 제목 앞**을 클릭합니다.

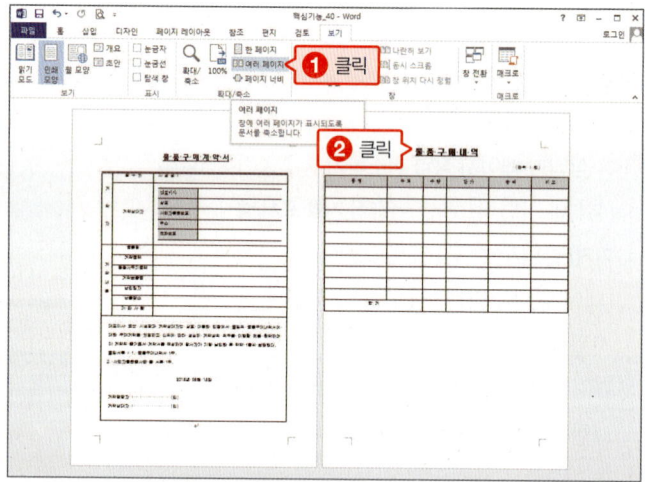

02

① [페이지 레이아웃] 탭 - [페이지 설정] 그룹 - **[나누기]** 클릭

② **[이어서]**를 선택합니다.

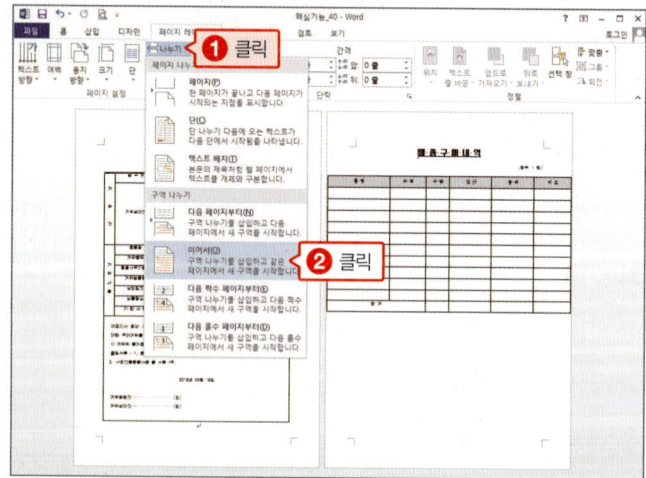

03 용지 방향 변경하기

① **2페이지 제목** 앞 클릭

② [페이지 레이아웃] 탭 – [페이지 설정] 그룹 – [용지 방향] 클릭

③ [가로]를 선택합니다.

2페이지의 용지 방향이 가로로 변경됩니다.

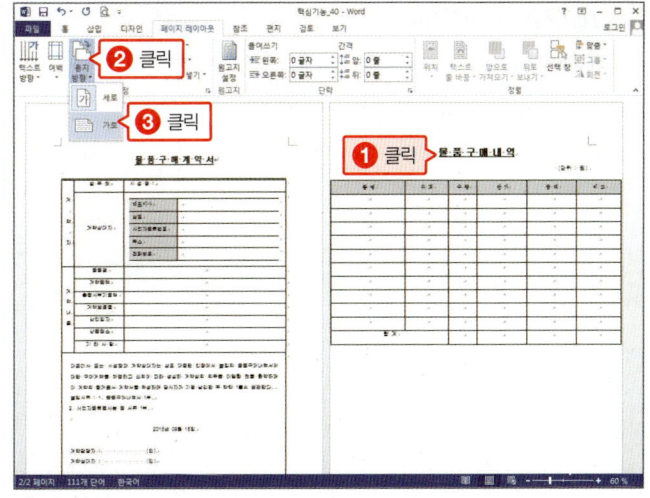

04 1페이지 테두리 지정하기

① **1페이지 제목** 앞 클릭

② [디자인] 탭 – [페이지 배경] 그룹 – [페이지 테두리]를 클릭합니다.

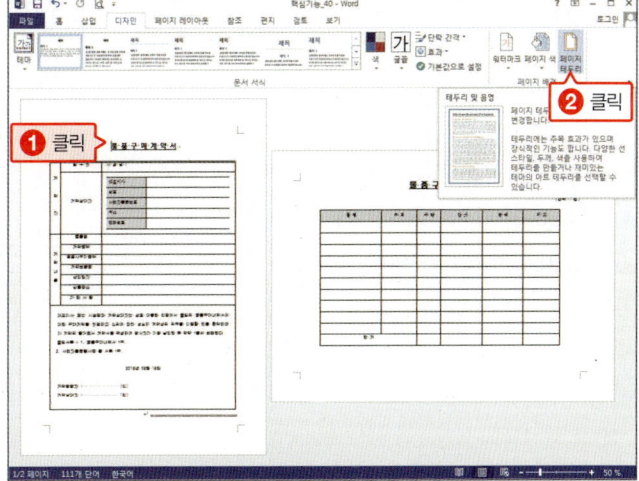

05

① [테두리 및 음영] 대화상자에서 [페이지 테두리] 탭 클릭

② [그림자] 선택

③ [적용대상] – [이 구역] 선택

④ [확인]을 클릭합니다.

페이지 전체에 테두리가 적용됩니다.

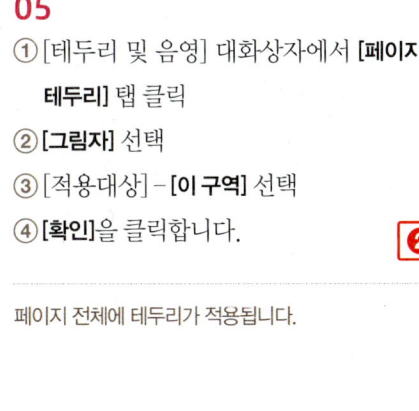

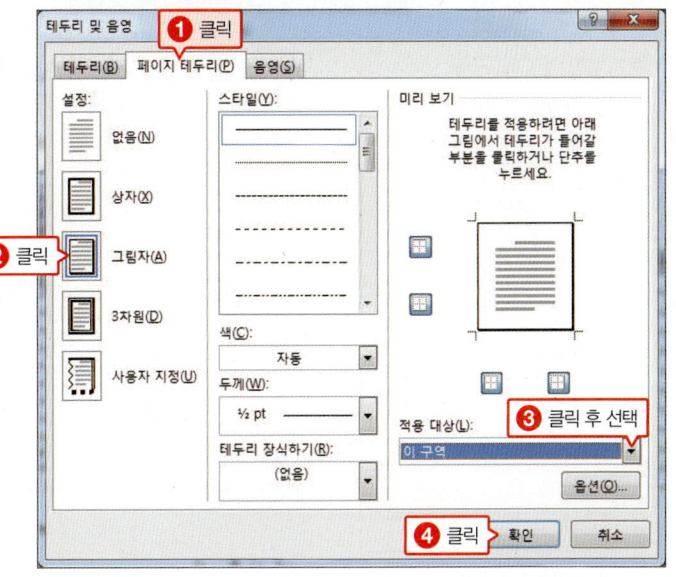

06 페이지 테두리 지정하기

① 2페이지 제목 앞 클릭

② [디자인] 탭 – [페이지 배경] 그룹 – [페이지 테두리]를 클릭합니다.

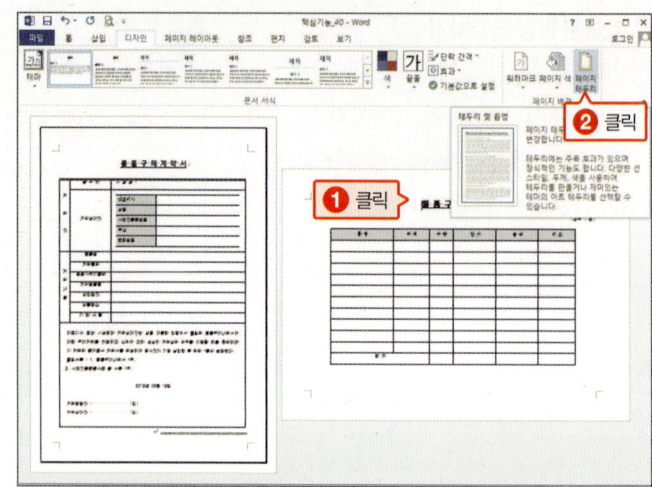

07

① [테두리 및 음영] 대화상자에서 [페이지 테두리] 탭 클릭

② [스타일] – [2중 실선] 선택

③ [색] – [빨강] 선택

④ [두께] – [3pt] 선택

⑤ [미리 보기]에서 위, 아래의 가로선 각각 클릭

⑥ [적용 대상]에서 [이 구역] 선택

⑦ [확인]을 클릭합니다.

테두리가 적용됩니다.

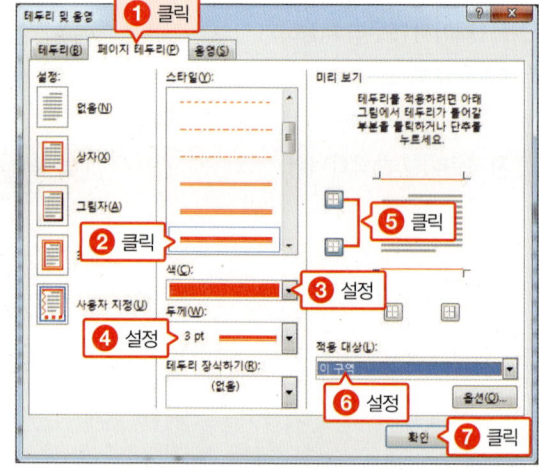

실무활용노트 WORD | 구역별로 여백이나 용지 방향을 바꾸는 방법

용지 설정 : 변경하고자 하는 페이지에서 임의의 위치를 클릭한 후 [페이지 레이아웃] 탭 – [페이지 설정] 그룹 – [크기]에서 변경합니다.

여백 설정 : 변경하고자 하는 페이지에서 임의의 위치를 클릭한 후 [페이지 레이아웃] 탭 – [페이지 설정] 그룹 – [여백]에서 변경합니다.

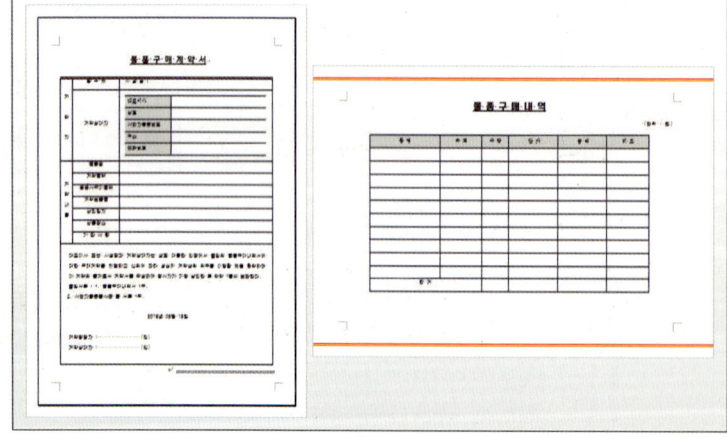

39 문서에 머리글/바닥글 지정하기

페이지마다 회사 로고, 페이지 번호, 출력 날짜/시간 등을 인쇄할 때는 머리글이나 바닥글 영역을 활용합니다. 문서에 머리글/바닥글을 지정해두면 문서 전체에 머리글과 바닥글을 반복해서 표시할 수 있습니다.

▪ **실습 파일** 워드 \ 6장 \ 문서에 머리글, 바닥글 지정하기.docx ▪ **완성 파일** 워드 \ 6장 \ 문서에 머리글, 바닥글 지정하기_완성.docx

01 머리글 지정하기

재직증명서의 결재란을 머리글 영역으로 옮겨 삽입해보겠습니다.

① 표 왼쪽 상단 모서리의 [표 선택] 도구를 이용해 머리글에 사용할 표 **전체 선택**

② Ctrl + X

③ [삽입] 탭 – [머리글/바닥글] 그룹 – **[머리글]** 클릭

④ **[비어 있음]**을 선택합니다.

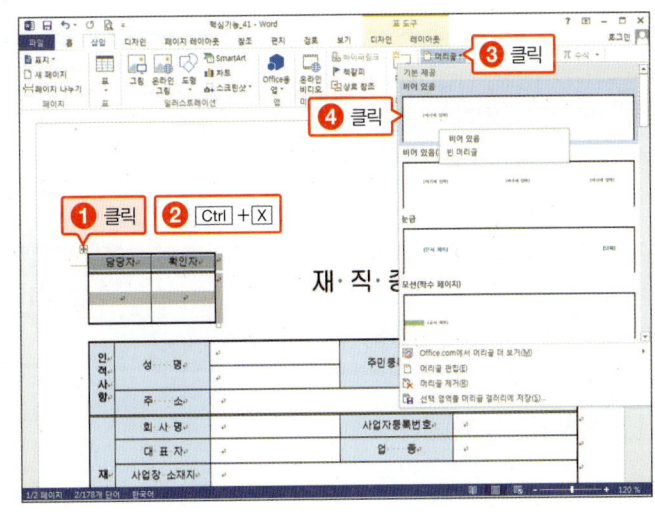

02

① 머리글 영역이 활성화되면 **[여기에 입력]** 클릭

기본 값으로 전체가 선택됩니다.

② Ctrl + V 를 누릅니다.

머리글에 사용할 표가 붙여 넣어집니다.

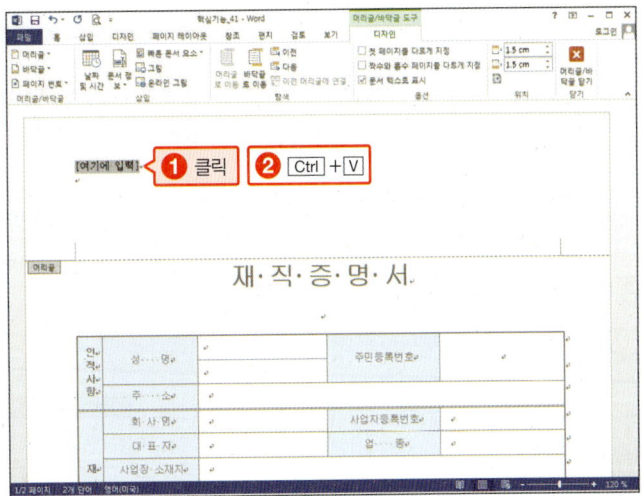

03 표가 정상적으로 머리글 영역에 추가된 것을 확인한 후 [디자인] 탭-[닫기] 그룹-**[머리글/바닥글 닫기]**를 클릭합니다.

머리글 편집 상태가 닫힙니다.

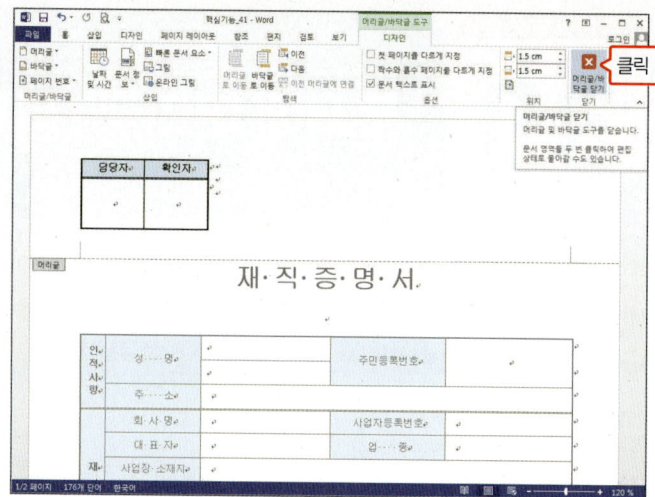

04 바닥글 지정하기

재직증명서 하단의 회사 로고를 바닥글 영역으로 옮겨 삽입해보겠습니다.

① 바닥글로 지정할 **그림** 클릭

② Ctrl + X

③ [삽입] 탭-[머리글/바닥글] 그룹-**[바닥글]** 클릭

④ **[비어 있음]**을 선택합니다.

바닥글 편집 영역이 활성화됩니다.

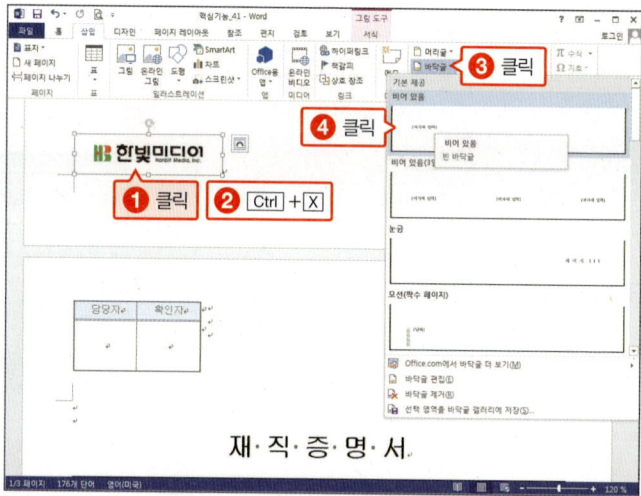

05

① 머리글 지정 방식과 동일하게 **[여기에 입력]**을 전체 선택한 후 Ctrl + V

그림을 바닥글에 배치합니다.

② [디자인] 탭-[닫기] 그룹-**[머리글/바닥글 닫기]**를 클릭합니다.

바닥글 편집 상태가 닫힙니다. 회사 로고가 바닥글에 삽입되었습니다.

바로 통하는 TIP 머리글/바닥글 편집이 완료되면 반드시 [머리글/바닥글 닫기]를 클릭해 편집 상태를 종료합니다. 머리글이나 바닥글 편집 상태에서는 본문을 편집할 수 없습니다.

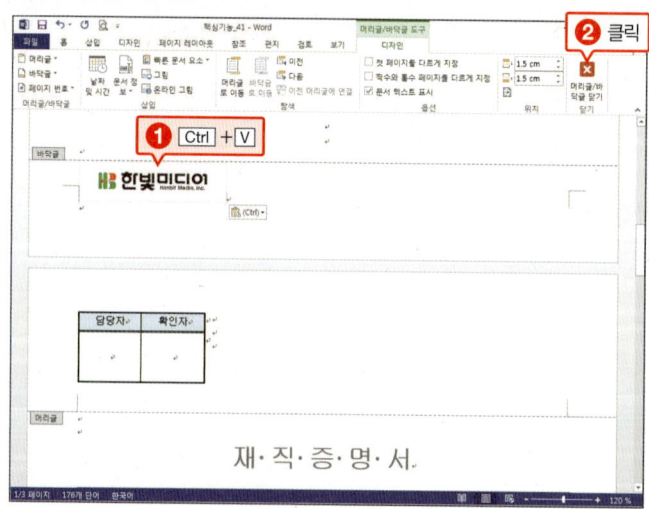

40 구역별로 머리글/바닥글 삽입하기

문서의 레이아웃을 다르게 지정하려면 우선 구역을 나눠주어야 합니다. 문서에서 구역을 나누고 머리글/바닥글을 구역별로 다르게 지정하는 방법을 알아보도록 하겠습니다.

▪실습 파일 워드 \ 6장 \ 구역별로 머리글, 바닥글 삽입하기.docx ▪완성 파일 워드 \ 6장 \ 구역별로 머리글, 바닥글 삽입하기_완성.docx

01 머리글/바닥글을 다르게 삽입할 경계에 구역 나누기

각 문서의 제목을 머리글로 지정하기 위해 구역을 나눈 후 각 구역에 해당하는 머리글을 입력해보겠습니다.

① 구역 나누기를 쉽게 하기 위해 [보기] 탭 −[확대/축소] 그룹−**[여러 페이지]** 클릭

② **두 번째 페이지 제목 앞** 클릭

③ [페이지 레이아웃] 탭 −[페이지 설정] 그룹−**[나누기]** 클릭

④ **[이어서]**를 선택합니다.

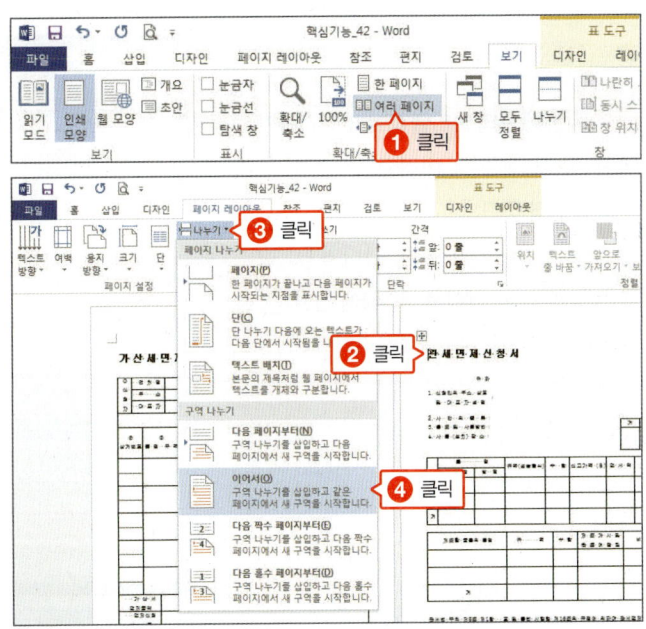

02 첫 번째 구역 머리글 삽입하기

① **첫 번째 페이지**에서 임의의 위치 클릭

② [삽입] 탭 −[머리글/바닥글] 그룹−**[머리글]** 클릭

③ **[모션(짝수 페이지)]**를 선택합니다.

머리글 편집 창이 활성화됩니다.

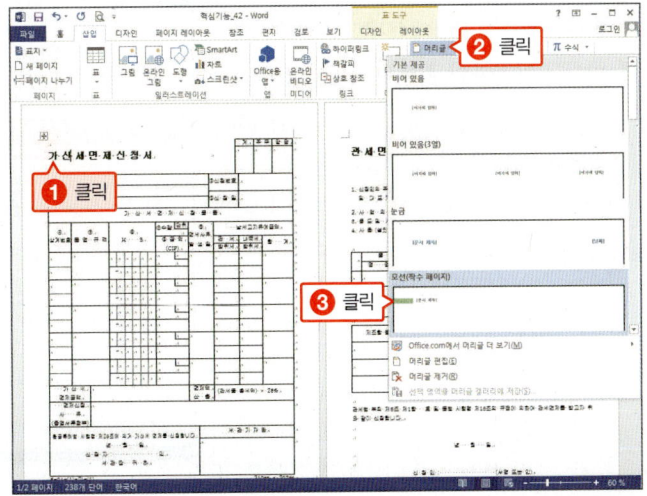

03 머리글 영역에 **가산세면제신청서**를 입력합니다.

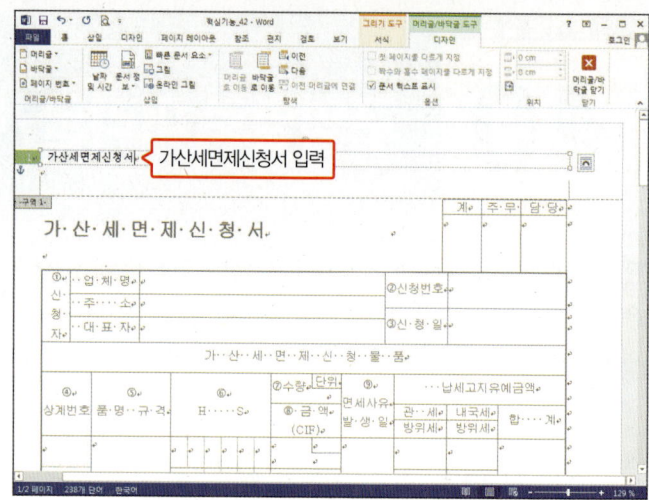

가산세면제신청서 입력

04 두 번째 구역 머리글 다르게 삽입하기

① 두 번째 페이지의 머리글로 이동한 후 **머리글 영역** 클릭

② [머리글/바닥글 도구] – [디자인] 탭 – [탐색] 그룹 – **[이전 머리글에 연결]**을 한 번 클릭해 기능을 해제합니다.

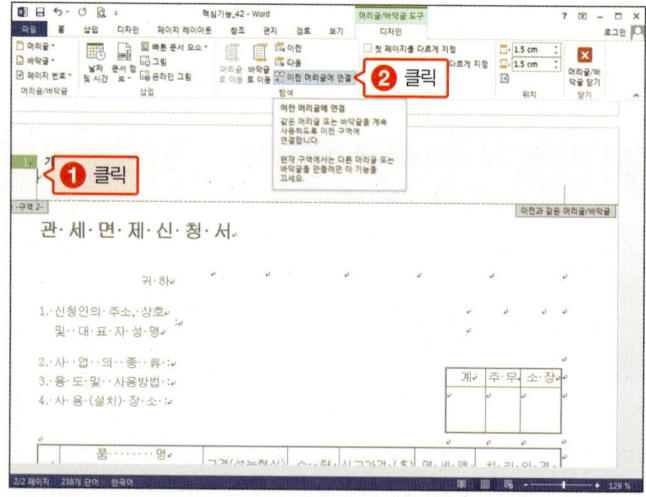

❶ 클릭
❷ 클릭

05

① 머리글 텍스트 상자에 **관세면제신청서** 입력

② 머리글 입력이 마무리되면 [머리글/바닥글 도구] – [디자인] 탭 – [닫기] 그룹 – **[머리글/바닥글 닫기]**를 클릭합니다.

머리글 편집 상태가 종료됩니다.

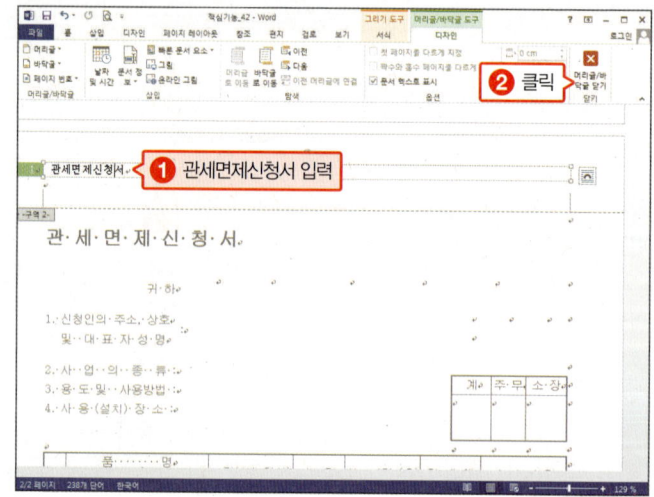

❶ 관세면제신청서 입력
❷ 클릭

41

짝/홀수 페이지별로 바닥글 지정하고 머리글/바닥글 삭제하기

책을 펼쳤을 때처럼 짝수 페이지는 왼쪽, 홀수 페이지는 오른쪽 바닥글로 표시해야 할 경우가 있습니다. 짝/홀수 페이지별로 머리글/바닥글의 위치를 다르게 배치하는 방법에 대해서 알아보겠습니다.

• 실습 파일 워드 \ 6장 \ 짝홀수 페이지별로 바닥글 지정하고 머리글, 바닥글 삭제하기.docx
• 완성 파일 워드 \ 6장 \ 짝홀수 페이지별로 바닥글 지정하고 머리글, 바닥글 삭제하기_완성.docx

01 홀수 페이지 바닥글 삽입하기

① 1페이지에서 임의의 위치 클릭

② [삽입] 탭 – [머리글/바닥글] 그룹 – [바닥글] 클릭

③ [모션(홀수 페이지)]를 선택합니다.

―――――――――――

바닥글 편집 상태로 전환됩니다.

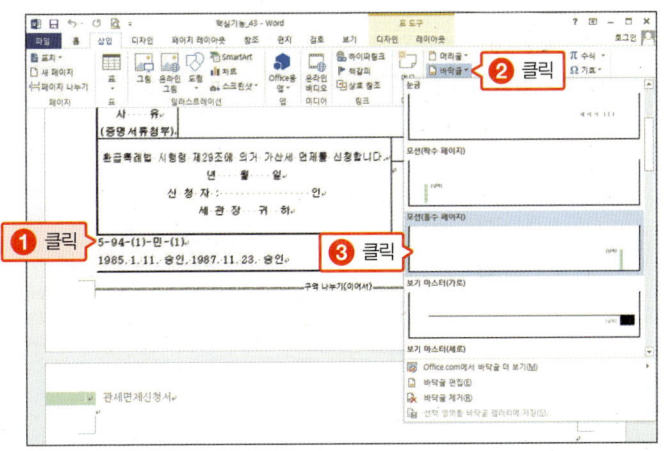

02

① 생성된 바닥글의 [날짜]를 클릭하면 나타나는 [날짜▼] 컨트롤 클릭

② [오늘]을 클릭합니다.

03

① 표시된 날짜 옆의 세로 구분 뒤쪽 클릭

② [머리글/바닥글 도구] – [디자인] 탭 – [옵션] 그룹 – [짝수와 홀수 페이지를 다르게 지정]에 체크 표시

③ [디자인] 탭 – [닫기] 그룹 – [머리글/바닥글 닫기]를 클릭합니다.

―――――――――――

바닥글 편집 상태가 닫힙니다.

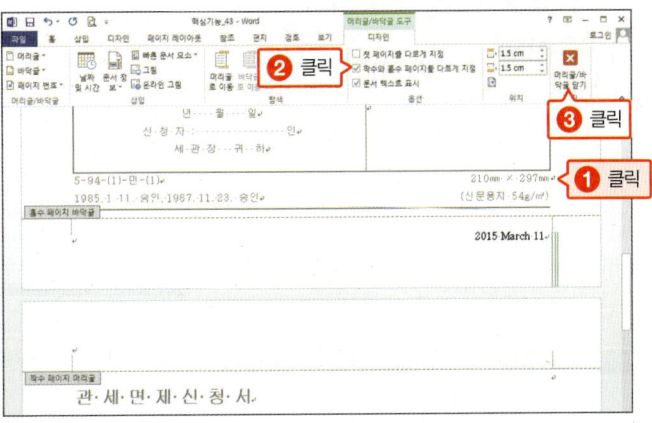

04 짝수 페이지 바닥글 삽입하기

① **2페이지**에서 임의의 위치 클릭
② [삽입] 탭 – [머리글/바닥글] 그룹 – **[바닥글]** 클릭
③ **[모션(짝수 페이지)]**를 선택합니다.

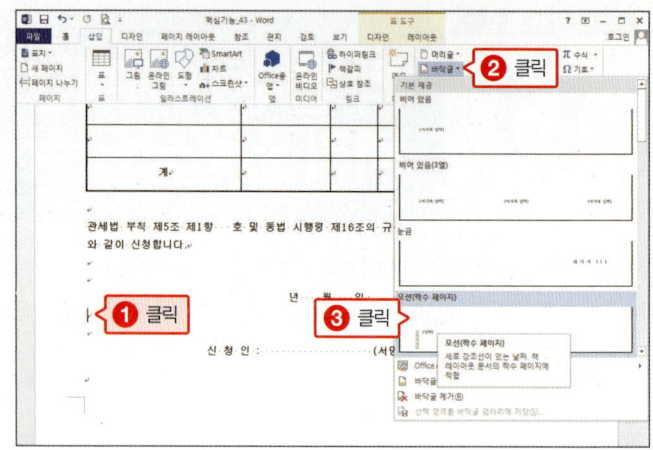

05 짝수 페이지 바닥글 편집 상태에서 바닥글이 정상 삽입되었는지 확인합니다. [머리글/바닥글 도구] – [디자인] 탭 – [닫기] 그룹 – **[머리글/바닥글 닫기]**를 클릭합니다.

바닥글 편집 상태가 닫힙니다.

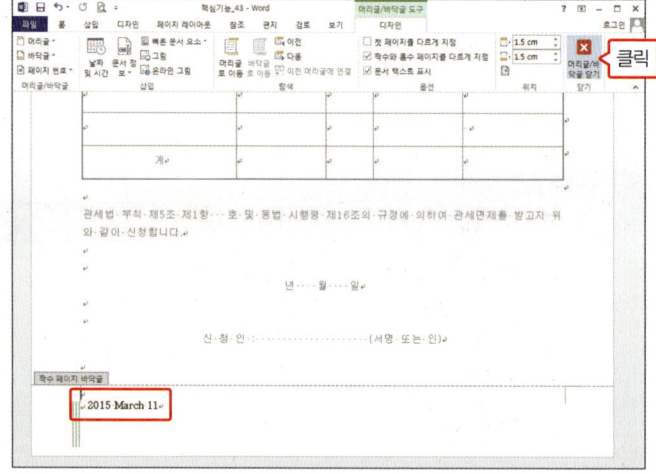

06 바닥글 제거하기

① 1페이지 **바닥글 부분** 더블클릭
  바닥글 편집 상태로 전환합니다.
② [머리글/바닥글 도구] – [디자인] 탭 –
  [머리글/바닥글] 그룹 – **[바닥글]** 클릭
③ **[바닥글 제거]** 선택
④ [머리글/바닥글 도구] – [디자인] 탭 –
  [닫기] 그룹 – **[머리글/바닥글 닫기]**를 클릭
  합니다.

바닥글 편집 상태가 닫힙니다. 1페이지에 삽입되었던 바닥글이 삭제되었습니다.

바로 통하는 TIP 머리글도 동일한 방법으로 삭제합니다.

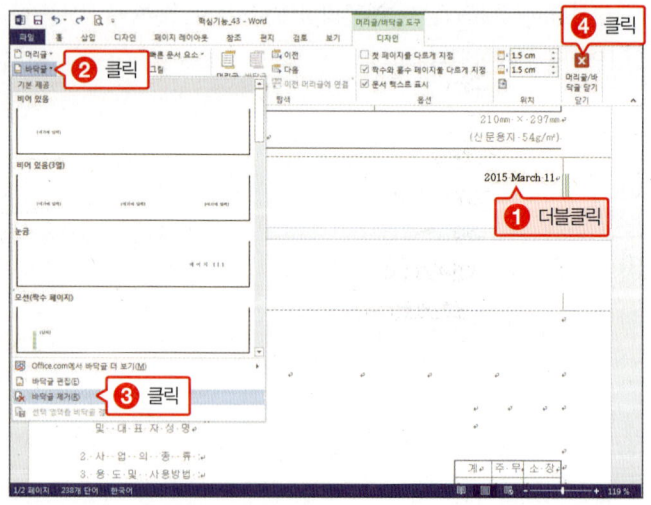

42 페이지 번호 삽입하고 번호 서식 변경하기 / 페이지 번호 삭제하기

페이지 번호를 삽입하면 문서에 페이지 번호가 자동으로 생성되어 페이지 위치, 문서 분량 등을 좀 더 편리하게 확인할 수 있습니다. 문서에 페이지 번호를 삽입하고 페이지 번호 서식을 변경하는 방법에 대하여 알아보도록 하겠습니다. 또한 페이지 시작 번호 변경과 페이지 번호 삭제에 대한 방법도 함께 알아봅니다.

▪**실습 파일** 워드 \ 6장 \ 페이지 번호 삽입하고 번호 서식 변경하기.docx ▪**완성 파일** 워드 \ 6장 \ 페이지 번호 삽입하고 번호 서식 변경하기_완성.docx

01 페이지 번호 삽입하기

① **1페이지**에서 임의의 위치 클릭

② [삽입] 탭 – [머리글/바닥글] 그룹 – [**페이지 번호**] 클릭

③ [**아래쪽**] – [**삼각형 2**] 선택

　페이지 번호가 삽입된 것을 확인합니다.

④ [머리글/바닥글 도구] – [디자인] 탭 – [닫기] 그룹 – [**머리글/바닥글 닫기**]를 클릭합니다.

바닥글 편집 상태가 닫힙니다.

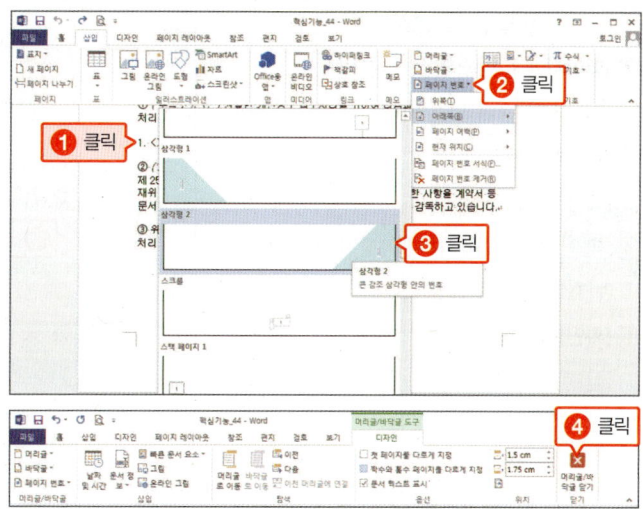

02 페이지 번호 서식 변경하기

① 1페이지 **바닥글 부분** 더블클릭

② [머리글/바닥글 도구] – [디자인] 탭 – [머리글/바닥글] 그룹 – [**페이지 번호**] 클릭

③ [**페이지 번호 서식**]을 선택합니다.

[페이지 번호 서식] 대화상자가 활성화됩니다.

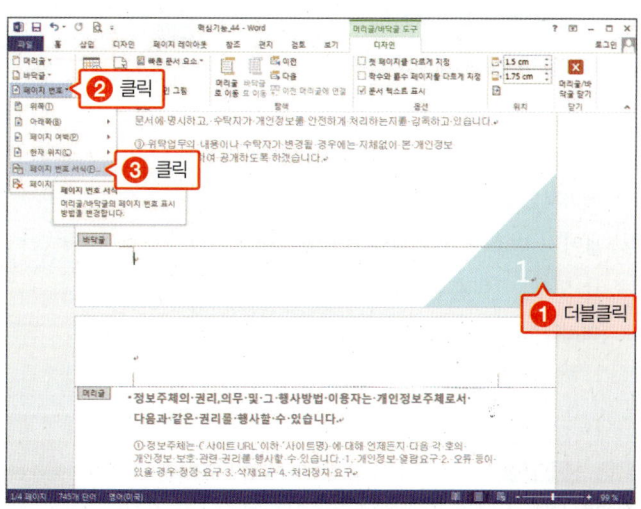

03

① [번호 서식]을 [가, 나, 다…]로 변경

② [확인] 클릭

③ [머리글/바닥글 도구] – [디자인] 탭 –
[닫기] 그룹 – **[머리글/바닥글 닫기]**를 클릭
합니다.

페이지 번호 서식이 변경됩니다.

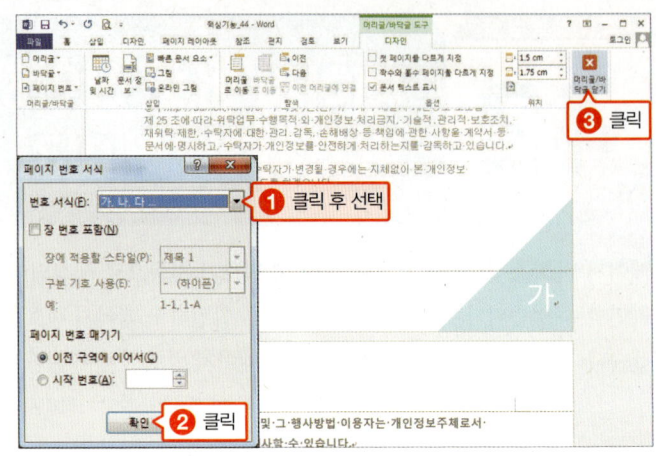

04 시작 페이지 번호 변경하기

① 1페이지에서 임의의 위치 클릭

② [삽입] 탭 – [머리글/바닥글] 그룹 – **[페이
지 번호]** 클릭

③ **[페이지 번호 서식]** 선택

④ [페이지 번호 서식] 대화상자에서 [시작
번호]를 [다]로 변경

⑤ **[확인]**을 클릭합니다.

변경된 시작 번호가 적용됩니다.

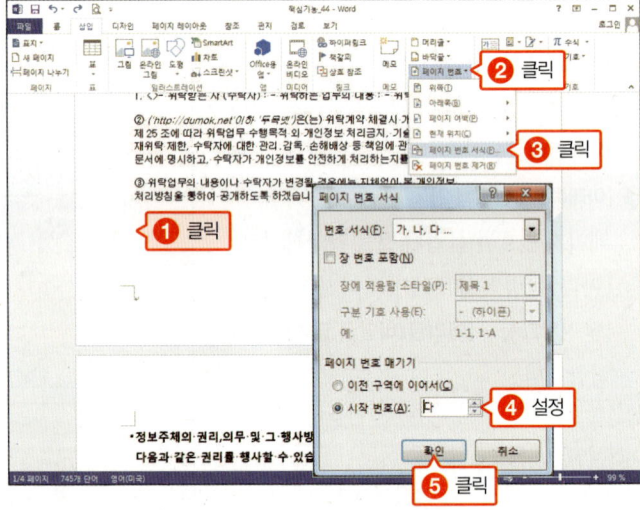

05 페이지 번호 제거하기

① 페이지 **바닥글** 위치 더블클릭

② [머리글/바닥글 도구] – [디자인] 탭 – [머
리글/바닥글] 그룹 – **[페이지 번호]** 클릭

③ **[페이지 번호 제거]** 선택

④ 페이지 번호가 삭제되면 [머리글/바닥
글 도구] – [디자인] 탭 – [닫기] 그룹 –
[머리글/바닥글 닫기]를 클릭합니다.

페이지 번호가 제거됩니다.

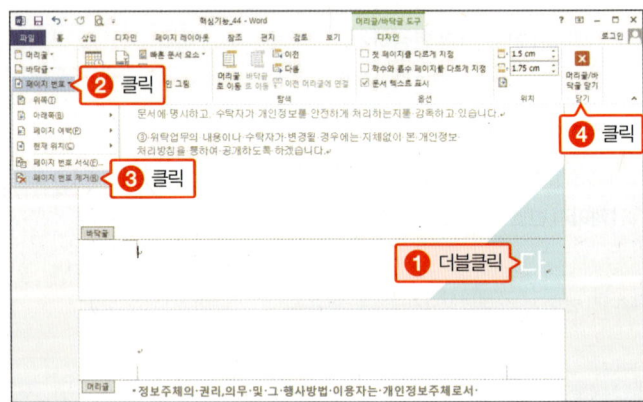

바로 통하는TIP 페이지 번호는 [삽입] 탭 – [머리글/바닥글] 그룹 – [페이지 번호]를 클릭한 후 [페이지 위쪽], [아래쪽], [페이지 여백], [현재 위치] 등을 선택해서 삽입할 수 있습니다.

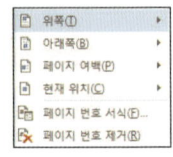

43 페이지에 각주와 미주 삽입하기

각주와 미주는 문서 내에서 부연 설명을 작성할 때 사용합니다. 각주는 각 페이지 하단에, 미주는 문서 끝에 부가 설명이 추가됩니다.

▪**실습 파일** 워드 \ 6장 \ 페이지에 각주와 미주 삽입하기.docx ▪**완성 파일** 워드 \ 6장 \ 페이지에 각주와 미주 삽입하기_완성.docx

01 문서에 각주 삽입하기

채권가압류신청서 내에서 부연 설명이 필요한 단어에 각주를 삽입해 페이지 하단에 표시해보겠습니다.

① 각주를 삽입할 단어인 **피보전권리** 뒤 클릭
② [참조] 탭 – [각주] 그룹 – **[각주 삽입]**을 클릭합니다.

페이지 하단에 각주 편집 창이 활성화됩니다.

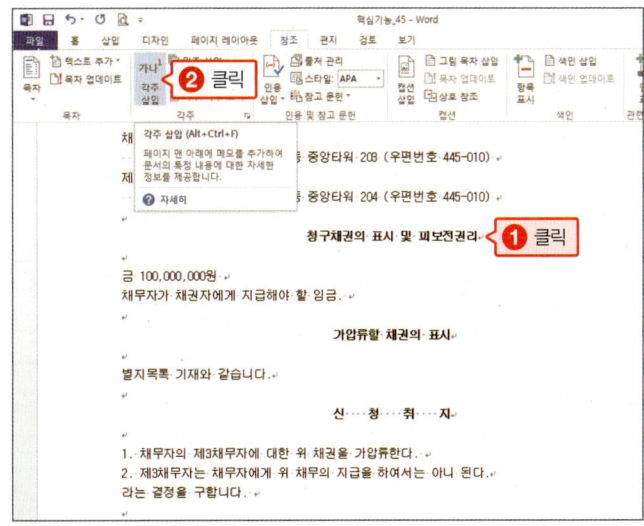

02

① 각주 편집 창에 **각주 내용**을 그림과 같이 입력
② **본문** 내 임의의 위치를 클릭하면 각주 입력이 완성됩니다.

각주가 지정된 단어 뒤에는 각주 번호가 숫자로 표시되고 각주 기호에 마우스 포인터를 올리면 각주가 팝업 형태로 표시됩니다.

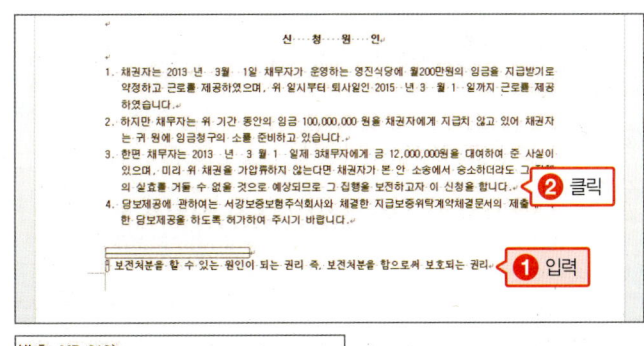

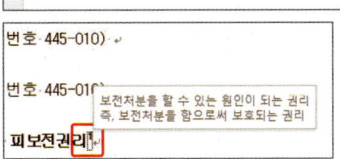

03 문서에 미주 삽입하기

문서에 미주를 삽입하면 문서의 맨 마지막
에 부연 설명한 내용이 표시됩니다.

① 미주를 삽입할 단어 **신청취지** 뒤 클릭

② [참조] 탭-[각주] 그룹-**[미주삽입]** 클릭
  문서의 마지막 페이지 하단에 미주 편집
  창이 활성화됩니다.

③ 미주 편집 창에 그림과 같이 **미주 내용**을
  입력

④ **본문** 내 임의의 위치를 클릭합니다.

미주 삽입 작업이 마무리됩니다.

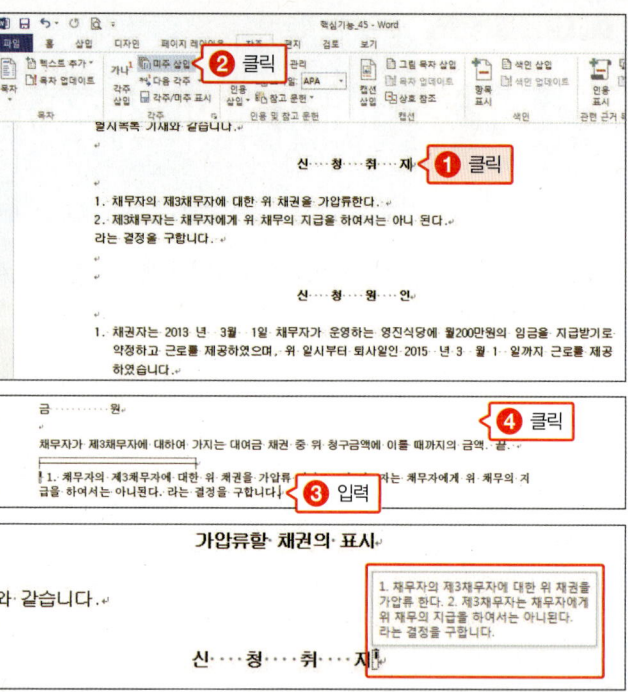

04 미주 번호 서식 변경하기

미주 번호가 알파벳 대문자 형식으로 표시
되도록 번호 서식을 수정해보겠습니다.

① [참조] 탭-[각주] 그룹-**[각주 및 미주** 🔲**]**
  대화상자 표시 아이콘 클릭
  [각주 및 미주] 대화상자가 활성화됩
  니다.

② [각주 및 미주] 대화상자에서 [위치]-
  [미주] 선택

③ [번호 서식]을 **[A, B, C, …]**로 변경

④ **[삽입]**을 클릭합니다.

번호 서식이 변경됩니다.

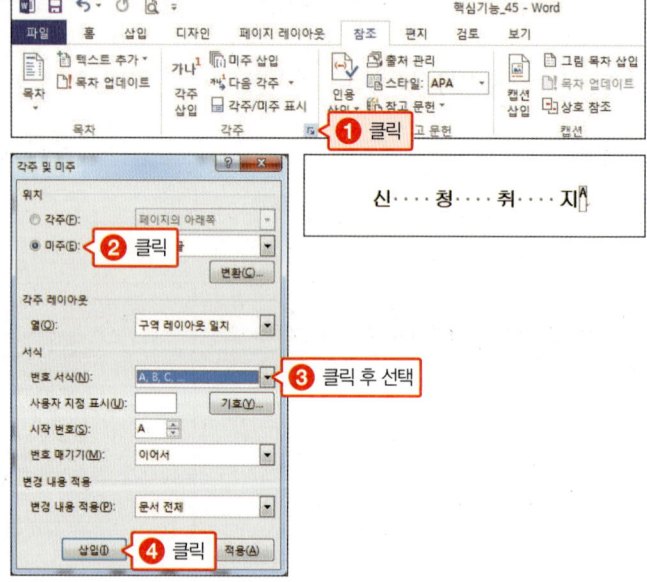

바로 통하는 TIP [각주와 미주] 대화상자에서 [위치]-[각주]로 선택하면 각주 번호 서식이 변경됩니다.

44 목차 만들기

자동으로 목차를 만들려면 문서에서 목차가 될 부분에 미리 제목 스타일이 적용되어 있어야 합니다. 제목 스타일을 기준으로 목차가 작성되기 때문입니다. 실습 파일은 [각장 – 제목1], [각조 – 제목2]로 스타일이 이미 지정된 상태입니다.

▪**실습 파일** 워드 \ 6장 \ 목차 만들기.docx ▪**완성 파일** 워드 \ 6장 \ 목차 만들기_완성.docx

01 목차를 삽입할 페이지 만들기

① 1페이지 **제목** 앞 클릭

② [페이지 레이아웃] – [페이지 설정] 그룹 – **[나누기]** 클릭

③ **[다음 페이지부터]** 선택

목차가 들어갈 페이지와 본문 페이지의 구역을 분리합니다.

④ [홈] 탭 – [단락] 그룹 – **[편집 기호 표시/숨기기]** 클릭

구역 나누기 편집 기호를 표시합니다.

⑤ 구역 나누기 **편집 기호** 앞을 클릭합니다.

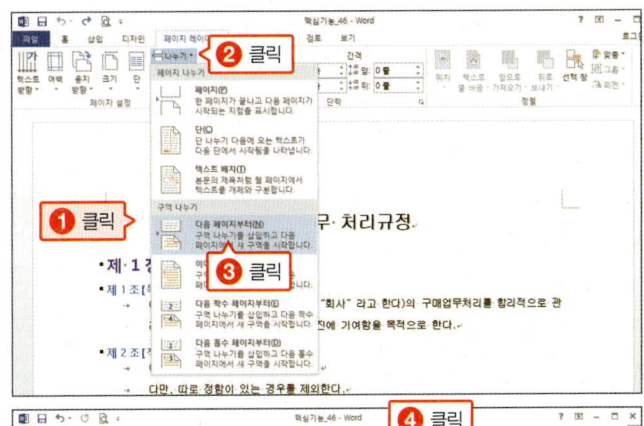

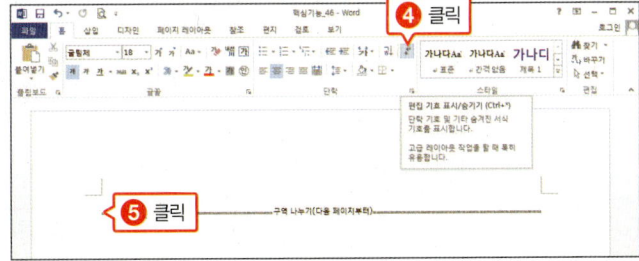

02 목차 삽입하기

① [참조] 탭 – [목차] 그룹 – **[목차]** 클릭

② **[자동 목차 2]**를 선택합니다.

자동 목차가 추가됩니다.

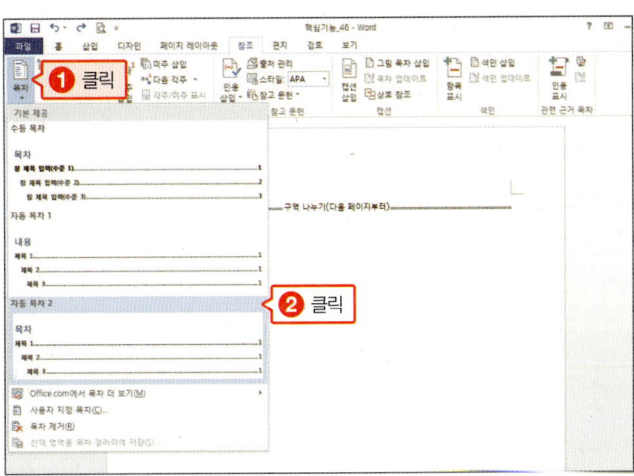

03 일반적으로 목차는 페이지 번호에 포함되지 않고 본문부터 1페이지로 설정하는 경우가 많습니다. 앞서 작업한 목차는 목차가 1페이지로 시작하고 본문이 2페이지부터 설정되어 있습니다.

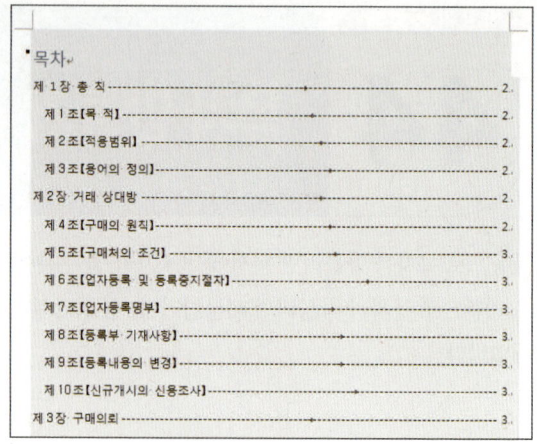

04 목차 페이지 변경을 위해 페이지 번호 변경하기

본문의 시작 페이지를 1페이지로 설정하고 목차를 업데이트하여 변경해보겠습니다.

① 본문 **제목** 앞 클릭

② [삽입] 탭 – [머리글/바닥글] 그룹 – **[페이지 번호]** 클릭

③ **[페이지 번호 서식]** 선택

④ [페이지 번호 서식] 대화상자에서 [시작 번호] – **[1]**로 변경

⑤ **[확인]**을 클릭합니다.

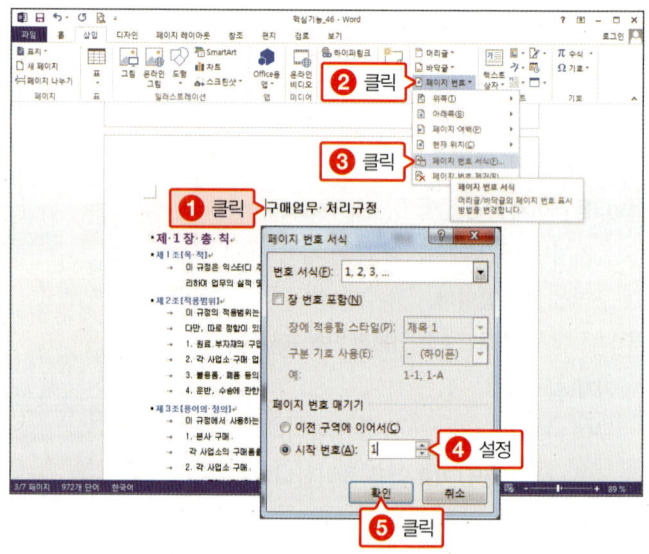

현재 페이지가 1페이지로 설정됩니다.

05 목차 업데이트하기

① 목차 내 **임의의 위치** 클릭

② 목차 위의 **[목차 업데이트]** 클릭
   [목차 업데이트] 대화상자가 활성화됩니다.

③ **[페이지 번호만 업데이트]** 선택

④ **[확인]**을 클릭합니다.

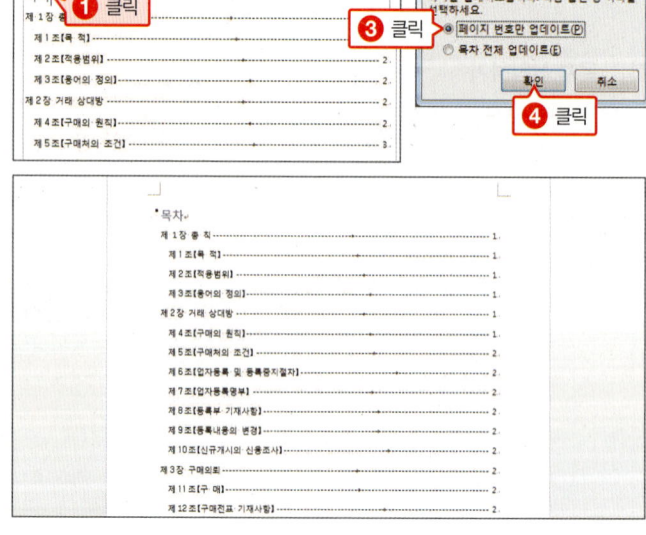

목차가 업데이트됩니다.

45 문서에 표지 삽입하고 배경색 및 워터 마크 지정하기

깔끔한 문서를 완성하기 위해 문서의 얼굴인 표지를 간단히 만들어보겠습니다. 문서의 전체적인 분위기를 바꿔 주는 배경색과 문서의 저작권을 표시하기 위한 워터마크 적용 방법도 알아보겠습니다.

- **실습 파일** 워드 \ 6장 \ 문서에 표지 삽입하고 배경색 및 워터 마크 지정하기.docx
- **완성 파일** 워드 \ 6장 \ 문서에 표지 삽입하고 배경색 및 워터 마크 지정하기_완성.docx

01 표지 만들기

차례 앞 페이지에 표지를 넣어보겠습니다. ① **차례** 앞 클릭 ② [삽입] 탭 – [페이지] 그룹 – **[표지]** 클릭 ③ **[이온(어둡 게)]** 선택 ④ 삽입된 표지에 **제목**을 그림과 같이 입력합니다.

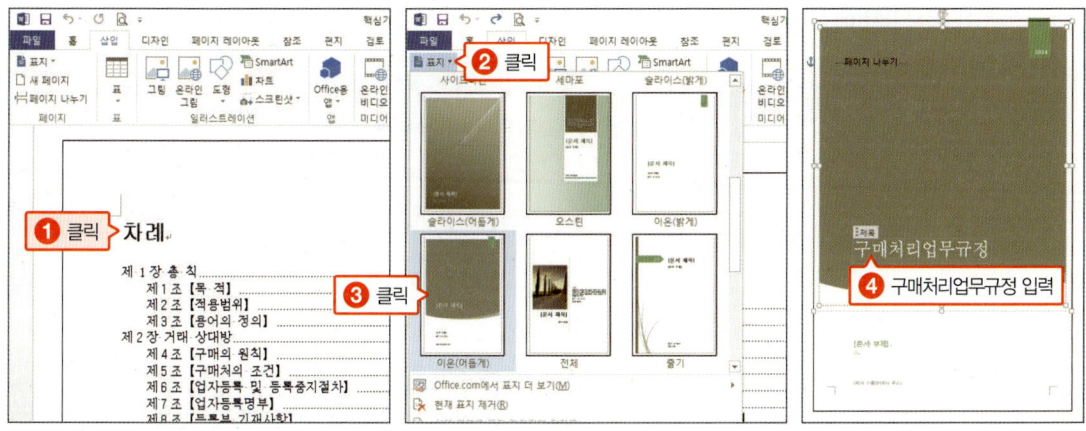

02 문서 배경색 지정하기

① 문서에서 **임의의 위치** 클릭

② [디자인] 탭 – [페이지 배경] 그룹 – **[페이 지 색]** 클릭

③ **[황갈색, 강조 4, 80% 더 밝게]**를 선택합니다.

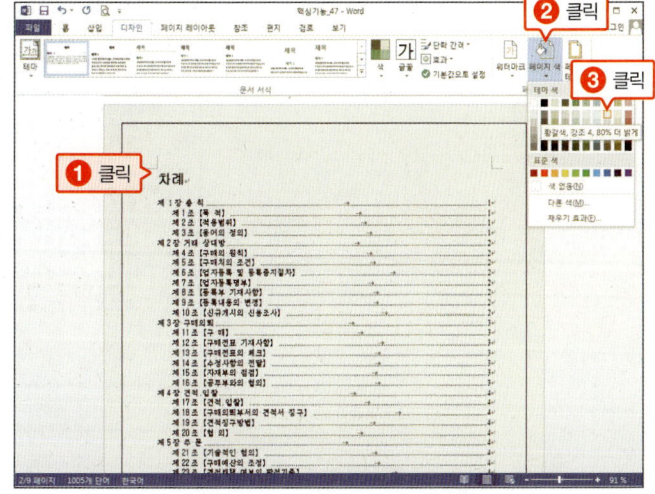

배경색이 적용됩니다.

03 문서에 워터마크 적용하기

① 문서 내 **임의의 위치** 클릭

② [디자인] 탭 - [페이지 배경] 그룹 - [**워터 마크**] 클릭

③ [**사용자 지정 워터마크**]를 선택합니다.

[워터마크] 대화상자가 활성화됩니다.

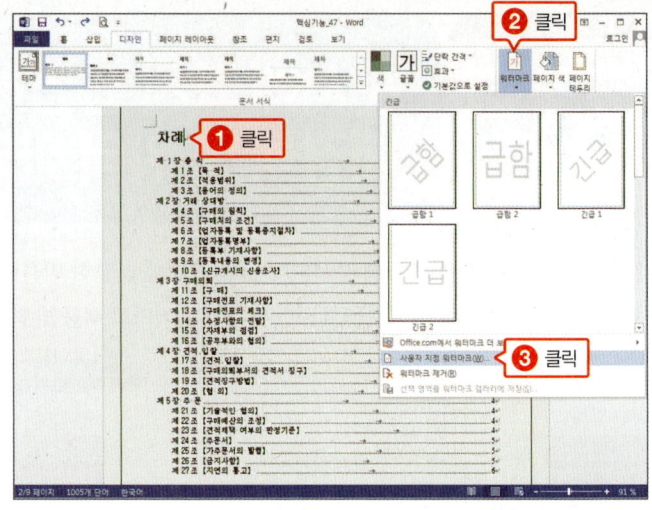

04

① [**텍스트 워터마크**] 선택

② [텍스트]를 [**복사 금지**]로 선택

③ [색]을 [**빨강**]으로 선택

④ [**확인**]을 클릭해 워터마크를 적용합니다.

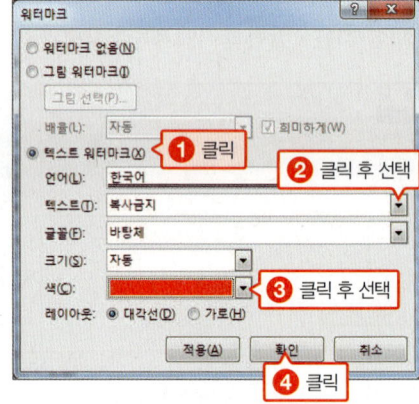

05 저작권을 표시하는 '복사금지' 문자가 워터마크로 삽입되었습니다.

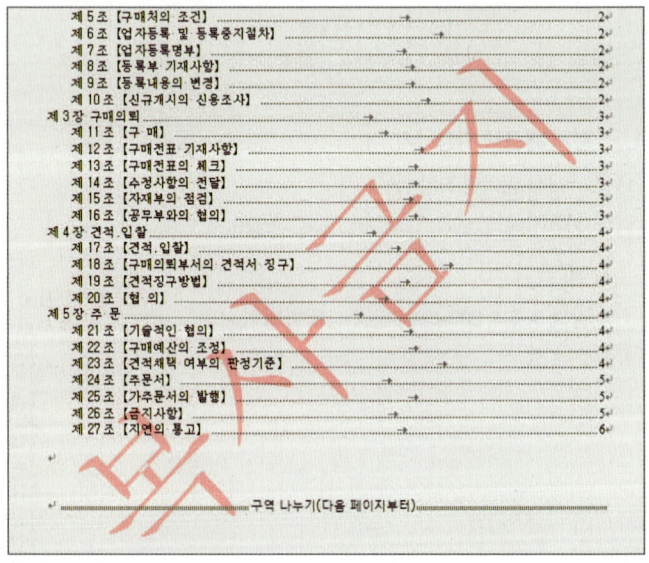

출력 기능
알아보기

최근에는 종이 문서에서 전자 문서로 문서의 저장 방식이나 전달 방식이 바뀌고 있지만 아직까지는 워드프로세서로 작성한 문서를 출력해 결재를 받거나 다른 사람들에게 전달하는 경우가 더 많습니다. 잘 꾸며진 문서를 용지에 출력할 때 종이나 여백을 설정하고 여러 사람들에게 동보를 전송하기 위한 편지 병합 기능, 레이블 출력 등의 기능에 대해서 알아보겠습니다.

46 페이지 및 여백 설정하기

문서를 출력하기 위해 페이지 사이즈를 설정하거나 여백을 설정하는 방법에 대해서 알아보겠습니다.

▪**실습 파일** 워드 \ 7장 \ 페이지 및 여백 설정하기.docx

리본 메뉴에서 페이지 설정하기

인쇄 전에 [페이지 레이아웃] 탭 – [페이지 설정] 그룹에서 [여백], [용지 방향], [크기]를 설정할 수 있습니다.

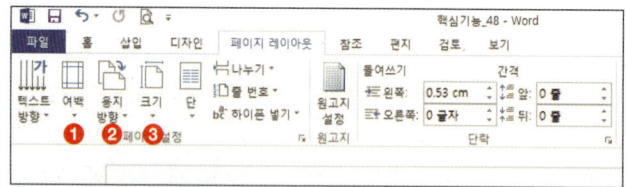

① 여백 조정 : [기본], [좁게], [보통], [넓게] 등 워드에서 기본 제공하는 여백을 설정할 수 있습니다.

② 용지 방향 : [세로] 또는 [가로]로 변경할 수 있습니다.

③ 용지 크기 : 국제 표준인 용지 규격을 선택해 변경할 수 있습니다.

페이지 여백, 용지 방향, 용지 크기 변경하기

인쇄 페이지와 관련된 설정을 할 수 있는 메뉴입니다. 기본 A4 용지의 세로 방향 인쇄 설정은 다음과 같습니다.

① [페이지 레이아웃] 탭 – [페이지 설정] 그룹 – **[여백]** 클릭 ② **[기본]** 선택 ③ [페이지 레이아웃] 탭 – [페이지 설정]
그룹 – **[용지 방향]** 클릭 ④ **[세로]** 선택 ⑤ [페이지 레이아웃] 탭 – [페이지 설정] 그룹 – **[크기]** 클릭 ⑥ **[A4]**를 선택합
니다.

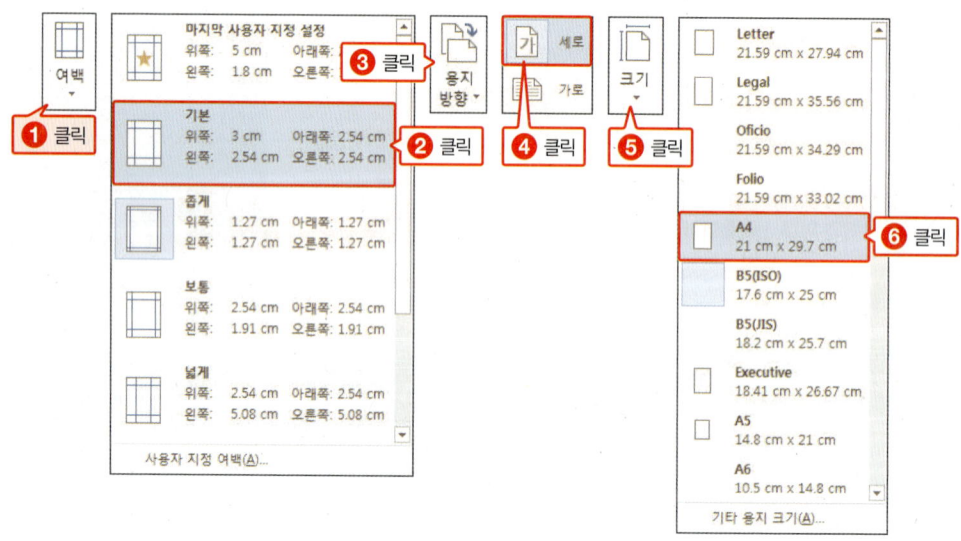

리본 메뉴에서 페이지 설정하기

리본 메뉴를 이용한 페이지 설정은 간단하고 빠르게
표준화된 양식을 적용할 때는 편리하지만 별도의 사용
자 지정을 할 수 없다는 단점이 있습니다.

① [페이지 레이아웃] 탭 – [페이지 설정] 그룹 – **[페이지
　설정 ▣]** 대화상자 표시 아이콘 클릭

② [여백] 탭에서 **[여백]**의 [위쪽], [아래쪽], [왼쪽], [오
　른쪽]을 모두 **[1.5]**로 설정

③ [용지 방향]은 **[세로]**로 선택

④ [페이지]는 [여러 페이지] – **[기본]**으로 선택합니다.

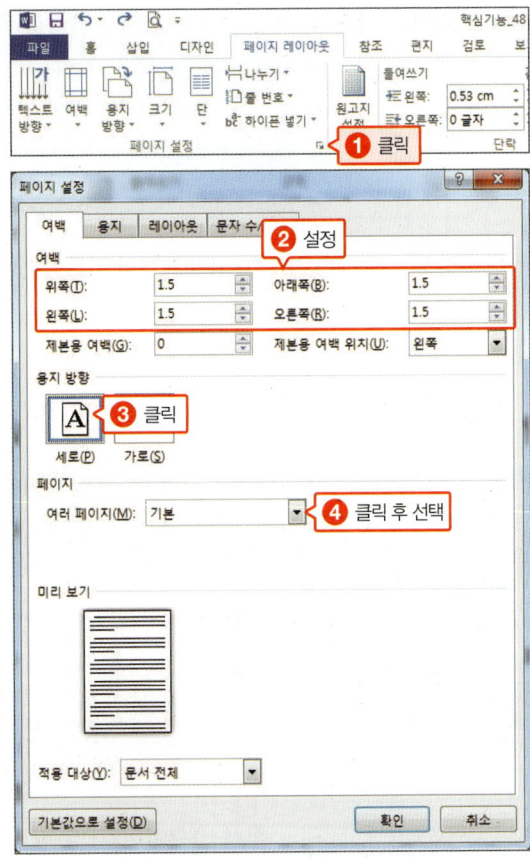

[페이지 설정] 대화상자 이용하기

[페이지 설정] 대화상자를 사용하면 여백, 용지 방향,
용지 크기 등을 사용자의 필요에 맞게 변경할 수 있습
니다.

① [페이지 설정] 대화상자의 **[용지]** 탭 클릭

② [용지 크기]를 **[사용자 지정 크기]**로 선택

③ [너비]를 **[20.5]**, [높이]를 **[29]**로 설정

④ **[확인]**을 클릭해 설정을 완료합니다.

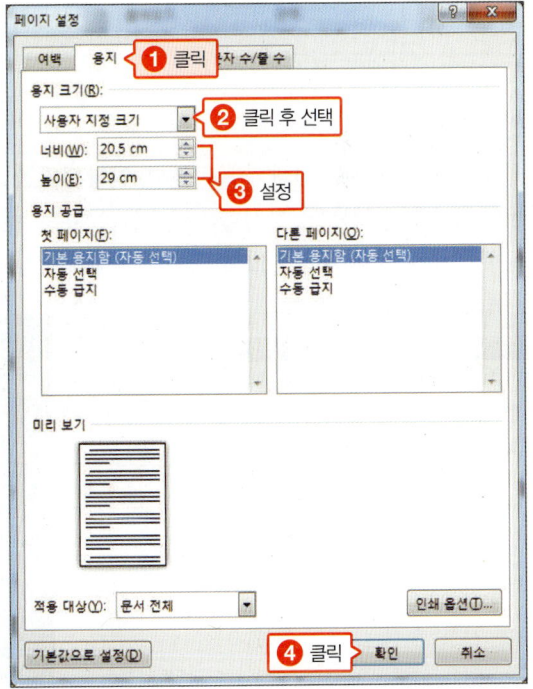

47 인쇄 미리 보기 및 인쇄하기

인쇄 미리 보기 방식은 워드 2010 버전부터 선보인 기능입니다. 화면에서 인쇄 미리 보기 및 인쇄 설정이 가능해져 인쇄 작업이 이전 버전보다 편리해졌습니다.

• **실습 파일** 워드 \ 7장 \ 인쇄 미리보기 및 인쇄하기.docx

빠른 실행 도구에 인쇄 미리 보기 도구 활성화하기

[빠른 실행 도구]에 인쇄 미리 보기 도구를 활성화해두면 클릭 한 번으로 간단히 문서 전체를 인쇄할 수 있습니다. ① **[빠른 실행 도구]**를 클릭. [빠른 실행 도구 모음 사용자 지정]을 활성화합니다. ② **[인쇄 미리 보기 및 인쇄]**를 선택해 [인쇄 미리 보기 및 인쇄 도구]를 활성화합니다.

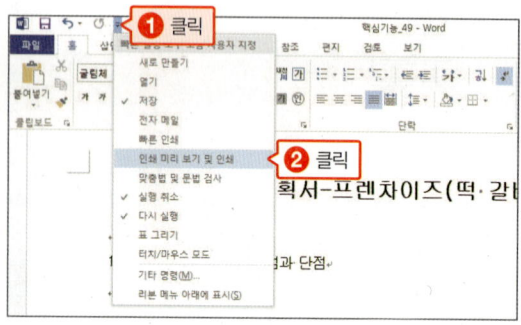
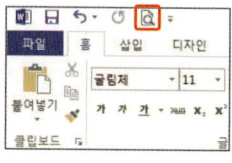

인쇄 미리 보기

인쇄 미리 보기에서는 인쇄 매수, 프린터, 인쇄 범위, 인쇄 방향, 인쇄 용지, 여백, 인쇄 배율 등 대부분의 인쇄와 페이지 설정을 선택하고 설정 상황을 미리 볼 수 있습니다. [빠른 실행 도구]의 **[인쇄 미리 보기 및 인쇄]**를 클릭해 인쇄 미리 보기를 실행하거나 ①**[파일]** 탭을 클릭하고 ②**[인쇄]**를 선택합니다.

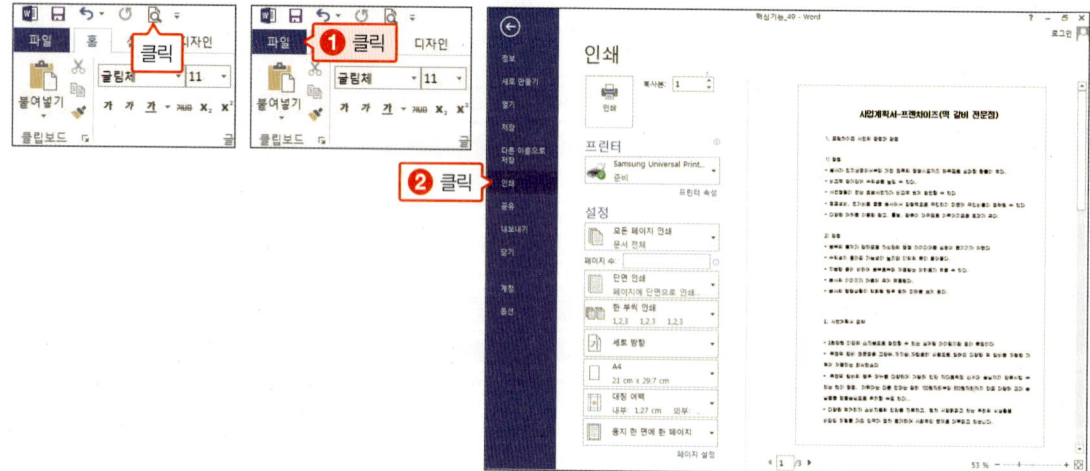

인쇄 미리 보기의 각 기능 이해하기

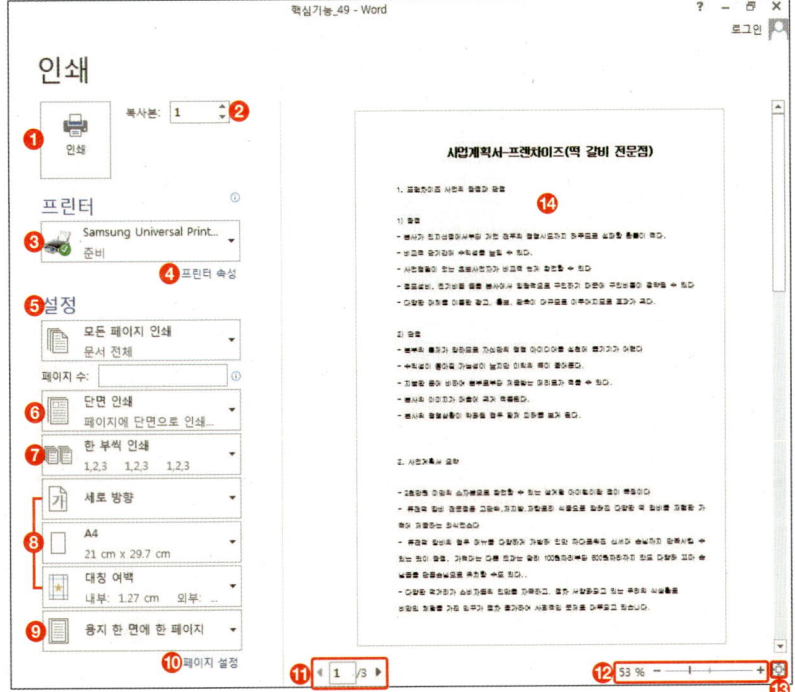

① **인쇄** : 설정이 완료된 후 인쇄를 실행하는 버튼입니다.

② **복사본** : 인쇄할 복사본의 매수를 결정합니다.

③ **프린터** : 인쇄할 프린터를 선택할 수 있습니다. 여러 대의 프린터가 설치된 경우에는 그중에서 하나를 선택해 출력합니다.

④ **프린터 속성** : 설치된 프린터의 속성을 설정하는 버튼으로 프린터 제조사에서 제공하는 프로그램이 실행되어 다양한 옵션을 설정할 수 있습니다.

⑤ **설정** : 모든 문서를 인쇄하거나 홀수/짝수 페이지를 선택해 인쇄합니다. [페이지 수]에서 연속된 페이지 범위를 인쇄할 경우에는 '-'를, 연속되지 않은 각각의 페이지를 인쇄할 때는 ','를 사용할 수 있습니다.

　예) 1~10 페이지까지 인쇄 : 1-10
　　　 1, 3, 6, 8 페이지만 인쇄 : 1,3,6,8

⑥ **인쇄 방식** : [단면/양면] 인쇄 설정을 변경할 수 있습니다.

⑦ **인쇄 순서** : ②의 [복사본] 항목에서 설정한 수만큼 복사본을 출력할 때 한 부씩 인쇄할 것인지, 한 장씩 인쇄할 것인지 결정합니다.

⑧ [용지 방향], [용지 크기], [용지 여백]을 설정할 수 있습니다.

⑨ **인쇄 배율** : 용지 한 면에 여러 장을 인쇄할 때 사용합니다. 인쇄 테스트용이나 배포용 문서를 출력할 때 사용합니다.

⑩ **페이지 설정** : [페이지 설정] 대화상자를 실행합니다.

⑪ **페이지 보기** : 미리 보기 문서 페이지를 검색할 수 있습니다.

⑫ **확대/축소** : 미리 보기 창에 보이는 문서의 [확대/축소]를 설정할 수 있습니다.

⑬ **현재 창 크기에 맞춤** : 미리 보기 창에 보이는 문서를 1장 크기에 맞출 때 사용합니다.

⑭ **인쇄 미리 보기 영역** : 인쇄가 어떻게 나올지 미리 보여주는 창입니다.

인쇄 범위 변경하기

인쇄 미리 보기 창에서 [설정]–[모든 페이지 인쇄]를 선
택하면 그림과 같이 [문서] 옵션 창이 활성화됩니다.

① **모든 페이지 인쇄** : 문서의 처음부터 끝까지 모든 페이
지를 인쇄할 때 사용합니다.

② **현재 페이지 인쇄** : 현재 미리 보기 창에 보이는 페이
지만 인쇄할 때 사용합니다.

③ **사용자 지정 인쇄** : 사용자가 원하는 페이지만 골라서
인쇄할 때 사용합니다.

④ **홀수/짝수 페이지만 인쇄** : 홀수 페이지만, 혹은 짝수
페이지만 인쇄할 때 사용합니다.

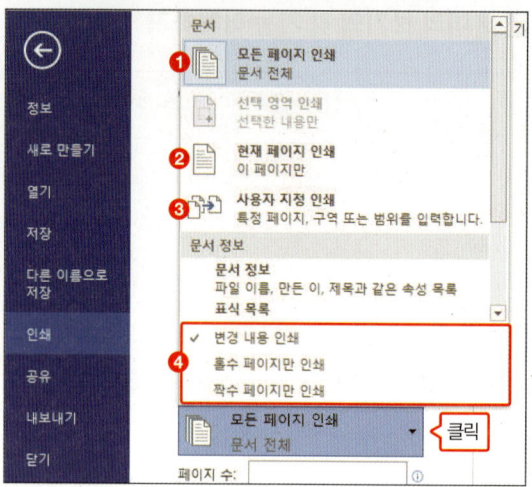

사용자 지정 범위 인쇄

특정 페이지나 구역 등 사용자가 지정한 범위만 인쇄할 수 있습니다.

① 인쇄 미리 보기 창에서 [설정]–[모든 페이지 인쇄]–**[사용자 지정 인쇄]**를 선택합니다.

② 연속되지 않은 범위를 인쇄할 때는 그림과 같이 [페이지 수] 항목에 각 페이지를 ','로 구분해 입력합니다.

③ 연속 범위를 인쇄할 때는 그림과 같이 [페이지 수] 항목에 각 페이지를 '–'로 구분해 입력합니다.

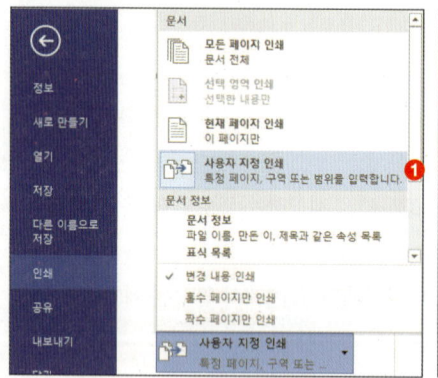 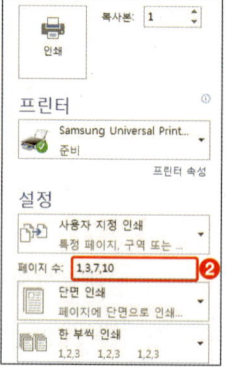 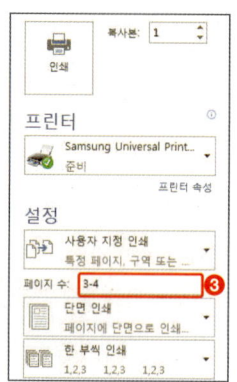

실무활용노트 WORD | **용지 한 면에 여러 페이지 인쇄하기**

[용지 한 면에 여러 페이지]를 클릭해 출력할 페이지를 선택하고 한 장에 모아서 출력할 수 있습니다. 이 기
능은 인쇄 테스트용이나 배포용 인쇄에 사용됩니다.

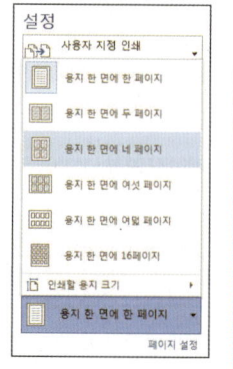

48 편지 병합 기능으로 주소록을 초대장 문서에 인쇄하기

편지 병합은 동일한 초대장 내용에 미리 준비된 주소록 명단을 이용하여 받을 사람의 정보를 초대장 내 원하는 위치에 표시할 수 있는 기능입니다. 별도의 작업 없이 초대장에 수신인만 바꿔 주소록의 명단 개수만큼 출력할 수 있습니다.

• **실습 파일** 워드 \ 7장 \ 편지 병합 기능으로 주소록을 초대장 문서에 인쇄하기.docx, 주소록.xlsx

01 편지 병합 준비하기

편지 병합을 위해서는 초대장 원본 문서와 초대할 사람들의 명단이 필요합니다. 워드 2013에서 편지 병합에 사용되는 주소록은 워드 문서, 엑셀 문서, 액세스 문서, Outlook 주소록을 사용하거나 직접 입력하는 등 입력 방식이 다양합니다. 여기에서는 엑셀에 준비된 주소록을 이용하겠습니다.

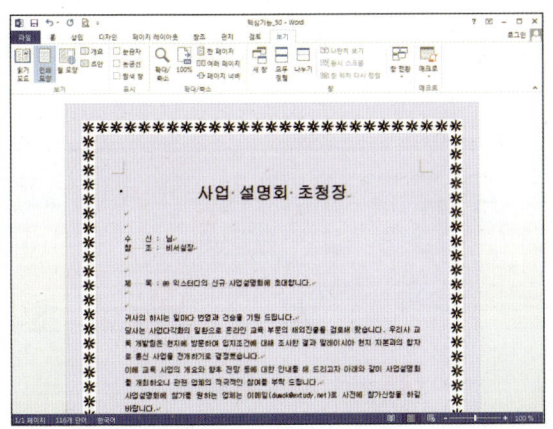 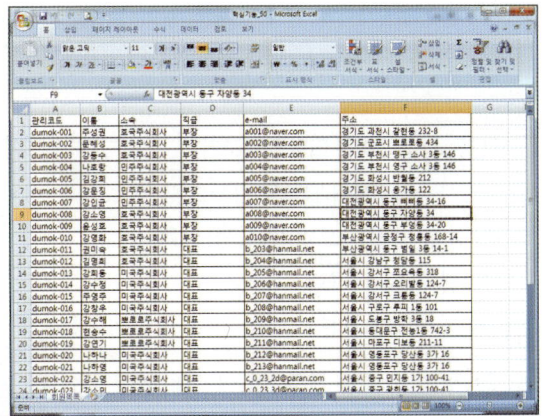

02 초대장에 각기 다른 수신인 표시해 출력하기

① 초대장 본문에서 **수신인**이 표시될 위치 클릭

② [편지] 탭 – [편지 병합 시작] 그룹 – [**받는 사람 선택**] 클릭

③ [**기존 목록 사용**]을 선택합니다.

[데이터 원본 선택] 대화상자가 활성화됩니다.

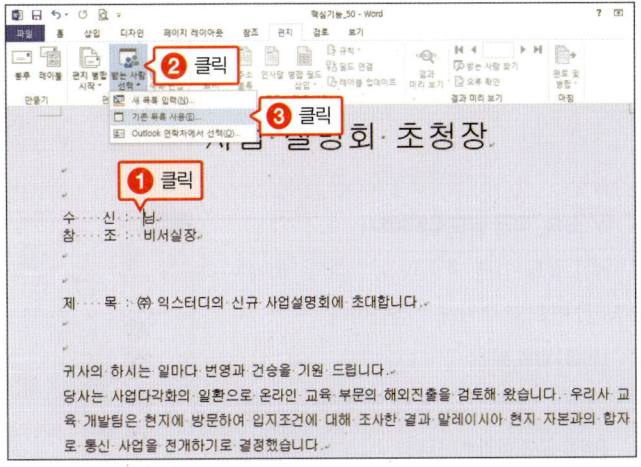

03

① 예제 폴더 내의 **주소록.xlsx** 파일 선택

② **[열기]** 클릭

③ [테이블 선택] 대화상자에서 **[회원목록$]** 선택

④ **[확인]**을 클릭해 주소로 원본 데이터를 읽어옵니다.

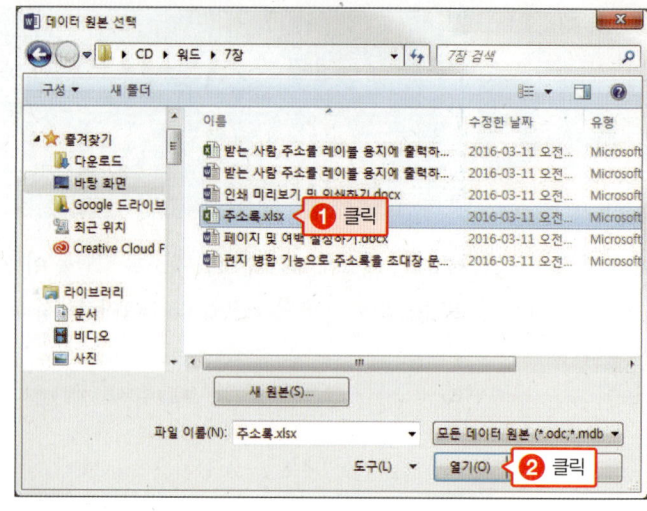

04 받는 사람의 이름 필드 입력하기

① 받는 사람의 **이름**이 입력될 위치 클릭

② [편지] 탭 - [필드 쓰기 및 삽입] 그룹 - **[병합 필드 삽입▼]** 클릭

③ **[이름]**을 선택합니다.

─────────────────────

이름 필드가 삽입됩니다.

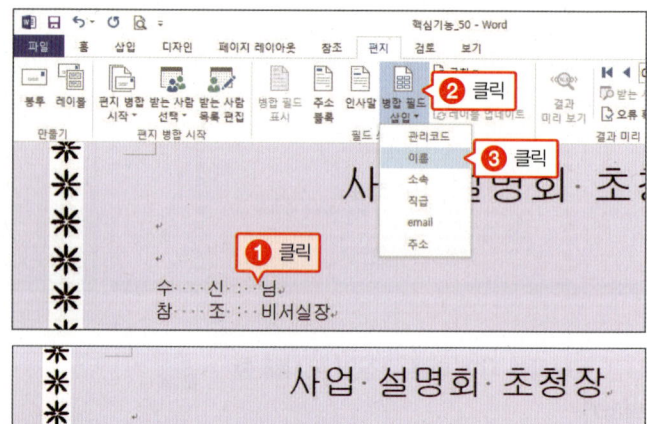

05 소속, 직급 필드 입력하기

[이름] 필드 입력 방식과 동일하게 [소속], [직급] 필드도 추가해보겠습니다.

① **[이름] 필드 뒤** 클릭

② [편지] 탭 - [필드 쓰기 및 삽입] 그룹 - **[병합 필드 삽입▼]** 클릭

③ **[소속]**을 선택합니다.

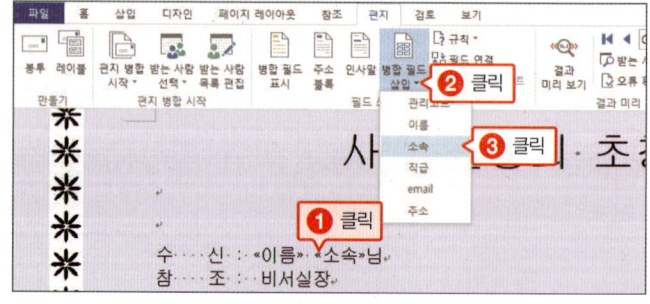

06

① ② ③ [직급] 필드도 [소속] 필드를 추가한 것과 같은 방법으로 추가합니다.

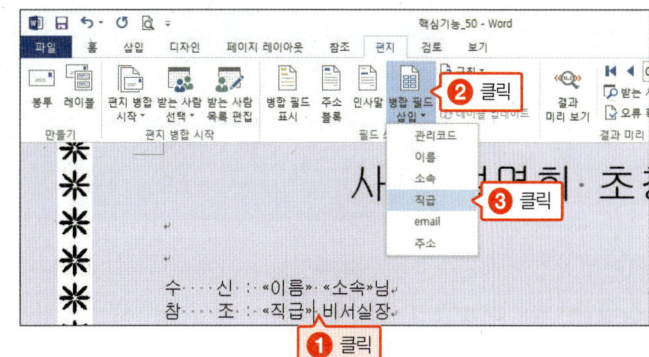

07 편지 병합한 문서 인쇄하기

① [편지] 탭 – [마침] 그룹 – **[완료 및 병합]** 클릭
② **[문서 인쇄]** 선택
③ [프린터로 출력] 대화상자가 열리면 [인쇄 기록]의 **[모두]** 선택
④ **[확인]**을 클릭합니다.

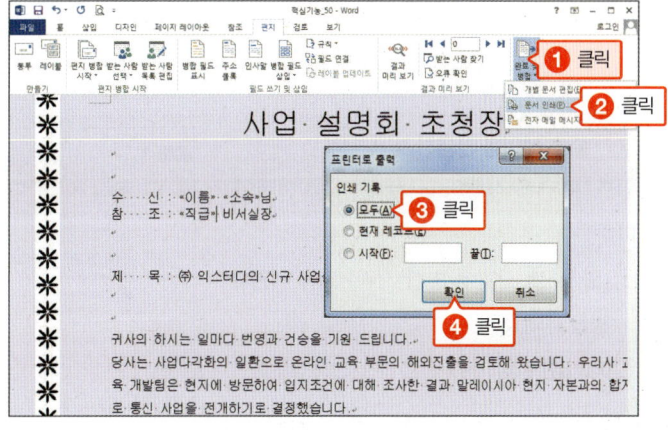

출력 작업이 완료됩니다.

실무활용노트 WORD | 개별 문서 편집하기

수신인별로 문장을 수정하고 싶을 경우에는 ① [편지] 탭 – [마침] 그룹 – [완료 및 병합] 클릭 ② [개별 문서 편집] 선택 ③ [새 문서로 병합] 대화상자에서 [모두] 선택 ④ [확인]을 클릭합니다. 수신인이 페이지별로 구분된 새로운 워드 문서가 실행됩니다. 각 페이지의 수신인별로 문서를 수정하고 저장한 후 출력합니다.

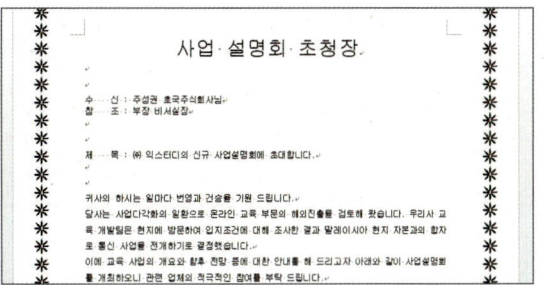

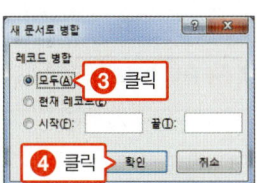

49 받는 사람 주소를 레이블 용지에 출력하기

초대장 봉투에 붙일 주소를 주소 레이블 용지에 출력해보겠습니다. 주소 레이블 용지는 제조사마다 각각 다르므로 일반적으로 가장 많이 사용되는 'Formtec 3108(14칸)' 용지를 기준으로 설명하겠습니다. 현재 가지고 있는 레이블 용지가 다른 종류라면 레이블 옵션에서 해당 제조사의 제품을 선택합니다.

• **실습 파일** 워드 \ 7장 \ 받는 사람 주소를 레이블 용지에 출력하기.xlsx   • **완성 파일** 워드 \ 7장 \ 받는 사람 주소를 레이블 용지에 출력하기_완성.docx

01 주소 레이블 인쇄하기

워드 2013을 실행하고 [새 문서]를 선택합니다.

①[편지] 탭 - [편지 병합 시작] 그룹 - [**편지 병합 시작**] 클릭

②[레이블] 선택

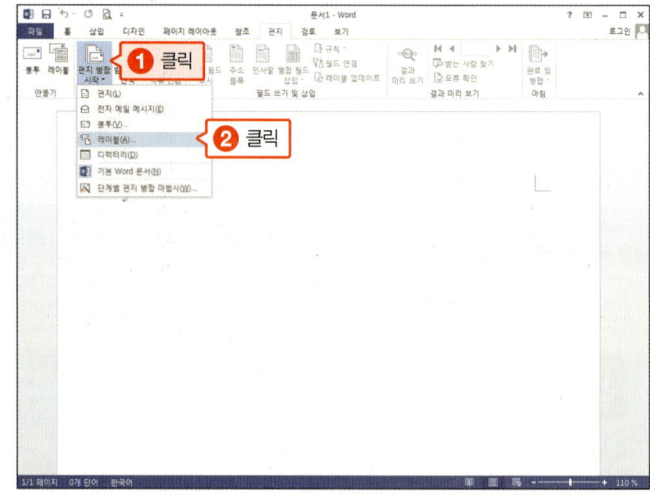

02

①[레이블 제조 회사] - [**Formtec**] 선택

②[제품 번호] - [**Formtec 3108**] 선택

③[**확인**]을 클릭합니다.

레이블 용지 구분 표시가 나타납니다.

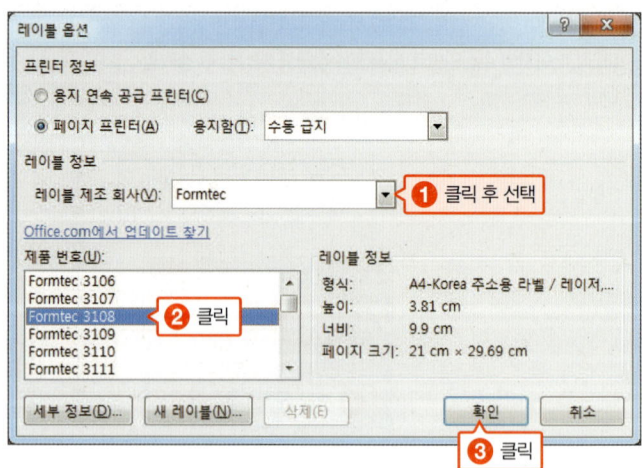

03

① [편지] 탭 – [편지 병합 시작] 그룹에서 **[받는 사람 선택]** 클릭

② **[기존 목록 사용]**을 선택합니다.

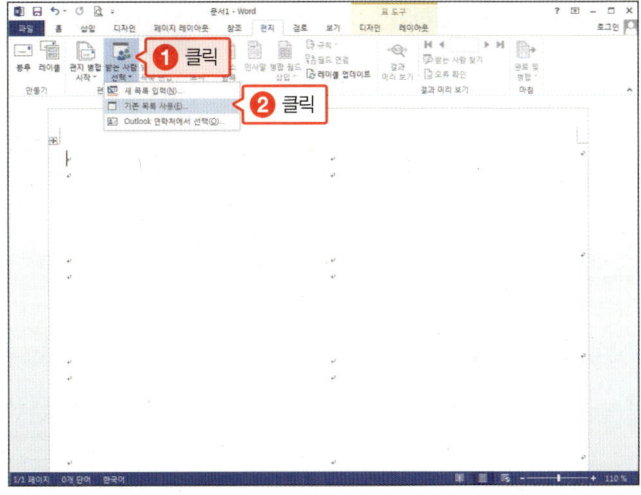

04

① [데이터 원본 선택] 대화상자에서 **받는 사람 주소를 레이블 용지에 출력하기.xlsx** 파일 선택

② **[열기]**를 클릭합니다.

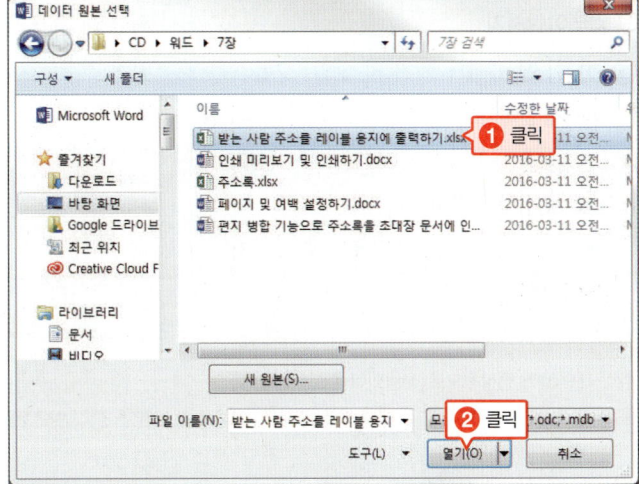

05

① [테이블 선택] 대화상자에서 **[회원목록$]** 선택

② **[확인]**을 클릭합니다.

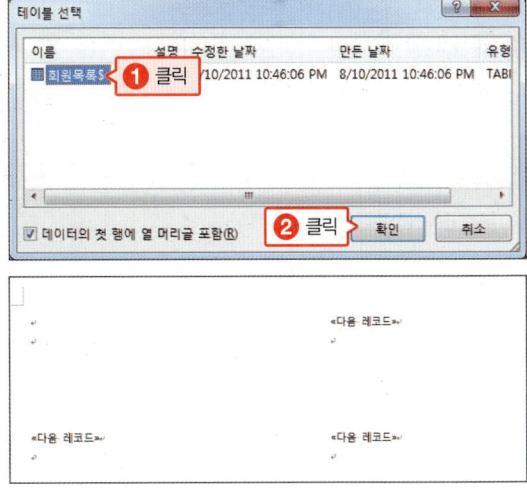

06 레이블 필드 삽입하기

① [편지] 탭 – [필드 쓰기 및 삽입] 그룹 –
   [병합 필드 삽입▼]을 클릭

② **[주소]**를 클릭합니다.

[소속], [이름], [직급] 역시 같은 방법으로 순서대로
삽입합니다.

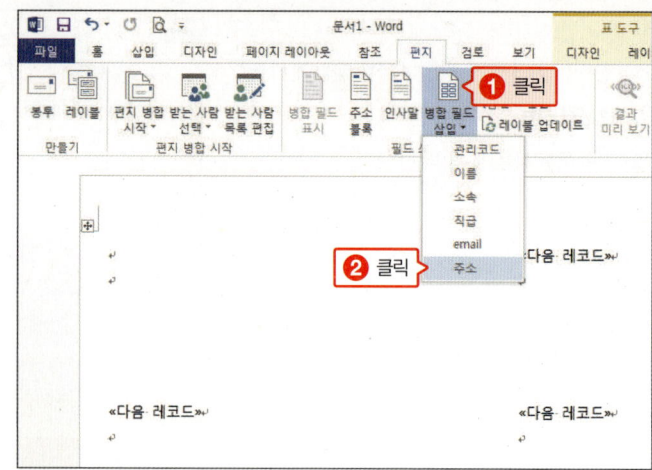

07 각 레이블 칸에 첫 번째 입력한 병합 필드 업데이트하기

① [편지] 탭 – [필드 쓰기 및 삽입] 그룹 –
   [레이블 업데이트] 클릭

② [편지] 탭 – [결과 미리 보기] 그룹 – **[결과
   미리 보기]**를 클릭합니다.
   레이블이 정상적으로 적용이 되었는지
   확인합니다.

주소 레이블이 정상적으로 적용되어 주소, 소속, 이
름, 직급 순서가 표시됩니다.

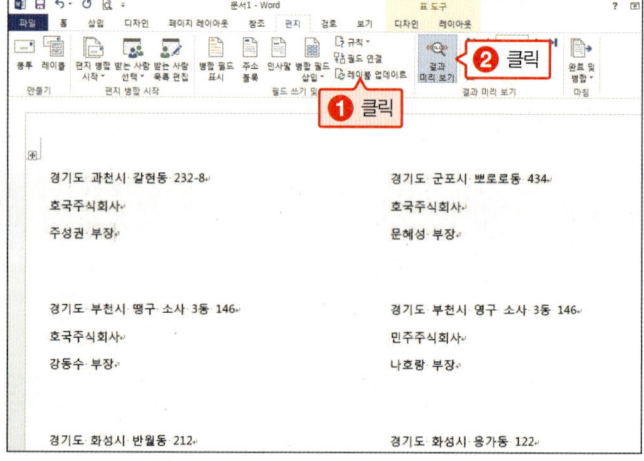

08 주소 레이블 출력하기

① [편지] 탭 – [마침] 그룹 – **[완료 및 병합]** 클릭

② **[문서 인쇄]** 선택
   [프린터로 출력] 대화상자가 활성화됩
   니다.

③ **[모두]** 선택

④ **[확인]**을 클릭합니다.

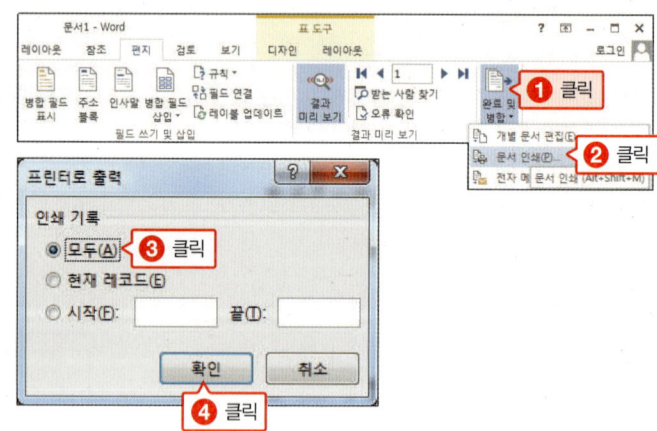

09 [인쇄] 대화상자에서 프린터 설정을 확인한 후 **[확인]**을 클릭합니다.

인쇄가 시작됩니다.

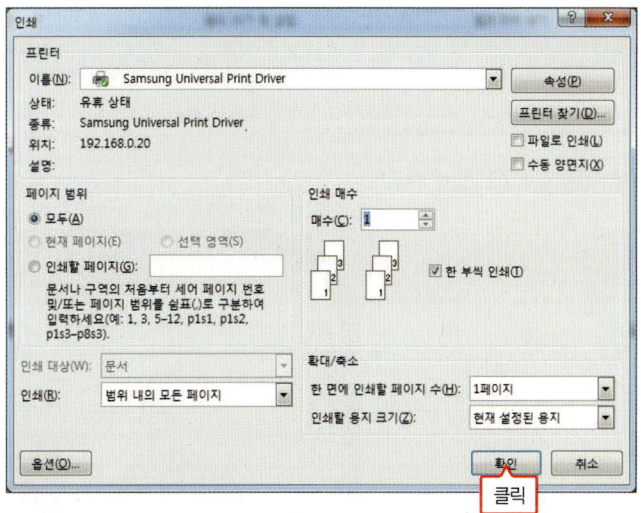

실무활용노트 WORD

주소 필드의 글꼴 크기를 변경하고 싶을 때

① [주소] 필드를 마우스로 드래그한 후 ② [홈] 탭–[글꼴] 그룹–[글꼴 크기]를 [14]로 설정합니다. ③ [편지] 탭–[필드 쓰기 및 삽입] 그룹–[레이블 업데이트]를 클릭한 후 ④ [결과 미리 보기]를 클릭해 적용 내용을 확인합니다.

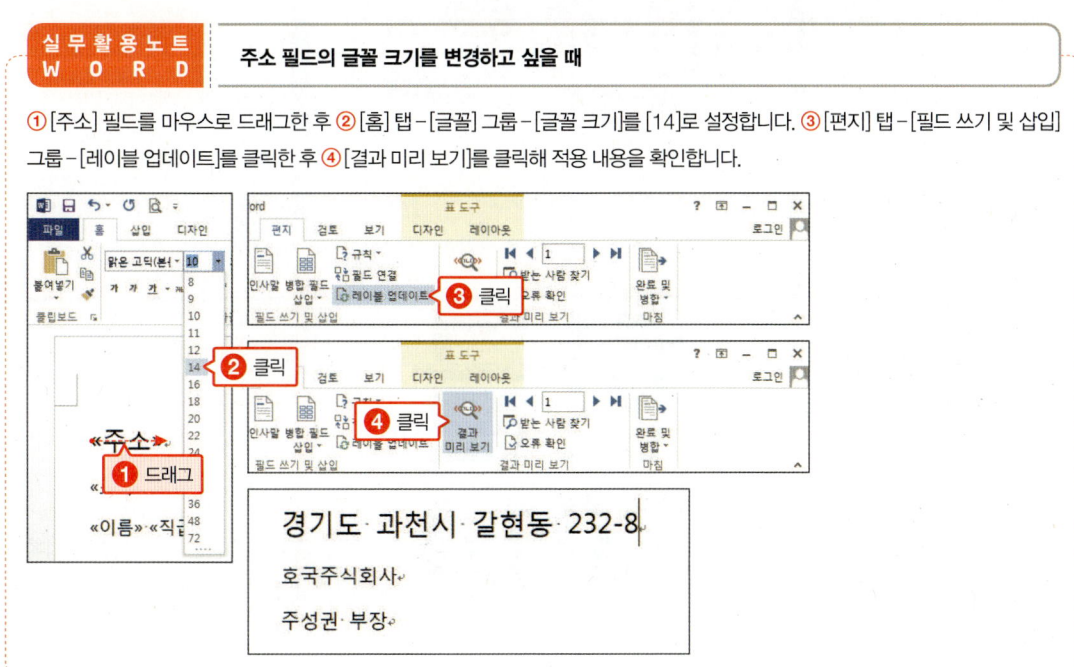

PART
05

한글
2014

HANGUL 2014

한글 2014
기본기 다지기

한글 2014의 기능을 본격적으로 익히기 전에 한글 2014의 화면 구성과 각 부분의 명칭을 익혀보겠습니다. 한글 변경 설정 및 화면 확대/축소와 보기 옵션, 한글 2014에서 새 문서를 만들고 저장하는 방법 및 문서에 비밀번호를 지정하고 해제하는 방법 등을 알아보겠습니다.

00 한글 2014 기본 화면 구성 살펴보기

한글 기본 화면의 메뉴 구성은 다양한 형태로 변경할 수 있습니다. 한글 고유의 펼침 메뉴(풀다운 메뉴)를 사용하거나 마이크로소프트 워드 리본 탭 메뉴 형태의 기본 도구 모음으로 변환해 사용할 수 있습니다. 기본 도구 모음은 펼침 메뉴에 설정되어 있는 기능들 중에서 자주 쓰이는 기능만 쉽게 사용할 수 있도록 모아놓은 것입니다. 우선 한글의 기본 초기 화면 구성에 대해서 알아보겠습니다.

한글 2014의 화면 구성 살펴보기

한글 2014의 작업 창 상단에는 '메뉴 탭'과 '기본 도구 상자', '서식 도구 상자'가 배치되어 있어 사용자가 빠르고 편리하게 명령을 실행할 수 있도록 도와줍니다. 본문의 상단과 좌측에는 문서 편집을 정확하고 세심하게 할 수 있도록 돕는 눈금자가 배치되어 있습니다. 문서 창 하단의 '상황 선'에서는 현재 편집 위치, 보기 설정 등을 확인할 수 있어 간편하게 화면 위치나 확대/축소 비율 등을 변경할 수 있습니다.

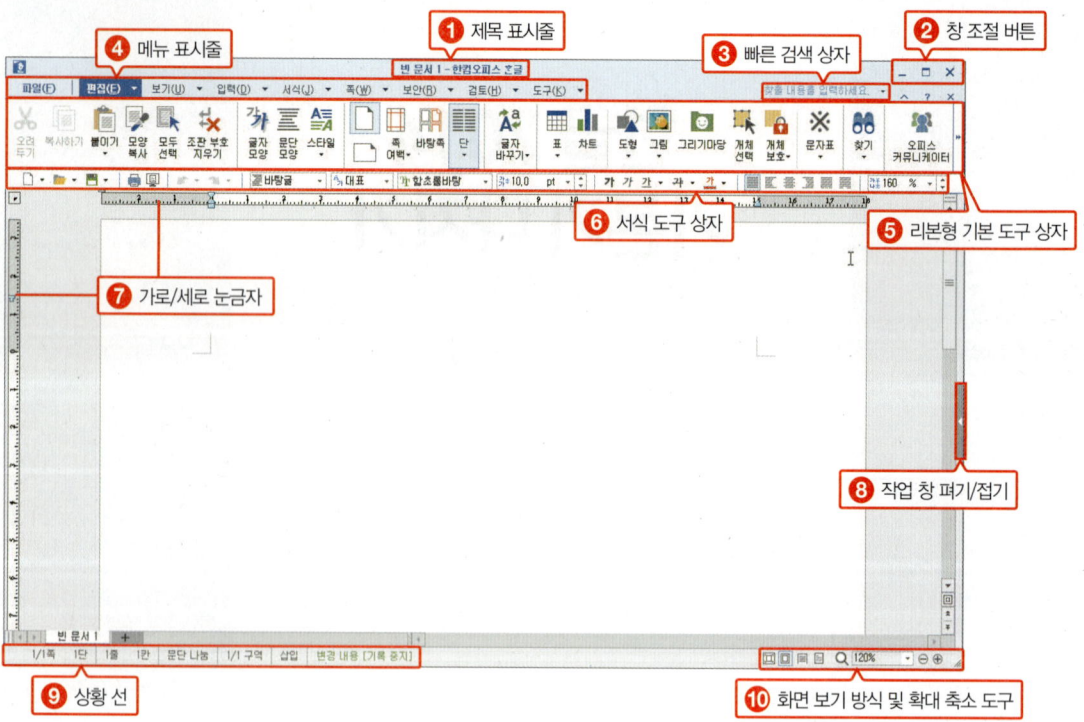

① **제목 표시줄** : 현재 작업 중인 문서의 이름이 표시됩니다.

② **창 조절 버튼** : 작업 중인 창을 닫거나 창의 크기를 수정할 때 사용합니다. 최소화, 전체 화면으로 보기, 닫기 중에서 선택할 수 있습니다.

③ **빠른 검색 상자** : 찾기 도구를 이용하지 않고도 문서 내용을 빠르게 찾을 수 있습니다.

④ **메뉴 표시줄** : 탭 방식으로 메뉴가 표시되며, 한글 2007과 같은 풀다운 메뉴도 함께 제공됩니다.

⑤ **리본형 기본 도구 상자** : 자주 사용하는 메뉴가 아이콘 형태로 표시되어 있어 빠르게 메뉴를 찾고 실행할 수 있습니다.

⑥ **서식 도구 상자** : 문서 작성 시 가장 자주 사용되는 새 문서, 문서 열기, 저장, 인쇄 등의 메뉴와 글꼴 서식, 문단 서식 등에 관련된 도구들이 아이콘 형태로 표시되어 있습니다.

⑦ **가로/세로 눈금자** : 문서의 상하좌우 여백, 도형이나 표의 위치와 크기, 문단 여백 등을 확인할 수 있습니다.

⑧ **작업 창 펴기/접기** : 사전, 개요, 빠른 실행, 쪽 모양, 클립보드 등의 작업을 할 때 별도의 메뉴를 클릭하지 않고도 빠르게 사용할 수 있습니다.

⑨ **상황 선** : 현재 문서의 페이지 수, 커서의 현재 위치, 문자의 삽입/수정 상태, 변경 내용 기록 등과 관련된 상태가 표시됩니다.

⑩ **화면 보기 방식 및 확대 축소 도구** : 화면 보기 방식을 쪽 윤곽, 쪽 맞춤, 폭 맞춤 중에서 선택할 수 있고, 화면을 확대하거나 축소할 수 있습니다.

실무활용 노트 **바로 가기 메뉴에서 도구 상자 접기/펴기**

메뉴 표시 줄의 빈 공간을 마우스 오른쪽 버튼으로 클릭하면 그림과 같이 바로 가기 메뉴가 나타납니다. [도구 상자 접기/펴기]를 선택해 적용할 수 있습니다.

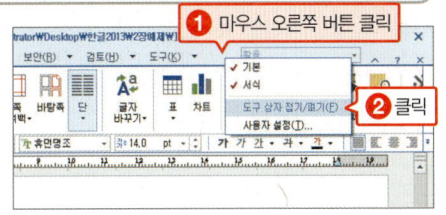

01 새 문서 만들어 저장하기

한글을 실행하면 빈 문서가 나타나며, 이곳에 새 문서를 만들 수 있습니다. 이미 작성한 문서가 열린 상태에서 새 문서를 더 만들어야 한다면 해당 문서에서 새 탭을 만들거나 [파일] 메뉴-[새 문서]를 선택해 새 창을 열고 새 문서를 작성할 수 있습니다. 작성한 문서는 나중에 다시 불러올 수 있도록 파일로 저장합니다. 문서를 저장하는 메뉴에는 [저장하기]와 [다른 이름으로 저장하기]가 있습니다. [저장하기]는 현재 작업 중이던 파일에 편집한 내용을 그대로 저장하는 방법이고 [다른 이름으로 저장하기]는 기존 파일은 그대로 두고 새로운 파일로 현재 편집한 문서를 저장하는 방식입니다.

01 새 탭으로 새 문서 만들기
(단축키 [Ctrl]+[Alt]+[T])

새 창을 열지 않고 현재 열려있는 작업 창에 탭을 추가하여 새 문서를 작성하는 방법입니다. 한 문서 파일에 여러 개의 문서를 탭 형식으로 배열해 다른 문서로의 전환 및 참조를 빠르게 처리할 수 있습니다. 서식 도구 상자에서 [새 문서]의 내림 단추를 클릭하고 [새 탭]을 선택합니다.

원래 있던 [빈 문서 1] 탭의 오른쪽에 새 탭이 추가되면서 새로운 문서가 생성됩니다.

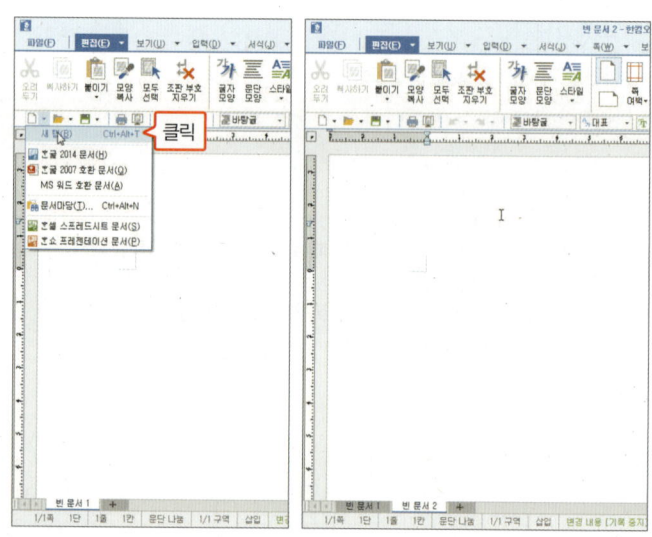

바로 통하는 TIP [파일] 메뉴-[새 문서]-[새 탭]을 선택하거나 단축키 [Ctrl]+[Alt]+[T]를 눌러도 됩니다.

02 저장하기(단축키 [Alt]+[S])

① 서식 도구 상자에서 [저장하기] 클릭
② [다른 이름으로 저장하기] 대화상자의 [저장 위치]에서 [바탕 화면] 선택
③ [파일 이름]에 저장하기 입력
④ [저장]을 클릭합니다.

[빈 문서 2] 탭이 '저장하기.hwp'로 저장됩니다.

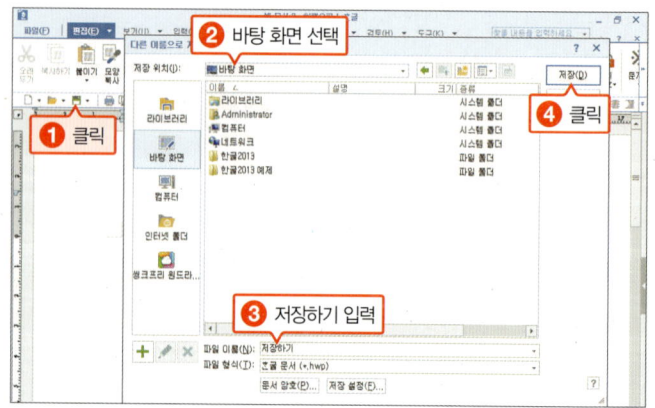

바로 통하는 TIP 문서를 저장하지 않은 상태로 [파일] 메뉴-[끝]을 선택하거나 단축키 Alt + X 를 눌러 문서를 종료하면 [끝] 대화상자가 나타나 [빈 문서 1] 탭을 저장할 것인지 물어봅니다. 저장 여부를 선택한 후 문서를 닫습니다. 새 탭을 이용하면 문서 창을 여러 개 열지 않고 한 창에서 새 문서를 작성할 수 있는 장점이 있으나 각각의 탭은 별개의 문서이므로 종료 시에는 탭별로 저장을 해야 합니다.

실무활용노트 | 현재 문서를 다른 이름으로 저장하기

현재 편집 중인 문서 파일을 그대로 두고 작업 내용을 새로운 파일로 저장하려면 [다른 이름으로 저장하기] 기능을 사용합니다. 예를 들어 한글에서 기본으로 제공하는 이력서 서식 문서를 불러와 개인 이력서를 작성했다면 한글에서 불러온 기본 서식 문서는 그대로 두고 자신의 정보를 입력한 문서를 다른 이름으로 저장해 보관하고 사용할 수 있습니다. 같은 문서가 두 개가 된 것이므로, 원본인 기본 서식 문서는 그대로 두고 새로 저장한 파일에서 편집을 계속할 수 있습니다.

파일의 저장 위치, 저장할 파일 이름, 파일 형식 등은 [다른 이름으로 저장하기] 대화상자에서 새롭게 설정할 수 있습니다.

① 서식 도구 상자에서 [저장하기]의 내림 단추-[다른 이름으로 저장하기] 선택

　단축키 Alt + V 를 눌러도 됩니다.

② [다른 이름으로 저장하기] 대화상자의 [저장 위치]에서 [바탕 화면] 선택

③ [파일 이름]에 '다른이름으로' 입력

④ [저장]을 클릭합니다.

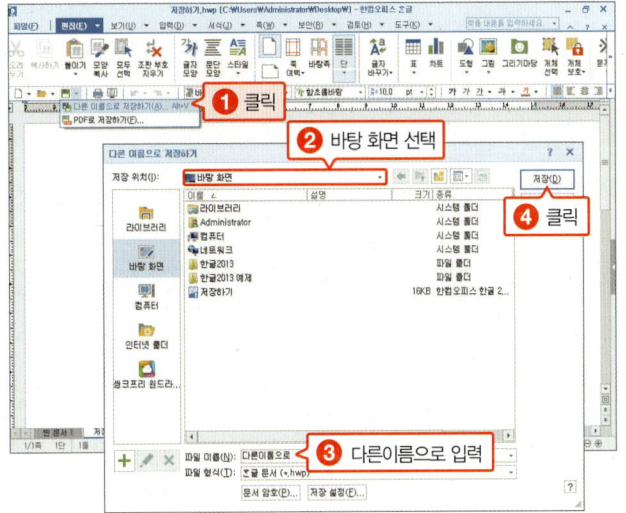

'다른이름으로'라는 파일명으로 탭 이름이 변경됩니다. [다른 이름으로 저장하기] 기능을 사용했기 때문에 앞서 저장해둔 '저장하기.hwp' 파일은 해당 폴더에 그대로 남아 있습니다.

02 자동 저장 설정하기

문서 작성 도중에 자동으로 문서를 저장하는 기능에 대해서 알아보겠습니다. 한글에는 문서 편집 중에 정전이나 프로그램 이상 등으로 인해 비정상적으로 종료되었을 경우에 생길 수 있는 문서 손실을 최소화하기 위해 문서 작성 중에 자동으로 문서를 저장하는 자동 저장 기능이 있습니다. [도구] 메뉴-[환경 설정]을 클릭하여 [환경 설정] 대화상자의 [편집] 탭에서 설정할 수 있으며, [다른 이름으로 저장] 대화상자를 통해 설정할 수도 있습니다.

▪실습 파일 1장\자동 저장 설정하기.hwp ▪완성 파일 없음

01 자동 저장 옵션 설정하기

사용자가 일정 시간 동안 작업하고 있지 않을 때, 혹은 일정 시간마다 무조건 문서를 자동 저장하도록 설정하면 예기치 않은 상황으로부터 문서를 보호할 수 있습니다.
서식 도구 상자에서 [저장하기]의 내림 단추-[**다른 이름으로 저장하기**] 선택합니다.

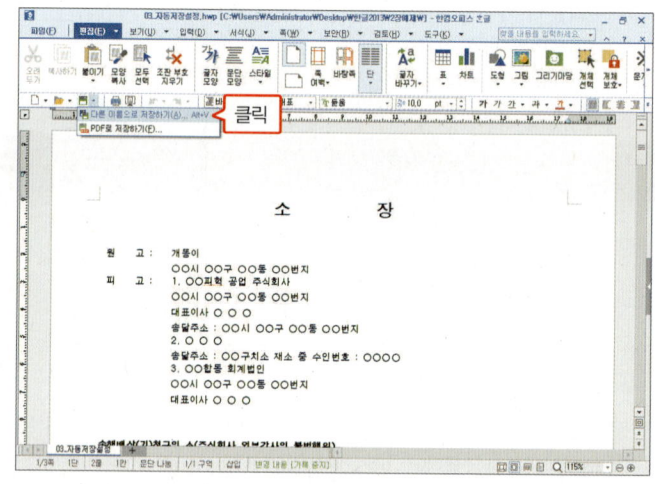

02 [다른 이름으로 저장하기] 대화상자에서 [**저장 설정**]을 클릭합니다.

[저장 설정] 대화상자가 나타납니다.

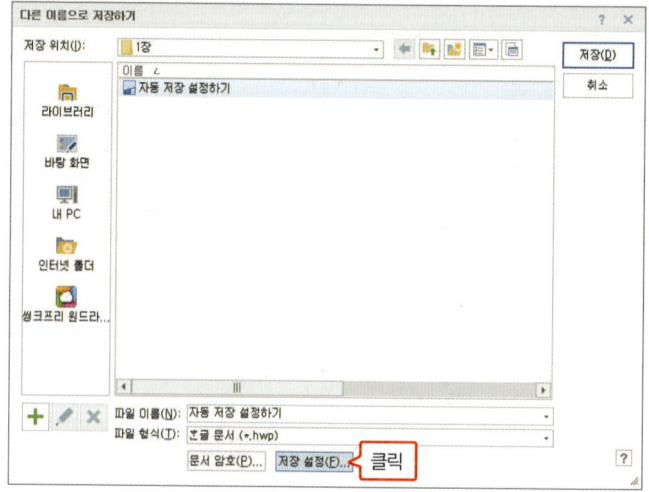

03

① [저장 설정] 대화상자에서 [무조건 자동 저장]을
   3분, [쉴 때 자동 저장]을 **10초**로 설정

② [설정]을 클릭합니다.

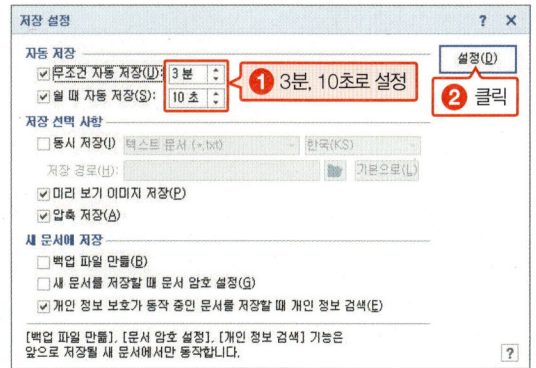

[저장 설정] 대화상자 알아보기

[저장 설정] 대화상자에서는 문서 저장 시의 환경을 미리 설정해두고 적용할 수 있습니다.

① **무조건 자동 저장** : 문서를 작성할 때 일정한 시간마다 무
   조건 자동 저장합니다. 1~60분 사이의 값을 지정할 수 있
   습니다.

② **쉴 때 자동 저장** : 문서 작성 중에 일정한 시간 이상 작업하
   지 않을 때 자동 저장합니다. 1~360초 사이의 값을 지정
   할 수 있습니다.

③ **동시 저장** : 문서를 저장할 때 다른 형식의 파일로 동시에
   저장할 수 있습니다.

④ **미리 보기 이미지 저장** : [불러오기] 대화상자의 미리 보기
   창에 나타난 이미지를 문서에 저장합니다. 이 항목을 선택
   하면 미리 보기 속도가 빨라집니다.

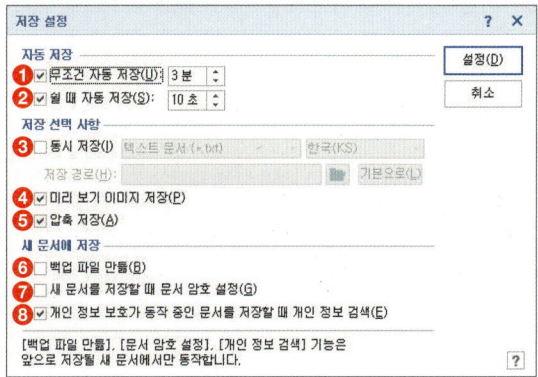

⑤ **압축 저장** : 문서를 압축 저장합니다.

⑥ **백업 파일 만듦** : 저장할 때 별도로 백업 파일을 같이 저장합니다.

⑦ **새 문서를 저장할 때 문서 암호 설정** : 새 문서로 저장할 때마다 [문서 암호 설정] 대화상자가 자동으로 나타납니다.

⑧ **개인 정보 보호가 동작 중인 문서를 저장할 때 개인 정보 검색** : 개인 정보 보호가 포함된 문서를 다른 이름으로 저장할 때 문서에 개
   인 정보가 포함되어 있으면 자동으로 개인 정보를 검색합니다.

04 다시 [다른 이름으로 저장하기] 대화
상자에서 **[저장]**을 클릭합니다.

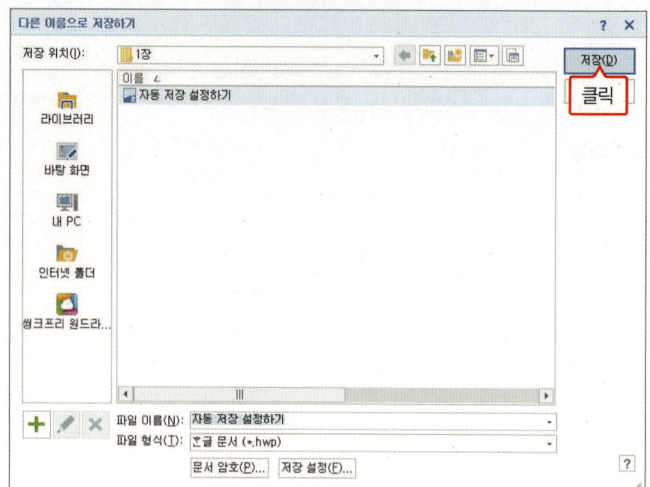

05 [다른 이름으로 저장하기] 경고 창에
서 **[덮어씀]**을 클릭합니다.

문서가 저장되고 자동 저장 시간이 설정됩니다. [도
구] 메뉴–[환경 설정]을 클릭하고 [환경 설정] 대화상
자의 [편집] 탭에서 설정 내용을 확인할 수 있습니다.

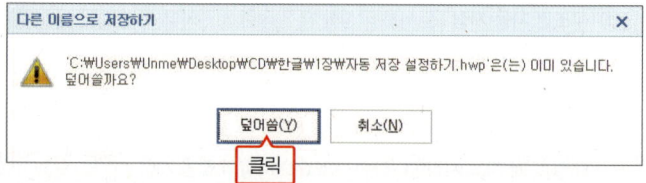

입력 및
기본 편집하기

문서에 특수 문자나 단위 기호, 한자 등을 입력하는 방법에 대해
알아보겠습니다. 자주 사용하는 한자 단어를 한자 사전에 등록하
는 기능과 틀리기 쉬운 오타와 맞춤법에 어긋나는 단어를 찾아
정확하게 수정할 수 있는 맞춤법 검사 기능 등 문서를 입력하고
작성할 때 유용하게 사용할 수 있는 기능에 대해서도 알아봅니다.

03 한자 입력 및 변환하기

한글은 다른 워드프로세서 프로그램이 따라올 수 없는 강력한 한자 입력 및 변환 기능을 제공합니다. 문서에 한자가 많이 쓰이는 국내 현실을 반영한 것입니다. 한글을 한자로 변환하는 방법은 첫째, 한글 음에 따라 제공되는 한자를 한자 사전에서 찾아 변환하는 방법, 둘째, 부수나 획수로 한자를 찾아 입력하는 방법, 셋째, 한자 사전에 등록되어 있는 한자를 찾아 변환하는 방법 등이 있습니다. 어떤 방법이든 상황에 맞게 편리한 방법을 사용하면 됩니다.

▪ **실습 파일** 2장 \ 한자 입력 및 변환하기.hwp　　▪ **완성 파일** 2장 \ 한자 입력 및 변환하기_완성.hwp

---

❶ 契約直 연봉 계약서

사용자 (갑)	성　명	강수로	사업의 종류	서비스
	사업체명	주식회사 한빛 미디어		
	소　❹지	❷	서울	
근로자 (을)	性　名	홍길동	住民登錄番號	111111-111111
	주　소	서울		

1. 임금내역

기본급(년간) :	15,000,000
제수당(년간) :	300,000
년(월)차 수당(년간) :	200,000
퇴직금중간정산액(년간) :	100,000
총 계약 연봉액	15,600,000

2. 퇴職當 및 通商貨金 ❸

1) 연차수당 및 퇴직금(退職金) 중간정산은 1 년이상 근무한 자에 한하여 지급 한다.
2) 제수당에는 법정수당(연장,휴일,야간근무수당 등)과 기타 회사 임의 수당으로써 모든항목을 포함한 것으로 간주하여 지급한다.
3) 통상임금은 1의 1) 연간 기본금액을 12등분하여 12분의 1에 해당하는 금액으로 한다.

3. 지급방법 : 총 계약연봉 금액을 12등분하여 매월12분의 1에 해당하는 금액을 지급한다.

4. 지급시기 : 매월 1일(日)부터 기산하여 익월(翌月) 5일 마감하여 익월 15일 지급한다.

5. 기밀유지 : 급여명세서는 절대 기밀을 유지하며 이를 위반시는 이로 인한 모든 불이익을 감　수한다.

6. 유급휴일 : 별도의 제규정에서 정한바에 의한다.

7. 근로시간 :
① 평일 근무시간은 : 09:00 부터 18:00 까지로 하고 일요일은 휴무한다.
② 전①항의 근로시간을 초과하는 연장근로 및 휴일근로에 대한 수당은 1의 2)제수당에 포함된 것으로 본다.

8. 휴게시간 : 1일 60분으로 한다.

9. 근태사항 : 지각, 조퇴, 결근과 징계사항은 별도의 제규정에 따른다.

10. 중도퇴사 : 중도 퇴사자는 중도 퇴직시 최소한 1개월전에 사전 통보하고 퇴직 승인을 득한후에 퇴직처리하며 그렇지 아니한 경우에는 무단결근으로 처리한다.

11. 계약기간

❶ 한글→한자로 변환하기
❷ 한자→한글로 변환하기
❸ 괄호 안에 한자 병기하기
❹ 한자 새김 이용해 한자 입력하기

▲ 핵심기능실습 미리보기

01 한글→한자로 변환하기(단축키 F9)

한글→한자, 한자→한글 변환은 글자나 단어 단위로 할 수 있습니다. 문서의 제목으로 사용된 '계약직 연봉 계약서' 중 '계약직'을 한자로 변환해보겠습니다. 한자로 변환할 단어인 **계약직**을 드래그합니다.

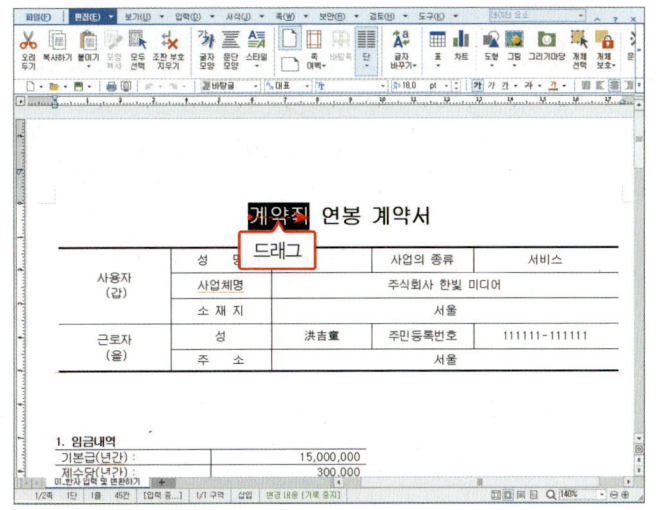

02

① F9 또는 한자
② [한자로 바꾸기] 대화상자의 [한자 목록]에 제시된 한자 중 **契約** 선택
③ **[바꾸기]**를 클릭합니다.

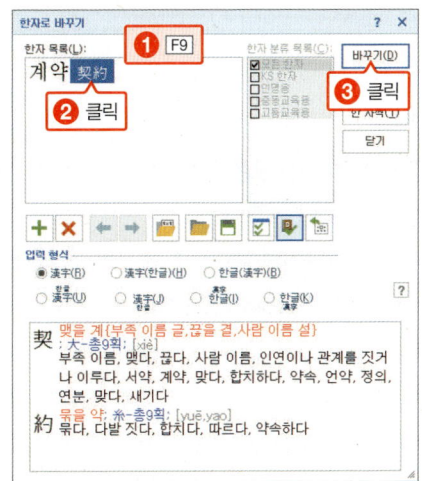

'계약직'이 '契約직'으로 변경됩니다.

바로 통하는TIP 한자로 변환할 단어인 '계약직'에서 '계약'만 선택되는 이유는 '계약직'이라는 단어가 사전에 등록되어 있지 않기 때문입니다. 이 단계에서는 한자 사전에 이미 입력되어 있는 '계약'만 변환하고 '직'은 다음 단계에서 일반 한자로 찾아 변환합니다.

03 사전에 등록된 단어가 아닌 '직'은 글자 단위로 따로 변환해야 합니다. [한자로 바꾸기] 대화상자의 [한자 목록]에 '직'이라는 음을 가진 한자가 제시됩니다. [자전 보이기]가 기본으로 선택되어 있으므로 선택한 한자의 뜻을 보면서 알맞은 한자를 선택할 수 있습니다.

① '곧을'이라는 의미를 가진 **直** 선택
② **[바꾸기]**를 클릭합니다. 한자 변환이 완료됩니다.

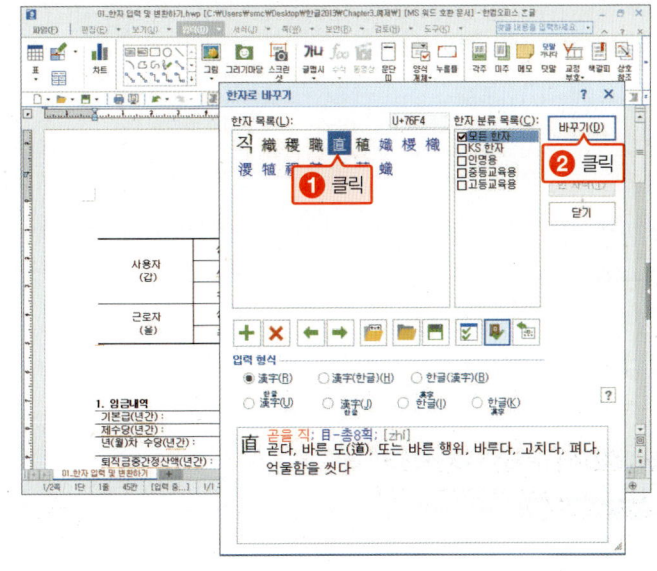

'契約직'이 '契約直'으로 변경됩니다.

한자로 변경할 한글 단어나 글자 뒤에서 [한자]를 누르면 [한자로 바꾸기] 대화상자가 나타납니다. 선택 가능한 한자 목록을 확인할 수 있으며 입력 형식을 설정할 수 있습니다.

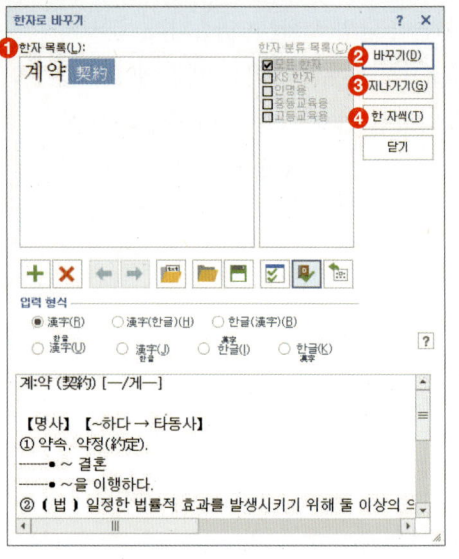

① **한자 목록** : 한자 사전에 수록된 한자 중 선택 가능한 한자가 표시됩니다. 한자는 다양한 뜻을 가지고 있으므로 자전에서 뜻을 확인한 후 정확히 선택합니다.

② **바꾸기** : 선택한 한자로 변경합니다.

③ **지나가기** : 선택된 단어를 한자로 변경하지 않을 때는 [지나가기]를 클릭합니다.

④ **한 자씩** : 한자 사전에 등록되어 있지 않아 단어 단위로 제시되지 않을 때는 사용자가 직접 한자를 선택해 한 자씩 변환합니다.

04 한자 → 한글로 변환하기
(단축키 [Alt] + [F9])

한자로 입력되어 있는 근로자 성명 '洪吉童'을 한글로 변환해보겠습니다.

① 한글로 변환할 단어인 **洪吉童** 드래그

② [편집] 메뉴-[글자 바꾸기]-[**한글로 바꾸기**]를 선택하거나 단축키 [Alt] + [F9]를 누릅니다.

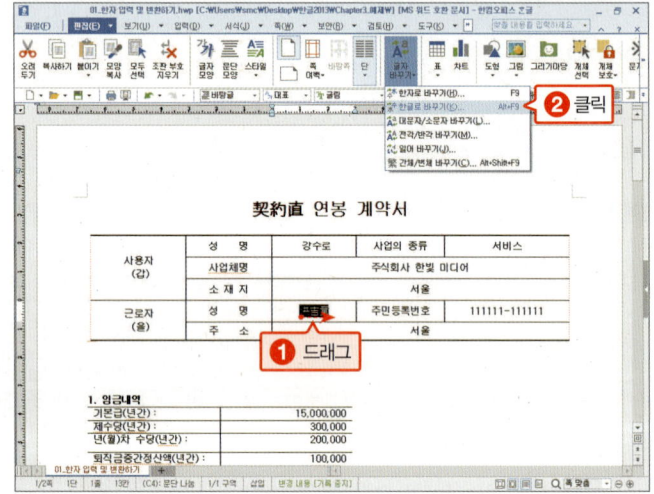

[한글로 바꾸기] 대화상자가 나타납니다.

05

① [한글로 바꾸기] 대화상자의 [바꿀 방법]에서 [**漢字를 한글로**]에 체크 표시

② [표시 방식]에서 [**한글**] 클릭

③ [**바꾸기**]를 클릭합니다.

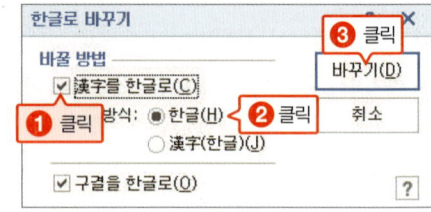

'洪吉童'이 '홍길동'으로 변경됩니다.

바로 통하는 TIP [한글로 바꾸기] 대화상자의 [표시 방식]에서 [漢字(한글)]을 선택하면 '洪吉童(홍길동)'으로 한자와 한글이 병기됩니다.

06 [한글(漢字)] 형식으로 변경하기

문서 작성 중 한글과 한자를 병기해야 하는 경우가 있습니다. '퇴직금' 뒤에 괄호를 넣고 한자를 함께 표시해보겠습니다.

① 한글과 한자를 병기할 단어인 **퇴직금** 드래그

② F9 또는 한자

③ [한자로 바꾸기] 대화상자의 [입력 형식]에서 [한글(漢字)] 클릭

④ [바꾸기]를 클릭합니다.

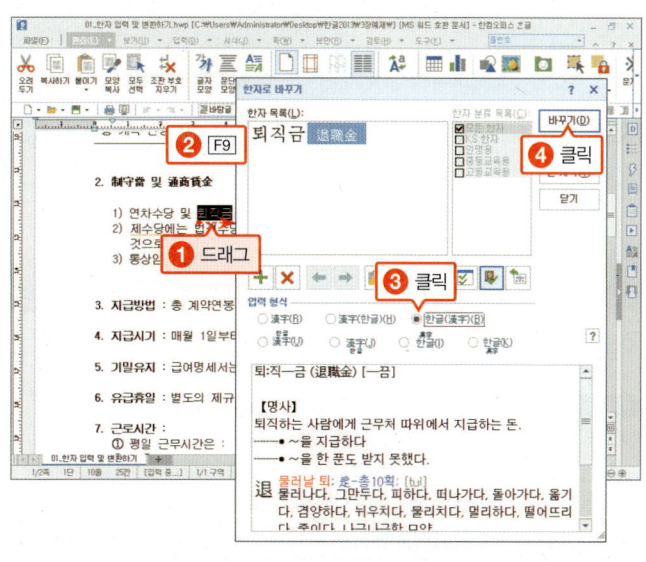

'퇴직금'이 [한글(漢字)] 표시 형식인 '퇴직금(退職金)'으로 변경됩니다.

바로 통하는 TIP [한자로 바꾸기] 대화상자의 [입력 형식]에서 한자의 표기 방식을 선택할 수 있습니다. 한자만 입력하거나 한글과 한자를 병기하거나, 한글이나 한자를 첨자 스타일로 변환해 입력할 수 있습니다.

07 한자 새김 입력하기
(단축키 Ctrl + Shift + F9)

[한자 새김 입력]은 한자를 입력할 때 같은 음을 가진 여러 한자 중에서 골라 입력하는 것이 아니라 한자의 뜻과 음(새김)을 모두 입력해 한자를 찾는 방법입니다. 문서에서 근로자의 '성명' 입력란에 '性'만 입력되어 있습니다. '이름 명'을 새김으로 찾아 한자를 입력해보겠습니다.

① 性 뒤 클릭

② [입력] 메뉴-[한자 입력]의 내림 단추-**[한자 새김 입력]**을 선택하거나 단축키 Ctrl + Shift + F9를 누릅니다.

[한자 새김 입력] 대화상자가 나타납니다.

08

① [한자 새김 입력] 대화상자의 [뜻과 음]에 **이름명** 입력

② **[넣기]**를 클릭합니다.

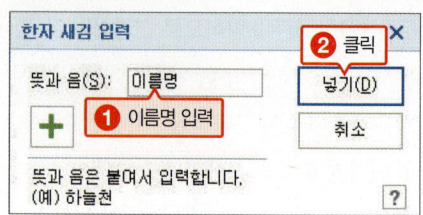

09 이름명에 해당하는 한자인 名이 입력
됩니다.

바로 통하는 TIP '새김'의 사전적 의미는 '한자를 읽을
때 음만 읽는 것이 아니라 음 앞에 뜻을 풀이해 놓다'라는
것으로, 사용자가 입력하고 싶은 한자의 뜻과 음을 대화상
자에 직접 입력하여 문서에 한자를 삽입하는 방법입니다.
뜻과 음을 입력할 때는 붙여서 입력합니다.

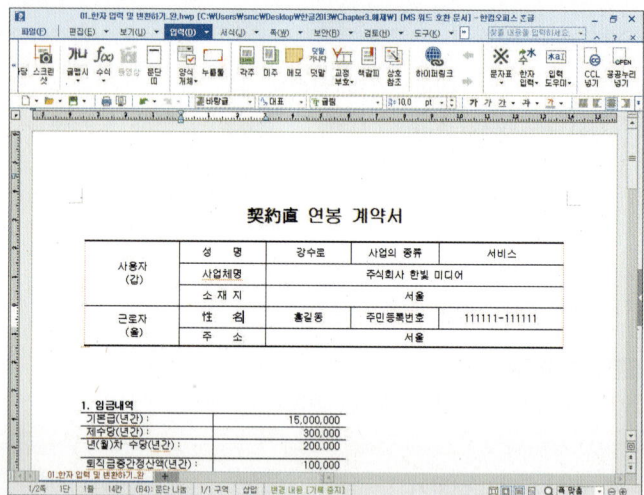

실무활용 노트 **총획수 이용해서 한자 입력하기**

한글에서는 일반 한자 사전에서 한자를 찾는 방식인 총획수와 부수를 이용하는 방법을 통해 한자를 입력할 수 있습니다. 입력할 한자
의 음을 정확히 알지 못할 때는 이 방법을 사용해 입력하면 됩니다.

① 총획수로 한자를 찾을 '일' 뒤를 클릭하고 ② 단축키 Ctrl + F9 를 눌러 [한자 부수/획수로 입력] 대화상자를 실행합니다. ③ 日(해
일)을 입력할 예정이므로 [부수 획수]에서 4를 선택합니다. ④ [부수 목록]에서 日(해 일)을 선택하고 ⑤ [넣기]를 클릭합니다. '일'이 '日'
로 변경됩니다.

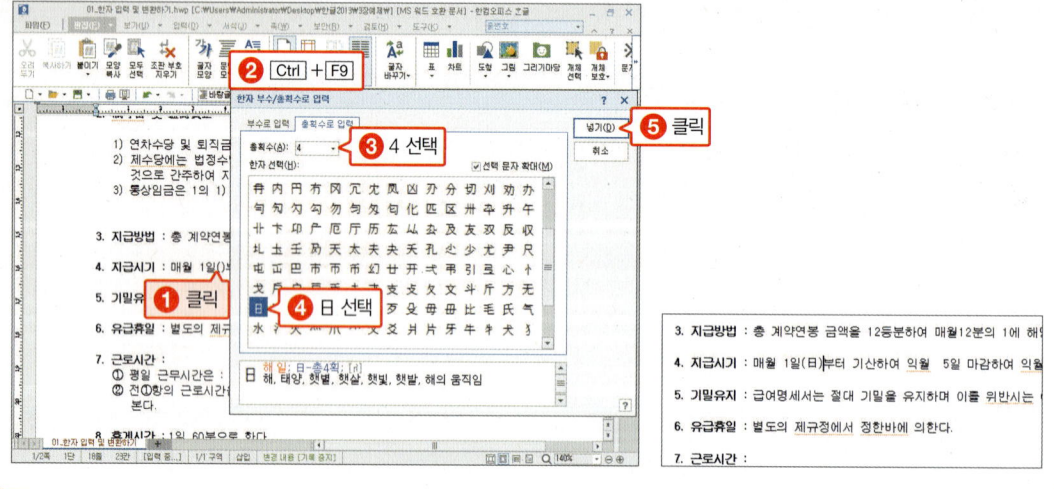

04 문자표 이용해 특수 문자 입력하기

문서를 작성할 때는 한글이나 영문, 숫자 외에 다양한 특수 문자를 입력해야 하는 경우가 있습니다. 키보드에서 입력할 수 없는 다양한 문자와 외국어 등은 [문자표 입력] 대화상자를 통해 입력할 수 있습니다. [문자표 입력] 대화상자는 자주 사용하는 문자를 모아놓은 [사용자 문자표]와 가장 최근에 사용한 문자를 확인할 수 있는 [최근 사용한 문자] 등으로 구성되어 있습니다. 특수 문자를 잘 활용하면 문서의 해당 항목을 눈에 띄게 편집할 수 있습니다.

▪**실습 파일** 2장\ 문자표 이용해 특수 문자 입력하기.hwp　▪**완성 파일** 2장\ 문자표 이용해 특수 문자 입력하기_완성.hwp

01 문자표 이용해 특수 문자 입력하기
(단축키 [Ctrl]+[F10])

지출결의서 문서 제목 앞에 특수 문자 ▣를 삽입해보겠습니다.

① **지출결의서** 앞 클릭

② [입력] 메뉴–[문자표]의 내림 단추–[**문자표**]를 선택합니다.

[문자표 입력] 대화상자가 나타납니다.

바로 통하는 TIP [입력] 메뉴–[문자표]를 클릭하면 최근에 사용한 문자가 자동으로 입력됩니다.

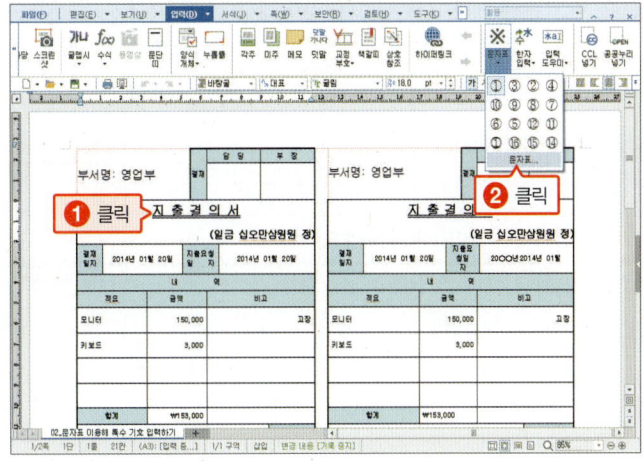

02

① [문자표 입력] 대화상자의 [사용자 문자표] 탭– [문자 영역]에서 [**기호2**] 선택

② [문자 선택]에서 ▣ 선택

③ [**넣기**]를 클릭합니다.

특수 문자 ▣가 지출결의서 앞에 삽입됩니다.

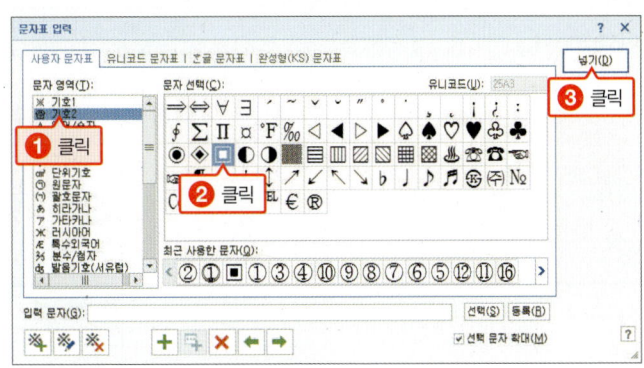

03 원문자 입력하기

적요란의 '모니터', '키보드' 앞에 원문자로
번호를 입력해보겠습니다.

① **모니터** 앞 클릭

② 단축키 Ctrl + F10

③ [문자표 입력] 대화상자의 [사용자 문자
표] 탭−[문자 영역]에서 [**원문자**] 선택

④ [문자 선택]에서 ① 선택

⑤ [**넣기**]를 클릭합니다.

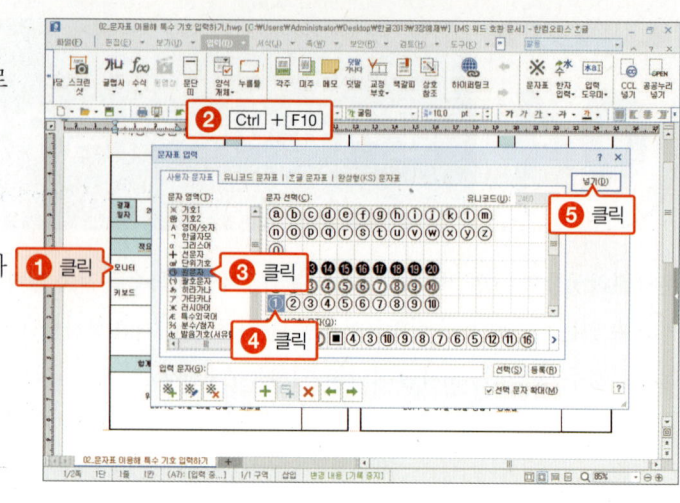

문서에 원문자 '①'이 입력됩니다.

04

비고란에는 화살표 기호를 입력해보
겠습니다.

① 비고란의 **고장** 앞 클릭

② 단축키 Ctrl + F10

③ [문자표 입력] 대화상자의 [사용자 문자
표] 탭−[문자 영역]에서 [**화살표**] 선택

④ [문자 선택]에서 ➲ 선택

⑤ [**넣기**]를 클릭합니다.

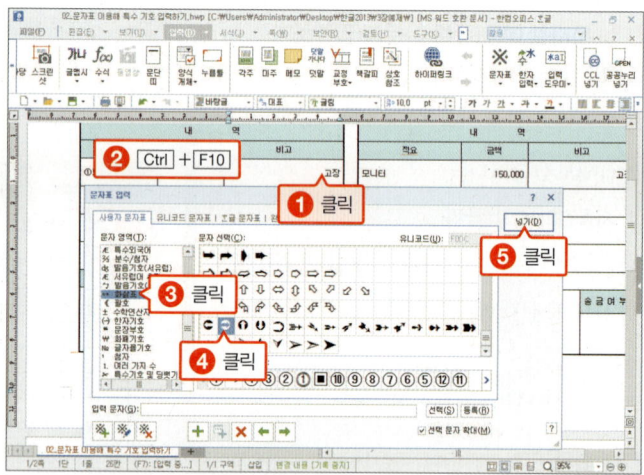

05

특수 문자인 원문자와 화살표가 입력
되었습니다.

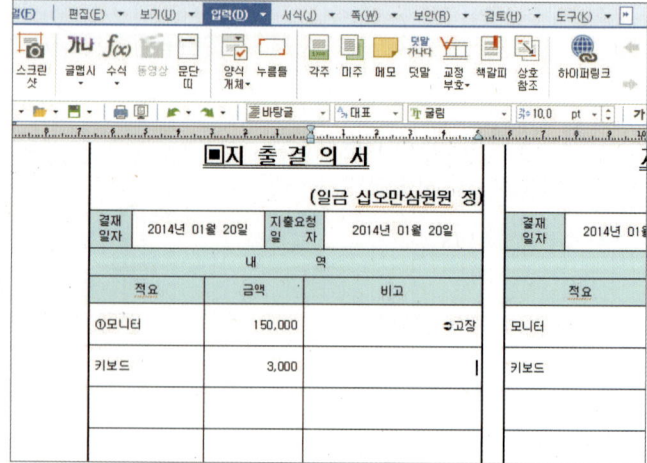

05 단위 기호 입력하기

한글에서는 기본 단위 기호를 문자표를 통해 제공하므로 cm, cm², kg과 같은 길이, 면적, 무게 단위, $, ¥와 같은 화폐 단위 등을 쉽게 입력할 수 있습니다.

▪ **실습 파일** 2장 \ 단위 기호 입력하기.hwp　▪ **완성 파일** 2장 \ 단위 기호 입력하기_완성.hwp

01 길이, 면적 단위 입력하기

단위환산표/환율비교표 문서에서 길이 표의 공란에 해당 단위 기호를 입력해보겠습니다.

① 길이 표에서 cm란의 ( ) 안쪽 클릭

② 단축키 Ctrl + F10

③ [문자표 입력] 대화상자의 [사용자 문자표] 탭에서 [문자 영역]–**[단위기호]** 선택

④ [문자 선택]에서 **cm** 선택

⑤ **[넣기]**를 클릭합니다.

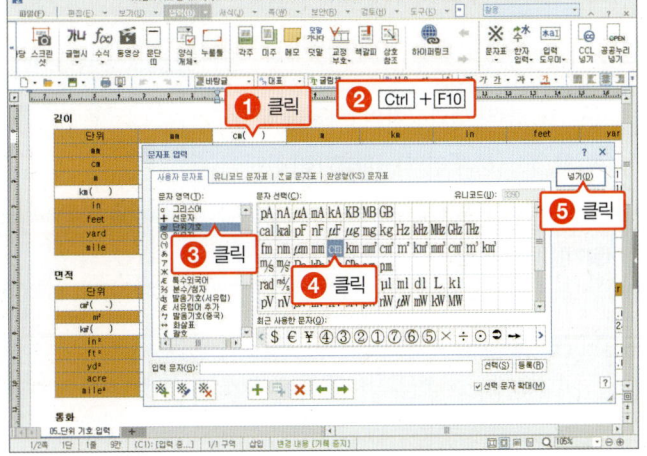

( ) 안에 cm가 입력됩니다.

02

① km란의 ( ) 안쪽 클릭

② 단축키 Ctrl + F10

③ [문자표 입력] 대화상자에서 **km** 선택

④ **[넣기]**를 클릭합니다.

면적에 해당하는 단위도 같은 방법으로 입력합니다.

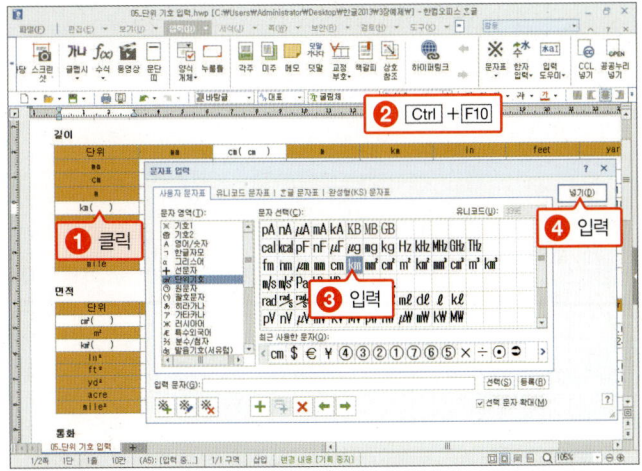

바로 통하는TIP 앞서 [사용자 문자표] 탭의 [문자 영역]–[단위기호] 항목에서 단위를 선택했기 때문에 다시 단축키 Ctrl + F10을 눌러 [문자표 입력] 대화상자를 불러오면 같은 항목이 열립니다.

03 통화 단위 입력하기

단위환산표/환율비교표 문서에서 통화 표의 공란에 해당 단위 기호를 입력해보겠습니다. 통화와 관련된 화폐 단위도 [문자표 입력] 대화상자에서 찾아 입력할 수 있습니다. 통화 표에서 일본 ¥란의 ( )안쪽을 클릭하고 단축키 Ctrl + F10 을 누릅니다.

[문자표 입력] 대화상자가 나타납니다.

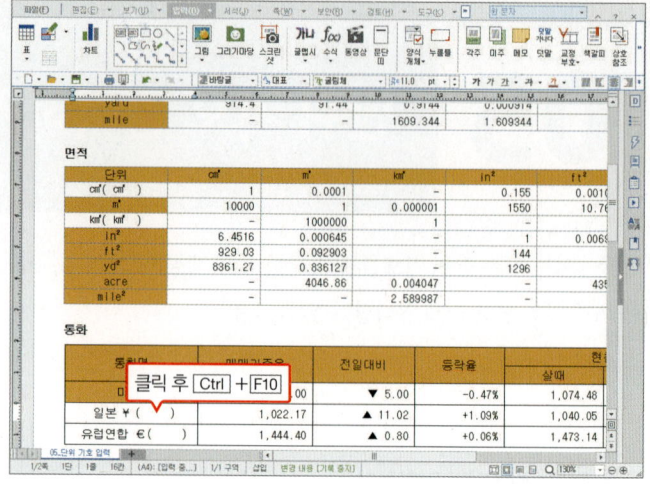

04

① [문자표 입력] 대화상자의 [사용자 문자표] 탭에서 [문자 영역]-[화폐기호] 선택
② [문자 선택]에서 ¥ 선택
③ [넣기]를 클릭합니다.

엔화 단위가 입력됩니다.

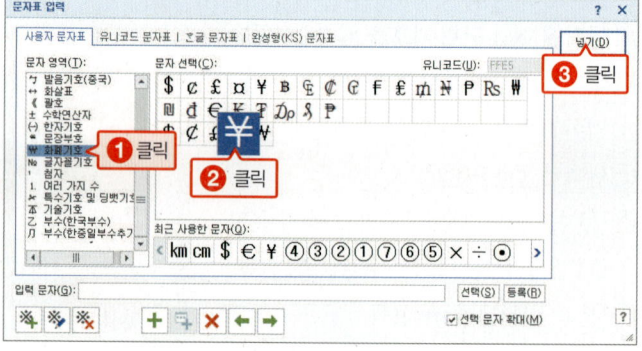

06 메모 사용하기

메모 기능은 문서 작성 중 중요한 단어나 문구에 첨삭을 붙여두거나 참고할 만한 내용을 적어둘 수 있는 기능입니다. 만약 다른 사용자와 공동으로 작업하는 문서가 있다면 상대방이 확인해야 할 전달 사항을 남길 때도 사용할 수 있습니다.

▪**실습 파일** 2장 \ 메모 사용하기.hwp ▪**완성 파일** 없음

01 메모 삽입하기

다른 사용자와 공동으로 작업하는 계약서 작성 문서에 메모를 삽입해 전달 사항을 남겨보겠습니다.

① [보기] 메뉴─[쪽 윤곽] 클릭

② 본문 첫째 줄의 **갑** 드래그

③ 마우스 오른쪽 버튼을 클릭한 후 바로 가기 메뉴에서 [메모 넣기]를 선택합니다.

바로 통하는 TIP 메모는 쪽 윤곽이 활성화되어 있어야 볼 수 있습니다. 이미 편집 화면에 쪽 윤곽이 활성화되어 있다면 [보기] 메뉴─[쪽 윤곽]은 클릭하지 않습니다.

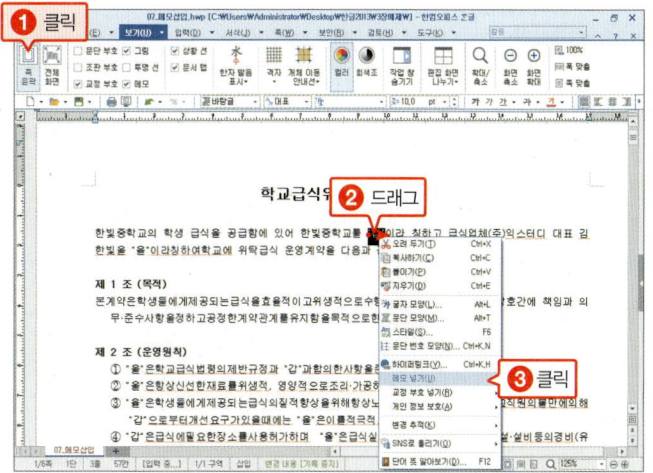

02 메모에 전달 사항 남기기

메모에 '갑' '을'이 바뀐 것이 아닐까요?를 입력합니다.

해당 위치에 메모가 삽입되었습니다.

바로 통하는 TIP 메모가 삽입되면 [메모 안내선]이 함께 활성화되어 메모를 삽입한 위치에 있는 단어와 메모가 선으로 연결됩니다. 메모가 어느 단어에 삽입된 것인지 쉽게 확인할 수 있습니다.

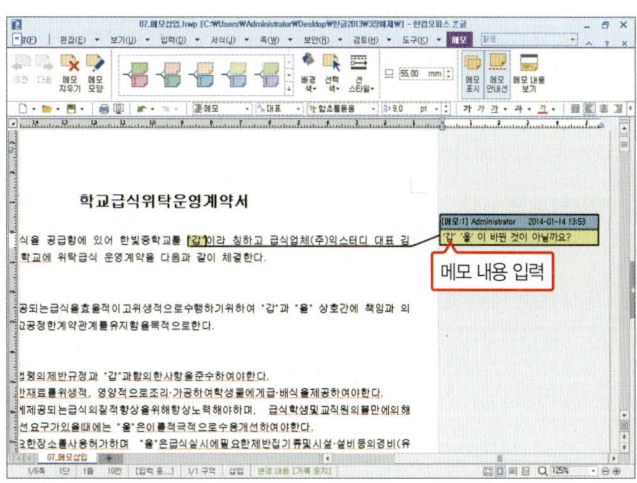

03 메모 숨기기

메모는 화면에만 표시되고 출력은 되지 않
지만 문서 편집 중에 화면에 표시되는 메모
가 거추장스럽다면 숨겼다가 작업 완료 후
다시 표시할 수 있습니다. 작성한 메모를
화면에서 숨겨보겠습니다.

① 메모가 표시된 상태에서 내용이 입력된
　메모 선택

② **[메모]** 탭-**[메모 표시]**를 클릭합니다.

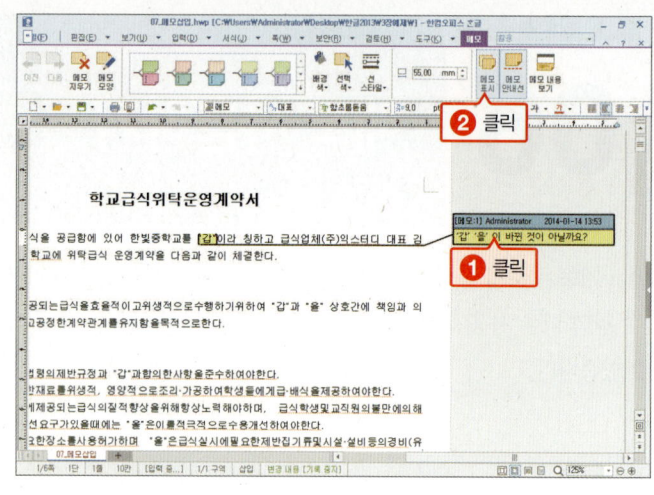

메모가 숨겨져 화면에서 사라집니다.

바로 통하는TIP [메모] 탭은 메모를 선택했을 때만 표시됩니다.

04 메모 표시하기

[메모 보이기/숨기기] 메뉴를 이용하면 메
모 보이기와 숨기기를 쉽게 전환할 수 있습
니다. 메모를 숨기거나 숨겨진 메모를 다시
활성화할 때 [검토] 메뉴의 [메모 보이기/
숨기기]를 이용합니다.

[검토] 메뉴의 펼침 단추-**[메모 보이기/숨기
기]**를 선택합니다.

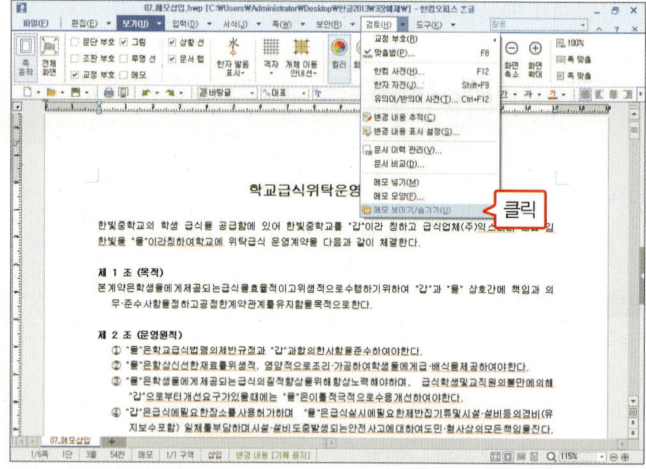

숨겨졌던 메모가 다시 화면에 표시됩니다.

05 메모 지우기

메모를 문서에서 지워보겠습니다.

① **삭제할 메모** 선택

② 마우스 오른쪽 버튼을 클릭한 후 바로
　가기 메뉴에서 **[메모 지우기]**를 선택합니
　다. [메모] 메뉴-**[메모 지우기]**를 클릭해
　도 됩니다.

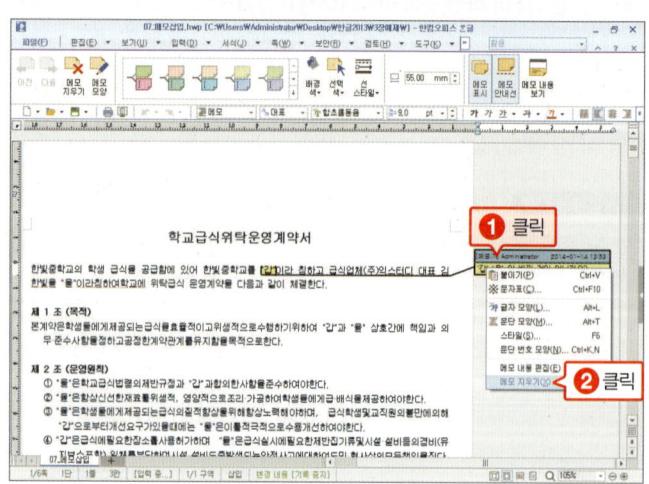

삽입되었던 메모가 삭제됩니다.

07 책갈피/하이퍼링크 이용하기

여러 페이지의 긴 문서를 작성하다 보면 특정 위치로 이동해야 하는 경우가 있는데, 이때 스크롤만으로 페이지를 이동하려면 불편합니다. 책을 읽을 때 책갈피를 꽂아두면 해당 위치를 쉽게 찾을 수 있는 것처럼 한글에서도 책갈피 기능을 이용해 문서에서 자주 찾는 위치를 표시할 수 있습니다. 또 하이퍼링크 기능을 이용하면 특정 텍스트를 클릭했을 때 문서 내에 책갈피를 설정해둔 위치로 바로 이동할 수 있으며, 외부 웹페이지 등으로도 바로 이동할 수 있습니다.

• **실습 파일** 2장 \ 책갈피 하이퍼링크 이용하기.hwp • **완성 파일** 2장 \ 책갈피 하이퍼링크 이용하기_완성.hwp

01 책갈피 추가하기
(단축키 Ctrl + K , B)

[책갈피] 기능을 이용하면 현재 커서의 위치에 상관없이 책갈피를 표시한 위치로 이동할 수 있습니다. 페이지가 많은 문서에서 자주 찾아봐야 할 위치에 책갈피를 표시하여 문서 내에서 해당 위치를 편리하게 찾아갈 수 있도록 설정해보겠습니다.

① 3쪽의 **1. 제도개요** 드래그

② [입력] 메뉴–[**책갈피**]를 클릭합니다.

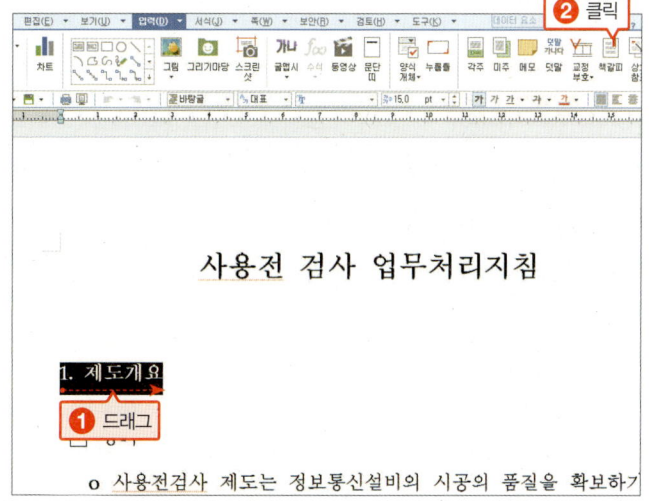

02 [책갈피] 대화상자에서 [**넣기**]를 클릭합니다.

[책갈피 목록]에 '1. 제도개요' 이름으로 책갈피가 삽입됩니다.

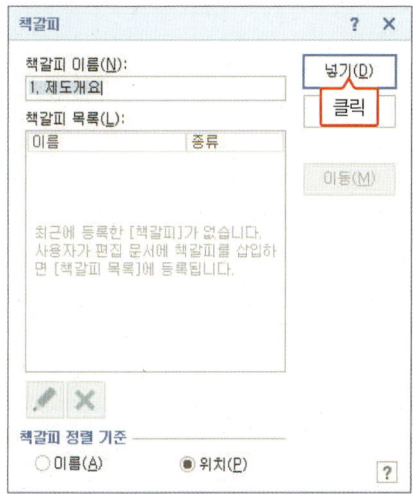

03 다른 페이지에서 책갈피를 추가한 위
치로 이동해보겠습니다.

① 문서의 1쪽으로 이동하기 위해 단축키
　　Ctrl + Page up

② [입력] 메뉴-**[책갈피]** 클릭, 또는 단축키
　　Ctrl + K , B

③ [책갈피] 대화상자의 [책갈피 목록]에서
　　책갈피로 추가해둔 **[1. 제도개요]** 선택

④ **[이동]**을 클릭합니다.

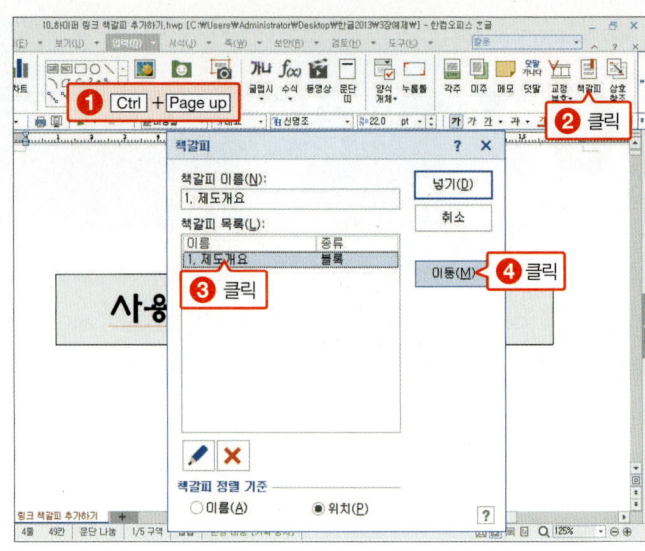

책갈피가 삽입된 3쪽의 '1. 제도개요' 위치로 커서가
이동합니다.

바로 통하는 TIP 단축키 Ctrl + Page up 을 누르면 문서의 첫 페이지로, Ctrl + Page down 을 누르면 문서의 마지막 페이지로 이동합니다.

실무활용 노트 | **[책갈피] 대화상자 알아보기**

[책갈피] 대화상자에서는 새로운 책갈피를 추가하거나 기존의 책갈피를 편집, 수
정, 삭제할 수 있습니다. 책갈피를 여러 개 추가한 경우에는 이름 혹은 위치 순서
로 정렬해서 볼 수 있습니다. 책갈피 목록에서 책갈피 이름을 선택한 후 [이동]을
클릭하면 해당 위치로 커서가 이동합니다.

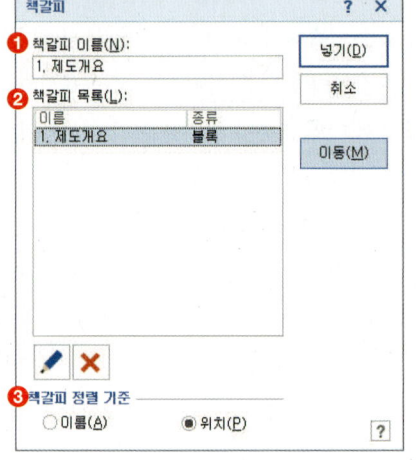

① **책갈피 이름** : 책갈피로 사용할 이름을 입력합니다.

② **책갈피 목록** : 문서에 추가한 책갈피가 표시됩니다.

③ **책갈피 정렬 기준** : 이름 또는 위치 순서로 정렬을 변경할 수 있습니다.

04 하이퍼링크 추가하기

하이퍼링크를 추가한 단어를 클릭하면 현재 작성하고 있는 문서 내에 설정해둔 위치로 이동할 수 있을 뿐 아니라 인터넷 웹페이지, 전자 우편 프로그램 등으로도 바로 연결할 수 있습니다.

① 2쪽의 문서 목차에서 **제도개요** 드래그
② [입력] 메뉴–[**하이퍼링크**]를 클릭합니다.

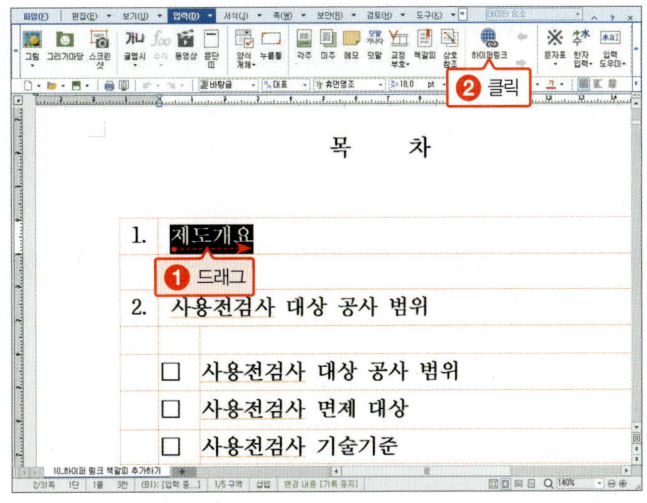

05

① [하이퍼링크] 대화상자의 연결 대상 선택 창에서 앞서 설정한 책갈피인 [1. 제도개요] 선택
② [**넣기**]를 클릭합니다.

책갈피를 설정해둔 3쪽 본문 '1. 제도개요'로 이동할 수 있는 하이퍼링크가 추가됩니다. 2쪽 목차에서 '제도개요'를 클릭하면 3쪽의 본문에 해당하는 '1. 제도개요'로 커서가 이동합니다.

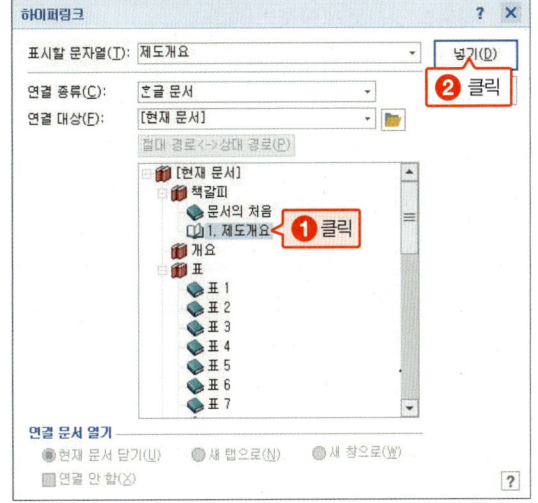

06 하이퍼링크 확인하기

하이퍼링크가 적용된 문장은 그림과 같이 글꼴 색이 변경되며 밑줄이 표시됩니다.

하이퍼링크만 설정되고 방문 이력이 없는 경우에는 글꼴 색이 파란색으로 표시되며, 클릭해서 이동한 이력이 있는 경우에는 보라색으로 표시됩니다.

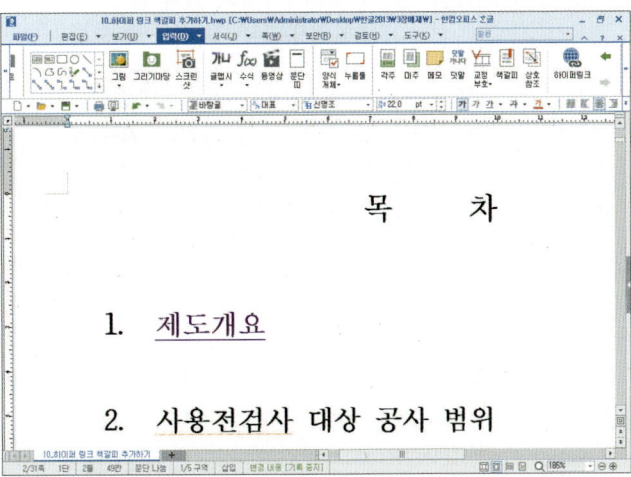

08 맞춤법 검사하기

한글에서는 문서의 맞춤법을 쉽게 검사하고 오탈자를 빠르게 찾을 수 있도록 맞춤법 검사기와 맞춤법 도우미를 제공합니다. 맞춤법 검사기는 문서에 입력된 단어들을 사전과 비교해 틀린 곳이 있을 경우 올바른 단어를 제시합니다. 맞춤법 도우미는 맞춤법에 어긋나는 문자에 빨간색 밑줄을 표시해 틀린 부분을 확인할 수 있도록 도와줍니다.

• **실습 파일** 2장 \ 맞춤법 검사하기.hwp • **완성 파일** 2장 \ 맞춤법 검사하기_완성.xlsx

01 맞춤법 검사하기(단축키 F8)

근로 계약서가 작성된 문서에서 맞춤법 검사기를 이용해 오탈자를 찾아 수정해보겠습니다.

① 예제 문서의 첫 행 **근롱계약서** 앞 클릭

② [도구] 메뉴—[**맞춤법 검사**] 클릭

③ [맞춤법 검사/교정] 대화상자에서 [바꿀 말]에 **근로 계약서** 입력

④ [**바꾸기**]를 클릭합니다.

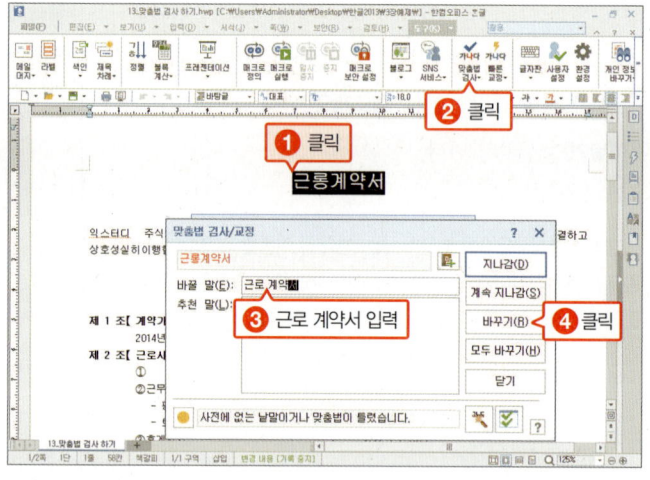

'근롱계약서'가 '근로 계약서'로 수정됩니다.

실무활용노트 | [맞춤법 검사/교정] 대화상자 알아보기

맞춤법 검사를 실행하면 현재 커서가 놓여 있는 곳부터 문서 끝까지 맞춤법 검사가 실행됩니다. 문서의 일부만 맞춤법 검사를 하려면 블록으로 설정한 후 맞춤법 검사를 실행하면 됩니다. 맞춤법에 맞지 않는 단어가 검색되어 [맞춤법 검사/교정] 대화상자가 나타나면 [바꿀 말]이나 [추천 말]에 나타난 단어 중 적합한 말을 선택합니다.

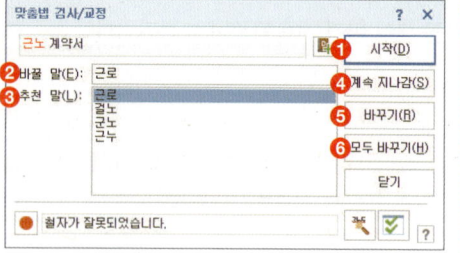

① **시작** : 맞춤법 검사를 시작합니다.

② **바꿀 말** : 맞춤법에 어긋나는 경우 표시됩니다.

③ **추천 말** : 맞춤법 사전의 내용을 검색해 맞춤법에 맞는 추천 말을 표시합니다.

④ **계속 지나감** : 맞춤법 검사기에서는 오류로 인식되지만 맞춤법에 맞는 경우 선택합니다.

⑤ **바꾸기** : [추천 말] 목록에서 맞는 말을 선택하고 [바꾸기]를 클릭하면 선택한 단어로 변경됩니다.

⑥ **모두 바꾸기** : 맞춤법에 어긋나는 단어를 모두 바꿉니다.

02 맞춤법이 수정되면 자동으로 다음 오류 단어로 이동합니다. 맞춤법 검사에서는 회사 이름 등의 고유 명사도 오류로 인식하는데, 이때는 [지나감]을 클릭해 넘어갑니다. [바꾸기]와 [지나감]을 이용해 문서 전체의 맞춤법을 확인하고 수정합니다.

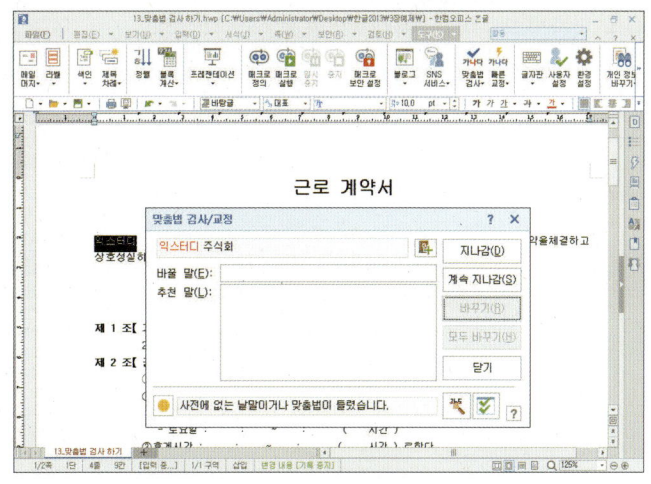

03 맞춤법 검사 종료하기

맞춤법 검사가 끝나면 [맞춤법 검사기] 경고 창이 나타납니다. **[취소]**를 클릭해 맞춤법 검사를 종료합니다.

바로 통하는 TIP 현재 커서 위치부터 맞춤법 검사를 시작했으므로 문서의 처음부터 맞춤법 검사를 계속할 것인지 물어봅니다. 계속 검사를 진행하거나 맞춤법 검사를 취소합니다.

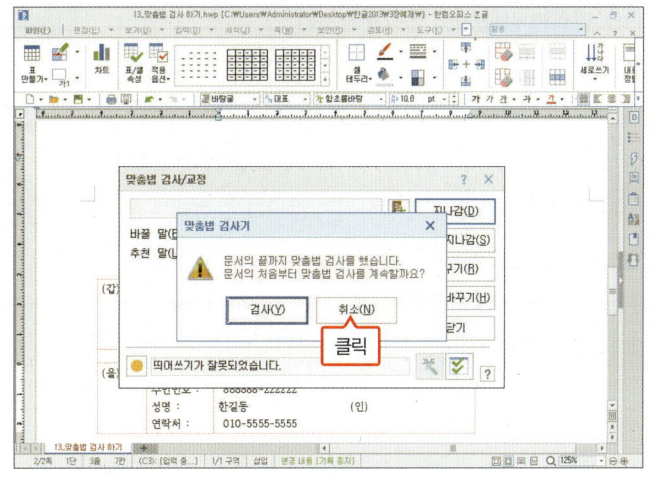

04 맞춤법 도우미 동작 활성화/비활성화하기

맞춤법 도우미가 활성화되면 문서 내 오류 문장에 빨간 밑줄이 표시됩니다. 이런 표시가 문서를 보는 데 불편할 경우 표시되지 않도록 설정할 수 있습니다. [도구] 메뉴–[맞춤법 검사]의 내림 단추–**[맞춤법 도우미 동작]**을 선택해 체크 표시를 해제합니다.

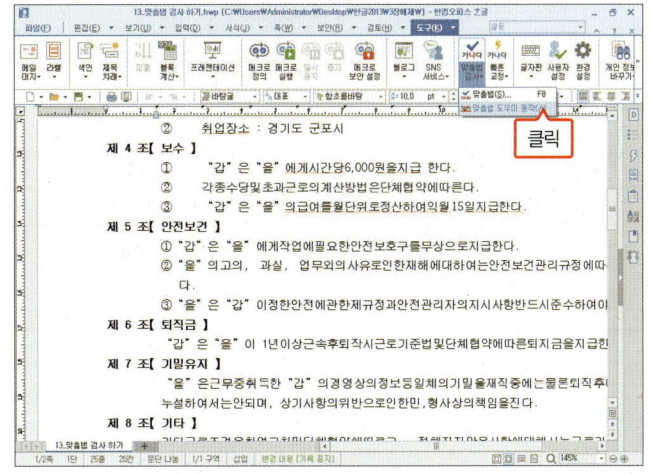

05 맞춤법 도우미가 해제되면 맞춤법 오류 문장의 빨간색 밑줄이 사라집니다.

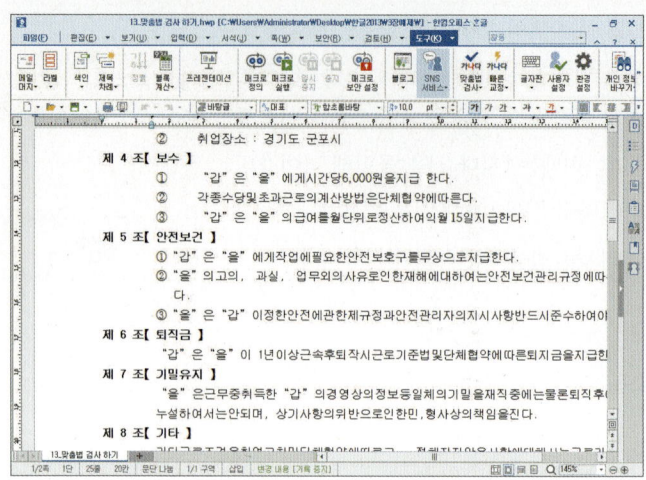

06 맞춤법 검사/교정 설정 변경하기

회사 이름 등의 고유명사는 사전에 등록되어 있지 않기 때문에 맞춤법에서 오류로 인식됩니다. 맞춤법 검사 도구의 설정을 변경하고 개인 사전을 추가해 고유명사 등이 맞춤법 오류로 인식되지 않도록 수정해보겠습니다.

① [도구] 메뉴-[맞춤법 검사] 클릭, 또는 단축키 F8

② [맞춤법 검사/교정] 대화상자에서 [설정]을 클릭합니다.

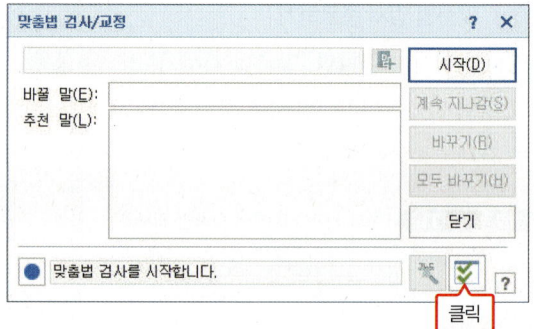

[맞춤법 검사/교정 설정] 대화상자가 나타납니다.

07

① [맞춤법 검사/교정 설정] 대화상자에서 [보조 사전] 탭 클릭

② [사용할 보조 사전]에서 [동물], [언론]에 체크 표시

③ [개인 사전]에 익스터디 입력

④ [사전에 넣기 □]를 클릭해 사전을 추가합니다.

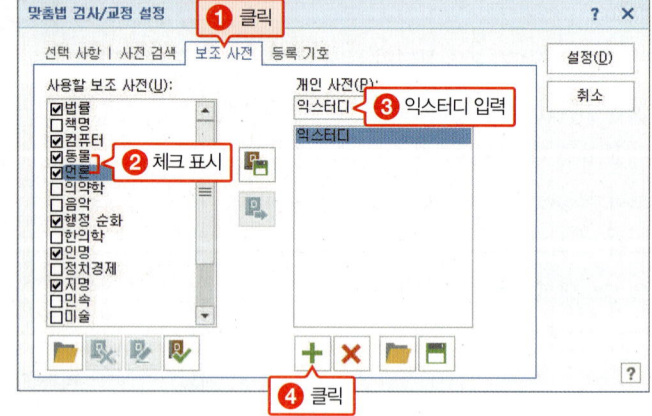

[개인 사전]에 단어를 입력하면 다음 맞춤법 검사에서는 이 단어가 맞춤법에 맞는 것으로 인식됩니다.

바로 통하는 TIP [동물], [언론]은 맞춤법 검사기에서 제공하는 보조 사전으로, 동물과 언론 분야에서 사용되는 용어를 모아둔 것입니다. 해당 항목에 체크 표시하면 맞춤법 검사/교정에서 사용할 수 있습니다.

문서 편집과
글꼴 꾸미기

글꼴은 문서를 이루는 기본 요소입니다. 글꼴, 글자 색, 장평, 자간 등을 적절히 조정해야 가독성 있는 문서를 만들 수 있습니다. 또 특정 글자나 단어에 그림자, 강조점, 음영 등을 적절히 사용해 돋보이게 만드는 방법에 대해서도 알아봅니다.

09 클립보드 사용하기

클립보드는 복사하거나 잘라낸 내용을 잠시 보관하는 임시 기억 장소입니다. 한글 2014에는 현재 클립보드에 들어 있는 내용을 확인하면서 선별해 사용할 수 있는 기능이 있습니다. 이 기능을 활용하면 문서에서 같은 내용을 여러 번 복사하거나 몇 가지 내용을 번갈아 복사해야 하는 경우에 무척 편리합니다. 클립보드에 복사된 내용은 프로그램을 종료하는 순간 지워집니다.

• **실습 파일** 3장\ 클립보드 사용하기.hwp • **완성 파일** 3장\ 클립보드 사용하기_완성.hwp

	문서번호	
	페이지번호	1/3 페이지
	작 성 자	
	작성일자	. . .

부서별 업무분장

부 서	담 당	분 장 업 무
총무부	총무담당	1. 회사직인의 제작 및 사용관리 2. 대내외 문서수발 및 문서의 작성·정리 보관사항 3. 대내외 행사에 관한 사항 4. 사무실 및 집기 관리·유지 업무 5. 회사 비품 조달·관리 업무
	인사담당	❶ 1. 인사관리에 관한 업무 2. 직원의 채용, 보직, 이동, 퇴직에 관한 업무 3. 직원의 승급, 승진에 관한 업무 4. 직원의 근무상황에 관한 업무 5. 직원의 출장, 휴가, 파견근무에 관한 업무
기획부		1. 경영 기본방침 및 경영계획안의 입안 작성 2. 경영 합리화 방안의 수립 및 비교 평가 3. 회사의 기구 및 조직개편에 관한 사항 4. 신규사업의 입안 및 계획서 작성 5. 일반 경제동향 및 동업계 동향의 분석 업무 6. 직원 교육에 관한 업무 7. 종합 예산안 편성 및 조정 업무 8. 부문예산의 조정 및 통계 업무 9. 공사집행계획서의 종합검토 및 조정 업무

❶ 클립보드로 문단 복사하고 붙여 넣기

▲ 핵심기능실습 미리보기

01 클립보드 작업 창 펴기

부서별 업무 분담 표를 좀 더 쉽게 편집하기 위해 클립보드를 사용해보겠습니다. [클립보드] 창을 사용하면 클립보드에 저장한 내용을 직접 보면서 문서에 추가할 수 있습니다.

① 문서 우측의 **[작업 창 접기/펴기]** 클릭

② 작업 창 도구에서 **[클립보드]**를 클릭합니다.

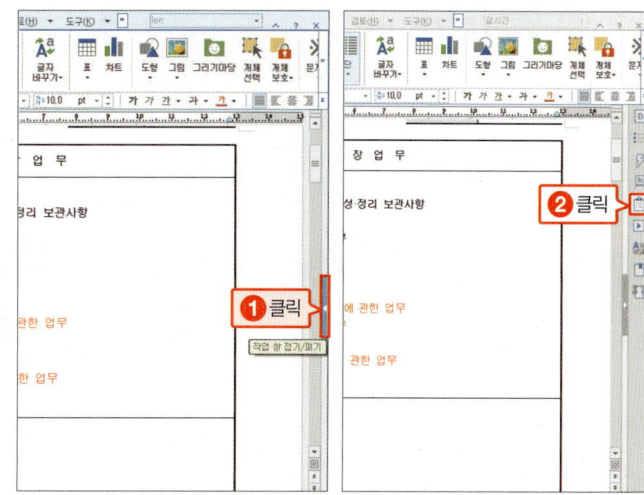

[클립보드] 작업 창이 활성화됩니다.

[클립보드] 작업 창 알아보기

복사할 내용을 차례로 여러 개 저장해두었다가 원하는 내용을 붙여 넣을 때 [클립보드] 작업 창을 사용할 수 있습니다.

① **작업 창 메뉴** : 작업 창 메뉴를 클릭하면 우측의 작업 창 메뉴를 펼침 메뉴 형태로 별도 표시해 전환할 수 있습니다.

② **작업 창 고정/자동 숨기기** : 클릭할 때마다 작업 창 고정과 자동 숨기기가 전환됩니다. 고정 상태에서는 작업 창이 항상 열려 있으며, 자동 숨기기 상태에서는 문서 본문을 클릭하면 작업 창이 자동으로 접히고 마우스를 작업 창 쪽으로 이동하면 작업 창이 펼쳐집니다.

③ **작업 창 접기** : 작업 창을 접습니다.

④ **작업 창 접기/펴기** : 작업 창을 접고 펼 수 있습니다.

⑤ **모두 붙이기** : 현재 클립보드 창에 저장된 내용을 문서에 모두 붙여 넣습니다.

⑥ **모두 지우기** : 클립보드 창에 저장된 내용을 모두 지웁니다.

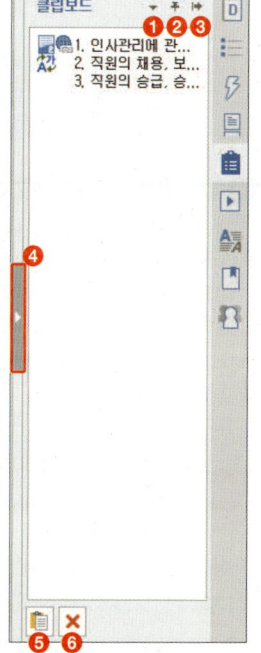

02 블록 설정해 문단 복사하기

부서별 업무 분담 표에서 총무 담당의 분장
업무 중 빨간 글씨로 적힌 내용을 아래쪽
인사 담당 부분으로 이동해보겠습니다.

① **이동할 문단** 드래그

② [편집] 메뉴–[**오려두기**]를 클릭합니다.

오려낸 내용이 [클립보드] 작업 창에 복사됩니다.

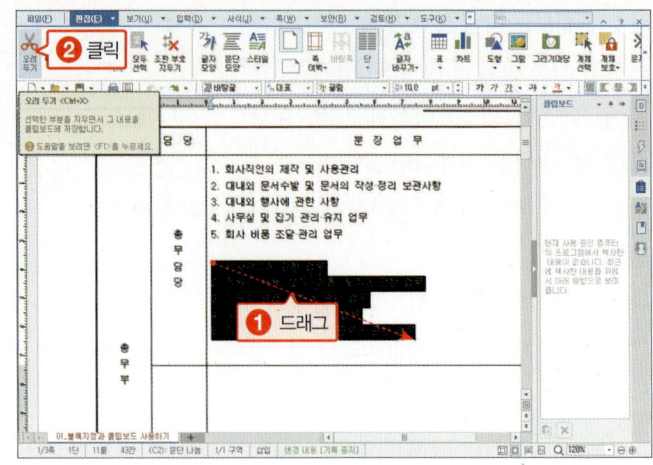

03 문단 붙여넣기

① 인사 담당의 **빈칸** 클릭

② [클립보드] 작업 창에서 앞서 복사한 내
　용을 클릭합니다.

인사 담당란에 오려둔 내용이 붙여 넣어집니다.

바로 통하는 TIP 단축키로 바로 직전에 복사하거나
오려낸 내용 붙여넣기

[클립보드] 작업 창을 이용하는 이유는 클립보드에 저장
된 내용들이 순서대로 보이므로 이전에 복사하거나 오려
둔 내용도 문서에 추가할 수 있기 때문입니다. 문서 편집
중 바로 직전에 복사하거나 오려낸 내용은 단축키 Ctrl
+V로 붙여 넣을 수 있습니다.

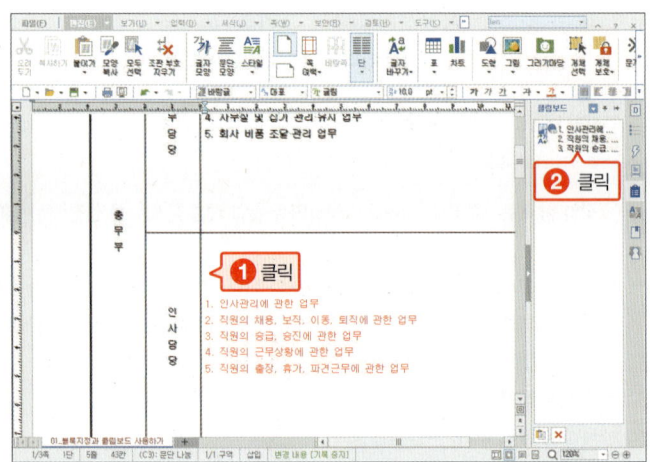

실무활용 노트 　 **마우스로 끌어 문단 이동하기**

내용을 단순히 이동할 경우에는 굳이 클립보드를 이용하지 않고 마우스 드래그 앤 드롭으로도 쉽게 실행할 수 있습니다. ① 이동할 문
장이나 문단을 블록으로 설정한 후 ② 선택한 영역을 마우스 왼쪽 버튼으로 클릭한 채 이동할 위치로 드래그 앤 드롭합니다.

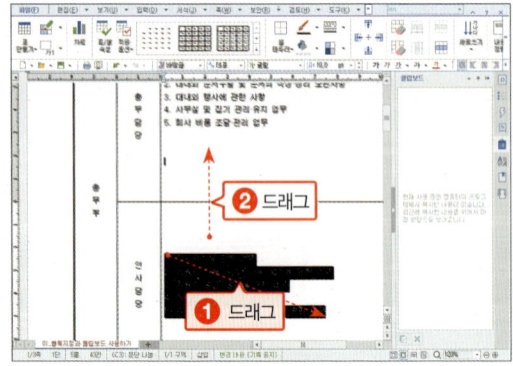
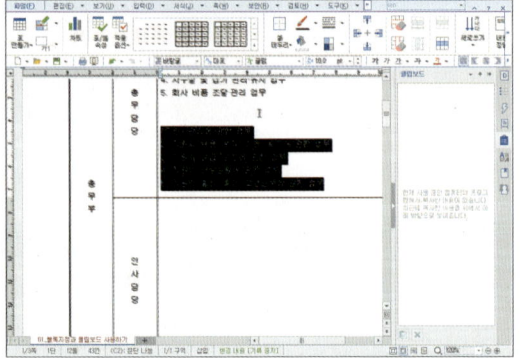

10 클립보드 지우기

클립보드를 이용하면 문서를 이동, 복사, 붙여넣기할 때 편리하지만, 문서 작성을 계속 하다 보면 클립보드에 너무 많은 내용이 쌓일 때가 있습니다. 클립보드에 내용이 너무 많으면 작업 창이 복잡해져 이용하기 불편해질 수 있는데, 이 경우 불필요한 클립보드의 내용을 지울 수 있습니다.

▪실습 파일 3장 \ 클립보드 지우기.hwp   ▪완성 파일 없음

01 클립보드에 내용 추가하기

클립보드에 들어 있는 내용을 지워보겠습니다. 클립보드의 내용은 선택하여 하나씩 지울 수도 있고, 한 번에 전체를 다 지울 수도 있습니다. 우선 임의로 문서의 내용을 복사해 클립보드를 채워보겠습니다.

① 클립보드 지우기를 실습하기 위해 예제 문서에서 **임의의 문단** 드래그

② 단축키 Ctrl + C 를 눌러 클립보드에 추가합니다.

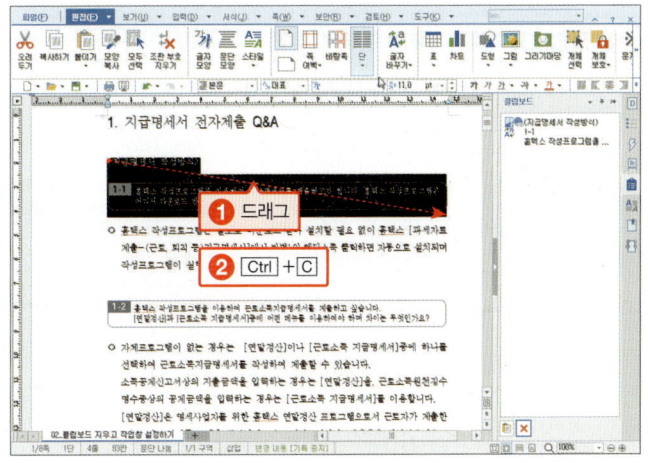

02 같은 방법으로 세 개 정도의 문단을 복사해 클립보드에 추가합니다.

바로 통하는 TIP 최근에 복사한 순서로 16개까지 클립보드 목록에서 확인할 수 있습니다. 16개가 넘어가면 맨 아래부터 차례대로 지워집니다.

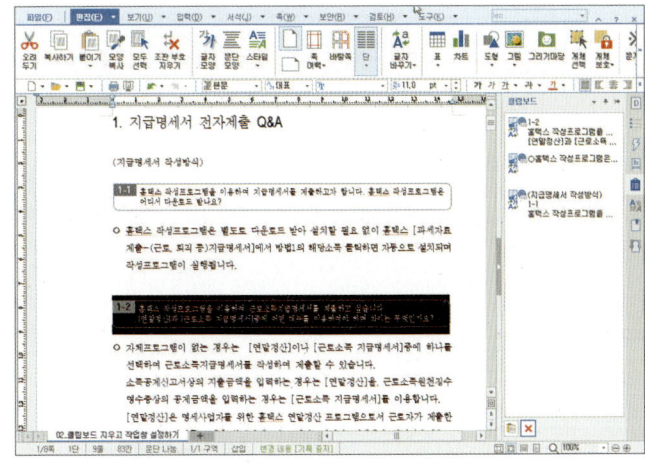

03 클립보드 내용 한 개씩 지우기

클립보드 목록에서 내용을 하나만 선택해서 지워보겠습니다.

① [클립보드] 작업 창에서 **지울 클립보드 내용**을 마우스 오른쪽 버튼으로 클릭

② 바로 가기 메뉴에서 **[지우기]**를 선택합니다.

해당 내용이 클립보드에서 지워집니다.

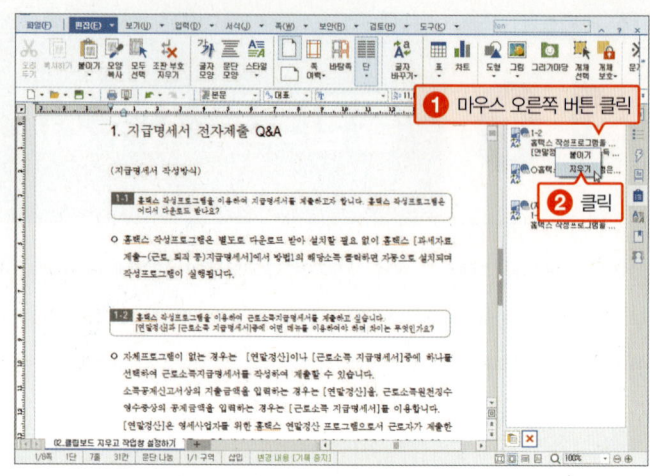

04 클립보드 전체 내용 한 번에 지우기

① [클립보드] 작업 창 하단의 **[모두 지우기]** 클릭

② [클립보드] 대화상자에서 **[지움]**을 클릭해 클립보드의 전체 내용을 지웁니다.

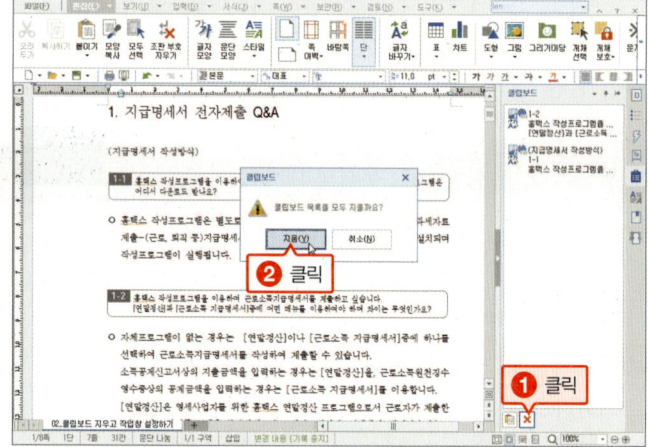

05 클립보드의 내용이 모두 지워진 것을 확인합니다.

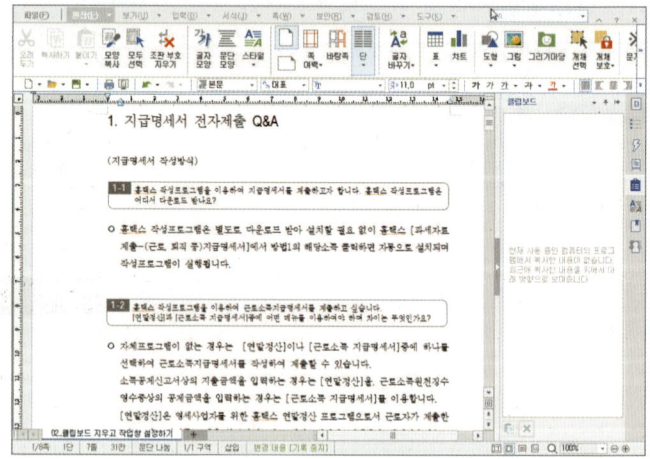

11 글꼴, 글자 색, 글자 크기 변경하기

글꼴 꾸미기는 문서 꾸미기의 기본입니다. [글자 모양] 대화상자, [서식] 메뉴의 도구 등을 이용해 글자 모양을 변경할 수 있습니다. [글자 모양] 대화상자에서는 글꼴, 글자 크기, 글자 색 등을 선택할 수 있으며, 글자의 간격을 조절하는 자간, 글자의 폭을 결정하는 장평, 기울임, 그림자, 첨자 등의 속성도 설정할 수 있습니다. [서식] 메뉴의 도구, 또는 서식 도구 상자를 이용해도 기본적인 글꼴 꾸미기를 할 수 있습니다.

▪ 실습 파일 3장\글꼴, 글자 색, 글자 크기 변경하기.hwp ▪ 완성 파일 3장\글꼴, 글자 색, 글자 크기 변경하기_완성.hwp

01 [글자 모양] 대화상자를 이용해 글꼴 변경하기(단축키 [Alt]+[L])

문서 제목인 '한빛신문'의 글꼴 서식을 [글자 모양] 대화상자에서 변경해보겠습니다. 글꼴뿐만 아니라 글자 크기, 색, 속성 등도 바꿀 수 있습니다.

① 예제 문서의 제목 **한빛신문** 드래그

② [서식] 메뉴의 펼침 단추-**[글자 모양]**을 선택합니다.

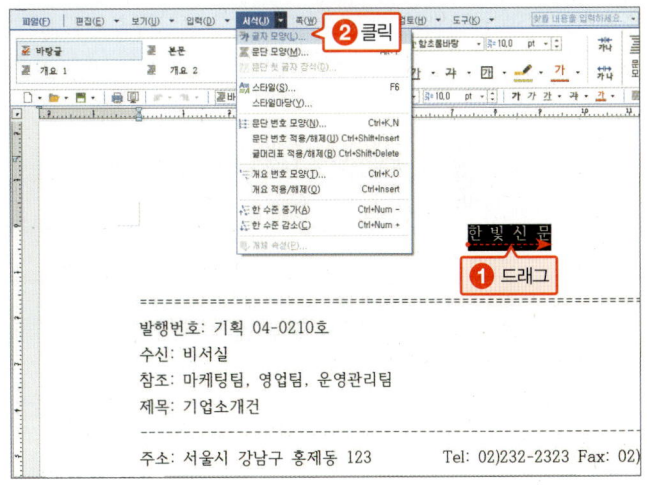

02

① [글자 모양] 대화상자에서 [기준 크기]를 **20pt**로 설정

② [글꼴]에서 **[굴림체]** 선택

③ [속성]에서 **[진하게]** 클릭

④ [글자 색]에서 **[검은 바다색]** 선택

⑤ **[설정]**을 클릭합니다.

───────────────

글꼴과 속성, 글자 색이 변경됩니다.

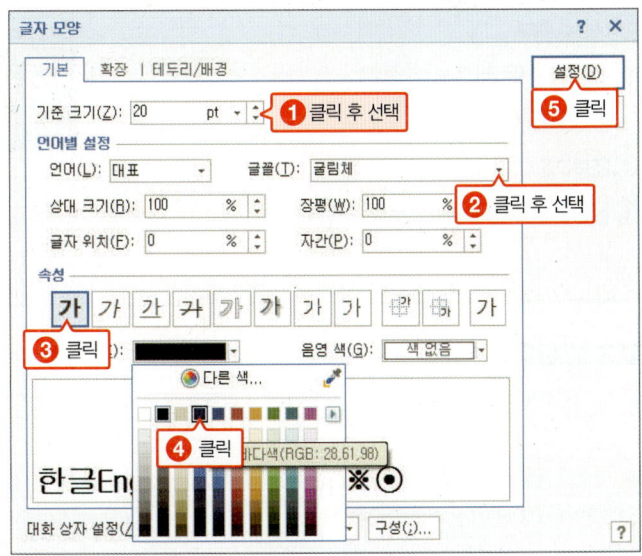

[글자 모양] 대화상자의 [기본] 탭에서는 글꼴, 크기, 장평 및 자간, 색 등을 설정할 수 있습니다. 변경할 글자를 블록 설정한 후 [서식] 메뉴―[글자 모양]을 선택하거나 단축키 Alt + L 을 누릅니다. 대화상자 내 미리 보기 화면에서 글자 모양을 확인하면서 다양한 서식을 적용할 수 있습니다.

① **상대 크기** : 기준 크기에 대한 각 언어별 글자 크기를 정합니다. 한 문서 내에서 한글과 영문, 한자를 함께 쓸 때는 글꼴 크기가 서로 다른 경우가 많은데, 이때 각 언어별로 적당한 상대 크기를 정해놓고 쓰면 편리합니다. 기본 기준 크기는 100%입니다.

② **장평** : 글자 크기는 그대로 유지하면서 글자의 가로 폭을 줄이거나 늘려서 글자 모양에 변화를 줄 때 사용합니다.

③ **글자 위치** : 기본 선을 기준으로 글자를 위나 아래로 움직입니다.

④ **자간** : 글자와 글자 사이의 간격을 조절합니다.

⑤ **속성** : 글꼴에 굵기, 기울이기, 밑줄, 외곽선, 그림자, 첨자 등을 설정합니다.

⑥ **대화 상자 설정** : 설정 패턴이 정형화되어 있는 경우 그 값을 파일로 저장해두었다가 필요할 때 선택하여 사용할 수 있는 기능입니다.

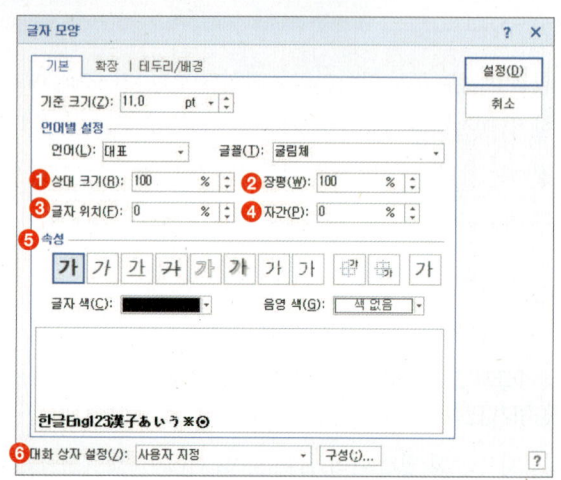

03 [서식] 메뉴의 도구를 이용해 글꼴 변경하기

[서식] 메뉴의 도구를 이용하면 좀 더 빠르게 글자 모양을 꾸밀 수 있습니다.

① 글자 모양을 **변경할 범위** 드래그

② **[서식] 메뉴** 클릭

③ **[글꼴]**을 **[굴림]**으로 설정

④ **[크기]**를 **11**로 설정

⑤ **[진하게]** 클릭

⑥ **[글꼴 색]**은 **[바다색]**으로 변경합니다.

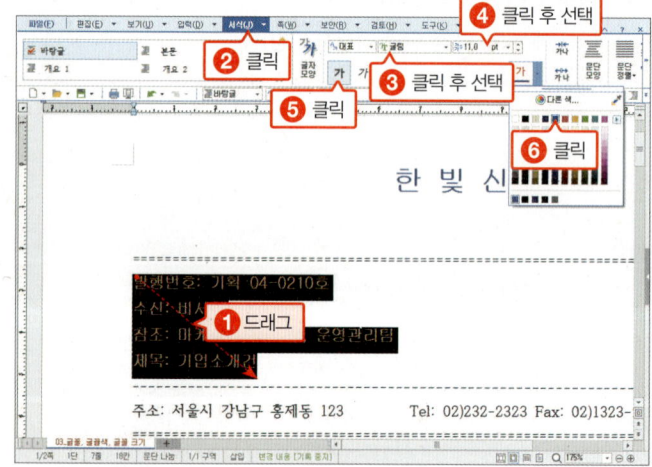

글꼴과 크기, 속성, 색 등이 변경됩니다.

바로 통하는 TIP 글꼴 서식은 메뉴 하단에 위치한 서식 도구 상자를 이용해 설정할 수도 있습니다.

12 밑줄 및 음영 지정하기

강조할 글자에 밑줄이나 음영을 지정하면 좀 더 눈에 띄고 보기 좋은 문서를 작성할 수 있습니다. 한글에서 제공되는 밑줄은 선, 파선, 점선, 이중 실선 등으로 종류가 다양하고 색도 변경할 수 있습니다. 음영 색과 테두리 색 역시 문서에 어울리게 골라 적용할 수 있습니다.

▪ **실습 파일** 3장 \ 밑줄 및 음영 지정하기.hwp   ▪ **완성 파일** 3장 \ 밑줄 및 음영 지정하기_완성.hwp

01 밑줄 및 밑줄 색상 적용하기

문서의 제목인 '아기모델 선발 대회'에 밑줄을 적용하고 밑줄 색을 변경해보겠습니다. **제목**을 드래그합니다.

02

① [서식] 메뉴-[밑줄]의 내림 단추-[**원형 점선**] 선택

② 다시 [서식] 메뉴-[밑줄]의 내림 단추-[밑줄 색]-[**하양 70% 어둡게**]를 선택합니다.

문서 제목에 밑줄이 적용됩니다.

바로 통하는 TIP 글자에 다양한 밑줄과 음영을 지정한 예입니다. ① 실선 밑줄 ② 파선 밑줄 ③ 점선 밑줄 ④ 원형 점선 밑줄 ⑤ 진달래색 음영 ⑥ 에메랄드 블루 음영&원형 점선 위아래 설정을 적용했습니다.

03 글자 음영 및 테두리 지정하기
(단축키 [Alt]+[L])

문서 본문 첫 번째 줄에 음영과 테두리를
지정해보겠습니다.

① 본문의 **제1회~개최합니다.** 드래그

② [서식] 메뉴의 펼침 단추-[**글자 모양**]을
선택합니다.

04

① [글자 모양] 대화상자에서 [기본] 탭의
[**음영 색**] 클릭

② 색상 표에서 [**색상 테마 ▶**] 클릭

③ 색상 테마에서 [**꿈**] 선택

④ [(RGB: 76, 198, 169) 80% 밝게]를 선택
합니다.

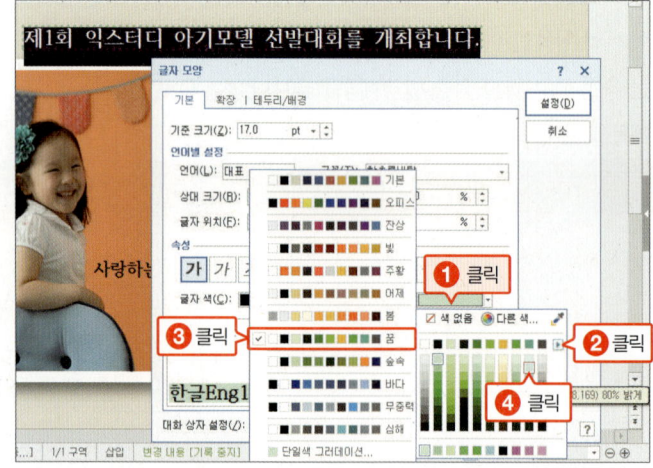

05

① 다시 [글자 모양] 대화상자에서 [**테두리/
배경**] 탭 클릭

② [테두리]에서 [종류]-[**점선**] 선택

③ [굵기]-[**0.5mm**] 선택

④ [색]-[(**RGB : 8, 33, 8) 60% 밝게**] 선택

⑤ 테두리 서식을 적용하기 위해 테두리 모
양에서 [**모두**] 클릭

⑥ [**설정**]을 클릭합니다.

본문에 음영 및 테두리가 적용됩니다.

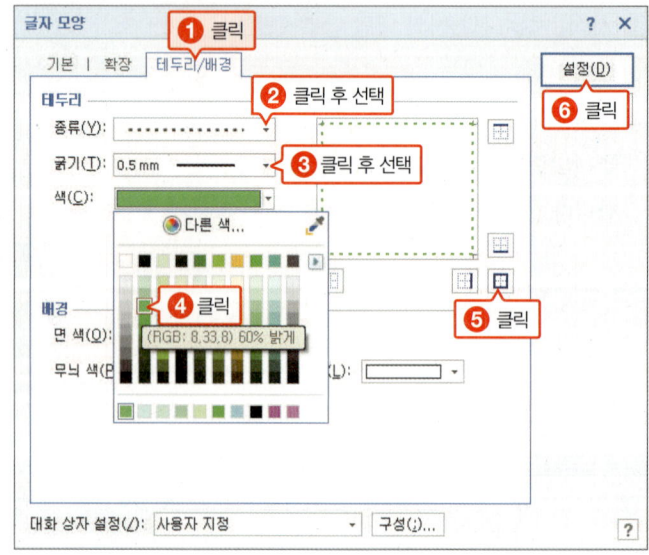

06 음영 및 테두리가 설정된 것을 확인합니다.

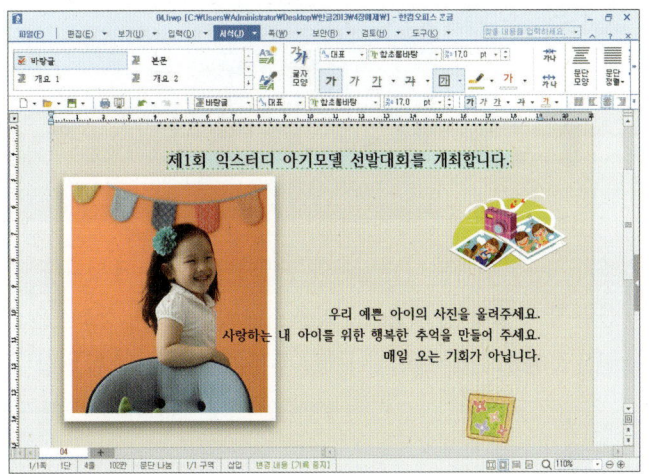

실무활용 노트 **형광펜 기능으로 문장 강조하기**

형광펜 기능은 문서의 특정 부분을 강조할 때 사용합니다. 형광펜 기능은 화면에서만 보이고 인쇄는 되지 않습니다.

① 강조할 문단 드래그
② [서식] 메뉴−[형광펜]의 내림 단추−[색상 테마
   ▶] 클릭
③ 색상 테마에서 [바다] 선택
④ [(RGB :12, 134, 203) 60% 밝게]를 선택합니다.

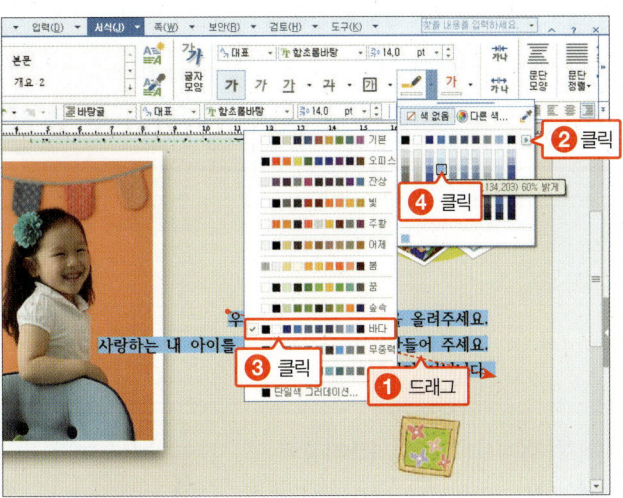

바로 통하는 TIP 형광펜을 취소하려면 형광펜이 지정된 범위를 드래그한 후 [형광펜]의 내림 단추−[색 없음]을 클릭합니다.

13 그림자, 강조점, 취소선 적용하기

효과가 적용된 글자는 다른 글자와 구별되어 쉽게 눈에 띕니다. 그림자, 강조점 등을 넣어 글자를 강조하거나 작성한 문장에 취소선을 적용해 문서를 꾸며보겠습니다. 강조점은 글자 위에 점을 찍어 강조해주는 역할을 하고, 취소선은 불필요하거나 생략해야 하는 부분을 알려주는 역할을 합니다.

▪실습 파일 3장\ 그림자, 강조점, 취소선 적용하기.hwp　　▪완성 파일 3장\ 그림자, 강조점, 취소선 적용하기_완성.hwp

01 글자에 그림자 지정하기

아기모델 선발 대회 안내 문서에서 '응모 방법' 글자에 그림자를 적용해 눈에 띄도록 표현해보겠습니다. **응모 방법**을 드래그하고 단축키 Alt + L 을 누릅니다.

[글자 모양] 대화상자가 나타납니다.

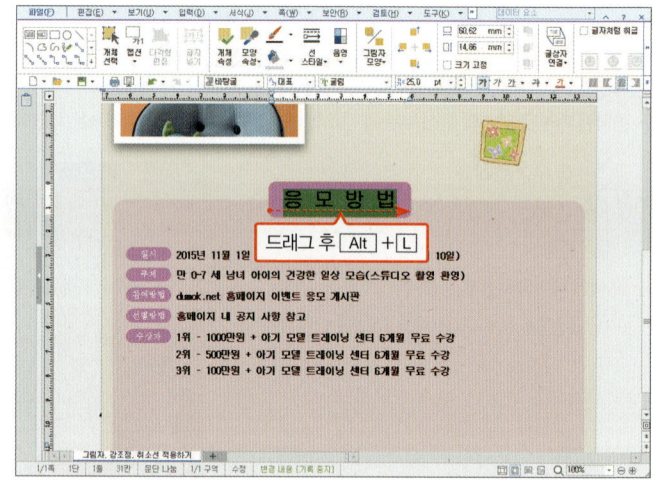

02

① [확장] 탭에서 [그림자]-**[연속]** 클릭
② **[색]** 클릭
③ **[색상 테마 ▶]** 클릭
④ 색상 테마에서 **[바다]** 선택
⑤ **[(RGB : 9, 46, 153) 40% 밝게]**를 클릭합니다.

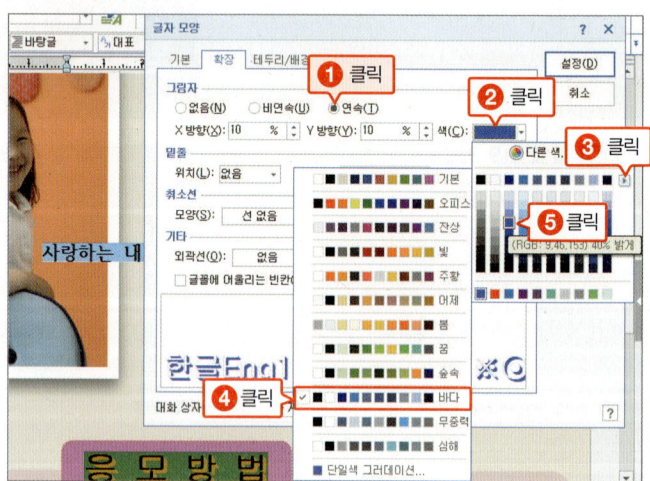

03 그림자가 적용된 모양을 확인합니다.

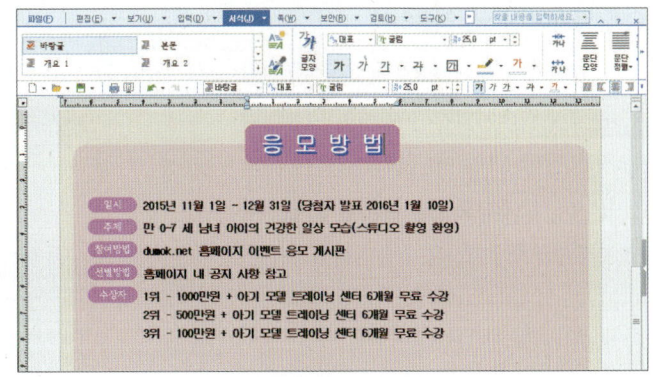

바로 통하는 TIP 글자에 그림자, 강조점, 취소선을 적용한 예입니다. ① 비연속 그림자 ② 연속 그림자 ③ 강조점 ④ 취소선을 적용했습니다.

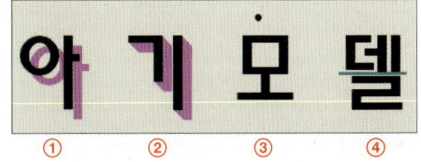

04 글자에 강조점 지정하기

응모 방법에서 '당첨자 발표'라는 글자가 두드러져 보이도록 강조점을 적용해보겠습니다. **당첨자 발표**를 드래그하고 단축키 Alt + L 을 누릅니다.

[글자 모양] 대화상자가 나타납니다.

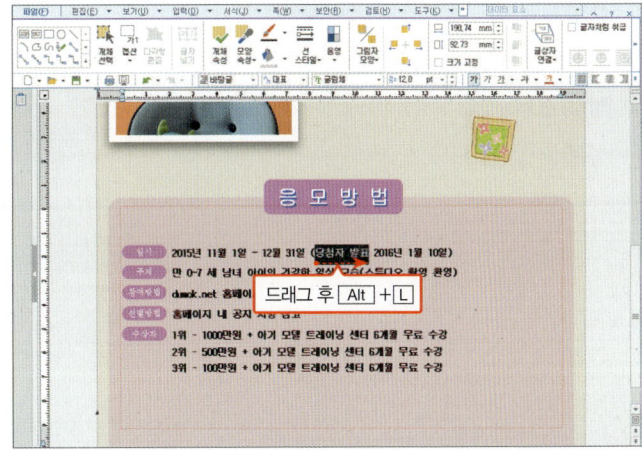

05

① [확장] 탭에서 **[강조점]** 클릭

② **원하는 모양**을 선택합니다. 여기에서는 글자 위에 검은 점 하나가 찍힌 모양을 선택했습니다.

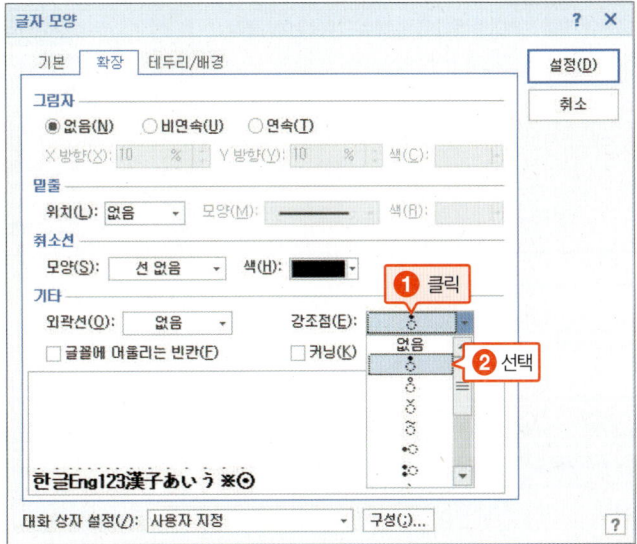

06 글자에 취소선 적용하기

응모 방법에서 '(스튜디오 촬영 환영)'이라는 글자가 취소되었거나 삭제된 내용이라는 것을 나타내기 위해 취소선을 적용해보겠습니다. **(스튜디오 촬영 환영)**을 드래그하고, 단축키 Alt + L 을 누릅니다.

[글자 모양] 대화상자가 나타납니다.

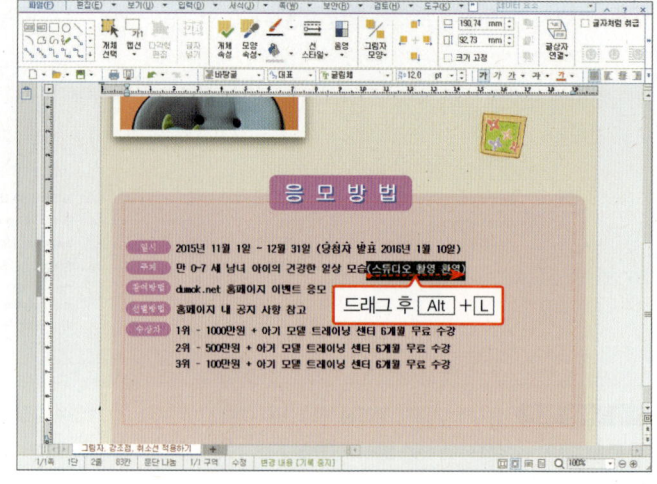

07

① [확장] 탭의 [취소선]에서 [모양]–**[이중 실선]** 선택
② [색]에서 [색상 테마]–**[오피스]** 선택
③ **[빨강]** 선택
④ **[설정]**을 클릭합니다.

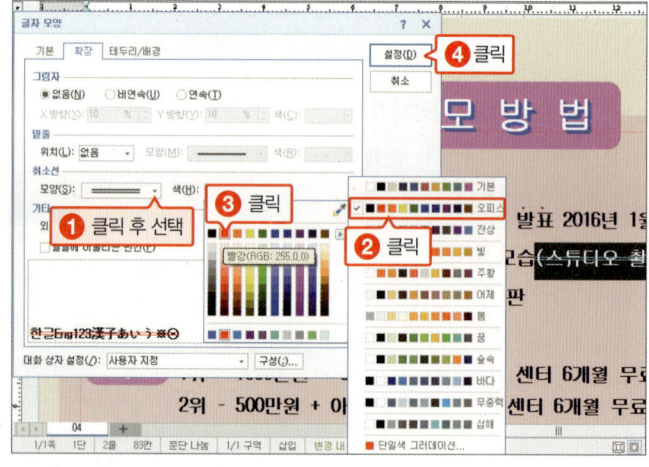

08 취소선이 적용됩니다.

바로 통하는TIP 취소선을 해제할 때는 취소선이 적용된 범위를 드래그한 후 [서식] 메뉴–[취소선]을 클릭합니다.

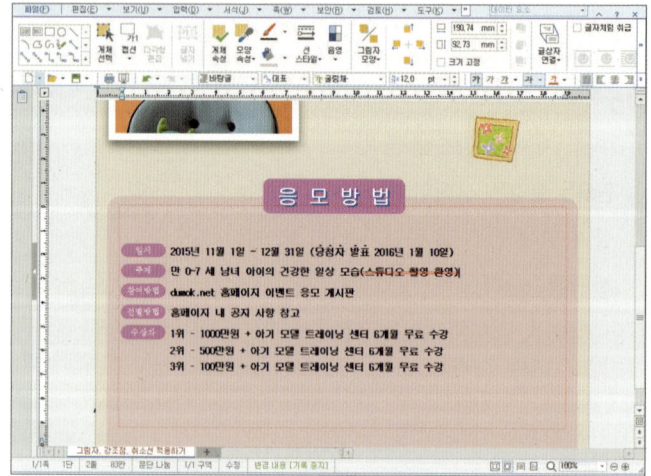

14 자간과 장평 조정하기

글자와 글자 사이의 간격을 '자간'이라고 부르며 글자의 세로 길이 대비 가로의 폭을 비율로 설정하는 것을 '장평'이라고 합니다. 자간과 장평을 잘 조절하면 보기 좋은 글꼴 스타일을 문서에 적용할 수 있습니다. 글자 간격과 장평을 조정하는 방법을 알아보겠습니다.

▪실습 파일 3장 \ 자간과 장평 조정하기.hwp ▪완성 파일 3장 \ 자간과 장평 조정하기_완성.hwp

01 자간 넓히기
(단축키 Alt + shift + W)

글자의 자간을 조절할 때는 [글자 모양] 대화상자에서 정확한 수치를 입력해 값을 조정할 수 있습니다. 문서 제목인 '위임장'의 글자 간격을 조정해보겠습니다. **위임장**을 드래그하고 단축키 Alt + L 을 누릅니다.

[글자 모양] 대화상자가 나타납니다.

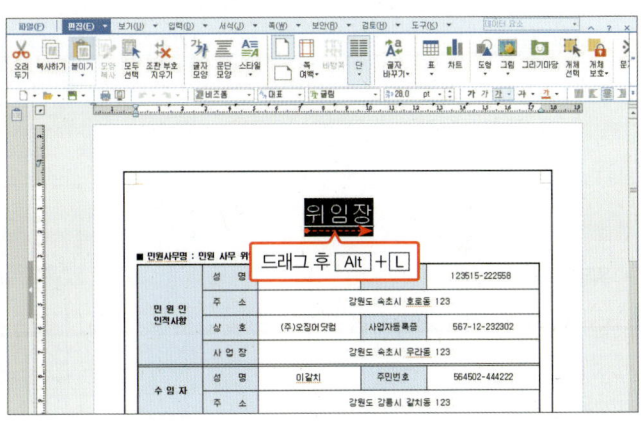

02

① [기본] 탭에서 [자간]을 **50%**로 설정
② **[설정]**을 클릭합니다.

자간이 넓게 수정됩니다.

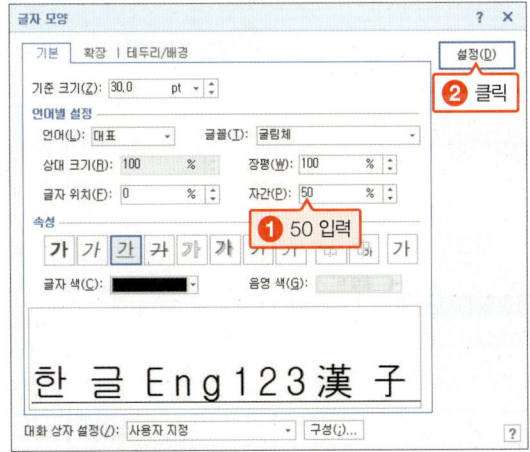

바로 통하는 TIP 자간을 조절한 예입니다. 자간은 글자 크기를 100%로 보고 글자 크기만큼 글자 간격을 띄워줍니다. 기본 값은 0%이며 −50~50% 사이에서 설정할 수 있습니다. ① 자간 50% ② 자간 0%로 설정했습니다.

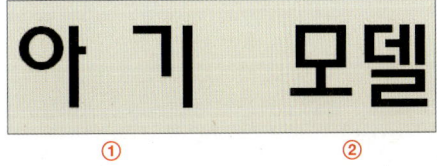

03 도구 모음 이용해 자간 좁히기

도구 모음을 이용해 조금씩 설정 값을 변경하면서 자간을 조정하는 방법도 있습니다.

① **위임장** 드래그

② [서식] 메뉴-**[글자 자간 좁게]**를 클릭합니다. 도구를 클릭할 때마다 1%씩 자간이 줄어들어 글자 사이 간격이 줄어듭니다.

바로 통하는TIP 단축키 Alt + Shift + N 을 누르면 자간이 1%씩 좁아지고 Alt + Shift + W 를 누르면 자간이 1%씩 넓어집니다.

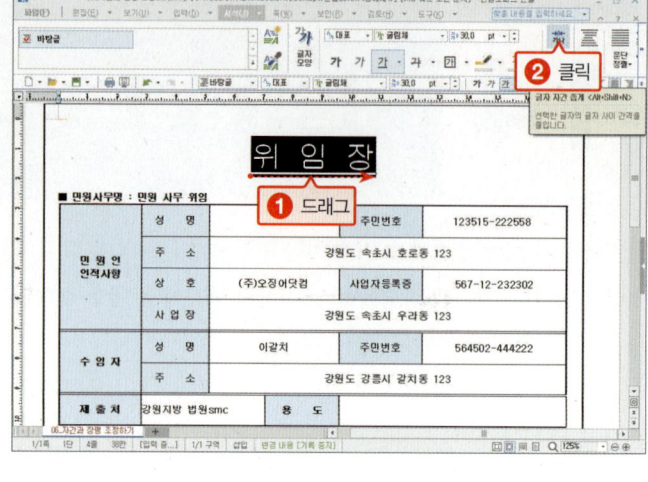

04 장평 늘리기

장평은 한 글자를 기준으로 가로 너비를 늘리거나 줄이는 기능입니다. [글자 모양] 대화상자를 이용해 문서 제목인 '위임장'의 장평을 조정해보겠습니다.

① **위임장** 드래그

② [서식] 메뉴-**[글자 모양]**을 클릭합니다.

[글자 모양] 대화상자가 나타납니다.

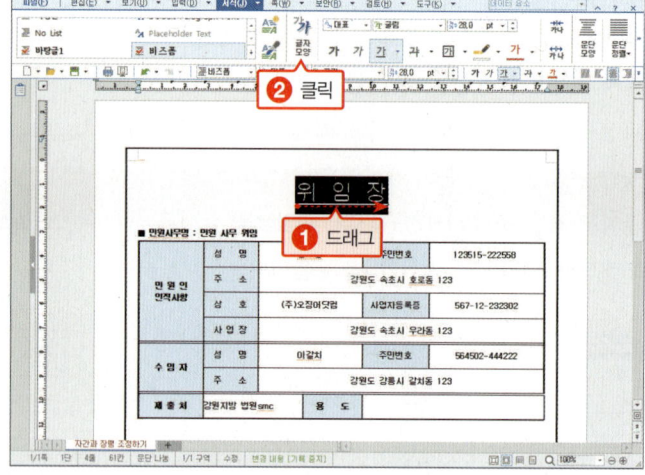

05

① [글자 모양] 대화상자의 [기본] 탭에서 [장평]을 **150%**로 설정

② **[설정]**을 클릭합니다.

바로 통하는TIP 장평의 범위는 50~200% 사이에서 설정할 수 있습니다.

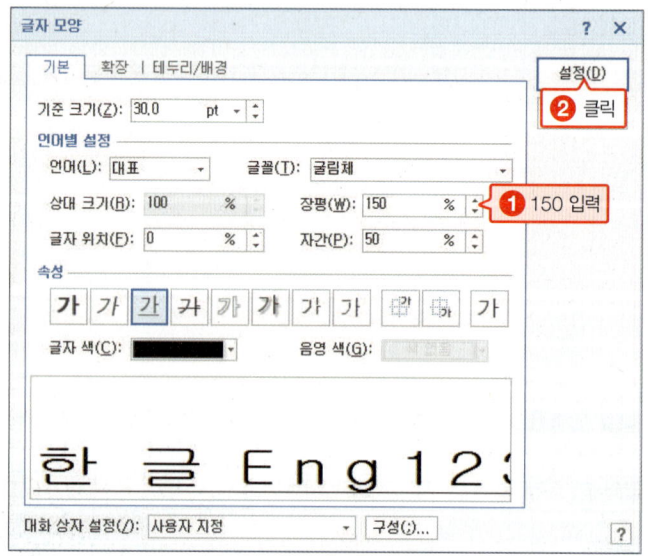

06 글자의 장평이 수정된 것을 확인할 수 있습니다.

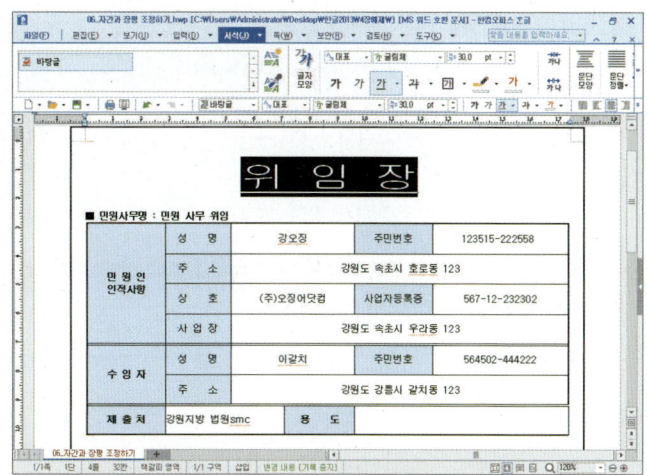

바로 통하는 TIP 장평을 조절한 예입니다. 장평은 글자의 가로 세로 비율을 1:1로 보고 비율에 맞추어 가로 길이를 조절해줍니다. 기본 값은 100%입니다. ① 장평 200% ② 장평 100%로 설정했습니다.

① ②

15 모양 복사하기와 첨자 입력하기

모양 복사하기는 글꼴 모양을 복사해 동일한 글꼴로 변환하고 간편하게 스타일 등을 변경할 때 사용할 수 있습니다. 첨자는 주로 단위를 입력할 때 사용하는 기능으로, [글자 모양] 대화상자의 [기본] 탭에서 설정할 수 있습니다.

▪ **실습 파일** 3장 \ 모양 복사하기와 첨자 입력하기.hwp ▪ **완성 파일** 3장 \ 모양 복사하기와 첨자 입력하기_완성.hwp

01 글꼴 모양 복사하기(단축키 Alt + C)

부동산 임대차 계약서에서 상위 항목의 제목에 사용한 글꼴 모양을 하위 항목에도 동일하게 적용하려고 합니다. '1. 부동산의 표시'에서 글꼴 모양을 복사해 하위 항목인 '소재지, 토지, 건물, 임대할부분'에 적용해 보겠습니다.

① 글꼴 모양을 복사할 **1. 부동산의 표시** 클릭 블록 설정을 하지 않고 커서만 위치시킵니다.

② [편집] 메뉴─**[모양 복사]**를 클릭합니다.

[모양 복사] 대화상자가 나타납니다.

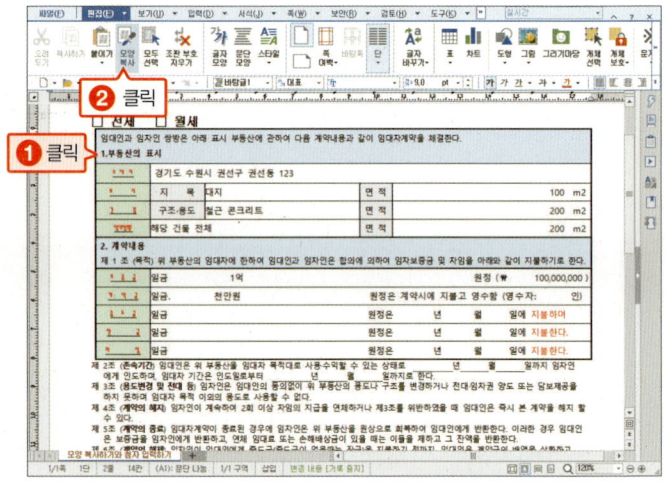

02

① [모양 복사] 대화상자에서 **[글자 모양]** 클릭

② **[복사]**를 클릭합니다.

글자 모양이 복사됩니다.

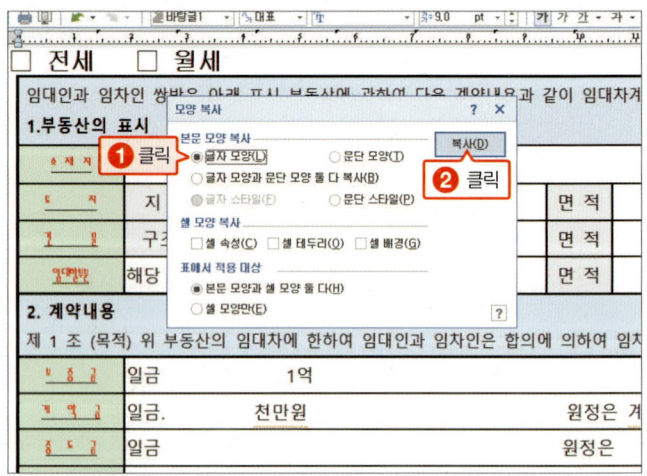

문서를 만들다 보면 같은 스타일을 적용해 글자나 문단을 꾸며야 하는 경우가 많은데, 이때 일일이 서식을 찾아 적용하려면 번거롭습니다. [모양 복사] 기능을 사용하면 본문에 사용된 글자 서식뿐 아니라 문단 서식까지 복사해 원하는 부분에 똑같이 적용할 수 있어 편리합니다.

① **본문 모양 복사** : 글자 모양, 문단 모양, 글자 모양과 문단 모양 둘 다 복사, 글자 스타일, 문단 스타일 중 복사할 모양을 선택합니다.

② **셀 모양 복사** : 표 안에서만 사용할 수 있는 옵션으로 커서 위치의 글자 모양이나 문단 모양, 스타일뿐만 아니라 현재 셀의 셀 속성이나 선 모양, 셀 배경까지 함께 복사해두었다가 다른 셀에 그대로 덮어쓸 수 있습니다.

③ **표에서 적용 대상** : 본문 모양과 셀 모양을 둘 다 복사할 것인지, 셀 모양만 복사할 것인지 설정합니다.

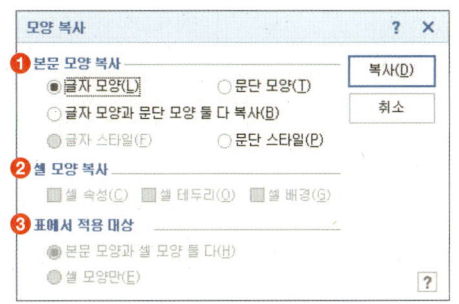

03 글꼴 모양 붙여넣기(단축키 Alt + C)

① 복사한 글꼴 모양을 적용할 **범위** 드래그
② [편집] 메뉴-**모양 복사**를 클릭합니다. 단축키 Alt + C 를 눌러도 됩니다.

'1. 부동산의 표시'에서 복사한 글꼴 모양대로 하위 항목의 글꼴 모양 및 서식 스타일이 변경됩니다.

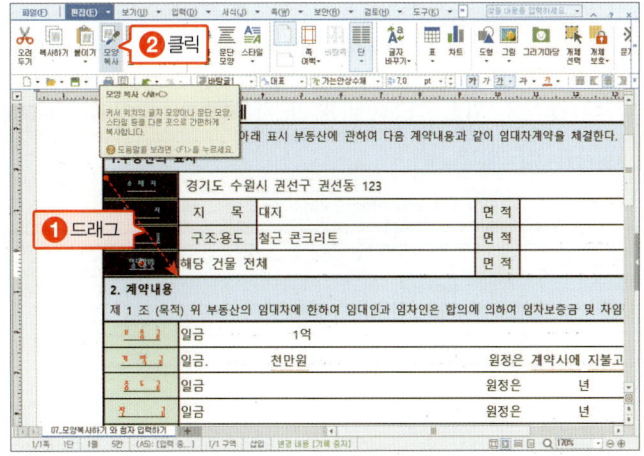

04 위 첨자 입력하기

부동산 임대차 계약서의 토지 면적을 제곱미터로 표시하기 위해 'm2'를 'm²'으로 변경해보겠습니다.

① 위 첨자를 지정하기 위해 면적의 2 드래그
② [서식] 메뉴-**글자 모양**을 클릭합니다. 단축키 Alt + L 을 눌러도 됩니다.

[글자 모양] 대화상자가 나타납니다.

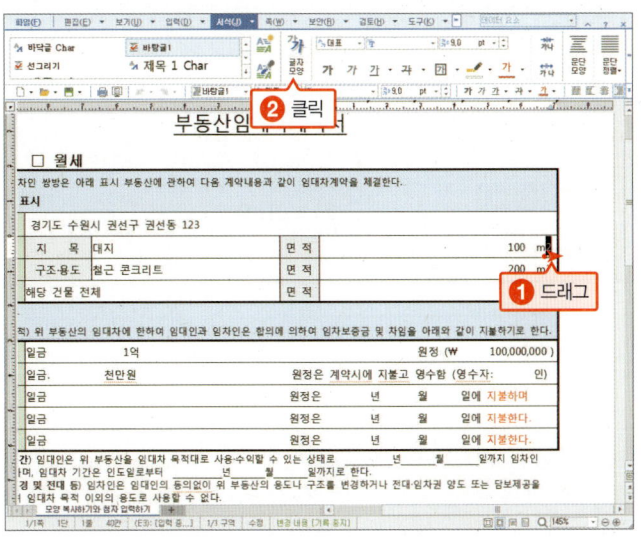

05

① [글자 모양] 대화상자의 [기본] 탭에서
　 [속성]–[위 첨자] 클릭

② [설정]을 클릭합니다.

제곱미터를 표현할 수 있도록 2가 위첨자로 적용되었
습니다. 건물과 임대할 부분의 면적도 'm²'로 변경해
봅니다.

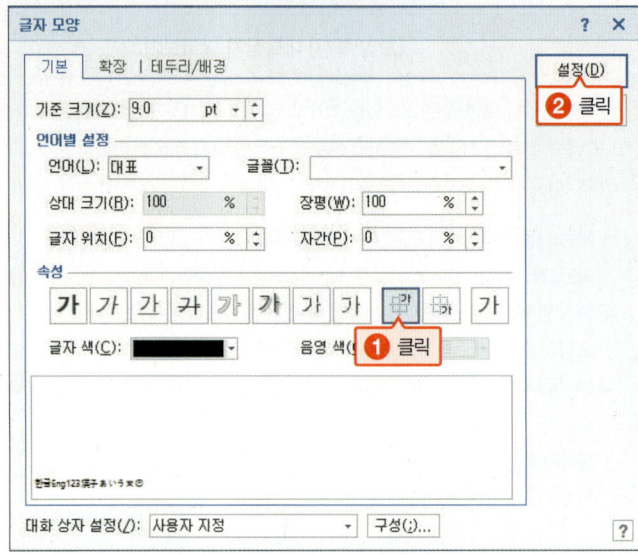

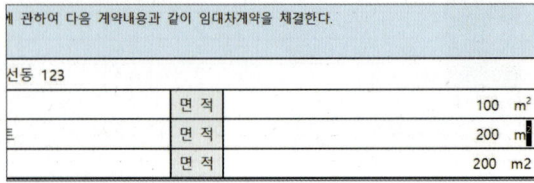

실무활용노트 **단축키로 첨자 설정하기**

단축키를 이용해 위 첨자와 아래 첨자를 간단하게 설정할 수 있습니다. 변환할 부분을 블록 설정한 후 해당 단축키를 누릅니다.

위 첨자 : [Alt] + [Shift] + [P]

에 관하여 다음 계약내용과 같이 임대차계약을 체결한다.		
선동 123		
면 적		100 m²
면 적		200 m
면 적		200 m2

아래 첨자 : [Alt] + [Shift] + [S]

진수	표현
2진수	$10101_{(2)}$
8진수	$242_{(8)}$

CHAPTER

04

문단 및 쪽 꾸미기

워드프로세서로 문서를 작성하는 가장 큰 이유 중 하나는 문단을 꾸며서 통일된 형태의 문서를 완성하는 데 있습니다. 문단의 앞에 번호를 넣거나 번호의 서식을 간단히 변경하는 기능, 들여쓰기, 내어쓰기, 문단 줄 간격 조정 기능, 문서 중간에 다른 문서 끼워 넣고 페이지 나누기 등으로 문단과 문서를 정돈하여 체계적이고 통일된 문서를 만드는 방법에 대해서 알아보겠습니다.

16 줄 간격 및 문단 여백 설정하기

문서 내에는 글을 넣을 범위가 한정되어 있습니다. 범위에 넣을 글이 많을 때는 줄 간격을 줄입니다. 반대로 범위는 넓은데 글이 적을 때는 줄 간격을 늘려 문서를 편집할 수 있습니다. 줄 간격 및 문단 여백 등을 조절해 문단을 꾸미는 방법을 알아보겠습니다.

▪ **실습 파일** 4장 \ 줄 간격 및 문단 여백 설정하기.hwp   ▪ **완성 파일** 4장 \ 줄 간격 및 문단 여백 설정하기_완성.hwp

---

01 줄 간격 조절하기(단축키 Alt + T)

사용 전 검사 관련 서식 문서 첫 번째 페이지의 내용을 화면에 꽉 차게 편집해보겠습니다.

① 줄 간격을 조절할 **세 개 문단** 드래그

② [서식] 메뉴–[**문단 모양**]을 클릭합니다.

[문단 모양] 대화상자가 나타납니다.

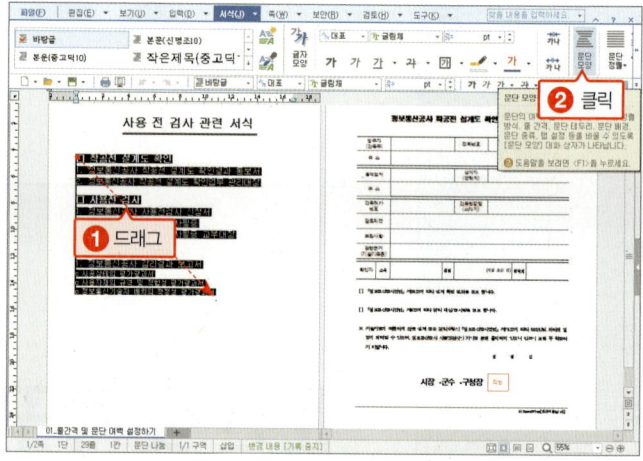

02

① [문단 모양] 대화상자의 [기본] 탭에서 [줄 간격]에 **180** 입력

② [**설정**]을 클릭합니다.

줄 간격이 넓게 조절됩니다.

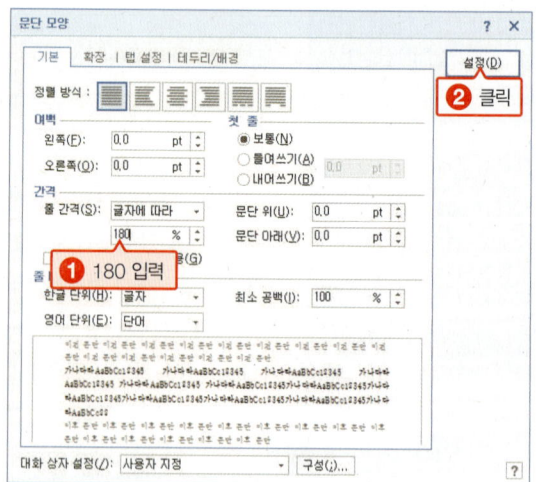

03 수정한 줄 간격이 적당한지 확인합니다.

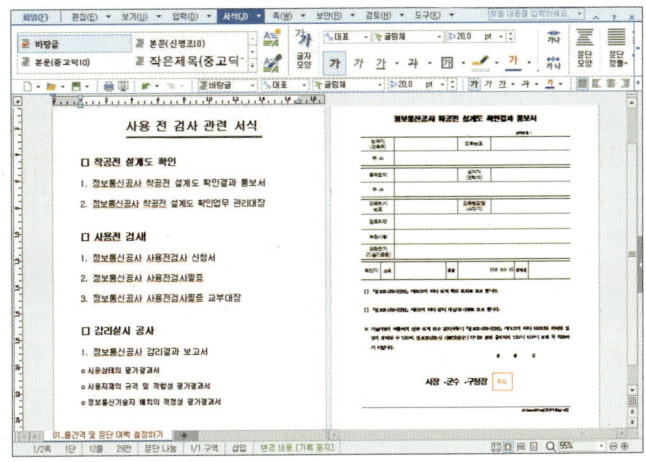

04 서식 도구 상자에서 줄 간격 조절하기

서식 도구 상자의 [줄 간격] 설정 도구에서 직접 줄 간격을 입력해도 됩니다. 줄 간격을 조금 더 넓혀보겠습니다. **190**을 입력합니다.

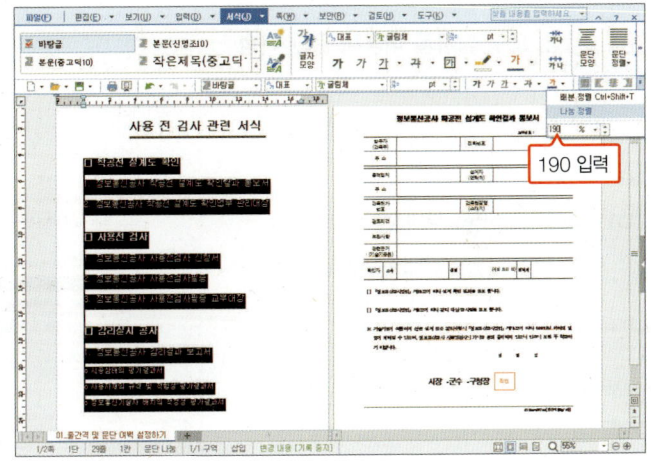

05 [문단 모양] 대화상자를 이용해 문단 여백 설정하기

[문단 모양] 대화상자에서 문단의 왼쪽과 오른쪽 여백을 조절할 수 있습니다. 첫 번째 문단의 하위 항목이 제목보다 들어가 보이도록 왼쪽 여백을 조금 늘려보겠습니다. **1. 정보통신공사~관리대장**을 드래그하고 단축키 [Alt]+[T]를 누릅니다.

───────────────

[문단 모양] 대화상자가 나타납니다.

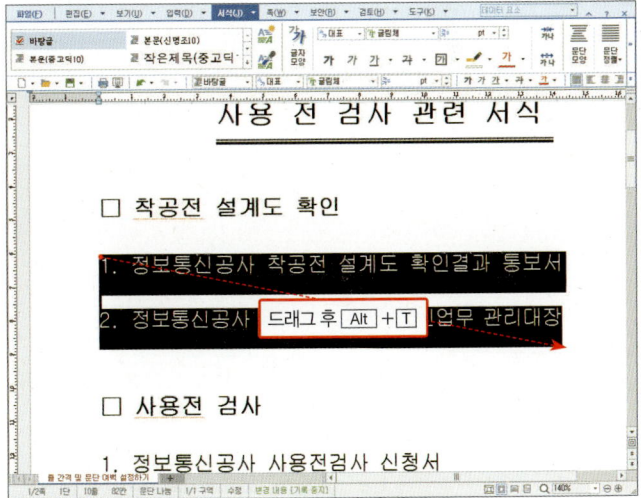

06

① [문단 모양] 대화상자의 [기본] 탭에서 [여백]-[왼쪽]에 20 입력

② [설정]을 클릭합니다.

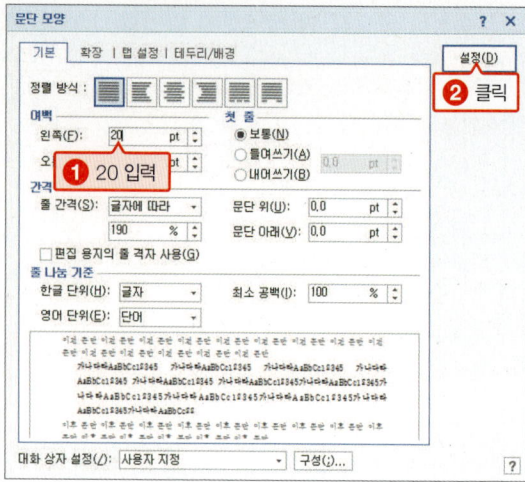

왼쪽 여백이 늘어나서 제목보다 오른쪽으로 더 들어가 보입니다.

07 [서식] 도구 상자를 이용해 문단 여백 설정하기

두 번째 문단의 하위 항목도 왼쪽 여백을 늘려보겠습니다.

① 1. 정보통신공사~교부대장 드래그

② [서식] 메뉴-[왼쪽 여백 늘리기]를 클릭합니다.

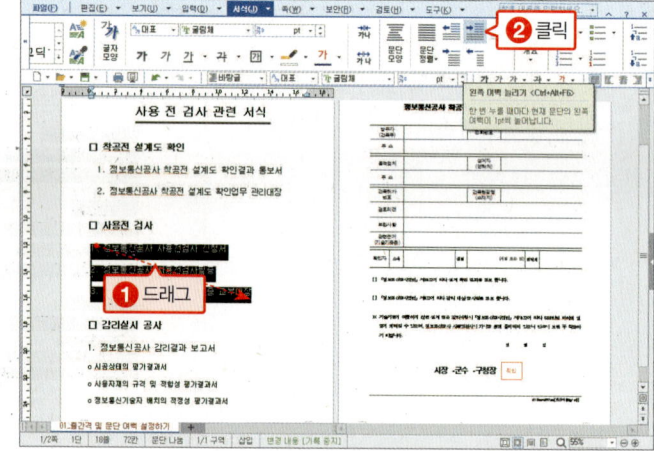

[왼쪽 여백 늘리기]를 클릭할 때마다 1pt씩 왼쪽 여백이 증가합니다.

바로 통하는 TIP 기본 글꼴 크기 10pt를 기준으로 여백 10pt는 한글 한 글자만큼의 여백을 의미합니다. 즉, 여백을 20pt로 설정하면 한글 두 글자만큼의 여백이 생깁니다.

17 들여쓰기와 내어쓰기

일반적으로 글을 쓸 때는 문단 첫줄의 첫칸을 비워 두고 다른 줄보다 안쪽에서부터 쓰기 시작합니다. 이를 들여쓰기라 하며 새 문단이 시작되었음을 시각적으로 알리는 역할을 합니다. 이와 반대로 첫줄을 다른 줄보다 한 글자만큼 왼쪽으로 당겨쓰는 것을 내어쓰기라 합니다. 내어쓰기는 주로 번호로 시작하는 문단에서 많이 사용합니다. 들여쓰기와 내어쓰기를 문단에 적용하는 방법에 대해서 알아보겠습니다.

▪**실습 파일** 4장 \ 들여쓰기와 내어쓰기.hwp　　▪**완성 파일** 4장 \ 들여쓰기와 내어쓰기_완성.hwp

01　문단 첫줄 들여쓰기(단축키 Ctrl + F6)

감리계약서의 첫 번째 문단에 첫줄 들여쓰기를 적용해보겠습니다.

① **첫 번째 문단** 드래그

② [**서식**] 메뉴–[**문단 모양**]을 클릭합니다. 또는 단축키 Alt + T를 눌러도 됩니다.

[문단 모양] 대화상자가 나타납니다.

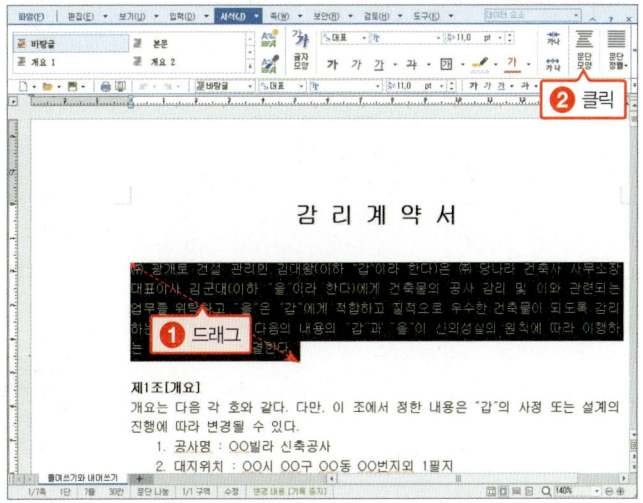

02

① [**문단 모양**] 대화상자에서 [**첫줄**]–[**들여쓰기**] 클릭

② [**설정**]을 클릭합니다.

첫줄 들여쓰기가 적용됩니다.

바로 통하는 TIP　들여쓰기 10pt는 글꼴 크기 10pt인 한글 기준으로 한 글자 너비를 의미합니다. 들여쓰기와 내어쓰기는 일반적으로 한 글자씩 적용하므로 기본값으로 10pt가 설정되어 있습니다. 물론 이 수치는 원하는 대로 설정할 수 있습니다.

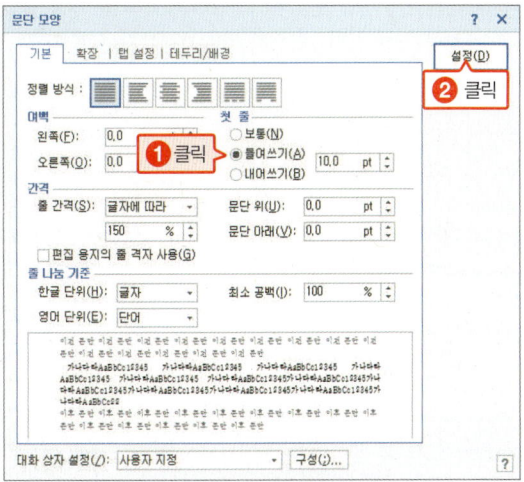

03 문단 첫줄 내어쓰기(단축키 Ctrl + F5)

감리계약서의 첫 번째 문단에 첫줄 내어쓰기를 적용해보겠습니다.

① **첫 번째 문단** 드래그

② [서식] 메뉴—[첫줄 내어쓰기]를 클릭합니다.

클릭할 때마다 1pt씩 내어쓰기가 적용됩니다.

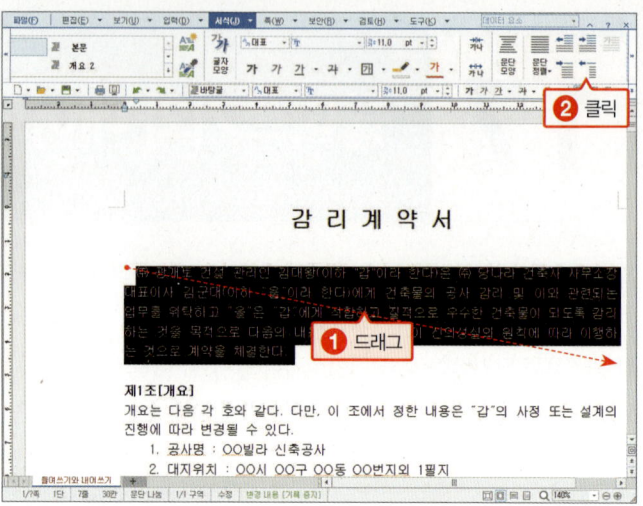

바로 통하는 TIP 들여쓰기와 내어쓰기는 일반적으로 최소 10pt를 지정하므로 [문단 모양] 대화상자에서 설정하는 것이 편리하고, 그 외에 문단 꾸미기와 관련된 세부 설정은 도구 모음이나 단축키를 이용해 조절하는 것이 편리합니다.

04 [첫줄 내어쓰기]로 20pt를 적용했습니다.

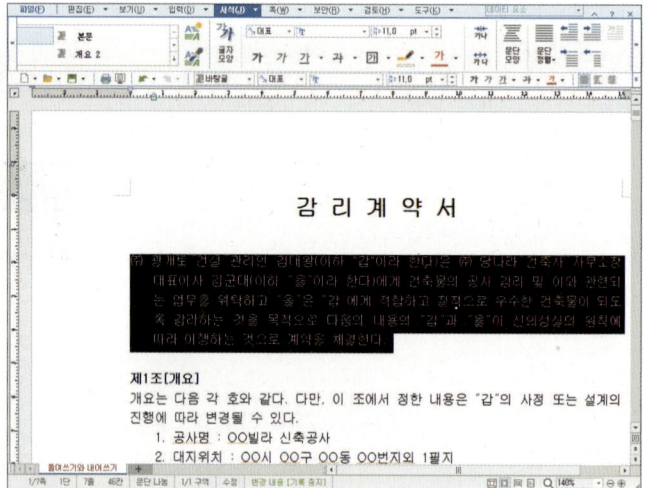

18 개요 번호와 문단 번호 활용하기

문서를 작성하다 보면 제목이나 하위 제목, 또 그 하위 제목에 번호를 지정하는 경우가 많습니다. 각 단계에 따라 간편하게 번호를 지정할 수 있는 기능이 개요 번호와 문단 번호입니다. 개요 번호를 이용하면 문서 전체에 번호를 지정할 수 있으며, 문서 개요에 따른 전체 구조를 확인하는 데 유용합니다. 문단 번호는 문단을 기준으로 번호를 지정할 때 사용합니다. 사실 개요 번호와 문단 번호는 기능적으로 큰 차이가 없습니다. 다만 개요 번호를 사용하면 구역 나누기 기능으로 문서의 구역을 나눴을 때 구역 기준으로 번호를 다시 지정할 수 있습니다.

▪ **실습 파일** 4장 \ 개요 번호와 문단 번호 활용하기.hwp   ▪ **완성 파일** 4장 \ 개요 번호와 문단 번호 활용하기_완성.hwp

01 개요 번호 지정하기(단축키 Ctrl + K , O)

작업표 작성 문서는 각 행의 글꼴 모양과 크기 등이 유사하게 편집되어 있어 문서 전체의 개요를 알아보기 어렵습니다. 개요 번호를 적용해 문서 전체의 구조를 한눈에 알아볼 수 있도록 수정해보겠습니다.

① 개요 번호를 지정할 문서의 **첫 번째 행** 클릭
  문장을 블록 설정할 필요 없이 커서만 이동시킵니다.
② [서식] 메뉴의 펼침 단추–**[개요 번호 모양]**을 선택합니다.

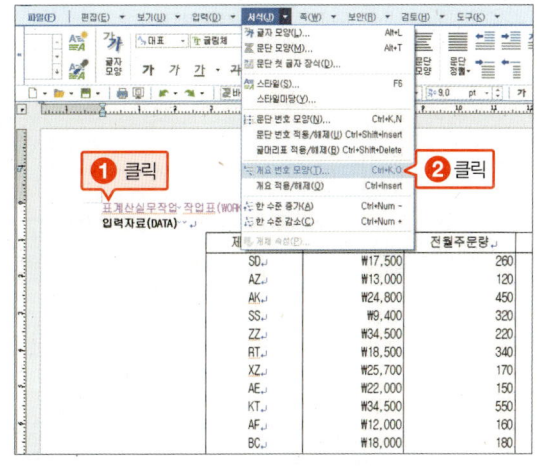

02

① [개요 번호 모양] 대화상자의 [개요 번호 모양] 목록에서 **첫 번째 항목** 선택
② [1수준 시작 번호]를 **3**으로 설정
  [1수준 시작 번호]는 개요 번호가 시작될 번호를 설정하는 항목입니다.
③ **[설정]**을 클릭합니다.

커서가 있던 문장에 개요 번호 '3'이 적용됩니다.

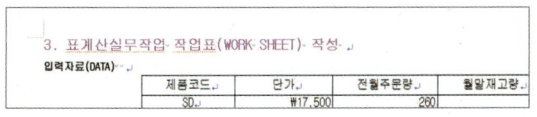

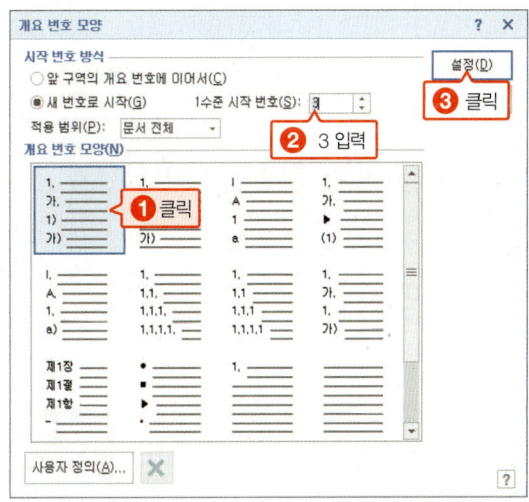

03 개요 번호 수준 변경하기

작업표 작성 문서의 두 번째 행에는 첫 번째 행의 하위 수준으로 개요 번호를 표시해 보겠습니다.

① 두 번째 행 클릭

② [서식] 메뉴-[개요] 클릭

앞서 지정한 개요 수준의 다음 번호인 '4'가 자동으로 적용됩니다.

③ 그 상태로 [서식] 메뉴-[한 수준 감소]를 클릭합니다.

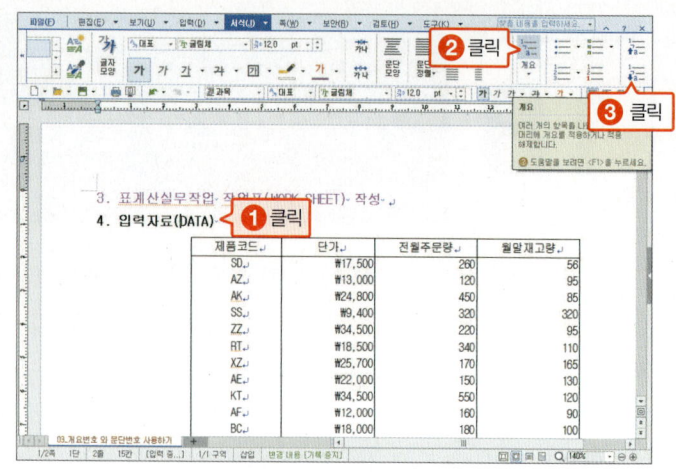

04

개요 수준이 한 단계 감소되어 '가'가 입력되었습니다. 개요 수준의 모양은 앞서 설정한 [개요 번호 모양] 테마에 따라 자동 변경됩니다.

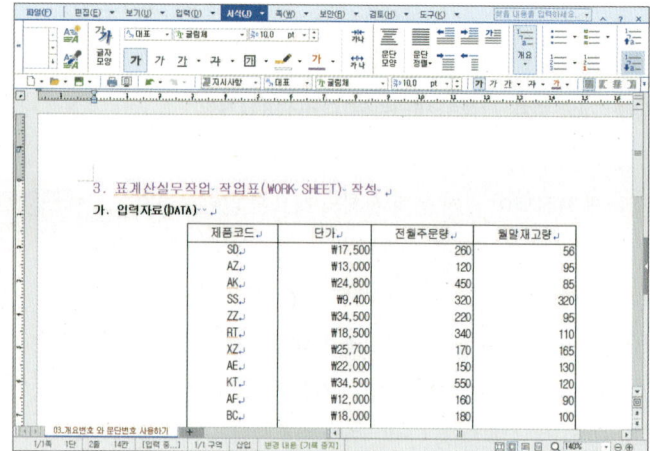

05 문단 번호 지정하기

'작성조건'이 표시되어 있는 문서 중간 위치로 이동하여 문단 번호를 표시해보겠습니다.

① 제목서식~이용함 드래그

② [서식] 메뉴-[문단 번호] 도구를 한 번 클릭합니다.

───────────

개요 번호가 선택 범위에 적용되어 '1', '2'가 표시됩니다.

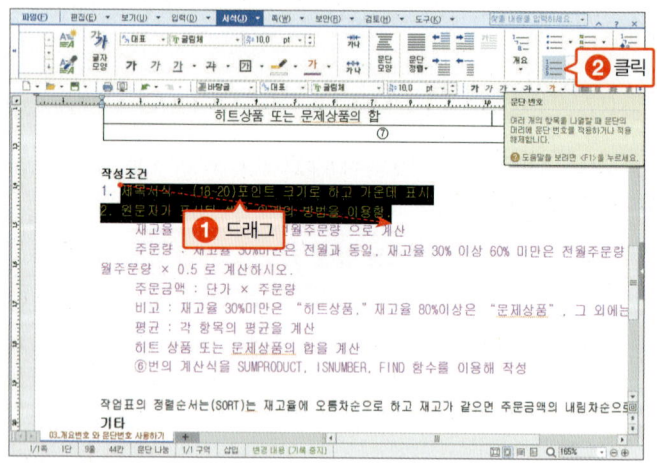

바로 통하는 TIP 한 행에만 문단 번호를 적용할 경우에는 개요 번호와 마찬가지로 해당 행에 커서만 이동시켜도 됩니다. 이 경우에는 인접한 두 행에 같은 수준의 문단 번호를 한 번에 적용하기 위해 블록을 설정했습니다.

06 문단 번호를 표시한 행의 하위 항목에
도 문단 번호를 표시해보겠습니다.

① **재고율~작성** 드래그

② [서식] 메뉴-**[문단 번호]**를 클릭합니다.

1부터 다시 문단 번호가 추가됩니다.

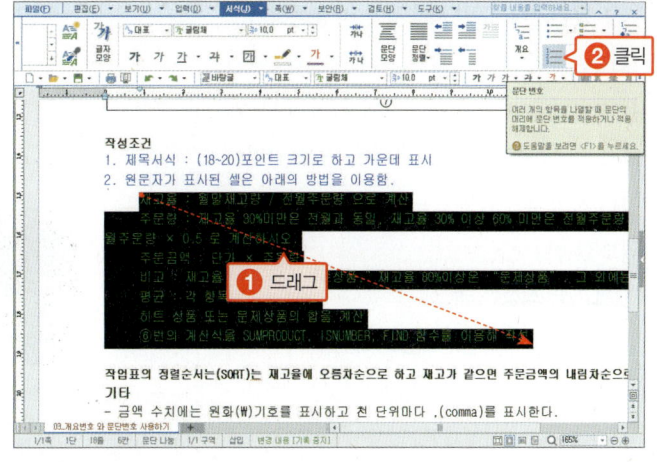

07 블록 설정된 상태로 [서식] 메뉴-**[한
수준 감소]**를 클릭합니다. 문단 번호 수준이
한 단계 감소되어 가, 나, 다 등으로 표시됩
니다.

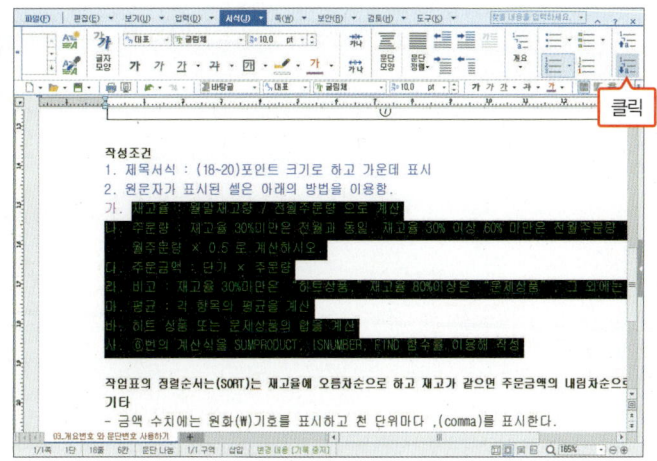

08

① [문단 모양] 대화상자를 불러오기 위해
　단축키 Alt + T

② [문단 모양] 대화상자에서 [여백]-[왼
　쪽]을 **20pt**로 설정

③ **[설정]**을 클릭합니다.

문단 번호 '2수준'의 왼쪽에 여백이 적용됩니다.

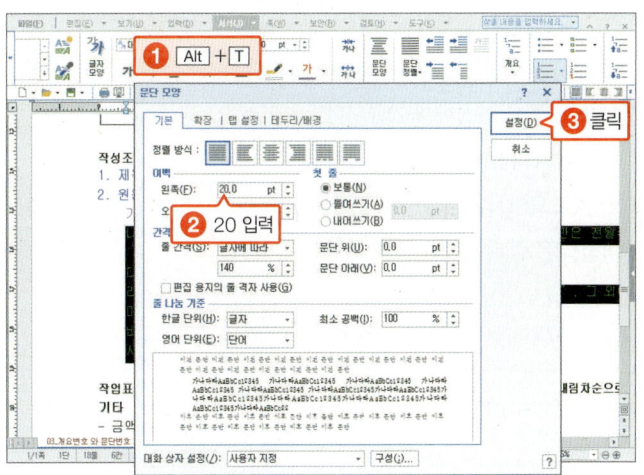

09 문단 번호 모양 사용자 정의 설정하기

개요 번호와 문단 번호 모양은 지정된 테마를 사용해도 되지만 사용자가 원하는 모양으로 직접 변경해 사용할 수도 있습니다. 이미 지정되어 있는 문단 번호의 모양을 바꿔보겠습니다.

① **재고율~작성** 드래그

② [서식] 메뉴-[문단 번호]의 내림 단추-
  [문단 번호 모양]을 선택합니다.

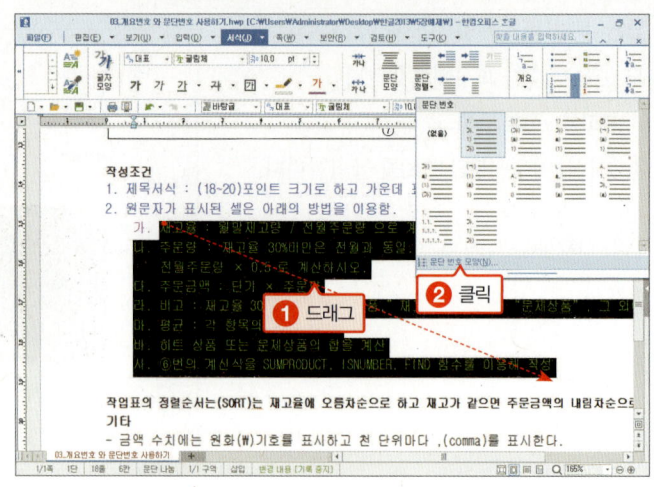

---

10 [문단 번호/글머리표] 대화상자 하단의 **[사용자 정의]**를 클릭합니다.

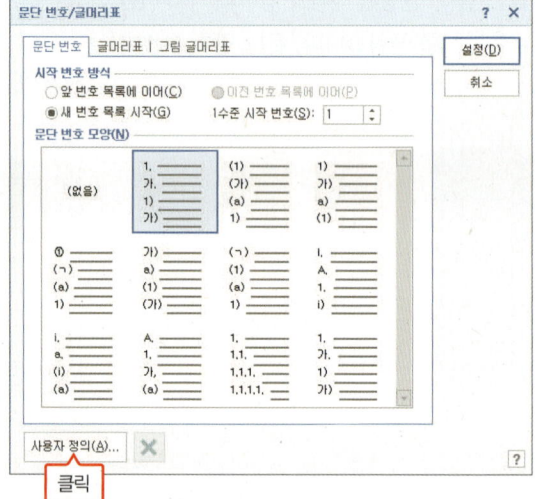

---

11 [문단 번호 사용자 정의 모양] 대화상자의 [번호 서식]을 '^2'로 설정해보겠습니다.

① ^2 뒤의 **마침표** 삭제

② [번호 모양]을 [①,②,③]으로 설정

③ **[설정]**을 클릭합니다.

[문단 번호/글머리표] 대화상자로 돌아와 다시 [설정]을 클릭합니다.

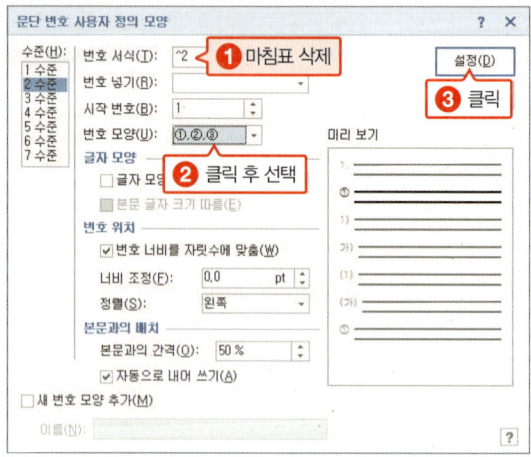

12 문단 모양이 변경된 것을 확인합니다.

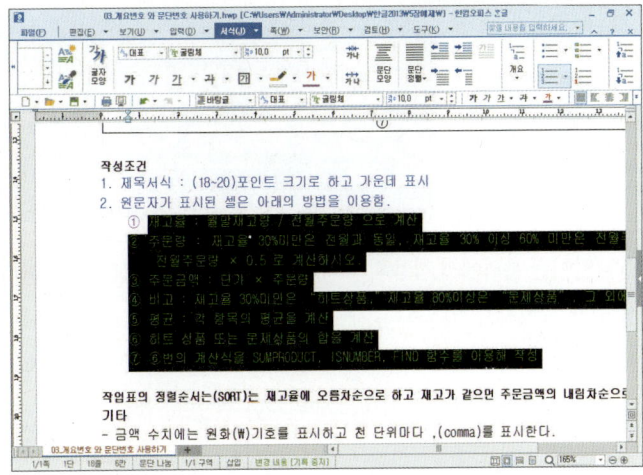

바로 통하는TIP 개요 번호나 문단 번호가 지정된 행에서 Enter 를 누르면 같은 수준의 다음 번호가 자동으로 새 문단에 입력됩니다.

전월주문량 × 0.5 로 계산하시오.
③ 주문금액 : 단가 × 주문량
④ 비고 : 재고율 30%미만은 "히트상품," 재고율 80%이상은 "문제상품", 그 외에는 공백
⑤ 평균 : 각 항목의 평균을 계산
⑥ 히트 상품 또는 문제상품의 합을 계산
⑦ ⑥번의 계산식을 SUMPRODUCT, ISNUMBER, FIND 함수를 이용해 작성
⑧

19 스타일 적용하기

스타일이란 문서에서 사용되는 다양한 형태의 글꼴, 문단 등을 미리 설정해놓은 틀입니다. 편집 중인 문서를 일관성 있게 작성할 수 있도록 글자나 문단 모양 등을 미리 정의해두는 것입니다. 예를 들어 보고서와 같은 문서에 사용되는 제목, 1수준, 2수준, 3수준 등의 개요 번호나 문단 번호 형식을 미리 스타일로 설정해두면 한 번의 클릭으로 원하는 문장의 서식을 간편하게 변경할 수 있습니다.

▪ **실습 파일** 4장 \ 스타일 적용하기.hwp   ▪ **완성 파일** 4장 \ 스타일 적용하기_완성.hwp

01 서식 도구 모음에서 스타일 적용하기

예제 파일인 모집 공고문에는 제목, 글머리표 등의 스타일이 미리 설정되어 있습니다. 설정된 스타일을 문서에 적용해보겠습니다.

① 제목 스타일을 적용할 **희망퇴직자모집공고** 클릭

② [서식] 메뉴의 스타일 창에서 **제목** 스타일을 선택합니다.

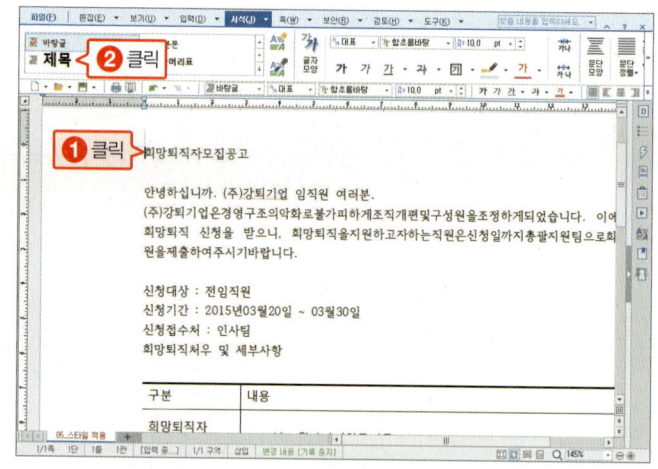

02 문서에 적용된 스타일 확인하기

제목 행에 스타일이 적용되었습니다. [서식] 메뉴의 스타일 창을 보면 적용한 스타일에 음영이 표시되는 것을 알 수 있습니다. 특정 문장이나 문단에 어떤 스타일이 적용되었는지 확인하고 싶다면 스타일 창을 확인합니다.

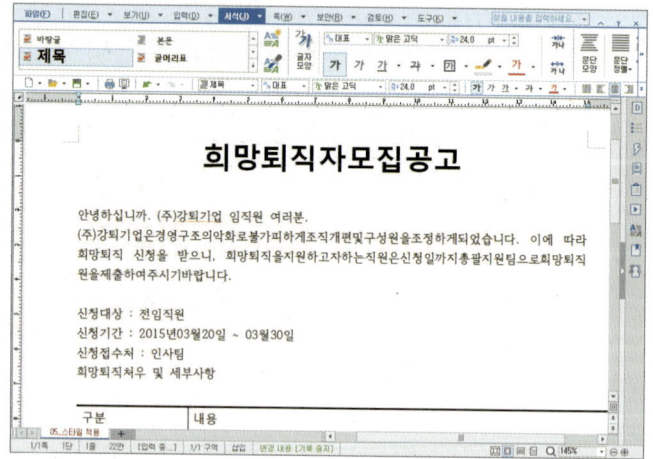

03 작업 창에서 스타일 적용하기

화면 오른쪽의 작업 창에 [스타일] 작업 창을 열어놓고 적용할 수 있습니다. '희망퇴직처우 및 세부사항'을 표시한 표에 스타일을 적용해보겠습니다.

① 문서 우측의 [작업 창 접기/펴기] 클릭
② 작업 창 도구에서 [스타일]을 클릭합니다.

[스타일] 작업 창이 활성화됩니다.

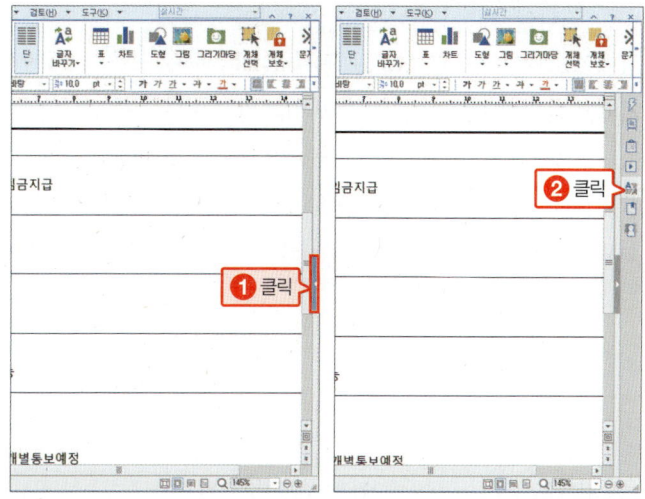

04

① 스타일을 적용할 첫 번째 열 드래그
② [스타일] 작업 창에서 표안 스타일을 클릭합니다.

미리 설정된 표 스타일이 문서에 적용됩니다.

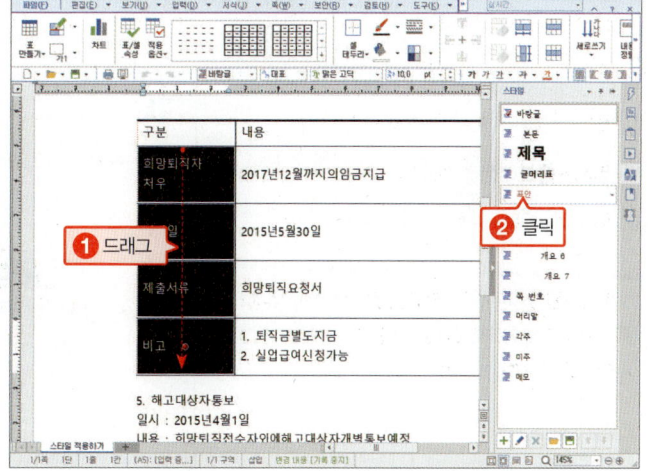

05 단축키로 스타일 적용하기

단축키를 이용해 스타일을 적용할 수 있습니다. 스타일을 지정한 단축키를 확인하기 위해 [스타일] 대화상자를 나타내겠습니다. [서식] 메뉴의 펼침 단추-[스타일]을 선택합니다.

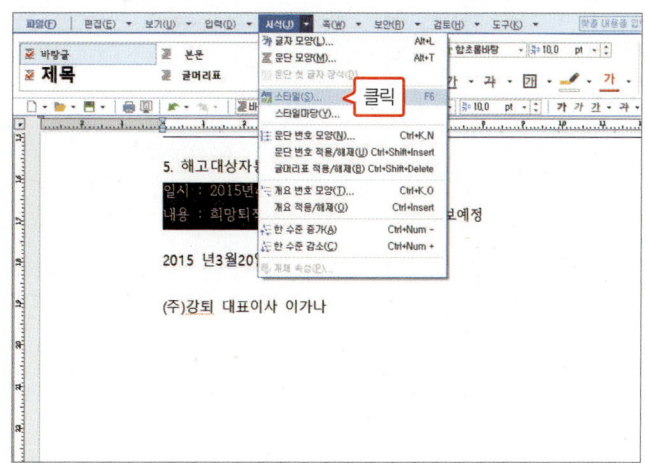

06 [스타일] 대화상자에는 각 스타일의 상세 정보와 단축키 정보가 표시됩니다. 여기에서 적용하려는 '글머리표' 스타일의 단축키는 Ctrl + 4입니다. 단축키를 확인했으면 [취소]를 클릭해 다시 본문으로 돌아옵니다.

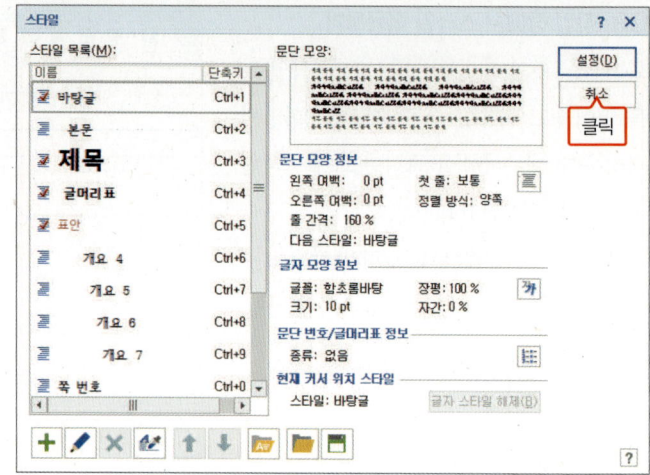

바로 통하는 TIP [스타일 목록]에서 첫 번째 스타일의 단축키는 Ctrl + 1입니다. 네 번째에 있는 '글머리표' 스타일의 단축키는 Ctrl + 4입니다. 굳이 [스타일] 대화상자에서 확인하지 않더라도 스타일 단축키는 스타일 순서에 따라 지정된다는 것을 알 수 있습니다.

07 '해고대상자통보'의 하위 항목에 '글머리표' 스타일을 적용해보겠습니다.

① **일시~통보예정** 드래그

② 단축키 Ctrl + 4를 누릅니다.

미리 설정된 '글머리표' 스타일이 문서에 적용됩니다. 문단 전체를 블록으로 설정하지 않아도 해당 스타일이 문단 전체에 적용됩니다.

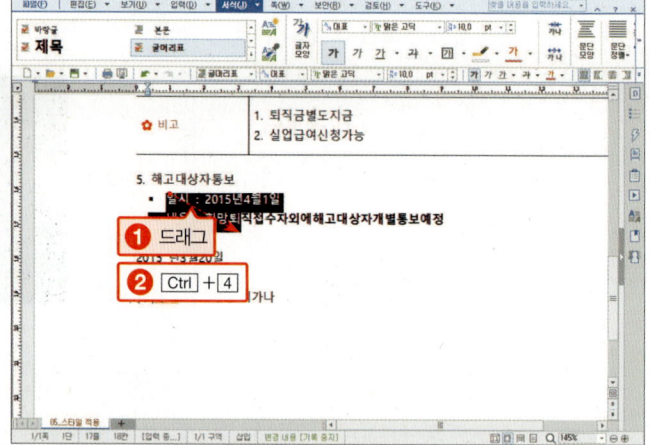

20 스타일 편집하기

스타일을 사용했을 때 가장 편리한 점은 스타일을 적용한 문서를 편집할 때 스타일 편집만으로 전체 문서의 해당 스타일 모양을 한꺼번에 변경할 수 있다는 것입니다. 예를 들어 '제목'이라는 스타일을 지정한 문장의 글꼴 크기나 글꼴 종류를 모두 변경하고 싶다면 '제목' 스타일의 글꼴 형식만 수정하면 바로 적용됩니다. 현재 지정된 스타일의 문단 모양과 글자 모양 등을 바꿔 편집해보겠습니다.

▪ **실습 파일** 4장 \ 스타일 편집하기.hwp ▪ **완성 파일** 4장 \ 스타일 편집하기_완성.hwp

01 스타일 편집하기

예제 파일인 모집 공고문에는 제목, 글머리 표 등의 스타일이 미리 설정되어 있습니다. 이 스타일을 편집해보겠습니다.
[서식] 메뉴의 펼침 단추─[**스타일**]을 선택하 거나 단축키 F6을 누릅니다.

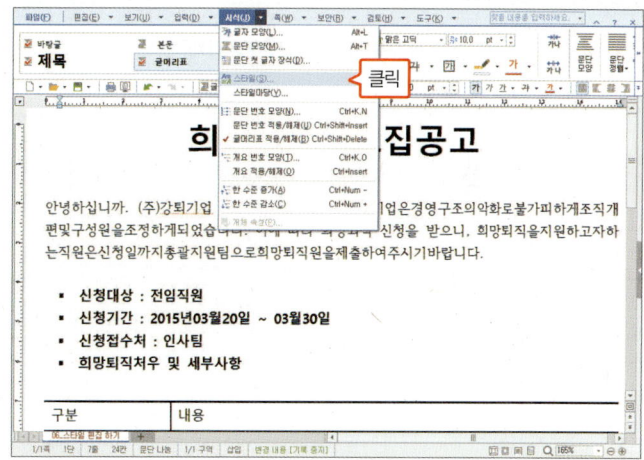

02 본문의 '신청대상~세부사항' 부분에 적용되어 있는 글머리표 스타일을 편집해 보겠습니다. 이미 적용되어 있는 스타일을 편집하기 때문에 적용된 부분을 블록 설정 할 필요 없이 [스타일] 대화상자에서 바로 편집합니다.

① [스타일] 대화상자에서 변경할 스타일 인 **글머리표** 스타일 선택

② [**스타일 편집하기**] 클릭

③ [스타일 편집하기] 대화상자에서 [**문단 모양**]을 클릭합니다.

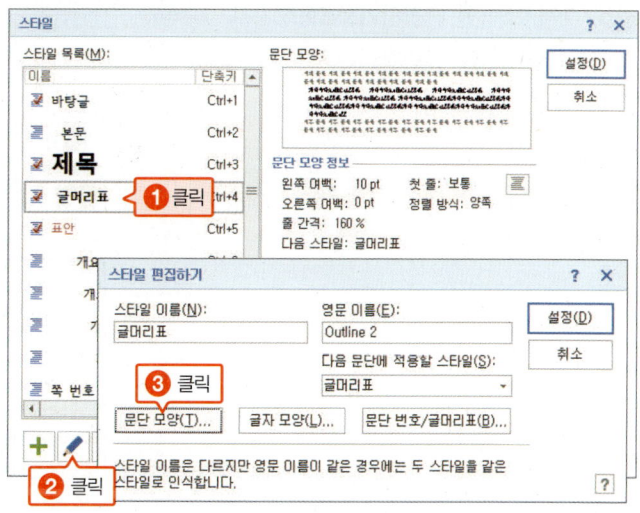

03 문단 모양 스타일 편집하기

[문단 모양] 대화상자가 열리면 '글머리표' 스타일에 적용된 문단 스타일을 편집합니다. [기본] 탭에서 [여백]-[왼쪽]을 **10pt**로 변경합니다.

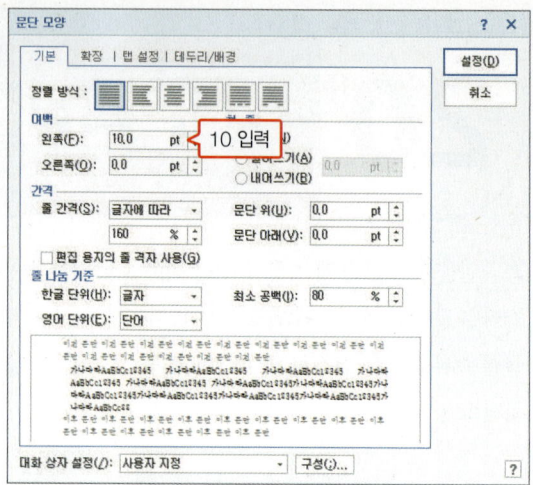

04

① [테두리/배경] 탭에서 [면 색]-**[검정 90% 밝게]** 선택
② **[설정]**을 클릭합니다.

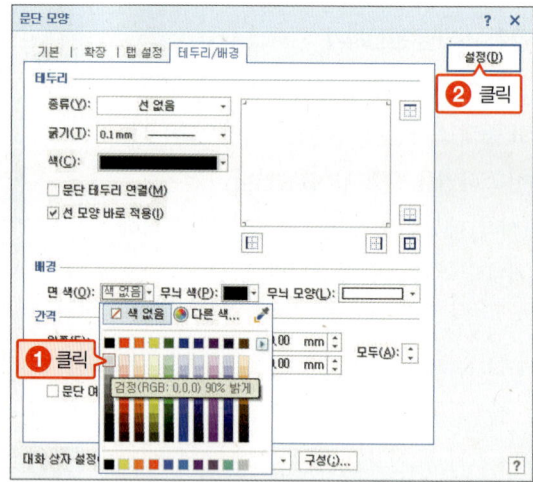

05 다시 [스타일 편집하기] 대화상자로 돌아와 **[글자 모양]**을 클릭합니다.

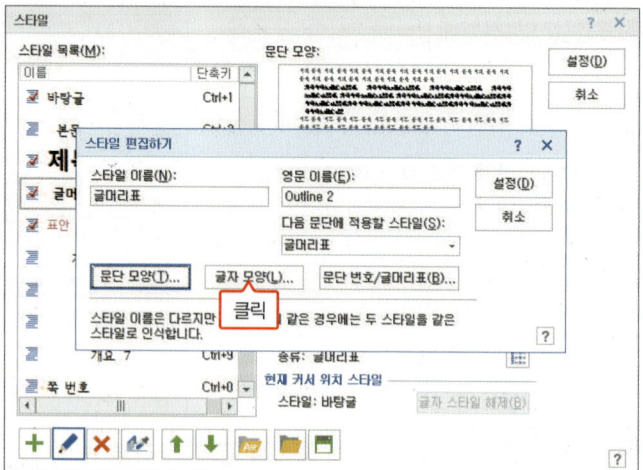

06 글자 모양 스타일 편집하기

[글자 모양] 대화상자에서 '글머리표' 스타일에 적용된
글꼴 스타일을 편집합니다.

① [기준 크기]를 **11pt**로 변경

② [설정]을 클릭합니다.

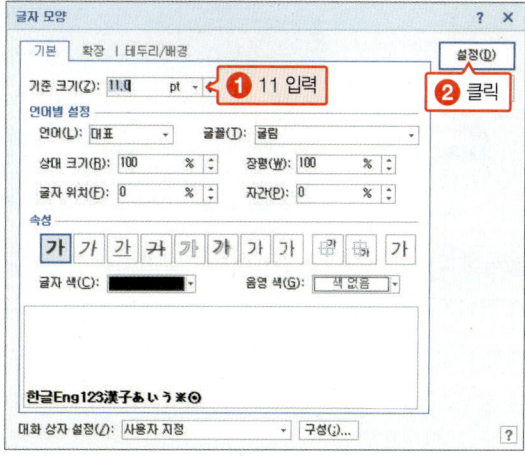

07

① [스타일 편집하기] 대화상자로 돌아와
   [설정] 클릭

② 스타일 변경이 적용되면 [스타일] 대화상
   자에서 [취소]를 클릭해 창을 닫습니다.

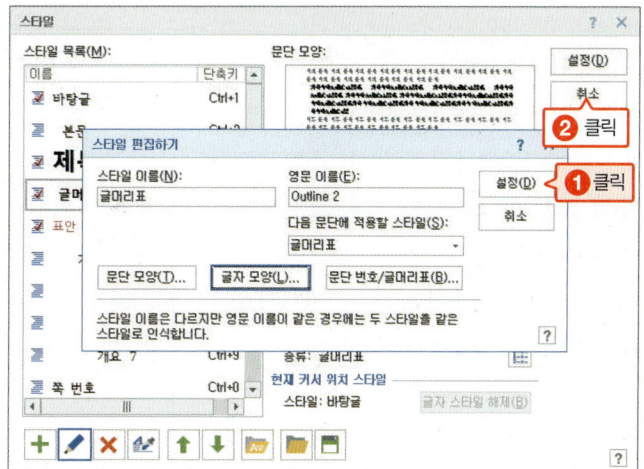

08 스타일을 편집하면 본문에 적용된 스
타일의 모양이 한 번에 변경되는 것을 확인
할 수 있습니다.

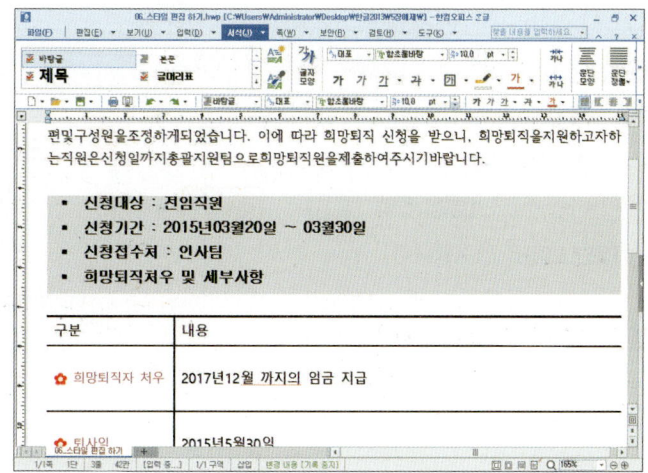

21 스타일 추가하기

문서에 다양한 스타일을 만들어놓고 문단마다 알맞은 스타일을 적용하면 문서를 작성하고 편집하는 데 드는 시간을 획기적으로 줄일 수 있습니다. 새로운 스타일을 추가하는 방법에 대해 알아봅니다. 또 문단에 스타일을 적용할 때 편리하게 이용할 수 있는 단축키를 변경하는 방법도 알아보겠습니다. 단축키는 10개까지만 지정할 수 있으므로 현재 문서에서 많이 사용하는 스타일에 단축키를 할당해두는 것이 좋습니다.

• **실습 파일** 4장 \ 스타일 추가하기.hwp　　• **완성 파일** 4장 \ 스타일 추가하기_완성.hwp

01 스타일 추가하기

예제 파일인 모집 공고문에는 제목, 글머리표 등의 스타일이 미리 설정되어 있습니다. 이 외에 새로운 스타일을 추가하고 문서에 적용해보겠습니다.

F6을 눌러 [스타일] 대화상자가 열리면 **[스타일 추가하기]**를 클릭합니다.

[스타일 추가하기] 대화상자가 나타납니다.

02

① [스타일 추가하기] 대화상자에서 [스타일 이름]에 **3수준** 입력

② [스타일 종류]–**[문단]** 클릭

③ **[문단 모양]**을 클릭합니다.

[문단 모양] 대화상자가 나타납니다.

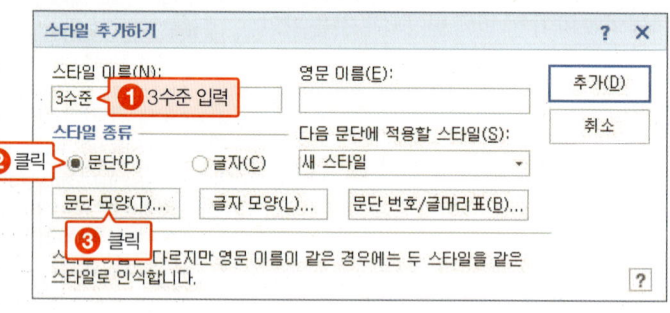

03 [문단 모양] 대화상자에서 문단 스타일을 편집합니다.
① [여백]–[왼쪽]을 **30pt**로 변경
② [**설정**]을 클릭합니다.

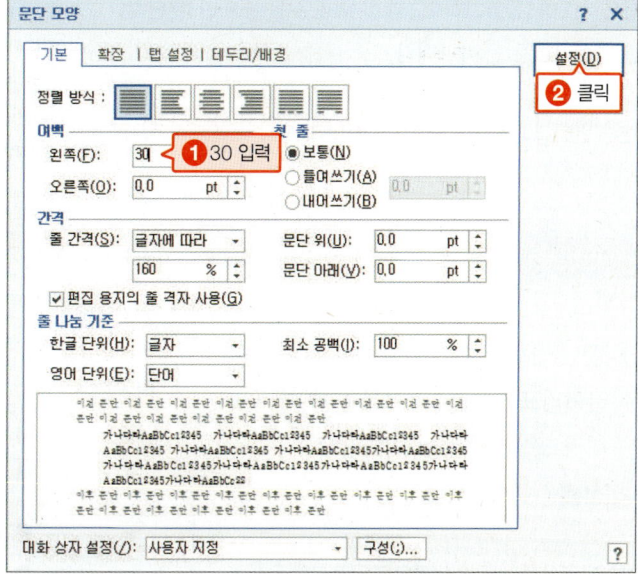

04 [스타일 추가하기] 대화상자로 돌아와 [**글자 모양**]을 클릭합니다.

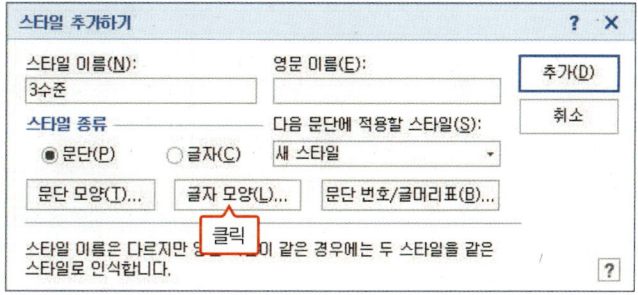

05 [글자 모양] 대화상자에서 글꼴 스타일을 편집합니다.
① [기본] 탭에서 [기준 크기]를 **10pt**로 변경
② [글꼴]을 [**굴림체**]로 변경
③ [**설정**]을 클릭합니다.

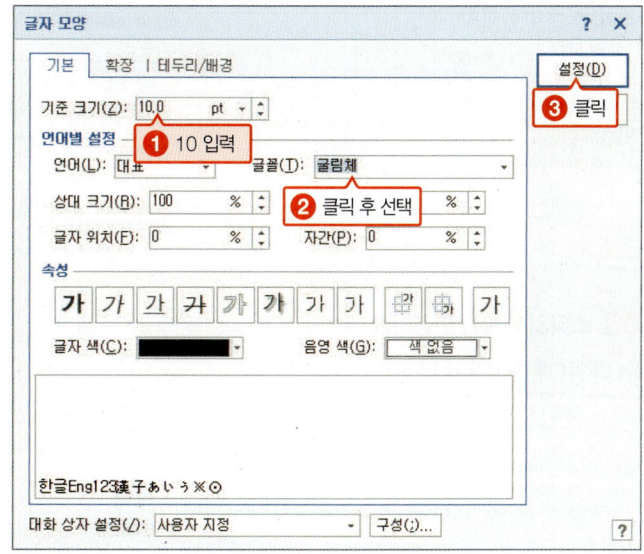

06 [스타일 추가하기] 대화상자로 돌아오면 **[문단 번호/글머리표]**를 클릭합니다.

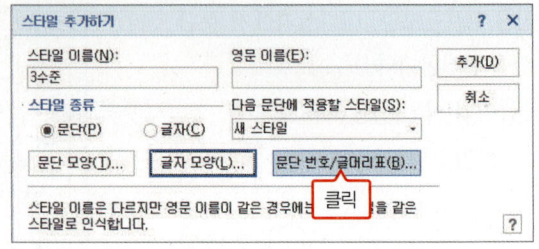

[문단 번호/글머리표] 대화상자가 나타납니다.

07
①[문단 번호/글머리표] 대화상자의 [그림 글머리표] 탭에서 스크롤을 맨 아래로 내려 그림과 같은 **글머리표** 선택
②**[설정]**을 클릭합니다.

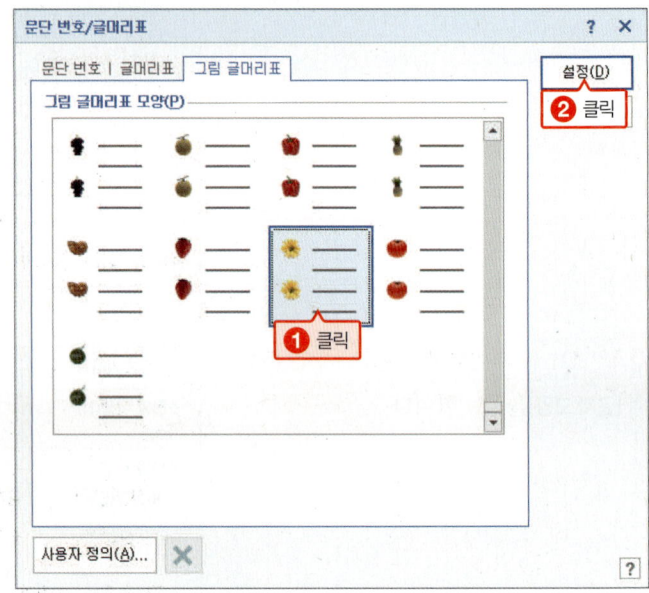

'3수준' 글머리표 스타일의 문단 및 글꼴 모양 등의 설정이 완료됩니다.

08 [스타일 추가하기] 대화상자로 돌아와 **[추가]**를 클릭합니다.

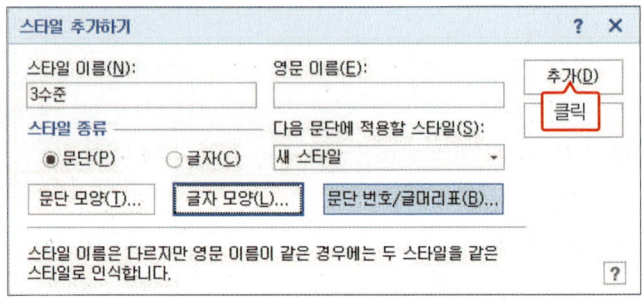

지금까지 설정한 '3수준' 스타일이 스타일 목록에 추가됩니다.

09 스타일 단축키 변경하기

[스타일] 대화상자의 [스타일 목록]에 '3수준' 스타일이 추가된 것을 확인한 후 '3수준' 스타일의 단축키를 변경해보겠습니다. [스타일 목록]에서 **3수준** 스타일을 선택합니다.

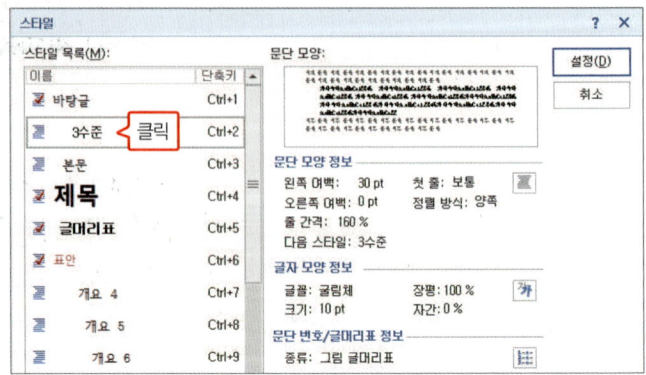

10

① '3수준' 스타일이 선택된 상태에서 **[한 칸 아래로 이동하기]** 클릭

   '3수준' 스타일이 한 행 아래로 이동하면서 단축키가 Ctrl + 3 으로 변경됩니다.

② **[취소]**를 클릭해서 본문으로 돌아옵니다.

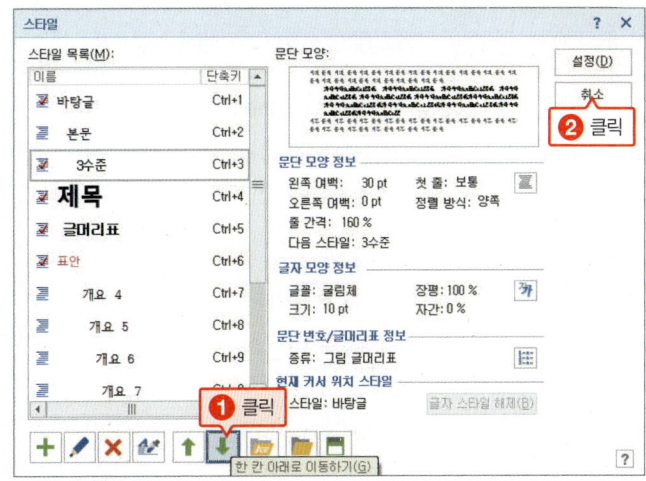

바로 통하는TIP [스타일] 대화상자에서 [설정]을 클릭하면 본문의 현재 커서 위치에 선택한 스타일이 적용됩니다. 여기에서는 스타일을 적용하지 않기 위해서 [취소]를 클릭했습니다.

11 '해고대상자통보'의 하위 항목인 '일시, 내용'에 앞서 추가한 '3수준' 스타일을 적용해보겠습니다.

일시~통보예정을 드래그하고, '3수준' 스타일의 단축키인 Ctrl + 3 을 누릅니다.

선택한 본문에 스타일이 적용됩니다.

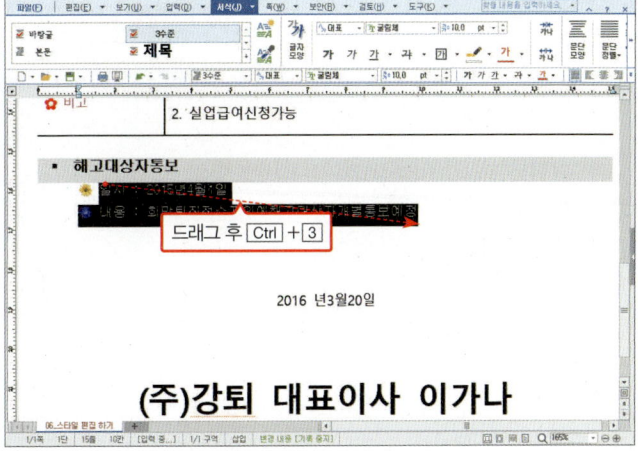

• **실습 파일** 5장 \ 개요 문단 번호의 시작 번호 수정하기.hwp • **완성 파일** 5장 \ 개요 문단 번호의 시작 번호 수정하기_완성.hwp

문서에 개요/문단 번호를 스타일로 적용하면 상위 항목이 바뀌어도 번호가 1부터 시작하지 않고 연번으로 설정됩니다. 참고 파일 전자 입찰유의서의 '제4조' 원 번호가 '①'부터 다시 시작하도록 수정하려면 [문단 번호/글머리표] 대화상자에서 [시작 번호 방식]을 [새 번호 목록 시작]으로 변경해야 합니다.

01 제2조의 원 번호 ②에 이어서 ③으로 표시된 제4 조 하위 항목의 원 번호를 ①로 수정해보겠습니다.

① 제4조의 하위 항목 ③ 뒤를 클릭

② [서식] 메뉴—[문단 번호]의 내림 단추—[문단 번호 모양]을 선택합니다.

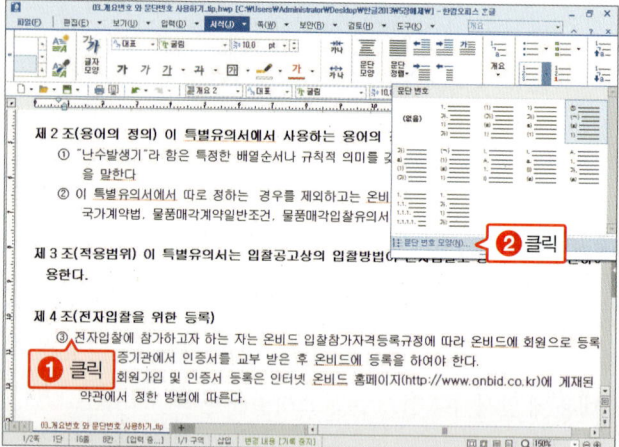

02

① [문단 번호/글머리표] 대화상자에서 [시작 번호 방식]—[새 번호 목록 시작] 클릭

② [설정]을 클릭합니다.

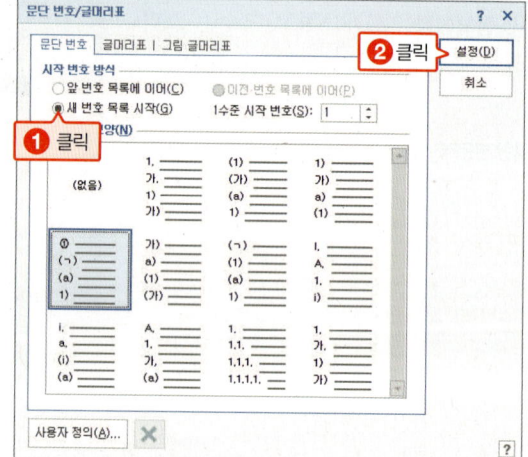

03 '제4조'의 원문자 번호가 '①'부터 시작하는지 확인합니다.

제 2 조(용어의 정의) 이 특별유의서에서 사용하는 용어의 정의

① "난수발생기"라 함은 특정한 배열순서나 규칙적 의미를 갖지
   을 말한다.

② 이 특별유의서에서 따로 정하는 경우를 제외하고는 온비드
   국가계약법, 물품매각계약일반조건, 물품매각입찰유의서 등

제 3 조(적용범위) 이 특별유의서는 입찰공고상의 입찰방법이
   용한다.

제 4 조(전자입찰을 위한 등록)

① 전자입찰에 참가하고자 하는 자는 온비드 입찰참가자격등록규
   공인인증기관에서 인증서를 교부 받은 후 온비드에 등록을

② 온비드 회원가입 및 인증서 등록은 인터넷 온비드 홈페이지(
   약관에서 정한 방법에 따른다.

바로 통하는 TIP [문단 번호/글머리표] 대화상자에서 [1수준 시작 번호]를 변경하면 원하는 번호부터 시작하도록 수정할 수 있습니다.

22 | 찾기 및 찾아 바꾸기

문서에서 찾아야 하는 단어가 있을 경우 처음부터 끝까지 보면서 찾으려면 시간도 많이 걸리고 정확도도 떨어집니다. 이 경우 [찾기] 기능을 이용하면 단어나 문장, 서식 등을 간단히 찾을 수 있습니다. 뿐만 아니라 찾은 내용을 [찾아 바꾸기] 기능을 이용해 다른 내용으로 간편하게 교체할 수도 있는데, 이때 한글을 한자로, 한자를 한글로 바꾸는 것도 가능합니다. 문서 편집 시 자주 활용되는 기능이므로 잘 알아두는 것이 좋습니다.

▪ **실습 파일** 4장 \ 찾기 및 찾아 바꾸기 .hwp   ▪ **완성 파일** 4장 \ 찾기 및 찾아 바꾸기 _완성.hwp

01 여러 단어 찾기/한글로 한자 찾기 (단축키 Ctrl + F)

물품공급계약서에서 '공급', '담보' 등의 단어가 어느 조항에 포함되어 있는지 찾아보려고 합니다. 계약서에서는 같은 단어라도 한자를 혼용해 사용하는 경우가 많으므로 한자로 표시되어 있는 '供給(공급)', '擔保(담보)'까지 함께 찾아보겠습니다. [편집] 메뉴-[찾기]의 내림 단추-**[찾기]**를 선택합니다.

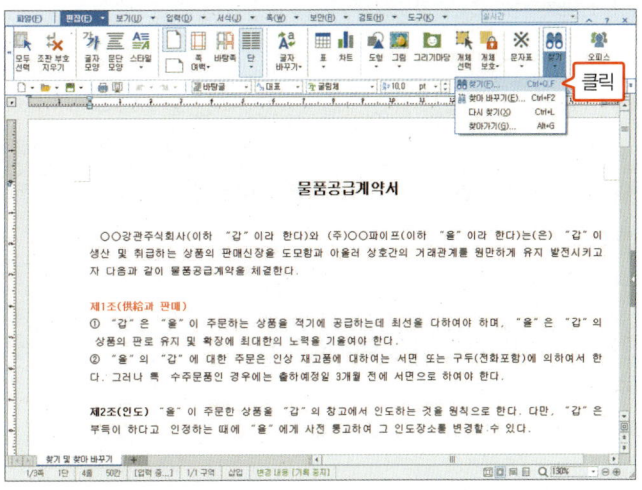

[찾기] 대화상자가 나타납니다.

02

① [찾기] 대화상자의 [찾을 내용]에 **공급;담보** 입력

② [선택 사항] 항목의 **[여러 단어 찾기]**, **[한글로 한자 찾기]**에 체크 표시

③ **[다음 찾기]**를 클릭합니다.

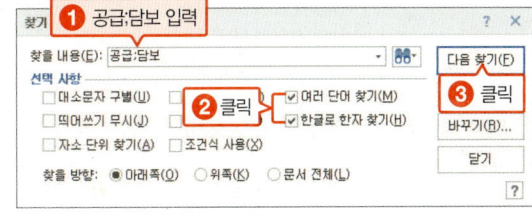

문서에서 해당 낱말이 포함되어 있는 첫 번째 위치가 표시됩니다.

바로 통하는TIP 여러 단어를 한 번에 찾을 때는 각 낱말을 ','나 ';'으로 구분해서 입력한 후 [선택 사항] 항목에서 [여러 단어 찾기]에 체크 표시를 합니다. [한글로 한자 찾기]는 문서 내에서 음이 같은 한자어를 함께 찾아주는 기능입니다.

03 문서에 포함된 단어 모두 찾기
(단축키 Ctrl + F)

문서에서 찾고자 하는 단어를 하나씩 찾지
않고 전체를 한 번에 찾아 표시할 수도 있
습니다.

① 단축키 Ctrl + F

② [찾기] 대화상자의 [찾을 내용]에 **공급:담
보** 입력

③ **[모두 찾기]** 클릭

④ 문서의 처음부터 계속 찾을지 묻는 대화
상자가 표시되면 **[찾음]**을 클릭합니다.

문서 전체를 대상으로 단어가 검색됩니다.

04 몇 건의 단어를 찾았는지 표시되면 [확인]을 클릭합니다. [모두 찾기] 작
업이 마무리됩니다. 찾은 단어는 문서에서 형광색으로 표시됩니다. [찾기] 대
화상자가 열려 있는 상태이므로 찾은 단어를 클릭해 내용을 수정하거나 위치
를 확인할 수 있습니다.

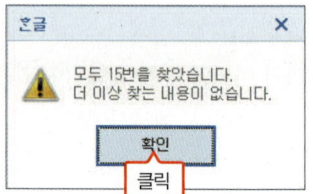

05 문서에서 원하는 내용 찾아 바꾸기
(단축키 Ctrl + F2)

계약서에서 '담보'를 찾아 한자 '**擔保**'로 바
꿔보겠습니다.

① [편집] 메뉴-[찾기]의 내림 단추-**[찾아
바꾸기]** 선택

② [찾아 바꾸기] 대화상자의 [찾을 내용]에
담보 입력

③ [선택 사항]에서 **[한글로 한자 찾기]**의 체
크 표시 해제

④ [바꿀 내용]에 **담보**를 입력한 후 한자 를
누릅니다.

[한자로 바꾸기] 대화상자가 나타납니다.

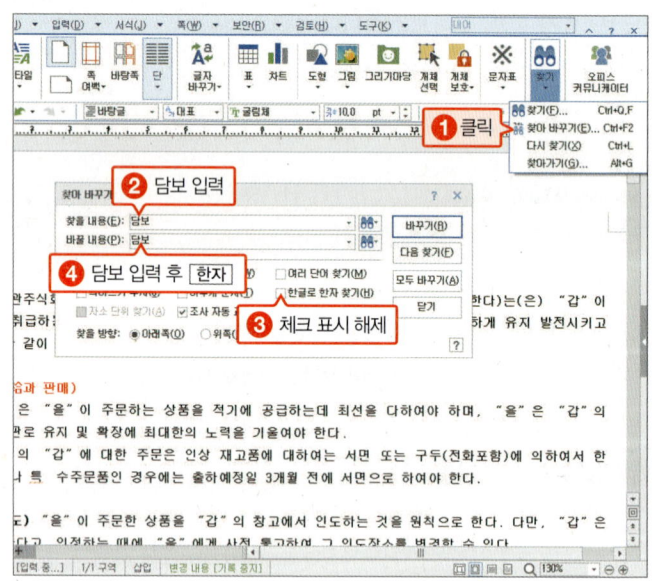

06

① [한자로 바꾸기] 대화상자에서 **擔保** 선택
② **[바꾸기]**를 클릭합니다.

[찾아 바꾸기] 대화상자의 [바꿀 내용]에 擔保가 입력
됩니다.

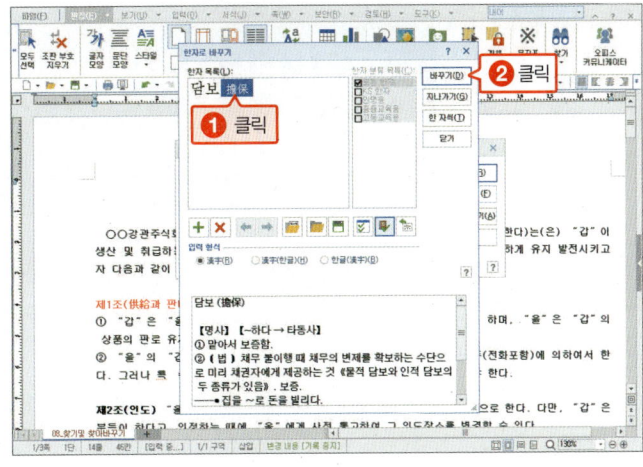

07

07 [찾아 바꾸기] 대화상자에서 **[바꾸기]**
를 클릭합니다. 한글 '담보'를 하나씩 찾아
한자로 변경합니다.

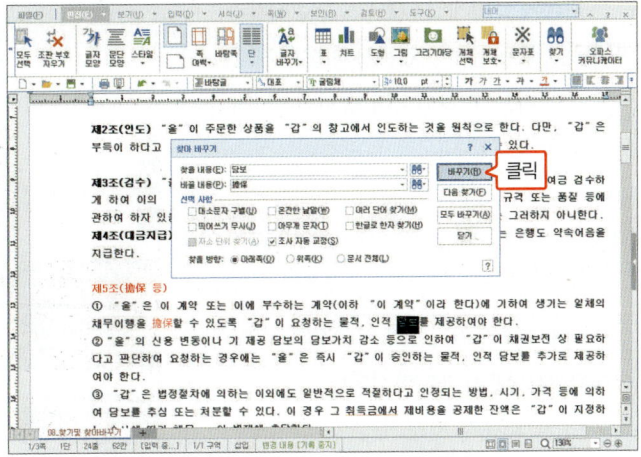

실무활용 노트 **[모두 바꾸기]를 이용해 한 번에 찾아 바꾸기**

[찾아 바꾸기] 대화상자에서 [찾을 내용]과 [바꿀 내용]을 입력한 후 [모두 바꾸기]를 클릭하면 문서 안의 모든 단어가 한 번에 바뀝니다.

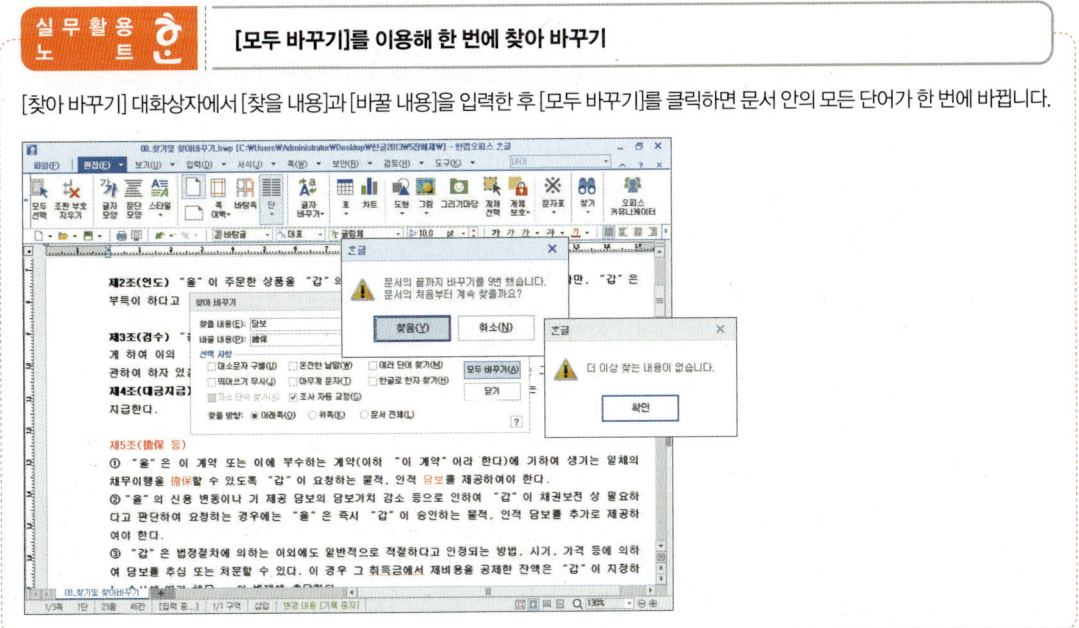

23 글자 바꾸기를 이용해 영문 대소문자 바꾸기

영어로 된 문서를 작성하다 보면 각 문단의 첫 글자를 대문자로 변경하거나 단어의 첫 글자에 대문자를 사용해야 하는 경우가 있습니다. 이때 해당 단어를 일일이 찾아 수정하려면 번거로우므로 [대문자/소문자 바꾸기] 기능을 이용해 간단히 수정해보겠습니다.

▪**실습 파일** 4장 \ 글자 바꾸기를 이용해 영문 대소문자 바꾸기.hwp   ▪**완성 파일** 4장 \ 글자 바꾸기를 이용해 영문 대소문자 바꾸기_완성.hwp

01 문장의 첫 글자만 대문자로 변경하기

영어로 작성된 문서인데 문장의 첫 글자가 모두 소문자로 표시되어 있습니다. 전체 문장의 첫 글자를 대문자로 변경해보겠습니다.

① 문서 전체를 선택하기 위해 단축키 [Ctrl]+[A]

② [편집] 메뉴의 펼침 단추−[글자 바꾸기]−[**대문자/소문자 바꾸기**] 선택

③ [대문자/소문자 바꾸기] 대화상자에서 [**문장 첫 글자를 대문자로**] 클릭

④ [**바꾸기**]를 클릭합니다.

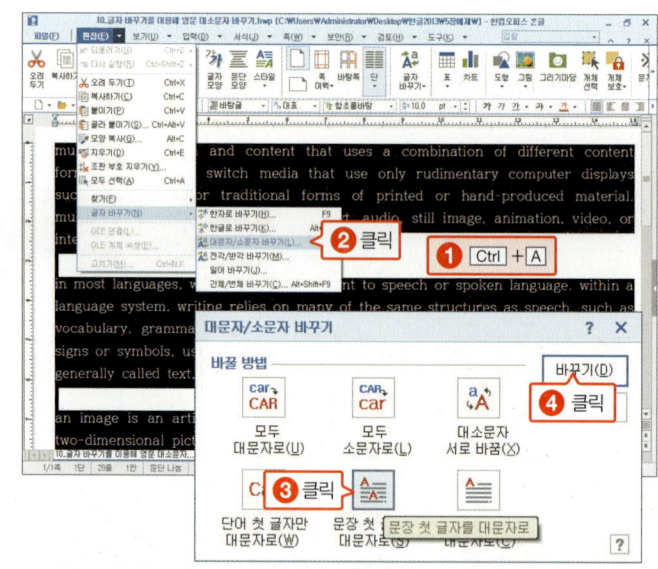

바로 통하는 TIP [대문자/소문자 바꾸기] 대화상자의 [바꿀 방법]에서 옵션을 선택해 영어 문장을 모두 대문자나 소문자로 표기할 수 있습니다. 대소 문자를 서로 바꾸거나 단어의 첫 글자를 모두 대문자로 바꿀 수도 있습니다.

02 변경 사항이 적용되어 문장의 첫 글자가 모두 대문자로 바뀝니다.

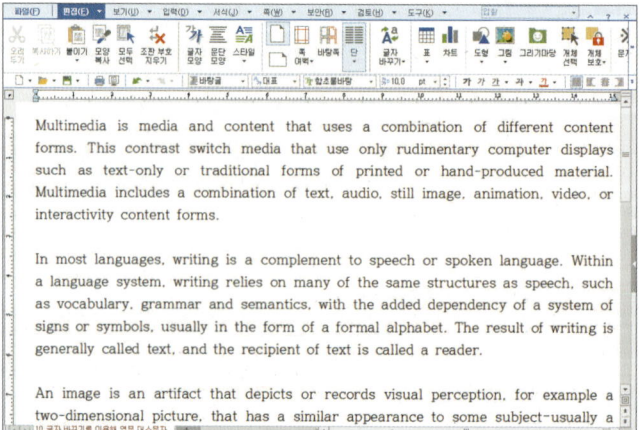

24 편집 용지 설정하기

작성한 문서를 출력하려면 문서의 여백이나 제본 영역, 또는 출력 용지의 방향과 사이즈 등을 미리 설정해야 합니다. 그렇지 않으면 출력했을 때 문서 내용이 잘릴 수 있습니다. 편집 용지는 보통 A4를 기준으로 설정되어 있는데, 작성하고자 하는 문서에 따라 용지 크기를 변경할 수 있습니다.

▪실습 파일 4장 \ 편집 용지 설정하기.hwp ▪완성 파일 4장 \ 편집 용지 설정하기_완성.hwp

01 용지 종류 및 여백 변경하기
(단축키 F7)

상가 분양 계약서가 작성된 문서의 용지 종류는 B5로, 편집 용지보다 문서 내용이 크게 작성되어 있어 화면에서 표가 잘려 보입니다. 작성된 문서 내용에 맞게 용지 종류와 여백을 재설정해보겠습니다.

[쪽] 메뉴–**[편집 용지]**를 클릭하거나 단축키 F7 을 누릅니다.

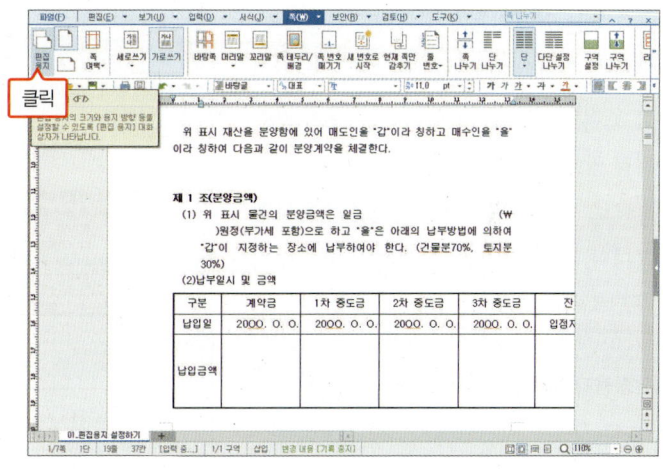

[편집 용지] 대화상자가 나타납니다.

02

① [편집 용지] 대화상자의 [기본] 탭에서 [용지 종류]–[종류]를 **[A4(국배판)]**으로 변경
② [용지 여백]–[왼쪽]을 **20mm**로 설정
③ [용지 여백]–[오른쪽]을 **20mm**로 설정
④ **[설정]**을 클릭합니다.

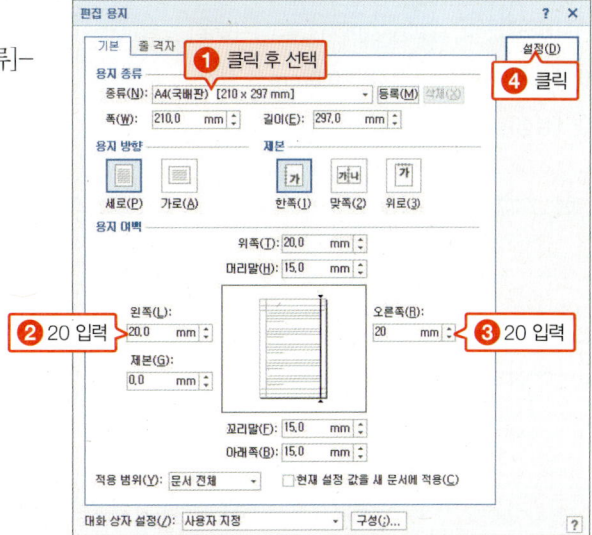

03 편집 용지가 A4로 변경되어 잘렸던 표의 오른쪽 부분이 화면에 모두 표시됩니다.

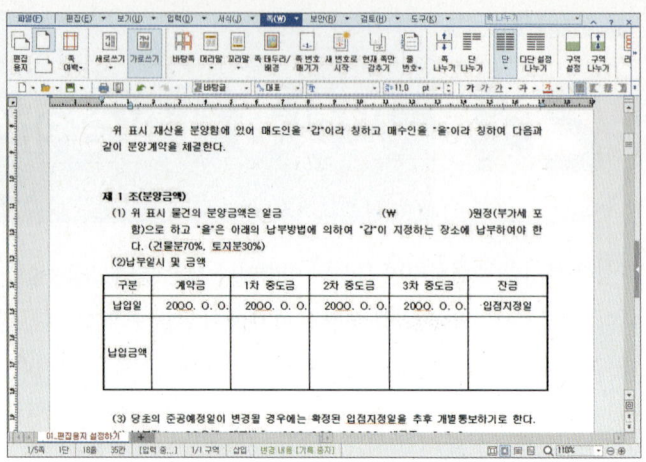

04 제본 영역 만들기

문서를 출력해 제본하면 제본되는 부분이 잘 보이지 않을 수 있습니다. 본문이 가려지지 않도록 제본하려면 추가 여백이 필요하므로 제본할 위치에 여백을 설정해보겠습니다. [쪽] 메뉴-**[편집 용지]**를 클릭하거나 단축키 F7을 누릅니다.

[편집 용지] 대화상자가 나타납니다.

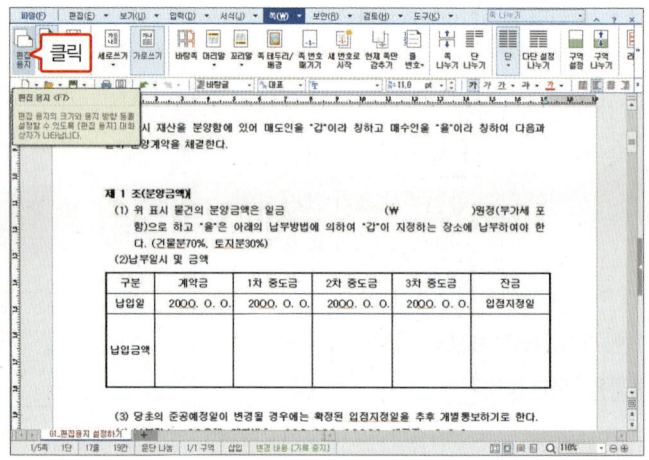

05

① [편집 용지] 대화상자에서 [제본]-**[맞쪽]** 클릭
② [용지 여백]-[제본]을 **10.0mm**로 설정
③ **[설정]**을 클릭합니다.

제본 영역에 여백이 설정됩니다.

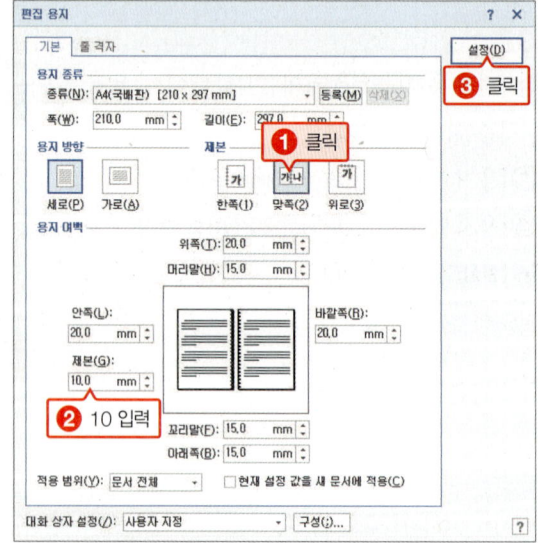

06 제본 영역이 제대로 확보되었는지 확인해보겠습니다.

① 작업 상황선에서 **[확대/축소]** 클릭

② [화면 확대/축소] 대화상자에서 [비율]—
[폭 맞춤] 클릭

③ [쪽 모양]—**[맞쪽]** 클릭

④ **[설정]**을 클릭합니다.

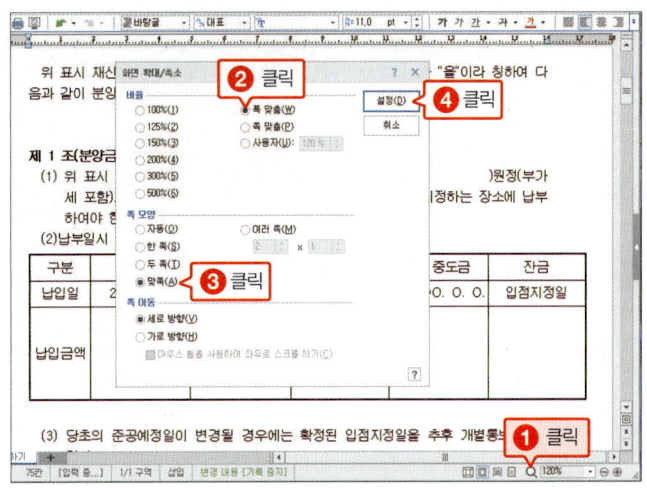

07 제본 영역이 확보된 것을 확인할 수 있습니다.

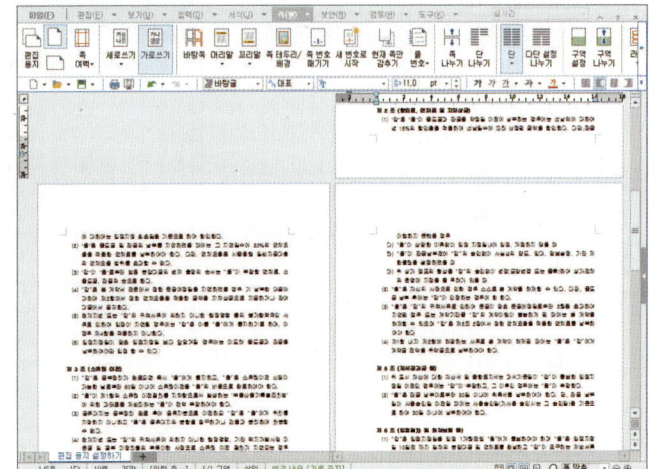

바로 통하는 TIP [제본]–[맞쪽] 옵션으로 문서를 출력해 제본할 경우 문서를 양면으로 인쇄해 문서를 묶게 되므로 홀수 페이지는 문서의 왼쪽에, 짝수 페이지는 문서의 오른쪽에 여백이 추가됩니다.

25 쪽 테두리/배경 꾸미기

문서에 테두리를 설정하거나 배경색을 적용하면 장식적인 효과를 주면서 주목도를 높일 수 있습니다. 이때 테두리를 일일이 선으로 그리거나 배경색을 줄마다 설정하려면 번거로우므로 쪽 테두리/배경 기능을 이용해 한 번에 문서 테두리와 배경색을 설정하면 편리합니다.

▪**실습 파일** 4장 \ 쪽 테두리 배경 꾸미기.hwp ▪**완성 파일** 4장 \ 쪽 테두리 배경 꾸미기_완성.hwp

01 쪽 테두리 지정하기

입원 안내문에 쪽 테두리를 지정해 문서의 주목도를 높여보겠습니다.

① [쪽] 메뉴-[**쪽 테두리/배경**] 클릭

② [쪽 테두리/배경] 대화상자의 [테두리] 탭에서 [테두리]-[종류]를 [**이중실선**]으로 설정

③ [색]-[에메랄드 블루 20% 밝게] 선택

④ [**모두**]를 클릭합니다.

테두리가 적용됩니다.

바로 통하는TIP [에메랄드 블루 20% 밝게]는 [기본] 테마에 포함되어 있습니다. 현재 테마가 [기본] 테마가 아닌 경우에는 색 목록에서 [색상 테마▶]를 클릭한 후 테마를 변경합니다.

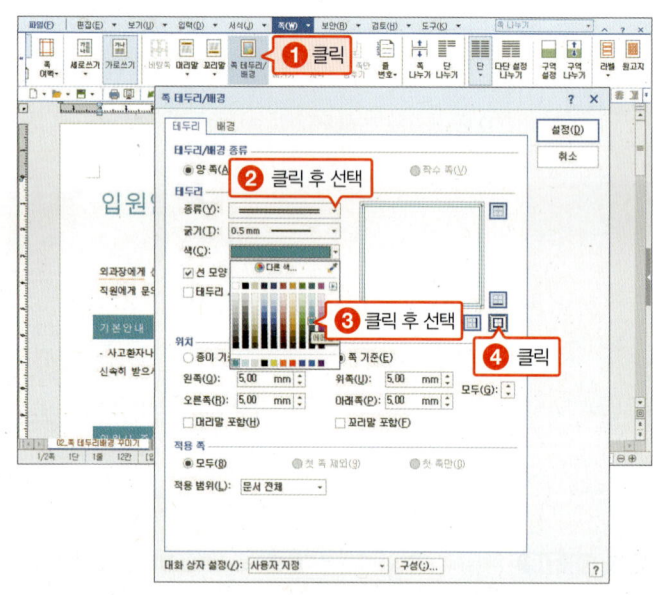

02 쪽 배경색과 그림 적용하기

[쪽 테두리/배경] 대화상자에서 문서의 배경색도 설정해보겠습니다.

① [**배경**] 탭 클릭

② [색]-[면 색]-[**에메랄드 블루 90% 밝게**] 선택

③ [**그림**]에 체크 표시합니다.

[그림 넣기] 대화상자가 나타납니다.

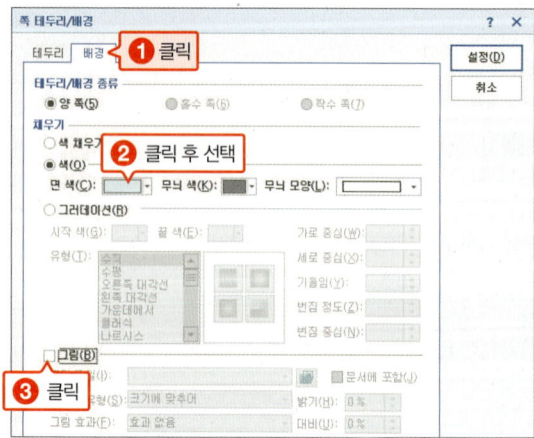

03

① [그림 넣기] 대화상자에서 **HB.jpg** 선택

② **[넣기]**를 클릭합니다.

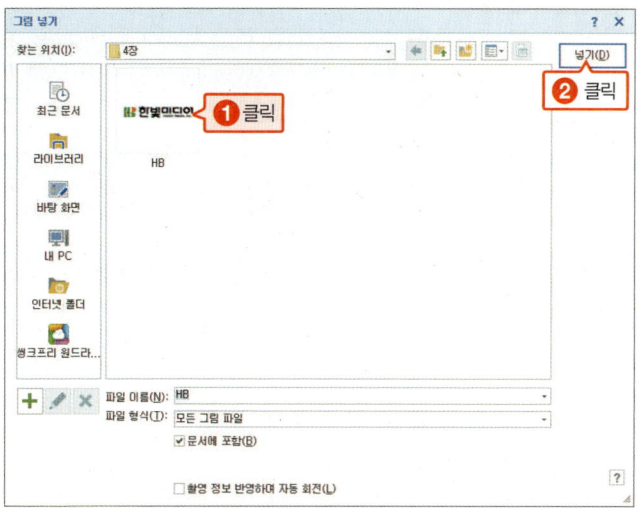

04 [쪽 테두리/배경] 대화상자의 [배경] 탭으로 돌아옵니다. 배경으로 들어가는 그림의 효과 및 위치를 설정해보겠습니다.

① [채우기 유형]–**[왼쪽 위로]** 선택

② [그림 효과]–**[원래 그림에서]** 선택

③ **[워터마크 효과]**에 체크 표시

④ **[설정]**을 클릭합니다.

배경색과 배경 그림이 적용됩니다.

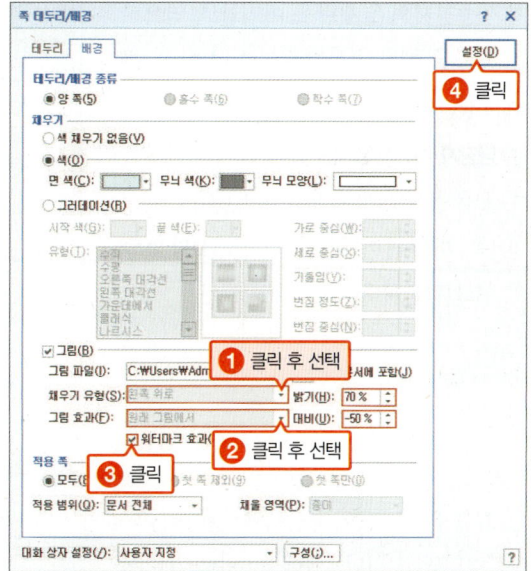

05 테두리, 배경색, 배경 그림이 적용된 것을 확인합니다.

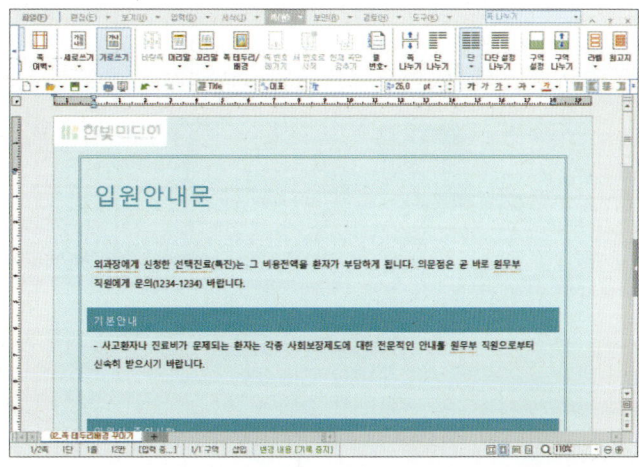

26 머리말/꼬리말 적용하기

인쇄물의 위쪽에는 머리말을, 아래쪽에는 꼬리말을 적용할 수 있습니다. 머리말과 꼬리말은 전체 페이지에 반복해서 표시할 수 있으므로 출력물을 만들 때 문서 제목이나 작성자, 쪽 번호를 표시하는 등 다양하게 응용할 수 있습니다.

▪ **실습 파일** 4장 \ 머리말 꼬리말 적용하기.hwp ▪ **완성 파일** 4장 \ 머리말 꼬리말 적용하기_완성.hwp

01 머리말 추가하기

재직증명서의 결재란을 머리글 영역으로 옮겨 모든 페이지에 자동으로 나타나도록 해보겠습니다.

① **담당자/확인자 결재란** 클릭
② 표를 잘라내기 위해 단축키 Ctrl + X
③ [쪽] 메뉴–[머리말]–[위쪽]–[모양 없음]을 선택합니다.

─────────────

머리말 영역이 활성화됩니다.

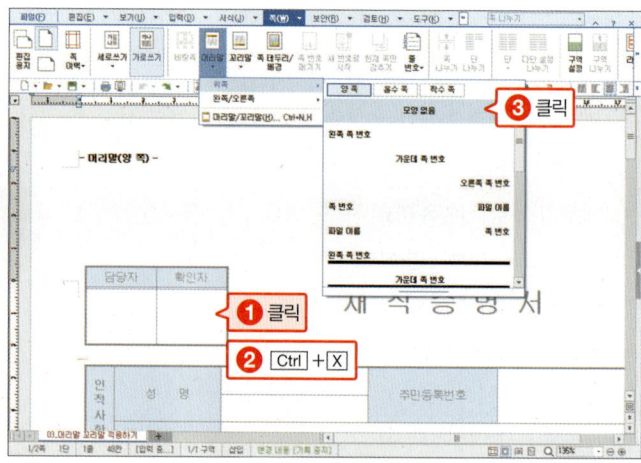

02

① 표를 붙여넣기 위해 단축키 Ctrl + V
② [머리말/꼬리말] 탭에서 [머리말/꼬리말 닫기]를 클릭합니다.

─────────────

머리말 영역에서 빠져나옵니다.

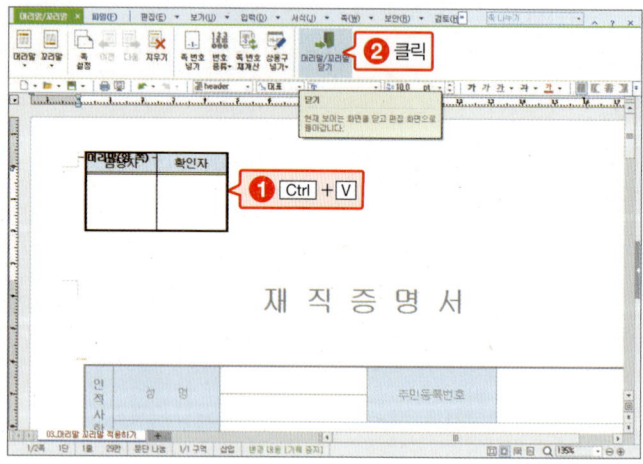

03 머리말 지우기

삽입했던 머리말은 필요에 따라 다시 삭제할 수 있습니다.

① [머리말/꼬리말] 편집 상태로 전환하기 위해 **머리말 영역** 더블클릭

② [머리말/꼬리말] 탭–**[지우기]** 클릭

③ 현재 머리말을 지울 것인지 물어보면 **[지움]**을 클릭합니다.

머리말이 지워지면 자동으로 머리말 영역에서 빠져나와집니다. 재직증명서의 결재란을 머리말에 다시 추가하기 위해 단축키 Ctrl+Z를 눌러 지우기를 취소합니다.

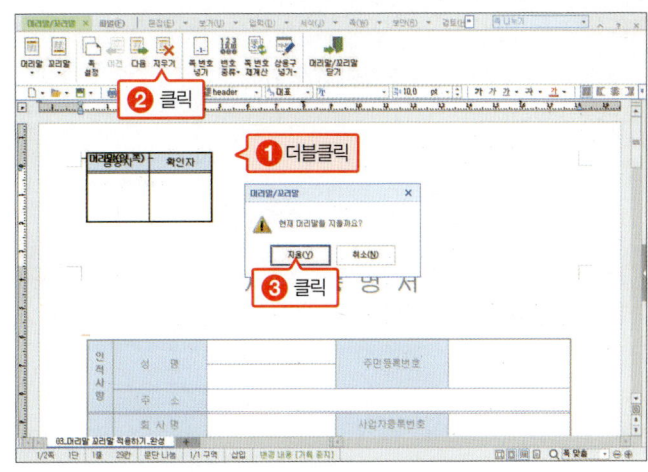

04 바닥글 추가하기

재직증명서 첫 번째 페이지 하단에 표시되어 있는 '한빛미디어' 이미지가 홀수 쪽에 모두 표시되도록 바닥글을 삽입해보겠습니다.

① **한빛미디어 이미지** 클릭

② 이미지를 잘라내기 위해 단축키 Ctrl+X

③ [쪽] 메뉴–[꼬리말]–**[머리말/꼬리말]**을 선택합니다.

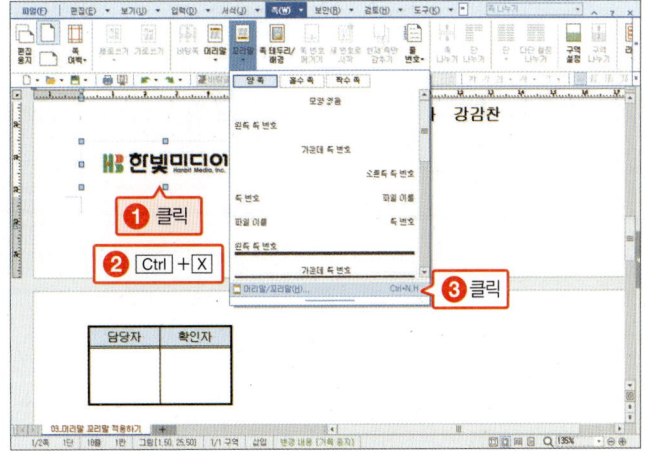

05

① [머리말/꼬리말] 대화상자에서 [종류]–**[꼬리말]** 클릭

② [위치]–**[홀수 쪽]** 클릭

③ [머리말/꼬리말마당]–**[없음]** 선택

④ **[만들기]**를 클릭합니다.

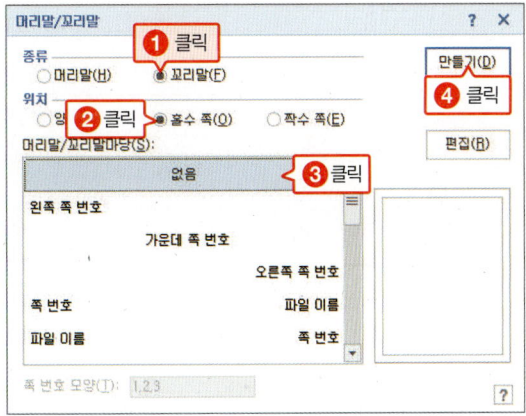

06

① 꼬리말 영역에 이미지를 붙여넣기 위해 단축키 Ctrl + V

② 이미지를 꼬리말 영역의 우측으로 배치하기 위해 서식 도구 상자에서 **[오른쪽 정렬]** 클릭

③ [머리말/꼬리말] 탭-**[머리말/꼬리말 닫기]**를 클릭합니다.

꼬리말 영역에서 빠져나옵니다.

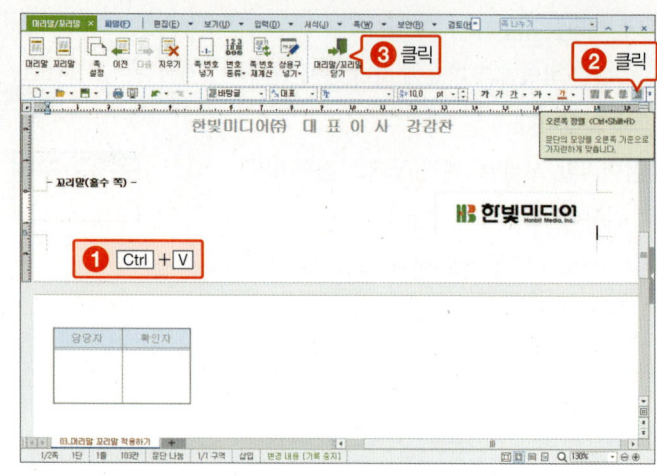

07 홀수 쪽의 우측에만 이미지가 표시되는 것을 확인할 수 있습니다.

27 쪽 번호 넣기

문서를 편집할 때 쪽 번호가 자동으로 삽입되도록 설정할 수 있습니다. 쪽 번호와 문서 내용이 겹치지 않도록 머리말이나 꼬리말 영역을 활용해 쪽 번호를 배치하고, 일반적인 숫자 외의 다른 형태로 쪽 번호 모양을 변경해보겠습니다. 쪽 번호 넣기는 논문이나 서적을 편집할 때도 유용하게 사용할 수 있는 기능이므로 잘 알아두도록 합니다.

•**실습 파일** 4장 \ 쪽 번호 넣기.hwp   •**완성 파일** 4장 \ 쪽 번호 넣기_완성.hwp

01 쪽 번호 넣기

개인 정보의 처리에 관한 규정이 들어 있는 4페이지짜리 문서에 쪽 번호를 삽입해보겠습니다. [쪽] 메뉴−[머리말]−[위쪽]에서 스크롤을 내려 배경색이 포함되어 있는 [**왼쪽 쪽 번호**]를 선택합니다.

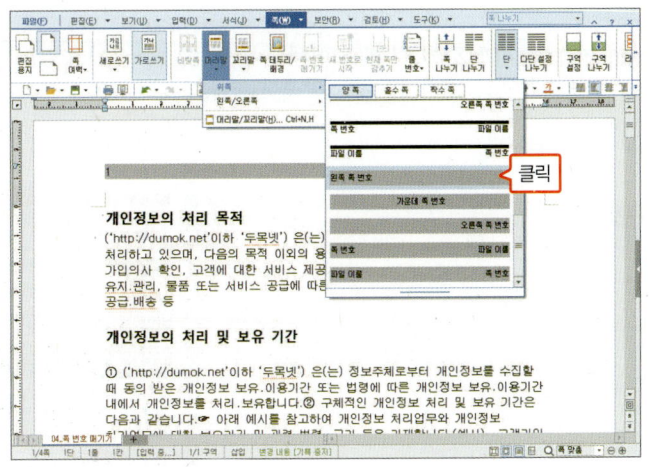

머리말 영역에 쪽 번호가 표시됩니다.

02 쪽 번호 모양 변경하기

쪽 번호의 배경을 다른 색으로 바꾸고 번호 모양은 원 번호 형태로 수정해보겠습니다.

① [머리말/꼬리말] 편집 상태로 전환하기 위해 **머리말 영역** 더블클릭

② Delete 를 눌러 **현재 번호** 삭제

③ [머리말/꼬리말] 탭−[번호 종류]−[①, ②, ③] 선택

④ 단축키 Alt + T 를 누릅니다.

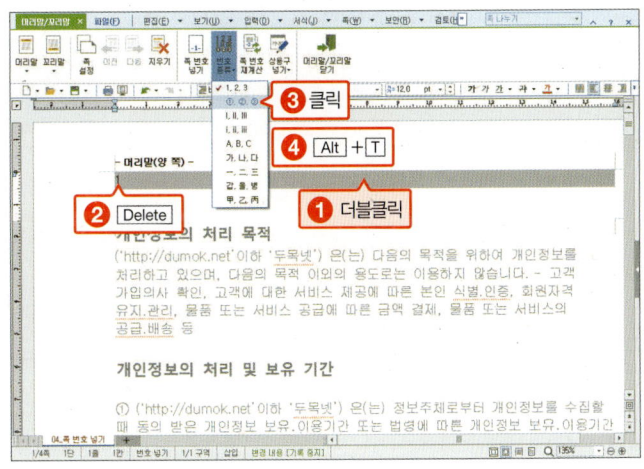

[문단 모양] 대화상자가 표시됩니다.

03

① [문단 모양] 대화상자의 [테두리/배경] 탭에서 [배경]-[면 색]-**[진달래색 60% 밝게]** 선택

② **[설정]**을 클릭합니다.

[머리말/꼬리말 닫기]를 클릭해 머리말 영역에서 빠져나옵니다.

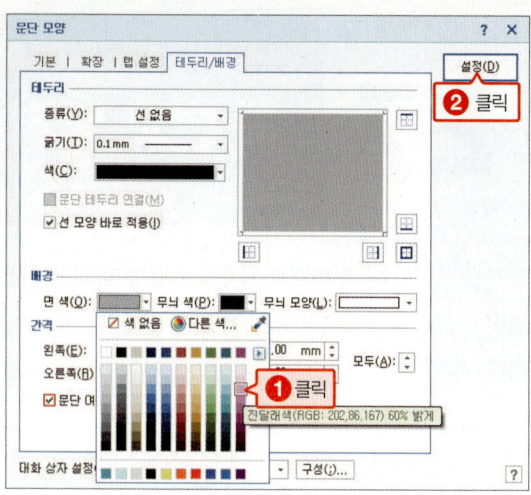

04

04 쪽 번호의 모양이 원 번호 형태로 바뀌고 문단 배경색이 진달래색으로 변경된 것을 확인합니다.

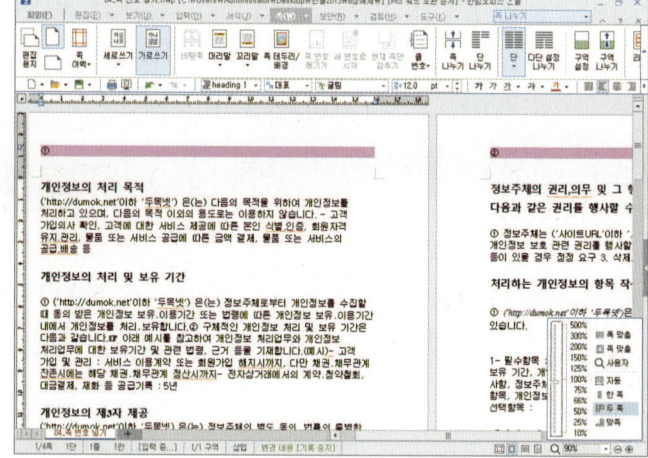

28 쪽 번호를 새 번호로 시작하기

보통 쪽 번호 넣기를 이용하면 문서의 첫 페이지부터 1쪽이 시작됩니다. 1쪽이 아닌 다른 번호부터 시작하게 하거나 문서의 중간부터 쪽 번호를 적용하고 싶다면 새 번호로 시작 기능을 이용합니다.

▪**실습 파일** 4장 \ 쪽 번호를 새 번호로 시작하기.hwp ▪**완성 파일** 4장 \ 쪽 번호를 새 번호로 시작하기_완성.hwp

01 쪽 번호를 새 번호로 시작하기

청구서와 신청서를 모아둔 문서의 머리말 영역에 이미 쪽 번호가 적용되어 있습니다. 문서의 3페이지에서 다시 '1쪽'부터 쪽 번호가 시작되도록 설정해보겠습니다. 우선 스크롤을 내리거나 Page down 을 눌러 3페이지로 이동해 3페이지에 커서를 위치시킵니다.

① [쪽] 메뉴─[**새 번호로 시작**] 클릭

② [새 번호로 시작] 대화상자에서 [번호 종류]─[**쪽 번호**] 클릭

③ [시작 번호]를 **1**로 설정

④ [**넣기**]를 클릭합니다.

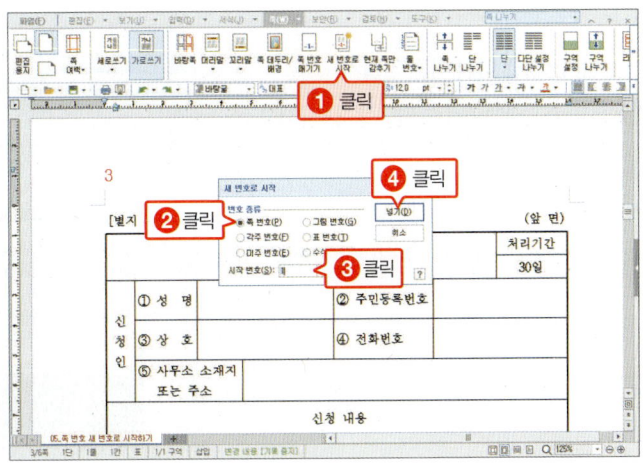

02 3페이지부터 쪽 번호 '1'이 다시 시작됩니다.

바로 통하는 TIP 삽입한 쪽 번호를 특정 페이지에서 보이지 않도록 설정하려면 [쪽] 메뉴─[현재 쪽만 감추기]를 클릭한 후 [감추기] 대화상자에서 쪽 번호가 표시된 [머리말] 혹은 [꼬리말]에 체크 표시합니다. [설정]을 클릭하면 해당 페이지의 쪽 번호가 감춰집니다.

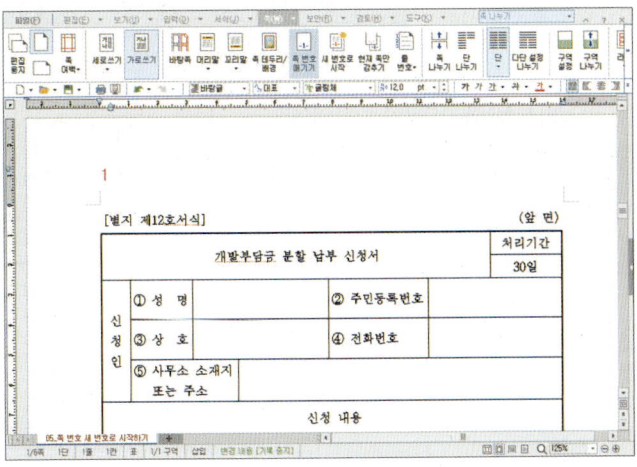

29 다단으로 문단 꾸미기

신문이나 잡지를 보면 한 페이지 안에서 문단이 여러 단으로 분리되어 있습니다. 판면이 넓을 경우 이처럼 단을 구분해 표시해야 쉽게 읽을 수 있고 문서를 짜임새 있게 구성할 수 있습니다. 이처럼 문단을 두 단 이상으로 분리해 표시하는 것을 다단이라고 합니다. 일정한 범위 안에 있는 문단에 다단을 적용하고 구분선도 표시해보겠습니다.

●실습 파일 4장 \ 다단으로 문단 꾸미기.hwp ●완성 파일 4장 \ 다단으로 문단 꾸미기_완성.hwp

01 문단 둘로 나눠 다단 만들기

한 문단을 둘로 나눠 다단으로 표시해보겠습니다.

① 다단을 설정할 범위인 **국내~한다.** 드래그

② [쪽] 메뉴의 펼침 단추–[다단 설정]을 선택합니다.

[단 설정] 대화상자가 나타납니다.

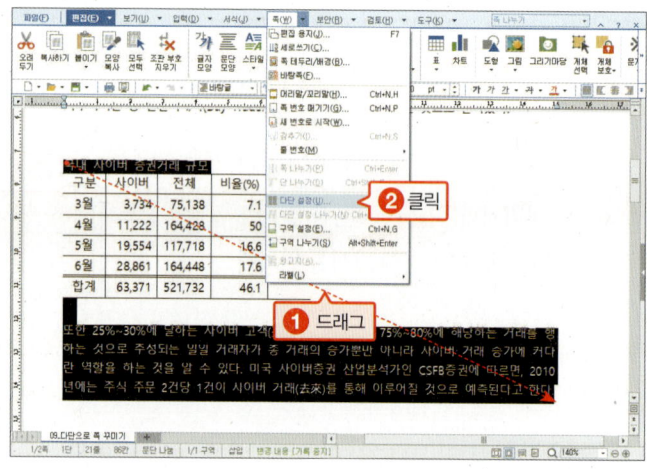

02

① [단 설정] 대화상자에서 [단 종류]–[일반 다단] 클릭

② [자주 쓰이는 모양]–[둘] 클릭

③ [구분선 넣기]–[종류]–[점선]으로 설정

④ [단 너비 동일하게]의 체크 표시 해제

⑤ [너비 및 간격]–[단 번호]–[1]의 [너비]를 78mm, [간격]을 5mm로 변경

⑥ [설정]을 클릭합니다.

다단이 적용되어 해당 문단이 2단 구조로 변경됩니다.

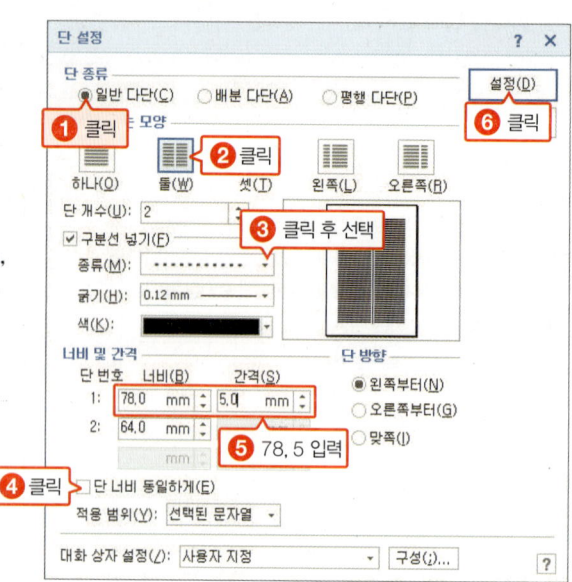

한글 2014에서 제공하는 다단의 형식은 일반 다단, 배분 다단, 평행 다단의 세 가지입니다. 일반 다단은 가장 많이 사용하는 다단 형식으로 한 단씩 차례로 내용이 채워지며 한 단이 가득 차야 다음 단으로 내용이 넘어갑니다. 배분 다단은 마지막 줄에서 각 단의 높이가 가능한 같아지도록 각 단에 포함되는 내용의 양을 자동으로 조절합니다. 평행 다단은 한 단의 내용이 다 채워지지 않더라도 [쪽] 메뉴-[단 나누기]를 클릭해 다른 단으로 이동할 수 있습니다. 일반적으로 사전 형식의 용어 설명집처럼 제목과 설명이 번갈아 나열되는 형식의 문서에 주로 사용됩니다.

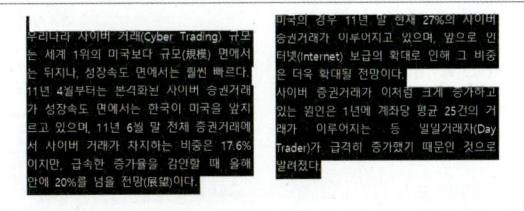

▲ 일반 다단 : 한 단에 내용이 모두 채워지면 다음 단으로 커서 이동

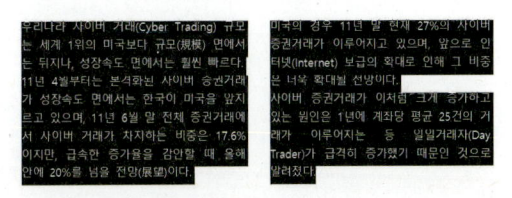

▲ 배분 다단 : 각 단의 높이가 유사하도록 내용 배분

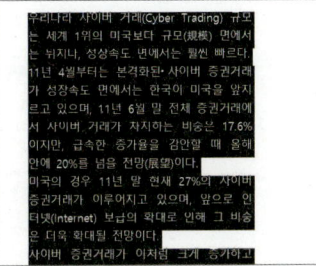

▲ 평행 다단 : 커서를 옆단으로 옮기려면 [쪽] 메뉴-[단 나누기] 클릭

03 다단 설정 나누기
(단축키 Ctrl + Alt + Enter)

문서의 2페이지에 포함된 내용을 일반 다단으로 분리한 후 단의 특정 부분을 다음 단으로 분리할 때 사용하는 다단 설정 나누기를 적용해보겠습니다.

① 다단을 **설정할 범위** 드래그

② [쪽] 메뉴-[단]을 클릭합니다.

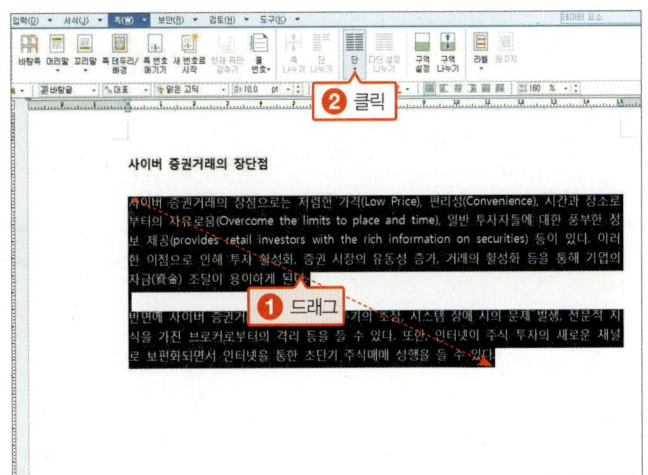

[단 설정] 대화상자가 나타납니다.

04

① [단 설정] 대화상자에서 [자주 쓰이는 모양]-[둘] 클릭

② [단 종류]-[일반 다단] 클릭

③ [구분선 넣기]에 체크 표시

④ [설정]을 클릭합니다.

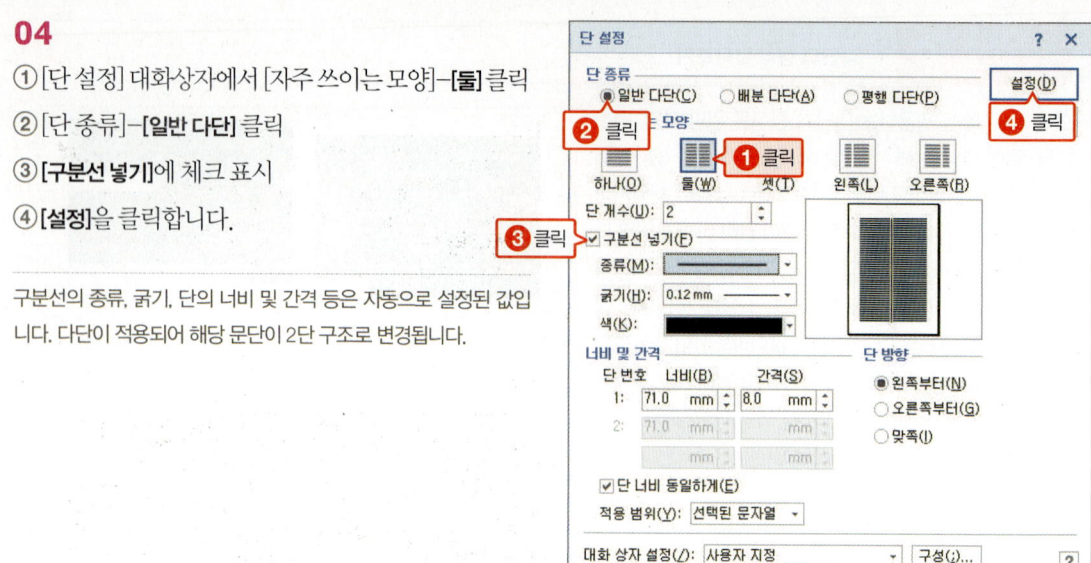

구분선의 종류, 굵기, 단의 너비 및 간격 등은 자동으로 설정된 값입니다. 다단이 적용되어 해당 문단이 2단 구조로 변경됩니다.

05 두 번째 단의 **반면에** 앞을 클릭합니다.

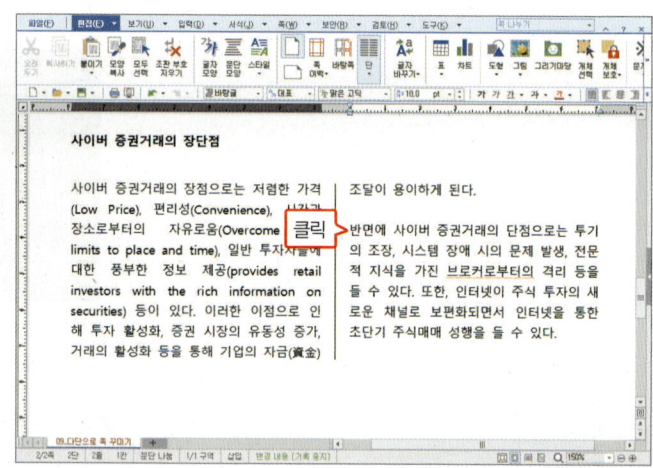

06 [쪽] 메뉴의 펼침 단추-[다단 설정 나누기]를 선택합니다.

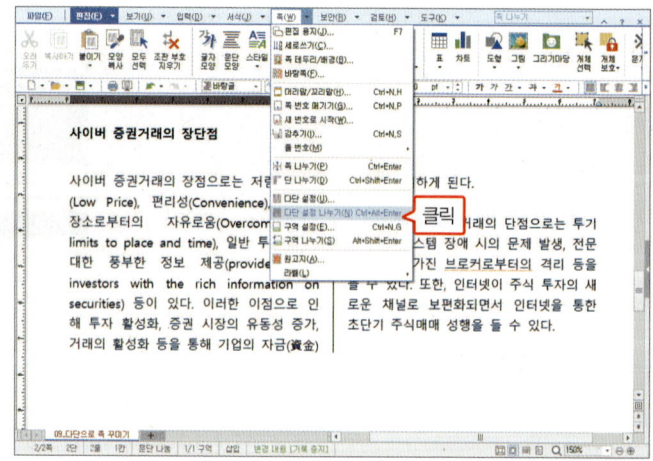

07 다단이 분리된 것을 확인할 수 있습니다.

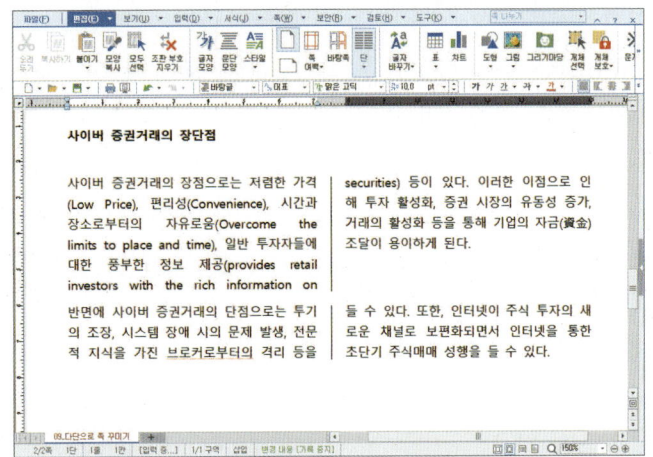

08 **다단 해제하기**

적용한 다단을 모두 해제하고 문서 전체에 일반 다단을 다시 지정해보겠습니다.

① 문서 전체 범위를 선택하기 위해 단축키 Ctrl + A

② [편집] 메뉴-[단]의 내림 단추-[**하나**]를 선택합니다.

문서 전체가 한 단으로 변경됩니다.

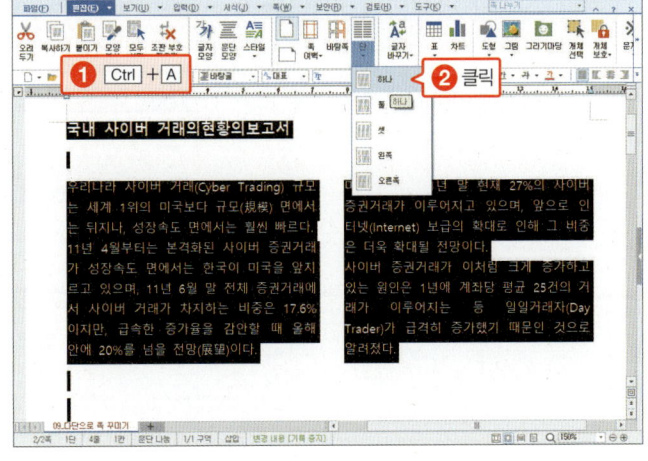

09 [편집] 메뉴-[**단**]을 클릭합니다.

[단 설정] 대화상자가 나타납니다.

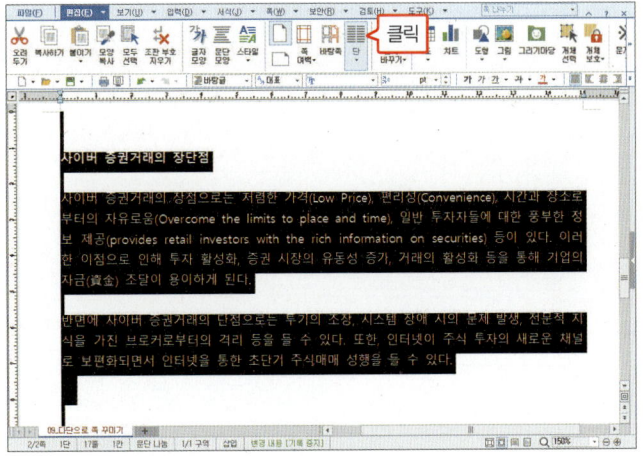

10

① [단 설정] 대화상자에서 [자주 쓰이는 모양]–**[둘]** 클릭

② [단 종류]–**[일반 다단]** 클릭

③ **[구분선 넣기]**에 체크 표시

④ [너비 및 간격]–[단 번호]–[1]의 [너비]를 **78mm**로 변경

⑤ [적용 범위]–**[문서 전체]** 선택

⑥ **[설정]**을 클릭합니다.

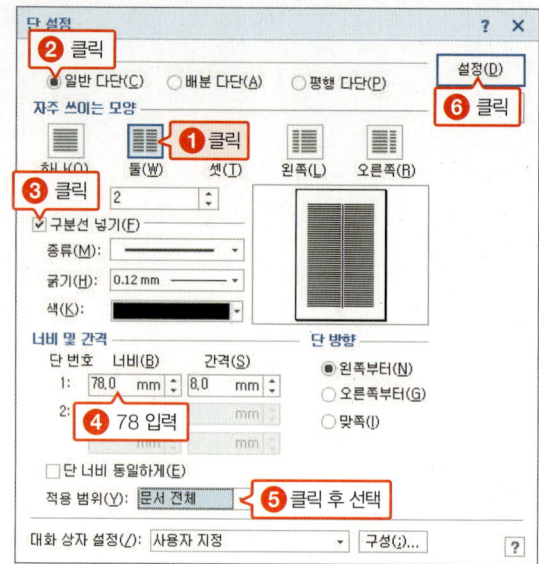

11 전체 문서에 일반 다단이 적용됩니다.

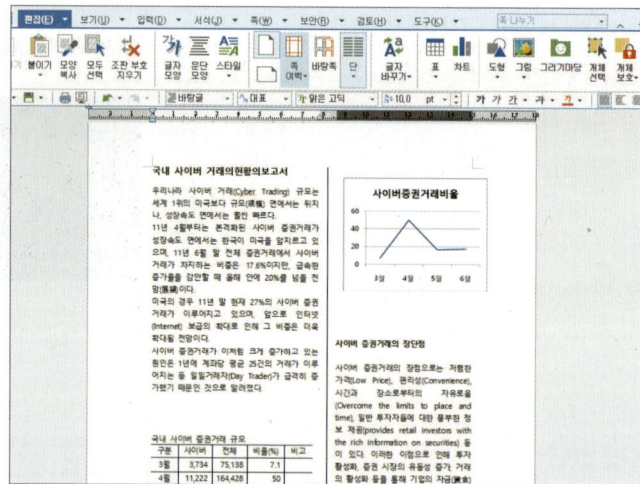

30 페이지 구역 나누고 구역별로 페이지 방향 지정하기

문서 내에서 구역을 나누어 적용하면 각 구역별로 머리글/바닥글, 다단, 배경, 페이지 방향 등을 다르게 적용할 수 있습니다. 페이지 레이아웃을 적용하려면 우선 기준이 되는 문서의 구역을 나누어야 합니다. 각 구역별로 페이지 방향을 다르게 지정해보겠습니다.

▪ 실습 파일 4장 \ 페이지 구역 나누고 구역별로 페이지 방향 지정하기.hwp ▪ 완성 파일 4장 \ 페이지 구역 나누고 구역별로 페이지 방향 지정하기_완성.hwp

01 구역을 나누지 않고 용지 방향 변경하기
구역 나누기를 하지 않은 문서에서 세로 방향, 가로 방향 문서를 혼용해 작성할 수는 없습니다. 구역 나누기에 대한 이해를 돕기 위해 구역 나누기 적용 전에 용지 방향을 바꾸면 어떤 결과가 나타나는지 확인해보겠습니다. 첫 번째 페이지에는 세로 모양의 표가, 두 번째 페이지에는 가로 모양의 표가 삽입되어 있습니다.

① 페이지 방향을 변경할 2페이지의 **물품구매내역** 앞 클릭

② [쪽] 메뉴-[가로]를 클릭합니다.

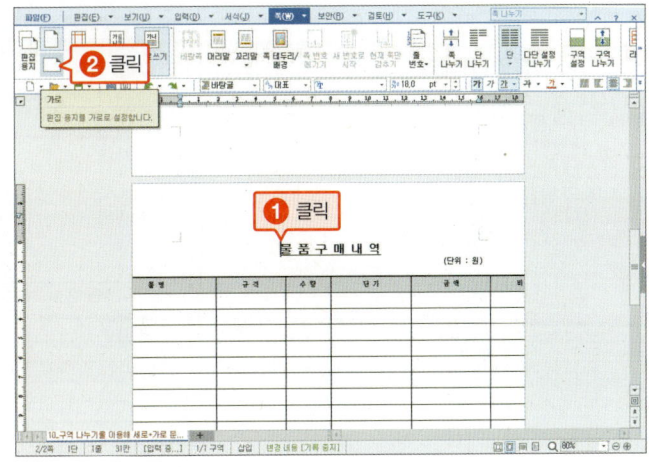

가로 방향 문서로 변경됩니다.

02 첫 번째 페이지와 두 번째 페이지의 표 모양이 한 페이지에 다 들어가지 않아 오히려 어색하게 보입니다. 한 문서 내에서 구역을 나누지 않으면 세로 방향, 가로 방향 문서를 혼용해 사용할 수 없다는 것을 확인할 수 있습니다. 서식 도구 상자에서 **[되돌리기]**를 클릭해 문서를 이전 상태로 되돌립니다. 단축키 Ctrl + Z 를 눌러도 됩니다.

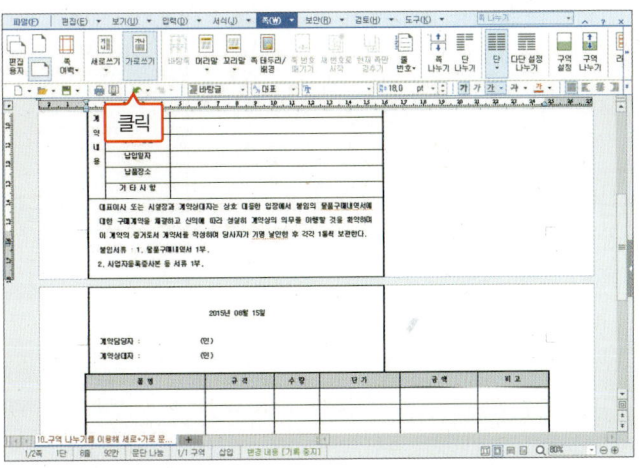

03 구역 나누고 쪽 방향 변경하기

1페이지와 2페이지 사이에 구역을 나누고 1페이지는 세로 방향으로, 2페이지는 가로 방향으로 표시해보겠습니다.

① 1페이지 **하단** 클릭

② [쪽] 메뉴-**[구역 나누기]**를 클릭합니다.

구역이 나눠졌지만, 화면에는 변화가 없습니다.

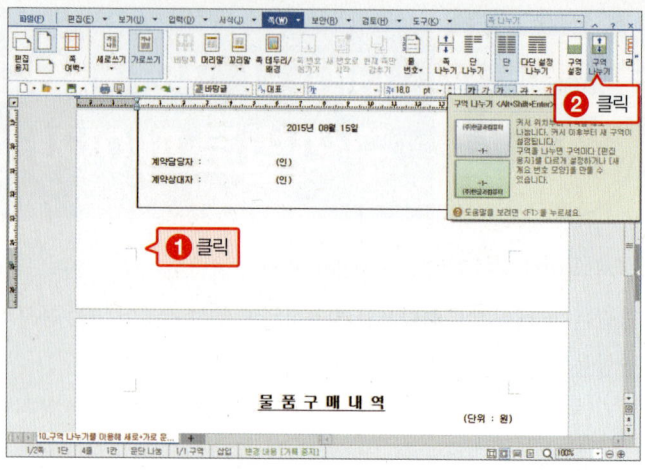

04

① 2페이지 **물품구매내역** 앞 클릭

② [쪽] 메뉴-**[가로]**를 클릭합니다.

2페이지의 편집 용지가 가로 방향으로 바뀝니다.

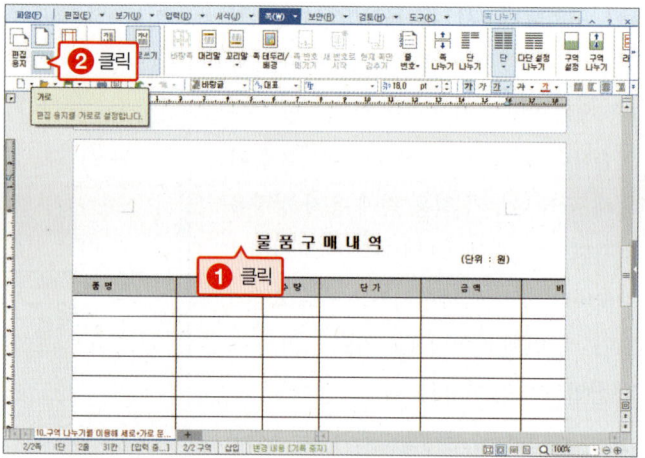

05 세로 방향 문서와 가로 방향 문서가 한 문서 내에 같이 표시됩니다.

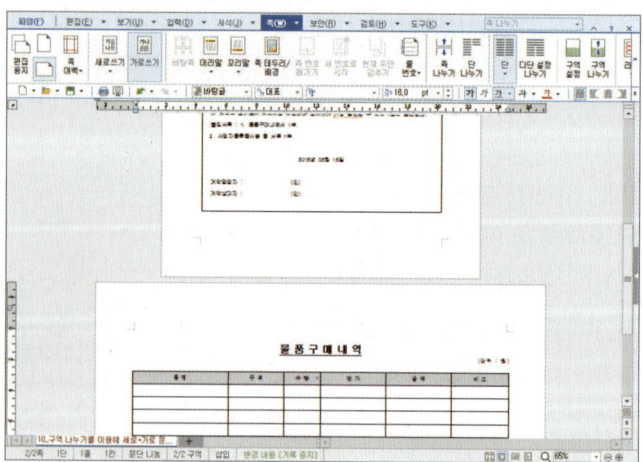

31 각주/미주 이용해 부연 설명 작성하기

논문 등을 작성하다 보면 본문의 어떤 부분에 대한 부연 설명이나 풀이, 또는 인용 내용의 출처 등을 덧붙여야 하는 경우가 많습니다. 이 경우 본문의 해당 부분에 번호를 붙이고, 페이지의 하단이나 전체 문서의 끝에 부연 내용을 따로 모아서 표시할 수 있습니다. 각 페이지 하단에 표기하는 것을 각주, 문서 끝에 모아놓는 것을 미주라고 합니다.

▪ **실습 파일** 4장 \ 각주/미주 이용해 부연 설명 작성하기.hwp   ▪ **완성 파일** 4장 \ 각주/미주 이용해 부연 설명 작성하기_완성.hwp

01 각주 작성하기(단축키 Ctrl + N, N)
채권가압류 신청서 내에서 부연 설명이 필요한 단어에 각주를 삽입해 페이지 하단에 표시해보겠습니다.
① 1페이지에서 **채권자** 드래그
② [입력] 메뉴–[각주]를 클릭합니다.

페이지 하단에 각주 편집 창이 활성화됩니다.

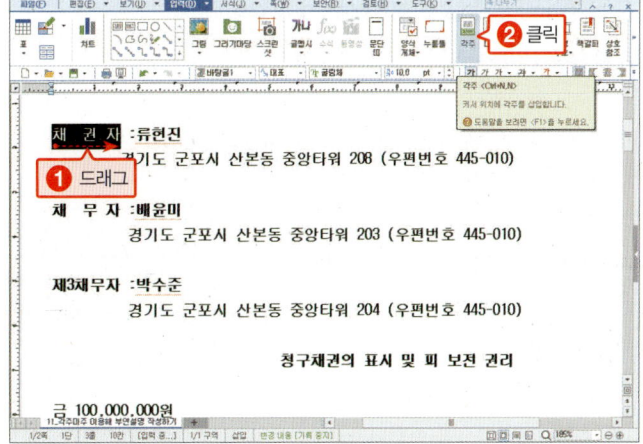

02 각주 편집 창을 클릭하면 부연 설명을 작성할 수 있습니다. **채무자에게 일정한 행위(급부)를 할 것을 청구할 수 있는 권리를 가진 사람**이라고 입력합니다.

각주가 지정된 본문 단어 뒤에는 각주 번호가 표시됩니다.

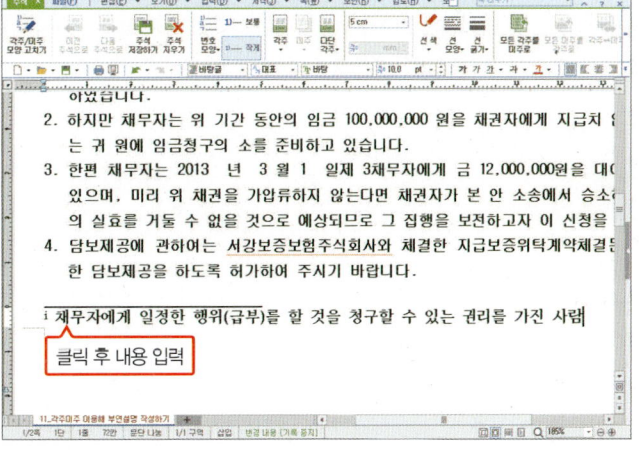

03 미주 작성하기(단축키 [Ctrl]+[N],[E])

채권가압류 신청서 내에서 부연 설명이 필
요한 단어에 미주를 삽입해 문서의 맨 마지
막 페이지 하단에 표시해보겠습니다.

① **채무자** 드래그

② [입력] 메뉴-[미주]를 클릭합니다.

마지막 페이지 하단에 미주 편집 창이 활성화됩니다.

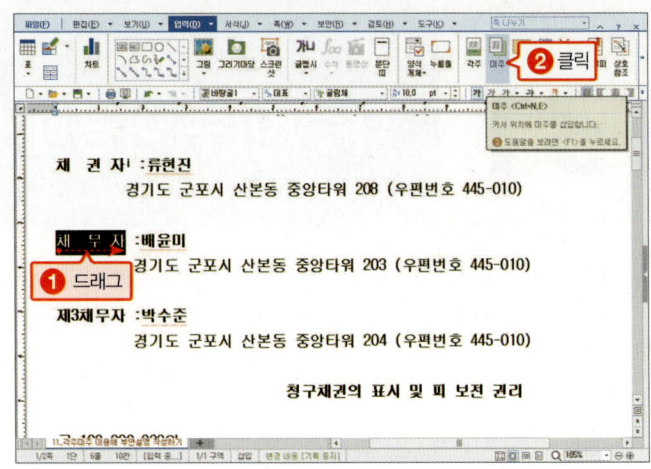

04 미주 편집 창을 클릭하면 부연 설명
을 작성할 수 있습니다. **채권자에게 빚을 갚아
야 할 의무가 있는 사람**이라고 입력합니다.

[주석] 탭의 [닫기]를 클릭해 편집 창을 닫습니다. 미
주가 지정된 단어 뒤에는 미주 번호가 표시됩니다.

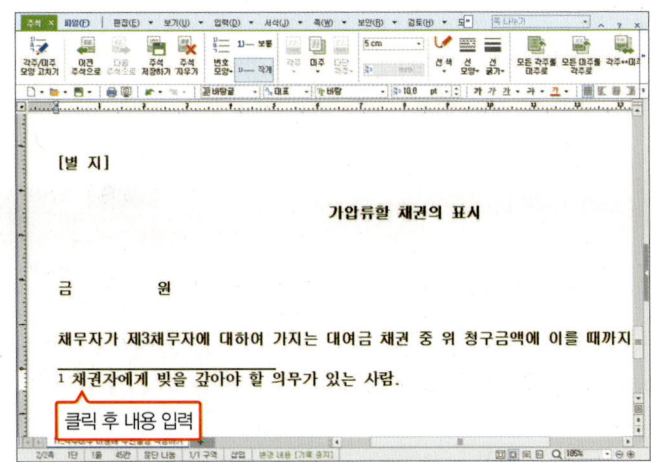

바로 통하는 TIP 각주와 미주가 있는 단어는 다음과 같이 표시됩니다.

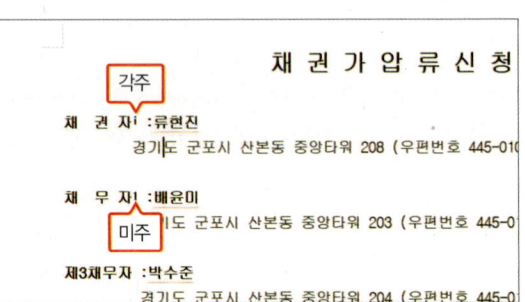

05 각주 모양 고치기

입력해둔 각주의 모양을 변경할 수 있습니다. 각주를 표시하는 숫자의 앞뒤에 괄호를 넣어 변경해보겠습니다.

① 페이지 하단의 **각주** 클릭

② [주석] 탭-[**각주/미주 모양 고치기**]를 클릭합니다.

[주석 모양] 대화상자가 나타납니다.

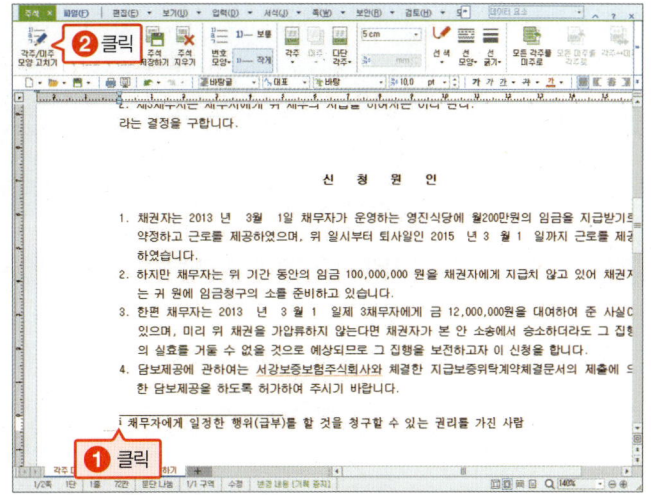

06

① [주석 모양] 대화상자에서 [번호 모양]-[**1,2,3**] 선택

② [**앞 장식 문자**]에 (, [**뒤 장식 문자**]에) 입력

③ [**구분선 넣기**]에 체크 표시

④ [**색**]-[**진달래 색**]으로 설정

⑤ [**설정**]을 클릭합니다.

각주를 표시하는 번호 모양이 변경됩니다.

바로 통하는 TIP 미주도 같은 방식으로 모양을 고칠 수 있습니다.

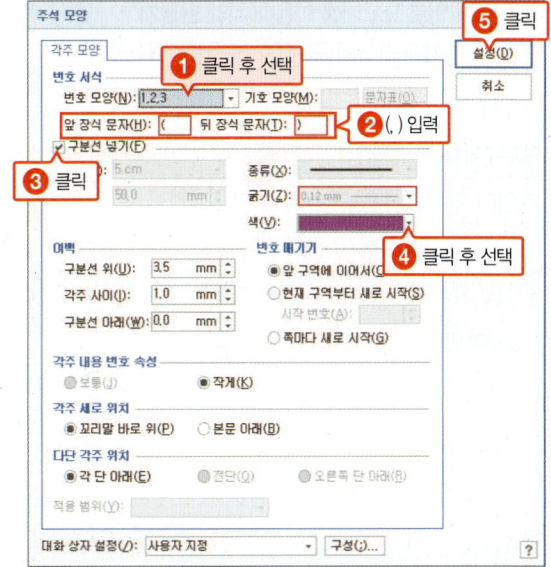

32 차례 만들기

제목 스타일을 기준으로 차례가 작성되므로 자동으로 차례를 만들려면 문서의 차례에 해당하는 부분에 미리 제목 스타일이 적용되어 있어야 합니다. 실습 파일에는 '제목1', '제목2' 스타일이 미리 적용되어 있으므로 이 스타일을 기준으로 차례를 만들어보겠습니다. 실습 파일 외의 문서에서 같은 방법으로 차례를 만들고 싶다면 우선 차례에 해당하는 제목에 스타일을 적용해야 합니다.

▪ 실습 파일 4장 \ 차례 만들기.hwp ▪ 완성 파일 4장 \ 차례 만들기_완성.hwp

01 스타일로 모으기를 이용해 차례 만들기

구매업무 처리규정의 장과 조에 해당하는 제목을 묶어 차례를 만들어보겠습니다. 장에는 '제목 1' 스타일이, 조에는 '제목 2' 스타일이 적용되어 있습니다.

① **구매업무 처리규정** 앞 클릭

② [도구] 메뉴의 펼침 단추-[차례/색인]-
  [차례 만들기]를 선택합니다.

[차례 만들기] 대화상자가 나타납니다.

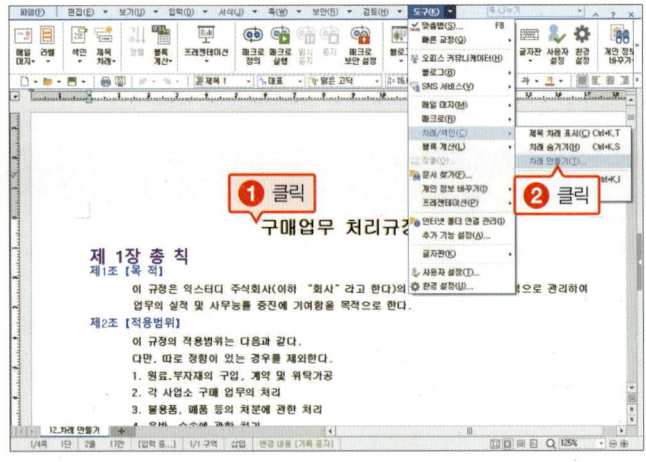

02

① [차례 만들기] 대화상자에서 [스타일로 모으기]에 체크 표시

② 스타일 목록에서 **제목1, 제목2** 스타일에 체크 표시

③ [**표 차례**], [**그림 차례**], [**수식 차례**]의 체크 표시 해제
  표, 그림, 수식의 차례도 포함하고 싶다면 해당 항목을 선택합니다.

④ [**탭 모양**]-[**오른쪽 탭**] 클릭

⑤ [**채울 모양**]-[**이점 쇄선**] 선택

⑥ [**만들 위치**]-[**현재 문서의 새 구역**] 선택

⑦ [**만들기**]를 클릭합니다.

문서의 맨 앞에 새 구역이 추가되고 차례가 삽입됩니다.

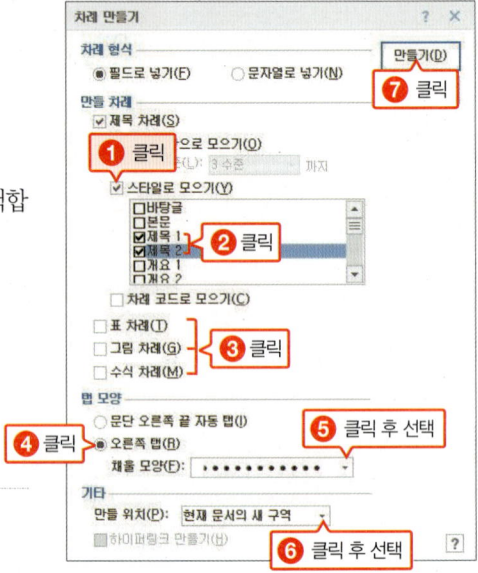

도형 및
객체 활용하기

문자뿐만 아니라 그림과 도형, 클립아트 등을 삽입하여 적절히 편집하면 눈에 띄면서도 좀 더 화려하고 다채로운 문서로 꾸밀 수 있습니다. 그림이나 도형을 삽입하고 효과를 적용하는 방법, 글맵시를 삽입하고 편집하는 방법 등에 대해서 알아보겠습니다.

33 캡션 삽입하기

캡션은 그림, 표, 차트 등의 이름이나 번호를 입력하는 기능입니다. 그림이나 표 등에 삽입된 캡션은 다른 요소나 본문과 섞이지 않고 개체와 한몸처럼 동작합니다. 개체를 이동할 때 캡션도 같이 이동되므로 문서 내에서 개체의 위치를 관리하기가 더 편리하며, 차례 만들기 기능을 이용해 각 개체의 차례를 별도로 작성할 수도 있습니다.

• **실습 파일** 5장 \ 캡션 삽입하기.hwp • **완성 파일** 5장 \ 캡션 삽입하기_완성.hwp

01 그림에 캡션 삽입하기

그림의 위, 아래, 혹은 왼쪽, 오른쪽 등의 위치에 캡션을 삽입할 수 있습니다. 그림의 아래쪽에 캡션을 넣고 캡션 이름을 수정해 보겠습니다.

① 캡션을 삽입할 **그림** 클릭

② [그림] 탭-[캡션]의 내림 단추-**[아래]**를 선택합니다. 그림 아래쪽에 '그림 3'이라고 입력됩니다.

입력된 그림 번호는 문서에 포함된 그림의 개수에 따라 달라집니다.

02 기본 삽입된 캡션 이름 '그림 3'을 **〈샘플 이미지〉**로 변경합니다.

03 그림 캡션 편집하기

캡션과 그림 간의 간격을 수정해보겠습니다.

① **그림** 클릭

② [그림] 탭-[**개체 속성**]을 클릭합니다. 그림을 더블클릭해도 됩니다.

[개체 속성] 대화상자가 나타납니다.

04

① [개체 속성] 대화상자에서 [**여백/캡션**] 탭 클릭

② [개체와의 간격]을 **1mm**로 변경

③ [**설정**]을 클릭합니다.

개체와 캡션의 간격이 1mm로 가까워집니다.

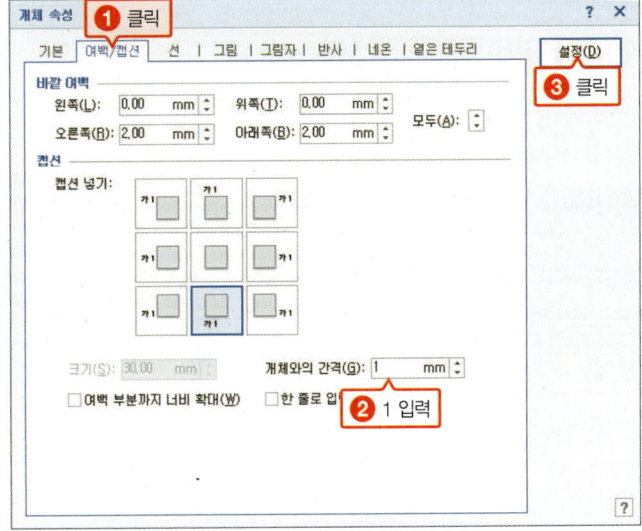

05 표에 캡션 삽입하기
(단축키 Ctrl + N, C)

연금 재정 전망 표에 캡션을 추가해보겠습니다.

① **표 테두리** 클릭

② 마우스 오른쪽 버튼을 클릭하여 바로 가기 메뉴에서 [**캡션 넣기**]를 선택합니다.

표의 아래쪽에 '표1' 캡션이 삽입됩니다.

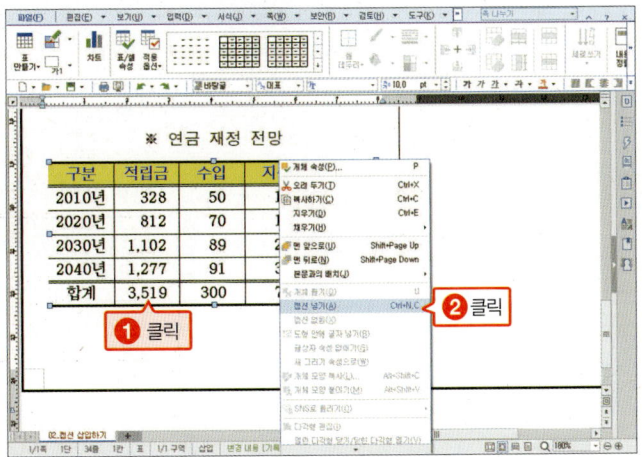

06 캡션 위치 변경하기

삽입된 캡션의 위치를 변경해보겠습니다. **표 테두리**를 더블클릭합니다. 표를 선택한 상태에서 [표] 탭-[표/셀 속성]을 클릭해도 됩니다.

[표/셀 속성] 대화상자가 나타납니다.

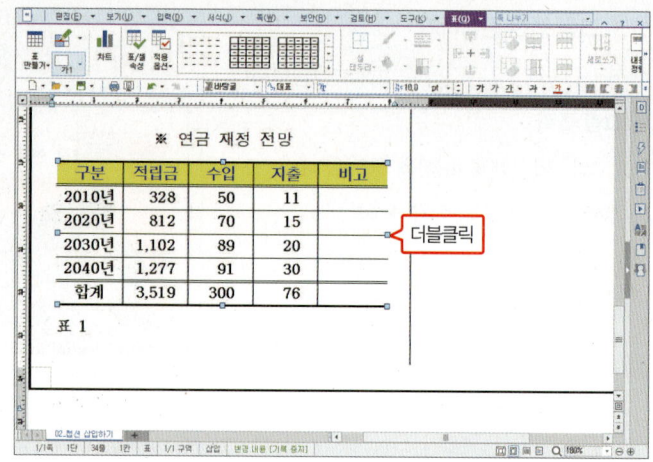

07

① [표/셀 속성] 대화상자의 **[여백/캡션] 탭** 클릭
② **[캡션]-[위]** 클릭
③ **[설정]**을 클릭합니다.

캡션의 위치가 위쪽으로 변경됩니다.

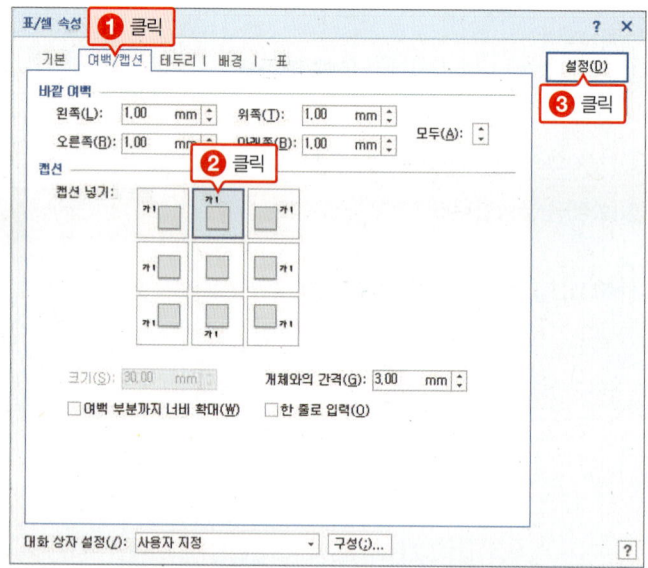

08 기본 삽입된 캡션 이름 '표1'을 **[단위 : 억]**으로 변경합니다.

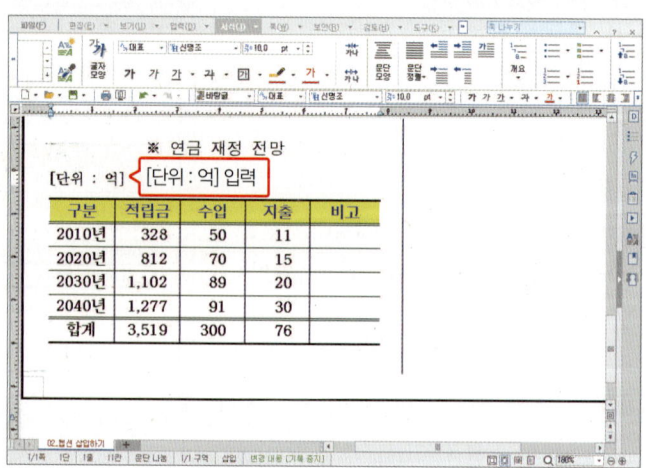

34 그림 삽입하고 위치 설정하기

문서 내에 그림을 함께 배치하는 경우가 종종 있습니다. 이때 텍스트와 그림을 잘 어울리게 배치하려면 [그림] 탭의 다양한 옵션을 활용해 그림 크기, 위치, 여백 등을 조정합니다.

▪**실습 파일** 5장 \ 그림 삽입하고 위치 설정하기.hwp ▪**완성 파일** 5장 \ 그림 삽입하고 위치 설정하기_완성.hwp

01 그림 삽입하기(단축키 Ctrl + N, I)

체육대회 제안 문서에 내용과 어울리는 그림을 삽입해보겠습니다.

①[입력] 메뉴−[**그림**] 클릭

②[그림 넣기] 대화상자에서 **03_사진.jpg** 파일 선택

③[**문서에 포함**], [**마우스로 크기 지정**]에 체크 표시

④[**넣기**]를 클릭합니다.

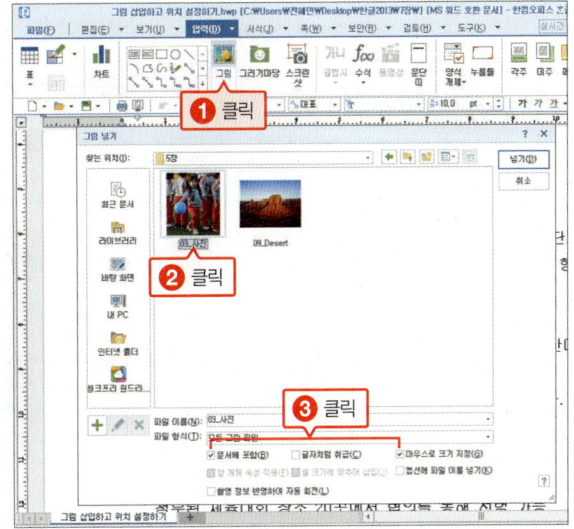

그림을 넣을 수 있도록 마우스 포인터가 + 모양으로 변경됩니다.

바로 통하는 TIP [글자처럼 취급]에 체크 표시가 되어 있으면 이를 해제해야 [마우스 크기 지정]에 체크 표시를 할 수 있습니다.

실무활용노트 [그림 넣기] 대화상자 옵션 알아보기

[그림 넣기] 대화상자에서는 그림 삽입에 필요한 다양한 옵션을 선택할 수 있습니다.

① **문서에 포함** : 그림 파일을 한글 2014 문서 내에 포함합니다. '문서에 포함'을 선택하지 않으면 한글 문서와 그림 파일이 별도로 존재하게 되고 그림 파일이 삭제될 경우 문서 내에 그림이 표시되지 않습니다. 이 옵션을 선택하면 그림 파일을 압축해 문서 파일에 같이 저장합니다.

② **글자처럼 취급** : 그림을 글자처럼 취급합니다. 그림이 문서 내에서 한 줄을 차지하는 것으로 표시됩니다.

③ **마우스로 크기 지정** : [글자처럼 취급]의 체크 표시를 해제하면 선택할 수 있는 옵션입니다. 그림을 삽입할 때 마우스를 이용해 크기와 위치를 조절하며 삽입할 수 있습니다.

④ **앞 개체 속성 적용** : 바로 이전에 삽입한 그림과 동일한 속성이 자동으로 적용됩니다.

⑤ **캡션에 파일 이름 넣기** : 그림 파일의 이름을 그림 캡션에 자동으로 추가합니다.

⑥ **촬영 정보를 반영하여 자동 회전** : 촬영된 사진의 경우 사진의 가로/세로 방향을 자동으로 인식하여 삽입합니다.

02 그림을 삽입할 위치인 **2. 회사 소개** 아래에서 마우스로 드래그하여 그림을 삽입합니다.

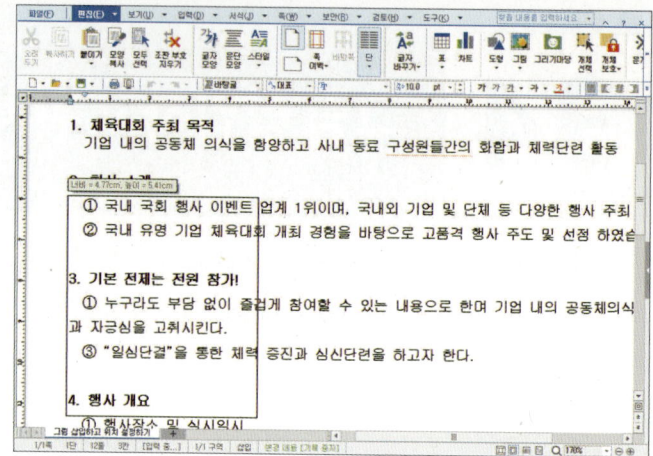

드래그한 크기에 맞게 그림이 삽입됩니다. 그림을 배치하는 방법은 아직 설정하지 않았으므로 텍스트와 그림의 배치 모양은 저마다 다를 수 있습니다.

03 그림 위치 설정하기

문서에 그림을 배치하는 방법은 다양합니다. 텍스트와 그림이 나란히 배치되도록 설정해보겠습니다.
① **그림** 클릭
② [그림] 탭-[어울림]을 클릭합니다.

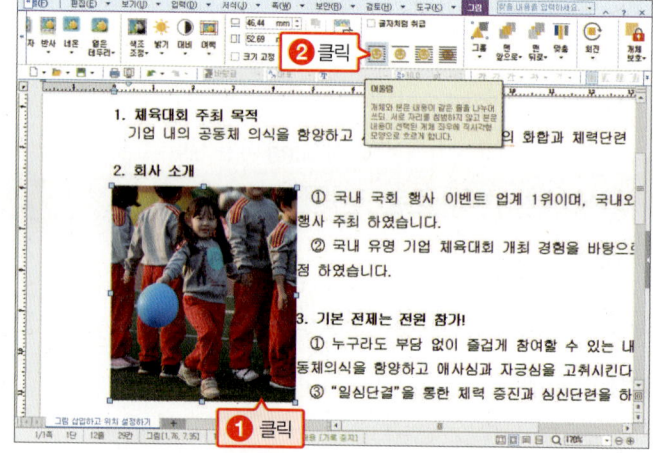

그림을 왼쪽에 삽입했으므로 글 내용은 그림의 오른쪽에 흐르듯 배치됩니다.

04 그림 여백 설정하기

그림과 글 사이에 여백이 없어 답답해 보입니다. 그림과 글 사이에 여백을 설정해보겠습니다. **그림**을 더블클릭합니다.

[개체 속성] 대화상자가 나타납니다.

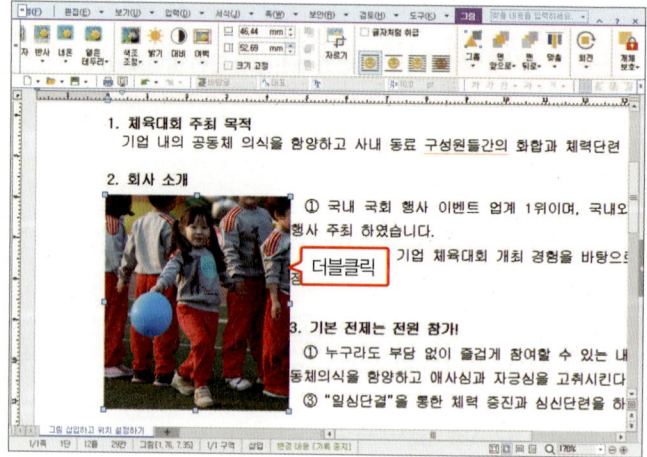

05

① [개체 속성] 대화상자의 [여백/캡션] 탭 클릭

② [바깥 여백]-[오른쪽]을 2mm로 설정

③ [설정]을 클릭합니다.

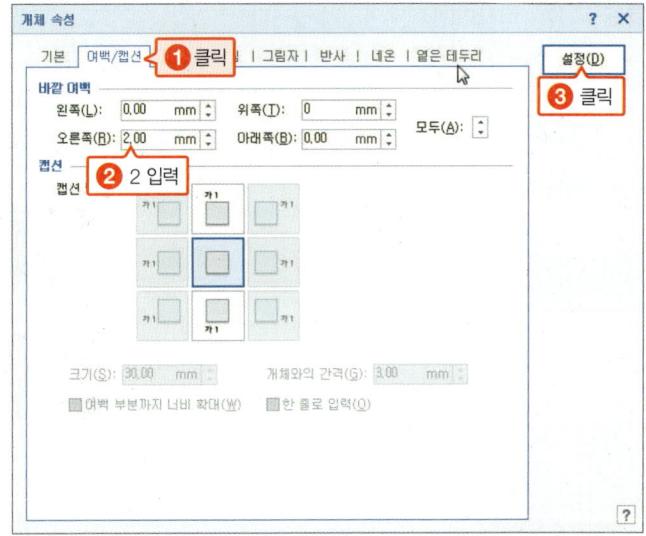

실무활용 노트

그림 위치 설정하기

문서에 그림을 배치하는 방식에는 [어울림] 옵션 외에 [글자처럼 취급], [자리 차지], [글 앞으로], [글 뒤로] 등이 있습니다. 각 옵션별로 글과 그림의 배치는 다음과 같습니다.

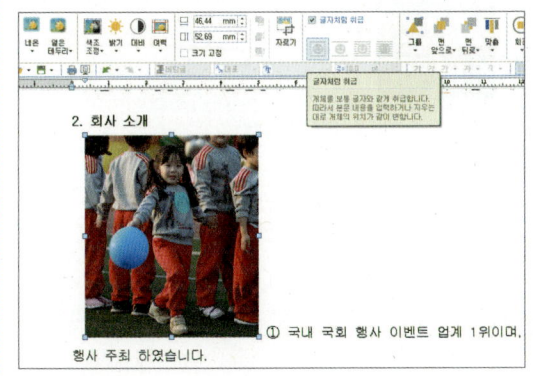

▲ 글자처럼 취급 : 그림을 글자와 동일하게 취급합니다.

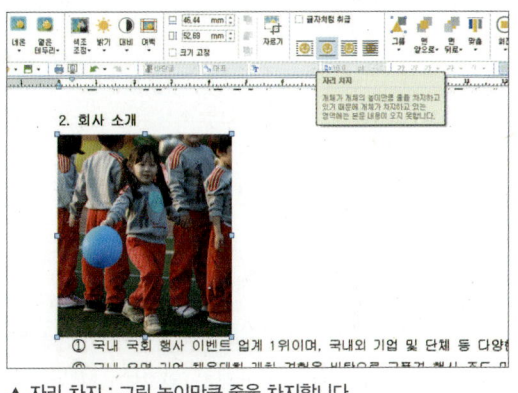

▲ 자리 차지 : 그림 높이만큼 줄을 차지합니다.

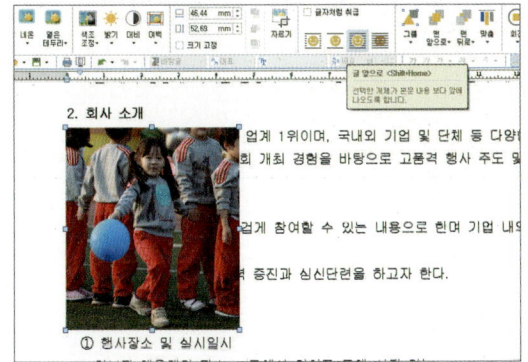

▲ 글 앞으로 : 그림이 본문보다 앞에 배치됩니다.

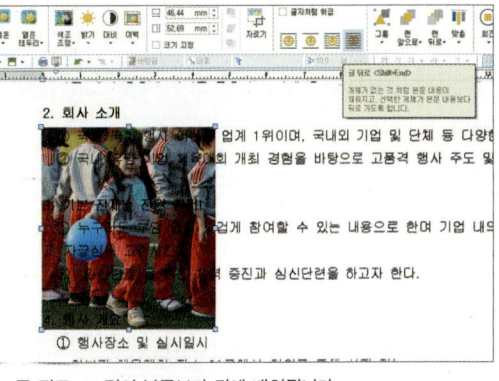

▲ 글 뒤로 : 그림이 본문보다 뒤에 배치됩니다.

06 그림과 글 사이에 여백이 설정됩니다.

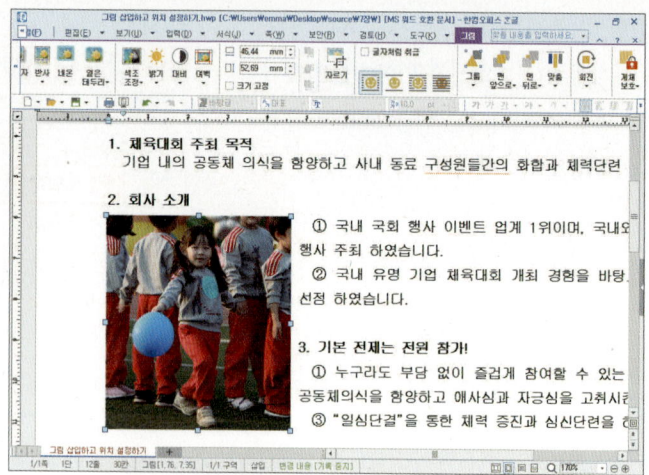

그림 위치를 [글 뒤로]로 설정하면 그림 위로 글이 올라오기 때문에 마우스로 클릭해도 그림이 선택되지 않을 수 있습니다. 이때는 [편집] 메뉴—[개체 선택]을 클릭한 후 그림 위치를 클릭하면 그림이 쉽게 선택됩니다.

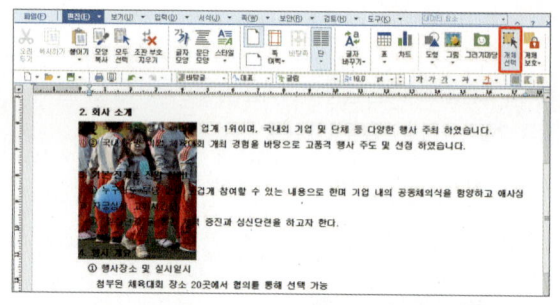

07 글 앞으로 그림 배치하기

문서 하단의 도장 이미지를 '대표이사 '의 위에 배치해보겠습니다. 마치 문서에 도장을 찍은 것처럼 도장 이미지 아래로 '인'이 라는 글자가 보이도록 설정합니다.

① **도장 이미지** 클릭

② [그림] 탭—[글자처럼 취급]의 체크 표시 해제

③ [글 뒤로] 클릭

④ **도장 이미지**를 드래그해 적당한 위치에 배치합니다.

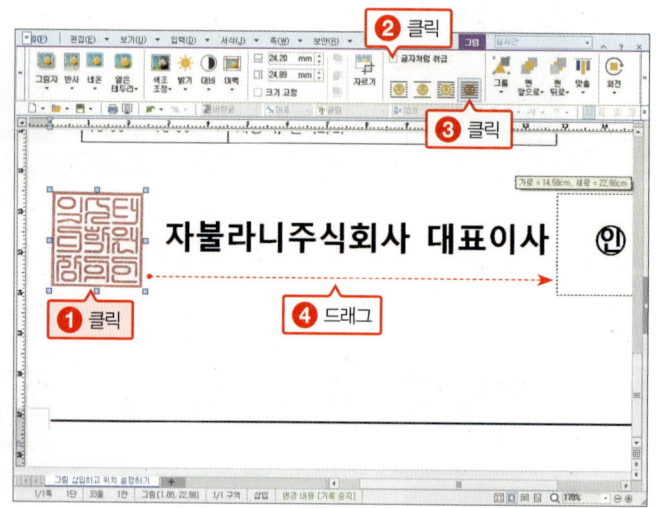

도장 이미지와 인이 겹쳐져 마치 글자 위에 도장을 찍은 것처럼 보입니다.

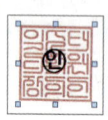

35 그림 꾸미기

그림에 테두리를 넣거나 그림자를 표시하는 등의 그림 꾸미기 방법을 활용하면 문서를 다채롭게 꾸밀 수 있습니다. 그림 꾸미기는 간단한 방법으로 보기 좋은 문서를 꾸밀 때 쉽게 사용할 수 있는 방법입니다.

▪실습 파일 5장 \ 그림 꾸미기.hwp ▪완성 파일 5장 \ 그림 꾸미기_완성.hwp

01 스타일 효과를 이용해 그림 액자 설정하기

체육대회 제안 문서에 삽입되어 있는 그림에 액자 테두리를 두른 듯한 효과를 설정해 보겠습니다.

① **그림 클릭**

② [그림] 탭–[스타일 효과]–**[회색 아래쪽 그림자]**를 선택합니다.

그림의 테두리에 액자 테두리를 두른 것처럼 옅은 그림자 효과가 나타납니다.

02 그림 액자 테두리 굵기 변경하기

그림이 선택된 상태에서 [그림] 탭–[선 스타일]–[선 굵기]–**[0.4mm]**를 선택합니다.

액자 테두리 굵기가 변경됩니다.

03 그림 액자 테두리 색 변경하기

그림 테두리의 색도 변경할 수 있습니다. 그림이 선택된 상태에서 [그림] 탭-[선 색]의 내림 단추-[빨강60% 밝게]를 선택합니다.

액자 테두리의 색이 변경됩니다.

바로 통하는 TIP [빨강 60% 밝게] 색은 [오피스] 색상 테마에 있습니다.

04 그림 액자 테두리 그림자 변경하기

그림자의 색, 투명도, 거리, 각도 등을 세밀하게 변경할 수 있습니다.

그림을 더블클릭합니다. 그림을 클릭한 후 [그림] 탭-[개체 속성]을 클릭해도 됩니다.

[개체 속성] 대화상자가 나타납니다.

05

① [개체 속성] 대화상자에서 **[그림자] 탭** 클릭

② [색]-**[파랑 50%]**, [투명도]를 40%, [흐리게]를 3pt, [거리]를 3pt, [각도]를 45°로 변경

③ **[설정]**을 클릭합니다.

그림자 스타일이 변경됩니다.

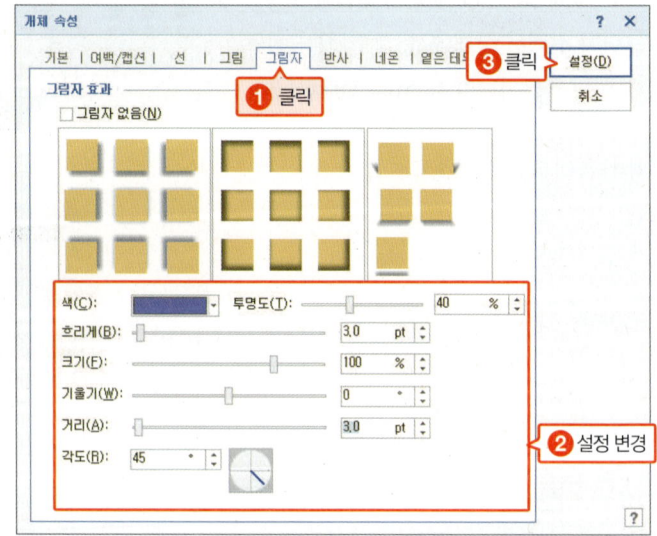

06 그림에 옅은 테두리 지정하기

① **그림** 클릭

② [그림] 탭-[그림자]-**[그림자 없음]**을 선택합니다.

적용되어 있던 그림자가 해제됩니다.

07

① **그림** 클릭

② [그림] 탭-[옅은 테두리]-**[5pt]**를 선택합니다.

테두리가 옅게 변경됩니다.

08 그림의 밝기 수정하기

그림을 좀 더 밝게 수정해보겠습니다.

① **그림** 클릭

② [그림] 탭-[밝기]-[밝게]-**[5%]**를 선택합니다.

그림이 밝아집니다.

09 그림의 대비 수정하기

그림을 좀 더 선명하게 표현하기 위해 그림의 대비를 수정해보겠습니다. 그림이 선택된 상태에서 [그림] 탭-[대비]-[높게]-[+30%]를 선택합니다.

그림이 선명해집니다.

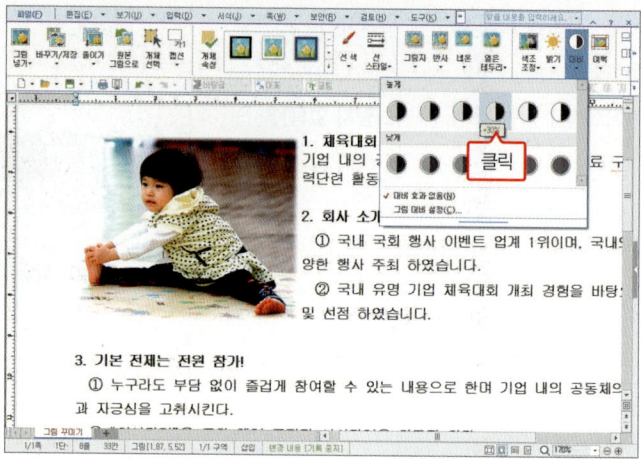

실무활용 노트 **[색조 조정] 옵션 알아보기**

색조에서는 [회색조], [흑백], [워터마크] 등을 옵션으로 설정할 수 있습니다. 그림을 클릭한 후 [그림] 탭-[색조 조정]의 옵션을 각각 클릭해보면 그림의 변화를 바로 확인할 수 있습니다.

▲ 회색조 : 그림이 회색으로 표현됩니다.

▲ 흑백 : 그림이 검은색과 흰색으로 표현됩니다.

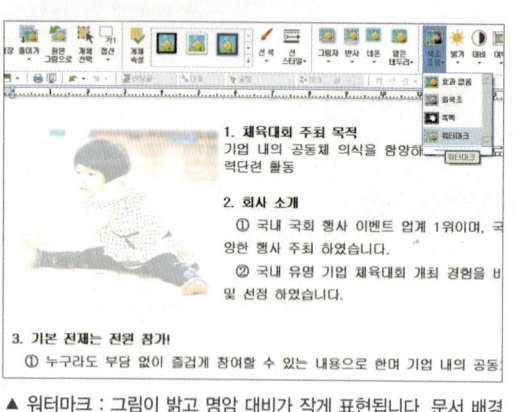

▲ 워터마크 : 그림이 밝고 명암 대비가 작게 표현됩니다. 문서 배경에 그림을 엷게 나타나게 할 때 사용하면 유용합니다.

36 클립아트 삽입하기

클립아트는 조각 그림이라는 의미로, 문서에 간단한 이미지를 추가할 때 유용하게 사용할 수 있는 작은 이미지입니다. 클립아트는 그리기마당에 등록되어 있습니다. 한글 2014에서 제공하는 다양한 클립아트를 이용해서 좀 더 장식적이고 아기자기한 문서를 완성해보겠습니다.

• 실습 파일 5장 \ 클립아트 삽입하기.hwp   • 완성 파일 5장 \ 클립아트 삽입하기_완성.hwp

01 클립아트 삽입하기

초등학교 음악회 안내장과 어울리는 클립아트를 삽입해 문서를 꾸며보겠습니다.

① [입력] 메뉴─[그리기마당] 클릭
② [그리기마당] 대화상자의 [공유 클립아트] 탭에서 [선택할 꾸러미]─[학교] 선택
③ [신학기 05] 선택
④ [넣기]를 클릭합니다.

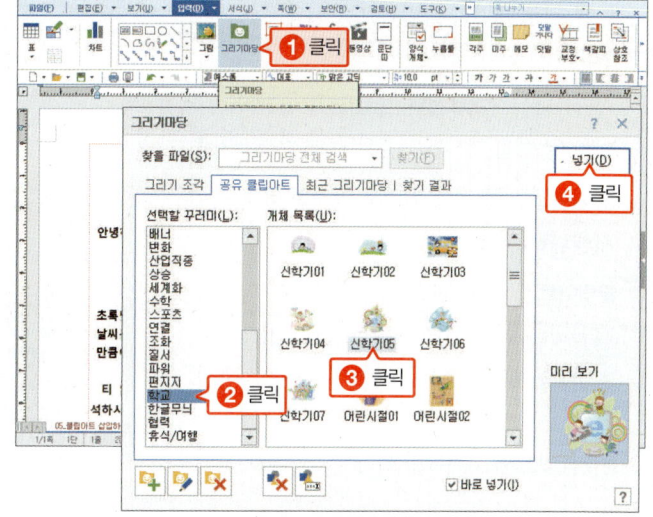

02 클립아트를 삽입할 시작 위치에서 마우스 왼쪽 버튼을 누른 채 드래그합니다. 적당한 크기로 조절해 삽입합니다.

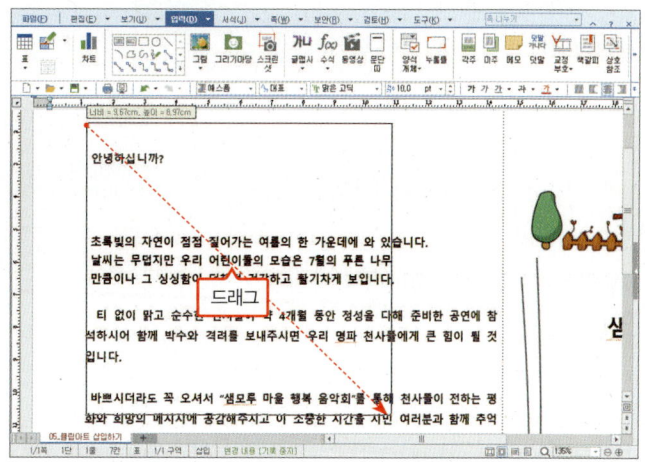

03 클립아트를 글 뒤로 배치하기

① **클립아트** 클릭

② [그림] 탭-[**글 뒤로**]를 클릭합니다.

클립아트가 문서의 배경처럼 글자 뒤로 배치됩니다.

04 글 뒤로 배치한 클립아트를 선택해보겠습니다.

① [편집] 메뉴-[**개체 선택**] 클릭

② **클립아트** 클릭

　클립아트가 글 뒤에 위치해 있지만 바로 선택됩니다.

③ **클립아트**가 선택되어 있는 상태에서 더블클릭합니다. [그림] 탭-[개체 속성]을 클릭해도 됩니다.

[개체 속성] 대화상자가 나타납니다.

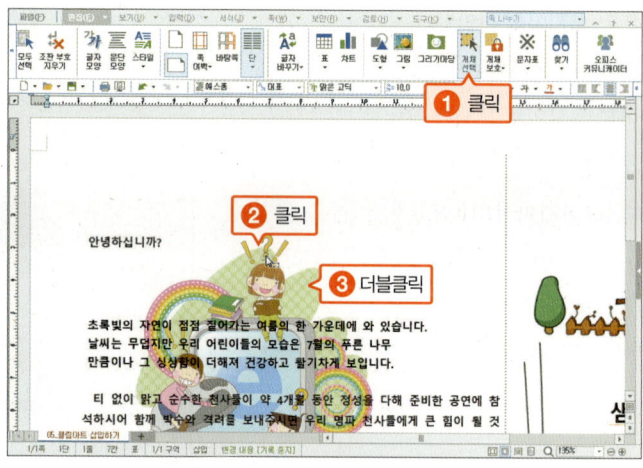

05 클립아트 이동하기

클립아트가 쪽의 왼쪽 위에 위치하도록 수정해보겠습니다.

① [개체 속성] 대화상자의 [기본] 탭에서 [위치]-[가로]를 [**쪽**]의 [**왼쪽**], [기준]을 0.00mm로 설정

② [위치]-[세로]를 [**쪽**]의 [**위**], [기준]을 0.00mm로 설정

③ [**설정**]을 클릭합니다.

클립아트가 왼쪽 위로 이동됩니다.

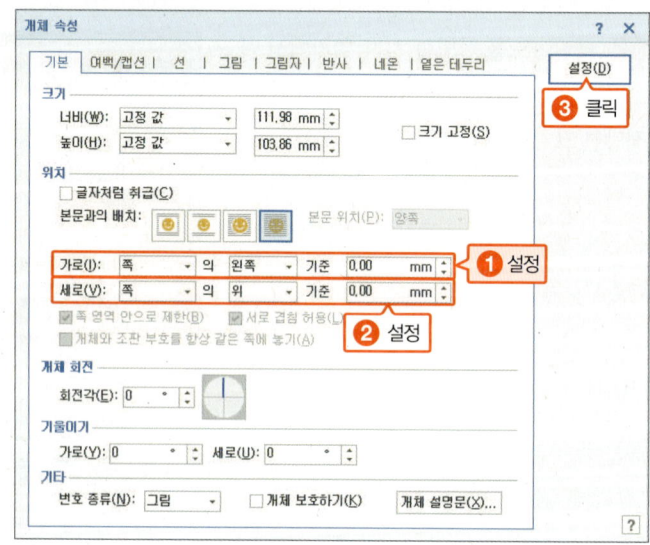

37 도형 꾸미고 모양 복사하기

[입력] 메뉴-[그리기 개체]에서 다양한 도형을 삽입할 수 있습니다. 삽입한 도형에는 서식을 지정할 수 있는데, 서식을 복사해 다른 도형에 적용하는 것도 가능합니다.

▪실습 파일 5장 \ 도형 꾸미고 모양 복사하기.hwp　▪완성 파일 5장 \ 도형 꾸미고 모양 복사하기_완성.hwp

01 도형 그리기

도형을 삽입한 후 문서에 어울리는 서식을 지정해보겠습니다.

① [입력] 메뉴-[그리기 개체]-[**직사각형**] 선택

② **첫 번째 도형의 하단**에서 드래그하여 직사각형을 그립니다.

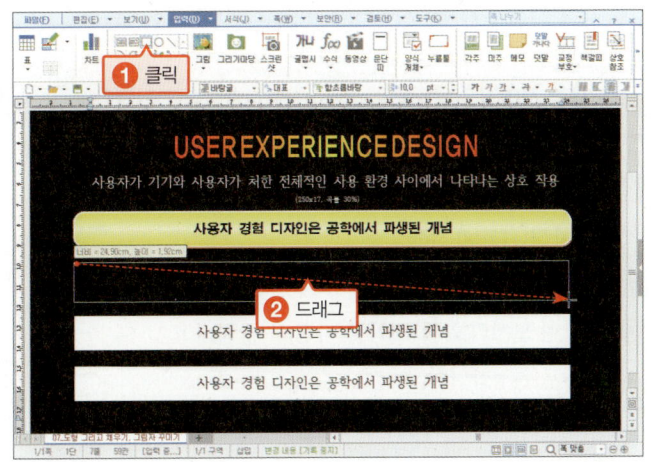

02 도형 크기 설정하기

도형의 크기를 설정해보겠습니다. 그려 넣은 **직사각형의 테두리**를 더블클릭합니다.

[개체 속성] 대화상자가 나타납니다.

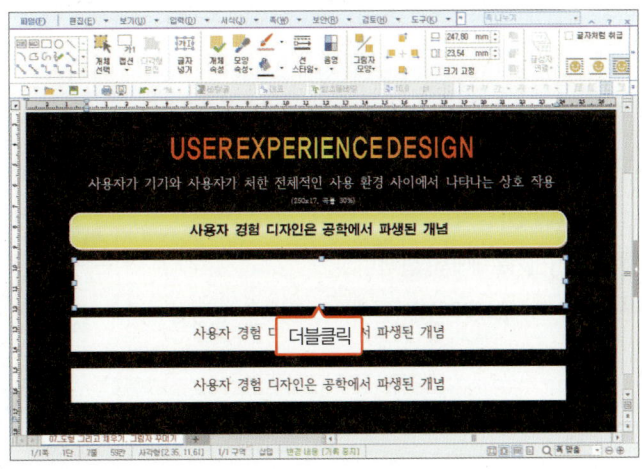

바로 통하는 TIP [개체 속성] 대화상자를 표시하려면 도형의 테두리를 더블클릭합니다. 도형만 삽입되어 있는 경우에는 삽입된 도형을 더블클릭하면 되지만, 도형 안에 텍스트가 입력되어 있는 경우에는 반드시 테두리를 더블클릭해야 합니다. 도형의 테두리를 클릭한 후 단축키 P 를 눌러도 [개체 속성] 대화상자를 표시할 수 있습니다.

03 [개체 속성] 대화상자의 [기본] 탭에서 [너비]를 **250mm**, [높이]를 **17mm**로 설정합니다.

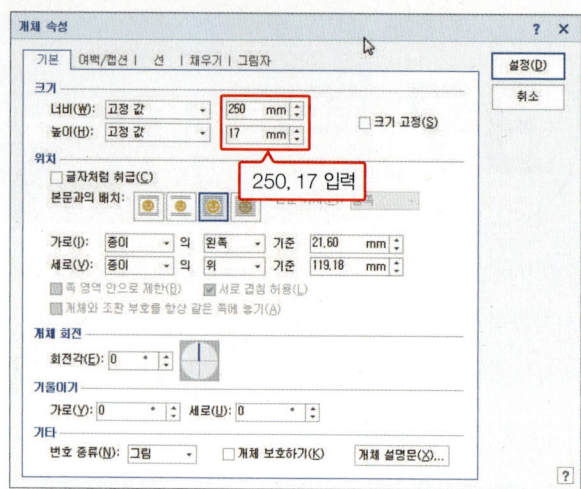

04 도형 꾸미기

도형의 선 서식을 설정해보겠습니다.

① [개체 속성] 대화상자의 **[선] 탭** 클릭

② [선]-[색]-**[흰색]** 선택

③ **[굵기]**를 **0.7mm**로 설정

④ [사각형 모서리 곡률]-[곡률 지정]을 클릭하고 **30%**로 설정합니다.

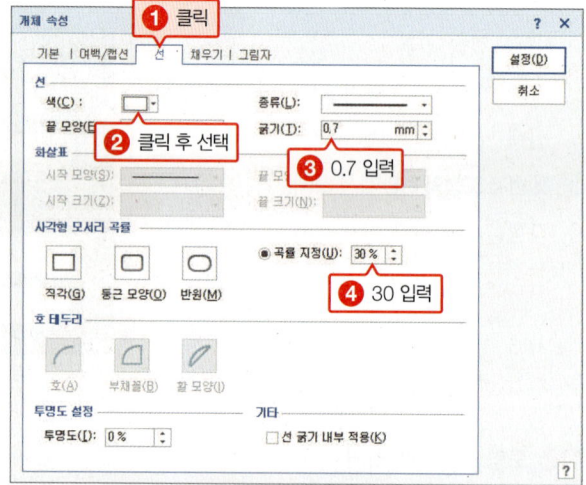

05 도형의 채우기 서식을 설정해보겠습니다.

① **[채우기] 탭** 클릭

② **[그러데이션]** 클릭

③ [유형]-**[가운데에서]** 선택

④ [시작 색]-**[노랑 80%]**, [끝색]-**[노랑]**으로 설정합니다.

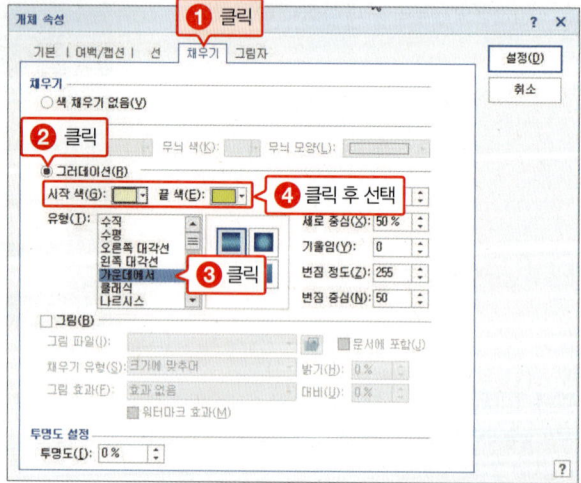

06 도형의 그림자 서식을 설정해보겠습니다.

① [그림자] 탭 클릭

② [종류]-[오른쪽 아래] 클릭

③ [그림자 색]-[주황 40%]로 설정

④ [가로 방향 이동]을 -1.0mm, [세로 방향 이동]

을 -1.0mm로 설정

⑤ [투명도]를 11%로 설정

⑥ [설정]을 클릭합니다.

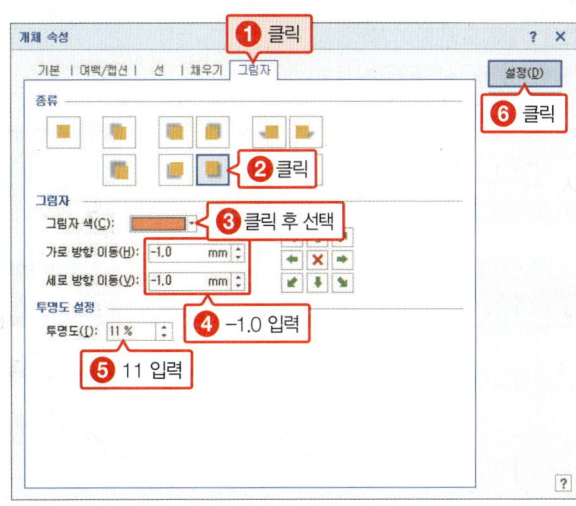

도형에 선, 채우기, 그림자 서식이 적용됩니다.

07 개체 모양 복사하기
(단축키 Alt + Shift + C)

앞서 만들어둔 도형의 서식을 복사해 다른
도형에 적용해보겠습니다.

① 앞서 그린 **직사각형** 클릭

② [도형] 탭-[모양 속성]-[개체 모양 복사]

를 선택합니다.

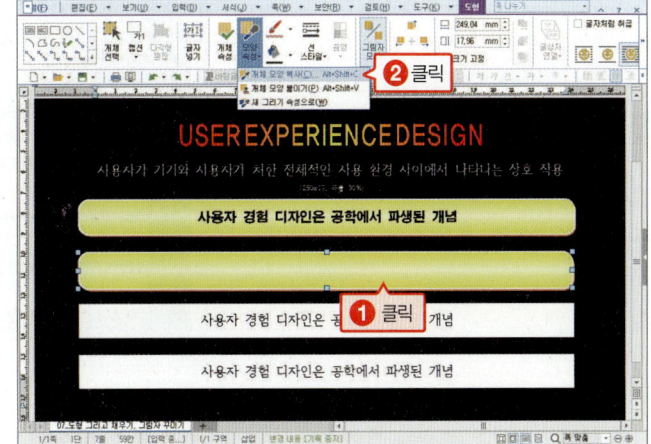

[개체 모양 복사] 대화상자가 나타납니다.

08

① [개체 모양 복사] 대화상자의 **모든 항목**에 체크 표시

② [복사]를 클릭합니다.

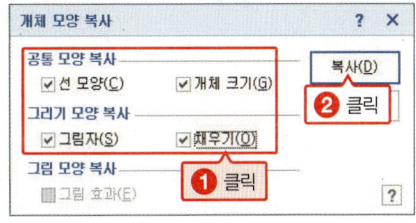

09 개체 모양 붙이기
(단축키 Alt + Shift + V)

① 복사한 서식을 붙여넣기 위해 **세 번째 직**
   사각형 클릭

② [도형] 탭-[모양 속성]-[**개체 모양 붙이**
   기]를 선택합니다.

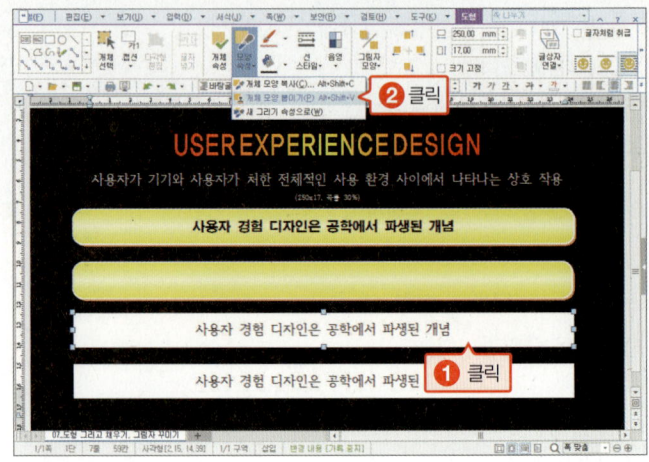

10 도형 서식이 복사됩니다. 모양 복사의
경우 도형의 선 곡률은 복사되지 않습니다.

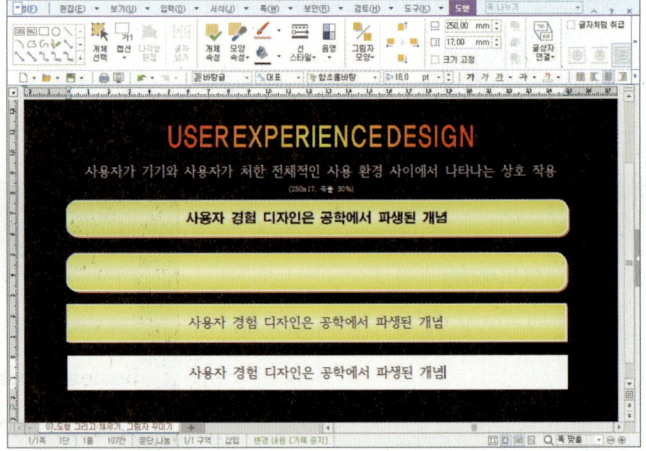

표 꾸미기

워드프로세서의 백미는 표 기능입니다. 여러 종류의 데이터를 문서에 삽입해야 할 때 표를 이용하면 가독성 있게 표현할 수 있으며 좀 더 체계적으로 정돈된 문서를 만들 수 있습니다. 표를 만드는 방법, 줄/칸을 삽입하고 삭제하는 기능, 표 안의 문자열을 정렬하고 셀에 테두리와 음영을 적용해 스타일을 변경하는 기능 등을 알아보겠습니다. 또한 간단한 차트를 문서에 추가해 내용을 더욱 풍성하게 만드는 방법도 소개합니다.

38 표 삽입, 크기 조절, 이동, 배치하기

문서에 포함된 복잡한 내용이나 수치 자료 등을 한눈에 확인하기 쉽도록 할 때 표를 사용하면 무척 유용합니다. 표를 삽입하고 크기를 조절하며 이동하고 삭제하는 등 표를 편집하는 방법에 대해 알아보겠습니다. 또 표를 본문과 어울리게 배치하는 방법에 대해서도 알아봅니다.

· 실습 파일 6장 \ 표 삽입, 크기 조절, 이동, 배치하기.hwp   **· 완성 파일** 6장 \ 표 삽입, 크기 조절, 이동, 배치하기_완성.hwp

01 [표 만들기] 대화상자에서 표 그리기 (단축키 Ctrl + N , T)

우울척도 판정 기준 표가 삽입되어 있는 문서에 3줄×4칸의 표를 하나 더 추가해보겠습니다. [입력] 메뉴-[표]를 클릭합니다.

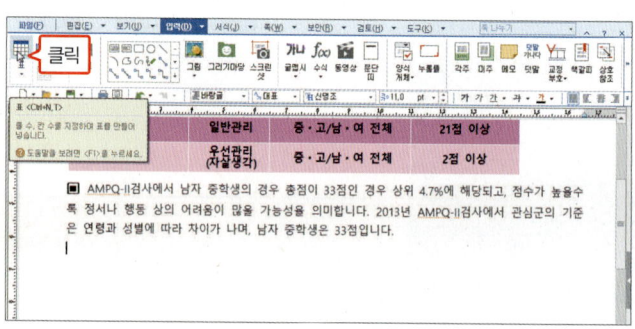

[표 만들기] 대화상자가 나타납니다.

02

① [표 만들기] 대화상자에서 [줄/칸]-[줄 수]에 3, [칸 수]에 4 입력

② [마우스 끌기로 만들기]에 체크 표시

③ [표마당]을 클릭합니다.

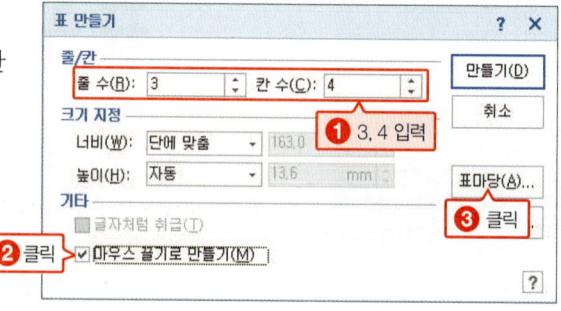

[표마당] 대화상자가 나타납니다.

03

① [표마당] 대화상자에서 [표마당 목록]-[기본 스타일 1 – 분홍 색조] 선택

② [설정]을 클릭합니다.

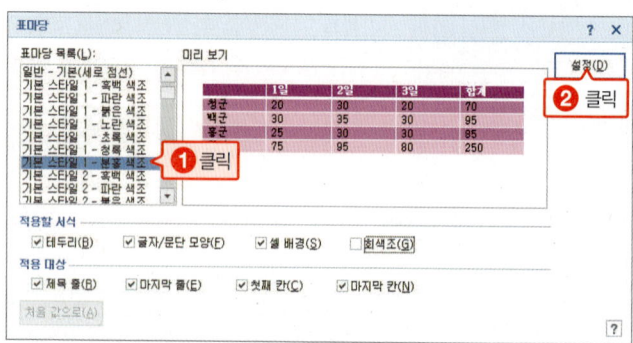

[표 만들기] 대화상자가 다시 나타나면 [만들기]를 클릭합니다. 마우스 포인터가 표 그리기 모양으로 변경됩니다.

04 표가 시작될 위치를 클릭하고 마우스 왼쪽 버튼을 누른 채 드래그하여 적당한 크기로 표를 그립니다. 표가 본문에 삽입됩니다.

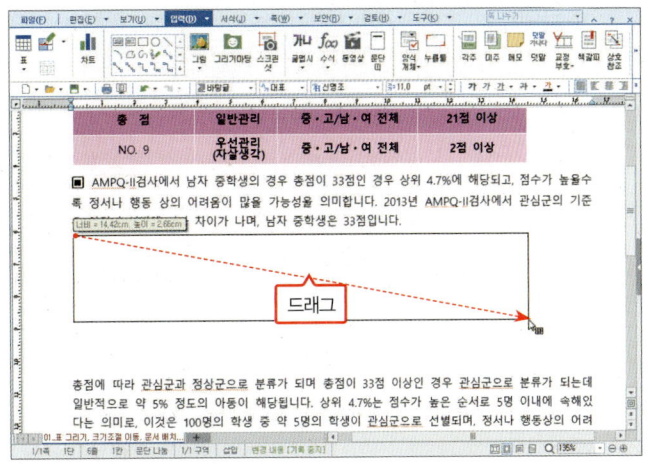

05 표 그리기 도구로 그리기

① [입력] 메뉴-[표]의 내림 단추 클릭

② **3줄×4칸**만큼 드래그한 후 클릭합니다.

마우스 포인터가 표 그리기 모양으로 변경됩니다.

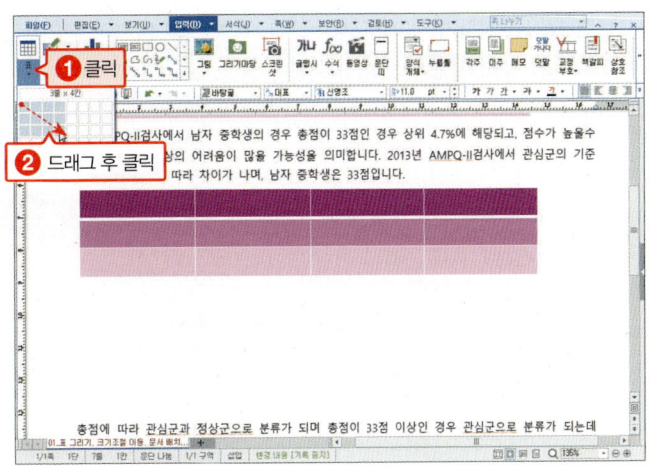

06 표가 시작될 위치를 클릭하고 마우스 왼쪽 버튼을 누른 채 드래그하여 적당한 크기로 표를 그립니다. 표가 본문에 삽입됩니다.

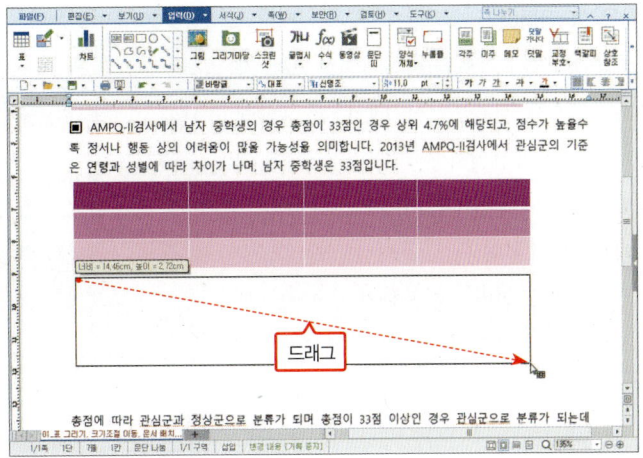

07 표 지우기

삽입한 표를 삭제해보겠습니다.

표 테두리를 클릭하고 Delete 를 누릅니다.

표가 지워집니다.

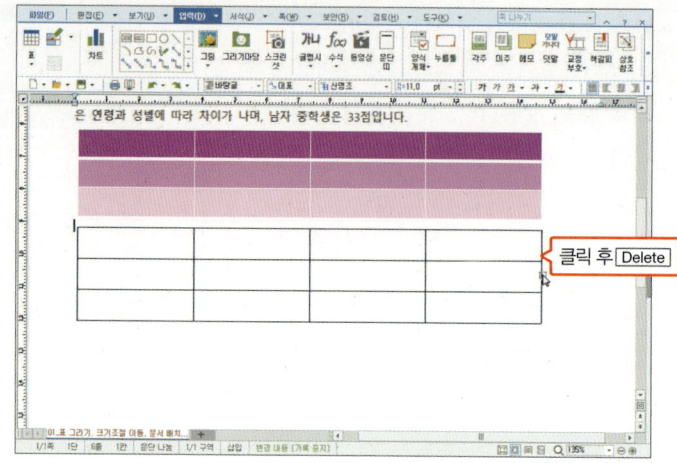

08 표 크기 조절하기

이미 삽입한 표의 전체 크기를 변경해보겠습니다.

① **표 테두리** 클릭

크기 조절점이 활성화됩니다.

② **표 크기 조절점**을 드래그하여 적당한 크기로 조정합니다.

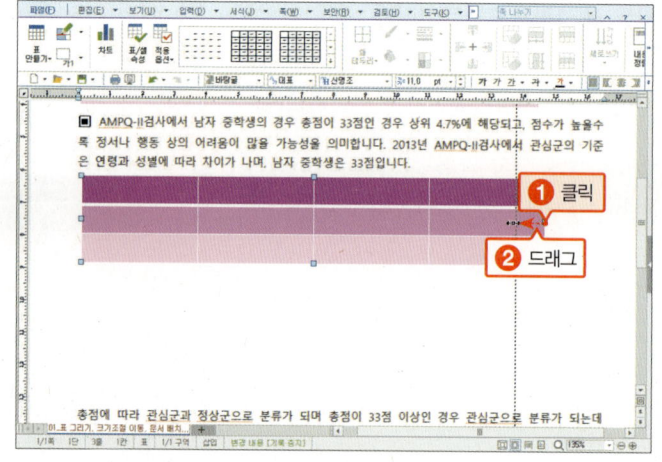

09 표 이동하기

그림이나 클립아트와 마찬가지로 표도 자유롭게 이동할 수 있습니다. 다만 그렇게 하려면 표 속성에서 [글자처럼 취급]에 체크 표시가 되어 있지 않아야 합니다.

① **표 테두리** 클릭

마우스 포인터가 이동하기 모양으로 변경됩니다.

② **표**를 클릭한 채 원하는 위치로 드래그합니다.

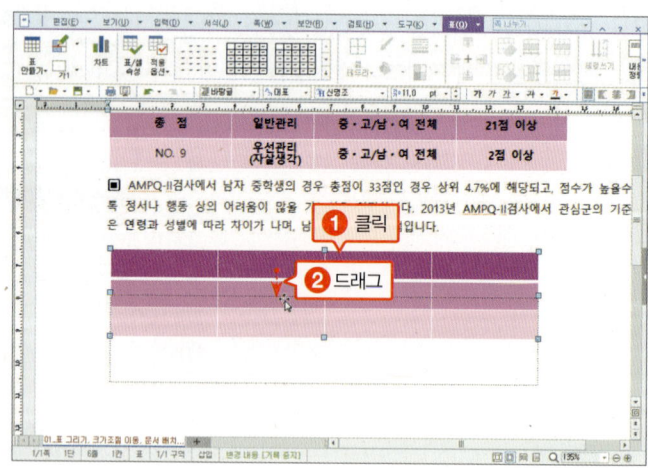

표가 이동됩니다.

10 표 배치하기

그림이나 클립아트와 같이 표도 다양한 형태로 위치를 설정할 수 있습니다. 본문 텍스트와 표가 나란히 배치되도록 설정해보겠습니다. **표 테두리**를 더블클릭합니다. 표 테두리를 마우스 오른쪽 버튼으로 클릭한 후 바로 가기 메뉴에서 [개체 속성]을 선택해도 됩니다.

[표/셀 속성] 대화상자가 나타납니다.

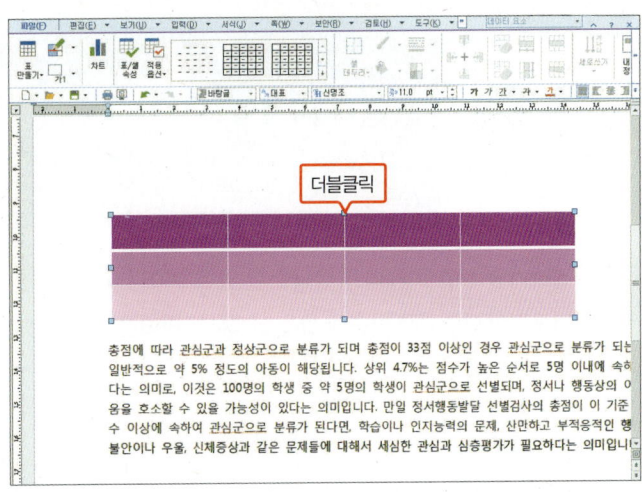

11 [기본] 탭−[위치]에서 [본문과의 배치]−[어울림]을 클릭합니다.

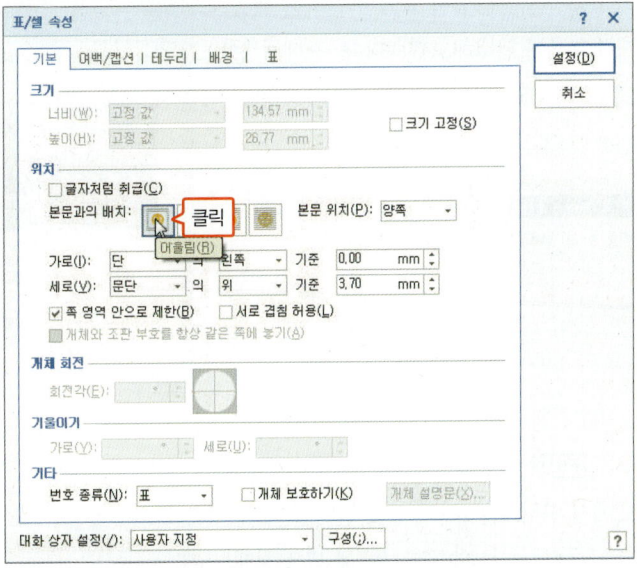

12 표를 왼쪽에 삽입했으므로 글 내용은 표의 오른쪽에 흐르듯 배치됩니다.

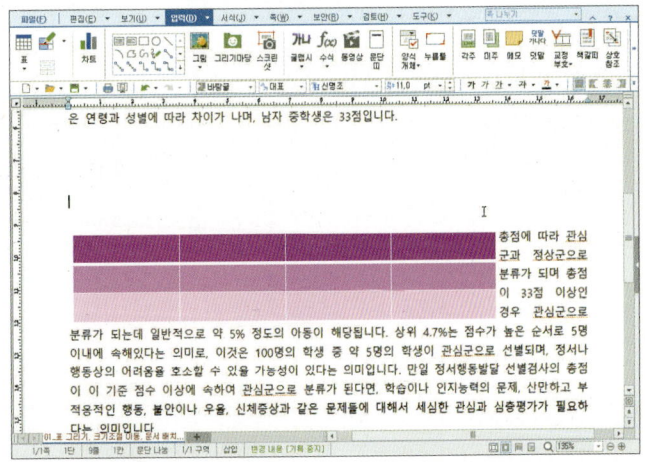

39 다양한 방법으로 셀 선택하기

표를 편집하려면 우선 표의 셀을 선택할 수 있어야 합니다. 셀 복사, 이동, 삭제 등 표 편집을 자유롭게 하기 위해 마우스와 키보드의 단축키를 이용해 셀을 선택하는 방법을 알아보겠습니다.

• **실습 파일** 6장 \ 다양한 방법으로 셀 선택하기.hwp • **완성 파일** 없음

01 드래그하여 셀 선택하기

가정통신문에 삽입된 표에서 원하는 셀을 드래그하여 선택해보겠습니다. 표에서 선택하고자 하는 범위의 시작 셀부터 해당 범위를 드래그합니다.

바로 통하는 TIP 셀 선택을 취소하려면 표의 바깥 영역을 한 번 클릭하거나 ESC를 누릅니다.

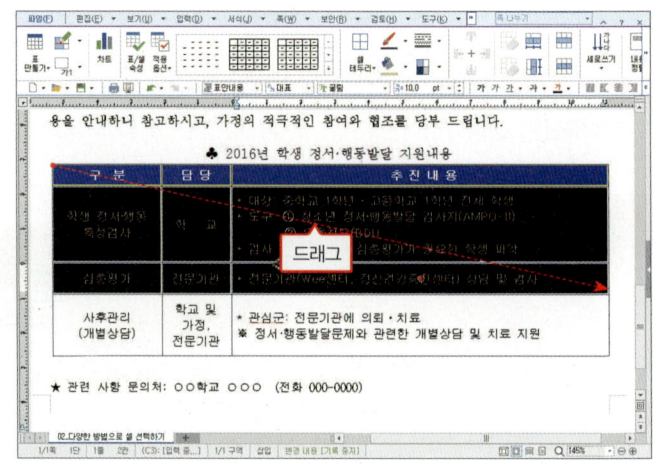

02 F5로 셀 선택하기

표에서 하나 혹은 전체 셀을 선택할 때 주로 사용하는 키인 F5를 사용해 셀을 선택해봅니다.

① **선택할 셀** 클릭

② F5를 한 번 눌러 셀을 선택합니다.

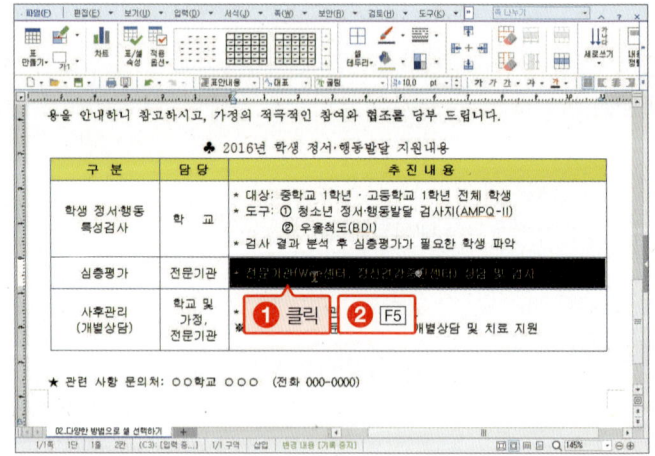

03 F5로 연속 범위 선택하기

① 셀이 선택된 상태에서 F5

② 키보드의 **아래쪽 방향키**↓를 누릅니다.

셀이 선택된 상태에서 F5를 한 번 더 누르면 셀 가운데 표시된 회색 선택점이 빨간색으로 변경되고, 이때 방향키를 누르면 처음 선택한 셀을 기준으로 연속 범위가 선택됩니다.

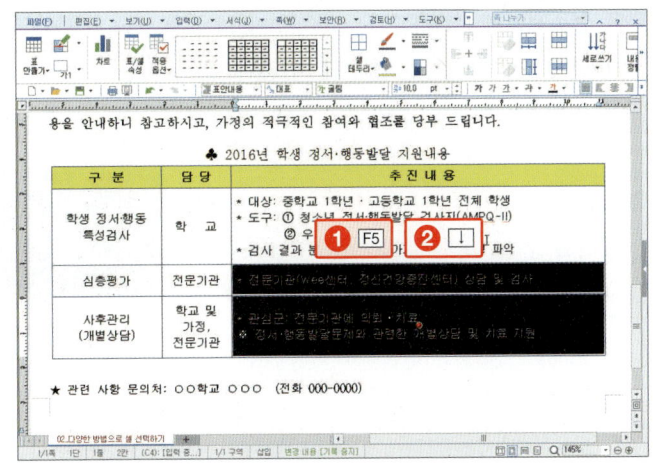

04 F5로 표 전체 선택하기

F5를 이용해 표 전체를 한 번에 선택할 수도 있습니다. ESC를 눌러 셀 선택을 취소한 후 진행합니다.

① 표에서 **임의의 셀** 클릭

② F5를 세 번 누릅니다.

해당 표의 전체 셀이 선택됩니다.

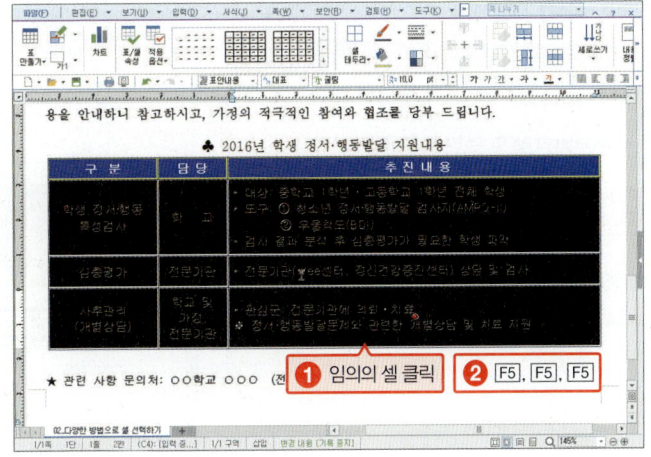

05 비연속적인 셀 선택하기

비연속적인 셀을 동시에 선택하고자 할 경우에는 Ctrl 을 누른 채 원하는 셀을 각각 클릭합니다. 연속 범위 셀을 포함한 경우에는 Ctrl 을 누른 채 원하는 범위를 드래그합니다.

① **구분 셀** 클릭 후 F5

② Ctrl 을 누른 채 **학교 셀** 클릭

③ Ctrl 을 누른 채 추가로 선택할 **연속 범위**를 드래그합니다.

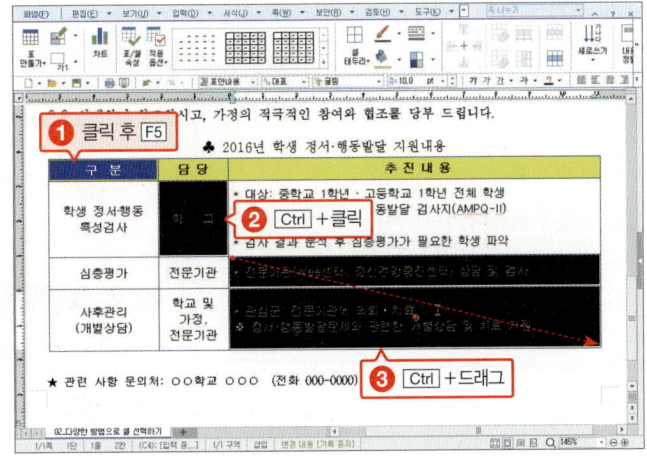

바로 통하는 TIP 셀 범위 선택을 잘못한 경우에는 Ctrl 을 누른 채 잘못 선택한 셀을 한 번 더 클릭하거나 잘못 선택한 범위를 드래그합니다. 선택되었던 셀 범위가 취소됩니다.

06 연속적인 셀 선택하기

셀의 연속적인 범위를 선택할 때는 일일이 전체 범위를 드래그할 필요 없이 Shift 를 누른 채 해당 범위의 첫 셀과 끝 셀만 클릭합니다.

① **구분 셀** 클릭

② Shift 를 누른 채 **전문기관 셀**을 클릭합니다.

연속된 해당 범위의 셀이 모두 선택됩니다.

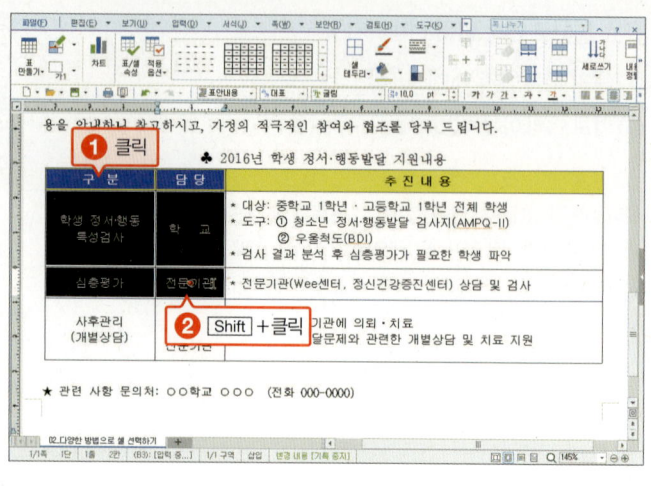

07 한 열 선택하기

한 열, 즉 세로로 한 칸을 간편하게 선택해 보겠습니다.

① **전문기관 셀**을 클릭하고 F5

② F7 을 누릅니다.

선택한 셀이 포함된 열이 선택됩니다.

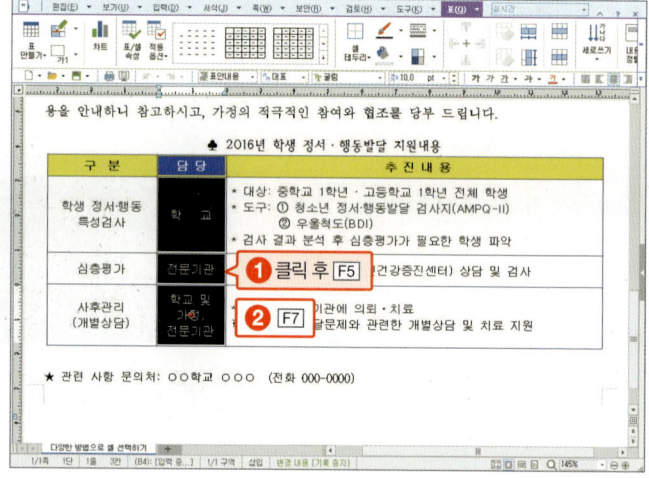

08 한 행 선택하기

한 행, 즉 가로로 한 줄을 간편하게 선택해 보겠습니다.

① **심층평가 셀**을 클릭하고 F5

② F8 을 누릅니다.

선택한 셀이 포함된 행이 선택됩니다.

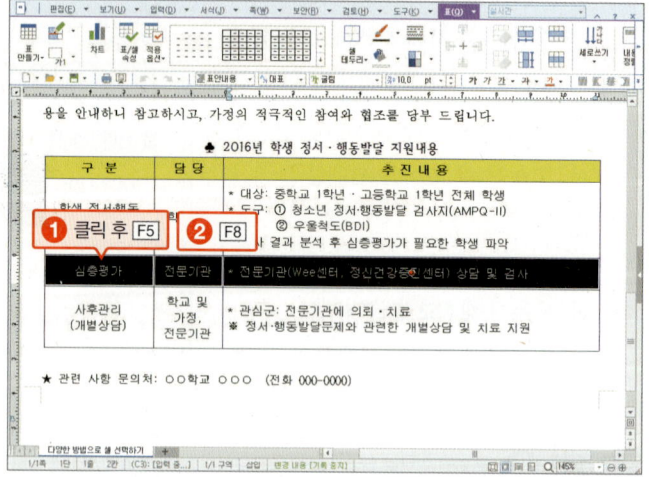

40 줄/칸 삽입 및 삭제하기

이미 만들어둔 표에 줄/칸을 추가해 편집하거나, 불필요한 줄/칸을 삭제해야 하는 경우가 있습니다. 표에 줄과 칸을 삽입하고 삭제하는 방법을 알아보겠습니다.

실습 파일 6장\ 줄 칸 삽입 및 삭제하기.hwp   **완성 파일** 6장\ 줄 칸 삽입 및 삭제하기_완성.hwp

01 줄 삽입하기

표에서 배경색이 노란색인 줄의 아래에 한 줄을 추가해보겠습니다.

① 노란색 줄에서 **임의의 셀** 클릭

② [표] 탭-[**아래에 줄 추가하기**]를 클릭합니다.

노란색 줄의 아래에 한 줄이 추가됩니다. 셀 서식이 동일하게 적용되어 있는 것을 알 수 있습니다.

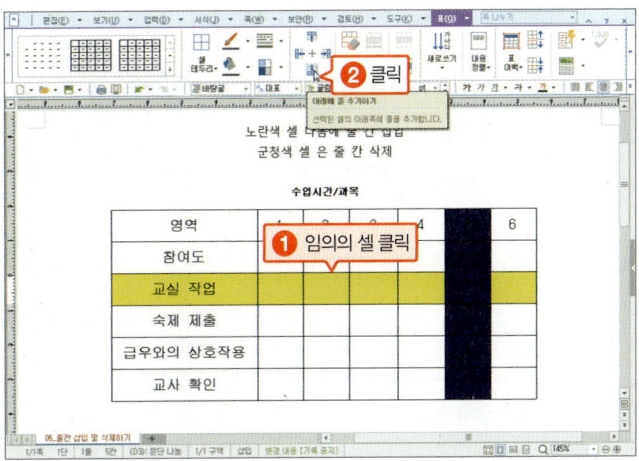

02 칸 삭제하기

표에서 배경색이 남색으로 표시된 칸을 삭제해보겠습니다.

① 삭제할 칸 중 **임의의 셀** 클릭

② [표] 탭-[**칸 지우기**]를 클릭합니다.

'5'에 해당하는 칸이 삭제됩니다.

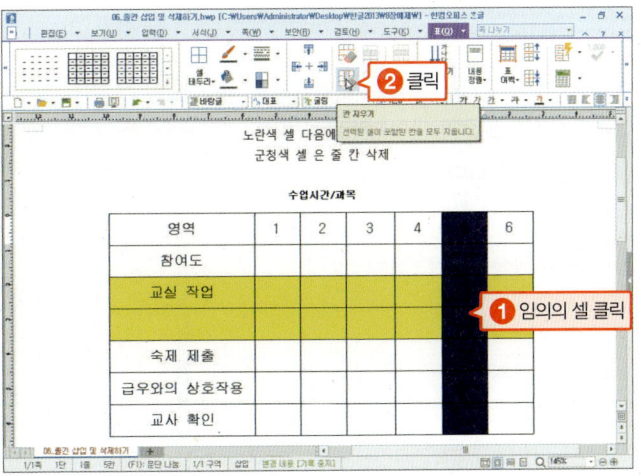

03 줄 삭제하기

새로 추가한 '교실 작업' 셀의 아랫줄을 단축키를 이용해 삭제해보겠습니다.

① 삭제하고자 하는 줄에서 **임의의 셀** 클릭

② 단축키 [Alt] + [Delete]

③ [줄/칸 지우기] 대화상자에서 **[줄]** 클릭

④ **[지우기]**를 클릭합니다.

현재 커서가 있는 줄이 삭제됩니다.

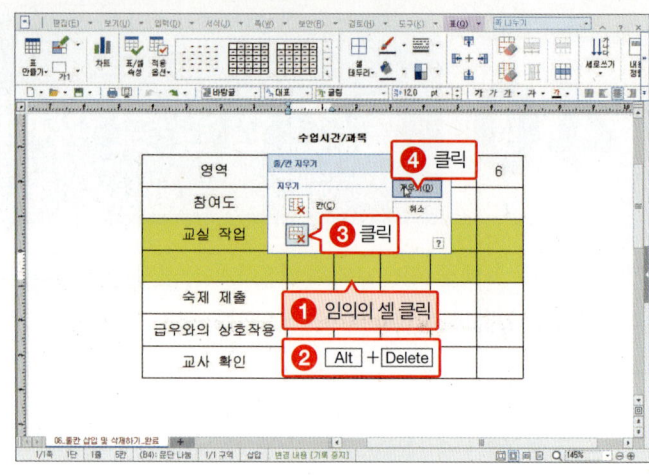

04 [Tab]으로 줄 추가하기

표의 맨 아래에 줄을 추가해보겠습니다. 이때는 마지막 셀을 클릭한 후 [Tab]을 누르면 편리합니다.

① 표의 맨 아랫줄 **마지막 셀** 클릭

② [Tab]을 누릅니다.

표의 맨 아래에 한 줄이 추가됩니다.

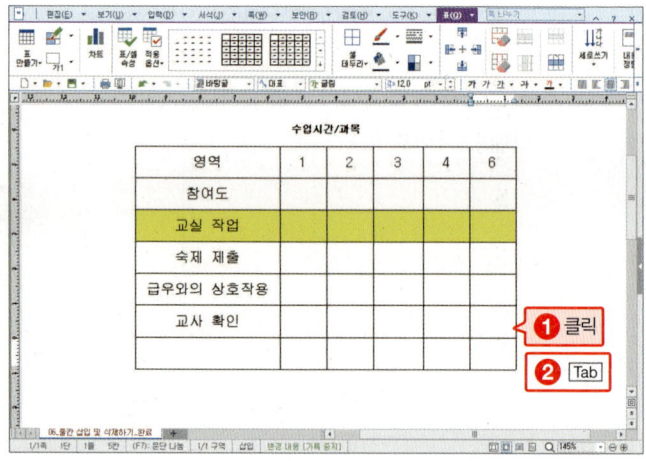

05

① 새로 추가된 줄의 맨 **마지막 셀** 클릭

② [Tab]을 누릅니다.

표의 맨 아래에 한 줄이 더 추가됩니다.

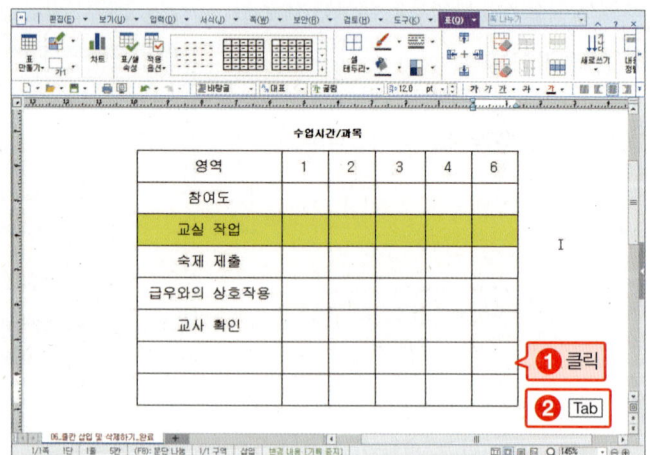

바로 통하는 TIP [Tab]을 눌러 줄을 추가할 때 주의할 점은 커서가 항상 마지막 행의 마지막 열에 위치해 있어야 한다는 것입니다.

41 셀 합치기, 셀 나누기, 셀 내용 정렬하기

셀 합치기는 두 개 이상의 셀을 하나로 합치는 기능이고 셀 나누기는 하나의 셀을 두 개 이상의 셀로 나누는 기능입니다. 셀을 합치고 나누는 방법 및 표 안에 입력된 문자열을 정렬하는 방법에 대해서 알아보겠습니다.

- **실습 파일** 6장 \ 셀 합치기, 셀 나누기, 셀 내용 정렬하기.hwp - **완성 파일** 6장 \ 셀 합치기, 셀 나누기, 셀 내용 정렬하기_완성.hwp

청소년 정서·행동발달 선별검사(AMPQ-Ⅱ) 판정기준

◎ 정서·행동 요인별(학생설문)

유형		문항
요인	1. 걱정 및 생각	NO.3 NO.13 NO.17 NO.20 NO.27 NO.29 NO.32 NO.33 NO.34 NO.38
	2. 기분 및 자살	NO.5 NO.6 NO.7 NO.9 NO.10 NO.15 NO.23 NO.31 NO.37
	3. 학습과 인터넷	NO.1 NO.2 NO.12 NO.25 NO.36
	4. 친구문제	NO.8 NO.11 NO.18
위험문항		NO.7 NO19

◎ AMPQ-Ⅱ의 절단점

구분	요인 1 걱정 및 생각	요인 2 기분 및 자살	요인 3 학습과 인터넷	요인 4 친구문제
중학생	10점 이상	10점 이상	8점 이상	4점 이상
	11점 이상	12점 이상	7점 이상	3점 이상
고등학생	11점 이상	10점 이상	8점 이상	3점 이상
	12점 이상	13점 이상	7점 이상	3점 이상

판정기준		결과 판정		절단점
총점	일반관리	중학교	남	33점 이상
			여	35점 이상
		고등학교	남	36점 이상
			여	38점 이상
	우선관리	중학교	남	38점 이상
			여	40점 이상
		고등학교	남	40점 이상
			여	42점 이상
NO. 7	우선관리 (자살생각)	중·고/남·여 전체		2점 이상
요인 4	폭력피해 징후	중학교 남학생		4점 이상
		중학교 여 / 고등학교 남·여 전체		3점 이상

❶ 셀 합치기
❷ 단축키 M으로 셀 합치기
❸ 표 지우개를 이용해 셀 합치기
❹ 셀 나누기
❺ 표 그리기로 셀 나누기
❻ 문자열 정렬하기

▲ 핵심기능실습 미리보기

01 셀 합치기

학생 설문 표에서 항목별로 분리되어 있는
'요인' 셀을 한 셀로 합쳐보겠습니다.

① 합칠 **셀 범위** 드래그
② [표] 탭−[**셀 합치기**]를 클릭합니다.

4개의 셀이 하나로 합쳐집니다.

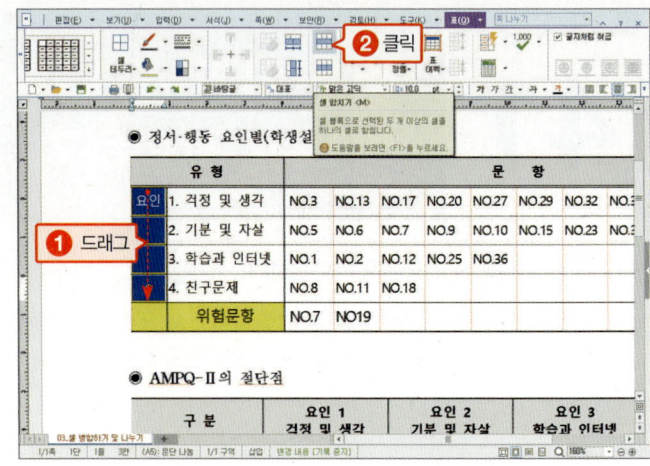

02 단축키 M으로 셀 합치기

'위험문항' 셀 역시 앞 셀과 분리되어 있습니다. 한 셀로
합쳐보겠습니다.

① 합칠 **셀 범위** 드래그
② M을 누릅니다.

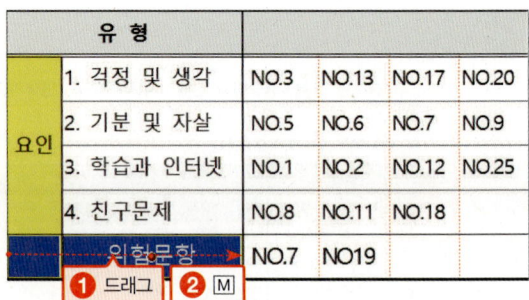

03 두 개의 셀이 하나로 합쳐집니다.

유 형				
요인	1. 걱정 및 생각	NO.3	NO.13	NO.17	NO.20
	2. 기분 및 자살	NO.5	NO.6	NO.7	NO.9
	3. 학습과 인터넷	NO.1	NO.2	NO.12	NO.25
	4. 친구문제	NO.8	NO.11	NO.18	
위험문항	NO.7	NO19		

04 표 지우개를 이용해 셀 합치기

① 표에서 **임의의 셀** 클릭
② [표] 탭−[표 그리기]−[**표 지우개**]를 선택
  합니다.

마우스 포인터가 표 지우개 ✏ 모양으로 변경됩니다.

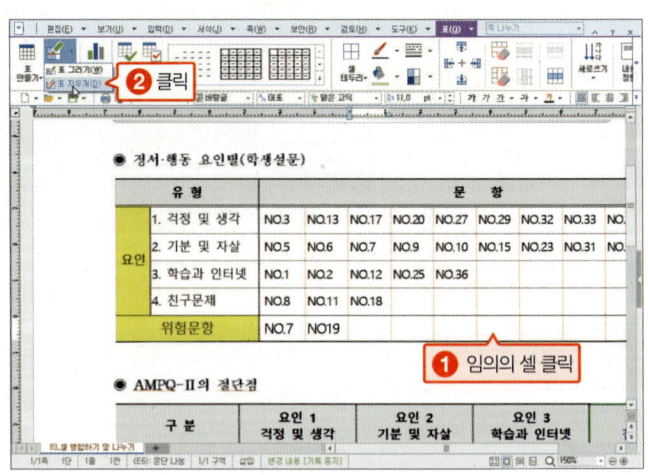

05

① 지우려는 셀의 **경계선** 클릭

② 마우스 왼쪽 버튼을 누른 채 **셀 경계 부분**을 드래그합니다. 마우스 포인터를 조금씩 움직여 보면 삭제할 셀의 경계선이 분홍색으로 표시되는데, 이때 마우스 왼쪽 버튼에서 손가락을 뗍니다.

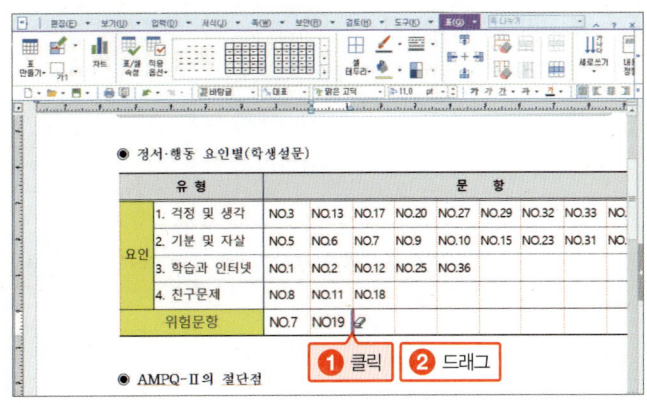

06 셀 경계선이 삭제되어 셀이 합쳐지는 효과가 나타납니다.

> **바로 통하는 TIP** 표 지우개 상태에서는 계속 셀 경계선을 삭제할 수 있습니다. 표 지우개 상태를 해제하려면 표의 바깥을 클릭하거나 ESC를 누릅니다.

유 형		문
1. 걱정 및 생각	NO.3 NO.13 NO.17 NO.20	NO.27
2. 기분 및 자살	NO.5 NO.6 NO.7 NO.9	NO.10
요인 3. 학습과 인터넷	NO.1 NO.2 NO.12 NO.25	NO.36
4. 친구문제	NO.8 NO.11 NO.18	
위험문항	NO.7 NO19	

07 셀 나누기

두 번째 표에서 '중학생' 셀의 오른쪽 노란색 셀을 두 개로 나눠보겠습니다.

① 두 개로 **나눌 셀** 클릭

② **[표] 탭-[셀 나누기]**를 클릭합니다.

[셀 나누기] 대화상자가 나타납니다.

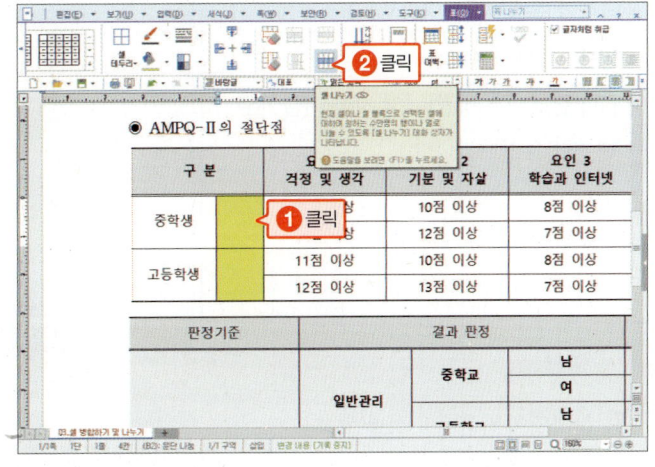

08

① [셀 나누기] 대화상자의 [줄/칸 나누기]-[줄 수]를 **2**로 설정

② [선택 사항]의 **[줄 높이를 같게 나누기]**에 체크 표시

③ **[나누기]**를 클릭합니다.

셀이 두 칸으로 나눠집니다.

> **바로 통하는 TIP** 나눌 셀을 클릭한 후 F5를 눌러 셀을 선택하고 단축키 S를 눌러도 [셀 나누기] 대화상자를 표시할 수 있습니다.

09 표 그리기로 셀 나누기

두 번째 표에서 '고등학생' 셀의 오른쪽 노란색 셀 가운데에 선을 그어 셀을 두 개로 나눠보겠습니다. 이웃한 셀의 선을 기준선으로 삼아 연장해 그리면 됩니다.

① [표] 탭-[표 그리기]-**[표 그리기]** 선택 마우스 포인터가 펜 ✐ 모양으로 변경됩니다.

② 노란색 셀과 이웃 셀의 가로선이 만나는 부분을 클릭하고 왼쪽으로 드래그해 연장합니다.

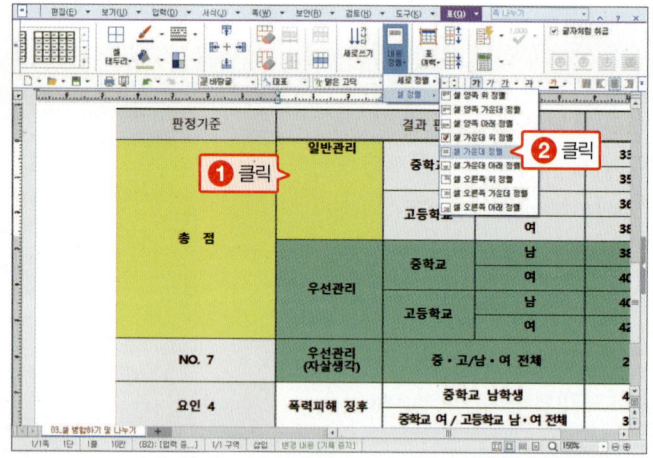

셀이 두 칸으로 나눠집니다.

10 표 안 문자열 정렬하기

판정기준 표에서 '일반관리' 셀의 내용을 가운데로 정렬해보겠습니다.

① **일반관리 셀** 클릭

② [표] 탭-[내용 정렬]-[셀 정렬]-**[셀 가운데 정렬]**을 선택합니다.

11 문자열이 가운데로 정렬됩니다.

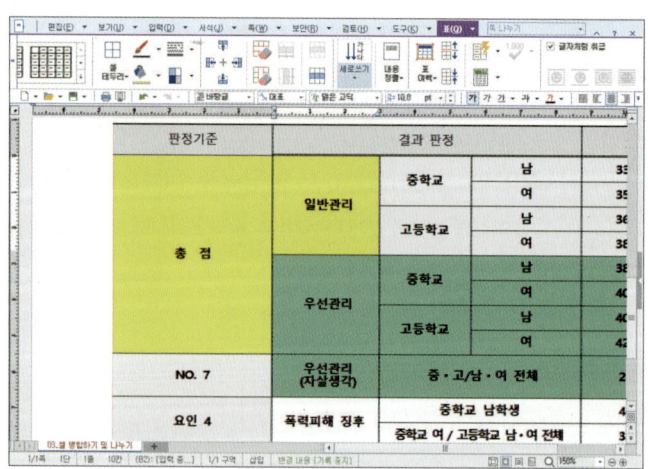

42 셀 높이와 폭 같게 설정하기

표에 내용을 입력해보면 어떤 칸은 내용이 많이 들어가고, 어떤 칸은 적게 들어가는 경우가 있습니다. 표 작업을 마무리할 때 표 내용에 상관없이 각 칸의 높이나 너비를 일정하게 설정하면 보기 좋고 깔끔한 표를 만들 수 있습니다.

▪ 실습 파일 6장 \ 셀 높이와 폭 같게 설정하기.hwp   ▪ 완성 파일 6장 \ 셀 높이와 폭 같게 설정하기_완성.hwp

01 셀 높이 같게 설정하기(단축키 H)

학교 내 관리체계 표에서 텍스트의 양에 상관없이 셀 높이를 일정하게 설정해보겠습니다.

① 제목 행을 제외한 **표 전체 범위** 드래그
② [표] 탭-[셀 높이 같게]를 클릭합니다.

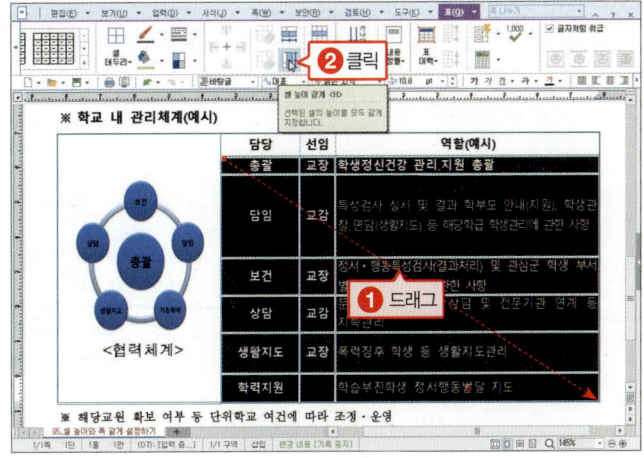

02 선택한 모든 각 셀의 높이가 같게 맞춰집니다.

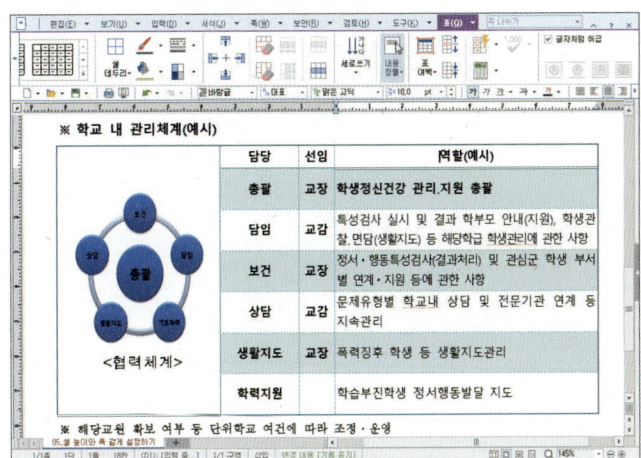

03 셀 너비 같게 설정하기(단축키 W)

학교 내 관리체계 표에서 담당 및 선임에
해당하는 셀 너비를 일정하게 설정해보겠
습니다.

① **담당 열**과 **선임 열** 드래그

② [표] 탭-[셀 너비를 같게]를 클릭합니다.

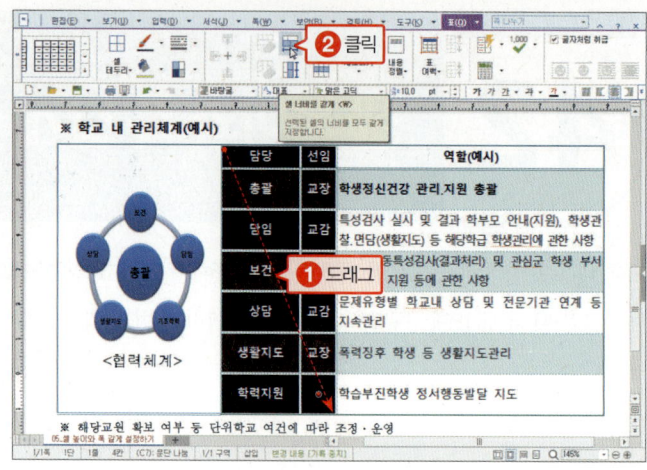

04 선택한 모든 열의 너비가 같아집니다.

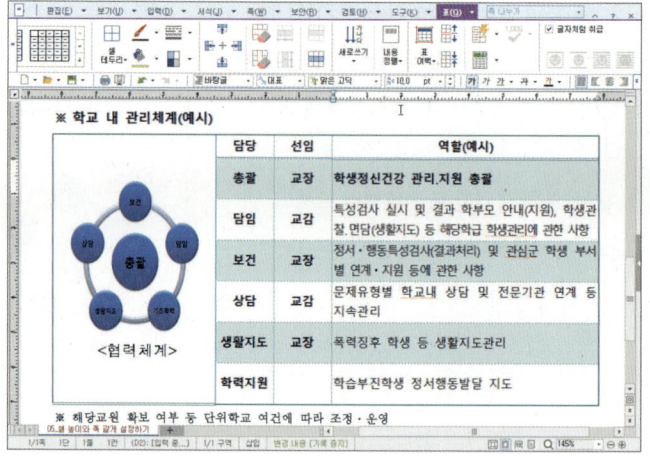

43 표 나누기, 붙이기, 여러 쪽 지원 기능 이용하기

표 작업을 하다 보면 내용이 길어져 다음 쪽으로 넘어가는 경우가 있습니다. 이때 표를 나눠서 다음 쪽에 배치하거나 반대로 앞 장에 이어 붙이는 등 표를 좀 더 보기 좋게 배치하는 방법을 알아보겠습니다.

▪ **실습 파일** 6장 \ 표 나누기, 붙이기, 여러 쪽 지원.hwp ▪ **완성 파일** 6장 \ 표 나누기, 붙이기, 여러 쪽 지원_완성.hwp

01 표 나누기(단축키 Ctrl + N , A)
주간업무계획서의 표가 길어서 마지막 칸의 일부가 다음 페이지로 넘어갔습니다. 수요일과 토요일에 해당하는 줄을 기본 표에서 분리해 다음 페이지에 배치해보겠습니다.
① (수), (토)가 표시된 줄에서 **임의의 셀** 클릭
② [표] 탭-[**표 나누기**]를 클릭합니다.

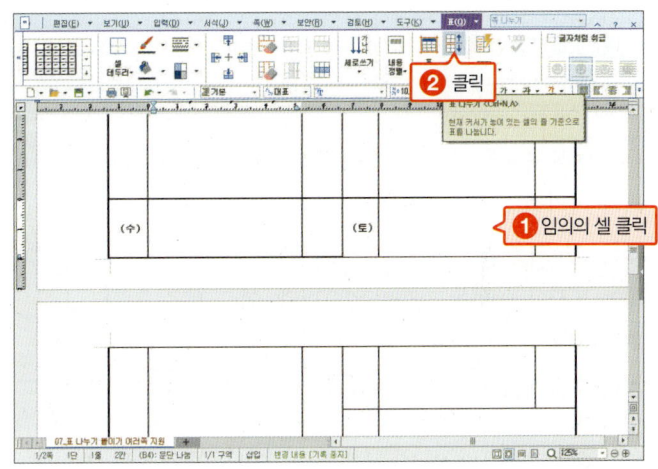

02 표가 나누어집니다. 표의 앞에 커서를 두고 단축키 Ctrl + Enter 를 눌러 분리된 표를 다음 페이지로 넘깁니다.

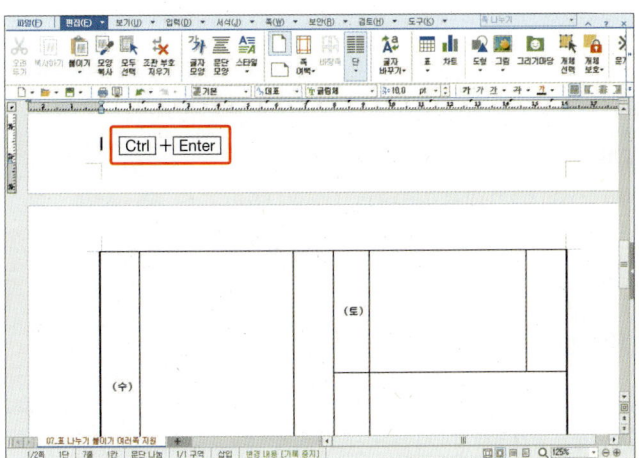

03 표 붙이기(단축키 Ctrl + N, Z)

두 개의 표를 하나로 붙여 연결해보겠습니다.

① (화), (금)이 표시된 줄에서 **임의의 셀** 클릭

② [표] 탭-[표 붙이기]를 클릭합니다.

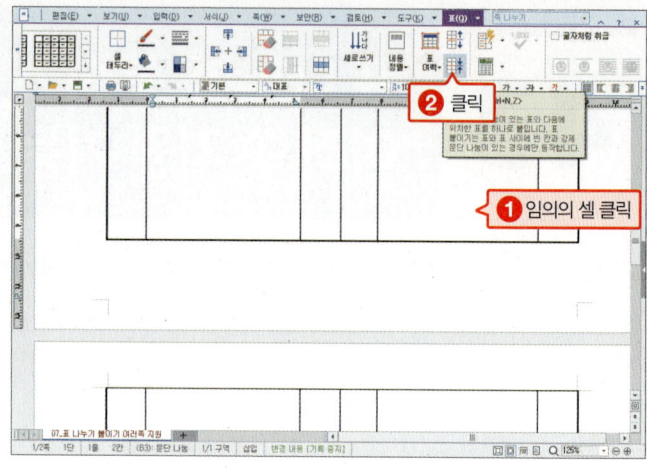

아래쪽으로 분리되었던 표가 위쪽 표에 다시 붙습니다.

바로 통하는 TIP 표 붙이기를 할 때는 서로 붙일 두 표의 칸 수가 동일해야만 합니다. 또한 표를 붙이려면 나눠진 표가 아니라 붙여 넣을 표에서 임의의 셀을 클릭해야 합니다.

04 여러 쪽 지원 기능 이용하여 표 나누기

표가 여러 쪽에 걸쳐 표시되는 경우 직접 표를 나누지 않고도 표가 잘리지 않게 여러 쪽에 표시할 수 있는 기능이 있습니다. 여러 쪽 지원 기능을 이용해 표를 배치해보겠습니다. **표 테두리**를 더블클릭합니다.

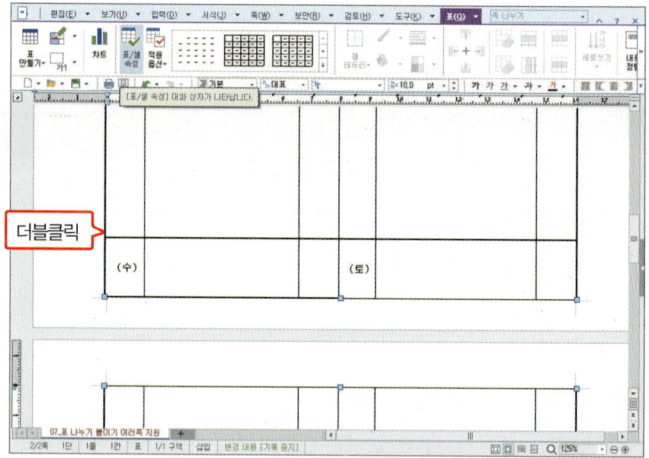

[표/셀 속성] 대화상자가 나타납니다.

05

① [표/셀 속성] 대화상자의 [표] 탭에서 [여러 쪽 지원]-[쪽 경계에서]-[셀 단위로 나눔] 클릭

② [설정]을 클릭합니다.

표의 셀이 중간에서 잘리지 않고 자연스럽게 나눠지면서 여러 쪽에 걸쳐 표시됩니다.

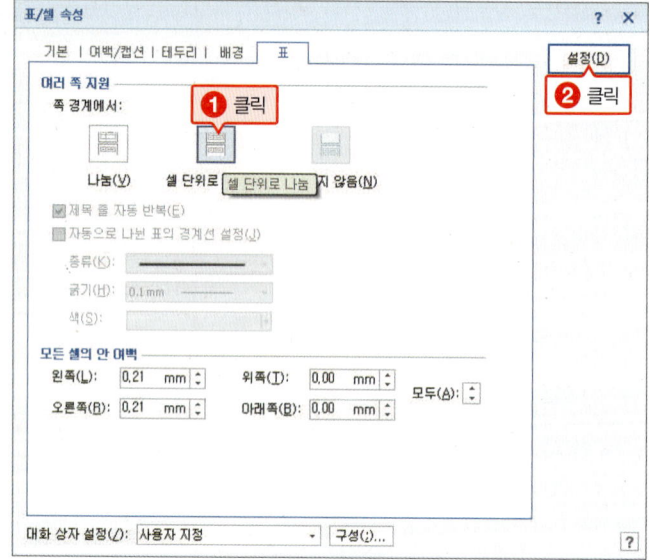

44 표 셀 속성 지정하기

한글 문서에 삽입한 표에서 눈에 띄게 강조해야 할 부분에 기본 서식 이외의 테두리 등을 적용하고 테두리와 배경 색을 변경하면 좀 더 보기 좋게 꾸밀 수 있습니다. 표의 테두리와 배경색을 지정하는 방법을 알아보겠습니다.

• **실습 파일** 6장 \ 표 셀 속성 지정하기.hwp • **완성 파일** 6장 \ 표 셀 속성 지정하기_완성.hwp

01 모든 셀 안쪽에 여백 설정하기

1페이지에 수록된 설문 관련 표 모양을 변경해보겠습니다. 우선 표 테두리와 텍스트 사이에 일정한 여백이 표시되도록 설정합니다. **표 테두리**를 더블클릭합니다. 표를 클릭하고 [표] 탭-[표/셀 속성]을 클릭해도 됩니다.

[표/셀 속성] 대화상자가 나타납니다.

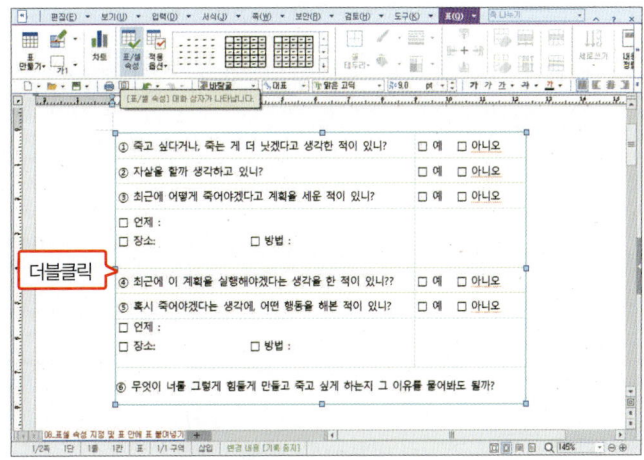

02

①[표/셀 속성] 대화상자의 [표] 탭에서 [모든 셀의 안 여백]-[모두]의 ▣를 2번 클릭해 모든 셀의 안 여백을 **2mm**로 변경 ②[**설정**]을 클릭합니다.

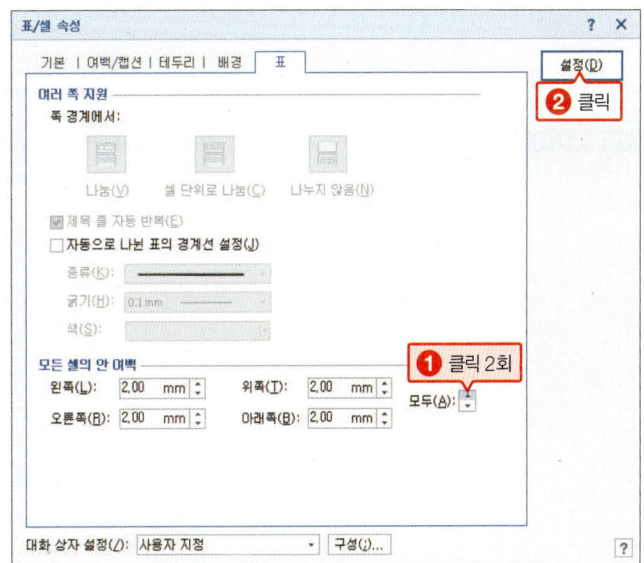

03 안쪽 여백이 일정하게 설정되어 표가 더욱 안정적으로 정돈되어 보입니다.

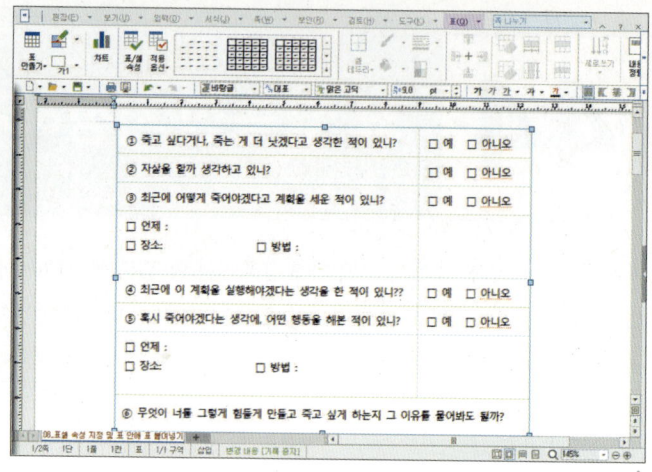

ESC 를 눌러 표 선택을 해제합니다.

04 셀 배경색 채우기

표의 제목 셀이나 특이사항이 있는 셀 등을 돋보이게 표시하고 싶다면 셀에 배경색을 채우는 방법이 유용합니다. 설문에 대한 답을 표시하는 셀에 배경색을 채워보겠습니다.

① 배경색을 채울 비연속적 셀들을 Ctrl 을 누른 채 클릭

② [표] 탭-[셀 배경색]의 내림 단추-[진달래색 60% 밝게]를 선택합니다.

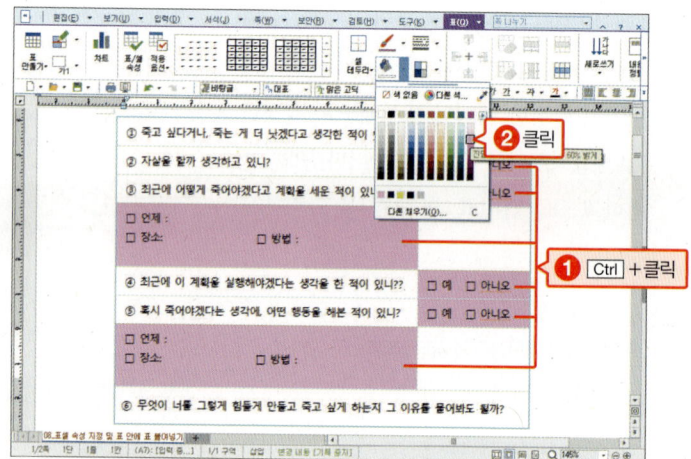

셀 배경색이 적용됩니다.

바로 통하는 TIP 셀 배경색을 채우는 방식에는 [표] 도구 상자에서 바로 적용하는 방법과 [셀/테두리 배경] 대화상자에서 변경하는 방법이 있습니다. 선 테두리를 적용할 때도 이 두 가지 방법을 동일하게 사용할 수 있습니다. [셀 테두리/배경] 대화상자를 이용하려면 Ctrl 을 누른 채 배경색을 적용할 셀을 모두 클릭하고 마우스 오른쪽 버튼을 눌러 바로 가기 메뉴에서 [셀 테두리/배경]-[각 셀마다 적용]을 선택합니다.

05 표 안쪽 테두리 색 편집하기

셀 테두리는 [셀/테두리 배경] 대화상자를 이용해 변경해보겠습니다.

① 셀 테두리 색을 변경할 **표 전체 범위** 드래그

② 마우스 오른쪽 버튼을 클릭하고 바로 가기 메뉴에서 [셀 테두리/배경]-**[각 셀마다 적용]**을 선택합니다.

[셀 테두리/배경] 대화상자가 나타납니다.

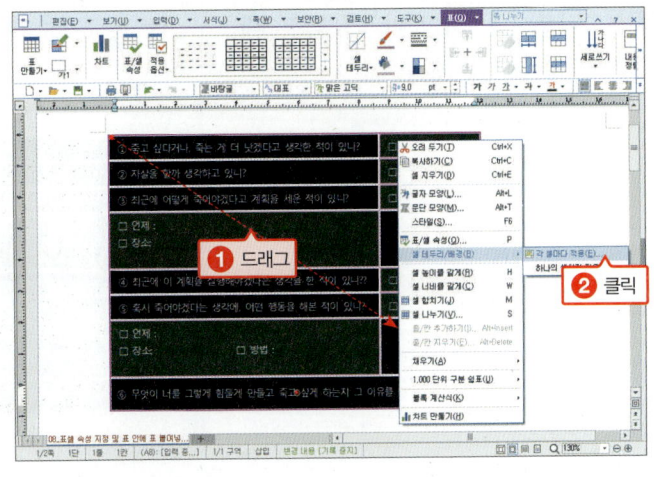

06

① [셀 테두리/배경] 대화상자의 [테두리] 탭에서 [테두리]-[종류]-**[점선]** 선택

② [굵기]-**[0.3mm]**, [색]-**[진달래색]** 선택

③ **[안쪽]** 클릭

④ **[설정]**을 클릭합니다.

표의 안쪽 테두리가 설정한 모양으로 바뀝니다.

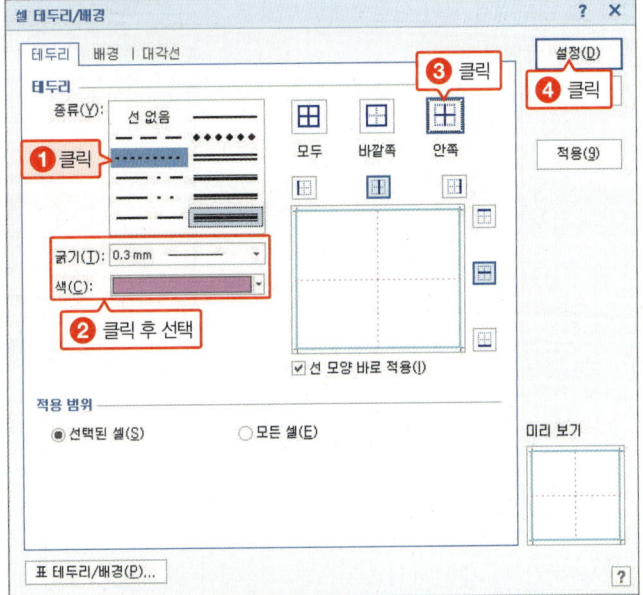

07 표 바깥쪽 셀 테두리 색 편집하기

표의 바깥쪽 테두리에 색을 지정해보겠습니다.

① 셀 테두리 색을 변경할 **표 전체 범위** 드래그

② [표] 탭-[셀 테두리 색]의 내림 단추-**[진달래색]**을 선택합니다.

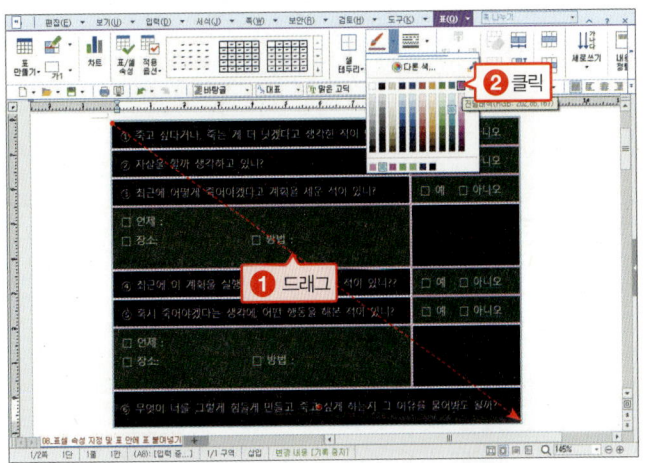

08 [표] 탭-[셀 테두리]의 내림 단추-[**바깥쪽 모두**]를 선택합니다.

선택 범위 바깥쪽 테두리 선 색이 변경됩니다.

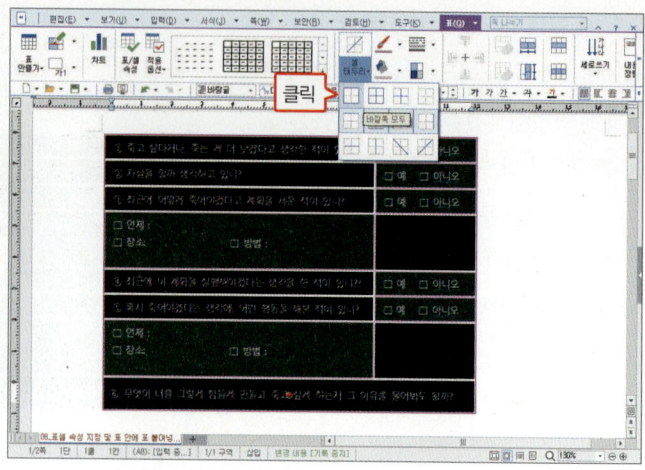

09 셀 테두리의 색이 설정한대로 적용된 것을 확인합니다.

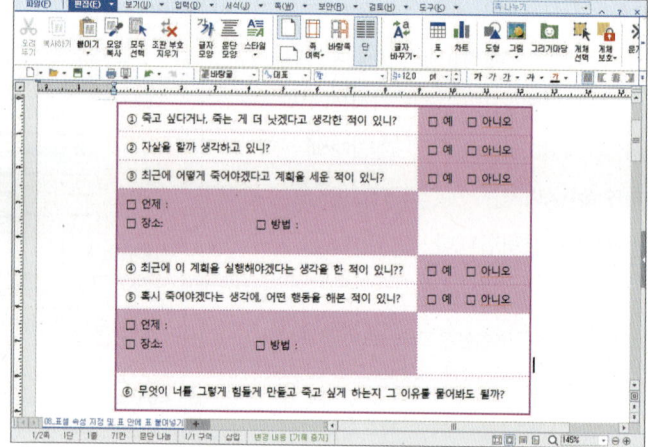

45 표 내용을 오름차순이나 내림차순으로 정렬하기

표에 삽입된 내용을 가, 나, 다 순서나 그 역순으로 정리할 수 있습니다. 숫자의 경우 작은 값이 위에 오도록 정렬하거나 그 반대로 정렬하는 것이 가능합니다. 정렬 기능을 이용해 표의 내용을 기준에 맞게 오름차순, 혹은 내림차순으로 정리하는 방법에 대해서 알아보겠습니다.

▪**실습 파일** 6장 \ 표 내용을 오름차순이나 내림차순으로 정렬하기.hwp ▪**완성 파일** 6장 \ 표 내용을 오름차순이나 내림차순으로 정렬하기_완성.hwp

01 표 내용 정렬하기

차입금 내역표의 내용을 차입한 은행명, 미상환액에 따라 정렬해보겠습니다. '은행명(필드1)'은 오름차순으로 정렬하고 은행 이름이 동일한 경우 '미상환액(필드9)'을 기준으로 큰 금액부터 표시되도록 내림차순으로 정렬하겠습니다.

① 표에서 **은행명 행부터 미상환액 행까지** 드래그

② [도구] 메뉴-[정렬]을 클릭합니다.

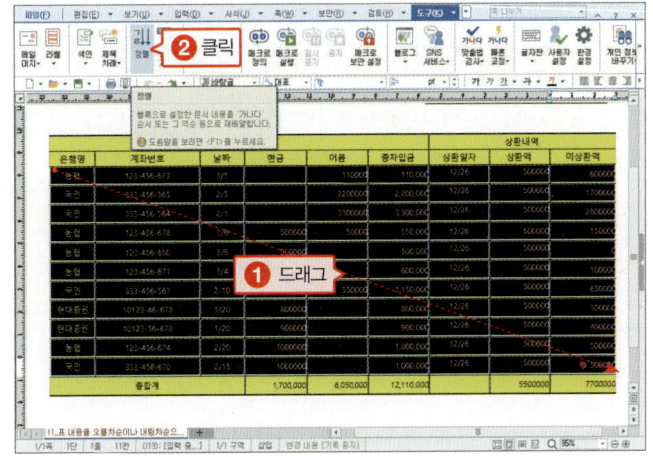

[정렬] 대화상자가 나타납니다.

바로 통하는 TIP 표를 정렬하기 위해 블록을 선택할 때는 실제 정렬해야 할 행만 선택합니다. 예제의 경우, 항목명, 총합계 등은 선택하지 않습니다.

02

① [정렬] 대화상자의 [정렬 기준]에서 [기준 1]은 [위치]-[**필드1**], [형식]-[**글자(가나다)**]로 설정

② [기준2]는 [위치]-[**필드9**], [형식]-[**숫자(987)**]로 설정

③ [**실행**]을 클릭합니다.

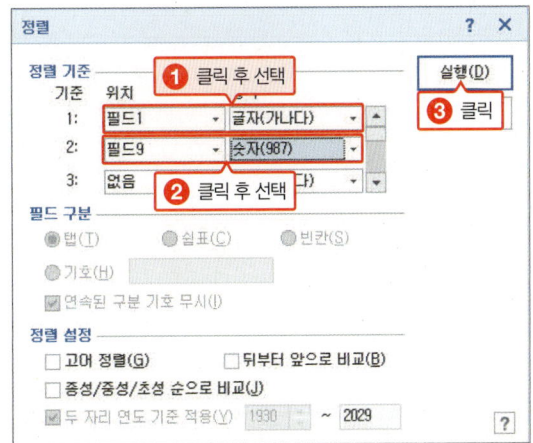

은행명이 우선 기준으로 적용되어 가나다 순서로 정렬됩니다. 은행명이 동일할 때는 미상환액이 큰 내역부터 위쪽으로 정렬됩니다.

46 표 뒤집기와 키보드로 셀 크기 조절하기

이미 만들어둔 표의 줄, 칸을 뒤집거나 표 내용을 회전해 배치할 때 표 뒤집기 기능을 사용할 수 있습니다. 일일이
표의 데이터를 옮겨 적지 않아도 한 번에 표 배치를 다시 할 수 있어 편리합니다.

▪ **실습 파일** 6장 \ 표 뒤집기와 키보드로 셀 크기 조절하기.hwp ▪ **완성 파일** 6장 \ 표 뒤집기와 키보드로 셀 크기 조절하기_완성.hwp

01 표 뒤집기

후원금 현황이 기록되어 있는 표에서 후원
연도가 줄로, 후원자가 칸으로 표시되어 있
습니다. 이 표의 줄과 칸을 뒤집어 후원 연
도를 칸으로, 후원자를 줄로 표시해보겠습
니다.

① 표에서 **임의의 셀** 클릭

② [표] 탭의 펼침 단추-[**표 뒤집기**]를 선택
합니다.

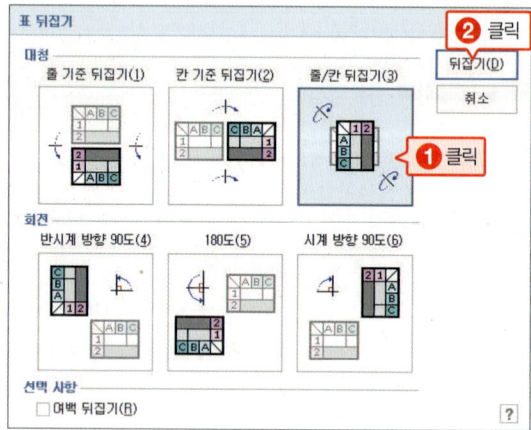

[표 뒤집기] 대화상자가 나타납니다.

02

① [표 뒤집기] 대화상자에서 [**줄/칸 뒤집기**] 클릭

② [**뒤집기**]를 클릭합니다.

03 표 뒤집기 오류에 대해 경고하는 메시지가 나타나면 **[확인]**을 클릭합니다.

표의 줄과 칸이 자동으로 바뀌어 배치됩니다.

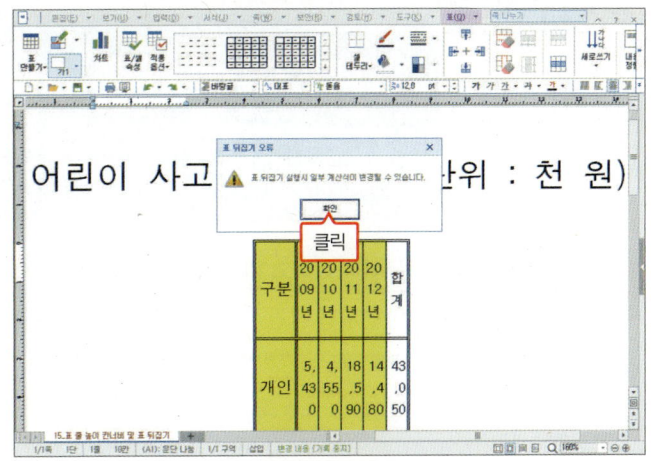

04 **키보드를 이용해 셀 크기 조절하기**

표 모양이 정돈되지 않아 어색하게 보입니다. 줄, 칸의 크기와 너비를 조절해보겠습니다.

① 줄/칸 바꾸기가 완료된 표에서 **임의의 셀** 클릭

② F5를 세 번 눌러 표 전체를 선택합니다.

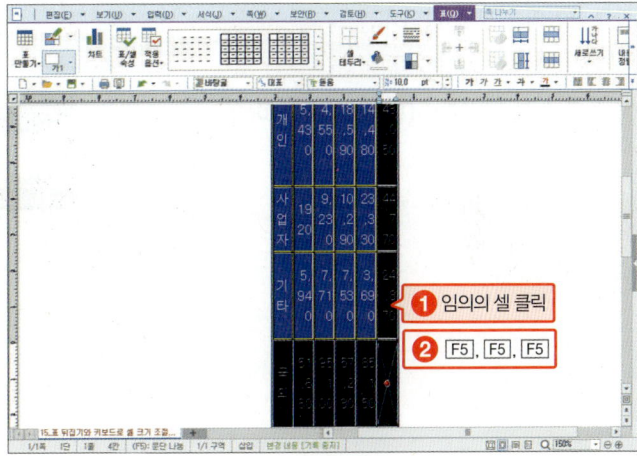

바로 통하는 TIP F5를 한 번 누르면 표에서 커서가 위치한 해당 셀이 선택됩니다. 두 번 누르면 선택한 셀을 기준으로 화살표 키를 이용해 표 범위를 선택할 수 있으며 세 번 누르면 표 전체가 선택됩니다.

05 Ctrl을 누른 채 키보드의 방향키를 눌러 표의 크기를 적당히 조절합니다.

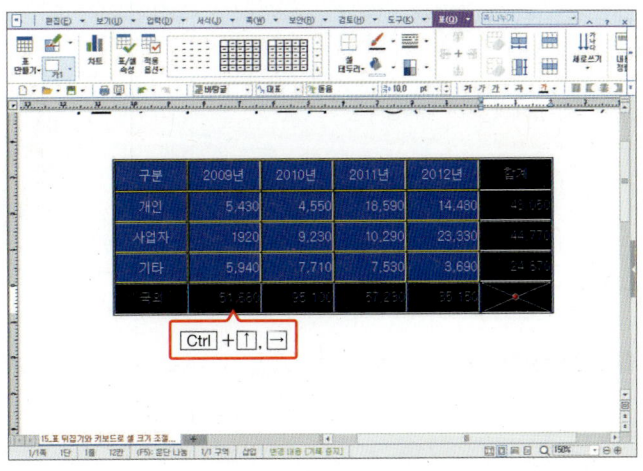

47 차트 마법사를 이용해 표로 차트 만들기

차트는 수치 데이터를 한눈에 파악하고 비교, 분석할 수 있도록 시각화하는 도구입니다. 수치와 텍스트만으로 이루어진 문서에 비해 자료의 변화를 직관적으로 파악할 수 있어 유용합니다.

▪ 실습 파일 6장 \ 차트 마법사를 이용해 표로 차트 만들기.hwp ▪ 완성 파일 6장 \ 차트 마법사를 이용해 표로 차트 만들기_완성.hwp

01 표 이용해 차트 만들기

관광산업의 전망을 나타내는 표 데이터를 차트로 변환해보겠습니다.

① 차트에 표시할 **2011년~2013년 데이터** 드래그

② [입력] 메뉴-[**차트**]를 클릭합니다.

차트가 삽입됩니다.

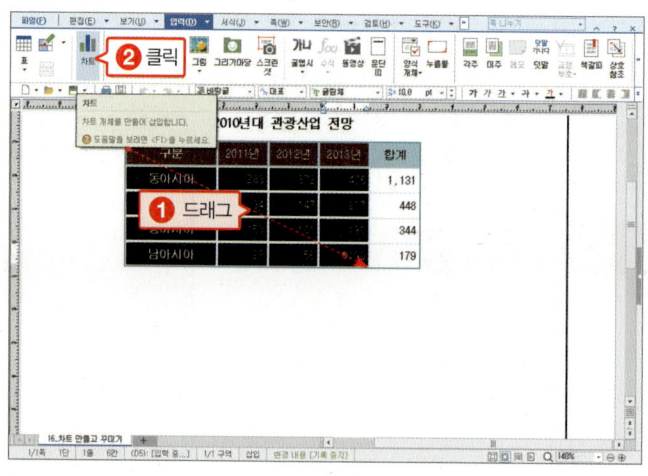

02

① 삽입된 **차트** 더블클릭

② 마우스 오른쪽 버튼을 클릭해 바로 가기 메뉴에서 [**차트 마법사**]를 선택합니다.

[차트 마법사] 대화상자가 나타납니다.

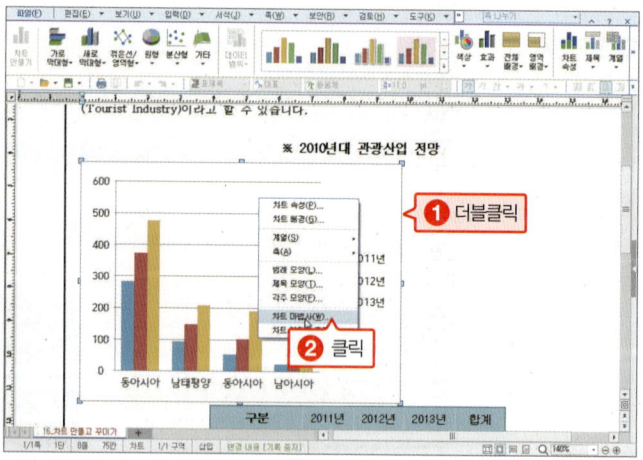

바로 통하는 TIP 차트를 한 번 클릭하면 차트 개체만 선택됩니다. 차트 속성을 변경하려면 차트를 더블클릭해 편집 상태로 전환해야 합니다.

03 차트 마법사로 차트 꾸미기

① [차트 마법사] 대화상자의 [표준 종류] 탭에서 [차트
　종류 선택]─[세로 막대형] 선택

② [차트 모양 선택]─[묶은 세로 막대형] 선택

③ [다음]을 클릭합니다.

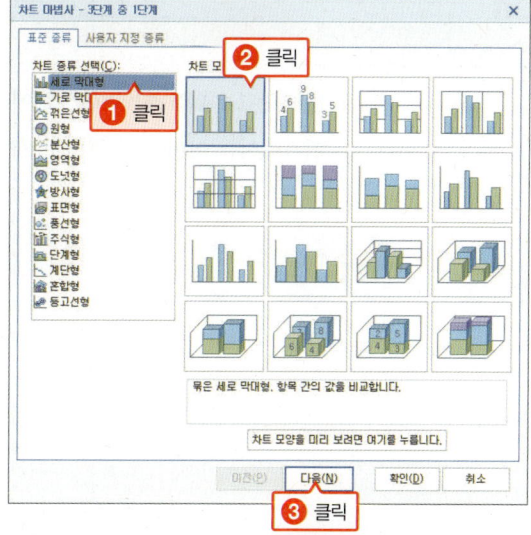

04

① [방향 설정] 탭에서 [열] 클릭

② [다음]을 클릭합니다.

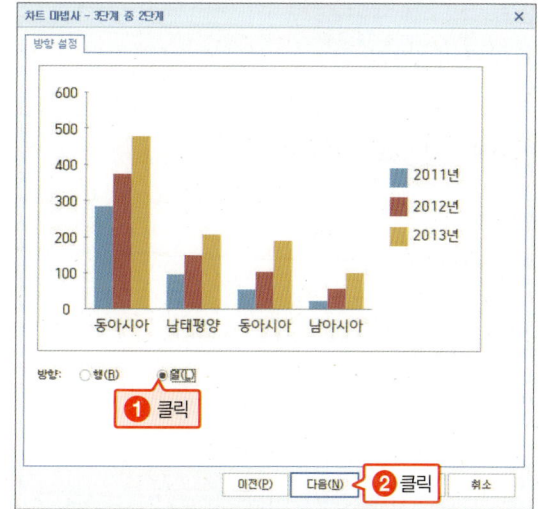

05

① [제목] 탭에서 [차트 제목]에 **2010년대 관광산업 전망**
　입력

② [X(항목) 축]에 **지역** 입력

③ [Y(값) 축]에 **생산량**을 입력합니다.

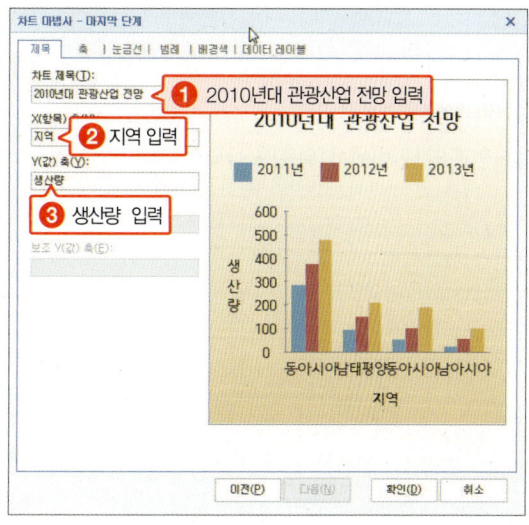

06

① **[축] 탭** 클릭

② [기본 축]에서 표시하려는 **[X(항목) 축], [Y(값) 축]**에
체크 표시합니다. 여기에서는 이미 기본 값으로 체
크 표시가 되어 있습니다.

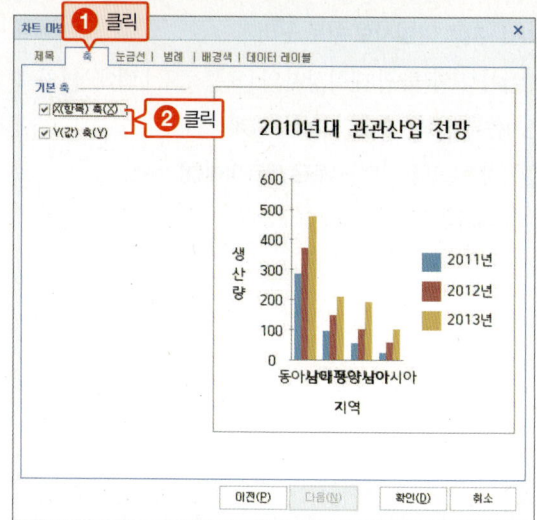

07

① **[눈금선] 탭** 클릭

② [눈금선 지정]에서 **[X축 주 눈금선(X)], [Y축 주 눈금선
(Y)]**에 체크 표시합니다.

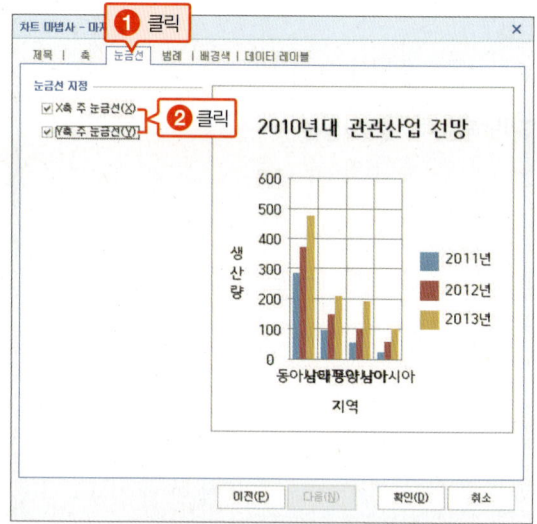

08

① **[범례] 탭** 클릭

② **[범례 표시]**에 체크 표시

③ [범례의 배치]에서 **[위쪽]**을 클릭합니다.

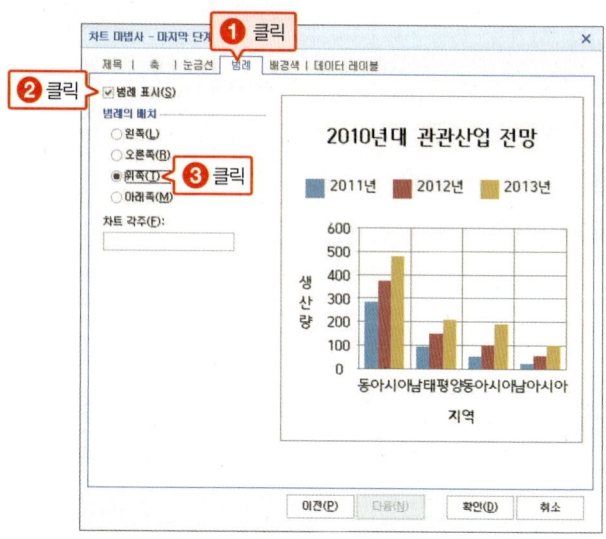

09

① [배경색] 탭 클릭

② [배경색 채우기 유형]에 체크 표시

③ [채우기 유형]–[수평으로 채우기] 클릭

④ [점층 시작색]–[흰색], [점층 끝색]–[노른자색 60%]로
변경합니다.

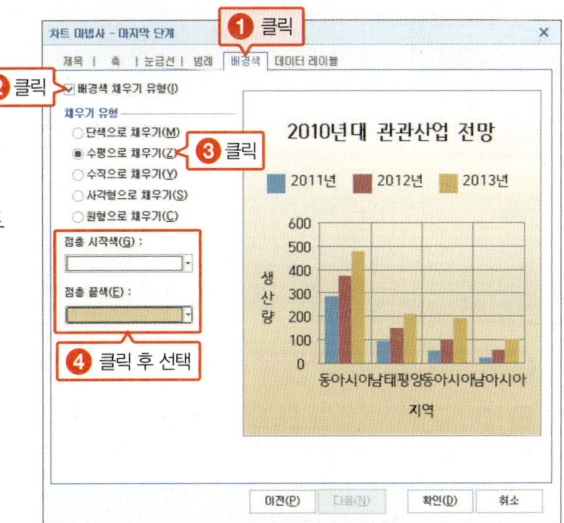

10

① [데이터 레이블] 탭 클릭

② [데이터 레이블]–[값]에 체크 표시

③ [확인]을 클릭합니다.

차트 마법사가 종료되고, 설정한 스타일로 차트가 수정됩니다. ESC
를 눌러 차트 편집 상태를 해제합니다.

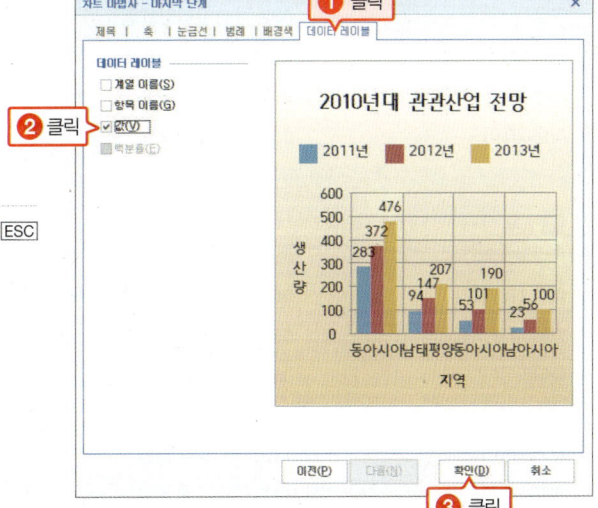

11 차트 개체가 선택된 상태에서 차트를
적당한 크기로 조정한 후 보기 좋게 표와
나란히 배치합니다.

바로 통하는 TIP 차트를 클릭해 선택한 후 원하는 위
치로 이동할 수 있습니다.

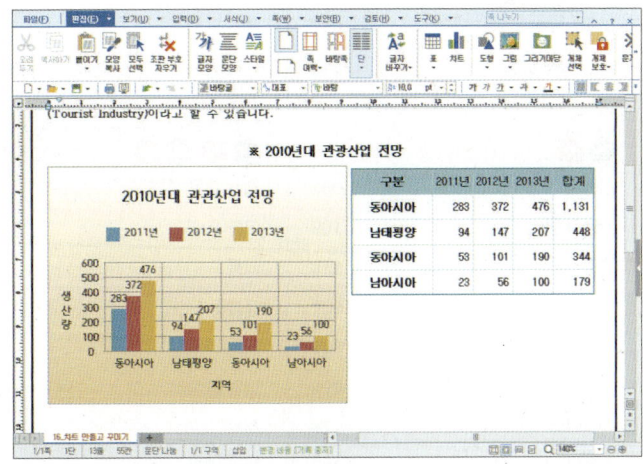

업무 잘 하는 직장인이 되기 위한 필수 코스! 오피스 도서 단계별 학습 로드맵

한빛미디어의 오피스 학습 로드맵을 이용하면 스스로의 오피스 활용 능력을 점검하고 앞으로 공부해야 할 부분이 무엇인지 한눈에 확인할 수 있습니다.

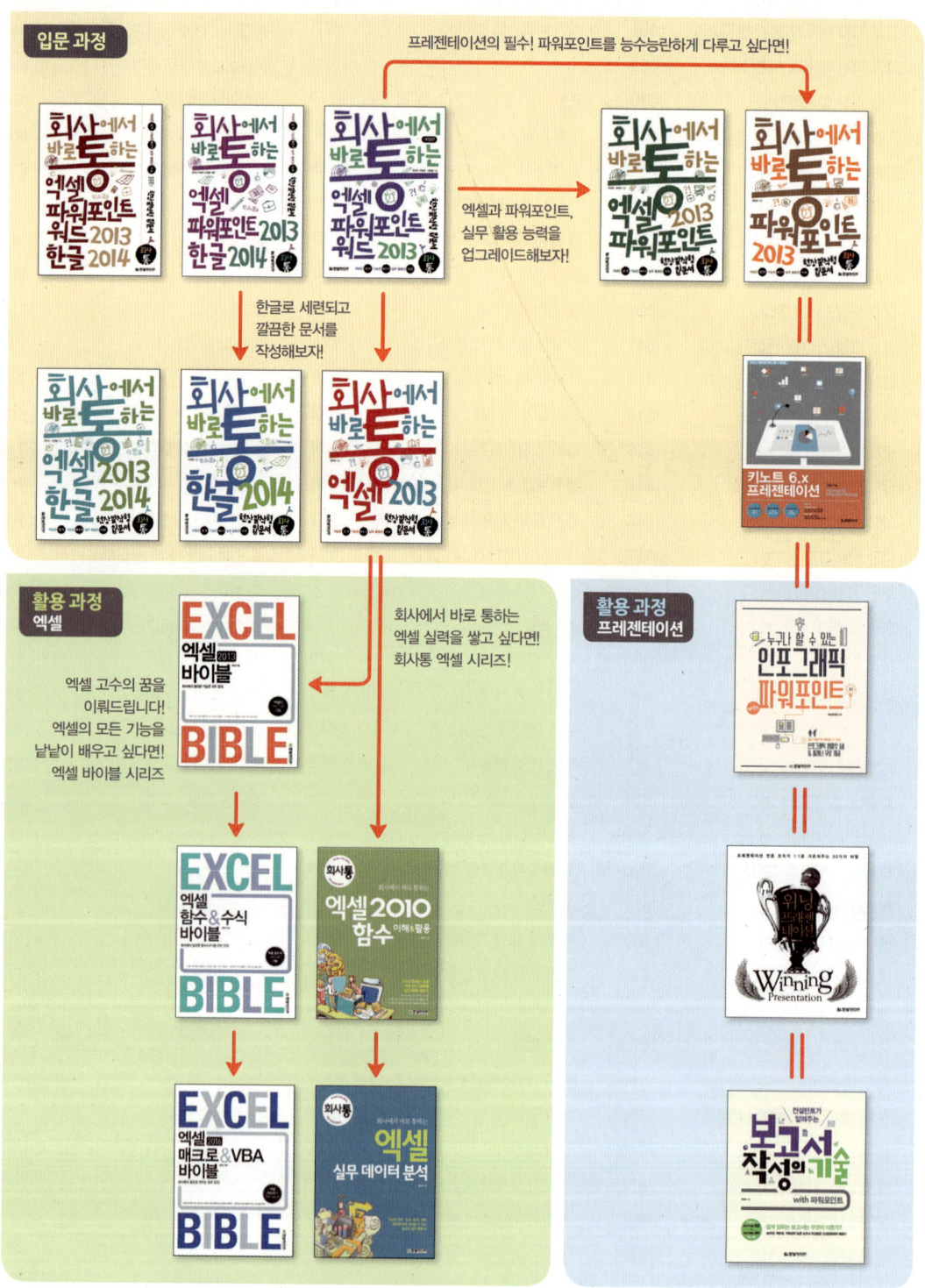